D1723480

THEODOR FONTANE

WERKE, SCHRIFTEN
UND BRIEFE

ABTEILUNG I

CARL HANSER VERLAG
MÜNCHEN

THEODOR FONTANE

SÄMTLICHE ROMANE
ERZÄHLUNGEN, GEDICHTE
NACHGELASSENES

SIEBENTER BAND

CARL HANSER VERLAG
MÜNCHEN

Theodor Fontane
Werke, Schriften und Briefe
2. Auflage

Herausgegeben von Walter Keitel
und Helmuth Nürnberger

Herausgeber des vorliegenden Bandes:
Walter Keitel, Helmuth Nürnberger
und Hans-Joachim Simm

Der vorliegende Band wurde nach den
Erstausgaben und Handschriften revidiert
und im Anhang erweitert.
Er beruht auf den grundlegenden
editorischen Arbeiten Walter Keitels
für die 1. Auflage des Bandes 1966.

Alle Rechte vorbehalten
© 1984 Carl Hanser Verlag München Wien
Gesamtherstellung: Kösel, Kempten
Printed in Germany
ISBN 3-446-11458-0

INHALTSÜBERSICHT

VON, VOR UND NACH DER REISE

Plaudereien und kleine Geschichten

MODERNES REISEN

Eine Plauderei
(1873)

Zu den Eigentümlichkeiten unserer Zeit gehört das Massenreisen. Sonst reisten bevorzugte Individuen, jetzt reist jeder und jede. Kanzlistenfrauen besuchen einen klimatischen Kurort am Fuße des Kyffhäuser, behäbige Budiker werden in einem Lehnstuhl die Koppe hinaufgetragen, und Mitglieder einer kleinstädtischen Schützengilde lesen bewundernd im Schlosse zu Reinhardsbrunn, daß Herzog Ernst in fünfundzwanzig Jahren 50 157 Stück Wild getötet habe. Sie notieren sich die imposante Zahl ins Taschenbuch und freuen sich auf den Tag, wo sie in Muße werden ausrechnen können, wieviel Stück auf den Tag kommen.

Alle Welt reist. So gewiß in alten Tagen eine Wetter-Unterhaltung war, so gewiß ist jetzt eine Reise-Unterhaltung. »Wo waren Sie in diesem Sommer«, heißt es von Oktober bis Weihnachten; »wohin werden Sie sich im nächsten Sommer wenden?« heißt es von Weihnachten bis Ostern; viele Menschen betrachten elf Monate des Jahres nur als eine Vorbereitung auf den zwölften, nur als die Leiter, die auf die Höhe des Daseins führt. *Um* dieses Zwölftels willen wird gelebt, *für* dieses Zwölftel wird gedacht und gedarbt; die Wohnung wird immer enger und die Herrschaft des Schlafsofas immer souveräner, aber »der Juli bringt es wieder ein«. Ein staubgrauer Reiseanzug schwebt vor der angenehm erregten Phantasie der Tochter, während die Mutter dem verlegenen Oberhaupt der Familie zuflüstert: »Vergiß nicht, daß du mir immer noch die Hochzeitsreise schuldest.« So hofft es und heißt es in vielen tausend Familien. Wie sich die Kinder auf den Christbaum freuen, so freuen sich die Erwachsenen auf Mittsommerzeit; die Anzeigen der Saisonbillets werden begieriger gesucht als die Weihnachtsannoncen; elf Monate *muß* man leben, den zwölften *will* man leben. Jede Prosaexistenz sehnt sich danach, alljährlich einmal in poetischer Blüte zu stehen.

Die Mode und die Eitelkeit haben ihren starken Anteil an dieser Erscheinung, aber in den weitaus meisten Fällen liegt ein *Bedürfnis* vor. Was der Schlaf im engen Kreise der vierundzwanzig Stunden ist, das ist das Reisen in dem weiten Kreise der dreihundertundfünfundsechzig Tage. Der moderne Mensch, angestrengter wie er wird, bedarf auch größerer Erholung. *Findet er sie?* Findet er das erhoffte Glück?

Ja und nein, je nachdem wir das eine oder andere unter reisen verstehen. Heißt reisen »einen Sommer*aufenthalt* nehmen«, so ist das Glück nicht nur möglich, sondern bei leidlich normaler Charakterbeschaffenheit sogar wahrscheinlich; heißt reisen aber »dauernde Fortbewegung«, will sagen beständiger Wechsel von Eisenbahnen und Hotels, woran sich Bergerkletterungen und ähnliches bloß anschließen, so muß man es gut treffen oder sehr bescheiden und sehr geduldig sein, um von seiner Reise *das* zu haben, was man wünscht: Freude, Glück.

In der Tat, es dreht sich alles um den Gegensatz von Sommer*frischler* und Sommer*reisenden*.

Betrachten wir zunächst den Sommerfrischler, den Repräsentanten der guten Reiseseite.

Der kleine Beamte, der Oberlehrer, der Stadtrichter, der Archidiakonus, die sich in ein eben entdecktes Dünendorf begeben, wo ihnen gelegentlich die Aufgabe zufällt, den allerursprünglichsten Strandhafer abzuwohnen, diese alle können, wenn sie mit Sack und Pack und ausgerüstet wie eine Auswandererfamilie in ihrer Fischerhütte einziehn, unter Segeltuch und ausgespannten Netzen ein höchst glückliches Dasein führen. Sie werden, ehe die Biederherzigkeit der alten Teerjacke, die erfahrungsgemäß höchstens drei Sommer aushält, in Gewinnsucht untergeht, für ein Billiges leben und die unvermeidlichen Ausgaben der eigentlichen Reise, der Locomotion als solcher, durch andauernden Blaubeeren- und Flundergenuß wieder balancieren können; die Kinder werden primitive Hafenanlagen im Sande machen und die erwachsenen Töchter Muscheln und Bernstein suchen; unsagbar alte Garderobenstücke werden aufgetragen, Reminiszenzen an Cooper und Marryat neu belebt, vor allem auch Abmachungen auf Lieferung von Spickaal und Sprotten getroffen werden. Im ganzen

wird man dankbar und wohlbefriedigt in die Heimat zurückkehren, gefestigt in allem Guten und gewachsen in der Kraft,
die uns jede intimere Berührung mit der Natur zu geben pflegt.
Nur vereinzelt unangenehme Eindrücke und Erfahrungen werden den Frieden einer solchen Sommerfrische gestört haben,
und der endliche Reiseüberschlag wird ergeben, daß man sich
diese Erholung ohne nachträgliche Gewissensbisse wohl gönnen durfte. »Die Extrafahrt nach Putbus war zwar teuer, aber
bedenken wir auch, es ist eine Erinnerung fürs Leben.«

So oder ähnlich wird es vielerorten heißen, und wenn ich
Umschau halte, will es mir erscheinen, daß sich solche, in der
Bescheidenheit ihrer Ansprüche Befriedigten immer noch zu
Tausenden finden müssen, nicht bloß an der Ostseeküste hin,
auch in Schlesien, am Oberharz und in den Tälern und Berg-
kesseln des Thüringer Waldes. Aber *alle* freilich, wie ich wiederholen muß, werden dieses ungetrübten Glückes nur teilhaftig geworden sein, wenn sie während ihrer Reisezeit sich damit
begnügten, in gewissem Sinne zu den *Halb*nomaden zu zählen, mit anderen Worten, wenn sie vier Wochen lang auf ein
und derselben Gebirgs- oder Strandoase aushielten.

Soviel über den Sommer*frischler*, einen »Glücklichen«.

Aber sehr anders, wie schon angedeutet, liegt es bei dem
Sommer*reisenden*, der, wenn nicht beständig, so doch vielfach
unterwegs, immer in der Gefahr schwebt, seine Lagerstätte
wechseln zu müssen. Es ist nicht zu leugnen, das Glück des
mehr oder weniger seßhaften »Frischlers« ist für den eigentlichen Reisenden, für den Tag um Tag seine Weideplätze wechselnden Vollnomaden nicht da. Keine wirkliche Wüstenfahrt,
was sonst immer ihre Schrecken sein mögen, kann verdrießlicher und räuberumschwärmter sein. Auch in Sachen der Fata
Morgana hat der eigentliche Tourist zu leiden, wie nur je ein
Wüstenfahrer. Immer neue Hotelschlösser tauchen verhei-
ßungsvoll am Horizonte vor ihm auf, aber der Moment der
Erreichung ist auch jedesmal ein Moment der Enttäuschung
für ihn. Er findet Kühle, nicht Kühlung.

Ist das alles ein Unvermeidliches?

Nein. Nichts davon, daß man es nicht anders gewollt, daß
man ja das Recht gehabt habe, ruhig zu Hause zu bleiben, und

daß jeder, der sich leichtsinnig in Gefahr begäbe, nicht erstaunt sein dürfe, darin umzukommen. Dies alles ist nicht nur falsch, es ist auch hart und grausam, denn die Reisebenötigung, die bestritten werden soll, ist wirklich da. So gewiß für den Durstverschmachteten ein Zwang da ist zu trinken, so gewiß ist auch für den staub- und arbeitsvertrockneten Residenzler ein Zwang da nach einem Trunke frischer Luft, und wer ihm diesen Trunk verbittert und verteuert, der tut viel Schlimmeres als die Brauwirte, die dem Volke das Bier verteuern. Und doch geschieht es. Ja, die traurige Erscheinung tritt ein, daß mit dem Wachsen des Bedürfnisses auch die Unmöglichkeit wächst, dieses Bedürfnis zu befriedigen. Der vorhandene Notstand, statt die Frage anzuregen: wie heben wir ihn? regt nur die Frage an: *wie beuten wir ihn aus!* Der Reisedrang, je allgemeiner er geworden ist, hat nicht Willfährigkeit und Entgegenkommen, sondern das Gegenteil davon erzeugt. Vielfach reine Wegelagerei. *Wirte, Mietskutscher* und *Führer* überbieten sich in Gewinnsucht und Rücksichtslosigkeit, und wer – im Gegensatz zu den vorgeschilderten, relativ seßhaften Reisenden – sein Reiseglück auf *diese* drei Karten gestellt hat, der wird freilich wohl tun, mit niedrigsten Erwartungen in die Situation einzutreten.

War es immer so? Mitnichten. Wie ganz anders erwiesen sich die Wirte vergangener Tage! Nur noch Einzelexemplare kommen vor, an denen sich die Tugenden eines ausgestorbenen Geschlechts studieren lassen. Wer sie voll erkennen will, der lese die englischen Romane des vorigen Jahrhunderts. Auch noch in W. Scott finden sich solche Gestalten. Es gab nichts Liebenswürdigeres als solchen englischen Landlord, der in heiterer Würde seine Gäste auf dem Vorflur begrüßte und mit der Miene eines fürstlichen Menschenfreundes seine Weisungen gab. Er vertrat jeden Augenblick die Ehre seines Standes. Er war nicht dazu da, um in den drei Reisemonaten reich zu werden, still und allmählich sah er sein Vermögen wachsen und gab dem Sohne ein Eigentum, das er selbst einst vom Vater empfangen hatte. Er waltete seines Amts aus gutem Herzen und guter Gewohnheit. Er war wie ein Patriarch; sein Gasthaus eine Zufluchtsstätte, ein Hospiz.

Auch in Deutschland gab es solche Gestalten, wenn auch vereinzelter, und ich entsinne mich selbst noch, wenn ich Ende der zwanziger Jahre die damals viertägige Reise von der pommerschen Küste bis in meine Ruppinsche Heimat machte, an solchen Wirtstafeln, namentlich in den mecklenburgischen Städten, gesessen zu haben. Eine geräuschlose Feierlichkeit herrschte vor, der Wirt gab nur den Anstoß zur Unterhaltung, dann schwieg er und belauschte klugen Auges die Wünsche jedes einzelnen. Kam dann die Abreise, so mußten seine verbindlichen Formen den Glauben erwecken, man habe seinem Hause eine besondere Ehre erwiesen. Damals war jede Mittagsrast ein Vergnügen, jedes Nachtlager ein wohltuendes, von einer gewissen Poesie getragenes Ereignis. Ich denke noch mit Freuden an diese Ideal- und Idyllzeit des Reisens zurück.

Wie sind jetzt die Hotelerlebnisse des kleinen Reisenden! Ich antworte mit einer Schilderung, bei der ich (vielleicht leider) Persönliches in den Vordergrund treten lasse. Persönliches und mit ihm das bis hierher nach Möglichkeit zurückgehaltene Ich.

Der Zug hält. Es ist sieben Uhr abends. Jenseits des Schienenstranges steht die übliche Wagenburg von Omnibussen, Kremsern und Fiakern; Hotelkommissionäre, Fremdenführer, Kutscher machen die bekannte Sturmattacke, allen vorauf ein zehnjähriger Junge, der sich mit unheimlicher Geschicklichkeit der kleinen Reisetasche zu bemächtigen trachtet. Alles wird siegreich von mir abgeschlagen, aber nicht zu meinem Heil. Es empfiehlt sich nicht, zu Fuß zu kommen und die bekannten Fragen zu stellen. Ein mitteleleganter Oberkellner ritt, als ich in das Hotel eintrat, bereits auf seinem Drehschemel. »Kann ich ein Zimmer haben?« »Ich werde fragen.« Er frug aber nicht, schritt vielmehr gleich danach mit dem bekannten Silberblechleuchter die Treppe hinauf, mich der Mitteilung würdigend, »daß No. 7 soeben frei geworden sei«. Diese Mitteilung schien sich bestätigen zu sollen, denn beim Eintritt in die besagte Nummer fanden wir eine Magd bei dem herkömmlichen, in drei Akten: ausgießen, eingießen und überziehen sich vollziehenden Zimmerreinigungsprozeß vor. Ich war nicht begierig, Zeuge dieser Einzelheiten zu sein, und zog mich deshalb lieber

in den parterregelegenen Speisesaal zurück, um hier bei Beef-
steak, Kulmbacher und den »Fliegenden Blättern« nicht gerade
Mitternacht, aber doch die zehnte Stunde heranzuwachen.
Endlich war sie da; noch ein Sodawasser mit Cognac, und ich
stieg wieder in meine nach dem Hof zu gelegene Stube hinauf,
an deren niedriger Decke sich ein überklebter Balken hinzog.
Oben angekommen, war mein Erstes, eins der beiden Fenster
zu öffnen, da mich die eigentümliche Stubenatmosphäre mehr
und mehr zu bedrücken begann. Es schien auch zu helfen. Und
nun schob ich mich, müde wie ich war, unter das Bettuch.

Ich mochte eine Viertelstunde geschlafen haben, als das
Hinausfliegen mehrerer Stiefelpaare auf den Korridor und das
Angespanntwerden eines Hotelomnibus (gleich nach ein Uhr
kam ein neuer Zug) mich aus tiefem Schlafe weckten. Zugleich
empfand ich einen dumpfen Kopfschmerz, über dessen Ursache
ich nicht lange in Zweifel bleiben sollte. Die »frische Nachtluft«, die ich, um der stickigen Stubenatmosphäre willen, einzulassen bemüht gewesen war, stieg leider nicht aus Himmels-
höhen zu mir nieder, sondern aus Hofestiefen zu mir herauf
und war ein Brodem, wie ihn jeder aus Erfahrung kennt, der,
um etliche Jahrzehnte zurück, noch im *alten* Münchener Hofbräu seinen Krug getrunken hat. Nur hatt' ich hier die höhere
Potenz.

Und an dieser Stelle mag ein kleiner Exkurs gestattet sein!
Daheim an den Ufern unserer guten Spree gehört es zum guten Ton, über unsere Berliner Luft zu skandalisieren, und es
soll unbestritten bleiben, sie könnte besser sein. Aber was will
die durchschnittliche Berliner Hausatmosphäre im Vergleich zu
dem Dunstkreise sagen, der in den meisten Hotels und Nicht-
hotels Sachsen-Thüringens heimisch ist. Die Berliner Luft, auch
wo sie am schlimmsten auftritt, ist ein Parvenu wie die Stadt
selbst, jung, ohne Geschichte, ohne infernale Vertiefung. So
schlecht sie sein mag, sie ist einfach, unkompliziert, sozusagen
frisch von der Quelle weg. Wie anders dagegen die Hausatmosphäre in den Frühkulturgegenden Mitteldeutschlands!
Altehrwürdig tritt sie auf, und man kann ohne Übertreibung
sagen: die Jahrhunderte haben an ihr gebraut. Sie ist *geworden*, vor allem sie ist undefinierbar, und wie man vom Kölni-

schen Wasser gesagt hat, daß das Geheimnis seiner Schöne läge in der *Lagerung*, so daß schließlich die Mannigfaltigkeit in einer höheren Einheit unterginge, so auch *hier*. Nur haben wir hier den Revers der Medaille.

Was aus Hofestiefen in mein Zimmer einströmte, gewann mehr und mehr an Gehalt, so daß ich als nächstes Rettungsmittel das Fenster schloß. Aber die Geister, die ich gerufen hatte, waren so schnell nicht wieder zu bannen. Sie waren *mit* mir, *um* mich und schienen wenig geneigt, sich so ohne weiteres austilgen zu lassen. Alle kleineren Mittel scheiterten; da kam mir der Gedanke, den Teufel durch Beelzebub auszutreiben. Ich steckte die »Bougies« an, ließ diese brennen, bis sich eine Schnuppe gebildet hatte, und blies sie dann aus. Nachdem ich dies Verfahren dreimal wiederholt hatte, hatte ich eine Art grönländische Hüttenatmosphäre hergestellt, in deren Rauch und Qualm die »Frische der Nachtluft« endlich glücklich unterging.

Der nächste Morgen sah mich ziemlich spät an der Frühstückstafel. Der Wirt stand abwechselnd hinter und neben meinem Stuhl, was ich anfänglich geneigt war, als eine Auszeichnung anzusehen, bis ich gewahr wurde, daß die wirklichen Gegenstände seiner Aufmerksamkeit mir gegenüber saßen: eine kinder- und kofferreiche Familie, die den Abend vorher und beinah gleichzeitig mit mir eingetroffen war. Der Koffer, zumal der im Plural auftretende, gibt den Ausschlag, und der mitteldeutsche mittlere Hotelwirt (in den besseren Häusern ist es besser) bemißt nach ihm das Maß seiner Gnaden, ohne sich auf irgendein anderes Kriterium einzulassen. Und wie der Herr, so die Diener. Nur im Moment der Zahlung rücken die Kleinen sofort in die Rechte der Großen ein, und während bis dahin alles, was ihnen geleistet wurde, auf der Höhe eines Maulwurfshügels stand, tritt jetzt die Rechnungsforderung wie ein Finsteraarhorn an sie heran. Und in diesem Vergleich ist der ganze, auf die Dauer unerträgliche Zustand gekennzeichnet! Was in allem waltet, ist ein kolossales *Mißverhältnis*; weder der Ton, der herrscht, noch der Wert dessen, was geboten wird, entspricht dem Preise, der gezahlt werden soll. Über den einzelnen Fall wär' es unschwer hinwegzukom-

men, aber die Fülle der Einzelfälle erzeugt schließlich einen
Groll, der fast mehr noch in der Unbill, der man sich ausgesetzt
fühlt, als in den direkten Einbußen seine Wurzel hat. Ein Gefühl von Ungehörigkeit, und zwar nicht bloß in Geldsachen,
begleitet den Reisenden von Stunde zu Stunde und bringt ihn
recht eigentlich um den Zweck seiner und jeder Reise, um die
Glättung und Ruhigmachung seines Gemüts. Er will den Vi-
brierungen entfliehen und zittert häufiger als daheim. Ärger
hängt sich an Ärger, und der nach nervenstillendem Ozon
verlangende Körper findet jene vorbeschriebene »frische Nachtluft«, die ihn bis an den Rand des Typhus bringt. Die Präten-
sionen und die Preise richten sich womöglich nach dem Clarendonhotel in London, während doch der alte Herbergscharakter
immer noch umgeht und sich wie Banquo, die Gäste schreckend,
mit zu Tische setzt.

Auf die eine oder andere Weise muß hier Wandel geschafft,
müssen die *Leistungen höher* oder die *Preise niedriger* werden.
Das letztere wäre das bessere und ein wahrer Segen. Weg mit
dem abgetretenen, lächerlichen Teppichfetzen, weg mit der
tabaksverqualmten Goldtapete, weg mit dem schäbigen Plüsch-
sofa und der türkisch geblümten Steppdecke, deren bunte Dun-
kelfarbe jede Möglichkeit zuläßt, vor allem weg mit dem
großen Reisetyrannen, dem *Table d'hôte's-Unsinn,* weg mit den
sieben Gängen, die bis zum letzten Bissen nichts repräsentieren als einen Wettlauf zwischen Hungrigbleiben und Langerweile. Denn wer wäre je an Leib gesättigt und an Seele erfrischt von diesem Zweistunden-Martyrium aufgestanden!
Statt dieses elenden Plunders eine gut ventilierte Stube, ein
Stuhl und ein Tisch, eine Matratze und eine wollene Zudecke;
vor allem die Freiheit, essen zu können, *was* man will, und
wann man will. Die Herren Wirte sind des Publikums willen
da, nicht das Publikum der Wirte willen. Aber überall verkehrt
sich der natürliche Lauf der Dinge, und gegen die Verkehrtheit
ankämpfende Gemeinplätze werden wieder zu Weisheitsregeln.

»Wir sind nun also wieder da, Eveline«, sagte der Hofrat Gottgetreu zu seiner Frau, denselben Abend noch, wo beide, nach einem sechswöchentlichen Aufenthalt in Ilmenau, wieder in die Residenz zurückgekehrt waren.

»Wir sind nun also wieder da. Und es ist auch *gut*, daß wir wieder da sind, was ich hier aussprechen darf, ohne mich irgendeiner Undankbarkeit gegen die schönen Wochen schuldig zu machen, die jetzt hinter uns liegen. Ja, schöne Wochen! Ich war ein andrer Mensch, und nicht ein einziges Mal hab' ich von dem herrlichen Kickelhahnkamm in das Waldesmeer und die Waldesruhe niedergeblickt, ohne die Schönheit und Tiefe der dort oben eingerahmten Dichterzeilen an mir selber empfunden zu haben. ›Über allen Gipfeln ist Ruh.‹ Ach, mehr als das; es war mir immer, als ob ich es selber hätte schreiben können. Aber dies mag eine Täuschung sein, und wie mir krankhafter Ehrgeiz überhaupt fremd ist, so noch ganz im besonderen der dichterische. Der meinige, wie du weißt, hält sich innerhalb vorgesteckter und erreichbarer Grenzen. Und ich hoffe, *daß* ich es erreiche. Freilich, all das liegt noch weit hinaus und ist im übrigen nicht *das*, worüber ich mich heute zu dir aussprechen möchte. Was mich heute beherrscht und erfüllt, ist ausschließlich ein Gefühl des Dankes und der Freude. Denn, um es zu wiederholen, ich war ein andrer Mensch dort oben, eingehender auf deine Wünsche, gerechter gegen deine Vorzüge, vielleicht auch zärtlicher, wenn ich mich dessen rühmen darf.«

Eveline sah vor sich hin.

»Es waren schöne Wochen, und dies Anerkenntnis ist und bleibt unerschüttert. Aber je lebhafter ich dies alles empfinde, je lebhafter empfind' ich auch, wie gut es ist, daß wir wieder da sind. Ich sehne mich nach Arbeit und nach Betätigung einer erneuten Kraft, einer wiederhergestellten Gesundheit, und wenn es mir eine Freude war, die Feder aus der Hand zu legen, so find' ich es eine noch größere fast, sie wieder aufnehmen und einer intensiven und bedeutenden Gedankenreihe, die

mittlerweile höheren Orts für das Ganze gedacht wurde, Form
und Ausdruck geben zu können. Und an welcher Stelle ge-
schähe das hingebender als an der, der ich anzugehören das
Glück und den Vorzug habe. Ja, meine Teure, keinem anderen
Zweige der Verwaltung möcht' ich angehören; es ist der einzige, darin noch die Traditionen einer alten und besseren Zeit
lebendig sind, ebenso der einzige, mein' ich, an dessen Auf-
saugung und Einverleibung von seiten des Fürsten noch nicht
gedacht worden ist. Und vielleicht auch, daß er an unserem
stillen Widerstande scheitern würde.«

Eveline lächelte.

»Wir sind nun also wieder da, und es ist gut, *daß* wir wieder da sind. Aber so gut es ist, und sosehr ich mich dieser
Wiedereinkehr in einen Zustand gewohnter Ordnung und er-
quicklicher, gesellschaftlicher Gliederung freue, *doch* Eveline,
dieser Aufenthalt in Gottes freier Natur, dies stündliche Stahl-
bad, dieser unausgesetzte Heilungsprozeß in Luft und Licht,
all das, mein' ich, darf nicht plötzlich wieder ein Ende haben.
Ich will wieder ein bescheidenes Rad sein in der staatlichen
Maschine, meinetwegen auch, wie die Malkontenten es ausdrücken, in der Alltagsmühle des Hergebrachten und immer
Wiederkehrenden, aber in meinem häuslichen und privaten
Leben, wenn du mir ein Ausharren in dem eben zitierten Bilde
gestatten willst, möcht' ich nicht *Rad* in der Mühle, sondern
ein in einer ewigen frischen Brise gehender Windmühl*flügel*
sein. Es ist eben, wie du längst bemerkt haben wirst, ein unbe-
zähmbares Luft- und Bewegungsbedürfnis in diesen letzten
Wochen über mich gekommen, und in dieser erfrischenden
und mich beglückenden Rotation möcht' ich bleiben, bis die
Welle abgelaufen ist.«

»Du willst also, lieber Hermann, wenn ich dich recht verstehe, den Dauerlauf in Permanenz erklären.«

»Ungefähr das... Und so gestatte mir denn die Spezifi-
zierung eines Programms, das ich deiner Begutachtung beziehungsweise deiner Zustimmung unterbreiten möchte. Denn
ohne diese geht es nicht. Eine staatliche Reform läßt sich er-
zwingen, eine Hausreform aber ermöglicht sich nur auf dem
Wege friedlicher Kompromisse.«

»So laß mich hören.«

»Ich fange natürlich mit dem Anfang an. Es muß ein Ende haben mit dem ewigen Morgenschlaf und dem Einmummeln und der ganzen Bärenhäuterei. Nichts mehr von achteinhalb oder neun. Um sechs heraus. Und kein Unterschied, ob Winter oder Sommer, und ein nasses Laken um und scharf abgerieben. Und dann eine starke Bewegung, ein energischer Übungsmarsch.«

»Ohne Frühstück?«

»Ohne Frühstück; ausgenommen ein Glas von unsrem Sprudel. Und dann vorwärts. Und jeder Platz ist gut. Ich denke, wir nehmen Schöneberg, immer an dem Botanischen vorbei, bis Steglitz oder Wilmersdorf. Oder auch den Lehrter Bahnhof. Es muß nur eine freie Stelle sein, an die die Luft heran kann, und ein erfrischender Morgenwind. Und wenn es regnet, ich meine wirklich regnet, so haben wir die Halle mit dem Doppelperron und sehen, wie der Zug abgeht. Ich sehe nichts lieber als das, und ist mir immer, als reist' ich mit jedem einzelnen mit. Und dann zurück, und dann unser Frühstück, das in solchem Momente wieder einen Ernst und eine Bedeutung gewinnt und jenes Dankesgefühl anregt, das in sich selber einer Andacht nahekommt. Und auch daran liegt mir. Denn ich hab' es satt, Eveline, so beziehungslos zu dem, was doch schließlich immer das Höchste bleibt, in den Tag hineinzuleben. Ich will Stellung nehmen, und wenn es sein muß (aber selbstverständlich ohne mich vorzudrängen), ein Zeugnis ablegen.«

»Und dann?«

»Und dann ins Bureau, freudig und frisch. Und mit dem Kopfweh, denk' ich, soll es vorbei sein. Ein für allemal. Ich bilde mir ein, mich auf Präzisierung eines Gedankens zu verstehn und unter Umständen ein Widerspruchsvolles ins Lichtvolle kleiden zu können; aber es ist doch ein Unterschied, ob man sich am Stabe der Kritik ängstlich zu diesem Lichtpunkte heranfühlt oder ob es Flügel der Morgenröte sind, auf denen wir, wie vom Geiste getragen, unserm Ziele mühelos entgegeneilen. Ich verspreche mir von dem Leben in und mit der Natur ein leichteres und besseres Arbeiten und erinnere mich dabei mit Vorliebe jener allbekannten Zusammenhänge zwischen der physischen und geistigen Welt. An der Frage ›gefrühstückt oder nicht‹ haben mehr als einmal Entscheidungsschlachten gehangen, und ich sehe nicht ein, warum nicht an einem geschehenen oder nichtgeschehenen Morgenspaziergang ein mehr oder weniger klares oder unklares Reskriptum hängen soll. Es gibt ein Gedicht, in dem es immer wiederkehrend heißt: ›Ich fühle so frisch mich, so jung‹; – in dieser Zeile hast du meine Situation. Und so gewiß mir die Konservierung eines solchen Zustandes eine heilige Pflicht ist, so gewiß auch seien diese Thüringer Tage gesegnet, die mir den Weg und die Mittel dazu gezeigt haben. In jener ebenmäßigen Anspannung, die das Leben in der Natur mit sich führt, erfrischt sich unsere Kraft nicht nur, sie steigert sich auch, und du mußt selbst die Wahrnehmung davon gemacht haben.«

Eveline, die keine Freundin von Reflexionen, aber desto gespannter auf die weiteren Programmeinzelheiten war, entgegnete lediglich: »Und wie denkst du dir unsren Nachmittag?«

»Als ein Kette bescheidener Vergnügungen, wie sie sich für unser Lebensalter und unsere Verhältnisse schicken. Um drei Uhr nach Haus; um dreieinhalb Uhr haben wir abgegessen und nehmen unsren Morgenspaziergang in Gestalt einer kleinen Nachmittagsreise wieder auf.«

»Aber du bist seit Jahren an eine Nachmittagsruhe gewöhnt und wirst müde sein.«

»Ich werde *nicht* müde sein, *weil* ich nicht müde sein will. Es ist zuletzt alles Sache des Willens; *er* allein regiert, und in nichts zeigt er sich größer als in der Ertötung des natürlichen Triebes. Wohin ich auch den Schlaf rechne. Nebenher aber bekenn' ich dir gerne, bei meiner neuen Entschlußfassung auch eine gewisse Lebensbegehrlichkeit mit zu Rate gezogen zu haben. Es wird dir bekannt sein, daß ein erheblicher Bruchteil aller Schlagflüsse mit dem Nachmittagsschlafe zusammenhängt. Und ist auch das Folgerichtige. Denn es rächt sich jeder Abfall von der Natur und ihrem Gesetz. Die Nacht ist Schlafenszeit und nicht der Tag. Ich entsinne mich einer Stelle bei Shakespeare, wo dieser in einer beträchtlichen Anzahl von Zeilen den Schlaf apostrophiert und den Schiffsjungen beneidet, der im Halbschlummer in den Raaen hängt. Er geht dabei durch alle möglichen und nicht möglichen Situationen und sagt, wie gewöhnlich, unendlich viel Schönes und Großes; aber vom Nachmittagsschlaf sagt er *nichts*. Und warum nicht? Weil der Nachmittagsschlaf ein superfluum ist und ein periculum. Also nichts mehr von ihm. An seine Stelle treten Exkursionen und Partien.«

»Aber wohin?«

»Unter Vermeidung des Tiergartens, in dem der Moder brütet, überallhin, wo Wasser oder Wind ihr Tummelfeld haben. Ich sage Tummelfeld, denn auf das Moment der Bewegung kommt es an. Ein stehendes Wasser ist Tod, ein bewegtes Wasser ist Leben. Also Stralau, Treptow, Eierhäuschen. Am liebsten aber auf die Höhen, ohne Rücksicht ob Tempelhof oder Tivoli. Da hast du Natur und Freiheit und schaust entweder unter dir auf das beherrschte Samos hin oder wendest dich und siehst die Drachen steigen. Und dies ist das schönste. Denn je höher er steigt, und je strammer und unsichtbarer die Strippe wird, desto sicherer sind wir eines Lebens- und Atmungsprozesses in einer reineren und allerreinsten Luft. Und du weißt, wieviel ich dieser Luft verdanke. Sage selbst.«

»Und wielange bleiben wir auf Tivoli?«

»Bis es dunkelt.«

»Es wird dann zu spät sein, um noch etwas vorzunehmen.«

»Aber muß denn etwas vorgenommen werden? Ich bitte dich, Eveline. Hat es denn nicht Zeiten gegeben ohne Konzert und ohne Theater? Ach, meine Teure, das ist ja gerade das Schöne dieser zurückliegenden Tage, daß ich den Weg zur Natur und zur Einfachheit des Daseins zurückgefunden habe. Muß es denn immer wieder ein Czardas sein? Oder die Neunte Symphonie? Oder das Mysterium, erster und zweiter Tag? Oder gar ein Buffet? Ich bitte dich, Eveline, wenn es etwas gibt, das ich hasse, so ist es der große Lachs auf seinem Paradebett von Petersilie. Nein, nein. Und die vier aufgespießten Krebse wie Schildhalter!«

»Aber du wirst doch, lieber Hermann, unsere Gesellschaften nicht abschaffen wollen? Und auch nicht ein anständiges Abendbrot.«

»Im Gegenteil. Nur glaube mir, es gibt nichts Schwierigeres

als eine Feststellung auf diesem Gebiet und die Beantwortung der einfachen Frage: ›Was ist ein anständiges Abendbrot?‹ Ich kenne nur *eins:* eine saure Milch und ein geriebenes Schwarzbrot, nicht zu frisch, aber auch nicht zu alt. Und nun wolle mir nicht einwenden, es gäbe dergleichen nicht mehr. In einer Stadt mit dreißig Kasernen und einer immer vollzähliger werdenden Garde muß sich doch schließlich ein Schwarzbrot auftreiben lassen. Und ich fordere dies geradezu von deiner Liebe. Vor allem aber, und darauf leg' ich den Hauptakzent, brech' ich von heut ab ein für allemal mit dem Tee, diesem undeutschesten aller Getränke, das in seiner harmloseren Gestalt ein absurdes Absud von Hollunder und Johannisbrot, und in seiner perniziösen Form ein türkisch-orientalischer Haschisch ist, an den ich nicht Lust habe meine wiederhergestellten Nerven zu setzen. Und so resümier' ich denn in aller Kürze: regelmäßiger und an keine Bedingungen geknüpfter Morgenspaziergang, absolute Vermeidung alles Nachmittagsschlafes und Einführung einer sauren oder süßen Milch an Stelle des Tees. Und um neun Uhr zu Bett.«

Und er erhob sich, um den letzten Punkt seines Programms sofort ins Werk zu setzen.

Und andern Tages auch den Rest.

In aller Frühe war er auf, und da seine Rückkehr aus dem Thüringischen in die Manövertage gefallen war, wo schon um fünf Uhr ein endloses Trommeln und Pfeifen das ganze Stadtquartier aus dem Schlafe rüttelte, so war er nicht bloß in der angenehmen Lage, rasch und mühelos aufstehen, sondern auch den abziehenden Bataillonen eine Stunde lang folgen zu können.

Aber kaum daß die Manövertage vorüber und die fremdherrlichen Offiziere wieder abgereist waren, um daheim ihrer hier geäußerten Bewunderung einige kritische Bemerkungen anfügen zu können, als auch schon das Kaiser-Wilhelms-Wetter umschlug und eine Regensaison einsetzte.

Die Rätin, sosehr sie sonst auf helle Tage hielt, hatte diesem Wechsel, als dem einfachsten und natürlichsten Mittel zur Wiederherstellung eines status quo ante sehnsüchtig entgegengesehen, aber freilich nur um nachträglich einer allerempfindlichsten Täuschung zu begegnen. Wie die meisten Frauen, hatte sie zwanzig Jahre lang an ihres Mannes Seite gelebt, ohne von seiner Eigenart auch nur annähernd eine richtige Vorstellung gewonnen zu haben. Er war eben ein Charakter. Und dessen sollte sie jetzt gewahr werden.

»Es regnet heute, lieber Hermann. Ich will dich nicht zurückhalten. Aber du solltest wenigstens...«

»...Die Gummischuhe... Nicht wahr? Ich bitte dich, komme mir nicht mit solchen Weichlichkeiten. Außerdem ist der Gummischuh, was du nicht zu wissen scheinst, ein sanitätlich überwundener Standpunkt. Es gilt vom Fuße genau dasselbe, was vom ganzen Menschen gilt: er braucht Freiheit und Luft. Einpferchung ist die Brutstätte jeder Krankheit.«

Und so brach er denn auf und ging weit, erst den Asphalt und dann die Chaussee hinunter, bis er ins Freie kam, wo nichts mehr war und nur noch der Sperling auf dem Telegraphendrahte saß und bei des einsamen Wanderers Anblick sagen zu wollen schien: »Ist es möglich?«

In dieser Weise verlief der erste Regentag, und dem ersten folgte der zweite. Wohl unterblieben die Nachmittagspartien, aber in allem andern, insonderheit in der Abendverpflegung, wurde keine Veränderung vorgenommen, und die Milch, die, bei der herrschenden Kälte, nicht Zeit gehabt hatte, ganz zu gerinnen, erschien nach wie vor auf dem Tisch.

»Ungeronnene Milch...«

»Auch *das* ist ein überwundener Standpunkt«, entgegnete Gottgetreu, während er die Satte heranzog und es sich schmecken ließ. Oder sich wenigstens das Ansehen davon gab.

Als aber der dritte Regentag zur Rüste ging und der Rat sich wieder an seine Mahlzeit setzte, war es ihm, als ob die Milch ebenso blau sei wie die Satte selbst. Und als er sich nichtsdestoweniger bezwungen und gegessen und den Löffel wieder niedergelegt hatte, sah Eveline, daß er in ein Schwanken kam und immer zuckte.

»Gott, Hermann, du zuckst ja. Lieber Mann, es ist ja, wie wenn dir der Tod über den Rücken liefe.«

Der so zärtlich und ängstlich zugleich Angesprochene versuchte zu lächeln. Aber seine Kraft war augenscheinlich im

Abzug, und er litt es, daß man ihn zu Bette brachte. Kein Wort wurde laut, und während er im Schüttelfroste lag, schrieb Eveline folgende Zeilen an den alten Geheimrat Krukenberg: »Lieber Geheimrat! Ich belästige Sie nicht gern, aber mein Mann ist, fürcht' ich, ernstlich erkrankt. Er kam schwer erkältet hier an und nahm diesen Erkältungszustand für eine Form höherer Gesundheit. Und seitdem hat er sich immer weiter abgehärtet und die Niederlage vorbereitet, die nun da ist. Ach, daß doch die besten Menschen so widerborstig sind. Ich bin recht in Sorge. Darf ich hoffen, Sie morgen mit herankommen zu sehn? Ihre Eveline G.«

Und um die Mittagsstunde fuhr der alte Krukenberg vor, der schon im Hause von Evelinens Eltern als eine damals erst werdende Berühmtheit aus und ein gegangen war und in gnädiger Erinnerung an alte Zeiten eine Vorliebe für die ganze Familie (die Gottgetreus mit eingeschlossen) bewahrt hatte, trotzdem sie mehr oder weniger »außerhalb seiner Sphäre« lag. Und die Rätin nahm ihn beiseit und berichtete kurz und hastig, wie's mit ihrem Manne stände. Denn der alte Krukenberg, obwohl er sich in eigener Person die höchste Weitschweifigkeit gestattete, hielt doch bei seinen Patienten auf einen allerlapidarsten Lapidarstil. Und nun trat er zu dem Kranken selber heran, der in jenem bekannten drusligen Fieberzustande dalag, in dem man Sterne fallen oder durch einen schweren und graugelben Nebel hin allerhand Feuerpferde galoppieren sieht.

»Nun, Gottgetreu. Wie geht es?«

»O gut genug... Es muß etwas in der Milch gewesen sein...«

»Allerdings. In der Milch ist immer etwas. Und wäre ja sonst kein Nahrungsmittel. Aber suchen wir die Schuld nicht an falscher Stelle; die Schuld liegt in der Regel an und in uns selber. Ich bitte Sie, Gottgetreu, Sie sind doch nun auch gegen funfzig...«

»Zweiundfunfzig«, simperte der Angeklagte ziemlich kleinlaut vor sich hin.

»Umso schlimmer. Und anfällig wie Sie sind, mit Ihrer natürlichen Beanlagung für Asthma und Rheumatismus, *Sie* wollen einen alten Turnvater spielen und ohne Halstuch,

frisch, fromm und frei, bei Sturm und Regen, in einem wahren
Sintflutwetter, auf dem Kurfürstendamm spazierengehn? Oder
gar bis Wilmersdorf. Und abends eine Satte saure Milch? Und
alles bloß, weil Sie draußen in Thüringen ein paar hustenlose
Tage gehabt haben? Es ist zum Lachen. Und nun hören Sie,
wenn wir gute Freunde bleiben sollen: es wird morgens wieder
ausgeschlafen, je länger, je besser; und danken Sie Gott, daß
Sie nicht vor zehn Uhr früh an die Mitregierung des preußischen Staates heranmüssen. Und wenn Sie zwischen drei und
vier, wie meine sächsischen Landsleute sagen, wieder ›da-
heeme‹ sind und sich's haben schmecken lassen – denn Ihre
Frau versteht es; das weiß ich noch aus alten Zeiten und aus
der Rosenthaler Straße her –, dann legen Sie sich aufs Ohr
und gönnen sich den Schlaf und die Ruhe des Gerechten.«
    Es schien, daß Gottgetreu replizieren wollte.
    Der alte Geheimrat ließ es aber nicht dazu kommen und
fuhr in superiorem Tone fort: »Ich weiß, was Sie sagen wollen. Immer der alte Unsinn von Schlaf und Schlagfluß. Aber
die Sache liegt einfach so: die meisten kriegen ihn von zu
wenig. Und *wenn* ich ihn denn schon kriegen soll, ich meine
den Schlagfluß, so krieg' ich ihn lieber mit einem Rückblick auf
glücklich ausgeruhte, als mit einem Rückblick auf fieberhaft
abgehaspelte Stunden. Und das mit der Milch ist die Torheit in
der höchsten Potenz und eigentlich schon ein halbes Verbrechen. Unser Magen ist keine Molkerei, nicht einmal eine Selbelanger, und der zivilisierte Mensch trinkt abends eine Tasse
Tee; das erwärmt ihn und regt ihn an. Und dazu Brot und
Fleisch. Oder doch etwas Tödterschen Aufschnitt. Ohne das
geht es nicht, und ich sag' Ihnen geradezu, ohne Tödter töten
Sie sich.«
    In diesem Wortspiele hatte der alte Geheimrat seine gute
Laune wiedergefunden und setzte, während er des Kranken
Hand nahm, um noch einmal seinen Puls zu fühlen, in freund-
licherem Tone hinzu: »Soviel also für die Zukunft und ins
Allgemeine. Für den Augenblick aber erbitt' ich mir ein abso-
lutes Stilliegen und immerbishundertzählen und ein dickes
Federdeckbett anstelle dieser nichtssagenden Steppdecke. Denn
Sie schleppen einen wahren Erkältungsriesen mit sich herum,

einen siebenmal aufeinandergetürmten Katarrh. Und der muß erst heraus. Ich kenne die *Sommerfrischlinge*.«

Diese letzten Worte waren eigentlich schon im Vorzimmer gesprochen worden, und Eveline, die dem alten Freunde die Hand drückte, frug ihn ängstlich mit ihren Augen. »Is nichts«, beruhigte dieser. »Aber es war doch nötig, ihm den Kopf zu waschen. Er wird sonst rückfällig.«

Und den dritten Tag danach saß der leidlich wiederherge-stellte Rat in einem Polsterstuhl am Fenster, ein schottisches Reiseplaid um die Füße gewickelt. Es war immer noch ein Wetter zum Erbarmen. Eveline las ihm die Zeitung vor und sagte, während sie hinauswies: »Ich denke, Hermann, wir lassen ein Feuer machen. Es ist doch nichts behaglicher als ein warmer Ofen, und eine Lampe mit durchbrochenem Schirm und ein dampfender Teekessel und – Reisepläne für den nächsten Sommer.«

Er aber nickte nur und sagte: »Wie du willst«, und bezeugte durch eine bedingungslose Nachgiebigkeit in diesem und jedem andern Stück, daß das »innere Düppel« einer starken Mannes-seele gebrochen war.

IM COUPÉ
(1884)

»Hier, meine Dame«, sagte der Schaffner und riß dienstfertig die Tür des Coupés auf, um sofort wieder im Gedränge zu ver-schwinden.

Es war auf einer Kreuzstation drei Stunden vor Köln, und im Osten, von wo der Zug kam, zog schon dämmernd der Tag herauf.

Die junge Dame folgte der ihr so bestimmt gegebenen Wei-sung und stand eben im Begriff, in das Coupé einzusteigen, als ihr aus dem Fond desselben ein Herr entgegentrat.

»Pardon«, sagte sie. »Ich vermutete ein Damencoupé.«

»Ein Coupé für Nichtraucher, meine Dame. Wenn Sie jedoch befehlen . . .« Und er machte Miene, das Coupé zu verlassen.

»Bitte, bleiben Sie, mein Herr… Nur keine Störungen…
Übrigens auch schon zu spät.«

Und sie nahm ohne weiteres Zögern den sich ihr zunächst
bietenden Platz ein, während ihr Partner sich in die Ecke schräg
gegenüber zurückzog. »Fertig«, klang von draußen die Stimme
des Zugführers, und beide Insassen hörten nur noch, wie der
vorübereilende Schaffner die bloß eingeklinkte Coupétür
schloß. Im selben Augenblicke setzte sich der Zug in Bewegung
und nahm unter rasch wachsendem Rasseln und Klappern alsbald seine volle Fahrgeschwindigkeit.

In der Haltung der Dame drückte sich, trotz des Vertrauens,
das sie bei dieser Begegnung gezeigt hatte, eine nur zu be-
greifliche Spannung und Erregtheit aus, was ihrem Gegenüber
nach einer kleinen Weile Veranlassung gab, sich verbindlich
und mit einem Anfluge von Humor an sie zu wenden. »Ich
glaube«, begann er, »sprechen ist besser als schweigen, wenigstens in der Lage, in der wir uns befinden.«

Sie verneigte sich, während er seinerseits fortfuhr: »Sie
haben den Mut eines raschen Entschlusses gehabt, und ich
bitte den Schluß daraus ziehen zu dürfen, daß Sie viel gereist
sind, in fremden Ländern; international, eine Dame von Welt.«

»Ich könnte dies zugeben«, sagte sie, während sie zu lächeln
versuchte, »wenn es nicht etwas Beängstigendes hätte, sich im
ersten Moment einer Bekanntschaft als ›Dame von Welt‹ an-
gesprochen zu sehen. Ein eigentümlich zweischneidiges Wort,
schmeichelhaft und auch wieder nicht. Übrigens muß eine
Dame von Welt mindestens dreißig sein. Und ich bin erst
siebenundzwanzig.«

»Sonderbar. Als ich siebenundzwanzig war (beiläufig das
glücklichste Jahr meines Lebens), war ich in einer ganz ähnlichen Situation wie Sie.«

»Nur mit dem Unterschiede, daß Sie keine Dame waren.«

»Nein. Und das macht freilich einen Unterschied. Aber doch
nur in *einem* Stück. In der großen Hauptsache von Leben und
Sterben, eine Sache beziehungsweise Frage, die mir damals
ziemlich ernsthaft durch den Kopf ging, ist es gleich.«

»Und wo war das?«

»In England.«

»Ah.«

»Sie waren drüben?«

»Nein. Nicht bis *jetzt*. Ich stehe nur auf dem Punkt... Aber ich unterbrach Sie.«

»Nun denn also, ich kam damals von Brighton, Nachtzug, um auf der wundervollen Küstenbahn, die zum Teil hart am Meere hinläuft, nach Dover zu fahren. Es ging in rasender Schnelligkeit, und nur auf Station Hastings war eine Minute Verzug. Ich saß allein im Coupé. Mit einem Male wurde die Tür rasch aufgerissen, und ein Herr sprang herein, ohne daß sich ein Schaffner oder Eisenbahnbeamter gezeigt hätte. Fast im selben Augenblick erlosch das in der Mitte des Wagens hängende Lämpchen, und ich sah nur noch die brennende Zigarre meines Mitreisenden und das Glühen seiner Augen. So wenigstens schien es mir.«

»Und?«

»Daß ich's Ihnen gestehe, ich ängstigte mich nicht wenig. Es war dasselbe Jahr, wo der in London lebende deutsche Schneidergeselle Franz Müller, unter Ausnutzung einer sehr verwandten Coupésituation, einen stattlichen rotblonden Engländer seiner Uhr und Kette, ja sogar seiner goldenen Brille beraubt und nach einem verzweifelten Kampfe und unter Öffnung der Wagentür schließlich auf die Schienen gestürzt hatte. Keine vier Wochen, daß ich in dem Studium des Prozesses ganz aufgegangen war. Und nun war ich vielleicht selber der rotblonde Engländer mit der Uhr und der Goldbrille. Daß ich umgekehrt der andere nicht war, wußt' ich nur zu gut.«

»Erzählen Sie mir dies alles«, bemerkte die Dame, »um sich angenehm bei mir einzuführen? Oder wohl gar zu meiner Beruhigung?«

»In gewissem Sinne, ja. Wenn ich etwas Franz Müllersches an mir hätte, würd' ich ein so naives avis au lecteur aller Wahrscheinlichkeit nach unterlassen und Sie lieber durch eine Geschichte höherer Tugend und Menschenfreundlichkeit einzulullen suchen.«

»Ah, ich verstehe. Nichtsdestoweniger wär' es mir lieb, Sie ließen das Thema fallen. Es geht mir im Kopf herum und quält mich, nicht um des Augenblicks, wohl aber um meiner näch-

sten Zukunft willen. Ich will nämlich, wie Sie vielleicht über-
hört haben, eben jetzt nach England, einem Lande, von dem
ich ohnehin die Vorstellung unterhalte, daß es ein Tauris oder
Kolchis sei, wo die Fremden irgendeinem Götzen oder sonsti-
gem Etwas zu Ehren geopfert werden.«

»Etwas davon trifft auch zu. Nur statt des Goldenen Vlieses
von Kolchis haben sie drüben das Goldene Kalb. Und ihm
fallen Opfer genug. Trotzdem ist dies England, über dessen
›shortcomings‹, ein unübersetzbares Wort, ich vollkommen
aufgeklärt bin, vergleichungsweise das Land der Nichtverbre-
chen.«

»Sie setzen mich in Erstaunen.«

»Woraus ich nur ersehe, daß Sie die wichtigste Zeitungs-
rubrik, die der statistischen Notizen, von Ihrer Beobachtung
ausgeschlossen haben. Sonst würden Sie weniger verwundert
sein.«

»Eine Vermutung, mein Herr, die doch nicht zutrifft. Im
Gegenteil, ich lese wöchentlich die große europäische Sterbetabelle: Breslau vierzig, Berlin dreißig, London zwanzig.«

»Da haben Sie's.«

»Was? In dieser Zahlenskala hab' ich doch nichts als die
Prozentsätze, nach denen man in den großen Städten lebt und
stirbt.«

»Aber darin liegt alles andere. Denn dem vielzitierten
napoleonischen Satze: ›daß das Land mit den besten Nähnadeln auch das der besten Brauer und Bäcker, der geschicktesten
Architekten und Kunstreiter sei und überhaupt alles am besten
habe‹, diesem Satze möchte ich doch zustimmen dürfen. Es
steht eben alles in einem inneren Zusammenhang. Der Drang
nach Vollkommenheit, wenn er überhaupt erst Wurzel geschlagen, entwickelt sich von dem Augenblick an in jeder
Branche des öffentlichen Lebens, und wo man, sagen wir, Epi-
demien am besten in Check zu halten weiß, weiß man ebenso
das Kriminale bestmöglichst in Check zu halten. Mit anderen
Worten, wo die Gesundheitspflege dem Tod auf die Finger
sieht, da sieht auch die Sicherheitspflege dem Dieb auf die
Finger, dem Dieb, dem Einbrecher, dem Garroteur. Und so immer hinauf auf der Stufe des Verbrechens.«

»Ei, da seh' ich ja bei dem Schritt über den Kanal, den ich vorhabe, meine Lebenschancen erheblich wachsen. Und mit der Lebenschance vielleicht auch meine Chancen auf Glück.«

»Gewiß, wenn Leben der Güter höchstes ist. Aber ist Leben der Güter höchstes? Schiller verneint es, und ich meinerseits möchte von einem ›Ja‹ und einem ›Nein‹ sprechen dürfen. Nichts hängt an der Existenz an und für sich, nichts an dem Weg, den wir Leben nennen, als solchem, wohl aber alles an dem Zukünftigen, das diesen Weg begleitet. Und so gut bewahrt und äußerlich gesichert das Leben als solches in England ist, so wenig beneidenswert ist es in seinen Begegnungseinzelheiten für den, der sich nicht des Vorzugs erfreut, den oberen Zehntausend zuzugehören. Und welcher Fremde gehörte dazu? Kaum einer.«

»Und am wenigsten eine fremde Governeß, als welche Sie mir gestatten wollen, mich Ihnen hiermit vorzustellen.«

»Da sind wir Kollegen. Ich war mehrere Jahre tutor in Rugby, Grafschaft Warwick. Aber wozu diese nähere Bezeichnung, als handle sich's um eine Briefadresse? Wer Governeß ist, bedarf keiner Geographienachhilfestunde. Rugby. Keine vier Wochen, daß ich mich von ihm trennte! Nun liegt es zurück, auf immer, und nach einem kurzen Besuch in meiner Vaterstadt (ich sollte sagen auf dem Kirchhofe meiner Vaterstadt) will ich jetzt über das große Wasser. Hab' ich doch praktisch sein in England gelernt und gehe jetzt über New York nach Chikago, um daselbst eine Schule zu gründen. Ich bin guten Muts und fürchte mich nur ein wenig vor Heimweh und Einsamkeit, denn ein deutsches Herz, und nun gar ein thüringisches, ich bin aus dem Schwarzatal, hört nicht auf, für seinen Duodezstaat und seine Kirchturmspitze zu schlagen. Aber was sprech' ich davon? Heimweh und Einsamkeit, die meiner vielleicht harren, bedeuten nicht viel, sind jedenfalls nicht das Schlimmste; Hohlheit und Hochmut ertragen müssen, das ist schwerer, und das wird Ihr Los sein, wenn Sie nicht ein besonderes Glückskind sind. Ich hoffe, Sie wissen, welchen Schritt Sie tun und welchen Widerwärtigkeiten, ja vielleicht welchen Demütigungen Sie mit einer Art von Wahrscheinlichkeit entgegengehen.«

»Ich weiß es und weiß es auch nicht. Unter allen Umständen aber vertraue ich meinem guten Stern und möchte mich, wenn an nichts anderem, so doch an dem Ausspruche aufrichten dürfen, den ich eben erst Ihrer Güte verdanke: wo die Nähnadeln am feinsten sind, sind auch andere Sachen am feinsten. Und unter diesem anderen auch die Behandlungs- und Umgangsformen.«

»Gewiß. Aber nicht dem Untergebenen und Abhängigen gegenüber. Nein, meine Gnädigste, dem kann ich nicht zustimmen. Der napoleonische Satz, den ich so leichtsinnig war zu zitieren und auf den Sie sich jetzt berufen, sollte nur ausdrükken: wo *eine* Geschicklichkeit gedeiht, gedeiht zuletzt jede. Das sind alles Dinge, die mit dem Schulungs- und Lernevermögen der Menschen, mit Abrichtung und Drill zusammenhängen. Aber die Gesetze der physischen und moralischen Welt sind nicht dieselben, gehen vielmehr umgekehrt und mit einer gewissen Vorliebe sehr verschiedene Wege. Beste Bildhauer und beste Soldaten, das mag sich decken, und Sie mögen hinzusetzen: beste Schauspieler und beste Kanzelredner auch. All das läßt sich lernen. Aber das Herz läßt sich *nicht* lernen. Das hat der eine, und der andere hat es nicht. Und wie mit den Individuen, so mit den Völkern. Am meisten aber in England. In einem und demselben Hause kann die feinste gesellschaftliche Form und die schlechteste Menschenbehandlung nebeneinander hergehen. Auch in dieser schlechtesten Menschenbehandlung wird sich immer noch eine gewisse, mildernde Form aussprechen, und das eigentlich Brutale wird vermieden werden, aber Sie werden den Eishauch der Lieblosigkeit und Gleichgültigkeit fühlen und vor allem das Von-oben-Herab, das so tief empört.«

»Ein jeder schafft sich seine Stellung.«

»Um Gottes willen, meine Gnädigste, nur nicht das. Unter allen redensartlichen Sätzen ist das der redensartlichste. Stellung schaffen im Hause eines Lords, dessen Omnipotenz nur noch von der Hochfahrenheit seiner Lady, von den beleidigend in die Front gerückten Zähnen seiner Zwillingstöchter und vor allem von den Insolenzen seines dreizehnjährigen Masters übertroffen wird. Stellung schaffen! Es bedarf schon eines erheblichen Maßes von Entschlossenheit, aus solcher Umgebung auch nur zu fliehen und den Mut eines Rückzugs zu haben. Ich will Ihnen mit dem herkömmlichen Vergleiche vom Vogel und der Schlange nicht ernsthaft beschwerlich fallen, aber das ist wahr, ein nur halbwegs zaghaftes Herz kennt in solcher Lage keinen andern Ausweg als Unterwerfung.«

»Ich glaube doch, daß Sie die Kraft, die Gott auch den Schwachen gegeben, um ein Erhebliches unterschätzen. Ich habe manches erfahren, und allerlei Schmerzliches, ja Schlimmeres als Schmerzliches ist mir nicht erspart geblieben. Aber ich darf doch sagen, ich bin immer siegreich aus solcher Bedrängnis hervorgegangen. Allerdings hat alles, was ich sage, *eine* ganz bestimmte Voraussetzung: ein Appell an Ehre, Pflicht und adlige Gesinnung muß möglich und eines Verständnisses und in diesem Verständnis auch einer Würdigung sicher sein. Mit einem Worte, das Haus, in das ich eintrete, muß noch ein *Gewissen* haben, wenn auch vielleicht ein tief verschüttetes. Ist dies Gewissen aber da, so gewinn' ich die Partie, so gestaltet sich alles zu einer Frage festen Auftretens und selbstverständlich des guten Rechts.«

»Und Sie haben das an sich selbst erfahren?«

»Ja. Und noch dazu im Herzen von Rußland. ›Ich bin in Ihrer Gewalt, Fürst‹, sagte ich, ›und Gott und der Zar sind weit, und Sie haben die Macht und die Mittel, mir Ihren Willen aufzuzwingen. Wollen Sie's? Gut. Erniedrigen Sie mich. Aber verlangen Sie nicht, daß ich die Hand dazu biete...‹«

»Und?«

»Von Stund' an hatt' ich gute Tage. Er war so liebenswürdig, wie nur russische Große sein können, und die Fürstin, eine große Dame, deren erstes Auftreten bei Hofe noch in die Kaiser-Nikolaus-Tage fiel, verwöhnte mich wie ihren Papagei. Ich glaube, sie wußte, was voraufgegangen. Vielleicht aus ihres Gatten eigenem Munde. Denn es war eine sonderbare Ehe... Doch Pardon, ich sehe Sie lächeln.«

»Ja. Doch es ist ein Lächeln, das einer ganz unpersönlichen Betrachtung gilt.«

»Und welcher, wenn ich fragen darf?«

»Der Betrachtung eines beständig fortschreitenden Amerikanismus, eines eigentümlich freiheitlichen Entwicklungsganges, den zu verfolgen seit Jahr und Tag meine Passion ist. Ein solcher Appell an Gesinnung und Ehre, nicht bloß vom Standpunkte landläufiger Moral, sondern von einem Standpunkte der Ebenbürtigkeit aus, das stammt alles von drüben, das ist modern, ist amerikanisch. Und jede neue Wahrnehmung davon erquickt mich.«

»Ich mag Ihnen nicht widersprechen, war aber bisher umgekehrt des Glaubens, die Neue Welt lebe von Errungenschaften der Alten.«

»In Nebensachen, ja. Ganze Pilgerzüge von drüben überschwemmen die paar Inseln und Halbinseln, die sich Europa nennen, und überall begegnet man ihnen, in Dresden vor der Sixtinischen, in Rom vor dem Papst und in Oberammergau vor dem gekreuzigten Christus. Ja, da stehen sie zu Hunderten und Tausenden und starren und gaffen und kritzeln ihre Notizen in ihre ›Guides‹ und ›Handbooks‹ und am Abend alles nochmal in ihre Tagebücher. Aber was bedeutet es? Unser altes Europa hat den Charakter einer Reisesehenswürdigkeit angenommen, wie Troja, wie Mykenä, wie die Pyramiden, und man bewundert, von Station zu Station, alte Schlösser und alte Kirchen, alte Waffen und alte Bilder und schließlich auch alte Menschen. Denn ein Provinzial- oder Kreistagsdeputierter, auch wenn er erst dreißig Jahre zählt, was ist er anders als ein alter Mensch?«

Es schien, daß seine Reisegefährtin antworten wollte. Er aber übersah es oder wollte es übersehen und fuhr seinerseits fort: »Ich sage das alles von einem gewissen amerikanischen Standpunkte aus, den ich, noch eh' ich die Neue Welt betrete, schon ganz aufrichtig zu dem meinigen gemacht habe. Deutschland, Italien, das alles ist den Leuten drüben ein bloßer Ausstellungspark geworden, eine Kunstkammer, ein archäologisches Museum, und ich würde, wenn sich's für Amerika um eine symbolische Darstellung unseres alten Europas handelte, Schliemann und Frau, mit dem Ausgrabungsspaten in der Hand, in Vorschlag bringen. Dabei trifft es sich glücklich, daß Schliemann ein Mecklenburger ist. Alles alt, alt. Auch das noch Unverschüttete wirkt schon wie ausgegraben. Zum Studium interessant, aber was frommt es dem lebendigen Leben? Und nun vergleichen Sie damit den Einfluß Amerikas auf *uns*. Unsere Daseinslust hat es auf der einen Seite gesteigert, und das Elend, das aller Menschen Erbteil ist, hat es auf der anderen Seite, wenn nicht zum Schweigen gebracht, so doch eingelullt. Es bedeutet etwas und ist mindestens ein sinnreicher Zufall, daß wir der Neuen Welt alle Mittel verdanken oder doch die besten und wirkungsvollsten unter ihnen, unseren physischen Schmerz zu stillen. Und in der Geisteswelt ist es kaum anders. Amerika, wie viel es uns schulden mag, hat ein Recht, uns zuzurufen: ›Unser Schuldbuch ist zerrissen.‹«

»Und fürchten Sie nicht, sich durch Erlebnisse vielleicht widerlegt und umgestimmt zu sehn?«

»Nein. Das ist ausgeschlossen. Meine persönlichen Erwartungen können scheitern, aber ich kann in der großen Frage selbst ganz unmöglich anderen Sinnes werden. Es ist damit wie mit den Zehn Geboten oder der Erscheinung Christi. Die Zehn Gebote, zu denen ich mich freudig bekenne, mögen mir unbequem werden, und die Heilslehre kann mir, sei's durch meine Schuld oder mein Schicksal, ihren Dienst und ihren Segen versagen, aber ich kann nicht erschüttert werden in meinem Glauben an ihr Recht und ihre Größe.«

»Sie so sprechen zu hören, beglückt mich, und wie jede Begeisterung mit fortreißt, so fühl' ich plötzlich eine Neigung in mir erwachen, England nur als eine Etappe zu nehmen und über kurz oder lang auch meinerseits den Schritt in die Neue Welt hinüber zu wagen.«

»Sie sollten ihn wagen, und zwar gleich, heute noch, und ich würde mich freudigen Herzens erbieten, auf lange hin, oder sagen wir lieber auf immer Ihr Führer, Ihr Anwalt und Beschützer zu sein. Darf ich erwarten, den Dienst, in den ich mich stelle, von Ihnen nicht zurückgewiesen zu sehen?«

Am Horizont stieg der Ball herauf, und im hellen Widerschein derselben erglänzte, während nach unten zu noch alles im Nebel lag, das phantastische Zackenwerk des Kölner Doms. Die junge Dame ließ das Fenster herab, und die frische Morgenluft drang ein.

»Überlegen wir's«, sagte sie ruhig, aber in heiterem Tone.

»Jeder, der eine neue Rolle spielt, übertreibt leicht, auch wenn es die des Führers und Beschützers wäre. ›Quickness‹ soll ein amerikanisches Lebensprinzip sein. Aber man kann auch darin zu weit gehen.«

»Gewiß. Und nur in *einem* Punkte möcht' ich widersprechen. Es ist kein amerikanisches Lebensprinzip, um das es sich hier handeln dürfte, sondern ein Allerweltsprinzip, und es lautet: Man soll den Augenblick ergreifen. Ist es der rechte, so bedeutet es das Glück.«

Er nahm ihre Hand, und sie zog sie nicht zurück. Dann sagte sie: »Und meine Lady drüben in London?«

»Wahrhaftig, ich vergaß ihrer. Und wie hieß sie?«

»Lady Pimberton, Euston-Square.«

»Gut. Wir schreiben ihr morgen von Brüssel aus, sehr artig und, wenn es sein muß, sogar devot. Und Miß Arabella, so wird sie doch wohl heißen, wird ihren ungarischen Tanz auch unter anderer Anleitung spielen lernen. Ich kenne britischen Musikenthusiasmus, und alle Pimbertons, darauf leb' ich und sterb' ich, spielen nur *einen* Tanz. Mehr wäre Virtuosentum. Und Virtuosentum ist ›low‹ und ›shocking‹. Aber da ist Köln. Ich denke, wir richten unsre nächsten Schritte nach dem Dom und reichen uns noch einmal die Hand vor seinem Altarbild und seiner die Welt und das Heil in Händen haltenden Himmelskönigin.«

DER KARRENSCHIEBER VON GRISSELSBRUNN
(1885)

Der Sommer hatte mich nach Norderney geführt, nicht um zu baden, sondern lediglich um mal wieder die See zu sehen und bei der Gelegenheit ein Rendezvous mit ein paar alten Freunden zu haben, die regelmäßig ihre Ferien auf der, ohne schön zu sein, doch so reizvollen Nordseeinsel zubrachten. Diese Regelmäßigkeit des Besuchs hatte auch zur Herrichtung eines Stammtisches geführt, in einem ziemlich abgelegenen Lokal, unmittelbar am Strande. Wir hätten, von seiner Höhe her, unsern Becher mit Leichtigkeit ins Meer werfen können, ganz wie der König von Thule. Statt dessen zogen wir es aber vor,

über Altes und Neues zu plaudern, ja, verstiegen uns eines
Abends bis zu dem Vorschlag, jeder solle, der Reihe nach, eine
Geschichte zum besten geben, aber es müsse Selbsterlebtes
sein. *Das* war Bedingung. Der letzte, der das Wort nahm, war
Baurat Oldermann.

»Ich möchte«, hob dieser an, »eine Geschichte von einem
Karrenschieber erzählen, und zwar, damit das Kind vom Anfang an einen Namen hat, die Geschichte vom *Karrenschieber
von Grisselsbrunn.*

Nun, Grisselsbrunn, vordem eine nicht unberühmte Heil-
quelle, war seit Anfang dieses Jahrhunderts nebenher auch
noch ein großer Kaffeegarten geworden, unmittelbar vor der
Stadt L., und als diese, wie Sie wissen, im Laufe der siebziger
Jahre sich auszudehnen und alle Vorörter und Nachbardörfer
in sich aufzunehmen begann, kam auch Grisselsbrunn an die
Reihe. Kaum daß man die immer noch in Ehren gehaltene
Quelle respektierte. Die ringsherum stehenden Pavillons und
Buden aber fielen sofort und die Platanen und Ahornbäume
schließlich auch, – alles, um einem großen Hotelbau, samt
einem Bazar im Erdgeschoß, Platz zu machen. Ich wurde, nach
Gutheißung meiner Pläne, mit der Oberleitung des Ganzen
betraut und überzeugte mich, gleich beim ersten Spatenstich,
daß bei der meist sumpfigen Terrainbeschaffenheit vor allem
ein fester Untergrund geschaffen werden müsse. Damit ging
ich denn auch vor und gab einem Bauführer und einem alten
Polier, der uns als Ortsangehöriger gute Dienste leistete, die
nötigen Weisungen. Lange Bretterreihen wurden gelegt und
ein paar Dutzend Karrenschieber in Dienst gestellt, um den
nötigen Kies und Sand, ganze Berge, heranzuschaffen und von
oben her in die Baugrube hinabzuschütten. Zweimal des Tages
sprach ich vor, um nach dem Rechten zu sehen, denn mir sowohl wie den Unternehmern lag daran, den Bau noch vor dem
Herbst unter Dach zu bringen. Alles war ruhig, fleißig, geschickt, am geschicktesten aber ein rotblonder, schlanker, beinahe schöner Mann von Mitte Dreißig, der sich, ohne daß er
sich abgesondert oder den Aparten und Schweigsamen gespielt
hätte, doch ganz ersichtlich von dem Rest der Mannschaft unterschied. Er war größer und stärker, Vollbart, die Augenlider

gerötet, aber nur wenig. Statt der Jacke trug er ein enges Röckchen, dazu eine Militärmütze und dicksohlige Schnürschuhe, die mal einem Alpenreisenden gehört und gedient haben mochten. Alles war in desolatester Verfassung und überall von eigener Hand geflickt und zusammengenäht, aber der Schnitt dieser ramponierten Kleidung und vor allem die Haltung dessen, der darin steckte, machten es unmöglich, über ihn hinzusehen. In jeder seiner Bewegungen sprach sich, um das Modewort zu gebrauchen, ein besonderer ›Schick‹ aus, am meisten aber in der Art, wie er mit der Karre hantierte. Die Schiebebäume fest in der Hand haltend, hielt er mit dem Karrenrade genau die Mitte der Bretterlage, nicht viel anders, als ob es sich um ein Balancierkunststück im Zirkus gehandelt hätte, der eigentlichste Triumph seiner Geschicklichkeit aber war immer der Umkippungsmoment, wo er mit einem raschen und kräftigen Ruck den Inhalt der Karre von oben her in die Baugrube stürzte.

Das ging so tagelang, und als anderthalb Wochen um waren, nahm ich Veranlassung, mit dem Polier zu sprechen und mich nach dem Manne, der in allem so sehr von seiner Umgebung abwich, zu erkundigen. Aber der Polier war außerstande, meine Neugier zu befriedigen und wußte nichts, als daß sich der Betreffende vor etwa zehn oder zwölf Tagen zur Arbeit gemeldet habe. ›Und da nahm ich ihn. Denn karren kann jeder. Freilich, daß er nicht von uns ist, ist leicht zu sehen. Sehen Sie bloß seine Hände. Verbrannt, aber doch keine Arbeitshände.‹ Dies war alles, was ich erfuhr. Wenig genug, und half mir nicht weiter. Da nahm ich denn eines Tages Veranlassung, an den Gegenstand meiner Neugier, oder richtiger meiner Teilnahme, selber heranzutreten und ihm zu sagen, ›ich bäte ihn, mich nächsten Sonntag in meiner Wohnung zu besuchen; von neun bis elf werd' er mich sicherlich treffen‹.

Und er kam auch. Sein Anzug, was auf einen Zustand höchster Not deutete, war derselbe wie alltags: dasselbe Röckchen, dieselben Schnürschuhe, nur alles sehr geputzt und gebürstet, so daß ich den Eindruck einer herabgekommenen Existenz, eines Mannes von ursprünglich guter Erziehung und besten Manieren im verstärkten Maße hatte. Er blieb in der Tür

stehen, verbeugte sich und sagte: ›ich hätte befohlen‹. Dann
bat ich ihn, Platz zu nehmen. Er rührte sich aber nicht und sah
mich nur an und wartete, bis ich ihn anreden würde. Das tat
ich denn auch. ›Sie werden erraten haben, weshalb ich Sie
gebeten habe, zu mir zu kommen. Sie gehören einer anderen
Gesellschaftsschicht an, und die ›Karre zu schieben‹ ist Ihnen
nicht an der Wiege gesungen worden. Sie sind aus einem guten Hause, haben Schulen besucht und sind dann früher oder
später gescheitert, mit Schuld oder ohne Schuld, sagen wir mit,
das ist das Wahrscheinlichere. Spiel, Weiber, Wechsel, vielleicht falsche. Und dann war es vorbei und die Geduld erschöpft, und Sie hatten keine Familie mehr. Und so kam es,
wie's kam...‹

Jeden meiner Sätze hatte er mit einem leisen Kopfnicken
begleitet, und als ich abschließend und fragend hinzusetzte:
›Ist es so?‹ sagte er: ›Ja. Es ist so. Wir waren unserer neun;
davon sechs auf Schulen und in der Armee. Der Vater konnte
nicht mehr...‹

›Gut; ich versteh. Ich weiß genug und will nicht in Geheimnisse eindringen. Und nun hören Sie. Ich bin nicht reich, aber
ich habe Verbindungen und denke, daß ich Ihnen helfen kann,
wenn Sie Hilfe *wollen*.‹

Er schwieg.

›Ich werde‹, fuhr ich fort, ›mit dem Polier oder besser mit
dem Bauführer sprechen; er wird Ihnen eine andere Stellung
auf dem Bau geben, und ich werde für Ihre Kleidung sorgen.
Wo ein Wille ist, ist auch ein Weg. Sie sind groß und stark
(ich hoffe auch innerlich), und Sie werden sich herausretten.
Hier ist meine Hand. Alles wird davon abhängen, ob Sie die
Kraft haben, diese Hand zu fassen und zu halten.‹

Er kam auf mich zu, und ich sah, daß sich sein Auge mehr
und mehr gerötet hatte. Dann sprach er mir kurz und knapp
seinen Dank aus, und ich fühlte, daß eine Träne auf meine
Hand fiel. Dabei war ich bewegt wie er selbst, und unter wie-
derholtem Zuspruche meinerseits schieden wir.

Noch denselben Tag sprach ich mit dem Bauführer, der, wie
gewöhnlich, so auch an diesem Sonntage mein Tischgast war.
Er ging auf alles ein und versprach, das Seine zu tun, ›aber

freilich, bis vor Ende der Woche werde sich schwerlich was tun
oder auch nur Rat schaffen lassen‹. Ich war einverstanden und
trat an demselben Abend noch eine kleine Reise nach Dresden
an, die mich drei Tage von meinem Bau fernhielt. Als ich zurückkam, war das erste, daß ich nach meinem Karrenschieber
aussah. Er war aber nicht da.

›Sagen Sie, Polier, wo ist der... Nun, Sie wissen schon, wen
ich meine.‹

›Weiß. Er ist nicht wieder gekommen.‹

Ich war erschüttert und ließ Nachforschungen anstellen,
wobei mich die Behörden aufs bereitwilligste unterstützten.
Aber umsonst. Es war keine Spur von ihm zu finden. Wohin
war er? In die Neue Welt – oder weiter...?«

EINE FRAU IN MEINEN JAHREN
(1886)

»Erlauben Sie mir, meine gnädigste Frau, Ihnen Ihren Becher
zu präsentieren...«

Die Dame verneigte sich.

»Und Ihnen auf Ihrer Brunnenpromenade Gesellschaft zu
leisten. Immer vorausgesetzt, daß ich keine Verlegenheiten
schaffe.«

»Wie wäre das möglich, Herr Rat! Eine Frau in meinen
Jahren...«

»Es gibt keine Jahre, die gegen die gute Meinung unserer
Freunde sicherstellen. Am wenigsten hier in Kissingen.«

»Vielleicht bei den Männern.«

»Auch bei den Frauen. Und wie mir scheinen will, mit Recht.
Ich erinnere mich eines kleinen anekdotischen Hergangs aus
dem Leben der berühmten Schröder...«

»Der Mutter der Schröder-Devrient?«

»Derselben.«

»Und was war es damit?«

»Eines Winters in Wien sprach sie von ihrem zurückliegenden Liebesleben und von dem unendlichen Glücksgefühl, all
diese Torheit nun endlich überwunden und vor den Anfällen
ihrer Leidenschaft Ruhe zu haben. Und einigermaßen indiskret

gefragt, *wann* sie den letzten dieser Anfälle gehabt habe, seufzte sie: ›vor zwei Monaten‹.«

»Und wie alt war sie damals?«

»Dreiundsechzig.«

»Also mehr als nötig, um meine Mutter zu sein. Und doch bleib' ich bei meinem Ausspruch: ›eine Frau in meinen Jahren‹ ... Aber wer war nur die stattliche Dame, der Sie sich gestern anschlossen, um sie als Cavaliere servente bis an den Finsterberg zu begleiten?«

»Eine Freundin, Baronin Aßmannshausen, und seit vorgestern Großmutter, wie sie mir selbst mit Stolz erzählte.«

»Mit Stolz? Aber doch noch hübsch und lebhaft. Und dazu der feurige Name. Sehen Sie sich vor und gedenken Sie der Schröder.«

»Ach, meine Gnädigste, Sie belieben zu scherzen. Ich für mein Teil, *ich* darf sagen, ich habe abgeschlossen.«

»Wer's Ihnen glaubt! Männer schließen *nie* ab und brauchen es nicht und wollen es auch nicht. Soll ich Ihnen, bloß aus meiner näheren Bekanntschaft, die Namen derer herzählen, die noch mit Siebzig in den glücklichsten Ehestand eintraten? Natürlich Kriegshelden, die den Zug eröffnen und schließen... Aber hier ist schon der Brückensteg und die Lindelsmühle. Wollen wir umkehren und denselben Weg, den wir kamen, zurückmachen, oder gehen wir lieber um die Stadt herum und besuchen den Kirchhof? Er ist so malerisch und weckt der Erinnerungen so viele. Sonderbarerweise auch für mich. Oder besuchen Sie nicht gerne Kirchhöfe?«

»Grabsteine lesen nimmt das Gedächtnis.«

»Dem ließe sich auf einfachste Weise vorbeugen: man liest sie nicht... Aber freilich, es gibt ihrer unter dem starken Geschlecht so viele, die sich überhaupt nicht gerne daran erinnern lassen, daß alles einmal ein Ende nimmt, mit anderen Worten, daß man stirbt.«

»Ich für meine Person zähle nicht zu diesen, mein Leben liegt hinter mir, und ich darf Ihnen ruhig wiederholen: ich habe abgeschlossen.«

Die Dame lächelte still vor sich hin und sagte: »Nun denn also, zunächst um die Stadt und dann nach dem Kirchhof.«

Und dabei passierten sie den Lindelsmühlsteg und schlugen einen Wiesen- und Feldweg ein. Über ihnen zog Gewölk im Blauen, und beide freuten sich des frischen Luftzuges, der von den Nüdlinger Bergen her herüberwehte. Hart am Weg hin blühte roter Mohn, und die Dame bückte sich danach und begann die langen Stiele zusammenzuflechten. Als sie schon eine Girlande davon in Händen hielt, sagte sie: »Der rote Mohn, er ist so recht die Blume, die mir zukommt; bis Sechzehn blühen einem die Veilchen, bis Zwanzig Rosen und um Dreißig herum die Verbenen, an deren deutschem Namen ich klüglich vorübergehe. Dann ist es vorbei, man pflückt nur noch Mohn, heute roten und morgen vielleicht schon weißen Mohn, und flicht sich Kränze daraus. Und so *soll* es auch sein. Denn Mohn bedeutet Ruhe.«

So schritten sie weiter, bis der von ihnen eingeschlagene Feldweg wieder auf eine breite, dicht neben einem Parkgarten hinlaufende Fahrstraße führte. Platanen und Ahorn streckten ihr Gezweige weit über das Gitter hin, aus dem Parke selbst aber, der einem großen Hotel zugehörte, rollten in eben diesem Augenblicke junge Sportsmen auf die fast tennenartige Chaussee hinaus, Radfahrer, Bicyclevirtuosen, die hoch oben auf ihrem Reitstuhl saßen und unter Gruß und Lachen vorübersausten. Ihre kleinen Köpfe, dazu die hageren, im engsten Trikot steckenden Figuren, ließen keinen Zweifel darüber, daß es Fremde waren.

»Engländer?«

»Nein, Amerikaner«, sagte die Dame, »meine täglichen Vis-à-vis an der Table d'hôte. Und sonderbar, mir lacht immer das Herz, wenn ich sie sehe. Das frischere Leben ist doch da drüben, und in nichts war ich mit meinem verstorbenen Manne, der ein paar Jahre lang in New York und an den großen Seen gelebt hatte, so einig wie in diesem Punkt, und wir schwärmten oft um die Wette. Die Wahrheit zu gestehen, ich begreife nicht, daß nicht alles auswandert.«

»Und ich meinerseits teile diesen Enthusiasmus und habe mich, eh' ich ins Amt trat, ernsthaft mit dem Plan einer Übersiedelung beschäftigt. Aber das liegt nun zwanzig Jahre zu-

rück und ist ein für allemal begraben. Amerika, weil es selber
jung ist, ist für die Jugend. Und ich...«

»...habe abgeschlossen«, ergänzte sie lachend. »Freilich, je
mehr Sie mir's versichern, je weniger glaub' ich's. Sehen Sie,
dort ist der Finsterberg, nach dem Sie gestern Ihren langen
Spaziergang richteten und der Sie jetzt zu fragen scheint: ›Wo
haben Sie die Frau Baronin?‹ ... Wie hieß sie doch?«

»Ich denke, wir lassen den Namen, und was den Finsterberg
angeht, er sieht mich *zu* gut aufgehoben, um solche Fragen zu
tun.«

Unter solchem Geplauder waren sie bis an ihr vorläufiges Ziel
gekommen und stiegen, an dem Bildstöckl vorbei, die Steintreppe zu dem Kirchhofe hinauf. In dem gleich links gelegenen
Mesnerhause standen alle Türen auf, und auf Dach und Fensterbrett quirilierten die Spatzen.

»Ich übernehme nun die Führung«, sagte die Dame. »Grabsteine lesen, so bemerkten Sie, nimmt das Gedächtnis. Gut, es
soll wahr sein. Aber ganz kann ich es Ihnen nicht erlassen.
Sehen Sie hier ... Kindergräber; eines neben dem andern. Und
nun lesen Sie.«

Der Begleiter der Dame säumte nicht zu gehorchen und las
mit halblauter Stimme: »Hier ruht das unschuldige Kind...«
Aber kaum, daß er bis zu diesem Wort gelesen hatte, so trat er
aus freien Stücken näher an den Grabhügel heran, um neugierig den vom Regen halb verwaschenen Namen bequemer
entziffern zu können.

»O nicht doch«, unterbrach sie lebhaft. »›Hier ruht das unschuldige Kind‹, das reicht aus, das ist genug, und immer,
wenn ich es lese, gibt es mir einen Stich ins Herz, daß gerade
dies die Stelle war, wo die Preußen einbrachen, *hier*, durch
eben dieses Kirchhofstor, und das erste, was sie niedertraten
und umwarfen, das waren diese Kreuze mit ihrer schlichten,
so herzbeweglichen Inschrift... Aber kommen Sie, Kindergräber erzählen nicht viel und sind nur rührsam. Ich will Sie
lieber zu Ruth Brown führen.«

»Zu Ruth Brown? Das klingt so englisch.«

»Und ist auch so. Generalin Ruth Brown. Übrigens ist die

Geschichte, die sich an ihr Grab knüpft, und zwar ganz äußerlich an ihr Grab als solches, eigentlich die Hauptsache. Denken Sie, die Generalin hat hier eine Art Mietsgrab bezogen, oder wenigstens ein Grab aus zweiter Hand.«

»A second-hand grave?«

»Ja, so könnte man's beinah nennen. Dies Grab hier hatte nämlich ursprünglich einen anderen Insassen und war die leichtausgemauerte Behausung eines bei Kissingen gefallenen Offiziers. Als dieser Offizier aber in seine, wenn ich nicht irre, westpreußische Heimat geschafft und die Gruft wieder leer war, wurde sie neu gewölbt und neu gewandet, und nun erst zog die Generalin ein. Es ist überhaupt ein Kirchhof mit beständig gestörter Ruhe, was niemand eindringlicher erfahren hat als *der* hier...«

Und dabei war die Dame von dem Grabe der Generalin an ein Nachbargrab herangetreten, aus dessen Inschrift ihr Begleiter unschwer entzifferte, daß der Sattlermeister Karl Teschner aus Großglogau seine letzte Wohnung darin gefunden habe.

»Haben Sie gelesen?«

»Ja. Was ist damit?«

»Nichts Besonderes... Und doch ein Grabstein, den ich nie zu besuchen unterlasse. Sehen Sie schärfer hin, und Sie werden erkennen, daß es ein zusammengeflickter Stein ist. Und das kam so. Den 7. Juli 65 starb hier (denn leider auch Kurgäste sterben) der Großsattlermeister, dessen Namen Sie soeben gelesen haben, und wurde den 10. desselben Monats an dieser Stelle begraben. Und genau ein Jahr später, ja fast auf die Stunde, schlug hier, vom Altenberg her, eine preußische Granate mitten auf den Grabstein und schleuderte die Stücke nach allen Seiten hin auseinander. Etwas unheimlich. Aber das Ganze hat doch, Gott sei Dank, ein versöhnliches Nachspiel gehabt, denn kaum daß die Glogauer Bürgerschaft von dem Grabsteinunglück ihres Großsattlermeisters gehört hatte, so zeigte sie sich beflissen, für Remedur zu sorgen, und hat die Grabsteinstücke wieder zusammenkitten und alles in gute Wege bringen lassen. Eine Mosaik, die mehr sagt, als manche Museumsmosaik. Aber nun bin ich matt und müde geworden, und Sie müssen mich, ehe ich Sie freigebe, noch bis an meine Lieblingsstelle begleiten.«

Es war dies eine von einer Traueresche dicht überwachsene, ziemlich in der Mitte des Kirchhofes gelegene Bank, in deren unmittelbarer Nachbarschaft ein prächtiger und durch besondere Schönheit ausgezeichneter Granitwürfel mit Helm und Schwert hoch aufragte.

»Wem gilt es?«

»Einem Freunde. Ja, das war er mir. Und daß ich es gestehe, mehr noch als das. Und dann kam das Leben, um uns zu trennen. Aber diese frühesten Eindrücke bleiben, wenigstens einem Frauenherzen. Fast ein Menschenalter ist darüber hingegangen (ich war noch ein halbes Kind damals), und wär' ich gestorben, wie's mein Wunsch und meine Hoffnung war, so hätt' es auch auf meinem Grabsteine heißen dürfen: ›Hier ruht das unschuldige Kind.‹ Aber ich starb nicht und tat, was alle tun, und vergaß oder schien doch zu vergessen. Ob es gut und ob ich glücklich war? Ich habe kein Recht zu Konfidenzen. Aber es wurde mir doch eigen zu Sinn, als ich vor drei Wochen zum ersten Male diesen Kirchhof betrat und nach so viel zwischenliegender Zeit und ohne jede Spur von Ahnung, welches Wiederfinden meiner hier harren würde, diesem Denkmal und diesem mir so teuren Namen begegnete.«

»Was trennte Sie? Können Sie's erzählen?«

»Eine Frau in meinen Jahren kann alles erzählen, ihre Fehler gewiß und ihre Fehltritte beinah. Aber erschrecken Sie nicht, ich bin allezeit entsetzlich konventionell und immer auf der graden Straße gewesen, fast mehr, als mir lieb ist. Es heißt zwar, die Straße sei zu bevorzugen und es mache glücklich, auf einen glatten Lebensweg zurückblicken zu können. Und ich will es nicht geradezu bestreiten. Aber interessanter ist der Rückblick auf ein coupiertes Terrain.«

So sprachen sie weiter, und während ihr Gespräch noch andauerte, hatte sich ihnen der alte Mesner genähert, zwei Stocklaternen in der Rechten und einen großen Kirchenschlüssel an einem Lederriemen über den Arm gehängt.

»Was gibt es?«

»Ein Begräbnis, gnädige Frau. In a Viertelstund' müssens da sein. A Kind wie a Engel. Aber G'vatter Tod isch a Kenner, un wenn er kann, nimmt er nichts Schlechts. I werd a paar Stühl' zurechtstelle für die gnädige Frau und den Herrn Gemoahl.«

»Nicht doch, Mesner, der Herr da ist nicht mein Gemahl. Er ist schon ein Witwer und hat abgeschlossen.« Und dabei malte sie mit dem Sonnenschirm in den Sand.

»Hätt i doch g'dacht, Sie wär'n a Paar, un a stattlich's un glücklich's dazu, so gut passe Sie zusammen. Und so charmant; besunners die gnädge Frau.«

»Aber Mesner, Sie werden mich noch eitel machen … Eine Frau in meinen Jahren…«

»Ach, die Jahre sind nichts, das Herz ist alles. Und solang es hier noch schlägt, hat keiner abgeschlossen. Abschluß gibt erscht der Tod. Aber da kummen's schon. Und's is Zeit, daß i geh un die Lichter ansteck.«

Indem auch hörte man schon Gesang von der Straße her, und nicht lange mehr, so sahen sie den Zug die Steinstufen heraufkommen, erst die Chorknaben, mit Kerzen und Weihrauchbecken, und dann der Geistliche in seinem Ornat. Dahinter aber der Sarg, der von sechs Trägern, zu deren Seite sechs andere gingen, getragen wurde. Und hinter dem Sarg her kamen die Leidtragenden, und zwischen den Gräbern hin bewegte sich alles auf die Kirchhofskapelle zu.

»Sollen wir uns anschließen?«

»Nein«, antwortete sie. »Ich denke, wir bleiben, wo wir sind; es ist mir, als müßt' es mich dadrinnen erdrücken. Aber mit unserem Ohre wollen wir folgen, die Tür steht auf, und die Luft ist so still. Und ich glaube, wenn wir aufhorchen, so hören wir alles.«

Und dabei flog ein Schmetterling über die Gräber hin, und aus der Kirche her hörte man die Grabresponsorien.

Er nahm ihre Hand und sagte: »Die Tote drinnen vorm Altar predigt uns die Vergänglichkeit aller Dinge, gleichviel, ob wir in der Jugend stehen oder nicht. Uns gehört nur die Stunde. Und eine Stunde, wenn sie glücklich ist, ist viel. Nicht das Maß der *Zeit* entscheidet, wohl aber das Maß des *Glücks*.

Und nun frag' ich Sie, sind wir zu alt, um glücklich zu sein?«

»Um abgeschlossen zu haben?«

»Es ist ein sonderbarer Zeitpunkt, den ich wähle«, fuhr er fort, ohne der halb scherzhaften Unterbrechung, in der doch ein gefühlvoller Ton mitklang, weiter zu achten. »Ein sonderbarer Zeitpunkt: ein Friedhof und dies Grab. Aber der Tod begleitet uns auf Schritt und Tritt und läßt uns in den Augenblicken, wo das Leben uns lacht, die Süße des Lebens nur um so tiefer empfinden. Ja, je gewisser das Ende, desto reizvoller die Minute und desto dringender die Mahnung: nutze den Tag.«

Als die Zeremonie drinnen vorüber war, folgten beide dem Zuge durch die Stadt, und eine Woche später wechselten sie die Ringe. Verwandte, Freunde waren erschienen. Bei dem kleinen Festmahl aber, das die Verlobung begleitete, trat eine heitere Schwägerin an Braut und Bräutigam heran und sagte: »Man spricht von einem Motto, das eure Verlobungsringe haben sollen. Oder doch der deine, Marie.«

»Kannst du schweigen?«

»Ich denke.«

»Nun denn, so lies.«

Und sie las: »Eine Frau in meinen Jahren«.

ONKEL DODO
(1886)

Es war im Hochsommer, als ich in Beantwortung eines an einen gutsbesitzenden Freund gerichteten Briefes folgende Zeilen empfing:

»*Insleben* a. Harz, den 20. Juli.

Lieber Freund! Es freut sich alles hier, Dich wieder zu sehen, am meisten meine Frau, die nun mal von den großstädtischen Neigungen und Gewohnheiten nicht lassen kann. Du wirst auf der Veranda die herkömmlichen Dreistundengespräche mit ihr führen, und neben Literatur und Theater vielleicht auch die kirchliche Kontroverse mit bekannter Unparteilichkeit beleuchten. Aber sei nicht zu gerecht. Frauen sind für Parteinahme, versteht sich, wenn es ihrer Partei zugute kommt. Um diese Plaudereien, so denk' ich mir, wirst Du nicht herumkommen, auch kaum herumkommen *wollen*, wenn Du nicht inzwischen ein anderer geworden bist. Im übrigen, und dies ist die Hauptsache, werden wir sorglich im Auge behalten, was Dich zu uns führt: Du sollst von niemandem gestört werden und ganz Deiner Erholung leben können. Sollte sich ein anderer Besuch einfinden, was nicht wahrscheinlich, aber bei der Nähe des Harzes und seiner sommerlichen Anziehungskraft immerhin möglich ist, so kennst Du ja unser Haus und weißt, daß es Raum genug hat, sich darin zurückziehen zu können. Karoline vereinigt ihre Grüße mit den meinigen. Auch die Kinder freuen sich und sind im voraus angewiesen, ihr Gepolter auf Flur und Treppen zu mäßigen. Komme denn also, je früher, je besser, und je länger, je besser. Ich denke, Du sollst alles finden, was Du suchest, am meisten aber Ruhe.

Dein Otto.«

Zwei Tage später traf ich in Insleben ein und freute mich, die lieben Gesichter wieder zu sehen. Alle Kinder traten an: Albert, der Älteste, war gewachsen, Alfred hatte sich embelliert, Arthur desgleichen, und nur Leopold, der Jüngste, hatte nach wie vor sein gutmütig breites Gesicht und seine Sommersprossen. Am meisten aber erfreuten mich Alice und Maud, die zu kleinen Damen herangewachsen waren. Es fehlte nicht an den üblichen Scherzen und Vergleichen, denn mein Freund, wie der Leser bereits gemerkt haben wird, hatte bei der Namensgebung an seine Kinder die britische Königsfamilie als Muster genommen. Ja, es war ein glückliches Wiedersehen, der Hausherr zeigte sich unverändert in seiner Freundschaft, und die noch schöne Mutter erschien unter ihren Kindern immer nur als die älteste Schwester. Auch die Plauderlust war geblieben, und wir saßen gleich am ersten Abend noch auf der Veranda, als das Dorf schon schlief und in dem ausgedehnten Parke vor uns nichts weiter hörbar war als das Wasser, das über ein Wehr fiel. Alles war so still, und die Lampe vor uns flackerte kaum.

Es war sehr spät, als ich treppauf in meine Stube ging. Sie hatte nur ein breites Fenster, ein sogenanntes Fall- oder Schiebefenster, an das ich mich nun setzte. Der Blick war derselbe wie von der Veranda aus, aber schöner und freier, und ich sah in die Sterne hinauf und atmete höher und tiefer. Und bei jedem Atemzuge war mir, als ob ich Genesung tränke. Dann ging ich zu Bett, und die lieblichen Bilder der eben erst durchlebten Stunden setzten sich in meinem Traume fort. Ich sah grüne Wiesen und Maud und Alice beim Reifenspiel, und die Reifen flogen bis an den Himmel und fielen nicht wieder nieder. Und auf einer Graswalze saß die schöne Frau und sah dem Spiele zu, das die Mädchen mit einem leisen Gesange zu begleiten begannen. Aber die Mutter verbot es: »Er schläft, und wir wollen ihn nicht wecken, auch nicht mit Gesang.«

Ich war früh auf, ging durch den Park und hatte den ganzen Tag über ein Gefühl, als ob sich mein Leben nach dem Traume der letzten Nacht gestalten solle: Kein lauter Ton traf mein Ohr, und alt und jung übte die Rücksicht, mich frei schalten und walten zu lassen. Ich wußte wohl, wem ich dies alles und damit zugleich ein rascheres Fortschreiten meiner Rekonvaleszenz zu danken hatte. Luft und Licht heilen, und Ruhe heilt, aber den besten Balsam spendet doch ein gütiges Herz.

Es war noch keine Woche vergangen, und ich fühlte mich schon ein durchaus anderer. »Du bist ja wie ausgetauscht«, sagte Freund Otto beim Morgenkaffee. »Ich denke, Karoline, wir dürfen ihm jetzt ein zweites Frühstücksei verordnen. Und noch eine Woche, dann kriegt er einen gerösteten Speck. Und haben wir dich erst bei dem Mausebraten, so haben wir dich auch in der Falle, und du kommst so bald nicht wieder fort.«

Ich stimmte zu, nahm an der Heiterkeit von ganzem Herzen teil und machte, nachdem ich mich auf eine halbe Stunde verabschiedet hatte, meinen gewöhnlichen Morgenspaziergang. Als ich zurückkam, war der Frühstückstisch noch nicht abgeräumt, vielmehr fand ich das Ehepaar über Briefen, die mittlerweile vom Postboten abgegeben waren. Einige dieser Briefe reichte Otto zu seiner Frau hinüber. Ich konnte deutlich wahrnehmen, daß sich ein Lächeln um ihren Mund zog, als sie die eine Handschrift erkannte. Bald aber sah ich auch, daß sie mich von der Seite her anblickte, wie wenn sie mir etwas nicht ganz Angenehmes mitzuteilen habe. Sie besann sich aber wieder und sagte halblaut zu ihrem Manne: »Es wird schon gehen, Otto«, was dieser durch ein Kopfnicken bestätigte. Trotzdem konnt' ich den ganzen Tag über eine gewisse Zerstreutheit an ihr bemerken, zugleich eine größere Heiterkeit, als ihr sonst wohl natürlich war und die, weil nicht ganz natürlich, mit Anflügen leiser Verlegenheit wechselte. Dies alles entging mir nicht, aber ich legte kein Gewicht darauf, und erst am anderen Morgen war es mir zweifellos geworden, daß man ein Geheimnis vor mir habe.

Der Tag war heiß, dazu hatte mein Zimmer die Vormittagssonne; links neben dem Fenster aber lag alles in Schatten, und an diese Schattenstelle schob ich jetzt Tisch und Stuhl und las. Freilich nur kurze Zeit. Eine Müdigkeit überfiel mich, die mir freilich unendlich wohl tat und um so wohler, als ich darin ein neues Zeichen wiederkehrender Genesung sah. So tat ich denn das Buch aus der Hand und lehnte mich in den Stuhl zurück. In dieser Lage mocht' ich zehn Minuten oder auch mehr in einem erquicklichen Halbschlummer zugebracht haben, als ich durch ein lautes Getöse geweckt wurde, laut, wie wenn die wilde Jagd die Treppe heraufkäme. Und eh' ich mich noch zurechtfinden konnte, ward auch schon die Tür aufgerissen und der jüngste Sommersprossige stürzte mit dem Ruf auf mich zu: »Er ist da, er ist da!«

»Wer denn?«

»Onkel Dodo.«

Ich wußte nicht, wer Onkel Dodo war, war aber verständig genug, mich ohne weiteres zu freuen. »Ei, das ist schön«, sagte ich.

»Freilich«, rief der Junge. »Freilich ist das schön.«

Und damit war er wieder hinaus.

Eine Viertelstunde später kam der Diener, um mich zum Frühstück zu rufen. Es sei heut etwas früher, weil »der alte Herr« eben angekommen sei.

»Onkel Dodo?«

»Zu Befehl.«

»Aber sagen Sie, Friedrich, wer ist das?«

»Das ist der Mutter-Bruder der gnädigen Frau. Regierungs- und Baurat. Aber schon lang a. D.«

»Verheiratet?«

»Nein. Alter Junggesell'.«

»Nun gut. Ich komme gleich.«

Und da man auf dem Lande nicht warten lassen darf, am wenigsten, wenn ein Besuch angekommen ist, so war ich in fünf Minuten unten und wurde vorgestellt.

Onkel Dodo schüttelte mir die Hand und lachte herzlich. »Sie werden mir vorgestellt, aber ich nicht Ihnen. Meine liebe Karoline behandelt mich immer wie eine historische Person, die man kennen muß. Sagen wir wie Bismarck. Und ich habe doch nur *dies* hier mit ihm gemein.« Und dabei wies er auf die Stirn. »Aber ich meine nicht den Kopf. In *dem*, mein lieber Doktor, ist er mir über.«

»Ich bin ohne Titel, Herr Regierungsrat, absolut ohne Titel.«

»Desto besser! Übrigens, was ich sagen wollte, Kopf hin, Kopf her, es braucht nicht jeder ein Gehirn zu haben wie Kant oder wie Schopenhauer. Oder gar wie Helmholtz. Sie kennen Helmholtz? Der soll die größte Stirnweite haben, noch mehr als Kant, der im übrigen mein Liebling ist, von wegen dem kategorischen Imperativ. Aber das lassen wir bis später, das sind so Gespräche für eine Nachmittagspartie nach dem Waldkater oder der Roßtrappe. Denn es ist dummes Zeug, daß man unterwegs oder beim Steigen nicht sprechen solle. Gerade da. Das dehnt aus, und der Sauerstoff strömt nur so in die Lunge. Natürlich muß man eine Lunge haben. Nu, Gott sei Dank, ich hab' eine. Und du auch, Leopold, nicht wahr, Junge? Wer Sommersprossen hat, wird doch wohl eine Lunge haben? Hast du?«

»Freilich, Onkel. Aber hast du uns auch was mitgebracht?«

»Prächtiger Kerl, Praktikus. Vor *dem* ist mir nicht bange. Natürlich hab' ich was mitgebracht, natürlich. Und hier ist der Schlüssel, dieser dritte, und nun lauf auf mein Zimmer und schließe den Reisesack auf und pack aus. Ich komme gleich nach und werd' alles verteilen, an Gerechte und Ungerechte. Oder seid ihr alle Gerechte? Oder alle Ungerechte?«

»Ungerechte, Onkel.«

»Das ist brav. Ungerechte! Die Gerechtigkeit ist bloß für die Komik. Da hab' ich vorigen Winter was gelesen, ich glaube: ›Die drei gerechten Amtmänner...‹«

»Kammacher«, verbesserte Karoline.

»Richtig, Kammacher. Versteht sich, versteht sich, Kammmacher. Amtmänner ist Unsinn, Amtmänner sind nie gerecht... Aber da kommt ja der Lammbraten. Das ist brav, Karoline. Du kennst meine schwache Seite; Lammbraten, er hat so viel Alttestamentarisches, so was Ur- und Erzväterliches.« Und dabei nahm er Platz und band sich die Serviette vor. »Aber nicht aus der Keule, lieber Otto«, fuhr er fort. »Wenn ich bitten darf, eine Rippe, das heißt ein paar; ich bin fürs Knaupeln, und was am Knochen sitzt, ist immer das Beste.«

So sprach er weiter, und weil ihn das Sprechen und Knaupeln ganz in Anspruch nahm, konnt' ich ihn, ohne daß er's merkte, gut beobachten. Er mochte Mitte Fünfzig sein, eher drüber als drunter, und konnte füglich als das Bild eines alten, behäbigen Garçons gelten. Er war ganz und gar in blanke, graue Leinwand gekleidet, die fast einen Seidenschimmer hatte; die Weste war derartig weit ausgeschnitten, daß man hätte zweifeln können, ob er überhaupt eine trüge, wenn nicht vorne, ganz nach unten zu, zwei kleine Knöpfe mit einem dazu gehörigen Stück Zeug sichtbar geworden wären. Auch der Rock wirkte zeugknapp und fipperich, eine seiner Seitentaschen aber, aus der ein großes Taschentuch heraushing, stand weit ab, und das wenige blonde Haar, dessen er selbst schon scherzhaft erwähnt hatte, war in zwei graugelben Strähnen links und rechts hinter das Ohr gestrichen. Dem ohnerachtet – wie schon die seidenglänzende Leinwand verriet – gebrach es ihm nicht an einer gewissen Eleganz. Um den Hemdkragen, der halb hochstand, halb niedergeklappt war, war ein seidenes Tuch geschlungen, vorn durch einen Ring zusammengehalten, während auf seiner fleischigen und etwas großporigen Nase eine goldene Brille saß. Letztere war in gewissem Sinne das wichtigste Stück seiner Ausrüstung. Er nahm sie beständig ab, sah sich, zugekniffenen Auges, die Gläser an, zog aus der abstehenden Tasche sein Taschentuch und begann zu reiben, zu hauchen und wieder zu reiben. Dann fuhr er mit dem Tuche nach der Stirn, tupfte sich die Schweißtropfen fort und setzte die Brille wieder auf, um nach fünf Minuten denselben Prozeß aufs neue zu beginnen. Alles übrigens, ohne seinen Redestrom auch nur einen Augenblick zu unterbrechen.

An mir schien er allmählich ein Interesse zu nehmen und befragte mich nun mit seinen Augen. Aber es war kein eigentlich schmeichelhaftes Interesse, sondern nur ein solches, das ein Arzt an seinem Kranken nimmt. Er hatte schon gehört, daß ich angegriffenheitshalber aufs Land gekommen sei, was, neben einiger Mißbilligung, viel Heiterkeit in ihm wachgerufen hatte. »Das kenn' ich, das kenn' ich; das sind diese modernen Einbildungen. Ich habe mir von diesen nervösen Herrchen erzählen lassen. Denke dir, Karoline, von einem hab' ich gehört, er könne nur in Blau leben und in Rot schlafen. Ei, da bin ich doch besser dran, ich sage dir, ich schlafe den ganzen Tuschkasten durch. Übrigens mit diesem hier ist es nicht so schlimm. Er hat sich verweichlicht und ist bloß deshalb nicht recht im Zug. Aber sein Material ist gut, und ich will von heut ab von Tee und englischen Biskuits leben, wenn ich ihn nicht in acht Tagen wieder auf die Beine bringe. Laß mich nur machen. Er muß nur erst wieder Vertrauen zu sich selbst fassen und einsehen lernen, daß er, wenn nötig, einen Baum ausreißen kann. Es sind das Patienten, die durch wohltätigen Zwang oder, wenn du willst, durch den kategorischen Imperativ, durch eine höhere Willenskraft wieder hergestellt werden müssen.«

Ich war gleich nach dem gemeinsam eingenommenen Frühstück auf mein Zimmer zurückgekehrt, und ohne jedes Wissen und Ahnen, welches Gespräch inzwischen über mich geführt wurde, hatte ich doch ein sehr bestimmtes Gefühl, daß nach Eintreffen dieses Besuches meine glücklichen Tage gezählt seien. Ich empfand, daß ein Wirbelwind in der Luft sei, der mich jeden Augenblick fassen könne, und so warf ich mich in einen Lehnstuhl und seufzte: »Meine Ruh' ist hin.«

Es schien aber fast, als ob ich mich geirrt haben sollte, die nächsten Stunden vergingen stiller und ungestörter als gewöhnlich, und eine flüchtige Hoffnung überkam mich, meine

Situation doch für schlimmer und verzweifelter als nötig angesehen zu haben. Ich las also wieder, schrieb einen langen Brief und fütterte die Vögel, die sich auf mein Fensterbrett gesetzt hatten – dann vernahm ich von fern her das Rufen des Kuckucks und frug ihn: »Wieviel Tage bleib' ich noch?« »Kuckuck«, und dann schwieg er wieder. »Nur *einen* Tag.« Das schien mir doch zu wenig, und ich mußte lachen!

Eine halbe Stunde später klangen die bekannten drei Schläge zu mir herauf, die regelmäßig zu Tisch riefen, denn im Hause meines Freundes wurde nicht geläutet, sondern mit einem Paukenstocke gegen ein chinesisches oder mexikanisches Schild geschlagen. Es war immer, als begänne der Opferdienst in Ferdinand Cortez.

Ich beeilte mich wie gewöhnlich, war aber doch der letzte (Maud ausgenommen, die dafür einen strafenden Blick erhielt), und gleich danach wahrnehmend, daß Onkel Dodo den Arm der Hausfrau nahm, nahm ich Maud am zweiten Finger ihrer linken Hand und sagte: »Daß du mich gut unterhältst, Maud.«

»Geht nicht. Und ist auch nicht nötig.«

»Aber warum nicht?«

Ich fühlte, wie sie, während ich so fragte, mit dem Finger schelmisch in meiner Handfläche kribbelte. Zugleich hob sie sich auf die Zehenspitzen und flüsterte mir zu: »Onkel Dodo.«

Natürlich war es so, wir verstanden uns, und kaum, daß sie das aufschlußgebende Wort gesprochen hatte, so nahmen wir auch schon unsere Plätze, die nicht mehr dieselben waren wie die Tage vorher. Ich saß heute zwischen Maud und Alice, der Hausfrau gegenüber, die wiederum ihrerseits zwischen ihrem Gatten und Onkel Dodo placiert war oder auch sich selber placiert hatte. Das Tischgebet, das sonst, trotz tiefwurzelnden Rationalismus, im Inslebener Herrenhause Haussitte war, fiel aus Rücksicht für Onkel Dodo fort, der, um ihn selber redend einzuführen, »solche Kinkerlitzchen« nicht liebte.

Wir hatten unsere Servietten eben erst auseinandergeschlagen und uns über die große, schöne Melone, die der Gärtner uns auf den Tisch gesetzt hatte, noch nicht ganz ausbewundert, als ich auch schon wußte, weshalb wir im Hause, zwischen Frühstück und Mittag, drei stille Stunden verlebt hatten:

Onkel Dodo war mit den vier Jungen im Park gewesen, um in einem breiten stillen Wasser, das hier floß, ein paar neue, für Alfred und Arthur mitgebrachte Angelruten zu probieren. Sie hatten auch was gefangen, einen fetten Aland, der jetzt als zweites, etwas fragwürdiges Gericht in Aussicht stand.

Alles ließ sich gut und heiter an, und Onkel Dodo vor allem, nachdem er die Serviette bandelierartig umgeknotet und seine Brille, zu vorläufiger Rast, unter den Rand der Melonenschüssel geschoben hatte, konnte füglich als ein Bild des Frohsinns und Behagens gelten. Und ihm war auch so, wie er aussah. Als er aber den dritten Löffel Suppe genommen hatte, zog er sein Sacktuch aus der Tasche, wischte sich die Schweißtropfen von Stirn und Nasensattel und sagte, während er sich ostentativ fächelte: »Kinder, es ist reizend bei euch, aber eine kannibalische Hitze: wenn ich nicht Maud und Alice vis-à-vis hätte, würd' ich glauben, in einem russischen Bade zu sitzen. Oder doch in einem römischen, was um einen Grad anständiger und zivilisierter ist. Ich bitte, das Fenster aufmachen zu dürfen.«

Und er wollte sich erheben. Aber Karoline sagte: »Du mußt verzeihen, lieber Onkel, unser Freund ist Rekonvaleszent und sehr empfindlich gegen Zug.«

Onkel Dodo lachte. »Zug, Zug! Es ist noch kein halbes Jahr, daß ich mit einem Australier, einem älteren Herrn aus Melbourne oder Sydney, von Meiningen nach Kissingen fuhr. Charmanter Kerl, noch frisch trotz seiner Fünfzig. Er sagte mir, daß er alle zwei Jahre herüberkäme, Geschäfte halber, und das erste Wort, das er jedesmal höre, wäre: ›es zieht‹. Und gleich darauf würd' alles heruntergelassen und hermetisch verschlossen. Ja, liebe Karoline, so sprechen Australier über Deutschland, Antipoden, Papuas und halbe Känguruhvettern. Und was das schlimmste ist, sie haben recht. Es gibt viele Lächerlichkeiten, aber das Lächerlichste ist die Furcht vor dem Zug. Und damit müssen wir brechen. Denn was ist Zug? Zug ist eine Art Doppelluft. Und nun frag' ich dich, ist eine Doppelkrone schlechter als eine einfache? Besser ist sie. Was gut ist, wird in der Steigerung besser.«

Ein paar Fensterflügel waren inzwischen aufgemacht worden, und Onkel Dodo, nachdem er ein paar Luftzüge getan

und tief aufgeatmet hatte, fuhr fort: »Ich halte Luft für das
nötigste Bedürfnis, anregend und nervenstärkend, und bei
Tisch ersetzt es mir den Tischwein. Und nun noch eins, lieber
Doktor, worüber wir uns notwendig verständigen müssen. Ich
hasse nichts mehr als Zudringlichkeit mit Ratschlägen, lasse
grundsätzlich alles gehen und kümmere mich um nichts, aber
dies Unbekümmertsein hat schließlich seine durch Moral und
Christenpflicht gezogenen Grenzen, und wenn ein Kind über
einen Schießplatz laufen will, so halt' ich es zurück, und wenn
einer auf dem Punkt ist, zu sticken, so bring' ich ihn aus der
Stickluft ins Freie. Doktor, Doktor, ich bitte Sie! Drinnen in
der Stadt laß ich es mir gefallen, laß ich mir *alles* gefallen; gut,
gut, ich bin kein Tyrann. Aber Sie sind jetzt grad eine Woche
hier, hier am Fuße des Harzes, und fürchten sich vor Luft?
Unerhört, unbegreiflich. Um was sind Sie denn hier? Um Bilder und Bücher willen? Oder um die Wache heraustreten zu
sehen, wenn eine Prinzessin vorbeifährt? Um was geht man
denn aufs Land? Um frischer Luft willen. Und nun haben Sie
sie, können sie jeden Augenblick in vollen Zügen trinken und
wollen den Erfrischungsbecher, um dessentwillen Sie hier sind,
freventlich zurückschieben. Ich sehe wohl, ich bin zu rechter
Zeit gekommen. Und wäre ich gleich hier gewesen, so säh' es
bereits anders mit Ihnen aus. Luft, Wasser, Bewegung – alles
andere ist Gift. Ich wecke Sie morgen früh, und dann beginnen
wir unsere Kur. Um sechs Uhr ein Bad, natürlich kalt, daß uns
die Zähne klappern, und dann abgerieben, bis wir rot wie die
Krebse sind, und dann angezogen und eine Stunde durch den
Park. Und danach das Frühstück. Und wenn wir dann morgen
Mittag einen Zug hier haben, daß die Servietten flattern, als
hingen sie noch draußen auf der Leine – glauben Sie mir, es
tut Ihnen nichts. Immer nur Courage haben und Vertrauen zu
sich selbst. In jedem von uns steckt ein Held und ein Weich-
ling, und es ist ganz in unseren Willen gegeben, ob wir's mit
der Kraft oder mit der Unkraft halten wollen. Ich habe meine
Wahl getroffen und hab' auch schon manchen bekehrt. Und
nun sind *Sie* dran, das heißt am Bekehrtwerden zu Kraft und
Genesung, und in vierzehn Tagen ist es Ihnen gleich, ob wir
einen Nordost oder eine Windstille haben.«

Ich blickte verlegen vor mich hin und sagte dann, er habe gewiß recht und ich wolle auch keinen Versuch machen, ihn mit eigener Weisheit zu widerlegen. Ich berief mich nur auf den Sprüchwörterschatz deutscher Nation und erlaubte mir, ihm zwei davon in Erinnerung zu bringen: »alte Bäume dürften nicht verpflanzt werden«, das sei das eine, und das andere: »aus einem Hasen sei kein Löwe zu machen«.

Er lachte herzlich und fuhr dann seinerseits fort: »Hören Sie, Doktor, das gefällt mir. Sie sagen, aus einem Hasen sei kein Löwe zu machen. Sehen Sie, wer sich so preisgibt, mit dem hat es noch gute Wege. Ja, Doktor. Und dann, was heißt Hase? Seien Sie nur ein richtiger, ein richtiger Hase könnt' Ihnen Muster und Vorbild sein. Immer wachsam, immer im Kohl, und wenn's not tut, anderthalb Meilen in zehn Minuten. *Eine* solche Forcetour, und Sie sind für immer aus der Misère heraus.«

»Ich glaub' es.«

»Und Sie sind für immer aus der Misère heraus«, wiederholte Onkel Dodo mit Nachdruck, ohne meiner leisen Verspottung zu achten.

Ich hatte so gesessen, daß ich bei Schluß der Mahlzeit ein Reißen in der ganzen rechten Seite fühlte, schwieg aber und führte Maud auf die Veranda, wo jetzt der Kaffee genommen wurde.

Dies war ein reizender, von wildem Wein überwachsener Platz, nach vorn hin offen, mit einem freien Blick auf einen quadratischen und von einer Böschung eingefaßten Teich. Auf dem Wasser schwammen Schwäne, und eine Strickfähre führte nach der von Baumgruppen umstellten Parkwiese hinüber, die sich jenseits des Teiches dehnte. Weit zurück aber und über einen abschließenden Waldstrich hinweg ragte der Brocken auf, mit seinem in der klaren Luft deutlich erkennbaren Brockenhause. Nähe und Ferne gleich schön. Um den Tisch her standen Garten- und Schaukelstühle, und Alice, die die Häusliche war, goß den Kaffee in die kleinen Meißner Tassen. Ein Diener reichte herum, während ein zweiter, ein Tablett in der Hand, je nach Wahl einen Cognac oder Allasch oder ein Baseler Kirschwasser in die kleinen Kristallgläschen schenkte. »Ah, das ist gut«, sagte Onkel Dodo. »Ich hasse, was sich ›Likör‹ nennt, und wenn er auf ›sette‹ endigt, so hass' ich ihn doppelt. Es hat etwas Französisches, etwas Süßliches, ein Anisette, ein Noisette, ein Rosette. Aber wo die gebrannten Wasser anfangen, fang' ich auch an. Wasser ist immer gut, gebrannt oder nicht. Ah, ein delikates Kirschwasser...«

In diesem Augenblick sah er, daß ich dankte. »Präsentieren Sie dem Doktor nur noch mal; er wird schon nehmen. Ein solcher Rachenputzer ist auch ein kategorischer Imperativ. Er hat was Männliches, und sonderbar, ich bin abhängig von solchen Dingen. Ich kann Freundschaft halten mit Leuten, die sich einen Rettich oder einen Limburger aufs Brot legen und zwei, drei Nordhäuser herunterkippen, aber ich könnte nicht Freundschaft halten mit einem Manne, der von Baisertorte lebt und crème de cacao nippt.«

Ich verneigte mich gegen ihn und sagte, daß ich ihm darin vollkommen beipflichtete. Nichtsdestoweniger könnt' ich ihm nicht zu Diensten sein, ich hätte sehr empfindliche Membranen und mein Zäpfchen entzündete sich leicht.

Er lachte wieder. »Ein Zäpfchen. Und nun gar ein entzündetes Zäpfchen. Aber woher das alles? Alles von dem unglücklichen Flanell und den Binden und Bandagen, die schon auf dem Fechtboden ein Unsinn sind und nun mit doppelter Watte mit ins Philisterium hinübergenommen werden. Immer Tücher und Krawatten, heute seidene, morgen wollene, ja, einen kannt' ich, der beständig ein rotes Florettband trug, wahrhaftig, wie, wegen geheimnisvollen Mordes, vom Scharfrichter appliziert. Und es war noch ein Glück, daß ihm's die Leute nicht zutrauten und auch nicht zutrauen konnten, denn er war die größte Milchsuppe, die mir in meinem Leben vorgekommen ist. Ich bitte Sie, was soll Ihnen die hohe Krawatte, die Sie da tragen und die vielleicht noch gefüttert ist. Ein Kopf muß so frei sitzen, wie wenn er sagen wollte: ›Hier bin ich.‹ Das kleidet. Und dazu braucht man einen uneingeschnürten Hals, einen Hals au naturel. Ein entzündetes Zäpfchen. Hab' ich je so was gehört! Aber lassen wir's. Und nun sage mir, Otto, fahren wir in den Wald oder bleiben wir?«

»Ich denke, wir bleiben«, bat Alice.

»Ja, Kind, das ist leicht gesagt, wir bleiben. Aber was nehmen wir vor? Wir können hier doch nicht vier Stunden auf der Veranda sitzen und darauf warten, ob die Brockenhausfenster in der untergehenden Sonne glühen werden oder nicht.«

»Oh, wir spielen.«

»Spielen. Gut; meinetwegen. Aber *was*, mein kleiner Schatz, was? Ist eine Kegelbahn da?«

Der Hausherr zuckte die Achseln.

»Dacht' ich's doch. Ich glaube, Otto, du hältst das Kegeln für nicht fein und vornehm genug, ist dir zu spießbürgerlich und ärgerst dich, wenn die Kugel so hindonnert und der Junge, der im besten Fall immer nur ein Hemd und eine Hose anhat, ›alle neune‹ schreit. Aber du hast unrecht, Otto. Nichts ist fein oder unfein an sich, es kommt lediglich darauf an, wozu wir die Dinge machen oder wie wir uns dazu stellen. Das Allergewöhnlichste kann auch wieder das Aparteste sein. Ich sage dir, eine gute Kegelpartie geht über alles: Rock und Weste weg und den Gurt angezogen, und nun die Kugel in der flachen Hand gewogen, als ob es die Weltkugel wär' oder die Schicksalskugel und es hinge Leben und Sterben dran. Und nun richtig aufgesetzt, und siehe da, alle Hälse recken sich, und am weitesten *der*, der an dem schwarzen Schreibebrett sitzt, und ›baff‹, da liegen sie wie gemäht. Und nun werden die alten Kegelwitze laut, und der alte Konrektor sagt: ›Wie Grummet sah man unsere Leute die Türkenglieder mähn‹. Oh, ich sage dir, Otto, das ist wohl hübsch. Aber du willst nicht, und so haben wir denn bloß die Wahl zwischen Boccia und Cricket.«

»Boccia«, sagte Maud.

»Ich bin für Cricket«, unterbrach Onkel Dodo, »trotzdem es englisch ist und alles Englische mir wider den Strich geht. Aber Cricket ist was Gutes (mehr als Boccia), und da heißt es denn aufpassen und die Beine in die Hand nehmen. Ich schlage den Ball, und der Doktor muß laufen, und ich freue mich schon kindisch darauf, ihn laufen zu sehn. Er muß laufen, bis er fällt, und wenn er, drüben auf der Wiese, die paar hundert Schritt zwischen dem Teich und der Sonnenuhr erst ein dutzendmal auf- und abgelaufen ist und sich den rechten Arm beim Ballwerfen dreimal verrenkt hat, so hat er gar kein Zäpfchen mehr und trinkt morgen ein Basler Kirschwasser mit mir um die Wette und übermorgen ein Danziger Goldwasser.«

Und während er noch so sprach, war schon alles die Böschung hinab ins Boot, und die Kinder zogen am Strick, bis die Fähre drüben landete. Dann kam das Spiel, an dem ich anfangs widerwillig, dann aber vergnüglich teilnahm, bis der Abend da war. Alles hatte mich erfreut und erquickt, und ich stand einen Augenblick schon auf dem Punkt, mich mit meinem Schicksal, das doch nicht so schlimm sei, zu versöhnen. Als ich aber um die neunte Stunde, wie gewöhnlich, in mein Zimmer hinauf wollte, legte sich eine schwere Hand auf meine Schulter, eine Hand, die mich gleich fühlen ließ, wessen sie war, und Onkel Dodo sagte mit jener Miene von Wohlwollen und Bestimmtheit, der nicht zu widerstehen war: »O nicht doch, Doktor, Sie dürfen noch nicht zur Ruhe. Ich habe schon mit Otto gesprochen, und die Kinder folgen und tragen die Fackeln.«

»Aber, mein Gott, was gibt es? Soll wer begraben werden?«

»Im gewissen Sinne, ja. Wir wollen nämlich Hechte stechen, ich habe Harpunen mitgebracht.«

Als ich um Mitternacht den Tag überdachte, war es mir, als hätt' ich bis zu dem Erscheinen Onkel Dodos in Insleben nicht länger als anderthalb Stunden, nach seinem Erscheinen aber wenigstens anderthalb Wochen zugebracht. Es schwirrte mir der Kopf, und ich wußte nur nicht, ob ich mehr betäubt war von dem, was mir die letzten vierundzwanzig Stunden gebracht hatten, oder mehr in Angst und Sorge vor dem, was mir mutmaßlich bevorsteht. So viel war gewiß, aus dem stillen Schäferspiel war im Handumdrehen eines jener unruhigen Verwechslungs- und Verwandlungsstücke geworden, in denen an der Hinterkulisse der Bühne wenigstens drei Türen und drei Fenster sind, in die beständig aus- und eingegangen oder hinaus- und hineingeklettert wird, und unter jeder Tischdecke hockt einer, und in jedem Kleiderschranke hat sich einer versteckt.

Im übrigen schlief ich leidlich und war gleich nach sechs auf. Am Frühstückstische traf ich Onkel Dodo, der sich allerpersönlichst unter eine Flut von Vorwürfen stellte, und zwar darüber, daß er die schönste Tageszeit verschlafen habe. Als ich ihm erwiderte, ›es sei ja kaum sieben‹, überkam ihn wieder einer seiner großen Heiterkeitsanfälle, die jedesmal etwas Elementares hatten. »Erst sieben«, prustete er heraus. »Auf dem Lande ... drei Stunden nach Sonnenaufgang ... und *erst* sieben.« Endlich zur Ruhe gekommen, schlug er das zu seinem Frühstück gehörige rohe Ei mit der Spitze auf und sagte, während er es ziemlich geräuschvoll in einem Zuge austrank: »Freu' mich über Sie. Sie haben seit gestern mittag ordentlich Farbe gekriegt, und ich sag' Ihnen, noch drei Tage, und Sie wundern sich über sich selbst und kommen sich, Pardon, selber höchst komisch vor, mal von Zug und Zäpfchen gesprochen zu haben. Ein entzündetes Zäpfchen. Kapital, wundervoll! Aber wenn geholfen werden soll, so muß System in die Sache kommen. Ich kann Sie nicht mit einem bißchen Cricket kurieren und auch nicht mit Hechtstechen. All das laß ich mir als hors d'oeuvre gefallen, aber ohne Regelmäßigkeit in der Anwendung der Mittel gibt es keine Kur. Es trifft sich gut, daß unsere liebenswürdigen Wirte für den Augenblick nicht zugegen sind, und so schlage ich denn vor, wir machen ein Programm oder, wenn Sie wollen, einen Stundenplan. Denn in der Tat, eine jede Stunde muß herangezogen werden. Und da denk' ich mir denn ... aber bitte, schieben Sie mir das alte Huhn heran, ich will es noch mal damit versuchen. Karoline sprach von jungen Hühnern; nun gut, sie mag es so nennen, aber alt und jung ist ein dehnbarer Begriff, und ich darf sagen, ich habe jüngere gegessen. Otto, der beste Mensch von der Welt, hat hundert Vorzüge, nur Gourmand ist er nicht. Ich auch nicht, aber ich kann wenigstens ein altes Huhn von einem jungen unterscheiden.«

Ich lachte, was ihm wohltat, denn er hatte das Bedürfnis, seine Jovialität auch anerkannt zu sehen. »Ah, Sie lachen. Sehen Sie, das gefällt mir. Sie wissen, im Mittelalter, in den alten Zeiten, als der Aberglaube und der Schwarze Tod Arm in Arm über die Welt gingen, wenn da wer nieste, so galt es als ein gutes Omen, und unser einfaches ›Zur Gesundheit‹ soll sich aus jenen Zeiten herschreiben. Aber was ist das Niesen gegen das Lachen! Und so viel ist gewiß, wenn ich einen herzlich lachen höre, so möcht' ich ihm immer ›Zur Gesundheit‹ zurufen. Ja, Doktor, gratulor. Sie sind jetzt wirklich Rekonvaleszent, und ich biete jede Wette, daß ich in acht Tagen Staat mit Ihnen mache. Denn Sie haben auch die Tugend, gehorsam zu sein.«

Ich wollte mich dagegen verwahren, er schnitt mir aber die Gelegenheit dazu nicht nur durch eine Handbewegung, sondern auch durch ein lauteres Sprechen seinerseits ab und fuhr fort: »Also das Programm. Unser Sechsuhr-Bad haben wir versäumt, und ein Bad unmittelbar nach dem Frühstück geht nicht. So geb' ich Sie denn bis neun Uhr frei. Sie sehn, ich bin nicht so schlimm, wie Sie vielleicht meinen. Auch weiß ich recht gut, ein Mann wie Sie will sich mal sammeln oder einen Brief schreiben. Nicht wahr? Ich seh's Ihnen an, daß Sie viel Briefe schreiben, eine schreckliche Angewohnheit, und wer sie mal hat, wird sie nicht wieder los. Also bis neun. Und um neun gehen wir eine Stunde spazieren, halten uns an dem Inslebener See hin und nehmen das versäumte Frühbad nach... Sie schwimmen doch?«

Ich schüttelte den Kopf.

»Ei, ei. Aber es tut nichts, und wenn etwas passiert, ich kann tauchen und hole Sie wieder herauf. Unser *zweites* Frühstück nehmen wir dann unmittelbar nach dem Bade. Für den Platz lassen Sie mich sorgen. Keine tausend Schritt hinter dem See liegt der Burgberg, hundertachtzig Stufen, etwas steil; da klettern wir hinauf, setzen uns auf eine Steinbank und haben das schattige Buchengezweig über und die sonnige Landschaft vor uns: erst den See mit dem breiten Rohrgürtel und den wilden Enten, die beständig auffliegen und niederfallen, mal schwimmen und mal tauchen und bei dieser Gelegenheit ihres Daseins besseren Teil in den blauen Himmel strecken. Und dann kommt ein Wind über den See und fächelt uns an und schüttelt die Bucheckern vom Baum, wenn es schon welche gibt, ich bin meiner Sache nicht sicher, und dabei sitzen wir und verzehren ein Solei und überfliegen den blauen Strich der Berge bis zu dem alten Brocken hinauf, der mit seinem Backofenprofil die ganze Vorgrundsherrlichkeit überragt.«

Ich sah ihn verwundert an, ihn mit so viel poetischer Emphase sprechen zu hören, aber er wiederholte nur: »...der die ganze Vorgrundsherrlichkeit überragt und, was am meisten in Betracht kommt, uns mit aller Dringlichkeit einlädt, ihn zu besuchen. Und er soll nicht lange mehr auf uns warten. Heut ist es zu spät; wir haben (mir immer wieder ein Vorwurf) die besten Stunden verschlafen, aber morgen, morgen. Wir machen's in einem Tag, und bei Sonnenuntergang sind wir wieder zurück.«

»Aber der Sonnenuntergang ist ja gerade das Beste.«

»Torheit. Erstens ist der Mittag ebensogut wie der Abend, und wenn es blendet, was vorkommt, so setzen wir eine blaue Brille auf. Und dann zweitens, und das ist die Hauptsache: ›das Ziel ist nichts, und der Weg ist alles‹, ohne welche Wahrheit und Reiseweisheit die ganze Brockenreputation sich keinen Sommer lang halten könnte. Denn haben Sie schon je wen gesprochen, der vom Brocken aus was gesehen hätte? Ich nicht. Und ist auch nicht nötig. Worauf es ankommt, das sind die Stationen: in Hohenstein einen Wacholder, auf der Steinernen Rinne was Belegtes, in Schierke zwei Seidel und auf dem Brocken zu Mittag. Aber im Freien. Und wenn es dann so fegt und bläst und man erst seinen Reisestock und dann einen Stein aufs Tischtuch legt, damit es nicht weggeblasen wird, sehen Sie, Doktor, *das* ist die Freude, darin steckt die Genesung. Ob Sie die Türme von Magdeburg sehn, ist gleichgültig und hat noch keinen gesund gemacht. Aber der Wind! Im Wind steckt alles; kennen Sie die Geschichte von Christus und Petrus? Ohne Wind wär' alles Pest und Tod. Es wär' eine mephitische Welt, wenn der Wind nicht wäre. Hab' ich recht? Der Wind ist die Gesundheit und das Leben, und es wundert mich, daß die Griechen keinen großen Windgott gehabt haben. Einen kleinen hatten sie.«

Ich bestätigte.

»Nun, sehn Sie. Ja, der Wind, auf den kommt es an, und haben Sie *den* erst lieb gewonnen, so wollen Sie jeden dritten Tag hinauf. Und so weit bring' ich Sie noch. Und wenn mal ein Wetter kommt und einen in die Hütte treibt, zu Köhlervolk oder andern blutarmen Leuten, und wenn man dann das Wasser aus dem Schuh gießt und sich einen Friesrock anzieht, bis alles wieder an einer langen Ofenstrippe getrocknet ist – sehen Sie, Doktor, das heißt leben und Leben genießen. Und so was müssen wir als Ziel im Auge behalten. Aber das alles ist Zukunftsprogramm, und vorläufig und für heute (Sie werden doch nicht ausspannen) sind wir noch auf dem Burgberg und begnügen uns mit ihm und marschieren, statt auf den Brocken, in weitem Bogen auf die Pfarre zu, wo wir Hochwürden, ich wette zehn gegen eins, bei seiner Zeitung treffen werden. Ein charmanter Mann, nur ein bißchen zu seßhaft und nicht loszukriegen von seinem knarrigen Reitstuhl... Ich glaube, er bildet sich wirklich ein, er säße zu Pferde... Nun, da haben wir denn unser Gespräch. Er hält zu Falk und will nicht nach Canossa. Sie doch auch nicht? Aber ich will Sie nicht in Verlegenheit bringen. Apropos, haben Sie denn schon die Inslebener Kirche gesehen und die Gruft?«

»Nein.«

»Nun, dann muß der Küster aufschließen, und Sie müssen wohl oder übel vom Pastor aus – der uns, wenn er nicht zu bequem ist, dabei begleiten kann – in die Gruft hinabsteigen und die Mumien sehn. Das ist eine Besonderheit dieser Gegenden und eigentlich unaufgeklärt. Und sie liegen da (denn es sind ihrer mehrere) wie noch lebendig, und die Haut gibt nach und macht eine Kute, wenn Sie mit dem Finger draufdrücken... Und dann zurück und zu Tisch...«

»Könnten wir nicht vielleicht«, unterbrach ich, »erst in die Gruft steigen und *dann* in die Pfarre...«

»Meinetwegen. Versteh', versteh'. Ist Ihnen fatal, von der Mumie direkt hier wieder einzutreffen und gleich danach zu Tische zu gehn. Aber ich bitte Sie, Doktor, wie kann man so feinfühlig sein? Da hört zuletzt alles auf, und Sie können kein belegtes Butterbrot essen, wenn zufällig einer begraben wird.«

»Kann ich auch wirklich nicht.«

»Prachtvoll. Was im Zeitalter der angegriffenen Nerven alles vorkommt... Aber wie Sie wollen... Erst in die Gruft also und *dann* zum Pastor. Und dann nach Haus und zu Tisch.«

»Und dann?«

»Ich denke, wir überlassen das der historischen Entwicklung.«

»Offen gestanden, mich persönlich würd' es beruhigen, genau zu wissen, was vorliegt und was in Sicht steht.«

»Gut. Meinetwegen auch das. Und so schlag' ich denn vor, wir bestimmen Otto, gleich nach Tisch den Pürschwagen anspannen zu lassen. Er stößt etwas, aber das gehört mit dazu. Dann besuchen wir den alten Oberförster. Er ist froh, wenn er mal ein anderes Gesicht sieht. Und dann in den Wald hinein oder noch besser draußen am Wald entlang. Es ist jetzt freilich nicht viel los, und die Hirsch' und Rehe schreiten einher wie im Paradiese (beiläufig, ich habe solche Bilder gesehen, ich glaube in Florenz), aber in drei Stunden wird doch wohl was zum Schuß kommen. Vesper fällt aus, und für einen Nordhäuser sorgt der Oberförster. Das ist wichtig, denn bei Sonnenuntergang wird's kühl. Und dann nach Haus, wo uns die Jungens erwarten. Und ich glaube, mit Sehnsucht. Denn wir wollen am Abend noch ein Feuerwerk abbrennen, auf der Liebesinsel, immer vorausgesetzt, daß der gute Otto, wegen seiner Eremitage, nichts dagegen hat. Und nun Gott befohlen. Ich sehe, daß Friedrich uns schon auf die Finger kuckt und abräumen will. Und hat auch recht. Alle Wetter, schon acht... Au revoir, Doktor. In einer Stunde draußen auf dem Vorplatz. Aber präzise, präzise.«

Der Tag verlief programmäßig, und die Dämmerung war längst angebrochen, als wir, nach mehrstündiger Fahrt im Walde, durch die hier und da schon ein paar Lichter zeigende Dorfstraße heimkehrten und vor dem etwas zurückgelegenen Herrenhause hielten. Ich war zu Schuß gekommen, selbstverständlich ohne zu treffen, Otto dagegen hatte zwei Birkhühner in seiner Jagdtasche. Schon auf der Vortreppe sahen wir uns von den Kindern umringt, die, voll Eifer und unter beständigem Ausschauen nach ihm, auf die Rückkehr des Onkels gewartet hatten. Dieser kannte nichts Schöneres als solche Neugier und Ungeduld und war gleich wieder unten, um den Kasten mit Feuerwerk auf eine kleine Gondel zu verladen, auf der man, unter Benutzung eines vom Teich aus durch alle Partien des Parkes sich hinschlängelnden Grabens, bis an die ziemlich weitabgelegene Liebesinsel fahren wollte. Was nicht Platz hatte, ging zu Fuß und benutzte die kleine Bogenbrücke. Die Aufregung, in der sich alles befand, gestattete mir, unbemerkt im Hintergrunde zu bleiben und mich auf mein Zimmer zurückzuziehen. Ich war todmüde von dem Bad und dem Pastor und dem Pürschwagen und warf mich aufs Sofa und schlief ein.

Eine Stunde mochte ich so geschlafen haben, als ich von einem seltsamen Summen und Dröhnen erwachte. Mein erster Gedanke war, daß es Kopfweh sei, vielleicht von Erkältung, und so ging ich denn auf das noch offenstehende Fenster zu, um es zu schließen. Aber wie war ich überrascht und erschrocken, als ich im selben Augenblick einen Feuerschein über den Parkbäumen wahrnahm und nun auch in aller Deutlichkeit hörte, daß es die Feuerglocke war, die mir das Summen und Dröhnen im Kopfe verursacht hatte. Da hinaus lag die Liebesinsel, und keine fünfzig Schritte weiter rechts standen die Dorfscheunen am Rande des Parkes hin. Ich lief treppab, um zu fragen; aber niemand war da, den alten Hühnerhund abgerechnet, der mir, von seiner Binsenmatte her, wedelnd entgegenkam und mich ansah, als ob er fragen wollte, was denn eigentlich los sei? »Ja, Caro, wer es wüßte! Ich weiß es auch nicht.«

So trat ich denn, um doch etwas zu tun, auf die Veranda hinaus, zählte die dumpfen, langsamen Schläge, die sich fortpflanzten, und mitunter war es mir, als ob auch von Bins- und Minsleben her die Sturmglocke dazwischen klänge.

So horchend und zählend, sah ich endlich, daß Maud und Alice den schräg über die Parkwiese laufenden Kiesweg herunterkamen. Gott sei Dank. Und nun sprangen sie, während sie schon von drüben her grüßten, in die Strickfähre und zogen sich bis zu mir herüber.

»Ich bitt' euch Kinder, was gibt es?«

»Alles schon vorbei.«

Und nun erzählten sie, daß eine der Onkel Dodoschen Raketen auf das alte Dach der Eremitage gefallen und infolge davon

der ganze Rohr- und Rindenbau rasch niedergebrannt sei.
»Wir kriegen nun eine bessere«, sagte Alice. »Papa war auch
in Sorge der Scheunen halber, und Alfred lief, um die Spritze
zu holen. Und deshalb haben sie gestürmt. Es war aber eigentlich nicht nötig.«

»Und die Mama?«

»Nun, die kriegte natürlich ihren Weinkrampf. Als aber
Onkel eine Nessel ausriß und sie damit schlagen wollte, weil
er sagte, ›das hülfe‹, da schlug es um, und sie kriegte nun
ihren Lachkrampf, und gleich darauf erholte sie sich wieder.«

»Und kommen sie bald?«

»Ich wundre mich, daß sie noch nicht da sind.«

Ich meinerseits hatte nicht Lust, der Entwickelung dieser
Tragikomödie beizuwohnen und bat deshalb die Kinder, mich
bei den Eltern entschuldigen zu wollen. Ich hätte Kopfweh.
Und unter diesen Worten zog ich mich auch wirklich zurück
und schlief bald ein. Aber es war kein rechter Schlaf. Immer
sah ich eine Rakete steigen, und dann gab es einen Puff, und
dann fielen drei Leuchtkugeln nieder, und dazwischen stürmte
die Feuerglocke. Menschen sah ich nicht, mit Ausnahme Frau
Karolinens, die, weißgekleidet und weinend, auf einer Rasen-
böschung saß, und vor ihr Onkel Dodo mit einer Nessel. Ich
konnte den Traum nicht abschütteln und war froh, als ich um
fünf Uhr aufwachte. »Früh, sehr früh.« Aber es paßte mir
gerade, daß es so früh war, und rasch aufspringend zog ich
mich an und ging auf die Veranda hinunter, wo die beiden
Ehegatten um Punkt sechs Uhr ihr erstes Frühstück zu nehmen pflegten.

Ich wollte mit ihnen allein sein und ihnen mein Herz ausschütten.

Es war gut geplant und auch wieder nicht. Denn eigentlich
hätt' ich den Mißerfolg, der meiner harrte, voraussehen müssen. Ich fand nämlich Onkel Dodo bereits vor und wurde von
ihm mit scherzhaften Vorwürfen darüber überschüttet, erst
beim Feuerwerk, dann beim Feuer und zuletzt bei der Kondo-
lenz gefehlt zu haben. Ich entschuldigte mich, so gut es ging,
und da Freund Otto mir von der Stirn herunterlesen mochte,
daß ich allerlei zu sagen hätte, was Onkel Dodo nicht hören

solle, so nahm er diesen beim Arm und sagte: »Komm, ich muß dir noch unsre neue Torfmaschine zeigen. Für den Doktor, wie du ihn nennst, ist es nichts.«

Und so gingen sie.

Karoline wies auf einen Schaukelstuhl und klingelte, daß man mir den Kaffee bringe. Dann sah sie mich freundlich an und sagte: »Nun, was gibt es, lieber Freund? Ich sehe, Sie haben was auf dem Herzen, und ich will es Ihnen leicht machen. Ich fürchte, Sie wollen fort.«

»Ja, meine teuerste Freundin.«

»Und keine Möglichkeit?«

»Keine... Denken Sie doch, er will mich in die Berge schleppen. Auf den Brocken, und in einem Tage hin und zurück. Und überall ein Goldwasser oder ein Kirschwasser. Und ich mache mir aus beiden nichts. Und was soll ich auf dem Brocken? Er sagt ja selber, daß man nichts sehen könne. Und im Freien will er mit mir zu Mittag essen, und wir sollen einen Stein auf das Tischtuch legen, damit es nicht fortfliegt. Ich bitte Sie...«

Sie lachte herzlich und sagte dann: »Sie müssen fester sein und eigensinniger und nicht gehorchen.«

»Ach, meine teuerste Freundin«, nahm ich wieder das Wort, »Sie wissen ja selbst, daß das nicht geht. Einem unleidlichen Menschen gegenüber hat man ein leichtes Spiel, man kann ihm aus dem Wege gehn oder ihm in seiner Sprache antworten, und er wird sich weder groß darüber wundern, noch es einem sonderlich übelnehmen. Aber gegen die Bonhommie gibt es kein Mittel. Es ist damit – Pardon, Ihr eignes Haus ist liberal, und ich bin es auch –, es ist damit wie mit dem Liberalismus: er ist *immer* gut, schon um seiner selbst willen, ob er nun passen mag oder nicht. Und wer da widerspricht oder auch nur leise zweifelt, ist ein schlechter Mensch. Es gibt nichts Schrecklicheres als die Menschheitsbeglücker par force, die gewaltsam heilen, helfen oder gar selig machen wollen. Ich habe nichts gegen das Seligwerden, aber, um den ewig alten Satz zu zitieren, wenn's sein kann, auf *meine* Façon. Und so möcht' ich auch geheilt werden auf meine Façon. *Des*halb kam ich hierher, *des*halb zu Ihnen, teure Freundin, die Sie gelernt haben, die Freiheit des Individuums zu respektieren. Oder auch nicht gelernt haben, denn dergleichen lernt man nicht; das Beste hat man immer von Natur. Und deshalb war ich so glücklich hier. Es ist mir hier immer, als fiele ein leiser, sommerlicher Sprühregen vom Himmel und nehme mich unter seinen weichen und wohligen Mantel. Ja, teure Freundin, so war es auch diesmal wieder. Da, mit einem Male, bricht Onkel Dodo herein, und alles ist hin. Er hat nicht den weichen und wohligen Mantel, der Ruh' und Frieden oder doch äußere Stille bedeutet, er hat nur Dr. Fausts Sturmmantel, der überall hin fegt und segelt, und je schneller es geht, und je mehr Zug und Wind es gibt, desto schöner dünkt es ihm. Ich habe nichts dagegen; es mag für *ihn* passen, aber nicht für *mich*. Und so will ich denn fort, heute noch. Um zwölf geht der Zug von Halberstadt. Ich denke, wenn ich um elf Uhr fahre, komm' ich gerade zu rechter Zeit. Oder sagen wir lieber um halb elf.«

Frau Karoline nahm meine Hand. »Ich sehe schon. Es sind ja nur vierzig Minuten von hier·bis an den Bahnhof, aber Sie zittern schon bei der bloßen Möglichkeit einer Zugversäumnis. Und so will ich Sie nicht weiter bitten. Im September ist Kaltwasserkongreß in Wiesbaden, wohin der Onkel unweigerlich geht. Und so glaub' ich mich denn (immer vorausgesetzt, daß Sie wollen) dafür verbürgen zu können, daß Sie den Faden, den Sie heute selbst durchschneiden, um jene Zeit ungestört wieder anknüpfen können. Der Herbst ist unsre beste Zeit, und Sie sind, wie Sie wissen, immer le bienvenu. Und nun geben Sie mir den Arm, daß wir noch einen Spaziergang machen. Ich habe noch allerhand Fragen auf dem Herzen: die Kinder müssen aus dem Haus, Albert gewiß und auch Alfred und Arthur. Aber ich schwanke noch, wohin, und bin außerdem, aus Prinzip, gegen denselben Ort und dieselbe Schule für alle drei. Da hängen sie dann zusammen und leben sich in sich hinein, anstatt sich aus sich heraus zu leben.«

Und damit fuhren wir auf die Parkwiese hinüber und gingen in Geplauder den schräglaufenden Kiesweg hinauf, auf dem am Abend vorher Alice und Maud in fliegender Hast herabgekommen waren.

Es war eine mich erquickende halbe Stunde, denn ich kenne

nichts Schöneres, als den Einblick in eine ruhige, von keiner
Leidenschaft getrübte Frauenseele. Als wir von unsrem Spa-
ziergange heimkehrten, empfingen uns die Kinder, und alles
war Glück und Friede. Die Freundin übernahm es, mit Otto
zu sprechen. »Und um elf Uhr der Wagen«, schloß sie. »Nicht
früher.«

Und nun schlug es elf, und mit dem Glockenschlag erschien
Friedrich auf meinem Zimmer, um meinen Koffer in den
Wagen zu tragen. Ich folgte rasch, nahm Abschied von den
Kindern, groß und klein, die mich auf dem Hausflur unten
umstanden, und trat, einigermaßen erregt und bewegt, auf die
Freitreppe hinaus, auf der ich Karolinen und Otto bereits erkannt hatte. Wer aber beschreibt mein Erstaunen, als ich neben
ihnen Onkel Dodo stehen sah, der eben ein Paar dänisch leder-
ne Handschuh' anzog und dadurch andeutete, daß er mich begleiten wolle. Mein nicht geringer Schrecken wurde nur durch
das Komische seiner Erscheinung einigermaßen wieder ausge-
glichen. Er hatte nämlich, tags vorher, seinen breitkrämpigen
Strohhut verloren und sich infolge davon unter Ottos Vorrat
eine höchst merkwürdige Kopfbedeckung ausgesucht, die, gerade Mode, zwischen Bienenkorb und Feuerwehrhelm die Mitte
hielt und mit der alten Krämpentradition ein für allemal gebrochen zu haben schien. Ich wollt' ihn daraufhin ansprechen,
er aber, mit jener Hast und Quickheit, der meine Langsamkeit
nicht annähernd gewachsen war, überholte mich und teilte mir
in abwechselnd kurzen und dann wieder weit ausgeführten
Sätzen mit, daß er vor dreizehn Minuten ein Telegramm erhalten habe, wonach, gegen Erwarten, *morgen* schon der
Delegiertentag der »Turner und Hygienisten von Ober- und
Niederbarnim« abgehalten werden solle. Natürlich in Eberswalde. Da dürfe er nicht fehlen, und zwar um so weniger, als,
unter Anlehnung an den Doktor Tannerschen Fall, die Frage
nach der Nahrungsfähigkeit des Wassers in einer Komiteesit-
zung zur Erörterung kommen solle. Für ihn persönlich stehe
die Sache fest und bedürfe nur noch gewisser Einschränkungen. Über sogenanntes »Himmelswasser«, eine von ihm her-
rührende Bezeichnung, unter der er, namentlich in Gebirgs-

gegenden, Regen und Tau verstehe, möge sich, hinsichtlich seiner Nährkraft, streiten lassen, aber was Fluß- und Quell- oder gar Teich- und Seewasser angehe, so sei dasselbe seiner Natur nach ein *Infusum*, ein Aufguß, sozusagen *Erdtee*, drin sich, verdünnt oder auch konzentriert, der Nährstoff aus hunderttausend Wurzeln befinde. Gott sei Dank werde man Ende September, in Wiesbaden, in der Lage sein, der Frage näherzurücken und endgültige Beschlüsse zu fassen.

Die letzten Worte, von lebhaften Gestikulationen begleitet, wurden schon auf dem Wagentritt gesprochen, und kaum daß wir saßen und unsere Hüte noch einmal zum Abschied gelüftet hatten, als auch die Pferde bereits anzogen und uns vom Hof hinunter in das Dorf und gleich danach in die fruchtbare, mit Fabriken und Rübenfeldern überdeckte Landschaft hinaustrugen.

»Eine prächtige Brise«, sagte Onkel Dodo, während ich gerade den Rockkragen in die Höhe klappte.

Beinah gleichzeitig mit uns fuhr, von der andern Seite her, der Zug in den Bahnhof ein, und in dem Menschenknäuel und einer echten Bahnhofsverwirrung auseinandergekommen, erfüllte mich eine Minute lang die Hoffnung, in ein Nichtrauchercoupé retirieren und so vielleicht entwischen zu können... Aber Onkel Dodo war auch Nichtraucher, und da saßen wir denn, unserer Versicherung nach, wieder glücklich beisammen und »freuten« uns, nicht getrennt worden zu sein. »Bis Berlin hin«, begann er, »läßt sich schon was reden. Wir haben übrigens durchgehende Wagen. Es ist Ihnen doch recht, meine Damen, wenn ich Luft mache?«

Diese letzten Worte waren an vier Damen gerichtet, die klugerweise bereits die Rücksitze des Wagens eingenommen hatten. Und so kam ich denn an das offene Fenster und hatte die frische Luft eines Schnellzuges aus erster Hand. Ich hätte protestieren und auf Schließung wenigstens *eines* Fensters dringen können, aber ich kannte meinen Partner zu gut, um mich auf Erfolglosigkeiten einzulassen.

Um sechs trafen wir auf dem Friedrichsstraßenbahnhof ein. Eine geplante »gemeinschaftliche Droschke« – die übrigens, bei dem mir längst angeflogenen Kopf- und Zahnreißen, ziemlich irrelevant gewesen wäre – ging an mir vorüber, und Gott sei Dank *einsamen* Betrachtungen über »les défauts des vertus« der besten Menschen hingegeben, fuhr ich zwischen den Pferdebahngleisen der Dorotheenstraße, dem Tiergarten und meiner Wohnung zu.

Wie sich denken läßt, harrte meiner eine fiebrige Nacht.

Am andern Morgen aber, als ich mich matt und angegriffen an meinen Frühstückstisch setzte, fand ich bereits, unter Kreuzband, eine kleine Sendung vor. In der linken Unterecke stand Onkel Dodos Namen mit der Zubemerkung: »In Eil.« Es waren zwei von ihm selbst verfaßte Broschüren, eine kleinere: »In balneis salus«, und eine größere, die den Titel führte: »Beiträge zur Wiederherstellung des Menschengeschlechts«. Aber auch hier war ein Stück Latinität nicht vergessen, und sowohl das Motto wie die Schlußzeile der Broschüre lautete: Mens sana in corpore sano.

WOHIN?
(1888)

»Ja, liebe Leontine, du mußt dich nun entscheiden, entscheiden, *wohin?* Ich habe nicht Lust, immer das Nachsehen zu haben und bei der ›Teilung der Erde‹, wenigstens soweit Bäder und Kurorte mitsprechen, immer wieder in den Himmel einer Dachstube zu kommen. ›Sooft du kommst, er soll dir offen sein.‹ Das ist für Dichter, aber nicht für unserein. Erinnere dich an Kissingen und unsere Debütnacht über dem Hühnerstall. Und all das immer für teuerstes Geld und immer noch um Gottes willen. Ich habe das satt... Also *wohin*, Leontine?«

»Lieber James, ich bitte dich, quäle mich nicht mit diesem ewigen: ›wohin?‹ Ich werde nachgerade nervös, wenn ich das Wort höre. Wir sind erst Ende Mai, haben also noch mindestens sechs Wochen. Übrigens, was heißt Hühnerstall und Himmel und Dachstube? Das sind Redensarten. Was du so nennst, war ein Unterschlupf auf vierundzwanzig Stunden, und den nächsten Tag hatten wir einen Salon. Es eilt wirklich nicht. Niemand bleibt schließlich ohne standesgemäße Wohnung, am wenigsten aber ein hoher Steuerzahler wie du.«

»Mache mir nicht Komplimente, Leontine, mache Vorschläge.«

»Nun denn: *Misdroy*.«

»Kennst du Misdroy?«

»Nein. *Wenn ich es kennte* ...«

»... würdest du vorsichtiger sein, am wenigsten aber mit ihm anfangen. Davon sei überzeugt. Denn wie steht es mit Misdroy? Misdroy hat erstens mehr Berliner als Berlin und zweitens, was doch bei deinem Teint eine Rolle spielt, mehr Mücken als Berlin. Ostsee-Moskitoküste, nordisches Kamerun. Und was doch auch in Betracht kommt, wenn ich im Bade bin, will ich im Bade sein und nicht an der Börse. Ja mehr, Leontine; wenn ich dir die Wahrheit sagen soll, ich geh' überhaupt nur ins Bad, um die lieben alten Gesichter *nicht* zu sehen.«

»Worin ich dir ausnahmsweise zustimme«, lachte Leontine. »Und so lassen wir denn Misdroy fallen und nehmen Norderney.«

»Gut. Das läßt sich hören. Aber andererseits bedenke, Norderney liegt nicht viel besser als Helgoland. In Emden zu Schiff, und dann vier Stunden auf See. Und vier Stunden heißt allemal sechs Stunden. Und dann stößt das Schiff, und die See rollt. Und du wirst seekrank werden.«

»Ich werde *nicht* seekrank werden oder doch immer noch präsentabel. Glaube mir, James, der Wille tut viel dabei, wenn nicht alles. Auch *das* sind Erziehungssachen. Und schließlich, *wenn* ich es würde, so würde mich das nicht abschrecken, ein solches Opfer zu bringen, denn Norderney, um dir's offen zu gestehen, gehört zu meinen angenehmen Erinnerungen. Und ich bin lange genug verheiratet, um mehr oder minder angenehme, jedenfalls aber poetische Erinnerungen gerne wieder aufzufrischen ...«

»Ich bitte dich, Leontine.«

»Ja, James, *poetische* Erinnerungen, trotzdem oder vielleicht auch *weil* ich damals noch ein halbes Kind war, nicht viel älter als unsre Lulu. Denke dir, jeden Nachmittag, gleich nach Tisch, hatten wir eine Kegelpartie ...«

»Dergleichen haben wir in Wilmersdorf auch. Selbst in Halensee...«

»Mitnichten, mon ami. Denn erstens war es ein Kegelspiel in den Dünen, mitten unter Strandhafer und blauen Disteln...«

»Nicht übel.«

»Und zweitens war das, was wir da hatten, keine landläufige Berliner Kegelbahn mit einem Brett und einer Rinne, daran man sich, wenn man nicht aufpaßt, immer einen Splitter einreißt, und einer von den Breslauer Ephraims (ich glaube der Lotterieinspektor) ist daran gestorben, sondern die Kugel hing an einem merkwürdigen, altfriesischen Schiffstau, ganz so wie wir früher in unsrem Garten einen Ring an einer grünen Korde hatten, einen Messingring, der, wenn man's verstand, immer in einen an einem Birnbaum angebrachten Haken fiel. Und genau so fiel da die Kugel in die Kegel. Aber man mußte richtig zielen, und ich entsinne mich, daß Alfred Meyer, damals ein reizender Junge von kaum Siebzehn und doch schon mit einem kleinen Schnurrbart, dreimal hintereinander alle neune warf.«

»Wohl möglich, Leontine. Ja, sogar wahrscheinlich. Später freilich hat er Konkurs gemacht und ist nach Amerika gegangen. Und wenn er wirklich solch Kegelvirtuose war, wie du ihn mir schilderst, so wird er wohl eine Tabagie drüben haben. Vielleicht am Niagara, dicht am großen Fall.«

»Du weißt, James, ich liebe solche Späße nicht, am wenigsten auf Kosten von Personen, die mir in meiner Jugend lieb und wert waren. Ich habe nicht die Prätension, meinen Willen durchzusetzen, man kann auch *das* verlernen, aber du hast mich aufgefordert, Vorschläge zu machen und Reiseziele zu nennen. Und dem bin ich nachgekommen. Und nun sage mir, was hast du gegen Norderney?«

»Nicht das geringste. Wenn du also willst, so nehmen wir Norderney. Warum nicht? Es ist schließlich keine Karaibeninsel von anthropophagem Charakter, und die wilden Triebe sowohl der einheimischen wie der eingewanderten Bevölkerung, die Hoteliers an der Spitze, sollen mehr auf Gut als auf Blut gerichtet sein. Also, ich wiederhole, warum nicht, Leontine? Aber so hübsch du mir eben das Kegelspiel beschrieben hast, so find' ich es dennoch für fünf Wochen etwas zu wenig. Um so mehr, als ich fest überzeugt bin, daß ich niemals dreimal hintereinander alle neun werfen werde.«

»Nein«, sagte sie mit jenem Ausdruck von Spott, darin Frauen, ihren Ehemännern gegenüber, allemal Meister sind. »Nein, James, *das* wirst du nicht.« Und in ihrer plötzlich erwachten guten Laune schien sie grad einen neuen Pfeil aus dem Köcher nehmen und ihren Triumph durch einen zweiten wohlgezielten Schuß vervollständigen zu wollen, als ein eintretender Diener den Justizrat Markauer meldete.

James ging dem Angemeldeten entgegen, der seinerseits, unter nur leichtem Gruße gegen den Freund, auf die schöne Frau zuschritt und ihr die Hand küßte.

»Geschäfte?« fragte James.

»Nein.«

»Tant mieux. Dann frühstücken wir zusammen. Meine Frau schwärmt eben für Norderney, gegen das ich nichts habe, wenn auch freilich nicht viel dafür. Aber daß sie ›Jugenderinnerungen‹ ins Feld führt, was immer eine schwache Position bedeutet, macht mir die Sache verdächtig. Sie, Markauer, kennen alle Bäder Westeuropas und noch einige mehr. Entscheiden Sie zwischen uns, und geben Sie, wenn es sein muß, meinem aus bloßem Friedensbedürfnis geborenen ›Ja‹ die höhere Weihe. Noch schwebt alles. Wie steht es? Raten Sie mir zu diesem jugenderinnerungsreichen Eiland?«

Und während James noch so sprach, schob er seinem Gaste die beiden auf dem Frühstückstische stehenden Karaffen zu. »Port oder Sherry, Markauer? Oder vielleicht lieber Liebfrauenmilch oder Bocksbeutel oder sonst was Urgermanisches? Wir brauchen uns bloß im Spiegel zu sehen, um unsere Spezialberechtigung wenigstens vor uns selber nachgewiesen zu haben.«

Beide lachten, und nur Leontine, die nach dieser Seite hin sehr empfindlich und im letzten Winkel ihres Herzens eigentlich Antisemitin war, trat an den offenen Flügel und strich mit dem kleinen Finger über die Tasten.

»Also Norderney«, wiederholte jetzt James, während er Markauer einschenkte. »Doch jedenfalls dagewesen?«

»Dreimal. Erst 64, als es noch hannoversch war. Und dann 80 und 81.«

»Nun«, sagte Leontine, vom Flügel her an den Frühstückstisch zurücktretend. »Lassen Sie hören, Freund. Aber vergessen Sie nicht, daß ich Sie kontrolliere und mit Hilfe davon in jedem Augenblick feststellen kann, ob Sie falsch Zeugnis reden. Also wenn ich bitten darf, ohne Parteinahme.«

»Gewiß, liebe Freundin. Aber werde ich pardoniert werden, wenn ich die Wahrheit sage?«

»Sie *sollen* sie sogar sagen. Ich liebe Wahrheit bis zur Leidenschaft. Es ist die Leidenschaft meiner reiferen Jahre...«

»Von denen Sie nicht sprechen dürfen, am wenigsten im Zusammenhange mit dem voraufgegangenen und Gott sei Dank trostreicheren Worte...«

James lachte, Markauer aber fuhr fort: »Nun also Norderney. Beginnen wir mit der Bodenbeschaffenheit. Da haben wir Dünensand, neuerdings intermittierend mit einem in allen drei Aggregatzuständen auftretenden Dünger. Oder wenn Sie wollen, Guano. Norderney soll nämlich à tout prix in einen Fruchtgarten umgewandelt werden, was mir vom Standpunkte der Agrikultur aus als ein höchst schätzenswertes, vom Standpunkte der Luftverbesserung aus aber als ein höchst fragwürdiges Unternehmen erscheint. Reine Luft ist selbstverständlich das dritte Wort, das man zu hören bekommt, aber nach meinen persönlichen Erfahrungen entstammt die diesen Namen führende, konstant über die Insel hingehende Brise keineswegs dem relativen Neuadel der Familie von Ozon, sondern der viel, viel älteren und eigentlich über jede Geschichte hinausgehenden Uradelsfamilie derer von Schwefelwasserstoff. Ich glaube, diese Bemerkung ohne Gefahr vor Widerspruch machen zu dürfen, denn die Hölle, wenn mich nicht alles täuscht, ist älter, war *vor* dem Himmel...«

»Lassen wir das. Das sind zu schwierige Fragen, selbst für Sie, Markauer.«

»Und vielleicht«, fuhr der Justizrat fort, »ist es in einem gewissen, wenn auch unaufgeklärten Zusammenhange mit dieser hygienischen über Norderney hinstreichenden Luftwelle, daß sich unmittelbar am Strand ein Barackenhotel aufgetan hat, unter dem herausfordernden Namen ›Giftbude‹, wohinter sich selbstverständlich, in feiner Selbstironie, das reinste Gewissen verbergen soll. Aber man kann in der Selbstironie zu weit gehn und ihr ungewollt den Stempel der Selbsterkenntnis aufdrücken.«

»Sehr gut«, unterbrach James.

»Nehmen wir zu dem allem noch eine Musikkapelle mit Lohengrin und Tannhäuser in Permanenz, des weiteren zwei Resedarondelle mit eingestreuten Levkojen und jeden dritten Tag einen Seehund, tot oder lebendig, so haben wir im wesentlichen Norderney. Dann und wann fahren auch Dampfschiffe nach Borkum oder Juist oder Spiekeroog, welche Fahrten sich als Vergnügungsfahrten ankündigen und in der Tat etwas zu versprechen scheinen. Aber nach dem bekannten Satze von den zwei Übeln, unter denen man das kleinere zu wählen habe, kann ich Ihnen oder jedem, der es mit seinem Vergnügen ehrlich meint, nur dringlich anraten, auf der Norderneyer Strandpromenade verbleiben zu wollen. Und dann, meine Gnädigste, muß es denn überhaupt etwas langweilig Meerumgürtetes sein? Wozu der ewige Strand? Ich persönlich bin für Berge, für Alpen, und wenn nicht Rigi, so wenigstens Brocken, und wenn nicht der Brocken, so wenigstens der Oybin.«

»Ja, der Oybin«, unterbrach hier Leontine. »Bei Zittau?«

»Sehr richtig. Brillant orientiert. Kennen Sie den Oybin?«

»Nein. Nicht ich, aber Lulu. Lulu war vorigen Herbst bei Tante Sarah in Zittau, leider nur knappe zehn Tage, weil die Michaelisferien zu kurz sind. Aber als sie wiederkam, hörten wir nichts als Oybin und wieder Oybin. Und Sie kennen ihn auch?«

»Eigentlich nicht, meine Gnädigste, wiewohl ich weiß, daß man eine gewisse, moderne Pflicht hat, alles zu kennen, wonach man gefragt wird. Aber der Wahrheit die Ehre. Ich nahm ihn nur so beispielsweise.«

»Nun denn«, entschied James, »da müssen wir notwendig Lulu rufen. Ich entsinne mich, daß wir ihr damals nicht zuhören wollten, denn wer läßt sich gern Aussichten oder Landpartien beschreiben? Aber nun kommt sie doch noch zu Ehren.«

Und bei diesen Worten ging er an das Telephon und rief in die Kinderstube hinauf: »Lulu. Lulu soll kommen.«

Und nicht lange, so hörte man ein Singen und Trillern auf der kleinen eisernen Treppe, die, sich schlängelnd, vom oberen Stock her in das Wohnzimmer hinabstieg, und einen Augenblick danach trat Lulu durch eine Tapetentür ein, ein dreizehnjähriger Backfisch mit einem dicken, rotblonden Zopf, und ging, während sie dem Justizrate die Hand gab, auf den Vater zu, den sie heute noch nicht gesehen hatte. »Guten Tag, Papa. Fräulein Oberlin ist noch oben. Aber es war wieder so furchtbar langweilig, daß ich froh war, als ich dich rufen hörte.« Und dabei stellte sie sich neben die Lehne des Fauteuils und ziepte den Vater an seinem Backenbart.

»Nein, Lulu, nicht so. Gefährde mir nicht das einzige, was noch festen Grund und Boden unter den Füßen hat. Jedes Haar ist mir heilig. Das verstehst du nicht, mit deinem dicken Zopf. Ich habe dich nicht gerufen, um zu zerstören, sondern um aufzubauen. Wir sitzen hier nämlich im Hohen Rat, und du sollst entscheiden...«

»Ich weiß schon.«

»Was?«

»Was ihr vorhabt und wozu ich ja oder nein sagen soll.«

»Nun?«

»Die Singalesen.«

Alle drei lachten, was Lulu ruhig geschehen ließ, weil sie, die ganze Zeit über, eine zwischen allerhand Jam- und Marmeladenbüchsen stehende Schachtel beobachtet hatte, deren hellrote Frühkirschen ihr entgegenleuchteten. Sie wandte sich dann auch ohne weiteres von des Vaters Stuhl weg, den Kirschen zu, die Steine mit vieler Ungeniertheit in die Hand pustend, während der Justizrat, seine kleinen Schweinsaugen immer kleiner machend, mit einer Art Feierlichkeit sagte: »Singalesen! Oder was dasselbe sagen will: Zoologischer Garten. Hm. Sollte sich in diesem Kindeswort etwas von höherer Weisheit bergen? Ich glaube beinah. Was kein Verstand der Verständigen sieht... Ja, Lulu, du hast es getroffen. Oybin? Bah, Oybin ist noch viel zu weit, und ich behaupte mit jedem erdenklichen Nachdrucke, dies von unserer Lulu groß und ahnungslos in die Welt geschleuderte Wort ›Singalesen‹ enthält nicht nur (wenn auch noch verkapselt) das einzig Richtige, sondern deckt sich auch vollkommen mit den Weisheitsanschauungen meines verstorbenen Freundes Meddelhammer.«

Der Justizrat, als er glücklich bis an diese Stelle gekommen war, war natürlich auf dem Punkt, die vorläufig nur ganz allgemein angekündigte Meddelhammersche Weisheit in Gestalt einer kleinen Geschichte zum besten zu geben, James aber, der ein kleines Universalgenie war und, von Turf und Tattersall an bis zum Aquarell und lyrischen Gedicht hinunter, auf jedem denkbaren Gebiet dilettierte, hatte selbstverständlich auch eine Passion für vergleichende Sprachwissenschaft, Spezialität: Nomina propria, weshalb er, alle Reisepläne, ja selbst Oybin und Lulu momentan vergessend, den Justizrat mit einer gewissen Forscherfeierlichkeit interpellierte: »Meddelhammer. Eigentümliche Namensbildung. Ich vermute holländisch.«

»Wohl möglich«, warf der Justizrat leicht hin, der, wie begreiflich, lieber zu seiner Geschichte kommen, als über etwas so Gleichgültiges wie Meddelhammers Namensabstammung Rede und Antwort stehen wollte. James aber ließ nicht los und wiederholte nur: »Eigentümlich. Meddelhammer ... Hammer ist bedeutungslos, weil Allerweltswort. Hammer ist Hammer. Aber *Meddel*-Hammer. Was ist Meddel? Meddel kann das englische Middle sein, aber auch Korrumpierung von unsrem deutschen Mädel. Ich muß mit einem Germanisten darüber sprechen. Middle-Hammer ist wahrscheinlicher, aber Mädel-Hammer ist amüsanter. Was meinen Sie, Justizrat, zu Mädelhammer?«

»Ich bitte dich, James, in Untersuchungen der Art nicht zu weit gehen und lieber auf deine nächste Nähe Rücksicht nehmen zu wollen. Es ist doch fraglich, inwieweit sich Lulu in die Kirschen vertieft hat.«

»Oh, sie hat sich gar nicht vertieft«, sagte diese. »Sie hat alles gehört. Aber wenn Papa weiter nichts sagt! ... Da hab' ich doch schon andres von ihm gehört.«

»Ich sehe schon«, fuhr James, seinem Pet einen dankbaren Blick zuwerfend, fort, »daß mit eurer Unwissenschaftlichkeit wieder mal nicht auszukommen ist. Ich lasse deshalb alles

Sprachuntersuchliche fallen. Und nun sagen Sie mir, Markauer, was war das eigentlich mit Meddelhammer und seiner Reiseweisheit? Erzählbar?«

»O gewiß, wie Sie schon einfach aus seiner Lebensstellung ersehen können. Meddelhammer war nämlich Schulrat, und wiewohl ich im allgemeinen gegen Schulräte bin, weil sie sich in Extremen bewegen und entweder greuliche Pedanten oder frivole Zyniker sind (einen kannt' ich, bei dem es vorkam, daß ich errötete, nicht recht zu glauben, aber trotzdem wahr) – also wiewohl ich im allgemeinen *nicht* für Schulräte bin, so war ich doch für Meddelhammer. Wenigstens dann und wann. Und warum? Weil er ganz unschulrätliche, lichte Momente hatte.«

»Merkwürdig.«

»Allerdings. Und nun denken Sie sich, eines Tages begeb' ich mich ins Museum, um mir die pergamenischen Altertümer (*mir*, offen gestanden, etwas zu viel Leiberverrenkungen) anzusehen, und als ich damit fertig bin und im Hinausgehen eben meinen Regenschirm wieder nehmen und mein Zwanzigpfennigstück, ich gebe nie mehr, aber auch nie weniger, in die Büchse tun will, da steht *wer* vor mir? Natürlich Meddelhammer. An und für sich nichts Staunenswertes. Aber *wie* stand er da? *Wie* stand er mir gegenüber? In einem sozusagen kecken, graumelierten Reiseanzug, mit einem Tirolerhut auf dem Kopf und einem Krimstecher an der Seite. Dazu Baedeker in der Hand und last not least die Frau Schulrätin mit einem merkwürdig modernen Rembrandthut neben ihm. ›Alle Wetter, Meddelhammer‹, sag' ich, ›wie kommen *Sie* hierher? Aber bitte, wollen Sie mich nicht zunächst Ihrer Frau Gemahlin vorstellen?... Sehr erfreut... Und in Berlin und in dieser Julihitze. Wir müssen heute dreißig Grad haben. Ich dachte, Sie wären in Ostende...‹«

»Scheint mir kostenpunktlich etwas zu hoch gegriffen«, unterbrach hier James.

»Kann sein. Aber Meddelhammer schien an dieser Finanz- oder Standeserhöhung keinen Anstoß zu nehmen, nahm mich vielmehr ohne weiteres unterm Arm, was er seit vielen Jahren nicht mehr getan hatte, weil ich in unserem Entwicklungsgange naturgemäß darauf verzichten mußte, kirchlich oder auch nur politisch ein Gegenstand seines Vertrauens zu sein, und sagte, während seine Rätin immer en ligne mit uns vorrückte: ›Lieber Freund, eh' ich Ihnen auf Ihr Erstauntsein antworte, kommen Sie hier mit uns über die Friedrichsbrücke. Da drüben ist ein kapitales Frühstückslokal, in dem ich schon seit drei Tagen mit meiner Frau das Frühstück nehme. Denn solange wanken wir hier schon herum. Etwas anstrengend, wie – trotz allem Entzücken, das wir die ganze Zeit über empfunden haben – nicht bestritten werden soll. Aber dafür sind wir mit dem Alten Museum auch fertig; morgen kommt das Neue an die Reihe und dann die Nationalgalerie. Darauf freuen wir uns am meisten. Und dann wollen wir hier herum mit dem Kupferstichkabinett den Schluß machen. Die Zeichnungen zu Dante von dem Botticelli sollen ja ganz ersten Ranges sein. Wobei mir einfällt, entsinnen Sie sich noch, Markauer, als wir zusammen Dante lasen? Auf dem Joachimstal, in Obersekunda. Sie wollten damals Dichter werden?‹ ... Ja, meine gnädigste Frau Leontine, das hielt mir dieser Schulrat in Hörweite zweier Galeriediener vor, und ich konnt' ihm nicht einmal widersprechen, denn es war die Wahrheit.«

Lulu lachte ganz unbändig. »Onkel Markauer und Dichter werden... Onkel Markauer ein Dichter! Das ist aber doch zu komisch.«

»Da hören Sie's, gnädige Frau. Zum zweiten Male die höhere Kinderweisheit...«

»Naseweisheit«, korrigierte die Mutter und wollte weiter erziehn. James aber fiel ihr in die Zügel und sagte: »*Jetzt* nicht, Leontine. Keine Unterbrechungen. Markauer muß erst auserzählen. Dann können wir ja das Pädagogische wieder aufnehmen. Also...«

»...Also wir kamen glücklich in dem Restaurant drüben an und etablierten uns in einer Ecke, die Meddelhammer, zu meinem abermaligen größten Erstaunen, berlinisch-menschlich genug war eine ›schmustrige Ecke‹ zu nennen. Er habe sie schon ausprobiert. Und ich muß sagen, es *war* eine schmustrige Ecke: großes Fenster in einer tiefeingebauten Nische und die Spiegelscheibe durch einen grünen Seidenvorhang derart geschlossen, daß man persönlich ganz unbemerkt saß, während man, durch einen Spalt hindurch, das ganze Straßentreiben deutlich beobachten konnte.«

»Hören Sie, Markauer, Ihr Meddelhammer imponiert mir. Und ein Schulrat, sagten Sie?«

»Nicht anders. Richtiger Schulrat. Aber hören Sie weiter, die letzten Trümpfe kommen noch. Ich war hungrig geworden, wie meistens, wenn ich mich eine Stunde lang ernsthaft mit Kunst beschäftige, und so rief ich denn den Oberkellner heran und fragte, was ich wohl haben könne? Wir einigten uns rasch über Bouillon mit Ei, Roastbeef und eine halbe Larose, wonach ich meinen Schulrat artig auffordernd ansah, etwa wie wenn ich sagen wollte: ›Mein lieber Meddelhammer, die Reihe des Bestellens ist nun an Ihnen.‹ Meddelhammer verstand mich auch vollkommen und beorderte nunmehr seinerseits zwei Gläser Portwein samt zwei Brötchen mit Chesterkäse, was mich doppelt überraschte...«

»Warum?«

»...und worüber ich mir eine kleine Bemerkung erlauben möchte, immer vorausgesetzt, daß unser lediglich wegen des Oybin heranzitierter Liebling einen solchen Exkurs gestattet.«

»Ich gestatte alles«, sagte Lulu, während sie die mittlerweile stark angesammelten Kirschkerne beiseite tat und sich die Hand an der Serviette putzte.

»Nun denn, was mir in dieser Meddelhammerschen Bestellung einen so großen Eindruck machte, war einerseits das spezifisch Englische, das sich darin aussprach, das Internationale, das gewiegt Reisekundige, während mir, auf der andern Seite, das bloß Imbißartige, das quantitativ Geringfügige der Bestellung beinah noch mehr imponierte. Denn ich bekenne gern, wenn ich etwas nennen sollte, was imstande wäre, mir auf dem gesamten Gebiete des Frühstücklichen den Begriff von ›wenig‹ auszudrücken, so würd' ich immer ein Brötchen mit Chesterkäse nennen. Namentlich jetzt, wo die Semmeln infolge der niedrigen Weizenpreise jeden Tag kleiner werden.«

»Sehr wahr. Die armen Bäcker. Nichts als Not und Sorge.«

»Nun«, fuhr Markauer fort, »ich sah auf der Stelle, daß Meddelhammer in meiner Seele wie in einem aufgeschlagenen Buche las (die Schulräte bilden alle so was von tieferer Men-

schenergründung aus), weshalb er, als zunächst meine halbe
Larose und gleich danach die beiden Gläschen mit Portwein
gekommen waren, mit mir anstieß und unbefangen sagte:
›Meine Frau und ich, lieber Markauer, müssen nämlich überaus vorsichtig operieren und unserem sehr angeregten Appetite
Zaum und Zügel anlegen. Fast möcht' ich sagen, leider, denn
drei Stunden Museum, mit immer neuem Sehen und Nachschlagen, sind wirklich kein Spaß, und ich beneide Sie da mit Ihrem
Roastbeef und Ihrer Tasse Bouillon. Aber man muß sich in die
Schule nehmen, auch wenn man ein Schulrat ist, oder vielleicht
dann erst recht. Wir essen um fünf, und wenn man um zwei-
undeinhalb ein reichliches Gabelfrühstück nimmt, so sitzt man
um fünf als ein Unwürdiger bei Tisch.‹«

»Aber fünf ist etwas spät«, warf James hier ein, der augenscheinlich die Tendenz verfolgte, den Schulräten neben den
Bankiers eine bescheidene Stellung anzuweisen.

»Ganz meine Meinung«, entgegnete Markauer, »und ich
nahm auch nicht Anstand, dieser meiner Meinung unverhohlen Ausdruck zu geben.«

»Und wie wurde das aufgenommen? Alle modernen Menschen sind ziemlich empfindlich in diesem Punkte.«

»Meddelhammer war es *nicht*«, fuhr Markauer fort. »Dazu
war er doch zu klug. Er lachte nur und sagte: ›Fünf Uhr ist
spät, natürlich, und wenn wir zu Hause sind, so essen wir gut
bürgerlich um zwei. Nur keine Neuerungen, wo sie nicht nötig
sind.‹ Ich meinerseits wollte selbstverständlich einlenken und
alles wieder begleichen, er ließ es aber nicht dazu kommen und
wiederholte nur: ›...*wenn* wir zu Hause sind. Wir *sind* aber
nicht zu Hause, lieber Markauer, wir sind Reisende, ja, wenn
Sie wollen, Berliner Stadtreisende. Als die Ferien anfingen,
haben wir uns überlegt, *wohin*? und sind nach dreitägiger Beratung, in der wir mehr als fünfzig Plätze durchgenommen
haben, zu dem Entschluß gekommen, *hier* bleiben und uns als
Fremde mit Berlin beschäftigen zu wollen. Wirklich als Fremde. Denn eigentlich leben wir gebornen Berliner doch nur in
Berlin, um unsre Hauptstadt nie kennenzulernen. Und nun
sehn Sie, lieber Markauer, um diesem unpatriotischen Nonsens
endlich ein Ende zu machen, und vielleicht auch um ein Beispiel

zu geben, wie's einem Schulrate zukommt, haben wir an demselben Tage noch unsere Koffer gepackt und sind um zehn Uhr abends, wo der große Pariser Zug ankommt, vor dem Hôtel de Rome vorgefahren, haben uns als vornehme Leute, sagen wir als Russen oder Engländer, den Tee aufs Zimmer bringen lassen und noch anderthalb Stunden lang aus dem Fenster gesehen. Es war entzückend. Über die Linden weg, die bekanntlich keine sind, schimmerten die hohen, erleuchteten Fenster von der Passage her, und alles wirkte wie spanische Nacht und Alhambra. Heut ist unser dritter Tag. Unter vierzehn Tagen tun wir's nicht, und wenn es uns gefällt, legen wir noch eine Woche zu!‹ So berichtete mir Meddelhammer, während wir im munteren Geplauder in der Fensternische saßen, bis er plötzlich die Uhr zog und zum Aufbruch mahnte. ›Wir sind nämlich jetzt regelmäßig von drei bis vier bei Kranzler‹, nahm er wieder das Wort, ›um etwas Eis oder eine Flasche Sodawasser zu nehmen und in jener Pedanterie, die mir sozusagen von Standes wegen zukommt‹ (und er lächelte hierbei), ›möcht' ich auch heute keine Ausnahme machen.‹ Und siehe da, eine halbe Stunde später saßen wir, ich mit, wirklich bei Kranzler, jeder bei seinem Panaché. Glücklicherweise kam auch ein Blumenmädchen und ich war in der angenehmen Lage, der Frau Schulrätin, einer übrigens allerliebsten Frau, die mehr an eine Rittergutsbesitzerin als an eine Schulregentin erinnerte, ein Bouquet überreichen zu können. Sie nahm es auch freundlich an und sagte, daß sie's bei Tische tragen würde. Dabei wies sie nach dem Hôtel de Rome hinüber, und gleich danach trennten wir uns. Und nun, meine gnädigste Frau Leontine, was sagen Sie zu solchem Schulrat und zu so vorbildlicher Reiseweisheit?«

Leontine schwieg, James jubelte: »Ich votiere, daß diesem Schulrat ein Denkmal errichtet werde, sagen wir ein Obelisk mit Inschrift und Sockelfiguren.«

»Welche?«

»Natürlich Meddelhammer in Front. Und daneben Kranzler und Mühling.«

»Versteht sich.«

»Vor allem aber Nacheiferung und Heeresfolge. Lulu, schenke

dem Onkel Justizrat ein. So. Anstoßen. Es lebe Meddelhammer...«

»Meddelhammer und ein Sommer in Berlin!«

AUF DER SUCHE

Spaziergang am Berliner Kanal
(1889)

Ich flaniere gern in den Berliner Straßen, meist ohne Ziel und
Zweck, wie's das richtige Flanieren verlangt. Aber zuzeiten
erfaßt mich doch auch ein Studienhang und läßt mich nach
allem möglichen Alten und Neuen, was über die Stadt hin ver-
streut liegt, auf Inspektion und unter Umständen selbst auf
Suche gehn. Ich mustere dann Panoramen und Tiergärten,
Parks und Statuen, Vorgärten und Springbrunnen, ja ganz vor
kurzem, an einem bedeckten, aber schon halb sommerlichen
Apriltage, wandelte mich sogar die Lust an, es mit einer Revue
der fremden Gesandtschaften zu versuchen. An ein Eindringen
in ihr Inneres war bei meiner Unfähigkeit für den Interviewerberuf nicht zu denken. Indessen, das bedeutete nicht viel. Ich
erinnerte mich vielmehr (und sog mir Trost daraus) einer nun
wohl schon um dreißig Jahre zurückliegenden Ausstellung, wo
der von seiner Weltreise heimkehrende Maler Eduard Hildebrandt eine große Zahl seiner in Wasserfarben ausgeführten
und seitdem berühmt gewordenen Skizzen ausgestellt hatte; —
beispielsweise der Siamelefant, mit der blutrot neben ihm untergehenden Sonne, stand mir ganz deutlich wieder vor der
Seele. Was mir aber zur Zeit jener Ausstellung am meisten
gefallen hatte, waren einige farbenblasse, halb hingehauchte
Bildchen, langgestreckte Inselprofile, die mit ihrem phantastischen Felsengezack in umschleierter Morgenbeleuchtung vom
Bord des Schiffes her, also in ziemlich beträchtlichem Abstand
aufgenommen worden waren. Nur vorübergefahren war der
Künstler an diesen Inseln, ohne den Boden derselben auch nur
einen Augenblick zu berühren, und doch hatten wir in seinen
Skizzen das Wesentliche von der Sache, die Gesamtphysiogno-
mie. Das sollte mir jetzt Beispiel, Vorbild sein, und in ganz

ähnlicher Weise wie Hildebrandt an den Seschellen und Komoren wollt' ich an den Gesandtschaften vorüberfahren und ihr Wesentliches aus ehrfurchtsvoller und bequemer Entfernung studieren.

Aber mit welcher sollt' ich beginnen? Ich überflog die Gesamtheit der Ambassaden, und da mir als gutem Deutschen der Zug innewohnt, alles, was weither ist, zu bevorzugen, entschied ich mich natürlich für China, Heydtstraße 17. China lag mir ohnehin an meiner täglichen Spaziergangslinie, die, mit der Potsdamer Straße beginnend, am jenseitigen Kanalufer rechts entlangläuft und dann unter Überschreitung einer der vielen kleinen Brücken von größerem oder geringerem (meist geringerem) Rialtocharakter am Tiergarten hin ihren Rücklauf nimmt, bis der Zirkel an der Ausgangsstelle sich wieder schließt.

Eine Regenwolke stand am Himmel; aber nichts schöner als kurze Aprilschauer, von denen es heißt, daß sie das Wachstum fördern; und so schritt ich denn »am leichten Stabe«, nur leider um einiges älter als Ibykus, auf die Potsdamer Brücke zu, deren merkwürdige Kurvengleise – darauf sich die Pferdebahnwagen in fast ununterbrochener Reihe heranschlängeln – immer aufs neue mein Interesse zu wecken wissen. Da stand ich denn auch heute wieder an das linksseitige Geländer gelehnt, einen rotgestrichenen Flachkahn unter mir, über dessen Bestimmung eine dicht neben mir angebrachte Brückentafel erwünschte Auskunft gab: »Dieser Rettungskahn ist dem Schutze des Publikums anempfohlen.« Ein zu schützender Schützer und Retter; mehr bescheiden als vertrauenerweckend.

Von meinem erhöhten Brückenstand aus war ich indes nicht bloß in der Lage, den Rettungskahn unter mir, sondern auch das schon jenseits der Eisenschienen gelegene Dreieck überblicken zu können, das, zunächst nur als Umspann- und Rasteplatz für Omnibusse bestimmt, außerdem auch noch durch zwei jener eigenartigen und modernster Zeit entstammenden Holzarchitekturen ausgezeichnet ist, denen man in den belebtesten Stadtteilen Berlins, trotz einer gewissen Gegensätzlichkeit ihrer Aufgaben, so oft nebeneinander begegnet. Der ausgebildete Kunst- und Geschmackssinn des Spreeatheners, viel-

leicht auch seine Stellung zu Literatur und Presse, nimmt an
dieser provozierenden Gegensätzlichkeit so wenig Anstoß, daß
er sich derselben eher freut als schämt, und während ihm ein
letztes dienstliches Verhältnis der kleineren Bude zur größeren
außer allem Zweifel ist, erkennt er in dieser größeren, mit
ihren schräg aufstehenden Schmal- und Oberfenstern, zugleich
eine kurzgefaßte Kritik all der mehr dem Idealen zugewandten
Aufgaben der Schwesterbude.

Dieser letzteren näherte ich mich jetzt, um an ihrem Schalter
das Abendblatt einer unsrer Zeitungen zu kaufen. Es war aber
noch nicht da, was mich zu dem in ähnlicher Situation immer
wieder von mir gewählten Auskunftsmittel greifen ließ: An-
kauf der »Fliegenden Blätter«. Man zieht dabei selten das
große Los, aber doch auch ebenso selten eine Niete.

Das Blatt erst überfliegend und dann vorsichtig unter den
Rock knöpfend, war ich alsbald bis an den Anfang jener Straßenlinie vorgedrungen, die sich unter verschiedenen Namen
bis zu dem Zoologischen Garten hinaufwindet, die ganze Linie
eine Art Deutz, mit Köln am anderen Ufer, dessen Dom denn
auch in Gestalt der Matthäikirche herrlich herübersah, die
Situation beherrschend. Und nun kam »Blumeshof« mit seinem Freiblick auf den Magdeburger Platz, und eine kleine
Weile danach, so war auch schon der Brückensteg da, der mich
nach China hinüberführen sollte. So schmal ist die Grenze, die
zwei Welten voneinander scheidet. Eine halbe Minute noch,
und ich war drüben.

Kieswege liefen um einen eingefriedeten lawn, den, an dem
einen Eck, ein paar mächtige Baumkronen überwölbten. Da
nahm ich meinen Stand und sah nun auf China hin, das chinesisch genug dalag. Was da vorüberflutete, gelb und schwer
und einen exotischen Torfkahn auf seinem Rücken, ja, wenn
das nicht der Jangtsekiang war, so war es wenigstens einer
seiner Zuflüsse. Ganz besonders echt aber erschien mir das
gelbe Gewässer da, wo die Weiden sich überbeugten und ihr
Gezweig eintauchten in die heilige Flut. Merkwürdig, es war
eine fremdländische Luft um das Ganze her, selbst die Sonne,
die durch das Regengewölk durchwollte, blinzelte sonderbar
und war keine richtige märkische Sonne mehr. Alles versprach

ethnographisch einen überreichen Ertrag, ein Glaube, der sich
auch im Näherkommen nicht minderte; denn an einer frei-
gelegten Stelle, will sagen da, wo die Maschen eines zierlichen
Drahtgitters die solide Backsteinmauer durchbrachen, sah ich
auf einen Vorgarten, darin ein Tulpenbaum in tausend Blüten
stand, und ein breites Platanendach darüber. Alles so echt
wie nur möglich, und so war es denn natürlich, daß ich jeden
Augenblick erwartete, den unvermeidlichen chinesischen Pfau
von einer Stange her kreischen zu hören.

Aber er kreischte nicht, trat überhaupt nicht in die Erscheinung, und als mein Hoffen und Harren eine kleine Viertelstunde lang ergebnislos verlaufen war, entschloß ich mich, ein
langsames Umkreisen des gesandtschaftlichen Gesamtareals
eintreten zu lassen. Ich rückte denn auch von Fenster zu Fenster vor, aber wiewohl ich, laut Wohnungsanzeiger, sehr wohl
wußte, daß, höherer Würdenträger zu· geschweigen, sieben
Attachés ihre Heimstätte hier hatten, so wollte doch nichts
sichtbar werden, eine Tatsache, die mir übrigens nur das Gefühl einer Enttäuschung, nicht aber das einer Mißbilligung
wachrief. Im Gegenteil. »Ein Innenvolk«, sagte ich mir, »feine,
selbstbewußte Leute, die jede Schaustellung verschmähn. All
die kleinen Künste, daran wir kranken, sind ihnen fremd
geworden, und in mehr als einer Hinsicht ein Ideal repräsentierend, veranschaulichen sie höchste Kultur mit höchster
Natürlichkeit.« Und in einem mir angeborenen Generalisierungshange das Thema weiter ausspinnend, gestaltete sich mir
der an Fenster und Balkon ausbleibende Chinese zu einem
Hymnus auf sein Himmlisches Reich.

Schließlich indes, nachdem ich noch wie von ungefähr einen
in einer Hofnische stehenden antiken Flötenspieler entdeckt
hatte, war ich um die ganze Halbinsel herum und stand wieder
vor dem Gitterstück mit dem Tulpenbaum dahinter. Aber die
Szene daselbst hatte sich mittlerweile sehr geändert, und während in Front der massiven Umfassungsmauern etliche Berliner Jungen Murmel spielten, sprangen, in geringem Abstande
davon, einige kleine Mädchen über die Korde. Die älteste
mochte elf Jahre sein. Jede Spur von Mandel- oder auch nur
Schlitzäugigkeit war ausgeschlossen, und das mutmaßlich seit

frühester Jugend immer nur mit Spreewasser behandelte starre Haar fiel, in allen Farben schillernd, über eine fußlige Pelerine, während die Gesichtsfarbe griesig war und die Augen überäugig vorstanden. So hüpfte sie, gelangweilt, weil schon von Vorahnungen kommender Lebensherrlichkeit erfüllt, über die Korde, der Typus eines Berliner Kellerbackfisches.

Ich sah dem zu. Nach einigen Minuten aber ließen die Jungen von ihrem Murmelspiel und die Mädchen von ihrem Über-die-Korde-Springen ab und gaben mir, auseinanderstiebend, erwünschte und bequeme Gelegenheit, die Zeichnungen und Kreide-Inschriften zu mustern, die gerade da, wo sie gespielt hatten, die Chinesische Mauer reichlich überdeckten. Gleich das erste, was ich sah, erschien mir frappant. Es war das Wort »Schautau«. Wenn das nicht chinesisch war, so war es doch mindestens chinesiert, vielleicht ein bekannter Berolinismus in eine höhere, fremdländische Form gehoben. Aber alle meine Hoffnungen, an dieser Stelle Sprachwissenschaftliches von den Steinen herunterlesen zu können, zerrannen rasch, als ich die fast unmittelbar danebenstehenden Inschriften überflog. »Emmy ist sehr nett«, stand da zunächst über drei Längssteine hingeschrieben, und es war mir klar, daß eine schwärmerische Freundin Emmys (welche letztere wohl keine andere als die mit der Pelerine sein konnte) diese Liebeserklärung gemacht haben müsse. Parteiungen aber hatten auch hier das Idyllische bereits entweiht, denn auf einem Nachbarsteine las ich: »Emmy ist ein Schaf«, eine kränkende Bezeichnung, die sogar zweimal unterstrichen war. Auf welcher Seite die tiefere Menschenkenntnis lag, wer will es sagen? Haß irrt, aber Liebe auch.

Sinnend und enttäuscht zugleich hing ich dem allem nach, mehr und mehr von der Erfolglosigkeit meines Studienspazierganges und damit zugleich auch von der Notwendigkeit eines Rückzuges durchdrungen.

Ich trat ihn an, und kaum eine Viertelstunde später, so lag auch schon die heuer im April bereits zur Maienlaube gewordene Bellevuestraße hinter mir, und scharf rechts biegend, trat ich bei Josty ein, um mich nach all den Anstrengungen meiner Entdeckungsreise durch eine Tasse Kaffee zu kräftigen. Es war ziemlich voll unter dem Glaspavillon oben, und siehe da, ne-

ben mir in hellblauer Seide saßen jetzt zwei *Chinesen*, ihre
Zöpfe beinah kokett über die Stuhllehne niederhängend. Der
jüngere, vielleicht erratend, von welchen chinesischen Atten-
taten ich herkam, sah mich schelmisch freundlich an, so schelmisch, wie nur Chinesen einen ansehen können, der ältere
aber war in seine Lektüre vertieft, nicht in Konfutse, wohl aber
in die Kölnische Zeitung. Und als nun die Tasse kam und ich
das anderthalb Stunden lang vergeblich gesuchte Himmlische
Reich so bequem und so gemütlich neben mir hatte, dacht' ich
meiner Platenschen Lieblingsstrophe:

> Wohl kommt Erhörung oft geschritten
> Mit ihrer himmlischen Gewalt,
> Doch *dann* erst hört sie unser Bitten,
> Wenn unser Bitten lang verhallt.

EINE NACHT AUF DER KOPPE
(1890)

Koppenwirt Pohl war krank.

Es paßte schlecht, denn es war Hochsommer, und jede Stunde brachte neue Besucher, die bis Mitternacht tanzen und singen und, nach dreistündigem Schlaf in einem engen Bett und
stickiger Stube, den Sonnenaufgang sehen wollten. Im Vorflur,
auf Schemeln und Treppenstufen, saßen Dutzende von Krummhübler Sesselträgern, die, von früh an, teils ermüdete, teils
steigensunlustige Herren und Damen den Kegel hinaufgetragen hatten, und selbst drüben in dem kleinen, schon auf böhmischer Seite gelegenen Nachbar-Koppenhause begann es an
Unterkunft zu fehlen. Überfüllung allerorten, und ehe noch
die sechste Stunde heran war, mußte schon die Fahne herausgesteckt werden, die etwaigem neuem Zuzuge zu verkündigen
hatte: »Kein Platz mehr; alles besetzt!«

Im Saale drinnen war Lärm und Lachen, und an einem langen, ganz in Nähe dreier Harfenistinnen aufgestellten Tische
saßen Schüler aus Breslau, mit allerhand Verbindungszeichen
angetan und in ihrem ganzen Tun sichtlich beflissen, sich auf

den Studenten hin auszuspielen; ihre Deckel klappten in einem fort, immer neue Seidel wurden herangetragen, und während einer, eine Art »Senior«, ziemlich weltmüde dreinschaute, schob sich ein Ganzjugendlicher immer näher an eine der Harfenistinnen, die seine Mutter sein konnte, heran und hatte dabei den Mut, ihr seine Huldigungen zuzuflüstern. Sie verstand ihn auch, was sich darin zeigte, daß sie die gewagtesten Stellen immer mit einem Fortissimo begleitete, worin dann, ungehört von den andern, die jugendlichen Kühnheiten verklangen. Einige der diesem Schülertreiben zusehenden Gäste tuschelten darüber, was die »Herren Studiosi«, die sich dadurch geniert fühlen mochten, schließlich veranlaßte, den Tisch, an dem sie saßen, ins Freie zu schaffen. Es war eine von ihnen gutgewählte Stelle, denn nicht nur, daß die vom Dach herabhängende Fahne lustig über ihnen flatterte, neben ihnen stand auch ein großes, für das wissensdurstigere Reisepublikum aufgestelltes Fernrohr, dessen Besitzer zu besserer Orientierung der unablässig Neuherantretenden ebenso unablässig den landschaftlichen Erklärer machte. »Die helle Linie, die Sie da sehen, das ist Erdmannsdorf, und das Schweizerhaus daneben, das ist Sieckes Hotel, wo man die guten Forellen und das gute Pilsener kriegt, und die weiße Steinmauer dicht dahinter (aber es sind noch fast zwei Stunden), das ist der Hirschberger Kirchhof.« All das richtete sich selbstverständlich an das große Publikum, aber auch die daneben sitzenden jungen Herren vernahmen, sie mochten wollen oder nicht, jeden Namen und jede Ortsbezeichnung, und als der Ganzjugendliche, der eben noch der Harfenistin den Hof gemacht hatte, das Wort »Kirchhof« hörte, zog er, sentimental werdend, sein Gesicht in feierliche Falten und begann dabei vor sich hinzusummen: »Es ist bestimmt in Gottes Rat«. Es waren im ersten Augenblick nur halblaute Versuchsklänge, bis seine Kommilitonen, denen solcher Stimmungswechsel ebenfalls passen mochte, mit ihren angehenden Bierstimmen einfielen.

Elegisch klang es über den Vorplatz hin und auch zu Pohl hinauf. Der lag sterbenskrank auf seinem Bett, und einer von der Familie, der wohl sah, wie schwer er litt, sagte, während er sich niederbeugte: »Sollen wir runterschicken und bitten lassen, daß sie nicht weiter singen?« Aber Pohl schüttelte den Kopf und sprach etwas, was freilich nur der Nächststehende hören konnte. »Was sagt Vater?« fragten die anderen. »Er sagt, es ginge nicht, das könnten wir der Koppe nicht antun; die Leute, die auf die Koppe kämen, die wollten lustig sein, aber nicht traurig.« – Und so ließ man's denn, weil jeder fühlte daß der Sterbende recht habe.

So war es oben, wo der Kranke lag. Unten im Saal aber lärmte die Musik weiter. An jedem Tische (denn es war kühl geworden) dampfte der Grog, und der Küchengeruch zog durch Flur und Haus. Um acht stieg die Dämmerung herauf, und um zehn war Pohl tot.

Er war still gestorben. Aber damit war es nicht getan. So still der Kranke gestorben, so still auch mußte der Tote zu Tal; er durfte, nach seinem eigenen Wort und Willen, die Lust seiner Gäste nicht stören, das verlangte die Koppe so. Man sprach also mit den Trägern, die nach wie vor draußen auf Flur und Treppenstufen umhersaßen, und fand sie, soweit sie noch freie Hand und Verfügung über ihre Zeit hatten, auch sofort willig und bereit, ihren Koppenwirt, dem die meisten von ihnen zu Dank verpflichtet waren, in aller Stille zu Tal zu schaffen. Eine Bahre war schnell zur Hand; darauf legten sie den Toten und überdeckten ihn mit so viel grünem Gezweig, wie da oben in der Steinöde zu beschaffen war. Und nun setzten sie sich lautlos in Marsch, vier, die die Bahre trugen, und vier Fackelträger daneben. Aber ihre Fackeln brannten noch nicht und sollten erst angezündet werden, wenn sie den kahlen Koppenkegel hinunter und in den dichten Wald am Fuße desselben eingetreten wären.

Unbemerkt ging der Zug an den Fenstern des Koppenhauses vorüber.

Inzwischen aber war Mitternacht herangekommen, und ein älterer Herr, der während der letzten zehn Minuten nicht müde geworden war, seine Taschenuhr mit der Wanduhr im Saal zu vergleichen, stieg im Augenblicke, wo diese zwölf geschlagen, auf einen hochlehnigen Stuhl und sagte: »Meine Herren und Damen. Eine Rede will ich nich halten ...«

»Nein, nein.«

»Eine Rede will ich nich halten. Aber wenn es den verehrten Herrschaften recht ist, so machen wir eine Wanderpolonaise.« »Ja, ja.«

Die Harfenistinnen, wie verabredet, schlugen bei diesen Worten sofort mächtiger in die Saiten, und der wohlbeleibte Herr, von seinem Stuhle vorsichtig herabsteigend, eröffnete den Zug voll gravitätischen Humors, nachdem er zuvor seiner neben ihm stehenden Frau den Arm gereicht hatte. Diese trug einen etwas verschobenen schwarzen Scheitel, war auch älter als ihr Gatte, glich diese Mankos aber durch Temperament und eine bemerkenswerte Fidelität wieder aus, die sich unter anderem auch darin zeigte, daß sie eine über ihre Brust ausgespannte schwere Goldkette nach dem Takte der Musik beständig hin und her zog. Ihre seit wenigen Wochen erst mit einem Angestellten des Hauses verlobte Tochter folgte mit diesem ihrem Zukünftigen als zweites Paar.

»Mutter ist heute wieder so merkwürdig«, sagte der Bräutigam.

»Ach, laß ihr doch«, antwortete das Fräulein.

Und während das Gespräch in gleichem Tone sich fortsetzte, ging die zunächst im Hause selbst jeden Winkel und jede Ecke mitnehmende Polonaise nach der böhmischen Koppenbaude hinüber, wo der Führer des Zuges ein dreimaliges Hoch auf Kaiser Wilhelm ausbrachte. »Das ist, was ich Einverleibung nenne«, flüsterte er seiner Frau zu.

»Rede nicht so«, verwies ihn diese.

Schließlich aber war man wieder diesseitig in Haus und Saal zurückgekehrt, wo sich jetzt, an alter Stelle, jeder einzelne vor seiner Dame verneigte. Der Bräutigam aber sagte: »Nun komm, Hulda, wir wollen uns draußen die Sterne ansehen.«

»Ach was, die Sterne...«

Trotzdem gab sie nach, und als sie seinen Arm genommen und draußen ein beliebiges Sternbild für den Großen Bären erklärt hatte, traten beide an ein einen Vorsprung einfassendes Schutzgeländer heran, von dem aus man bei Tagesschein einen wundervollen Fernblick hatte. Jetzt freilich lag alles nur in nächtlichem Schleier, und erst, als beider Augen, nach langem Suchen unten im Tale, wieder an den Fuß des Koppenkegels zurücklenkten, sahen sie, genau da, wo die dunklen Waldmassen ihren Anfang nahmen, ein plötzliches Aufleuchten. Und dann schwand es wieder und dann war es wieder da.

»Was ist das?« sagte die Braut.

»Das sind Glühwürmer.«

»Ach, bist du dumm. Glühwürmer sind wie Streichhölzchen, und was wir da vor uns haben, ist wie ein Fackelzug. Ich habe den bei Moltke gesehn... Und nun komm wieder hinein; mich friert hier, und ich bin fürs Mollige. Und drin will ich dann die Schließerin fragen, was es eigentlich gewesen.«

Und sie fragte drin auch wirklich. »Wir haben da Lichter gesehen. Sind es Fackeln?«

»Ja«, sagte die Schließerin. »Es sind Fackeln; sie tragen einen alten Herrn nach Hirschberg hinunter. Er muß früh weg und will den Zug nicht versäumen.«

»Ja, manche sind so ängstlich«, sagte die Braut. Und damit traten sie wieder in den Saal, in dem es inzwischen erheblich leerer geworden war, weil sich verschiedentliche, wenn auch nur zu kurzem Schlaf, in ihre Stuben und Kammern zurückgezogen hatten.

»Ich denke, wir gehen nun auch«, sagte die Mutter, die mit der wachsenden Müdigkeit ihre Mutterwürde zurückgewonnen hatte.

»Nein, Mutter«, sagte Hulda. »Ich mache durch. Orntlich oder gar nich.«

»Gott, du red'st immer, als wenn du zu Hause wärst... Und was soll bloß Hugo davon denken!«

»Ach, der.«

Die Nacht verging, und just um die Stunde, wo die Koppengäste, teils verschlafen, teils überwacht, ins Freie traten, um den Sonnenaufgang (der denn auch ziemlich kritisch aufgenommen wurde) Revue passieren zu lassen, trafen die Träger unten in Hirschberg ein, in der ebenso geräumigen wie gefälligen Stadtwohnung des Koppenwirts. Da stand Pohl bis den dritten Tag, und dann gab man ihm ein feierlich Begräbnis. Aber nichts davon drang bis auf die Koppe hinauf, nicht einmal der tiefe Klang der Glocken.

In dem Leben oben aber ging alles seinen gewohnten Gang und blieb auch so bis diesen Tag. Wie vordem, wenn alles besetzt ist, wird die Fahne herausgesteckt, um etwaigem neuem Zustrom ein Halt zuzurufen, und wie vordem treten gruppenweise die Wißbegierigen ans Fernrohr heran und horchen auf die Worte dessen, der nach wie vor den landschaftlichen Erklärer macht. Und wenn dann das Glas (und nur darin hat sich ein Wechsel vollzogen) auf seinem Zirkelweg an die Stelle kommt, wo der Hirschberger Kirchhof aufragt, so heißt es, in ganz geringer Abänderung des alten Textes: »...und das weiße Kreuz da, was die andern überragt, das ist *Pohls* Kreuz.«

»Wer *ist* Pohl?« fragt dann der eine oder andere.

»Pohl war Koppenwirt hier oben, und nun liegt er da unten.«

»So so«, sagt dann der, der die Frage gestellt. Und wenn er längere Zeit bleibt und sich oben anfreundet, so hört er vielleicht auch von der Nacht, in der Pohl, der Koppenwirt, verstarb. Warum auch nicht! Es stört niemanden mehr. Nichts mehr von Wand an Wand, ... alles weit ab.

DER LETZTE LABORANT
(1891)

In dem schönen Hirschberger Tale liegt Agathendorf, eines der vielen, großen Dörfer, die sich hier, in mehr als meilenlanger Reihe, beinah unmittelbar aneinanderschließen. Alle sind von malerischem Reiz, und auch in Agathendorf schießt das Bergwasser über ein Wehr und liegen die Häuser in wildem Wein, wenn sie nicht vorziehn, einen Vorgarten zu haben, mit einer großen Glaskugel, drin sich die Landschaft spiegelt. Vor Agathendorf aber, und zwar auf Erdmannsdorf und Zillertal zu, läuft auch noch die Gebirgsbahn an Spinnereien und Bleichen vorüber, während sich an der entgegengesetzten Dorfseite der leis ansteigende Kirchhof mit seinen Lilien und Sonnenblumen erhebt, ein weiter Totenacker, drauf außer den Agathendorfern auch die hier eingepfarrten Nachbargemeinden, in viele Schläge geteilt, ihre Toten begraben. Und zwar in so viel Schläge geteilt, wie Dörfer vorhanden sind, und nur an der nordöstlichen

Kirchhofsmauer entlang, will sagen da, wo die Reichen und Wohlhabenden ihre Erbbegräbnisse haben, tritt der *Besitz* (an Stelle des Todes) als eine Art Gleichmacher auf und gestattet es den Brückenbergern und Querseiffnern, den Wolfshauern und Langhüblern – immer vorausgesetzt, daß sie reich sind – ebenbürtig und durch keine Schlageinteilung länger getrennt zwischen den Agathendorfern selbst zu ruhen. Eigentliche Gräber finden sich an dieser Erbbegräbnisstelle *nicht*. Alle, die hier schlafen, schlafen hier wie unter einem Blumenbeet, an dessen oberem Ende sich regelmäßig ein in die Kirchhofsmauer eingelassener hoher Stein befindet, oft mit Namen und Datum, oft auch mit Verzierungen und Sprüchen. Einer dieser Steine trug, als ich diese Stelle besuchte, folgende mit Goldbuchstaben geschriebene Worte: »Hier ruht Joseph Hieronymus Hampel, *der letzte Laborant*, geb. 3. Mai 1799, gest. 3. Juni 1879« – auf dem Grabe selbst aber, einem Beete von besondrer Breite, wuchs ein gut Teil jener Blumen- und Kräuterwelt, drauf sich, allem Anschein nach, der hier in Gott Ruhende sehr zu seinem Vorteil verstanden haben mußte. Denn der Stein in der Mauer, seiner sonstigen Ornamentik zu geschweigen, war ein wertvoller schwarzer Marmor. Der freundlich meinen Führer machende Agathendorfer Küster bestätigte mir denn auch meine nach dieser Seite hin gehenden Vermutungen, und als wir bald danach im »Weißen Roß« unter einem prächtigen alten Birnbaum, der seiner Fülle halber gestützt werden mußte, plaudernd beisammensaßen und einem Gulasch und Grätzer Bier zusprachen, kam mein Begleiter meiner Bitte nach und erzählte mir von Joseph Hieronymus Hampel und daß er, ganz wie die Grabschrift besage, wirklich »*der letzte Laborant*« gewesen sei.

»Ja«, hob er an, »der alte Hampel da drüben – und früher hieß hier alles Hampel, und die Hampelbaude bezeugt es bis diesen Tag –, der alte Hampel da drüben war noch aus der Zeit her, wo das hier vor uns liegende ganze Gebirge voll Laboranten saß, und zwar je höher hinauf desto mehr, weil jeder nach Möglichkeit an der Quelle sitzen wollte, das heißt da, wo der Enzian anfängt. Und da saßen sie denn auch wirklich um die Kirche Wang herum (die's aber damals noch gar nicht gab)

und links bis an die Forstbauden und rechts bis an die Anna-
Kapelle, Hieronymus Hampel aber saß in Langhübel, wo schon
sein Großvater gesessen und sich einen guten, um nicht zu
sagen berühmten Namen gemacht hatte. Denn an Arzt oder
Wundarzt war damals und noch bis in die neuere Zeit hinein
nicht zu denken, und weil es weit war bis nach Warmbrunn
oder bis in die Schmiedeberger Apotheke, so waren die Bau-
denleute herzlich froh, daß sie die Laboranten so mitten unter
sich hatten, die Laboranten, ›die so gut waren wie die Doktors
und eigentlich noch besser‹. Am frohsten aber waren die Langhübler, weil sie den Hieronymus Hampel hatten, unsern Hampel drüben, von dem ein berühmter Breslauer Arzt gesagt haben sollte: ›Wenn ich nicht mehr aus noch ein weiß, dann
schreib' ich an Hampel, und der schickt dann was. Und der Fall
ist noch nicht dagewesen, daß das Hampelsche nicht geholfen
hätte.‹ Das alles wußten die Langhübler, und die paar Neunmalweisen, die darüber lachten und der Meinung waren: ›der
berühmte Breslauer Doktor existiere gar nicht, und alles sei
bloß eine von Hampel selbst und von Geschäfts wegen erfunde-
ne Geschichte‹, diese paar Neunmalweisen konnten nicht aufkommen, was sich am besten auf den Messen und Jahrmärkten
zeigte, die Hampel nicht bloß bis Hirschberg und Schmiedeberg, sondern sogar bis Lauban und Görlitz hin beschickte.
Nach all diesen Orten hin gingen die kleinen länglichen, immer sechseckigen Flaschen, die, weil unten zugespitzt, regelmäßig umfielen (was durchaus mit dazu gehörte) – Flaschen,
die meist mit ›Schlagwasser‹ gefüllt waren, und wenn nicht
mit Schlagwasser, so mit Melissengeist, und wenn nicht mit
Melissengeist, so mit Fingerhut-Tropfen. Dazu kam ein in kleine
blaue Pakete verpackter Tee, ganz nach Art der alten Tabaks-
pakete, darauf in wechselnder Schrift zu lesen war, ›daß man nur
sehr wenig davon nehmen dürfe, weil er sonst zu stark sei.
Wenn man aber recht, recht wenig nähme, nur freilich *frisch*
müsse er sein und vom letzten Jahr (was denn selbstverständlich auf jedem Jahrmarkt zu neuen Ankäufen führte), so fiele
das Wasser, und die Rose ginge weg und die Sommersprossen
auch‹. Und jeder glaubte daran, natürlich mit Ausnahme jenes
zweifelsüchtigen, aber bedeutungslosen Konviviums, das über

Hampel und seine Kuren lachte. Im übrigen war der Glaube, der das ganze Hirschberger Tal erfüllte, so stark, daß kleine schlesische Leute, die nach Polen und Galizien hin verzogen, sich sowohl den Tee wie die Tropfen nachschicken ließen, weil sie wußten, ›daß es hülfe‹. Bis in die Tausende ging der jährliche Versand, und Hampel war ein reicher Mann, bevor er noch das vierzigste Jahr erreicht hatte. Ja, reich war er. Aber daß sein Geschäft so blühte, das war nicht bloß ein Segen für *ihn,* das war auch ein Segen für andre, besonders für die Barfußkinder, die Beeren suchten, und mehr noch für die Reisig sammelnden alten Weiber, die, von Jugend auf im Walde zu Hause, natürlich auch mit den Gebirgskräutern trefflich Bescheid wußten und ihrem Brotherrn, außer dem ewigen Enzian, allerlei Feines und besonders Heilkräftiges brachten: Allermannsharnisch und Liebstöckel, Hirschbrunst und Teufelsabbiß, Venuswagen und Unsrer Lieben Frauen Bettstroh, woraus dann die merkwürdigsten Geheimtinkturen für kränkliche Männer und schwache Frauen gebraut wurden. Im ganzen darf man sagen, Hampel verfuhr in gutem Glauben, vielleicht sogar bezüglich eines hochangesehenen Haarmittels, das er viele Jahre lang aus ›Marienhaar‹ mit ganz besondrer Sorgfalt destillierte, bis ihm eines Tages einer seiner sonst gläubigsten Anhänger mit aller Gemütsruhe sagte: ›Höre, Hampel, dein Schlagwasser ist gut und dein Melissengeist auch; aber mit dem ‚Marienhaar' kann es nicht viel sein‹, und dabei lachend auf Hampels Perücke zeigte. Das ärgerte diesen ganz ungemein und machte solchen Eindruck auf ihn, daß er von Stund' an die Marienhaartinktur von seinem Preiskurante strich, trotzdem gerade sie zu seinen einträglichsten Tinkturen zählte.

Solcher als ›Fehlschläge‹ vom Preiskurant abgesetzten Nummern, immer Nummern neueren Datums, gab es noch ein paar im Laufe der Jahre, der alte Bestand aber blieb und wurde von Hampel nach einer Methode hergestellt, die schon zu Großvaters Zeiten, und vielleicht noch früher, gegolten hatte. Selbstverständlich erfolgte die Zubereitung all dieser Arcanas und Panazeen im *eigenen* Hause, welches letztere denn auch nicht bloß ein Schmuckkästchen, sondern gleichzeitig eine Sehenswürdigkeit für Fremde war, die gerne bei Hampel vorsprachen und sich sein ganzes Laborantengewese zeigen ließen. Unten im Vorderhause befand sich die hübsch eingerichtete Privatwohnung mit Klavier (später Harmonium), weil Hampel es liebte, winters Choräle zu spielen und fromme Lieder zu singen. War er doch überhaupt ein Mann, in dem sich ein echt schlesischer Aberglaube, darin Rübezahl die Hauptrolle spielte, mit einem religiösen und sittenstrengen Zuge mischte. Stieg man dann von dem mit Fliesen ausgelegten Flur aus ins erste Stock hinauf, so sah man in die große, halb offenstehende Tinkturenkammer mit ihren dicht besetzten Regalen, und abermals eine Treppe höher den Kräuterboden, auf dem Enzian und Arnika weit ausgebreitet lagen und Isländisch Moos in ganzen Säcken stand, die so groß waren wie Wollsäcke. Das alles war im Vorderhause. Daran schlossen sich dann, wenn man vom Flur her in den Hof trat, zwei rechtwinklig angebaute Flügel, von denen der eine nicht viel was anderes als eine schicht- oder etagenweis aufgebaute Luftdarre für Blaubeeren, der andere dagegen, der größere, das in eine Schatten- und eine Sonnenseite geteilte Laboratorium war. Auf der Sonnenseite – den Strahlen der Sonne nach Möglichkeit ausgesetzt – standen die großen Glaskolben, in denen die mit Weingeist, oder wie Hampel sich ausdrückte, mit ›Aquavit‹ angesetzten Wurzeln und Kräuter in praller Hitze kochen mußten, während sich an der gegenübergelegenen Schattenseite die großen Apparate befanden, Kupferblase und Kupferhelm, aus denen die verschiedenen ›Geister‹ abdestilliert wurden, Dillgeist, Fichtengeist, Krausemünzengeist, Melissengeist. Welche Seite des Laboratoriums in Hampels Augen eigentlich die wichtigere war, war schwer zu sagen, weil das oft durch Monate hin fortgesetzte Extrahieren in der Sonne genau denselben Zweck verfolgte, wie das Destillieren aus der Blase, nämlich *den*, den ›Geist‹ freizumachen. Sehr wahrscheinlich indes, daß er dem, was die ziemlich kostspielige Kupferblase leistete, schon deshalb, weil sie kostspielig war, den Vorzug gegeben haben würde, wenn nicht eine der im Glaskolben extrahierten Tinkturen ein Gegenstand seiner besonderen Vorliebe gewesen wäre, fast als ob er geahnt hätte, welche Bedeutung gerade *diese* Tropfen für ihn gewinnen sollten. Unter dem nämlich, was, um ausgezogen zu werden, Tag um Tag in der Prallsonne stand, war auch ein Mineral, ein goldblinkendes Schwefeleisen aus der Seidorfer Gegend, das, genau so wie die Wurzeln und Kräuter, mit rektifiziertem Weingeist, ja man sprach sogar von hundert Grad Tralles, aufgesetzt wurde, was dann, nach drei-zehnmonatlichem Ziehen, eine ganz merkwürdige Krafttinktur ergab, die wegen ihres Eisengehalts gegen Bleichsucht und Schwäche von geradezu phänomenaler Wirkung war. Wenig-stens stand so auf dem Zettel, der jedem Fläschchen beigegeben wurde. Chemische Untersuchungen hatten nun freilich weder Schwefel noch Eisen in diesen Wundertropfen entdecken kön-nen. Hampel aber, als man ihm mit dieser Nachricht kam, hatte *nicht* nachgegeben wie damals mit der Marienhaartink-tur, sondern sich umgekehrt aufs hohe Pferd gesetzt und mit superiorer Miene versichert: ›der Geist‹ sei drin, und zwar erst der Schwefel- und dann der Eisengeist. Und dieser ›Geist‹ sei viel zu fein, um sich mit Reagentien fassen zu lassen.‹ Das war ein großes Wort, das, wie jedes derartige Wort, Zweifler und Gläubige fand und schließlich auch nach Erdmannsdorf kam, um hier dem auf Sommerbesuch anwesenden König Fried-rich Wilhelm III. bei Tafel erzählt zu werden. Bischof Eylert und Hofprediger Strauß waren mit zugegen. Ebenso der Kron-prinz. ›Was sagen Sie dazu?‹ fragte der König in heiterer Lau-ne, worauf die beiden geistlichen Herren natürlich lächelten. Der Kronprinz aber sagte: ›*Hampel hat recht.*‹

Und siehe da, ›Hampel hat recht‹, sagten schließlich *alle*, be-sonders aber die Hofdamen, unter denen sich in demselben Sommer noch ein wahrer Hampel-Kultus einbürgerte, was frei-lich mehr noch als in dem eben hier Erzählten in einer von un-serm Hampel an einem armen, aber liebenswürdigen Hoffräu-lein ausgeführten Wunderkur seinen Grund hatte. Dies Hof-fräulein stand nämlich in einem ernsten Liebesverhältnis zu dem in Erdmannsdorf mit anwesenden Adjutanten oder Hof-marschall des Prinzen Wilhelm, unseres jetzigen alten Kaisers, und nur ein Feuermal unterm Kinn, das das sonst sehr hübsche Fräulein entstellte, ließ den von allerhand Äußerlichkeiten ab-hängigen Liebhaber aus einem ängstlichen Schwankezustand gar nicht herauskommen. Alles nahm teil an dem Schicksal der

jungen Dame. Da trat Hampel persönlich auf, mit einer zweimal überdestillierten und mit weißen Zinkblüten aus der Josephinenhütte sorglich untermischten *Schneeball*essenz, und siehe
da, in drei Wochen war das Mal fort, und in fünf Wochen war
Hochzeit. Das blieb Hampeln unvergessen und entschied viel,
viel mehr noch, als das voraufgegangene kronprinzliche ›Hampel hat recht‹ über sein weiteres Leben, das namentlich ohne
diesen letzteren Zwischenfall nicht so glücklich verlaufen wäre,
wie's tatsächlich durch noch vierzig Jahre hin der Fall war. Und
hier muß ich den Gang meiner Erzählung auf einen Augenblick
unterbrechen.

Es war nämlich kurz vor König Friedrich Wilhelms III. Hinscheiden gewesen, daß diese Szene mit dem Hoffräulein gespielt hatte. Nun stand zwar der neue König genauso wie der
alte zu Hampel und dachte gar nicht daran, ihm die Geschichte
vom ›Schwefel- und Eisengeist‹ je zu vergessen, aber unglück-
licherweise traten um eben diese Zeit die Gesetze gegen Medizinalpfuscherei wieder·frisch in Kraft, und auch Hampel sah
sich davon bedroht und schien, trotz besten Leumunds, der
Strenge dieser Gesetzgebung erliegen zu sollen. Ein Strafman-
dat folgte dem andern, und unser Langhübler Freund wäre
verloren gewesen, wenn er sich nicht noch rechtzeitig des Hof-
fräuleins mit dem Feuermal erinnert hätte. Die stand jetzt hoch
in Ehren, und als ihr die Bitte Hampels um ihre Protektion eines Tages zu Händen kam, säumte sie nicht, ihrem alten Freund
und Glücksbegründer zu Willen zu sein, und wußte dabei die
Dinge so geschickt zu wenden und zu leiten, daß das ewige
Strafandrohen der Liegnitzer Regierung aufhörte. Hampel
wurde zum ›Ausnahmefall‹ erhoben und erhielt schließlich sogar ein großgesiegeltes Reskript, darin ihm mitgeteilt wurde,
›daß Seine Majestät der König befohlen habe, den zc. Hampel
in seinem Laborantenberufe, von dessen segensreicher Wirksamkeit er persönlich Zeuge gewesen sei, bis an sein Lebens-
ende zu belassen‹.

Und danach wurde denn auch verfahren, und als Hampel,
viele Jahre später, auf Achtzig zuschritt, stand sein Ansehn
so hoch, daß im ganzen Hirschberger Tale beschlossen wurde:
dem ›letzten Laboranten‹ (denn das war Hampel mittlerweile

geworden) ein Fest zu geben, und zwar im Warmbrunner ›Gasthof zum König von Preußen‹. Ein in der Stadt lebender Geheimer Sanitätsrat, Original, der selbstverständlich die Praxis
längst quittiert hatte, ›weil er alles Doktorentum für eitel Medizinpfuscherei und nur das Laborantentum, diesen gesegneten
Zustand der Wilden und Indianer, für einen medizinisch nor-
malen hielt‹, – dieser Geheime Sanitätsrat trat an die Spitze
des Festkomitees, und am 3. Mai 1879, will sagen an Hampels
achtzigstem Geburtstage, hatte die Feier statt. Zwischen Graf
Schaffgotsch und Graf Matuschka saß der Jubilar, ihm gegenüber der Geheime Sanitätsrat, und als dieser seinen Toast ausgebracht und die Trompeter-Badekapelle dreimal Tusch gebla-
sen hatte, trat ein Telegraphenbote – dies war alles aufs ge-
naueste verabredet worden – in die Tür und überreichte Hampel
ein Telegramm, darin ihm seitens seiner alten, inzwischen
längst zur ›Exzellenz‹ avancierten Freundin mitgeteilt wurde:
›daß S. M. der Kaiser Wilhelm, der sich als letzter aus jener
Erdmannsdorfer Zeit noch sehr wohl des alten Laboranten
Hampel erinnere, besagtem Laboranten Hampel zu Langhübel
den Kronenorden vierter Klasse verliehen habe‹.

Das war ›Hampels Tag der Ehren‹, freilich auch einer seiner
letzten Tage überhaupt. Denn von Stund' an ging es bergab,
nach Meinung einiger, weil er sich zu sehr erhitzt und danach
unvorsichtig erkältet, nach Meinung anderer, weil er zu viel
Ungar getrunken und sich am andern Tage mit seinem eigenen
Schlagwasser kuriert habe. Gleichviel, am 3. Juni starb er – gerade einen Monat nach jenem denkwürdigen 3. Mai –, nachdem er noch eine Stunde vor seinem Ende bestimmt hatte, ›daß
er am 7. Juni, dem Todestage weiland König Friedrich Wilhelms III., seines gnädigsten Königs und Herrn, der in seinem
edlen Herzen ein solches Wort wie ‚Medizinalpfuscherei' wahrscheinlich nicht mal gekannt habe, begraben sein wolle‹.

Und nun kam das Begräbnis.

Es war ein großer Tag, und in dem ganzen Hirschberger
Tale gingen die Glocken, als der Zug von Langhübel nach
Agathendorf hinunterstieg. Laboranten, die folgen konnten,
gab es nicht mehr, aber Hampel hatte trotzdem seinen Kon-
dukt: erst die Langhübler und Brückenberger Kinder, zu zwei

und zwei mit Erdbeerblüten im Haar, dann Feuerwehrmusik mit Posaune und Tuba, danach die Schaffgotschschen und Matuschkaschen Förster und Haideläufer und zuletzt die Kräuterweiber aus dem ganzen Gebirge, wohl zwanzig oder dreißig, die sich fein gemacht und auf Harken und Stangen all *das* trugen, was sie zeitlebens für den Hampelschen Kräuterboden gesammelt hatten: Enzian und Arnika, Fingerhut und Besingkraut und vor allem Isländisch Moos, das in langen, wirren Flechten von den Harken herniederhing.

Vierzehn Tage später hieß es: ›Alles im Hampelschen Hause sei von der Regierung inspiziert und inventarisiert worden, und nur die zur Zeit noch auf Lager befindlichen Flaschen dürften auch fernerhin ausgeboten und ausverkauft werden.‹ Darüber sind jetzt acht Jahre vergangen, wie man wohl sagen darf, eine lange Zeit. Aber die Kammern und Regale sind immer noch voll, und einige sagen, sie würden auch nie leer werden.

Und es wünscht es auch keiner.

Denn wenn auch die kleinen sechseckigen Flaschen nie recht stehen wollten, der Glaube an sie steht unerschüttert fest.«

GERETTET
(1891)

An einem Novembervormittage, der Nebel fiel in Tropfen nieder, hielt eine Gruppe von vier Männern, Holzschläger aus dem gräflichen Forst, vor dem Theobaldstift in Agnetendorf. Sie setzten eine aus Baumstämmen zusammengebundene Trage vor dem kleinen Eingangsportal des Stiftes nieder und trugen einen auf die Schultern von zweien von ihnen sich stützenden Verwundeten, so gut es ging, zum heiligen Theobald hinein, wo die das Regiment im Stift führende Schwester Elisabeth die Männer freundlich, aber auch ernst und bestimmt empfing. Neben ihr stand Schwester Beate.

»Nun, was ist?« sagte die Oberschwester Elisabeth. »Das ist ja der Stephan, oben aus der Martinsbaude. Ist er verunglückt?«

»Ja, Schwester«, sagte der jüngere der zwei Miteingetretenen, ein Bruder des Verunglückten und Aloys mit Namen, »er ist verunglückt. Als wir den Baum umrissen, ist er nicht beiseite gesprungen. Es sieht grausam aus, und er hat auch eine Ohnmacht gehabt... Ich hab' ihm noch zugerufen; aber er hat's nicht gehört oder hat schlecht aufgepaßt.«

»Schlecht aufgepaßt«, sagte Schwester Elisabeth. »Die Heilige Jungfrau erbarme sich. Ich weiß, wie das bei euch hergeht... Es wird wohl der Ingwer schuld sein oder der Wacholder.«

Als sie noch so sprach, kam auch der alte Doktor Melchers, den Schwester Beate mittlerweile herbeigerufen hatte. Der untersuchte das Bein und sagte: »Schwere Quetschung; aber der Knochen ist heil. Es wird sich machen, ohne daß wir eingreifen. So hoff' ich wenigstens. Freilich, Zwischenfälle sind nicht ausgeschlossen.«

Und nun brachte man den Verwundeten, der kein Wort sprach und nur wie betäubt vor sich hin sah, in eine für ihn hergerichtete Zelle, drin Schwester Beate seine Pflege übernehmen sollte; die vier Männer aber – auch die zwei draußen wartenden waren mittlerweile hinzugetreten – dankten der Schwester Elisabeth, vor allem Aloys, der ihr das Kleid küssen wollte. Denn das Stift genoß eines großen Ansehens in Dorf und Gegend. Und nun verabschiedeten sie sich und gingen wieder auf die Waldstelle zu, wo das Unglück geschehen war. Hier machten sie sich, ohne langes Säumen, aufs neue an ihre Arbeit und blieben dabei bis Spätnachmittag. Erst als es mehr und mehr zu dunkeln begann, nahmen sie ihre Äxte über die Schulter und stiegen höher ins Gebirge hinauf, wo sie zwischen Brückenberg und Kirche Wang ihre kleinen Häuser hatten. An dieser Stelle, einer Waldlichtung, lag auch das Haus, drin Aloys und sein Bruder Stephan wohnten und mit ihnen ihre Mutter, ein altes hexenhaftes Weib von scharfem Gesichtsschnitt, aber doch so, daß man noch deutlich sah, sie müsse mal sehr ansehnlich gewesen sein, aus welchem Umstande sich auch die Sicherheit herschrieb, mit der sie das Haus und die beiden Söhne beherrschte.

Aloys wollte von dem Vorgefallenen erzählen, kam aber nicht weit damit. Die Alte wußte schon alles und schien mit

dem Hinunterschaffen und dem Unterbringen im Stift wenig
einverstanden. Anfangs indessen zeigte sich ihre Mißbilligung
mehr in Mienen und Bewegung als in Worten, und erst, als
Aloys auf den Doktor zu sprechen kam, wurde sie heftig und
fuhr dazwischen: »Ja, der Doktor. Was sagt der? Oder hat er
schon geschnitten?«

Aloys antwortete vorsichtig und unbestimmt.

»Hat er schon geschnitten? frag' ich. Oder ist er schon mit
seiner Säge drüber gewesen? Er sägt immer und sagt dabei
ganz ruhig: ›sie merken nichts‹. Und sie merken auch nichts,
und nur wenn er fertig ist, dann suchen sie nach ihrem Bein.
Aber da können sie lange suchen. Und was soll einer, wenn
er nicht Arm und Bein hat. Arm und Bein heißt arbeiten. Und
wenn wir nicht arbeiten, dann hungern wir.«

»Ach, Mutter, du machst wieder deine Augen und redst
wieder so wild. Er hat ja das Bein noch. Und der Doktor sagt
auch, er wird es wohl behalten.«

»Er wird es wohl behalten ... Du Dummbart, du Kindskopp.
Siehst du denn nich? Hörst du denn nich? Er wird es wohl behalten, das heißt, er wird es *nicht* behalten, das heißt, daß es
schon weg ist. Und was weg ist, ist weg und wächst nich wieder, und wir müssen hungern. Warum habt ihr ihn nicht nach
Brückenberg heraufgebracht? Zu Legler oben auf der Josephsbaude. Legler, der versteht es, der hilft, weil er weiß, was arme
Menschen sind ... Und die Josephsbaude war auch näher als
das Stift, und Legler ist klüger als Melchers. Legler hat die
Kräuter und hat auch den Spruch, und wenn er die Kräuter
auflegt, dann geht das Fieber, und den siebenten Tag fängt es
an zu heilen, und die dritte Woche, da kann er wieder verdienen ... *Ich* kann nicht mehr verdienen, ich kann nicht mehr
in den Wald und Beeren suchen. Und wenn auch ... Timm in
Seydorf zahlt bloß einen Pfennig, und einen Schein muß ich
auch noch haben. Warum habt ihr ihn in das Stift gebracht?
Legler ist besser, der hat den Spruch ... O du Heilge Jungfrau,
vergib mir meine Sünden ... Und du heilger Theobald ... ich
will auch kommen und in deine Kapelle beichten gehen.« Und
sie knickste und bekreuzigte sich vor einem an eine Ofen-
kachel geklebten Muttergottesbilde.

Aloys hatte wiederholentlich versucht, die Alte zu beruhigen, aber sie war nur immer heftiger geworden und hatte mit aller Bestimmtheit erklärt, sie müsse den Stephan wieder haben. Und weil sie damit fortfuhr und Aloys, wenn er sich recht befragte, wohl auch ein gut Teil mehr an Legler als an Melchers glaubte, so war er zuletzt nachgiebig geworden und hatte versprochen, so's irgend ginge, der Mutter zu Willen zu sein. »Wir wollen sehen, Mutter, wir wollen sehen.«

Und dabei war's geblieben.

Um sechs war Vesper. Es hatte zu regnen begonnen und war kalt geworden. Die Dorfgasse lag in Dunkel, nur hier und da blitzte was auf, und solch schwacher Lichtschein kam auch aus einem kleinen Wirtshause, das dem Theobaldstift gegenüber lag. Um den Tisch herum saßen dieselben vier Leute, die vormittags den Verwundeten aus dem Walde heruntergeschleppt hatten. Drei davon tranken ihren Ingwer und sahen, die Beine weit vorgestreckt, stumpf und gleichgültig vor sich hin; der jüngste aber, Aloys, war in Unruhe. Von Minute zu Minute stand er auf und starrte, während er das von Wasserdunst beschlagene Fenster putzte, nach dem Stift hinüber. Es war immer noch nicht Zeit. Endlich indessen nahm er wahr, daß die kleine Seitenpforte drüben aufging und Schwester Elisabeth heraustrat, hinter ihr ein paar andere Schwestern, zuletzt auch Schwester Beate. Sie wollten, wie jeden Abend, so auch heute zur Abendandacht und schritten auf einen überdeckten, aber an beiden Seiten offenen Gang zu, der die Verbindung mit einem danebengelegenen Kapellchen herstellte. »Nun ist es Zeit«, sagte Aloys, und sofort erhoben sich alle und gingen über die Dorfstraße nach dem Stift hinüber, wo sich die drei Älteren im Schatten der Eingangstür aufstellten, während Aloys bei dem Bruder eintrat und ihm kurz mitteilte, weshalb sie kämen. »Gott sei Dank«, sagte der, »daß ihr da seid. Schwester Beate ist gut, und der Doktor ist auch gut. Aber Legler ist ihm doch über. Legler hat die Kräuter und den Spruch, und der Doktor hat bloß das Messer.« Und dabei hatte sich Stephan hoch aufgerichtet, und aus seinen Augen leuchtete es wie wiedergewonnene Hoffnung. Aloys seiner-

seits, als ihm feststand, daß der Bruder keine Schwierigkeiten
machen würde, war aus der Zelle rasch in den spärlich erleuchteten Flur getreten und sah sich hier um, wie wenn er nach
etwas suche. Richtig, da war es auch. Unter der Treppe, gerade da, wo gegenüber ein Lämpchen an der Wand hing, stand
ein Krankenkorb, der Deckel daneben. Und nun rief Aloys
die drei Kumpane heran, daß sie kommen und den Verwundeten in den Korb legen sollten; er selber aber holte noch ein
paar Kissen und Decken heran, um's dem Bruder nach Möglichkeit bequem zu machen. Es half auch. Stephan lag jetzt
gut gebettet, und als gleich danach auch die Tragebalken durch
die hanfenen Ösen geschoben waren, setzte sich der Zug, durch
Dunkel und Regen hin, in Marsch.

Gerad als es unten im Dorf acht schlug, waren sie wieder
oben und traten in die mit Knieholz geheizte Stube. Die Alte
hatte ihrer schon voll Ungeduld gewartet, und kaum, daß sie
den Deckel abgehoben, so warf sie sich neben den Verwundeten nieder und streichelte dem sie freundlich Ansehenden
Stirn und Hände. Denn Stephan war ihr Liebling. »Er kommt
noch heut abend«, sagte sie vertraulich und wie mit verklärtem
Gesichtsausdruck; »morgen wär' es zu spät gewesen. Wollt' er
schneiden?«

»Nein, Mutter, er wollte nich. Aber so sagen sie immer.«

»So sagen sie immer«, wiederholte die Alte und nickte dazu.

Legler kam auch wirklich denselben Abend noch und nahm
den Doktorverband ab, um statt seiner seine Kräuter aufzu-
legen, Wohlverleih und Bilsenkraut. Auf dem niedrigen Herde
ging mittlerweile das Feuer nicht aus, weil der Vertrauens-
mann von der Josephsbaude gesagt hatte: »Wärme nimmt
das Fieber«, und Stephan sah in die Flamme hinein und
freute sich an dem Anblick und dem Knistern. Aloys aber, als
er oben alles in die richtigen Wege geleitet sah, machte sich
mit dem leeren Korbe wieder still nach Agnetendorf hinunter
und paßte da den Zeitpunkt ab, ihn unbemerkt in den ver-
deckten Gang zu stellen, der vom Stift nach dem Kapellchen
hinüberführte. Da fanden ihn am anderen Morgen die
Schwestern, als sie zur Frühmette gingen.

Im ganzen Dorf aber, sosehr man die Schwestern wegen ihrer Guttat und ihrer Frömmigkeit liebte und verehrte, freute sich alles, daß Aloys und seine drei Freunde den Stephan »wieder herausgeholt und gerettet« hätten. Schwester Elisabeth freilich, weil ihr alles wie Heidentum vorkam, sah ernst und mißgestimmt drein, und nur Doktor Melchers sagte vergnüglich: »So sind sie. Der letzte Laborant ist tot, aber mit dem letzten Kurpfuscher hat es noch gute Wege.«

DER ALTE WILHELM
(1892)

Erst an dem Kretscham und gleich dahinter an dem katholischen Kapellchen vorbei zieht sich, allmählich ansteigend, die Dorfstraße, von der aus kleine Seitenwege zu reizenden, inmitten von Wiesen und Feldern gelegenen und von den Fremden ganz besonders bevorzugten Sommerhäusern hinüberführen. In einem dieser Häuser – eigentlich einem ganzen Wirtschaftsgewese, das, weil es unter Birken lag, den hübschen Zunamen »das Birkicht« führte – war auch ich untergebracht worden und verlebte daselbst eine Reihe sehr angenehmer Tage. Was schließlich nicht wundernehmen durfte, weil überaus liebenswürdige Damen, alte und junge, die Mitbewohnerschaft ausmachten. Das Hauptkontingent stellte die Generalswitwe v. W. mit ihren sieben hübschen Töchtern, deren Gatte bez. Vater im siebentägigen Kriege gegen Österreich tapfer und ruhmreich gefallen war, leider »ohne Dotation«. Jeden Nachmittag unternahmen die von W.schen Damen, denen sich einige Geheimrätinnen – natürlich auch Witwen und auch mit Töchtern – anschlossen, ausgedehnte Partien ins Gebirge, von denen ich mich grundsätzlich ausschloß, dafür aber das Hüteramt des Hauses übernahm, was mir hoch angerechnet wurde. Daß ich es damit sonderlich streng genommen hätte, kann ich nicht sagen. Ich setzte mich in der Regel unter eine dicht vor dem Hauseingange stehende Hängebirke, von der aus ich einem von einer Berglehne herabkommenden und unter einer kleinen Steinbrücke hinweg-

schäumenden Bache zusah. Ich verfiel dabei regelmäßig in
Träumereien, aus denen ich immer nur auffuhr, wenn drinnen
auf dem Flur die Wanduhr schlug oder einer der lang herabhängenden Birkenzweige mir in leisem Luftzuge die Stirn
streifte. Kamen dann die Damen, entzückt von ihrem Ausfluge,
wieder zurück, so trat ich jedesmal dienstlich an die Generalin
heran und meldete: »Nichts Neues vor Paris.«

Eines Sonnabends saß ich auch wieder so da, das schäu-
mende Wasser vor mir, als ich, in Entfernung von nicht viel
mehr als hundert Schritt, eines alten Mannes ansichtig wurde,
der, eine Karre vor sich, auf einem vom Kretscham her zwischen Kleefeldern sich hinschlängelnden Fußpfade herankam.
Ich ging ihm ein Stückchen Weges entgegen und trat dann,
als ich nah an ihn heran war, beiseit, um ihn bequemer an mir
vorbeizulassen. Dabei begrüßten wir uns. Was auf der Karre
lag, war nicht viel: ein Bettsack und darüber ein zweites, klei-
neres Bündel, drin anscheinend einige Kleidungsstücke zusam-
mengeschnürt waren. Eine Meerschaumpfeife mit Silberbe-
schlag und eine ziemlich abgebrauchte Bürste waren zuletzt
noch dicht unter dem Knoten mit eingeschoben worden. Als
Abschluß und Krönung des Ganzen aber balancierte noch ein
etwas zugespitzter Zylinderhut auf dem oberen Bündel. Der
Alte selber war sauber, wenn auch ärmlich gekleidet, und was
am meisten auffiel – ohne Kopfbedeckung. Er fuhr wie jemand,
der Bescheid weiß und außerdem ein Recht hat, ruhig auf das
Birkicht zu, passierte den Brückenbogen und lenkte gleich dahinter auf eine rechtwinklig zu dem Wohnhause stehende
Scheune hinüber, in deren offenstehendes Tor er mit einer
geschickten Wendung einbog. Sein Gebaren, weil in allem den
Stempel des Zuständigen tragend, erfüllte mich mit so viel
Vertrauen, daß ich es mit meinem Hüteramt für durchaus ver-
einbar hielt, auf jede weitere Kontrolle zu verzichten und
meine Schritte nach dem Kretscham hinauf zu lenken, wo ich
hoffen durfte, gute Gesellschaft zu finden. Das war denn auch
der Fall. Ich blieb da bei Skat und Bier, bis elf Uhr heran war,
und als ich, unter glitzerndem Sternenhimmel, in meine Behausung zurückkehrte, schlief schon alles.

Wie der Letzte zu Bett, so war ich natürlich auch der Letzte

wieder auf und durfte mich, als ich endlich auf dem von Birken
überschatteten Vorplatz erschien, nicht sonderlich wundern,
von seiten der Wirtin zu hören, es sei schon alles ausgeflogen,
nach Agnetendorf hinunter, in die Kirche – die gnäd'gen
Fräuleins schon gleich nach sieben. Ich nickte nur wie bestä-
tigend dazu, weil ich von andern Sonntagen her wußte, wie
die Fräuleins zu dieser Frage standen. In die Kirche gehen war
korrekt und standesgemäß und schickte sich für Adlige; Nicht-
adlige mochten faul sein und schlafen. Und die Fräuleins hatten darin ganz recht.

Es war ein wunderschöner Morgen, warm und frisch zugleich, denn es wehte leise vom Gebirge her. Der Kaffee wurde
mir gebracht; dann ging auch die Wirtin, und ich machte mich
schon auf eine mehrstündige Vormittagseinsamkeit gefaßt, als
ich plötzlich aus dem bloß angelehnten Scheunentore denselben Alten heraustreten sah, der gestern, mit den zwei Bün-
deln auf seiner Karre, seinen Einzug an eben dieser Stelle
gehalten hatte. Freilich kam mir auch wieder ein Zweifel, ob
er's sei, so sehr verändert war alles in seiner Erscheinung. Er
trug ein schneeweißes Hemd, den Hemdkragen vatermörder-
artig aufgeklappt, trotzdem ihm jede Steife fehlte, dazu weiße
Strümpfe mit Schuh, hechtgraue Kniehosen und einen blauen
Frack mit Sammetkragen und blanken Knöpfen. Als er beim
Heraustreten mich gewahrte, zog er sehr artig, aber doch mit
erkennbarer Rücksicht auf die Krempe, seinen Hut und setzte
sich dann auf eine mehr als primitive Bank, ein auf zwei Holz-
pfähle genageltes Stück Brett, dicht neben der Scheune. Hier
sog er die Wärme mit vielem Behagen ein, zugleich unter sicht-
lichem Interesse den Hühnern zusehend, von denen einige sich
Erdlöcher gemacht hatten, während andere drüben auf der
Kleewiese spazierengingen.

»Guten Tag«, sagte ich und rückte mit meinem Gartenstuhl
etwas näher an ihn heran.

»Guten Tag, Herr.«

»Warm heute.«

»Ja, warm. Aber immer noch nicht genug. Der Roggen
braucht noch Sonne und unsereins auch.«

»Ich bin mehr für Schatten.«

»Ja, das machen die Jahre. Wenn man erst alt ist...«

»Bin ich auch.«

»Aber nicht so wie ich...«

»Na, wie alt denn, Alterchen?«

»Achtzig.«

»Ja, da sind Sie mir ein Stück vor. Wollen wohl auch noch in die Kirche?«

»Nein, ich sitze bloß hier und höre die Glocken gehen. Jetzt läuten sie das drittemal. Das ist so meine Andacht. In meinem Alter...«

»Ja, da will's nicht mehr recht, wenn man auch dicht an der Kanzel sitzt. Man hört nicht mehr alles... Und die Predigt ist auch meistens zu jung.«

»Ja, wenn man alt ist, ist alles zu jung.«

Ich lächelte, was ihm, so gut es ging, mein Einverständnis ausdrücken sollte, und ging dann auf eine nach der andern Seite hin gelegene Jelängerjelieber-Laube zu, die mir als Spezialbesitz gehörte. Da wollt' ich einen Brief schreiben und die Zeitungen lesen.

Als ich damit geendet hatte, belebte sich's wieder um mich her. Die Kirche war aus, und die Wirtin, die als erste zurück war, trat auf den Vorplatz hinaus, um das Kaffeegeschirr wegzuräumen, das noch auf verschiedenen Tischen umherstand.

»Da haben Sie ja, liebe Frau Meergans, einen neuen Gast im Hause. Ich hab' ihn gestern schon mit der Schubkarre kommen sehen. Wer ist denn der Alte?«

»Das ist der alte Wilhelm.«

»Ein freundlicher alter Mann. Und er sagt, er sei achtzig.«

»Das ist er auch. Vielleicht noch ein paar Jahre mehr.«

»Ich kann mich nicht recht in ihm zurechtfinden. Schon gestern, in seiner Jacke, fiel er mir auf. Und nun gar heute. Wie kommt er nur zu dem blauen Frack und zu all dem andern?«

»Ich weiß nicht. Als wir vor funfzehn Jahren aus dem Böhmischen herüberkamen und das Haus hier kauften, da war er schon im Dorf. Und er trug auch schon sonntags den Frack und den spitzen Hut und sah auch ebenso alt aus wie jetzt.

Aber das mag täuschen; wenn man selber jung ist, erscheinen einem die Leute so alt, als könnten sie nicht älter werden.«

»Und der alte Wilhelm heißt er?«

»Ja.«

»Und wie sonst noch?«

»Das weiß keiner. Vielleicht, daß es Schlächter Klose weiß, der der älteste hier ist und wohl schon Gerichtsschulze war, als der alte Wilhelm hierher kam. Wir fragen nicht gern, was einer war und woher er kommt. Und die meisten hier herum sind selber Neue und wissen noch weniger als wir.«

»Er macht den Eindruck, als ob er beßre Tage gesehen hätte.«

»Ja, so sieht er aus. Auch alltags, wenn er seine Flickenjacke trägt. Aber ich glaub' es nicht. Daß er, was ich zugebe, so nach was aussieht und sich so hält, als wär' es was mit ihm, das, glaub' ich, macht bloß der Frack und der Hut, und die sollen ein Erbstück sein, das ihm einer, den er treulich zu Tode gepflegt, aus Dankbarkeit hinterlassen hat. Er hat auch mal, so viel hab' ich gehört, eine kleine Baude gehabt, hier oben, nicht weit von der Anna-Kapelle; aber es ging nicht damit, und er kam herunter. Und nun ist er ein Ortsarmer.«

»Da muß er aber doch in ein Armen- oder Siechenhaus.«

»Ja, das mag in der Stadt so sein. Aber nicht hier. Wir sind eine arme Gemeinde; wo soll da ein Gemeindehaus herkommen, wenn's der Graf nicht baut oder der Kreis. Und am Ende, wozu auch! Er ist ja der einzige Arme, den wir hier haben, und den füttern wir so mit durch. Bei jedem im Dorf, der ein Haus oder eine Kate hat, ist er eine Woche, von einem Samstag bis zum andern. Immer mit der Betglocke zieht er mit seiner Karre ab und kommt er an. Und jeder freut sich, wenn er kommt. Denn er hat ein frommes Gemüt und spielt mit den Kindern und wiegt sie ein. Er ist überhaupt selber wie ein Kind und mit jedem Platz zufrieden, und wenn's die platte Erde wäre. Da legt er sich seinen Strohsack zurecht und sein Deckbett darüber, und am Morgen schnürt er's wieder zusammen oder schiebt es beiseit. Und was er genießt, ist nicht der Rede wert; jeder gibt es ihm gern, ein bißchen Kaffee mit Brot und Milch. Und eine Kartoffel mit Speck ist schon was Großes.«

»Ich glaube doch, daß noch was dahinter steckt. Er sieht eigentlich aus, als wäre er von Adel und wäre mal was ganz Feines gewesen. Gerade wer es besser gehabt hat, der verlangt am wenigsten und ist mit allem zufrieden.«

»Ja, das soll schon sein. Aber ich glaub' es nicht recht. Und es kann auch eigentlich nicht sein. Denn er hat bei seiner Arbeit ganz die Hantierung wie wir, die wir uns von Jugend an mit Axt und Spaten haben quälen müssen. Er kann Holz spalten und Schindeln machen, und wenn eine Kiste kaputt geht, so nagelt er sie wieder zusammen, ganz so wie wir, und wo Kühe sind, da geht er in den Stall und kann auch melken. Er hat keine rechte Kraft mehr, aber es geht doch.«

»Das alles kann auch einer lernen, der nicht immer dabei war.«

»Ja, aber man sieht doch den Unterschied, wenn einer so bloß dazu gekommen. Er ist nun die nächsten acht Tage hier, da können Sie ja sehen, wie er's macht. Und Sie werden bald finden, daß er kein gewesener Prinz ist. Er ist einfältig...«

»Das ist das Alter.«

»Nein, das ist seine Natur. Als wir herüberkamen, war er schon ebenso.«

Zu meinen Untugenden gehört auch ein Stück Eigensinn, und so wollt' ich nicht recht glauben, was mir die Wirtin gesagt hatte. »Da steckt doch noch was dahinter«, bei diesem Satze blieb ich und legte mich, weil seine ganz ausgesprochene Schlichtheit meinen Glauben eher stärker als schwächer werden ließ, auf ein Beobachten seines Tuns, das ein beständig wechselndes und ziemlich mannigfaches war. Aber auch damit kam ich nicht weit. Er harkte das Heu auseinander, wenn es trocknen sollte, und harkte es wieder zusammen, wenn es trocken war; er machte Botengänge nach Agnetendorf hinunter oder nach Kirche Wang hinauf und saß, wenn man ihn nicht abrief, an einer auf der Scheunendiele stehenden Hobelbank, um da alles wieder instandzusetzen, was zerbrochen oder irgendwie reparaturbedürftig war. Ein Topf Milchkaffee stand meist neben ihm, von dem er übrigens mehr nippte als trank. Die sieben Fräuleins waren viel um ihn her und suchten ihn in kirchliche Fragen zu verwickeln, denen er immer klug auswich. »Das gab es noch nicht, als ich jung war«, oder »das ist nichts mehr für meinen alten Kopf«, – das waren so seine Lieblingsantworten, und weil er sie meist mit einem artigen und feinen Lächeln begleitete, fiel ich immer wieder in die Vorstellung seiner Vornehmheit oder einer mal von ihm gespielten Gesellschaftsrolle zurück. Schließlich indes konnt' ich mich gegen die Wahrnehmung nicht wehren, daß ein paar bloße Zufälligkeiten mich irregeführt hätten, und als der nächste Samstag zur Rüste ging und der alte Wilhelm mit seinem Bettsack und Kleiderbündel unter freundlichem Gruß wieder an mir vorüberfuhr, genau denselben Schlängelpfad hinauf, den er die Woche vorher herabgekommen war, da wußt' ich mit jeder erdenklichen Sicherheit, daß er wirklich nichts andres war als ein Ortsarmer, der mal – genau so, wie mir's die Wirtin gesagt – einen blauen Frack und einen zugespitzten Hut geerbt hatte. Die Sonne ging über dem Kretscham in aller Pracht unter, und während er da hinauffuhr, dem Anscheine nach immer mehr in die glührote Scheibe hinein, da kam mir die Frage: »Was ist Größe? Was ist das Ringen danach? Ist das Leben dieses Einfältigen nicht eigentlich beneidenswert? Arbeitsfroh bis zuletzt, eine Freude der Alten, eine Freude der Jungen. Und im Herzen ein Stück eigenartigen, kleinen Glücks: der Frack und der Hut und die Kanne Milchkaffee zwischen den Hobelspänen.«

PROFESSOR LEZIUS ODER WIEDER DAHEIM
(1892)

Der alte Professor Lezius, in seinen jüngeren Jahren Oberlehrer an einem Realgymnasium, hatte sich, trotzdem seine Mittel nur unbedeutend waren, schon seit langer Zeit aus seinem Lehramte zurückgezogen, wobei, neben einem gewissen Freiheitshange, wohl auch der Wunsch mitgewirkt hatte, seinen zwei Lieblingsstudien ausschließlicher leben zu können, der Botanik und der Anthropologie. Letztere betrieb er, nach seinem eigenen Zeugnis, nur als Dilettant; in der Botanik aber war er Fachmann und arbeitete, seit er frei war, an einem großen Werk über die nordeuropäischen Gentianaceen. Er war dabei nicht ohne wissenschaftlichen Ehrgeiz, dem ein nun schon weit zurückliegendes, in die vierziger Jahre fallendes Ereignis eine ganz bestimmte Richtung, und zwar ins Entdeckerische, gegeben hatte. Damals nämlich, als er sich eines Morgens bei seinem Freunde, dem Sternwartassistenten Johann Gottfried Galle, befunden hatte, war bei eben diesem von Paris her ein Brief eingetroffen, in dem der berühmte Leverrier an seinen Kollegen Galle folgende Worte richtete: »Lieber Galle! Suchen Sie doch in der Uranusgegend weiter nach. Ich habe herausgerechnet, daß dort ein Planet fehlt, und er muß sich finden.« Und siehe da, keine drei Monate drauf schrieb Galle von Berlin aus an Leverrier zurück: »Cher Leverrier. Ich hab' ihn.« Und wirklich, die Welt hatte von dem Tag an einen Planeten mehr. Dies Erlebnis, wie schon angedeutet, war für Lezius' Entwicklungsgang als Wissenschaftler entscheidend gewesen. Er suchte seitdem nach einer Brücke von Gentiana pannonica nach Gentiana asclepiadea hinüber, zwischen welchen beiden eine noch unentdeckte Spezies liegen mußte. Daß er diese finden und sich dadurch ebenbürtig neben seinen Freund Galle stellen würde, stand ihm so gut wie fest. Seine Frau und Tochter freilich, die beiläufig die etwas ungewöhnlichen Namen Judith und Mirjam führten, teilten diese Zuversicht nicht und gaben ihrem Zweifel auch Ausdruck, wodurch sich Lezius übrigens keinen Augenblick abhalten ließ, einerseits im Niederschreiben seines Manuskripts, andrerseits in seinen wissenschaftlichen Wanderungen fortzufahren. Auf diesen abwechselnd in die Karpathen und die Sudeten gehenden Studienreisen war er monatelang einsam und hatte während dieser Einsamkeitstage keinen anderen geistigen Zuspruch als den, den ihm Bastians Werke gewährten, von denen er immer den einen oder andern Band mit sich führte. »Sein Stil«, soviel gab er zu, »ist nicht immer leicht verständlich, aber ›leichtverständlich‹ – das kann schließlich jeder; Leichtverständlichkeit ist Kellnersache. Wer was Tiefes zu sagen hat, wird selber tief, und wer tief wird, wird dunkel.« Unter Exkursionen, wie die vorerwähnten, waren ihm viele Jahre vergangen, bis ihn häusliche Störungen (darunter auch persönliche Krankheit) fast ein Jahrzehnt lang an Fortsetzung der ihm ebenso zum Bedürfnis wie zur Gewohnheit gewordenen Ausflüge gehindert hatten. Erst ganz neuerdings, diesen letzten Sommer, war er nach wiederhergestellter Gesundheit zu seinem alten Programme zurückgekehrt und hatte seine Studienreisen in alter Lust und Liebe wieder aufgenommen, selbstverständlich ohne Gepäck, wenn man nicht ein zusammengerolltes, nur mit einem Minimum andrer Zutat beschwertes Plaid als solches gelten lassen wollte. *Mit* Gepäck aber traf er heute, nach siebenwöchentlicher Abwesenheit, wieder in Berlin ein, und zwar mit einer unterwegs erstandenen Weinkiste, darin er, von ein paar Nebensächlichkeiten abgesehen, den wissenschaftlichen Ertrag seiner diesmaligen Wanderung in Gestalt eines umfangreichen Herbariums untergebracht hatte.

Sechs Uhr sechs Minuten hielt der Zug in Bahnhof Friedrichstraße. Lezius liebte nicht, empfangen zu werden, und so war denn auch niemand da, was ihn sichtlich erfreute. Eine graue Filzmütze auf dem stark angegrauten Kopf, einen Spatenstock in der Hand und die Botanisiertrommel en bandoulière, so stieg er die Bahnhofstreppe hinunter und empfing unten von dem Schutzmann, an den er herantrat, die Blechmarke 1727. Diese, samt Gepäckschein, gab er ab, und eine Minute später rief auch schon der von ihm ins Vertrauen gezogene Kofferträger in die Droschkenwagenburg hinein: »17... 27...« »Hier!« antwortete eine Hintergrundsstimme, deren Hintergrundscharakter sich durch natürliche Berliner Heiserkeit gesteigert sah. Und nun flog die Kiste auf die Droschke hinauf, Lezius kletterte nach, und fort ging es, erst in die Friedrich- und gleich danach mit scharfer Biegung in die Dorotheenstraße hinein.

Der alte Professor sah hier, so gut es ging, durch das erst nach langem Bemühen in seine Versenkung niedergleitende Fenster auf die Straße hinaus. Hm, das also war Berlin. Versteht sich, es mußt' es sein. Was da neben ihm hin und her fuhr, das waren ja die Pferdebahnwagen, und an dem einen las er sogar: »Nach dem Kupfergraben.« Er nickte, wie wenn ihm nun erst alle Zweifel genommen wären, und eine kleine

Weile, so sah er auch schon in eine Allee herbstlich gelber
Bäume hinein, an deren Ende die Victoria, deren Profil ihn
immer an Fanny Lewald erinnerte, golden aufragte. Die ver-
goldeten Kanonen darunter schossen noch immer in den Himmel. Es war also alles richtig. Und nun kam auch das Tor und
der Tattersall und gleich dahinter der Bismarcksche Garten
(»wo er wohl jetzt ist?« brummelte Lezius vor sich hin), und
zuletzt erschien auch der Potsdamer Platz mit dem reitenden
Schutzmann und dem Café Bellevue, wo zu dieser Stunde mehr
Kellner als Gäste waren. Ein Bekannter grüßte freundlich von
einem der kleinen Tische. Dann bog die Droschke noch einmal
rechts ab und hielt eine Minute später vor Lezius' Haus, das
noch einen Vorgarten, ein sogenanntes »Erbbegräbnis«, hatte.

»Können Sie das Gepäck nach oben schaffen?«

»Ja, wenn Sie bei dem Schimmel bleiben wollen.«

»Versteht sich; ich werde bleiben.«

Und nun schob sich der Kutscher die Kiste, die seitens ihres
Besitzers ziemlich euphemistisch als »Gepäck« bezeichnet worden war, auf die Schulter und schritt mit ihr auf das Haus zu,
während Lezius, wie versprochen, neben den Schimmel trat,
um sich durch Klopfen und Halsstreicheln der Gunst desselben
zu versichern.

»Er hat nicht gemuckst.«

»Nein, er weiß Bescheid. Man bloß das Bimmeln kann er
nich leiden.«

Damit brach das bei Rückkehr des Kutschers angeknüpfte
Gespräch wieder ab. Lezius aber sah noch einmal in die
Droschke hinein, ob er nicht etwas vergessen habe (was übrigens kaum möglich war), und stieg dann unter einer gewissen
Verdrießlichkeit, weil ihm das Steigen schwer wurde, seine
drei Treppen hinauf. Eine Girlande fehlte glücklicherweise,
dafür aber stand die Tür weit auf, und in der Tür begrüßten
ihn Frau und Tochter. Ida, das Mädchen, stand daneben.

Lezius küßte Frau und Tochter und gab Ida die Hand. Das
vorderste Zimmer war neu tapeziert worden und roch nach
Leim. Aber der Professor ignorierte das und sagte nur: »Ja,
da bin ich nun mal wieder. Sehr hübsch; wirklich... Habt ihr
schon Kaffee getrunken?«

»Oh, schon lange. Es ist ja schon halb sieben.«

»Richtig. Eigentlich eine unglückliche Zeit, zu spät oder zu früh. Nun, dann möcht' ich wohl um etwas Sodawasser bitten. Ist doch da?«

»Versteht sich, Papa. Du trinkst ja immer gleich Sodawasser.«

»Ja, man hat so seine Gewohnheiten; jeder hat welche... Na, wie geht es euch denn eigentlich? Nichts vorgefallen? Keine Alarmierung? ... Und Ida, Sie waren ja wohl in Drossen. Auch überschwemmt gewesen?«

»Nein, Herr Professor; wir haben eigentlich bloß Sumpf.«

»Desto besser. Ja, was ich sagen wollte, mitgebracht hab' ich nichts. Was soll man am Ende auch mitbringen? Aber da fällt mir ein, eine Kiste mit Preißelbeeren, die hab' ich doch mitgebracht, die wird noch nachkommen. Vielleicht morgen schon; die Leute sind übrigens ganz zuverlässig. Und das Liter bloß dreißig Pfennig.«

»Hier kosten sie funfzehn.«

»Ja, das sind die gewöhnlichen. Aber meine, das heißt die, die ich mitbringe, die sind dicht um Kirche Wang rum gepflückt. Und ich habe den beiden kleinen Mädchen auch noch ein Trinkgeld gegeben.«

»Da werden sie wohl glücklich gewesen sein.«

»Schien mir nicht so. Sie hatten wohl mehr erwartet. Aber da fällt mir ein, daß ich *doch* was für euch habe, nicht viel, aber doch was: ein Stehaufglas aus der Josephinenhütte und dann noch zwei Teegläser für dich und mich. Mirjam wird es nicht übelnehmen, daß es bloß zwei sind. Die Teegläser sind übrigens in der Botanisiertrommel.

Ida, Sie können sie herausnehmen; aber nehmen Sie sich in acht. Wir wollen heute gleich daraus trinken und können dann auch anstoßen.«

Nach einer Stunde saß man beim Tee. »Kinder«, sagte Lezius, »euer Tee ist wirklich sehr gut, jedenfalls besser als im Gebirge. Tee ist sozusagen Kultursache, man erkennt die Klasse daran. Überhaupt, ich finde es eigentlich ganz nett bei euch. Es hat doch auch seine Vorzüge, wieder zu Hause zu

sein, und wenn ich recht höre, rufen sie grad ein Extrablatt
aus. Gibt es denn noch immer welche?«

»Gewiß, Lezius. Aber es steht nie was drin; du wirst sehr
enttäuscht sein.«

»Ganz unmöglich. Ich kann nicht enttäuscht sein. Ich will
bloß mal wieder sehn, wie ein Extrablatt aussieht ... Aber
mißversteh mich nicht; wenn Ida keine Zeit hat...«

»Ich bitte dich, Lezius ... natürlich hat sie Zeit. Ida, gehen
Sie nur, und holen Sie das Blatt ... Übrigens ist der Schulrat
Rönnekamp gestern gestorben, gestern abend.«

»Ist er? Schade. Tut mir leid. Und sehr alt kann er noch
nicht gewesen sein. Er lief immer wie 'n Wiesel, jeden Tag
seine drei Stunden; ich bin ihm noch, eh' ich reiste, beim Neuen
See begegnet. Aber das Rennen, so viel ich davon halte, es
hilft auch nichts; wenn der Sand durch ist, ist er durch... Und
gestern abend erst, sagst du... Na, Kinder, heute werd' ich
auch nicht alt; ich weiß nicht recht, woran es liegt, aber es ist
so – im Gebirge war ich immer frisch, ordentlich ein bißchen
aufgeregt, natürlich nicht sehr, aber doch bemerkbar, und hier
in Berlin bin ich gleich wieder matt und schlaff. Freilich, wo
soll es auch herkommen! Ist denn noch Kunstausstellung?«

»Ach, Papa, die Kunstausstellung ist ja lange vorbei.«

»Na, das ist recht gut. Ohne Brille geht es nicht, und mit
Brille strengt es an. Und eigentlich versteht man doch nichts
davon. Das heißt, ein bißchen versteht man schon. Weißt du
noch, wenn ich immer in Italien sagte: ›Judith, das hier, das
ist was.‹ Und dann war es auch immer was.«

Lezius, wenn er von der Reise kam, soviel wußte seine
Frau von alten Zeiten her, holte den im Gebirge versäumten
Nachtschlaf tapfer nach; er schlief denn auch diesmal wieder
bis in den hellen Tag hinein.

»Soll ich ihn wecken, Mama?« fragte Mirjam.

»Nein, Kind, er muß ausschlafen; da kommt er am ehesten
wieder zu sich.«

»Also, Mama, du findest doch auch...«

»Freilich find' ich. Aber es hat nichts auf sich. Dein Vater
war immer abhängig von dem, was ihn umgab. Ist er hier,

so geht es ganz gut, oder doch beinah ganz gut, aber in einem wilden Lande verwildert er. Er ist ein bißchen verwildert.«

»Es ängstigt mich doch, Mama.«

»Nicht nötig. Du weißt das nicht so, weil er jetzt ein paar Jahre nicht fort war. Aber ich weiß Bescheid, ich kenn' ihn, und wenn er erst wieder bei Huth war und seine ›Herren‹ getroffen und bis zwölf seinen Brauneberger getrunken hat, dann ist er bald wieder in Ordnung.«

Lezius kam sehr spät zum Kaffee.

»Sollen wir dir frischen machen?« fragte seine Frau.

»Nein, Judith, es ist nicht nötig. Er kann doch am Ende bloß kalt sein, und kalt schadet nichts; wenn er nur Kern hat. Auf den Kern kommt es an. Im Gebirge war er immer ohne Kern. Das ist das Gute, daß man sich draußen nicht verwöhnt . . . Ist denn Virchow schon wieder zurück?«

»Ich glaube nicht.«

»Na, dann hab' ich nichts versäumt. Ohne sein Präsidium ist keine Sitzung oder doch nicht leicht. Und nun will ich in den Tiergarten und sehen, ob noch alles beim alten ist . . . Die Stühle stehen doch noch?«

»Gewiß, gewiß.«

Und damit erhob sich Lezius, um seinen Vormittagsspaziergang anzutreten.

Als er nach geraumer Zeit wieder nach Hause kam, sah er, daß frische Blumen in der Blumenschale lagen; seine Frau saß auf dem Sofa, die Tochter neben ihr auf einer Fußbank. Sie hatten eben wieder über ihn gesprochen.

»Nun, Lezius, wie war es?«

»O ganz gut. Ich habe da, gerade wo der Weg zu Kroll führt, wohl eine Stunde lang gesessen. Alles für fünf Pfennig. Es ist doch wirklich sehr billig, fast noch billiger als in Schlesien.«

»Nun ja, billig ist es.«

»Und dann bin ich, auf Bellevue zu, die ˚Zeltenstraße hinuntergegangen, wobei sich's glücklich traf, daß mir eine Semmelfrau begegnete. Denn ich hatte meine Semmel vergessen . . .«

»Aber Lezius, du wirst doch keine Semmelfrau-Semmel essen!«

»Nein, nein, ich nicht. Es war ja nur, weil ich schon an meine Lieblinge dachte oder, wie man auch wohl sagt, meine Protegés. Und da bin ich denn auch gleich die Querallee hinauf bis an die Rousseau-Insel gegangen, wo sie immer auf und ab schwimmen. Und als ich mich da gesetzt hatte, mußt' ich, ich weiß eigentlich nicht warum, gleich an die Große Teichbaude denken und auch an den Großen Teich.«

»Ja, daneben können wir freilich nicht bestehen, und am wenigsten die Rousseau-Insel.«

»Eigentlich nicht. Aber dafür haben wir hier die Enten; die fehlen da. Und da hab' ich denn auch gleich meine Semmel verfuttert und muß euch sagen, es war eigentlich das Hübscheste, was ich bis jetzt hier gesehen. Das Allerhübscheste aber war, neben mir stand ein kleines Mädchen, die konnte nicht weit genug werfen, und so kam es, daß ihre Semmelstücke nicht ins Wasser fielen, sondern immer auf den Uferrasen. Und da hättet ihr nun die Sperlinge sehen sollen, die gerade zu Häupten in einer alten Pappel saßen. Wie ein Wetter waren die darüber her und jagten sich die Krümel ab. Es ist doch merkwürdig, wie die Sperlinge hier alles beherrschen! der Sperling ist wie der richtige Berliner, immer pickt er sich was weg und bleibt Sieger. An der Großen Teichbaude gab es, glaub' ich, gar keine Sperlinge. Dafür standen da freilich die Gentianen wie ein Wald, alles blau und weiß ... Aber zuletzt, es geht hier auch ... Virchow, so viel hab' ich im »Boten aus dem Riesengebirge« gelesen, soll ja diesen Sommer wieder allerhand Schädel ausgemessen haben, noch dazu Zwergenschädel aus Afrika ... Ja, das muß wahr sein, daß ich die Anthropologische habe, das ist doch was. Das hilft einem ein gut Stück weiter.«

»Aber Lezius, veranschlagst du uns denn gar nicht?«

»O versteht sich; versteht sich, veranschlag' ich euch.«

Mutter und Tochter sahen einander an.

»Ihr glaubt es wohl nicht recht? Wahrhaftig, ich veranschlage euch ... Ich muß mich nur erst wieder zurechtfinden.«

ERZÄHLUNGEN

I

Wenige Jahre waren seit dem großen Brande vergangen, welcher eine der ältesten Städte der Mark Brandenburg in Schutt und Asche legte; allgemach erhob sie sich wieder gar zierlich und nett aus ihren Trümmern, und wie noch vor kurzem die grauen, mittelalterlichen Giebelhäuser, als die toten Überreste einer schöneren Zeit, Achtung und Ehrfurcht eingeflößt hatten, so machten jetzt die stattlichen Gebäude mit ihren hellen, heiteren Farben den freundlichsten Eindruck auf den Fremden.

Nur einen kleinen Teil der Stadt, und zwar denjenigen, welcher der kreisförmigen Mauer zunächst gelegen war, hatten die alles verzehrenden Flammen verschont. Hier standen nur Fischerhütten, die sich durch ihr klägliches Äußere stets unvorteilhaft ausgezeichnet hatten, und jetzt nun gar, wo die größeren Straßen so sauber und prächtig erschienen, wurde der Unterschied so fühlbar, daß selbst ein letzter Rest der feinen Spießbürgerwelt das verpönte Revier verließ, um seinen Aufenthalt mehr im Mittelpunkt der Stadt zu wählen. Nur wenige wagten es, gegen den Strom zu schwimmen, und blieben in den alten Quartieren, wo sie und ihre Väter glücklich gewesen waren. Zwar sanken diese Märtyrer ihrer vernunftgemäßen Ansichten in der Gunst und Achtung der eitlen, prunksüchtigen Kleinstädter; – der Schnittwarenhändler und erste Senator lüftete kaum den Hut, wenn er dem einen oder dem andern jener plebejischen Mitbürger begegnete und ganz unmöglich in ein nahe gelegenes Haus entschlüpfen konnte, und ging gar der Herr Kämmerer, ein ehemaliger Apotheker, mit seinen schnippischen Töchtern durch die unanständige Vorstadt, so drückte er den Filz, fast so spitz wie seine gedrehten Düten, in das noch spitzere Gesicht, das in dem Adler vor der Apotheke auf das Prächtigste konterfeit war. Auch sprach er dann gar eifrig und anhaltend mit den beiden rotköpfigen Töchtern, die wie verschämt zu Boden blickten, und das alles

geschah nur, um das hübsche Clärchen nicht grüßen zu müssen, die ohnweit des Seetores gemeinhin am Fenster ihres
zwar alten, doch freundlichen Wohnhauses saß mit weiblichen
Handarbeiten, oder beim Lesen einzelner Lieblingsschriftstel-
ler fleißig beschäftigt; — denn ein so liebes, gutes Mädchen
das anspruchslose Clärchen war, — sie wohnte ja in der Vorstadt, Grund genug, sich ihrer zu schämen.

Jenes Haus, großenteils aus Fachwerk bestehend, zeigte
über seiner Tür die frommen Worte: »Gott mit uns!«, und
wahrlich es gab wohl kein Gebäude in der großen Stadt, das
in Bezug auf seine Bewohner diese Inschrift mehr verdient
hätte. So groß und umfangreich es auch war, wurde es dennoch
nur von zwei Personen bewohnt, von Clärchen und ihrem
blinden Bruder Rudolph, der *nie* das *Licht* der Welt erblickt
hatte.

Ihre Eltern waren vor einigen Jahren gestorben. Der Vater,
vormals ein wohlhabender Kaufmann, hatte nach und nach
durch schlechte Spekulationen viel von seinem Reichtum eingebüßt, so daß, als er seiner vor Gram dahin geschiedenen
Gattin folgte, dem blinden Sohne die schutzbedürftige Tochter,
oder richtiger dieser letztern einen blinden Bruder fast als die
einzige Hinterlassenschaft anheimgefallen war. Auch das ziemlich wertlose Haus und ein kleiner Rest des einst bedeutenden
Vermögens war ihnen geblieben, nur eben hinreichend, um sie
der Gnade ihrer Mitmenschen nicht bedürftig zu machen.

So weit es das unglückliche Schicksal Rudolphs zuließ, lebten die Geschwister in ungetrübter Heiterkeit. Trotz der
strengsten, fast klösterlichen Abgeschiedenheit von der übrigen Welt erfüllte die Herzen beider nimmer jene entsetzliche
Leere, welche die Unzufriedenheit stets bedingt. Sie genügten
sich in ihrer gegenseitigen Liebe und verschmähten den Umgang mit der Außenwelt, da sie wohl empfanden, wie ein
wahrhaftes Glück nur in der eignen Brust zu finden ist. Sie
hatten es in sich selbst gesucht, — sie hatten es gefunden und
reich an stillen Freuden schwanden beiden die Tage dahin.

Rudolphs Leben war nur ein halbes; auf die schönsten und
größten Genüsse, die der Mensch zu empfinden vermag, mußte
er verzichten, und wenn er sich von Zeit zu Zeit seines ent-

setzlichen Unglücks bewußt wurde, wenn er fühlte, welch einen unersetzlichen Schatz die Vorsehung ihm verweigert hatte; – da bemächtigte sich seiner jene Bitterkeit, wie sie sich an allen den Beklagenswerten bemerklich zu machen pflegt, die, von einer höhern Hand schrecklich gezeichnet, das Mitleid weniger auf sich ziehn, aber fast immer das Ziel eines empörenden Spottes für diejenigen sind, welchen der Himmel schönere geistige Eigenschaften versagte, die er blind für die Leiden und taub für die Klagen ihrer unglücklichen Mitmenschen erschuf. Seine Harfe und noch mehr sein Clärchen gewährten ihm in solchen trüben Augenblicken, wo es auch in seiner Seele Nacht wurde, den einzigen Trost. Er griff, von wildem Schmerze gefoltert, wild in die Saiten, Disharmonien entlockte er ihnen, um zu ermessen, ob irgend ein Ton der Erde unharmonischer zu klingen vermöchte wie eine Saite in seinem Herzen, auf der die Schmerzen gar schaurige Weisen spielten, an der sie zerrten und rissen, ohne sie je zerreißen zu können. Endlich wich dann der wütende Schmerz einer stillen, mildtätigen Wehmut, aus dem ewig geschlossenen Auge drangen die großen Tränen hervor, leiser und immer leiser berührte er die Saiten seiner Harfe, bis endlich ein melancholisches Lied aus ihr ertönte und den wilden Kampf im Herzen des Unglücklichen vollends in einen heiligen Frieden verwandelte.

Aber nicht immer genügte ihm das wilde Phantasieren auf der Harfe; oft spielten die Schmerzen mit fürchterlicher Ausdauer auf seiner Herzenssaite, ohne sich auf die Saiten der Harfe auszuströmen; die Töne blieben rauh und disharmonisch und kein wehmutsvolles Lied erklang, dessen Melodienzauber ihn zu beruhigen vermochte. Von einer namenlosen Furcht ergriffen, durchschauerte ihn das Gefühl ewiger Einsamkeit und Verlassenheit, wie auch uns wohl im nächtig düstren Walde, fern von jeder menschlichen Seele, eine unerklärliche, peinigende Angst befällt. *Licht* und *Menschen* sind es, die uns fehlen, und der erste matte Schimmer, welcher uns die Nähe eines bewohnten Dorfes verkündet, gleicht einem Hoffnungsstrahle, den uns der Himmel schickt. Die Schreckgestalten, Mißgeburten einer erhitzten Phantasie, weichen von uns, neu belebt fließt das fast erstarrte Blut durch die Adern, die Hoffnung zieht ein in unser Herz und den ersten Menschen, der uns begegnet, könnten wir im Übermaß der Freude umarmen, ihn herzen und küssen, sei er König – sei er Bauer, sei er reich – sei er arm, er ist ja doch immer ein Mensch.

Licht und Menschen fehlten auch dem unglücklichen Rudolph! In ewige Nacht begraben, empfand er in jenen Augenblicken, wo er sich von der Welt verlassen, aus ihr verstoßen glaubte, die fürchterliche Großartigkeit des Unglücks, das ihn betroffen hatte; tausend folternde Gedanken stürmten auf ihn ein, Gefühle reich und tief an Schmerz wurden in ihm wach, doch jede Regung seiner Seele ging unter in der Sehnsucht zu den Menschen. In solchem Zustande wäre er fähig gewesen, wie im Wahnsinn auf die Straße zu stürzen, hätte er sich wie ein Bettler an eine Ecke gestellt und mit ausgebreiteten Armen auf Vorübergehende gelauscht, um sich an ihre Brust zu werfen und Beistand und Rettung vor sich selbst von ihnen zu erflehn.

Doch er durfte nicht betteln; ein liebevolles Herz, eine gütige, nie ruhende Hand sorgte für ihn und gewährte ihm freiwillig alles, was er sonst hätte erbitten müssen. Schwester Clara war ihm die ganze Menschheit, wie er sie sich dachte und tausendfach mehr, als sie ihm in der Wirklichkeit gewesen sein würde. So ruhte er denn an ihrem Herzen, wenn selbst die Harfe eine Last von Kummer und Schmerz nicht von ihm zu wälzen vermochte. Trostesreich war jedes Wort, das Clara zu dem unglücklichen Bruder sprach, und unerschöpflich war sie an neuen Mitteln, seine tiefe Traurigkeit zu verbannen. Jetzt spielte sie seine Lieblingsmelodie auf dem Klavier; dann sang sie mit ihrer silberhellen, ergreifenden Stimme ein bevorzugtes Lied ihres Rudolph; plötzlich sprang sie auf, eilte zu ihm, setzte sich auf seinen Schoß, glättete die Falten auf seiner Stirn, strich ihm das lange Haar aus dem umnachteten Angesicht, bedeckte ihn mit Küssen und ruhte nicht eher mit ihren Liebesbezeigungen, bis sie ein Lächeln, wenn auch ein wehmutsvolles, in seinen Zügen erblickte. Aber dann, als wolle sie das warme Eisen schmieden, schaffte sie die Bibel herbei, las ihm vor, was sie als besonders heilsam und wohltätig für ihn erkannt hatte, bis ihm endlich die hellen Tränen entstürzten, bis er die geliebte Schwester umschlang und sein Auge zu ihr emporrichtete, das blind und doch voll des heißesten Dankes war. Ein schwerer Seufzer entrang sich noch seiner Brust, und als habe er mit ihm all sein Leid und Wehe ausgehaucht, kehrte jetzt Frieden, Lust und Freude im Geleite, in Rudolphs Herz zurück. –

Seit einigen Tagen war er besonders heiter gestimmt, wozu eine Unterhaltung mit dem Prediger an der alten Klosterkirche, namens Eisenhardt, gar vieles beigetragen haben mochte. Dieser, ein Mann von dreißig und einigen Jahren, gesellte sich seit kurzer Zeit öfters zu den Geschwistern; seine Besuche währten lange; die Unterhaltung des geistreichen Mannes war keine einseitige, er kannte das Leben, er hatte die Menschen studiert und mit wahrem Entzücken lauschte Rudolph seinen Werken, die ihm über gar manches Aufschluß verschafften, was ohne sie dem Blinden stets dunkel geblieben wäre.

Die Liebe des Unglücklichen zu seinem täglichen Gaste wuchs von einem Besuche desselben zum andern, denn ach, er ahnte nicht, daß er in ihm den Zerstörer seines Erdenglückes an sich zu fesseln suchte. Der blinde Bruder! es mußte ihm entgehen, wie des Predigers Blicke auf Clara verweilten, wie die Augen desselben in leidenschaftlichem Feuer glühten, wenn jener alle Sinne des verehrten Mannes nur in seiner Unterhaltung lebendig glaubte; – ach, er sah es nicht, wie Claras Auge den Blicken des Geistlichen liebend begegnete, sah es nicht, daß Clara bleich geworden war, erkannte nicht den Kampf, der in ihrem Innern tobte und in dem schönen, großen Auge gar treu gespiegelt wurde.

Sie liebte und verehrte ihren Bruder, aber sie war ja doch seine Schwester; das Band der Natur, was sie umschlang, war doch gleichzeitig die Scheidewand, welche sie für immer trennen mußte, sobald ihre Zuneigung mehr denn eine schwesterliche gewesen wäre. Nie hatte sie in ihrer reinen Seele an ein solches Verhältnis gedacht und erst jetzt, wo sie zum ersten Male liebte, bemerkte sie mit Schrecken, daß der Bruder mehr denn eine Schwester in ihr erblickte, gestand sie sich errötend

eine Gleichheit ihrer Gefühle für den Geliebten mit denen,
welche ihr der blinde, leidenschaftliche Bruder genugsam an
den Tag gelegt hatte.

Ihre Liebe zu ihm wähnte sie in der glühendheißen Zuneigung zu dem Geistlichen untergegangen, doch wie mächtig sich
ihr Herz durch eine allgewaltige Kraft zu diesem hingezogen
fühlte, fesselten sie dennoch tausend Bande an den teuren
Bruder, der ohne sie wie ein führerloser Kahn auf dem Le-
bensozean umhergeschwommen und gar bald an dem harten,
riesig großen Felsen der Gefühllosigkeit zerschellt sein würde.
Die Entschlüsse des sonst so willenskräftigen Mädchens wechselten mit jedem Augenblicke; Liebe und Pflicht bekriegten sich
hartnäckig in ihrer Brust, – doch, armer Rudolph! wie lange
durfte wohl ein so ungleicher Kampf unentschieden bleiben?

II

Es war ein freundlicher, monderhellter Juniabend. Clara und
Rudolph saßen in einer duftenden Rosenlaube, die den Gipfel
eines Hügels schmückte. Dieser erhob sich am Ende ihres Gartens, den die Stadtmauer begrenzte, über welche hinfort man
den großen, stillen See in seiner ganzen Pracht erblicken und
bewundern konnte. Claras Auge ward durch den entzücken-
den Anblick, der sich ihm darbot, auf dem Zauberspiegel des
Sees gefesselt, während Rudolph die balsamische Luft in langen Zügen so heftig in sich sog, als solle ihm sein Gefühl den
ganzen Reiz einer Umgebung empfinden lassen, die man erblicken mußte, um eines ungeschwächten Genusses teilhaftig
zu werden. Clärchen war schweigsam; mit derselben Liebe
wie vordem gewährte sie dem blinden Bruder jede Dienstlei-
stung, die ihm erwünscht sein konnte, doch zu sprechen vermochte sie nicht. Sie mußte fürchten dem armen Rudolph ihr
Geheimnis zu verraten, da es seinem scharfen Ohre unmöglich
entgangen wäre, wenn allen ihren Worten jener wohl zu er-
kennende Ton der Liebe gefehlt haben würde, welcher seit
Jahren seine Himmelskraft auf Rudolphs Herz geltend gemacht
hatte.

»Du bist so still, mein Clärchen«, unterbrach Rudolph das an-
haltende Schweigen, »und doch ist der Ton deiner lieben Stimme mir, dem blinden Bruder, alles, was dem sehenden Geliebten die schönen Augen seines Mädchens sind. Er liest darin
jeden Zug ihrer Seele, alle ihre Gedanken, ihre Gefühle, und
schließt sich ihr Auge, so dünkt es ihn: es lagre sich eine Wolke zwischen ihn und seinen Himmel. Der Klang deiner Stimme verrät mir die Freude, die dich beseeligt, die Furcht, die
dich quält, und sprächest du nur in Tönen zu mir, sie würden
mir wie Worte deine Gedanken an den Tag legen können.
Clärchen, du offenbarst dich in ihnen, wie der Dichter in seinem Lied; sie lassen mich in dir mein Ideal erkennen, lieben
und verehren, und du kannst dennoch zürnend schweigen?«

»Ich dir zürnen?!« erwiderte Clara mit dem Ausdrucke des
höchsten Erstaunens, »nein, nein, gewiß nicht, – ich befinde
mich nicht wohl, – mein Kopf tut mir weh, – es ist die Folge
einer leichten Erkältung, die ich mir während unseres letzten
Spazierganges mit dem Prediger zugezogen habe; um des Himmels willen, ich dir zürnen! lieber, lieber Bruder, beruhige dich,
es wird recht bald anders und wieder besser werden.«

»So hoff' auch ich! Du sprachst ja eben in dem lieben, alten
Tone, könnte doch die ganze, liebe Vergangenheit wiederkeh-
ren und mit ihr unser beiderseitiges Glück. Mein Clärchen, ach,
ich fühl' es wohl, es muß eine schwere Last sein, einen Unglücklichen zu pflegen, nicht von seiner Seite zu weichen, ein
ganzes Dasein ihm hinzuopfern; doch ertrag' es nur, mein
Dank und meine Liebe ist grenzenlos, wie das Opfer, welches
du bringst.«

»Rudolph, lieber Bruder, welche Reden! wie kannst du meinem Herzen so wehe tun? Ist es denn ein Opfer, welches ich
dir...?«

Doch hier unterbrach sie sich. Eine laute Stimme in ihrem
Innern rief ihr zu: es ist ein Opfer! Sie erschrak; hastig ergriff
sie Rudolphs Hand, drückte sie warm und innig und benetzte
sie mit den Tränen, welche ihr der Schmerz entpreßte. Sie
wurde weich, und die Wehmut hätte ihr sicherlich ein Geständnis, demjenigen gegenüber, abgerungen, vor dem ihr Herz bis
dahin geheimnislos geblieben war; wenn sie nicht, ihre eigene

Schwäche ebensosehr erkennend, wie fürchtend, von seiner Seite in die duftenden Gänge des Gartens zu den schlafenden Blumenschwestern geflohen wäre.

Plötzlich vernahm sie Rudolphs Stimme, deren tiefe Töne weithin durch die Stille der Nacht erschallten. Der See, unter einer Sternendecke schlummernd, lauschte dem Gesange; die Bäume, aus ihren Zukunftsträumen geweckt, horchten auf, die Blumen öffneten ihre Kelche und spendeten dem nächtlichen Sänger in Zauberdüften ihren Dank, während ihm die Wasser und die Bäume ihren rauschenden Beifall zu erkennen gaben. Gleich einer Königin der Nacht, ihre Blumenschwestern an Schönheit überstrahlend, stand Clara unter den duftenden Rosen und Lilien, in der weiten Schöpfung um sie her einzig und allein die ganze Schmerzenstiefe des Liedes erkennend, das zu ihr herüberklang. So schmerzlich sie auch jene düstren Klänge berührten, schlich sie dennoch der Laube näher, um keine Silbe, keinen Ton durch die Entfernung einzubüßen, und als wolle sie ermessen, wieviel ihr Herz zu dulden vermöchte, horchte sie mit gespannter Aufmerksamkeit den letzten Strophen des folgenden Liedes:

> Selbst die dunkelste der Nächte
> Sieht am Morgen wieder Licht,
> Nur der düstren Nacht des Blinden
> Harrt das Licht des Tages nicht.
>
> Menschenleer war's noch auf Erden,
> Gott, da schufst Du schon das Licht,
> Und Du lässest Blinde werden!
> Höhnt das Deine Weisheit nicht?
>
> Laß mich einmal nur erschauen
> Deiner Augen Sternenlicht,
> Und ich will Dir ganz vertrauen,
> Länger zweifeln will ich nicht.
>
> Laß in Claras Herz mich lesen,
> Zeige mir ihr Angesicht,
> Ja, Du bist ein höchstes Wesen,
> Einen Zufall gibt es nicht.

Die letzten Akkorde hatte der Nachtwind verweht; – die Blumen neigten wieder die müden Häupter, die Bäume träumten weiter und selbst der blinde Sänger war, in Folge geistiger Abspannung, die ein Übermaß von Schmerz zu erzeugen vermag, dem Schlafe in die Arme gesunken. Starr und regungslos stand Clara am Fuße des Hügels, immer noch lauschend, als erwarte sie ein neues Schmerzenslied, um endlich ihren Wunsch erfüllt, – die Kraft ihres Herzens gebrochen und ein Dasein vernichtet zu sehn, das, wie sie handeln mochte, nur Leid und Wehe über diejenigen ausschütten mußte, die ihrem Herzen alles waren.

Doch es blieb still um sie her. – Da plötzlich schien sie wie aus einer Betäubung zu erwachen. Das Bewußtsein ihrer Freiheit leuchtete jetzt stolz aus ihrem schwarzen Auge; die langen, dunklen Locken, die ihren Kopf umflatterten, warf sie über den blendend weißen Nacken zurück; mit dem Ausdrucke der Entschlossenheit in ihren Mienen richtete sie sich majestätisch empor und eilte zur Laube, wo sie, wider Erwarten, den Bruder schlafend fand.

»Er muß alles wissen«, sprach sie zu sich selbst, »zu lange schon habe ich ihm verhehlt, was ihm nimmer ein Geheimnis sein durfte. Ich kann nicht zweien Herren dienen! Gott, Du bist Zeuge, wie ich gekämpft habe, aber ich muß dem Geliebten den Bruder zum Opfer bringen. Der Entschluß ist gefaßt; mag er unnatürlich sein, – ich gehorche der Stimme meines Herzens, das nie aufhören wird, schwesterlich für den armen Rudolph zu fühlen, aber mir einzig und allein seinen Nebenbuhler zu lieben gebietet.«

Fest entschlossen, dem Bruder noch in dieser Minute ihr Geheimnis zu offenbaren, trat sie näher; schon hob sie die Hand, um ihn aus Träumen zu wecken, deren vielleicht liebliche Bilder ihm einen schwachen Ersatz für eine schmerzensreiche Wirklichkeit gewähren mochten, als sie plötzlich ihre Rechte sinken ließ. Sie starrte unverwandten Blickes auf das vom Mondlicht umflossene Haupt des Bruders, dann ergriff sie, im Innersten ergriffen, ihre Laute, um ein Lied zu begleiten, das der Augenblick in ihrer Seele hervorgerufen hatte:

Welch ein Wunder! ist es Täuschung?
Nein, es kann nur Wahrheit sein,
Um das Haupt des blinden Bruders
Leuchtet mild ein Heilgenschein.

Um Verzeihung will ich beten
Vor dem Engelsangesicht,
Daß im wilden Herzenskampfe
Liebe siegte über Pflicht.

Ach, so soll ich ihn verlassen!
O, mein Gott! er ist ja blind,
Schwester, Mutter, Liebe – alles
Fehlte dann dem blinden Kind.

Himmel! wie so engelsmilde
Er so plötzlich auf mich blickt;
Doch es waren wohl nur Grüße,
Die der Mond mir zugeschickt.

Aber nein, in seinem Auge
Glänzt das wunderbare Licht,
Segensvoller, freudereicher
Strahlt mir selbst die Sonne nicht.

Gott, wie groß doch Deine Werke
An mir schlichtem Mädchen sind,
Ach, nun steht die Welt mir offen,
Rudolph ist ja nicht mehr blind.

Die letzten Worte hatte sie von ihren Empfindungen überwältigt und fortgerissen, mehr gesprochen wie gesungen. Ihre
überreizte Phantasie machte sie glauben, der heißeste ihrer
Wünsche sei in Erfüllung gegangen, und von der Überzeugung
beseelt, dem unglücklichen Bruder sei von einer höheren Hand
endlich das Augenlicht geschenkt, umschlang sie jetzt in geistiger Trunkenheit – o, arme Clara – den noch immer blinden
Rudolph.

»Schwester, was ist dir, mein süßes Leben!« rief Rudolph
erschreckt, der schon vor Beendigung des Liedes erwacht war
und seinen Inhalt teilweis zwar gehört, aber nicht klar verstan-

den hatte. Er, der nicht ahnen konnte, daß die Strahlen des Mondes, welche sein Auge trafen, von der überreizten Schwester für die ersten milden Blicke des sehend gewordenen Bruders gehalten worden waren, glaubte erklärlicherweise, jene sei dem Irrsinn verfallen.

»Rudolph, Rudolph, sieh mich an mit deinem lieben, sanften Auge; was sagst du zu deiner Clara? Ach, du hast sie dir wohl schöner gedacht? Aber tröste dich nur, ich werde wieder schöner werden, wenn meine gramgebleichten Wangen wieder blühn und die matten, fast erstorbenen Augen in altem Glanze strahlen werden. Ja, ja mein herziger, lieber Bruder, all' mein Leid und Weh ist in die unaussprechlichste Freude verwandelt, denn ach, du bist ja...«

»Immer noch blind«, unterbrach sie Rudolph mit bitterster Stimme. »Mein Kind, was hat dich verblendet? Arme Clara, geh' zur Ruh; du phantasierst, du träumst, und dein Erwachen wird kein freudiges sein. Der Gram hat zerstörend an dir genagt, dein Geist ist zerrüttet; geh' heim in unsre Wohnung, mein Clärchen, träume weiter, wenn du es vermagst, und bist du glücklich in deiner Traumwelt, so suche nimmer zu erwachen. Die Nacht ist so schön, laß mich allein, laß mich den Zauber der Natur um mich her ungestört genießen.«

Rudolph hatte sich von seinem Platze erhoben; er seufzte tief, war er doch durch Claras ungegründete Freude mehr denn je an sein Unglück erinnert worden. Hastig suchte er ihre Hand, preßte sie an seine Lippen, und während seine glühendheißen Tränen auf die heißere Hand der Schwester fielen, rief er mit vor Schmerz erstickter Stimme:

»Ach, mein Gott, warum bin ich blind? Warum ist mein ganzes Leben nur eine ewig lange Prüfungszeit?«

Starren Auges schaute Clara auf den jetzt nachtumhüllten Bruder, eine Wolke hatte sich vor den Mond gelagert und all ihr Hoffen in ein Nichts verwandelt. Weder ein Heiligenschein umglänzte das dunkle Haupt, noch leuchteten milde, segensreiche Blicke aus den dicht geschlossenen Augen und dunkle Nacht war es in ihrer Seele geworden, wie rings um sie her. Taub war sie gegen die Worte und Bitten ihres Bruders; leblos, gleich einer Statue, hatte sie jetzt das tote Auge unver-

wandt auf den See gerichtet, dessen Tiefe der Schmerzensreichen sicherlich als ein rettungsverheißendes Asyl erscheinen
mochte. Da ward sie plötzlich durch ein Geräusch in den Bäumen, welche das Ufer des Sees bekleideten, aus ihrem Starr-
krampfe geweckt; gleichzeitig warf der Mond den düstren
Schleier von seinem mildstrahlenden Antlitz zurück, bei dessen
hellem Scheine Clara die dunkle Gestalt des Predigers erkannte,
dessen Herz, wie das ihre, von den verschiedensten Gefühlen
bestürmt, Ruhe und Frieden am Busen der Natur zu finden
hoffte.

Nicht ahnend, wer sich in seiner Nähe befinde, wollte er
flüchtigen Schrittes vorübereilen, als er, durch einen ängstlichen
Schrei Claras veranlaßt, sein Auge auf die Stadtmauer richtete
und dort mit nicht geringem Erstaunen die Geliebte bemerkte.
Er grüßte sie mit der Hand, und ohne auf ihre lauten, hastigen
Fragen: »Wohin so spät? Warum so eilig?« zu antworten, be-
flügelte er seine Schritte und war bald vor Claras sehnsuchts-
vollen Blicken verschwunden.

»Wer war der Glückliche, zu dem du sprachst? Welchem Be-
neidenswerten galten jene gleichgültigen Fragen, die dennoch
meinem Herzen nicht gleichgültig klingen wollten?« rief Rudolph mit bittrem Hohne. »Himmel, meine Ahnungen, die fol-
ternden Gedanken, welche mir den erquickenden Schlaf raub-
ten, wenn sie Wirklichkeit gewönnen! Gott sei mir gnädig,
laß mich das nimmer erleben!«

Er entriß seinen Arm den Händen Claras, welche ihn willenlos umklammert hielt und von dem quälenden Gedanken ge-
peinigt: ihr Geliebter, ihr anderes Ich teile den Lebensüberdruß
mit ihr, der unglücklichsten aller Bräute, bangte sie für ein Dasein, dem sie das ihrige mit freudiger Hingebung zum Opfer
gebracht haben würde.

»Clara, sprich!« so störte der unheilahnende Rudolph die
in ängstliches Sinnen verfallene Schwester, – »wer war der, zu
dem du zärtlicher, als zu dem Bruder sprechen konntest?«

»Welche Frage! er war es ja selbst! lieber, teurer Rudolph,
wenn er mich wirklich für ewig unglücklich machen wollte! –
ach nein, er kann es nicht, ein Diener der Kirche, ein Lehrer
der Religion – o fort ihr finstern Gedanken, die ihr wie böse

Geister auf mich einstürmt und meinen Glauben an ihn und seine Liebe vernichten wollt. O gewiß, – der Irrsinn spricht aus mir; Clara, Clara, welche Torheit! er muß, er wird leben um meinetwillen; er liebt mich innig genug, um für mich das Unerträgliche zu ertragen. Aber welch ein Ton traf jetzt mein Ohr? Gott im Himmel erbarme Dich seiner und meiner armen Seele. Rudolph, Bruder, hast du den dumpfen, unbeschreiblich schrecklichen Laut vernommen? Rette, rette ihn, wenn du es vermagst; siehst du dort – ach warum bist du blind? Du siehst und rettest ihn nimmer – dort das dunkle Gewand, er ringt und kämpft mit der Flut; wie so todesbleich seine Wangen sind, – er grüßt mich zum letzten Male mit der Hand, – wie, war das nicht gar mein Name? – o harre meiner, nimm mich mit in das Land des Friedens! – weh mir, alles ruhig, todesstill auf dem Wasserspiegel. Er ist tot, und ich – ich lebe noch! Welch ein Leben! o könnt' ich meine Tränen sammeln, die um den Toten fließen werden, sie würden ein Tränenmeer, in dem ich sterben wollte, wie er gestorben ist.«

In Rudolphs Brust kämpfte der Zorn mit dem Mitleid; zu dem Kummer über das eigene Wehe gesellte sich der Schmerz über die unglückliche Schwester. Er setzte sich auf die Bank, stützte den Kopf mit beiden Händen, und ohne ein Wort des Trostes, doch auch ohne den leisesten Vorwurf auszusprechen, überließ er sich seinen düstren Gedanken.

Allgemach gelangte Clara zum vollständigen Bewußtsein ihrer selbst. Sie erkannte, daß die Furcht ihrer Phantasie ein zu weites Feld eröffnet hatte; wie ein schrecklicher Traum erschien ihr die jüngste Vergangenheit und nur die quälende und doch freudige Gewißheit, dem Bruder endlich das lang verhehlte Geheimnis offenbart zu haben, war ihr geblieben.

»Rudolph«, so wandte sie sich jetzt zu diesem, »die namenloseste Furcht hat mir ein Geständnis erpreßt, das du sonst vielleicht nimmer vernommen hättest. Sooft ich bemüht gewesen bin, mein Herz so faltenlos wie in glücklicheren Zeiten vor dir aufzudecken, es wollte mir bisher durchaus nicht gelingen. Nimmer wärest du wohl der Vertraute eines solchen Geheimnisses geworden, das ich mit mir ins Grab zu nehmen gedachte, an dessen Rande schon ich stand. Doch in dem Augenblicke, wo ich das Leben des Geliebten gefährdet, ja verloren glaubte, wurde mir das Band der Zunge gelöst. Jedes andere Gefühl wich der Liebe zu ihm; jede Rücksicht, die mir deine Nähe sonst auferlegt haben würde, wurde hintenan gesetzt, es galt ja seine Rettung, die Rettung des Geliebten. Bruder, ich empfind' es wohl, wie jedes dieser Worte dein Herz wie ein Dolchstich trifft, aber es ist besser, du leerest sogleich den Leidenskelch bis auf den Grund, als daß ich ihn dir tropfenweise zu trinken gebe. – All' mein irdisch Glück war meine Liebe zu dir; ach, ich war so heiter und zufrieden, als ich nichts von der Welt wie den blinden Bruder kannte; warum mußte der heilige Frieden, die segensreiche Ruhe unseres Ineinanderlebens durch die Gegenwart eines Dritten gestört und vernichtet werden? Er war ein Räuber an deinem Eigentum, das ich in meinem Herzensschreine sicher geborgen glaubte; doch er öffnete Schloß für Schloß mit dem Zauberschlüssel seiner Liebe und nahm die Schätze, die ich dir gesammelt hatte. Rechne ich es seinem Edelmute oder meinem verzweifelten Widerstande zugute, – er raubte nur die Hälfte seiner Habe, die ihm dem Sieger preisgegeben war. Rudolph, er hat dir ein köstlich Teil gelassen; ich weiß nicht, ob du es zu deuten vermagst, aber wie er dir die Fülle meiner Liebe geschmälert haben mag, – bei Gott, ich fühl' es erst in diesem Augenblick – ich liebe dich *wahrhaftiger* denn je. Wie ein Heiliger erscheinst du mir; ich blicke scheu zu dir empor, beten könnte ich vor dir; aber – ach, wozu soll ich es aussprechen – ich bin deine *Schwester*, erwäge das *eine* Wort und verzeihe mir, wenn mich die irdische Liebe, eine Leidenschaft, die ich noch nie gekannt und jetzt mein Innerstes ergriffen hat, fort von dir in die ausgebreiteten Arme des Geliebten führt. Er hat das Versprechen meiner Liebe – es trennt mich für immer von dir. Jetzt bin ich sein! mit wilder, ungestümer Hast zieht es mich an seine Brust; Gefühle, die jahrelang fast einen Todesschlaf in meinem Busen schliefen, sind in ihrer riesigen Größe erwacht.

Eisenhardt liebt dich fast so innig und aufrichtig, wie ich; ziehe zu uns, sei uns beiden ein geliebter Bruder, kein Opfer wird uns zu groß sein, um dein Leben froh und heiter zu gestalten. Auch in den Armen des Geliebten werde ich dir ewig

eine Schwester sein. Kann deine Eitelkeit dennoch von mir verlangen, nur dir zu gehören und unerfüllt zu lassen, was die
Bestimmung des Weibes ist?«

Rudolph erhob sich von seinem Sitze. Clara umschlang ihn,
bat ihn zu bleiben, denn es rege sich noch Tausenderlei in
ihrem Herzen, was er nur jetzt in diesem Augenblicke erfahren könne, wo ihr das Verhältnis zum Geliebten noch über
einen solchen Gegenstand zu sprechen erlaube. Umsonst, er
entzog sich gewaltsam ihrer Umarmung. »Eitelkeit, Eitelkeit!«
rief er mit herzzerreißendem Tone in die Nacht hinaus und
kehrte dann auf wohlbekannten Wegen in sein Zimmer zurück, das er verschloß, um weiterer Mitteilungen überhoben
zu sein.

»Gott, vergib mir«, flehte Clara, »daß ich die Seele des Unglücklichen bis in den Tod betrübte! Das Los des Weibes ist
entsagen, dulden und ertragen, doch sollte es darum auch seine Bestimmung sein, den Geliebten um des Bruders willen zu
opfern? Ich wäre arm an Gefühlen, könnte ich nur seine
Schwester sein; ich bin mehr, ich bin ein Weib und stolz auf
meine Liebe zu dem Auserwählten. Ein Weib? – ach nein, ich
war es einst in schöneren Tagen; die fromme Liebe, ungetrübt durch sinnliches Verlangen, ist niedergekämpft, jetzt
trägt jeder Gedanke die Sehnsüchtige in seine Arme.«

III

»Der Lerche Lieder tönen
So voller Freud' und Lust,
Als wollten sie verhöhnen
Den Schmerz in meiner Brust.
Sie kann gar fröhlich singen,
Weil ihr das Leben lacht,
Mir wird es nie gelingen
Nach einer solchen Nacht.

Es tönten Orgelklänge
Mit feierlichem Laut,
Da schritten durchs Gedränge

Der Bräut'gam und die Braut.
Ich suchte ihre Herzen,
Doch ach, sie hatten keins,
Nicht Liebeslust, noch Schmerzen; –
Da schlug die Glocke eins.

Und sieh, am Hochzeitslager
Erblick' ich jetzt die Braut,
Der Bräut'gam, blaß und hager
War schon ihr angetraut.
Er hielt sie fest umschlungen,
Dann hört' ich einen Schrei,
Der mir das Herz durchdrungen; –
Da schlug die Glocke zwei.

Und durch des Tores Pforte
Zog jetzt ein Trauerzug,
Der still zum Friedensorte
Die tote Braut nun trug.
Ich fragte herzzerrissen:
Wo denn der Gatte sei?
Doch wollt' es keiner wissen; –
Da schlug die Glocke drei.

Und ehe neue Bilder
Mir Leib und Seel' erschreckt,
Die wild und immer wilder
Den Wahnsinn wohl geweckt,
Entfloh ich meinem Lager,
Doch nicht der Angst und Not,
Mir folgte, blaß und hager,
Ihr Gatte jetzt – der Tod.«

Während Rudolph früh am Morgen dies Lied sang, da alles den neuen Tag mit Wonne und Jubel begrüßte, schrieb Clara mit zitternder Hand wenige Zeilen an den Geliebten:

»Das Unvermeidliche ist geschehn! er weiß, daß ich Dich liebe. Eine namenlose Furcht, die mich ergriff, als ich Dich gestern unvermutet an dem Ufer des Sees erblickte, verriet ihm alles. Segnen wir den Himmel für eine solche Fügung! Nur die Besorgnis für dein Wohl konnte mich die tausend Rücksichten vergessen machen, welche ich, dem Bruder gegenüber, nie außer acht gelassen habe. Ohne einen solchen Zufall wäre es mir unmöglich gewesen, ihm unser Verhältnis einzugestehn. Ich fürchtete einen leidenschaftlichen Ausbruch seiner Heftigkeit; ich hatte ihn jedoch verkannt. Er blieb schrecklich ruhig, so ruhig, daß ich wünschen möchte, sein Zorn hätte keine Grenzen gefunden. Aber ich glaube, mein Geständnis hat seine Kraft gelähmt. Er gleicht einem Vulkan, dessen Feuer nur eben hinreicht, sich selbst zu verzehren, aber viel zu schwach ist, in heftigen Ausbrüchen rings um sich her Tod und Verderben zu verbreiten. Du bist so gut, so liebevoll, und bald Rudolphs sicherste Stütze, eile zu uns und suche den Unglücklichen zu trösten. Ich vermag es nicht; sein Anblick bricht mir das Herz. Zeige Du Dich in Deiner ganzen Kraft; Du bist ja ein Mann, Du mußt den vorwurfsvollen, schmerzensreichen Blick eher ertragen können, der selbst aus dem ewig geschlossenen Auge hervorleuchtet. Komm, komm Geliebter, um ihn und mich zu retten.

Deine Clara.«

Eine Stunde später klopfte es an Rudolphs Tür. Nach mehrmaligem Pochen öffnete er, und die hohe, ehrfurchtgebietende Gestalt des Predigers trat in das Zimmer; Clara, bleich und weinend, hielt seinen Arm umklammert. Der Geistliche grüßte seinen Nebenbuhler mit wenigen freundlichen Worten. Als dieser an der Stimme erkannte, wer in seiner Nähe sei, ergriff ihn ein heftiges Zittern, umsonst rang er nach Fassung, um die Begrüßung seines Gastes erwidern zu können; endlich hatte er sich insoweit gesammelt, um mit bittrem Hohne die Frage an diesen richten zu können:

»Was gewährt mir so früh das Vergnügen Ihres Besuchs, Herr Prediger?« Doch ehe ihm derselbe zu antworten vermochte, rief er, vom Schmerz überwältigt, aus: »Ich weiß alles! ich flehe Sie an, jede Bemühung einzustellen, um die Wunde, die Sie mir schlugen, durch Trostesreden und Erbauungspredigten heilen zu wollen; jedes Ihrer Worte würde mir wie ein dreischneidiger Dolch in der unheilbaren Herzenswunde wühlen, sie vergrößern, augenblicklich vielleicht sie tödlich machen. Nehmen Sie mein Alles, alles, was ich außer meinem Schmerze besitze; wohl mir, *der* hat nur Wert für *mich*; sonst würden mir ein hartes Herz und eine gierige Hand auch das Letzte zu rauben suchen, was mir vom Leben geblieben ist. O ein köstlicher Rest! Clara liebt Sie, – o nehmen Sie ohne Verzug die Geliebte fort aus der Nähe ihres blinden Bruders. Bei Gott! ich mißgönne sie Ihnen nicht. In dem Augenblicke, wo sie Ihnen ihr Herz schenkte, hörte sie auf *mein* zu sein, und fremdes Eigentum habe ich nimmer gern bei mir geborgen. Was ist mir Clara ohne ihr liebend Herz? Nichts andres wie die Wärterin eines Blinden. Sie sei die Ihre; macht es Sie doch glücklich, und mir kann es gleichgültig sein, wer mir die Suppe kocht.«

»Rudolph, ich kann den Bruder meiner Braut bei keinem andern Namen nennen«, unterbrach ihn hier der Geistliche, »verbittern Sie nicht uns allen eine Zukunft, die so reich an Freuden sein könnte. In Ihrer Hand ruht unser aller Schicksal, Sie können sich und uns verderben. Was Ihnen Clärchen war, – ich weiß es wohl, doch mochte Ihre Liebe in die glühendste Leidenschaft ausgeartet sein, eine heilige Pflicht, die Erfüllung der Naturgesetze, zwang Sie mit unbesiegbarer Kraft in der Schwester immer nur die Schwester zu lieben. Sie denken zu edel, Clara ist zu rein, um auch im Verborgenen ein innigeres Gefühl obwalten zu lassen, das dem Auge stets verdeckt bleiben müßte, und so müssen Sie eine Gnade des Himmels darin erkennen, daß er sich ein Werkzeug erkor, um für immer zu trennen, dessen Vereinigung eine Todsünde gewesen wäre. Ich spreche nicht zu Ihnen, Bruder meiner Clara, wie ein moralisierender Gottesgelehrter, der unter dem Deckmantel der Religion seinen teuflischen Egoismus, die Habsucht und den Geiz seiner schmutzigen Seele verbirgt, nein, ein solches Tun und Treiben sei ferne von mir. Ich entbinde Clärchen hiermit jedes Versprechens, das sie mir gegeben; möge sie angesichts Ihrer noch einmal entscheiden, ob sie es um des Bruders willen verschmäht, das eheliche Weib ihres Geliebten zu werden!«

»Nein, nein«, rief Rudolph mit lauter Stimme, – »wozu? ihr Herz hat längst entschieden.«

»Erwägen Sie ferner«, fuhr der Geistliche fort, »daß Sie zu viel von unserm Clärchen fordern. Sie soll *nur* Ihre Schwester sein. Wie gemäßigt sind meine Ansprüche im Vergleich zu den Ihrigen: ich verlange sie zum Weibe und werde doch nimmer zürnen, wenn sie ihre Liebe zwischen dem Gatten und Bruder teilt. Hier angesichts des teuren Mädchens, deren innige Liebe für Sie nie zu ersterben vermag, die in dem Augenblicke, wo ihr Mund das für dies Leben entscheidende Ja ausgesprochen hatte, wo ich die Geliebte an meine Brust und den ersten süßen Kuß auf ihre Lippen drückte, – dennoch an den Bruder dachte und fast zu meinem Kummer fragen konnte: ›Aber Rudolph wird doch bei uns sein?‹ – Angesichts ihrer schwöre ich es Ihnen, jene schwesterliche Liebe wie ein Kleinod ihrer Seele hegen und pflegen, aber sie nimmermehr wie eine Flamme löschen zu wollen, die ihre Liebe zu mir in Todesgefahr bringen könnte. Begleiten Sie *unser* Clärchen! ich gedenke nicht zwei Wesen zu trennen, deren Herzen sich ewig gehören werden. Sein Sie mir ein innig geliebter Bruder, ich habe nie Geschwister gehabt, lassen Sie mich diesen hohen, himmlischen Genuß empfinden. Alles Leid und Weh, das ich Ihnen scheinbar zugefügt haben mag, soll die unverkennbare Wirklichkeit meiner Bruderliebe unvergeßlich machen. Ich ergreife Ihre Hand, erwidern Sie diesen Druck mit gleicher Innigkeit und besiegeln Sie einen Bund, den erst der Tod auflösen soll.«

Rudolph entzog dem Prediger hastig seine Hand, die dieser ergriffen hatte.

»Nein, nein, – um des Himmels willen nein!« rief er in größter Aufregung, »es kann, es darf nicht sein. Ist es nicht genug aus einem Himmel gerissen und der nüchternen Erde wiedergegeben zu werden? warum soll ich mich selbst zu Höllenqualen verdammen!«

Clara eilte auf ihn zu, schloß den Widerstrebenden in ihre Arme und beschwor ihn in seiner Rede inne zu halten.

»Teurer Bruder, bei der Liebe, die du einst für mich gefühlt haben willst, flehe ich zu dir: laß dich erweichen! Willst du mein Lebensglück zerstören und eine namenlos Glückliche der Verzweiflung preisgeben? Du wirst, du mußt in unsrer Mitte und unser lieber, guter Bruder sein. Mein Gott! was soll aus

dir werden, wenn ich dir fehle, welcher der Himmel das benei-
denswerte Los beschieden hatte, einem Unglücklichen sein einzig und alles zu sein? Wer wird dich trösten in deinem
Schmerz? wer dir aus der Bibel lesen? Dir ein Liedchen singen
und dich am See spazieren führen? Ach, ich weiß es, du kannst
ohne die Schwester nicht leben, die ein Teil deiner selbst geworden ist; reißt du doch kein Glied deines Körpers gewaltsam von dir, warum willst du dich meiner entäußern, die ich
durch festere, geistige Bande an dir gefesselt bin?«

»Clara, du bist in einem unerklärlichen Irrtume befangen!
Wer hat alle Bande zwischen uns gelöst? Wer hat sich losge-
rissen? schärfe dein Gedächtnis und du wirst in dir selbst den
Täter erkennen. Geh mit Gott und sei glücklich! ich kann und
werde nie aufhören dich zu lieben, weshalb sich der Wunsch
für dein Wohl im Innersten meines Herzens regte. Ich muß
es beklagen, daß du meine Liebe zu dir nicht verstehen konntest, sonst würdest du jetzt den Beweggrund zu meiner Hand-
lungsweise in keiner allzugroßen Eitelkeit erblicken. Sie, Herr
Prediger, huldigen noch einem ungleich größeren Wahne, wenn
Sie mir die Fähigkeit, ja sogar die Absicht zumuten, die
Reinheit eines Engels durch Erdenlust entweihen zu wollen.
Ich wäre zu einem Sünder ohnegleichen herabgesunken, wenn
ich meine Schwester, die mir Vater und Mutter ersetzen mußte,
zu der ich wie zu meinem guten Engel betete, für die ich
gleichzeitig wie für ein fromm unschuldig Kind den Beistand
Gottes erflehte, wenn ich mich bemüht hätte, dies Wesen durch
Befriedigung einer irdischen Lust zu entheiligen, o Gott – die
Schwester zu meinem Weibe zu machen. – Clara, was du mir
gewesen bist, ich weiß es nicht zu sagen. Die Sprache hat weder Worte noch Vergleiche dafür. Eben so glühend, aber reiner, wie der Geliebte die Braut, frei von Eigennutz, jeder Aufopferung fähig, hab' ich dich geliebt, wie die Mutter ihr Kind,
ein Vergleich, der um so passender sein dürfte, als mich das
traurige aber unabänderliche Schicksal einer Mutter trifft. Das
undankbare Kind, das sie mit Schmerzen geboren, das als zarte
Pflanze benetzt vom Tränentau des sorglichen Mutterauges
gediehen und emporgewachsen ist, das die Ruhe ihres Schlafes
störte und in bösen Träumen ihr Herz mit banger Besorgnis

für sein Wohl erfüllte; dies undankbare Kind verläßt, von wilder Leidenschaft getrieben, mit unverhehlter Freude das elterliche Haus, reißt sich freudig los aus der Umarmung der weinenden Mutter, die ihm einst alles war und schon nach Minuten nur noch ein Nothafen ist, der das leckgewordene Schiff von Zeit zu Zeit rettend aufzunehmen vermag, wenn es auf dem Lebensocean den schönen Port der Liebe und des Glücks vergeblich gesucht haben sollte. – Clärchen, noch immer geliebte Schwester, leb' wohl für ewig, ihn, der dich nie erblickte, darfst du nimmer wiedersehn.«

Bei diesen Worten hatte er sich ihr zitternd genähert, und sie heftig an seine Brust drückend fuhr er fort:

»Mein Schmerz hat sich in Wehmut aufgelöst, die mich als eine treuere Gefährtin wie du, mein Clärchen, auf der Lebensreise begleiten soll, die mich hoffentlich recht, recht bald an das Ziel meiner Wünsche geführt haben wird. Mögen Monate, mögen Jahre darüber vergehn, du mußt es mir versprechen, diese Stunde stets als Trennungsstunde für die Ewigkeit anzusehn. Tu' es aus Liebe zu mir, von der du einen so kleinen Teil vielleicht bewahrt haben wirst. Der leiseste Ton deiner Stimme würde alte Schmerzen in ihrer alten Kraft erwachen lassen, darum fliehe mich wie einen Verdammten, den die Menschheit ausgestoßen oder richtiger nie in sich aufgenommen hatte; fliehe mich, wenn ich in diesen Mauern weilen soll. Jeder Versuch, mich meiner grabesgleichen Einsamkeit zu entreißen, würde meinen Entschluß heranreifen, mich meinen Vorsatz in Ausführung bringen lassen. Ich würde gewiß ein Plätzchen finden, wo ich ungestört mein Haupt zum letzten Schlummer niederlegen könnte; ach mein Gott, der Blinde bedarf ja keiner Hand das Auge sanft ihm zuzudrücken. – Gatte meiner Clara, nimm hin dies Kleinod, dessen Tugendglanz von Zeit zu Zeit die ewige Nacht meines Herzens erhellte und führe sie dort oben so engelrein in meine Hand zurück, als ich sie dir, dem Glückgekrönten, übergebe.«

Hier legte er die Hände beider ineinander, suchte sie durch einen innigen Druck wie für das ganze Leben zu verfestigen und eilte dann mit staunenswerter Schnelle aus dem Zimmer hinab in den Garten.

Langsamen Schrittes verließen die Liebenden das helle, freundliche Gemach seines düstren Bewohners. Sie wurden ihres Glücks nicht froh; Clara ging schweigsam und Tränen im Auge an der Seite des Geliebten, auf dessen Stirn sich eine finstere Wolke gelagert hatte. Er geleitete jene nach ihrem Zimmer; nur ein herzliches Abschiedswort sprachen seine Lippen und mit der bestimmten Zusage, nach wenigen Stunden zurückzukehren, um über ihre nächste Zukunft zu entscheiden, trennte er sich mit Kuß und Händedruck von der unglücklichen Braut.

Diese war ein Bild des Jammers; bald saß sie weinend in einer Ecke des Zimmers und überließ sich ihrem wilden Schmerz, bald ging sie händeringend auf und ab und bat um Rettung in ihrer Not bei dem Gott der Liebe und Gnade.

Unaufhaltsam klangen ihr Rudolphs letzte Worte im Ohr und Herzen.

»Weh mir«, rief sie aus, »mein armes Herz wird ein Raub der verschiedensten Gefühle, die in ihm stürmen. Rudolphs Zorn hätte ich ertragen und Trost in den Armen des Geliebten gesucht und gefunden; aber dies wehmütige, stillergebene Entsagen vernichtet mich. ›Engelsrein‹ hat er mich genannt! Ach, die Reinheit meines Herzens ist dahin, die Leidenschaft hat in ihm getobt und jene zerstört; ich hätte vor Scham über ein Lob vergehen mögen, das ich – ein trauriges Geständnis – nicht mehr verdiene. Wohl ergreift mich eine unendliche Sehnsucht nach jener schönen Zeit, wo die unbefleckte Liebe, wo Ruhe und Frieden in meinem Herzen thronten; – aber ach unwiederbringlich ist die herrliche Vergangenheit für mich verloren!«

IV

Ohngefähr ein Jahr war seit jenem denkwürdigen Morgen vergangen, wo Rudolph die Schwester um ewige Trennung beschwor; ein Jahr war dahin, und wenn auch mit blutendem Herzen, hatte Clärchen die Wünsche ihres Bruders dennoch auf das Strengste erfüllt.

Wenige Wochen nach jenem Auftritte, während welcher Zeit beide Geschwister kaum ihr Zimmer verlassen hatten, fand ihre Vermählung mit dem Geistlichen statt. Bei der Hochzeitsfeierlichkeit wurde der Bruder als krank gemeldet, um den wenigen Gästen seine Abwesenheit erklärlich zu machen. Noch an demselben Tage zog Clärchen still, ohne Abschied nehmen zu dürfen, aus der alten Wohnung in das stattliche Pfarrhaus, von welcher Zeit ab die Schwelle nimmer von ihr berührt worden war, welche sie seit ihrer Kindheit unter den mannigfachsten Verhältnissen des Lebens überschritten hatte.

Rudolphs Herzensleiden war durch die Zeit nicht einmal gemildert, viel weniger geheilt worden. Seine Harfe ließ er, wie eine Geliebte, welche die Leidenschaft des Genießenden nur zu erhöhen, sie aber nie zu schwächen vermag, fast nimmer aus seinen Armen; doch umsonst entlockte er den Saiten manch melodisches Lied, der Trübsinn, welcher seine Seele umnachtete, konnte durch den Zauber der Musik nicht mehr gehoben werden. Während des Winters saß er tagelang in seinem Gemache allein, mit nächtig düstern Gedanken. Sie waren alle auf *einen* Gegenstand gerichtet. Erlösung von dem Leid und Weh, das ihn betroffen und sein Leben untergraben hatte, konnte er nur vom Tode erwarten, weshalb er seiner sehnsüchtig, wie der Ankunft eines lieben, teuren Freundes, harrte.

In solcher Stimmung finden wir den Hartgeprüften nach Verlauf eines Jahres wieder. Er saß, wie immer, seine Harfe im Arm, an dem weinumrankten Fenster seines Stübchens und von einer Schar düsterer Gedanken bestürmt, entrang sich ein Lied seiner erliegenden Seele.

> »Wie ist es mein ewiges Leben,
> Dies Leben voll Kummer und Not?
> Es ist wohl die Parze gestorben,
> Und tot ist wohl endlich der Tod!
>
> Ach, Vater im Himmel – ich flehte
> Vergeblich noch immer zu Dir,
> Die letzte Bitte – zu sterben,
> Versagst Du auch diese noch mir?

Du drücktest doch, wie einem Toten,
Die Augen auf ewig mir zu,
So übe nun endlich Erbarmen
Und gönne dem Toten die Ruh.

Dann kämen die lachenden Erben
Und scharrten gar hurtig mich ein,
Und schmausten im Trauerhause
Bei Leichenkuchen und Wein.

Verteilten zuerst meine Habe,
Zuletzt gedächten sie mein,
Und weinten – vor Freude, und sprächen:
›Der Gute wird glücklich nun sein.‹

Dann aber erwacht' ich im Grabe
Und lachte und jubelte laut,
Weil ich mit erblindeten Augen
Das menschliche Herz noch durchschaut.«

Er stand auf, ging unruhig im Zimmer umher, setzte sich
dann wieder, preßte den Kopf krampfhaft mit beiden Händen,
als wollte er das wuchernde Gedankenunkraut seines Hirns,
welches ihm den Kopf zu zersprengen drohte, niederdrücken
und vernichten.

Seine Magd, die jetzt in das Gemach trat, verursachte ihm
an und für sich eine lästige Störung, die unerträglich wurde,
als jene meldete: Der Prediger Eisenhardt stehe im Korridor
und wünsche ihn zu sprechen.

Rudolphs schon blasses Gesicht ward todesbleich. Zitternd
erhob er sich, man las in seinen Zügen, daß er vergeblich nach
Worten ringe. Doch plötzlich, als habe er sich gewaltsam zum
Zorne angefacht, rief er mit rauher, wilder Stimme:

»Sage dem Herrn Pfarrer, der Himmel hätte mir noch keine
zweite Schwester gesendet, um von mir sorgsam gehegt und
gepflegt und durch ihn geknickt zu werden. Doch nein, nein!
sage das ihm nicht; frage ihn lieber, ob er meiner letzten, heißen Wünsche so ganz uneingedenk geworden sei. Mein Gott,
ich kann die Stimme des Mannes nicht ertragen, in der mir
ein jeder Ton wie ein Locklied klingt, durch welches der listige

Vogelsteller selbst eine Taube in sein Netz zu locken wußte. Höre, Mädchen, du zählst dich doch auch zu den Menschen, und kannst sicherlich mit frecher Stirne lügen, beteure dem Herrn, daß ich krank, sehr krank sei, und heute unmöglich seinen Besuch annehmen könne.«

Die Magd eilte aus der Tür, durch welche der Geistliche verstörten Angesichts hereintrat, ohne eine abweisende oder einladende Antwort abgewartet zu haben.

»Gott zum Gruß! dem unglücklichen Bruder einer unglücklichen Schwester«, – so redete er den fast erstarrten Rudolph an. »Ich komme auf Clärchens Bitten zu Ihnen, die den stets geliebten Bruder vor ihrem Tode noch zu sprechen wünscht.«

Rudolph zuckte bei diesen Worten wie vom Schlage getroffen. Es folgte eine lange Pause; dann plötzlich sprang er wie ein gereizter Tiger auf jene Stelle, wo er den Prediger vermutete. Aber der Blinde hatte sich getäuscht; er sprang fehl und fiel zur Erde. Doch mit rascher Geistesgegenwart betastete er den Boden mit ausgestreckter Hand, jetzt berührte er den Fuß seines Feindes, und sich wutentbrannt auf den Zerstörer seines Erdenglücks werfend, umkrallte er den Hals des Geistlichen und schrie mit lauter Stimme:

»Mörder, Mörder, nicht lebendig entkommst du den Händen der Gerechtigkeit!«

Ein trübes Lächeln umspielte den Mund des schönen Mannes, als er sich mit Leichtigkeit aus den Armen seines schwachen Feindes befreite.

Er versuchte zu sprechen, doch Rudolphs kreischende Stimme machte diesem seine Worte durchaus unverständlich.

»Ha, ich weiß es wohl, sie ist nicht mehr unter den Lebenden, ist schon lange, lange begraben, sie war in dir dem Tode angetraut; jene fürchterliche Nacht hatte mich in die Zukunft blicken lassen und mir alles verraten, was sonst die weise Vorsehung mit einem undurchdringlichen Schleier bedeckt.«

Hier entstürzte ihm ein Strom von Tränen, der, wie der Regen beim Ungewitter, dem tobenden Sturme Einhalt gebot. Er schwieg, und den günstigen Augenblick benutzend, wandte sich der Prediger, in dessen schönen, blauen Augen eine große Träne erglänzte, an seinen jetzt aufmerksamen Zuhörer.

»Rudolph«, begann er ernst und feierlich, »vermögen Sie
auch heute nicht Ihren Stolz zu zügeln und zu bezähmen, wo
es sich darum handelt, die letzte Bitte einer Sterbenden zu erfüllen? Sei es fern von mir, Sie je mit Vorwürfen zu überhäu-
fen, die ich, vielleicht nicht allzu ungerecht, gegen Sie aussprechen könnte, aber der Gram, den Sie Ihrer Schwester,
wenn auch willenlos, bereitet haben, hat an ihrem Herzen
genagt und ein zartes Leben allzufrüh zerstört. Die Trennung
von Ihnen war der Beklagenswerten unerträglich, kein Tag
unserer Ehe, die sonst eine namenlos glückliche gewesen wäre,
verging ohne Klagen und Tränen; selbst meine stete Gegenwart, meine schwach erwiderte und doch von Tag zu Tage
wachsende Liebe, vermochten nicht Glück und Zufriedenheit
in ein Herz zurückkehren zu lassen, das erst im Grabe Ruhe
und Frieden finden wird. Gestern schenkte mir die Hartge-
prüfte ein Töchterchen, doch war es tot; was anders konnte
auch die Halberstorbene gebären? – Körperliche Leiden haben
sich nun zu ihrem Seelenschmerze gesellt; kein Wunder, wenn
die Umstände eine Trennungsstunde eher herbeigeführt haben,
die uns doch in allzukurzer Zeit bevorgestanden hätte. Rudolph, antworten Sie, können Sie noch länger zaudern?«

Aber schon hatte dieser den Arm des Geistlichen erfaßt, und
ohne ein Wort zu sprechen, zerrte er hastig auf wohlbekannten Wegen seinen Führer mit sich zum Hause hinaus, dann
überließ er sich dessen Leitung, doch war er noch jetzt bemüht,
den eilenden Prediger zu größerer Hast zu bewegen.

Ihr Ziel war erreicht! In einem düstren Zimmer, durch ein
halb verstecktes Licht spärlich erleuchtet, lag Clara auf ihrem
Sterbebette. Als sie die leisen Tritte der Hereintretenden vernahm, richtete sie sich mit letzter Anstrengung empor und
winkte ihrem Manne, den sehnsüchtig erwarteten Bruder zu
ihr zu führen. Beide näherten sich dem Lager; sie ergriff Rudolphs Hand, um sie zu küssen, doch verließen sie die Kräfte,
und erschöpft sank sie auf die Kissen zurück.

Mit unsäglicher Mühe hatte Rudolph die Bewegung seines
Innern bis dahin unterdrückt; länger vermochte er sich nicht
zu bemeistern:

»O mein Gott, was habe ich getan!« rief er zerknirscht und

sank vor der Sterbenden auf die Knie. »Schwester, – Clärchen, – ich beschwöre dich bei Himmel und Erde, scheide nicht ohne ein Wort der Verzeihung von deinem Bruder!«

Diese Worte schienen einen letzten Lebensfunken in ihr anzufachen.

»Rudolph«, sprach sie mit heller, klarer Stimme, »jedes Unrecht bestraft sich schon auf Erden, das Leiden, was ich dir bereitete, hat mich in Begleitung der Reue unaufhörlich verfolgt. Jetzt hab' ich eingesehn, wie mich die Vorsehung nur für dich erschaffen hatte, wie meine Liebe nur dir einzig und allein gehören sollte. Es ist mir klar geworden, daß deine Schwester das Weib keines Fremden werden durfte. Die schöne Bestimmung, welche mir Gott auferlegte, habe ich außer acht und unerfüllt gelassen; ich habe schwer gesündigt und flehe dich an, der Betörten zu vergeben, die ohne deine Verzeihung nicht ruhig zu sterben vermag.«

»Clärchen, Engel, du vernichtest mich durch deine Himmelsgüte; wie fang' ich es an, was soll ich dir verzeihn?«

»Du kannst, du willst es nicht? o ich Unglückselige!«

»Bringe mich nicht zur Verzweiflung! Tausendfach ist dir alles Unrecht verziehn, dessen du dich allein schuldig erklärst.«

Ein seliges Lächeln spielte auf dem todesbleichen Angesichte, als sie, zum Prediger gewandt, fortfuhr:

»Du seltner Mann, der frei von aller Eigenliebe, von jeder Eitelkeit, die Beklagenswerte zu trösten, unausgesetzt zu lieben wußte, die sich, als der erste Rausch der Sinne verflogen war, mit Schrecken gestehen mußte, zwar leidenschaftlich gefühlt, den Augenblick seliger Vereinigung zitternd ersehnt, aber den Mann ihrer Wahl nie wahrhaft geliebt zu haben. Du hattest längst mit inniger Betrübnis mein Herz durchschaut und mit seltenem Edelmute mir verziehen. Eine minder große und reiche Seele, wie die deinige, wäre als ein Opfer der brennendsten Eifersucht zu Tode gemartert worden. Großmütig zeigtest du dich deiner ungetreuen Gattin, und vereinigt mit ihr, lobtest du einen Nebenbuhler, den sie in ihrem Herzen liebte und verehrte. Fülle jetzt das Maß deiner Vortrefflichkeit und mache ihn zu deinem Freunde, den du, wie er dich auch verkannt und geschmäht haben mag, in deiner Herzensgüte nie zu hassen vermochtest. Reicht euch die Hände, lebt friedfertig miteinander, seid so innige Freunde, wie sie nur gemeinschaftliches Unglück zu schaffen vermag, und gedenkt meiner als eurer beiderseitigen Geliebten, deren Tod es war, sich unter euch nicht teilen zu können; das ist mein letzter Wunsch, die Bitte einer Sterbenden.«

»Wir sind es auf ewig!« riefen beide wie aus einem Munde. Hand in Hand, Brust an Brust, vergaß Rudolph in diesem Augenblicke seine Schwüre, deren Erfüllung ihn für immer von seinem Nebenbuhler getrennt haben würde. Jetzt war dieser unglücklich und verlassen wie er selbst und einen Schwur, den nicht der edelste Beweggrund hervorgerufen hatte, einer gottwohlgefälligen Ursache halber zu brechen, konnte nur verdienstlich, nicht sträflich sein.

Als sich die Freunde, wie von einem Geiste beseelt, zu ihrem versöhnenden Engel wandten, war dieser zu seinem himmlischen Heimatlande zurückgekehrt und die heiße Sehnsucht gestillt, die stets ein Wesen erfüllen mußte, welches der Erde nie vollends angehört hatte.

Der Geistliche umschlang die Verklärte, um vielleicht ein leises Pochen ihres Herzens wahrzunehmen und den kurzen, aber um so köstlicheren Genuß zu empfinden, die Teure noch auf wenige Minuten unter den Lebenden zu wissen. Aber umsonst; das liebereiche Herz hatte zu schlagen aufgehört, keine Regung irgendeines Muskels deutete auf Spuren von Leben, das Auge, der Spiegel ihrer Seele, vermochte nicht mehr wiederzugeben, was der Körperhülle entflohen war, gebrochen lag es starr in seiner Höhle.

»Unser Clärchen ist tot!« rief er weinenden Auges und erhob sich von dem Totenlager. Doch der leidenschaftliche Rudolph warf sich über sie hin und schrie mit herzzerreißender Stimme:

»Nein, nein – es ist erlogen, das Schreckliche ist in diesem Augenblicke noch unmöglich. Clara, Clara! hörst du, kennst du diese Stimme nicht? mein Gott, sie regt sich nicht, – keine Antwort – so wäre sie dennoch tot, und ich muß leben? – Hartherziger Tod, laß dich erbitten und erbarme dich endlich eines Lebensüberdrüssigen.«

»Sei ein Mann!« unterbrach der Prediger den verzweifeln-
den Rudolph, »laß die Toten ruhn! Du weckst sie nimmer auf
und höhne nicht die göttliche Vorsehung, die dir den Todes-
engel schickt, sobald du reif für jenes Leben bist.«

Er ergriff den Jammernden, zog ihn von der Geliebten, die
er selbst im Tode nicht lassen wollte, zurück und führte ihn
gewaltsam in ein ferngelegenes Zimmer, wo er sich, allerdings
mit schwachem Erfolg, bemühte, den Schmerzzerrissenen zu
trösten. Waren ihm doch die eigenen Worte kein Balsam, um
die Herzenswunde zu heilen, welche ihm jener Todesfall geschlagen hatte.

V

Clara war begraben! Ihre Gruft barg außer den irdischen
Überresten der Verklärten, alles Lieben, alle Lust am Leben –
unersetzliche Gefühle, die sich einst im Herzen der jetzt verwaisten Freunde geregt hatten. Bei der Beerdigung durfte
Rudolph, auf ausdrückliches Verlangen des Predigers, nicht
zugegen sein. Die Handlung an und für sich, besonders jedoch
eine ergreifende Rede, die der letztere am Grabe des eigenen
Weibes hielt, würden jenen zu tief erschüttert und die stets
lästige Aufmerksamkeit einer mehr oder weniger gefühllosen
Menschenmenge auf sich gezogen haben. Doch am Ende desselben Tages noch vermochten weder Bitten noch Gewalt den
Blinden zurückzuhalten, der sich überzeugt hielt auf offener
Straße einen mitleidigen Führer zu finden, welcher ihn unverzüglich an das Grab seiner Schwester geleiten würde. Der
Geistliche fügte sich endlich in die stets heftiger ausgesproche-
nen Wünsche Rudolphs und schickte sich mit widerstrebendem
Herzen zu einem Gange an, der die augenblickliche, im Gebet
gefundene Ruhe seines Herzens gewaltsam zerstören mußte.
Doch wider Erwarten bemächtigte sich seiner das köstliche Gefühl eines himmlischen Friedens, er glaubte sich dem Tode
nahe und eine baldige Erlösung vom Erdenleben und Leiden
hoffend, ahnte er schon die Seligkeit der Wiedervereinigung
mit seinem Clärchen.

Auch der leicht ergriffene Rudolph, das stete Opfer seiner wilden leidenschaftlichen Gefühle, zeigte sich ruhiger, denn irgend zuvor. Befand er sich doch an einem geheiligten Friedensorte, dessen feierliche Stille er selbst durch allzugerechte Klagen nicht zu unterbrechen wagte.

Der heftige Schmerz, welcher die Herzen der beiden Freunde zerfleischte, ward an dem Grabe zu einer lieben, stillen Wehmut, mit welcher sich ihrer gleichzeitig eine allgewaltige Sehnsucht zu der Geliebten hin bemächtigte, die wie ein Lichtmeteor die Nacht ihres Lebens erleuchtet hatte, aber allzufrüh verschwindend, denen, die sich an dem Himmelsglanze erfreuen durften, die Finsternis noch unerträglicher machte.

Kein Wunder, wenn die frommen, gottergebenen Freunde auch in der Folge gar oft zu dem heiligen Grabe pilgerten, das von Jahr zu Jahr ein immer mehr geliebter unentbehrlicher Wallfahrtsort für sie geworden war. Dort saßen sie Hand in Hand unter der selbst gepflanzten Trauerweide und wurden es nicht müde, von ihrem Clärchen zu sprechen, an der sie stets neue und stets verehrungswerte Eigenschaften entdeckten. Wenn dann die Sonne im Westen untergegangen war, wenn die Blumen auf dem duftenden Grabeshügel die müden Häupter senkten und es in den Zweigen der Weide geheimnisvoll rauschte, als verließe der Geist der geliebten Toten das Blätterdach, wo er dem Gespräche des treuen Paares lauschte, um nun wieder dort oben auf jenen Stern zurückzukehren, der mit blassem Scheine am Himmelsgewölbe erschien; – dann verließen sie getröstet und gekräftigt das schönste Plätzchen, welches ihnen die große Erde zu bieten vermochte, plaudernd – und wer erriete es nicht, von wem? – kehrten sie heim in die öde Wohnung, um dort der eine die Bibel, der andere die Harfe in der Hand, das Tagewerk zu beschließen. Sie wünschten sich eine gute Nacht, d. h. einen Traum von *ihr* und hielten sich noch, ehe sie schieden, die trostesreiche Gewißheit vor, wieder einen Tag gelebt und um ebensoviel dem Grabe und ihrem Clärchen näher gekommen zu sein.

Viele, viele Jahre waren schon seit deren Tode vergangen, und noch immer grünte und blühte es auf ihrem Grabeshügel, wenn der Frühling wieder erschien, der den Herzen der verwaisten Freunde keine Blüten mehr bringen konnte. Sie glichen wurmstichigen Bäumen, die der Forstmann zu fällen verschmäht; umsonst streckten sie die dürren Zweige wie todesflehend gen Himmel aus, umsonst blickten sie hoffend auf die spärlichen weißen Flocken, mit denen der Winter des Lebens ihre sonst kahlen Häupter bedeckte; — nicht ein wild daherbrausender Sturm, keine äußere Gewalt, nein, sie selbst sollten sich langsam von innen heraus vernichten. Endlich hatte der Schmerz wie ein nimmersatter Wurm ihr Leben aufgezehrt, der Tod, der jahrelang ihre Bitten verhöhnte, mußte nun den Gesetzen der Natur Gehorsam leisten. Die Beklagenswerten endeten, nachdem sie von fremden Händen kümmerlich gepflegt, den Leidenskelch bis auf den Grund geleert hatten. Nur den letzten Tropfen durften sie nicht genießen, da keiner den andern überlebte. Als Rudolph starb, war die Krankheit des Geistlichen schon so gefährlich geworden, daß man ihn davon nicht zu benachrichtigen wagte. Wenige Stunden später war auch sein Geist entflohn.

Dort oben haben sie endlich die stets und treu Geliebte wiedergefunden, ihr heißes Sehnen gestillt und jeden Trennungsschmerz in der seligen Vereinigung mit ihrem Clärchen vergessen.

JAMES MONMOUTH

ERSTES KAPITEL

König Karl lag im Sterben. Die Nacht war längst angebrochen; aber um den Palast von Whitehall herum drängte sich noch immer das Volk und sah hinauf nach den Fenstern, als woll' es nach dem Heller- und Dunklerwerden der Lichter die Lebensflamme des sterbenden Königs bemessen. Sie standen in Gruppen und sprachen leise; an manchem Auge hing eine ehrliche Träne. Das machte, er war ein König nach ihrem Sinn gewesen. Die Parlamente hatte er mißachtet, aber das Vergnügen respektiert. So liebten sie's, — so liebt's das Volk! Erst »leben«, dann frei sein. Er hatte ein Blumenmädchen von

Coventgarden zu seiner Geliebten und nebenher zur Fürstin
gemacht; – das war Freiheit genug. Nun lag er im Sterben, der
gute König Karl. Wer hätte nicht weinen sollen!

Von Westminster schlug's Mitternacht. In diesem Augenblick schritt eine hagere Gestalt rasch durch eine jener Gruppen
hindurch, welche dem Eingang zum Palast am nächsten standen, und verschwand innerhalb desselben, eh' noch der stutzig
gewordene Volkshaufen die Wirklichkeit der Erscheinung begriffen hatte. Aber es war kein Zweifel. Als die Erscheinung
in den gewölbten Torgang einbog, war das volle Licht der
darüber flackernden Lampe auf den dreieckigen Hut und das
faltenlose schwarze Kleid des Eintretenden gefallen; – es war
das Weltkleid eines katholischen Priesters.

»Was war das?« lief ein Gemurmel durch die Menge; aber
eh' noch irgendwer die Antwort gefunden hatte, kam von
Charing Cross her ein Fackelträger die Straße herunter und
rief mit lauter Stimme: »Platz für Bischof Kenn! Platz für
Seine Gnaden den Bischof von Bath und Wells.« Während die
Menge scheu zurückwich, erschien jetzt der anglikanische Bischof selbst in einer offenen, reichverzierten Sänfte und grüßte
das spalierbildende Volk, das ehrerbietig die Häupter entblößt
hatte. Die Träger schritten demselben Portale zu, unter dem
soeben erst die dunkle Gestalt des Priesters verschwunden
war, und jetzt die breite Treppe erreichend, die mit türkischem
Teppich bedeckt in die oberen Stockwerke des Palastes hinauf-
führte, setzten sie die Sänfte nieder und der Kirchenfürst, angetan mit dem violetten Prachtkleid seiner Würde, stieg aus
und die polsterweichen Treppenstufen langsam hinan.

Man sah, er war kein Fremdling in diesen Räumen; weges-
kundig wandte er sich der großen Halle zu, die unmittelbar an
das Krankenzimmer des Königs stieß, und jetzt eintretend
durch die hohen portalartigen Flügeltüren, schritt er mit ge-
messenem Gruß an jenen flüsternden Gruppen vorüber, die
Neugier und Teilnahme hier zusammengeführt hatte. Hunderte waren da versammelt: Gesandte, Hofleute, Kavaliere.
Am mittelsten Fenster standen die Minister der Krone. Der
Arzt war eben zu ihnen getreten und beantwortete mit Achsel-
zucken ihre lebhaften, aber leise gesprochenen Fragen. Am

Kamin, dessen Scheite im Verglimmen waren, saß eine Gruppe schöner, jugendlicher Gestalten, Männer und Frauen, und starrte schweigend in die sterbende Glut. Eine Familienähnlichkeit lag über diesen Gesichtern. Das waren die Kinder des Königs, Halbgeschwister, erzeugt mit schönen Frauen in schönen Stunden und aufgewachsen stolz und königlich, unter den Huldigungen eines Hofs. Da waren die Earls von Grafton und Berwick und vor allem der junge Graf St. Albans, noch halb ein Kind. Er hatte das weiche Herz Nell Gwyns, seiner Mutter, und seine Augen waren verweint. – Das war die Weltlichkeit. Aber zunächst der Tür, die in das Zimmer des sterbenden Königs führte, dehnte sich auf Polstersitzen die hohe Geistlichkeit von England. Da saßen die Bischöfe von London, von Ely und von Durham: und vor dem greisen Erzbischof von Canterbury, der ihn herbeschieden hatte, verneigte sich jetzt der Bischof von Bath und Wells und wechselte leise Worte des Einverständnisses mit ihm. Dann schlug er den Sammetvorhang zurück, der von dem Sims der Eingangstür in breiten Falten niederfiel, und trat in das Gemach des Königs.

Es war ein geräumiges Zimmer, zur Linken (und zwar in unmittelbarer Nähe der Tür) mit einem nischenartigen Einbau versehen, darin sich ein reichgeschmücktes Betpult befand. Hier pflegte König Karl seine Morgenandacht zu verrichten. Ein halb zurückgeschlagener Seidenvorhang gestattete dem Eintretenden einen Blick in das Innere dieser Nische. – Das Bett des Königs stand in der Mitte des Zimmers; niemand war zugegen, nur der Herzog Jakob von York, der Bruder des Königs, saß neben dem Sterbenden und hielt die Hand desselben in der seinigen. Als der Bischof eintrat, verließ der Herzog das Lager seines Bruders und dem äußersten Ende des Zimmers zuschreitend, lehnte er seine Stirne an eines jener Giebelfenster, die auf den Garten von Whitehall hinuntersahen und zeichnete, scheinbar teilnahmslos, Figuren und Schriftzüge an die feuchtbeschlagenen Scheiben.

Der Bischof war inzwischen an das Bett des Königs getreten und ergriffen von dem Schmerzensausdruck dieses Mundes, der so oft ins Leben hineingelacht hatte, milderte sich der herbe Ausdruck seiner priesterlichen Züge und voll wachsender

Teilnahme ruhte sein feuchtes Auge auf dem brechenden seines
Königs. Welcher Anblick! Da lag er, der Herrscher über drei
stolze Reiche, und die Zeichen seiner Macht und Herrlichkeit
blickten wie Hohn auf ihn herab. Zu seinen Häupten hingen
Szepter und Krone; an allen Seiten seines Himmelbettes
schaukelten sich Wappenschilde von Goldbrokat. Und dort
über dem Kamin? Aus goldenem Rahmen lachten die Augen
Nell Gwyns zu ihm hernieder und lugten durch die Spalte
des Vorhanges hindurch nach seinen roten, oft geküßten Lippen; aber diese Lippen waren nicht rot mehr, und statt der
immer fertigen Rede suchten sie nach alten, halbvergessenen
Gebeten. Die langen dunkeln Locken, die er so königlich und
so verführerisch zugleich in seinen Mannesjahren noch zu
schütteln wußte, waren längst verweht aus dieser hohen Stirn,
und jener blitzende Oliventeint, der einst so schön zu seinem
schwarzen Auge gestimmt hatte, war jetzt stumpf und asch-
farben geworden unter der Kalkhand des Todes. Seine Augen
waren geschlossen; die rechte Hand lag wie erstorben auf der
seidenen Decke und selbst sein Hemd, das um den Hals herum eine hohe Krause und vor der Brust ein reich gefaltetes
Jabot bildete, glich einem Sterbehemd. Wär' er nicht von Zeit
zu Zeit mit seiner Linken über die Stirn gefahren, man hätte
ihn für einen Toten gehalten.

Der Bischof neigte sich jetzt zu ihm hernieder und fragte
laut und vernehmlich: ob er gewillt sei, das Heilige Abendmahl zu empfangen.

Der König schwieg; Bischof Kenn aber, der dies Schweigen
in seinem Sinne zu deuten schien, ordnete an, daß Brot und
Wein gebracht werde. Als beides auf ein Tischchen und unmittelbar neben das Bett des Königs gestellt war, wiederholte
der Bischof seine Frage, erhielt aber die unerwartete Antwort:
daß es noch Zeit sei.

Der Frager zog sich betroffen in die Nische zur Linken des
Zimmers zurück, und die seidenen Vorhänge niederlassend,
kniete er im Betstuhl des Königs nieder, um abwechselnd Gebete für die Genesung oder die Sinnesänderung des Kranken
emporzusenden.

Der violette Mantel des Bischofs war kaum hinter der goldbefranzten Gardine verschwunden, als der Herzog von York raschen Ganges und in sichtlicher Erregung auf das Bett seines Bruders zuschritt. Er ergriff die Hand des Sterbenden und sich zu ihm niederbeugend, fragte er leise: »Verlangst du nach einem der unseren? Es stirbt sich leichter im Schoße von Rom.«

Der König richtete sich empor und ängstlich in die Runde blickend, flüsterte er: »Um Gottes Barmherzigkeit willen, ja!«

»Ich wußt' es!« murmelte Jakob vor sich hin, und wenig Schritte von der Nische entfernt – drin eben jetzt der anglikanische Bischof betete – an eine in der Wand verborgene Feder drückend, öffnete sich eine geheime Tür und dieselbe schwarzgekleidete Priestergestalt trat draus hervor, die wenige Minuten zuvor durch das Portal des Schlosses geschritten war.

Herzog Jakob führte ihn an das Bett des Königs. Diesem raunte er zu: »Hier ist William Hutchinson. Du kennst ihn. Am Tage von Worcester rettete er dein Leben, heut kommt er, deine Seele zu retten.«

Der König richtete sich auf und beichtete. Er vergab allen seinen Feinden, bat um Vergebung all die, so er beleidigt, wiederholte mal auf mal die Äußerungen tiefer Reue über diese seine späte Rückkehr in den Schoß der alleinseligmachenden Kirche und empfing dann das Abendmahl aus den Händen des bis dahin schweigsamen Priesters.

Unmittelbar nach Erteilung der Absolution und mit fast ängstlicher Hast verschwand die dunkle Gestalt rasch und unhörbar, wie sie gekommen war. Das Ganze glich einer unheimlichen Erscheinung. So stahl sich ein König von England gleich einem Dieb in der Nacht nach Rom und seiner Kirche zurück.

Herzog Jakob hielt noch die Hand des Königs in der seinen, als Bischof Kenn, den Vorhang der Nische zurückschlagend, aufs neue dem Bette des Königs zuschritt.

»Wie geht es Euer Majestät?« fragte er mit einem Gemisch von Teilnahme und Pathos.

»Besser, leichter!« erwiderte der König.

»Ich habe für Euer Majestät gebetet.«

Während der Bischof mit einem leichten Anflug von Selbstgefälligkeit, als sei es *sein* Gebet, was eine gute Stätte im

Himmel gefunden habe, diese Worte sprach, zuckte ein leises Lächeln um den Mund Herzog Jakobs.

Der Bischof wiederholte jetzt seine Frage: ob Seine Majestät gesonnen sei, das Abendmahl zu nehmen?

Der König antwortete ruhig: ›daß er's sich überlegen wolle‹, und seinen Bruder näher zu sich heranwinkend, rief er diesem zu: »Bring mir die Kinder.«

Der Bischof zog sich zurück; im nächsten Augenblick knieten die schönen Gestalten, die wir um den Kamin des Vorsaals herum in Tränen und stillem Gespräch erblickt hatten, am Bette ihres Vaters, der sich aufgerichtet hatte, ihnen den Segen zu erteilen. Aber eh' er sprach, ließ er sein gebrochenes Auge die Reihe seiner Kinder auf und niedergleiten, als fehle ihm wer in diesem Kreise. Was war es? Er suchte *James Monmouth*, seinen verbannten Liebling, verbannt um Herzog Jakobs willen. »Wo ist James?« zuckte es um seine Lippen, aber sein Auge begegnete dem Blick des Herzogs, und er schwieg.

Seine Kinder drängten sich zu ihm, küßten seine Hände und schluchzten laut. Er segnete alle. Dann ergriff er noch einmal die Hand seines Bruders und sprach mit Innigkeit: »Vergiß nicht meine arme Nell.« – So starb Karl Stuart, wie er gelebt. Seine letzte Sorge – sein Buhlweib, nicht – sein Land.

ZWEITES KAPITEL

In den Citystraßen drängte man sich zu Tausenden; »König Karl ist tot!« lief es von Mund zu Mund; die Arbeit ruhte auf Dock und Werfte, und Neugier und Teilnahme schenkten der Faulheit einen Feiertag. Nirgends stand man dichter und schwatzte lauter als in der Themsestraße, die von der Londonbrücke bis an den Tower läuft, und so mächtig war hier die Menschenmenge angewachsen, daß die Nachbarstraßen, die nach Eastcheap hinauf und nach der Themse recht hinunterführen, wie ausgestorben dalagen. Nirgends lugte ein Mütterchen aus dem Vorbau ihres Hauses; keine Kinder spielten vor den Türen, nur der Sonnenschein lag heiß auf den Steinen und steigerte die Unheimlichkeit des Orts.

So war es auch in Harpers Lane, einer jener schmalen Gassen, die nach dem Strom hin ein wenig abschüssig zulaufen und als (es mochte um die vierte Stunde sein) ein Mann jetzt mit spärlichem weißen Haar und einem Genferkäppchen in die Gasse einbog, um an der Schattenseite hin dem letzten Hause zuzuschleichen, achtete seiner niemand. Es war eben wieder Botschaft von Whitehall gekommen, und die dichtgedrängten Tausende hatten nur Aug und Ohr für den Botschafter selbst, der von einem Tonnengerüst herab eine Rede zum Preise König Jakobs und seiner königlichen Absichten hielt. Diesen Augenblick ungeteilter Aufmerksamkeit benutzten noch andere, die bis dahin, scheinbar teilnehmend, dem Strom des Volks sich angeschlossen hatten, und plötzlich einbiegend in Harpers Lane huschten sie rasch hintereinander in dasselbe winklige Haus, wo der Alte kurz vor ihnen verschwunden war. Es war alt und baufällig und man sah's ihm an, daß das große Cityfeuer von 1666 gnädig drum herum gegangen war. Es gehörte Gilbert Pennington, einem Fischhändler, dessen Vater im langen Parlamente gesessen und das Todesurteil Karl Stuarts mit unterschrieben hatte und war um seiner Lage, wie seiner winkligen Bauart willen wie geschaffen für solche Besucher. Ein langer schmaler Flur führte durch die ganze Tiefe des Hauses auf einen mit Sandsteinplatten gepflasterten Hof, der von allen vier Seiten durch rußige, weitüberhängende Häuser eingeschlossen, mehr einer geräumigen Feueresse als einem luftigen Platze glich. Hölzerne Galerien, die durch Treppen miteinander verbunden waren, liefen, bis zum dritten Stock hinauf, um den ganzen innern Raum herum und verirrten das Auge dessen, der zum erstenmal diesen seltsamen Hof betrat. Wenn man die dritte Galerie erstiegen und bis zur Hälfte umschritten hatte, sah man zur Linken einen nur mannsbreiten Gang sich in die Tiefe des eigentlichen Hinterhauses ziehn und geriet auf diesem an eine unkenntliche, fest verschlossene Tür, die nur auf ein gegebenes Zeichen von innen geöffnet wurde. Wer hier zum ersten Male eintrat, mußte wie geblendet werden durch die Fülle von Licht, die nach einem langen finstern Gange hier doppelt überraschend auf ihn eindrang. Drei Wände trugen die gewöhnliche weiße Tünche, die vierte Wand aber war nichts als ein einziges großes Fenster und gewährte eine prächtige Aussicht auf die vorüberflutende Themse und weithin auf die Hügelkette von Surrey, die grünbewaldet über Southwark und seine Türme hinwegsah. Die Einrichtung des ziemlich geräumigen Zimmers war so einfach wie möglich. An der rechten Wand, in Manneshöhe, zog sich ein fichtenes Brett entlang, drauf einige Bibeln und Dintenfässer standen; zur Linken hingen zwei Bilder, das eine groß und prächtig, ein männliches Portrait, das andere klein und unansehnlich und widerlich seinem Stoff wie seiner Behandlung nach. Es war eine Hinrichtungsszene: der Henker hielt das Herz eines soeben Enthaupteten hoch in der Rechten; allerhand Volk stand umher; im Hintergrund lohte ein Holzstoß. Es war eine Sudelei durch und durch und war doch das Wappenschild dieser Halle, das Andachtsbild jenes fanatischen Konventikels, der hier nach seiner Art zu beten und Pläne und Komplotte zu schmieden liebte. Es war der Harrison-Club, der hier tagte, Männer, die noch immer von einer Wiederkehr der Republik und der Begründung ihrer fünften Monarchie träumten, Schwärmer, die nur von zwei Empfindungen beherrscht wurden: von Bewunderung für die Offenbarung und von Haß gegen die Stuarts. Nicht Oliver Cromwell, der gehorsamfordernde Diktator, nur Thomas Harrison, der Gleichheitsprediger, war der Mann ihrer Wahl und nach *ihm* hatten sie sich genannt. *Sein* Brustbild war es, das zur Linken hing, und *seine* Hinrichtung darunter.

Man war vollzählig. An einer langen Tafel saßen elf Männer; obenan Richard Blunt, der Präsident dieser Versammlung; zu seiner Rechten Gilbert Pennington, der Wirt des Hauses; zur Linken John Overton, ein Braueigen von Southwark, der immer zu Schiff vom andern Ufer kam und an der kleinen Wassertreppe des Hauses anzulegen pflegte. Da waren noch andere: Henry Hill, ein Eisenkrämer, und Evelyn Honywood, ein Advokat von Furnival's Inn; am Ende der Tafel aber saß James Morris, der jüngste im Club und Sekretär.

Richard Blunt – jener Alte, den wir mit weißem Haar und samtnem Käppchen zuerst in Harpers Lane einbiegen und unter der Tür des Clubhauses verschwinden sahen – erhob sich jetzt und mit seiner Bibel dreimal auf den Tisch klopfend, sprach er leis und vernehmlich: »Wir wollen beten.«

Alles stand auf und murmelte kurze Worte vor sich hin, der Alte aber rief über den Tisch hinüber: »James Morris, lies uns Pagina I.«

Der Angeredete schlug ein neben ihm liegendes Buch auf und begann in eintöniger Weise:

»Im Jahre unsres Herrn, dem eintausendsechshundertsechzigsten am dreizehnten Tage des Monat Oktober, schleiften sie Thomas Harrison – einen Auserwählten des Herrn und Sieger in großen Schlachten wider die Finsternis – auf einer Kuhhaut gen Charing-Cross, verhöhnten ihn, spieen ihm ins Antlitz (wie sie Jesu Christo getan), trennten ihm das Haupt vom Rumpf; schnitten sein Herz aus seinem Leibe, zeigten es vor allem Volk, verbrannten es und gaben seine Asche den Winden. Seine Treue war sein Verbrechen. Er starb, wie er gelebt: ohne Furcht, als in der Furcht des Herrn. Sein Mord schreit auf gen Himmel. Herr mach' uns stark und laß uns eingedenk sein: *das haben die Stuarts getan.*«

»Amen!« setzte der Alte bekräftigend hinzu und sprach weiter:

»Karl Stuart ist tot; – der Herr sei seiner armen Seele gnädig.«

Alles schwieg, als habe man kein Amen für den toten König, und Richard Blunt fuhr fort:

»Herzog Jakob ist *König* Jakob geworden; Rom sitzt auf dem Throne von England; Gott erleuchte uns –«

»Und erlöse uns von allem Übel«, fiel jetzt die ganze Versammlung ein.

Viele Stimmen klangen durcheinander, Henry Hill aber überschrie sie alle und rief: »Die Zeit ist gekommen, von der wir im dreizehnten Kapitel lesen: ›Und sah ein Tier aus dem Meer steigen, das hatte sieben Häupter und zehn Hörner und auf seinen Hörnern zehn Kronen. Auf seinen Häuptern aber stunden Namen der Lästerung und sie beteten an den Drachen.‹«

»Laß sie anbeten« – rief John Overton dazwischen – »steht doch geschrieben allda: ›eh' zweiundvierzig Monde vergehn,

werden sie reif sein zur Ernte und der Engel des Gerichts wird
schneiden die Trauben dieser Erde und sie werfen in die Kel-
ter des Zornes Gottes; das Blut aber wird steigen bis an die
Zäume der Pferde‹.«

»Du sagst es!« fiel Richard Blunt ein, und sein Käppchen
von dem erhitzten Haupte nehmend – fuhr er fort: »Der Tag
des Handelns ist da, das Maß ist voll. Die Flüchtlinge im Haag
warten auf unser Zeichen; ich geb' es ihnen. Graf Argyle ist
unser; Truppen sind geworben; seine Schiffe liegen im Texel; – binnen heut und sieben Tagen steigt er in Edinburg ans
Land. Die Schotten sind unser bis auf den letzten Mann; unser
Licht kam immer von Norden; – die Tage des Zorns brechen
an; – hüte dich, Jakob! Und nun James Morris, gib uns dein
Stuartlied.«

Dieser las mit wachsender Stimme:

> »Sie dünken nach Gnade und göttlichem Recht
> Sich dieses Landes Erben,
> Und sind doch ein verloren Geschlecht
> Und müssen alle sterben.
>
> Sie machten von je den sündigen Leib
> Zum Herrscher ihrer Seelen, –
> Ihre Ahnfrau war das Babelweib,
> Von dem die Bücher erzählen.
>
> Sie mußten zweimal das Schafott
> Mit ihrem Blute färben,
> Doch unversöhnt ist unser Gott:
> Sie müssen alle sterben.
>
> Sie konnten errichten Jehovahs Thron,
> Sie sind zu schwach befunden,
> Nun klopfen an Tür und Tore schon
> Ihres Hauses letzte Stunden.
>
> Es kommt ein Wetter, es braust ein Strom,
> Die Lüge muß verderben, – –
> *Die Stuarts stehen all' zu Rom*
> *Und müssen alle sterben.*«

Als die letzten beiden Zeilen gesprochen und von der ganzen Versammlung wiederholt waren, stand man rasch auf und für den nächsten Tag eine abermalige Zusammenkunft festsetzend, trennten sie sich und huschten auf die Gasse, einzeln und verstohlen, wie sie gekommen waren.

DRITTES KAPITEL

Halben Wegs zwischen Brüssel und Anderlecht, keine tausend Schritt linksab vom Wege, lag ein italienisches Landhaus, das nach seinem Erbauer und ersten Besitzer die »Villa Monza« hieß. Es war nur ein einstöckiger Bau mit wenig Fenstern in der Front, aber das hochgewölbte Souterrain und vier schlanke Türmchen, die vorn und hinten das platte Dach des Hauses überragten, gaben ihm ein stattliches, beinah schloßartiges Ansehn. Von diesen Türmchen herab genoß man einer reizenden Aussicht. Das platte Dach selbst war zu einer Art hängenden Garten umgeschaffen; im Rücken der Villa und über dieselbe hinweg streckten die Pappeln des Parks ihre Kronen empor, und nach vorn hin, kaum breiter als die Villa selbst, dehnte sich die stille Fläche eines Teichs wie ein Spiegel für so viel Lieblichkeit. Schilf und Hängeweiden umgaben ihn, drüberhin aber dehnte sich Himmel und Frieden.

Der derzeitige Besitzer des Hauses war James Monmouth, natürlicher Sohn Karl Stuarts von der schönen Lucy Walters, und Liebling des Volks und seines Vaters zugleich. Dennoch war er verbannt. Befreundet mit Algernon Sydney, Lord William Russel und anderen Führern des Rye-House-Complots hatte ihn der Verdacht einer Beteiligung getroffen, und seine Feinde waren nicht müßig gewesen, die Lüge weiter zu verbreiten: er habe nach Thron und Leben des eigenen Vaters getrachtet. Unter diesen Feinden stand obenan sein Oheim, der Herzog Jakob von York. Ihr Haß war gegenseitig; beide wollten dem Thron die nächsten sein; der Neffe unterlag und seine Niederlage hieß – Verbannung. Nassen Auges hatte er die englische Küste ins Meer versinken sehen, aber jene Tränen waren längst getrocknet. Er war ein Stuart: er hatte ein Weib gefunden und über die Liebe den Thron vergessen.

Es war zu Anfang Mai; die Sonne neigte sich zum Unter-
gehn und spiegelte ihre letzte Glut in den Fenstern der schönen Villa. Die Balkontür stand weit offen und war der Rahmen für ein reizendes Bild. Im Zimmer dahinter aber, in unmittelbarer Nähe der Tür, saßen zwei Schachspieler: ein Herr
und eine Dame. Beide waren jung und von seltener Schönheit.
Die Dame trug ein violettes Seidenkleid, dessen eingewebte
Atlasblumen die Vornehmheit der ganzen Erscheinung noch
erhöhten. Es hatte den Schnitt eines Reithabits und schloß dicht
um den Hals. Jeden andern Schmuck schien die schöne Dame
geflissentlich verschmäht zu haben: keine Spange am Arm,
keine blitzende Schnalle am Gürtel, kein Ohrring, der ihren
Hals gestreift hätte, wenn sie von Zeit zu Zeit das Köpfchen
hintenüberwarf. Nur eine schmale Krause von Brüsseler Spitzen umfaßte den Ausschnitt ihres Kleides und am vierten Finger der linken Hand blitzte ein Stein von seltenem Feuer. Es
war derselbe Ring, den Karl I. an Thomas Wentworth, Grafen
von Strafford, zwei Tage vor dessen Gefangennehmung gegeben hatte; sie selber aber war Lady Anna Wentworth, Großnichte jenes stolzen Royalisten und stolz wie er.

Ihr gegenüber saß James Monmouth. Ein spitzer Hut mit
Straußenfedern lag auf dem nächsten Stuhl, über dessen Lehne
ein spanischer Mantel nachlässig hingeworfen war. Er selber
trug ein schwarzes reichgesticktes Sammetcollet, gepuffte Ärmel, ein Blondentuch um seinen Hals geknotet und ausge-
schweifte kurze Reiterstiefel. Sein braunes Lockenhaar fiel
wallend über seinen Nacken und stimmte zu dem dunklen
Auge und dem olivenfarbenen Teint, die ganz das Erbteil seines Vaters waren. Nur der sinnlich-schöne Mund, um dessen
Winkel ein stetes Lächeln schwebte, erinnerte an Lucy Walters
und mischte etwas wie bürgerliche Freundlichkeit in die sonst
königlichen Züge.

Sie spielten eifrig. Des Herzogs Läufer hatte soeben eine
drohende Position genommen und »Schach dem König« klang
es zu seiner Gegnerin hinüber, als plötzlich das Bologneserhündchen, das bis dahin auf einem gestickten Kissen zu Füßen
seiner Herrin geschlummert hatte, lautbellend auffuhr und
durch die offenstehende Tür auf den Balkon hinaussprang. Die

beiden Spielenden horchten auf und vernahmen immer näher kommenden Hufschlag. Ein Reiter erschien alsbald in der Front des Hauses und jetzt über die Brücke des Teichgrabens hinweg und den geharkten Kiesgang hinauf sprengend, hielt er an der Tür des Hauses, sprang aus dem Sattel und trat im nächsten Augenblick ein.

Der Eintretende war ein Vierziger: schlank, hager, blaß, reichgekleidet, mit feinen Lippen und schmaler gebogener Nase. Sein Auge war ruhig und feurig zugleich. Vornehmheit und Verbitterung stritten sich in seinen Zügen um den Vorrang; jede Handbewegung verriet den Höfling, jedes Zucken um den Mund den fanatischen Parteimann. Es war Lord Grey, heut noch ein Verschwörer und morgen vielleicht – ein Minister.

Er trat rasch auf Lady Wentworth zu und küßte die ihm dargereichte Hand, dann aber sich gegen Monmouth leicht verbeugend, sprach er mit jener geschäftsmäßigen Kürze, die jeden Umschweif vermeidet: »Herzog James, zwei Hiobsposten zugleich! Euer Vater ist tot und – Euer Oheim ist König.«

Der Eindruck seiner Worte auf beide Hörer war ersichtlich, aber während das heiße Blut in die Wangen der Lady Anna schoß und ihre dunkelblauen Augen vor Freude leuchten machte, sank James Monmouth in seinen Stuhl zurück und unwillkürlich den Blick auf die Wand gegenüber und das lebensgroße Bild seines Vaters richtend, das jetzt vorwurfsvoll auf ihn herabzublicken schien, füllten sich seine Augen mit Tränen. Er bedeckte sein Antlitz mit beiden Händen und schwieg.

Eine peinliche Pause trat ein: der Herzog saß regungslos; Lady Anna blickte auf die Figuren des Schachbretts; Lord Grey schien gleichgültig gegen den Eindruck seiner Rede und trat unveränderten Gesichts auf den Balkon hinaus. Er war Weltmann genug, um sich vor solchem Wetter stürmischer Empfindung zurückzuziehen, und Hofmann genug, um zu wissen, daß es nicht lange stürmen werde.

Nach wenig Minuten kehrte er in das Zimmer zurück; James Monmouth trat ihm entgegen, und den Lord vom Wirbel bis zur Zeh messend, begann er heftig: »Eure Rechnung ist falsch; ich hab' es satt. Verlangt nicht, daß ich Euch danke; Ihr kommt

um Euret- und nicht um meinetwillen. Mir hätten zehn Väter
sterben können, und Lord Grey wäre nicht bis Windsor, ge-
schweige bis Brüssel geritten. Ich will Euch sagen, warum Ihr
kommt: Ihr habt ein neues Komplott, einen neuen Aufstand
in der Tasche und braucht einen Namen von Klang für Eure
Fahnen und Eure Manifeste. Daß ich der Tor wäre, den General Monk für Eure Republik zu spielen und meinen Kopf zu
wagen, um irgendeinen Brauerssohn zum Protektor von England zu machen. Kein Wort, Lord Grey! Ich kenne das Lied,
das auf Eurer Lippe schwebt, das Lied vom ›König Monmouth‹.
Das Lied ist Lüge; sagt ihnen das. Ich will kein Werkzeug
sein, am wenigsten dieser Puritaner, und damit – Gott befohlen!«

Als er gesprochen hatte, entfernte er sich rasch in eines der
anstoßenden Zimmer, ohne die Antwort Lord Greys abgewartet zu haben.

Dieser nahm jetzt auf einem der Sessel neben dem Schach-
tisch Platz und lächelnd den Stand des Spiels überblickend,
sprach er zur Lady: »Schach dem König?! der Herzog scheint
wenig auf jene Fingerzeige zu geben, die Toren Zufall nennen. Im übrigen lauteten Eure Briefe anders, als ich die Stimmung hier gefunden. Wir werden's ohne den Herzog versuchen müssen. In London regt sich's; die Schotten sind bereit;
Argyle liegt im Texel. Die Argyles träumen seit lange von
einer Krone.«

Lady Anna hatte bis dahin mit dem Ring an ihrem Finger
gespielt und lächelnd vor sich niedergeblickt. Jetzt schaute sie
auf und dem Auge des Lords begegnend, sagte sie ruhig: »Ich
hätte Lord Grey für einen bessern Menschenkenner gehalten.«

»Der er ist!« erwiderte lebhaft der Lord. »Meinen Sie, ich
hätte dieser Ablehnung geglaubt?! Ein Stuart schlägt keine
Königskrone aus, sie komme, woher sie wolle. Die Heftigkeit
seiner Rede war nichts als ein verschämtes Ja. Mylady, ich
gehe nach Brüssel. Sie haben vierundzwanzig Stunden. Ich
erwarte Sie morgen, Sie – und den Herzog.«

»Morgen? Sie drängen, Lord.«

»Nicht ich, – die Umstände.«

»Wenn er sich dennoch weigert!«

»Glauben Sie, daß er's wird?!«

Lady Anna sah vor sich nieder, als überlege sie. Dann sich stolz aufrichtend erwiderte sie: »Nein! – so sei's denn! – auf morgen, Lord Grey.«

Der Lord empfahl sich; im nächsten Augenblick saß er zu Roß und sprengte über Brücke und Feld. Lady Anna stand in der Türe des Balkons und sah ihm nach, dann trat sie ins Zimmer zurück und plötzlich zu dem Bildnisse Karl Stuarts aufschauend, murmelte sie rasch und heftig vor sich hin: »Ich mag nicht die Lucy Walters deines Sohnes sein; ich habe dies Schäferleben satt.«

Sie schwieg einen Augenblick. Dann fuhr sie mit der Hand über die Stirn: »Was sagte der Lord? Er sprach von Fingerzeigen, die Toren Zufall nennen. Recht so, Lord Grey! Ich hatte einen Traum die letzte Nacht: mein Großohm sah ernst und strafend auf mich herab, unter seinen Blicken aber ward ich größer und größer, bis ich um Kopfeshöhe ihn überragte. Da kniete er nieder vor mir und küßte mir die Hand. Ein schöner Traum! – Ich bin aus beßrem Blut als Anna Bulen war. Und bin ich gefallen, James, so will ich steigen und höher steigen, als ich fiel.«

Sie schritt hinunter in den Garten. Die Sonne war inzwischen untergegangen, alles war still, die Vögel schwiegen, nur das Schilf bewegte sich leise. Am Teich stand eine Sonnenuhr, daneben eine Bank. Hier setzte sich Lady Anna und starrte in den Teich. Mitunter bildeten sich Kreise auf dem Spiegel, wenn unterm Druck des Abendwindes ein niederhängender Weidenzweig tiefer in die Flut getaucht wurde, mitunter blitzte ein Fischchen auf, oder flog eine Libelle über den Wasserspiegel hin. Lady Anna aber sah nur die Themse, die an Whitehall vorüberfließt und hundert Barken, die nach Westminster steuern und *ihre* Barke den andern allen vorauf. Ein Purpurbaldachin breitete sich ihr zu Häupten aus, die Glocken klangen, das Volk jauchzte... In diesem Augenblicke weckten sie die Schritte des Herzogs, der an der Front des Hauses auf und niederging. Sie sah ihm nach. Aber nach wenigen Minuten schon nahm er auf einem Holzstamm Platz, der, halb von Efeu und wildem Wein umrankt, unmittelbar unter den Pfeilern

des Balkones lag. Er schien ihrer nicht ansichtig geworden zu
sein; das war ihr genehm und im Schatten der Bäume ihren
Rückzug nehmend, schlüpfte sie leis und unbemerkt ins Haus.

Sie ging in sein Zimmer. Auf seinem Schreibtisch lag ein
frischbeschriebenes Blatt. Sie las:

>>Es zieht sich eine blutige Spur
Durch unser Haus von alters,
Meine Mutter war seine Buhle nur,
Die schöne Lucy Walters.

Am Abend war's, leis wogte das Korn,
Sie küßten sich unter der Linde,
Eine Lerche klang und ein Jägerhorn, –
Ich bin ein Kind der Sünde.

Meine Mutter hat mir oft erzählt
Von jenes Abends Sonne,
Ihre Lippen sprachen: ich habe gefehlt!
Ihre Augen lachten vor Wonne.

Ein Kind der Sünde, ein Stuartkind,
Es blitzt wie Beil von weiten,
Den Weg, den alle geschritten sind,
Ich werd' ihn auch beschreiten.

Das Leben geliebt und die Krone geküßt
Und den Frauen das Herz gegeben,
Und den letzten Kuß auf das schwarze Gerüst –
Das ist ein Stuart-Leben.<<

Als sie gelesen hatte, entfiel ihr das Blatt. Sie hatte ihn nie
so geliebt wie diesen Augenblick. Daß sie ihrem Ziele so nah
war, das entwaffnete sie. Eine tiefe Rührung bemächtigte sich
ihrer, doppelt tief in der Freude darüber, daß ihr stolzes Herz
dieser Rührung fähig war. Ihr guter Engel küßte sie, und ihr
Ehrgeiz ging unter diesem Kuß zur Ruh. Aber auf Augenblicke nur. Ihr Herz war keine Stätte stillen Glücks; sie dachte

Lord Greys und ihres Traums, und eine Laute ergreifend,
schritt sie rasch dem offenen Fenster zu, und sang mit klang-
voller Stimme ins Freie hinaus:

>»Und weil du deiner Mutter Kind,
Bist zwiefach du erkoren,
Nur wem die Götter gnädig sind,
Der wird wie du geboren.

Du bist ein Kind der Sünde nicht,
Du bist ein Kind der Liebe;
Und wenn dir jeder Ruhm gebricht,
Wär's dieser, der dir bliebe.

Du bist ein Stuart! wenn du's bist,
So lerne Kronen tragen;
Eu'r Haupt, wenn's ohne Krone ist,
Ist besser abgeschlagen.

Du bist ein Stuart! nun so sei's
Und laß es weiter erben:
Um dieses Lebens höchsten Preis
Verlohnt es sich zu sterben.«

Während sie die letzte Strophe sang, war sie auf den Balkon hinausgetreten. Sie hatte sich nicht geirrt; am Weinspalier
kam's in die Höh (war doch die Treppe ein Umweg), und eh'
noch der letzte Ton verklungen war, lag James zu ihren Füßen.
Er bedeckte ihre Hand mit Küssen; Furcht und Hoffnung, Liebe
und Heimweh gingen durch sein Herz, und während vor maß-
loser Aufregung Träne auf Träne seinem Aug' entrann, sprach
er zitternd und wie im Fieber: »Ich will, Anna, ich will – um
dich.«

VIERTES KAPITEL

Es war am 5. Juli 1685. Bei Sedgemoor lagen sich zwei feindliche Heerhaufen gegenüber; über beiden flatterte das Banner von England, beide nannten sich »*königlich*«, aber nur der eine *war* es, der andere *wollt'* es sein. Diesen führte James Monmouth. –

Im Hafen von Lyme, an der Küste von Dorsetshire, war er mit seinen Getreuen gelandet und das Gewinnende seiner Erscheinung, dazu die Versprechungen, mit denen er nicht kargte, hatten binnen wenigen Tagen die ganze Grafschafts-Bevölkerung auf seine Seite gebracht. Stadt und Land wetteiferten, ihn als König willkommen zu heißen. Anekdoten von seiner Leutseligkeit liefen vor ihm her und öffneten ihm alle Herzen und Tore. In Bridport hatte es gebrannt, als er mit seinen Truppen einmarschierte. Da hieß es denn, er habe löschen helfen; andere wußten sogar, er habe ein Kind gerettet. In Abbotsbury war er aus dem Bügel gesprungen, um einem alten Mütterchen aufzuhelfen, das vor Schreck über sein bäumendes Pferd ausgeglitten und niedergefallen war; und in den Sandsteinbrüchen von Mendips-Hill hatte er den Bergleuten eine Rede über den Text gehalten: »daß der Arbeiter seines Lohnes würdig sei«. Auf dem Marsch von Axminster bis Yeovil, als seine Truppen halbverdurstet waren, hatte er einen Krug Wasser an die Erde gegossen, um nichts vor den Seinen voraus zu haben, und dabei geschworen, daß er's immer so halten wolle, und wenn er funfzig Jahre König in London sei. Auch von einer wunderschönen Dame erzählte man sich, die immer um ihn sei und ihm zur Linken auf einem prächtigen, isabellfarbenen Hengste reite. Sie sei nur heimlich seine Frau (ein fremder Priester habe sie getraut), aber er halte sie hoch in Ehren, und sie sähe aus wie die Königin in St. James. In Newbridge habe sie das Kind eines armen Tagelöhners über die Taufe gehalten, und mit einem Henkeldukaten und einem Ringe beschenkt, den sie vom eignen Finger zog.

So waren die Gerüchte vor ihm hergelaufen, bis Taunton hin, der Hauptstadt von Devonshire. Im Triumphe war er hier eingezogen. Fahnen hatten geflattert und junge Mädchen Blumen gestreut; hübsche Frauen hatten ihn ihren Kindern gezeigt und verlegen geflüstert: »Das ist er, das ist er!« – alte Soldaten waren in Feuer und Flamme geraten und hatten laut gerufen: »'s ist sein Vater, wie er leibt und lebt!« – so, unter Girlanden mit Huldigungsinschriften war der Zug bis in die Kirche geeilt, wo, wie immer, das Tedeum schallte, das schon so oft einer faulen Sache dienen und ein mahnendes Gewissen mit seinen Klängen betäuben mußte. Inbrünstig, wie jeder Prätendent, den die Hoffnung anwandelt, in seinem Ehrgeiz ein Werkzeug Gottes gewesen zu sein, hatte sich der Herzog vorm Altar aufs Knie geworfen, und unter Tränen und Gebet war ihm auf wenig kurze Augenblicke der Glaube an sich selbst, an sein Recht und an die Möglichkeit seines Sieges gekommen. Doch auf Augenblicke nur. Manifeste voll Anklagen gegen seinen Oheim, »den Usurpator seiner Krone«, voll unerfüllbarer Versprechungen gegen alle Parteien, liefen von Taunton aus ins Land, aber die Freunde, auf deren Beistand gerechnet war, blieben aus, und wie beharrlich er sich »König von England« nennen mochte, er blieb doch nur der König von Dorset- und Devonshire. Die Katholiken standen fester zum Thron denn je; die charakterlose Masse, die sich Volk nennt und immer auf die Seite des Siegers tritt, verlangte vor allem einen Sieg, und die Puritaner, deren man so sicher zu sein gewähnt hatte, hielten sich geflissentlich zurück. Das machte, sie hatten keinen Glauben an die kirchliche Ehrlichkeit des Herzogs, und je mehr er versprach, um so weniger. Ein tiefer Zug des Mißtrauens gegen alles, was »Stuart« hieß, erfüllte längst die puritanische Bevölkerung des Landes, und während sie den Grafen Argyle heimlich unterstützten, der gleichzeitig in Schottland gelandet war, überließen sie den Herzog seinem Schicksal und wiesen jede Mahnung einzelner mit dem einen Wort zurück: »*Er ist ein Stuart.*« Sie wußten selber kaum, wie recht sie hatten. – Unter der Ungunst dieser Verhältnisse blieb nur eines erhebend: die Treue Devonshires; – der Rausch hielt an, und der sonnige Tag, der unmittelbar zu Häupten des Prätendenten stand, ließ ihn die Wolken übersehen, die sich am Horizont zusammenzogen. Doch nicht auf lange. Näher und näher rückten die Regimenter König Jakobs, und gestern war es gewesen, daß sie – unter Führung Lord Fevershams – sich den Herzoglichen bis auf drei englische Meilen genähert und auf der Heide von Sedgemoor ihr Lager abgesteckt hatten. Der nächste Tag sollte die Entscheidung bringen.

Die beiden Heere boten einen gar verschiedenen Anblick dar. Die Truppen Lord Fevershams bestanden, mit Ausnahme weniger hundert Mann Wilt- und Glocestershire-Milizen, aus alten Regimentern, die in den Niederlanden gefochten und dem Siegeszuge Turennes Einhalt geboten hatten. Sie gaben an Tüchtigkeit jenen Cromwellschen Regimentern nichts nach, die bei Dunbar selbst den alten Schottenruhm zuschanden gemacht hatten, und wenn auch der Independenten-Geist aus ihnen gewichen und die Zeit fanatischen Plärrens und Priesterns für immer vorüber war, so hatten sie, aus Cromwells Tagen her, doch die Kerntugenden jeder Armee bewahrt: Zucht, Gehorsam, Taktik und die Gewohnheiten des Sieges.

Anders stand es mit dem Heerhaufen des Herzogs. Nur zum kleinsten Teil aus geschulten Soldaten bestehend, waren die beiden Flügel seiner Aufstellung herzugelaufenem Volke anvertraut, armen Teufeln, die außer dem besten Willen nur guten Hunger und schlechte Waffen mitgebracht hatten.

Auf dem rechten Flügel befanden sich ein paar hundert Bürger aus Taunton, Bridport und andern Städten. Sie hatten ein leidlich klares Einsehen davon, wie schwach es mit ihnen bestellt sei, aber sie beschwichtigten sich und ihre Furcht mit den alten Mitteln, zu denen in solchen Fällen die unausrottbare Hoffnung zu greifen pflegt. Der eine wußte, daß in London ein Aufstand ausgebrochen sei, ein zweiter wollte Briefe aus Schottland haben, und schwur hoch und teuer, daß Graf Argyle die Königlichen geschlagen habe; der Rest wiegte sich mit der Vorstellung, daß die Regimenter Lord Fevershams puritanisch seien, wie in alten Zeiten, und daß sie mit klingendem Spiele übergehen würden, sobald sie ihre »Brüder von Devonshire« vor Augen hätten.

Auf dem linken Flügel befand sich nichts anderes. Rührend war das Vertrauen und die Sorglosigkeit dieser Leute, die noch angesichts des Untergangs von ihren Siegen träumten. Der Herzog war so ein hoher Herr, er hatte gesagt: er werde König werden und werde für sie sorgen; er hatte das alles von seinem bäumenden Pferde herab gesprochen, mit einer Feder auf dem Hut und goldner Stickerei am Mantel – wie hätten sie da zweifeln sollen, es war, als hätte es ihnen Gott selbst verheißen.

Im Zentrum freilich wußte man's besser. Die Truppen, die man aus den Niederlanden mitgebracht hatte, verstunden sich auf ein Feldherrngesicht, und hatten seit lange schon auf des Herzogs Stirn die Falte gesehen, die alles andere eher versprechen mochte als Sieg. Lord Greys Gesicht war mit jedem Tage länger geworden, und die einzige, die noch lachte, war Lady Anna, aber sie lachte nicht mehr wie sonst.

Die Sonne war unter. Man befand sich im Hause eines alten Müllers, der sich erst wenig seiner Gäste gefreut zu haben schien, dann aber plötzlich munter und redselig geworden war. Niemand wußte warum. Die Mühle nach holländischer Bauart befand sich unmittelbar oberhalb des Hauses, und die Wände trotz ihrer Dicke, schütterten hin und her, wenn, wie eben jetzt, die Mühle in vollem Gange war. Um einen mächtigen Eichentisch herum, auf dem Pläne und Karten lagen, saßen der Herzog, Lady Anna und Lord Grey. Offiziere kamen und gingen; man war einig geworden, in derselben Nacht noch einen Überfall zu wagen. Überraschung sollte die Kräfte ausgleichen. »Zwei Uhr!« rief der Herzog und warf seinen Degen auf den Tisch, um sich's bequem zu machen. Die Offiziere verbeugten sich; aber in demselben Augenblick schrak alles zusammen: – die Mühle stand still.

Eine peinliche Pause folgte; alles atmete erst auf, als draußen auf der Diele ein Lärmen entstand und gleich darauf drei schlecht bewaffnete Mendipshill-Männer eintraten, die eine alte Zigeunerin mit zerissenem Kleid und zusammengebundenen Händen herbeischleppten.

»Was gibt's?« fragte der Herzog. Einer der Männer trat vor und berichtete: »Sie ist eine Spionin, Herr, sie hält's mit dem Feind und wollt' uns 'nüberführen zu Lord Feversham. Wir fanden sie hinter einer Hecke. Als wir ihr sagten, wir würden sie zu Euch bringen, da bat sie hin und her, wir möchten sie laufen lassen. Zuletzt nahm sie eine Whiskey-Flasche aus ihrem Bündel, und zeigte sie uns und sagte: ›das ist echter, der kommt von drüben, so haben ihn nur die Königlichen. Seid gescheit! ein Schluck von diesem tut eurem Hals besser als ein Strick drum rum. Und das ist doch das Ende vom Liede.‹ Dann sprach sie noch allerhand Ehrenrühriges: der Monmouth ist ein Narr, sagte sie, und Lord Grey ein Lump.«

»Wie heißt du?« fragte der Herzog, indem er sich dem alten Weibe zuwandte.

»Madje Jim!«

»Hängt sie!« rief Lord Grey dazwischen.

Die Alte grinste ihn an und sagte trocken:

> »Madje Jim das Seil,
> Lord Grey das Beil, –
> Es kriegt ein jedes seinen Teil.«

»Die Natter sticht, wenn man sie tritt«, antwortete Lady Anna an Stelle Lord Greys, der stumm geworden war, und eine Heiterkeit zur Schau tragend, daran ihr Herz keinen Teil hatte, rief sie der Alten zu: »Du bist der prächtigste alte Rabe, der je vor einem Schlachttag aufgeflogen ist! gib mir auch einen Spruch.«

Die Alte schwieg.

»Du tust nichts umsonst, wie ich merke« – drang Lady Anna weiter in sie – »nun, so fordere!«

Das Auge der Alten blitzte; sie trat einen Schritt vor und sprach rasch:

> »Dein Nacken ist weiß, deine Wang' ist rot; –
> Ein Zaubermeister ist der Tod,
> Er tauscht über Nacht die Farben leis –
> Und der Nacken ist rot, und die Wang' ist weiß.«

»Du bist unhöflich« – fuhr die Lady scherzend fort – »ich wollte dir das Leben schenken, und du schenkst mir den Tod. – Aber James« – wandte sie sich zu diesem – »du darfst nicht zurückbleiben; ich kenne Madje Jims gutes Herz, – sie borgt uns ihre Schicksalsbrille noch einmal.«

Der Herzog streckte ihr, augenscheinlich ungern, die Fläche seiner Hand entgegen; sie aber machte eine abwehrende Be-

wegung, als ob derlei Hokuspokus zwischen ihnen nicht erst
nötig sei, und sprach dann:

> »Ich kenn' dich die vierzig Jahre schon,
> Da warst du Karl Stuart, nun bist du sein Sohn;
> Dein Vater starb auf seidenem Bett, – –
> Wer auch solch' Sterbekissen hätt'!«

Der Herzog winkte mit der Hand. »Sperrt sie ein bis morgen, dann laßt sie laufen.«

Man schleppte die Alte fort; Lady Anna versuchte einen
heiteren Ton anzuschlagen, aber ihre Seelen brannten so trüb
wie die Lichter, die auf dem Tische standen.

Es mochte um die elfte Stunde sein; Lord Grey hatte sich in
des Müllers alten Lehnstuhl zurückgeworfen und versuchte zu
schlafen, die beiden Liebenden gingen in den Garten. Es war
so schwül im Zimmer. Sie schritten den breiten Buxbaumsteig
hinunter, an dessen Ende ein alter, mit Blüten überdeckter
Birnbaum stand, und setzten sich auf die Rasenerhöhung, die
um den Stamm des Baumes herumlief. Beide schwiegen; aber
während der Herzog vor sich niederstarrte und über einem
Entschluß zu brüten schien, blickte die Lady fest und frei umher wie einer, der seine Rechnung abgeschlossen hat. Sie ergriff die Hand des Herzogs, streichelte sie und ihn zärtlich zu
sich heranziehend, sprach sie mit einer Weichheit, die ihrem
gewöhnlichen Wesen fremd war: »Woran dachtest du, James?«

Der Angeredete blickte auf. Dann, mit einem Anflug von
Verlegenheit, wie wenn er verschweigen müsse, was in ihm
vorgegangen sei, sagte er eintönig: »Ich dachte an Brüssel und
an die Villa Monza, an den Schilfteich und an den hängenden
Garten. Jetzt blühen die Rosen.«

Lady Anna sah ihn forschend an. Dann schüttelte sie den
Kopf, aber nicht unwillig: »Ich weiß, woran du dachtest! Du
dachtest an den Hafen von Lyme, an unsere Brigg, die dort vor
Anker liegt, an die Gunst des Windes, der eben jetzt von Norden weht und an die nahe normännische Küste. James, du
dachtest an Flucht.«

Monmouth schwieg.

»Ich will dir eine Geschichte erzählen«, fuhr sie voll Milde
fort. »Es tut nichts, wenn du sie schon kennst, oder hundert andere, die ähnlich klingen. In unserem Dorf lebte ein alter Förster, ein Witwer und ein strenger Mann. Er hatte eine Tochter,
die sein Augapfel war und einen Jägerburschen. Die beiden
liebten sich. Sie traten vor den Alten und forderten sein ›Ja‹.
Er wies sie ab. Die Liebenden trafen sich denselben Abend im
Garten, der Bursche war verstört, das Mädchen verweint. Sie
saßen lange schweigend, dann sprach sie: ›Zwischen uns und
dem Altar steht meines Vaters Fluch, aber zwischen uns und
dem Tod – _der_ Weg ist frei. Willst du?‹ In derselben Stunde
fielen zwei Schüsse, man durchsuchte den Garten, man fand
die beiden, daneben ein Blatt: der Bursch hatte seine Braut
erschossen, dann sich selbst. Sie waren noch jung und hätten
noch lange leben können.«

Der Herzog horchte auf.

»James« – fuhr die Lady rascher fort – »seit wann gilt eine
Krone weniger als ein Ring am Finger! Wir brauchen den Tod
nicht zu suchen; wenn wir wollen, so sucht er morgen uns.
Du willst nicht, James, daß unser Elend zu hohen Jahren kommen soll.«

Der Herzog hatte seine Hand aus der ihrigen gezogen und
sich rasch erhebend, legte er jetzt seine beiden Hände auf ihren
Nacken und sah sie lange und innig an. Er zitterte nicht mehr
wie damals, wo er, vor Aufregung weinend, zu ihren Füßen
hingesunken war; das Unglück und die Nähe des Todes hatten seine Seele gefestigt. Mit jener Ruhe, die der Segen eines
festen Entschlusses ist, sprach er zu ihr hernieder: »Es wird zu
viel, Anna, – so dank' ich dir auch dies.«

Dann ergriff er ihre Hand und oft und lange zu dem ge-
stirnten Himmel aufblickend, als betete er, oder als woll' er
sich noch einmal den ganzen Zauber dieses Anblicks fühlbar
machen, schritt er am Arm der Lady den Gartengang hinauf
und zum Hause zurück. Dann kam der Schlaf.

Es schlug zwei, als sich das Zentrum in Bewegung setzte,
erst Reiterei, dann Fußvolk. Allen vorauf ritten der Herzog
und Lord Grey, zwischen ihnen, in schwarzem Kleide, Lady

Anna. Die Hufe sämtlicher Pferde waren, des Überfalls halber, mit Stroh umwickelt; alles Lärmen war bei Todesstrafe untersagt; schweigend wie ein Leichenzug bewegte sich die Kolonne über das Feld hinweg. Man hatte zwei Kundschafter vorausgeschickt; der eine war ihr Wirt, der Müller. Als man einen langen Hohlweg glücklich passiert und den Rand eines Laubholzwäldchens dicht vor Augen hatte, dahinter die Heide von Sedgemoor samt dem Lager der Königlichen lag, hielt man an, um die Rückkehr der Kundschafter abzuwarten. Nur einer kam. Er berichtete, daß inmitten des Wäldchens eine Feldwacht liege, gegen zwanzig Mann, alle im tiefsten Schlaf; selbst der Posten unterm Gewehr habe genickt. Der Herzog ließ jetzt eine Compagnie Fußvolk vorrücken, und gab Ordre, zu zwei und drei am Rand des Waldes entlang sich zu verteilen, um dann – von allen Seiten aus, nach der Mitte hin vordringend – die ganze Feldwacht wie in einem Netze zu fangen. Rasch und pünktlich machten sich die geschulten Soldaten an ihre Aufgabe, und ehe zehn Minuten um waren, meldete einer der Offiziere den Erfolg des Unternehmens. Geräuschlos hatte man die Schildwacht niedergehauen, und den Rest zu Gefangenen gemacht.

Es mochte gegen drei Uhr sein, und im Osten begann es hell zu dämmern. Auf den Gesichtern der Soldaten konnte man deutlich den günstigen Eindruck erkennen, den die erste Waffentat des Tages hervorgerufen hatte und von der Stirn des Herzogs leuchtete es, als erfülle seine Seele noch einmal die süße Möglichkeit des Sieges. Schnell (die wachsende Dämmerung mahnte zur Eile) ging es jetzt im Schatten der Bäume das Gehölz hindurch, und als die Reiter, die ein wenig vorauf waren, an der anderen Seite des Wäldchens sich gesammelt hatten, sahen sie bereits die Lagerzelte der Königlichen und hier und da ein erlöschendes Feuer. Kein Laut drang herüber, kein Tritt von Wachen und Patrouillen, alles schien zu schlafen.

Man ritt jetzt am Waldrand entlang, bis zu einer vorspringenden Spitze des Gehölzes, von wo aus das Lager selbst keine fünfhundert Schritt entfernt sein konnte, und plötzlich den Pferden die Sporen gebend, ging es im vollsten Jagen über die Heide hin. Das Fußvolk rückte im Geschwindschritt nach, die

nächsten Minuten mußten über das Schicksal des Tages entscheiden. Schon war der Zwischenraum durchflogen; — ein
schmaler Graben noch — aber sieh da, die Sporen tiefer einset-
zend, ging's drüber hinweg. Die Pferde schnaubten, die De-
genscheiden klirrten aneinander, dumpf dröhnte der Boden
unter dem Getrapp der strohumwickelten Hufe, und jetzt mit
lautem Jubelgeschrei Hütten und Zelte niederreitend, fegte
man immer rascher und rascher dem Mittelpunkt des Lagers
zu. Vor Siegesfreude blind, achtete niemand der Leere und
Ausgestorbenheit ringsum, bis plötzlich ein zweiter breiterer
Graben, mit einem Erdwall dahinter, Roß und Reiter zurück-
prallen machte. Hunderte von Köpfen wuchsen wie auf Zau-
berschlag hinter der Mauer hervor und beim Aufblitzen des
Pfannenpulvers sah jetzt das stummgewordene Reitervolk die
Karabinerläufe blinken, die ihnen die Marstonmoor-Dragoner
zwischen den Rasenstücken entgegenstreckten. Ein Krach, und
die Szene hatte sich verändert. Mehr als funfzig Pferde stürz-
ten, die andern wandten sich und das nachrückende Fußvolk
mit fortreißend, stoben die Sieger einer Viertelstunde in Flucht
und Verwirrung über die Heide hin, dem rettenden Walde zu.
Vergebens donnerte die Stimme einzelner Offiziere ihr »Halt«
dazwischen, die Stimmen derer waren stumm geworden, deren
Ansehen und Beispiel vielleicht ausgereicht hätte, diesem
Schrecken Einhalt zu gebieten. Lord Grey war gestürzt, Lady
Anna hatte die Todeswunde im Herzen; — und neben ihr,
gleichgültig gegen die Kugeln, die um ihn her und über ihn
hinweg den Flüchtigen nachpfiffen, stand Herzog James und
mühte sich umsonst mit seinem weißen Schärpentuch das strö-
mende Blut zu stillen. »Laß, James«, flüsterte die Sterbende —
»es ist vorbei.«

»Nein, nein, es soll nicht sein!« — und aufs Knie fallend
und beide Hände nach ihr ausstreckend, rief er wie außer sich:
»Nimm mich mit.«

Sie aber ergriff seine Hand, küßte sie und sprach dann mit
letzter Anstrengung: »Vergib James, — ich wollte dich groß
sehen — dich und mich — flieh … nein, bleib … — vergib!«

Er blieb.

Ein Offizier trat an ihn heran.

»Herzog Monmouth, Euren Degen.«

Er gab ihn; was hätte er nicht gegeben!

Die Schlacht war aus, die Metzelei begann. Als die Sonne aufging über Sedgemoor, spiegelte sie sich in Blut; der Herzog aber ritt auf dem Wege nach London – waffenlos – ein Gefangener.

FÜNFTES KAPITEL

Vier Tage später glitt ein Kahn die Themse hinunter. Es war spät Abend und dunkel, aber an beiden Ufern blitzten viel tausend Lichter und warfen ihren Schimmer weit in den Strom hinein. Der Kahn ging mit der Flut, und die Ruderer hatten leichtes Spiel. Am Steuer saß Graf Dartmouth, Lord Kammerherr Sr. Majestät König Jakobs, und unter seinem Hut hinweg, den er tief ins Gesicht gedrückt hatte, sah er fest und scharf auf eine vornübergebeugte, in Hut und Mantel gehüllte Gestalt, die regungslos in der Mitte des Bootes saß. Als man die London-Brücke passiert und Billingsgate zur Linken hatte, schlug der Fremde seinen Mantel zurück, und sein Antlitz gen Himmel richtend, so daß der Lichterglanz jetzt voll auf seine blassen Züge fiel, atmete er auf und ließ dann sein Auge rechts und links über die goldgestreifte dunkle Fläche gleiten. Man war in der Nähe des Ufers, und Graf Dartmouths Rechte fuhr an den Griff seines Degens.

»Es ist nichts, Mylord!« sagte James Monmouth lächelnd (denn er war es), und hüllte sich wieder in seinen Mantel.

Rascher strömte die Flut, das leichte Fahrzeug vor sich hertreibend, und ehe noch das Rot verflogen war, das jene lächelnd gesprochenen Worte über Graf Dartmouths Antlitz ausgegossen hatten, schimmerten die weißen Steine des Towers wie Dämmerungsstreifen durch die Nacht.

Der Graf richtete sich auf; der Herzog aber starrte noch immer vor sich hin und fuhr aus seinen Träumen erst empor, als das Knarren eines nach innen sich öffnenden Torflügels ihn weckte. Das war *Traitorsgate*, das Hochverräter-Tor. Die Barke glitt mit geschickter Wendung nach links hinein, und als der

eisenbeschlagene Flügel sich langsam wieder schloß, wie er sich
geöffnet hatte, lag die Barke in einem Wasserhof, der von vier
Seiten eingeschlossen, hoch über sich ein Streifchen Himmel
hatte. Nach der Uferseite hin befand sich eine Steintreppe,
schmal und ausgewaschen; hier legte das Fahrzeug an. Man
hörte das Drehen eines Schlüssels in einem rostigen Schloß,
dann öffnete sich die Tür und auf ein Zeichen des Grafen erhob sich der Herzog und schritt rasch die Stufen hinan. Als er
oben stand, warf er noch einen letzten Blick auf die Treppe
ihm zu Füßen und das gegenüberliegende Tor; er wußte, daß
es sich ihm nicht wieder öffnen werde.

Trübes Lampenlicht brannte auf dem Towerhof; ein Schließer ging vor dem Herzog her, Graf Dartmouth folgte. Schweigend schritten sie dem hohen Backsteinturme zu, der seit den
Tagen Richard Glocesters und seiner ermordeten Neffen der
Blutturm heißt. Hoch oben unterm Dach drehte sich ein offenstehendes Fenster im Winde, *jenes* Fenster, dahinter in dunkler
Nacht die dunkle Tat geschah; aber James Monmouth hörte
nicht das Knarren der rostigen Angeln, und nur mit feinen
Sinnen dem Klang von Axt und Hammer lauschend, die weit-
ab auf Towerhill das letzte Haus für ihn zusammenfugten,
schritt er rasch unter dem Portal des Turmes hindurch. Er befand sich auf einem geräumigen Hof, aus dessen Mitte, kastell-
artig, der White-Tower mit seinen vier Türmen emporragte;
den alten Festungsbau aber zur Rechten lassend, schritten sie
an der Towerkapelle vorbei, dem Beauchamp-Turme zu, und
die schmale Steintreppe desselben hinauf. Der Schließer öffnete
ein achteckiges, vielfach vergittertes Zimmer, und einen Licht-
stumpf auf den Tisch setzend, den er an der blackigen Trep-
penlampe angezündet hatte, sprach er ein kurzes: »Hier!« Dann
ließ er den Herzog und seinen Begleiter allein. James warf sich
in einen alten, seitab stehenden Holzstuhl und starrte vor sich
hin.

»Herzog Monmouth« – unterbrach ihn der Lord – »es ist
nah an Mitternacht; Ihr habt nur fünf Stunden noch.«

»Um die ich mich ungern gebracht sähe« – murmelte James
vor sich hin.

»Ihr seid noch unversöhnt mit Eurem Onkel« – fuhr Graf

Dartmouth fort – »und unversöhnt mit Gott. Wollt Ihr eines unbußfertigen Todes sterben und Euren Haß vor den Thron des Ewigen tragen?«

Der Herzog sprang auf. »Nein, nein!« rief er und schritt einigemal im Zimmer auf und ab. Dann mit seiner Rechten über die linke Brustfläche seines Collettes gleitend, als suche er etwas, nahm er ein Taschenbuch heraus, das er überm Herzen getragen hatte. Er blätterte hastig darin, riß ein leeres Blatt heraus, rückte den Stuhl an den spärlich erleuchteten Tisch und schrieb mit Blei die Worte nieder:

»Du hast meinen Tod gesprochen. Ich fordere keine Gnade. Ich fordere nur eins: gönne mir, als ein Stuart zu sterben. Ich schrieb auf meine Fahnen: *gegen Rom!* Das war die große Sünde meines Lebens. Ich bin Katholik wie Du. Du weißt es. Mein Werk war Lüge; drum ist es gescheitert. Sende mir den Beichtiger, der am Bette meines Vaters stand. Ich scheide ohne Haß. *James Monmouth.*«

»Gebt das meinem Oheim!« rief er dem Grafen zu, der mit dem Ausdruck tiefsten Mitgefühls die Zeilen empfing und sich schweigend entfernte.

Fünfviertel Stunden später hallten Schritte auf dem Hof, dann auf der Treppe. William Hutchinson trat ein. Der Herzog beichtete und empfing die Absolution. Von den nahen City-Kirchen schlug es zwei, als der Priester über die Höfe und Zugbrücken hinweg wieder ins Freie schritt.

James Monmouth hatte sich auf ein schlechtes Lager geworfen; sein Leib war erschöpft, seine Seele gestärkt wie nach einem Bade; so schlief er ein. Er hatte einen wunderbaren Traum: vor ihm lag ein weiter Weg, der war steinig, und es schmerzte ihn an den Füßen. An einer Stelle glitt er aus und fiel aufs Knie. Als er sich wieder erhob, blutete er heftig, aber um ihn her war alles verändert. Ein schönes Mädchen schritt vor ihm her und streute Blumen über die Steine. Er kannte das Mädchen, und sie lächelten sich an. Immer leichter ward ihm, so leicht, als ob er fliegen könne, und als er jetzt zurücksah, lag die Erde weit unter ihm, und das Mädchen flüsterte ihm zu:

»Du fliegst ja, James.« Ihr Kleid wehte wie eine Morgenwolke vor ihm her, und beide Hände danach ausstreckend, rief er mit aller Anstrengung: »Anna.« Der Klang seiner eigenen Stimme weckte ihn, er saß aufrecht im Bett und starrte in die Höh', als such' er die Erscheinung, die er gehabt.

Dann sprang er auf und trat an eins der Gitterfenster; über den Hof kam der Gouverneur des Towers mit Bewaffneten; als er eintrat, rief ihm der Herzog entgegen: »Ich bin fertig!« und schloß sich dem unten harrenden Zuge an.

Auf Towers-Hill stand ein schwarzes Gerüst, drum herum viel Tausende Londoner Volks, Frauen zumal und Kinder. Alles schluchzte, als der Herzog grüßend an ihnen vorbeischritt. Oben auf dem Schafott kniete der Henker vor ihm nieder und sprach die üblichen Worte: »Vergib das Leid mir, das ich erwählet bin dir anzutun.« Der Herzog hob ihn auf: »Laß das« – sprach er lächelnd – »nur triff mich besser als du Lord Russel trafst.«

Armer Herzog, das war zur Unzeit gesprochen!

Der Henker zitterte; James kniete nieder; erst mit dem fünften Schlage fiel sein Haupt.

An demselben Vormittage fanden sich die Club-Männer in Harpers-Lane zusammen, und als das übliche Gebet gesprochen und Pagina I. gelesen war, erhob sich Richard Blunt wie damals, und sprach über den Tisch hin:

»James Monmouth ist tot; – der Herr sei seiner armen Seele gnädig!«

»Amen!« fielen einige Stimmen ein.

»Er starb.« –

»Durch *unsere* Schuld!« rief Henry Hill dazwischen, und schlug mit der Faust auf den Tisch.

»Er starb« – fuhr unbeirrt der Alte fort – »*weil er ein Stuart war.* Er beichtete katholisch. Ich wußt' es immer. Und nun James Morris gib uns dein Stuart-Lied.«

Der Angeredete las wie damals; nur *ein* Wort war verändert:

> »Sie dünken nach Gnade und göttlichem Recht
> Sich dieses Landes Erben,

Und sind doch ein verloren Geschlecht
Und müssen alle sterben.

Sie machten von je den sündigen Leib
Zum Herrscher ihrer Seelen, –
Ihre Ahnfrau war das Babelweib,
Von dem die Bücher erzählen.

Sie mußten *dreimal* das Schaffot
Mit ihrem Blute färben,
Doch unversöhnt ist unser Gott;
Sie müssen alle sterben.

Sie konnten errichten Jehovahs Thron,
Sie sind zu schwach befunden,
Nun klopfen an Tür und Tore schon
Ihres Hauses letzte Stunden.

Es kommt ein Wetter, es braust ein Strom,
Die Lüge muß verderben, – –
Die Stuarts stehen all' zu Rom
Und müssen alle sterben.«

Als die letzten beiden Zeilen gesprochen und von der ganzen Versammlung wiederholt waren, trennte man sich. Es war heller Mittag.

Unter den Altar der Towerkapelle aber schob man um dieselbe Stunde einen Sarg, drin lag, das Haupt vom Rumpf getrennt, *James Herzog von Monmouth.*

TUCH UND LOCKE

Wir lagen im Bivouac. Es war am Abend vor der Schlacht von Temesvar. Unsre Ulanen kampierten auf freiem Felde, und ihre Pferde zu zwei und drei zusammengekoppelt, hockten sie truppweise um die knisternden Wachtfeuer herum und suchten sich, in ihre Reitermäntel gehüllt, gegen den niederfallenden Regen zu schützen. Wir Offiziere hatten einen alten, halb-

verfallnen Holzschuppen inne, der – Gott weiß zu welchem
Zwecke – auf der Heide errichtet worden war, jetzt aber, mit
Hülfe unsrer Fouriere, ein immer noch besseres Nachtlager bot,
als der Dienst im Felde mit sich zu bringen pflegt. Aus requi-
riertem Heu und Stroh hatte uns der gute Wille unsrer Leute
ein bequemes Lager zusammengepolstert, dessen aufrechtste-
hende Garben – jede einzelne mit einem Heubündel davor –
sich wie dicht nebeneinander gerückte Lehnstühle an zwei Seiten des Schuppens entlangzogen. Wir hatten am Vormittag
einen starken Marsch gehabt und streckten uns jetzt auf unsern improvisierten Fauteuils um vieles behaglicher als auf
den Plüschsofas der Residenz. Die Mehrzahl von uns war eingeschlafen oder nickte mit dem Kopf, und nur eine Gruppe im
Zentrum, genau da, wo die beiden Stuhlreihen im rechten Winkel zusammenstießen, war in lebhaftem Gespräch begriffen.
Es waren ihrer fünf, die hier zusammensaßen, und von den
Flammen eines in der Mitte des Schuppens angezündeten
Feuers hell beschienen, von Zeit zu Zeit dem Ungar zusprachen,
der in mehren langhalsigen Flaschen auf einem als Tisch benutzten Feldstuhl unmittelbar vor den Sprechenden stand.

Der eine von ihnen war Oberst du Plat, unser Kommandeur.
Er war Franzos und hatte unter Napoleon gedient. Bei Groß-
Aspern verwundet und gefangen genommen, war er nach dem
Kriege in östreichische Dienste getreten und schwur jetzt auf
das Haus Habsburg und sein Recht wie auf das Evangelium.
Wir liebten ihn wie unsern Vater, und seine großen blauen
Augen hatten Gewalt über uns. Er war eine Seele von Mensch.
Einmal bracht' ich ihm einen Rapport; er ging im Zimmer auf
und ab, blies Wolken aus seiner Meerschaumpfeife und hielt
einen Brief in den Händen. Er nahm den Rapport dienstlich
hin; dann aber rief er plötzlich mit überwallendem Herzen:
»Sehen Sie, Lieutenant Malichenski, so schreibt mein Jüngster.«
Dabei überreichte er mir den Brief, den er in der Hand gehalten hatte und auf ein Postscriptum deutend, dessen Inhalt
lautete: »Lieber Papa, es grüßt Dich von ganzem Herzen Dein
François du Plat«, fuhr er fort: »Er ist erst drei Jahre alt und
sieht aus wie seine Mutter; sie hat ihm die Hand geführt.« Dabei liefen ihm die Tränen übers Gesicht. Am andern Tage hatten

wir die Affaire von Szolnok und der Alte war der Erste im Quarré.

Dem alten Obersten zur Seite saß Rittmeister Tauenzien, vormals preußischer Husar. Prompt im Dienst, voran in der Schlacht, derb im Stall und immer heiter am Tisch, war er der besondere Liebling des Alten. Er hatte die seltene Gabe, den Ton des gemeinen Mannes zu treffen, ohne sich an seiner Stellung das Geringste zu vergeben. Seine Schwadron vergötterte ihn und hätte ihn aus einer Armee von Feinden herausgehauen. Warum er seinen Abschied aus preußischem Dienst genommen hatte, wußte niemand; man vermutete eines Duells halber. War aber im Regiment die Rede davon, so hieß es jedesmal: *aus Liebe!* Er war nämlich der abgeschworne Feind des schönen Geschlechts und versicherte jeden Tag mehr denn einmal: daß er lieber auf einem Häckselsack sitze, als auf dem Schoß der schönsten Frau.

Zur Linken du Plats saß Lieutenant Vandembosch. Er war der Jüngste unter uns; noch halb ein Kind. Der Alte hatte ihn gemeinhin um sich, denn Vandembosch senior, ein reicher Kaufherr auf der Wiedner Vorstadt, hatte ihm das Söhnchen anvertraut, wie man einem schnurrbärtigen Postschirrmeister ein junges Mädchen übergibt, wenn es in den Ferien nach Hause reist. Vandembosch war der einzige Sohn seiner Eltern und sollte Kaufmann werden; eben deshalb war er Soldat geworden. Wenn er zu seinem Vater gesagt hätte: »Vater, ich will Großmogul werden«, so würde der Alte sich aufs Comptoir begeben und seufzend bei einem Geschäftsfreund in Kabul oder Ispahan angefragt haben: ob es nicht möglich sei. Das verzogene Söhnchen war ein Tyrann gewesen, aber nur weil man ihn dazu gemacht hatte; im Herzen war er brav und kerngesund. Wir wußten das und hatten ihn lieb trotz einer gewissen Affektation. Einstmals lagen wir (es war bei Debreczin) auf freiem Feld und zählten fröstelnd und Reih herum die hundert Dinge auf, die uns zur Behaglichkeit fehlten; obenan stand Grog. Als die Reihe an unsern Jüngsten kam, sagte er ganz ernsthaft: ein Fortepiano. Einige von uns lachten, andere ärgerten sich; bald aber schämten wir uns. Die Vornehmheit des jungen Burschen hatte uns eine Lehre gegeben.

Die beiden andern Offiziere dieser Gruppe waren die Lieutenants Hostowiz und Wilson; jener ein junger Böhme, der früher bei Wallmoden-Kürassier gestanden hatte und erst vor kurzem zu uns versetzt worden war; dieser ein Hannoveraner, blond, nüchtern und gemessen; aber bei allen wohlgelitten wegen seines kalten Muts und seiner schönen, klangvollen Stimme. Von diesen beiden hab' ich zu erzählen.

Unterhaltungen im Felde sind nur allzuoft wie die Läufer beim Schachspiel und rennen hin und her auf ihrer trostlosen Linie, aber heute war unsre Rede wie der Springer und stand bald hier, bald dort. Wir sprachen von Bem und vom Prater, von Dembinski und Strauß-Lanner, von der letzten Affaire und von der nächsten; zuletzt auch, nach Kavalleristenweise, von schönen Pferden und – Frauen.

Lieutenant Hostowiz hatte sein Glas ergriffen und sich lachend zum Rittmeister verbeugend, rief er: »Hurrah, Tauenzien, – alle schönen Weiber!«

Der Rittmeister stieß an, fuhr mit seinem Glas Unger vorsichtig unter das Strohdach seines Schnurrbartes und trank aus. Während er hinsetzte und die Flasche ergriff, um wieder einzuschenken, sagte er mit entschieden preußischem Akzent: »Auf Ehre, Hostowiz, wär's nicht so naßkalt, ich hätte den Wein an die Erde gegossen.«

»Das sagt er immer«, rief einer von den Schläfern, deren mehre inzwischen wach geworden waren. Wir lachten laut auf. Jeder im Regimente wußte, daß Rittmeister Tauenzien ebenso gern sein Blut wie ein Glas Unger vergossen hätte. Hostowiz aber fuhr fort:

»Ich wette, Tauenzien, der Gott mit der Binde hat euch einen seiner reizendsten Streiche gespielt.«

»Das hat er freilich« – entgegnete der Rittmeister – »und mehr als einmal. Gleich mein Debüt war schlecht genug und ein Omen dazu. Ich saß in Tertia und liebte meines Rektors Nichte. Wir schwuren uns Treue, als wir aus der Tanzstunde kamen. Am andern Tage verlobte sie sich mit dem Konrektor, der ohnehin mein Todfeind war. Wir trommelten ihn raus, und ich wurde relegiert. So fing meine Laufbahn an. – Euch, Hostowiz, mag's besser gegangen sein.

»Nicht immer!« erwiderte der junge Böhme, der das volle Maß jener graziösen und beinahe liebenswürdigen Eitelkeit besaß, die den slawischen Stamm so entschieden charakterisiert, und während er jetzt mit erkünstelter Ruhe sich seitwärts bog, um die Asche aus seiner kurzen Pfeife zu klopfen, blitzte auf seinen Augen das ungeduldige Verlangen, in *Erzählung* eines Triumphs seinen Triumph noch einmal zu feiern.

»Nicht immer!« wiederholte Tauenzien – »aber doch zuweilen, he?! Erzählt. Ich lese so was wie eine romantische Geschichte auf eurem Gesicht. Nichts über einen Roman. Aber das müßt ihr wissen, Hostowiz – und wenn euch die heilige Genoveva nachgelaufen wäre, ich bleibe bei meinem alten Spruch:

> Ein Kreuz und ein Knix –
> Weiber und Liebe taugen nix.«

»Nichts!« wiederholte Hostowiz, »oder alles; je nachdem!« Er schwieg wenige Augenblicke, dann aber fuhr er mit immer steigender Lebhaftigkeit fort: »Ich hab' ein paar Erinnerungen: ich zog einen Freund aus der Moldau und seiner Mutter Tränen fielen auf meine Hand; ich stand am grünen Tisch und mein letztes Goldstück wuchs an zu einem Haufen von Gold; ich war bei Novara und Radetzky selbst steckte dies Kreuz an meine Brust – aber Glück, Ruhm, Ehre, alles ist blaß gegen *eines*. Die Erde hat nichts Süßeres als verbotene Liebe, und nichts Höheres als den Sieg über ein Weib.«

»Doch!« – rief eine feste Stimme dazwischen – »*den Sieg über sich selbst.*«

Alle horchten auf. Lieutenant Wilson war es, der gesprochen hatte. Eine kurze Pause entstand, dann warf einer von den Jüngern halbspöttisch hin: »Das sind Ansichten.«

»Oder Grundsätze«, fügte Wilson trocken hinzu.

Obrist du Plat hatte sein Glas ergriffen und mit dem Ausdruck beinah väterlichen Wohlwollens an den Sprecher herantretend, sprach er: »Brav, Wilson; auf Ihr Wohl!«

Der junge Böhme ward rot bis über die Stirn und sammelte sich erst wieder, als Rittmeister Tauenzien, mit dem er auf dem Neckfuß stand, ihm lachend zurief: »Hostowiz, ihr seid geschlagen.«

»Ich glaub' es selbst«, antwortete dieser, während sein Blut ins Herz zurückstieg; die andern aber riefen: »Keineswegs!« und Vandembosch setzte lebhaft hinzu:

»Wir bilden einen cour d'amour; der Oberst präsidiert; dieser Streit muß austurniert werden; wir haben Behauptung gegen Behauptung; Gründe, Wilson, Gründe! oder noch besser – Geschichten.«

Alles war lebendig geworden; unser Jüngster leerte das Glas Tee, das vor ihm stand (er trank nur Tee), und während in Zwiegesprächen bereits der Kampf geführt und pro und contra gestritten wurde, trat Hostowiz an seinen Gegner heran, schüttelte ihm die Hand und sagte lächelnd: »Wilson, wollen wir einen Gang machen?«

»Ich bin's zufrieden!« antwortete dieser; »aber was ist der Preis?«

»Der Sieger attackiert morgen zuerst!« rief jetzt der Alte leuchtenden Auges dazwischen, und während wir, überrascht von dem glücklichen Einfall des Alten, in ein lautes »Oberst du Plat hoch!« ausbrachen, stopfte sich Hostowiz seine Tonpfeife, zündete an und die ersten blauen Ringe zierlich in die Luft blasend, begann er mit scheinbarer Ruhe:

»Es ist jetzt jährig; der piemontesische Feldzug war beendet, und wir lagen fröhlich und guter Dinge, wie's dem Sieger geziemt, in den Dörfern am Comer See. Unser Stab war in Lecco; ich aber kommandierte eine Vorhut auf dem äußersten linken Flügel und stand zwei Meilen südlich, genau da, wo die Adda aus dem See tritt. Villen und Paläste, lieblich und grandios wie das Land selbst, spiegeln sich da in dem Stück Himmel, das zwischen den Bergen schwimmt und schmiegen sich wie ein Schönheitskranz um eine ewig lachende Stirn. In einem dieser Paläste lag ich im Quartier. Graf L. war mein Wirt. Was sag' ich von ihm? Er war eben ein Graf und ein Italiener dazu, – hager, verlebt und gelb wie Pergament. Als er mir zuerst entgegentrat, dacht' ich an den Ritter von La Mancha. Dieser erste Eindruck blieb und war der richtige, wie so oft. Er war verheiratet. Arme, schöne Gräfin! Es erzählt sich schlecht ohne Namen: wir wollen sie Gräfin Julia nennen. Es war hier wie überall im Lande: der Mann – ein Weib und alles Manntum zurückgedrängt in das Herz einer Frau. Wie oft, wenn ich durch die abgelegenen Straßen Mailands ging und unter den Haustüren die schönen Mütter sitzen sah, wie sie den Knaben an ihren vollen Brüsten nährten und ihr Auge mit einem Ausdruck unergründlicher Tiefe auf ihm ruhen ließen, beschlich es mich, als müsse es eine heimliche Nacht in diesem Lande geben, wo böse Feen sich an die Wiege schleichen und die Kinder vertauschen, oder das Mark aus ihren Knochen saugen.

Der Graf heuchelte eine loyale Gesinnung oder hatte sie wirklich (wer läse in dem Herzen eines Italieners); Gräfin Julia aber war die Tochter ihres Landes und Lombardin vom Scheitel bis zur Zeh. Sie verabscheute alles, was deutsch war: das Volk, die Sprache, die Sitten und – die Soldateska zumeist. Sie haßte auch mich. Als sie mir zuerst begegnete – ich werde diese Begegnung nie vergessen: sie trug einen weißen Cashmir-Überwurf über ihrem schwarzen Atlaskleid und die goldnen Frangen ihrer Mantille umleuchteten sie wie ein Lichtstreif – maß sie mich mit jenem Gefühl von Überlegenheit, das den Haß nicht kennt, weil ihm der Gegenstand zu klein ist. Aber sie sah, daß ich in ihrer Seele las. Als ich ihr bei Tische gegenübersaß, war ihr Lächeln nur noch Maske. Sie würdigte mich, ihr Feind zu sein. Die leise Ahnung mochte ihr Herz beschlichen haben, daß ihr Stolz am Scheitern sei.

Schwere Tage kamen, die schwersten meines Lebens. Nachts lag ich schlaflos. Oft war mir, als würde mir das Herz von einer glühenden Hand zusammengedrückt. Jede Minute war Kampf. Des Morgens badete sie im See. Wenn sie zurück ans Ufer stieg, schritt sie, mit aufgelösten Flechten, daran noch die Wassertropfen blitzten, die lange Baumallee des Gartens auf und nieder und las im Buch, oder spielte jenes zierliche Spiel, wo man einen hängenden Ring nach einem Haken am Baume wirft. Ich seh' sie noch, wie sie allmorgendlich dastand, das schwarze Haar über dem weißen flatternden Mantel, und mit dem Ringe zielte, als wär' es ein Liebespfeil. Sie warf nie fehl, und wenn der Ring in den Haken fuhr, war mir's immer, als träf' er mich mit. Ich ging an ihr vorbei, grüßte sie kalt und sprang dann irr und wirr in eins jener Boote, deren mehre am Ufer lagen und fuhr hinaus auf den See. Ich wußte selbst nicht, was ich wollte. Ich lenkte der Stelle zu, wo sie gebadet hatte und starrte in die Spiegelbläue hinein, als gedächt' ich, ihr Bild, ihren Widerschein zu finden. Wenn ich müde war des Suchens, warf ich mich rücklings auf die Polster des Kahns, und meine Hand über den Rand hinweg in die morgenkühle Flut tauchend, zog es geheimnisvoll wie ein elektrischer Strom durch meine Nerven und – ich schlief ein.

So war der Morgen. Der Tag verlief unter jener Heiterkeit, die jeder kennt, der mit brennenden Pulsen gescherzt und gelacht hat; – dann kam der Abend. Wir trafen uns in einem Gartensaal, dessen hohe Fensterflügel herausgenommen waren und dessen Lampenlicht weit in den Garten hinausfiel, während sich ein Strom von Duft fast fühlbar hinein ergoß.

Der Graf und ich spielten Schach; sie aber saß, umblitzt von einem Lichter-Halbkreis, an ihrem Flügel von Ebenholz und ließ ihre weißen Finger über die Claves hingleiten. Welch Spiel! Oft war es ein Weinen und Schluchzen; dann lachten die Töne hell auf, aber es war kein Kindeslachen, und immer, wenn es am lautesten war, schrillte es wie ein Schrei der Verzweiflung dazwischen. Sie spielte sich selbst, *ihre* Geschichte, oder die Geschichte ihres Landes, ich weiß es nicht; aber ich habe solch Spiel nicht wieder gehört. Wenn Mitternacht heran war, ergriff sie eine der Kerzen und schritt lächelnd an uns vorbei. Ich hätte ihr nachstürzen und den Saum ihres Kleides küssen mögen; aber die Leidenschaft, die mich schwach machte, machte mich auch stark. Ich konnte das Schwerste, weil ich das Höchste wollte. Sie sah, was in mir vorging, aber sie hatte keine Gewißheit; was mein Auge verriet, bestritt der ganze Mann. Von Zeit zu Zeit zog ein Zweifel an ihrem Triumph über sie hin, und dieser Zweifel war mein Trost.

So vergingen Wochen. Eines Tages machten wir einen Ausflug landeinwärts, den Bergen zu. Unser Wagen war ein leichtes russisches Fuhrwerk, einspännig, ohne Kutschenschlag, und so tief in Federn hängend, daß man selbst im stärksten Trabe, rasch und ohne Gefahr herausspringen konnte. Wir

waren bald am Ziel, und wie Hauch der Gesundheit umwehte
mich die Bergluft. Von einer der höchsten Kuppen sah ich wieder auf den blauen See und den Zauberteppich seiner Ufer. Da
fiel es von mir wie eine Last und wunderbare Ruhe kam über
mein Herz. Auch die Gräfin war weich geworden; um ihren
sonst so herben Mund lächelte es wie Friede. Es war spät, als
wir an Rückkehr dachten. Gräfin Julia nahm die Zügel; der
Graf und ich lehnten bequem im Fond des Wagens. Es ging
bergab und wir fuhren so rasch, wie eben nur eine Dame zu
fahren pflegt. Der Mond beschien den Weg und nur der Hufschlag unsres Pferdes unterbrach die Stille der Nacht. Jetzt
verengte sich der Weg und wir kamen an ein dichtes Gebüsch
von Lorbeer- und Zypressenbäumen, das eine gute Viertel-
meile lang, immer bergab, bis an das Parktor unsrer Villa lief.
Starke stämmige Kastanien bezeichneten weithin die Richtung
des Weges und immer schneller trabten wir dem Tale zu, als
plötzlich ein Schuß fiel und unser Pferd, noch einmal aufbäu-
mend, jählings zusammenstürzte. Der Wagen stand; der Rük-
ken des Pferdes hielt sein Weiterrollen auf. Ich sprang rechts
auf die Straße, noch ehe ich wußte, von welcher Seite der
Schuß gekommen war und sah in demselben Augenblick drei
Strolche auf mich zustürzen, von denen der eine mit einem
dolchartigen Messer, die beiden andern mit langen Reiter-
pistolen bewaffnet waren. Jener schien der mutigste und war
voran; ich hieb ihn nieder. In demselben Augenblick schossen
seine Gesellen nach mir; aber sie fehlten und flohen. Eben
wollt' ich mich anschicken, sie zu verfolgen, als ein unterdrück-
ter Schmerzensschrei mich rückwärts blicken ließ. Gräfin Julia,
die auch herabgesprungen war, hielt sich mit der Rechten an
der hohen Lehne des Vordersitzes; ihre linke Schulter war verwundet und blutete heftig. Ich eilte zurück, um ihr zu helfen.
Diesen Augenblick benutzten die Strolche; rasch umkehrend
luden sie ihren verwundeten, laut fluchenden Gefährten auf
die Schulter und verschwanden mit ihm im Dickicht. Alles dies
war das Werk einer halben Minute.

Der Graf saß noch immer zitternd auf seinem Platz. »Es
galt mir«, war alles, was er über die blassen Lippen brachte.
Vielleicht hatte er recht. Sein Liebäugeln mit uns war bekannt

und der Gegenstand allgemeinen Hasses. Der Verdacht lag
nahe, daß es sich um eine »gesinnungsvolle« Tat gehandelt
habe. Nichtsdestoweniger verdroß mich die Furcht des Feig-
lings, der über die eigne Gefahr alles andre vergaß und trotz
der Freude, die ich über die schöne Last seines Weibes empfand, rief ich ihm barsch und spöttisch zu, daß er herabsteigen
möge, um der Gräfin beizustehen. Diese war leichenblaß geworden und lag ohnmächtig in meinen Armen. Wir trugen sie
seitab in eine natürliche, von Myrthen und Lorbeer gebildete
Laube, und Polster und Kissen aus dem Wagen herbeischaf-
fend, bereiteten wir ihr ein Lager, so gut es die Umstände
gestatteten. Der Stamm einer Zypresse diente als Rücken-
lehne. – Die Ohnmacht dauerte an. Wir öffneten das schwarze
Seidenkleid und meine Besorgnis schwand, als ich die Wunde
untersuchte. Es war ein bloßer Streifschuß, nicht viel mehr als
eine Hautverletzung. Ein Battisttuch ergreifend, das sie halb-
verborgen unterm Mieder trug, faltete ich dasselbe zusammen
und legte es sorgsam auf, um die Blutung zu stillen. Es glückte; der Graf aber sah es nicht oder wollte es nicht sehen, und
ängstlich über den Weg blickend, von wo er einen wiederholten Angriff erwarten mochte, rief er mir zu: ich hole Hülfe.
Ohne meine Antwort abzuwarten, schritt er rasch bergab
seiner Villa zu.

Ich lachte ihm nach. Dann überkam mich ein unendliches
Mitleid mit dem schönen Weibe, das blaß und fühllos vor mir
lag und unberührt von jenem Verlangen, das wochenlang
mein Blut durchfiebert hatte, sah ich jetzt ruhig auf den ent-
blößten Nacken, über dessen Weiße von Zeit zu Zeit ein Tropfen roten Blutes rann.

So vergingen Minuten. Endlich erwachte sie. Sie erhob sich
und mit der Hand über die Stirn fahrend, wie wenn sie sich
vergegenwärtigen wolle, wo sie sei, fragte sie mit einem Ausdruck innerster Verlassenheit: wo ist? ... sie sprach nicht weiter.

Ich wollte die halb getane Frage beantworten, aber sie
winkte mit der Hand, und ich schwieg. Es war kein Zweifel,
sie hatte die Feigheit ihres Gatten durchschaut. Ein Zug un-
säglichster Verachtung spielte um ihren Mund. Dann ward sie

plötzlich ernst, fast feierlich und mich lange mit ihren dunkeln Augen betrachtend, als wolle sie in meiner tiefsten Seele lesen, ging der Ausdruck ihres Auges, langsam erst, dann immer rascher und rascher in eine leuchtende Wildheit über. Mir war, als wüchse sie im Waldesschatten hoch empor und als stünde mit einem Male eines jener heidnischen Weiber vor mir, von der mich plötzlich alle Sagen meiner Kindheit bestürmten. Aber das war nur ein Augenblick. Sie riß das Tuch von der Wunde und schleuderte es zu Boden. Dann warf sie sich an meine Brust, und während sie mich küßte mit dem ganzen Ungestüm einer frei gewordenen Seele, entstürzte ein Strom von Tränen ihrem dunkeln Auge. Meine Ruhe war hin; unendliche Siegesfreude kam über mich; jeder Gedanke an Gefahr fiel ab wie welkes Laub, wenn der Frühling da ist, und ich fühlte nichts, nichts als den vollen Schlag ihres Herzens an dem meinigen. Wir starrten uns an; ich sah in ihr Auge wie in einen Zauberbrunnen. Wunderbare Gesichter zogen mir da vorüber: tanzende Knaben mit Weinlaub und phrygischen Mützen; üppige Weiber mit Trauben im Haar, und während meine ganze Seele mit einstimmte in den bacchantischen Zug, ward mir's, als badete ich in einem Meer von Duft und Klang und als schlügen die Wellen melodisch über mir zusammen. Was sag' ich weiter! ... Und wär' es wieder, wie es war, es käme noch einmal wie es kam.

Als ich erwachte, blitzte Fackellicht durch den Wald. Das Auge der Gräfin ruhte noch einmal auf mir, dann sich heftig niederbeugend, raffte sie das Tuch vom Boden auf und das blutgetränkte mir in die Hand drückend, flüsterte sie mir zu: »Da! trag' es! zur Erinnerung!« Ich küßte ihre Hand und barg es unter meinem Collet.

Der Graf begrüßte uns kalt. Bewaffnete Diener brachten eine Sänfte; zwei andere trugen Fackeln. Schweigend schritt der Zug zur Villa zurück.

Der Morgen kam: keine weißgekleidete Gestalt mit aufgelöstem Haar schritt durch die Gänge des Gartens; der Abend kam: keine Kerze brannte am Flügel, und kein melodisch-zitternder Ton unterbrach die Ruhe des Saals.

Ich fragte nach der Gräfin. Sie war verreist, auf Wochen,

auf Monate vielleicht. Ich habe sie nicht wiedergesehen. Aber ihr Bild trag' ich mit mir, wie das Tuch, das sie mir gab. Hier ist's!«

Hostowiz schwieg. Er löste die Schärpe, die er dicht geschnürt um die Hüfte trug und warf sie seinen Hörern hin. Zwischen dem Gewebe der Schärpe lag engzusammengefaltet ein Tuch – das Tuch der Gräfin.

Auf Augenblicke trat jene schwüle Pause ein, die so oft einem längeren Vortrage zu folgen pflegt und den Erzähler in peinlichem Zweifel darüber läßt, ob es Ergriffensein oder Unbefriedigtheit ist, was alle Zungen im Banne hält.

Die Jugend hat dann das Vorrecht, das erste Wort zu sprechen.

»Kapitale Situation!« versicherte Vandembosch.

»Das freilich« – platzte Rittmeister Tauenzien heraus – »aber kein Sieg! Ihr wolltet eine Schlacht gewinnen, Hostowiz, und seid eigentlich eine überrumpelte Feldwacht.«

»Mitnichten!« erwiderte ein Dritter, »die Mine war richtig gelegt. Was kam, das *mußte* kommen!«

»Wer doch auch so in die Luft flöge!« bemerkte ein Vierter.

Kurze, lebhafte Zwiegespräche gingen reihum; – Lieutenant Wilson aber näherte sich seinem Gegner, und mit ihm anstoßend, rief er ihm scherzhaft zu: »Ich werde einen schweren Stand haben, Hostowiz!« Dann warf er sich zurück und sich fester in seinen Mantel hüllend, hub er an:

»Es sind jetzt sieben Jahr. Ich studierte in Göttingen und dachte wenig daran, daß ich jemals den Rock des Kaisers tragen würde. Warum ich ihn trage, gehört nicht hieher. Es war im Sommerhalbjahre, und die Hundstage kamen heran. Einer meiner Freunde, aus einer jener schmucken Handelsstädte gebürtig, wie sie sich an den Ufern der Elbe entlangziehn, lud mich ein, die Ferien bei ihm zu verbringen und noch voll von jener studentischen Ungezwungenheit, die sich nicht lange sträubt und ziert, nahm ich die Einladung ohne weiteres an. Die Koffer wurden gepackt (nichts als Bücher) und mit dem Vorsatz unendlichen Fleißes reisten wir ab. Wir hatten guten Grund zu solchen Vorsätzen, denn wir waren beide im vorletzten Semester. Andern Tages kamen wir an; Mädchenköpfe guckten aus dem Fenster und grüßten schon, als wir noch hundert Schritt vom Hause entfernt waren. Wir grüßten wieder und setzten uns in Trab. Eh' noch der Klopfer an der Haustür seinen dritten Schlag getan hatte, hörten wir schon, wie lachende Mädchen in weiten Sprüngen die Treppe herunterkamen, und im nächsten Augenblick hingen Schwester und Cousine am Halse meines halbverlegenen Freundes, der sich der Küsse und ihrer Heftigkeit kaum erwehren konnte. Schwestern und Cousinen küssen immer mit Ungestüm. Ich wurde vorgestellt; beide erröteten, dann schien ich wieder vergessen. Oben im Familienzimmer empfingen uns die Eltern. Der Vater schüttelte mir freundlich die Hand, wiewohl nicht ohne Anflug patrizischer Gemessenheit; die Mutter aber schloß mich gleich in ihr Herz und tat so lieb, als wär' ihr ein zweiter Sohn ins Haus gekommen.

Der Alte war ein reicher Kornhändler und galt als der erste Mann der Stadt. Er war so sauber, wie er reich war. Zweimal des Tags wechselte er die Wäsche und trug weiße Piquee-Westen Winter und Sommer. Seine Röcke, schwarz und nach englischem Schnitt, waren vom feinsten niederländischen Tuch. Der ganze Mann blitzte, wenn er über die Straße ging. Er hatte jenes stark hervortretende Selbstbewußtsein, das allen Leuten eigen ist, die sich selbst (mit Recht oder Unrecht) als die Schöpfer ihres Glücks betrachten. Vor dreißig Jahren stand er noch hinterm Verkaufstisch und sein Kredit reichte kaum weiter als seine Elle; – jetzt ging er um die Welt wie seine Schiffe. Er führte das Wort im Ratskollegium der Stadt und saß unter den Ständen des Landes. Die Minister schmeichelten ihm und einen Titel hätt' er seit Jahren haben können. – Zu Haus war er Patriarch. Er liebte seine Kinder und war stolz auf sie wie auf seinen Stand. Der Kaufmann galt ihm als der eigentliche Herr der Welt. Nur vor der Wissenschaft hegte er jenen tiefen Respekt, der alle Männer von Geist, aber von vernachlässigter Erziehung gegen dieselbe zu erfüllen pflegt. Das war es auch, was ihn mit dem Gedanken ausgesöhnt hatte, seinen Sohn im Hörsaal statt im Comptoir zu sehen.

Seine Frau hatte nicht gleichen Schritt gehalten mit ihrem

Glück. Sie war noch ganz dieselbe wie damals, wo sie, mit der kleinen Messingwaage in der Hand, Seidendocken und schottischen Zwirn verkaufte und jeden eintretenden Kunden verbindlich beknixte. Sie buk ihren Napfkuchen, zum Entsetzen ihres Mannes, noch immer nach einem großmütterlichen Erb-Rezept und nähte unabweisbar die Chemisettes für ihren Sohn, der sie dann lächelnd beiseite packte und neue modische aus der Residenz verschrieb. Sie hatte sich nur einmal mit ihrem Manne veruneinigt und zwar als er einen »Bedienten« gefordert und unerbittlich durchgesetzt hatte. Eine der rührendsten Reden über die Vorzüge ihres Geschlechts war damals von ihr gehalten worden, allein umsonst; – ein Bedienter, müllergrau und mit Wappenknöpfen, war ins Haus getreten und seitdem ein anfangs bestrittener, schließlich aber geduldeter Mitbewohner geworden. Sie verehrte ihren Mann als ein höheres Wesen und ihre Unfähigkeit, seinen Ehrgeiz und seine Pläne zu begreifen, war mehr rührend als verletzend. Wenn er alle zwei Jahr mit der Feierlichkeit eines Gesetzgebers in den Wagen stieg, um der Einberufung zum Landtag hin zu folgen, so rief sie ihm zweimal nach: »Mach's kurz und komm bald wieder.« Sie fand alle Gesetze – Gesetze, unter denen sie reich und glücklich geworden war – so gut, so vortrefflich; warum sie ändern, oder gar neue machen?!! Daß sie ihre Kinder verzog, versteht sich von selbst. Nur in einem war sie tyrannisch: ihre Tochter sollte ein Kind sein.

Lissy war es auch, oder schien es doch zu sein. Sie sah aus so frisch wie der Mohn, der unterm Korne blüht. Sie war voll und üppig; ihr Auge dunkel; der Mund klein und wohlgeformt, aber die Lippen ein wenig zu breit. Ihr Haar war stark und der Knäul ihrer langen schwarzen Flechten nur mühsam festzustecken. Wenn wir uns haschten im Garten, fielen sie jedesmal hernieder und gaben ihrer ohnehin sinnlichen Erscheinung einen doppelten Reiz. Dennoch war sie »das Kind«. Die Mutter sagte es und wir glaubten's. Brüder glauben es immer und ich glaubt' es – weil ich *wollte*. Ich hätte mich sonst teilen müssen zwischen ihr und – Cousine Jane.

Jane war ein reizendes Mädchen. Ihre Verwandtschaft mit dem Hause war väterlicherseits. Die Mutter, eine Engländerin, starb früh; der Vater zwölf Jahre später. Nach dem Tode beider Eltern vom Onkel adoptiert, war sie alsbald aus einer Schutzbefohlnen zur Herrin des Hauses geworden. Wen mag es wundern? arme Anverwandte spalten entweder Holz und heizen die Stuben, oder sie schnitzen sich aus dem ersten Scheit sofort einen Herrscherstab zurecht, den sie nicht wieder aus den Händen legen. Jane war von den letztern. Sie war ihrer Mutter Tochter, von der sie zu ihrem Namen auch das feingeschnittene Gesicht mit den klugen, lachenden Augen geerbt hatte. Sie war eine echte Engländerin, nicht wie man sie auf Rheinreisen unter Koffern und Reisesäcken sitzen sieht, mit schlaffen Kleidern und meergrünen Schleiern, – nein, eine jener schlanken, schwebenden Gestalten, wie man ihnen nur in ihrer Inselheimat begegnet, wo sie einem treuherzig die Hand schütteln und lange Verse ins Album schreiben. Auch jene langen blonden Locken trug sie, die so reizend sind, wo man sie zu tragen versteht, und so abscheulich, wo man sie nur kopiert. Ihr Wesen war frei, heiter, ungezwungen und voll jenes liebenswürdigen Taktes, der eingeht auf jeden schrankenvollen Scherz und alles Unpassende zu überhören scheint. Dabei war sie bescheiden. Sie handhabe ihre Überlegenheit wie ein Geschenk Gottes und war der vollste Ausdruck jener Anspruchslosigkeit, die kein Gefühl des Neides aufkommen läßt. Man folgte ihr in allen Stücken, und »Jane hat es gewollt« war die ausreichende Antwort auf jedes stutzige »Warum«.

So war der Familienkreis, in den ich eintrat. Ich fühlte mich heimisch und gehoben zugleich. Unter kleinbürgerlichen Verhältnissen aufgezogen, hatte die kaufherrliche Gediegenheit, die aus jedem Kleinsten mir entgegentrat, einen unendlichen Reiz für mich. Wir hatten zu Haus keine Teppiche in den Stuben gehabt und hier lagen sie auf den Treppen. Noch in diesem Augenblick ist mir der Eindruck lebendig, den das erste Mittagsmahl auf mich machte. Der Alte ergriff den Arm seiner Nichte und voranschreitend führte er uns in den kühlen, schattigen Speisesaal. Welch behäbiger Reichtum da! An der einen Wand stand ein mächtiger Mahagonitisch, drauf blitzten in feingeflochtenen Körben die schweren silbernen Gabeln;

bunte Porzellanteller standen dahinter in hohen Sätzen aufgeschichtet, und rechts und links, auf glaskristallenen Schalen,
lachten die Orangen und erfüllten das Zimmer mit ihrem lieblichen Duft. Über dem Kamin hingen Bilder in breiten Barockrahmen, die lebensgroßen Portraits der beiden Alten, und auf
dem Tische selbst glühten in geschliffenen Karaffen die spanischen Weine, während aus den Eisbehältern hervor die
Stanniolkuppen des Champagners lugten. Mir war, als sei ich
zu einem Könige geladen und doch klang wiederum ein Ton
bürgerlicher Einfachheit durch all die Pracht hindurch, daß
mich's anwandelte, als säß ich daheim an meiner Mutter
Tisch. Wir mußten Studentengeschichten erzählen, immer mehr
und mehr, bis wir Jane und Lissy versprachen, ihnen unsre
Bänder zu schicken und sie zu Ehrenmitgliedern unsrer Verbindung zu erheben; wobei der Alte lachte, daß ihm die hellen
Tränen über die Backen liefen.

Nach Tisch machten wir einen Umgang durch das Haus. Es
bestand aus vier Teilen, die ein Oblongum bildeten und untereinander zusammenhingen. Vorder- und Hinterhaus wurden
bewohnt, zwischen beiden liefen die Speicher, über deren ober-
stem Boden ein wenig benutzter Weg führte, der beide Wohn-
häuser verband. Ich wohnte im Hinterhause, das fast ausschließlich aus Gast- und Fremdenzimmern bestand. Nur das
Erdgeschoß war ein Sommersalon, hinter dem, von Nachbar-
häusern eingeschlossen, ein mit holländischer Sorgfalt ge-
pflegter Garten blühte.

Hier waren wir zumeist, und Tage, voll jenes immer gleichen Pulsschlages, der eben das Glück ist, rollten an uns vorüber. Hier, unter einer Zeltlaube, fanden wir uns allmorgens
beim Kaffee zusammen und genossen die Schönheit der Erde
mit allen unseren Sinnen. Von Zeit zu Zeit erschrak ich bei
dem Gedanken, daß das Ganze doch wenig mehr, als eben nur
ein Traum sei, dem wieder eine Wirklichkeit folgen müsse.
Dann warf ich mich auf den Rasen zwischen die Rosenbüsche
nieder, darüber die laue Luft in leisen Wellen hinzog, und
immer voller und tiefer Atem schöpfend, hätt' ich die Süße
solcher Stunden mit allen Poren trinken mögen.

In diesem Garten war es, wo wir die schönen Spiele spielten, wie sie der Sommer mit sich führt. Wir haschten uns auf den blitzenden Kieswegen und spielten Versteckens in den Laubengängen, die im Quadrat den ganzen Garten umzogen. Welch reizendes Bild, wenn Janes schöner Lockenkopf hinter den dunkeln Taxuswänden emporwuchs, oder wenn sie, wie ein Reh, mit klugen braunen Augen zwischen den Zweigen hindurchforschte. Und wenn sie dann dahinflog in ihrem leichten luftigen Kleide und ich ihr nach, wie durchschauerte mich's da, wenn ich ihren Nacken unter dem im Winde flatternden Knüpftuch hervorschimmern sah, oder — nach der Regel des Spiels — ihre weiße Schulter dreimal mit leisem Schlag berührte?

Lissy spielte mit; aber wer achtete ihrer? Wenn beim Reifenspiel ihr Reifen in den Baum flog, so schalt und schmälte ihr Bruder mit ihr und wir holten gemächlich eine Leiter herbei, um den Baum zu ersteigen; war es aber Jane, die schlecht geworfen hatte, so hielt uns nichts von einer Kletterjagd zurück. Im Nu waren wir den breiten Stamm hinauf und von Gezweig uns zu Gezweige schwingend, schien jeder der Begierigste, für seine Dame den Hals zu brechen.

Ich war gemeinhin der Sieger, und als die letzten Tage herankamen, glaubt' ich an manchem kleinen Zeichen wahrzunehmen, daß mein Werben um ihre Gunst nicht unerwidert geblieben sei. Allabendlich wenn ich auf mein Zimmer kam, stand ein frischgepflückter Strauß der schönsten Rosen auf meinem Tisch; Jane wußte, wie sehr ich Rosen liebte.

So kam der letzte Abend. Wir machten eine Fahrt auf der Elbe. Mein Freund führte die Ruder, ich saß am Steuer. Langsam den Strom hinuntergleitend, fuhren wir in die untergehende Sonne hinein. Alles war still.

»Singen! singen!« riefen die Mädchen.

Ich wies lächelnd auf ein paar junge Schwäne, die eben jetzt in voller Stattlichkeit zwischen uns und dem Ufer einherschwammen.

»Nicht doch!« — erwiderte Jane, »sie singen ja nur, wenn sie sterben; ich will ein heiteres Lied; singt einen Kanon, wir stimmen mit ein!«

In diesem Augenblick gedacht' ich wieder der Rosen auf

meinem Tisch und schnell einwerfend, daß mir eine reizende
Melodie eingefallen sei, zu der ich freilich nur den Text einer
einzigen Strophe kennte, begann ich zweimal hintereinander
die folgenden Worte zu singen:

> »In meinem Garten find' ich
> Viel Blumen schön und fein,
> Viel Kränze daraus wind' ich
> Und tausend Gedanken bind' ich
> Und Grüße mit darein.«

Während ich sang, ließ ich kein Auge von Jane. Sie blieb
unbefangen und rief mir in unverstellter Freude zu: »Diese
Zeilen sind reizend; Sie müssen mir das ganze Lied schicken;
vergessen Sie's nicht, Wilson; – Sie wissen ja, wir haben hier
nichts, als des Onkels Kurszettel.«

Lissy stimmte mit ein. Sie hatte während meines Singens
schweigend in den Strom gestarrt.

Mein Plan war fehlgeschlagen; mir blieb nur eins noch:
Überraschung.

Es war 9 Uhr, als wir von unsrer Fahrt zurückkehrten. Wir
dachten alle an Abschied und blickten wenig heiter. Bis zum
Abendessen war noch eine Stunde; ich pflegte sie gewöhnlich
vorn im Wohnzimmer zuzubringen. Heut aber verbarg ich
mich hinter einem Treppenpfeiler, der dicht an meiner Tür
emporstieg und wartete ab. Ich stand noch nicht lange, als ich
ein leises Geräusch in meinem Zimmer vernahm; der Besuch
mußte von der entgegengesetzten Seite und zwar über den
Boden des Speichers gekommen sein. Ich öffnete schnell die
Tür, aber doch um einen Augenblick zu spät. Ich sah nur noch
den Rücken eines eben verschwindenden Kleides und die Umrisse eines Armes, der die gegenüberbefindliche Tür rasch
hinter sich zuwarf. Einen Augenblick stand ich wie angewur-
zelt, dann stürz' ich nach. Die fliehende Gestalt war schneller
als ich; bald hatte sie einen Vorsprung gewonnen, und die
schmale, halb erleuchtete Stiege hinaufliegend, eilte sie jetzt
mit rascher Sicherheit über den dunkeln Boden hinweg. Plötzlich vernahm ich einen leisen Aufschrei; die Fliehende war
ausgeglitten, und im nächsten Augenblick stand ich an ihrer

Seite. Ich hob sie auf und trug sie wenige Schritte vorwärts, einem beinah blendenden Lichtstreifen zu, der durch ein offengelassenes Dachtor (hier befand sich die große Getreidewinde) voll und breit hereinfiel und quer über den Bodenraum hinlief. Ich sah der Zitternden ins Gesicht – es war Lissy. Einen Augenblick fühlt' ich etwas wie Enttäuschung, als aber mein Auge dem ihren wieder begegnete und in wunderbarem Wechsel Vertrauen, Liebe, Furcht und Scham sich draus entgegenstrahlen sah, da ward mir's plötzlich, als sei ich blind gewesen bis diesen Augenblick und als habe ich vor einem bloßen Traume gekniet, während die pulsende Wirklichkeit daneben stand.

Die Mantille war von ihrer Schulter gesunken und auf den weißen Nacken fiel das volle Licht des Mondes. Ihre Flechten lösten sich; mir schwindelten alle Sinne und jener wüste Trieb kam über mich, der Lust hat am Zerstören. Die ganze Hölle ging mir durchs Herz. Lissy fühlte wenig, was in mir tobte und welche Glut in meinen Küssen brannte. Sie liebte mich, drum vertraute sie mir. Sie hatte keinen Willen mehr, sie war mein, ganz mein, und wenn ich sie an das offene Dachtor geführt und ihr zugeflüstert hätte: »Komm, Lissy, laß uns fliegen«, sie wäre mit mir hinabgesprungen. Ich hob sie hoch in die Luft mit jener Kraft, die einem die Leidenschaft gibt; – als ich ihr wieder ins Antlitz sah, hing eine Träne in ihrem Auge. Da überkam es mich wie Reue und Mitgefühl, die weinende Gestalt ihrer Mutter drängte sich zwischen die wüsten Bilder, die mich umschwärmten, und mit dem Fuß fest aufstampfend, knirschte ich vor mich hin: »nein!« Noch einmal umhalst' ich ihren Nacken und bedeckte ihn mit Küssen; dann flüsterte ich ihr zu: »Geh, Lissy, geh« und drängte sie fort. Ich selbst tappte wie ein Trunkner meinem Zimmer zu.

Eine halbe Stunde später lärmte die Glocke zum Abendessen. Lissy fehlte bei Tisch; es fiel nicht auf; Jane saß auch auf ihrem Zimmer und weinte. Die Stimmung war gedrückt; jeder dachte an Trennung. Der Alte ließ manchmal sein großes Auge auf mir ruhn; ich dankte Gott, daß ich den Blick ertragen konnte. Er stieß mit mir an: »Sein Sie treu, so werden Sie glücklich sein.« Die Mutter reichte mir ihre Hand und

fügte hinzu: »Erinnern Sie sich unser; Sie haben keine
Schwester; hier haben Sie zwei.«

Als ich auf mein Zimmer kam, warf ich mich nieder und
weinte wie ein Kind. Es waren die besten Tränen meines
Lebens.

Früh am andern Morgen hielt der Wagen vorm Haus. Lissy
stand mit den andern auf der Diele. Sie war gefaßt und in
ihrer Blässe unendlich reizend. Als ich in den Wagen stieg,
reichte sie mir noch einmal ihre Hand; ein zusammengefalte-
tes Papier blieb in der meinigen zurück. Die Pferde zogen an;
noch ein letzter Gruß – und wir rollten davon. Als ich verstohlen in das Papier blickte, fand ich eine Locke; innerhalb
derselben stand ein mit zitternder Hand geschriebenes L.

Ich trage die Locke seit jenem Tage, nicht als Liebes-, nur
als Erinnerungszeichen, vielleicht als – Talisman. Das Leben
hat mich seitdem umhergeworfen, und es kam eine Zeit, wo
ich dachte wie Hostowiz; wem käme sie nicht?! Aber eben weil
ich die *ganze* Leiter erklettert habe, weiß ich, welche Staffel
dem Himmel am nächsten war, und noch einmal sprech' ich's
aus: wir haben nichts Besseres, als den Sieg über uns selbst.«

Wilson schwieg; Hostowiz schüttelte ihm die Hand und
sagte verbindlich: »Wär' es nicht um die Attacke, Wilson, ich
stimmte selber gegen mich.«

»Keine Bestechung unsrer öffentlichen Meinung!« rief einer
der Jüngern dazwischen.

»Kapitale Situation«, wiederholte Vandembosch sein erstes
Urteil und schwankte augenscheinlich, wohin er sich neigen
sollte.

»Ich meinesteils« – brummte der Rittmeister – »stimme für
Hostowiz. Gründe hab' ich weder, noch geb' ich welche, aber
die Geschichte mit der Gräfin klingt militärischer.«

Obrist du Plat wandte sich zu ihm und sagte: »Tauenzien,
man merkt's, Sie haben keine Tochter.«

Bei der Abstimmung unterlag Wilson.

Vierundzwanzig Stunden später bivouakierten wir drei Meilen südlicher von Temeswar. Die Schlacht war geschlagen und
gewonnen; die Verfolgung des Feindes hatte uns bis in die

Nähe der Temesch geführt. Wir lagen um ein Wachtfeuer herum und plauderten. Lieutenant Wilson zeigte sein Taschenbuch: eine Kugel war durch die Pergamente hindurchgedrungen; ein letztes Blatt nur hatte ihr Stillstand geboten – auf ihm lag die Locke. Wir sahen es alle, nur einer nicht – Hostowiz. Er lag auf dem Felde von Temeswar. Eine Kartätschenkugel hatte ihn vom Pferde gerissen, wenig Augenblicke später, als er seine Schwadron zum Angriff führte.

GOLDENE HOCHZEIT

Sie hießen Großvater und Großmutter; jedes Kind im Dorfe kannte sie. Sie hatten selbst einst Kinder gehabt, zwei Söhne; aber das war lange her. Der eine starb jung; der andre war im Felde geblieben; nun war das Dorf ihr Kind und morgen war goldene Hochzeit.

Sie bewohnten ein Häuschen, das ihnen die Gutsherrschaft geschenkt hatte. Jeder im Dorfe gab ihnen nach seiner Kraft; aber sie verdienten auch dazu. Großvater war Zimmermann gewesen und war es noch. Wenn der Sommer kam, nahm er Axt und Säge über die Schulter und ging »scharwerken«, wie er's nannte. Was er darunter verstand, war nur aus seiner Arbeit abzusehen. Er flickte Treppen und Scheuntore, machte Schwellen und Leitersprossen, und so alt er war, 's ging ihm flink genug von der Hand. Im Winter saß er hinterm Ofen und spaltete Schindelholz; Großmutters Spinnrad surrte ihm dann zur Seite und ein Rotkehlchen, das sich ihnen aus freien Stücken zugesellt hatte, zwitscherte leis aus seinem Bauer herab. Es hätte lauter singen können, ohne zu stören, denn die beiden Alten waren halbtaub und nur untereinander verstanden sie jedes Wort.

Sie wohnten jetzt zehn Jahre in ihrem Häuschen. Damals hatte der Gutsherr gesagt: »Großvater, bau' ein Haus, so und so.« Der Alte war ans Werk gegangen (denn er war noch rüstig damals) und sieh da, in zwölf Wochen hatte er's hergerichtet, das ganze Haus: eine Stube, ein Flur, eine Küche und ein rotes lachendes Dach drüberhin. Als er fertig war, war

auch der Gutsherr schon zur Stelle und sagte: »Nun bleib nur
gleich hier, du hast es für dich gebaut.« Der Alte wußte nicht,
ob er lachen oder weinen sollte; zuletzt tat er beides. Und wie
die Freude nie allein kommt, so auch hier. Das ganze Dorf,
das nicht zurückbleiben wollte hinter der Herrschaft, hatte sich
aufgemacht wie zur Kirmes, und eh' noch der Alte sein neues
Besitztum dreimal umschritten und die Wirklichkeit seines
selbstgebauten Hauses mit Händen gefühlt hatte, da kam es
schon die Dorfgasse herauf, in langem Zuge Männer und
Frauen, jeder mit einem Stück in die Wirtschaft und alle mit
lachenden Gesichtern. Der Kupferschmied, der den Zug eröffnete, brachte einen Kessel und schlug ihn wie eine Pauke. Das
war zuviel für Großmutter; sie vergaß fast das Haus über den
Kessel, und wäre sie hundert Jahr alt geworden, diesen Tag
hätte sie nicht vergessen.

Seitdem waren zehn Jahre vergangen, still, geräuschlos, zufrieden. Sie forderten nichts vom Leben, drum hatten sie alles.
In der Küche, jahrein, jahraus, brodelte im braunen Topf ein
brauner Trank, den nannten sie »Kaffee«, und Großmutter
lebte davon. Der Alte blies Wolken aus seiner kurzen tönen-
nen Pfeife, und wenn man ihn fragte: »Großvater, wie geht's?«
so antwortete er: »'t geiht jo, ick hev min Pip Toback.«

Nun war Pfingsten. Die Sonne ging festlich auf und blickte
in das Zimmer der alten Leute. Die schliefen noch und selbst
das Rotkehlchen saß geduckt in einer Ecke des Bauers. Aber
die Wände trugen schon ihr pfingstlich Kleid, und der Schatten
der grünen Maienblätter tanzte auf Diele und Decke umher.
Am Fenster stand ein fichtner, blankgescheuerter Tisch und in
der Mitte desselben lag eine aufgeschlagene Bibel. Der Gold-
rand an Schnitt und Ecken war abgegriffen; man sah, es war
eine Bibel zum Lesen.

Nach einer halben Stunde sah die Sonne wieder nach; da
waren die alten Leute auf und schon fertig zum Kirchgang.
Großvater trug seinen langen blauen Rock mit dem Stehkra-
gen und den großen, seidebesponnenen Knöpfen. Die Schöße
gingen bis nahe an die Knöchel und man sah wenig von den
samtnen Kniehosen und schwarzen Seidenstrümpfen, Über-
bleibseln aus einer längst vergangenen Zeit. Er stand jetzt am

Fenster, daran ein kleiner mit rotem Papier umklebter Spiegel hing, und sein spärliches, schneeweißes Haar nach hinten streichend, versuchte er mit einem Kamm es festzustecken. Dabei zitterte der alte Mann, und es war doch Pfingsten.

Großmutter war in der Küche beschäftigt, und durch die halbgeöffnete Tür klang von Zeit zu Zeit das Knallen und Knistern eines lustigen Feuers. Sie stand am Herd, geputzt, aber gebückt; – eine hübsche alte Frau. Der schwarze, großgeblümte Wollenrock, darauf sich das saubere Brusttuch noch weißer abhob als es war, ließ ihr gut und der schmale Streifen grauen Haares, der glattgescheitelt unter der Seidenmütze hervorsah, gab ihr ein freundliches und ehrwürdiges Ansehen. Sie lächelte; war es die Freude an diesem Tag, oder war es mehr?

Sie trat jetzt wieder in die Stube zurück und den Alten leise auf die Schulter klopfend, sagte sie: »Drink, Vader, et is Pfingstenkoffee un en Ehrenkoffee darto.«

Der Alte nahm und trank; aber ihn fröstelte nach wie vor, und auf die Sonne zeigend, die immer heller ins Zimmer schien, sagte er: »Kumm in de Sünn, Olling, mi freert.«

Er legte seinen Zeigefinger in die aufgeschlagene Bibelstelle, klappte das Buch zu und ging in den Hof. Großmutter folgte ihm auf den Fuß. Der Hof war ein eingezäuntes Viereck, aber so klein, daß ein Kastanienbaum, der in der Mitte stand, mit seinen Zweigen den ganzen Fleck überdachte. Um den Stamm des Baumes herum zog sich eine Rasenbank, die blitzte jetzt von Tautropfen.

Der Alte wollte sich setzen. »Töf 'n beten« – rief ihm die Alte zu:

> »Morgendau un Morgenrod
> Laten wol fien un hebben den Dod«;

aber der Alte saß schon, und sie setzte sich zu ihm.

Der Himmel war tiefblau und lachte. »Kiek Olling« – fuhr die Alte fort – »de Häwen (Himmel) is so apen, as wull he seggen: kamt in, Kinner.«

Der Alte schwieg; er schien nicht gehört zu haben, was sie

sagte. Auf den Zweigen über ihnen hüpften die Vögel hin und her, und gestreift vom Flügel des einen oder andern, fiel von Zeit zu Zeit ein Blütenblatt auf den Schoß der alten Leute. Sie achteten es nicht, und aufatmend in der warmen Juniluft, starrten sie durch den offenen Lattenzaun in ein unabsehbares Saatfeld hinein, dessen Halme kaum sich neigten, so stille war die Luft. Durch das Grün der Saat lief hier und da in breiten Streifen ein gelbes Rapsfeld und würzte Nähe und Ferne mit seinem Duft.

Großvater schlug die Bibel auf und sagte: »we will'n wat lesen und wat recht schön's darto; nich all Sündag is Pfingsten un nich all Pfingsten is Goldne Hochtit.«

Er las, und sie hörte, was beide auswendig wußten. Eh' er noch beendet hatte, da war es plötzlich, als käme ein Luftzug, ein langsam-feierliches Wehen über die Felder her, und die Halme tief niederbeugend, fuhr es jetzt mit lautem Geräusch durch den Wipfel des Baumes. Die Vögel fuhren erschreckt in die Luft; es war, als sei ein Sperber unter sie gefahren. Dann wiederum war alles still.

Eine Stunde verging; fröhliche Pfingstglocken riefen zur Kirche; da kam es singend und scherzend die Dorfgasse herauf; der Gutsherr und der Prediger voran und Mädchen und Knaben mit Kränzen und Blumen hinterdrein. Sie traten in das Haus und endlich in den Hof. Des Gutsherrn Tochter, ein Blondkopf mit langen Flechten, küßte die schmalen Lippen der alten Frau, – sie waren kalt; der Prediger ergriff die Hand des Alten – sie war kalt. »Wir kommen zu spät«, – wandte er sich an die Umstehenden – »sie sind getraut für immer.« Dann nahm er die Bibel und den Spruch erblickend, darauf die Hand des Alten geruht hatte, las er mit bewegter Stimme: »Du bist ein frommer und getreuer Knecht gewesen, gehe ein zu Deines Herren Freude.« –

JAGDGESCHICHTEN AM CAP

Der Held unserer Geschichte ist Mr. Roualeyn Cumming, ein Sohn der schottischen Hochlande, der, nachdem er seine Jäger-lehrjahre in den Bergen seiner Heimat durchgemacht hatte, eigens in die Armee Ihrer Majestät eintrat, um Gelegenheit zu finden, erst an den Abhängen der Himalaya, dann angesichts des Tafelberges und an den Ufern des Orangeflusses sein Jugendstudium fortzusetzen. 1844 kam er nach Kapstadt und schickte sich an zu einem Unternehmen, das in den Jahrbüchern der Jägerei, wenn deren existieren, wohl kaum seinesgleichen finden und ganz geeignet sein dürfte, den Ruhm des Cooperschen »Lederstrumpfes« zu einem bloßen Sonntagsjägertum zu degradieren. Der Jagdzug des Mr. Cumming war ein völliger *Kriegszug*. Mit zwanzig Wagen, jeder einzelne von einem Hottentotten geführt, zog er aus, außer drei Doppelbüchsen, die seine eigene Armierung ausmachten, waren sämtliche Ochsentreiber seiner Expedition wohl bewaffnet, ja sogar die Fracht des einen Wagens bestand aus Musketen, und wenn auch ursprünglich für den Austausch bestimmt, die Eingeborenen zahlten 90 Pfund Elfenbein für jede einzelne Muskete à 16 Sh., so bildeten sie doch zu gleicher Zeit ein ambulantes Arsenal. 1848 kehrte unser Jäger, nachdem er kurz zuvor seinen hundertsten Elefanten erschossen (erst 40 wohlgezielte Schüsse pflegen einen Elefanten zu töten) nach der Kapstadt zurück. Der bloße Erlös aus seinen Straußenfedern und Elefantenzähnen überstieg die Summe von 3000 Pfund Sterling, dennoch bildete der Elfenbeinertrag dieses wunderbaren Jagdzuges nur einen kleinen Teil seiner Gesamtausbeute, und Mr. Cumming landete gegen Ende des Jahres 1849 im Hafen von Southampton mit einem Warenvorrat, der das Gewicht von 30 Tonnen oder 600 Zentnern nahezu erreichte. Diese Jagdtrophäen, ihrer Mehrzahl nach wertvolle Felle fast sämtlicher Säugetiere Südafrikas, bildeten monatelang in London eine förmliche Ausstellung und wurden ein Gegenstand der Bewunderung für die Männer der Wissenschaft sowohl wie für die Laien. Mr. Cumming beschloß, sein abenteuerliches und vielleicht eben darum so unwiderstehlich anziehendes Unternehmen mit Herausgabe eines zweibändigen Tagebuchs, das, mit dem Spannenden eines Romans, zugleich die Brauchbarkeit eines Katalogs für etwaige Besucher der chinesischen Galerie verbindet.

Wir entnehmen diesem wunderbaren Buche, das sich liest

wie die Märchen aus Tausend und einer Nacht, eine Reihe von Einzelheiten und beginnen mit folgendem:

»Südafrika ist reich an wilden Hunden (canis picta), wo nicht gar ihr Vaterland. Sie sind immer in ganzen Rudeln beisammen, nie unter zehn, selten über sechzig. Sie rennen in einem ununterbrochenen Galopp und lösen sich beim Lauf in *der* Art einander ab, daß der Leithund, sobald er ermüdet ist, in den Nachtrab kommt, während ein anderer voll frischer Kraft seine Stelle einnimmt. Diese Hunde haben drei Arten von Geschrei. Die eine Art, leise und fast wohltönend, dabei in großer Entfernung vernehmbar, dient dazu, die ihrigen wieder zusammenzubringen, wenn einzelne sich bei der Antilopenjagd verirrt haben. Die zweite Art, dem Gekreisch einer Anzahl von Affen überaus ähnlich, wird ausgestoßen, wenn irgend etwas Besonderes ihre Aufmerksamkeit erregt. Ihr dritter Ton gleicht dem Bellen unserer Hunde und läßt sich jedesmal hören, wenn sie auf Dinge stoßen, die ihnen völlig fremd und unerklärlich sind. Ich bestand ein Abenteuer mit diesen Bestien, das ich mein Lebtag nicht vergessen werde. Es war ein schlechter Tag gewesen, nur einen einzigen Gemsbock hatte ich geschossen, und müde und matt von langem Umherstreifen schickte ich mich eben an, dicht vor einer Höhle mein Nachtlager zu beziehen. Ich hatte noch einen Schuß in der Büchse und streckte, bloß um abzuschießen, eine Hyäne nieder, die eben aus dem Dickicht trat. Ohne mich weiter drum zu kümmern, steckte ich meine Büchse, zum Schutz vor dem Nachttau, in ihren Ledersack und schlief ein. Ich schlief noch nicht lange, als sonderbare Töne durch meinen Traum zogen. Mir war es, als rannten Löwen im Kreise um mich her, und als der Lärm wuchs, erwachte ich plötzlich mit einem lauten Schrei. Sekunden vergingen, ehe ich mich erinnern konnte, in welchem Teil der Welt ich eigentlich sei. Ich hörte etwas wie Trappeln leichter, geschwinder Füße in meiner Nähe, als sei ein Rudel Wölfe an jeder Seite von mir, und in die Takte, die ihre Füße schlugen, mischten sich jetzt Töne, wie sie selbst mein Jägerohr nie zuvor gehört hatte. Endlich, meinen Kopf erhebend, sah ich zu meinem äußersten Entsetzen nichts wie wilde Hunde um mich her. Wenige Schritte nach rechts und links bildeten zwei Reihen von ihnen gleichsam Spalier und spitzten die Ohren und reckten ihre Hälse, um nach mir auszuschauen. Ein anderer Trupp, mindestens ihrer 40, liefen auf und ab und umkreisten das Spalier, während ein drittes Rudel sich über die erschossene Hyäne hergemacht hatte und untereinander kämpfte und sich biß. Ich erwartete im nächsten Augenblick zerrissen zu werden und fühlte, wie mein Blut gerann und jedes Haar auf meinem Kopf sich sträubte. Nichtsdestoweniger hatte ich Geistesgegenwart genug, mir ins Gedächtnis zu rufen, daß vielleicht der Klang der menschlichen Stimme, überhaupt entschlossene Haltung, mich retten könne. So sprang ich denn auf und, den Erdwall schnell erklimmend, der wie eine niedrige Mauer den Eingang zur Höhle verteidigte, schwenkte ich jetzt mit beiden Händen die weiße, wollene Decke in der Luft, unter der ich geschlafen hatte, und hielt gleicherzeit in lauter und feierlicher Weise eine Anrede an die wilde Versammlung. Das wirkte: die Bestien zogen sich zurück, nur von Zeit zu Zeit noch nach mir bellend. Ich aber riß jetzt meine Büchse aus ihrem Ledersack heraus und, schnell ladend, beschleunigte ich mit zwei Kugeln den Rückzug der ungebetenen Gäste.« – –

»Manch Jahr meines Lebens hindurch war eine *Giraffenjagd* mein sehnlichster Wunsch gewesen, auch dieser Wunsch fand seine Erfüllung. Ich ritt allein durch dichtes Gebüsch, meine Wagen und ihre Führer weit hinter mir, als plötzlich der herrlichste Anblick sich vor mir aufschloß, der einem Jägerauge sich bieten kann. Vor mir stand ein Trupp kolossaler Giraffen, die Mehrzahl siebzehn bis achtzehn Fuß hoch. Sofort bei meinem Anblick schlugen sie die langen Schweife über ihren Rücken und mit den Schweifbüscheln einen Lärm machend, wie wenn man mit einer Lanze rasch durch die Luft fährt, setzten sie sich in einen leichten Trab, der nichtsdestoweniger meinen ›Colesberg‹ (der Name meines besten Pferdes) nötigte, seine besten Kräfte zusammenzunehmen. Was ich bei diesem Ritt fühlte, war verschieden von jeder anderen Empfindung, die ein langes Leben mich bis dahin kennengelehrt hatte. Meine Sinne waren von dem wunderbar schönen Anblick so bezaubert, daß ich wie in einem Banne den prächtigen Tieren folgte und von

Zeit zu Zeit kaum glauben wollte, daß ich noch auf dieser Welt
sei und wirklich lebendige Dinge vor mir habe. Der Boden war
fest und günstig für einen Reiter. Bald war ich mitten unter
ihnen und, die schönste aus der ganzen Herde schnell heraus-
findend, wandt' ich mich jetzt gegen diese. Sie fühlte, daß *ihr*
es gelte, und ihren Schritt verdoppelnd, zwang sie mich zum
vollsten Jagen. Mit Hals und Brust die abgestorbenen Zweige
der Bäume niederbrechend, streute sie dieselben unablässig auf
meinen Weg. Jetzt war ich ihr nah, ich schoß, aber meine
Stellung war ungünstig und die Kugel ging nichts ins Herz.
Immer heißer wurde der Ritt, endlich an ihrer Seite, schoß
ich ihr eine zweite Kugel durchs Blatt. Sie war ins Leben getroffen, dennoch stürmte die Geängstigte weiter und, keinen
Schuß mehr im Lauf, stand ich auf dem Punkt, die herrliche
Beute einzubüßen. Ich lud rasch, und die schon aus dem Gesicht Verlorene durch einen glücklichen Zufall wieder zwischen
den Bäumen gewahrend, jagte ich ihr aufs neue nach und
brachte sie zum Stehen. Ich sprang ab. Da standen wir uns
einander gegenüber, allein, in der Tiefe eines vielleicht nie
betretenen Waldes. Ich blickte voll Staunen auf ihre unendliche Schönheit, und während ihr mildes, dunkles Auge bit-
tend auf mich niedersah, fühlte ich einen tiefen, nie empfun-
denen Schmerz, in diesem Augenblick des Triumphs. Dann
aber, hochanschlagend, drang meine Kugel in ihren Hals. Sie
hob sich noch einmal und die Erde zitterte ringsum, als sie
zusammenstürzte. Mir blieb wenig Zeit zur Betrachtung dessen, was ich gewonnen hatte, denn die Nacht brach ein und
nur den Büschelschweif der Giraffe nahm ich für heut als Tro-
phäe mit heim. Nicht Wort, nicht Feder kann beschreiben, was
ein Jäger fühlt, wenn er inmitten eines Trupps gigantischer
Giraffen unter den Bäumen des Urwalds dahinfliegt: es muß
erfahren werden, um es zu verstehen. Während des ganzen
Ritts war ein prächtiger Duft, der diesen Tieren eigen ist, um
mich her; ein Duft, der mich lebhaft an den Geruch unseres
Heidehonigs im Monat September erinnerte.« – – –

»Ein Gewitter hatte bis in den Nachmittag hinein getobt
und seine gewöhnliche Wirkung dahin ausgeübt, daß die tausend wilden Bewohner des Waldes, die Gemsen, die Gnus, die

Büffel und Quaggas fast wie gezähmt an meiner Seite umher-
liefen und kaum beeilt waren, aus dem Bereich meiner Büchse
zu kommen. Eine Löwin, deren ich plötzlich ansichtig wurde,
schien sich aus der Harmlosigkeit der Kreatur, wie sie das
Gewitter über den Wald und seine Bewohner ausgießt, ebenfalls ihren Nutzen gezogen und sich eines Springbocks ohne
viel Mühe versichert zu haben, sie war eben bei der Mahlzeit,
an der sich ein Dutzend Schakals in befreundeter und vertrau-
licher Weise beteiligten. Ich wies mit dem Finger auf die Stelle
hin, wo ich die Löwin bemerkte und rief meinen Gefährten in
aller Ruhe zu: ›da ist sie!‹ Sie stutzten sofort, riefen voll sichtlicher Ängstlichkeit: ›Whar? Whar? Yah! Almagtig! Dat is
he!‹ und schwangen sich dann auf ihre Pferde, um zu fliehn.
›Wo wollt ihr hin?‹ rief ich ihnen nach, worauf sie mir in
halber Verlegenheit antworteten, sie hätten noch keine Zündhütchen auf ihren Gewehren. Das war nun allerdings der Fall:
so ließ ich sie denn gewähren. Während dieses kurzen Zwie-
gesprächs hatte uns die Löwin beobachtet. Sie erhob ihr volles,
rundes Gesicht, musterte uns und setzte sich dann in einen
kurzen Galopp, der Bergkette zu, die sich in einiger Entfernung von uns hinzog. Die Schakals schlugen eine andre Richtung ein. Es war Zeit sich zu eilen und, unbekümmert um die
Zündhütchen meiner Hottentotten, jagte ich der Löwin nach,
um sie zum Stehen zu bringen. Glücklicherweise ritt ich meinen ›Colesberg‹, auf den ich mich verlassen konnte, und meinen Leuten zurufend, mir so bald wie möglich zu folgen, flog
ich über die Ebene hin und sah alsbald, daß ich meinem Ziele
mit jedem Augenblick näher kam. Es war ein Moment von
unendlicher Freude, und in mir stand fest: *sie oder ich!* Der
ebene Boden, auf dem sie entlangschoß, zeigte mir ihre ganze
imposante Gestalt, sie war völlig ausgewachsen und über
natürliche Größe. Wahrnehmend, daß ich schneller sei als sie,
mäßigte sie ihren Galopp zu einem langsamen Trabe, ihren
Schweif schleppte sie in gerader Linie nach und nur von Zeit
zu Zeit bewegte sie ihn nach rechts und links. Ich rief ihr laut
ein Halt! zu, wie wenn ich mit ihr zu sprechen hätte, auf welchen Zuruf sie plötzlich innehielt, sich wie ein Hund auf die
Hinterfüße setzte, aber andauernd mir den Rücken zukehrte,

als hielte sie es unter ihrer Würde, sich nach mir umzusehn. Es
war, als dächte sie bei sich: *weiß dieser Bursche, hinter wem
er her ist!* Inzwischen war ich ihr so nah gekommen, daß sie es
für gemessen hielt, sich umzudrehn und, mich sekundenlang
anstarrend, bewegte sie ihren Schweif langsam hin und her,
wies mir die Zähne und brüllte. Dann kam sie mir entgegen
und erhob einen Lärm, den ich nur mit entferntem Donner
vergleichen kann. Sie tat das, um mich einzuschüchtern; als sie
jedoch merkte, daß ich um kein Haar breit rückwärts wich,
streckte sie sich nieder ins Gras und sah mich an. Jetzt waren
auch meine Hottentotten herangekommen. Wir stiegen alle
drei ab und, unsere Büchsen aus den Halftern nehmend, unter-
suchten wir vorsichtig, ob auch Pulver in den Zündkanälen sei
und setzten dann die Hütchen fest aufs Piston. Während das
alles geschah, zeigte die Löwin ein unverkennbares Mißbehagen. Sie sah erst auf uns und dann hinter sich, als wolle sie
sich überzeugen, daß ihr Rücken frei sei. Wir hatten inzwischen unsere Pferde zusammengekoppelt und, sie am Zügel
führend, gaben wir uns den Anschein, als wollten wir an ihr
vorbeipassieren, während doch meine Absicht war, um eines
besseren Schusses willen, ihr die Flanke abzugewinnen. Mein
Plan scheiterte: sie wendete sich stets so, daß ich sie in voller
Front vor mir hatte. Meine drei Doppelgewehre verteilte ich
so, daß ich meine Dixonbüchse in Händen behielt, während
Keonboy beordert war, mir meine Purdeybüchse zuzureichen,
sobald ich geschossen hätte, und Stofolus Befehl hatte, mit
meinem Morreschen Doppelläufer selber zu schießen, falls ich
von der Katze angesprungen würde. Bis hierher hatt' ich die
Furcht meiner beiden Hottentotten noch leidlich im Zaume gehalten, jetzt aber bemerkte ich, daß sie leichenblaß wurden und
die peinliche Gewißheit erwuchs mir, daß ich auf keinen andern Beistand als meinen eigenen zu rechnen habe.

Trotzalledem vermochte ich der Lust an diesem Abenteuer
nicht zu widerstehn! Die Löwin lag kaum sechzig Schritte vor
uns und kam näher. Wir wandten unsere Pferde so, daß sie
dem Feinde ihr Hinterteil zukehrten. Jetzt kniete ich nieder
und, die Mitte der Brust aufs Korn nehmend, schoß ich los.
Mit furchtbarem Gebrüll war die Löwin plötzlich unter uns.

Die Büchse des zitternden Stofolus entlud sich in diesem Augenblick von selbst und Keonboy, dem ich befohlen hatte, mir zur Seite zu sein, drehte sich halbtoll vor Angst wie eine Feder im Winde umher. Die Katze inzwischen war auf ›Colesberg‹ losgesprungen und zerfleischte ihm Rippen und Schenkel mit ihren furchtbaren Zähnen und Klauen. Der rechte Schenkelknochen lag entblößt zutage. Ich blieb völlig kalt und fühlte nicht die geringste Anwandlung von Furcht, vielleicht weil ich volles Vertrauen in meine Schießkunst setzen konnte. Dennoch muß ich bekennen, daß ich, nachdem alles glücklich vorüber war, mit einem gewissen Schauder an diese meine Lage zurückdachte, da niemand um mich war, auf den ich mich hatte verlassen können.

Während die Löwin meinen ›Colesberg‹ ansprang, richtete ich mich auf, fest entschlossen, den rechten Moment abzuwarten, aber auch ihn nicht vorüberzulassen. Dieser Augenblick kam schnell. Die Löwin, wie zufrieden mit der Rache, die sie an meinem Pferde genommen hatte, zog die Tatzen plötzlich wieder ein und schickte sich an, langsam davonzutraben. Jetzt preßte ich meine Büchse fest an die Schulter, und im nächsten Augenblick lag die Löwin leblos hingestreckt am Boden. Ihr Unterkiefer fiel, als wäre das Band zerrissen, das ihn hielt, tief nach unten und Blut entströmte ihrem Rachen. In dem Augenblick, wo ich meinen zweiten Schuß abgab, ließ Stofolus die drei Pferde, die er bis dahin gehalten hatte, entfliehn. Er und Keonboy folgten unter dem Vorwand, sie wieder einzufangen, und ließen mich allein und unbewaffnet in Gesellschaft einer Löwin, von der sie alles andere eher erwarteten, als daß sie bereits tot zu meinen Füßen lag.« – – –

Im übrigen waren die Begegnungen zwischen dem König der Wälder und unserem Helden nicht immer gleich günstig für diesen, und wenn es seinem Mut und seiner Geschicklichkeit auch gelang, die eigene Person stets unversehrt nach Hause zu bringen, so fielen doch gelegentlich seine Pferde und Zugochsen, ja sogar mehrere seiner hottentotteschen Begleiter, als Opfer dieser Kämpfe. Doch lassen wir ihn selbst erzählen:

»Es war kurz vor Sonnenuntergang, als wir am Rande eines Flusses Halt machten und uns anschickten, die Nacht in gewohnter Weise zuzubringen. Der Flußrand war schmal, denn keine zwanzig Schritt von demselben entfernt zog sich dichtes Gebüsch, parallel mit dem Strom entlang. In unmittelbarer Nähe dieses Dickichts zimmerten wir schnell einen Kral für unser Vieh zusammen und umgaben denselben zu weiterem Schutz mit unserer Wagenreihe. Am linken Flügel derselben, den prächtig kühlen Fluß unmittelbar vor mir, machte ich mein eignes Nachtlager zurecht, während aus mir unbekannten Gründen meine Hottentotten es für gut befanden, sich am andern Flügel unserer Wagenburg ein Feuer anzuzünden. Die Sonne mochte drei Stunden unter sein und am andern Ufer des Flusses hörte ich deutlich den Tritt von Elefanten und das Zerbrechen von Zweigen und jungen Bäumen, denen sie aus dem Wege zu gehen nicht eben Laune hatten. Die Nacht war schön, und ich erquickte mich an einem Spaziergang zwischen Fluß und Dickicht, wenig ahnend, daß keine dreißig Schritt von mir entfernt ein Löwe, funkelnden Auges, bereits auf Lauer lag und einen von uns zu seinem Opfer erkoren hatte. Singend kehrte ich zu meiner Lagerstätte zurück und rief die Leute vom andern Flügel unseres Krals zu mir herüber, um ihnen ihren Kaffee zu reichen, den wir allabendlich vor Schlafengehn zu trinken pflegten. Sie kamen und hockten um die kleine Flamme, die ich angezündet hatte, nur drei blieben bei ihrem eignen Feuer, und zwar Stofolus, Ruyter und mein bester Wagenführer Hendrick. Wir wurden müde und waren eben am Einschlafen, als eins der Pferde im Kral sich losriß und über die Planken sprang. Hendrick machte sich sofort auf und fing es wieder ein. Hierbei mochte ihn der Löwe bemerkt haben, und von diesem Augenblick an war er der ausersehene Mann. Noch keine fünf Minuten waren vergangen, seit er sich wieder unter sein Bettuch gestreckt hatte, als ein Gebrüll und in demselben Augenblick ein herzzerreißender Schrei zu mir herüberdrang. Ich fuhr auf, und ehe ich noch meine Büchse aus dem Halfter reißen konnte, stand schon Stofolus wie ein Gespenst vor mir und, seiner Stimme kaum mächtig, rief er nur: ›Der Löwe! Der Löwe! Ich schlug ihm mit einem Brand auf den Kopf, aber er ließ nicht los – armer Hendrick, der Löwe hat ihn.‹ Ich befahl sofort, alle Hunde loszulassen und

warf neue Scheite Holz in die Flamme, aber meine zitternden
Begleiter hatten völlig den Kopf verloren und gaben sich kaum
zufrieden, als ich beschloß, im Krale selbst Quartier zu nehmen und große Feuer darin anzuzünden. Gewehr im Arm ver-
brachten wir die Nacht, jeder von uns mit dem entsetzlichen
Bewußtsein, daß in unmittelbarer Nähe einer unserer Gefährten das leckere Nachtmahl eines Löwen sei. Früh am Morgen
schon hatte ich die Genugtuung, den Störer unserer Ruhe mit
zwei Kugeln niederzuschießen; aber mein armer Hendrick war
hin.« – – –

PROSAFRAGMENTE UND -ENTWÜRFE

Es war um Weihnachten 1529, der Schnee lag hoch und alle
Fahrstraßen in Yorkshire waren verschneit. Ein Reiter der bei
anbrechender Dunkelheit [1] des Weges kam schien wenig dadurch
behindert zu werden und rasch und sorglos über die endlose [2]
Schneefläche hintrabend, hob er sich nur von Zeit zu Zeit im
Sattel wie wenn er ausschaue nach einem Merkmal für die
Richtigkeit des eingeschlagnen Weges oder nach dem ersehn-
ten Ziele selbst. Jetzt prustete sein Pferd muntrer als zuvor;
im selben Augenblick blitzte am Horizont ein Licht auf und
ohne daß der Reiter Sporn oder Gerte gebraucht hätte, trug ihn
sein Pferd jetzt in immer raschrem Laufe querfeldein [3].

Nach zehn Minuten hielt der Reiter vor Sheffield-House und
stieg ab. Das Haus vor dem er stand war ein altertümlicher
Bau, aus der besten gotischen Zeit. Ursprünglich hatte hier eine
Abtei gestanden deren Kirche auch jetzt noch den Mittelpunkt
des ganzen Besitztums bildete; die Mönchswohnungen aber die
sich damals unmittelbar an die Westseite der Kirche angelehnt
hatten, waren im vorigen Jahrhundert fortgeschafft worden
und das stattliche Herrenhaus [4] der Grafen von Shrewsbury
war an ihre Stelle getreten. Das zweistöckige aus festem Sand-
stein aufgeführte Gebäude, das [5] jetzt im rechten Winkel auf
die Turmfront der Kirche stand glich eher einem Schloß als
einem Wohnhaus und nur die Ungeschütztheit seiner Lage und
die Abwesenheit von Wall, Graben und Brücke, ließen es trotz
des mächtigen viereckigen Turms [6] an seinem Westgiebel und
trotz der achteckigen Türmchen die sich wie 2 Wächter am Portal erhoben, als ein bloßes Herrenhaus [7] erscheinen.

Dicht am Portal war eine Glocke, er zog daran, aber es
währte ziemlich lange eh es drinnen im Haus sich rührte [8] und

---

[1] Aus: Ein Reiter aber der in raschem Trab – [2] Von »rasch« an aus:
wie einer der seines Zieles sicher ist trabte er rasch über die weiße
nur hier und da von einer Pappel unterbrochne – [3] Von »und« an
aus: dem es jetzt [...] entgegen ging – [4] Gestrichen: desselben Talbot –
[5] Aus: Der [...] Schloßbau, der – [6] Gestrichen: der das Gebäude
flankierte – [7] Von »als« an aus: mehr als Schmuck oder Laune denn
als eine Befestigung – [8] Aus: in der Halle wer lebendig wurde

doch war Feuer in der Halle, das sah man an dem Glutschein
der sich oben im Portalfenster spiegelte. — Werfen wir, während unser Reiter unwirsch auf und abgeht und seine Arme
kräftig zusammenschlägt um sich zu erwärmen, einen Blick auf
das Herrenhaus, das sich ihm öffnen soll.

Endlich ward ein Riegel zurückgeschoben und die Tür öffnete sich. Ein Alter, mit einem Kienspan in der Hand, sah zu
der [9] in allerhand Tücher gehüllten ziemlich unkenntlichen Rei-
tergestalt hinauf und brummte vor sich hin: nun, was gibt's.

Was es gibt? Halte mir deinen Span besser in's Gesicht oder
wisch dir den Schlaf aus den Augen. Da, gib das an Mylord;
ich will den Braunen derweil unterbringen, — der hat sich seinen Hafer heut verdient.

Mit diesen Worten gab er dem Alten eine Ledertasche, die
er unter dem Mantel getragen hatte und griff nach dem Zügel
seines Pferdes um es in den Stall zu führen.

Der Alte aber war jetzt völlig ins Freie getreten und dem
Reiter ohne weiteres den Zügel aus der Hand nehmend, rief er
in die Halle hinein: Heda,[10] Schlafsack, herunter von der Bank
und die faulen Glieder zusammengenommen[11]; Sam Taylor ist
zurück; flink, sag ich, oder —

Ein blasser halbverschlafner Junge stolperte aus der Halle
heraus und nahm den Zügel, der Alte aber zog den Angekomm-
nen an das aufprasselnde[12] Kaminfeuer und einen Deckelkrug
vor ihn hinstellend sagte er: trink Sam, du kennst meine alte
Mischung, Heißbier mit Wacholder.

Sam tat einen tüchtigen Zug, schwur bei allen Heiligen solch
Bier in ganz London nicht gefunden zu haben, warf Mantel
und Tücher ab und starrte vergnüglich in die Flamme, während
sein bereifter Bart auftaute und die Tropfen wie lustige Tränen ihm über's Gesicht liefen[13].

Der Alte verschwand inzwischen mit der Tasche und einen
langen, nach Westen hin liegenden[14] Gang durchschreitend, an
dessen Ende ein blakiges Licht brannte, tappte[15] er endlich eine

---

[9] Gestrichen: vermummten — [10] Gestrichen: Bobby, will er wohl —
[11] Aus: zusammensuchen — [12] Aus: hellauf prasselnde — [13] Darüber:
rannen — [14] Gestrichen: korridordunklen — [15] Aus: stieg

schmale Steintreppe hinauf und trat dann in das Wohn- und Arbeitszimmer seines Herrn, das groß und geräumig war und das ganze erste Stockwerk des schon erwähnten Turmes einnahm.

Das Zimmer so groß und geräumig es war machte doch den Eindruck äußerster Behaglichkeit. Hohe Eichenholz-Paneele mit allerhand gotischem Schnitzwerk – einer Kunst die gerade damals in England blühte – liefen an allen vier Wänden rings herum; gegenüber der Eingangstür brannten große Scheite Holz in dem reichverzierten Kamin und unterbrachen die Stille durch ihr Knistern und Knallen; rechts davon an der Frontwand wölbte sich ein Bogenfenster, das kirchenähnlich mit bunten aber unkenntlichen Malereien bedeckt war; über den Paneelen hin, an den Wänden entlang, hingen schwere Arrastapeten von dunkelroter Farbe und nur gegenüber dem großen Fenster hoch und breit fast wie dieses selbst hing das roh und ungeschickt aber in frappanter Charakteristik gemalte Bild jenes Talbot, der einst die Waffenehre Englands der siegenden Zauber-Jungfrau gegenüber gewahrt und mit seinem Tod besiegelt hatte. Es war eines jener wunderbaren Bilder, die einmal gesehn dem Auge nicht wieder verloren gehn und deren Mängel nur dazu beitragen ihre bleibende Wirkung zu verstärken. Der Kopf[16] war klein, mager, voll dünnen seltsam krausen Haares aber voll energischen Ausdrucks und über die Rüstung, deren[17] Stahl man nur am Hals und unter dem zwikkelbärtigen Kinn hervorschimmern sah, war ein seltsamer Mantel geworfen, der den größten Teil des Bildes einnahm und von blauer Farbe war mit goldnen Lilien darauf.

Es mußte ein Anzug sein, den er bei einer jener Huldigungen und Eidesleistungen getragen hatte, die die englischen Könige um ihrer französischen Besitzungen willen dem französischen Könige als ihrem Lehnsherrn leisten mußten.

Zu Füßen dieses Bildes, ihm den Rücken zukehrend, saß[18] der gegenwärtige Lord Shrewsbury, ein Enkel Talbots und in Waffen erprobt gleich diesem. In der blutigen Schlacht bei Stoke focht er, siebzehn Jahr alt, an der Seite Heinrich Rich-

---

[16] Aus: Das Gesicht – [17] Gestrichen: blinkenden – [18] Gestrichen: George Talbots Enkel

monds und half dem Hause Lankaster, dem er blind ergeben
war, aufs neue zu Thron und Herrschaft. Bei der Thronbesteigung Heinrichs VIII. ward ihm das Ehrenamt eines Hausmarschalls übertragen; vier Jahre später führte er den Vortrab der
Engländer in der berühmten Sporenschlacht und 1522 ernannte
ihn die Huld seines [19] Herrn zum Vicekönig über die nördlichen
Provinzen. Seitdem hatte er seinen Sitz in Sheffield-Castle,
teils weil die Pflichten seines Amts ihn an Yorkshire fesselten,
teils weil die Dinge bei Hofe in den letzten Jahren eine Wendung genommen hatten, die ihm mißfiel. Seine rücksichtslose
und immer noch unerschütterte Anhänglichkeit an die Lan-
kastrier war in Konflikt mit der Strenge seiner sittlichen und
religiösen Anschauungen geraten und so gewiß auch seine
Loyalität unerschüttert blieb, konnte er sich doch nicht entschließen der Augenzeuge, – oder gar der Beteiligte bei Vorgängen zu sein, die sein Glauben wie sein Herz verwarf.

Er saß jetzt an seinem Arbeitstisch, den Kopf in die rechte
Hand gestützt, augenscheinlich in das Lesen umfangreicher
Papiere, wie es schien Urkunden vertieft. Vor ihm brannten
4 Wachskerzen auf doppelarmigen Leuchtern; der schwere Eichentisch war mit Papieren überdeckt. Sein Anzug war einfach.
Er trug ein enganliegendes Wams von schwarzem Samt, nur
die Ärmel waren weit und gepufft. Seine Kopfbedeckung (ein
Barett nach Sitte der Zeit) lag neben ihm und als er sich jetzt
dem eben hereintretenden Samm [19a] zuwandte sah dieser in
das hochgestirnte, mit wenig grauem Haar bedeckte Antlitz seines Herrn, dessen Adlernase fast in Widerspruch stand zu dem
milden Ausdruck seines Auges. Die Störung schien dem Lord
durchaus unerwünscht und eine leichte Röte flog über sein Gesicht; aber eh sein Unmut noch Worte gefunden hatte hielt
ihm Adam schon die Ledertasche entgegen und mit einem kurzen: »Sam Taylor ist zurück« die Ledertasche vor seinen Herrn
legend [20], schickte er sich an wieder zu gehn. –

Die Züge des Lords veränderten sich schnell; Neugierde und
Aufregung traten an die Stelle des Unmuts: »Gib ihm einen

---

[19] Gestrichen: königlichen – [19a] »Samm« irrtümlich in der Hs.; gemeint ist Adam. – [20] Aus: legte er [...] vor seinen Herrn auf den
Tisch

guten Krug, Adam; 's ist bitter kalt heut; und laß ihn warten in der Halle.« Mit diesen Worten öffnete er die Tasche, während der Alte das Zimmer verließ. Der Inhalt der Tasche bestand aus zehn bis zwölf Briefen, die der Lord eilig und ohne besondres Interesse durchlief nur zwei las er mit Aufmerksamkeit, einzelne Stellen [21] leise wiederholend, andre mit Zeichen oder Ausrufungen des Mißfallens begleitend. Der eine dieser Briefe war von Thomas Allan, einem vertrauten Agenten des Lords, der an Stelle desselben [22] alle kaufmännischen Geschäfte zu besorgen und über die [23] Vorgänge und Neuigkeiten bei Hofe, soweit sie zu seinen Ohren kamen, zu berichten pflegte. Der Brief lautete:

Mylord. Euer Lordschaft Schreiben vom 3ten d. M. empfing ich heut vor 8 Tagen durch Ihren Diener Sam Taylor. Ich habe inzwischen Ew. Lordschaft Aufträge ausgeführt. Mr. Clapmann in Moorgate-Street versichert mit Bauholz noch auf Jahre versorgt zu sein, aber mit den Herren Spenser & Fellow hab' ich Kontrakt gemacht und bitten diese Herren [24] das bewußte Holz, den Don hinunter, bis [25] Kingston flößen zu lassen, wo sie, wie ich höre, große Seeschiffe haben um es weiter zu transportieren. – Mit Mr. Pincock bin ich unter den alten Bedingungen einig geworden. Er versicherte mir, daß er jede Menge Wachs (auch die größte) die ich ihm liefern wolle, zu dem jetzigen Preise immer nehmen werde und hat mir vorläufig 50 L.St. eingehändigt, über die ich Ew. Lordschaft in Ihrem nächsten Schreiben zu verfügen bitte.

Bei Hofe jagen sich die Feste, heute in York-Palace, morgen in Greenwich, am dritten Tag in Richmond und am vierten in Hampton-Court. Mylord würden das Leben hier sehr verändert finden. Seit gestern ist die ganze Stadt in Aufregung: Miß Anne Bulen ist durch Ausspruch Sr Majestät zur Marquise v. Pembroke erhoben. Man sagt sich auch: Mylord v. York [26] sei dagegen gewesen aber die schönen Augen Miß Annens wären bereits klüger [27] als die klugen Lippen von Mylord Kar-

---

[21] Aus: Sätze – [22] Aus: an seiner Statt – [23] Aus: allerhand politische – [24] Gestrichen: Ew. Lordschaft das – [25] Gestrichen: Hull – [26] Aus: Mylord Kardinal – [27] Aus: könnten bereits mehr

dinal.[28] Man sagt noch viel mehr, Dinge die ich kaum [29] niederzuschreiben wage. Es heißt Miß Anne werde Königin werden und der König selbst ein Ketzer, denn Miß Anne sei der neuen Lehre zugetan, und wenn ich das Ew. Lordschaft freilich nur melde, um Ew. Lordschaft zu zeigen was man in London jetzt alles für möglich hält, so ist doch soviel gewiß daß der König mehr denn je auf seiner Scheidung besteht und bei der neuen Marquise öfter gesehen wird, als es sein müßte [30] um solche Gerüchte zu zerstreuen. Mylord Kardinal erscheint oft tagelang nicht bei Hofe desto häufiger aber sieht man ihn im Hause der Königin. Andre sagen, alles sei nur Spiel und Miß Anne, der König und Mylord Kardinal im Einverständnis. Klug genug ist er um uns alle zu nasführen und die arme Königin mit [31]. Noch andre gibts und zu diesen gehör' ich selbst die da meinen er schwanke noch. Es ist kein Zweifel er haßt Miß Annen, die aus seinem Werkzeug seine Herrin zu werden droht, aber er schwankt noch ob er diesem Haß den Zügel schießen lassen oder ihn unterdrücken

Er fürchtet sie und weil er sich zu schwach fühlt sie zu stürzen, wird er ihr die Schleppe tragen.

Er haßt Miß Annen aber er fürchtet sie auch und je nachdem sein Haß oder seine Furcht das Übergewicht gewinnt [32] wird er Partei gegen oder für sie ergreifen. Das Volk ist für Anne Bulen, nicht aus Liebe zu ihr (denn es [33] bemitleidet die Königin) aber aus Haß gegen Mylord Kardinal. Wir sind alle in großer Erwartung; diese Ungewißheit kann nicht lange mehr dauern; sobald sich die Dinge bei Hofe geklärt haben schreibe ich unverzüglich und sende den Brief durch einen expressen Boten. Bis dahin bin ich wie immer Ew. Lordschaft treu-gehorsamster

Thomas Allan.

---

[28] Gestrichen: Dieser, so heißt es, neige sich wieder der Königin zu und bedaure es jeden Tag mehr, das Auge Sr Majestät auf die schöne Miß Anne gelenkt zu haben. – [29] Aus: nicht – [30] Aus: gut wäre – [31] Von »die« an aus: andre Personen mit, der ich nicht zu – [32] Aus: größer ist – [33] Gestrichen: liebt und

Postskriptum: Sir Robert Sheffield ist wegen einer Klageschrift gegen Mylord Kardinal in den Tower gesetzt worden. Er gehört zur Partei der Marquise v. Pembroke. Ew. Lordschaft mögen hieraus erkennen, wie verworren die Lage ist und daß niemand berechnen kann, was der nächste Tag bringen wird.

Der zweite Brief war kurz und von der Hand Sir Thomas Cromwells. Er schrieb: Ich habe Euer Lordschaft Schreiben am 5t. d. M. in Hampton-Court empfangen. Noch an demselben Abend nahm ich Veranlassung, während des Vortrags[34] bei Mylord Kardinal, demselben Ew. Lordschaft Frage vorzulegen. Er antwortete rasch und bestimmt: er glaube des Königs Wunsch dahin zu kennen, daß Seine Majestät überaus erfreut sein würde Euer Lordschaft am Hofe[35] zu wissen und daß er (Mylord Kardinal) gestützt hierauf den Rat erteilen müsse[36], es möge Eurer Lordschaft gefallen sobald wie möglich nach London und an den Hof zu kommen. Mylord Kardinal taten diesen Ausspruch mit solcher Entschiedenheit, daß ich Ew. Lordschaft bitten möchte den Abmahnungen einzelner Freunde (von denen mir eine Andeutung in Ew. Lordschaft Brief zu sprechen scheint[37]) nicht Gehör zu geben; sollten Ew. Lordschaft Bedenken aber dennoch stärker sein als der nicht zweifelhafte Wunsch Seiner Majestät und Mylords Kardinal, so würd' ich es für unumgänglich achten in einem Entschuldigungsschreiben, *vor allem an Mylord Kardinal*, Euer Lordschaft Ausbleiben zu erklären.

In der Hoffnung Euer Lordschaft noch vor Ablauf des alten Jahres hier zu sehn Euer Lordschaft gehorsamster Diener

Thomas Cromwell.

Mylord und immer wieder Mylord murmelte der Graf vor sich hin als er den Brief zusammenfaltete und mit einem Ausdruck von Bitterkeit und Verachtung bei Seite schob. Wie alles kriecht vor ihm! Ich soll es auch[38] das ist es warum er mich an den Hof fordert. Der König will mich nicht; ich weiß es; er kennt mich

---

[34] Aus: im Zwiegespräch mit – [35] Aus: in Seiner Nähe – [36] Aus: aussprüche – [37] Von »von denen« an aus: wie mir aus einer [...] hervorgeht – [38] Am Rand: Und daß ich auch krieche

zu gut als daß er nicht wissen sollte, die Talbots taugen nicht
zu Schleppenträgern [39] seiner neugeschaffnen Marquise.

In sichtlicher Aufregung überflog er den Brief Thomas Allans
noch einmal, erhob sich dann, trat an's Fenster, durchschritt
das Zimmer nach allen Seiten und setzte sich wieder. An den
Hof? Niemals! Partei ergreifen zwischen zwei Ehrgeizigen die
ränkevolle Schlauheit und eine schöne Larve gegen einander
in's Feld führen! Niemals. Solche Kämpfe sind nicht für mich.
Auch nicht ihr Zeuge mag ich sein.

In diesem Augenblick klang das Lärmen einer Glocke herauf; sie rief zur Abendmahlzeit und Lord Shrewsbury ergriff
einen der Leuchter um sich treppab in die Halle und in das hinter derselben gelegene Speisezimmer zu begeben, wo er seine
Familie bereits versammelt fand.

Dies Speisezimmer verhielt sich zur großen Halle, wo wir
Sam Taylor am Kaminfeuer zurückgelassen hatten, wie der
Chor einer Kirche zum Schiff derselben. Es war klein, beinah
eng und hatte die Form eines Halbkreises. Ohngefähr in der
Mitte, etwas mehr den mit Blei durchgitterten Fenstern zu,
stand ein länglicher Tisch auf dem ein Stück Wildpret dampfte.
Die Teller waren von Silber, sonst schien jeder Luxus geflissentlich vermieden und die Suppe die in kleinen irdnen Schalen
auf dem Platz eines jeden dampfte, schien nichts andres zu sein
als ein reichlich gewürztes Bier.

Drei Damen saßen bereits am Tisch; zwei derselben erhoben
sich und nahmen erst wieder Platz nachdem Lord Shrewsbury
das Tischgebet gesprochen und sich selbst gesetzt hatte. Sein
Platz war zwischen seiner Mutter und seiner Gemahlin [40]; ihm
gegenüber saß seine Tochter. Die beiden jüngeren Damen,
Mutter und Tochter, waren nach der Sitte der Zeit gekleidet:
enganliegende Mieder aber ausgeschnitten, die Ärmel weit; der
Stoff von schwerem Seidenzeug, mit eingewebten Blumen. Ihr
Kopfputz bestand in einer Haube [41] von schwarzem Samt, die
kapuzenartig bis auf die Achsel niederfiel [42] und die Gesichter

---

[39] Aus: zum Schleppenträger – [40] Aus: Er saß zwischen seiner Mut-
ter und seiner Gattin [später verbessert in:] Er hatte jetzt seine
Mutter und seine Gemahlin neben sich – [41] Aus: war eine schwarze
Haube – [42] Gestrichen: ‚aber wie alle Kopftrachten

mit einer schwarzen Linie umgrenzend[43], die klare Farbe der
Tochter um so klarer erscheinen ließ[44].

Zur Rechten des Lords saß seine Mutter, eine Frau über die
Mitte der siebzig hinaus. Sie[45] trug ihr schwarzes Witwenkleid
seit dem Todestage ihres Gemahls. Ihre Haube war von schwarzem Flor, eng anliegend, und bedeckte die Hälfte der Stirn.
Nur wenig Haar schimmerte hervor; es war schneeweiß. Ihre
Erinnerungen gingen nicht weit über die Thronbesteigung des
jetzigen Königs[46] hinaus, wo sie zum letzten Mal in London
gewesen war. Sie hörte tagelang dem Tischgespräche zu, ohne
sich daran zu beteiligen. Nur wenn ein Wort fiel, das ihrem
lankastrischen Fanatismus[47] zu nahe trat, wachte sie auf und
sprach von alten Tagen. Sie vermocht' es wohl, denn sie war
eine Enkelin Humphrey Staffords jenes Herzogs von Buckingham, der die kurze Zwischenherrschaft der Yorks mit seinem
Blute zahlen mußte.

Als man den ersten Imbiß schweigend genommen hatte,
legte der Lord seinen Löffel nieder[48] und sprach mit erkün-
steltem Gleichmut vor sich hin: Sam Taylor ist zurück.

»Ich weiß« erwiderte Lady Shrewsbury ich sah ihn am Kü-
chenfeuer wie er den Mägden erzählte. Was hat er gebracht?

Wenig Gutes. Ich soll an den Hof.

Da geh ich mit Vater![49], unterbrach ihn lebhaft die gegen-
übersitzende Tochter[50].

Wir gehen nicht, fuhr dieser fort. Der Hof ist kein Platz
mehr für Lady Evelyn Shrewsbury. Die Königin verweint ihre
Tage in Ascott-House.[51] Emporkömmlinge treiben ihr Wesen
bei Hof, Ränkemacher und französische Weiber. Ich hasse die-

---

[43] Aus: in einen schwarzen Rahmen fassend – [44] Aus: namentlich die
klare Farbe der Tochter doppelt klar erscheinen ließen – [45] Gestrichen: war eine Enkelin Humphrey Staffords – [46] Aus: Heinrichs VIII –
[47] Aus: dem lankastrischen Fanatismus ihres Herzens – [48] Am Rand;
im Text: schob der Lord seinen Teller bei Seit – [49] Gestrichen: Ich
sehne mich nach London – [50] Aus: unterbrach ihn Lady Kate [dar-
über: Margarethe] mit verlegenem Lachen. Du weißt – [51] Von »Wir
gehen nicht« an am Seitenrand; daneben im Text nicht gestrichen:
Glaub's, Lady Margret, aber ich sehne mich nicht und wir bleiben
hier. Ich passe nicht mehr an den Hof; der alte Geist ist hin [von
»Geist« an wieder gestrichen]

sen Kardinal der statt seinem König zuzurufen: du sollst nicht ehebrechen allerlei Buhldirnen an seinen Hof führt[52], listige Weiber die seine Kreaturen sind und den König abziehn von seiner Pflicht und dem Regiment des Landes.

Lady Evelyn schwieg verlegen. Ihre Mutter aber ergriff jetzt das Wort und sich rasch ihrem Gemahl zukehrend, sprach[53] sie mit Lebhaftigkeit: so ist's doch wahr? Anne Bulen wird Königin?

Ob sie's wird? Wer mag es sagen[54]. Ich hoffe daß der Himmel diese Schmach von unsrem Lande fern hält und unsrer Königin, Gott erhalte sie, jene Standhaftigkeit leiht, daran das Werk des Teufels scheitern muß[55]. Aber daß diese Frage uns beschäftigen kann ist schon eine Schmach.

Mylord, fuhr Lady Shrewsbury fort, ich kann nicht Herr über den Gedanken werden, daß wir die Schuld mittragen, die sich am Hofe vollzieht. Wenn in falschem Stolz die Besten des Landes sich fern halten von der Majestät, lassen sie Platz für die Schlechteren und zuletzt[56] für die Schlechten selbst. Laß uns gut machen, was wir versäumten. Du weißt, ich ziehe die Stille und Zurückgezogenheit dem Glanz[57] der Hauptstadt vor, aber wir folgen nur unsrer Pflicht wenn wir der Königin nahe sind und sie beschwören auszuharren bei ihrem Recht. Sie hat eine Partei bei Hofe, die laß uns stützen.

Der Hof hat nur zwei Parteien, entgegnete der Lord, Anna Bulen und Mylord Kardinal.

So tritt zu ihm.

Nie! rief der Graf mit Heftigkeit aus und sich in den Stuhl zurücklehnend verfiel er in minutenlanges Schweigen.

Dann fuhr er fort: Ich habe mein Herz gefragt, ob es der Groll gegen dieses Mannes Hochmut oder[58] die Nachempfindung einer Kränkung ist, was eine ewige[59] Kluft zieht zwischen mir und ihm, aber[60] es ist das eine nicht und nicht das

---

[52] Aus: ihm Buhldirnen zuführt – [53] Aus: fragte – [54] Über der Zeile; darunter nicht gestrichen: weiß es – [55] Aus: die Not tut, um das Werk des Teufels zu Schanden zu machen – [56] Gestrichen: selbst – [57] Aus: glänzenden Treiben – [58] Aus: ob es der Groll ist, den ich gegen dieses Mannes Hochmut trage, ob es – [59] Aus: tiefe – [60] Gestrichen: ich rufe Gott zum Zeugen an, daß

andre. Diese Abneigung wollt' ich so gewiß niederkämpfen
wie ich sie empfinde. Hielt ich ihn für einen [61] ehrlichen Feind,
ich [62] ginge morgen an den Hof und sagte ihm: Mylord unsre
Sache ist dieselbe werfen Sie den Namen Talbot mit in die
Waage, wo Sie dessen bedürfen. Aber dieser Wolsey ist schlechter als die Partei, die er bekämpft. Diese Miß Anne samt ihrem
Schwarm von Vettern und Verwandten die das Ohr des Königs
so bestechen wie sie seine Augen besticht, sind wenigstens ehrlich. Ihr Ziel ist klar: Miß Anne soll Königin werden; da ist
kein Schwanken, rücksichtslos verfolgen sie ihren Weg. Sie
handeln schlecht, aber sie handeln ehrlich. Wer mit ihnen geht,
Gott halte mich fern davon, ist sicher vor Verrat. Aber dieser
Kardinal, dessen Herz von einem hohen und sittlichen Gefühl
nie berührt worden ist, der nichts kennt als sich, *seinen* Vorteil,
seine Eitelkeit – ist eine Verräternatur durch und durch. Er
würde heut den König verraten um morgen Papst zu sein. Ich
kann nicht auf die Seite eines Mannes treten der jeden Augenblick fähig ist sich mit dem Feinde zu verbinden, den wir gemeinschaftlich bekämpfen wollen.

In diesem Augenblick ergriff die Mutter des Lords seine
rechte Hand und ohne zu ihm aufzublicken, sprach sie langsam
und eintönig vor sich hin: Wie du so laut bist, George! Geh
nach London; Mylady Shrewsbury hat recht: wo kein Licht
hinfällt, da ist Schatten. Warne den König; stell dich zwischen
ihn und diese Anne Bulen; es ist Sünde und die Frucht dieser
Sünde ist Blut und Tod.

Der Lord wollte sie unterbrechen, aber eine leise Kopfbewe-
gung deutete ihm an, daß sie nichts hören wolle und in derselben eintönigen Weise aber lebhafter fuhr sie fort:

Ich habe solche Zeiten erlebt,[63] George, und ich habe die blutige Saat gesehn, die daraus wuchs. Ich war noch jung, aber ich
höre die Glocken von Westminster so nah am Ohr als klängen
sie von unsrem Turme draus und ich sehe König Eduard wie er
von Charing-Cross herunterkam und neben ihm Elisabeth

---

[61] Gestrichen: stolzen und – [62] Gestrichen: wollt ihm meine Hand
reichen – [63] Gestrichen: du warst noch kaum geboren George

Grey, die so hoch stieg und so tief fiel[64] und die nun[65] einher-
schritt, als sei sie immer um einen Kopf höher gewesen als der
Adel des Landes. Das Volk jubelte, aber der Adel blickte scheel.
Nicht jedes Königs Gemahl ist eine Königin. Soll ich Euch erzählen wie das alles endete? George, du hast es miterlebt. Der
große Würger kam über alle und was jenem Weibe nahe stand:
Bruder, Kinder, alles sank hin. Er war ein Scheusal der sie
würgte, aber doch vielleicht ein Werkzeug nur. Elisabeth Grey
war schuldig. Ist Anne Bulen ein Engel?

»Ich kann nicht, Mutter«, entgegnete[66] Graf –. [»] Mylord
Kardinal – [«]

Ich weiß du liebst ihn nicht George, aber deine Abneigung
gegen den Kardinal überhebt dich nicht deiner Pflicht[67]. Du
schiltst ihn einen Emporkömmling und willst[68] ihm nicht verzeihn, daß er eines Fleischers Sohn ist aber du vergißt, George,
daß auch die Talbots nicht immer Grafen von Shrewsbury waren und daß der Ahnherr der das Große tut, nicht kleiner sein
kann als der Enkel der die Größe erbt.

Das ist es nicht Mutter, er ist[69] nicht treu, das ist's.

Er ist nicht treu! Du kennst ihn besser als ich, George, und
Thomas Allen schreibt es auch[70], aber ich glaub es nicht. Laß
dir sagen, George, Heinrich Tudor war klug[71], sie sagten damals er sei weise wie Salomo, und ich entsinne mich, du hast es
selbst gesagt. Auf seinem Sterbebette sprach er: Heinrich, ich
empfehle dir alle meine Diener, sie sind erprobt in schwerer
Zeit; aber *einen* empfehl[72] ich dir vor allen: Thomas Wolsey;
auf *den* baue, er ist klug und treu. Die Sterbenden haben ein
scharfes Auge und Heinrich Tudor sah immer scharf.

Die letzten Worte seiner Mutter machten einen ersichtlichen
Eindruck auf den Lord, der ohnehin in patriarchalischer Weise

[64] »Elisabeth ... fiel« aus: das schlaue, schöne Weib das eines Kauf-
herrn Weib gewesen war – [65] Darüber: Lord Rivers ihr Bruder –
[66] Gestrichen: sichtlich erschüttert – [67] Gestrichen: gegen deinen und
seinen Herrn. Vermeid. Sei selbständig, du wirst Männer finden die
dich [sich] um dich scharen, vermeide den Kardinal aber halte dich
zur Königin. – [68] Aus: kannst – [69] Gestrichen: treu so klein wie er
hoch steht – [70] Von »und« an aus: du bist ihm viel begegnet, ich
kann nichts dagegen beweisen – [71] Aus: hatte ein scharfes Auge –
[72] Aus: nenne

daran gewöhnt war den Worten seiner Mutter Einfluß auf seine Entschließungen zu gönnen. Er schwieg eine Weile, dann[73] murmelte er wie im Selbstgespräch vor sich hin »[74] Der Boden bei Hofe ist glatt und wer nicht fallen will muß zu gleiten verstehn.[«] »Mutter – fuhr er lauter und mit der Freudigkeit eines gefaßten Entschlusses fort – daß er eitel ist und hochmütig, das weiß ich, daß er Zucht und Sitte verhöhnt, das weiß ich auch, aber daß er treulos ist, das weiß ich nicht[75]. Es ist Vermutung, Verdacht. Wenn ich ihm Unrecht täte? ich geh nach London, aber nicht heut, nicht morgen, dann erst wenn der Nebel gefallen und Freund und Feind zu unterscheiden ist. Ich schreibe an die Königin und leg es in ihre Hand. Sie mag entscheiden, ob und wann sie meiner bedarf. Ihr zu dienen und Ihrem Recht bin ich jede Stunde bereit treff ich auf diesem Wege Mylord Kardinal so wollen wir zusammengehn aber die Wege Mylords sind nicht die meinen, bevor ich nicht weiß wohin sie führen.[«]

Mit diesen Worten erhob er sich, reichte seiner Mutter den Arm und[76] führte sie, gefolgt von Frau und Tochter, in das Damenzimmer wohin Sam Taylor alsbald beschieden wurde um von London zu erzählen und den tausend Gerüchten, die damals in der City sich kreuzten. Es waren seltsame Geschichte[n] und die Herrschaft horchte am Kamin kaum minder aufmerksam als das Küchengesinde, das bei Gin und Heißbier die Nachrichten früher erfahren hatte.

[77] Südlich von Charing-Cross, in geringer Entfernung von der Themse, erhob sich der Palast des Erzbischofs von York. Es

---

[73] Von »Er« an aus: Ich habe keine Beweise – [74] Gestrichen: Ich weiß der – [75] Aus: noch weiß ich's nicht – [76] Gestrichen: verließ – [77] Seitenbeginn; am Rand quer geschrieben:

Thomas Howard. Duke of Norfolk, Sieger v. Flodden	Edmund Howard.	Elisabeth Howard verheiratet an Sir Thomas Boleyn
Henri Howard Earl of Surrey	Kate Howard später Königin	Anne Bulen Königin.

war ein stattlicher Ziegelbau [78], kaum ein Jahrzehent alt, flach, zweistöckig, langgestreckt und in der Mitte, zu beiden Seiten des gotisch reich-canellierten Portals von zwei abgestutzten Türmen überragt. Eine Sandsteintreppe führte in's erste Stock, dessen linke, nördlich gelegene Hälfte unbewohnt war. Rechts hin erstreckte sich eine Reihe von Zimmern, darunter ein mit Freskobildern reichgeschmückter Tanzsaal, bis man zuletzt in das räumlich bescheidne aber mit gesuchtem Luxus eingerichtete Wohnzimmer Mylord Kardinals trat, das, ein Viereck fast, im Westen einer reizenden Frontaussicht nach Westminster hin und im Süden eines Überblicks über die Themse und das jenseits gelegene Southwark genoß. Gegenüber den beiden Fenstern befanden sich zwei Türen, von denen die eine, groß, schwer und reich mit Schnitzwerk versehn, auf jene Reihe glänzender Zimmer hinausführte, drin sich allwöchentlich einmal der Glanz des Hofes versammelte [79], während die zweite hinter einem faltigen Tuchvorhang sich verbarg und den Eingang für die Diener und alle Vertrauenspersonen des Erzbischofs bildete. Die Einrichtung dieses Zimmers war mit orientalischem Luxus ausgeführt: Goldtapeten bedeckten die Wände; massivsilberne Figuren trugen die Marmorplatte des Kamins, ein türkischer Teppich bedeckte den Boden und blühende Orangenbäume standen in den Ecken des Zimmers und erfüllten es mit ihrem berauschenden Duft. In der vierten Ecke, zwischen den beiden Fenstern so daß man einer doppelten Aussicht genoß, stand ein schwerer und geräumiger Arbeitstisch, dessen Einfachheit zu dem übrigen Luxus der Einrichtung wenig paßte. Fast unordentlich lagen Bücher, Papier, Siegelwachs und Federn drauf umher, aber das Auge fand nicht Zeit diese Unordnung zu bemerken, denn im Hintergrunde des Tisches stand [80] ein silbernes Kruzifix und unmittelbar darüber, den Wandpfeiler fast ausfüllend, lachte von der Wand herab [81] eine Leonardesche Madonna [82] dem Beschauer entgegen. Beides waren Geschenke

---

[78] Aus: Bau — [79] Von »drin« an aus: deren ich schon erwähnte
[80] Aus: erhob sich — [81] Aus: erhob sich — [82] Gestrichen: mit dem Kinde

des Papstes, seit wenig Monaten erst im Besitz des Kardinals.[83]

An diesem Tisch, eine Feder in der Hand und eben mit Abfassung eines für Rom bestimmten Briefes beschäftigt, saß Thomas Wolsey, Bischof von Winchester, zugleich Erzbischof von York, Legat des römischen Stuhls und allmächtiger Minister König Heinrichs VIII. Er war von niedrer Herkunft, aber seine Züge wie seine Haltung trugen nichts davon zur Schau und der kluge, durchdringende Ausdruck seines Auges stimmte zu seiner hohen, von geistiger Arbeit zeugenden Stirn. Sein Mund war feingeschnitten und nur die fleischige Fülle seines Untergesichts, mehr noch als seine Wohlbeleibtheit überhaupt, deutete auf das sinnliche .... hin, das ein Hauptzug seiner Natur war.

Seine Kleidung war reich aber einfach und ihrem Schnitt nach mehr die eines Hofmanns und Kavaliers als eines Kirchenfürsten. Er trug einen weiten, vorn überschlagenden Rock von schwerer dunkelgrüner Seide, auf Brust und[84] Ärmelaufschlägen mit leichtem Pelz besetzt. Nur seine Kopfbedeckung erinnerte durch Form und Farbe an seinen geistlichen Beruf[85] und bestand aus einer nach oben hin ausgeschweiften violetten Samtkappe[86].

Er legte jetzt die Feder nieder und sann vor sich hin. Die Mittagssonne fiel auf eines der mit Eisblumen dünn überzogenen Fenster und blendete ihn. Er stand auf und zog eine rotseidene Gardine vor, die jetzt ein rotes, zauberhaftes Licht im Zimmer verbreitete. Er sah sich um als horche er auf etwas aber es blieb still die Scheite im Kamin waren niedergebrannt, geräuschlos trafen sich der Duft der Farbe und der Blüten in der Luft und nur in langen Pausen hörte man wie das niedertauende Eis am Fenster in klingenden Tropfen niederfiel.

Als er die Feder wieder ergriff um weiter zu schreiben, fiel sein Auge auf die vor ihm stehende[87] Statuette Clemens VII.

---

[83] Der letzte Satz aus: Beides waren Geschenke von Papst Julius II, jenes eine Arbeit d'Argagnas, dieses die letzte Arbeit Leonardos. – [84] Aus: vorn auf der Brust und an den – [85] Aus: Stand – [86] Gestrichen: viereckig und nach oben hin doch abgerundet – [87] »vor ihm stehende« aus: von Rot überflogene

und in Gedanken versunken verfolgte er [88] die schlaffen, wohl-
wollenden Züge des Mannes um dessen Mundwinkel es lächelte, aber jene scharfen Linien fehlten die den Mann von
Charakter zu verraten pflegen. Verschiedne Stimmungen, in
raschem Wechsel, malten sich ersichtlich auf dem Antlitz des
Beschauers, jene eine aber behielt die Oberhand, die da fragen
mochte: warum nicht ich? warum nicht jene, *letzte* Staffel
noch? [89]

Und diese Frage durfte ihn beschleichen. Talent und Glück
hatten ihn von Stufe zu Stufe getragen, was hinter ihm lag war
ein endloser Weg, was vor ihm lag nur *ein* Schritt. Hundert
Stufen hatte die Leiter seines Glücks gehabt. Vom lateinischen
Lehrer in Oxford bis zum Kaplan und Almosenier Heinrich
Tudors, – wie viel schwere Anfangsstufen waren bis dahin! [90]
Und Heinrich Tudor starb. Aus dem treuen Diener des alten
Königs [91] wuchs rasch der Freund des jungen heran. Im ver-
schwiegnen Gemach bei Wein und Weibern, und dann im
Beichtstuhl sich aufrichtend in aller Würde seines Amts, zur
Sünde verführend und die Sünde vergebend hatte er Gewalt
gewonnen über den jungen König der unterm Schein allmächtiger Gewalt zum Spielball [92] dieses Klügeren zusammen-
schrumpfte und einmal den Fuß im Bügel waren die königlichen Gnaden wie ein Regen Goldes über ihn gekommen.
Bistum auf Bistum gab ihm seinen Titel Eli, Winchester und
endlich York liehen ihm Titel und Gold, Könige buhlten um
seine Gunst, der Kaiser in dessen Reiche die Sonne nicht unterging vergaß vor ihm seiner Macht und Größe – Erzbischof,
Kardinal, Legat – warum nicht Papst...

In diesem Augenblick erschien sein Page an der Tür [93] und
meldete Mr. Morton. Der Kardinal nickte bejahend und Mr. Morton, eine Art Haushofmeister der Marquise von Pembroke trat
ein. Es war ein Mann von etwas über vierzig, ziemlich linkisch

---

[88] Aus: starrte er auf – [89] Von »jene« an aus: die eine, *letzte* Staffel
erklimmen, ich, der ich hundert Sprossen – [90] Von »bis zum« an aus:
war er bis zum Kaplan und Almosenier Heinrich Tudors emporge-
stiegen – [91] »alten Königs« aus: Vaters – [92] Aus: Werkzeug – [93] Von
»erschien« an aus: trat ein Page geräuschlos ins Zimmer

in seinem Benehmen, aber allem Anschein nach verschmitzt und geldgierig. Im übrigen bot seine Erscheinung nichts Besondres. Eine Handbewegung des Kardinals lud ihn zum Sitzen ein. »Nun Morton« begann der Kardinal »ich seh Euch seltner als mir lieb ist; seit fünf Tagen kein Wort;[94] bin ich zu karg um treue Diener zu haben? Der König war in Richmond...[«]

»Gestern Mylord« bejahte Morton[95] und fuhr dann gelassen fort »es gab nichts all die Tage[96]; wir hatten's bitter kalt in Richmond,[97] kein Mensch kam uns über die Schwelle, nicht einmal Mr. Ralph Tennyson und der hat's doch wärmer als unserein. Ja, das mein' ich Mylord, daß er warm sitzt[98] und ich mein' auch, daß das Lied recht hat:

> Bei Wind und Wetter ans Liebchen gedacht
> das ist wie ein Mantel in kalter Nacht.[99]

Nun gestern also kam der König. Es war ein prächtiges Jagdwetter, Seine Majestät[100] stieg lachend vom Pferd und bat um einen Morgenimbiß für sich und seine Begleiter. Wir hatten bald das Haus voll,[101] lauter Howards und Bulens und was sonst noch dazu gehört. Unsre Marquise saß[102] dem König gegenüber und beim Weine[103] sprach er den Wunsch aus, sie und Lady Kate Howard[104] möchten die Jagd mitmachen. Lady Anne verneinte es, es sei zu kalt und sie hätte Briefe nach Frankreich zu schreiben, die keinen Aufschub duldeten.[«]

Und der König? fragte[105] gespannt der Kardinal.

Er war verstimmt.[106] Ich stand hinterm Stuhl der Marquise und bemerkte deutlich, daß seine Stirn rot wurde, wie wenn[107] ihm etwas durch den Kopf ginge. Der Kardinal horchte auf.

---

[94] Gestrichen: ei, ei – [95] Aus: unterbrach ihn hier der Diener Anne Bulens – [96] »all die Tage« aus: Mylord – [97] Gestrichen: und heizten die Kamine und hörten die Heimchen singen. – [98] Aus: daß er's wärmer hat – [99] Die beiden Verse aus: Wer in Wind und Wetter ans Liebchen denkt / der hat zwei Mäntel umgehängt. – [100] Aus: der König – [101] Gestrichen: der Herzog von Norfolk, Lord Edmund Howard – [102] Aus: Beim Frühstück saß die Marquise – [103] Gestrichen: Seine Majestät waren sehr gnädig – [104] Gestrichen: ,die auch zugegen war. – [105] Aus: Wie nahm das der König auf? unterbrach – [106] Aus: Er schwieg und alle mit ihm. Er schien verstimmt – [107] Gestrichen: ein böser Gedanke

Aber es währte nicht lange, Graf Surrey[108] witzelte über den französischen Hof und die Herzogin von Alençon; das half. Ich verstand nicht, wie er's meinte, aber der König lachte, küßte der Marquise die Hand und stieg zu Pferd[109]. Noch vom andern Ufer aus grüßte er; ich erkannt' ihn an seinem Barett und an der weißen Feder die in der Sonne blitzte.

Mr. Morton schwieg[110]. »Sonst nichts?« fragte endlich der Kardinal.

»Nichts. Ralph Tennyson kam und blieb spät. Es war wie immer.[«]

Wie immer? Euer ›wie immer‹[111] macht mich nicht klüger; Ihr geizt mit[112] Worten wie immer – das ist's! Sprecht deutlicher Morton.

Nun Mr. Ralph kam gegen sieben. Erst spielten sie und sangen ein paar Lieder wie sie immer tun. Miß Kate Howard war bei ihnen. Ich ging ab und zu. Nach Tisch sah ich sie beim Brettspiel; Mr. Ralph verlor mal auf mal, so daß Lady Anne lachend ausrief: wer sein Spiel nicht versteht[113] mit dem spiel ich nicht. Dann rief sie nach französischen Karten, breitete sie über den Tisch aus und prophezeite daraus. Die beiden Damen hört' ich lachen so oft ich eintrat, aber Mr. Ralph schien[114] ernst und[115] bestürzt. Er war dann noch eine Stunde allein mit der Marquise; ich lauschte[116] mehrmals an der Tür, aber sie mußten leise sprechen, denn ich hörte kein Wort[117]. Vielleicht schwiegen sie ganz – setzte er[118] bedeutsam hinzu.

[119]»Sonst nichts?« wiederholte der Kardinal[120] seine frühre Frage.

Nichts. Als Mr. Ralph ging und ich ihm durch den dunklen Gang leuchtete, schien er mich kaum zu bemerken. Er vergaß sein »Gute Nacht« und allerhand sonst noch, was sich für einen feinen Herrn schickt. Kann sonst nicht klagen über ihn.

---

[108] Gestrichen: küßte der Marquise die Hand und – [109] »stieg zu Pferd« aus: als er zu Pferde saß schwur er hoch und teuer, daß die nächste Jagd in Warwickshire sein solle – [110] Gestrichen: einen Augenblick – [111] Aus: das – [112] Gestrichen: Euren – [113] Aus: wer nicht spielen kann – [114] Aus: war – [115] Gestrichen: wie – [116] Aus: horchte – [117] Von »denn« an aus: oder schweigen – [118] Aus: Mr. Morton – [119] Gestrichen: Der Kardinal lächelte – [120] Aus: er

»Da gäb es also viel gut zu machen« scherzte der Kardinal[121], nahm dann ein Goldstück vom Tisch und seinem Spion es in die Hand drückend fügte er hinzu: Da, Morton, für Ralph Tennyson[122] und für mich.

Mr. Morton küßte die Hand des Gebers, steckte mit einem Ausdruck widerlicher Befriedigung das Goldstück ein und empfahl sich unter vielen Versicherungen seines Danks, seiner Anhänglichkeit und seines besten Willens[123] bald wieder zu kommen.

Wolsey trat an eines der Fenster, fuhr mit der Hand über die beschlagenen Scheiben und sah hinaus auf die Themse. So stand er minutenlang; dann durchschritt er zwei dreimal die Länge seines Zimmers, brach hier und dort ein Blatt von den Zweigen, zerpflückte es im Auf und Niedergehn und nahm dann wieder Platz vor seinen Papieren. Er schien noch immer unsicher und unschlüssig, aber die Aufregung in der er sich befand mußte keine allzu peinliche sein, denn die feinen Runzeln auf seiner Stirn verrieten mehr Nachdenken als Unmut.

Er hatte eben die Feder ergriffen um zu schreiben, als durch denselben Pagen, der Herrn Morton eingeführt hatte, Mr. Ralph Tennyson gemeldet wurde. Mit einer Unbefangenheit[124], die keinen Zweifel darüber ließ, daß der Eintretende sich hier zu Hause fühlte küßte dieser, mehr aus Sitte als aus Devotion, die dargereichte Hand des Kardinals und seinen reichgeschmückten Mantel auf einen der Sessel werfend, nahm er auf einem zweiten Platz, ohne die Aufforderung Wolseys dazu abgewartet zu haben. Er war ein schöner Mann, schlank, mittelgroß und von blasser Gesichtsfarbe[125]. Sein kurzgeschorenes Haar und sein voller, gekräuselter Bart, beides nach dem Vorbild Königs Franz I.[126], waren kohlschwarz und die Vornehmheit seiner Erscheinung[127], mehr noch als die ausgewählte Art und Weise seiner Tracht deutete darauf hin[128] daß er längere Zeit am französischen Hofe[129] gelebt hatte. Nur etwas vermißte man

---

[121] Gestrichen: freundlich – [122] Aus: ihn – [123] Aus: und seiner lebhaften Absicht – [124] Aus: Miene – [125] Aus: Farbe – [126] Aus: beides nach Sitte des französischen Hofes – [127] Aus: die Feinheit seines Benehmens – [128] Darunter nicht gestrichen: verrieten – [129] Aus: am Hofe Franz's I

in seinem Gesicht, den Ausdruck einer starken, männlichen Natur[130]. Sein feingeschnittner Mund verriet eine gewisse Schlaffheit und seine dunklen Augen[131] hatten[132] sinnliches aber kein geistiges Feuer. Ein gutes Herz und ein schwacher Charakter befehdeten sich beständig in ihm und jedem Einfluß hingegeben, war er je nach Zufall[133] ein Werkzeug des Guten wie des[134] Schlechten.

Das lob ich, daß Ihr kommt Ralph, eben *jetzt* kommt, begann der Kardinal »keine Stunde wäre mir lieber gewesen. Ich wünsche Glück[135].[«]

Wozu? erwiderte Ralph.

»Nun, wir besprechen's besser beim Wein«, fuhr Wolsey fort »eine Flasche Xeres bringt über manches hinweg; he, Ralph, über manches.[«]

Mit diesen Worten zog er die Klingelschnur. Dem eintretenden Diener befahl er kurz das Frühstück[136] zu bringen und sich dann wieder seinem Gaste zuwendend, fuhr er fort:

Ihr wart in Richmond gestern. Wie steht's?

Ralph zuckte die Achseln.

»Nicht doch« fuhr der Kardinal fort. Ich hoffe Ihr seid am Ziel. Ihr *müßt* es sein, es wäre sonst zu spät. Der Einfluß der Marquise wächst von Tag zu Tag, immer fester spinnt sie den König ein, sie lenkt seinen Willen und[137] so gewiß sie Marquise von Pembroke ist so gewiß wird sie Königin sein, *bald sein*, wenn es uns nicht glückt die Fäden[138] zu zerreißen, womit sie die Sinne des Königs[139] umstrickt. Es gibt nur ein Mittel: Eifersucht.[140] Wie steht's?

Wolsey schwieg einen Augenblick; danach aber vertraulich sich vorbeugend, sprach er in ernstrem Tone[141] als zuvor: In Eure Hand, Ralph, in Eure Geschicklichkeit und Treue ist viel gegeben: das Wohl und Wehe dieses Landes. Es ist kein fre-

---

[130] Aus: eines [...] Geistes – [131] Aus: Feueraugen – [132] Gestrichen: wohl – [133] Aus: abwechselnd – [134] Aus: und – [135] Aus: gratuliere – [136] Von »Diener« an aus: Pagen rief er kurz zu: einen Imbiß – [137] Gestrichen: sein Wille ist unbeugsam – [138] Aus: das Band – [139] Von »sie« an aus: diese schöne Hexe ihn – [140] Gestrichen: Sie ist verschmitzter als irgend eine ihres Geschlechts und ihr Glück ist noch größer als ihre Klugheit. – [141] Aus: leiser und ernster

ventliches Spiel das Ihr treibt, es ist ein Dienst den Ihr leistet, ein Dienst dem Lande, der Königin und unsrer heiligen Kirche. Wie die Dinge,[142] so die Mittel ihnen zu begegnen.

»Mylord« entgegnete Ralph nach einer Pause und[143] mit einem Gesichtsausdruck, darin sich Freude und Verlegenheit mischte[144] – »ich habe verspielt; Sie müssen auf eine andre Karte setzen. Und daß ich's bekenne, Mylord…[«]

Hier ward er unterbrochen. Ein reichbesetzter, von Gold und Silber schimmernder Frühstückstisch ward herein getragen und erst als beide Herren an demselben Platz genommen und den spanischen Wein gekostet hatten, fuhr Ralph Tennyson fort:

»Mylord, daß ich's bekenne, ich bin für *offnes* Spiel. Es ist eine feine Lady, die Marquise, und ich denke jetzt anders als ich dachte. Warum keinen ehrlichen Krieg? Seid Ihr nicht stärker als Eure schöne Feindin?[145] Clemens – und wär es auch nur um des Kaisers willen – wird in die Trennung des Königs niemals willigen[146] und ohne Scheidung, keine Möglichkeit einer zweiten Ehe.[«]

Ihr könntet recht haben Ralph entgegnete langsam der Kardinal, aber Ihr habt *nicht* recht in eben *dieser* Zeit. Was vor zehn Jahren noch unmöglich war, ist seitdem möglich geworden.

Unsre Lage ist bedrohlicher als das Land ahnt.[147] Ich spreche nicht davon, daß die Königin auf ihr Recht[148] und auf den Beistand des heiligen Vaters baut und daß[149] Clemens, die Puppe Karls ein Greis ist, der täglich abberufen und durch einen Gegner des Kaisers ersetzt werden kann[150]. Das ist es nicht! Andre Gefahren drohen[151], größre, unheilvollere, und diese Marquise ist verwegen genug sie herauf zu beschwören. Sie ist verschmitzter als irgend eine ihres Geschlechts und nur ihr

---

[142] Aus: Äußerste Dinge – [143] Aus: dieser – [144] Aus: der mehr Freude als Verlegenheit verriet – [145] Gestrichen: Sie wird nie Königin sein – [146] Aus: wird die Ehe des Königs niemals lösen – [147] Aus: Die Lage der Königin, des Landes und unser aller ist trauriger als wir's wissen. – [148] Aus: Die Königin baut auf ihr Recht, auf ihren Widerstand – [149] Gestrichen: aber – [150] Von »der« an aus: und wir wissen nicht, wer ihm folgt. Nicht alle Päpste waren furchtsame Werkzeuge des Kaisers. – [151] Aus: Anne Bulen droht

Glück ist noch größer fast als ihre Klugheit. Dieser Wittenberger Mönch, der 1500 Jahre lang nicht da war, er ist da weil dieses [152] Glückskind von Marquise seiner neuen Lehre und seiner Auflehnung bedarf. Bischof Cranmer reist in Deutschland, ich weiß wozu. Der Gesandte Kursachsens geht aus und ein bei Lady Annen und so gewiß ich bin, daß Wittenberg und Rom ihrem Herzen gleich ferne stehn, so gewiß bin ich auch, daß sie die neue Lehre zu einer Waffe gegen uns schmieden wird und daß wenn sie siegt der Thron und der Glaube dieses Landes in gleicher Gefahr sind.

MAIER VON DEN GELBEN HUSAREN

Es muß so verlaufen, daß der Erzähler (es fängt also mit »Ich« an) in einem kl[einen] Badeorte ist. Swinemünde, Heringsdorf, Misdroy, Warnemünde. Vielleicht ist Warnemünde am besten, weil es am wenigstens auf ein bestimmtes Husarenregiment hindeutet. »Ich war Inhalierungs halber im Sommer in W. Ein Fluß mündet hier in die See, und jeden Morgen kommen große und kleine Dampfer den Fluß hinunter, große und kleine, die mindestens den Namen . . . . und, wenn es sein kann, den Namen Phönix führen. Nichts heitrer als um diese Stunde an dem Flußstrand in [. . .] und unter Linden sitzen und dem Quaitreiben zuzublicken etc.« Und nun ausführlich, aber doch knapp die Schilderung des Warnemünder Badelebens. Extrafahrten da- und dorthin waren an der Tagesordnung. Eines Tages war besondre Aufregung, ein Extrazug oder dergleichen ging, viele Personen stiegen ein und beschlossen, da- oder dorthin (hier vielleicht Güstrow oder Ludwigslust oder Schleswig oder etwas Ähnliches schildern) eine Fahrt zu machen, des Taubenschießens halber oder der Kirche halber, oder irgendetwas *Apartes*, das solche Fahrt erklärt.

Nun wird die Fahrt gemacht. Der Ort in Aufregung; Glocken gingen. Im Hotel alles besetzt. Was ist los? »Leutnant

---

[152] Aus: Anne Bulen, das

Maier wird begraben, Maier von den gelben Husaren.« Und so war es. Nun das Begräbnis schildern. Wir schlossen uns an. Begräbnis. Rückfahrt ins Hotel.

Hier erzählt nun einer – Militär oder Zivilist – die Geschichte von »Maier von den gelben Husaren« mit allen Schnurren und Details. Als er fertig ist, hat es einen solchen Eindruck gemacht, daß ich noch mal an sein Grab gehe; dann erst fuhren wir bei Sternenschein auf dem Dampfer nach W. zurück.

Noch einige Schlußbetrachtungen.

Das erste, womit er literarisch auftrat, war: »Von den gelben Husaren«. Betrachtungen über Gelb und über Husaren. Keine Geschichte des Regiments. Vorwort: »Ich gedenke keine Geschichte des Regiments zu schreiben. Das erfordert eine andre Feder und wird sie finden. Das hieße, unsre Geschichte schreiben von Chotusitz (?) bis Belle-Alliance (damals waren die letzten Kriege noch nicht geschlagen), und ich würde den Tag von so und so zu beschreiben haben, aufzuzählen haben hundert Fahnen und Standarten, dreißig Pauken und drei Kesselpauken. Mir verbietet sich dies schon deshalb, weil das Regiment damals noch grasgrün war, seine Umwandlung kam erst dann und dann, und ich schreibe nur von den gelben Husaren. Etc., etc.

Ich leiste darauf Verzicht, wiewohl jeder Militär die geheimen Zusammenhänge zwischen Ruhm und Farbe kennt. Es gibt Farben, die den Ruhm nahezu bedingen.«

Dann Einteilung des Buches selbst in verschiedne Kapitel:
1. Über Gelb im allgemeinen
2. Das Gelb in der Armee
3. Das Gelb in der Kavallerie
4. Das Husaren-Gelb.

All dies aber ganz kurz, weil rasch zu andren Dingen übergegangen werden muß. Volkslied. O Danneboom etc. Alles dies nach dem Vorgang des Kutschkelieds, aufs gründlichste.

Eigenschaften und Eigenheiten.

a. Großer Mut und großer Eigensinn. Trotz, Bockigkeit bis zur Verrücktheit. Dann wieder gutmütig, nachgiebig und weich wie ein Kind. Leichtgläubig und dann wieder im höchsten Maße soupçonnös.

b. Seine Maierschaft. Abstammung vom Major Domus. Nicht gerade von den Pippins, aber von andern. Duelle deshalb.

c. Hochmütige Stellung gegen den alten Adel. Mit dem *neuen* lebte er gut; von diesem fürchtete er nichts, seine Überlegenheit erschien ihm so *stabiliert,* daß er gnädig sein durfte; aber die alten Familien, die hatte er auf dem Strich, denn er war älter, er, Maier, Maier mit ai.

d. Seine literarischen Beschäftigungen:
   1. Über Maier und Meier
   2. Von den gelben Husaren
   3. Därffling, Derffling oder Derfflinger
   4. Über die Einführung der Kesselpauken in die preußische Armee
   5. Über Oberst von Geßler und Landvogt Geßler; ihre Verwandtschaft; Übereinstimmung und Verschiedenheit ihrer Char[aktere] [?].
   6. Zieten oder Ziethen?
   7. Über die weiße Frau
   8. Welcher Art war das Verhältnis Friedrichs des Großen zu Frau von Wreech und zur Barberina?
   9. Versuch einer Rechtfertigung der schönen Gießerin
   10. Einfluß der Madame Rietz auf die Sittlichkeit ihrer Zeit
   11. Der Richterstab, der Feldmarschallstab und der Krückstock.

e. Dann warf er sich auf das märkische Volkslied (Spezialität). O Danneboom usw. Hierbei nun vorzugsweise verweilen. Es war seine Spezialität und sein Stolz. Gelehrte Abhandlungen. – Nach dem Choral wurd' es langsam und leise an seinem Grabe gespielt. Dann rasch und heiter die zweite Strophe etc. Auf dem Heimwege, auf dem Dampfschiff, den Sternenhimmel über uns, sangen wir es auch.

Leutnant Mejer von den Husaren [1]

Leutnant Mejer war, als ich ihn kennen lernte, schon ein starker Vierziger und trug seit runden zwanzig Jahren sein a. D. auf der Visitenkarte. Er hatte bei den weiß- und blauen Husaren gestanden und zu seiner und seiner Kameraden Befriedigung einen plötzlichen Abschied genommen. Er zählte nämlich zu den Unbequemen und war von Natur und Prinzips wegen gegen alles »Spaß verstehn«. Er nahm alles ernsthaft und war jeden Augenblick bereit, sich wegen der Frage, ob die Zehdenickschen Kürassiere schwefelgelbe oder apfelsinenfarbene Kragen gehabt hätten, übers Schnupftuch zu schießen. Er kam nicht mehr dazu, seitdem er gleich nach seinem Eintritt ins Regiment drei Duelle gehabt hatte, eins auf Säbel, zwei auf Pistolen, alle aus demselben Grunde, nämlich seines Namens wegen. Er war nämlich stolz auf seinen Namen, hielt sein j für viel bedeutender als ein gleichgültiges modernes »von« vor seinem Namen und zählte sich zu den Meiers, die ihren Namen von den alten Hausmeiern, von den Major Domus dieses oder jenes Kaisers und Königs, ableiteten. »Also in gerader Linie von Pippin dem Kleinen«, hatte Leutnant von Zwieckerström gesagt und dafür eine Kugel in den rechten Oberarm gekriegt.

Er fühlt sich unhaltbar und nimmt seinen Abschied. Liebesmahl. Rede des Obersten. Am andren Tage Abreise.

Er war nun frei und ging in die Residenz.

Aber was tun? Nun schildern, was er alles ergreift. Namentlich Entdeckungen, Verbesserungen. Denn er fand alles verbesserungsbedürftig. Er konnte nichts sehn, ohne laut oder leise die Frage daran zu knüpfen: »Warum ist das so? Warum ist es nicht anders?« Ob die Menschen es anders wünschten, war ihm gleichgültig; die Menschen waren immer dumm und indolent. Das Bessere mußte ihnen zu allen Zeiten aufgedrungen werden. Und nun fing er an zu suchen, bis er etwas herausgeklügelt hatte. Vor allem war er für Sparsystem. Welche Unsumme an Heizmaterial ging verloren! Sparofen, Spar-

[1] Auf Blatt 6 beginnt die zweite Fassung des Entwurfs, mit Titel auf besonderem Blatt

lampe, Sparflamme, das war so sein Gebiet. Endlich las er »How to catch a sunbeam«. Diese kl[eine] Erzählung berührte ihn ganz eigentümlich. Das Poetisch-Moralische daran war ihm lächerlich, aber nicht das Physikalische. Ja, warum fängt man nicht die Sonnenstrahlen? So gut, wie man Eis aufbewahrt im Sommer, muß man Feuer im Winter aufbewahren können. Ein andrer Gegenstand seiner Betrachtung war der Regen. Warum sammelt man nicht das Regenwasser? Riesenzisternen. Die Riesenzisterne würde Pump- und Druckwerke unnötig machen. Schließlich paßt es immer nicht. Aber er nahm nun etwas Neues in Angriff. Bologneser Steine. Was ist der Ofen anders als ein großer Wärmstein? »*Eine* Sache muß ich herzustellen suchen.«

Eins hab ich vergessen. Er war auch sehr patriotisch. Deutsch durch und durch. Seine Bemühungen nach dieser Seite.

Endlich wirft er sich auf das Volkslied. Seine Untersuchungen. Gründlichkeit ist seine Tugend, sein Stolz. Jede Kritik begann er damit: »Der und der sagte, das ist Unsinn«. Endlich hat er es. Er blamiert sich unsterblich. Ein Musketier hat es geschrieben.

In krankhaft gereiztem und hinaufgeschraubtem Ehrgefühl erschießt er sich.

ONKEL EHM

Entwurf zu einer Charakterskizze

Onkel Ehm wurde heut' begraben. Man soll das Eisen schmieden, so lang' es warm ist. Und so schreib' ich denn ein Wort von Onkel Ehm.

Ein kleines Leben, ein enger Kreis, den mein eigen Leben nur ein paarmal berührt, aber doch oft genug, um ein Bild von ihm zu zeichnen. Es ist nicht viel, was ich von ihm weiß, denn mein eigener Lebenskreis und der seine berührten sich nur wenige Male, aber diese wenigen Male reichen aus, ein Bild von ihm zu geben. Vielleicht auch ein Bild, auf dem der Blick des Lesers freundlich ruht. Und das gönnt' ich dem alten Onkel.

Denn er war ein guter Mann. Das Geringste, was man sein kann und doch das Beste. Eigentlich alles.

Ich war zehn Jahr' alt, als ich zuerst von Onkel Ehm hörte. Er war meiner Mutter liebreicher Bruder, und ich entsinne mich noch des Tages in unserm hochgiebligen alten Ostseehause, als es eines Tages hieß: »Morgen kommt Onkel Ehm.« Ich wußte nicht, was der Name bedeutete, bis ich erfuhr, daß es eine niedersächsische oder pommersche Abkürzung von Emil sei. Ein Name, an dem nicht viel zu verändern ist, namentlich wenn man ihm, wie hierzulande, den Ton auf die erste Silbe legt.

Und nun kam Onkel Ehm wirklich, ein Mann von dreißig damals, kleine schwarze Augen, von gütigem und zugleich etwas rabiatem Ausdruck, Nase gebogen und Zähne, ja, wie sag' ich, wie alte Pfeifenspitzen. Denn die glatten Plomben waren damals noch nicht Mode. Alles war noch au naturel. Und nun gar Onkel Ehm! Sein Auffallendstes aber war sein Teint. Er war Landwirt, hatte den Monat Juli eben hinter sich und die Haut schubberte sich.

Die Mutter, seine Schwester, freute sich sehr, und wir andern, da kein Grund zum Gegenteil da war, auch. Eigentlich merkten wir kaum, daß er da war; er ging früh fort und kam spät wieder. Das hing aber so zusammen. Er war verlobt und erwartete seine Braut, eine Schleswig-Holsteinerin, die, weil die Mittel gering waren, zu Schiff kommen sollte. Und so saß er jeden Tag an der äußersten Molenspitze und wartete, daß sie komme. Es ging das nun schon in die zweite Woche, als mein Papa, der ein sehr lustiger Herr war, einmal sagte: »Ich muß nun doch mal revidieren.« Und so ging er auch hinaus an den Strand. Eine Stunde später kam er wieder und erzählte lachend, als er auf die Mole gekommen wäre, hätte er am äußersten Ende etwas gesehen, das einer Bienenkorb-Bauernkupe ähnlich gesehen hätte, eine von denen, auf denen oben ein Engel mit einer Fahne steht. Und so was ähnliches sei es auch gewesen. Im Näherkommen hat er gesehen, daß es ein Taugewinde gewesen sei, und auf dem Gewinde habe Onkel Ehm gestanden mit einem Taschentuch an seinem Stock und habe geflaggt. Aber es sei nichts in Sicht gewesen. Am wenigsten ein Lugger aus Schleswig-Holstein.

Und unter diesem Bilde blieb mir Onkel Ehm, der uns bald danach wieder verließ (die Braut war wirklich gekommen) und den ich erst wiedersah, als die schleswig-holsteinische Braut längst seine Frau geworden war und auf unsrer Tantenliste den Reigen eröffnete, denn sie hieß Tante Agnes.

Dieser Verheiratung war natürlich ein Gutsankauf vorhergegangen. Onkel Ehm hätte nicht der sein müssen, der er war, wenn er sich nicht im Lausitzischen hätte ankaufen sollen. Zwischen Finsterwalde und Dobrilugk in den kahlsten und doch fruchtbarsten Gegenden hatte er ein kleines Gut erstanden, inmitten der Wendei. (Noch etwas ausführen.)

Einladung. Alle hin. Ich freue mich. Jagd. Er lachte: »Jagd. Ja, du kannst auf meinem Hofe die Sperlinge schießen. Das ist alles. Aber nimm dich in acht, daß der Pfropfen nicht in das Scheunendach fliegt. Das wäre mir sonst ein teurer Braten.« Dies Kleinleben, voll Idyll und Kümmerlichkeit etwas ausführen. Und dann reisten wir wieder ab. Und wieder vergingen zehn Jahre.

Er mochte jetzt gegen 50 sein, als es hieß: Onkel Ehm hat verkauft. Es konnte uns nicht überraschen, denn in seinen einen, alljährlich zu meiner Mutter Geburtstag eintreffenden Briefe hatten sich seit langem die Wolken gezeigt, die über Ilium hingen. Es war vielgestaltig, aber immer gewitterhaft umsäumt. Der erste Notschrei galt seinem Förster, mit dem er befreundet war und der den Wilddieben stark nachstellte. (Nun der Zettel von oben.) So steril die Gegend war, so war sie doch gerade fruchtbar genug, um einen Milzbrand herauszubringen, der seinen Entschluß bestimmte. Allerhand andres war vorher gewesen. Bei dem Baum. Aufgehängter Förster, der sein einziger Freund war. Zettel: An Herrn Amtmann. Kommst uns verquer, hängst du wie der!

Vorher lieber, wie er einen widersetzlichen Knecht durch einen Dornzaun stößt, daß er in eine wenig gefüllte Kalkgrube fällt, aber doch so, daß er eine Augen- und Ohrenentzündung bekommt und er Strafe zahlen mußte.

Dann die Geschichte mit dem Förster. Dann die Geschichte mit dem Milzbrand.

Also, er hatte verkauft. Er zieht nun nach Dobrilugk. Aber

er hatte Verluste (wenig hatte er überhaupt nur) und er war schon über 60, als er in eine Agentur eintrat. Hagel-Versicherung. Er reiste nun viel. Und in dieser Zeit sah ich ihn öfter. Denn er kam auch nach Berlin, um hier zu rapportieren, und später übersiedelte er ganz und wurde in dem Hauptbüro ein Büroarbeiter. Er hatte hier einen schlimmen Stand. Denn er war noch aus einer Zeit, wo man's mit den Fremdwörtern und selbst mit den Biegungen der Hauptwörter-Pronomen nicht so genau genommen hatte. Überhaupt war er nicht für Biegungen. Und das alles erschwerte ihm das Leben sehr. Aber er hatte zwei Eigenschaften, die er sein ganzes Leben bekundet hatte: er war tapfer und ehrlich, und damit siegte er zuletzt auch hier.

Aber freilich erst nach einer schweren Gefahr und Probe. Er hatte einen seiner Halb-Vorgesetzten im Verdacht der Untreue. Szene mit Mendelssohn. Mendelssohns Antwort. Der feine alte Herr lächelte: »Sie sind mein treuster Mitarbeiter, aber der Herr, den Sie verklagen, ist der beste, der geschickteste und gescheiteste. Ich brauche Ihnen nicht zu sagen, was das bedeutet. Und nun soll ich zwischen Ihnen entscheiden, usw. Aber ich danke Ihnen, und ich werde Ihnen dies nicht vergessen.«

Zuerst ging es ihm schlecht, denn der andre blieb siegreich, aber nicht lange; er war einmal entdeckt, und daran mußt' er schließlich zu Grunde gehen. Und nun war Onkel Ehm eine Figur, ein Mann, ein Charakter, und die andern, die bis dahin über ihn gelacht hatten, gaben ihm ein Fest.

Onkel Ehm war um diese Zeit schon beinahe 70. Und so spät es war, daß sein Leben im Zenith stand, er bedeutete nun was. Es war der Tag seines Ruhms. Aber es war auch die Zeit seines Niedergangs. Was noch war, sollte sich verdunkeln.

Still neben ihm her war Tante Agnes gegangen, sein Mond. Immer treu, immer still, immer freundlich. Und nun schloß sie ihr freundlich Auge. Onkel Ehm war außer sich. Ich sah ihn noch an dem Tage des Begräbnisses. Alles war still, nur der alte Mann schluchzte. Und dann wurde sie zur Ruhe getragen.

Aber hier muß ich noch etwas einschalten und meine Helden wechseln.

Es war am Pfingstsonnabend gewesen. Und am Abend desselben Tages saß der Geistliche, der die Grabrede gehalten hatte, und schrieb. Es war schon Mitternacht vorüber und der Küster, der durch das Zimmer ging, sagte: –

Zwiegespräch. »Und ich will dem alten Herrn eine Pfingstfreude machen.«

Und nun wieder zu Onkel Ehm.

Sein Licht war hin. Er hatte nur noch einen Gang, den auf den Friedhof hinaus. Und er sehnte sich nach dem Platz an ihrer Seite, auch da draußen.

Und nun ist sein Wunsch in Erfüllung gegangen. Ich erhielt einen Brief so und so. Reise hin. Bestand. Die ganze Stadt. Ein Kranz kam von dem Chef des Hauses mit einem Bande, darauf stand der Spruch: ».........« Und über diesen Spruch sprach der Geistliche. Die Kinder sangen.

Es war Spätherbst. Die Sperlinge flogen auf. Am Abendhimmel stand die Sonne. Und heim fuhr ich. Ein kleines Leben, und doch so reich an Leid und Freud, an Kampf und nun auch an Frieden.

GROSSMUTTER SCHACK

Kl. Erzählung
(Kalendergeschichte)

Großmutter Schack
(Thüring. Geschichte aus Tabartz)
Emilie erzählt sie sehr gut.

DIE GESCHICHTE
VON DER ALTEN GROSSMUTTER SCHACK[1]

Das Dorf. Der sonderbare Garten. Birnbaum. Die Latten-Laube à la Hosemann. Die Alte tritt mit einem Enkelkind herzu, einem kl. Mädchen auf dem Arm. Frage, ob sie nie selbst

---

[1] Die erste Überschrift mit Untertitel (bis: Kalendergeschichte) mit Blaustift auf eigenem Blatt; folgende Überschrift mit Untertitel und Vermerk »Emilie ...« mit Tinte auf eigenem Blatt; letzte Überschrift zu Beginn der ersten Manuskriptseite.

ein kl. Mädchen gehabt habe? Doch. Kein eignes. Aber ich zog
es groß. Wie kam das? Nun erzählt sie.

Ich ging nach Gotha, um Garn für meinen Mann zu holen.
Ich kam auch zu wohlhabenden Kaufmannsleuten (wie?). Als
ich eintrat in das Familienzimmer war da eine hübsche Amme
und als sie mich sah, rief sie: »Gott, Madame, das *ist* die
Frau.« Es ergab sich, daß die Amme eben einen Traum erzählt[2]
hatte: eine Frau würde kommen und ihr Kind in Pflege nehmen (dies besser, energischer ausdrücken). Eher so[3]. Sie habe
eine freundl. junge[4] Frau im Traum gesehn, in einem Dorf auf
dem Schornstein sitzend und habe *ihr* (der Amme) Kind auf
dem Arm gehabt und es genährt und ihm freundlich zuge-
sehn. Und diese Frau sei sie. Und sie beschwöre mich das Kind
zu nehmen. Die Kaufmannsfrau stimmte ein. Da sagt' ich,
ich wollt' es mitnehmen. Ich dächte mein Mann würd es erlauben. Und ich nahm es mit und als ich das Garn auspackte,
nahm ich auch das Kind und sagte: »Da, Heinzel, bring ich
uns was mit« und wickelte das Kind aus dem Mantelkragen
und erzählte ihm, wie es gekommen. Da sagte er: ich sehe, es
soll so sein. Wenn sie's geträumt hat, da soll es sein, Und so
behielten wir das Kind. Und es wuchs auf und ich liebe es sehr.
Aber es blieb nicht so. Als sie 8 Jahr alt war oder 10, da verheiratete sich die junge Amme, und zog in dies unser Dorf, aber
an die andre Seite, die nach ... hin liegt. Da nahmen sie das Kind
wieder zu sich. Aber nicht zu des Kindes Freud und das Kind
hatte es schwer, viel Arbeit und Last und Schläg'. Und da können Sie's glauben, immer war es da, bald hier bald da und wenn[5]
ichs lange nicht gesehn hatte, da kam's in der Nacht und blieb
eine Stund in meim Bett und weinte sich aus. Aber ich trö-
stet's und sprach ihm Trost und Mut ein. Und es hielt aus, und
wuchs und wurde ein hübsches[6] Mädchen, noch hübscher als
die Mutter war. Und da hat sie sich nach Gotha hin verheiratet
und sitzt jetzt als Herrin in dem Haus, in dem sie zuerst [zu]

---

[2] Aus: eben erzählt – [3] Über der Zeile ergänzt. – [4] Über der Zeile
ergänzt. – [5] Von »immer« an über die Zeile geschrieben, darunter
gestrichen: in der Nacht, wenn – [6] Aus: schönes

uns kommen durfte [7], wenns die Herrschaft erlaubte u. ist nun
selber die Herrschaft. Und wenn ich nach Gotha komm, da ist
ein Festtag, denn sie hängt [8] noch immer an mir und erzählt
mir Freud und Leid wie in den Kindertagen.

DIE GOLDENE HOCHZEITSREISE

Entwurf zu einer Skizze

Sie war siebzig, er fünfundsiebzig. Die goldene Hochzeit war
am Tage vorher unter Kindern und Enkeln (selbst ein Urenkel-
chen; mit Übergehung eines in einem weiß und blauen Korbwagen gebetteten Urenkels) eine Woche vorher im Kreise der
Kinder und Enkel gefeiert worden und zu Beginn des siebenten
Tages sagte der Hochzeiter: »Alte, alles ist abgereist, wohin
reisen wir?« Der Alten leuchtete das Gesicht, und sie sagte:
»Das ist recht, ich habe auch schon so was gedacht. Reisen. Ja,
reisen; das hab' ich all mein Lebtag geliebt und bin so wenig
dazu gekommen. Weißt du, Alter, laß uns die Hochzeitsreise
machen, die wir vor 50 Jahren gemacht haben. Wir wollen sehen, was sich seitdem mehr verändert hat, die Welt oder wir.«
»Ich fürchte, wir«, sagte er. »Wer weiß«, sagte sie, denn sie
wußte sich was, daß sie fünf Jahre jünger und eine frische Frau
war. So frisch wie die weiße Bandhaube, die sie trug. »Abgemacht.« Und am neunten Tag fuhren sie gen Italien, und den
zwölften Tag saßen sie um Mitternacht mit jungem schwatzen-
den Volk in einer großen Hotel-Gondel und fuhren den Canal
grande hinunter, unter dem Rialto fort, an dem Palazzo Falieri
vorbei und kaum hundert Schritt vor der Lagune in einen Sei-
tenkanal hinein. An einer Wassertreppe landeten sie und stiegen das hellerleuchtete Hotel hinauf bis in den dritten Stock.
»Hochzeitspaare steigen hoch«, sagte der Alte, und sie traten
ans Fenster und sahen über dem Häuserwirrwarr vor sich die

[7] »sie zuerst ... durfte« aus: ich sie mit der Amme Schwester sah –
[8] Gestrichen: lieb[t]

Kuppelspitze von San Marco und die schlanke Spitze des Campanile. Zwischen beiden stand die halbe Mondscheibe. »Wie sonst«, sagte er. »Unverändert.«

Sie gehen nun auf den Markusplatz. Vor die Lauben. Kaffee. Die Tauben von San Marco. So saßen sie. Dann sagte er: »Findest du einen Unterschied?« »Ja, Herz.« Er sah sie fragend an. »Damals stritten wir uns. Es war alles anders, als ich erwartet hatte (anders ausdrücken); ach, junge Frauen! Sie sind launenhaft. Und in den ersten acht Tagen am meisten. Den Himmel, den sie geträumt haben, finden sie nicht. Er ist auch Erde; sehr Erde. Und ich war keine Ausnahme, Herz. Du sagtest: sieh die schöne Person, die die Tauben füttert. Es muß eine Engländerin sein. Das reizte mich. Und wir waren erzürnt. Sieh, dort steht wieder eine. Wie schön sie ist.« Sie besuchen nun die »Academia«. Tintoretto. Das Bild von der »Ehebrecherin«. Erinnerung an den alten Streit. Er hatte über den Ausdruck des Gesichts spöttische Bemerkungen gemacht. Das hatte sie übelgenommen. So: Und sie sagte, als sie vor dem Bilde standen: »Ich glaube, Herz, du hattest recht.« Er lächelte. Denn deutlich stand die Szene vor seiner Seele. (Nun erst das Obige erzählen.)

Table d'hôte. Er erhält den Platz oben. Sie saßen neben einer englischen Familie, alte und junge Leute. Früher ängstlich, jetzt sicher. Sie befreunden sich. Sie kommen spät von einer gemeinschaftlichen Ausfahrt zurück. Die berühmten Räucherkerzchen brennen. Sie plaudern noch. »Wie man, wenn man ruhiger geworden ist, die Menschen anders ansieht. Mir waren die Engländer verhaßt. Damals hatte ich den Streit mit ihnen. Jetzt lieb' ich sie. Wenigstens diese. Welche netten, feinen Leute.«

Nun der andre Tag. Fahrt nach dem Lido oder nach Murano oder nach einer andern Insel. »Damals sagtest du: wie langweilig. Ich bin müde. Laß mich hier. Ich bin angegriffen. Das viele Sehen. Das viele Laufen. Laß mich.«

Dann vor der »Assunta«. Sie schweigen sich aus. Dann nach Haus. Er blieb unten und plauderte. Sie ging früher hinauf, um an die Kinder zu schreiben. Nun schreibt sie an ihre älteste Tochter. Der Brief drückt das Glück des Alters aus. Erinnerung an Bogumil Goltz. Das ist jetzt zwanzig Jahre her; ich war damals noch frisch und munter, und ich erschrak über seine Worte und ängstigte mich. Er hat unrecht gehabt. Man muß sein Leben nur richtig einrichten. Und von dem Alter nicht das verlangen, was der Jugend gehört. Es fällt vieles von uns ab, aber das, was bleibt, ich sag es Dir zum Trost und zur Erhebung, meine liebe Helene, das ist das bessere Teil, und vor allem auch das glücklichere. Jede Stunde läßt uns jetzt die Vergleiche ziehen, denn wir treten vor all die alten Dinge und wir vergleichen zwischen damals und jetzt. Und der Vergleich fällt nicht zum Schlimmen aus. Ein neues Leben ist mir in meinem Alter aufgegangen. Heute waren wir in der »Academia«, einer Sammlung, die unsern Museen entspricht. Diese Sammlung birgt viel Schönes, nichts Schöneres aber als ein Bild von Tizian: »Die Himmelfahrt Marias«. Sie nennen es die »Assunta«. Wir sahen es auch vor fünfzig Jahren. Ich starrte es an, fand es zu dunkel, zu katholisch und ich weiß nicht was. Ich hatte kein Verständnis für die Tiefe, die sich hier erschließt. Nun hab' ich sie. Nun folgt eine ganz kurze, einfache, aber begeisterte Schilderung des Kopfes der Maria und des Ausdrucks der Verklärung, das allem Irdischen Abgekehrte, es liegt hinter ihr. Ach, in unsern Jahren, meine geliebte Tochter, versteht man es. Damals verstand ich es nicht. Wir bleiben noch drei Tage, dann gehen wir über Brescia und Bergamo an den Comer See, wo wir die alten Tage auch wieder aufsuchen wollen. Und dann zurück zu Euch. Begleitet uns mit Euren freundlichen Gedanken und begleitet Eure Alten. Mein liebes Kind, Deine alte Mama.

Er kam herauf. »Hast du geschrieben?« »Ja.« »Darf ich es lesen?« »Ja«, und er las. Er nahm die Feder und schrieb darunter: »Just so.« Dann gab er der Alten einen Kuß und sie gingen auf den Markusplatz, um die Dämmerstunde und die Gondeln abzuwarten.

MELUSINE[1]

1 bändiger Roman

(Muß den Vornamen einer spanischen Dame von Cuba oder
den Antillen als Titel führen.)

Der mexikanische oder *spanisch-amerikanische Vorname* des
Mädchens (z. B. von Frau Gildemeister u. Tochter; die even-
tuell solche Namen *angeben können*) würde wohl die beste
Überschrift sein.

Das Mädchen ist eine Art *Wassernixe,* das Wasser ist ihr
Element: baden, schwimmen, fahren, segeln, Schlittschuh laufen. Alles was künstl. oder liter. damit zusammenhängt, entzückt sie, drüber liest sie, davon spricht und schreibt sie, sie
hat Bücher und Bilder *dieses* Inhalts. Sie liebt das *Melusinen-*
Märchen und *Mörikes* Gedicht von der »Windsbraut«. Und
elementar geht sie unter. Sie verschwindet; man weiß nicht
wie; nur sagen- und legendenhaft klingt es. Betrachtungen
darüber im Herrenhaus. Der philosophierende Alte macht
die Schlußbetrachtung. Eine Hauptszene ist die große Wasser-,
Boot- und *Schwimmszene* mit dem jungen Grafen, wo sie diesen rettet.

Koenigsmark – Wiesike
Plaue

Eine wundervolle Roman-Szenerie ist Plaue.[2]

Da sich die Haupthandlung, aus Mangel an einem Helden,
wohl nicht aus den Königsmarks und auch nicht aus Haus
Wiesike nehmen ließe, so müßte *eine Mittelgruppe geschaffen*
werden im Ort selbst, entweder der *Pastor* oder ein reicher
Ziegelstreicher, oder ein reicher *Schiffsbauer,* oder ein reicher
Sägemüller. Eine Figur wie Neumühlen.

Ja das Beste würde sein

die ganze Geschichte an die *Kieler* Bucht zu verlegen (die

[1] Mit Blaustift über die folgende Überschrift geschrieben. – [2] Unter
dem Text Blaustiftskizze; vgl. Anm.

aber nicht genannt werden darf) so daß *Neumühlen* die Hauptgruppe wäre,[3]

daneben läge (wo jetzt der reiche Grundherr wohnt) das *Königsmarksche* Schloß, das nun den Namen *v. Sehestedt* oder einen andren aus der Zeit von Christian II. bis Christian IV. führen müßte, und[4]

da, wo jetzt Forsteck liegt, läge Wiesikes Haus.[5]

Die tragischen Konflikte geben sich da heraus, daß ein Sohn der Sehestedts die junge Mexikanerin-Tochter liebt. Er stirbt; sie überdauerts. Dazwischen immer das Philosophenhaus.

Melusine

Sie geht unter. Elementar. Wenigstens scheinbar. Eigentlich weil sie den Volksmann liebt und den Adligen heimführen soll. Am Abend vor der Hochzeit verschwindet sie. Es heißt: das Element nahm sie zurück. Der Adlige überlebt es; der alte Philosoph gibt ihm Trost.

Große Szene im Segelboot zwischen ihr und ihrem Jugendgespielen: Jens Jensen. Sein Vater ist Schiffer und Bootsmann; der Sohn Techniker 2. Ranges. Jens übernimmt die Rolle seines Vaters im Segelboot, als sie hinüberfahren zum Bräutigam und hier erklärt er sich. Sie sagt »ja; es ist so. Aber es muß bleiben; es kann nicht sein; ich liebe nur dich; aber ich weiß nicht wie ichs machen soll. Flucht ist albern.«

Später rettet *sie ihn* und das kettet sie noch viel mehr. Nun erst kann sie nicht von ihm los.

Der junge Maschinenmeister in dem »*Melusinen*«-Roman heißt *Jens Jensen*. Dies entspricht dem Lokal, ist kleinbürgerlich-einfach und spricht sich leicht und bequem aus. Sein Vater, der Bootsmann und Altersgenosse von Melusinens Vater ist, etwa Rolf Jensen oder Niels Jensen oder so ähnlich.

---

[3] Von »so daß« an Klammer am Rand und Bleistiftvermerk: Amerikanisch-weltmännisch – [4] Von »der reiche Grundherr« an Klammer am Rand und Bleistiftvermerk: Skandinavisch-aristokratisch – [5] Von »da« an Klammer am Rand und Bleistiftvermerk: Deutsch-philosophisch

ALLERLEI GLÜCK*

ENTWURF ZU DEN SIEBEN ERSTEN KAPITELN
DES BERLINER ROMANS
(UND DANN BIS ZUM SCHLUSS DES I. BUCHS)[1]

H. BROSE — ROMAN

1. Kapitel

Doktorwagen hält vor einem Hause in der Dessauerstraße, wo sie hübsch wird. Doktor steigt hinauf. Trifft oben H. Brose. Humoristisches Gespräch der beiden alten Freunde.

Als der Dr. und Geh. R. geht, begleitet ihn Brose bis auf den Korridor; hier steht ein junger, & mittelgroßer Mensch in Frack, gebildet, manierlich, etwas steif. Brose nickt ihm zu, wie um sich zu entschuldigen und expediert erst den Geh. Rat. »Nun, mein Herr, bin ich der Ihrige. Womit kann ich dienen? Erlauben Sie, daß ich vorgehe; eine sonderbare Beleuchtung hier. Aber das tut ein Berliner Flur nicht anders. Darf ich bitten.« Und dabei machte er, jetzt inn[er]halb an der Schwelle stehend, eine Handbewegung, die den jungen Mann zum Eintreten aufforderte. »Was verschafft mir das Vergnügen? Wen hab ich die Ehre?«

Mein Name ist   Baumgart, Ihr Neffe, Herr Brose; Ihre Frau Gemahlin ist meiner Mutter Schwester. Ich bin...

Ich will dir sagen, was du bist. Du bist ein Narr, Junge. Kommt man so zu einem Onkel. In Frack. Und »Sie« und »Frau Gemahlin«. Du bist ja ein Philister, ein Pedant, ein Kleinstädter oder du bist vom Hochmutsteufel besessen. Denn der kleidet sich in allerlei Formen. Junge; Karlmann. Sie'zt mich und ich bin sein leiblicher Onkel. Nein, nicht leiblich, angeheiratet. Aber das ist ja ganz egal. Onkel ist Onkel. Aber da müssen wir doch meine Frau rufen. Und dabei riß er die Tür

[* Zu den wechselnden Personennamen vgl. die Anm. d. Hrsgs.]
[1] Diese Zeile mit Blaustift auf dem Umschlag; vermutlich später zugefügt.

auf, die in das Nebenzimmer führte. Aber ein heftiger Zugwind kam ihm entgegen, der fünf, sechs Blätter, als ob es Schnitzel wären, von seinem Papiertisch wehte und er warf wütend die Tür wieder ins Schloß. Verdammte Wirtschaft. Sie läßt wieder Fenster putzen. Ich meine deine Tante. Wollte doch Gott, daß es in dieser Stube da jemals zur Ruhe käme. Ist es eine Hitze zum Verbrennen, so wird drin geschneidert, und haben wir Sturm, so werden Fenster geputzt. Daß noch keins dieser armen Dinger vom Fensterbrett geweht wurde, ist eine Gnade Gottes. Aber Zahnweh und dicke Backen sind in Permanenz. Verdammte Wirtschaft. Und immer wenn ein Besuch kommt. Aber setze dich, Junge; wir müssens allein versuchen und abwarten, ob die Tante kommt oder nicht.

Die kolossale Lebhaftigkeit, in der sich Güte etc. etc. aussprachen, hatte den jungen Mann rasch heimisch gemacht; er lachte, was nun auch der Alte tat und sagte: Ich kenn' es von Hause her. Der Papa kann es auch nicht leiden.

Und wettert dazwischen.

Nein, das nicht. Er möcht' es vielleicht. Aber als Prediger muß er sich Zwang antun und allem einen andern Ton geben.

Ja. Da hast du recht. Das müssen die armen Kerle. Höre, ich hätt's nicht gekonnt. Und drum bin ich auch was andres geworden. Aber nun sprechen wir von dir mein Junge. Was wirst du? Philologie hab ich gehört. Höre, das ist trocken, gefällt mir nicht, entfernt sich vom Leben. Aber laß hören. Vielleicht, daß du mich bekehren kannst.

Er antwortet nun. Es ist doch jetzt anders. Man kommt ins Leben. Vielleicht, daß ich ein Stipendium kriege. Dann reis' ich.

Ja, höre, da hast du recht. So sah ichs noch nicht an. Reisen. Ja, das läßt sich hören. Dabei kommt was heraus. Nun Onkel Wilhelm, der wird dir darüber ein Licht aufstecken können. Er ist ja überhaupt ein Licht in der Wissenschaft. Ein vorzüglicher Mann; aber etwas zu ruhig; er hätt' einen guten Pastor abgegeben. Er lächelt immer, ist immer verklärt und scheint immer sagen zu wollen: »Du lieber, lieber Mensch, wie dumm bist du.« Sieh, das kann ich nicht leiden, und drum zank ich mich beständig mit ihm. Das heißt, *ich* zanke, er natürlich nicht. Dazu ist er zu groß. Aber ich will dir den Onkel Wilhelm nicht bereden. Er ist ein Kirchenlicht, denn die Wissenschaft hat jetzt auch ihre Kirchenlichter, Wissenschaft ist heilig. Wissenschaft ist alles – und an solchem Mann will ich nicht herumreden. Du wirst ihn kennen lernen. Und er ist mein Bruder, und ein vorzüglicher Mann.

In diesem Augenblick öffnete sich die Tür, aber, des Zuges halber die, die nach dem Korridor hinausführte, und ein junges Mädchen trat ein. Es war ersichtlich, daß sie gehört hatte, der Vater habe gefragt. Als sie jedoch des fremden Herrn ansichtig wurde, verneigte sie sich leise und wollte wieder fort.

Nein, nicht so, Margret. Tritt nur näher. (Und nun tritt sie in das Zwiegespräch ein.)

Dann Aufbruch. Er empfiehlt sich; er wolle jetzt zum Onkel Wilhelm und dann zu seinem Cousin Axel und dann zur Tante Geheimrätin. Ob er bald wiederkommen dürfe? Und damit empfahl er sich.

Vater und Tochter, als er fort war, drückten ihre Befriedigung aus; hatten aber auch allerhand auszusetzen.

»Ein netter, bescheidener Mensch« sagte Brose »etc. etc., aber sieh dies u. das«.

Nun antwortet sie, stimmt bei und widerspricht.

Endlich hieß es: was nur die Mama sagen wird. Und daß sie gerade nicht zu Hause sein mußte.

Wo steckt sie denn wieder?

Sie wollte in den Lette-Verein und dann zu Gerson.

Gott, Gott, rief der Alte in humoristischem Zorn. »Das eine so schlimm wie das andre. Das eine kostet mir mein Geld, und das andre meine Ruhe. Denn wenn Adelgunde von Anthropologie (hier vielleicht was andres nehmen) spricht, ist es mit meiner Ruhe vorbei. Oder wenigstens mit meiner Geduld.

Komm, Kind, wir wollen frühstücken. Hast hoffentlich was Gutes. Einen Hummerschwanz? Nicht wahr!«

Zweites Kapitel

An demselben Nachmittag saß Karlmann an dem knorrigen Sekretär seines Gasthauses und schrieb nach Haus. Er hatte

den Brief kaum beendet und rückte ans Fenster um ihn noch
einmal durchzulesen. Die niedergehende Sonne tat ihm dabei
die besten Dienste und die alten staubigen Gardinen bewegten sich leise hin und her.

Liebe Eltern.
Schilderung seiner Ankunft. Das kl. Gasthaus. *Abend draußen als Zaungast bei Kroll. Betrachtungen darüber.*[2] Am
andern Morgen zu Onkel Heinrich. Über ihn heute nur ein
paar Worte. Dann zu Onkel Wilhelm. Hier muß er nun die
beiden Brüder (Onkels) *scharf* charakterisieren, aber ganz
kurz. Onkel Wilhelm sagt ihm einen Satz von »*Allerlei Glück*«,
aber dies nur ganz leise andeuten, weil es nachher erst in
einem selbständigen Kapitel zwischen Onkel Wilhelm u. ihm
eingängig verhandelt wird. Dann zu Axel, den ich nicht traf.
Bei Wertherns war es zu spät. Diese müssen *beide* noch verreist sein; im Bade. Dies ist wichtig; sie tauchen dann erst im
zweiten Buch auf. Alles wird kurz charakterisiert. Dann über
die große Stadt überhaupt. Gruß an Onkel Brah etc. etc.

Drittes Kapitel

Der andre Morgen. Margret macht ihren Vormittagsbesuch
bei Pappenheims. Sie setzen sich auf *den Balkon. Blick in die
Gärten.*[3] Das Geplauder der beiden Mädchen über den Cousin.
Bei dieser Gelegenheit gibt Margret eine Art Genealogie der
Malotkis.

Viertes Kapitel

Karlmann bei Axel Brah. Axel führt ihn in die komplizierten
Familienverhältnisse ein. Warum sich die Schwestern feindlich
stehn. Das katholische und protestantische Element, das adlige

---

[2] Kursivsatz im Manuskript mit Blaustift unterstrichen; dazu am
Rand Blaustiftvermerk: ziemlich ausführlich – [3] Am Rand Blaustiftvermerk: ziemlich ausführlich

und bürgerliche. Er vermeidet Broses, weil sie ihm zu »bürger-
lich-respektabel« sind. »Es gibt eine Respektabilität, die mich
erquickt und es gibt eine andre die mir odiös ist. Der alte Brose
ist von der letztren Sorte.[«] Nun diese beiden Sorten von
Respektabilität, die pappstofflich-intolerante und die vornehm-
duldsame weiter ausführen. Andeutungen über sein Verhältnis
zur Frau v. Birch-Schönermark.

Fünftes Kapitel

Er erhält ein paar Zeilen von Tante Adelgunde. »Brose ist
heut in der Geographischen. Komm. Du sollst uns erzählen
etc.«

Er kommt nun hin, findet sie bei der Schneiderei.

Nun gemütliches, herzliches Geplauder mit der Tante und
Cousine.

Ganz gegen den Schluß kommt Brose aus der Geographischen zurück. Ist entzückt, will den Neffen nächstens einführen.

Verabreden für den nächsten[4] Montag eine Partie nach dem
Zoologischen Garten.

Sechstes Kapitel

Am *Vormittag* Besuch bei Onkel Wilhelm. Sie haben nun
ein ernstes Gespräch über seine Studien. Bruder Heinrich wird
in seinen Schwächen und Vorzügen charakterisiert. Der Lebens-
plan des Neffen wird festgestellt. »Prüf dich. Es ist ganz gleich,
wo man im Leben steht, nur voll und ganz und freudig muß man
an seiner Stelle stehn. Die Stelle selbst ist gleichgültig. Daß
man die rechte Stelle trifft, darauf kommt es an. Die *rechte*
Stelle ist allemal auch die gute. Was ist Glück. Es gibt *allerlei*
Glück. Hundert und tausendfältiges. Es heißt nicht: Wenn du
das und das Äußerliche erwischst, bist du glücklich; nein ein
Innerliches muß man erreichen, *da* liegt das Glück. Es braucht
nicht einmal immer mit der Moral zu stimmen; freilich darf es

---

[4] Gestrichen: Nachmittag

sich auch nicht zu sehr in Gegensatz dazu stellen. (Diese wichtige Stelle – wichtig wegen Axel – ist sehr scharf zu präzisieren.)

So sprechen sie weiter. »Es scheint Onkel Heinrich will mich
für das Leben gewinnen; Welt, Reisen etc.« »Tu das, wonach
es dich zieht.« »Ich denke, ich bleibe bei der Wissenschaft.«
»Da hast du das Beste gewählt, wenn du richtig gewählt hast.«

Sie trennen sich nun. Dann kommt der Nachmittag und
Karlmann geht in den *Zoologischen*.

Hier trifft er Heinrich Brose, Margret und Bertha. Sie sind
sehr fidel. Adelgunde ist zu Hause geblieben. Besuch im Giraf-
fenhaus etc. Zum Schluß sehen sie, als es schon dunkelt, drüben auf dem Gange zwischen den Reihern und den Flamingos,
Axel mit einer eleganten Dame und einem Kind. Er verschwindet aber wieder. Margret u. Bertha tuscheln es sich zu.
Der Alte hat nichts gemerkt. Dann Heimgang.

Siebentes Kapitel

Die Wohnung der Frau v. Birch-Schönfeldt. Jolanthe[5]. Axel
kommt. Plaudereien. Jolanthe wird fortgeschickt. Das über-
kluge Kind, das sich über nichts mehr wundert und an nichts
mehr Anstoß nimmt. Sie geht in ein Hinterzimmer und spielt
dort phantastisch-abenteuerlich mit dem Dienstmädchen. Prinz,
Schah, Suleika. Sie tanzt den Shawltanz. Das Dienstmädchen
ist der König.

Dann geht sie wieder nach vorn. Sie findet die Mutter sehr
heiter und gut gelaunt, ohne Schärfe. Vorher hat sie angeklopft.
Wer ist da? »Ich. Ich bin wieder da.« Die Mutter öffnet die
Tür. Nun setzt sich das Geplauder mit dem Kinde fort. »Wo
warst du?« »Ich war nicht fort.« Nun erzählt Jolanthe. Und
beide lachen. »Hermine, sie ist doch du.« (Dies kurz ausführen;
der Schluß muß aber dies »*ist doch du*« sein.) Vorher sagt er
ihr allerhand schelmisch-sinnlich-Verbindliches über die Ähnlichkeit der beiden Naturen von Mutter u. Kind.

[5] Darüber mit Blaustift: Olga

Achtes Kapitel

Große Szene zwischen Heinrich Brose und Adelgunde. Er lobt Karlmann, der ihm am Abend vorher sehr gefallen hat. »Höre, Gundel, das wär' eine Partie für Margret.«

Sie will nicht gleich davon wissen. Er wird furchtbar heftig. »Hör' Adelgonde [6]. Fahre mir nicht wieder durch meine Pläne. Spukt dir wieder die Malotki im Kopf? Hast du wieder deinen Ahnherrn aus der Schlacht bei Tannenberg leibhaftig vor dir? Wird der Reichskämmerer wieder lebendig? Ich bitte dich, ich bitte dich.« etc.

Eine halbe Stunde später ging Margret zu Bertha, halb lachend, halb aufgeregt. Sie hatte den Streit beider Eltern gehört und gehorcht. Sie wußte nun genug. Es war ihr lächerlich. Nun ein heitres Gespräch mit Bertha, worin Bertha anfängt, sich in ihrer Größe zu zeigen. Zum Schluß:

Des alten Registrators Geburtstag ist bald; es soll was aufgeführt werden; Karlmann soll den Text schreiben. Kann auch mitspielen. Die Frau Registratorn kommt hinzu. Das Gespräch wird fortgeführt.

Das ganze »erste Buch« (also erster Halbband) muß mit der »Aufführung« schließen. Der Registrator wird Rechnungsrat.

Broses sind dabei nicht zugegen. Nur immer die Tochter. Margret ist bei Pappenheims und Bertha ist bei Broses; darauf beschränkt es sich.

Das »zweite Buch« fängt dann mit der »Kegel-Partie« in Wilmersdorf an. Und das zweite Kapitel führt dann zur Geh. Rätin von Werthern-Ahlimb, die nun aus dem Bade zurückgekehrt ist. Hier verkehrt auch Wilh. Brose.

Kostüm: Nachtjacke, aufgesteckter grauer Zopf, mager, der Mund ohne Lippen und nach innen. Die Mauern, die die Natur hier (früher) gezogen, waren längst niedergerissen. Eine tolle Erscheinung, aber freundliche, kluge Augen, gütig, fidel und quick. Sie kam vom Kaffeebrennen und brachte noch eine halbe Dampfwolke mit.

---

[6] Am Rand: Gundelchen, Gundel, Adelgunde, Adelgonde; dies ist die Skala, die seiner Stimmung von Liebe bis zu höchstem Ärger entspricht.

[SPÄTERE INHALTS-SKIZZE DES ERSTEN BUCHES]

Held: *Edwin Fraude.* Name ist gut. Sein Vater: Wasserbau-Inspektor Oliver Francis Fraude. Englisch-schottische Familie.

Er kommt *Mitte Juni* nach Berlin und findet nur die Wilhelm Broses und seinen Cousin Axel. Die andern sind schon verreist: Prof. Heinrich Brose Ausflug nach Ober-Italien, Frau v. Werthern und Seraphine nach der Schweiz. Durch die ersten Monate hin, hat er also nur mit W. Broses u. Axel zu tun. Nebenher laufen, aber nur in flüchtigster Beziehung zu ihm: die Pappenheims, Lampertus Distelmeier, Schlossermeister Zembsch und Schwester, Frau v. Birch und Hanne Brah.

Edwin hat zwei Jahre lang in Königsberg oder in Breslau oder in Greifswald Theologie studiert, aber wenig Gefallen daran gefunden und mehr philosophische, philologische und historische Collegia gehört, als theologische. Zuletzt hat er es seinem Vater gesagt, der ihn eine kurze Zeit lang bei sich im Hause gehabt hat. Er hat sich aber nicht besonnen und nun kommt er nach Berlin, um zunächst diesen Zwischenzustand fortzusetzen und dann vom Wintersemester an, entweder Theologie weiterzustudieren oder was andres vorzunehmen.

Erstes Kapitel: Broses Wohnung. Brose kurzhalsig, im Hemdkragen, der Doktor bei ihm. »Obsolete« Mittel. Diese 1. Szene verfolgt zweierlei: Broses Persönlichkeit, seinen gutmütig-humoristischen Poltercharakter, seine »Kribbligkeit«, sein beständiges Aus dem Häuschen-sein zu charakterisieren, außerdem aber auf seinen empfindlichen Punkt: »nur nicht an den Aptheker [!] erinnert werden« hinzudeuten.

Als der Doktor geht, kommt Edwin. Lebhaftes, erregtes Gespräch. Hanke kommt. Zuletzt Adelgunde. Freundlichste Aufnahme.

Zweites Kapitel. Edwin schreibt an seinen Vater. Er sitzt in seinem Gasthaus am offnen Fenster. »Ich sitze hier am offnen Fenster; es ist eine kostbare Luft und die Sterne, wenn ich aufsehe, stehen am Himmel. Ich bin noch wie berauscht.« Nun schildert er, daß er Axel abgeholt, dann hätten sie sich getrennt und er wäre in den Tiergarten gegangen. Schilderung des Platzes, dann Kroll von außen. Alles hat ihn entzückt. Dann: Wer-

therns sind in der Schweiz, aber bei Broses hab ich die beste
Aufnahme gefunden. Kurze Charakterisierung der Personen:
der Alte, Adelgunde, Hanke. Dann über Axel. Auch von ihm
eine kurze Schilderung. »Ich werde wahrscheinlich eine Wohnung in der Königgrätzer-Straße mieten; wir sind dann alle
verhältnismäßig nah zusammen.« Ich bin morgen zu Tisch bei
Broses, worauf ich mich freue.

Drittes Kapitel. Er ist nun zu Tisch bei Broses. Unmittelbar
vorher – die Damen haben in der Wirtschaft zu tun – hat er
ein intimes Zwiegespräch mit Brose über seine künftige Carrière. Brose ist für Dabeibleiben. Er glaubt zwar an nichts, behandelt dies humoristisch und weist auf Gützlaff, Livingstone,
die Herrenhuter hin. »Sieh, das ist auch Christentum. Da liegt
ein Feld.« Edwin sagt: »er sei in seinem Gewissen beunruhigt.
Immer sagen, was man nicht glaube u. trösten mit Dingen, an
deren Heiligkeit oder Existenz man nicht glaube. Das gehe
nicht.« Brose antwortet gutgelaunt: »man dürfe das nicht so
genau nehmen. *Pia fraus,* Fraude.« Ein Wortspielchen an dem
er sich erquickte. Der Zweck heiligt die Mittel. *Mundus vult
decipi.* Dazwischen wirkt man Gutes, hilft, fördert, klärt auf –
das ist die Hauptsache.

Sie werden nun zu Tisch gerufen.

Nach Tisch gehen sie auf den Grimmschen Balkon. Schilderung. Kaffee. Gespräch aller vier setzt sich fort. Edwin erzählt
von seiner kleinen Stadt, von den Moolen, von dem Torfmoor,
von den Dampfschiffen etc. Dann wird Lampertus gemeldet.
Er ist verklagt. Brose ist Obmann. Er soll ihm helfen. Brose
geht darauf ein. Es ist doch vielleicht besser die intendierte
Gerichtsszene fallen zu lassen und Lampertus mit einem andern Anliegen eintreten zu lassen.

Viertes Kapitel. Die Freundinnen, Hanke und Bertha, Plaudereien über Theater, über Axel und Edwin. Und daß der Vater
(Brose) einen geographischen Pastor aus ihm machen will.
Bertha hat die Ziegler als Iphigenie gesehn. Enthusiasmus. Sie
stellt sich *ganz* auf die Iphigenienrolle; *diese* ist es, aus der sie
vorzugsweise zitiert. Außerdem noch Antigone und Phädra.
Zwischen diesen pendelt sie hin und her. Und dazwischen immer Ausbrüche ihrer Lustigkeit, ihres Übermuts. Bei dem Ge-

spräch über Edwin u. Axel wird eine Art Genealogie der Familie gegeben.

Fünftes Kapitel. Frau v. Birch. Axel. Axel erzählt ihr von Edwin. Sie spöttelt über den »Kandidaten«, er werde Axel fromm machen. Dann kommen sie auf Hanne Brah zu sprechen. Axel sucht auszuweichen. Sie stellt ihn aber. »Ich bin nicht empfindlich. Ich hab' auch kein Recht dazu. Ich denke, wir finden uns doch wieder.« Dann kommt Olga.

Sechstes Kapitel. Schlossermeister Zembsch u. Schwester. Axel und Hanne Brah.

Siebentes Kapitel. Johanns Geburtstag bei der Schneiderin oben.

Achtes Kapitel. Im Zoologischen Garten. Auf dem Heimwege treffen sie Distelmeier.

Neuntes Kapitel. Distelmeier in seinem Hause.

Zehntes Kapitel. Axel u. Edwin.

Elftes Kapitel. Edwin u. Hanke.

Zwölftes Kapitel. Hanke u. Bertha und die Pappenheims.

Dann beginnt das 2. *Buch.*

Erstes Kapitel. Edwin u. Prof. Heinrich Brose.

DR. HEINRICH BROSE, FRÜHER APOTHEKER
FRAU CAROLINE BROSE GEB. V. MALICZEWSKI

Sehr gutes Verhältnis zwischen beiden, aber beide immer auf einem halbhumoristischen Streitfuß.

»... ich bitte dich, Caroline, zieh nicht wieder die großen Maliczewski-Register. Du weißt, ich kann das nicht aushalten. Ich lasse jedem das Seine, und dir deinen Adel; ich begreife Selbstgefühle. Aber du darfst von der Geschichte nicht mehr machen, als sie wert ist.[«]

Brose, das verstehst du nicht. Du kennst nicht die Maliczewskis.

[»]Aber ich habe deinen Vater noch gekannt. Vorzüglicher alter Herr. Bei Ligny unterm Pferd gelegen. 13 Lanzenstiche in alle möglichen und unmöglichen Körperteile. Ehrenmann. Er hatte Pulver gerochen, keine Frage, aber er hatte es nicht erfunden. In Sachen der Unterhaltung primitiv; immer dasselbe; immer Ligny; immer dreizehn Stiche. Blücher auch unterm Pferde gelegen, aber ohne Stiche. Du kannst nicht verlangen, daß ich darauf hin an eine Götterabstammung deiner Familie glaube. Achilles Sohn der Thetis, Maliczewski Sohn der ... (hübscher Göttinnenname).«

[An anderer Stelle]

Sie. Ich begreife dich nicht. Du bist zu gut gegen ihn. Du hältst doch sonst auf die rechten Dinge.

Er. Ich halte drauf, das ist wahr. Aber ich lache drüber, das ist noch wahrer.[7]

»Ja, Gundel, was nennst du große Fragen? Große Fragen, um mit unsrem Freund Lampertus zu sprechen, große Fragen sind relativ. Laß mich einmal gelehrt sein, denn man lebt nicht umsonst mit Bruder Heinrich, Antigone liebte ihren Bruder und begrub ihn. Nun Gundel war das eine große Frage? Ich sage nein. Aber die Welt hat sich für dies bißchen Schwesternliebe mehr interessiert als für die Schlacht bei Platää. Ich nehme absichtlich eine Griechenschlacht, um im Stil zu bleiben, und weil eine Griechenschlacht wenigstens in den Augen eines Philologen, immer zwei Christenschlachten aufwiegt.[«]

Szene, wie der große Globus gebracht wird. Statt Taganika-See hat er Taganaki-See geschrieben. Brose wütend. Frau Brose quackelt dazwischen und will ihn beruhigen. »Du heißt Brose, wenn nun wer schriebe Breso wär es dir gleich?« »Ja, Brose. Du bist so stolz auf deinen Namen...« »Ah, ich verstehe. Brose ist gar kein Name etc.«[8]

Wie der »Globus« kommt. Die Rechtschreibung der Namen. Nun, du mußt doch am Ende wissen, ob sich Newyork mit einem k oder ck schreibt.

Nein, Brose, ich weiß es nicht.

Dein Papa, Gott hab ihn selig, hatte eine Bildung deren Fundament das Culmer Kadettenkorps und deren Abschluß die Filehner Ressource war, aber soviel hätt ich am Ende von ihm erwarten können.

---

[7] Auf einem Blatt mit Überschrift: Distelmeier – [8] Auf einem Blatt mit Überschrift »Brose« und Zusatz: Vielleicht besser in einem Gespräch mit einem andern. [Am Rand:] Distelmeier hat die Redewendung: »Ja, Herr Brose, alles ist zuletzt relativ.«

AXEL ÜBER DEN ALTEN BROSE

Bei bestimmter Gelegenheit haben Edwin und Axel ein Gespräch über den alten Brose. Edwin wundert sich, daß er sich so selten sehen lasse; Axel antwortet, charakterisiert kurz die Tante und die Cousine und sagt dann: »und nun der Onkel«. »Und nun?« »Nun von Zeit zu Zeit seh ich den Alten gern. Aber oft, nein. Wir passen nicht recht zusammen, und ich glaube, die Schuld liegt mehr an ihm als an mir.«

»Nun sage, wie.«

Er ist ein gescheiter Mann, und weiß vielerlei und vor allem steht er auf seinen eigenen zwei Beinen. Er hat den Mut seiner Meinung. Aber offen gestanden, er hat zuviel davon. Eigentlich glaubt er, daß er der einzige Mensch von ordentlichem bon sens sei, der mit eben seinem bon sens alle und jede Frage lösen könne. »Nichts leichter als das«, und damit macht er sich an alles.

Aber er tut es alles mit Humor und persifliert sich selbst, wenn er so spricht.

Ja, das tut er, solang ihn niemand unterbricht, solang er Selbstherrscher ist. Er ist dann großmütig wie der satte Löwe und in der ungeheuren Unangefochtenheit seiner Herrschaft kann er sich herablassen, über diese Herrschaft zu scherzen, indem er übertreibt und in der Übertreibung sich ridikülisiert. Aber weh jedem, der ihm auf dieses Gebiet hin folgt und an diese Selbstpersiflage sich anlehnend den Moment für Anbringung eines Zweifels, eines Widerspruchs gekommen glaubt. Das ist Hochverräterei. Nun wird er bockig, eigensinnig, heftig und dieselben Paradoxen, mit denen er eben noch spielte, behandelt er nun wie Offenbarungen, an denen zu zweifeln Sakrilegium sei. Und ich bekenne dir, das ist mir unbequem. Onkel hin, Onkel her. Ich bin auch meinem gesellschaftlichen Stande etwas schuldig.

AXEL ÜBER LIEBELEIEN UND LIBERTINAGE

Der *Held* N. im Gespräch mit Axel, als dieser mit ihm im Hause der Geheimrätin war und Seraphinen – die sich ihm sehr gewogen zeigte – kennen lernte. N. drückt ihm seine Besorgnisse aus. Axel lacht. »Wie wenig du diese Dinge kennst. Gefahr? Gar keine Gefahr. Wie komisch du mich und meinesgleichen überschätzt. Glaube doch nicht, daß wir hexen können. Was uns bequem in den Schoß fällt, das hing schon sehr wenig fest am Baum. Lies nach was Mephisto über Gretchen sagt und dann stell ein doppeltes Regula de tri-Exempel an, denn ich bin kein Mephisto und Seraphine ist kein Gretchen. etc.[«]

W. BROSE. IM ZOOLOGISCHEN GARTEN

Er findet das alles reizend, bezaubernd. »Es ist mir nur nicht echt genug, nicht tropisch, oder richtiger nicht paradiesisch genug. Oder nicht genug Arche Noah. Es müßte alles heraus: Tier-Rendez-vous, Börse, Läster-Allee der Dromedare und Giraffen. Denken Sie sich den Anblick, wenn solche hohe Giraffe, das geborene Hoffräulein älteren Datums, wenn sie dem Strauß begegnet und dieser verlegen seinen Kopf in den Boden steckt. Denn eine andre Aufgabe hat nach gewöhnlicher Vorstellung der Strauß nicht. Es ist das der einzige Punkt worin ich mit meinem Freund Bodinus auseinandergehe. Er hält es für gemeingefährlich. Mitnichten. Nero fuhr mit einem Löwen- oder Leopardengespann und selbst König Fr. W. I. zog Bären zur Tafel. Ich seh also nicht ein. An dem ersten Tage wo der große Elefant die Allee passiert, laß ich einen Turm bauen und grüße dich als Führer der Besatzungsmannschaft von oben her oder laß eine Salve geben. Ja, ja Gundel, alles dir zu Ehren.[«]

Ach, Brose, das ist ja alles Unsinn.

»Unsinn? Mitnichten, Gundel. Menschen wie du halten alles für Unsinn, was nicht da ist, oder nicht Mode ist. Und ihr vergeßt, daß die Welt sich alle Tage ändert. Was hätte meine Gundel gesagt, wenn man ihr anno 30 gesagt hätte, sie könnte in 2 Stunden nach Magdeburg, und in einer halben Stunde

nach Potsdam fahren. Oder sie würde die Nachricht von der
Wahl eines neuen Präsidenten in Washington sechs Stunden
früher wissen als die Wahl stattgefunden hat. Unsinn. Gar
nichts ist Unsinn. Oder alles.[«]

Brose und Familie, auch der Neffe, besuchen den *Zoologischen Garten*, besonders das Giraffen- und das Dickhäuter-
Haus.

Als sie wieder zu Hause sind, dreht sich das Gespräch um
diese Dinge; Brose wird sehr lebhaft und proponiert eine Er-
forschungs-Reise ins Innere Afrikas, bietet auch die Mittel dazu.

Barth und Overweg; Bastian und die andern.

Der Neffe lehnt ab.

ALLERLEI GLÜCK

Gespräch zwischen Onkel Wilhelm und seinem Neffen über
»allerlei Glück« und namentlich über *»allerlei Moral«.*

Dies Gespräch hat sehr gute Stellen. Der Neffe muß Quer-
fragen tun. Dann werden sie (wo es jetzt abschließt) unterbrochen. Der Neffe setzt dann in einem Brief das Thema fort
und sagt kurz, daß er aus der *»allerlei Moral«* auch das *»allerlei Glück«* abgeleitet habe. Seine Befriedigung innerhalb des
Erlaubten oder doch des Zulässigen zu finden, auf das unsre
Natur hinweist, das ist Glück. Der geringste Fehltritt dabei,
oder auch nur Irrtum und das Glück ist hin. Das Glas fällt aus
der Hand und ist zerbrochen. Es verlohnt sich auch nicht
darüber zu sentimentalisieren. Denn sehen wir uns jeden Tag
an, so werden wir finden: von Minute zu Minute hängt alles
an einem Haar.

Die entscheidende Unterhaltung, in der der Plan des Romans
dargelegt wird, wird schon in den ersten Kapiteln des 2. Buches
(als Onkel Wilhelm zurückgekehrt ist) zwischen Onkel Wilhelm und seinem Neffen Karl (?) geführt.

Onkel Wilhelm sagt: Es gibt *allerlei Glück* und es gibt sogar *allerlei Moral*. Dies steht im nächsten Zusammenhang.

Denn an unsrer Moral hängt unser Frieden und an unsrem Frieden hängt unser Glück. Aber unsre Moral ist so mannigfach wie unser Glück. Es gibt nicht Formeln dafür, die überall hinpassen; für den einen paßt dies, für den andern das. Schon die Bibel spricht das sehr schön aus: »wem viel gegeben wurde, von dem wird viel gefordert«. Darin liegt es.

Karl erwidert. Es gibt aber doch ein Sittengesetz und ganz bestimmte Gebote.

»Und sie zu befolgen, wird sich immer empfehlen. Auch dann noch wenn wir sie hart finden, oder ihren Nutzen nicht einsehn. Man schläft am besten auf dem Kissen, das einem die Gewohnheit [9] und die Gutheißung stopft. Ich werde niemandem den Rat der Auflehnung dagegen erteilen. Aber wenn er sich, ohne mich zu fragen, bereits aufgelehnt hat, wenn mir seine Auflehnung als ein fait accompli entgegengebracht wird, so meß ich den Fall nicht mehr mit der allgemeinen Konventions-Elle aus, nicht mehr mit dem Herkömmlichen, Bequemen, Landläufigen, sondern sehe mir den Fall an und beurteile ihn nun mit der mir persönlich ins Herz geschriebnen Moral und nicht mit der öffentlichen.[«]

Aber nach dem was du vorausgeschickt und angeraten hast, möcht ich annehmen, daß sich *deine* Moral und die öffentliche decken werden.

O, nein, keineswegs. Ich *handle* nach der öffentlichen Moral, weil ich nicht Lust habe, mich in unbequeme Kämpfe einzulassen, aber ich *urteile* nicht danach, wenn andre es für gut befunden haben, die gewöhnliche Vorstellung von Sitte etc. zu durchbrechen. Es geschehen tagtäglich hunderte und tausende von Dingen, die (ich weiter nicht loben und preisen will, die) nach meinem Ermessen ganz gewiß nicht zu loben und zu preisen, aber ebensowenig als eigentlichste Verstöße gegen ein höheres Sittengesetz anzusehen sind. Die katholische Kirche unterscheidet tödliche und »lässige Sünden«, d. h. Sünden, die nicht geradezu »zuzulassen«, aber ohne viel Federlesens zu »erlassen« sind. So stehe ich auch zu der Sündenfrage, zu der Frage der Verstöße gegen die Moral. Es gibt auch hier tödliche

[9] Darüber: das Herkommen

und »lässige Sünden«. Alles was der große Lügengeist geboren hat, alles was Sünde gegen den Heiligen Geist, alle Gesinnungs-Niedrigkeit[10] ist große Sünde; aber nicht alles gehört dahin. Wir sprechen immer nur vom Himmel und Hölle.[11] Aber wenn wir mit der einen Hand den einen mit der andern Hand die andre (die Hölle) berühren[12], so stehen wir mit unsern zwei Beinen doch recht eigentlich auf der Erde[13]; auch diese durchströmt uns, und alles was bloß irdisch an uns ist, das ist nicht gut, nicht böse und wenn es böse ist, so ist es »lässige Sünde«. Die Begehrlichkeit, eine von den vielen Töchtern der Selbstsucht, ist eine »lässige Sünde«. Sie kann wachsen, wuchern und dann wird sie tödlich. Aber das sind dann Akzedentien. Das Schlimmste braucht ihr nicht anzuhaften. Ich denke dabei an Axel.

Wie das? fragte Karl, der nicht annahm, daß der Onkel eingeweiht sei.

Nun sein Verhältnis zu Frau v. Birch ist ein öffentliches Geheimnis. Du hast hier einen Musterfall. Ich ziehe das Keusche dem Unkeuschen vor und es ist kein leerer Wahn: selig sind, die reinen Herzens sind. Ich will dich nicht mit Bibelsprüchen aufhalten. Aber ich bin außerstande, in dem Verhältnis dieser beiden Leute etwas besonders Anstößiges zu erblicken. Es werden keine Pflichten verletzt, es wird kein Anstoß gegeben; eine nicht aus lautersten Quellen stammende Neigung sucht ihre Befriedigung und findet sie. Ich persönlich habe meine Befriedigung in andrem gefunden, aber solange wir nicht gelernt haben, auf Sternen zu gehn, solange wir Erde sind, werden wir dies nicht abtun, und wer dabei die Grenzlinie scharf zu ziehen versteht, – dies ist Bedingung und scheinbar verwandte Fälle können schon sehr verschieden sein – der mag seine Straße ziehn. Meine Absolution, *meinen* Ablaß hat er.

---

[10] Darüber mit Blaustift: ist, das – [11] Am Rand Blaustiftvermerk: gut – [12] Am Rand mit Blaustift: ? – [13] Am Rand Blaustiftvermerk: gut

DIE »REGIERENDEN KLASSEN«

»Wen zählst du zu den regierenden Klassen« fragte Wilhelm. »Jeden, bei dessen Begräbnis eine königliche Kutsche leer folgt.«

Brose lachte. »Gut Heinrich. Das wird wohl zutreffen.« etc. etc.

Auch bei diesem Gespräch, vorher oder nachher.

Heinrich Brose ist seit beinah 30 Jahren Professor extraordinarius. Anfangs hatte es ihn gekränkt, jetzt war es ihm lieb; es gab ihm vor sich selbst ein gewisses menschliches Recht der Opposition und da er, wie sein Bruder, freie Bewegung liebte, so war ihm das gerechtfertigte »Frei weg« eigentlich lieb gewonnen.

Unsre regierende Klasse [14]

oder unsere »Regierenden« oder die »von der dritten Pfauenfeder«

So ähnlich – nach im Kapitel vorher gemachter Andeutung – ein neues selbständiges Kapitel, in dem Brose über diese Klasse spricht. Er lobt sie, er erkennt sie an: »sie sind vielleicht unerläßlich, oder doch höchst wichtig, aber sie überschätzen sich. Es sind die mediokresten Menschen von der Welt, die alles bei uns bevölkern, für alles gerade ausreichen, zuverlässig, brav, gerecht, tüchtig sind, aber langweilig zum Extrem, nichts weniger als klug und begabt, und auf ihre kleine Begabung hin von einem Dünkel, der alles übersteigt. Sie identifizieren sich mit dem Staat. Dazu haben sie eine Art Recht. Aber sie vergessen, daß dieser Staat sicherlich minder unausstehlich und wahrscheinlich moralisch nicht viel schlechter wäre, wenn sie fehlten und andre Leute an die Stelle träten. Sie sind von kleinem Adel, haben ein kleines Vermögen und ein kleines Talent, aber sie addieren es doch so zusammen, daß schließlich eine Größe herauskommen muß.[«]

Als Heinrich gesprochen und Wilhelm ihn umarmt hat, ruft er: »Das muß gefeiert werden.« Und er ging an die Tür und rief in den Korridor hinein »Johann«. Dieser kam, mit Kreide

[14] Rot unterstrichen und Vermerk: Wichtig. Heinrich Brose.

an den Händen, denn er war eben beim Silberputzen: »Johann, eine Moët, nein eine Cliquot, veuve. Eine. Und nicht kalt stellen.«

[»]Meine Freunde, über beides hab ich Erklärungen abzugeben. Es handelt sich nicht um ein Champagner-Bacchanal; das ist Sache für junge Leutnants und alte Rittergutsbesitzer; es handelt sich für mich um eine symbolische Handlung, nur darum, einer Freude einen höchsten Ausdruck zu geben. Daher *eine* Flasche. Drei Flaschen wär' ein Bacchanal, eine Schlampamperei; das ist für junge Leutnants und alte Rittergutsbesitzer. Diesem Moment entspricht *eine*. Wer das Abendmahl nimmt, ich nehme es nicht, aber das schadet nichts, der nippt, der begnügt sich mit einem halben Schluck, wer den Kelch leeren wollte, wäre ein Kannibale.«

»Aber du hättest die Flasche wenigstens kalt stellen lassen sollen« sagte Frau Brose.

»Auch *das* nicht, Adelgunde. Nein die Kohlensäure muß heraus.«

Er erschrak über »Kohlensäure« und verbesserte sich schnell: »der Schaum, der Schaum, das ist es. Aus dem Schaum wurde Aphrodite geboren. Meine Herren, ein Hoch auf meine Frau. Ich sage noch einmal ›Aus dem Schaum wurde Aphrodite geboren‹.«

Die Gläser klangen zusammen, die Sterne der Sommernacht zogen herauf, als man sich trennte. Bei der symbolischen *einen* Flasche war es geblieben, aber die Apfelsinenscheiben auf dem Grunde der Gläser zeigten, daß man nicht gedurstet hatte.[15]

Bei »regierenden Klassen«[16]

»...Das Bourgeoistum, will sagen das ohne rechten Lebensgehalt bloß aufs *Äußerliche* gerichtete Dasein steckt jetzt viel mehr und jedenfalls viel häßlicher in den oberen Militär- und Beamtenkreisen als im Bürgertum. Jedenfalls tritt es hier (bei

[15] Am Rand: All dies aber muß *Heinrich* Brose sagen, denn für Wilhelm ist es um einen Grad zu fein und zu gelehrt, oder selbst zu doktrinär. Wilhelm ist aber dabei und zum ersten Mal entzückt von seinem Bruder und umarmt ihn. – [16] Darüber mit Rotstift: H. Brose

Militär u. Beamten) häßlicher, verdrießlicher, beleidigender auf. Ein reicher Brauer hat keine Verpflichtung sich um ›ideale Menschheitsgüter‹ zu kümmern, er verlangt Vermögen, Wohlleben und eine Villa. Jene ›regierenden Klassen‹ aber haben aus alter Zeit die Vorstellung mit herübergenommen, daß es mit ihnen etwas Besondres sei, daß sie Hirn und Herz des Volkes verträten und sie vertreten heutzutage keins von beiden mehr, weder das eine noch das andre. Sie sind ganz und gar veräußerlicht, kleine sich unterwerfende nur auf den Gehorsam gestellte Streber und Carrièremacher, die dann, wenns endlich heißt ›Du hast's erreicht Oktavio‹ wie der Kürassier (im ›Lager‹) hochmütig vom hohen Sattel her auf die Menschheit niederblicken. Freilich, fallen sie, so stehen sie nicht mehr auf. Und das ist ein wahres Glück.[«]

DIE REGIERENDEN KLASSEN

Brose und Distelmeier sind zusammen. D. klagt, daß man nicht vorwärtskäme, immer sei schon wer da, [»]jede Stelle ist besetzt. Und immer durch mediokre Leute, die sich aber alle wundern, daß noch wer anders auf der Welt ist. Wenn dieser andre gar andeutet, er wiss' es besser, so lachen sie. Nicht bloß die *Stellen* sind ihr Erbteil, sondern sie erben das Wissen und die Weisheit gleich mit. Sie sind alle gebildet, und ihre Bildung wird nur noch von ihrer Einbildung übertroffen.«

Brose lachte: »Lieber Lampert, merken Sie das jetzt erst. Das ist ja unsre regierende Klasse. Was bei andern der Nepotismus ist, ist bei uns die ›regierende Klasse‹. Alle diese Leute stammen von kleinen Beamten ab, ihr Urgroßvater war ein K. Kammerdiener oder ein Bote beim Kammergericht; der Sohn wurde Geh. Rechnungsrat, der Enkel kam bis in den Vorhof der Hölle und der letzte (jetzige) sitzt drin. Diese Leute machen alles. Das Linienblatt kuckt überall heraus. Sie tuen liberal; sind aber die unreifsten Menschen von der Welt. Bourgeois. Sie kommen zur rechten Zeit auf das Gymnasium und gehen zur rechten Zeit vom Gymnasium ab, sie studieren die richtige Zeit und sind mit 28 1/4 bis 28 3/4 Assessor. Höchstens daß ihnen ein Spielraum von sechs Monaten gestattet wird. Ein Monat früher ist Anmaßung, ein Monat später ist Lodderei. Sie sind Reserve-Offizier. Sie heiraten immer ein wohlhabendes Mädchen und stellen bei Ministers die lebenden Bilder. Sie erhalten zu ganz bestimmter Zeit einen Adlerorden und zu noch bestimmterer Zeit den zweiten und dritten, sie sind immer in Sitzungen und sitzen immer am Webstuhl der Zeit. Im Vertrauen sagt ein jeder: Hören Sie, wär ich nicht musikalisch oder sammelte ich nicht Goethe-Briefe, so hielt ich es nicht aus. Alles an ihnen ist mäßig, temperiert. Was anders ist, ist lächerlich.[«]

»Ja, so sind sie. Aber ist das nicht ein Unglück? Alles verknöchert, gehorsam, mediocre, unfrei.[«]

Nein, Sie haben unrecht, Lampert; sie müssen so sein. Denken Sie, wenn jeder was Apartes sein wollte. Das gäb ein Chaos. Außerdem haben sie ein kolossales Verdienst: sie sind zuverlässig. Sie leben nach einem ungeschriebenen Kodex, der gute Sitte, Treue, Loyalität und den Glauben an die besondere Mission Preußens vorschreibt. Genies kommen unter ihnen nicht vor, sollen nicht vorkommen; aber sie sind recht eigentlich die Träger des Staats, viel mehr als der Adel, der *sehr* zersplittert ist, und selbst mehr als die Armee. Am sonderbarsten sind die Ärzte dieser Kategorie. Sie zeichnen sich nicht aus; aber jeder aus der Oberklasse läßt sich von ihnen behandeln. Denn jeder sagt sich: »er behandelt uns alle; es ist unpreußisch sich anders behandeln zu lassen«. Seine Behandlung des Krankheitsfalles ist vielleicht nicht genial, aber sie ist königlich preußisch, und im ganzen genommen bezeichnet das »Königlich Preußische« den höchsten Grad irdischer Vollkommenheit. Auch in der ärztlichen Behandlung. Stirbt man, so stirbt man wenigstens »auf dem Bette der Ehre!«

»... Wundervoll ist es irgendeinen aus diesen ›regierenden Klassen‹ bei Behandlung des denkbar gleichgültigsten Gegenstandes die kollegiale Personenfrage behandeln und im Drüberhingleiten ganze Welten von Bedeutung heraufbeschwören und wieder schwinden lassen zu sehn. Etwa so. ›Ich war heut in der Angelegenheit, die Sie kennen ...[‹]

Es handelt sich darum ob (für die Quartas sämtlicher Realschulen Globen oder Wandkarten eingeführt werden sollen) das Denkmal auf dem Inselberg mit der Front nach Friedrichsrode oder nach Wilhelmsrode gerückt werden soll, denn beide ›rode‹ sind so patriotisch, daß jedes die Frontseite beansprucht. Der Pastor und Rittergutsbesitzer von Friedrichsrode ist nach Berlin gekommen um die Sache in Fluß zu bringen. Er sucht einen von den regierenden Klassen auf. Dieser zeigt sich bereit; artig, ungeheurer Fortschritt, sind jetzt wenigstens die meisten. Er bescheidet ihn nach drei Tagen wieder [zu] sich. Und nun läuft das Gespräch wie folgt. [›]Ich war in der bewußten Angelegenheit bei Geheime-Regierungsrat Cederstolz, erfuhr aber daß die Sache seit Trennung der Ressorts, wie ich vermutet, bei Geheimen Regierungsrat Lederstolz läge.‹ Daß sie schließlich bei Geheimen Regierungsrat v. Lederstolz liegen bleibt, versteht sich von selbst. Nichts ist wundervoller als ein solcher Vortrag, die leichte Art wie über den langen Titel, als hab es damit nichts auf sich, aber am Ende er ist es nun mal und jedem seine Ehre, hinweggegangen wird, ist meisterhaft. Denn jeder muß empfinden daß sich hier etwas Großes vollzieht. Der Angelegenheit kann ein Sieg nicht fehlen, denn sie ruht in solchen Händen. Es ist eine Wonne die Zunge leicht über diese Titulaturen hingleiten zu hören, und wenn gesagt worden ist, nur wirkliche Katholiken könnten das Kreuz schlagen, so darf man auch behaupten, nur Leute aus den regierenden Klassen wissen das Wort Geheimer Regierungsrat so auszusprechen, daß es zugleich nichts und alles bedeutet.

Das eigentliche Mitglied der regierenden Klassen lebt um zu sitzen. Er kommt aus den Sitzungen nicht heraus. ›Ich habe heut fünf Sitzungen gehabt‹ sagt er wie ein Krieger, der auf fünf Skalpe zeigt. Aber es kommt auch was dabei heraus. Solche sechsmal sechsfach beratenen und durchgesiebten Dinge kommen der Vollkommenheit so nah, wie dies innerhalb menschlicher Schwachheit überhaupt möglich ist. Nehmen Sie die Münzberatungen. Welche Finesse liegt darin, daß man ein 50-Pfennigstück von einem 10-Pfennigstück nicht unterscheiden kann. Welche Schärfung von Sinn und Intellekt wird dadurch geboren. Die Fingerspitzen kommen von dem gerippten Rand nicht los und das Goethesche ›Gefühl ist alles‹ ist vorahnend eigens für unsere neue Kleinmünze gedichtet worden. Es gibt einige, die dies bezweifeln; aber meine Herrschaften was ist nicht alles bezweifelt worden. An ein freies Volk, an ein Volk dem das bestandene Abiturienten-Examen in der dritten und vierten Generation beinah angeboren wird, darf man aber Ansprüche stellen, die man an ein gewöhnliches Volk nicht stellen darf. Sehen Sie sich unsre Steuerlisten an. Die Bewohner niedrigerstehender Staaten würden verrückt darüber, hier löst es sich spielend und die Steuer selbst wird einem durch das Bewußtsein versüßt, wenigstens die Zettelbogen, die das anordnen und feststellen, verstanden zu haben.[«]

ÜBER DIE PFLICHTEN DES PREUSSISCHEN STAATSBÜRGERS [17]

[»]Sie laufen darauf hinaus, daß er im Frieden dienen und zahlen, und im Kriege pro patria mori muß. Dafür hat er jetzt das ›Stimmrecht‹. Ich wundre mich nicht, wenn sies schlimm brauchen und in manchem Wahlkreis 40 000 sozialdemokratisch an die Wahlurne rücken. Denn es ist furchtbar. Mit ihren sozialdemokratischen Utopien werden sies nicht zwingen, sondern es nur schlimmer machen; daß das Los vieler Millionen aber unendlich hart ist, viel härter ist als in den Zeiten wo man unfrei war, wo Krieg und Pest über die Welt zogen, das ist gewißlich wahr. Sie horchen auf. Ja, meine Freunde. Denn Krieg und Pest kamen elementar, sie zogen herauf gewitterhaft und verschlangen ganze Generationen. *Die Masse des Elends war viel größer*, aber das Gefühl des Elends war *viel viel kleiner*. Die Menschen nahmen es als Geißel, als ihrer Sünden Schuld; sie unterwarfen sich, sie eilten in die Kirchen, sie beteten und riefen Gott an, das über sie verhängte Gericht fortzunehmen. Das alles war schwer, aber nicht bitter. Was jetzt über die misera plebs hereinbricht ist bitter. Es wirkt nicht wie Gottes Gericht, es wirkt wie Menschenwerk. Die Fra-

---

[17] Am Rand: Sätze die sich gut für den Schlossermeister *Zembsch* passen. Er ist der Mann der strengsten Pflichterfüllung, aber gerade *weil* er es ist, empört es ihn, daß auch *da* gefordert wird, wo es nicht erfüllt werden kann.

ge ›wozu? warum?‹ drängt sich auf, und der Gequälte findet keine Antwort. Und wenn er sie findet, so sagt er: ›*Das* ist es‹. Und dabei weist er mit dem Finger nicht auf ein göttliches Gebot, sondern auf eine menschliche Einrichtung, auf ein Gesetz, das da ist, das ebensogut fehlen könnte, wie es da ist. Das Unerträglichste dieser Gesetze aber ist das *Steuergesetz*. Es ist eine Armuts-Verhöhnung. ›Der Steuerzettel ist moralisch‹ sagen einige vom Doktrinarismus toll Gewordene, ›er bringt dem einzelnen seine Zugehörigkeit zum Staat, seine Bürgerpflicht zum Bewußtsein.‹ Furchtbares Wort, furchtbarer Hohn! Anschauungen aus dem gesättigtsten aller Mägen hervorgegangen. Hier liegt meine Frau, die ich vor zehn Jahren als ein reizendes Geschöpf aus Lieb' und Leidenschaft geheiratet habe, hier sind die vier Kinder die sie mir geboren. Seit anderthalb Tagen ist kein Bissen über ihrer aller Mund gekommen, und das einzige bißchen Rot, das da ist, ist das hektische Rot auf der Wange meiner Frau, von der ich zweierlei weiß, daß sie bald stirbt und daß sie gerne stirbt, und in diesem Augenblick erscheint der Staat in Gestalt eines Blaurocks mit silbernem Schild und Rohrstock und reicht mir den Steuerzettel. Himmel und Hölle, wer sich in solchem Augenblick freudig seiner Staatszugehörigkeit bewußt wird, der kann mehr wie Brot essen.«

KEGELKLUB IN WILMERSDORF

Zu diesem gehören sechs, sieben Personen, meist Bourgeois. Auch Registrator Pappenheim wird eingeführt. Fahrt von der Mauerstraße aus in einem offnen, luftigen Kremser. Bekanntschaft mit zwei, drei Herren wird gemacht. Andre sind schon draußen. Nun das Kegelspiel selbst. Ein Herr von Mitte 50 ist der lebhafteste; er zitiert immer. Dadurch wird der Registrator an seine Tochter Bertha erinnert. Alle Zitate sind aber dem Kegelspiel angepaßt: »Fällt der Mantel, fällt der Herzog mit.« Die Kugel geht vorbei. »Grüß mir mein Lottchen.« »Vier Elemente regieren die Welt.« »Die letzten Vier vom 10. Regiment.« »Umstanden die sieben den Herrscher der Welt.« »Sechse treffen, sieben äffen.« »Denn drei macht eins und vier macht keins, das ist das Hexen-Einmaleins.« »Du mußt es zweimal sagen.« »Sieben ist die heilge Zahl.« »Eilende Wolken, Segler der Lüfte.« »Man sagt, er wollte sterben.« »Der Helmbusch macht ihn kenntlich.« »Wir hatten sechszehn Fähnlein aufgebracht.« »Und neues Leben blüht aus den Ruinen« (zu der Partei, die unterlegen hat). »Noch am Grabe pflanzt er die Hoffnung auf.« »Nur der Irrtum ist das Leben, und die Wahrheit ist der Tod.« »Freude war in Trojas Hallen, eh die hohe Feste fiel.«

Mit diesem Manne wird Pappenheim (daran erkenn' ich meine Pappenheimer oder schon vorher aus Wallensteins Lager von des Pappenheims Kürassieren) bekannt gemacht; sie befreunden sich auf dem Heimwege (zu Fuß), er erzählt ihm von seiner Tochter Bertha, und sie kommt nun in die Theater-Akademie. – Hier wird nun Bertha eingeführt. *Schilderung der Theater-Akademie.* Bertha brilliert. Sie ihrerseits ist aber keineswegs befriedigt und erklärt, das sei alles Kümmerlichkeit, darüber sei sie weg. »Und hinter mir liegt dieses blaue Land!« Sie beschließt ganz ihren eignen Weg zu gehn. Der Papa erschrickt; sie aber lacht, weil sie ihrer Sache sicher ist.

Die Sieben vor Theben [18]

Es muß so verlaufen, daß in dem voraufgehenden Kapitel einer der »Sieben«, der zugleich ein oberflächlicher Bekannter von Pappenheim ist, mit diesem über *Bertha* in ein Gespräch kommt. Pappenheim nennt des »Direktors« Namen und der Freund sagt: »Da kann ich helfen. Der ist ja einer von den Sieben vor Theben. Das gibt eine gute Gelegenheit.[«]

Pappenheim sah ihn verwundert an.

»Wir sind nämlich ein Kegelklub. In Wilmersdorf. Alle Freitag. Da müssen Sie mit. Jeder darf einen Gast mitbringen. etc.«

Dies Gespräch wird fortgesetzt und Pappenheim akzeptiert.

---

[18] Am Rand Blaustiftvermerk: Gut.

Damit schließt nun das eine Kapitel, dem das Vorstehende bloß als kurzer Anhang dient.

Dann kommt das *neue Kapitel*, das nun so anfängt, daß Pappenheim an der Omnibusstelle sich einfindet. Der Freund ist nicht da. Statt seiner ein Dienstmann mit einem Briefchen. Entschuldigung. Unterzeichnet: Adrastos. Er fährt nun allein hinaus; hat allerlei Betrachtungen. Gespräch mit dem Kutscher. »Ja, die sind schon vorauf, die Herren.« Dann Ankunft in dem Lokal. Vorstellung. Beginn. »Amphiaraos, Sie fangen an.« Er schob sieben, die wie gemäht fielen. Jeder machte seine Bemerkung, während einer pathetisch sagte: Wie Grummet sah man unsre Leute Die Türkenglieder mähn. Und so fortfahren. *Alle* sprechen immer und der *eine* schließt dann immer dichterisch ab.

Alkmäon	Söhne des *Amphiaraos*.
Amphilochos	
Aegialeus	Sohn des *Adrastus*.
Diomedes	Sohn des *Tydeus*.
Promachos	Sohn des *Parthenopäos*.
Sthenelos	Sohn des *Kapaneus*.
Thersander	Sohn des *Polyneikes*.
Euryalos	Sohn des *Mekisteus*.

Ein andrer Bericht gibt den Namen *Hippomedon*, der für den Komiker viel besser ist.

Die eigentlichen »Sieben« sind also die sieben Unterstrichenen von denen Adrastus, Tydeus, Kapaneus und Polyneikes die besten Namen sind. Der Komiker aber heißt Hippomedon [19].

Alle diese bilden eine Kegelgesellschaft in Wilmersdorf oder Dahlem.

Der *Freund* Pappenheims, der ihn eingeladen, kann nicht. So kommt er allein in Wilmersdorf an; an der Stelle, von wo der Omnibus abfährt, fand er einen Dienstmann, der ihm ein Billet übergab, worin der Freund ihm schrieb: »ich kann nicht; habe Abhaltung.« So fährt er allein hinaus. Dort wird er freundlich

[19] Darunter gestrichen: Mekisteus

empfangen und vorgestellt: Herr Oberlehrer..., Herr Stadt-baumeister..., Herr Direktor N. N. (Name eines Theaterdirek-tors aus einem Stück nehmen, vielleicht aus Hamlet, oder einen griechischen) ..., Herr Lederwarenfabrikant Hollfelder (3 silbig ist gut). Pappenheim hatte bei der Vorstellung nicht deutlich folgen können. Alles schwirrte ihm durcheinander, kaum daß er die Namen verstanden hatte.

»Aber ich denke wir beginnen.«

»Jawohl, jawohl.«

Wir halten es wie gewöhnlich und gehen nach dem Alpha-bet. Adrast, wenn ich bitten darf, Sie fangen an.

Mit Vergnügen. Raum, ihr Herrn, dem Flügelschlag einer freien Seele. Der Freiheit eine Gasse. Baff. Sandhase. Grüß mir mein Lottchen.

Pappenheim horchte auf. »Das ist er« dachte er. (Es muß noch etwas vorhergehn; auch Pappenheim wird aufgefordert, an einer Partie als Gast teilzunehmen. Er tut es. Sie werden bei ihren Kneipnamen genannt und so kommt es, daß Pappenheim den immer zitierenden Komiker für den Direktor der Theater-Akademie hält.[)]

Im voraufgehenden Kapitel wird es angebahnt. S. das 1. ein-liegende Blatt. »Wie kamen Sie zu dem Namen.« »Auch das ist schon wieder Sage geworden. Gleichviel; wir sind es etc.[«] Dann das einliegende Kapitel, das in folgende Abteilungen zerfällt:

a) Omnibus-Halteplatz in der Mauerstraße. Dienstmann. Absagebrief Adrasts.

b) *Fahrt.* Gespräch mit dem Kutscher. Einige Informationen.

c) Empfang. Vorstellung. Kegelpartie.

d) Besuch in der Kirche zu Dahlem bei Sonnen-Untergang.

e) Heimgang nach Wilmersdorf. Gespräch mit dem »Direk-tor«, erst mit dem falschen, dann mit dem richtigen.

f) Sie werden einig. Kurze Rückfahrt. (Nur wenige Worte.)

DER SONNABEND

Zu Anfang eines Kapitels, in dem entweder ein *Stück* aufgeführt oder ein *Großer Verein* besucht oder *ein Konzert* oder *Ball* gegeben wird. »Und nun war der Tag der Aufführung endlich da. Natürlich ein Sonnabend. Wenn nachkommende Geschlechter in den ›Chroniken‹ nachschlagen, will sagen die Zeitungswälzer unsrer Zeit studieren werden, so werden sie staunen über die bevorzugte Stellung, die im geistigen Leben der norddeutschen Stämme der *Sonnabend* eingenommen hat. Er ist der Joseph unter den Brüdern, der Liebling des Vaters, auf ihn häufen sich alle Auszeichnungen, alles was Liebes, Schönes geschieht, geschieht an einem Sonnabend. Er ist der Tummelplatz, das Rennfeld aller Kräfte: Gesellschaften, Bälle, Konzerte, neue Stücke, vor allem Sitzungen werden auf einen Sonnabend gesetzt.[«]

W. BROSE. LANDPARTIE NACH SAATWINKEL UND DEM TEGLER SEE

Am Abend, unmittelbar nach der Rückkehr (unterwegs Lieder gesungen »Ich weiß nicht was soll es bedeuten, daß ich so *traurig* bin« – über das Lächerliche dieser Gesänge, die sich immer im *Gegensatz* zur Situation befinden, spricht Brose am andern Morgen beim Frühstück) schrieb Brose die Tagesausgaben auf. Der letzte Posten war die Landpartie. Er nahm einen Zettel um die Einzelposten zusammenzuaddieren:

Wagen	30 Mark
7 Schlei mit Dill	7 Mark
1 Mosel; 3 Sodawasser . .	2 Mark 50
14 Seidel, 1 Cottbuser . . .	2 Mark 50
Kellner	1 Mark
Kutscher	2 Mark
Summa	45 Mark

Er hielt die Zahl ans Licht, wie sich um zu vergewissern, daß sie richtig sei, warf sich in den Stuhl zurück und schien den

Genuß des Nachmittags noch einmal kritisch [20] zu prüfen. Ein kritisches Lächeln spielte unverkennbar um seinen Mund, und er klappte das Buch zu und sagte: »Alles in allem etwas teuer!«

KIERSCHNERS THEATERSCHULE
(Aufführung in d. Königgrätzerstraße)

Großer Raum; atelierartig, nach links hin lauter große hohe Fenster mit langen Vorhängen. Oben fehlten die Gardinen an dem Oberfenster und hier schien der Mond durch, an dem hellgraue Wolken rasch vorüberzogen.

Fünf Reihen Stühle. Links die Fenster, rechts und nach hinten zu Wand. An der Wand Photographien von Schauspielern und Komödienzettel unter Glas und Rahmen. Fünf Gasflammen. Hinter der Bühne Petroleumlampen. Die Bühne selbst ein niedriges Podium, vorn ein hoher aus Glanzkattun gebauter Souffleurkasten, blaue Zimmerdekoration mit drei kleinen braunen Türen. Rote Suffitten.

Beim Szenenwechsel das Schieben und Rutschen und Stellen, ein eigentümlicher Bretterlärm.

Schilderung der Gesellschaft. Junge Schauspielerinnen und ihre Freundinnen, die auch schon halb dabei sind, alte Theater-Suitiers, Rezensenten, Freunde des Hauses, der Hauswirt.

AUF EINEM KAFFEE BEI FRAU DR. BROSE

Sie sprechen über ein starkes Gewitter, das den Tag vorher stattgefunden und mehrfach eingeschlagen hat. Frau Dr. Brose; eine alte Jungfer hoch in den Vierzigen; eine Geheimrätin Rammelsberg (andrer Name), die wegen eines unangenehmen Vorfalls mit ihrem Manne in Ehescheidung gelebt hatte. Es war aber wieder eingeklungen.

Die alte Jungfer. »...Und merkwürdig, daß er (der Blitz) gar keinen Unterschied macht und den stärksten Mann tötet.«

»Mein liebes Fräulein« sagte die Geheimrätin »Sie scheinen von dem stärksten Mann ganz besondere Vorstellungen zu ha-

---

[20] Im Manuskript gestrichen; darüber: Revue passieren

ben. Ich kann Ihnen sagen, es ist nicht viel damit. Und wenn der Blitz weiter nichts könnte, würd ich mich nicht vor ihm fürchten. Aber er hat andres, was mir imponiert.[«] [21]

»Und das wäre« fragten die Damen.

»Es ist etwas andres, was ihn mir so groß macht, etwas wie eine leidenschaftliche Attraktion, die ihn die gewöhnlichen Gesetze der Bewegung vermeiden läßt. Aber gerade durch diese freie Bewegung erfüllt er sein Gesetz. Darin find ich seine Größe, aber auch seine Gefahr. Nichts schrecklicher als der vorgeschriebene Weg.«

»Ja« sagte das Fräulein. »Er springt so.«

»Er springt so?« fragte die Sanitätsrätin [22]. »Wie meinen Sie das.«

Das Fräulein errötete, weil sie ganz unverkennbar Anstoß gegeben hatte und stotterte dann: Ich meine nur, was Frau Rätin selbst andeuteten, er geht nicht immer den geraden Weg.

»Aber ich begreife Sie nicht, meine Liebe« sagte die immer aufgeregter werdende Rätin.

Aber Frau Dr. Brose und Frau Pappenheim sagten: Erzählen Sie doch liebe...; es schwebt Ihnen gewiß etwas vor.

»Ja«, sagte die Laacke »mir schwebt etwas vor. Es war denselben Sommer als Friedrich Wilhelm der Dritte gestorben war, ich glaube daß es den 3. August war, wo ja sein Geburtstag war und ich war noch ganz klein, da schlug es uns gegenüber ein, und die Frau, der Mann war schon anno 31 an der Cholera gestorben, schnitt eben Brot. Denn es war gerade vier, wo fast immer die Gewitter heraufziehen und die Kinder ihre Stullen haben wollen und deshalb schnitt sie gerade Brot. Und was glauben Sie, was geschieht! Der Blitz fährt durchs Fenster und den Klingeldraht an der Decke entlang, aber als er zu Häupten der armen Frau ist, er war Sattler gewesen und sie hatte einen sehr starken Hals, fast könnte man sagen einen Kropf, da springt er von dem Draht auf das große Messer und geht durchs Brot und dann auf den Dielennagel. Und das ist es, meine Damen, was ich springen nenne. Und ich glaube, daß die-

---

[21] Am Rand: Etwas anders! – [22] Darunter gestrichen: Geheimrätin

ser Ausdruck gerechtfertigt ist, auch in der besten Gesellschaft.«

Es erschien unpassend direkt gegen die Sanitätsrätin Partei zu ergreifen, aber ein freundliches Nicken u. stilles Summen drückte Beifall und Zustimmung aus und der unangenehme Zwischenfall, der, wie man sich nicht verhehlen konnte, in der Gereiztheit der Sanitätsrätin seinen Grund hatte, war beigelegt.

Bertha trat ein etc. Übergang zu einem andren Thema.

Eine dicke Kaffee-Dame bei Frau Brose

»...Umgang hab ich wenig. Ich habe nur noch das Grab meiner Mutter... Vorige Woche in Treptow hab ich mir beinah den Tod geholt.«

Unter den Damen, die bei *Broses* oder bei *Wertherns* verkehren, ist auch eine 50jährige, die von Gesundheit strotzt (ohngefähr eine Figur wie Frau Dr. L.) die sich ruhig verhält, bis in der Gesellschaft von der Krankheit oder dem Tode irgendeines Menschen gesprochen wird. Dann erhebt sie sich und beginnt jedesmal: [»]Sie glauben nicht, wie oft ich an meinen Tod denke. Und das darf ich sagen: ohne *Furcht*. In der Beschäftigung mit diesem Gedanken hat meine Seele jede *Furcht* verloren. Denn was ist es am Ende was sich vollzieht? Nicht nur das Unausbleibliche, auch das einzig Trostreiche. Das empfind ich auf jedem Kirchhof. Und ich darf sagen, daß ich die stumme Predigt der Gräber nicht versäume. Und wenn ich so die Kreuze sehe mit der gesenkten Fackel und dem Schmetterling, da denk ich gern an Zeiten, wo sich der Hügel auch über meinem irdischen Teile wölbt.« Hier sah sich alles an. Aber die Sprecherin fuhr lebhafter fort: »Längst hab ich darüber bestimmt: Rosen und Efeu, ach ich liebe Efeu so sehr, er ist so sinnig und so deutungsreich. Und ich liebe das Symbolische so. Und das hatt' ich von Jugend auf. Was wäre unser Dasein noch, wenn wir ihm die Symbole nehmen. In ihnen allein birgt sich der Hinweis auf ein Jenseits. Monatsrosen und Efeu und ein Stein, nicht über Mittelgröße und nur ein Spruch (aber nicht ausgeschrieben) und der Name. Nichts was prunkt, ach, ich hasse Prunk so sehr, und an solcher Stelle. Kein Prunk, aber doch nicht ohne Sang und Klang. Das wäre mir schrecklich. Gesungen muß werden. Domchor oder eine Liedertafel. Aber Domchor zieh ich vor. Es ist doch feierlicher und schon der Name.[«]

Mens sana in corpore sano

Ein älteres unbedeutendes Frauenzimmer, das immer Krankengeschichten erzählt, namentlich ihre eigenen. Jott, mein Rheumatismus! Sie dachten erst, es wär Gicht, und haben es auf Gicht kuriert mit Fettwolle und Schwefelbalsam, aber nun war ich ja bei Wallnussen (irgendeinen bekannten Doktor nennen) der sagte mir: dummes Zeug, es ist Rheumatismus. Und ich glaub es auch. Denn sehen Sie, Herr Br., es zieht immer durch den ganzen Leib, und mal ist es hier und mal ist es da. Wollen Sie's glauben, vorige Woche hatt' ichs hier hinterm Ohr, grad da, wo der kleine Knochen ist. Natürlich gleich 'ne spanische Fliege, das heißt bloß Bandpflaster, nicht größer als ein alter Sechser, und weg war es. Aber wie lange? Den andern Morgen saß es hier, an dem Stirnknuddel, grade da wo's Gedächtnis sitzt.

»Aber Sie haben doch noch alles gut behalten. Hoffen wir weiter; es wird sich schon alles finden.«

Die Kaffeegesellschaft bei Frau Dr. Brose

Schon zwei Stunden hatte man um den runden Tisch gesessen, einige von den Damen waren aufgestanden, andre hatten sich nach dem Balkonzimmer hin in Gruppen verloren, nur noch drei Damen saßen um den Kaffeetisch: Frau Kaufmann (?) Bische [23], Frau Sanitätsrätin Uthemann u. Frau Brose selbst. Nun das Gespräch. Frau Bische ist die Dame die *nur* von ihren Kindern und Enkeln spricht.

Die andre Freundin hat eine andre spießbürgerliche Einseitig-

[23] Darunter nicht gestrichen: Uthemann

keit. Schließlich kommen die Damen vom Balkon her wieder dazu.

Gespräch auf einem Kaffee zwischen Frau Dr. Brose und einer ältern Freundin, die nur *ihre* Familie kennt. »Ich danke es geht ja. Von Rudolfen hatten wir gestern Nachricht, natürlich er schreibt nicht, er hat immer noch das Reißen in der rechten Hand, aber Clara schrieb. Und das muß wahr sein, sie schreibt sehr genau und man geht immer so mit allem mit. Lenchen hat drei Wochen gelegen, eine Rippenfellentzündung, ein Kind von 13 Jahren, ich begreif es nicht und Hermann ist nun wirklich versetzt. Aber ins Kadettenkorps kam er doch nicht, sie nehmen sie nur bis 8 Jahr und er geht ins neunte. Aber das kommt von dem Verziehen, Rudolf ist zu schwach. Affenliebe. Nun und die beiden Jüngsten...«

Eine Madame (vielleicht auch Frau v. Popowitz; doch ist eine andre besser) hat einen kl. Hund, der durch Kläffen und kleine Bissigkeit Brosen zur Verzweiflung bringt.

Er schraubt die Madame.

Diese antwortet: »... Sie können nur Hunde nicht leiden. Es ist ein sehr gutes Tier. Nur wenn er nicht ausgeschlafen hat, ist er verstimmt.[«]

Schade, daß das immer eintrifft, wenn er zum Kaffee eingeladen ist. Ich vermute, er ist dann so aufgeregt. Aber lassen wir unsern alten Streit und sagen Sie mir lieber etc. Nun eine ganz andre Coterie.

Brose spricht von den Schwarzen und Roten. »Sie werden, meine Gnädigste, doch nicht alle Amerikaner für Rote, ich meine für Rothäute halten.«

»Ach, Herr Brose, ich möchte Ihnen auf dieses Gebiet nicht gern folgen. Teint-Angelegenheiten, die sich über den ganzen Körper hin erstrecken, scheinen mir in Gegenwart junger Mädchen nicht wohl behandelbar.« etc.

W. Brose,
als er über Mittel-Afrika und den Kaiser Mtesa spricht

»...der Äquator läuft ihnen über den Bauch.«
»Hab ich recht verstanden?« sagte die hautäne Frau v. Hochsprung mit etwas hautäner Miene.
»Ich weiß nicht, meine Gnädigste« replizierte Brose. »Diese Frage zu beantworten, müßt' ich zuvor aus Ihrem Munde hören, *was* Sie verstanden haben. Aber lassen wir das. Der Äquator steht geographisch fest und moralisch fest, was immer die Hauptsache bleibt. Und was er moralisch zu wünschen übrig läßt, kann ihn den Vereinen der gnädigen Frau nur empfehlen. Denken Sie sich einen Zustand, wo es nichts mehr zu bekehren gäbe.«

BERTHA PAPPENHEIM

Es findet entweder ein Dienstjubiläum oder eine silberne Hochzeit bei Pappenheims statt. Dienstjubiläum (wird Rechnungsrat) ist wohl besser.

Unter den Gästen ist im Broseschen Hause – neben dem Adligen (v. Flemming) der immer nach ihrer Abstammung forscht – auch ein Kunstgelehrter, der über Farbenwerte und ganz besonders über die Bedeutung des Gelb, dann aber über die Mosaiken und Cimabue spricht. Diesem imponiert sie durch *Buffalmaco*, unter Einfließenlassen von Orcagna, Benozzo Gozzoli und Taddeo Gaddi, was sie alles unter beständigem Bezugnehmen auf das Campo santo runterrasselt.

COUSINE MARGRET BROSE UND SERAPHINE V. WERTHERN

Seraphine hatte Bertha Pappenheim bei Broses (oder wenn das nicht geht, irgendwo anders) kennen gelernt und hat nun ein Gespräch mit der Broseschen Cousine über Bertha. Sie will sie bei sich sehn. Die Cousine ist überrascht und darüber entsteht ein Gespräch zwischen beiden über die *Heiterkeit* des Katholizismus.

Die Cousine Margret mit Seraphine über Bertha Pappenheim. Diese soll ins Werthernsche Haus. Gespräch über die Heiterkeit des Katholizismus, über die Verkennung die er findet.[24] Warst du schon in einem Krankenhaus, in einem der unsrigen? »Ja.« Ist dir nichts aufgefallen? »Ja.«

Sie sprechen über Bertha Pappenheim und Margret[25] ist aufs höchste verwundert, Seraphinen so milde zu finden. Die nimmt an nichts Anstoß, am wenigsten an Berthas Flausen, Schauspielereien, Zitaten, kl. Unfeinheiten, auch nicht daran, daß sie zur Bühne gehen will. Seraphine lacht und setzt ihr auseinander daß der Katholizismus immer verkannt wird. Er sei eben *heiter*.

Bei Wertherns verkehrt auch der alte General, der die »Pappenheim-Unterhaltung« mit Bertha hat.

BERTHA PAPPENHEIM

Gesellschaft bei Broses. Sie kommt an die Seite eines alten steifen Adligen, der nun immer von *v. Pappenheim* sprechen und Beziehungen finden will. Sie foppt ihn. »Nicht von Lützen, nichts von Kürassieren.« Nein wir sind von der Berliner Linie. Diese hat bekanntlich den Adel fallen lassen. Unsre Beziehungen zu Lützen sind unaufgeklärt und von »unsren Kürassieren« zu sprechen verbietet mir ein unbestimmtes sittliches Gefühl.

GESPRÄCH IN DEM BROSE-ROMAN

Eine der Damen, die ziemlich beschränkte Jungens hat, wünscht sich »Genies« als Söhne und führt das etwas exzentrisch, aber mit Anflügen guter Laune aus.

Ein andrer wünscht sich, dadurch provoziert, Mittelgut an der Grenze der Beschränktheit und Alltäglichkeit.

»Sagen Sie, Professor, was meinen Sie?«

[24] Am Rand: wichtig – [25] Darüber: Martha

Dieser führt nun aus, daß die Genies hingenommen [werden] müßten, wie Gewitter, Regengüsse, Orkane – sie sind gedeihlich, im ganzen genommen ein Segen, aber die unmittelbare [26] Berührung mit ihnen ist unbequem.

Nun was scheint Ihnen das Wünschenswerte? Sie haben keine Söhne [27]. Aber wenn Sie Kinder hätten, ich meine Söhne, was würden Sie wünschen, daß sie wären.

Ich bin mir vollkommen klar darüber. Vielgereiste, sprachensprechende, kosmopolitisch geschulte Menschen, die sich von dem Engen des Lokalen und Nationalen von Dünkel und Vorurteilen freigemacht haben, Mut, Sicherheit, Wissen und freie Gesinnung haben. Das sind meine Lieblinge. Und ich habe gefunden, daß *sie* die gesellschaftbeherrschenden sind; sie beanspruchen keine Superiorität, aber sie haben sie.

»Sie denken an Diplomaten.«

Auch an diese; aber an diese doch am wenigsten; sie bleiben noch zumeist am Gängelbande ihres Hofes, auch ihres Standes.

Und an wen denn.

An alle, die diesen Kursus durchmachen: Reisende, Gelehrte, Kaufleute, Offiziere. Diese Form des Lebens ist mächtiger als Erziehung, Stand, Geburt und stellt eine vollk. Gleichheit her. Welch Unterschied zwischen einem Kaufmann u. einem Offizier. Wenn der Offizier aber, nachdem er Militärattaché war, in japanische Dienste tritt, und über San Franzisko und Newyork nach Europa zurückkehrt, so wird er in der Gesellschaft viel mehr Ähnlichkeit (und auch Sympathien) mit einem Yokuhama-Kaufmann haben, als daheim mit seinen Kameraden, die heute den Rekrutentransport erwarten und morgen zum Großherzog geladen sind ... In diesen Dingen, mehr als in allem andern, wurzelt die Überlegenheit der Engländer u. Amerikaner über die Mitglieder der andern Nationen. An Schulbildung stehen sie zurück, an Weltbildung, die für mich alles bedeutet, sind sie allen überlegen. Nur einer ist ihnen gleich: der wirkliche *edle* Gelehrte, der echte Gelehrte: der Philosoph, der Historiker, der Literarhistoriker, der gelehrte

---

[26] Darüber: nächste – [27] Darüber: Kinder

Jurist, der Philolog kennt nämlich auch die Welt. Die zurückliegende, die abgeklärte, abgeschlossene, und weil alles abgeschlossen daliegt, so kann er es zu größerer Klarheit bringen.
Auch hat er den Schlüssel, der zur Gegenwart paßt. Ben Akiba
hat recht: »alles schon dagewesen«.

Eine Art Hauptfigur ist auch eine alte *Nähterin*, die über
Pappenheims wohnt, auf dem Boden, wo eine Stube abgeteilt
war, deren Fenster sich in der Giebelspitze befand. Das Fenster
war klein und hoch, so daß sie sich einen hohen Tritt hatte
bauen lassen; saß sie auf diesem, so hatte sie das Licht vom
Fenster her. Ihr Verlangen geht dahin, ein ordentliches Fenster
zu kriegen; ihr Ideal aber wäre ein ganz kleiner Balkon, wenn
Pappenheims Balkon ein paar Pfeiler bekäme, um dann noch
einen kleinen Balkon zu tragen. »Aber daran ist gar nicht zu
denken. Wie sollt er auch. Ich wohne schon so billig. Er ist ein
guter Mann, aber einen Balkon; er würde mich auslachen.« Sie
ist 53, verblüht, stark, kurzhalsig, gesund, mehr Köchin als
Nähterin. Ihr drittes Wort ist immer: »aber Luft, Luft«. Sie
findet es überall stickig; daher die Sehnsucht nach einem Balkon. Hier verkehrt nun Bertha. Sie schneidert bei Broses u.
auch bei Pappenheims; aber eigentliche Freundschaft hat sie
nur mit Bertha. Es sind verwandte Naturen, beide derb, heiter
und zufrieden, und deshalb stimmen sie so gut zusammen. Der
Balkon wird zuletzt gebaut und vielleicht schließt das Buch
hier.

Johanns Geburtstag
(Bei der Nähterin oben bei Pappenheims)

Das Zimmer. Petroleumlampe draußen. Eiserner Ofen. Die
beiden erst allein. Dann die beiden jungen Mädchen. Schatten-
spiel an der Wand. »Nun erzählen Sie, Johann.« Die großen
glücklichen Tage als Stößer und Kohlenprovisor. Das »Stößer-
Amt«. Details darüber. Dann der draußen pickende Sperling.

»Mein Rotkehlchen.« »Ein Rotkehlchen hat ein rotes Kehlchen; daher haben sie wahrscheinlich den Namen.« Weiterhin: »Und hängen wir ihm ein rotes Wollfädchen um den Hals, mit einem Puschelchen vorn.« Bierglas, Watte, Papier mit Löchern. An den Ofen. »Am andern Tag laß ich ihn wieder fliegen. – Aber nun, Johann, wie war es zu Weihnachten?« Nun sein Enthusiasmus. Cardamom, Zimt, Nelken, Muskat, rote Mandeln, grüne Mandeln. Schokolade. Und nun wird geklopft, und nun federt der Zucker. Und nun los. [»]Ja das waren Zeiten!«

An andrer Stelle dann, aber nicht an demselben Abend, spricht er über Junggesellenschaft, Witwenschaft und Ehe. Er war ein paar Jahr verheiratet. »Da hatt' ich meine Ordnung.« Über all das stellt er Betrachtungen an, aber doch so, daß ledig sein, besser ist.

Gesellschaft bei der Näherin:
Henriette, Bertha, Joseph

Joseph (Stößer; jetzt Diener) heißt Castor und ist aus Xanten. Er erzählt das alles selbst. Zuletzt erst heißt es: »Ich bin aus Xanten.« Hier fährt Bertha auf und nimmt ihn in Affektion. Aus Xanten! *Sie*, Joseph! *Sie*, aus Xanten! Höchst wunderbar. Aber nun sagen Sie, hat man nichts mehr von ihm, im Volksmund, keine Spur, keine Erinnerung. So die Mädchen beim Spinnrocken, oder beim Bleichen, oder in der Silvesternacht. Nichts, gar keinen Gebrauch, keine Sitte mehr.

»Nein, Fräuleinchen ... Aber was meinen Fräuleinchen denn eigentlich?«

Siegfried. Siegfried und Brunhilde. Hast du nie von Siegfried gehört.

»Nicht daß ich wüßte.«

Auch nicht von Brunhild, oder Brünhilde, einer schönen stolzen Frau?

Nein, Fräuleinchen ... Aber ich bin schon so früh fortgekommen. Vielleicht ...

Hier lachten nun die beiden Mädchen und fanden sich nach diesem Intermezzo wieder zurück und baten Joseph von den alten Zeiten weiterzuerzählen.

Joseph Unzengruber. Broses Stößer; jetzt Diener

»...Jott, Fräuleinken, damals da war er ja noch nich dagegen, da war er ja noch spaßig, na, spaßig is er noch, aber janz anders, und ich weiß noch den Vormittag als ich von die Soldaten loskam und mir bei ihm meldete, als Stößer oder so.«

Nun erzähle Joseph, wie war es.

[»]Nu, da sah er mich an und sah meine Papiere durch und dann lachte er und dann sagte er: ›Du heißt Unzengruber, Joseph Unzengruber?‹

›Ja Herr Brose‹ sagte ich, denn mit dem Doktor war es damals noch nichts. Und dann sagte er: ›Höre Unzengruber, du gefällst mir; sieh, das ist der geborene Stößer-Name; Unzengruber, wundervoll, das ist der geborene Stößer; das ist nicht Zufall, dich schickt mir der Himmel.‹ Und dann lachte er wieder. Und erst als er wieder in das Papier sah, und sah ›katholisch‹, da wurd' er wieder anders und fuhr mich an ›warum ich katholisch wäre; das wär' ein Unsinn; das wäre für andre ganz gut, aber hierher paß' es nicht‹ und erst als ich ihn beruhigte und sagte, ich wäre nicht schlimm und ginge alle Jahr nur einmal mit in der Prozession, da beruhigte er sich wieder.« Und ich glaube, es hat ihm nicht leid getan und mir auch nicht.

AXEL BRAH

aus derselben Stadt wie der Held. Schöner Offizier. Premier in der Garde. Liebling aller, besonders der Weiber. Genialer Roué. Aber generös, noble, gutgeartet; auch nicht einmal absolut rücksichtslos im Lieblingspunkt. Verhältnis zu einer schönen pommerschen Witwe (Frau v. Birch) mit einem rätselhaften, abenteuerlichen Kind.

Sein Vater: Torfinspektor in derselben kleinen Stadt, wo der Held her ist. Original. Großer, mächtiger Mann; anspruchslos und doch selbstbewußt, halber Humorist, durch kleine Verhältnisse von einer aparten, halb-inferioren Stemplung. Scharfer Rotweintrinker. Diner-Stütze und Säule bei allen Winter-Diners (Swinemünder Figur). Gutes Verhältnis zu seinem Sohn, den er liebt und der doch immer Respekt (auf seine Art) vor dem Alten behält. Anhänger Darwins; und wenn er

Axel auf seinem Schoß hatte reiten lassen, hatte er immer gesagt: »Siehe Arne. Rückschlagstheorie. Von mir hat ers nicht. Aber von den Brahes drüben, von den Grandseigneurs, Atavismus.«

Nun eine Liebesgeschichte mit einem Mädchen aus derselben Stadt (zur Zeit in Berlin), die den Alten zwingt nach Berlin zu kommen, um dem Sohn eine Szene zu machen. Und zwar gehörig.

Steigt ab im Schwarzen Roß und erscheint nun bei Axel. Dieser hat ihn kommen sehn, tritt vor den Stehspiegel, fährt sich durch den roten Kotelettebart und sagt: »Nun Axel, Contenance.«

Der Alte war inzwischen heraufgestolpert; die zwei Treppen waren ihm sauer geworden (asthmatisch) und er war rot und außer Atem. Hohe mächtige Stirn, nur wenig weißes Haar, weiße Krawatte, schwarzer Frack und die Stirn bis über den Kopf hin blank und rot.

Begrüßung zwischen Vater u. Sohn; der Alte spricht sehr laut; beide verlegen, aber jovial und Unbefangenheit heuchelnd; jeder fürchtete sich vor dem Wetter, auch der Alte. Dieser trank ein paar Gläser Wasser und schenkte aus der vor ihm stehenden Karaffe immer wieder ein. »Schlechtes Wasser, hier bei euch.«

»Und du bist doch auf deinem Torfmoor nicht verwöhnt.«

»Nein, nicht verwöhnt.«

»Aber, laß sehn, Papa, wie wir den Infusorien beikommen können« und dabei ging er an die Etagère und setzte ein Kästchen mit Liqueuren auf den Tisch. »Anisette, Papa?«

»Zu süß.«

Der Alte drehte nun selber die Flaschen und sagte: lauter süßes Zeug, Nordhäuser?

Nein, Papa.

Dann lassen wirs lieber, sagte der Alte und klappte den Kasten wieder zu.

Du wirst doch bei mir wohnen, Papa.

Nein, Axel. Bin im Schwarzen Roß abgestiegen. Das ist so was für einen Torfinspektor. Alles ein bißchen schwarz, aber das tut nichts ·für einen Torfinspektor. Und meine Gardinen zu Hause sind auch nicht weiß. Und seit die Berthel fort ist, ist es ganz damit vorbei. Du weißt doch, daß sie hier ist?

Der Alte war froh, daß der Name wenigstens heraus war. »Du weißt doch, daß sie hier ist?«

Gewiß, Papa. Ich habe sie bis letzten Juni oft gesehn. Seitdem nicht mehr.

Und warum nicht.

Axel schwieg.

Hör' Axel, ich weiß alles. Sie hat an mich geschrieben und ich weiß alles. Du darfst sie nicht in Unehre lassen. Arm oder reich. Es war ein gutes Kind.

Ja.

»Ja« sagst du. Höre Axel das gefällt mir nicht. Das klingt ungentlemanisch, unvornehm, ungentil, unredlich, unbrahisch und das duld ich nicht. Du bist ein feiner Herr (und hierbei machte er mit beiden Händen eine Bewegung als zög er an den Kotelettenbärten) du bist ein feiner Herr und ich bin ein alter Torfinspektor, und nicht viel besser als ein Stück alter Torf. Ohnehin bald reif für den Ofen. Aber ich bin der Senior des Hauses und bin dein Vater. Ich bin ein armer Mann, aber Gott verdamm mich, ich hab all mein Lebzeit auf Ehre gehalten, und als mir Konsul Schimmelpennig die Buttersauce in meine Tasche goß, hab ich [ihn] aus dem Balkon-Fenster auf die Straße geworfen und die Satisfaktion soll er sich noch holen. Gott verdamm mich, ich hätt sie ihm nicht verweigert. Und so steh ich auch zu meinem Sohn: – noch nicht Axel; ich bin jetzt im Zuge. Höre mich Axel, es ist ein armes Ding, das Mädchen, aber es ist von unserm Blut und sie hat Ehre und Courage, eine Brah ist nicht dazu da, um von einem andren ihres Namens genasführt zu werden. Und wenn du sie genasführt hast, so zieh ich meine Hand von dir und streich dich aus meinem Herzen und du hast kein Haus mehr und keinen Vater. Viel verlierst du nicht. Aber am Ende ein Vater ist ein Vater. Und der schlechteste bin ich auch nicht.

Was soll ich tun?

Heiraten.

Geht nicht.

Oder sie zufrieden stellen.

Das hab ich gewollt. Aber sie besteht auf heiraten. Und das kann ich nicht. Höre mich, Papa.

Dieser machte Zeichen des Unwillens.

Willst du mich hören? Es hat alles zwei Seiten.

»Nun gut. Sprich« sagte der Alte und fuhr sich mit seinem braun u. gelben Sacktuch über die feuchte Stirn.

Axel erzählt nun ganz kurz: die Weiber liefen ihm nach; er habe nicht gewollt; es sei gegen seine Grundsätze; aber sie hat es so einzurichten gewußt, und da sei er schließlich hineingefallen.

Das ist nicht kavaliermäßig gesprochen.

Aber wahrheitsmäßig. Und unter Umständen geht die Wahrheit über den Kavalier.

Nun noch ein kurzes. Dann braust der Alte noch einmal auf, stülpt seinen breitkrämpigen Hut auf und läuft weg.

Axel sah ihm nach. »Prächtiges altes Haus. Wollt er mich aus dem Haus werfen, weiß es Gott, ich hielt es nicht aus. Seine alte verräucherte Stube mit *dem* Mann drin. Wahrhaftig ich kriege Sehnsucht zwischen den alten Torfpyramiden wieder Schmetterlinge zu jagen.«

Der Alte selbst war treppab gestolpert auf das Schwarze Roß zu. Aber als er den Hausknecht mit seiner grünen Schürze dastehn und grüßen sah, widerstand es ihm in den Hausflur einzutreten und er ging weiter in die Stadt hinein über Plätze und Straßen, bis er an den Tiergarten kam und am Rande desselben hinging. Immer weiter hinaus. Und dabei sprach er immer in sich und mit sich und hielt lange Reden. Endlich als er durch den »Poetensteig« durch war und an der großen Weidenpappel stand, wo der Weg vom Hofjäger auf den Großen Stern hin abbiegt, blieb er stehn und lachte hell auf: Atavismus. Da war Sture Brah in den sich Königin Eleonore verliebte und Alf Brah, um den Prinzessin Thyra ins Kloster ging. Verdammt. Er kann nicht dafür. Rückschlag, Rückschlag. An mir ist es vorübergegangen. Und nun tu ich so. Und spiele den tugendhaften Torfinspektor. Himmeldonnerwetter; wenn sie mir nachgelaufen wären, ich hätt auch nicht nein gesagt. Prostemahlzeit Herr Torfinspektor Tugendreich. Dummes Zeug die ganze Geschichte. Atavismus.

So weit war er in seiner Betrachtung, als die Korso-Allee hinauf Wagen über Wagen kamen und Musik und er merkte nun wohl daß etwas los war und er blieb stehn. Nun eine »Korso-Schilderung«! Darüber vergißt er alles. Und zwei Stunden später ging er auf die Stadt zu und sagte: »'s ist eigentlich ein hübscher Ort. Gefällt mir.«

HANNE BRAH

Die entfernte Cousine von Axel Brah, um derentwillen der alte Brah in die Stadt kommt, um es wieder in Ordnung zu bringen, heißt *Hanne Brah*. Sie war »arme Cousine« von Fach, hatte bei den Verwandten von Jugend auf immer rumgewohnt, und Wirtschaft führen, flicken, stricken und Kinder päppeln und erziehen helfen. Es fehlte ihr das Feine, Aristokratische, aber sie war kräftig, energisch und hatte das starke Gefühl »da andre dein Glück nicht machen, mußt du dirs selber machen; sei klug«. Und sie war *sehr* klug. Aber Axel störte ihre Klugheit; sie verliebte sich in ihn und das führte zur Katastrophe.

Nach der Szene mit Axel sucht der Alte Hannen auf. Er sagt ihr, was Axel gesagt hat. Sie sagt freimütig »ja«. Dies imponiert dem Alten so, daß er weint und sie küßt und umarmt. »Ja, du bist von unsrem Blut.«

»Aber Axel nicht. Sonst hätt er nicht so unritterlich gesprochen.«

»Hanne, er konnte nicht anders; ich setzte ihm die Pistole auf die Brust etc.« Dies Zwiegespräch weiter ausführen. Der Alte reist zurück. Hanne sagt: »Beruhigen wir uns; es muß sich finden«.

Hanne wird krank. Das Kind wird geboren. Es stirbt. Der befreundete Doktor. Axel sorgt für sie; aber sie darf es nicht wissen; es geschieht alles so, als ob es Hilfe von Seiten des Doktors wäre.

Als sie am Sterben ist, kommt Axel. *Versöhnungs-* und Sterbeszene. Sie erfährt, daß *er* für sie gesorgt hat. Sie vergibt ihm und stirbt gern: »Ich habe doch nun gelebt; leb wohl.«

Er muß noch in Gesellschaft. Zu Seraphine. Was tun? Er geht zu Montigny. Shampooing. Er spricht mit dem jungen Menschen französisch. Lavendelwasser. Der junge Mensch verschwindet, um noch Lavendelwasser zu holen; als er fort ist, lächelt Axel »all the parfumes of Arabia can not sweeten these little hands«. Der junge Mann kommt wieder und hat's gehört und verstanden. (Dies etwas ändern und ausführen.)

Er geht durch den Nachtwind; aber es ist nicht genug. Dann erst geht er zu Seraphinen. Hier ist er unbefangen. Dann wird ein Lied gesungen, das ihn trifft. Er ist benommen, tief zerstreut; bis Seraphine ihn weckt.

LAMPERTUS DISTELMEIER

Mittel gegen die Wasseralgen.
Mittel gegen die Wasserpest.
Mittel zur Vertilgung der Feldmäuse und Heuschrecken.

Wenn er etwas las, so schnitt er es aus, klebte es in sein »Motoren-Buch« oder »Anregungs-Buch« und schrieb in der Regel gleich eine Bemerkung bei. Diese Dinge waren dann meist begraben. Erfüllte ihn etwas ganz, so kam es *nicht* in das Buch, sondern blieb auf seinem Tische liegen oder beschäftigte ihn dermaßen, daß eine Mahnung gar nicht nötig war. Er machte sich dann gleich drüber her und hatte 8 Tage lang für nichts andres Sinn. Bis zuletzt das eine das andre ablöste.

Das war die kleine Ablösung. Es gab aber auch eine große. Das war, wenn er das Erfinden plötzlich satt hatte und sich auf Dichtung warf. Dann las er Tag und Nacht, machte auch selber Verse. *Shelley* und Byron (Manfred) waren seine Lieblingsdichter. Er war nämlich ein Zweifler. Das Fundament seines Wesens war: Mitleid, Herzensgüte, Zweifel.[28]

---

[28] Am Rand: Nachdem Distelmeier seinen ersten Besuch bei Brose gemacht hat, muß ein selbständiges Kapitel kommen: *Lampertus Distelmeier*, in dem das Beistehende enthalten ist.

Frau Distelmeier

Eine kluge, feine, gütige, liebevolle Natur. Liebt den Mann, aber erkennt seine Schwächen und lächelt. Aber nie Tadel. Sie scherzt nur wehmütig über ihn.

Als er freigesprochen ist, ist er so glücklich. Er will ihr ein Fest bereiten, eine Freude, eine Aufmerksamkeit. Aber er findet sie im Bett, doch sitzend und heiter; sie fühlt sich nur *so schwach*. Er ist erschüttert und will sie trösten. Sie lächelt. Er setzt sich zu ihr und sie haben nun ein Gespräch. Es werde alles werden, er habe neue Pläne, die ganz gewiß glücken würden.

»Nie, mein lieber Lampert. Und wenn es glückte, so brächtest du dich darum, du rissest dein eigen Gebäude wieder ein, stelltest alles wieder in Frage und spieltest so lange an der Bank bis das Spiel doch wieder verloren gehen müßte.«

Er antwortet.

Zuletzt sagt sie ihm, »sie wünsche, daß sie ihm wenig Umstände mache. Er werde mal heimkommen und sie nicht mehr atmend finden und das sei das beste für sie beide.«

Er ist bewegt u. antwortet.

DER TOD DER FRAU VON LAMPERTUS DISTELMEIER

1. Sie liegt krank, hektisch.

2. Er bringt ihr Isländisch-Moos-Pastillen. Sie ist gerührt. »Sieh, wenn ich wüßte, du glaub[t]est dran, da wär es nicht viel; aber du bringst es mir trotzdem du weißt, daß es nichts ist. Und das ist so lieb und gut wie nur du bist mein alter Lampert.«

3. Er versichert nun, er glaube dran. Und hält eine wundervolle Rede über die Macht des *Isländischen Mooses*. Die Natur legt doch alles in dies eine etc. – Sie lächelt und sagt: ich will es glauben.

4. Was machen wir? Spielen wir Karten. »Mariage oder so etwas?« »Oder so etwas« sagte sie. »Das ist sehr gut. Ja, so etwas; das alte Grund- und Urspiel. (Tod u. Leben).«

5. Sie spielen dann Schach. Er sagt: »Es schadet dir.« Sie lächelt: »Es schadet nichts, wenn es mir schadet.« Und nun

spielen sie. Der Turm fehlte. Er machte einen aus einem Dam-
brettstein auf einem Kork und einem kl. Chemisetteknopf als
Krönung. »Wie hübsch. Du bist und bleibst mein Tüftelgenie.«
Und so erging sie sich in Anerkennung und Liebe gegen ihn.

Er verlor absichtlich. »Schach Schach« sagte sie. »Und ich
bin matt« setzte sie hinzu und sank in die Kissen zurück.

Dann ein neues Kapitel anfangen.

Eine Woche später. Seine Schicksale seit jener Nacht erzählen. Dann sein Besuch bei Brose. Der empfiehlt ihm Kirchen-
gang.

DISTELMEIER UND BROSE ÜBER BERLINER KIRCHENBESUCH

Nach dem Tode der Frau (bei dem er nicht zugegen sein darf;
er findet sie tot; eine Nachbarsfrau bei ihr) und nachdem er
eine Woche lang den Kirchhof besucht, sagt ihm Brose: »Distelmeier, Sie sollten die Kirche besuchen.« Er ist auch bereit,
und nun werden die Kirchen durchgegangen.

Distelmeier sagt: »*Christuskirche?*«

Nun antwortet Brose und charakterisiert Paulus Cassel.
Eine halbe Stunde ist gut; die 2. halbe Stunde macht alles tot.

Distelmeier sagt weiter: »*St. Lukas?*«

Brose gibt eine Charakteristik von Tauscher. Imperturbabel
wie ein Großinquisitor. Die Geschichte vom Tod des kleinen
Blomberg.

Distelmeier war verlegen. »Gott, Herr Brose, wenn man
nicht aus noch ein weiß, denkt man an den Dom. Aber ich bekenne Ihnen. Es stört mich, daß so viele Taschendiebe da sind.
Sie lachen. Natürlich, sie werden sich an mir nicht bereichern,
aber die Vorstellung, daß mein Nachbar, der die Augen dreht,
vielleicht ein Taschendieb ist, stört mich in meiner Andacht,
oder sagen wir bescheidener in meiner Aufmerksamkeit.[«]

Brose sagt nun: dann solle er fortbleiben; viel verlöre er
nicht. »Es wird dort zuviel Geist, zuviel Patentheit, zuviel Bo-
russismus verzapft. Warm ist damit noch keiner geworden und

getröstet ist noch keiner weggegangen. Und getröstet wollen Sie doch werden?«

»Wenn es sein kann« sagte Distelmeier bescheiden. Ich möchte es am Ende mit Thomas versuchen. Von dem hab ich gehört. Liberaler Mann; glaubt an Menschengeist, und wenn ein Leutnant stirbt, behandelt er ihn wie den alten Blücher. (Dies muß *Brose* nachher sagen.)

»Ja« sagte Brose »das läßt sich hören. Kleiner, guter Mann. War früher in...; das ist er all sein Lebtag nicht losgeworden. Er hält ganz aufrichtig den Gustav-Adolf-Verein für was Großes und ein ›Meister vom Stuhl‹ und der Stuhl Petri bedeuten ihm gleich viel. Nur daß jener zur Rechten Gottes und dieser mindestens an einer andern Stelle steht. Er glaubt an Menschengeist und wenn ein Leutnant stirbt behandelt er ihn wie den alten Blücher. Aber ein guter Mann. Ja, Distelmeier, mit dem versuchen Sie's nur; das kann was werden. Ich glaube, er paßt für Sie, denn wenn Sie mir's nicht übel nehmen, starke Dosen können Sie ohnehin nicht vertragen.«

IM MOOR

BRAH-HAUS

DER ALTE BRAH UND LAMPERTUS DISTELMEIER

(Ein Idyll)

Eins der 6 Bücher des Romans – das kurz sein und nicht mehr als 100 Seiten umfassen darf – heißt: »Im Moor« und bildet ein Idyll für sich. Der alte Christjern Brah und Lampertus D. reisen gemeinschaftlich nach der kl. Stadt. Das erste Kapitel schildert die Reise in 5 Ottaverimen. Dazwischen übermütige Betrachtungen. Ankunft. (Diese wird übergangen.) Der andre Morgen. Brah-Haus. Nun das Leben der beiden Alten. Nur ein alter Diener und eine alte Dienerin. Und ein paar Hunde. Das Moor. Der Blick. Der Besuch. Das Träumen. Das Jagen (Hühnerjagd). Die Arbeiter. Das Sichverirren im Moor. Lampertus abends in seiner Giebelstube. Seine Verse. Die Heiderose. Empfängt einen Brief. Sein Brief an Brose oder an seine Frau. Nach 14 Tagen schließt dies Idyll, das in den September fallen muß. Die botanische und zoologische Seite der Sache, überhaupt das Naturwissenschaftliche exakt wiedergeben. (Dr. Meyer in Forsteck muß ein Buch über holsteinische Moorgegenden haben.) [29]

Brah-Haus [30]

1. Weißes Haus. Souterrain. Halb Hochparterre, halb Bel-Etage. Alte Holztreppe mit Stufen von 2 Seiten her. Hohes, geknicktes Dach. Ein Blitzableiter links; rechts Storchennest. Geschichte, wie dem Storch zuliebe, der zweite Blitzarm entfernt wurde.

2. Links und rechts hoher, tüchtiger Holzzaun, der das ganze Gehöft einfaßt. Stallgebäude. Ein alter Schimmel. Eine Kuh. Eine Ziege. Zwei Hundehütten. Eine Scheune mit einem ausgespannten Habicht oder Eule daran. Ein paar Acker(?)wagen. Eine Remise mit einem kl. Jagdwagen und einer alten ramponierten Kutsche. Auktions-Erstand.

3. Das ganze Haus und Gehöft wie auf einem Bastion erbaut, das Terrain machte hier eine Erhöhung. Im Rücken dieses Bastions, an den Wald sich lehnend, stand das Gehöft, nach vorn hin war der Bastions-Hof, eine hübsche Fläche, Sand aufgefahren, mit gepflasterten Gängen drin für die nasse Jahreszeit. Das Ganze von einer geschnittenen Dornhecke eingefaßt, und innerhalb dieser Hecke wie ein Band sich hinziehend ein schmaler Gartenstreifen, in dem Astern und Georginen blühten, und ein paar rote Tomaten. Etwas Spalierobst an den Zaunstellen. Nach der Moor-Seite zu war der Gartenstreifen etwas breiter. Hier waren Spargelbeete, die jetzt hoch in Samen standen. Nach der Stadtseite zu war eine Laube, die (vier rechtwinklig aufgestellten Schirmen glich) nach den Seiten hin geschlossen, nach vorn und hinten hin aber offen war. Nach dem

---

[29] Frühere Konzeptnotizen: Plauer Lokalität zu benutzen bei Torfinspektor Brahs Haus in .../ Die Szenerie meist aus Swinemünde nehmen. Einige Details aus Plauen, Wustrau, Linum etc. / Der alte Brah ist Darwianer und Homöopath. Gespräche darüber. Es ist die Frage, ob er *beides* sein darf, oder ob eine von beiden wirksamer ist. – [30] Dazu Handskizze im Manuskript; vgl. Anm.

Hause zu, nur ein schmaler Einschnitt, nach dem Moor zu ein sehr breiter, so daß das Moor und Wald und Stadt davorlag. *Hier saß Lampertus am ersten Morgen* nach seiner Ankunft.

Lampertus sitzt in der Laube. Christjern Brah ist noch nicht da. Aber das Kaffeegeschirr ist schon aufgetragen. Ein großes Kohlenbecken mit einer blanken messingnen Einfassung und ein Messingkessel auf dem Eisenblech über den Kohlen. Daneben eine große blanke Blechkanne mit langer Tülle und der Kaffeebeutel darin, der Deckel nur halb wieder aufgelegt. Ein Sahnentopf. Aufgetürmte Butterbrötchen. Backware aus der Stadt. Alles frisch und blank. Ein Zigarrenständer mit einem Maschinchen zum Abschneiden der Spitzen. »Er sammelt« sagte Lampertus und freute sich. Der Tisch mit einer altmodischen rot und weißen Kaffeeserviette gedeckt.

Lampertus sah das alles, freute sich; dann setzte er sich auf einen großen Gartenschemel, der hinter dem Kaffeetische stand, dicht neben der offenen Laubenstelle. Und von hier aus sah er *in das Moor* hinein.

Nun Schilderung des Moors in dieser Morgenstunde. Lampertus war unendlich glücklich; es hob sich ihm das Herz. Er wußte nicht ob er weinen oder lachen sollte. So saß er und träumte, als ihn ein leises Geräusch weckte. Als er sich umsah stand ein brauner Hühnerhund neben ihm und sah ihn an und wedelte. »Höre« sagte Lampertus »du bist ein gutes Tier. Wir wollen Freunde sein.« Und zur Besiegelung der neuen Freundschaft kraute ihm Lampertus den Kopf, wobei der Hund fortfuhr zu wedeln, bis er plötzlich mit einem Satze fort war und auf den Eingang zu, wo sein Herr eben erschien in einem dikken Joppenrock, ein kariertes Taschentuch um den Hals und eine ungrische [31] Klappmütze auf dem Kopf.

Guten Morgen, Freund Lampertus. Hoffe, wohl geruht.

Danke, Herr Brah. Vorzüglich.

Freut mich. Und es freut mich auch, daß Sie ein Frühauf sind. Der Morgen ist das Beste. Alles frisch, gesund. Wie gefällt Ihnen der Platz? Meine Selige nannte es Belvedere. Ich

[31] Darüber: schlesische

nenne es meinen »Lug ins Land«. Das ist nicht bloß deutsch, es klingt auch besser. Nicht wahr? Drei Vokale. Belvedere mit drei e's, ist ja immer dasselbe. Wechsel, Wechsel; auch in den Vokalen.

Sie setzen nun das Geplauder fort. Dann fuhren sie in dem Jagdwagen in die Stadt, wo Brah Geschäfte hatte und Lampertus den alten Markt und die Kirche und das Bild darin bewundern sollte.

Neues Kapitel

Brah muß fort. Geschäfte. Forstkonferenz oder dergleichen. Sie nehmen Abschied. »Das Haus ist nun Ihre. Sie machen was Sie wollen. Jochnus ist instruiert und Karo'n laß ich Ihnen hier. Sie haben das Haus, das Moor, den Wald. Damit läßt sich schon eine Weile leben. Hier hängen die Flinten. Schießen Sie was Sie wollen, nur berücksichtigen Sie sich selbst. Karo bleibt hier. Rebhühner, Wasserhühner, Kaninchen, was Sie wollen. Und nun Gott befohlen. Übermorgen abend bin ich wieder da.«

Dies Gespräch war in dem großen Mittelzimmer geführt worden, das vier Fenster Front hatte. Daneben waren zwei einfenstrige Zimmer. Eins hatte der Seligen gehört, der kleine Nähtisch stand noch am Fenster. Das andere gehörte Brah, war sein Arbeitszimmer. Der Arbeitstisch stand in der Fensterecke. An der Längswand war ein großes Bücher-Real, das in seiner sichtbaren Hälfte dem Fenster zu mit Akten gefüllt, in seiner dunklen Hälfte nach dem Ofen hin aber mit einer Welt von Dingen angefüllt war: Kokusnüsse, Maiskolben, Schlangen in Spiritus, Pakete mit Siegellack [32] und kleine Blechbüchsen mit Sardinen in Öl. Denn diese waren eine von Brahs Schwächen. In den Ecken stand Unglaubliches umher: ein alter Ritter den er auf einer Auktion gekauft hatte, eine große Schere zum Beschneiden des Heckenzauns, ein dicker Mantel, ein Wagenkissen, ein paar Kascher zum Insektenfangen und eine große mit vielen Beulen versehene Botanisiertrommel.

[32] Darüber: Schnupftabak

Die Botanisiertrommel machte einen Eindruck auf Lampertus und er beschloß heute ins Moor zu gehn und zu botanisieren. »Die Pharmaceutica sind langweilig, aber das Botanisieren ist hübsch.« Und er entsann sich glücklicher Stunden, wo er vor beinah 30 Jahren im Grunewald umhergestreift war und auf der Rildower Wiese. Er wollte wieder solchen Tag genießen.

Nun die Beschreibung des Moors. Die Wasserlachen, die Torfpyramiden, die Stille, die Tier- und Pflanzenwelt; die Weihe in der Luft. Das Mittagläuten aus der Ferne her. Bis an den Wald. Die Hagerose mit dem Tautropfen. Hier am Rande legte er sich hin. Er sah hinauf in das Blau. Er dachte der Frau, die er verloren; er sah die weißen Wolken ziehn. Und er wandte sich und barg sein Haupt in das Moos des Waldes und ein süßes Weh durchzitterte sein Herz.

Distelmeiers Lieder [33]

Es treibt ein Kahn stromnieder
Ein Knabe sinnt und träumt,
Der Himmel ist blau und stählern
Und im Westen rot-umsäumt.
Es schwinden die roten Dächer,
Die Stadt, das Ufer, der Strand,
Er treibt und träumt nur lässig
Das Ruder in der Hand.
Es fallen die Tropfen vom Ruder,
Aus ist eines Tages Lauf
Und Sehnsucht, Wünsche, Sterne
Ziehen am Himmel hinauf.

2. Strophe
In den hohen Himbeerbüschen
Stehe ich versteckt
etc.

[33] Die folgenden Verse mit Bleistift auf ein Notizblatt geschrieben und beigeklebt; dazu vermerkt: Für den Roman.

Es löst sich eine Strähne
Von ihrem blonden Haar
   Ausmalen
Und Sehnsucht, Wünsche, Sterne
Ziehen am Himmel herauf.

3. Strophe
Es weht das Haar im Winde
Und der Tag ist hell und heiß,
Es weht mein Haar im Winde,
Aber das Haar ist weiß.
Lichter, rote gelbe
Der Strand dasselbe Gelb
Gleiten darüber her
Die Wellen rollen her
Bin ich noch derselbe
Oder bin ichs nicht mehr.
Es ging ein halb Jahrhundert
Und nahm viel in seinem Lauf
Sehnsucht, Wünsche, Sterne
Ziehen noch immer herauf.

Nächstes Kapitel

Der andre Morgen. Er bleibt in seiner Giebelstube. Er sinnt nach. Er schreibt die Verse auf. Er durchsucht das Haus (dies ausführen; alte Erinnerungsstücke). Alte Bibliothek in einem der Hinterzimmer, noch aus guter Brah'scher Zeit. Alte französische Werke. Er nimmt eins davon; er liest. Dann kommt Jochnus und plaudert mit ihm. Er erzählt ihm von Axel Brah, wie er klein war, und dann von Hanne Brah, wie sie ins Haus kam, kurz vor dem Tode der Frau. »Wo begraben sie denn hier ihre Toten? Bis in die Stadt ist weit.« »Wir haben hier einen Kirchhof.« »Wo denn?« »Hier im Wald. Keine fünfhundert Schritt von hier.« »Den möcht ich sehen.« »Ich komme mit.« »Nein, ich geh lieber allein.« »Sie können nicht fehlen. Der Fußsteig am Wald hin führt dicht dran vorbei. Sie sehen dann schon das weiße Kreuz.«

Nun besucht Lampertus den Waldkirchhof. Vier, fünf Gräber. Auch ein Kind. Ein Knecht. Grabinschriften. Die Bahre am Baum. Der schwarze Moorgraben der sich dran hinzieht. Sumpfblumen. Die Stimmen im Walde. Er bleibt. Das Abendrot. Er geht nun wieder heim. Brah war eben zurückgekommen.

Nächstes Kapitel

Sie begrüßen sich. Setzen sich in das große Zimmer. Es war kalt. Sie lassen ein Feuer machen. Brah erzählt. Jochnus bringt ein Abendbrot. »Wie schön es hier bei Ihnen ist.« Brah lachte. »Ja. Zu Zeiten. Aber es ist nicht immer so.« Nun beschreibt er den Winter, wenn die Kommunikation erschwert ist; Kälte, Schneestürme; und dann im Frühjahr, wenn alles ein Matsch ist. »Aber freilich der Sommer und Herbst; da tausch ich mit keinem König.« Sie sprechen vom Kirchhof, von der Frau die dort liegt; dann spricht Lampert von der seinen. »*In memoriam*«, sagte Lampert, und sie stießen mit den Gläsern zusammen.

»Aber wir leben noch«, sagte Brah, »und hören Sie, Lampert, Sie müssen nun unsere Leute kennen lernen.« Er will ihm also eine Gesellschaft aus der Stadt einladen, »aber Sie sollen selber mit zu Rate sitzen, wen«. Nun holt er ein Papier. »Sehen Sie, hier hab ich eine Liste. Mehr wie sieben geht nicht, uns selber mit eingerechnet. Also wir haben die fünf Würdigsten auszusuchen.«

»Gut« sagte Lampert. »Lassen Sie uns beginnen. Ich kenne keinen. Aber die Namen sprechen und der Stand.«

»Das mein ich auch. Also beginnen wir. Da ist Major Thomas. Hat drei hübsche Töchter.«

»Werden sie miteingeladen?«

»Nein.«

Dann, denk ich, lassen wir ihn fallen. Ich kenn die Majore a. D. Gute Herrn.

Dann der Superintendent.

Dann der katholische Geistliche.

Dann der Kommissionsrat Unverdorben[34]. Etwas sonderbarer Name.

»Nicht für mich. Ein Unverdorben hat zwanzig Alkaloide entdeckt.«

Nun, dieser hat nichts entdeckt. Nur die Kunst Geld zu machen. Einige sagen: nicht ganz unerlaubt. Er soll gepascht haben; Wagen mit doppeltem Boden. Etwas Erbschleicherei.

Bon. Den nehmen wir. Das sind die besten Leute. Je mehr Tugend, je langweiliger; je fragwürdiger die Gestalt, desto intressanter. Ich wette, Unverdorben bringt die Toaste aus.

»Geraten. Und ganz gute. Er hat eine humoristische Ader; ein bißchen Wortspiel, ein bißchen frivol, und gegen den Schluß hin christlich, und patriotisch und alles für das Volk und alles durch das Volk.«

Ich sehe schon. Und Anekdoten-Erzähler. Alles selbst erlebt. O, das sind wundervolle Figuren – *den* müssen wir nehmen. Aber wen noch.

Man einigte sich noch über den Doktor und einen reichen Holzhändler, und als beide rot unterstrichen waren, sagte Brah verlegen: »Nun haben wir noch einen katholischen Geistlichen hier, einen Mann von 50.«

»Den nehm ich unbesehen. Katholische Geistliche sind immer gut. Sie sind kein Spielverderber, wissen, daß sie's sicher haben und lassen deshalb alles rund um sich her geschehn. Wie steht er denn mit dem Superintendenten?«

Gut. Der Superintendent behandelt ihn wohlwollend, mit einem aus einem halben Dutzend Mitleiden zusammengesetzten Wohlwollen. Er bemitleidet ihn erstens, daß er in der Irrlehre wandelt, daß er sein Abiturientenexamen nicht gemacht hat, daß er unverheiratet ist und daß er keine Tochter hat, die Sidonie heißt. So heißt nämlich die seinige. Seine Frau war nämlich eine arme Adlige und auf diese Weise ist eine Sidonie in die Familie gekommen. Er behandelt sie als Prinzessin Turandot. Und sie geht darauf ein und sagt: Sieh her und bleibe deiner Sinne Meister.

[34] Darunter nicht gestrichen: Unbeschwer

Nächstes Kapitel

Das Diner war vorüber. Die Herren gingen heim. Es war schwül. Die Gruppenverteilung wie sie heimgehen. Sie konnten noch nicht weit weg sein, als das Gewitter heraufzog. Nun Beschreibung dieses Gewitters.

Lampert hatte am Fenster gestanden. Nun zog er Wasserstiefel an und ging in das Moor hinaus. Unten Schmutz und gurgelnde Wasser, aber oben der Mond in voller Klarheit. Am andern Morgen Abreise wieder nach Berlin.

EIN GOURMAND
Wahrscheinlich auch in Regemünde bei dem Diner

Die Kochkunst ist die Kunst der Saucen. Diese sind das Entscheidende. Alles andre ist gleichgültig. Kardinal Antonelli sagte von den Engländern: »Was ist von einer Nation zu erwarten, die 37 Sekten und nur *eine* Sauce hat.« Und er hatte ganz recht. Und gestehen wir uns: die Sauce ist überhaupt das Entscheidende. Sehen Sie sich das sogenannte »Beste« an, was der Mensch hat, die Kunst, worauf läuft es hinaus? Auf Saucenwechsel. Die pièces de résistance, die Grundstöcke bleiben immer dieselben: ein Guter, ein Schlechter, ein Tapferer, ein Feiger, ein glücklich Verliebter, ein unglücklich Verliebter (ich habe zeitlebens zu diesen gehört) und nur die Saucen, die Anrichtung, die Servierung ist verschieden.

Ein Philister in Regemünde peroriert über »Eisenbahnen«, wie »rasch es doch ginge« gegen früher. Distelmeier antwortet.

Ein andrer Philister hat die Wendung: »Sehen Sie, die Verhältnisse machen den Menschen.« Geschichte vom Steueraufseher, der seine Kinder umbrachte. (Die Geschichte selbst – die ich vergessen – muß trivial und tragikomisch sein.)

FRAU V. BIRCH-HEILIGENFELDE

Sie wohnt mit der kl. Olga in der langen schönen Straße schrägüber von Baumeister Hennicke in einem der halb leer stehenden palastartigen Häuser, die Ruine werden, ohne je vorher bewohnt worden zu sein. Dies Halb-Gespenstische der Häuser-Anlage – ich muß von drei oder vieren sprechen – hervorheben und schildern.

Eins dieser Häuser war dem Leben wiedergegeben und in diesem Hause wohnte parterre Frau v. Birch-Heiligenfelde. Sie wohnte immer parterre. Die eine Hälfte war unbewohnt, die shutters immer herunter, aber in der andern Hälfte hatte sie ihr Heim aufgeschlagen. Es waren auch noch mehr Zimmer und Gelegenheiten (?) als nötig. Ein großer Salon, der auf die Veranda führte, daneben zwei kleinere Zimmer von gleicher Einrichtung, nur in der Farbe verschieden. Im Souterrain Küche, Wirtschaftsraum. Durch einen Marmor-Korridor getrennt ein Schlafzimmer, ein Ankleidezimmer, ein Badezimmer. Olga schlief bei der Jungfer. Über den Hausbestand war niemand klar. Im allgemeinen bestand er aus einer alten Köchin und einer hübschen Ladysmaid, die zugleich für Olga zu sorgen hatte. Mitunter aber belebten sich die Wirtschaftsräume und man sah Koch, Diener etc., von denen niemand recht wußte, wo sie herkamen. Aber die Eingeweihten wußten es. Prinz Gustav. Er war aus einem fürstlichen Hause, das sich eines Rufs erfreute. Und er hatte demselben zu entsprechen gesucht; aber das lag nun zurück und er liebte das Geschlecht nur noch, weil er fand, daß sie weniger langweilig seien als die Männer und die höfische Kunst des Klatschens und Medisierens besser verstünden. Er war sozusagen »a. D.« und auf diese Herren möcht ich aus der Seele zahlreicher junger Weiber heraus einen Lobgesang anstimmen. Sie sind hübsch, klug, witzig, aber früh verwitwet oder an ein Schreckens-Individuum verheiratet. Ein Elend liegt vor ihnen. Da werden sie entdeckt. Sie rücken in einen Palast ein und sie sind an ihrer Stelle. Wären diese Herren nun verliebt oder kleinlich oder eifersüchtig, so wäre wenig gewonnen, aber sie sind es nicht und so öffnet sich diesen Frauen eine glückliche Zeit. Sie haben alles was das Herz erfreut: Glanz, Reichtum, Toiletten, Fahrten, Theater, sie plaudern, sie sind charmant und haben einen Liebhaber oder auch zwei oder auch drei. Die Gesellschaft schließt sie aus, aber sie rächen sich durch Glanz und Witz und Hochmut und der Reiz des Lebens muß sie für das Glück des Lebens schadlos halten. Meist sind sie auf wahres Glück hin gar nicht beanlagt; geborne Maitressen, denen man nicht von Unmoral sprechen darf, denn sie glauben nicht an Moral. Und nach ihren Erfahrungen können sies nicht. Sie halten Tugend für Lüge, und weil sie nicht tugendhaft sind, sind sie stolz darauf »ehrlich« zu sein.

An den *Schluß* des Romans als aufgezählt und Revue abgenommen wird.

Der Prinz ist gestorben, Frau v. Birch ist an seinen Vetter übergegangen, der derselben Familienvorzüge genießt und sich – weil zehn Jahre jünger – erst in einem Übergangsstadium befindet, was kleine Belästigungen mit sich führt, die nach augenblicklicher Sachlage kaum als solche empfunden werden, denn Axel ist auf längerem Urlaub.

Schluß.

Für sie (Frau v. Birch) ist gesorgt. Der neue Prinz wird entweder sie oder Olga heiraten. Und das eine ist so gut wie das andre.

Dieser Schluß ist vielleicht besser als das auf dem zweiten Zettel Gesagte.

BUCH 1 BIS 4

Am Schlusse des 4. Buches (also am Schluß von Band II) müssen die Sachen so stehen:

1. *Karl* (?), der Seraphinen unglücklich liebt (von Margret, mit der er schäkerte, hat er sich abgewandt), geht nach England. Der alte *Heinrich* Brose hofft, daß ein Reisender, ein Weltmann dadurch herauskommt, *Wilhelm* Brose hofft auf Beowulf, Karl selbst hofft, Seraphinen zu vergessen, Margret hofft, er wird sich zu ihr zurückfinden.

2. *Axel* hat die großen Szenen mit Hanne gehabt. Der alte Brah war in Berlin. Hanne ist gestorben, begraben. Das Verhältnis zur Frau v. Birch tritt etwas zurück. Bis es weiterhin (5. Buch, als er schwerverwundet ist) wieder aufgenommen wird.

3. *Seraphine* denkt mehr denn je an Kloster.

4. *Margret* hofft auf Karls Bekehrung.

5. *Bertha* fängt an die Staffeln ihres Ruhmes zu erklimmen. Die Stellung der anderen Personen ergibt sich wie von selbst.

BUCH 5 UND 6
(III. Band)

Buch 5

1. Briefe Karls aus England.

2. Tagebuchblätter Karls aus England.

3. *Bertha;* Pelzner; und die Theaterschule. Vielleicht jetzt erst die Kegelpartie oder auch die *erste glänzende Probevorstellung* in der Theaterschule. Ihr Ruhm beginnt.

4. Seraphine und Margret nähern sich.

5. Axels Duell mit Lieutenant Kniephoff. Seraphinens Pflege. Frau v. Birchs Pflege.[35]

Buch 6

1. Karls Rückkehr. Beowulf hat gesiegt. Wilhelm Brose tritt in den Vordergrund.

2. Frau v. Werthern stirbt.

3. Der alte Pappenheim wird Rechnungsrat. Großes Familienfest. Bertha *in all her glories.*

4. Karl u. Margret verloben sich.

5. Seraphine geht in ein Kloster.

[35] Am Rand: Aber nicht in dieser Reihenfolge; alles muß sich sehr mischen.

6. Bertha geht zur Bühne. Großes Engagement.

7. Axel reist mit Frau v. Birch ins Bad.

8. Wilhelm Brose schreibt einen Brief, vielleicht an Seraphinen, worin er seinen Satz: allerlei Moral und allerlei Glück noch mal zusammenfaßt.

EDWIN UND HENRIETTENS VERHÄLTNIS
Heinrich Brose über »Leidenschaft« und das Verlangen danach

Edwin und Henriette werden nach allerhand Zwischenfällen – Hinneigung zu Seraphinen – ein Paar.

Edwin und Onkel Heinrich Brose haben darüber ein Gespräch. Edwin sagt ihm ganz offen »es sei nicht das Wahre«.

»Edwin, du bist ein Narr. Gerade, es *ist* das Wahre. Sonderbare Welt heutzutage. Jeder will *fein* sein, vornehm sein, ein Prinz sein. Manche begnügen sich schon damit für einen ›Engländer‹ gehalten zu werden. Das ist was Äußerliches. Aber innerlich sind die Menschen noch toller. Jeder will eine *Leidenschaft* haben oder doch wenigstens gehabt haben. Narretei. Sei doch jeder froh wer gerade drum herum kommt. Ist es denn damit was Großes? Was Großes an der Leidenschaft ist, die stellt sich schon ein, wenn einer das Herz auf dem rechten Fleck hat. Wenn Unrecht geschieht, wenn ein Volk blutet, geknechtet wird, da wird sie lebendig, nicht bei denen, die die ›Leidenschaft‹ in Entreprise haben, sondern bei den ruhigen, guten, unverbrauchten Leuten. Sei froh daß es ist, wie es ist. Ihr paßt zueinander, ihr liebt euch wie ordentliche, gute Menschen. Quackelei die ganze Leidenschaft.[«] [36]

BERTHA PAPPENHEIMS BRIEF AM SCHLUSS

Liebe Henriette.

(Mitten im Brief)

»...Jedes richtige Leben hat einen Mittelpunkt, um den es kreist. Nun wirst Du Dich aus Fräulein v. Zülows Schule her

---

[36] Am Rand Rotstiftvermerk: Heinrich Brose in einem der Schluß-Kapitel. Wichtig.

entsinnen, daß es auch Kreise mit zwei Mittelpunkten gibt. In dieser Ellipse bewegt sich mein Leben weiter, um Mann und Kunst. Ich sehe aber deutlich, daß die Ellipse ein Kreis zu werden droht. Wer geopfert wird, brauch ich Dir nicht zu sagen. Du bist Weib und Deine weibliche Seele ahnt es. Das fordere ich von Dir. Im Vertrauen gesagt, ich bin die Tempelstufen nun oft genug heruntergestiegen und möchte sie auch mal hinansteigen. Der Altar ist nicht bloß da für Deklamierung des Parzenliedes, und die Geschlechter die verschwinden sollen, müssen schließlich erst da sein. Du verstehst.[«]

ONKEL GEHEIMRAT[1]

Ein Charakterbild Lucaes, seiner Liebenswürdigkeit, seiner edlen Gesinnung und Unkleinlichkeit, und seiner kl. Schwächen (Bourgeois, ein Nicht-Verständnis für arme Leute, dabei Anekdoten-Erzähler). Seine Beziehungen zu Mutter, Schwester, Familie, Freunden, jungen Mädchen, Schwerenöter, immer becourt.

DIE BEKEHRTEN[1]
(Einbändig)

Jede der beiden Hauptfiguren ist von einigen ihr verwandten Naturen umstellt. Zu des Majors (Junggeselle) Umgebung gehören: Inspektor, alter Diener, konservativer Pastor, Gutsnachbarn; zu der Umgebung des Professors: Frau, *Sohn*, andre Professoren, Hausgenossen (der Wirt; Berliner Bürger, Fortschrittler). Der Sohn ist die Vereinigung beider Prinzipien: ein Gelehrter, der in die Welt geschickt wird. Es schließt damit ab, daß er diese Reise antritt.

---

[1] Entwurf mit Bleistift.
[1] Oben auf dem ersten Blatt hat Fontane mit Tinte vermerkt: Neuer Roman – und darunter mit Bleistift: Besser als Novelle zu verwenden. – Auf demselben Blatt notierte Fontane unten mit Bleistift: Vielleicht *Goldene Mitte* oder Die Bekehrten.

Professor von *Holzenbeck*, Major und Rittergutsbesitzer von *Holzenbeck*. Es sind Vettern aus der Uckermark.

Jener lebt in Berlin; er ist Archäolog, philologisch gebildet, war in Italien und Griechenland und ist in Leben und Politik *Idealist*, Theoretiker, feiner Doktrinär, der alles im Leben in Einklang mit Freiheits- und Fortschrittsprinzipien gestalten will. Schwärmer für Washington und Peabody etc.

Sein Bruder ist echt-uckermärkischer *Praktiker*. Braver, reizender Kerl, aber ganz aus der alten Schule. Eine Art *Marwitz*, aber ohne jede Ideen und Prinzipien, die diesen auszeichneten. Ein bornierter Konservativer, nicht weil er überhaupt borniert wäre, sondern weil er glaubt, das *alte Regime*, das Wirtschaften nach Erfahrung (auch im Wirtschaftlichen, auf seinem Gut) sei das Richtige.

Die Aufgabe ist nun zu zeigen, wie das Leben, Erfahrung, Politik (sie sitzen beide im Reichstag) den extremen Theoretiker zu einem mäßigen Praktiker und den extremen Praktiker zu einem mäßigen Theoretiker machen, der sich mit der Neuzeit und ihren Ideen aussöhnt, ihre Berechtigung zugibt.

Am Schluß: Es hat sein Mißliches mit dem Mittelkurs. Ein Professor pflegte zu sagen: »Es hat immer Völker gegeben, die an Gott glaubten, und es hat immer Völker gegeben, die an keinen Gott glaubten; meine Herren, die Wahrheit wird wie immer in der Mitte liegen«.

Diese Anekdote hat mich immer vor der goldnen Mitte gewarnt. Sie ist aber doch eine Wahrheit. Es gibt eine goldne Mitte. Und nur allein bei ihr ist Leben, Gedeihen und Wahrheit.

Für[2] den *einen* sind die *Attentate* (dies nur andeuten) das Bekehrende. Also eine Art *Treitschke*.

Für den andern sind die *Maigesetze* und das *Sozialistengesetz* das Bekehrende. Er erkennt die großen geistigen Mächte, die sich polizeilich nicht regulieren und unterdrücken lassen.

---

[2] Auf Blatt 3 unten und am Rande in kleinerer Schrift hinzugefügt.

SO ODER SO?
Novellette

Erste Situation

Er morgens beim Frühstück. Arbeits- und Studierzimmer. Bilder; *ihr* Bildnis. Brief. Er liest Einladung zu Freund v. S., der Landrat ist, reich, verheiratet, geachtet, dekoriert, Rittmeister in der Landwehr-Kavallerie. Betrachtungen. (Der Brief nennt schon das Lied.)

Zweite Situation

Reise hin. Ankunft. Unterbringung. Nacht. Der andre Morgen. Die Glocken gehn. Kirchgang. Deputationen.

Dritte Situation

Das eigentliche Fest. Das Festdiner. Die Toaste. Zuletzt (er sitzt dem Jubilar gegenüber) ein Toast des Jubilars auf seinen ältesten Freund. *Sehr* liebenswürdig, aber im ganzen doch de haut en bas.

Vierte Situation

Seine schmerzlichen Betrachtungen. »Welch ein reiches Leben *er* (ich neid ihm seinen Reichtum nicht, aber das reiche *Leben!*) und welch armes ich.« So stellt er Betrachtungen an.

Fünfte Situation

Zwiegespräch mit der Frau, klug, liebenswürdig, aus »kleinen Verhältnissen«, die also vergleichen kann. »Glauben Sie mir, es fehlt überall. Was ist Glück? Haben wir's? Ja, nein. Der Glücklichste ist der, der frei und bedürfnislos ist und ein reines Gewissen hat.«

Sechste Situation

Im Park. Er hört sein Lied singen. »Nun, es mag bleiben, wie es ist. Keine Klage mehr. Jeder an seinem Platz. Wo man steht, tue man sein Bestes. Jeder streut Taten aus, der eine so, der andre so. Was sie der Menschheit bedeuten, weiß niemand. Auch *hier* ist alles Gnade. Das reichste Leben bedeutet vielleicht – nichts, und ein Lied, ein Satz, ein Wort trägt unendliche Frucht. ›Befiehl Du Deine Wege‹ – welche Fülle von Trost ist aus dieser eine[n] Zeile aufgeschossen.« Dann eine Strophe von Claudius, von Bürger.

»Wirst Du Dich einreihen? Vielleicht. Aber wenn auch *nicht*, es kann kein Elend und kein verlornes Leben sein, diesen stillen, belächelten Weg gewandelt zu sein. Die schöne Frau hat recht: ›. . . . .‹«. Nun einen ihrer Sätze zitieren. Oder: So oder so? Nun am Ende: *so*.

Das [1] Lied, auf das der Freund in seinem Brief gleich anfangs hinweist, muß heißen

Einsamkeit

und nur 8 oder 10 oder 12 kurze Zeilen lang sein. Es heißt auch gleich: »Meine Frau liebt es sehr.«

Eine »junge Magd« singt es dann am Abend, und ihr Liebster respondiert.

»Es [2] sind 25 Jahre, daß ich mein Amt hier verwalte, erst kommissarisch als ein blutjunger Assessor, dann installiert, und dieser Tag soll gefeiert werden. Er ist zugleich der Tag meiner silbernen Hochzeit (Oder *erst* das und dann das andre). Du mußt kommen. Es sind 20 Jahre, daß wir Dich nicht gesehn etc.«

Dann der Toast:
»Und als wir vor dem Feinde standen, folgte er im Geiste und war unser Tyrtäus.« (Dies hübsch, fein und doch schmerzlich-treffend ausführen.)

Dann antwortet er:
Tyrtäus. Kriegslieder wie immer die Schneider (?). Daß er was andres gemacht, wissen wir nicht. Und so kann ich nichts anstimmen, nur Prosa. Er war einseitig auch noch in der »Einseitigkeit«. Und dann folgt was Schmeichelhaftes und ein Hoch.

[1] Ergänzung auf Blatt 5. – [2] Auf Blatt 6 Brief des Landrats und Toaste.

NEUER ROMAN
(Aus d[em] eign[en] Leben)
Titel: Name des Helden [1]

I. Er ist arm; er hat neben seinem Lohn und Verdienst ein *Geschenk* empfangen, und dies Geschenk ist *sein*, er braucht es an den strengen Vater nicht abzuliefern. Er mietet ein Boot, was der sehnlichste Wunsch seines Herzens war, und fährt hinaus bis auf die Außenalster, wo jetzt Uhlenhorst steht; damals alles Rohr und Schilf. Er fährt in das Schilf hinein und baut sich aus dem Schilf eine Schilfhütte, die er auch mit Schilf deckt. Der Wind stand auf die Stadt zu, und er ließ sich treiben, nur die Hand am Steuer. So lag er, vorn offen, und trieb und sang. Am Ufer standen sie und sagten: »Das ist der [. . .]-Hans«. Aber am Ufer stand auch der Vater: »Dabei freilich können wir sterben und verderben.«

II. Er wird aus Hamburg fortgeschickt und kommt weit ins Hannoversche hinein, in eine »Försterei«. Alles arm. »Ja, bleib; aber wir haben selber nichts.« »Ich will auch nichts; ich will mein Teil verdienen.« »Hier im Hause ist nichts.« »Aber vielleicht in der Stadt.« »Ja, das ginge; aber *was* kannst Du?«

Schwere Frage; ich konnte nichts. Aber ich rappelte mich. »O, ich denke, was andre können, das kann ich auch.« »Ja, was? Nenn etwas.« Er wußte nichts zu nennen. Aber der Förster stellte nun Fragen: »Kannst Du eine Bettstelle wie Mahagoni anstreichen?« »Ja, ich denke, das kann ich.« Nun beginnt er damit *nachts*, um es immer wieder fortwischen zu können. Endlich glückt es. Und nun wird er hier »Maler« in dem kl[einen] Städtchen.

III. Als der Winter kam, war ein Unwetter, furchtbares Schneetreiben, die Försterei selber wie eingeschneit. Da hörte er draußen einen Schuß. »Was ist das?« »Es wird wer verirrt sein.« »Da müssen wir helfen.« »Wer will da helfen?« So parlieren sie hin und her, bis ihm's der Förster erlaubt.

---

[1] Überschrift auf Blatt 2: Zu dem Roman, in dem ein Knabenleben geschildert wird.

Er nimmt nun ein Gewehr und geht hinaus. Er fällt in Untiefen, verliert den Weg; endlich am Rande des Weges sitzen zwei Menschen, starr, wie tot. Er schoß das Gewehr ab, um zu sehn, ob der Knall sie wecke, einer regte sich auch, der andre blieb starr. Es waren betrunkene Jagdbauern, die von einem Dorf zum andern wollten. Mit unsäglichen Mühen schleppte er sie zurück. Der Förster spöttelte über die ganze Rettungsgeschichte, und er zürnte ihm. Die beiden blieben [über] Nacht und gingen dann in ihr Dorf.

Eine Woche später kamen sie vorbei und sahen den Förster u[nd] den Knaben in der Tür stehn; sie gingen vorbei und grüßten nicht einmal. Der Förster wies auf sie, als sie vorüber waren, und sagte. »Sieh, so sind die Menschen.« Er, der Knabe, wandte sich ab und weinte. Das war sein erster Schmerz über Menschentum.

WIR HALTEN ZUSAMMEN

Hugo, Lais und Esmeralda lebten zusammen, drei Geschwister,[1] alle drei um die dreißig herum. Hugo war der älteste. Sie hatten in einer billigen Gegend eine große Wohnung mit einem Balkon und einem Blick über Gärten weg. Hier saßen sie abends Esmeralda sang Hugo begleitete. Er spielte alle Instrumente. Sie hatten auch eine Mutter. »Mütterchen, Mütterchen« hieß es den ganzen Tag. Sie war wie der Nagel in der Quadrille, und nahm eine[2] Ehren[3][-] und Sonderstellung ein; aber den Reigen führten doch die Kinder. Sie schwenkten links und schwenkten rechts. Grand chaine und Chaine anglaise. Aber immer drückten sie sich die Hand und jeder Händedruck drückte aus: nicht wahr, wir halten zusammen.

Um die Zeit als ich sie kennen lernte, waren sie schon nicht jung mehr, so gegen dreißig, ein bißchen mehr, ein bißchen

---

[1] Am Rand: er war Geometer; [gestrichen: und spielte alle Instrumente. Esmeralda sang und dichtete]; Louis malte und bossierte in Ton und Wachs; Esmeralda sang [gestrichen: und dichtete]. Sie hieß das Kind. Hugo war der älteste. – [2] Gestrichen: Art – [3] Gestrichen: stelle

weniger und jeder hatte schon was erlebt, auch zwei, dreimal was erlebt. Aber es ging draußen in der Welt nicht. Die Welt, die Welt! Sie hatten das Haus. Das war mehr.

Hugo war etc. Nun Springpunkte seines Lebens. Dann *Lais,* dann *Esmeralda.* All dies aus der Vergangenheit.

Dann [4] Erlebnisse und Begegnungen mit ihnen.

Alle Verhältnisse lösen sich wieder. Sie gehen wieder ins Haus. »Wir halten zusammen.«

Immer die Wendung, wenn sie in neue Verhältnisse eintreten »es war kein rechter Zusammenhang«. »Ich vermißte den Zusammenhang der Dinge u. Menschen.« »Es lief alles neben einander her, aber es fehlte der geschlossene Tanz.« etc.

Leichtlebig, leichtsinnig, ohne Liebe, ohne Haß, ohne Glaube, ohne Hoffnung, ohne Hochmut ohne Demut, ohne Vermögen ohne Kümmernis, ohne Reiselust ohne Kunstlust. Immer Dilettieren, immer Zeitvertreib, immer Spiel, immer Nichtigkeit, immer hohle Freude, immer Familie, Kultur.

Diese Erzählung darf nur kurz werden, höchstens 1 bis 1 1/2 Druckbogen. Alles nur andeuten. Hauptsache ist: Charakterzeichnung seichter, oberflächlicher, *spielerischer* in Täuschungen befangener, von dem *Ernst des Lebens nie berührter* Naturen; dagegen muß ich mich hüten in humoristische Details einzutreten, wodurch, bei der Hohlheit u. Niedrigkeit des Ganzen, nur eine gewisse *Ordinairheit* [5] zu Tage treten würde. Diese paßt aber nicht in das Ganze, das in gewissem Sinne anmutig, fast begehrenswert wirken soll, bis man sich besinnt und sagt: wie hohl, wie verwerflich! [6]

Nachdem die vorgängigen Lebensereignisse erzählt sind, fährt der Erzähler fort.

Ich habe eingangs auch Mütterchen genannt. Und sie mit dem Nagel verglichen. Das trifft zu. Denn wiewohl sie sich verhältnismäßig passiv verhielt, Mutterchen war doch eigentlich die Hauptsache und auch eigentlich die interessanteste Figur.

---

[4] Nachträglich eingefügt: meine – [5] Doppelt unterstrichen. – [6] Am Rand Notiz in Blaustift: Deshalb ist der 2. Bogen (Skizze über ›Mütterchen‹) nicht zu brauchen, namentlich ihre *Kuppelei* nicht.

Sie war eine Majorswitwe von allerbürgerlichstem Namen. und vereinigte alle Tugenden ihres Standes und Geschlechts in sich. Sie war Königin Pomare und Waschfrau je nach Bedürfnis, sie las die Königin Elisabeth und versetzte die silbernen Löffel, fand jeden nett, lachte über alles und buk arme Ritter mit Virtuosität. Sie konnte alles. Ihr Eigentlichstes war aber Partien-machen.

Nun brauch ich wohl nicht erst zu sagen, daß sie dies nicht gröblich betrieb. Ihre Kunst bestand vielmehr darin unter der Maske der größten Gleichgültigkeit dagegen Paare zusammen-[zu]bringen. Sie hatte ein merkwürdiges Geschick in rechtzeitigem Zimmerverlassen und namentlich auch in Abfassung der Wendung mit der sie das Zimmer verließ. In manchen Situationen sagte sie: »ich muß euch einen Augenblick allein lassen«, in andern Situationen sagte sie »ich muß in die Stadt; achte, wenn es klingelt;[7] vergiß nicht[8] die Fenster aufzumachen, wenn es dunkel wird. Ich komme vor Dunkelwerden nicht zurück.[«] Sie versicherte, daß sie jeden ungern hergäbe. »Wir halten zusammen.«

IMMER GLEICH

(Novelle in Briefen)

Korrespondenz zwischen zwei jungen Frauen. Der eine[1] ist leidenschaftlich und unkonsequent, bewegt sich in Gegensätzen, der andre entbehrt des Zaubers der Leidenschaft,[2] er ist langweilig immer derselbe, aber zuletzt wird ihr klar, daß dies *nicht* langweilig sondern nicht bloß das beste, sondern auch das interessanteste sei.

Bestrebungen der jungen Frau ihn aus seiner Gleichmäßigkeit zu reißen. Sie macht ihn eifersüchtig. Er hört auf ruhig zu sein, er ist seiner Ruhe entrissen, sein Temperament wird an-

[7] Von »achte« an zwischen die Zeilen geschrieben. – [8] Aus: achtet darauf
[1] Zu ergänzen: Gatte – [2] Gestrichen: aber

ders, aber seine in Charakter und Gesinnung liegende Haltung, sein Betragen bleibt dasselbe.

Vielleicht so.

Die eine junge Frau ist Witwe oder mit einem Rittergutsbesitzer glücklich verheiratet; die andre hat den Gentleman-Philister, sehnt sich aber nach Leone Leoni, nach George Sand und Alfred de Musset-Verhältnissen. Französ. Bücher bestärken sie darin. Endlich wird sie geheilt. Die »gentile Ruhe« siegt.

DIE GESCHICHTE
DER FRAU v. M., SPÄTRE G. R. ST.[1]

Fängt an mit dem Begräbnis des alten v. M. Die Steinhöfler Lokalität beschreiben, Schloß, Säle, Chambre ardente; die vornehme Gesellschaft aus d. Residenz; der hochangesehne orthodoxe Geistliche; die Rede; in dieser der Hinweis auf die schöne Frau. Vorher Empfang im Ahnensaal; sie sitzt ihrem Bilde gegenüber; ihre Schönheit unverändert. Nach der Rede Aufbruch in die alte Kirche. Hinabsenken in die Gruft. (Ende April)

2. Kapitel. Ein Vierteljahr später. Sommer. Anfang August. Sie ist noch im Schloß. Sie ordnet. Aber alles öde. Sie langweilt sich. Und freut sich doch ihrer *Freiheit*. Sie kann tun was sie will. Einzelheiten. Der Blick auf ihr Bild (im 1. Kapitel *nicht*; die Stelle muß fortfallen). Betrachtungen dabei. So jung, schön. Sie seufzte. Sie war eine Exzellenz. Ihr Lächeln darüber. Das Gewächshaus. Die tropische Luft. Sie konnt' es nicht ertragen. Sie ging in die Kirche. Zu dem Geistlichen. Zu armen Leuten. Hier war ihr am wohlsten.[2]

---

[1] Vorgeschaltete Seite: 5. Gruppe. Frau v. M. spätre G. R. St. / Bruder, Schwester, Mann. (Titel fehlt) / Frau Kommerzienrätin R. / Wir halten zusammen. / Onkel Geheimrat [der letzte Titel mit Blaustift hinzugefügt]. – [2] Gestrichen: 3. Kapitel. Ein Besuch bei armen Leuten. Sie sieht eheliches Glück; eine Fülle blonder Kinder. Ihr wird weh ums Herz.

3. Kapitel. Brief an die Freundin. Worin sie ihr vergangnes Leben offen schildert. Es war nicht unglücklich; nur auch nicht glücklich. Und vielleicht ist das das schlimmste. Es füllt am wenigsten aus. Sie schildert nun ihre Ehezeit, besonders auch den Verstorbenen, un vrai gentilhomme, aber...

4. Kapitel. Ein Jahr ist vergangen. Aber sie trägt noch Trauer. Sie fühlt sich bedrückt. Öde. Verwandte kommen. Jeder stichelt, sie werde wieder heiraten. Sie sucht sich durch Tätigkeit herauszureißen. Ein Besuch bei armen Leuten. Sie sieht eheliches Glück; eine Fülle blonder Kinder. Ihr wird weich ums Herz. »Verlorenes Leben«. Aber sie rappelt sich.

5. Es waren sieben oder acht Jahre vergangen. Sie lebt in der Residenz. Es zerstreut sie. Sie bewohnt eine erste Etage. Über ihr ein Gymnasial-Direktor; Witwer; mit drei Kindern: 12, 10 und 8 Jahre, das älteste und jüngste ein Mädchen. Scharlach; sie hilft. Der Knabe stirbt. *Gespräche.* (Diese müssen nun sehr charakteristisch gehalten sein.)

6. Ein halbes Jahr später wurde die Hauptstadt durch eine Verlobungs-Anzeige überrascht. Diese kurz geben. Spöttereien. Die Antwort darauf war eine rasche Hochzeit. Keine Gäste. Hochzeitsreise. »Wohin reisen wir? nach Italien?« »Nein, nein liebe Exzellenz, das wäre noch ancien regime. Wir reisen nach Thüringen.« etc. Dies ausführen. – Nach drei Wochen waren sie zurück; der Direktor war ein Bergsteiger, ein Enthusiast und es gab ihm ein Kraft[-] und Wohlgefühl. Nun sind sie zurück. Sie fand Briefe vor. Auch von der Freundin. Sie beantwortet diesen Brief und charakterisiert nun den neuen Mann. Zugleich zieht sie Parallelen. Über die Leute lacht sie. Ich habe für mich geheiratet, nicht für andre.

7. Es war so, wie sie geschrieben und es kam so wie sie geschrieben. Man fiel von ihr ab. Sie trug es. Anscheinend heiter. Aber es gibt kein Glück. Es liegen uns Briefe vor an die Freundin, die das innere Leben der Frau schildern. Nun folgen diese Briefe, vielleicht vier oder fünf. In allen wird gesagt: er ist ein Mann; klug, gescheit, kräftig. Aber er hat einen unbequemen Überschuß an Kraft. Dies an Beispielen zeigen. Er brüskiert alles. Und gibt dies für Mut aus; dies ist mir furchtbar. 2. er ist orthodox. Ich glaube nicht daran. Er hält es für

männlich und kräftig, und außerdem ist es gegen den Zeiten-
strom; das lockt ihn, reizt ihn. Wär es echt, es hätte ihn klären,
die wilden Schößlinge tilgen, wegschneiden müssen. Aber er
ist zynisch. Und will es sein. *3. Brief.* Allerhand andres. Er
ist ein Anekdoten-Erzähler. Dies nun ausführen. Er gibt vor
sich aus dem Urteil der Welt nichts zu machen, und ist so eitel,
um jedes Menschen Beifall zu buhlen. *4. Brief.* Er wackelt in
seinen Prinzipien und [3] Anschauungen. Ach, was ist Kraft! Er
ist eine durchaus sinnliche Natur. In ihrer Verquickung mit
dem Christentum unerquicklich. Ich leide darunter. Sehnsucht
nach dem alten v. M.

Hier bricht die Korrespondenz ab. Nur ein Brief ist noch da,
der nach dem Tode des zweiten Mannes geschrieben wurde.
»Ich habe das alles noch einmal durchmachen müssen. Wie anders alles. Und ich schreite nun wieder durch die [4] weiten Zimmer. Nicht die Jugend liegt hinter mir, ach, das Leben. Was
war es? Viel Glück ist mir geworden. Und doch. Ich hatte mein
Leben nicht ganz auf das Richtige gestellt: erst verlockte mich
der Glanz, dann verlockte mich die Kraft. Es war mit beiden
nichts. Am wenigsten mit der Kraft. Wenn sich die Kapitel [5]
meines Lebens hätten verschieben, umstellen lassen. Ich hätte
mit den letzten beginnen und mit den ersten schließen müssen. Nun ist es zu spät. Und mein Leben war wie alles Leben:
eitel, verfehlt.

---

[3] Seitenende; auf dem Rand quer geschrieben: Er avanciert; wird
Rat; wird ausgezeichnet (all dies schreibt sie) wird an den Hof gezogen, kriegt Orden. Er will mich zum zweiten Mal zur »Exzellenz«
machen, ich trau ihm zu, daß dies der Ehrgeiz seines Lebens ist. Und
so geht alles gut. Und er liebt mich, liebt mich ... ach erlaß mir diese
Bekenntnisse. Weniger wäre mehr. Was du in der Jugend erleidest,
hast du im Alter die Fülle, mais je me tais. Tu l'as voulu. etc. etc. –
[4] Ab hier mit Blaustift über der Zeile: Große Dienstwohnung, Raum-
verschwendung; die »weiten Räume« sind ihr geblieben – [5] Aus: Akte

EIN IDYLL

(Kl. Groths Haus in Kiel)

Ein Idyll

Kiel kommt auf[1] 40,000 die Sprotten ungerechnet. Es hat ein
Schloß, ein Arsenal, eine Werft ein Museum von Schränken
und Truhen, einen[2] dry dock und eine Universität. Es hat
auch allerhand andres noch. Das 2. Bataillon 85er sah ich mit
der Musik des Seebataillons seinen Einzug halten... geht nicht
borg ich eins. Es hat natürlich auch eine Stelle »wo die letzten
Häuser stehn«. Hier zweigt eine[3] Vorstadtstraße ab, Villen und
Gärten, und diese Vorstadt-Straße heißt »Schwanenweg«.

Idyll in Wik. Erinnerung an Abbotsford, Romanze in Stein
u. Eisen.

DER FLÖTENSPIELER

1. Kapitel. Schloß in Oberschlesien. Die Kiste kommt an. Der
Graf und der alte Diener; Zwiegespräch. – Die Damen, die alte
Gräfin, die Komtesse, die jüngeren Kinder. – Zwei Tage später
kommt der Brief, der in Erinnerung an Meran es überreicht
und wegen Zudringlichkeit um Entschuldigung bittet. Aber
es sei ihm wie eine Dankbarkeitspflicht. Hinweis darauf, daß
die Prinzessin Friedrich Karl auch einen Flötenspieler hat und
die Königin von Sachsen. – Aufstellung im Korridor neben
einer alten Erbuhr. – Besuch am Abend erwartet.

2. Kapitel. Rückfahrt des Besuchs: Baron Troitsch, Baron Vusai, Baron von Plčzewski. Dieser alt, mit Frau und drei jungen
Damen, Fräulein, Backfisch und 10jährige.

Die beiden andern Paare sind noch jung und keine Kinder
mit dabei. Drei Konversationen in den 3 verschiedenen Schlitten. In diesen Gesprächen muß sich in übermütiger und etwas
grotesker Weise, zugleich schandmaulend, alles geben. (Dies
alles spielt in den letzten Oktobertagen es ist schon mal Schnee
gefallen.)

[1] Aus: hat – [2] Gestrichen: Werft – [3] Gestrichen: Villen

Drittes Kapitel. Zweite Hälfte des November. Briefe treffen bei Graf Sorma-Triptowitsch ein. Sie rühren von den 3 Familien her. In allen handelt es sich um den Flötenspieler. Olčzewski ganz kurz. Nicht die Kinder wollen ihn, sondern die alte Olčzewski. [»]Schicken Sie uns die Adresse. Bis Weihnachten müssen wir es haben« Man weiß die Adresse nicht; will in Berlin anfragen. Endlich findet man auf dem Sockel in kl. Schrift: H. Helfft, Berlin, Köpnickerstraße 117. b.

Viertes Kapitel. Die Sache war vergessen. Alles war fait accompli. Man hatte sich längst beruhigt; der Flötenspieler war in dem ganzen Kreise Kattowitz eine Alltäglichkeit geworden selbst die Kinder bei Hohenlohes hatten es; es war populär wie Radfahren; am angesehensten aber blieb er bei Sormas und die Komtesse hörte oft träumerisch zu und hing ihren Gedanken nach: wo kam er her? was hatte es damit auf sich? wer war es? Die Kinder hatten dieselbe Vorliebe. »Bitte, Beatrix; du bist so reich; wir haben nichts mehr in unsrer Büchse.« Und dann ging es wieder los.

Man hatte sich auf einen Attaché geeinigt.

Aber zuletzt war es vergessen und es war ganz vergessen, als sich Beatrix mit dem Grafen ... verlobte. Nur einmal gab es eine Verlegenheit, als die jüngere Schwester dem Bräutigam davon erzählte. Eifersucht. Dann Lachen und wieder Heiterkeit.

Fünftes Kapitel. Es war nun gerade jährig und auf den 27. Oktober war die Hochzeit festgesetzt. Schon am 25. war der Polterabend. Gäste, Geschenke von allen Seiten. An dem Zwischentage, der der Ruhe galt, kam noch ein Paket. Ein Geschenk und ein Brief. Sehr fein und liebenswürdig abgefaßt und alles nur andeutend. Unterzeichnet H. Helfft, Köpnickerstraße 117.b.

GRAF SORMA-TIPTOWITZ[1]

Es sind nun schon über zehn Jahr und vieles was jetzt alltäglich ist war damals noch eine Rarität, als vor Schloß Tiptowitz in Oberschlesien ein Postkarren abgeladen wurde; zwei
Diener des Schlosses halfen und befleißigten sich dabei der
größten Sorglichkeit denn neben[2] einem H und einer Zahl, die
auf dem Colli standen, stand noch Vorsicht »Oben« und
»Vorsicht«, Vorsicht mit zwei dicken Ausrufungszeichen. Aber
das Schwierigste kam noch das Colli mußte drei Stufen hinaufgetragen werden; alle vier hatten eine Ecke gepackt und
riefen sich Worte[3] gegenseitig »langsam« »gieb nach«, rechts
zu Joseph [zu].

Auf der obersten dem Portal unmittelbar vorgelegenen Stufe,
die schon eine Art Vorflur bildete, standen der Schloßherr und
seine Familie, der Schloßherr, seine 3 Töchter und eine mittelältliche Erzieherin. Die Frau war tot. Der Schloßherr selbst
gab Anweisungen und hielt die gelbe Gepäckkarte in der Hand,
die Adresse war richtig, geschäftsmäßig geschrieben, dem
Herrn Grafen Sorma-Tiptowitz auf Tiptowitz (Kreis Beuthen)
Oberschlesien war vermerkt und geschäftsmäßig geschrieben
und nur das war[4] auffallend, daß auf dem sogenannten Coupon jede Angabe fehlte, so daß nicht zu sehen war, wer der
Absender war. Komtesse Helene, schlank aufgeschossen, von
zartem Teint, ein vornehmes scharf geschnittenes Profil, war
darüber am meisten verwundert und wie schlesische Damen
sind, schloß auf ein Abenteuer, in dem sie selbst eine Rolle
spielte. Ohne irgend einen bestimmten Anlaß brachte sie das
geheimnisvolle Colli doch in Zusammenhang mit sich selbst.
Es mußte etwas sein, das sich auf *sie* bezöge. Sie sagte es auch
der alten Erzieherin. »Ach Helene wann wirst du aufhören
so eitel zu sein. Wenn ein Postillon abends vorbeifährt und
bläst, so denkst du, eben bringt mir einer ein Ständchen.

---

[1] Von hier an mit Bleistift auf den Rand und zwischen die Zeilen des
ersten Entwurfs geschrieben. – [2] Im Manuskript folgt durch Schrägstriche abgetrennt: der Zahl, die – [3] Über den letzten drei Worten:
dirigierten – [4] Darunter nicht gestrichen: mußte

Wieder ein unglücklicher Liebhaber mehr.« »Laß mich nur« sagte Helene [»]was hat ich anders? Einbildungen machen glücklich.«

Das Colli war inzwischen in den Vorflur geschafft, drin zu beiden Seiten Lorbeerkübel standen und hier überwinterten. Einige waren auch schon dabei, das oberste Brett drauf »Vorsicht« stand loszulösen und setzten eben ein Beil an um es aufzubrechen. Nein sagte der Graf, »so wird es nichts. ›Oben‹ das war bloß so lang es unterwegs war, wir wollen es jetzt flach legen, aber langsam, denn man kann nicht wissen was es ist.« Und so kippte man das Gepäckstück um, und hob das Seitenbrett ein wenig in die Höh, entfernte mehrere Nägel und nahm nun das Brett ab. Dienerschaft wie Herrschaft verfielen in ein »Ah« denn eine menschliche Figur lag in der Kiste wie in einem Sarge. Der eine alte Diener erschrak und hatte nicht übel Lust sich zu bekreuzigen; die andern hatten nur ein staunendes Ah.

Was ist das? sagte der alte Graf. »Das muß ein Irrtum sein, eine Verwechslung. Und wie das jetzt Mode ist, bunt bemalt; sie haben auch ein neues Wort dafür, Helene wie heißt doch das Wort.[«]

Wir wollen lieber Tantchen fragen.

Ich glaube polychrom.

Richtig polychrom. Das ist griechisch. Polys heißt viel und Chromos heißt Farbe wenn mein alter Rektor Majunke, Gott hab ihn selig, hören könnte, daß ich dies noch weiß er hätte eine frohe Stunde, denn sein Vertrauen zu mir war sehr schwach. Ja polychrom. Aber was soll es? Ein griechisches Gesicht und eine Flöte in der Hand. Ich kann mich nicht drin zurecht finden. Ich war nie Flötenspieler. Aber das ist wahr, ich habe mich immer für Flötenspiel interessiert und der alte Fritz war ein Flötenspieler. Wenn ich in Berlin [bin] sehe ich mir immer das Bild an. Vorn sitzt eine dicke alte Prinzessin. Damals waren alle Prinzessinnen dick.

Ein Glück, daß es damit vorbei ist.

Ja, du hast gut reden. Du bist weit davon ab.

Inzwischen hatten die Diener den Versuch gemacht, die Figur aus der Kiste herauszunehmen. Der Graf war aber da-

gegen. »Laßt ihn liegen. Es ist ein Irrtum. Und wenn was zer-
bricht, müssen wir dafür aufkommen. Außerdem, der ganze
Kerl hat doch auch was Unerfreuliches. Da ich mal beim Griechischen bin, es ist so was wie das trojanische Pferd, wer weiß
was dahinter steckt. Nein, Joseph, lege das Brett wieder drauf,
aber nur ganz lose und dann schiebt die Kiste hier hinter die
Lorbeerbäume. Da kann sie stehn, bis sich's aufklärt. Was man
nicht alles erlebt. Es [ist] doch der reine Roman.[«]

Ach, Papa, Roman ist ja ganz anders.

Nun trennen sie sich, es ist 10 Uhr, um sich beim Lunch
wieder zu sehn. Tantchen sagte Helene ich begleite dich auf
dein Zimmer. Dies geschieht. Gespräch zwischen beiden. Der
Backfisch (Nina). Dies muß sehr heiter gehalten sein.

Dann Szene beim Lunch. Der Brief ist angekommen. »Lies
ihn, Helene«. Die tuts und die Erzieherin hört zu. Dann Betrachtungen von allen Seiten. »Nun, so viel steht fest, der
Flötenspieler gehört uns. Es ist mir nicht ganz recht, aber es
interessiert mich ein bißchen, es ist so was wie ein Rätsel.
Und der Mensch braucht Rätsel. Ohne Rätsel ist alles öde.
Nicht wahr, Tantchen?[«]

Tantchen antwortet.

Er fährt fort. Ich denke wir lassen ihn hier nach oben bringen und stellen ihn in den langen Korridor oder noch besser die
kleine Rotunde, grade gegenüber von unserer alten Boule-Uhr.
Da ist Licht genug und da kann man ihn sehn. Allerdings
wenn er wirklich musiziert, wie's beinah scheint, wäre eine
dunkle Stelle besser. So Flötespiel ins Dunkle ist immer am
schönsten, es hat so was Geheimnisvolles, so was Romantisches. Und das is meine schwache Seite. Was nur der alte Olčzewski sagen wird. Wir müssen die Puppe gleich aufstellen
lassen, damit wir unsren Gästen was Neues zeigen können.
Ich wette die Vusai ärgert sich drüber und das ist das Beste.

Ein schönes Paar.

Er. Dunkel, mittelgroß, gesunder Teint. Aber von bürgerlich-professorlichem Stempel, den auch der intime[?] Verkehr mit adligen Familien und das lange Reisen, namentlich in Italien, ihm nicht genommen hatte. Ruhig. Gutgelaunt. Das Herz auf dem rechten Fleck. Vertrauensvoll. Gütig. Nachsichtig. Beinah demütig. Aber durchaus unsentimental.

Sie. Ganz aristokratisch. Rittergutsbesitzertochter.[1] Doppelnatur. Die Mutter kokett, verwöhnt; der Vater brav, mitteladelig. Der Vater früh gestorben, die Mutter als schöne Frau, aber mit schwachen reduzierten Mitteln in die Stadt. Will sich wieder verheiraten. Stirbt drüber hin. Die Tochter bei einer Tante erzogen. Erzogen fürs Glück und Carrière-machen. So war es eine halbe Mesalliance. Hellbraunes[2] Haar. Wundervoller Teint; etwas durchsichtig, blaß, nur dann und wann plötzlich rot. Schöne Figur, groß, oben breit, aber schlank und graziös. Eine glänzende Tänzerin. Heiter. liebenswürdig. Aber von feiner Sinnlichkeit, ehrgeizig und von einem stillen abenteuerlichen Hange. Nur nicht das Alltägliche; lieber schlimm als langweilig. So entpuppt sie sich gleich in einem allerersten heiter geführten Gespräch.

»Aber, Schatz, was soll denn aus uns werden. Das hat unser Leben nicht und wird es nie haben.[«]

Dann tanzen sie. Sie wirft sich aufs Sofa. Er kniete nieder und wollte sie küssen.

»Laß mich« und sie wandte sich ab.

Er setzte sich zu ihr. Als er sie dann sah, sah er, daß sie geweint hatte. Was war das?

1. Die große Einleitungsszene. Burgstraße am Fenster. Die Obstkähne. Das Schloß. Gespräch über das Schloß und seine Gestalten. Eine Figur herausgreifen, die einige *Ähnlichkeit* mit *ihrem eigenen späteren Schicksal hat.* (wichtig) Dann tan-

---

[1] Vermutlich aus: Generalstochter – [2] Aus: Blondine

zen sie. Dann der sinnlich-hysterische Anfall. Sein Kopfschütteln.[3]

2. Der Besuch des Prinzen von der Kriegsschule. Gespräch mit ihm. Sie wird ihm vorgestellt.

3. Die Befreundungen. Man sieht sich öfter. Sie haben ein erstes Allein-Gespräch (weil er, der Mann, noch nicht da ist) Man kommt überein, sich öfter zu sehn. Geschieht.

4. Die Erkältung zwischen den Eheleuten. Ihre Versuche eine Glückskomödie noch zu heucheln. Es scheitert. Sie kann es nicht mehr ertragen. Flucht.

Zweite Hälfte

5. Ihr Wiedersehn. Ihre Demütigung. Ausgleich. Glück.[4]

WIEDERGEFUNDEN

Herbert und Lilli waren ein Paar. Sie waren ein junges Paar und ein schönes Paar, liebten sich und waren aller Leute Liebling. Man durfte sie für glücklich halten und hielt sie dafür.

Herbert war dreißig, Lilli fünfundzwanzig.[5]

Vor drei Jahren, kurze Zeit nach ihrer Verheiratung, waren sie, aus einer kleinen Stadt an der Warthe, da, wo Westpreußen, Posen und Brandenburg in einem stumpfen Winkel zusammenstoßen, nach der Hauptstadt gekommen und hatten in der Burgstraße, in dem einzigen schmalen Hause das diese Straße hat, drei Treppen hoch eine Poeten-Wohnung genommen. Die Zimmer waren niedrig, aber die Luft war frisch und der Blick auf den alten Schloßflügel gegenüber entzückend.

---

[3] Am Rand des Absatzes Längsstrich und Blaustiftvermerk: Gut
[4] Seitenende; am Rand (von 1. an) quer geschrieben: Im Ganzen genommen ist von dem auf diesen 2 Seiten Stehenden nichts zu brauchen und mein *erster Entwurf ist besser.* – [5] Am Rand Bleistiftvermerk: Anfang ist gut! Dann gleich die *Zettelstelle* vom Konsistorialrat Kluckhohn. Dann die Plauderstunde am Fenster. Dann Hanka, die polnische Dienerin [darüber: Amme], die mit der Herrin plaudert. Ihr ist das Leben nicht *flott,* nicht polnisch-aristokratisch genug. Sie gueriert immer und nährt den Liebes- und Abenteuerzug in Lilli. [Weiterer Blaustiftvermerk am Außenrand:] *Gut.* Die lange Bromberg-Einleitung u. Vergangenheit fällt fort.

Von den zwei nach vorn gelegenen Zimmern gehörte das mit einem breiten Fenster Lilli, das mit zwei schmalen Fenstern Herbert. Die Zimmer waren wie ihre Insassen. In Lillis Zimmer herrschte die größte Sauberkeit die selbst durch die Freiheiten, die sich Puzzolo ein wundervoller King-Charles-Hund auf Sofa und Stühlen gestatten durfte, nicht im geringsten gestört wurde. Das Fenster stand immer offen und schloß sich nur auf wenige Monate im Jahr; Luft und Wasser waren ihr ein Bedürfnis. In dem tiefen Fenster hingen mehrere kleine Landschaften, Geschenke von Freunden des Hauses und ein elegantes Vogelbauer, ein Geschenk Herberts. Lilli hatte gestern den Vogel fliegen lassen. »Du mußt es mir verzeihn, Herbert, sechs Stunden Geigenspiel und in den Pausen ein Kanarienvogel, das ist mir zu viel.«

Eine Schwierigkeit ist, ein Gleichgewicht der Teile herzustellen.

Der Anfang bis zu ihrer Flucht muß wenigstens 7 bis 8 Kapitel umfassen, – die zweite Hälfte wohl nur 3 und das ist zu wenig: Es muß also die alte Mutter, um 62 oder 64 alt, noch leben. Vielleicht ihren eitel-schauspielerischen Tod schildern. Begräbnis. Hier das Wiedersehn von ihm und ihr. Die Alte hat ihn rufen lassen, um ihm ihr[6] Unrecht zu beichten. Hieraus müssen sich Hauptszenen ergeben. Sie (die Junge) kommt zum Begräbnis. Daran schließen sich dann die Wiederfinden-Szenen.

Er ist Privat-Dozent, Professor Extraordinarius (neure Sprachen) und vertraut mit England, englischer Literatur und englischer Dichtung. Er übersetzt gleich zu Anfang »Königin Eleonorens Beichte« und sagt ihr den Inhalt halb in Prosa u. halb in Versen.

Die Weiber, die alte und die junge, necken ihn: er müsse eigentlich *alte* Sprachen treiben. Neue passe nicht.

[6] Im Ms. versehentlich: zur

WIEDERGEFUNDEN[7]

Geheime Seehandlungs-Rat Niesenwetter. Ordentlicher Mann. Etwas philiströs, etwas apathisch. Ruhig – beamtenhaft – bewußt. Nicht anspruchsvoll aber staats- und beamtensicher. Einer von denen, die selber gänzlich unpikant eine Zunge für das Pikante haben und darin (unter Weghüpfung über Bedenken, die sie sonst wohl hegen müßten) eine gewisse Stillvergnügtheit finden.

Frau *Geheimrätin*. Die sogenannte Kaiserin-Witwe oder Königin Pomaré. Früher Schauspielerin. Schöne Blondine. Groß, prächtig. Spricht von Fr. W. III. als habe sie den lieben Gott gesehn. Immer grand, immer feierlich, immer tugendhaft, immer streng in der Erziehung ihrer zwei[8] Töchter. Eigentlich ist sie aber hohl, dumm, unbedeutend und weiß sich nur mit Hülfe ihrer Erinnerungen einige Airs zu geben. Ihr Schwiegersohn, der sie ganz und gar durchschaut, hat die niedrigste Meinung von ihr und kann sie nicht leiden. Sie vergilt es ihm. »Ich habe dich streng und tugendhaft erzogen. Tugend ist eine schöne Sache. Nun ja. Jetzt bist du zwei Jahre verheiratet und es läßt sich über die Sache reden. Ich habe das Meine getan, aber tue du nun das Deine, zuletzt muß man die Dinge nicht zu ernsthaft nehmen. Und wenn einem schließlich gar

---

[7] Seitenbeginn; am rechten oberen Rand: Anno 40 als Fr. W. III. starb, hatte sie sich verheiratet, damals 30 Jahre alt, jetzt ist sie 25 Jahre verheiratet, also 55. Es spielt also *1865*. Und der Schluß 1872 ungefähr. – [8] Seitenende; auf dem Rand quer geschrieben: »Die *Dehors* müssen gewahrt werden.« »Wir sind nicht was wir sind, sondern was wir scheinen.« ». . . So frage nur bei edlen Frauen an.« Allüren. Tournüre. »Die Rotière.« Immer Prinzen ausspielen, namentlich d. russ. Kaiser und russ. Großfürsten: Konstantin, Alexander, Michael. Youssupoff. Narischkin. Demidoff. Orloff. »Es hat alles aus diesem Hause einen so sonderbaren Odeur.« Sans peur et sans reproche. »Ein ritterlicher Herr.« »Vom feinsten Parfum.« »Auf dem Parquet groß geworden.« »Airs geben.« »Ohne Formen.« »Er sitzt in einer brillanten Assiette.« (»Mir ist das widerlich« sagt der Schwiegersohn »ich mag in keiner Assiette sitzen.«) »Er hat die Integrität, die Pflichttreue, die Loyalität eines preußischen Beamten.« »Savoir faire.« »Ein charmanter junger Mann.« »Und ähnelte der Königin Luise.«

nichts geboten wird, so hat man auch nichts zu leisten. Zug um Zug. Wie du mir, so ich dir. Man kann auch Untreue mit einem Lexikon üben. Wer über seinem Lexikon seine Frau vernachlässigt, ist noch verwerflicher wie wenn ers um ein andres Menschenkind tut. Es ist noch beleidigender. Man ist nicht mal ein Lexikon wert. Und erst in Schweinsleder. Haha. Mein armes Kind.«

Die ältere Schwester (24 Jahr alt) ist an einen walachischen Bojaren verheiratet, der sich Studierens halber in Berlin aufgehalten hatte.

2 wird drei. Und so geht es dann weiter.

Er schüttelte den Kopf.

»Ich war seine Puppe« sagt ich dir schon. Seine Puppe, sein Papagei, sein Paradiesvogel. Er sah mich gern, er hörte mich gern und er steckte mir das Stück[9] Zucker zwischen die Gitterstäbe. Das war alles. Und zuletzt proponierte man mir ein »Arrangement«. So nennen sie's. Mir schoß das Blut in die Stirn und mir war als ob ich umsinken müsse. Und ich winkte nur, mich allein zu lassen. Und man[10] ließ mich allein. Und da lag ich nun auf meinem Bett und fieberte und sah doch alles ganz deutlich wie es war. Es war mir lieb keine Szene gemacht zu haben. Einen Augenblick wallte die Empörung auf, aber ich hatte doch Ruhe und bon sens und[11] Überlegung genug um einzusehn, ich hätte kein Recht mich zu empören. Und so kämpft' ich es nieder und überwand es[12]. Und um dir alles zu gestehn, ich hatte es nicht einmal zu beklagen. Ich kämpft' es nieder. Aber hätt' ich es nicht gekonnt, hätt' ich in einem Mangel an bon sens einem empörten Gefühle nachgegeben, was hätt ich tun sollen? Ich war gekettet, rettungslos überliefert. Was hätt ich tun sollen? Hätt ich meine Pässe fordern sollen um zurückzureisen und mich wieder bei dir zu melden um in einem koketten Reise-Anzug bei dir einzutreten und zu sagen:[13] »Ich war verreist. Da bin ich wieder.« Oder sollt' ich in das Haus meiner Mutter zurück-

---

[9] Darüber: Biskuit – [10] Darüber: er – [11] Darüber: oder – [12] Aus: und kapitulierte – [13] Gestrichen: Da bin ich wieder.

kehren und ihr sagen: »Es reüssiert nicht jeder; ich habe meine Lady Milfort Rolle ausgespielt.[«] Ach Herbert, das eine ging nicht und das andre ging nicht[14]. Und so hielt ich aus und kapitulierte. Und um dir alles zu gestehn, ich hatt' es schließlich nicht einmal zu beklagen. Ich war doch der Afferei, dem bloßen sich Putzen und Schwatzenmüssen entrissen. Es wurd' eine Neigung, gegenseitig, und es ist meine Schuld, daß ich sie nicht gepflegt.[15] Aber ein tiefer Widerwille begann mich allmählich zu erfüllen nicht gegen die Personen, aber gegen die Lage, drin ich war. Alles erschien mir eitel, unwürdig, hohl, phrasen- und fratzenhaft und eine tiefe Sehnsucht überkam mich mit diesen Verhältnissen zu brechen. Ach welches Glück das Kleinleben! Ich ging alles durch, wie wir früher gelebt, gelacht, gescherzt und alles war mir, als hätt ich einen Himmel von Glück und Unschuld gelebt. Ach und in diesen Himmel sehn' ich mich zurück.[16]

Es wird besser sein, sie rückt ihm nicht gleich mit ihrem Antrag der Aussöhnung auf den Leib, sondern dieser Antrag entwickelt sich erst aus der Situation heraus.

Es muß eine pressante Situation erfunden werden, wo sie sich nicht vermeiden können. Ein Gewitter. Häusler-Haus im Walde. Szene von dem Schwarzburg-Tage. Er ist erst da. Dann kommt sie. So stehen sie sich einander gegenüber. Es ist unmöglich sich zu vermeiden. »Es soll so sein, Herbert.« »Setzen wir uns.« Er erzählt, daß er fort will. Nach New-York, Howarden-College. Neue Welt, neues Leben. (*Sie* muß aber nicht pitschenaß sein, weil das häßlich wirkt; sie ist in einem Wagen gefahren; er auch. Die Szene muß in einem Brückenzollhaus spielen. Die Brücke ist weggerissen. Und so warten sie. Oder

---

[14] Im Manuskript versehentlich: nich. – [15] Am Rand dieses Satzes Klammer und Vermerk: Nicht – [16] Seitenende; am Rand quer geschrieben und wieder gestrichen: Es ist nicht nötig, daß *Kinder* da sind. Die Sache wird dadurch komplizierter und sie darf sie nicht ganz gemütlich im Stich lassen. [Am Rand weiter, nicht gestrichen:] Die Existenz dieser beiden Kinder ist *doch* nötig. Die *Mutter* hat schon vorher auf dem Krankenbett dieser Kinder halbmysteriös Erwähnung getan.

so ähnlich.) Nach dieser ersten Begegnung, in der sie beginnt, dann aber *er* fast ausschließlich spricht, trennen sie sich. »Ich bleibe noch« sagt er an einer Stelle. Er hat dort noch Arrangements zu treffen.

Und *nun* erst erfolgt in ihrer Villa die große Szene zwischen beiden.

Er muß in diesem kl. Gasthause [17] wohnen, Sommerfrische, will noch einmal Heimat genießen eh er sie verläßt. Er sitzt da unten mit der Wirtin am Kamin. Unwetter. Der Brückensteg weggerissen. Nun erst kommt die Equipage. Mit ihr Lilli.

Der »Ahnensaal«. [18]

Oberstlieutnant Dagobert v. Liliencron [19] von den Leibkürassieren zu Breslau; Kantor [20] Balthasar Kleinschmidt, Organist [21] zu Sankt Marien in Schwetz oder Filehne.

So war es. Herbert war eines Kantors Sohn, einer unter vielen, Lilli eines Kürassier-Obersten einzige Tochter. Also eine Mesalliance. Aber bei Lichte betrachtet, klärte sich alles auf. Die Liliencrons hatten von alters her einen flotten freigebigen Zug eine seiner Lieblingswendungen war: »ich marchandiere nicht.« Das hatte er denn auch nicht getan, weder als er eine reizende Soubrette vom Breslauer Stadttheater heiratete, noch als er den Jockei-Klub gründete, Unternehmungen, die schließlich seine Dienste der Armee entbehrlich machten und zu seiner Übersiedlung aus dem Feschleben in Breslau in das Klein-Leben von Schwetz in Geleite hatte. Aber der Wechsel der Verhältnisse änderte nichts in dem Charakter und auf den adligen Gütern der Nachbarschaft bei L'hombre und Point ... verbleibend, stand er eines Tages vor der Frage, wie sich ein Liliencron aus einer »Welt voll Jammer« zurückzuziehen habe. Er war nicht lange zweifelhaft, langte [22] die Pistolen aus dem Kasten, mit denen er manchesmal das Coeur-As aus der Karte geschossen hatte und wurde drei Tage später,

---

[17] Darüber: einem kl. *Forsthause* – [18] Im Manuskript Handskizze; vgl. Anm. – [19] Gestrichen: und Frau – [20] Aus: Gesanglehrer – [21] Aus: Kantor – [22] Darüber: nahm

als an einem Herzschlag plötzlich verstorben, unter dem Geläute der Schwetzer Glocken zu Ruhe bestattet. Der Sarg und der Grabstein sogen was die letzte Tabatière, ein Geschenk des Kaisers Nikolaus von der Revue bei Kalisch her, [einbrachte,] gerade auf. Frau v. Liliencron hatte nichts wie die 10jährige Tochter, die wenig lernte, aber eine hübsche Stimme hatte, die heitre, den Theaterpli spielende Gewandtheit der Mutter und das Bewußtsein der Liliencrons. Sie war aber doch ein entzückendes Geschöpf, aus Gegensätzen zusammengesetzt, die doch wieder zu einander stimmten, bei allem Gewagten (?) eine harmonische, auf sich selbst gestellte Natur, phantasievoll, mutig, selbständig, von der sichs zeigen mußte, ob schließlich die Soubrette oder der Kürassier-Oberst die Oberhand gewinnen würde. Sie nahm Musik-Unterricht bei dem alten Kantor, behexte das Haus vom alten Kantor an bis zum siebenten Sohn herunter und heiratete den Ältesten als er auf Besuch nach Haus kam. Die Mutter an Stelle einer Aussteuer, die sie ihr nicht geben konnte, vermachte ihr die beiden Bilder in Barockrahmen, die nun den oberen Bestandteil des »Ahnensaals« bildeten. Die Schwetzer sagten: »wie wird das werden?« Die einen beklagten ihn, die andern sie. Solch braver Junge sagten die einen, solch schönes Mädchen sagten die andern.

Das junge Paar entzog sich aller weitren Kritik durch Übersiedlung nach der Hauptstadt, wo sich Herbert eine ansehnliche Stellung gemacht hatte. Er galt etwas in musikalischen Kreisen. Grell hielt große Stücke von ihm, auch der und der. Er war in der K. Kapelle als Substitut. Es war ein ideales Leben, das sie führten, das vielleicht Lilli nicht empfand, aber Herbert desto tiefer. Schmerzliches vergaß sich. Ein erstes[23] Kindchen das ihnen geboren wurden, starben wenige Tage nach der Geburt was eine flüchtige Trauer schuf, aber keine tiefe, da sie jung waren[24]. Es war eine ideale Existenz; Lilli empfand es weniger, aber Herbert desto tiefer.

Eines Abends war Lilli auf dem Sofa eingeschlafen, als Herbert nach Hause kam. Sie hielt die Hand über der Brust,

[23] Darüber: Zwei – [24] Gestrichen: auch lag ihre Sehnsucht

die Brosche war aufgegangen und der Halskragen hatte sich verschoben und streifte Kinn und Ohr. Zu Füßen lagen Puzzolo, schlafend wie seine Herrin. Herbert blieb stehn und schlich dann leise zurück, um durch den Korridor in sein Zimmer zu gelangen. Er öffnete das Fenster, und atmete tief auf. Er war so glücklich und so unglücklich [25] zugleich. Es war ihm der Gedanke gekommen, daß er dies entzückende Geschöpf, an der ihm alles teuer war, dessen Unarten selbst ihn entzückten, weil sie graziös und liebenswürdig waren, ihm je entrissen werden könne, sei es durch Leben oder Tod und er fing bitterlich an zu weinen.[26]

Er verwand es aber wieder.

Es war ein schöner Sommer. Nun schildern wie sie Tage und Abende hinbrachten. Sie war vergnügungssüchtig, liebte Partien, aber die Abende reservierten sie sich. Sie haßten die Lokale. Sie lagen im Fenster und plauderten; beide waren sehr gesprächig und hatten das Talent aus allem etwas zu machen. Sie bliesen Kirschsteine in das Wasser, sie beobachteten den Obstverkauf, sie zählten die Fußgänger über die Kavalierbrücke und berechneten, daß der Brückenhüter mehr Gehalt bekäme als Zoll einnähme, sie versicherten sich drüben die weiße Frau gesehn zu haben; sie beschäftigten sich mit den Fremden die vor dem Hotel de Saxe vorfuhren und bestimmten Stand und Nationalitäten, entrierten auch Wetten, die dann anderntags entschieden wurden. Es war die Krimkrieg-Zeit. Sie politisierten auch wohl, da Lilli es mit den Russen hielt. Das glaubte sie der Revue von Kalisch und der Tabatière schuldig zu sein.

Neckerei-Gespräche über Schmidt und Kleinschmidt, jenes besser, und er nun über Lilli v. Liliencron. Das ist freilich poetischer. Aber ein Name kann auch zu poetisch sein.

Über Eifersucht. Warum er es nicht ist. Was er was sie erwidert.

---

[25] Darüber: geängstigt – [26] Seitenende; am Rand quer geschrieben: Zettel: An Herbert Kleinschmidt / Meinen einzigen, lieben, süßen Träumer / zu seinem 30. Geburtstag / von seiner / Lilli / Nun Versanfänge.

Über Langeweile, weil keine Kinder da sind. »Sie können ja kommen.« »Nein, sie kommen nicht.« Hier nun das Gespräch, wo sie ihn fühlen läßt, daß es ihm irgendwo fehlt. Er erwidert erst scherzhaft. Dann bittrer. Es läßt einen Stachel in ihm zurück. Er empfand etwas Überhebliches, Spöttisches, Leis-Anklagendes darin. Es fehlte ihm etwas, etwas Männliches, oder Kavalierhaftes, oder Aristokratisches. Er ist zu arm. Es fehlt der Glanz. Es ist mir das alles bequemer, es sitzt meiner Seele besser.

Dann das Gespräch. »Lilli, bist du glücklich.« So muß man nicht fragen. »Doch.« Nun dies Gespräch ausführen. Schließlich scheinbar völliger Ausgleich, Versöhnung. »Du bist ein närrischer Mensch« und dann »ich glaube, es ist nicht gut so zu plaudern, man sei glücklich aber man frage nicht beständig ob man es ist«. Ich glaube, das ist gefährlicher, wie wenn man die Lage u. Stunden nimmt wie sie fallen, mal glücklich, mal unglücklich.

Lillis Gespräch mit dem alten polnischen Dienstmädchen am andern Tag, die allerhand Spitzen gibt, Bedenken anregt, auf stattliche Männer hinweist, das Violinkratzen als inferior ansieht; das tuen die Zigeuner auch; was wohl der Oberst dazu sagen würde? (Dies alles vorher, ehe das Gespräch mit ihm kommt »Lilli bist du glücklich«.)

Der Erbprinz Botho. Sein Auftreten. Herberts Engagement. Diner. Spazierfahrt. Herbert luchsäugig. Er nimmt aber nichts wahr. Es wird eine Seebadreise des Ehepaars verabredet. Er reist voraus, um die Arrangements zu treffen, er kommt wieder – das Haus leer. Auch die Alte, auch Puzzolo.

DER ERZIEHER[1]

ERZIEHER ERZOGEN[2]

Der Erzieher
Der Allverbesserer

Drei Hauptpersonen:

1. Ein reicher Rittergutsbesitzer, dessen Rittergut aber fast ausschließlich aus Forst und Wiesen besteht. So hat er eine Forst- und Milchwirtschaft und ist ein brillanter Jäger, in den Luchen auf Schnepfen und Bekassinen, in den Forsten auf Hochwild. Auch Auerhahn u. Fasane.

Er ist 40 Jahr.

2. Reizende Frau von etwa 30 Jahren. Sie sind seit zehn Jahren verheiratet. Er liebt sie, macht ihr das Leben aber zur Hölle, weil er sie beständig erzieht. Es ist nicht zum Aushalten. Sie leidet. Sie haben einen 9jährigen Jungen und ein 7jähriges Töchterchen.

3. Als das Unheil auf der Höhe steht, erscheint der »Herzog« auf Besuch (es spielt in Thüringen, in Coburg-Gotha etwa). Denn dieser Forst ist der gesuchteste Jagdgrund im ganzen Land. Der Herzog erkennt die Situation. Es kommt zur Aussprache zwischen ihm u. der Frau vom Hause. Sie klagt. »Das wollen wir ändern.« Er ernennt ihn zu seinem Ober-Forstmeister oder Grand-Veneur und gibt ihm ein entsprechendes Hofamt. Nach einigem Sträuben nimmt er dies an. Beide (er und sie) kommen an den Hof. *Er* hat täglich Dienst und nun verfährt der Herzog genau so mit *ihm*, wie *er* daheim mit seiner Frau verfuhr: d. h. er ist gütig, artig, er schenkt, er zeichnet aus, aber *er nörgelt beständig.*

»Ich finde es gut, aber in Kent oder Windsor oder in Letzlingen oder in der Grimnitz ist es anders u. doch noch besser.

[1] Auf eigenem Blatt; Vermerk schräg am Rand: Novelle – [2] Auf eigenem Blatt; Blaustiftvermerk in der linken oberen Ecke: Neue Novelle. H. S. und Frau

Warum machen wir es nicht *so*? Ich deutete schon neulich an, *daß* etc. etc.« So geht es fort. Der Grand-Veneur gerät außer sich, er will sein Amt niederlegen. Der Herzog sagt: [»]Ich habe mir das anders gedacht. Solche Stellung ist wie eine *Ehe*, es gibt wohl Scheidungen, aber das sind Ausnahmefälle, im ganzen schließt man solche Verhältnisse auf lange Dauer, auf Lebenszeit. Es ist wie in der *Ehe*. Da heißt es sich schicken. Es gibt Ehen, in denen auch nicht alles glatt verläuft, aber wird man gleich brechen? wird man sich gleich trennen? Nein. Das macht einen häßlichen Eindruck. So fügt man sich und es geht weiter. Ich wette, Soldern, Sie fügen sich auch, Sie wollen keinen Skandal. Sie sind doch sicher mit Ihrer Frau gelegentlich unzufrieden, Sie leiden unter ihren Eigenheiten, aber Sie halten aus. Ein jedes Dienstverhältnis ist eine Art Ehe. Man muß aushalten.«

Er kommt nun nach Haus und teilt seiner Frau das Gespräch mit.

Sie geht klug auf alles ein und will mit ihm fort und sagt »es ist unerträglich, ein freier Mann wie *du*, was willst du dich in Ketten schlagen lassen? Komm, wir kehren auf unser Gut zurück. Wir können auch ohne den Fürsten leben, er entbehrt ebensoviel wie wir.«

»Es geht nicht, ich bin gebunden, ich kann ihm den Tort nicht antun.«

»So geschieht denn, was ich fürchtete und was ich dir gleich damals sagte. Das Verhältnis wird in Freiheit geschlossen, aber einmal geschlossen löst es sich schwer, es ist bindend, bindend wie eine *Ehe* . .[«]

Ehe? Was soll diese ewige Ehe. *Er* sprach wie ein Standesbeamter, wie ein Eheprokurator, Ehe war sein drittes Wort und nun beginnst du in demselben Ton. Ehe! Gott sei Dank ist Ehe etwas andres. Ehe. Ehe, das ist eine wirkliche Fessel. Wo ist denn hier die Fessel? Unsinn. Aber Ehe ist eine wirkliche Fessel. Wär ich mit ihm verheiratet, könnt ich wirklich nicht los, so wär ich ein Kind des Todes. Denn es ist unerträglich, unerträglich sag ich. Erschein ich um 9 zum Vortrag, so scheint es zu spät und erschein ich 5 Minuten vorher so scheint es zu früh. Überreich ich ihm ein Promemoria so hat er sie-

ben Fragezeichen an den Rand gesetzt und wo Damwild steht
hat er Schwarzwild mit seinem verdammten dünnen Bleistift
drübergeschrieben. Neulich als er die Meute sah, wunderte er
sich, daß sie alle braunfleckig waren und[3] neckte mich mit
meiner Vorliebe fürs kaffeebraune und als ich neulich von
»baltzen« sprach hat er mich korrigiert, die und die baltzen
nicht. Himmelwetter, und das alles mir...

[»]Ich sagte dir damals, es sei wie eine Ehe. Gott sei Dank,
ist es keine Ehe; du würdest bei deinem Charakter diese beständigen Bevormundungen, diese Tadlungen nur um zu ta-
deln, dies beständige Korrigieren aus bloßer schlechter Laune
vielleicht auch nur aus Gewohnheit nicht ertragen können.
Du bist frei, so handle danach. Nicht jeder ist in gleich glücklicher Lage, nicht jeder ist frei, viele, die dasselbe zu tragen
haben, sind wirklich gebunden, sind wirklich in einer Art
von Ehe...«

Wieder Ehe? Was soll das? Ich will nichts mehr davon hören, ich bitte... Laß mich. Ich will allein sein.

Und sie verließ ihn und er ging auf und ab. Alles ging ihm
durch den Kopf, alles überlegte er noch einmal, alles was der
Herzog gesprochen, alles was die Frau gesprochen. Es war ihm
als hab er all das oder doch Ähnliches schon vor geraumer
Zeit gehört und mit einem Male wußt er was es war. Alles war
ein Spiel, ein Komplott, eine abgekartete Sache [»]man hat
mich erziehen wollen, dieser Herzog der selber kaum erzogen
ist.«

Und er tobte weiter.

Endlich beruhigte er sich. Er ließ die[4] Pony-Equipage mit
dem Korbwagen vorfahren und fuhr hinaus, zwischen die Felder, es war die Sonne im Neigen. Das Korn wogte, der Mohn
blühte und die Wachtel schlug.

»Nach Haus« rief er barsch.

Er sprang vom Wagen, stürzte hinauf in das Zimmer seiner Frau, hob sie bewegt in die Höh und sah sie an. »Verschwörerin, Conspiratrice«. Aber ihr hattet recht. Meine süße

---

[3] Gestrichen: wunderte – [4] Aus: eine

Sidonie. Komm. Es soll anders werden, ich schwör es dir. Es
muß eine Hölle gewesen sein. Komm.

Und er hob sie hoch in die Höh und trug sie bis an die Tür
und wickelte sie in den schottischen Mantel, der im Vorzimmer
hing.

Und eine Viertelstunde später waren sie draußen im [5] Feld,
die Sonne war eben unter und die Wachtel schlug und er flüsterte ihr zu: Morgen wieder daheim. *Dies* hier war keine Ehe.

ELEONORE

1. BRIEF

Eleonore an Pastor H.

Beglückte Anzeige. Hörnerklang. Halkett. Revue. Zurück-
kommen auf den Hauptpunkt. Martins Charakterskizze.

Der erste Brief

Sie macht ihm hochbeglückt die Anzeige und knüpft Hoffnungen für die Zukunft daran.[1]

Ich unterbrach mich hier, denn Militär-Musik rief mich an
das Fenster. Und ich erinnerte mich nun erst daß wir heute
Waterloo-Tag haben. Alle Bataillone rückten aus der alte Halkett an der Spitze (Hier die Jahrgänge 55 und 65 der + -Ztg
nachsehn und danach die Schilderung geben.)

Der alte Halkett grüßte herauf, herzlich, und ich sah, daß es
nicht bloß ein Gruß sondern auch eine Beglückwünschung sein
sollte.

---

[5] Gestrichen: Wald — [1] Am Rand Blaustiftvermerk: Siehe das *vor*
bis zu dem Konvolut, dessen Inhalt im wesentlichen zu brauchen ist.

Unser König nimmt die Parade ab:[2] er liebt es, um den Glauben aufrecht zu erhalten (vielleicht vor sich selbst) daß er sehen könne. Ich muß immer alles gegenwärtig haben, was ich dem Hofe schuldig bin, um nicht in Unmut über dieses Spiel zu verfallen. Und dann frag ich mich wieder: sind wir nicht alle blind und wollen die Welt glauben machen, daß wir sehen können! Und ich rufe dann Gott an, daß er mich vor Verblendung bewahre und vor allem davor, nur scheinen zu wollen. Ein Festessen in der ... Halle wird wie gewöhnlich den Tag beschließen und das vierzigmal Gesagte wird noch einmal gesagt werden. Die Besten sind[3] Helden aber keine Redner und wenn ich den alten Halkett auf den Wogen seiner Rede rudern[4] sehe, so ist[5] es, als[6] geschäh es mit einer Hand. So merk' ich, daß ihm die Linke fehlt. Ich schriebe dies vielleicht nicht, wenn ich nicht überhaupt gegensätzlich gegen diese festliche Begehung dieser militärischen Festtage Schlachtentage stünde. Ein paar Jahre lang sei es; aber so bis ins Unendliche hinein! Es widerstreitet unsrer Lehre und ist eine Huldigung,[7] oder doch ein Anerkenntnis,[8] das wir nachträglich der katholischen Kirche darbringen. Die Feier der Heiligen haben wir abgeschafft und die Feier großer Schlachtenspiele setzen wir an ihre Stelle. Es stellt unser Leben auf etwas Falsches und was es unsrem Leben von Diesseitigem zulegt, das nimmt es dem[9] Jenseitigen. Es nationalisiert (?) uns, aber es entchristlicht[10] uns und auch die kirchlichen Feiern mit denen wir es begleiten, ändert nichts daran. Die Kirche statt zu herrschen tritt in den Dienst. Und das darf sie nicht. Diesen Gedanken durchzusetzen, daran setz ich mein Leben. Und dieser Gedanke führt mich noch einmal auf das zurück, weshalb ich Ihnen, mein väterlicher Freund, schrieb. Alles was in mir ist, dank ich Ihnen; es ist Saat, die Sie gesät. Und was ich mein Werk nenne,[11] ist auch das Ihre. Kräftigen Sie mich durch Ihr Wort, unterstützen Sie mich in meinen Plänen. Ich bedarf dessen

---

[2] Gestrichen: Sie – [3] Darunter nicht gestrichen: Der alte Halkett ist ein – [4] Über der Zeile ergänzt – [5] Aus: wirkt – [6] Gestrichen: rudre er – [7] Gestrichen: die – [8] Gestrichen: daß. – [9] Gestrichen: Jetzigen – [10] Darüber: [ent]kirchlicht – [11] Gestrichen: das

mehr als Sie wissen können, denn über das was Martin fehlt, hab ich immer nur in Andeutungen zu Ihnen sprechen können. Sie wissen daß ich ihn liebe, Sie wissen welchen Widerstand ich zu brechen hatte: ihn mir zu erringen meinen Willen durchzusetzen. Hof, Familie, mitunter von fernher klingende[r] Ruf meines eigenen Herzens waren dagegen. Sie[12] wissen, daß ich siegreich war, aus Liebe, vielleicht auch aus Willen. Und gesegnet sei der Tag, wo Sie, mein teuerster Freund, unsre Hände in einander legten. Aber eins fehlt ihm: Energie. Er ist weich, schwach, unenergisch. Er hat hundert Tugenden und ist mir an schöner Menschlichkeit überlegen aber etwas Lasches zieht sich durch sein Wesen, ein Hang die Dinge gehen zu lassen und nie hätt' er sich selber dahin gestellt, wo er jetzt steht. Und im Vertrauen, er soll höher hinauf. Ich werde die Verhältnisse zwingen und durch die Macht der Verhältnisse schließlich auch ihn. Denn seine Demut[13], [die] wenn ich offen sprechen darf, doch immer mehr noch[14] in Bequemlichkeit als in Bescheidenheit wurzelt, wird mir bei jeder neuen Etappe dieselben Schwierigkeiten machen. Er[15] bedarf eines beständigen Sporns. Lassen Sie es, wenn Sie ihm schreiben, nicht daran fehlen. Er bedarf eines Sporns. Und er liebt Sie und gehorcht gern Ihren Worten. Und nun Lebewohl. Ach, daß Sie wüßten welche Sehnsucht ich inmitten all meines Glücks nach Ihrem stillen Heidedorfe habe. In einer Sammlung las ich neulich ein Lied: (Storm, Abseits oder ein anderes)

Da mußt' ich Ihrer gedenken. In herzlicher Dankbarkeit

Ihre Eleonore.

---

[12] Aus: Er – [13] Darunter nicht gestrichen: Bescheidenheit – [14] »doch immer mehr noch« aus: die nichts als – [15] Gestrichen: brau[cht]

2. BRIEF

Pastor H. an El.

Beglückwünschung. Anknüpfung an den Waterloo-Tag. Zu-
rückkommen auf Martin. Warnt vor zu sanguinischen Hoffnungen. (Siehe das einliegende Blatt mit der Überschrift
Grundakkord.)

Grundakkord
in seinen Briefen

Sie (Leonore) ist ganz durchgängerisch, ganz Leidenschaft.[16]
Sie glaubt nur Gott, dem Himmel, dem Ewigen zu dienen und
sie dient nur sich und der Weltlichkeit und Eitelkeit. Dies
klingt in den Briefen des Alten immer durch. Sie hat es, ge-
genteiligen Versicherungen zum Trotz, nicht gelernt, auf
Glanz u. Schein zu verzichten.[17]

Sie muß die Tochter aus einem *sehr vornehmen* gräflichen
Hause sein, das aber plötzlich verarmte; nun heiratete sie
einen Assessor, der mit Rücksicht auf ihre Familie geadelt
wurde.

2. *Er* schreibt.

Er gratuliert. Warnt vor zu sanguinischen Hoffnungen. In
die Hand des einzelnen ist wenig gelegt. Nicht auf dem Wege
der Verwaltung, der Gesetzgebung ist dem beizukommen, sondern es bedarf der Erweckung, der Gottesmänner, der Vorbereitung der Gemüter, der Ackerung des Feldes. Aber diese seh
ich nicht. Dies Feld liegt brach und nur Unkraut wächst. Das
muß umgestürzt werden, der Pflug muß drüber hingehn und
es stürzen und dann müssen die kommen, die neue Saat ein-
streun. Aber dieser Pflug fehlt noch. Es fehlen die Prüfungen,
die den Boden willig und bereit machen.[18]

---

[16] Gestrichen: ist – [17] Von »Sie glaubt« an Klammer am Rand und
Vermerk: Hauptsache – [18] Am Rand dieses Abschnitts Längsstrich
und Vermerk: gut. An den Schluß. »Aber ich bin alt und das Alter
ist hoffnungsloser als es recht ist.« Dies etwas ausführen. [ferner
mit Rotstift:] Vielleicht erst später.

Der zweite Brief

Er schließt sich in seinem Gange an den ersten Brief an. Also 1. Beglückwünschung 2. Anknüpfung an den Waterloo-Tag. Ich kann Dir darin nicht zustimmen. Und hättest Du den unsren gesehn, so dächtest Du günstiger. Nun Schilderung. Kirche. Veteranen. Denkmünzen. Nach dem Marmordenkmal, wo Dein Großoheim zusammengebrochen liegt. Und dann zogen wir hinaus. Es fiel auf einen Sonntag (ist richtig) Heidekraut in hohen Büschen und dazwischen die Ginster [19] und das Besenkraut mit gelben Blumen und langen Ruten und dahinter dehnte sich das Moor [20], endlos mit seinen Torfpyramiden, die wie dunkle Lagerzelte das weite Moor überdeckten. Und am Horizonte graue schwere Wolkenmassen, aber hoch über uns die Sonne. Die Kinder lagerten sich und sangen Lieder. Und mit eins trat unsre Klassen-Erste vor, des Bauern Möllhausen jüngste Tochter, und fragte mich: ob sie was deklamieren dürfe. Ich fragte was? Und sie gab mir ein Buch »Waterloo« von einem Dichter [21] aus dem Preußischen drüben. Und ich entsann mich wohl von ihm gehört zu haben. Und so sagt' ich ja. Und so stellte sich das halbwachsene Mädchen in den Kreis, ein jüngstes Enkelkind aus Katten[-] und Cheruskertagen, blauäugig, groß, mit langen blonden Zöpfen. Und anfangs zitterte ihre Stimme als aber alles näher rückte und die Jungens, als wär es in der Kirche, die Hände zu falten anfingen und dann die Alten auch, da verlor sich ihre Herzensbangigkeit und das flachsblonde Haar leuchtete um den Kopf des Kindes. Es ist ein langes Gedicht aber sie hatte bloß eine Stelle gewählt wo die hannöversche Garde angreift

....

....

Und als sie nun schwieg, da war mir auch sonderbar ums Herz geworden und ich trat an das Kind heran und streichelte ihr das Haar und gab ihr einen Kuß auf die Stirn'. Es war ein

---

[19] Aus: Ginsterbüsche [Über »die«:] Stachel [vielleicht zu lesen: Stachelginster] – [20] Aus: Torfmoor – [21] Gestrichen: Scherenberg

schöner Tag, Ellen, und wenn wir an irgend eines Heiligen Stelle diesen Tag gesetzt haben, so haben wir recht getan. Es muß das alles nur in rechtem Geiste geschehn. Der bloße Waffenlärm ist mir verhaßt und auch dadurch, daß ein Tedeum gesungen wird, wird eine unheilige [22] Sache nicht in eine gottwohlgefällige verkehrt. Darin hast Du recht. Aber solche Feier, wie sie dieser 18te alljährlich heraufführt, das ist kein Schlachtentag das ist ein Prinzipien-Tag, wo Gut und Böse, göttliche Weltordnung und Menschenübermut einander gegenüberstanden. Ein Dämon, der sich frei gemacht, wurde gebändigt und in Nacht und Einsamkeit zurückgeworfen. Eine Welt stand auf dem Spiel, die Frage Gott oder Mensch wurde an diesem Tage entschieden und keines Heiligen Märtyrerschaft hat der Welt so viel bedeutet, wie dieser Tag.

Ich habe mich hinreißen lassen; halt' es meinen hohen Jahren und einer schönen Rückerinnerung zugut. Ich soll an Martin schreiben und ich will es. Seit Tagen such ich nach dem rechten Wort. Aber erwarte von diesem Schreiben nicht mehr als ich geben(?) kann. Offen gestanden auch nicht mehr als ich geben will. Denn ich teile Deine Auffassung von Martins Charakter nicht. Er ist anders als Du ihn schilderst, und gerade das, was Du an ihm [23] beklagst, das hat er vor Dir voraus. Er hat ein volleres Vertrauen in die Fügungen Gottes und glaubt seinem Gotte am besten zu dienen, daß er auf seinen Ruf wartet.[24] Und was Du geneigt bist eine falsche Demut zu nennen, das ist [25] überhaupt keine Demut, weder eine falsche noch eine richtige, das ist jene stille, abwartende Klugheit, die immer bei den Frommen ist. Laß ihn. Er wird immer das Rechte wählen. Daß er Dich so liebt, ist sein Glück und – seine Gefahr. Denn er wird nachgiebiger gegen Dich sein, als er sollte. Meine teure Ellen gebrauche die Macht richtig, die Du über ihn hast. Sein und Dein Glück hängt daran. Und vieles andres noch: denn das Amt, das ihm jetzt gegeben, ist ein eingreifsches(?) und greift wie kein andres in Leben und Gewissen. Sehen wir Dich in diesen Sommertagen noch hier?

[22] Darüber: gottlose – [23] Gestrichen: vermißt – [24] Gestrichen: Er hat – [25] Gestrichen: weder

Die Heide steht in Blüte und die Bienen schwärmen. Unser Haus und unsre Herzen sind immer offen, wenn Du kommst.

H.

4. BRIEF

H. an El.

Er lenkt mit superiorer Ruhe u. Heiterkeit ein. Erinnerung an die Szene im Park. Winter. Teich. Nun sag: wie soll es sein? Auf dem Wege der *Verwaltung*[26] ist diesen Sachen schwer beizukommen. Dazu bedarf es der *Erweckung.* (Hier lieber das Blatt aus Brief 2. verwenden.) Indes ich mag irren; ich werde alt. Laß hören. Gib Dein *Programm.*[27]

DER SCHMIED VON LIPINKA[1]

(Lieber vielleicht einen dreisilbigen deutschen
Namen: Der Schmied von Wolmirstedt
oder von Gerdauen
von Pilkallen.)

[2] Eine Einleitung. Etwa 'ne Predigt oder ein Lied das ein armer Bettler oder ein Kind singt oder aufsagt, geht vorauf.

Dann (oder schon vorher) eine Situationsschilderung: Schmiede. Gespräch. Geplauder. Oder Begräbnis der 4. Frau.

Das Lied wird wieder gesungen. Der Schmied ist verwirrt.

Ein halb Jahr später. Er will wieder heiraten. Der Sohn spricht dagegen. Ein Kampf; der Alte erschlägt ihn mit dem Hammer.

Vor Gericht. »Wißt Ihr, daß Ihr ein Mörder seid.«

Ein Mörder? Wer sagt das?

---

[26] Doppelt unterstrichen. – [27] Doppelt unterstrichen.
[1] Darunter mit Blaustift: Arneburg – [2] Vor Beginn des Textes aufgeklebte Zeitungsnotiz; vgl. Anm.

Ich...[3] Ihr hab[t] Euren Sohn erschlagen.
[4] *Ja, den.* Ja, *den* hab ich erschlagen.
»Führt ihn fort. Wir haben morgen die Untersuchung.«

Nun erst sinnt der Richter nach. Sein Benehmen war sonderbar, und er geht jedes Wort und jede Miene durch. »Ja, da liegt noch mehr.. Nun wir wollen sehn.«
Und nun kommt das Verhör. Hier wird er zum Geständnis gebracht durch einen geschickten Coup.
Am Abend vor der Exekution hört er wieder das Lied.
Am andern Tage ging das Glöckchen.

SIDONIE v. BORCKE[1]

Barthold Geschichte von Pommern und Rügen. Band IV. 2. Teil.
Micraelius. Sechs Bücher vom alten Pommernlande.

Wichtig.[2]

Entweder sie selber war in Frankreich, oder der *Herzog*[3].
Und nun erzählt er von Rouen und vom Platze wo die Jungfrau gefangen saß, wo Talbot begraben liegt, die [der] sie für eine Hexe u. Maitresse hielt, und dem Platz auf dem sie verbrannt wurde. Und dann weitere Details aus den letzten Lebenstagen der Jungfrau. (S. Scherr über Bischof Cochon.)
An andrer Stelle Partie (von Wolgast aus) nach einer Insel und hierbei die Sturmschilderung, wo der Kirchhof aufgewühlt wird.

---

[3] Gestrichen: Und das Gesetz. – [4] Gestrichen: Sie?
[1] Im Manuskript folgt Zeitungsausschnitt; vgl. Anm. – [2] Mit Rotstift. – [3] Doppelt unterstrichen.

SIDONIE V. BORCKE

Senator Bremer erzählte mir:

Sein Vorfahr sei Knecht oder Büdners-Sohn auf d. Lande gewesen. Liebt eine Bauerntochter und sie ihn. Der Alte will nicht und gibt die Tochter einem Bauerssohn. Bei der Trauung sitzt der Büdners Sohn hinter dem Brautpaar und in dem Augenblick, wo der Geistliche die Kopulationsformel spricht (sie zusammentut) schließt er, der Büdnerssohn, ein Vorlegeschloß zu, daß es knapst, und wirft das Schloß in einen Ziehbrunnen. Wenn man das tut, würde die Ehe unfruchtbar. Er wurde gefoltert, bekannte, und wurde landesverwiesen. So kam er nach Lübeck.

Sidonie muß das Schloß *auf*schließen und aufreißen und in einen Brunnen werfen, um dadurch eine *Trennung*[4] von Herzog und Herzogin herbeizuführen.

Dies bildet nachher einen der *Anklagepunkte*.

Solcher Punkte muß ich ein halbes Dutzend suchen. Sie müssen alle phantastisch und grotesk auftreten, aber nicht *häßlich*[5] sein, wie's manche der wirklichen Anklagepunkte sind.

Es empfiehlt sich auch Benutzung der *Wolgast*-Szenerie. Sie muß einen Besuch in Wolgast machen und von Wolgast aus eine der kleinen Inseln, Ruden oder eine andre, besuchen und hier einen Sturm erleben. Sie rettet sich auf den hochgelegenen Kirchhof, aber auch der Kirchhof wird erreicht und die Särge werden bloßgestellt. Endlich läßt es nach und sie kehrt nach Wolgast und Marienfließ zurück.[6]

---

[4] Doppelt unterstrichen. – [5] Doppelt unterstrichen. – [6] Am Rand: Juist, Wangeroog und andre (auch von den Halligen) wurden in dieser Weise überschwemmt. Daraus muß ich dann Züge entnehmen.

Sidonie v. Borcke

Die *Stettiner Lokalität* muß ich kennen, vielleicht auch die Stargardter.

Schloß, *altes* Schloß, Jakobikirche, Schloßkapelle, Gerichtslokalität.

Das Leben bei Hofe; der Einfluß des französischen Hofes, an dem der Herzog als junger Herr gelebt hatte. Beständige Reminiszenzen daran. Lieder; Bilder; Tapeten. Katharina v. Medicis Bluthochzeit, Maria Stuart, Coligny, Heinrich IV. etc.

Friedeborn Histor. Beschreibung der Stadt Alten-Stettin in Pommern. Stettin 1613.

Heller. Chronik der Stadt Wolgast.

Schmidt Geschichte der früheren Stettiner Handels-Compagnieen.

Resultat meines Besuches
in Marienfließ [7]

Als *Sidonie* kommt, befindet sich *baulich* bereits alles in Verfall. Überall sieht man: das war mal groß und reich und ist nun klein und arm geworden. Sie möchte etwas daran wiederherstellen. In diesem Sinne spricht sie gleich zuerst zu den Nonnen.

Verkehr mit den Nachbarstädten: Zachen, Freyenwalde, Jacobshagen.

Partie nach Dahlow und Peglow, beide mit alten hübschen Kirchen und Steintürmen. Das eine mit einem schönen hochgelegenen Kirchhof. Der Klosterbach kommt aus dem Klostersee.

Ankunft. Lage des Dorfes u. Klosters. [8]
Einfahrt ins Kloster. [9]

---

[7] Mit Blaustift auf eigenem Blatt. − [8] und [9] Im Manuskript Handskizze; vgl. Anm.

Das Äbtissinnenhaus

(Nicht das wirkliche, sondern wie ich es mir konstruiert.)
Das Äbtissinnenhaus darf nicht zu groß sein. Auch nur
1 stöckig, auch Küche nach vorn. Es war wie eine Doppelwohnung.[10]
Oben befinden sich die Schlaf-, Dienerinnen- und Vorrats-
Räume.
Am Eingang die Pförtnerwohnung.

Kloster Marienfließ war früher viel größer in der *Mönchs-
zeit*, Cisterzienser-Nonnen oder Mönchskloster. Nun wird es
Stift. Die meisten Baulichkeiten verfallen; es bleibt nur ein
größeres Langhaus mit 1 Stockwerk übrig, in dem 11 Fräulein
und 1 Priorin wohnte. Sidonie exzeptionell Äbtissin. Jede bewohnte ein Parterre und ein Ober-Zimmer.
Der Grundstein zum Kloster wurde gelegt 2. November 1248.
Vorn 1 Treppe hoch, dem Boden zu, war ein Absatz von
dem aus ein *Gang direkt in die Kirche* und zwar auf den Non-
nen-Chorstuhl ging. Hier war ein kleiner Altar. Gegenüber
ist jetzt der Haupt-Altar. – Taufstein (Holz*ständer*) in krausen
Renaissance-Formen ist von *1613*. An einer Seite eine Taufe
Christi; an der andern Wappen und Namen; Wolff v. Wedell,
Anna v. Schönbecken, Gottfried v. Wedell, Catharina v. We-
dell und v. Borcken.

Vom Kloster aus geht es bergab in den Klosterpark, an der
tiefsten Stelle der Nonnenbach, dann steigt es wieder stark an.
Alte Eichen jenseits; eine Brücke führt hinüber.
Hinter dem Langhaus der Garten; am rechten Giebel der
Park.

Fluß Krampehl

Der »Nonnenbach« entspringt im Marienfließer See, dicht
am Kloster und fließt in den kl. Krampehl-Fluß, der bei Stargard in die Ihna geht, vorher trennt er die beiden Dörfer Dahlow und Peglow.

[10] Im Manuskript Handskizze; vgl. Anm.

Vorher, von Stargard aus, *kein* Dorf. Dahinter *nur Trampke*.
Zachan. Freyenwalde, Jacobshagen.

Kräuter für Sidonie v. Borcke und die alte Wolde.
1. Liebstöckel. 2. Allermannsharnisch. 3. Teufelsabbiß (Scabiosa) 4. Porst. 5. Knöterich. 6. Wohlverleih. 7. Erdbeerkraut
und Sauerampferkraut Abkochung gegen das Fieber. 8. Fingerhut. 9. Liebeswagen. 10. Distel. 11. Nessel. 12. Besenkraut.
13. Heidekraut. 14. Schafgarbe etc.

Die alte Wolde hat drei Sorten von Kräutern: a. Böse Kräuter. Giftkräuter. Nachtschatten. Stechapfel, Bilsenkraut, Fingerhut etc. b. Liebeskräuter Liebstöckel etc. c. Gute Kräuter;
Heilkräuter bei äußrem und innrem Leiden. – Wohlverleih
etc.

[11] Dieses waren die vornehmsten Beschuldigungen
Sidonia von Borcken bestellte hierauf die Adjunction. Ihr
Advokat war Eustachius Kottmann. Commissarii setzten pro
termino des Zeugenverhörs an, den 11. Jan. 1620 pro loco das
Amtshaus zu Marienfließ, in der unter Stube zur rechten Hand,
u. endigten es den 18. Jan. Der Zeugen Aussage kam darauf
an: Sidonia ihren Feinden, wäre auf ihr Drohen, Fluchen und
Beten, bisweilen Krankheit u. Tod widerfahren; ob aber ihr
Drohen – Fluchen u. Beten, eben dessen Ursach, wüßten sie
nicht. Einen dreybeinigten Hasen oder Katze, hätten ihrer
zwey gesehen, nicht weit von ihrer Thüre sitzen u. dieselbe anschauen; sie hätten ihn alsdann weggejaget. Das Sprüchwort,
wäre ihr von dem Krabben u. Kratzen sehr gemein gewesen.
Von dem Spöken hätte sie selbst ausgebracht. Mit den gebrannten Hexen hätte sie Umgang gehabt, u. sie theils zur
Arbeit, theils zum Wahrsagen gebrauchet. Ein zänkisch u. boshaftig Mensch wäre sie notorisch gewesen.

II. Commission welche Sidonia von Borcken zu Führung
ihres Gegenbeweises erhielte, u. dem Stargardischen Bürgermeister Thomas von Mildenitzen, nebst dem Hofgerichts-Advokaten Joachim Rehbergen aufgetragen, denen M. Meißner,

[11] Der folgende Abschnitt in der Handschrift von Fontanes Frau (Abschrift).

Georg Reveling u. Johann Niedertheim adjungiret waren, u. in dem Stargardischen Rathhause gehalten wurde. Commissarii citirten dazu 28 Zeugen auf den 3. April u. s. w. welche allen vor Sidonien besser als die ersten zeugten.

1. Commission von Herzog Francisko aufgetragen den beiden Gerichts-Schöppen, David Meißnern, Georg Revelingen. Denen sie adjungirten, Joachim Rehbergen, Hofgerichts-Advokaten u. Theodor Poltenium Advokaten zu Daber. Der Fürstl. Fiscal Christian Lüdeke gab 74 articulos indictionales wider sie ein, darinn er anzeigte, Col. 307 daß sie:

1. Von Jugend auf der Zauberey wegen verdächtig gewesen.
2. Mit Hexen Umgang gehabt e. g. mit
   a. Lenen welche in Uchtenhagen
   b. Wolde Albrechts welche in Marienfließ verbrannt
   c. Wegner, so vor der Inquisition in custodia gestorben sind alle auf sie bekannt.
3. Durch Hexerei viele Leute
   a. Umgebracht eg.
      1. Lütiken Prediger in Büche, dem sie durch Chimken das Genick brechen lassen
      2. Herzog Phillippum
      3. Den Pförtner Winterfeld
      4. Die Priörin Magdalena von Petersdorfin
      5. Doctor Schwallenberger
      6. Joachim Wedeln in Kremtzo
      7. Precheln in Buslar 2 Kinder
      8. Ihren Brudersohn in Stramehl.
   b. Krank gemacht
      1. Jfr. Hanauen, welche verlahmet
      2. Jobst. Borcken, Hauptmann in Satzig welcher die Epilepsie bekommen
      3. Jfr. Stettinin, welche besessen worden
      4. Eine Magd um einen weißen Tuch
      5. Den jetzigen Prediger in Büche fecisse impotentem
   c. Hoch bedrohet
      1. Den Hauptmann Sperling in Marienfließ
      2. Ewald Flemmingen, Land-Marschall, soll das Auge ausgehn.

3. Den Kloster-Jungfern läuft sie mit Beilen u. Messern zu Halse
4. Den Fiscal.
4. Ein dreybeiniger Hase, mit einem weißen Ring um den Hals, sitzet für ihrer Thür.
5. Wenn sie jemand durch ihren Teufel Chim genannt getödtet, oder unglücklich gemacht, hat sie allemal mit ihrem Sprüchwort jubiliret: So krabben u. kratzen, meine Hund und Katzen.
6. Hat immer grüne Besen Creutzweise unterm Tisch liegen gehabt.
7. Sich allemal aus einem Wasser drey Donnerstage nacheinander gebadet.
8. Ihren Feinden gedrohet, sie wolle sie zu tode beten.
9. Wenn ihr Gesinde zu Bette, sitzet sie und betet den Judas Psalm.
10. Legt sich auf Erforschung künftiger u. verborgener Dinge, sonderlich ob die Kloster-Jungfern noch in virginitate wären; u. consuliret deswegen alle Hexen auf viele Meilweges.
11. Weiß was in Königsberg in Preußen zu der Stunde paßiret. artic. 56.
12. Spöket in ihrer Zell nach der gebrannten Wolde Albrechts Tode.
13. In ihrem Spinde werden zwey große F---ze gehöret. art. 56.
14. Hat sich zum Despect ihrer Familie, mit allerhand Kerls gefreiet. artic. 71.

Der 109. Psalm

»Den müssen sie beten«, sagt die alte Wolde.
»Ich werd ihn suchen« und sie suchte ihn und las.
Nun den Psalm vom 6. bis zum 20. Vers, aber unter Weglassung von etwa ein Drittel, das bloß störend ist.
»Das ist gut, Wolde« sagte sie. »Den wollen wir beten.« Und sie trennten sich.

»So krabben und kratzen
Mein Hund und Katzen«

Daehnert Band V. S. 127 u. S. 426 *alles* sehr gut und interessant. Die Anklagepunkte ergeben sich daraus vorzüglich.[12]

Daehnert Band IV. S. 235 etc.
Die ganze Sache sehr gut dargestellt, mit richtigem Gefühl
für das was Hauptsache ist und interessiert.

Am Schlusse gibt der Einsender eine ausgezeichnete Charakteristik Sidoniens.

[13] [»]...Sidonie war stolz, kühn und böse, und eigensinnig,
neugierig, im Aberglauben ersoffen und gewohnt von niemandem Gutes zu sprechen. Sie hatte ein glückliches Pfund in
Erfindung spöttischer Beinamen, war von großem Ahnenstolz
und erklärte die fürstlichen Hofbedienten für »Halunken,
Schreiberknechte und Bürgerkerle«. Mit keinem hielt sie Frieden. Aufs äußerste neugierig, fragte sie nach allem bei
alten Wahrsagerinnen an. Sie hatte deren wie in Lohn und
Brot. Vor allem wollte sie beständig wissen, wie's mit der
Jungfernschaft ihrer Klosterschwestern stünde. Das schuf ihr
viel Feinde. Die alte Wolde war ihre »Geheimte-Rätin«. Und
Hexen die verbrannt wurden, schickte[14] sie ein Totenhemd...
Es schmeichelte ihrem Hochmut, wenn alles vor ihr kroch und
bebte. Dabei entfuhren ihr Prahlereien, die später üble Folgen
für sie hatten.« Sie ist durch und durch bös aristokratisch, mit
Lastern gesättigt, aber kühn, mutig, *frei* trotz allem Aber-
glauben und nicht ohne eine gewisse Großartigkeit.

---

[12] Am Rand: S. 128 bis 130 Mitte. – [13] Folgender Absatz angestrichen und Blaustiftvermerk: Wichtig –

[Drei aufgeklebte Zettel]

[1]

Ihr Bild im Berliner Kalender von 1838.

Nach einer *handschriftl.*[15] Notiz in Daehnert befand sich ihr Bild 1812 auf Heinrichsdorf, einem Schlosse des Geheimrats v. Arnim[16] auf Heinrichsdorf bei Dramburg.

Vielleicht ist *danach* das Bild im Kalender von 1838 angefertigt.

[2]

Regelmäßige Züge, schön geschnitten, kleiner Mund, alles von einem gütigen und idealen Ausdruck. Das schöne volle Haar war wulstartig (besseres Wort) zusammengelegt und in ein Goldnetz gelegt, das vorn, über der Stirn, [sich] sonnengoldfarben[?][17] in ein diademartiges Goldband verbreiterte. Ein ähnliches Band trug sie um den Hals und einen Broschenschmuck daran. Über dem Kleide ein kleiner Samtkragen, schräg auslaufender Samtkragen mit Pelz besetzt und über dem Kragen eine starke goldene Kette.

[3]

Sidonie und die alte Wolde[18]

»Se seggen: Godd lett[19] sich nich spotten, un *ick* segg di: de Düwel ook nich.« Damit ging die Alte aus dem Zimmer.

Dies macht einen großen Eindruck auf Sidonie, die zu fühlen beginnt, daß das, womit sie gespielt, *wirklich* zu werden beginnt und sie zu würgen droht.

Sie war noch schön und wer sie so sah, hätte ihr zehn Jahre weniger gegeben. – Sie war, ohne stark geworden zu

---

[15] Über der Zeile ergänzt, doppelt unterstrichen. – [16] Aus: einem Schlosse von Graf Arnim – [17] davor gestrichen: statt. – [18] Mit Blaustift. – [19] Aus: läßt

sein, doch immer stärker geworden, was ihr Spannung und eine glatte Haut gab. Nirgends sah man auch ein Fältchen nur. Ihre Augen waren blau, aber von solchem Feuer daß sie schwarz erschienen, volles schwarzes Haar. Ihr erster Anblick war imponierend und im höchsten Maße gewinnend; sie hatte was Freudiges und Freundliches, alles war Lebenslust. Erst wenn man schärfer zusah, sah man daß hier viel zurück lag, viel erlebt war, dann schoß es auf und eine Welt von Leidenschaft und Verbrechen(?) leuchtete draus hervor. Sie hatte wüst gelebt, und daß sie aussah, wie sie aussah, verdankte sie ihrer kräftigen Natur und daneben einem gewissen Erhaltungsinstinkt, der sie mitten in ihren Extravaganzen innehalten und sich auf sich selbst und Aufgaben des Lebens besinnen ließ .. – Es war aber nicht bloß dieser Instinkt, es waren auch die Außendinge, Erziehung, Leben, die eine gewisse Gewalt über sie übten. Ihre Jugend fiel noch in die katholsche Zeit, oder wo doch vieles im Lande noch katholsch war. Sie war bei einer Äbtissin in Kloster Pudagla katholisch erzogen worden, dann kam sie an den protestantisch-gewordnen Herzogs-Hof, hatte viel Verkehr mit berühmten Geistlichen, hörte berühmte Prediger, und zugleich kehrten die jungen Herzöge aus Frankreich zurück und brachten Lebensart und feine Sitte und Kunst und Dichtung und Musica mit. Das alles hatte Einfluß gewonnen, mischte sich mit ihrer leidenschaftlichen und gewalttätigen Natur und ließ sie mitunter fein, klug, künstlerisch, gesittet erscheinen. Und außerdem so freigeistig[?] sie war, so abergläubisch war sie.

Entwurf. Gang der Erzählung in Kapitel-Überschriften.[20]

1. Der Praepositus meldet an.
2. *Sie* kommt selbst.
3. Die Wendin. Das Kind. Die Katze.
4. Parteibildungen. – Strenge in der Klosterzucht.
5. Leibarzt Kniephof.
6. Kneiperei.
7. Weihnachtsheiligabend. Das Kind.

[20] Am Rand Bleistiftvermerk: (Gilt!)

8. Die Fuchsjagd im Januar. Verknickt. Transport ins Kloster.

9. Die alte Wolde.

10. Die alte Wolde, als erste Beraterin. »Den müten wi dod beden.« Quacksalbereien. Schönheitsmittel. »Den setten wi 'nen King' Pazel [21] mit Düwels up sine Deel. Dann kümmt he nah Huus un stött den Kurb um in dem sin se Wut und he hott se int Huus.« »Ach, das ist ja Unsinn.« »Ja, Unsinn mak et wull sinn, awers et helpt.« Opposition gegen den Klosterpförtner, der petzt. etc.

11. Archidiakonus *Eustachius Staalkopp* [22] kommt ins Kloster als Prediger. *Sie* hat ihn herangezogen. Sie wirft ein Aug auf ihn. Vertrauliche Gespräche. »Geistliche müssen unverheiratet sein. Das haben die welschen Päpste wohl gewußt. Haben sie die Weiber, so haben sie das Haus. Und wer selber ein Haus hat, der verliert den Einfluß. Deshalb hab ich Euch gewählt.«

Er lächelt, dankt, ist verwundert.

»In diesen Stücken halt' ich es mit der alten Lehre. Im andern halt' ich es mit dem Luther, mit der Rechtfertigung durch den Glauben. Die Sünde ist nicht weg zu schaffen, vielleicht soll sie nicht fortgeschafft werden, vielleicht brauchen wir sie und Gott selber braucht sie, daß diese Erde lebt und besteht wie sie ist. Aber dafür haben wir die Reue; das gibt die Sühne. So halt' ich es. Es ist viel erlaubt, wenn viel bereut wird. Und da ist eine Wechselwirkung. Wer am tiefsten sündigt, bereut am tiefsten. Und aus der tiefsten Reue blüht das Heil.«

Sie sah ihn mit ihren großen schwarzen Augen an. Er begegnete ihr, aber sie sah wohl, daß der Pfeil abgeprallt war. Er entgegnete ernst, artig, bestimmt, superior. Beide wußten woran sie waren. [23]

12. Sie gerät in einen Koller. Und wiederholt ihre Versuche. Dieselbe Ablehnung. Höchste Wut. Sie tut noch etwas, wor-

---

[21] Darüber: Kurb – [22] Darüber: Weddin – [23] Nachträglich eingefügt: Hier vielleicht das Kapitel, wo der Herzog und die Herzogin zum Besuch kommen, was ihr momentan wieder Oberwasser gibt.

an er und das ganze Kloster den höchsten Anstoß nimmt. Sie sagt ihm jetzt ein Liebesverhältnis mit »Schwester Anna« nach. Berichtet darüber nach Stettin.

13. Sie will zum Abendmahl gehn. Er verweigert es ihr. Große Szene.

14. Sie beruft die Konventualinnen zusammen und ihn vor die Schranken. Sie rechnet auf Ungehorsam. Nein. Alle sind da; er auch. Sie klagt ihn an. Widerklage. Seine fulminante, zerschmetternde Rede.

15. Sie beschließt seine Vernichtung. Neue Mogeleien und Quacksalbereien mit der alten Wolde. Der Pförtner stirbt. Der Pastor hat seinen Bruder ans Totenbett gerufen und ruft ihn zur Sühne dieses Frevels an. Er akzeptiert.

16. Der Sommer kommt. Gewitterjahr. Ihre Angst. Endlich das kolossale Gewitter. Ihre Flucht in die Kirche. Gebet. Die Katzen-Augen. Ihr Entsetzen. Fieber. Doktor Kniephoff kommt. Er läßt »schwitzen«. Aber es hilft nicht viel. Endlich erholt sie sich wieder. Sie hat aber das Gefühl einer Katastrophe.

17. Der Prozeß ist inzwischen angestrengt. Sie erhält Kunde davon. Sie hofft aber auf den Hof und den Herzog. Man läßt sie noch gewähren, beobachtet sie aber. Sie glaubt es gälte ihrem Wandel, ihrem tyrannischen Wesen, ihrem Hochmut u. Tollheiten. Aber plötzlich

18. wird ein *Hexenprozeß* daraus. Man hat sich der alten Wolde versichert. Diese tritt als Zeugin auf.

19. Große Gerichtsszene. Hier ist sie groß und nobel und offen. Sie bekennt sich zu allem. Aber nicht zu Hexenkünsten.

20. Ins Gefängnis zurückgeführt. Ihre Reue; sie demütigt sich.

21. Gerichtsvollstreckung. Der Maler vorher. Das Rückseitenbild. Schluß.

Sie kommt im *September* an. Sie bildet Parteien, Freund und Feind. Ihre erste Stütze ist die blonde Wendin. »Sinn nich Manneslüd doa?« Einiges Verwegene aus der nächsten Stadt, immer »ein petit comité«. Zu gleicher Zeit weiß sie den benachbarten Adel für sich zu interessieren, wenigstens die derben und dollen. Dies gibt ihr mittelbar wieder Stellung, Ansehn, Einfluß im Kloster selbst. Nur Pastor Lüdicke verharrt in seiner Antipathie, die sie vorläufig noch durch Entgegenkommen zu brechen trachtet. Lüdicke hat Zusammenkünfte mit Anna Stettin etc (andre Namen) nicht um zu techtelmechteln, sondern um einen Kriegs- und Sturz-Plan einzuleiten. Dazwischen Gespräche mit der Wendin. Deren Kind spielt bei ihr. Dann mit Konventualinnen geladen. Endlich große Jagdpartie. Sie stürzt, verknickt sich den Fuß, wird aber ins Schloß getragen – dies malerisch ausführlich – und nimmt an dem Bacchanal teil auf einem Ruhebette liegend. Es verschlimmert sich aber. Nun wird nach der alten Wolde geschickt, die ihr ein Dewitz (andrer Name) empfohlen hat. Kommt. Mit dieser freundet sie sich an. Diese kocht ihr Tränkchen, um sich jung zu erhalten etc etc. Die Wolde, die Wendin und der Alte aus der Stadt sind die drei regierenden Minister.

So kommt Weihnachten. Hier zeigt sie sich von ihrer großartig aber auch wieder herrschsüchtig liebenswürdigen Seite. Großes Kinderfest von 14 bis 4 Jahren. Glänzender Tannen und Lichter-Aufbau in der Halle; die Kinder beschreiben. Sidonie ist selig. Am Abend sagt sie der Wendin: laß das Kind bei mir. Sie stellt es ans Bett und nimmt ihre Hand und schläft ein.

Anschläge auf Lüdicke. Er läßt sie abfallen. Sie beschließt ihn zu vernichten (Gespräch darüber mit der Wendin und der Wolde). Aber er beschließt dasselbe. Nun zwei friedliche Mächte. Der Pförtner gehört mit zur Pastor-Partei. »Wir müten se dod beden« sagt die alte Wolde. Bei dem Pförtner glückts. Lüdicke wird denunziert als »zuchtlos«, er seinerseits denunziert auch. Beide Briefe treffen ziemlich zu gleicher Zeit bei Hofe ein. Ihre Stellung ist schon wacklig. Es wird Sommer. Die Gefahr rückt näher. Gewitterjahr. Ihr Entsetzen, ihre Flucht in die Kirche. Sie schläft u. hat sich erholt, da kommt der Fiskal, Abführung in die »Oderburg«. Prozeß.

Große Gerichtsverhandlung. Die Anklagepunkte werden ihr vorgelesen. Sie rast, ist außer sich, antwortet würdig und mit

362   PROSAFRAGMENTE UND -ENTWÜRFE

natürlicher Beredsamkeit. Es wird nach Magdeburg geschickt.
Sie weiß was kommen muß u. bereitet sich auf ihren Tod vor.
Dieser erfolgt.

Der bischöfliche Camminsche Leibarzt *Kniephof*. Stelzbein.
Früher Schiffsarzt auf einem schwedischen Orlogschiff. Als er
das Bein verlor, zog er sich an Land zurück und wurde bei
dem Camminer Bischof Arzt. Eigentlich Kneipbruder, Geschichtenerzähler. Beide waren Süffel und so erlaubte er dem
Bischof alles: »praesente medico etc nocet«. Erst als der Bischof gestorben war, hatte er sich nach Stargard oder Pom-
mersch Freienwalde oder Zachan zurückgezogen. Wie unser
Krause in Letschin; nur toller, wüster, verwegener. Er schneidet, schröpft, läßt Ader. »Alles kommt aus dem Blut. Hat er
zu viel, muß was weggenommen werden: schröpfen, ist es
zu dick, muß es dünn gemacht werden, ist es zu heiß muß es
kühl gemacht werden. Also: Aderlaß oder Schröpfen, Purganz, Transpiration. Aber das Dritte ist das Beste: der
Schweiß ist die Form der Genesung.[«]
»Auch der Todesschweiß?« Erst recht. Da haben wir die
Genesung vollkommen. Aber so weit gehen wir noch nicht.
Vorläufig sind wir noch bei dem der das Leben bedeutet. Das
Fieber fällt ab, das Gefühl des Behagens, der Befreiung von
einem bösen Feind ist unmittelbar. Und jedes Mittel gilt, die-
sen Retter (den Schweiß) herbeizuschaffen.

Als sie von dem furchtbaren Gewitter geängstigt, in die
Klosterkirche eilt, um sich dort niederzuwerfen, huscht was,
als sie aufschließt, hinter ihr her. Sie sieht aber nichts. Nun
wirft sie sich nieder. Ruft Christus und Maria an. »Gott, ich
habe sie tot gebetet. Sie kommen nicht mehr.« Und mit dem
richtete sie ihre Augen auf und sah auf die Altardecke und
das Bild darüber. Aber sie sah nur zwei Glühaugen und dann
sprang es fort und verschwand und sie sah, daß es eine
schwarze Katze gewesen. »Ich rief Gott und Er kam, alles verkehrt sich« und sie stürzte wieder entsetzt in ihre Wohnung
zurück.
Auf der Jagd vorher stürzt sie; verrenkt sich; man will

eine *Bahre* holen. »Nein, *nicht* Bahre.« Man soll eine Bahre machen aus jungen Stämmen und sie zusammenbinden, so gut es geht. Es ging auch, sie binden oder nageln etwas zusammen, und nun den Sattel ihres Pferds als Kopfkissen und zugedeckt mit Mänteln ging es vorwärts. Aber es war stockdunkel geworden, Gräben zu passieren und Glatteisstellen und Schneewehen. Die Gäste (die adligen) schnitten junge Kienen[24], die voll in Kien standen und zündeten sie an und so vorauf und neben ihr reitend ging der Zug querfeldein über das Schneefeld auf das Kloster zu. Dort ist sie nun fidel und nimmt liegend an der Festlichkeit teil.

Hermann Blücher.[25]
   Wedigo v. d. Osten.
   Caspar v. Eickstedt
   Vatentin v. ———
   David v. d. Osten.

Sewerin Stalkopf[26] Diakonus zu Pyritz (diesen statt *»David Lüdicke«* nehmen)
   Margarethe Gräfin Eberstein
   Graf Eberstein, Herr zu Naugard und Massow.
   Sabine Hedwig v. Eberstein
   Walpurg v. Eberstein
   Erdmann zu Putbus, Comtur zu Wildenbruch
   Ernst Ludwig Freiherr von Putbus.
   Landmarschall Ewald v. Flemming.[27]
   Caspar v. Wolde, Stettinscher Kanzler.
                    Hauptmann auf Colbatz.
   Joachim v. Wedel »der eine *»pommersche Chronik«* und andre nützliche Schriften abgefasset hat.«
   Tida *v. d. Zinne*, der letzte seines Geschlechts
   Friedrich v. d. Osten.

[24] Darüber: Lärchen – [25] Am Rand notierte Stichworte: Beilager. Hansestädte. Hanse. Die Hansen. – [26] »Stalkopf« blau unterstrichen; darüber: Wedderkopp – [27] Von hier an bis zu v. Pirch Klammer am Rand und Vermerk: Sterben alle 1609.

Heinrich Borcke.

Henning Borcke.

Ein v. Pirch wird hingerichtet.[28]

Dietloff v. Winterfeld Comtur und Landvogt zu Schievelbein

Dietrich v. Schwerin auf Spantekow.[29]

S. 58 (Micrael) Herzog Philipp wegen »seiner Schwachheit« ins Bad. Sehr gut zu brauchen. Als Verhöhnung »alles lendenlahm«.

Graf Steffen Heinrich v. Eberstein † 1613. (Micrael S. 62)

Tessen v. Parsow, ein Pommerscher von Adel. † 1614.

Graf Ernst Ludewig Hans v. Eickstedt; Matz v. Krakow; Aegidius v. Blanckensee; Peter v. Kameke; Paulus *Kniphoff*[30] Subrektor zu Stettin.

Viele gute *bürgerliche*[31] Namen siehe Micrael S. 89 unten.

Graf Albrecht von Eberstein.

Eustachius v. Fleming.

Christoph v. Platen.

Caspar v. Stojentin, Hauptm. z. Friedrichswalde.

Heinrich v. Schwerin, Stallmeister.

Wedigo v. Wedel, Hauptm. z. Colbatz.

Daniel *Wasserführer*[32], Archidiak. zu St. Jacobi in Stettin.

Ewald v. Tessin. Jürgen v. Wedel.

Lorentz v. Podewils. Henning v. Trampe. † 1618.

Achaz v. Rhaden. Huchold v. Behr[32a]. Hans v. Behr. Kurt v. Flemming. Richard v. Puttkammer. Äbtissin Sidonie v. Borcke † 1620.

Dubslaff v. Eickstedt. − Jobst Dewitz zu Daber. Peter v.

---

[28] Seitenende; am Rand quer geschrieben: Micrael gibt sehr gut den finstren abergläubischen und dabei bewußten, bocksteifen Zeitton: Kometen erscheinen, Ungewitter, Turmknopf fällt herab, Schäfer haben Visionen, Glocken werden gegossen, Prophezeiungen etc etc. Nach *dieser* Seite hin sehr zu brauchen. − [29] Bei den beiden letzten Namen Klammer am Rand und Vermerk: zwei Freunde. † 1611. − [30] Rot unterstrichen. − [31] Doppelt unterstrichen. − [32] Darüber: Wasserfuhr [rot unterstrichen] ist besser. − [32a] Anm. am Fuß der Seite (Hübscher Denkvers S. 124)

Glasenapp Hauptmann auf Bütow. Alexander v. Rammin. Bonaventura v. Werther.

Es werden nicht viele pommersche Namen (außer Kleist) in dem Vorstehenden fehlen.

Alles was bei Hofe ist, hat die »große Tour« gemacht, alles war in Frankreich, erst am Hofe Katharinas v. Medici und ihrer Söhne, später mit Vorliebe am Hofe Heinrichs IV. Alle sind also von einigen Allüren, von weltmännischer Bildung und wissen in französ. Dingen und Weltbegebenheiten gut Bescheid.

».. . die Tod oder Unfruchtbarkeit aller Mitglieder der herzoglichen Familie veranlaßt haben sollte.[«] Aber es lag einfach an ihrem wüsten Leben: vor allem maßloses Trinken brachte sie vor der Zeit ins Grab. Kannenweise trank man sich zu und gab einander Bescheid. Ein Herzog von Holstein bedankte sich schriftlich für den »schönen Rausch« den er gehabt und empfiehlt die Pastoren-Lehre: »Nach den heiligen Tagen möget ihr wohl saufen und die himmlische Sackpfeife wohl klingen lassen.« Die Leibärzte rieten zu der Mäßigkeit, verboten das lange Sitzen bei Tafel bis in die Nacht hinein, aber vergeblich. »Den Ärzten bekäme es« hieß es »und *die* tränken noch mehr.« Weder den Wein noch den *Aquavit* wollte der Herzog missen. Man trank an den Höfen nur:

1. schwere, feurige Weine;
2. Gewürzweine (Nelken, Zimt, Ingwer) aller Art;
3. starke Biere;
4. gebrannte Wasser.

Anzuschaffendes Material.
Bücher. Karten. Pläne.[33]

In *Czenstochau*, bei einer großen Prozession, bricht Gewitter aus. Viele flüchten unter einen Baum. 15 werden vom Blitz getötet. Diese Nachricht macht einen tiefen Eindruck auf sie. Es muß aber mehr in der Nähe spielen, in einem näheren Klo-

---

[33] Auf eigenem Blatt; untere Zeile mit Blaustift.

ster. Unter dem Eindruck dieser Nachricht ist sie noch, als das große Gewitter heraufzieht. Ihr Körper war katzenhaft elektrisch.[34]

Professor Holtze	Geh. R. Kunstmann.
P. sche Bibliothek IV. und V.	v. Nostitz (Adjutant des
Rentsch Brand Ced. hain.	Prinz Louis Ferdinand,
Berl. Kalender von 1838	später russ. General)
Joachim v. Wedels Tagebuch	Memoiren.

Micraelius Altes Kommentar IV. S. 88
P.sche (Pommersche oder Preußische?) Bibliothek IV. und V.
Rentsch (Brandenburg. Cedernhain S. 115[.)]
Berliner Kalender von 1838. (vielleicht Berl. historischer
  Kalender.)
Joachim v. Wedels Tagebuch oder Aufzeichnungen.[35]
Karte von Pommern.
Karte Plan von Stettin.
Plan von Stargard.
Der Saatziger Kreis.
Kloster Marienfließ.

Empfehlung nach Stettin und Marienfließ hin durch Geh. R. Herrlich, Prof. Schmitz, Prof. Holtze, Prof v. Kloeden.

Barnim X. und Philipp I.

Philipp, Herzog von Pommern Wolgast stirbt und hinterläßt fünf junge Söhne:
  1. Johann Friedrich;
  2. Bogislav;
  3. Ernst Ludwig der Lautenspieler, französiert
  4. Barnim (mit ihm in Frankreich gewesen).
  5. Kasimir der jüngste. Zehnjährig (etwa 1565 bis 70) wird in Wolgast erzogen

---

[34] Im Manuskript folgen zwei aufgeklebte Zeitungsausschnitte; vgl. Anm. – [35] Gestrichen: Cramer

In Stettin regiert ihr *Onkel*[36] Barnim X. (Bruder von Philipp I.) weiter.

[37] *Johann Friedrich* und *Bogislav* übernehmen bis 1570 die Regierung, auch für die Anteile der drei andern Brüder. Großhofmeister Ulrich v. *Schwerin*, Kanzler Valentin von *Eickstedt*, Jacob v. *Zitzewitz* an Stelle des Dr. Balthasar v. dem Wolde.

Ernst Ludwig geht an den Polen-Hof Barnim an den *Stettiner* Hof (Barnim X.) Kasimir bleibt in Wolgast.[38]

> *Johann Friedrich*[39]
> *Barnim* d. Jüngere $\Big\}$ Prinzen Pommern-Stettin
>
> *Ernst Ludwig*
> Bogislav $\Big\}$ Prinzen Pommern-Wolgast[40]

Kasimir kriegt Bistum Kamin.

Die Mutter kommt nach Kloster Pudagla ins Leibgedinge.

I. *Stettin.* Schlösser ins Rügenwalde, Stolz, Lauenburg. – Kolbatz, Saatzig, Marienfließ, Balbuc.

Kasimir, der Jüngste, der lüderliche Bischof starb zuerst.

Ernst Ludwig von Wolgast, poetische Figur S. 395. Ferner S. 411–13 seine Krankheit und Tod. Allerhand Spukerei. Besessenheit. S. 419 u. 26. Erschütternd.

Es beginnt mit einer kurzen Lokal- vielleicht auch Zeitschilderung (Ende September 1610). Szene im Refektorium, wo ein Mahl eingenommen wurde. Das Mahl ist vorüber. Der Klosterhauptmann geht mit der ältesten Konventualin im Klosterpark u. -Garten spazieren. Hier führen sie das Gespräch. »Es ist mit dem glücklichen Interregnum vorbei. Sie kommt morgen oder doch in den nächsten Tagen. Von ihr gehört, werdet Ihr haben.« »Wenig. Was ist es mit ihr.« »Nun,

---

[36] Doppelt unterstrichen. – [37] Am Rand: S. 373 [Daehnert] – [38] Seitenende; Vermerk in der linken unteren Ecke: 375 [Daehnert] unten über den pommerschen Kriegsadel sehr gut. – [39] Rot unterstrichen und mit drei Längsstrichen am Rand hervorgehoben. – [40] »Bogislav« zunächst an erster Stelle, dann mit Blaustift gestrichen und an zweiter Stelle eingefügt; »Ernst Ludwig« mit Blaustift unterstrichen und mit drei Längsstrichen am Rand hervorgehoben.

sie hat es durchgesetzt bei dem Herzog. Und das ist nicht zu
verwundern, er ist schwach und sie ist stark. Und nicht zu
glauben trotz ihrer 57 ist es noch eine schöne Frau. Wie sie's
zwingt, das mögen die Götter wissen. Ich glaub' unser alter
Herzog sieht sie noch mit Wohlgefallen an. Denn alte Liebe
rostet nicht. Sie kennen sich nun seit gerade dreißig Jahren.
Da kam sie an den Hof. Und das war, als er eben aus Frankreich zurückkam. Und nichts gefiel ihm hier. Da kam Sidonie
an den Hof. Und er atmete auf. Das war, an was er sich gewöhnt hatte; sie konnte schwatzen [41] und das konnte sie noch
und da sie merkte, daß er ein Auge auf sie warf, da mußten
franz. Sprachmeister heran und ein Italiener, und sie lernte
alles im Spielen und sang ihm Liederchen, denn sie hatte
damals eine Stimme. Und er war ganz in ihren Banden. Und
sie wollte Frau Herzogin werden. Das war nun aber der alten
Mutter nicht recht, die sehr stolz und vornehm war und als
sies merkte, daß es nichts wurde, da warf sie die Tugend-
maske ab und sie hatten frohe Liebestage. Bis sie mit den
Brüdern anfing. Denn was Männer da sind, die will sie haben.
Sie sollen zappeln und um sie sein. Und so ist sie noch. Da
zog sich der Herzog von ihr zurück, und dann kam seine Heirat. Aber sie behielt Macht über ihn, und er hält noch große
Stücke auf sie und hält sie für die klügste Person im Lande.
Und das mag sie sein. Aber nicht die beste. Hütet Euch. Ihr
werdet sie kennen lernen und Ihr werdet schwere Tage haben.
Denn sie kennt nur ihren Willen; und was *ihr* Wille ist, das
gilt. Ist sie heute fromm, so müßt ihr alle beten und ist sie
morgen üppig, so müßt ihr alle tanzen und trinken. Seht
Euch vor. Und Gott behüte Euch. Vom Herrn Herzog erwartet
nichts. Der schickt sie Euch, den hat sie in der Tasche.[«]

SIDONIE V. BORCKE

1. Einleitung. Kurz historisch. Anmeldung »sie kommt«.
2. Sie kommt wirklich. Fährt vor. Wird empfangen. Tritt

---

[41] Gestrichen: parlieren

in ihr Haus. Adressiert sich an die Konventualinnen. Rüffelt sie. Stellt Autorität her. »Ihre Sitten sind mir gleichgültig, ihr Glaube noch mehr, aber gehorchen sollen sie, es gibt nur *einen* Willen und das ist meiner.«

3. Sie richtet sich nun ein. Vornehm, reich, mit höfischem Geschmack, fast französisch. Das schöne Bild aus ihrer Jugend. Höfisch-französische Tracht, Maria Stuart-haft. Renaissance-Umrahmung. Dem angemessen der ganze Raum. Sie deckt das Ganze zu und transponiert alles ins Renaissancehafte. Sie zitiert mitunter eine altfranzösische Zeile aus den Memoiren des Tavannes [42] oder aus dem Italienischen. Sie hat nichts gelernt, aber viel ist ihr angeflogen und sie ist sehr klug. Alexander VI. ist ihr Liebling und die Borgia-Geschichten. »Da lies das Buch, denn, daraus kannst was lernen, da hast was von, für Himmel oder Höll, je nachdem du bist. Er war ihr Vater und er schickte sie zu den Nonnen, daß er sie heimlich säh. Und dann genas sie eines Kinds. .... hieß es. Sieh, so was liest sich gut. Nicht so wie die Calvinistenstreitigkeiten und die dummen Predigten über den Hosenteufel; man muß Musculus heißen und ein brandenburgischer Generalsuperintendent sein, um so was Dummes predigen zu können. Hosenteufel; freilich. Es hat was damit. Aber . . . [43] ich will dich nicht rot machen. Kannst noch rot werden? Das ist hübsch. Alles zu seiner Zeit. Aber das Leben wird es dir abgewöhnen. Sieh, Thilde, wenn man grundschlecht ist, ist man immer noch besser als die andern. Glaub mirs. Ich war bei Hofe. Und da sieht man alles doppelt [44], weil sich alles offner gibt. Sie sagen der Hof sei verschwiegen. Dummes Zeug. Frech ist man bei Hofe, keiner hat Scheu oder Lust zum verbergen, schon weil er weiß, daß es ihm nicht hilft. Rekurrieren auf den franzöś. Hof, auf Katharina v. Medici, auf Maria Stuart, auf Königin Elisabeth, auf Anna Bulen, auf Ebbe Brah und Christine Munk und die verschiedenen andern Geliebten jener Epoche, auch auf die Anna Sydow.«

[42] Aus: aus dem Tavannes. – [43] Gestrichen: das sitzt wo anders. [44] Aus: offen

All dies ist Inhalt für verschiedene Gespräche. Zunächst nimmt sie sich ein Mädchen, die vorher bei einer andern Konventualin gedient hatte, eine wunderhübsche blonde Wendin, die wegen eines Kinds, das sie kriegte, den Klosterdienst verlassen mußte. Das war nun ein zwei Jahr und das Kind ebenso alt. Für dies Mädchen und dies Kind interessiert sich Sidonie[45]; das Kind spielt immer um sie her. Dazu ein Riesenkater. Und eine Hecke weißer Mäuser. Zugleich läßt sie ein Storchennest künstlich auf dem Giebeldach anlegen. »Der mystische Vogel« bringt Glück, ohne den gehts nicht. Bei bestimmter Gelegenheit sagt sie dem Mädchen: »Hanne, ich bin nicht die alte Stojentin; mach was du willst; es findet sich schon.« Sie küßte der Priorin die Hand.

Sie richtet sich nun also ein und gründet eine Regierungspartei, wobei sie sehr geschickt operiert: sie nimmt die Anrüchigen, die Schwachen, aber auch die Starken und Hochmütigen, sobald sie sich ihr nur unterwerfen, oder solche, die voll Haß gegen auch *ihre* Feinde sind. So bildet sie einen Rat der fünf: *eine* Starke und Hochmütige, die mit ihr ging, *eine* Haß-tolle, eine *Lüderliche* (ihr Johannes) und eine *Schwache*, Imbezile, Schwatzhafte. Jede war ihr gleich nützlich. Ihre eigentliche Vertraute wird aber sogleich die schöne blonde Wendin, ein Typus feiner Sinnlichkeit, aber eigentlich innerlich lauter, gütig, edelherzig und immer in einer tiefen inneren Auflehnung gegen die Priorin.

Mit dieser hat sie denn auch bald ein Gespräch: »Habt ihr nich Mannslüd hier? Man kann sich doch nicht immer die dicke Schwerin ansehn und der alten Glasenappen (andre *seltenre* Namen) ihre Adlernase.« Es werden nun aus der nächsten Stadt und auch aus Stettin Manns-Elemente herangezogen. Diese[46] geschickt wählen. Zudem aber fängt sie [an] sich für *David Lüdicke*, den Klostergeistlichen einen Mann von Mitte 40 zu interessieren. Sie wußte, daß er ein Liebesverhältnis zu Anne Mellenthin unterhielt oder etwas was dem ähnlich sah. Auf diesen richtete sie ihren Blick. Aber das kommt erst später. Vorher, weil sie sich den Fuß verknickt hat, macht sie die Be-

---

[45] Aus: die Alte – [46] Gestrichen: vorsich[tig]

kanntschaft der alten Wolde. *Die* gefällt ihr und sie nimmt sie als Jätefrau in den Garten. Diese doktort nun an ihr herum. Es handelt sich alles darum sie bei Frische zu unterhalten.

Es muß also so verlaufen

1. Sie engagiert die blonde Wendin.

2. Sie gründet ihren Hofstaat.

3. Sie feiert halbe Bacchanale mit den 4 Damen ihres Hofstaats. Hier ist sie gesprächig und erzählt von alten Zeiten und Fahrten und Triumphen und Liebschaften. Und mokiert sich über den »Hof« und spricht ihm das Leben ab.

4. Sie verknickt sich den Fuß und die alte Wolde wird Jätefrau. Und nun neben der Blondine *Geheime*-Berater

5. Sie will »Mannsvolk« haben. Findet auch dergleichen. Wirft ihren Blick auf David Lüdicke. Tut irgend etwas ganz Tolles.

6. Darauf bricht ein furchtbares Gewitter aus. Ihre Todesangst. Sie stürzt in Unwetter in die Kirche. Sie beichtet und betet, nachdem sie schon zu Hause, sich hat vorlesen lassen. »Nein, das hilft nicht, das ist zu schwach« und die Wendin muß einen besseren Spruch suchen.

7. Das Gewitter ist vorüber; sie erholt sich wieder. Es muß so sein, daß sie im *September* ankommt, wo's keine Gewitter mehr gibt und daß diese Szene im nächsten *Juni* spielt. Die ganze Szene hat deutlich ihre Mischung einerseits von Unglauben mit Beisatz von Aberglauben gezeigt und nun das sich Anklammern an den überlieferten Glauben aber doch auch fast in abergläubischer Form.

8. Das alte Leben wird wieder aufgenommen. David Lüdicke läßt sie abfallen und verweigert ihr das Abendmahl.

9. Ihre Neigung zu ihm verwandelt sich in Haß; sie schiebt es auf eine andre Neigung (zu Anna Stettin) und beschließt beide zu verderben. Auch der alte Pförtner muß dran glauben. Die »alte Wolde« tritt immer mehr in den Vordergrund; die 4 Damen ziehen sich zurück, sie hat nur noch die Wendin, die Wolde und ein verwegenes Individuum aus der Stadt. Mit

diesen macht sie Pläne. Sie wird immer verwegener, drohender.
»Ich fürchte mich nicht. Un de Hertog? Ick kenn se, se sinn
for nix.«

10. Christian Lüdicke der Generalfiskal [47] beim Begräbnis
seines Bruders David. Die Nonnen drängen sich an ihn. Gegenverschwörung.

11. Sidonie noch einmal auf ihrer Höhe. Hier muß sichs
überschlagen.

12. Ihre Verhaftung.

13. Ihr Aufenthalt im Gefängnis.

14. Die prozessualen Fragen zusammengestellt aus den Aussagen der alten Wolde. Die große Vernichtsverhandlung. Sie
ist immer noch groß und stattlich. Sie fühlte, worauf es hinaus wollte. Das gab ihr alle Kraft wieder, auch Würde, alles
was Hohes und Großes u. *Ungewöhnliches* in ihr gelegen
hatte, kam heraus. alles Sündige, Gemeine war von ihr abgefallen. Sie war eine Greisin, die für ihr Leben sprach. Sie
spricht nun *wundervoll*, mit natürlicher Beredsamkeit (schon
vorher, ganz zu Anfang hervorheben, daß sie gar nichts gelernt hatte, aber sehr klug war, sehr apart, esprit fort und eine
glänzende natürliche Gabe der Beredsamkeit, die sich zum
geistvollen Reparti steigerte.) und gibt sich, ihren Wandel und
selbst ihren Glauben preis, sie gibt auch zu mit diesen Dingen
gespielt zu haben, aber sie lehnt sich gegen den Unsinn auf, sie
habe nicht gezaubert und gehext, sie habe manches Dumme bloß
Mummenschanzes und Versuchs halber mitgemacht, wie man
etwas probiert, woran man nicht glaubt. Nun die Konfrontierungen: die halb-blödsinnig gewordene alte Wolde bleibt bei
ihren schweren Aussagen, die Wendin stürzt ihr zu Füßen und
küßt ihr die Hände und weint und beschwört die Richter an
ihre Unschuld zu glauben; sie sei wohl nicht gewesen wie eine
Konventualin sein solle, züchtig und ehrsam, und das Böse
habe wohl Gewalt über sie gehabt, aber sie habe sich mit dem
Bösen nicht eingelassen und nicht Buhlschaft mit ihm getrieben.

15. Der Spruch wird *nicht* gefällt. Sie wird ins Gefängnis

---

[47] Gestrichen: am Ta[ge]

zurückgebracht. Liest Bibel. Klärung ihres Gemüts. Sie hört, daß sie sterben muß.

16. Die Wendin wird noch zu ihr gelassen. Langes Gespräch mit ihr. Schon vorher »Gottes Mühlen mahlen langsam etc« Jetzt erinnert sie sich daran. »Lang hat er geübet Geduld, Geduld Unschuldig sterbe ich und doch in Schuld.« Vorher kommt ein Maler in ihr Gefängnis. Er macht eine Skizze von ihr, vielleicht während sie schläft. Dann ihre Hinrichtung. Verbrennung ist besser als Enthauptung. Ein Rabe steigt aus den Flammen auf, keine Taube. Der Maler reiste nach Marienfließ und malte ihr Bild auf die Rückseite des ersten. Inschrift dazu. Vielleicht malt ers für die Wendin, oder für den Herzog. Dies muß motiviert werden. Am besten, es muß derselbe Herzog sein, der ihr den Hof gemacht hatte, der sie liebte, während sie mit den Brüdern auch techtelmechtelte. Aber er hat ihr ein Interesse bewahrt und schickt seinen Hofmaler, der sie schlafen sieht. Danach nimmt er ihr Contrefei. Der Herzog sieht es und hängt es in seinem Zimmer auf.

KOEGELS-HOF NUMMER DREI[1]

Roßstraße 13 wohnte der Klempnermeister Medewitz. Er war ein Mann wie andre mehr, hatte gedient, den badischen Feldzug mitgemacht und war bei drei Mobilmachungen immer wieder eingezogen worden. In der Zeit, die zwischen Kuppenheim und Bronzell lag hatte er geheiratet und in einer glücklichen Ehe zwar keine Kinder, aber ein kleines Haus[2] erzielt, in[3] dessen Keller er ein einträgliches Gewerbe betrieb. Er war ein guter Wirt, schraubte keinen in die Höh und nahm Familien mit Kindern ins Haus, Vorzüge neben denen die Schwäche verschwand »daß er nichts machen ließ«. »Vors Elegante bin ich nich.« Wer elegant wohnen wollte, gut, es war seine Sache. Mit andern Worten: Medewitz hielt das Geld fest. Er war nicht geizig, nicht hartherzig, aber er hielt das Geld fest und wollte reich werden. Und wenn er dann reich war, wollte

[1] Weitere Titelentwürfe: *Expropriirt.* (Enteignet.) *Roßstraße 13.* –
[2] Über der Zeile statt: Vermögen. – [3] Zuvor gestrichen: das

[er] seiner Frau den Rheinfall bei Schaffhausen zeigen – den er 1849 gesehen hatte und woran er krampfhaft festhielt – und in seinem Testament wollte er eine Bürgerversorgungs-Anstalt stiften: »Medewitz Stiftung«. Auf Beides[4] freut[e] er sich ungemein und auf die »Stiftung«, die er in Goldbuchstaben vor sich sah, so sehr, daß es ihm den Gedanken an den Tod versüßte. Ja, er hatte eitle Augenblicke, wo er sich drauf freute.

Alles ließ sich gut an und er hatte schon eine sehr hübsche Summe oder wie er sich ausdrückte »Souterrain und Küche«, denn er liebte die Fremdwörter, beisammen, als die Krach-Zeit kam. Er verlor erst in Spaniern, dann in Italienern und gehörte schließlich zu denen, die noch gerade mit einem blauen Auge davon kamen. Er fand sich auch dr[e]in, war er doch erst funfzig, aber sein Verlangen es zu was zu bringen, war doch gestiegen seitdem und er zersann sich, wie's zu machen sei. Denn die Mieten konnte er nicht machen; es war nur ein dreifenstriges Haus mit drei Etagen, und diese dreimal drei Fenster konnten es[5] nicht zwingen.

Das Geld liegt auf der Straße. Courszettel. Zeitungslesen; aufpassen; Abends beim Bier darüber sprechen. Er mühte [?] Pläne, Entwürfe. Aber er verwarf alles wieder. Dabei immer *ein fleißiger Arbeiter.*[6]

Eines Vormittags kommt nun ein Herr: das Terrain wird gebraucht etc.

Schema der Fortsetzung:

Koegels-Hof Nummer drei.

1. Der Unbekannte kommt. Wird nicht wieder gesehn. Dennoch große Wirkung.
2. Kauft Buch. Gesetzesparagraphen. Vor allem Beispiele. Crosby-Hall. Richard III. Betrachtung über Poesie u. Stück. –
3. *Historisches Haus.* Bischof v. Lebus. Kosake gefallen. Erztafel.
4. Es hilft aber nichts. – Er liest, er rechnet, er plant. Er vernachlässigt.

---

[4] Am Rande. – [5] Am Rande – [6] Daneben: dies hervorheben!

5. Wieder Gespräch mit seiner Frau. Man muß es machen wie in der Lotterie. Ein Los kann nicht gewinnen. Ich werde Stellen kaufen, *kleine* Stellen, aber doch so, daß man immer die Hand drin hat.

6. Nun berechnet er, wo »durchgeschlagen« werden muß.

7. Epidemie. Koegels Hof ist Schuld hieß es allgemein.

8. Es muß aufgeräumt werden. Expropriation. Er freut sich. Denn noch ist es Privatsache. Da nimmt es die Stadt in die Hand. Und nun ist es vorbei.[7] Er wird von seiner Höhe gestürzt. Versuche, daß Koegels Hof *nicht* schuld sei, sondern die Panke. Diese möge man zuschütten, aber mehr sei nicht geboten. Wolle man mehr tun, so sei das ein Plus, ein Luxus, für den man aufkommen müsse. Er nimmt einen Winkel-Advokaten.[8] Es wird abgeschätzt und niedergerissen. Ein[9] [........][10] ist ein Mann. Er hat immer einen Plan vor, an dem er forscht [?]. Er rechnet sich ein Vermögen heraus. Alle Monat kommt seine Frau und bezahlt den Betrag. Aber von dem Kapital. Denn die Zinsen bestreiten nur gerade ihren Lebens-Unterhalt. Er wartet noch immer auf den *ersten* Mann. Dann wär alles gut geworden.

STORCH v. ADEBAR[1]

STORCH V. ADEBAR
oder auch für eine andre märkische Novelle:

DER QUELLENSUCHER

Nach langem Forschen und Fragen ergab sich daß man zwischen einem katholischen Geistlichen der mit der Wünschelrute und einem polnischen Grafen der mit dem Trauring suche die Wahl habe. Storch war für die Wünschelrute die Gräfin aber entschied sich für den Trauring und so wurde

---

[7] Am Rande. – [8] Oben am Rande. – [9] Zuvor gestrichen: Er ist jetzt. – [10] Unleserliches Wort.
[1] Titel auf Zeitungsmanschette (aufgeklebter Zettel); dazu Vermerk: Enthält alles, was ich bis jetzt notiert habe. – Randbemerkung Friedrich Fontanes: Auf einigen Rückseiten etwas Urmanuskript von »Schach von Wuthenow«.

das Erscheinen des polnischen Grafen erbeten. Erst nach 14 Tagen kam Antwort[2], in der er sein Erscheinen für den nächsten Tag ankündigte.

Nun Beschreibung seiner Persönlichkeit u. seiner Manipulationen.

Dann, als er wieder fort ist und die Quelle gefunden hat, Betrachtungen über dies Wunder.

Wichtig.

GRAF ATTINGHAUS
hat 2 wichtige Gespräche

1. Gleich zu Anfang mit Rudenz, wo er den alten Storch charakterisierte als liebenswürdig u. unbedeutend und dann sie die Störchin. Rudenz frägt: »Dann taugt sie nichts?« Im Gegenteil, sagt er, eine famose Frau; *er* mußte eine andre Frau kriegen, aber *sie* einen andren Mann. Sie ist eigentlich leidenschaftlich und hätte in freien, großen Verhältnissen eine Rolle gespielt, sie ist für Freiheit und dann despotisch in der Freiheit. Dies alles hübsch ausführen und ausmalen.

2. Viel später hat er ein Gespräch mit Storch. »Storch Sie sind nicht am rechten Fleck.«

»Soll ich liberal werden? Das kann ich nicht.«

»Nein. Sie soll[en] nur so sein, wie Sie sind.«

»Das wäre?«

»Nun Sie sind nicht liberal, aber Sie sind auch nicht fromm, vermuckert à la mode. Sie sind einfach königlich und müssen mit der Regierung gehn, sie sei wie sie sei. Die Regierung in Preußen hat eigentlich immer recht.«

»Das sagen *Sie*, der Sie so oft in der Opposition sind.«

»Ja, ich bin Prinzipienreiter, ich habe Grundsätze auf die ich immer wieder hinweise wie der Geistliche auf Dinge, die auch nicht voll erfüllt werden. Solche Leute muß es auch geben. Aber Sie brauchen keine Grundsätze zu haben, Sie brauchen nur dem Mittelkurs zu folgen, den die Regierung einhält. Das entspricht Ihrer Natur und ist immer in Nähe des Richtigen etc etc«

---

[2] Darunter nicht gestrichen: Der Brief traf ihn nicht, da er grade »auf Suche« war, aber noch

[3] Karl Emil Franzos hat eine hübsche Novelle geschrieben: »*Die Locke der heiligen Agathe*«. Darin heißt es gleich zu Anfang: ».. Wer nun nach diesen Andeutungen ein Tendenz-Histörchen gegen die katholische Kirche vermutet, der irrt sich. Derlei steht mir fern. Ich glaube, daß die katholische Kirche ebenso gut ist wie eine andre, und wenn dem nicht so wär, so leide doch ich nicht darunter und habe darum kein Recht zur Klage u. Anklage. Nein, wiederhole ich, ich habe nicht künstlich eine Spitze in diese Geschichte gelegt. Und wenn eine solche gleichwohl daraus hervorsieht, so ist dies nicht meine Schuld. Ich erzähle eine Beobachtung, ein Erlebnis – nichts weiter.«

Das paßt auch auf meine Geschichte etc.

».. Ein Strickzeug lag als Attribut vor ihr. Denn ihr Leben teilte sich in zwei Bestrickungshälften, eine frühre, darin sie Lieutenants und eine spätere darin sie Grönländer bestrickt hatte.« Nicht der Schriftsteller muß dies sagen, sondern eine seiner Figuren z. B. der Justizkommissar.

Alte Generalin, die zum Missionsfest erscheint.

Ein Strickzeug lag als Attribut vor ihr. Denn ihr Leben teilte sich, wie Graf Attinghaus versicherte, in zwei Bestrickungs-Epochen eine frühre drin es sich um Lieutenants, eine spätre drin es sich um Grönländer handelte.

ZWEI SÄULEN

Archembauld L'Homme de Bonneville wurde den 13. November 1801 zu Lüben [4] in Oberschlesien [5] als dritter Sohn des ehemaligen Rittmeisters im Regiment Tonvonigi Bartholomé L'Homme de Bonneville geboren. Seine ersten Eindrücke waren die der Loyalität, der Hingebung an den König. Aber so gesegnet die Gesinnungen waren unter denen er aufwuchs,

---

[3] Über dem folgenden Absatz Blaustiftvermerk: In dem *Vorwort* gebrauchen. – [4] Darunter nicht gestrichen: Beuthen – [5] Darunter nicht gestrichen: Nieder[schlesien]

so wenig waren es die Zeiten und Verhältnisse des elterlichen Hauses, so daß es als ein Glück erachtet werden mußte eine[6] Kadetten-Freistelle erworben zu sehn:[7] in Potsdam und in Walstatt. Archembauld erst sieben Jahre alt kam nach Walstatt, später nach Berlin und stand auf dem Punkt mit 14 Jahren in die Armee eintretend in die Kämpfe gegen Napoleon einzutreten, als die Nachricht von der Schlacht bei Waterloo diese Pläne wieder zerstörte. Der junge L'Homme de Bonneville verblieb noch zwei Jahre der Anstalt und trat dann mit 16 Jahren als Fähnrich in das Leib-Infanterie Regiment, dem er 20 Jahre lang angehörte und mit 36 Jahren als Premierlieutenant den Abschied nahm.

Athelstan Gneomor v. Vierzehnheiligen[8] aus einer ursprünglich sächsisch-thüringischen und zu Beginn des 14. Jahrhunderts in der Nähe von Jena reich begüterten Familie wurde den 2. Dezember 1801 als Sohn des Hauptmanns im … Regiment zu Strasburg in der Uckermark geboren. Seine ersten Eindrücke waren etc. alles genau ebenso wie bei den andern bloß mit dem Unterschied, daß er nach *Potsdam* kommt statt nach Walstatt und … Ich muß mir nun ein Nest suchen, wohin ein Füselier-Bataillon das Füsilier-Bataillon *Zauche-Belzig* eingreift, dessen zwei Flügelcompagnien in dem Städtchen Diebitschau ihre Garnison hatten.

Cholera-Cordon.

Fast mobil gemacht gegen die Polen

Leichen- Gefangen[en] u. -Transport. Prinzessin-Einholung.

[Zwei aufgeklebte Notizzettel]

Ein Österreicher sagt zu einem Preußen: »Kerls, ihr seid so hochmütig, ihr renommiert nicht mal.«

Ein ehem. Oberst.

»Mir unsympathische Schwarzseher.

Mir unsympathisch, Wehmeyer. Heulhuber.

Mir unsympathischer Wichtigtuer.

Mir unsympathischer Lump.[«]

---

[6] Darüber: drei – [7] Gestrichen: Alle drei Brüder [in] Culm – [8] folgt ungestrichen: wurde den 2. Dezember 1801

EIN PHILISTER AUS DER KL. STADT

».. Wissen Sie, ich kann ganz gut reden, was Sie schon daraus sehen können, daß ich mitunter im Schlafen ganz lange Reden halte und wenn ich aufwache, weiß ich auch noch was es war und daß es alles seinen ganz ordentlichen [9] Sinn hatte. Aber die Menschen. Sehen Sie, wenn zehn Menschen da sitzen und mich ankucken, ist es vorbei. Und wenn es auch ganz dumme Menschen sind, aber es hilft alles nichts, so wie [10] Menschen [11] da sind, kann ich nicht sprechen.« ».. Wissen Sie, ich kann auch dichten, und ganz gut, und alles mit Sinn und Verstand und in den knifflichsten Formen. Es kommt vor, daß ich im Traum immerzu Sonette spreche und einige haben mir schon gesagt, ich sollt' es doch aufschreiben, wenn ich aufwache, dann hätte mans ja immer noch dichte vor sich. Aber ich kann mich nicht dazu entschließen. Es sieht so wichtig aus und als hielte man sich für was Besondres und das vermeid ich. Ich bin eine bescheidne Natur und muß es auch sein, wiewohl ich doch auch fühle, daß ich kein Schwachmaticus bin.« »..Wissen Sie, predigen ist eigentlich das Leichteste und das fühl ich deutlich, predigen, das könnt' ich auch. Es kommt vor, wenn ich so im Wagen sitze und sehe wie die Leute nach der Kirche gehn, daß ich mir sage: [›]nun, denke dir mal, du wärst nu Prediger und alle die da gehn, die kommen nun zu dir; was würdest du nun da wohl sagen?‹ Und hören Sie, bei der Gelegenheit hab ich dann schon Predigten gehalten, daß mir ganz kalt und heiß wurde und daß mir die Tränen in die Augen gekommen sind. Und von stecken bleiben is keine Rede, weil man ja immer weiter reden kann und ist keiner da, der einen unterbricht oder lacht. Oder das müßte doch schon ein furchtbar roher Mensch sein.«

Wichtig. [12]
1. *Kapitel.* Trauung.
2. *Kapitel.* Graf Attinghaus u. Rittmeister v. Rudenz.

---

[9] Darüber: orntlichen – [10] Gestrichen: ich – [11] Gestrichen: sehe – [12] Mit Blaustift umkringelt.

3. *Kapitel*. Storch und Störchin. Balkon. Abend- und Nacht-szenerie.

Die Störchin entwickelt ihre Pläne:

a. Beide Schwiegersöhne müssen an den preuß. Hof, dies wird sich machen; Dagobert muß eine einflußreiche Partie machen. Haben wir *das* erreicht, so sind wir aus den Verlegenheiten heraus, man wird die Bahn über *Neuhof* (anderer Name) legen und den Wert Neuhofs[13], das doch eigentlich nur ein großes Forstgut ist, verdreifachen. Das Holz steigt. Neuhof ist kein Storchsches Gut, keine 80 in der Familie; wir können uns dessen entäußern, und haben dann die Mittel für zweierlei: a. wirklich was in Leesten hineinzustecken und es zu einem Schloß-Gut zu machen und b. demgemäß zu leben. Ein Rest der bleibt, wird als ein eiserner Fonds angelegt und sichert uns auf alle Eventualitäten.

Storch antwortet nun: »daß die Zeit (etwa 1862) eine *andre* geworden sei; ganz andre Strömung herrscht.«

»Daß du dies immer wieder sagst. Du hast keinen politischen Sinn. Glaube mir, das alles ist ephemer, ist Spielerei, der Liberalismus ist Spielerei in Preußen. Das kommt wohl mal, aber auf wie lange? Noch zwei Jahr und es ist wie's immer war, weil es so sein muß: Orthodoxie, Adel, Armee. Die haben's gemacht und tragen es. Was von den Jesuiten gesagt ist: sint ut sunt, aut non sint, gilt auch von Preußen.[«]

Das 4. oder 5. Kapitel muß 1863 (Konfliktszeit) spielen, oder 1865, so daß *sie* triumphiert und sagt: »Da siehst du's; der Staat besinnt sich wieder auf sich selbst.«

PERSONEN DIE ZUM MISSIONSFEST KOMMEN

1. Die *Residenz-Gruppe*. Konsistorialräte, Hofprediger, Ministerialdirektoren.

2. Die *Land-Gruppe* von den Gütern: Attinghaus, Rudenz, noch ein paar andre Gutsbesitzer, Landpastoren, Schulmeister,

[13] Am Rand: Neuhof ist *verpachtet;* dort ist der geizige Pächter u. die tapfere, stramme Pächtersfrau.

alt-lutherische Leineweber, Inspektor, Förster, Jäger, der Pächter von »Neuhof« (?) und seine Frau. Einige andre Frauen. Viel Landvolk.

3. Die *kleine-Stadt*-Gruppe. Buchbindermeister Knuth, die beiden alt-adligen Schwiegersöhne, der Justizrat, der Justizkommissar, der Pastor, die Leineweber und Tuchmacher, die *Spielzeug*schnitzer die *Schwefel*holz-kinder und Vorstände (weil holzreiche Gegend) die Kinder mit selbstgemachten Trommeln – dies war gestattet, »die lieben Kleinen« – der Apotheker, der Müller, der Chirurgus 1. Klasse.

Alle diese Figuren kurz charakterisieren, aber an verschiednen Stellen:

1. Knuth und seine beiden Schwiegersöhne kriegen ein eignes Kapitel. Ihre Wirksamkeit in der Stadt, dabei all die Elemente: Spielzeugfabrik, Schwefelholzkinder, alles schon namhaft machen.

2. Der *Pächter* und die *Pächtersfrau* von »Neuhof« (?) organisieren den Zuzug von den Gütern in der Umgegend. Auch ein Kapitel. Aber an andrer Stelle, so daß, als sie nun wirklich anrücken, bloß gesagt zu werden braucht: *die* kommen auch.

3. Attinghaus, Rudenz, Justizkommissar etc. sind schon vorher charakterisiert. Ebenso muß der *Chirurgus* vorher charakterisiert werden.

4. Die *Residenz-Gruppe* korrespondiert schon vorher und trifft einen Tag vorher ein.

Chirurgus 1. Klasse in Storch v. Adebar

Er hatte das Prinzip [14] der Autopsie, der Okular-Inspektion, worin er sehr weit ging. Es gab absolut nichts, was er sich nicht zeigen ließ. In Folge davon genoß er eines großen Vertrauens, weil er dadurch den Eindruck außerordentlicher Gründlichkeit und Gewissenhaftigkeit erweckte. Ein zweites Mittel war, daß er bis zum letzten Augenblick Hoffnung gab.

---

[14] Gestrichen: des alles »sich alles zeigen lassens«

»Er werde noch mal wieder kommen, nur um zu beruhigen.«
Kam er dann, so war der Kranke natürlich tot. Er blieb dann
ganz ernsthaft, mit einem Ausdruck des Unmuts darüber, daß
menschliche Kunst[15], die auf dem Punkt stand hier einen
Triumph zu feiern, schließlich einer bloßen Laune des Schick-
sals, einer Brutalität erlegen sei. Dabei sprach er kein Wort
und untersuchte nur immer während er den Kopf schüttelte,
die linke Bauchgegend. Wurde dann des Klagens und Fragens
kein Ende, und auch des Vorwurfs, daß er doch Hoffnung
gegeben habe, so sagte er: er war so gut wie genesen,[16] es ist
ein[17] Zwischenfall: Die Milz ist ihm geplatzt.«

Buchbindermeister[18] Knuth und seine zwei Schwiegersöhne

Das Bild mit dem Elefantenorden, früher im Flur, jetzt
überm Sofa. Nach einer Ansicht: auf einer benachbarten
Schloß-Auktion erstanden, nach einer andren von Knuths
Ahnen mit nach Deutschland genommen.

Er (Knuth) hat auch den Druck und Vertrieb der Traktät-
chen, das konservative Blatt, die Gesangbücher, die »vierzig
Bilder« für die Missionsgesellschaften, die geschickt werden,
um Geld einzunehmen.

Unter denen die kommen oder wenigstens öfter vorsprechen, ist auch ein *Feldmesser* aus der nächsten kleinen Stadt,
ein guter Kerl mit Inspektor-Manieren hohen Stiefel[n] und
einem dicken Stock, der aussah wie ein Feldstuhl oder ein
Etui mit Vermessungs-Instrumenten. Es war aber bloß ein
Stock. Er selber war eigentlich Rationalist, kam aber immer
»weil er wissen wollte, was mal wieder gesagt würde«, aus
welcher kritischen Stellung er auch kein Hehl machte.

Die Frommen rechneten ihm auch *das* als »Treue« an und
rechneten auf seine Bekehrung. Er betrachtete das Ganze nach
Art einer landwirtschaftlichen Ausstellung mit Preisverteilung,
wo man sicher sein durfte, »seine Leute zu finden«. Seine
Leute waren nun eigentlich alle, alle die Land besaßen. – Es

---

[15] Darüber: Wissen das – [16] Gestrichen: die Krankheit war gebrochen; aber das – [17] Gestrichen: unerhörter – [18] Aus: Bäckermeister

war ihm nämlich geglückt ein paarmal nachzuweisen, daß die frühren Vermessungsarbeiten nicht bloß falsch sondern was die Hauptsache war auch benachteiligend für die Besitzer ausgefallen seien und machte dies zu seiner Einnahmequelle. [»]Glauben Sie mir, es gibt nicht drei Feldmarken im Kreise, die richtig berechnet wären; Ladderei, Klüngel; ich weiß nicht woran es liegt, aber es ist Tatsache.« So perorierte er, wie er ging und stand und weckte dadurch in jedem die Vorstellung, »daß er vielleicht auch unter den Benachteiligten sein könne[«]. Daß doch schließlich irgend wer die Zeche bezahlen müsse, und daß jeder Gewinnende auch zugleich einen Verlierenden bedeute und daß der Betreffende selber der Verlierende sein könne, das hinderte nicht. Er war übrigens sehr klug; fand er daß weniger herauskam: »so war er vorsichtig und sagte: die alte Vermessung [19] sei richtig befunden worden«. So kamen nur *die* Fälle zur Kenntnis, wo jemand gewonnen!« [20]

Pächtersfrau, die »Frau Gutsbesitzer« genannt wird

Sie war eine sehr gute Frau, aber voll kleiner Eigentümlichkeiten. Zu diesen Eigentümlichkeiten gehörte auch *die*, sich über ihre jeweiligen körperlichen Zustände mit eben soviel Unbefangenheit wie Vorliebe zu verbreiten. »Ich weiß nicht, ich hab es heute wieder im Halse« oder »ich hab es heute wieder im Rücken« zählte zu den [21] gewöhnlichsten Mitteilungsformen ihrer Unterhaltung, wobei sies jedoch nicht immer bewenden ließ und sich häufiger als angemessen zu der Mitteilung, die sich von Zeit zu Zeit bis zu der Versicherung steigerte »daß sie's fast [22] im Leibe habe«. Nur das ungeheuer gute Gewissen, ein merkwürdiger Ausdruck der Berechtigung zu dem allem, wirkte wieder versöhnend, so daß alle Welt [23] etwas Elementares darin sah,[24] das eben hingenommen werden müsse.

»Ich weiß nicht, ob diese Dinge durch Übersetzung ins Ele-

---

[19] Aus: die Berechnung – [20] Im Manuskript folgt gedrucktes Blatt; vgl. Anm. – [21] Aus: waren die – [22] Gestrichen: gestern abend – [23] Aus: selbst der Zuhörer [verbessert: die Zuhörerinnen] – [24] Gestrichen: gegen

mentare gewinnen. Ich würde mildere Formen des Auftretens vorziehn. Das Beängstigende, was sie haben, wächst dadurch nur.«

In seiner Geldnot – eh die reiche Partie des Sohnes ihn herausreißt oder vielleicht grade in Folge der Schulden, die Dagobert gemacht hat – macht Storch einen Versuch den reichen Pächter des 2. Gutes anzupumpen (oder vielleicht auch eines *Nachbar*gutes, dem er (Storch) aber früher aufgeholfen hat) und dieser Pächter, ein Geizhals, will nicht. Da tritt nun die dicke Pächterfrau ein, die schon auf dem Missionsfest war und die komischen Zwiegespräche im Parke führte und macht in derber Weise ihrem Herzen Luft über den »Lumpenkerl von Mann«, der in seinem Geiz nicht helfen will und überschüttet ihn mit Invektiven. Endlich öffnet sie – nachdem sie die Schlüssel gesucht und gefunden hat – den Sekretär und das geh. Fach, aber es ist nichts drin. Er (der Mann) hat alles 8 Tage vorher auf die Bank gebracht. Nun ist nicht zu helfen. Storch kehrt erschüttert u. bewegt nach seinem Gut zurück.

[Notizzettel]
Er hatte einen lauten schweren Trott, aber die Hauptsache darin war die Gesinnungstüchtigkeit dieses Trotts, er war sich desselben bewußt, er *wollte* ihn, was schon daraus hervorging, daß er nichts Niedrigeres kannte als den »Leisetreter«.

»Ihr lieber Mann ist zu schläfrig, zu schlaff; er hat keinen impetus, .. [«] Nun hören Sie, *das* muß ich doch am besten wissen.

Unterhaltungen im Garten

Zwei Frauen aus der kl. Stadt.
»... Und wenn die Hühner erst legen,[25] immer 'nen Eierkuchen.«
Aber was dazu?

[25] Gestrichen: alle

Nu, Mus oder Backobst.

Das will mein Mann nicht u. spricht immer von [26] Lazarett-Pflaume.

Ja, Liebste, Pflaume. Mit Pflaumen darf ich meinem auch nich kommen. Da hat er immer was zu mäkeln. Aber

Nun eine Beschreibung von Kirschen, geschälten Birnen u. Äpfeln etc.

[Zettel]

Bossuet hat einmal in bezug auf Rechtschreibung gesagt: »Il faut que les yeux soient contents.« Ist sehr nett.[27]

Ja, Liebste, da kann ich Sie nu nich bedauern, da hab ich kein Mitleid; das Eingemachte *darf* einem nich ausgehn un wenn der Rhabarber (?) u. die grünen Stachelbeeren auch noch so spät kommen. Wenn ich merke, daß es beinah alle ist, so komm ich mit Backobst [28] oder Backpflaume . .

Jott, damit darf ich ihm ja nich kommen. »Lazarettpflaume eß ich nicht« u. damit schiebt er die Schüssel weg.

[»]Ja, Liebste, vielleicht hat er recht. Es kommt eben drauf an. Ich bringe nie bloß Pflaumen, immer gemischt, und ich kauf es nicht, ich nehm es selber ab und nu mit der größten Sorge. Denn wie machen sie's denn, die Leute [29]: was nehmen sie denn? Fallobst und was angestochen ist und Löcher hat und ich will nicht sagen was alles. Ich nehme die Birnen ab und alles Schalbirnen, Malvasier oder Pergamothen und schäle sie selbst. Aber was nehmen denn die Leute? Fallobst und was mudike [30] ist. Und hören sie was mudike is, da is die Kraft raus und das können sie trocknen so viel sie wollen, mudike bleibt mudike und da kommt nichts mehr rein von Kraft. Und wies mit die Birnen is, na so is es mit de Pflaumen erst recht

---

[26] Aus: sagt immer es sei – [27] Im Manuskript folgen ein Abschnitt in der Handschrift von Fontanes Frau (dazu Blaustiftvermerk Fontanes: Aus Iwanows Buch »Soldatenleben in Turkestan.«) und ein Blatt mit 3 aufgeklebten Zeitungsausschnitten; vgl. Anm. – [28] Aus: schieb ich Backobst ein – [29] Gestrichen: Es ist ja – [30] Aus: angestochen

und da hat denn Ihr [haben denn die] Männer ganz recht,
wenn sie mäkeln [31] un von Lazarettpflaumen reden. Na, meiner nich. Ich halt' ihn gut, aber nu muß er auch still sind.« [32]

[33] Eine Amtmanns- oder Domänenpächter-Frau hat auch der
Missionsfeier beigewohnt und hat an dem einen Geistlichen
auszusetzen, daß er eine Nase habe wie eine »Dachluke«.

Die andre antwortet,[34] worauf die Amtmännin antwortet:

Nein, meine Liebe. Das ist gar keine christliche Nase; so
darf ein Pastor nicht aussehn, das sind Hochmuts- und Schnüf-
fel-Nasen, da fehlt die Demut.

Aber was verlangen Sie denn?

»Ich verlange eine dünne, magre, mit kl. Flügeln und fast
wie Wachs etc. etc. Dies ausführen.«

Die andre antwortet: »Das ist die richtige Pastorsnase. Nu
gibt es auch eine andre, die mag auch sein, wenn der Pfarrer
sehr fett ist. Die sind groß und haben rote Punkte beinah wie
Pockennarben und sind groß und rot. Sehen Sie meine Liebe,
das sind Konsistorialratsnasen und ein Landprediger kann sie
auch haben, wenn er eine fette Pfarre hat, aber solche die so
zu sagen immer in den Himmel nach oben sieht, die geht
nicht, das sind Hochmutsnasen.[«] [35]

Szene im Garten-Salon, in Park u. Garten, als – nach dem
Missionsfest – alle zum Imbiß geladen werden.

Dieselbe *Szene* wo auch das Gespräch über Zahnweh statt-
findet.

[31] Aus: mit das mäkeln – [32] Im Manuskript folgen sechs Zeitungsausschnitte; vgl. Anm. – [33] Über dem folgenden Absatz Notiz: Storch
v. Adebar oder zu einer anderen Novelle. – [34] Gestrichen: Meine
Liebe – [35] Über der nachstehenden Skizzierung, die sich auf der
Rückseite dieses Manuskriptblattes befindet, Blaustiftvermerk, doppelt unterstrichen: Wichtig. –: Eine halbgebildete glücklich verheiratete Frau, die aber vieles in dem Kreise in dem sie sich bewegt, nicht
versteht und deshalb oft geschraubt und geutzt wird. Hauptszene
wie ihr ein demokratischer Doktor gesagt hat: »Ihr Mann ist zu
schlaff. Er hat überhaupt keinen Impetus ... [«] [»]Nun hören Sie,
das muß ich doch wissen. Und so spricht er immer, höchst unpassend. Er denkt aber ich bin gutmütig und deshalb erlaubt ers sich.«

»Wie freu ich mich, meine Gnädigste, Sie wieder zu sehn. Habe so lange nicht die Ehre gehabt.[«]

»Ich war in England.«

Ah. Und ist es Ihnen bekommen? Ich finde Sie stärker geworden. Alle Personen, die nach England gehn, werden entweder schlanker oder stärker, dünner oder dicker.

»Ach wie komisch.« [36]

Oder dünner oder dicker.

»Ach wie komisch.«

[»]Keineswegs. Es war das immer so, ist national. Falstaff war dick, Bleichenwang war dünn. Kennen Sie Bleichenwang?«

»Ach wie komisch.«

Ein breitschultriger Administrator, von großer Unfeinheit und noch größerer Sicherheit. Eine Adlige, deren Mann stark verschuldet war.

Ah, Herr Administrator. Wie ich mich freue. Ich sah Sie schon während des Gottesdienstes. Sie standen mit unter der Linde.

»Stimmt.«

»Ich mache Ihnen mein Kompliment, wie wohl Sie aussehn: Ich kann Sie kontrollieren weil ich meinen eigenen Geburtstag nicht vergesse und ich weiß, Sie sind funfzig oder noch davor.[«]

»Stimmt.«

Und Ihre [37] Schwägerin [38]. Ist das eine charmante Frau. Wenn ich es sagen darf, fast noch heitrer und charmanter [39] als Ihre liebe Frau.

»Stimmt.«

Den Schluß bildet dann: Alles brach auf, nur die [40] mit den Zahnschmerzen saß noch, aber die Rätin etc. etc. hatte sich ihr gesellt: »Glauben Sie mir, die Mittel sind alles Schwindel: Opodont und Idioton und Nelkenöl. Nelkenöl ist bloß gut gegen Mücken.[«]

Aber was soll man denn am Ende machen.

[36] Gestrichen: Wenn Sie wollen, ja. Aber – [37] Gestrichen: liebe Frau. Letzten Sonntag habe ich auch Ihre – [38] Gestrichen: kennen gelernt – [39] Aus: anmutiger – [40] Gestrichen: beiden ersten

Immer Wasser trinken und ins Bett liegen und die [41] beiden Hände flach anlegen. Wohin Sie wollen, aber still liegen. Und dann kommt es, und wenn erst alles so feucht wird ....
Sie wurden unterbrochen.

Es muß so kommen, daß Archembauld, Vierzehnheiligen und Bäckermeister Knuth schon vorher *öfter* genannt und dann als Hauptzugehörige des Hauses, als Jünger u. Emissäre genannt werden.
Dann werden ein oder zwei Kapitel zwischengeschoben.
Dann erst ist das Missionsfest, auf dem Knuth eine Rolle spielt.
Dann *gesellschaftliches Beisammensein* und hier werden nun die komischen Nebenfiguren vorgeführt, aber meistens gruppenweis, immer zwei und zwei.
Eine dieser Gruppen besteht aus zwei älteren Damen, eine stark, die andere mager. (»Der Traum der Potiphar« sagte der Justizkommissar) Die Starke hat Zahnweh gehabt und hat ein Spanischfliegenpflaster hinterm Ohr und einen kleinen Schorf oder eine knusprig überheilte Stelle gerad auf dem Backenknochen.
»Aber, liebste Sansfaçon (?) wie sehen Sie aus?[«]
Ja, ich mußt ja. Der Doktor will es und mein Mann auch.
Hilft es denn?
Ich weiß [42] nicht recht; es muckert immer noch und so wie was Warmes ran kommt oder die Bettwärme, so geht es wieder los. Ach Sie glauben gar nicht, was ich ausgehalten habe.
Aber so lassen sie ihn doch ausziehn. So dir etwas weh tut, so reiß es aus. Das ist ein wahrer Spruch.
Ach, meine Liebste, die, die gerade nicht dran sind, sind immer für schneiden und amputieren und ausreißen. Der andre hat gut reden, dem tut es nicht weh. Und dann einer armen andern. Sehen Sie unten geht es noch, da holt er ihn raus wie wenn er eine Flasche aufzieht. Aber oben; oben ist er immer ängstlich. Und nun gar bei mir.[43] So was von Wurzeln. Es sind ja keine Wurzeln wie sonst, sie stehen ja *so* (die Gnä-

---

[41] Gestrichen: linke – [42] Gestrichen: es – [43] Gestrichen: Wir Sansfacons

dige spreizte zwei Finger auseinander) und wenn er nicht aufpaßt, ist die halbe Kinnlade weg.

Ihr Gespräch wurde hier unterbrochen, weil sich der Generalsuperintendent ihnen zugesellte.[44]

»WAS UNS NOT TUT«
Ein Weckruf von Knovenagel [45]

Das war das Schema. Alle Bücher und Büchelchen waren
»Weckrufe« das stand fest und alle stellten die Frage »was
uns not tut«; aber die Gebiete der Not wechselten und so
entstand eine Serie die lautete »Was uns in dieser Zeit not
tut?« Was uns in unsrem Gemüte not tut? Was uns in unsrer Freiheit not tut? Ja humoristische Anläufe kommen vor:
»Was uns in unsrer *Tasche* not tut?« Von dieser letzten Broschüre war am meisten verkauft worden, weil sie die Frommen
und Nicht-Frommen gleichmäßig interessierte. Jeder hatte sich
vorweg die Antwort darauf gegeben von Knovenagels Auffassung ab, der natürlich die Bibel meinte. »Nun ja, versteht
sich. Aber das wußten wir schon.«

Über alte »*bürgerliche Exzellenzen*« aus der Generals- und
Präsidenten-Sphäre. Besonders die »*weiblichen* Exemplare«.

Gespräch darüber. Einer ridikülisiert es, ist aber schließlich
doch des Lobes voll und sagt: »Lächerlich sind sie, einzeln angesehn; aber daß wir diese Lächerlichkeiten haben hängt mit
unsrem größten Vorzug zusammen, *da*mit, daß jeder Schuster
eine Exzellenz werden kann.[«]

Bäckermeister Knuth

Eine Offiziershaltung muß *schneidig*, ein Boot muß »flott«
und eine Erzählung muß »straff« sein. Ja, ja. Aber das Gegenteil ist wenigstens ebenso richtig. Und so denn eine Ab-
schweifung: Bäckermeister Knuth.

[44] Im Manuskript folgt Zeitungsausschnitt; vgl. Anm. – [45] Darüber
mit Blaustift: Bäckermeister Knuth

Archembauld ruht nicht eher als bis er nachgewiesen hat, daß er von den Grafen Knuth in Dänemark abstamme, von denen welche zur Zeit Justins IV nach Deutschland gezogen seien und ihren Adel u. Titel abgelegt hätten. etc. etc.

Eine bäuerliche oder spießbürgerliche Figur, die alles darauf zurückführt: »jeder hat so seine *Manier*.«
Vom Tod der Tante:
a. Kopf auf den Tisch u. geheult.
b. »Die liebe Seele ist eingegangen zu ihres Herrn Freude.«
c. »Gott sei Dank eine alte Zierliese weniger auf der Welt.«
Bei Tisch waren dann alle drei gleich fidel und aßen gleich viel.

[GENAUERE DISPOSITION]

1.
DIE TRAUUNG[46]

Storch v. Adebar

Baron Adolar Storch v. Adebar, K. Kammerherr.
Baronin Cesarine Storch v. Adebar geb. Gräfin Trebia v. Trebiatinski.
Arabella ⎱
Filomele ⎰ v. Adebar
Dagobert v. Adebar.
Freiin Rebecca v. Eichroeder.
Graf Attinghaus.
Rittmeister a. D. v. Rudenz, von den Spinat-Husaren.
Justizrat Scharnweber
Rechtsanwalt Neigebauer
Lieutenant v. Vierzehnheiligen.

---

[46] Die mit darübergestellten Ziffern versehenen Kapitälchen-Überschriften hier und im folgenden jeweils mit Blaustift auf eigenem Blatt.

Lieutenant v. Zippelskirch.
Leutnant Archembauld L'Homme de Bonneville.
Pastor Mack. Pastor Wurmser.
Generallieutenant z. D. Trebia v. Trebiatinski.
Staatsminister a. D. Aus dem Winkel.
General-Superintendent Wunderlich.
Missionsprediger Schlicht.
v. Zingst, v. Gnitz, Großh.Meckl.Schwer.Kammerherr und
Groß.M.Strelitzscher Kammerherr.
Lieutenant v. Pirsch, Lieutenant v. Jagetzow.

[Aufgeklebter Notizzettel]

Freiherr Adolar Storch v. Adebar, Kammerherr
Freifrau Cesarine Storch v. Adebar geborene Gräfin Trebia v.
Trebiatinski.

Arabella ⎫
Filomele ⎭ v. Adebar

Dagobert v. Adebar
Freiin Rebecca Gerson
            v. Eichroeder
Graf Attinghaus
Rittmeister a. D. v. Rudenz
            von den Spinat-Husaren
Justizrat [47] Scharnweber.
Rechtsanwalt Neigebauer.

zwei   ⎧ Lieutenant v. Vierzehnheiligen
From- ⎨
me.   ⎩ Lieutenant v. Zippelskirch

Lieutenant Archembauld L'Homme de Bonneville.[48]

[2. aufgeklebter Notizzettel]

Pastor Mack.
Pastor Wurmser
General-Lieutenant z. D. Trebia v. Trebiatinski.
Staatsminister a. D. Aus dem Winkel

---

[47] Darüber: Justitiarius – [48] Diese Zeile nicht mehr auf dem aufgeklebten Zettel (mit Tinte im Mskr. nachgetragen).

General-Superintendent Wunderlich
Missionsprediger Schlicht.
v. Zingst Großh.Meckl.Schw.Kammerherr
v. Gnitz Groß.Meckl.Strel.Kammerherr
Lieutenant v. Pirsch
Lieutenant v. Jagetzow.

1. *Kapitel*. Trauung. Szene vor der Kirche.

2. *Kapitel*. Attinghaus und Rudenz. Fahrt durch das Korn-
feld. Feldweg. Volk Hühner. Kornblumen. Roggenmuhme.
»Sie merken; es ist eine bedeutende Frau; sie hat nur einen
Fehler, sie hat mir den Storch unglücklich gemacht, trotzdem
er es nicht recht weiß und ein glückliches Gesicht schneidet.[«]
(Dies ausführen. Sie hätte den Präsidenten Gerlach heiraten
müssen, dann wär alles in der Ordnung gewesen. Aber nun
Storch. Diese Seele von Kerl. Sie hätten ihn kennen müssen
etc. Dies nun ausführen. Dann Ankunft – Einladung. (Schach.
Whist etc.) Ablehnung. Trennung.

3. *Kapitel*. Abend. Mondschein. Gartenzimmer. Zukunftspläne der Störchin. Dialog.

Die folgenden Kapitel: Konventikel, Liebesmahle, Missions-
feste, Diakonissen, Grönlandsmissionen, Herrnhuter, innre
Missionen, Kirchenfonds, Kirchenbau, Krankenhaus, Leichen-
halle mit Kapelle und Fresko-Bild. Immer Ausgaben. Verlegenheiten.

Dagoberts Verlobung.

Dagoberts Heirat.[49]

Dagoberts Tod.

Wirkung. Beruhigung. Das alte Leben beginnt wieder. Die
junge Frau. Kind nie gesehn. – Große Szene zwischen Störchin und ihrem Pastor. Dieser wäscht ihr den Kopf und zeigt
sich als Mann von Geist und Charakter.

Hereinbruch des Bankrutts. Große Szene zwischen Storch
und Störchin.

»Ich weiß nur ein Mittel.«

---

[49] Von »Die folgenden Kapitel« an Klammer am Rand und Vermerk:
In diesen Szenen die Nebenfiguren.

»Ich auch.«

Große Szene zwischen der Störchin und Rebecca in Berlin.

Rebeccas Brief an die Störchin.

Der Störchin Antwort.

Versöhnung. Einladung. Rebecca mit dem Jungen auf Besuch. – Der General v. Trebiatinski. –

Rebeccas zweiter Besuch. – Die phönizisch-karthagische Szene. Dido. Die Störchin stirbt.

Große Szene mit dem Pastor und mit *ihm* Storch.[50]

Begräbnis. Ganz kurz, nur ein paar Worte.

Storch lebt auf.

Attinghaus und Rudenz auch da.

Storch und Rebecca. Storch glücklich.

Der General bemächtigt sich seiner.

Neue Verwirrung.

Ungleichheit in seinem Wesen. Beständige Widersprüche.

Krankheit. Widerspruchsvolle Fieberäußerungen. Tod.

Begräbnis. a. Wieder vor der Kirche. b. Wieder Fahrt über den Feldweg.

Storch v. Adebar [51]

Schilderung einer Familie – namentlich des alten Ehepaares – das gut und brav und respektabel und *beschränkt*[52] ist und seinen *Platz im Himmel sicher* hat. Also Leute wie die *Hahns*, die *Lepel-Wiecks*, die *Senfft-Pilsachs* auf Sandow. Sie bauen Kirchen und Schulhäuser, interessieren sich für innere Mission, kümmern sich um Wichern und das Rauhe Haus, schicken ihre Frieda als »Schwester« nach Bethanien etc. ha-

---

[50] Von »Versöhnung« an Klammer am Rand und nachträglich wieder gestrichener Vermerk: In diesen Szenen die Nebenfiguren. – [51] Aus D. von Hadebar [Gestrichen: Basedow]. [Am Rand:] »Noblesse oblige« u. ähnliche Devisen. Die von Hennecke [Name mit Rotstift gestrichen]. Es muß ein Name sein mit dessen Hilfe sie von etwas ganz Unglaublichem abstammen und was bis auf das Jahr 900 (Nordmark) etc. zurückgeht. – Im Manuskript folgt aufgeklebter Zeitungsausschnitt; vgl. Anm. – [52] Kursivsatz in diesem Absatz im Manuskript jeweils blau unterstrichen.

ben Pastoral-Konferenzen, erörtern die Frage[52a] von der Union,
als ob die Welt davon abhinge, sind auch nicht ohne wirkl.
Gutmütigkeit u. Hülfebereitschaft, au fond aber doch nur
hohle Sechser-Aristokraten von der dümmsten Sorte. Alles
ist doch schließlich Eitelkeit, Dünkel, Aufgeblasenheit, Wich-
tigtuerei. Dazwischen brennt denn eine Tochter durch und ein
Sohn muß nach Amerika. Das ist dann *Läuterung u. Prüfung.*

Storch von Adebar
[53] erbgesessen auf Brüssow, Laabs – Lübs und Nassenheide

Situationen um seinen Charakter zu zeichnen.
1. Abend*gespräch am Balkon* mit Frau v. A.. Die drei Kinder unten. Brautpaar und Gäste fort. [54]»Macht und Ansehn bedeuten mir nicht viel; wenn ich sie gelegentlich zu wünschen
scheine, so weißt du zu welchem Zweck es geschieht, was ich
als Ziel im Auge habe; nicht für mich, für unser Volk, dessen
Gedeihen, ich muß leider sagen dessen Rückkehr zu richtigen
Grundsätzen mir am Herzen liegt.[«]
Die Frau hat Bedenken gegen die Partie; *er* beruhigt sie
und weist auf die bedeutende Stellung des Schwiegersohnes
hin: Graf, reich, klug, gewandt, witzig, angesehn bei Hofe.
Der Grundklang ist immer: Abstinenz, man muß entsagen
können; die irdischen Güter bedeuten nichts: Geld und Gut,
Ruhm und Ehre, Ansehn vor den Leuten, Macht, Einfluß – all
das hat keinen Wert, nur darauf kommt es an uns der Gnade
Gottes wert zu machen, uns ihrer zu versichern. So spricht er
vor den *Leuten* und im *Beginn* seiner Rede auch immer vor seiner Frau; spricht er dann aber weiter, so kommt das Eselsohr
seiner krassen Selbstsucht, seiner Eitelkeit, seines Familien-
dünkels hervor.
2. Der *Baumeister* kommt. [55] Votiv-Kapellen-Anbau; Stiftung
in der Erinnerung an die Vermählung. Gespräch mit dem Baumeister.

[52a] Gestrichen: nach – [53] Nachträglich am Rande hinzugefügt –
[54] »Macht – hervor« am Rande und über der Zeile nachgetragen –
[55] Am Rande hinzugefügt: Morgen- und Abend-Andacht.

3. Die *Whistpartie*. Plauderei bei Tisch. Plauderei der zwei oder drei andern, die nach Haus fahren: der Schlicht-*Königs*treue der die Sache ernsthaft und der *Liberale* (großer starker Mann, früher Kürassier-Offizier) der die Sache spöttisch nimmt.

4. Der *Maler* kommt. Ahnensaal.

5. Ein *Jahr* ist vergangen. Gesamtsituation. Das Jahr hatte ein kleines Crèvecoeur gebracht, den Spott-Artikel über den Storch v. Adebar. Der Ahnensaal gibt die Veranlassung. Es wäre nur in der Ordnung bei einer *so* alten Familie. Nun *wie* alt sie wären. Sie wären in Urzeiten mit den Störchen ins Land gekommen. Die meisten Störche hätten ihr Wanderleben, ihr Hin und her zwischen Afrika und Brüssow fortgesetzt, *ein* Paar aber sei seßhaft geworden, habe sich unter den Regierungen guter Fürsten immer mehr entwickelt, sei vor allem zuerst zum Christentum übergetreten und habe seitdem der Adel aufkam, über den es historisch weit hinausrage, den Namen Storch von Adebar angenommen. Der Alte hatte diesen Artikel mit einer großen Gesellschaft beantwortet, in der er beim Nachtisch den Artikel vorgelesen, in größter Heiterkeit aber mit Zitterstimme.[56] Auch in bezug auf die Kinder. Briefe von der verheirateten Tochter. *Hofgesellschaft*. Äußerste Unkirchlichkeit des Mannes. Er hat ein Verhältnis. Er spielt. Aber seine Manieren machen seine Stellung bei Hof immer fester. Er ist der Liebling des Prinzen X.; der König will ihm wohl, die Königin noch mehr. Nun ausführen, wie das auf die beiden Brüder – Militärs, von denen der eine auf dem Punkt ist Diplomat zu werden – einwirkt, und auf die Schwester Diakonissin.

6. *Antwort* auf diesen Brief, Ausführung, daß sie hoffen und vertrauen solle.

7. Begehung eines großen Missionsfestes[57] auf seinem Gut.

7. a Die Gründung einer neuen Schule. *Stiftungs-Urkunde*,

---

[56] Von »Das Jahr« an nachträglich eingefügt. – [57] Doppelt unterstrichen.

worin er seine Ansichten niederlegt. Nur konservative Grundsätze werden darin zu vertreten sein.[58]

8. Anlegung einer Straße, Gründung von Tagelöhner-Häusern. Er hat nun immer *Arbeiter*.

9. Austrocknung eines Sumpfes im Interesse des Nachbardorfes; aber ihm fließt das Wasser davon auf die Sandscholle. (Es muß also eine Melioration sein, die scheinbar im Allgemein-Interesse unternommen wird und lediglich *ihm* zu gute kommt.[)]

10. Scholastica oder Mercedes wird Oberin; ein neues Krankenhaus wird gegründet. Hildegard kommt als Hofdame an den Prinzlichen Hof. Johann Sigismund verlobt sich mit einer *reichen Jüdin*. Die Wirkung davon auf den Alten. Er klagt darüber bitter zu den beiden Freunden; zu seiner Frau drückt er seine Freude darüber aus. Die Taufe hat den Unterschied der Religionen aufgehoben; sollen wir mit Petrus grollen, weil er ein Jude war. Die Rassenfrage?[59] Im Vertrauen, es gibt keine bessere Rasse. (Dies erst nehmen, dann die *Glaubens*frage.) Vor allem die Besitz-, die Macht-, die Ansehens-Frage.

11. Der *Ahnensaal* ist fertig. Große Festlichkeit.

12. Storch v. Adebar stirbt.

13. Der Brief des liberalen Kürassiermajors an einen Freund.[60]

Rebecca oder Rahel oder Sarah ist eine reizende kleine Person, heiter, liebenswürdig, aber prononciert jüdisch in ihrem Profil, vor allem auch in Haltung und Bewegung der Arme. Sie wußte das auch und scherzte darüber. Alles was der alte Storch an Liebenswürdigkeit hatte, kam jetzt heraus, er freute sich ihrer Heiterkeit, ihres Witzes, ihrer Unterhaltung, er langweilte sich weniger als früher, alles war anders, besser, die Wirtschaft auf Nassenheide ging brillant, alles prosperierte, es war kein Zweifel – sie hatte Glück und Segen

[58] Am Rand: *Hauptsache* [doppelt unterstrichen] Als er auf der Höhe ist, kommt der *Krach*, er ist nun nicht arm, aber doch nur eine kleine Nummer; in diese Zeit seiner Kleinheit fällt nun die Verlobung mit der Jüdin. – [59] Aus: ! – [60] Am unteren Manuskriptrand Blaustiftvermerk: *verte* Judenseite.

ins Haus gebracht. Aber er konnte doch nicht drüber hinweg. Er wurde ganz irr, auch in seiner Rede. Schon immer hatte er einen schweren Stand gehabt, seinen eigentlichen Menschen hinter einer [61] Maske zu verstecken, am liebsten hätt er seinem Egoismus deutliche Worte geliehn, und dieser Zwiespalt war jetzt stärker als vorher. Er lobte seine Schwiegertochter, lobte selbst das Jüdische, dann besann er sich plötzlich und wurde wieder feierlich und christlich und sprach von dem Gekreuzigten. Und so ging es und wurd immer schlimmer. Der Doktor hatte Sorge, wo das hinaus wolle, aber das Schlimmste blieb ihm erspart, ein Schlagfluß trat dazwischen und den dritten Tag war er hinüber. Beisetzung. Am traurigsten war Sarah. Sie hatte den Alten wirklich geliebt. ¬ Der alte Kürassiermajor schrieb: Storch ist nun hinüber. Eine konfuse Natur, ein Halber, Wirrer, ist weniger in der Welt: Storch ist tot. Er war eigentlich ein guter Kerl und in vielem Betracht gar nicht übel [62], aber die zweite Hälfte seines Lebens [63] – in seiner Jugend war er ein flotter, netter Kerl gewesen – war verfehlt. Die 48er Zeit, in der er gerade das Gut übernahm und die nun folgende Reaktions-Periode war entscheidend für ihn. Er wurde christlich-konservativ, faselte beständig vom Christlich-Germanischen, und ist für mein Gefühl innerlich an dieser Rolle zu Grunde gegangen. Hätt er 100 Jahre früher gelebt, so wär er ein Landedelmann comme-il-faut gewesen; er hatte das Zeug dazu; so mußt' er eine Rolle spielen, die ihm nicht kleidete. Hätt er sich seines Egoismus nicht geschämt, sich offen dazu bekannt, so wär er und andre glücklicher gewesen, so sollte all und jedem ein christliches oder ein Tugendmäntelchen umgehängt werden. Eigentlich war ihm all das langweilig, aber er dachte, es müsse so sein. Ich habe nichts gegen das Christlich-Konservative, ganz im Gegenteil, ich glaube daß es ein Segen ist, aber das Dilettieren damit, ist von Übel und diskreditiert die Sache und die Personen. Da war Ziegendorf, da war Kottwitz, da war .....; wer wird über diese Leute lachen? Nur ein Narr. Aber das Dilettieren ist

[61] Gestrichen: ihm – [62] Gestrichen: .Er – [63] Gestrichen: war er verfehlter

verwerflich und auch wer hier was will, der sei vom Metier.[64]
Ob man sein Metier aber versteht, darüber entscheidet die
Natur. Wer ein märkischer Durchschnitts-Edelmann ist, der
bleibe davon. Er bringt sich und andre um das Behagen des Daseins. *(Gut)* Vorher: er war nichts als ein Edelmann von altem
Schrot u. Korn, der möglichst wenig ausgeben, der möglichst
viel einnehmen wollte, eitel, adelsstolz, etwas geizig, etwas
habsüchtig und loyal, so lang es paßte, und so ausgerüstet kam
er in die Lage eine der Säulen der Gesellschaft sein und für
ideale Güter des Lebens wirken zu sollen.

Charakterschilderung
von
Storch und Störchin

[65] Hierin ist einiges Gute erhalten, namentlich in bezug auf
ihn und seine schließliche Konfusion und Taprigkeit, – ich
darf mich aber an den Gang der Dinge nicht binden, es stammen diese Notizen aus der ersten Zeit, wo die Reihenfolge
noch nicht geklärt und bestimmt war.

Der Hauptcharakter ist die Frau, geb. Trebia v. Trebiatinski.
Sie regiert, *sie* bestimmt alles, *sie* gibt dem Hause den zu Fr.
W. IV. Zeiten modischen christlich-konservativen Stempel
mit Bethanien, innrer Mission, Wichern (wird von einem mit
Ernst Wichert verwechselt), Asylen, Magdalenen-Stiften etc.
Sie ist nur hochmütig, ganz kalt, ganz nüchtern, ganz be-
rechnend, und bei Hofe sein und im *christlichen germanischen*
Hofedienst aufgehen und auch Vorteile ziehen (Ackerbau-
Minister, Mitglied des Staatsrats, Oberst-Kämmerer, Oberst-
Gewandschneider etc etc.) ist das Ziel und Glück ihres Lebens.
Und dazu Korrespondenz mit frommen Geistlichen. Ihre
rechte Hand, bez. ihr Berater ist ein kluger Geistlicher, eine
Art Stephan, dessen Buch ich lesen muß.
Die Katastrophe leitet sich nun *so* ein.
Es geht finanziell immer schlechter mit Storch, Fr. W. IV

---

[64] Gestrichen: Über das Metier – [65] Mit Titel auf dem Deckblatt.

ist [66] zurückgetreten und die Tage der Regentschaft sind angebrochen und in dieser Zeit verlobt sich der Sohn mit einer Jüdin, was sie zwar für ein Glück ansehen muß, aber *daß* sie's als solches in ihrem Herzen ansehen muß, während sie sich vor der Welt und in gewissem Sinne auch vor sich selbst aufs äußerste dagegen stemmt, – das ist ihr eben ein ungeheures *crève coeur* und dran stirbt sie. Sie stirbt an gedemütigtem Hochmut.

Nun erfolgt ihr *Leichenbegängnis* [67]. Dies ist wieder ein Hauptkapitel, das mit allen Details beschrieben werden muß. Es wird alles aufs glänzendste in Szene gesetzt, aber übersteigt weit den Etat und verwirrt die Finanzen nur noch mehr. *Er* hat ihr versprechen müssen die »Cordelia« nie zu empfangen, – das war der letzte Wille der Gnädigen.

(Dagegen verstößt er später und freut sich dessen, aber hat doch zugleich einige Skrupel, weil er Wort und beinah Schwur gebrochen und dies steigert eben später seine Verwirrung.)

Auch die *Sterbeszene* der Gnädigen muß ein Kapitel bilden. Sie hält Farbe bis zuletzt und ihr christlicher Hochmut bleibt ungebrochen, *weil sie grade beschränkt genug ist* (ohne dumm zu sein) an den Ernst und die Heiligkeit ihrer Aufgaben zu glauben.

Nach dem Begräbnis fährt Herr v. *Attinghaus* in demselben Wagen wieder mit dem andern Gutsherrn oder Landrat oder Regierungsrat oder Justizrat oder Doktor zurück, es ist grade 3 Jahr später, wieder Erntefelder, und sie haben wieder ihr Gespräch.

Danach Kondolenz-*Besuch* des v. Attinghaus beim alten Storch. Gang durch den Park. Gespräch über die Verstorbene. Storch lobt ihren Charakter. Attinghaus sagt immer ja.

Der Pastor dringt auf ein *großes silbernes Kruzifix*, das auf den kupfernen Sarg aufgelötet werden soll; Storch sagt ja, erschrickt aber über die neue Ausgabe.

Nun naht die Katastrophe verhältnismäßig schnell.

1. Die Ausgaben wachsen, die Einnahmen mindern sich, der

---

[66] Gestrichen: gestorben oder doch – [67] Doppelt unterstrichen.

Bankrutt ist vor der Tür. Er wendet sich an die Töchter –
Gomeril u. Regan.

2. Lear erlebt einen Abfall u. man gibt ihm gute Lehren.

3. Er hat die Frau nicht mehr, die seinen schwachen Charakter hielt und stützte und er gerät in Zweifel, ob er recht
gehandelt hat.

4. Nun kommt der dicht bevorstehende Bankrutt. Der Sohn
schreibt: ich werd [68] es unter allen Umständen kaufen, und so
ist es doch wohl besser – da denn doch Beziehungen zwischen
uns bleiben oder wiederkommen müssen – Du gestattest mir
die Sache arrangieren zu dürfen und *Du bleibst wo Du bist*
und freust Dich Deiner Tage.

5. Dies wird akzeptiert. Und die Tochter mit Freuden empfangen. Er liebt sie. Aber er war doch zu lang an die Trebiatinski gefesselt gewesen und die alten *Unsinnigkeiten* und
Redensarten werden immer wieder lebendig. Er schämt sich
dessen aber und wird zuletzt taperig und entwickelt sich zu
einem leidlichen Imbecile.

Hier kommt nun (*wichtig*) ein *Greisen-Kapitel* [69], das diese
Konfusion ausdrückt, er liebt die Tochter und schimpft über
die Juden und die neue Zeit und dann wieder sagt er: nur in
Menschlichkeit und Natürlichkeit steckt das Wahre so daß
alles Widerspruch ist und ein Satz immer den andern aufhebt.
Er sitzt immer in der Sonne und freut sich und zuletzt kriegt
er auch mal einen *frommen Anfall* und spricht von seiner
»Heiligen« und in diesem Zustande stirbt er.

Begräbnis ganz kurz.

Attinghaus letztes Gespräch über ihn, aber nun nicht im
Wagen, sondern im Park, wo er nun mit dem *Sohn* auf und
abgeht wie drei Jahre früher mit dem *Vater* und sich jenes Tages
entsinnt und nun ein Charakterbild des Vaters gibt. »Er war
ein guter Mann, brav, gütig, ehrlich und hätte vor 100 Jahren mit einer lebenslustigen Frau vom Schwedter oder Prinz
Ferdinandschen Hof glücklich gelebt und *wär in die Kirche
gegangen und hätte nichts geglaubt.* Und seine Dörfler etc.
hätt er glücklich gemacht und Gutes für sie getan. Er ist ein

---

[68] Aus: würd – [69] Doppelt unterstrichen.

Opfer der modischen Geschraubtheiten unsrer Zeit, die Dinge will oder wenigstens wollte, die man nicht wollen soll oder die nur immer *der* soll, der innerlich darauf eingerichtet ist. Ich habe nichts gegen all dergleichen, ich will es sogar hochstellen, aber es muß echt sein. So wie es *Mode* wird, wird es furchtbar.

Und an dieser Mode, zu der Ihr Papa nicht taugte, ist er zu Grunde gegangen.[«]

Storch v. Adebar [70]

Die hier einliegenden 5 Bogen enthalten den ganzen Lauf der Novelle von dem Höhenpunkte an, wo's anfängt schief zu gehn und sich der Tod der Frau v. St. vorbereitet.

Die Vorführung der ersten Hälfte der Novelle ist leicht. 1. Die Trauung. 2. Landrat Baron Attinghaus' Heimfahrt. 3. Intimes Gespräch von Storch und Störchin. 4. Der Pastor. 5. Die Stiftungs- und Gründungspläne. 6. Die Hoffnungen auf den Hof 7. Der jüngste Sohn (*vor* seiner Verlobung) 8. Die kühle Haltung der andern verheirateten Töchter, Goneril u. Regan, die nur Geld brauchen. 9. Erste Verlegenheiten. 10. Rücktritt des Königs; Umschwung. 11. Der Sohn verlobt sich. 12. Entsetzen.

2.

HEIMFAHRT

Gespräch zwischen Attinghaus und Rudenz

Sie ist herrschsüchtig. Mit dem guten Storch hat sie begonnen. Aber das war ein zu leichter Sieg und sie sehnt sich nach Machterweiterung. Man kann sagen, sie beherrscht unsren ganzen Kreis, selbst die, die widerstreben, sind ihr in gewissem Sinne gesellschaftlich untertan. Es ist die älteste Familie im Kreis, das ist eins, und wenn auch nicht die bemittel[t]-

[70] Seitenbeginn; darüber mit Rotstift eingerahmter Bleistiftvermerk: Dies muß ich vorm Schreiben durchlesen.

ste, so doch die gastlichste, die einzige die ein Haus macht.
Alle sind neu im Kreis wie Sie, Rudenz. Ich bin länger hier,
aber Garçon und so verbietet sich ein Haus. So kommt es, daß
sie den Kreis unterwarf. Das ganze Pastorentum hängt an
ihren Lippen. Aber auch das genügt ihr nicht; sie will darüber hinaus und hat sich so etwas in den Kopf gesetzt, etwa
wie Frau v. Krüdener oder wie Frau v. Humboldt oder wie
Christine Munk oder Lady ... (unter Georg I. oder II.) oder
die gute Nymphe Egeria zu sein. Sie will regieren und wie
manche beständig nach Betätigung [71] ihrer Liebe sucht, sucht
sie nach Betätigung ihres Ehrgeizes und ihrer Herrschsucht.

Und Storch?

Er muß mit. Er wird nicht gefragt.

Storch ist eigentlich *Numismatiker* und *Schafzüchter.*

Attinghaus spricht darüber. »Ich hab' ihn noch in seinen
jungen Jahren gekannt, als er bloß *Numismatiker* [72] war. Er
war eigentlich ein reizender Kerl, ein Mensch wie ein Kind.
Über jeden neuen Denar oder Schilling geriet er in Freude.
Als dann die Trebiatinski kam, mußt er's halb aufgeben oder
doch sich teilen. ›Es passe sich nicht‹ und er wurde Schaf-
Mensch. Negretti oder Rambouillet und die Gnädige war damit einverstanden. Sie fand es standesgemäß und es war vor-
teilhaft welches letzte die Hauptsache war, denn sie ist sehr
für's Vorwärtskommen. Storch soll damals einmal als ›Wollkönig‹ erklärt worden sein, was ihr damals Freude machte,
woran sie jetzt aber Anstand nimmt, weil man das Heilige
nicht herabziehen dürfe. Sie perhorresziert beispielsweis auch
das Wort ›Schiffstaufe‹. Aber ›Wollkönig‹ ist schlimmer,
denn im ganzen genommen ist ihr die irdische Majestät doch
wichtiger. Ja, so war unser Storch. Und was ist nun draus geworden. Bis 48 ging es, aber als nun die Böcke und Schafe ge-
schieden wurden, da mußt er ganz auf die letzte Seite treten
und der Storch entstand den Sie jetzt sehn: ein Confusionarius.
Eigentlich ist er nichts als ein guter Kerl, mit einer natürlichen

[71] Aus: einem Opfer – [72] Darüber: Münzensammler

[73] Hinneigung zu einem Spaß oder selbst einer Tollheit, ein
märkischer Junker von einer *Durchschnitts* Sorte wie er im
Buche steht, und dieser Unglückselige, der als Landedelmann
und Mann der kleinen Liebhabereien ein entzückender Kerl
sein würde, mußt nun den Staatsmann und den Staats- und
Gesellschafts-Retter spielen. Er ist gezwungen, eine Säule zu
sein, ein Pfeiler, und alles bloß ihr seinem ehrgeizigen weiblichen Strebepfeiler zu Liebe. Er glaubt eigentlich gar nichts
und soll fromm sein, er hält die Störche für älter wie die
Hohenzollern und soll loyal sein, er hat ein natürliches Mitleid mit dem armen Mann und soll hart sein und ihm den
Traktätchen-Stein an Stelle des Brot des Lebens geben. Wenn
ich von Brot des Lebens spreche, meine ich Viergroschenbrot.[«]

Die Störchin wird so von einem charakterisiert: »Storch hat
mir mal erzählt, die Ehe nach den Anschauungen seiner Frau
gehöre [74] zu den Ordnungen Gottes und diesen Ordnungen sei
zu gehorsamen; die Ehe habe Pflicht und Beruf; aber alles was
darüber hinausliege sei Sünde.«
Hat sie immer so gedacht?
In ihrer Ehe immer. Sie soll aber eine kurze Zeit vorher anders darüber gedacht haben. Aber das ist Klatsch und die Ver-
jährung kommt ihr zu gute.

3.
IM NEST

[75] Die beiden Schwiegersöhne sind *reich*, höfisch geschult
und sollen an den preußischen Hof lanciert werden.
Darum dreht sich das Gespräch von Storch und Störchin.

---

[73] Text überschrieben über Manuskriptteil der ›Wanderungen‹, ›Fünf
Schlösser‹, Kap. ›Liebenberg‹; HF III, 3, S. 229 ff — [74] Von »die Ehe«
an aus: seiner Frau sei die Ehe Pflicht und Beruf, ein legitimes Fort-
pflanzungsinstitut, und so weit gehöre sie — [75] Seitenbeginn; am
oberen Rand: Das Gespräch muß durch kl. Vorgänge draußen im
Park etc. also durch allerhand Beschreibliches unterbrochen werden.
Außerdem muß ihr Anti-Jüdisches Element *stark* [das letzte Wort
rot unterstrichen] betont werden sowohl hier wie in der Folge.

Er hielte dies zunächst nicht für leicht und wenn es gelungen: was versprichst du dir davon?

Sie. Vielerlei.

Er. Darf ich fragen was?

Sie. Sie haben beide jene Anschauungen, auf die es ankommt. Sie sind kirchlich und loyal, nicht so oberflächlich hin, sondern wirklich. Solche Männer in die rechten Stellen zu bringen, das ist nicht bloß eine Aufgabe, das ist für den der's kann, eine Pflicht.

Er. Cesarine, du richtest dein Auge zu sehr aufs Allgemeine. Wir sind nicht reich und es läg uns ob, uns mehr um unser eigen Wohl als das von Staat und Gesellschaft zu kümmern.

Sie. Quäle mich nicht mit dieser Gesinnungskleinheit. Ich mag das nicht ertragen, das ist Bauernweisheit, immer nur das Nächste..

Er wollt unterbrechen, sie ließ es aber nicht zu und sagte dann in einem freundlichern Tone mit einem Ausdruck von Vertraulichkeit und Schelmerei: »Ich begreife dich nicht, Storch. Ich dächte doch du müßtest mein Programm kennen. Ich habe [76] mein Leben an die großen Prinzipien gesetzt und ich will meins Teils dahin wirken, daß wir eine Umkehr haben, daß sich diese entgötterte Welt wieder auf das Heil besinnt und das Heil da sucht, wo es allein zu finden ist in Gehorsam und Demut und Fügung in die Fügungen Gottes. Ich will die Herrschaft von Thron und Kirche und Klassen-Gliederung an Stelle dieses modischen Unsinns von der Egalité.[«]

Storch nickte zustimmend. Es war dies einer der Punkte wo sie zusammenstimmten und die Baronin fuhr fort.

[77] Also Konservierung alles Heiligsten. Aber je größer die Macht und die Mittel sind, mit denen wir diesem zustreben, je besser werden wir's erreichen. Und so brauchen wir denn Irdisches um des Himmlischen willen. Es liegt das in der Begrenzung menschlicher Natur, alles bedarf eines Trägers, eines Stoffes. Das göttliche Wort selbst bedarf eines Mundes, der es spricht. Also Macht und Mittel. Und sie zu gewinnen

[76] Aus: setze — [77] Gestrichen: Ich weiß, daß

ist deshalb statthaft und kleidet sich in die Worte: »seid sanft wie die Tauben und klug wie die Schlangen.« Das *sollen* wir sein. Und auch hierin könnten wir von der katholischen Kirche lernen ..

»Ich glaube, Cesarine, du schweifst ab.[«]

Mit nichten, Storch. Ich schweife nie ab, so weit ist dein Einfluß auf mich nicht gegangen. Nein. Macht und Mittel bedürfen wir,[78] auch *wir* im aller speziellsten. Und dazu müssen wir an oberster Stelle den Fuß im Bügel haben.

Ich glaube, Cesarine, du verwechselst Hof und Regierung, Administration.

Ich schweife nicht ab und ich verwechsle nicht. Schiebe mir nicht Dinge unter, die dir natürlicher liegen. Ich bitte dich, Storch, es ist ja als ob irgend ein Liberaler spräche, der nichts kennt als das Schema der Dinge, als das *Soll*. Der Hof ist Gott sei Dank immer noch das Bestimmende, *sein* Wille[79] gilt und das Räderwerk der öden Regierungsmaschinerie geht nach dem Willen und der Bestimmung derer, die diese Maschine schufen. Und das ist der Hof und die das Ohr des Königs haben.[80] Ich bilde mir nicht ein, daß Pingst und Zingst irgend etwas direkt vermögen, dazu sind sie viel zu unbedeutend, aber sie sind reich, sie werden ein Haus machen, sie werden in der Gesellschaft stehn, die Gesellschaft bei sich sehn und darauf wird ihr Einfluß beruhen. Zingst hat zwei Brüder, die beide noch unverheiratet sind. Glaubst du, daß das ohne Einfluß ist, wenn einer von ihnen ein schönes Ministerfräulein auszeichnet? Und was all deine Schreiberei und dein Kreistag und dein Abgeordneter nicht hat durchsetzen können, das macht sich auf einer einzigen Ball-Unterhaltung. Minister und Unterstaatssekretäre sind Menschen und doppelt, wenn sie heiratsfähige Töchter haben. Lehre mich die Menschen kennen.[81] Sie sind und bleiben dieselben. Und nun frag ich dich, Storch, sind wir noch dieselben, wenn man uns

---

[78] Gestrichen: und – [79] Gestrichen: gleicht – [80] Dieser Satz mit Bleistift zwischen die Zeilen geschrieben. – [81] Von »Minister« an blauer Längsstrich am Rand und Bleistiftvermerk: Eine *solche* Verlobung und wir haben die Bahn.

die Bahn bis an den See [82] führt und uns Erlaubnis gibt, den Kanal zu graben, der dann aus dem See und dem Luch in die Havel führt. Ist dann diese Sandwüste noch dieselbe? Was jetzt halb wertlos hier liegt, das ist dann ein Wert, und noch eh ein Baum [83] gefällt und den Kanal hinuntergeflößt ist und noch eh ein einziger Torfkahn auf dem Kanal fährt, schon von dem Augenblick an, wo nur bekannt wird, daß die Bahn und der Kanal zugestanden [84] und ihre Ausführung gesichert ist, von dem Augenblick an ist diese Sand- und Sumpfwüste in ihrem Werte verdoppelt und wir haben in Geldsachen freie Bewegung. Freie Bewegung, wie sie die Juden haben. Von ihnen uns zu emanzipieren, darauf kommt es an. Mittel haben, die höchsten Zwecken dienen und nicht dazu da sind, falsche Götter zu etablieren, darauf kommt es an. Am meisten haß ich den Judengott – er ist das Geld an sich, die Beugung vor dem Golde, bloß weil es Gold ist. Mittel, Mittel. Worin liegt denn die Macht dieser Judenwelt? In ihren Mitteln. Das müssen wir erkennen und daran lernen. Du weißt wie hoch ich Abstammung stelle, aber ohne Mittel wird es Donquichoterie. [85] Ich hasse den Mammonsdienst und den Götzendienst vor dem goldenen Kalbe, aber je freier ich mich in meinem Gewissen fühle, je mehr ich weiß, daß ich das Irdische nur will um des Ewigen willen und daß alles nur Mittel ist zum Zweck, je rücksichtsloser darf ich auch in dem Erreichen-wollen sein. Das Wenige was wir an Einfluß haben, muß angewandt werden, um diesen Einfluß zu verdoppeln. Ich rechne auf deinen guten Willen. Attinghaus wird uns nicht im Wege sein, im Gegenteil. Im ganzen hat er Vorteil davon und partizipiert daran. Irgend einen Kavalier zu einem Kammerherrn zu machen, ist schwerlich eine Sünde. Den Rest tut mein Bruder, der das Ohr des alten Prinzen hat. Und sein Einfluß ist ungebrochen.

Und Dagobert?

Ist unvergessen. Um seinetwillen geschieht es, so weit sich ein selbstsüchtiges Interesse miteinmischt. Er ist zu unbemit-

---

[82] Darüber: Forst – [83] Darüber: Kiefer – [84] Darüber: bewilligt – [85] Von »Freie Bewegung« an nachträglich mit Bleistift am Rand hinzugefügt.

telt jetzt. Er deutete mir an, daß man ihn dies auch fühlen läßt. Ist er erst eine Partie, steht nicht mehr ein Gut mit Hypotheken hinter ihm, so gibt es keine Familie in der er nicht wählen könnte. Die märkischen Familien sind mir zu arm für ihn und nicht vornehm genug. Ich rechne auf Ober-schlesien. Und dann haben wir den Fuß im Bügel. Ich bekenne dir, wir haben nun lange genug unbeachtet in diesem Erden-winkel gesessen. Es muß nun einmal die Reihe an uns kom-men. Nimm die Reihe unsrer alten Familien durch alle waren einmal daran[86], alle haben einmal geherrscht bei Hofe, in der Armee, in der Kirche. Nur die Adebars[87] sind die einzigen, die siebenhundert Jahre darauf gewartet haben. Es kommt je-der einmal an die Reihe und ich glaube, wir[88] sind nahe daran.

Wenn es *euch* genügt, *mir* nicht. Ich führe nun euren Na-men und er muß heraus aus dieser Ohnmacht, diesem Nichts. Und ich erbitte den Beistand des Himmels dafür, weil ich ihn erbitten darf. Denn das Pfund wenn es da ist, es soll nicht vergraben werden, es soll Zins und Wucher tragen wie der Apostel sagt und uns die himmlischen Wohnungen vorberei-ten.[89]

4

DER PASTOR

DIE STIFTUNGS- UND GRÜNDUNGSPLÄNE

Baronin Storch ist nun nach der Hochzeit auf ihrer *Höhe*. Alles wird sich machen: die Schwiegersöhne werden lanciert werden und Dagobert macht eine glänzende Partie, reich, vor-nehm, hoch im Staatsdienst.

Sie wird in Folge dieses Wohlgefühls momentan liebens-würdig, heiter, gut gelaunt, fast humoristisch.

Sie will nun unter anderem bauen:

1. eine *Kapelle* auf einem Filial, einem Koloniedorf[90]

---

[86] Darüber: an der Reihe – [87] Aus: Wir [»Nur« nachträglich mit Bleistift vorgesetzt.] – [88] Aus: wir glauben, ich – [89] Dieser Abschnitt mit Bleistift; teilweise zwischen die Zeilen des vorhergehenden Ab-schnitts geschrieben. – [90] Gestrichen: oder diese Kapelle muß schon gebaut sein

2. ein *Altarbild* für die alte Kirche im Hauptdorf.

3. Ein Grabdenkmal eines verstorbenen Storch oder eines andern.

4. Ein *Bild* aus der Schlacht an der Trebia, das den großen Moment festhält.

5. Ein Asyl, ein Rettungshaus, ein Erziehungshaus. Ein[en] Missionsplatz zur Predigt im Freien unter dichten Bäumen.

Nach den ersten drei Kapiteln, als sich Frau v. Storch auf ihrer Höhe fühlt, folgen nun die Kapitel so.

4. *Kapitel*

Der Maler taucht auf. Altarbild. Gespräch mit der Baronin. Mit einem spätren Zuge kommt General v. Trebiatinski und ein höhrer Geistlicher. Bei Tische setzt sich das Maler-Gespräch fort. Zum Kaffee kommt auch noch der Lieutenant v. Vierzehnheiligen.[91]

Der Maler ist ein gesunder, fester Mensch,[92] der sich gegen *Pfannschmidt* erklärt, weil dieser zu weltlich sei, zu viel Fleisch habe. Das Byzantinische, Ravenna, die schwebenden hageren Engelleiber, das ist das einzige. Raphael bedeutet Verweltlichung.

Der Geist der über den Wassern schwebt, schwebt schließlich auch über der *Ölfarbe.* Und wenn nicht tant pis.

[93] Was bedeutet dies ewige »Können« und wieder Können? Es hat seinen hohen Wert, es fördert das Handwerkliche in der Kunst und dadurch zu beträchtlichem Teile die Kunst selbst. Aber es ist damit, wie mit *Pflege des Stils* und *des Verses,* – das ist auch etwas Schönes, Treffliches, Förderndes, aber plötzlich kommt ein Schäfer oder Schuster, der weder Stil noch Vers hat und steckt alle Stilisten und Verskünstler in die Tasche.

---

[91] Am Rand des letzten Satzes Klammer und Vermerk: Dies nur kurz. Er wird empfangen, man begrüßt sich und geht in den Garten. – [92] Am Rand Klammer und Vermerk: er schneidet aber immer ein frommes Tendenz- und Richtungs-Gesicht. – [93] Am Rand: Storch v. Adebar. Kunstgespräch als ein *Bild* für die Kirche bestellt werden soll.

[94] Der Glaube oder die Beziehungen des Menschen zu Gott sind das Fundament innerlichen Glücks, der Demut, Ergebung, Zufriedenheit, des Dankes, kurzum alles dessen, was schön und liebenswürdig in der menschlichen Natur.

Der entgötterte Mensch kann eine Menge Tugenden haben, aber er gehört ins Kapitel des Unerfreulichen und ist wie für die Tragödie prädestiniert. Es fehlt ihm der Zauber des Naiven, das Erquickliche der Demut – er liebt nicht und wird nicht geliebt; er kann interessant sein, aber nie liebenswert. Und *dieser* Zug ist es, der unsrer Zeit fehlt und sie so wenig schön macht.

Eine Alte, beinah 80jährige, mit der der Geistliche, entweder der Storchsche oder der Attinghaussche, auf einem guten Fuße lebt. Mutter Stosch oder Stoschen. Sie ist klug, weise, hat die Klarheit Ruhe u. den Mut des Alters. »De Rooh is dat Best.« etc

Zwei lutherisch-strenggläubige Geistliche

1. Der bei Storchs ist wie Stephan: 50 Jahr alt, klug, geistvoll, herrschsüchtig, *hochmütig*, alles Aristokratische bestärkend. Sein drittes Wort ist immer »*eine subalterne* Natur«.

2. Der bei Attinghaus ist eine Mischung von Büchsel und Müllensiefen und schon 70 Jahr alt: humoristisch, milde, versöhnend, suaviter in modo.

Gesellschaftszirkel
im Hause der Frau v. Storch

»Christliche Ritterschaft« [95]

Die Herstellung einer »*christlichen Ritterschaft*« [96] wird durch Archembauld angeregt.

Leut. v. Vierzehnheiligen will statt dessen die Gründung einer »christl. *deutschen* Ritterschaft« was Archembauld zu

---

[94] Über dem folgenden Abschnitt: Zu Storch v. Adebar oder zu Eleonore. – [95] Mit Blaustift. – [96] Rot unterstrichen.

eng findet, worauf v. Vierzehnheiligen gereizt erwidert: es fehle ihm das deutsche Gefühl, – er habe das französ. Selbstgefühl und könne davon nicht lassen. Beide schrauben sich nun.[97]

Nach den ersten drei Kapiteln wird nun das herrenhäusliche Fromm- und Klein-Leben geschildert.

Besuch trifft ein:

Lieutenant v. Vierzehnheiligen

Lieutenant v. Zippelskirch und mehrere andre.

Unter diesen ist auch eine alte *verwitwete Sanitätsrätin*[98] aus der nächsten Stadt oder aus der Residenz eine geborene Adlige. Sie schwärmt immer von der Zeit, wo sie noch jung, also auch noch adlig war und schwärmt ferner für die Erscheinungen der 30er Jahre: Fr. W. III., Kaiser Nicolaus und Prinzeß Charlotte, die kl. poetisch-ästhetischen Tee-Abende gegenüber dem jetzigen brutalen Buffet-Wesen. Schwärmt auch für Raupach und die Hohenstaufen und den Bischof Roß und irgend einen Orthodoxen jener Epoche. Vor allem schwärmt sie für *Post,* Postwagen und Posthorn perhorresziert die Eisenbahnen. All das in einer liebedienerischen Weise, um sich bei der Störchin zu insinuieren.

Ein adliger Gutsnachbar der Obst- und namentlich Erdbeer-Züchter ist.

Er spricht in Gegenwart der Damen beständig darüber. Die Hauptsache ist die Kreuzung u. diese Naturprozesse nach wissenschaftlichen Prinzipien zu regeln, ist[99] meine Lebensaufgabe. Allerdings gehört immer noch eine Technik, eine Manipulation dazu, ohne die die Wissenschaft scheitert. Die Manipulation der Befruchtung ist die Hauptsache und hundert Umstände: Jahreszeit, Tageszeit, Wind + Wetter, Quantität alles wirkt mit. Aber nun auch die Freude, die Natur so zu sagen zwingen zu können. Jede Sorte Erdbeere, jede Form er-

---

[97] Im Manuskript folgt nach der Überschrift »Intoleranz und Toleranz in einer *kleinen Stadt*« aufgeklebter Zeitungsausschnitt; vgl. Anm. – [98] Blau unterstrichen. – [99] Darüber: betrachte ich als

zwing ich. Wollen Sie einen Zwilling, ich schaffe Ihnen einen Zwilling, wollen Sie einen Puckel ich schaff ihn Ihnen, einfach oder doppelt, Kamel oder Dromedar, es ist all eins.

Zu dem christl. Damenzirkel gehört auch eine stattliche und namentlich korpulente Dame von 49, die als reiche Amtsrats- und Domänenpächterfrau zugezogen wurde. Sie war sehr rot, etwas asthmatisch und hatte einen kleinen Schnurrbart. Dem entsprach auch ihr Wesen [100] u. – Charakter. Aber sie wollte von dieser Natur nichts wissen und alles nach der feingeistigen [101] Seite [102] hin Gelegene war ihr »höchst peinlich« und alles was an Kraft und Mut appellierte »ängstigte sie«. In Wahrheit hatte sie die Kraft eines Rapp(?) und den Mut eines Bayard.

Kommerzienrat Landauer oder der *alte Flemming in Pommern:*
Pallasch-Athene. Persona gratis. Peter peccavi.
Unterhaltung über die Vorzüge des Vegetarianismus, also des Kartoffel, Gemüse und Hafermehl Essens. In Irland wahre Henochs-Söhne. Hafermehl besser als Amarant. Selbst der Spiritismus, der in den westl. [103] Grafschaften herrscht wird überwunden. – Flemming zu wählen ist besser; er kann auch Vegetarier sein. Ein Agrarier muß auch ein Vegetarier werden. Auch *Peterey* verwenden. »Ich (er spricht aus seiner Jugendzeit) ließ es aber die Kerls blind durchmachen. Und siehe da, es ging.«

[Aufgeklebter Zettel]

Eine Figur, die beständig das »*Ausgleichungs-Prinzip*« vertritt. »Alles *kompensiert* sich im Leben.« So wie jemand klagt, sagt er: »sehen Sie, dafür fehlt Ihnen aber das und das; alles kompensiert sich.«

---

[100] Darüber: Natur – [101] Darüber: ästhetischen – [102] Aus: Szene – [103] Gestrichen: Irla[nd]

5.

DAGOBERT

Vor seiner Verlobung. In der Residenz. Briefe, Mitteilungen von ihm und über ihn.

Das Kapitel folgt wahrscheinlich gleich nach Kapitel 3. eh die Missionsgeschichten kommen. Dann vielleicht ein Kapitel, wo Storch allein auf seinem Zimmer ist und die Münzen wieder vornimmt und ganz seinen alten Passionen lebt.[104]

6.

DAS MISSIONSFEST

5. Kapitel
Die beiden Leutnants

Der Leutnant v. Vierzehnheiligen;
    "   Archembauld L'Homme de Bonneville. Beide von einem Nachbardorf.

Blutarm, standen in derselben Garnison, nur *eine* Schwadron. Der Bäcker Knovenagel, ein guter Mann von Anno 13 u. Schützenkönig, hatte auch eine Frühstücksstube. Dort traf man auch die Töchter. Die Langeweile war kolossal. Kurzum man verheiratete sich. Sie mußten den Abschied nehmen und Knovenagel kaufte ihnen [ein] kleines Baurhäuschen in der Nähe.

Großer Lärm. Aber es verkehrte sich fast in Glück. Sie wurden fromm, die Frauen starben und Knovenagel wurde durch Leut. v. Vierzehnheiligen bekehrt. Knovenagel bekehrte das ganze Nest. Das veränderte alles, er wurde der angesehnste Mann, galt auch sehr bei der Baronin und es hieß: [»]einer der kleinen Herrn in Thüringen [105] hat den Herrn v. Müller in den Adelsstand erhoben; ich finde, Knovenagel ist durch einen höheren Herrn erhoben.«

Vorher das Leben der beiden Leutnants im Dorf schildern.

---

[104] Text mit Blaustift auf dem Titelblatt notiert. – [105] Aus: der Herzog von Coburg

Aus Langeweile hatten sie sich verheiratet, aus Langeweile wurden sie fromm. Sie hatten Gott in der Welt nichts zu tun. Dies mit allen Details. Und dann erst Knovenagels immer wachsender Ruhm u. Ansehn und der günstige Rückschlag davon auf die Mesalliance der beiden Leutnants, die eigentlich aufhörte eine Mesalliance zu sein. Nur vermied man immer noch beide Parteien zusammen einzuladen, vielmehr waren Knovenagel und die beiden Leutnants (die eine Einheit repräsentierten) immer gleich willkommen. Vierzehnheiligen war etwas klüger und gebildeter und las mehr, Archembauld aber war der vornehmere, so vornehm, daß er auch nicht las und sich tagaus tagein mit der Größe der L'homme de Bonnevilles beschäftigte. Er hatte sich ein französisches Adelsbuch verschafft, so sauer es ihn ankam und las folgende Stelle immer wieder: »... ......«

6. Kapitel

Das Gespräch auf der Veranda hatte sich darum gedreht, daß ein Missionsfest stattfinden solle und ein Sonntag-Nachmittag war dazu festgesetzt. Versammlungen auf dem Kirchhofe. Nach dem Feste mit seinem Jahresbericht und seinen Ansprachen wollte man noch im Schloß zusammen bleiben.

Nun das Fest schildern. Die Gruppierung der Hunderte auf dem Kirchhof, unter Linden u. auf Gräbern.

Die Herrschaften saßen unter einer Linde und eine Kanzel stand in dem großen Gange, gerade da wo ein Kreuz war.

Es hieß daß Knovenagel sprechen würde. Er war aber noch nicht da. Als man aber die beiden Leutnants fortfahren sah, hieß es: »nun kommt er bald.« Das Fest begann nun mit Gesang. Der Geistliche sprach. Bei einer Räusperpause, sah er aber, daß eine Bewegung durch die Versammlung ging und als er gleich danach eine Räusperpause machte, sah er, daß Knovenagel angekommen war. Er wußte nun, daß es Zeit sei abzubrechen und er faßte sich kurz und brach ab.

Nun richteten sich aller Augen auf Knovenagel, denn es hieß er wolle über den Unglauben der Zeit sprechen und über die Macht des Gebets. Er spricht nun wirklich

a. über den Unglauben (oder über irgend ein andres, beßres Thema) ganz kurz.

b. Dagegen hilft das Gebet. Das Gebet kann alles, ist der große Wundertäter. Geschichte von Klopstock (Messiade). Geschichte von Luther der sich seinen Freund (welchen?) von Gott erbetete. Dann von der armen Witwe mit den zehn Talern. Das ist das Hauptbeispiel.

»Da habt ihr die Macht des Gebets. Nun [106] das ist Gebetserhörung; so sagen wir. Andre sagen: es ist Zufall. Solche ›andre‹ hat es immer gegeben und von ihnen red ich nicht. Aber in dieser unsrer Zeit gibt es welche, vor denen ich euch warne, solche die sagen: Gebetserhörung ist es nicht und Zufall ist es auch nicht, es geht alles klipp und klar mit natürlichen Dingen zu. Seht, diese neunmal Klugen erklären alles mit der Wissenschaft und sagen: das ist direkte Seeleneinwirkung. Als die Frau betete, da ging es wie ein elektrischer Strom von ihr aus, erst so in grader Linie und dann um die Ecke und dann wieder um eine und dann über einen Hausflur und einen Korridor und ruhte nicht eher als bis er (der Strom) des reichen Mannes Herz traf. Und da gab es ihm einen Tic. Oder es kam ihm auch alles wie eine Traumvision. O meine Lieben. Wenn *wir* beten [107], dann steigt es grad auf und dringt an Gottes Ohr; aber wie denkt sich solch Gelehrter ein Gebet? Der Strom wird gleich im Anfang abgefangen und statt auf der ewigen großen Himmelsleiter zu Gott [108] aufzusteigen und sein Wunder vorzubereiten, geht er wie auf einem Leitungsdraht links ab und gibt einen Tic wie eine Hôtelklingel. Es gibt einen Fernsprecher, meine Freunde, wie's keinen zweiten gibt und dieser Fernsprecher heißt das Gebet. Aber ein Draht und ein Telephon-Gebet gibt es *nicht*. Das ist alles Menschenwerk und Menschenhochmut und ist viel schlimmer als der Zufall. Als der Zufall, der immer war und so zu sagen eine historische Berechtigung hat. Ja, meine Lieben, den Zufall könnt ich lieben, er ist wie ein Naturkind, wie ein Bauerskind, aber diese Klugheits und Wissenschafts-Erklärung, die kommt

[106] Gestrichen: gibt es welche (nicht hier) die sagen das ist Zufall und andre sagen – [107] Aus: ihr betet – [108] Gestrichen: und seinen Engeln

aus der großen Stadt, die kommt aus Babel und ist ein Teufelskind. Denn der Hochmut ist der Verführer und der Gelehrten-Hochmut, der dem lieben Gott überall in die Karten kucken will, der ist der schlimmste.[«]

Bald danach schloß er. Der Geistliche von einem andern Dorf sagte auch einiges Verbindliche über Knovenagel und wie erhaben er sich fühle und sie gewiß alle auch und daß er ihnen ans Herz lege: wohl zu tun und mitzuteilen vergesset nicht in der Nähe der Stadt Salonicki solle eine kleine protestantische Kirche gebaut werden und er wisse, daß jeder dafür ein Scherflein habe.

Dann folgte Gesang und die Scharen lösten sich und zogen auf verschiedenen Wegen ihren Dörfern zu. Voran marschierten die Alten und die Ehepaare und einige von den Schärfsten. Die gingen still oder sangen [109] ein christlich Lied. Die letzten aber gingen in Gruppen und kicherten und als es dunkelte und ein Gehölz kam, gingen sie zwischen den Birkenbüschen und der Zug löste sich auf.

7. Kapitel

Die Honoratiorenschaft ging auf das Herrenhaus zu, um hier den Abend zu verbringen. Es war General Trebiatinski, der Maler aus der Stadt,[110] Graf Attinghaus, Rittmeister Rudenz, ein Herr Geistlicher, Justizrat Neigebauer und ein Doktor aus der Stadt. Die letztern waren die Hechte im Karpfenteich und [111] immer da nach dem Satze, den mal Herr v. Gerlach zum Grafen Voß gesagt hatte: »Lieber Graf Voß warum laden Sie immer bloß Uhden, Westphalen und den und den ein? Warum nicht Vincke, Waldeck, Virchow(?) Was Uhden sagt, weiß ich lang. Ich hörte viel lieber einmal was Waldeck sagt.« Überhaupt war Herr v. Gerlach ihr Ideal, denn sie war eine kluge Frau und konnte sich momentan völlig frei machen und das Tollste mit einer Art grausigem Vergnügen mit anhören.

---

[109] Aus: summten – [110] Gestrichen: die beiden Leutnants – [111] Gestrichen: gesammelt

Dies ist nun das Kapitel, wo die verschiedenen Gespräche geführt werden, in denen die Fortschrittler mehr oder weniger exzellieren.

Danach muß dann wieder ein Kapitel kommen das das *Storchsche Ehepaar* schildert, im Gespräch über die beiden Töchter, über Dagobert und über die Zukunftspläne. *Er* ängstlicher denn je, *sie* sichrer denn je. *Er* macht Andeutungen, daß dies alles seine Mittel übersteigt. »Du siehst alles als eine glückliche *Kapitals-Anlage* an; aber ich sehe nicht daß die Zinsen kommen und wenn sie *zu* lange ausbleiben, so umschließt das Gefahren.«

Zwei Nebenfiguren

Eine sagt immer: »Er hat den Pfiff nicht weg« oder »auf den Pfiff kommt es an«.

Und der andre: »Wenn man nur das Herz auf dem rechten Fleck hat, alles andre ist Schwindel.«

Lieutnant v. *Vierzehnheiligen.* Entweder ein ganz Alter von 70, oder ein Bleichenwang.

Archembauld L'Homme de Bonneville.

Der Gegenpart von Storch ist ein vornehmer liberaler Adliger, ein Mann wie *Bennigsen,* aber heitrer, humoristischer, überhaupt drüber stehend. Dieser »Bennigsen« lebt entweder auf einem Nachbargut, oder als Militär oder höherer Beamter a. D. in einer benachbarten *kleinen Stadt.*

In dieser *kleinen Stadt* lebt auch ein demokratisch-fortschrittlicher *Justiz-Kommissar,* gescheiter, witziger Kerl, der in den Gesprächen mit Storch (der oft geschäftlich mit ihm zu tun hat) immer enorm freiweg spricht: »Der Herr Baron werden verzeihn, aber *mir* stellt sich die Sache *so* dar ...« Und nun kommt was Furchtbares; immer Schwadronshiebe.

Der alte Storch hat dies gern. Er lächelt dann und wird sich, diesem heitren Durchgänger gegenüber all der *Vornehmheit* bewußt, die in seiner »Reserviertheit« und Nüchternheit liegt.

Sie, die »Störchin«, spricht von Amerikanismus und verhält sich kühn[!] und ablehnend.

Darauf antwortet dann »Bennigsen«. »Meine Gnädigste, Sie unterhalten eigne Vorstellungen über Amerikanismus. Z. B. über amerikanische *Damen*. Kennen Sie amerikanische Damen.[«]

»Nein. Glücklicherweise nicht.«

Nun dann lassen Sie sich sagen, daß die Feinheit unsrer Hundetürkei sich sonderbar daneben ausnimmt. Nun beginnt er eine äußere Schilderung.

»Das sind äußerliche Dinge.«

»Freilich. Aber nun lassen Sie uns zu den innerlichen übergehn.«

Nun schildert er: Pyramiden, Griechenland, trip round the globe, Paris, alle Sprachen, Literaturen etc.

»Auch *das* sind äußerliche Dinge.«

»Ah, ich verstehe. Nun dann etc.[«] Und nun schildert er Chapel-Leife, ihr Interesse für kirchliche Dinge etc.

»Und jede ist in ihren ehrgeiz. Mann verliebt« unterbrach lachend der Justizkommissar.

Der Justizrat oder Rechtsanwalt

».. Glauben Sie doch nicht meine Gnädigste, daß es irgend einem Bürgerlichen einfällt einem Altadligen seinen Stolz zu bestreiten, seine Freude zu mißgönnen. Von diesem Gefühle ist so wenig im Bürgerstande [112] zu finden, daß derselbe umgekehrt mißtrauisch gegen diejenigen ist, die sich als erhaben über Adelsvorurteile gerieren. Der Adel soll nicht bloß sein Adelsgefühl haben, er soll auch sein Adelsvorurteil haben, es kleidet ihn, aber er soll es innerhalb bestimmter Grenzen haben und nicht die Stellung des Bürgerstandes verkennen. Das geschieht aber täglich. Der Adel und namentlich der Klein-Adel hat keine Ahnung davon, daß seit etwa 100 Jahren etwas in der Welt herangereift ist, was man den Gentleman nennt und was zwischen allen denen die diesen Namen führen eine

---

[112] Aus: in des Bürgerstandes Herzen

Gleichheit schafft, eine Gleichheit, die auf[113] gleichartiger Bildung (Wissen) Gesinnung und gesellschaftlicher Form beruht und demselben Anstands und Ehrengesetz gehorcht. Wollen Sie's in's Preußische übertragen, so heißt es die Einführung des Reserve-Offiziers in den Offizierstand. Da liegt es. Es fällt keinem jungen Referendarius oder Architekten oder Ingenieur Müller ein sich den Dohnas und Dönhofs als ebenbürtig an die Seite stellen und morgen um eine Comtesse Dönhof anhalten zu wollen, aber an Ehre, Gesinnung und Satisfaktionsfähigkeit ist er dem ältren Dohna durchaus gleich.[«]

Gesprächsthemata der Frommen etc.
zur Zeit des Missionsfestes [114]

Die
Frommen im Hause der
Frau v. Storch

»... und die Sittlichkeit ist denn doch immer noch ein *Faktor der mitspricht.*«

».. Er predigt das unverfälschte Wort Gottes. Das ist wahr, denn seine Predigt stellt er aus Bibelsprüchen zusammen..«
»Er schiebt aber doch auch Eigenes hinzu.«
»Ja. Aber[115] es gleicht dem Häcksel darin die goldnen Sprüche liegen. Hier Spruch, hier Schulze, – er mischt nichts und führt eine getrennte Wirtschaft.[«]
».. Es sind das *Velleitäten* die kommen und gehn.«
».. Wir werden ihn culbutieren.«
».. Er ist von den *Halben,* von denen der Apostel sagt (die Stelle von lau u. flau). Ich finde diese Leute degoutant, ich hasse sie. Sie sagen: die Wahrheit liegt in der Mitte. Nein,

---

[113] Darunter nicht gestrichen: in – [114] Im Manuskript folgen sechs Zeitungsausschnitte; vgl. Anm. – [115] Gestrichen: er hütet sich klugerweise das unverfälschte Wort Gottes mit irgend etwas aus sich selbst zu legieren oder amalgieren. Alles was er sagt ist so nichtig und unschuldig, daß es dem Häcksel gleicht [statt der letzten vier Worte ursprünglich: seine Predigten wie]

die Wahrheit liegt immer am Flügel [116]. Rechts Himmel, links
Hölle, rechts Wahrheit, links Lüge, rechts schwarz, links
weiß – in der Mitte liegt das Grau, das gar nichts ist ..«

Die Versammlung der Frommen d. h. ihre *offizielle Sitzung*
darf *nicht* beschrieben werden.

Es wird nur beschrieben

1. ihr Eintreffen, was aber alles in Kürze geht. Dann

2. Ebenfalls in Kürze (in dem darauf folgenden Kapitel) was
alles zur Verhandlung kam und nun sehen wir alle

3. nach dem »Lebewohl« wieder. Sie sitzen in Gruppen im
Gartensalon, in den Zimmern daneben, in den Lauben des
Gartens und *promenieren* zum Teil in Park u. Garten. Alle
diese Gruppen unterhalten sich und besprechen und beleuchten
die Vorkommnisse der Sitzung.

Die Gichtelianer

Frau v. Storch interessiert sich für diese Sekte.

Der Rechtsanwalt

Der Rechtsanwalt, fortschrittlich, atheistisch, witzig. Hat
einen kleinen »Verdruß« (ist aber sonst von Mittelfigur) und
trägt eine goldne Brille.

Er ist der Mann der Paradoxen, der Ungeheuerlichkeiten.

Einer seiner Lieblingssätze ist: »Die Vorstellungen die wir
von den sogenannten historischen Menschen unterhalten, sind
alle falsch. Es fängt gleich damit an, daß eine Menge von ihnen gar nicht existierten. Dann kommen die Nero, Tiberius,
Caligula und ebenso die Menschenfreunde. Aber auch große
historische Stände werden davon betroffen. Ich glaube, man
kann sagen: die Groß-Inquisitoren vertreten einen historischen Stand, einen Stand in der Geschichte. Nur hinter jedem

[116] Gestrichen: wie

brennt ein Scheiterhaufen. Und wie waren sie? Ich habe ganz
gemütliche Leute darunter gekannt.

Aber sc. was soll das heißen! Ich meine zu der Zeit, als ich
mich mit ihnen beschäftigte. Da war z. B. der u. der etc. etc.[«]
In *diesem Stil* spricht er immer.

[117] Der demokratische Justizkommissarius und Rechtsanwalt,
der unter *andrem keine Handschuhe* trägt.[118] »Ich trage auch
keine, meine Gnädigste. Aber was sind Handschuhe? Man
sagt: sie seien nötig wie die [119] Schuh und Stiefel. Unsinn. Die
Hand ist nicht der zweite Fuß sondern das zweite Gesicht.
Man spricht mit den Händen. Haben Sie schon je gehört, daß
man mit den Füßen spricht? Es gibt allerdings auch eine Fuß-
sprache, aber davon kann in diesem Hause gar nicht die Rede
sein.[«]

Eine ziemlich bedeutende Figur ist auch der *fortschrittliche
Rechtsanwalt,* vielleicht ein dito Doktor.

Dieser Rechtsanwalt (oder Doktor) wird auch dann und
wann mit zu den Gesellschaften gezogen, wenn sich's darum
handelt, auch die *Gegenpartei* für irgend etwas Frommes im
Kreise, das nebenher tatsächlich einem guten Zweck dient, zu
interessieren. Daran reiht sich dann immer ein Souper und
hier ist nun der Rechtsanwalt immer *extravagant mit Bewußtsein.* »Ist man fein (selbst wenn mans sein kann, was bei mir
in Frage steht) so ärgern sie sich, weil sie denken, man will
was aus sich machen. Man kann nur durch Kühnheiten impo-
nieren.[«] Dahin gehört nun die, daß er das Wort »sinnlich«
immer als letzten Trumpf und höchstes Anerkennungsmaß
ausspricht. »Eine schöne Frau, klug, tapfer und durchaus *sinnlich.*« »Aber alles auf sinnlicher Wahrnehmung.« Luther:
[»]ein Mann der Ideen und von einer strotzenden Sinnlichkeit.«

»Man muß ihn an die Wand drücken, muß ihn culbutieren.«
Der *Justizrat.* »Ich bin auch ein Feinschmecker. Z. B. in

---

[117] Über dem folgenden Abschnitt: *Storch v. Adebar* Oder in einer
andren Novelle. – [118] Dieser Satz am Rand mit Rotstift angestrichen. – [119] Gestrichen: Stiefel und

Soda-Wasser [120]. Sie glauben nicht wie viel Nuancen es hier gibt, wie Champagner-Firmen. (Obenan steht die Natur) Man kann sagen, es herrscht auch hier ein Anciennitäts-Prinzip, ein Aristokratismus, eine Bedeutsamkeit der alten Familien. Obenan steht Müller Natur, dann Struve-Soltermann, dann erst folgt der Rest. Den Schluß macht der kleine Badeort-Apotheker, den man den Hôtel Apotheker nennen kann. Es ist als ob er die Kohlensäure bloß neben das Wasser sperre, so wie Sie die Flasche geöffnet haben, ist die Brunnen-Nixe weg und der bloße Brunnen bleibt übrig. Ich meine die Pumpe.[«]

Eine der Gesellschaftsputen

Und er (einer der Geistlichen, der gesprochen) hat ein solches je ne sais quoi, solche Einfachheit und solch Pathos.

Der *Rechtsanwalt.* Ja, meine Gnädigste, das hat er [121], und auch ich fühle mich ihm zeitweis unterworfen. Aber achten Sie auf die Art seines Pathos,[122] aber es berührt mich mitunter pathologisch, und anstatt [123] pathetisch zu sein ist er Peripathetiker.

Ich finde nun daß er ein schönes Pathos hat.

Das hat er, aber [124] wo das Pathetische [125] zugleich wie das Synthetische wirkt, verletzt es das ästhetische Gesetz.

Ich entsinne mich nicht je durch Pastor O.. verletzt worden zu sein.

Ich ebensowenig. Ich sprach nur einen allgemeinen Satz aus und wollte eine Gefahr andeuten, ein periculum in mora. Zuletzt meine Gnädigste kann niemand über seinen Schatten springen, auch Pastor O... nicht, und wir sind gebunden durch die Natur im allgemeinen und durch unsre Natur im besondren. Und so hat es immer zwei Parteien gegeben und wird es ewig geben und während die Habsüchtigen/Mehrheitsmenschen sich ewig für die Quadrate der beiden Katheten ent-

---

[120] Darüber: Selterwasser – [121] Darüber: er hat dies Pathos und doch ist er weniger Patholog als Peripathetiker, – [122] Gestrichen: es ist – [123] Gestrichen: einfach – [124] Gestrichen: wenn sich [Das folgende »wo« nachträglich vor der Streichung eingefügt.] – [125] Gestrichen: ins S[ynthetische]

scheiden werden, wird der Einheitsmensch immer dem Quadrat der Hypotenuse den Vorzug geben. Das ist so alt wie die Welt ist und ist tief in unsrer menschlichen Natur begründet. Auch dies verdanken wir [126] unserer Frau Eva.

Ah, Sie dürfen nicht so ungalant sprechen.

»Ich bin ein Freund der Damen [127] aber ein größerer der Wahrheit.« Und er küßte ihr verbindlichst die Hand.

7.
DAS DACHSGRABEN [128]

Danach die Abendgesellschaft an der die bürgerl. Elemente teilnehmen.

Übermütige Unterhaltung.

8.
GONERIL UND REGAN

Die Haltung der Töchter und Schwiegersöhne die bloß viel Geld brauchen.

9.
ERSTE VERLEGENHEITEN

Kündigungen. Er wendet sich an Attinghaus. Der hilft auch, stellt aber Bedingungen oder macht wenigstens Vorstellungen. Große Szene zwischen Storch und Attinghaus, worin sich beide von ihrer liebenswürdigsten Seite zeigen.

10.
RÜCKTRITT DES KÖNIGS. UMSCHWUNG

Es darf dies aber erst Anno 65 oder 67 spielen.

[126] Gestrichen: denn – [127] Darunter nicht gestrichen: des Plato – [128] Von hier bis Kapitel 16 (1. Absatz) die unmittelbar nach den Überschriften folgenden Textzusätze jeweils mit Bleistift auf dem Titelblatt notiert.

11.

DAGOBERTS VERLOBUNG

Die politischen, kirchlichen und häuslichen Schreckensnachrichten treffen fast zu gleicher Zeit bei Storchs ein. Entsetzen über die Verlobung. Szene zwischen Storch und Störchin. Szene zwischen ihr und dem Geistlichen. Vielleicht auch zwischen ihr und Attinghaus.

Attinghaus

Gespräch mit Rudenz oder einem andern.

Er bekennt sich persönlich zu sehr aristokratischen Anschauungen als Dagobert sich mit Rebecca verlobt hat und die Mutter außer sich ist.

Aber fährt er fort: »Ich wäre vielleicht eigensinniger, unerbittlicher; ich glaube es nicht, aber es ist möglich. Nur eins ist unmöglich. Ich würde nie glauben, daß das Heil der Welt an diesen Dingen hängt. Ich bin aristokratisch, aber ich bin mir bewußt es zu meinem persönlichen Behagen zu sein, außerdem glaub ich auch ehrlich an den Nutzen davon für die Gesamtheit. Aber das sind doch ganz irdische Erwägungen und wenn das gestört u. durchbrochen wird, so kann mir das höchst unangenehm sein, aber für den großen Weltenlauf ist es gleichgültig. Und nun sehen Sie diese Frau an: sie glaubt, daß die Welt aus den Fugen geht und träumt von Welt-Untergang.[«]

12.

DAGOBERTS VERLOBUNG
WIRD NICHT AKZEPTIERT.
KEIN ZUREDEN HILFT.

Der Krieg bricht aus. Dagobert fällt. Drei Monate später wird der Erbe geboren. Eindruck davon auf Storch und Störchin, *sie* bleibt unerschüttert.

13.
DER BANKRUTT

Attinghaus. Es gibt nur ein Mittel: Aussöhnung mit der Schwiegertochter. Sie willigt schließlich darin. Rebecca kommt und das Kind.

14.
ES KLÄRT SICH ALLES WIEDER. ABER NUR ANSCHEINEND

Im Herzen doch Demütigung, Mißstimmung, Bitterkeit.

15.
TOD DER BARONIN

Vorher Szenen mit Attinghaus, Neigebauer und dem Pastor.

16.
STORCH ATMET AUF

Es läßt sich alles gut an. Idyll. Von den Töchtern ist nicht die Rede mehr. Attinghaus kommt oft. Storch besinnt sich wieder auf sich selbst. Er beschäftigt sich wieder nach seiner Neigung und wird leidlich liberal in Politik u. Kirche.

Nachdem die Trebiatinski tot ist (der Sohn, der letzte Sproß, vielleicht auch tot), erholt sich der Alte wieder, wird wieder Numismatiker, putzt Münzen und freut sich der Schwiegertochter.

»Weißt du denn, daß die Schwiegermama demnach auch eine Semitin war?«

Attinghaus ist dabei zugegen. Dies macht einen großen Eindruck auf Storch, aber einen heitren, erst ist er verwirrt, dann lacht er, beim Piquet hat er mit Attinghaus ein Gespräch darüber.

Er wird nun wieder ganz fidel und glücklich und die Tage seiner Jugend kehren ihm wieder. Er liebt die Schwiegertochter. Und so geht alles gut.

Aber ein böses Prinzip war da: der Generallieutnant z. D. v.

Trebiatinski, Mitglied vieler Vereine u. Johanniter-Ritter. Dieser besucht ihn, bestimmt ihn und der 20jährige Einfluß der Frau kehrt wieder.

Als er zurück kam, war er wie umgewandelt. Aber es fiel nicht schwer sich darin zu finden, denn er hatte auch den Keim einer tödlichen Krankheit mit heimgebracht. (Diese Krankheit muß vorher angedeutet sein; sie war nur eine Zeit lang bekämpft.) Er war ablehnend, absprechend, spitzig und in seinen Fieberanfällen zeigte sich was er war. Er sprach mal liberal und human, aber dann kam der Trebiatinskische Katechismus wieder zum Vorschein. Er wurde gepflegt. Und so starb er.

Die Trebiatinskis blieben bis Mitte des vorigen Jahrhunderts in Italien, dann erst nach Polen und erst 1794 zu Preußen. In der ersten Einführung heißt es: eine *phönizisch-italische* Familie, woran sich dann allerhand Plaudereien knüpfen. »Ich kenne christlich-germanisch oder anglo-normännisch, aber phönizisch-italisch ist mir neu.«

17.

GENERAL-LIEUTNANT Z. D.

TREBIA V. TREBIATINSKI

Er [Storch] bleibt immer noch unter dem Einfluß seiner früheren Anschauungen und seiner Familie, andrerseits unter dem Einfluß der liebenswürdigen jüdischen Schwiegertochter, die er liebt. Er sucht zwischen beiden zu vermitteln und schreibt immer, wobei ihm der Pastor helfen muß, *Vermittlungs-Broschüren*. Darüber wird er zuletzt verrückt und stirbt.

18.

STORCH ALS CONFUSIONARIUS.

HEUTE SO MORGEN SO

Zum Schluß muß es darauf hinauslaufen, daß der alte gute Kerl in eine Art von *imbeziler Konfusion* verfällt, so daß er in einer einzigen Viertelstunde drei verschiedene Dinge tut oder

Beschlüsse faßt: eines stock-konservativ; das zweite *jüdisch-aufgeklärt* in Rücksicht auf die Schwiegertochter, die er gern hat, und keck freisinnig, und dann wieder rationalistische Mittelpartei.

Daran geht er dann zu Grunde, bis ein Schlaganfall ihn erst *halb*, dann ganz erlöst.

Seine *Frau* bleibt *stockreaktionär* [129] und rückt ihn immer wieder zurecht, aber doch auch klug und unter Nie-Preisgabe nächster Vorteile. Diese beständige *Kontrolle der Gnädigen* ruiniert ihn völlig.

19.
STORCHS TOD UND BEGRÄBNIS. ATTINGHAUS.
GESPRÄCH ÜBER IHN [130]

Das Schlußkapitel muß dieselbe Szenerie haben, wie das *Einleitungskapitel:* die Kirche, die vielen Wagen, die Kutscher, die offne Kirchentür. Aber es ist nicht Ende Juni, sondern Mitte November und der Schnee stäubt leise (federt) in der Luft. Storch erhält seine Parentation und wird zu seinen Vätern begraben.

Auf der Rückfahrt dann wieder ein [131] Gespräch, das wieder Graf Attinghaus und Rittmeister v. Rudenz von den Spinat-Husaren führt. Darin gibt A. nochmals eine milde, gütig freundliche Charakteristik des alten Storch.

[132] Derselbe der zum Schluß den Brief schreibt, hat schon vorher, auf einem Heimweg ein Gespräch. Das läuft dann *ohngefähr* so:

Er ist au fond nicht schlimmer als wir und wir wollen ihm den Vortritt des Agio (??) gönnen, daß er um etwas besser ist. Er ist christlich, oder will es sein, das ist keine Schande, und er ist habsüchtig und selbstsüchtig, das sind wir auch.

[129] Am Rand Klammer und Bleistiftvermerk: ist schon tot – [130] Im Manuskript folgen zwei aufgeklebte Zeitungsausschnitte; vgl. Anm. – [131] Aus: das – [132] Dieser Absatz mit Blaustift nachträglich eingefügt, der folgende Text mit Bleistift.

Er ist uns also aufs einzelne hin angesehn, in seiner einen Hälfte gleich und in seiner andren überlegen. Aber daß er die beiden Hälften zusammentut, daß er aus Öl und Wasser was herstellen will[133] was sich ohne das rechte Bindeglied nicht herstellen läßt, daraus mach ich ihm einen Vorwurf. Alles ist halb, unklar, confuse und wirkt heuchlerisch ohne daß er ein Heuchler ist. Er ist von Natur ein ehrlicher Mann.

OCEANE VON PARCEVAL

Tendenz (allgemein mit modernem und romantisierendem Anflug.) Szenerie: Heringsdorf.

Es gibt Unglückliche, die statt des Gefühls nur die *Sehnsucht* nach[1] dem Gefühl haben und diese Sehnsucht macht sie reizend und tragisch. Die Elementargeister sind als solche uns unsympathisch, die Nixe bleibt uns gleichgültig, von dem Augenblick an aber wo die Durchschnitts-Nixe zur exzeptionellen Melusine wird, wo sie sich einreihen möchte ins Schön-Menschliche und doch nicht *kann,* von diesem Augenblick an rührt sie uns. Oceane von Parceval ist eine solche moderne Melusine. Sie hat Liebe, aber keine Trauer, der Schmerz ist ihr fremd, alles, was geschieht wird ihr zum *Bild* und die Sehnsucht nach einer tieferen Herzens-Teilnahme mit den Schicksalen der Menschen[2], wird ihr selber zum Schicksal. Sie wirft das Leben weg, weil sie fühlt, daß ihr Leben nur ein Schein-Leben, aber kein wirkliches Leben ist. Sie weiß, daß es viele Melusinen gibt; aber Melusinen, die nicht wissen, *daß sie's sind,* sind keine; *sie*[3] weiß es, und die Erkenntnis tötet sie.

Dr. *Felgentreu,* Germanist, Privatdozent an der Universität Berlin, Privatdozent mit drei Zuhörern; trēs faciunt collegium. Er hat so viel Edda etc. gelesen, daß er mitunter in einen rhapsodischen Ton verfällt und in Alliterationen spricht. Er hat aus der Edda auch die Elementar-Anschauungen d. h. die An-

---

[133] Am Rand angestrichen und Vermerk: (anders)
[1] Gestrichen: diesem – [2] Aus: dem Menschenschicksal – [3] Doppelt unterstrichen.

schauungen von der Wirksamkeit des Elementaren auch in der Menschennatur herübergenommen, Pantheismus, Naturkultus. Dabei hat er eine humoristische Ader und persifliert sich selbst[4].

Die ältere Parceval darf nur Engländerin sein: von Jersey herstammend, wirkt etwas gesucht und kompliziert die Sache.

Baron Ewald v. Dircksen, Forstakademiker, Eberswalde, vorm Examen. Moderner Mensch, aber liebenswürdig.

Einige Offiziere, junge Ministerialräte, Pastor Baltzer, Maler (See- und Marinemaler), Musiker usw. »Charles« der Oberkellner.

Dies sagt Baron Dircksen[5] ». . . Felgentreu war immer ein Krakeeler, ein Frondeur in der Politik, ein Krakeeler im Klub, ein Zweifler in der Gesellschaft. Was ist es denn mit diesem Kokettieren und diesen Wichtigtuereien, auf die er anspielt? Ist es denn nicht alles natürlich? Die Mutter ist von der Insel Jersey, also halb Französin halb Engländerin, Oceane wurde in Dänemark geboren und in Deutschland leben sie. Das gibt drei Sprachen. Und in Italien waren sie natürlich auch. Wer wäre *nicht* da gewesen? etc. etc. [«]

OCEANE V. PARCEVAL

[1. KAPITEL]

1. Düne. Hôtel. Rechts in der Ecke der Held, Situation. Gäste. Rest der Gesellschaft Boot fahren nach dem »Ruden«. Er liest oder liest nicht. Die Parcevals kommen. Krimstecher oder Ferngläser. Der Kellner bringt Limonade-gazeuse u. natürliches Selterwasser. Westminster-Review. Oder so ähnlich. Er beobachtet sie. Beide sehr schön. Er sieht den Freund unten, telegraphiert mit den Händen:[6] »Du fährst wohl mit?« Nein. »So so.« Die Damen sahen es u. lächelten. Sie: Teint, rotblond, Herzmund, zwei Vorderzähne. Der Seewind ging. Bucheckern fielen nieder, Böllerschüsse, Musik. Szenerie. Die Damen brechen auf. Er sieht ihnen nach.

---

[4] Von hier an fehlt Manuskript; Text nach Heilborn (bis Zeile . . . , »Oberkellner«). – [5] Seitenbeginn; die letzten vier Worte mit Bleistift an den oberen Rand geschrieben. – [6] Gestrichen: willst

Nun kommt der Freund den Dünenweg herauf. Gespräch. Fragen. »O das sind die Parcevals?« »Ich hielt sie für Engländer.« »Das paßt halb.« »Was ist es mit Ihnen.« [»]Nun, die Tochter ist komplizierter Abstammung: aus einer franzÖs. englischen Ehe hervorgegangen, wurde sie in Dänemark geboren und ist seit frühster Jugend eine Deutsche. Ja mehr, noch, eine Berlinerin. Wenn ich dies als ›ein mehr‹ bezeichne, so mögen mir das alle Schwaben verzeihn, die sich dies Plus zuschreiben oder die deutschseiendsten Schwaben verzeihn.« »Sie werden dir vor allem diese Wortbildung verzeihen müssen. Vor allem, was meinst du von den Parcevals? Sind es gute Leute?« Der Freund lachte: [»]Du fragst, als ob es sich um einen Buchbindermeister handelte, der ins Kasino aufgenommen werden soll. Gute Leute. Wo denkst du hin. Damit mißt man die Parcevals nicht. Gut, gut, übrigens der Alte ist tot, seit anderthalb Jahren etwa, oder zwei; ich entsinne mich noch; es war ein großes Begräbnis, wie die Berliner sagen eine ›große Leiche‹ mit chambre ardente und Palmenkübeln und die studiosi architecturae mit Fahnen u. Schlägern.« »Warum die Architekten?« »Es war ein großes Licht in der Wissenschaft, in der Wasserbaukunde, dadurch hat er Carrière gemacht, ein Rechner comme-il-faut, der im Nu wußte: ein Eisenbahnzug von der Schwere eines Gebirgszuges braucht 100 000 Eisenstangen von anderhalb Zoll Dicke und kostet 23 Millionen.« [»]Mark?« »Je nachdem. Am liebsten Taler. Übrigens kenn ich sie. D. h. eigentlich kenn ich sie nicht, aber ich kenne sie doch und wenn du heut den Ball mitmachst, stell ich dich vor. Es sind interessante Damen oder man kann sie wenigstens dafür gelten lassen; sehr belesen und wissen alles. Eigentlich glaub ich wissen sie nichts, aber es sieht doch so aus als wüßten sie alles. Sie wissen immer was in der Zeitung steht und sind klug genug nur aparte Zeitungen zu lesen.« »Wie das?« »Nun sie werden nie sagen: die Kreuz Ztg bestätigt es oder die National [7] Ztg schrieb in voriger Woche schon, sie sagen nur in »Berlingske Tide« stand neulich, oder die Fanfulla berichtete vorige Woche

[7] Darüber: Kölnische

schon.« »Ist das gesucht, geziert?« »Ich glaube nein oder doch
nur halb. All das machte sich bei ihnen ganz natürlich, sie haben etwas Kosmopolitisches, und als sie merkten, daß es den
Leuten imponierte, waren sie klug genug sich ein System daraus zu machen. Und nach dem leben sie nun. Es sind eigne
Menschen.« »Aber doch im Guten?« »Was heißt im Guten?
Ja, nein. Nun du wirst ja selber sehn. Ich hole dich gleich
nach 9 ab. Eher beginnt es nicht.«

Und danach trennten sie sich.

2. KAPITEL

Es war an demselben Abend und der Ball noch nicht aus,
aber viele waren schon gegangen. Auch die Parcevalschen
Damen. Dies war das Zeichen zum Aufbruch auch für einige
andre noch und darunter auch die beiden Freunde.

»Gehen wir nach Haus?«

»Nein, es ist noch zu früh. Und die Nächte am Meer sind
so schön. Laß uns noch wieder auf die Düne gehn.«

»Wird es noch auf sein?«

»Wo denkst du hin? Wir leben hier wie im Kaiserhof und
haben einen Nachtdienst organisiert. Komm nur. Übrigens
ist Charles mein Freund und tut ein übriges für uns. Komm
nur.«

Und sie gingen erst in der Dünenklinse oder [-]senkung hin
und stiegen dann die Serpentine zum Hôtel auf. Aber die
Konversation dauerte fort.

»Ich habe dich beim Contre mit ihr gesehn und nachher
sprachst du mit ihr und sehr intim; ihr überschlugt ja zwei
Tänze. Hat sie von der Fanfulla oder von Frazer's Magazine
gesprochen?«

»Von keinem von beiden. Wir philosophierten mehr.«

[»]Also echte Ball-Unterhaltung. War sie für Schopenhauer?
Aber was sag ich für Schopenhauer. Das ist viel zu trivial. Sie
hat gewiß einen Spezialphilosophen entdeckt, einen Rabbi
oder einen indisch-persischen. Es muß reizend gewesen sein.
Übrigens ist sie wie zum Philosophieren geschaffen. Aber was
war das Thema?«

Das Thema war das Gefühl.

Ah.

Du lachst, und noch dazu so ironisch.

O nein, nein; ein wundervolles Thema. Das sie gewiß beherrscht. Nun, wie kamt ihr darauf.

[»]Ich weiß nicht mehr recht, wie's kam; ich weiß nur noch, daß ich mich in einer Apotheose des Gefühls erging, es sei doch *alles*. Und ohne Gefühl sei gar kein Leben.«

Und Oceane!

Sie stimmte mir bei, aber doch befangen und es war fast, als ob sie Ausflüchte mache.

Sehr gut. Ausflüchte! Nun worauf lief es hinaus?

Es lief darauf hinaus, daß ich recht hätte, daß die Welt der Empfindung das Eigentliche sei, das Schöne, das Glückliche. Aber gleich dahinter komme die Welt der Nicht-Empfindung und wenn man glücklich sein könne *ohne* zu fühlen, so möchte sie beinah sagen diese Nicht-Empfindungs-Welt sei auch ein Glück. Ich bestritt es und als sie mir Einwendungen machte, wurd ich immer lebhafter und sagte: ohne Empfindung sei nicht bloß kein Glück denkbar, sondern auch kein Leben. Es sei dann alles tot, Schein, Komödie und deshalb der Verachtungs-Strafe (??) wert.

»Und wie nahm sie das auf?«

Sehr gut d. h. sehr artig. Und sie sagte dann: »Sie wolle mir dabei entgegenkommen. Aber wenn es unrecht sei, so trüge dieser Zustand die Strafe gleich mit sich und es wäre nicht nötig, daß die Gesellschaft noch eine Strafe verhänge. Die Gebote seien zu erfüllen weil sie *Ver*bote seien, Regungen die da seien ließen sich bezwingen, aber das Schöne, Gute ließe sich nicht *er*zwingen. Es gäbe Personen, die beständig gerührt wären und beständig weinten, und es gäbe andre die nie weinen könnten; das eine sei eine Organisation und das andre auch, vielleicht läge das Rechte in der Mitte, aber die Welt ginge immer mit den Rührseligen und diese Bevorzugung sei ungerecht. Viele würden durch all u. jedes erschüttert. Es müsse doch Naturen geben dürfen, an denen das Leben bilderhaft vorüberzieht, Naturen, denen sich die Unterschiede dieser Bilder klar darstellen, aber die die dunklen und heitren gleichmäßig als Bilder nehmen. Der Tod ist auch nur ein Bild, etwas plötzlich in die Erscheinung Tretendes, ich seh es und damit gut. Ein ruhiges Schauen und Betrachten sei vielleicht eine höhre Lebensform nicht eine tiefere.«

Während dieses Gesprächs waren sie oben angekommen und nahmen unter dem weiten Vordach Platz. »Charles, zwei Schlummerpunsche oder [-]pünsche, ich überlasse Ihnen die Feststellung des Richtigen.. Und nun sieh, dies Bild. Hab ich dir zuviel versprochen?«

Nun landschaftliche Schilderung.

Als sich der Jüngere, der Neuling an dieser Stelle ausbewundert hatte, sagte er: »Verzeih, wenn ich auf die Parcevals zurückkomme. Du hast mir keine Antwort gegeben; ich fand alles klug und gescheit und abweichend vom Gewöhnlichen und es klang alles fast wie Confessions, wie eine Sehnsucht nach einem ihr verschlossenen Glück.«

Der Freund lachte. »Halb hast du recht. Es waren Confessions: Confessions um sich pikant zu machen. Aber von Sehnsucht nach einem versagten Glück ist keine Rede. Sie will dies Glück gar nicht; ihr ist in ihrem amphibialischen Zustand am wohlsten und warum soll nicht ein Krokodil auch glücklich sein können. In einem[8] Gedichte heißt es: »Doch wenn die Sonne scheint, da lacht's.« Es kann also lachen, und wenn man lacht, ist man glücklich. Aber freilich auf den Sonnenschein kommt es an und vor allem darauf, was nun der Sonnenschein des Lebens ist. Ich habe Leute gekannt, denen war es Sonnenschein einem Armen einen Sechser zu geben und ich hab andre gekannt, denen war es Sonnenschein einem Armen den Sechser zu nehmen.«

»Und du wirst doch nicht sagen wollen, daß Frl. v. Parceval in diese Kategorie gehöre?«

»Nein. So liegt es nicht. Dazu sind sie zu fein und zu vornehm. Ihr Sonnenschein muß anders sein. Aber es läuft im Letzten auf dasselbe hinaus. Behaglich in der Sonne liegen, behaglich die Wellen um sich spielen lassen, eine durchgehende sinnliche Freude, alles muß den Sinnen schmeicheln, jedem

[8] Gestrichen: Lied

Sinne – die Seeluft tut so wohl, die Resedaluft tut so wohl, die Levkojen tuen so wohl, ein Regenbogen tut so wohl, ein Bad erquickt so, Beethoven auch und die Madonna della Sedia auch. Es geht alles wie mit einem Samthandschuh über einen hin. Es verlohnt sich um solche Dinge zu leben, eine lange Kette kleiner Wohligkeiten und Behaglichkeiten, aber nicht weinen und nicht lachen, sich nicht engagieren, um Gottes willen keine Leidenschaften und keinen Schmerz. Es sind schwarze Bilder nicht zu vermeiden, aber man hat sich zu ihnen zu stellen.«

Der Freund lächelte: Du schilderst ja Oceanen als ob sie jenen zugehörte von denen die Jungfrau sagt: »Die nicht lachen, die nicht weinen« oder als sprächest du von den Elfen auf Elvenshöh von denen es im dänischen Liede heißt:

....

Möglich, daß sie von ihnen abstammt, wenigstens stammt sie aus demselben Lande, wo der Ritter über die Heide ritt. Und ihre Erscheinung straft dieser Abstammung nicht Lügen. Und wirklich sie hat etwas Elementargeisterartiges, sieh sie nur an, und sie heißt nicht umsonst Oceane.

Ich bekenne, ein sonderbarer Name.

Nomen et omen. Und die Leute knüpfen auch eine Geschichte daran.

Und die wäre?

Der Vater baute damals die Brücke. Und den Tag wo die Brücke fertig war, wurde das Kind geboren und sie nannten sie Oceane. Und sie sagten, daß welche von den Meerweibern Gevatter gestanden habe.

»Glaubst du's?«

[»]Ich würd' alles glauben, wenn ich nicht die Ehre hätte, die Frau Mama zu kennen. Sie überhebt mich alles Wunderglaubens und erklärt alles auf die wunderbar einfachste Art. Wenn es je eine Frau gab, die's verstanden hat sich das Leben andrer zur Behaglichkeit des eignen zunutze machen, so ist sie es. Sie ist Thorough-Engländerin das sagt alles und die Ge-

schichte vom guten Gewissen und besten Ruhekissen [9] kannst
du bei ihr dahin modeln: Gib [10] ihr ein gutes Ruhekissen u.
sie hat sofort das beste Gewissen.«

Und was nennst du gutes Ruhekissen?

[»]Alles was Alberich hütet. Sie ließ es trotz Wagners tetralogischer Warnung aufs neue drauf ankommen.«

Ist sie nicht bemittelt[?]

Noch zum 2. Kapitel

Der Freund spricht noch weiter. Endlich bricht der Held
die Sache ab; er schien unruhig u. unsicher.

Sie verabreden am andren Tage gemeinschaftlich das Frühstück im »Waldkater« zu nehmen.

Wann?

Acht [11] Uhr. Dann hab ich ausgeschlafen.

Und ich habe dann schon gebadet und bringe einen Appetit mit.

So trennte man sich.

3. KAPITEL

In der »Forelle«. (»*Weil* es hier keine gibt.«) Szenerie.
Rückfront Blick in den Wald. Hier wohnte der Held. Der
Freund im Talgrund. Finken, Vogelgezwitscher, Durchblick,
Landsee.

Gespräch. »Ich hab es mir überlegt .. Es ist nicht so schlimm ..
In allen Dingen entscheidet das Maß .. Man kann das alles von
jedem sagen .. Es paßt auf jeden, auf dich, auf mich. Wir sind
alle Egoisten und kümmern uns wenig um andre. Was wir
Gefühl nennen, ist eine Lebensform, eine bloße Manier, der
eine hat die, der andre eine andre. Es ist keine 4 Wochen, daß
ich in meiner Vaterstadt einen kl. Handwerker besuchte etc. [«]
nun die 3 Frommen. Alle aßen tapfer zu Mittag.

Der Freund war einverstanden. »Ja. Aber in allem entscheidet das Maß. Jeder hat den Lügensinn, den Diebssinn,

---

[9] Gestrichen: ist – [10] Gestrichen: das beste – [11] Gestrichen, dann
wiederhergestellt; danach gestrichen: Neun

den Ehebruchssinn, den Mordssinn, aber es gibt im ganzen genommen wenig Mörder. Ehebrecher sollen schon häufiger sein; ich weiß es nicht; ich war noch nicht in der Lage. Also aufs Maß kommt es an, nicht bloß bei dem der etwas tut, auch bei dem der dies Getane beobachtet und beurteilt. Ich habe dir von den Parcevals erzählt was ich gehört und auch was ich gesehen habe. Für das tatsächlich Richtige meines Berichts bürg' ich dir, aber nicht dafür, daß ich dies tatsächlich Richtige auch richtig beurteile, vielleicht beurteil ich es falsch. Sehr gütige, [12] sehr selbstsuchtslose, ja vielleicht auch sehr kluge Menschen verlangen wenig. Ich bin nicht klug genug. Ein Klügrer sagt sich vielleicht: blick um dich, blick in dich hinein, – liegt es irgendwo anders ist nicht jeder so? und sollen die bloßen Gemütlichkeits-Allüren entscheiden? Also ich mag unrecht haben. Wir werden es ja sehn, *du selbst* wirst es sehn. du bleibst 4 Wochen, vielleicht fünf, da läßt sich schon was erleben und erfahren. Das nächste ist, daß du eine Visite machst. Ich bin neugierig wie sie verlaufen wird.[«]

Er macht darauf diese Visite. *Diese Visite mit ihrem Gespräch vorführen.* Sie kommen auch auf den Freund: »Ihr Freund ist sehr klug; aber etwas sehr scharf, nicht im Sprechen aber im Sehn; alles sieht er in greller Beleuchtung, ein Vergißmeinnicht wie ein[en] Hortensienbusch oder eine Rose wie eine Päonie. Er sieht den Wassertropfen im Sonnenmikroskop und wundert sich wie viele räuberische Naturen Gottes Erde bevölkern.[«] [13]

Ein paar junge Offiziere in Zivil werden gemeldet. Kurze Begrüßung. Der Held wird vorgestellt. Man freundet sich an; eine Landpartie an den Gothen-See wird verabredet oder nach Koserow. Auch der Freund wird eingeladen u. die Offiziere.

---

[12] Gestrichen: vielleicht – [13] Am Rand dieses Abschnitts: Er trifft nur .. die Mutter. »Oceane ist im Bad.« Die Mutter tut nun Äußerungen über *Oceane*, die dieser einen Heiligen- oder doch einen Leuchteschein.

4. KAPITEL

Die Landpartie findet statt. Die entzückende Szenerie. Man lagert. Man fährt im Boot über den See. Der Held u. Oceane sind viel zusammen. Alles was sie sagt ist sehr fein. Kapelle im Wald. Altes katholisches Kruzifix. Christus am Kreuz mit Maria und Magdalena. Alle sahen es sich an und sprachen darüber, einige medisierten. Oceane wandte sich ab und schwieg.[14]

Als sie wieder im Freien waren sagte er: »Es verdroß sie. Es waren einige Bemerkungen, die besser unterblieben wären.«

»Ich glaube wohl.«

»Oder war es etwas andres?«

»Ich glaube fast. Aber ich weiß nicht recht was. Ich bin in einem Zwiespalt.«

»Ist es nicht zudringlich, wenn ich Sie bitte..«

»O nein. Diese Schaustellung verletzt mich, es hat etwas Jahrmarktsbildartiges, von dem ich mich mit[15] einem Mißbehagen abwende.[«]

»Es ergeht mir kaum anders.«

»..Aber dies ist nur eins« fuhr Oceane fort. »Ich glaube es ist noch ein zweites je häßlich-drastischer dies alles an mich herantritt, je mehr Blut aus den Nägelmalen quillt, je mächtiger tritt die große Lehre vom Blut des Erlösers an mich heran und mir ist es, als blicke er in meine Seele und frage, wie steht es drin? was tust du? wie folgst du meinem Beispiel? wo bleibt dein Blut?«

Sie hatte das alles ganz ruhig gesprochen, aber je ruhiger sie es sprach, desto größer war die Wirkung auf den Helden. »Ich glaube, Sie nehmen es zu ernst. Da gäb es ja keine Freude mehr in der Welt.«

»Ich nehm es, wie ich es nehmen muß. Es wird Personen geben, die dies alles nicht zu fühlen brauchen. Ich *muß* es fühlen, oder ich fühl es wenigstens. Es kommt darauf an sich

---

[14] Am Rand: Dies muß am *Ende der Partie* sein, als sie schon auf dem Rückzug sind und die Abendsonne in den Scheiben steht. –
[15] Aus: unter

zu erkennen. Ich glaube, ich tat es. Und nun seh ich die tren-
nende Kluft. Eine Sehnsucht ist da, die Kluft zu überbrücken;
ich kann es nicht; ich habe keine Träne, kein Gebet, keine
Liebe. Ich habe nur die Sehnsucht nach dem allem.«

»Sie erschrecken mich (?). Wer die Sehnsucht hat, hat alles.
Und wenn er es *nicht* hat, so hat er doch das, was entscheidet.
Es gibt einen schönen Spruch, ich habe seinen Wortlaut vergessen, aber es heißt, daß das Vollbringen nicht in uns gelegt
sei. Die Sehnsucht ist wie die Saat und sie wird uns angerechnet auch ohne daß die Saat Frucht getragen habe.«

»Glauben Sie?«

»Ich bin dessen gewiß.«

So beneid' ich Sie, um den Trost, den Sie haben.

5. KAPITEL

Badeleben-Szenen.

Eine kleine Soirée bei den Parcevals. Oceane singt. Über
den Geschmack in der Kunst. Der Freund nahm das Wort.
Eine entzückende Seite in unsrer modernen Kunst ist das Her-
vorkehren des Elementaren. Das Geltendmachen [16] seiner ewig
sieggewissen Macht über das Individuelle, das Menschliche,
das Christliche. In unsrer klass. Dichtung finden Sie's nicht.
Die einzige Ausnahme die mir vorschwebt, ist Goethes »Fischer«.

»Oder die Lenore.«

[»]Nein; das ist etwas andres. Das Spukhafte, das Gespen-
sterwesen steht dem Menschlichen und [unleserliches Wort]
Religiösen viel näher. Es ist die Nachtseite jener Lichtseite, die
wir Glauben nennen. Aber mit all dem hat das Elementare
nicht zu tun. In Wagner (den ich aus mehr als einem Grunde
perhorresziere) haben wirs überall z. B. da, z. B. da. Aber wir
haben einen Vorläufer.«

»Und der war?«

»Mörike. Die Schwaben haben also auch *das*.«

Ja. Man muß es ihnen lassen. Und dem Mörike. Es zieht
sich durch seine ganze Dichtung. Der Feuerreiter. Die Sturm-
Gret.

[16] Darüber: Hervorheben

Wie ist das?

(Nun beschreibt er den Inhalt des Gedichts u. zitiert ein oder zwei Stellen.)

Nun nimmt Frau v. Parceval das Wort. »Der Professor hat eine Neigung uns gruslig zu machen. Uns einfach Gespenstergeschichten zu erzählen oder den Raven meines halben Landsmanns Poe zu zitieren mit rapping und tapping oder unter die Tischrücker zu gehn, dazu ist er zu klug und so läßt er's bei dem Grusel des *Elementaren* bewenden. Und doch muß er mir gestatten, ist denn das alles etwas Apartes u. Neues. Es ist ein neues apartes Wort aber nicht ein apartes Ding; die *Sache* war längst da. Und wie bei so vielem läuft alles nur auf einen Streit um Worte hinaus. Elementar. Elementar ist alles. Alles an und in uns ist Teil vom Ganzen und dieser Teil will ins Ganze zurück. Ich will nicht Pantheismus damit predigen, keinen Augenblick,[17] ich predige nur einen christlichen Satz damit und wenn wir Gottes Kinder sind, Ausströmungen seiner Herrlichkeit, so drängt alles nach Wiedervereinigung mit ihm. Die Sünde hinderte daran, die Versöhnungslehre, der Versöhnungstod hat die Barrière wieder weggeräumt und wir kehren in Gott zurück von dem wir ein Teil sind. Ich frage den Herrn Prediger, ob ich richtig gesprochen habe.[«]

Dieser nickte.

»Nun er nickt[17a] Gott sei Dank und so haben wir denn in der Versöhnungslehre das Element des Elementaren und die Rückkehr in Gott bedeutet nichts als Rückkehr in Gott, in unser eigentliches Element, in *das* Element, aus dem wir geboren wurden. Voilà tout, voilà[18] das Elementare.«

[»]Die gnädige Frau führt ihre Sache gut und hat sich des Geistlichen geschickt versichert.«

O nicht doch. Es ändert[19] sich nichts, wenn ich aus der Geisterwelt ins Irdische zurückkehre. Derselbe Satz auch da, dieselbe Wahrheit auch da. Wir sind von Erde. Zugestanden?

»Je nachdem« sagte der Professor.

Aber Frau v. Parceval überhörte es und wiederholte: »wir

---

[17] Gestrichen: aber – [17a] Darüber: bestätigt mirs – [18] Gestrichen: l'Elementaire. – [19] Darunter gestrichen: Ich kann

sind von Erde und weil wirs sind, werden wir's wieder. Es zieht uns in den Staub zurück, aus dem wir wurden. Aber unsrem Professor war es vorbehalten in diesem Hergange, der denn doch einige Jahre zählt, etwas Elementares zu entdecken.«

»Nicht zu entdecken, Gnädigste. Der Fall liegt so gewöhnlich, daß wir nichts mehr aus ihm machen. Es ist ein für allemal angenommen und im 1. Buch Moses ausgesprochen, daß wir Erde sind. Aber schon im Schiller heißt es, wenn auch nur in einem Punschliede »Vier Worte nenn ich euch inhaltschwer«. Es gibt *vier* Elemente und auch im Bereich der Elemente scheint der Satz zu gelten »was dem einen recht ist, ist dem andren billig«. Und so haben sich die andren drei, von dem gröbsten zu emanzipieren gesucht: Wasser, Feuer, Luft. Wasser, Feuer, Luft, sind auch Elemente, sind auch Ganzheiten und schicken Teilchen in die Welt und nach dem alten Gravitations-Gesetz wollen diese Teilchen, auch *diese* Teilchen in ihre Ganzheit zurück. Und das ist es was unsrer neuren Kunst und Dichtung nun Charakter gibt und so haben wir eine Melusine, einen Salamander, eine Sturmgret. Und ich glaube, solche Gestalten leben nicht bloß in Dichtungen und ich wollt' es unternehmen, alle die, die hier versammelt sind, danach zu teilen.[«] [20]

Oceane sah ihn ruhig an. Andre drangen in ihn, es zu tun; Oceane sah ihn ruhig an und er sagte: [»]Lassen wir's. Nur eins noch. Ich hatte einen Freund, der jedem auf den Kopf zusagte, was er früher einmal gewesen wäre. Wenn ich mir gefallen lassen muß, ein Hecht oder ein Karpfen gewesen zu sein, so kann [21] ich auch eine Woge gewesen sein. Es gibt mehr Wogelinden, als Sie glauben, und wer da meint, sie müßten ein laweia singen und wären ein für allemal an einem eialaweia zu erkennen, der irrt sich. Es gibt ihrer, die sehr gescheit zu sprechen wissen und jeden Augenblick ein Buch über die dogmatisch heikelsten Punkte schreiben können. Sie necken

[20] Gestrichen: »Ich bitte, nein« – [21] Von hier bis zur 3. Zeile des folgenden Absatzes (»ernsthaft«) fehlt Manuskript; Druck nach Heilborn.

sich mit Alberich, aber ich kenne welche, die bei Hillbrich die Zeitung lesen.«

Alles jubelte, lachte. Nur Oceane war ernst geblieben und sagte: »Sonderbar, wie verschieden solche Expektorationen wirken. Ich nahm es ernsthaft und habe die ganze Zeit über an die berühmte Soiree bei Marie Antoinette gedacht, wo der Abbé Cazot (Pardon, Herr Professor) allen am Tisch Versammelten ihre Zukunft prophezeite. Und was das Schlimme ist, es traf auch ein. Marie Antoinette, wenn wir sie zitieren wollten, würde davon erzählen können. Und mir ist als hab uns der Professor wie der Abbé Cazot die Zukunft prophezeit. [«]

Der Held zitierte:

> Salamander...
> Sylphe
> Bringe Hilfe...

Oceane sagte: Sie rufen sie, statt sie zu bannen.

Dann greif ich unserem Herrn Pastor vor und zitiere die Schlußworte:

> »Kennst du das Zeichen,
> Vor dem sie weichen.«

Alles hatte sich mittlerweile erhoben und man hörte nur noch draußen auf dem Flur: »Incubus, Incubus, Unser Professor war im Schuß.«

6. KAPITEL

Sturmnacht
Große Schilderung
Sturm-Gret

7. KAPITEL

Die Verwüstung am Strand. Einer der jungen Schiffer tot an den Strand geworfen. Sie finden ihn. Er wird aufgestellt in der Kapelle. Oceane geht hin und sieht ihn. Sie hört die Predigt. Sie bleibt ruhig.

Auf dem Heimwege Gespräch mit dem Helden.

Sie sagt ihm: es sei ein Bild gewesen. Nichts weiter. Er sei nun tot. Die Frau weine. Aber es sei doch ein Glück.

8. KAPITEL

Eine Woche vergangen. Sie gehen am Strand. Seewind. Die Wellen gehn und rufen und mahnen. Er macht ihr eine leidenschaftliche Liebeserklärung. Sie ist bestürzt, hingerissen. Sie weint. »Ach dies Glück weinen zu können.« Und sie sank an seine Brust.

Und sie gingen weiter in gehobener Stimmung und nebenan gingen die Wellen und riefen und mahnten und klagten und jubelten. Dies ausführen.

In die Buhnen bogen sie ein und sie trennten sich.

9. KAPITEL

Es war stille [22] See geworden [23]. Oceane nimmt Abschied von der Mutter in ruhiger Heiterkeit. An den Strand. Sie blickt von dem Badesteg hinaus einzelne weiße Kämme blitzen auf. Sie hat ein Gespräch mit der Badefrau und ein paar andren jungen Damen. Diese folgen ihr mit dem Auge. Sie sahen sie wie sie bis zu dem 1. und 2. und 3. Reff (Sandbank) schwamm und dann war es als ob Wellen tanzten. Waren es Wellen? Wohl, wohl, was sonst. Oder war es ein Delphin. Und sie schwamm weiter und sie sahen die grüne Kappe, die sie trug. Und nun schwand sie. »Sie macht eine Biegung etc. etc.« Eine [24] Stunde, und sie war noch nicht zurück. Der Tag ging, ein andrer kam, Oceane war fort.

In ihrer Briefmappe fand sich ein Brief, an den Helden adressiert. »Ich gehe fort. Es war doch recht, das mit dem Elementaren. Es fehlte mir etwas für die Erde, dessen ich bedarf, um sie zu tragen. Ich hatt' es nur gefühlt; als ich Dich sah, wußte ich es. Ich geh nun unter in dem Reich der Kühle, daraus ich geboren war. Aber auch dort die Deine.   Oceane.«

---

[22] Darunter gestrichen: hohe – [23] Aus: geblieben – [24] Von hier an fehlt Manuskript; Druck nach Heilborn.

HANS UND GRETE[1]

Es gelten für die[2] erzählende Kunst dieselben Gesetze wie für die bildende Kunst und zwischen der Darstellung in Worten und in Farben ist kein Unterschied. Es kommt nicht darauf an, daß ein Napoleon in der Schlacht, ein Meeressturm, ein Finster Ahorn gemalt wird, ein Bauer der pflügt, eine Bucht am Tegler See, eine Kuppe der Müggels[-] oder Kranichsberge hat denselben Anspruch. Die Kunst der Darstellung, ihre Wahrheit und Lebendigkeit ist das allein Entscheidende. Kann man seinem Werke den Zauber des stofflich Neuen mit auf den Weg geben, so wird freilich das Anziehende des Kunstwerks noch wachsen, namentlich den Kreis erweitern der sich hingezogen fühlt, aber für den eigentlichen Kenner wird dies nur einen geringen Unterschied abgeben, so gering, daß er neben der *geringsten Überlegenheit*[3] an darstellender Kraft, an Kunst, immer verschwindet. Es gibt nichts so Kleines und Alltägliches, das nicht, durch künstlerische Behandlung geadelt, dem größten aber ungenügend behandelten Stoff überlegen wäre.

HANS UND GRETE

Hans und Grete liebten sich. Und warum sollten sie nicht. Sie waren Nachbarskinder oder Kinder von gegenüber, kannten sich von Jugend auf, waren frisch, gesund, gute Gespielen und wohlhabender Leute Kind. Sie paßten für einander, das fühlten sie von Jugend auf und die Eltern fühlten es auch und hatten nichts dagegen.

Sie liebten sich wie[4] Liebende und sie liebten sich wie Geschwister, denn sie konnten sich nicht entsinnen je von einander getrennt gewesen zu sein.

Hans Hintz[5] war eines wohlhabenden Reepermeisters Sohn und Grete Kuntz[6] war eines wohlhabenden Bäckermeisters

---

[1] Vorgeschaltetes Blatt: 1. Hans und Grete. / 2. Frau Oberförsterin (?) / 3. Die Frau Bourgeoise. – [2] Im Manuskript folgt nicht gestrichen: Erzählung, für die Darstellung in Worten dieselben Gesetze wie – [3] Aus: dem [...] *Überschuß* – [4] Darunter nicht gestrichen: als – [5] Aus: Rose [zunächst: Hintze; dann verbessert in: Hintz] – [6] Aus: Kuntze –

Tochter, beide wohlhabend geworden durch Handel und Schiff-
fahrt der kl. Ostsee-Stadt darin sie lebten. Reepermeister
Hintz[7] hatte die Tau- und Segelleinen-Lieferung, der alte
Kuntz[8] hatte die Schiffszwieback-Lieferung.

Die Kinder wachsen nun mit und nebeneinander auf und
daß sie ein Paar werden ist beschlossene Sache.

1. Das Versteckspielen auf den hohen Böden in beiden
   Häusern. Niedrige Häuser mit riesigem Dach.

   a. Szene in der Kirche beim Glockenläuten.[9] – Das Versteckspielen. – Die Reeperbahn. – Im Walde. – Muschel-
   und Bernstein-suchen[10]

   d. Er rettet sie, als sie in einem Muff geht (nach Weihnachten) vor den Spöttereien und Insulten der Straßenjungen.

   e. Sie macht einen Besuch drüben in Wollin oder Stettin und er sagt: [»] Da will ich dabei sein«. Nun die
   Eispartie schildern.

   f. Dann erst die Rettung auf der Bootfahrt im Sommer.[11]

2. Rettung auf der Bootfahrt.

3. Von jetzt ab betrachtet er sich als ihren Bräutigam.

4. Ihr Ritter gegen die Straßenjungen als sie den Muff
   geschenkt gekriegt hat.

5. Er teilt ihre Gefahr, als es auf Brette[r]n über das dünne
   Eis geht

6. Sie sollen zusammen eingesegnet werden; sie ist 14, er
   ist 15.

7. Gespräch der beiden Väter als sie von der Kegelpartie
   kommen.

8. Gespräch der beiden Mütter.

9. Diese Gespräche finden unmittelbar nach der Einseg-
   nung statt.

---

[7] Vgl. Fn. 5. – [8] Aus: der Bäcker Kuntze – [9] Gestrichen: b. Die
Bootfahrt, wo er sie rettet. c. Auf dem Eise. – [10] Am Rand Klammer
und Vermerk: Dies alles als Kleinigkeiten und Vorstadien behandeln; alles ganz als Idyll gehalten. – [11] Von Abschnitt d. an mit
Tintenstrich eingerahmt; sollte vermutlich entfallen.

10. Die Störung. Der Bäcker sieht sich benachteiligt.

11. Wut darüber.

12. Der Reeper nun auch empört. Alles wird abgebrochen.

13. Hans kann das nicht aushalten. Er geht zu Schiff. Er schreibt von London aus an sie. Auch an seine Eltern.

14. Sie antwortet nach New-York oder New-Orleans [12] hin. Hier kriegt er das gelbe Fieber.[13] Als er in der Genesung kriegt er den Brief.

15. Da wird die Sehnsucht groß und er kehrt um.

16. Er war nun 19 Jahr alt; sie 18.

17. Nun trifft er wieder ein.

18. Über Grete war nun anderweitig entschieden.

19. Sie haben ein Rendez-vous. »Fliehen geht nicht. Es kommt bloß Unglück dabei heraus. Ich bin geflohen; ich kann es nicht noch mal tun. Wir müssen aushalten Grete. Vielleicht hilft uns Gott.[«]

20. Hans leistet nun dem alten Bäckermeister bei bestimmter Gelegenheit einen großen Dienst.

21. Der Frieden ist geschlossen; sie heiraten sich. Die ganze Stadt nimmt teil, alles ist froh und glücklich. »Und wenn sie nicht gestorben sind, so leben sie heutigen Tages noch.«

Ich habe bei Niederschreibung dieser Novelle das ganze Gewicht auf die *Klein-Schilderungen* des Swinemünder Lebens zu legen, die alle mit der größten Liebe durchgeführt werden müssen. Eine Sommer-Arbeit bei Stimmung und Muße! Das Hauptmaterial ist schon auf dem andern Bogen angegeben, nur einige Liebesmomente fehlen noch; 1. Beim Versteckspielen 2. Beim Kinderball als der andre mit ihr tanzt 3. Als beim Punsch ihre Gesundheit mit einem *andren* [14] ausgebracht wird. Am Schluß oder doch gegen den Schluß hin (2. Hälfte) die Freude des Wiederzuhauseseins. Das Fliehen hilft auch nichts, das habe ich ausgeprobt; Fliehen mit dir geht nicht, –

---

[12] Darüber: Havannah – [13] Zwischen die Zeilen geschrieben: Er tritt ein und macht den Krieg in Amerika mit 1863 – [14] Zwei gestrichene unleserliche Worte.

ohne den Segen der Alten geht es nicht, ich bin ein Philister Grete und kann nicht »ja« sagen wo meine Eltern »nein« sagen, auch wenn ich glaube, daß sie unrecht haben. Also warten, aushalten, sich in Geduld schicken und auf Gott vertraun. Du lachst; aber es ist das Beste so. Sie wird dann krank. Und das hilft.

L. P. – NOVELLE

Anna P., in ihren bitteren Verlegenheiten, geht mit Vater und Schwester ins Theater. Sie will erst nicht. Aber sie tut es. Das ›Gefängnis‹ von Benedix wird gegeben. Eine reizende junge Frau, *Mathilde*, Frau des Dr. Hagen, ist in tausend Ängsten; sie hat einen Bummelbruder gehabt, der Geld brauchte, um nicht entehrt dazustehen, und sie hat sich an einen Freund ihres Mannes, an *Baron Wahlbeck*, gewandt und ihn um ein Darlehen gebeten. Hat es auch erhalten. Das fiel in Annas Seele. Das wirst du auch tun. Wohl hatte sie gesehen, wohin das führt, das Stück selbst hat es ihr gezeigt.

[AUS DEM 1. ENTWURF]

Anna bringt das Kind unter, schreibt Pumpbriefe. Dadurch kommt es zuletzt heraus. Der Alte rasend. Große Szene. Weggeschickt. Amerika. Dort tüchtig, rehabilitiert sich. Bekanntschaft. Liebe. Geständnis. Beichte. Er überlegts, dann sagt er: Ja, ich will dich! Versöhnungsreise, auch um das Kind zu holen. Furchtbarer Empfang. Man glaubt ihr nicht. Sie geht durch alle Demütigungen. Das Kind stirbt. Halbe Versöhnung. Ruhiger Abschied. Rückkehr. Sie wird eine vornehme Dame. Kinderlos. Die Wiederherstellung ist da.

[Auf einem dem beschriebenen Bogen angehefteten Zettel]

Die L. P.-Novelle muß einen *sachlichen* Titel bekommen, nicht einen persönlichen. Das 1. oder 2. Kapitel erhält die Überschrift: »*Hofrat Lämmerhirt*«.

Anna P.... – Tochter eines Geheimen Hof- oder Rechnungsrats, Lebemann, Bewunderer, alter Hegelianer oder doch Epi-
kureer. Zwei Töchter. Anna die eine. Üppiges freies Leben.
Zigeunerhaft. Der Alte in der Theorie Libertin, aber nicht
praktisch in seinem Hause; nicht *so*. Er erlaubt sich viel, aber
nicht den Kindern.

[Auf einem anschließenden Blatt]

Die Hauptfigur ist der Alte. Lebemann, Freidenker, Hegelianer – und es läuft darauf hinaus, daß er ein toller *Erzieher*
ist. In seinem Tun ist er immer noch leidlich, aber er spielt
mit dem Wort und legt dadurch schlimme Keime. Er ist Witwer. War erst sehr anhänglich an die Tante (auf die später
zurückzukommen ist), nun aber vorbei. Zum Schluß will er
das Kind Annas erziehen: Nein, Papa, alles, nur *das* nicht! Er
nickte ihr zu und sagte: Du hast recht!

[2. ENTWURF]

Der Geheime Hofrat N. N. Er war Referendar, konnte damals nicht weiter, wollte sich verheiraten mit einem hübschen
jungen Mädchen – so kam er aus der großen Karriere heraus.
Nahm aber gewisse höhere Ansprüche in die Subalternkarriere
mit herüber und wußte sie geltend zu machen. So sehr, daß
ihm selbst die Bitterkeit fehlte, die sonst die Subalternen von
ehemals sicheren Aspirationen zu haben pflegen. Er spielte
in *der Loge eine Rolle,* in einem *literarischen Verein* eine
Rolle, in einer *griechischen Gesellschaft* und im Numismatischen Verein. Er war einflußreich, der Rangstufe nach ein
Subalterner, sonst aber völlig als einer von der höheren Ordnung etabliert. Galt auch als solcher bei seinen Vorgesetzten,
denen er sich durch sein feines, kluges Wesen angenehm zu
machen und rechtzeitig in prononcierter Bescheidenheit unter-
zuordnen wußte.

Natürlich war er auch Philosoph. Seine jungen Jahre waren
in die Zeit der Jung-Hegelschen Schule, der Bruno Bauer, Max
Stirner gefallen, mit denen er sich zu den »unglaublichsten«

Anschauungen siegreich durchgearbeitet hatte. Zu seinem Heil aber war er, infolge seiner guten Natur, in der Theorie steckengeblieben und spielte nur mit dem Feuer: Es ist nichts fragwürdiger als die sogenannte moralische Grundlage der Gesellschaft. Ehe, Legitimität. Ich habe nichts gegen diese Dinge. Sie sind ganz gut, sie tun ihre Schuldigkeit, they work exceedingly well. Aber enfin, man mache nicht mehr davon, als nötig. Alles ist Übereinkommen und Gewohnheit. Das Gegenteil wäre grade ebenso gut. Wurde ihm dann erwidert, so begann er die großen historischen Register zu ziehen, denn er hatte eine große Belesenheit, ganz besonders im Historischen und Biographischen: Ich bitte Sie, ich will nicht in Finessen gehen und Sie fragen, wie Sie sich eigentlich die erste adamitische Familie, das Familienleben Adams und Evas denken. Es waren drei Söhne da, mutmaßlich auch Schwestern. Fehlten diese, so wird die Sache in ihrem adamitischen Charakter nur noch mißlicher. Aber ich leiste auf diesen Vorteil Verzicht. Also zugestanden, es waren Brüder und Schwestern da. Wohlverstanden nur Brüder und Schwestern. Aus ihnen ist die Menschheit entstanden. Wollen Sie mir gefälligst angeben, wie dies ohne Inzest in Szene zu setzen war? Sie sehen, die ganze Sache beginnt gleich so mißlich wie möglich. Sah er durch solche Sätze die Gegner in die Enge getrieben, so spielte er den Milden und Generösen: Ich will das Übergewicht, das mir ja jene dunklen Uranfänge unserer Menschheitsgeschichte bieten, nicht ausbeuten, ich lasse das 1. Buch Mosis fallen. Aber ist es denn anders geworden? Sie finden auch jetzt noch alles. Wenn ich sage: Sie finden alles, so meine ich nicht die gebrandmarkte Exzeption, sondern als Regel und Gesetz so viele Komplikationen auf dem Verkehrsgebiete beider Geschlechter, die überhaupt nur auszusinnen sind, so viele Staatsgrundgesetze finden Sie auch. Sie finden nicht nur Vielweiberei, Sie finden auch Vielmännerei, und eine Menge von Dingen, die wir gewöhnt sind, im Moralstil unserer Zeitungen als Verbrechen gegen die Sittlichkeit verzeichnet zu finden, mitunter mit dem schmackhaften Zusatze, daß sich selbst eine verschleierte Darstellung des Herganges verbiete. Alle diese Dinge sind in anderen konstruktiven Gegenden die Regel. Und nun gar erst das Kinderwesen. Ist es so nötig, zu wissen, wo man her ist, ist es so nötig, seine Eltern zu kennen? Ist es nicht wichtiger, daß man gesund ist? Es hat immer Findlingsstaaten gegeben und sie haben als Musterstaaten gegolten. Und auch Amazonenstaaten mit weiblicher Männerliebe. Kurzum, es hat alles gegeben, alles, alles. Und es gibt *noch* alles! –

Es hätte nicht viel auf sich gehabt, wenn der Geheime Hofrat diese Exkurse auf Liebesmahle, auf den runden Tisch bei Huth oder auf Ministerialdiners beschränkt hätte, zu denen er, aller Subalternität zum Trotz, um seiner sonstigen Vorzüge zugezogen zu werden pflegte, das Schlimme war nur, daß er sein Evangelium überall predigte, auch zu Haus, am Frühstücks- und Teetisch, und weder auf die Ohren der Tante noch der beiden Töchter die geringste Rücksicht nahm. Er ging davon aus, daß freie geistige Bewegung nicht schade. Selbst wenn Besuch von jungen Leuten da war, ließ er sich hinreißen, alle Puppen tanzen zu lassen.

Über dies Thema hat er nun ein Gespräch mit der alten Tante, der Dame d'honneur. Sie stellt es ihm ernst vor. Er nimmt es leicht.

Dann hat er dasselbe Gespräch mit der Tochter. Hier werden auch die *Mein-und-Dein-Fragen* mit herangezogen. Und sie fragt ihn, ob er wirklich so denke. Er antwortet heiter, übermütig. – Und sie: Aber wenn ich danach handelte? – Ja, Anna, das geht nicht! Danach handeln darf man nicht. Wir sind gebunden, befangen, und müssen diese Gebundenheit bis auf weiteres respektieren. – Anna: Bis auf weiteres? Dann käme doch der Tag, wo es anders würde, und es wäre nur Sache des Muts, diesen Tag vorher heraufzuführen? – Ich kann dir darin nicht widersprechen. Es ist so. Aber man braucht nicht selbst in die Front zu springen. Es ist denen überlassen, die nicht anders können. Oder die müssen. Auch die rühmlichsten Revolutionen werden immer durch unrühmliche Leute gemacht. Es geziemt sich, abzuwarten und zuzufassen, wenn der Moment da ist!

[Auf losen Blättern]

Nun eine Schilderung des Taubenhaus-Lebens im geheimrätlichen Hause: Theater, Theaterproben, Landpartien. Ungeheure Ausgelassenheit. Zoologischer Garten. Feuerwerk, Dunkel, Musik.

Ein Jahr später, das Baby. Not und Elend. Verlegenheit. Soll sie's sagen? Nein, es geht nicht. (Es muß hier etwas noch gefunden werden, was ihr das Geständnis unmöglich macht.) Die Pflegefrau erscheint mit einem Brief von *ihr*. Auch daß sie Geld genommen. (An dieser Stelle ist noch vieles zu klären.) *Er* bricht nun zusammen. Schickt die Frau fort. Nach vier Wochen besinnt er sich und nimmt das Kind. Das lange Getäuscht- und Hintergangenwerden war seiner Eitelkeit empfindlich. Er war schwer getroffen, denn es hatte sich danach inzwischen alles herumgesprochen, *sie* war fort, und so wußte es alle Welt.

In Amerika. Der Deutschamerikaner. Sein Werben. Es geht nicht. Warum nicht? Sie erzählt nun. Und was hast du zu deiner Rechtfertigung oder Klärung zu sagen? – Sie schweigt erst. Weigert sich, die Schuld auf andere Schultern zu legen: Es bleibt *meine* Schuld. Und ich will sie tragen und ihre Folgen. Es macht einen feigen, erbärmlichen Eindruck, es abwälzen zu wollen. Denn wir haben Kraft und freien Willen und Erkenntnis und wir können uns wehren gegen alles. – Er: Aber ich will es *doch* hören. Sage mir, was dir auf der Seele brennt? – Anna: *Eine falsche Erziehung.* – Er: Laß hören. Die meinige war auch schlecht genug. Ich höre gern von diesen Dingen. – Nun erzählt sie. Dies alles macht solchen Eindruck, daß er sagt: Es ist gut. Wir werden ein Paar!

Und sie *wurden* ein Paar. Anzeige nach Europa. Antwort darauf von der Schwester oder der Tante Hand. Acht Tage später ein Brief des Alten selbst. Nein, *dieser* Brief erst, als sie schreibt, sie würde kommen, um ihr Kind zu holen. Nun bricht sein Zorn los über das ewige Komödienspiel, über die Verwirrung der Fragen und Begriffe. *Sie* liest es; er lächelt.

Ankunft in Europa. Erst allein. Demütigungen. Aber er (der Vater Annas) duldet sie zuletzt. Sie telegraphiert. Der Mann kommt endlich. Präsentiert sich. Große Szene mit dem Alten. Versöhnung. Ihr solltet mir das Kind hier lassen. – Nein! – Warum nicht? – Papa, du bist alles, nur kein Erzieher. – Er stieß an und ließ Amerika leben und die Freiheit und die Aufklärung. Und es sei alles dummes Zeug. Und die Theorie habe doch recht. Und es habe sich wieder gezeigt: dem Mutigen gehöre die Welt!

Er ist unverbesserlich, sagte Anna, als sie einige Stunden später nach dem Bahnhof fuhren. Ein Glück, daß wir das Kind haben!

»UNVERÄNDERT DER DEINE«

1. Kapitel
»Lieber alter Freund. Ich habe Deine Karte vorgefunden und mache Dir nur ernsthaft einen Vorwurf daraus, von dem Recht Deiner [1] Freundschaft nicht energischeren Gebrauch und den alten Diener, den ich hier vorgefunden, nicht energischer zurecht gewiesen oder mit mehr Nachdruck rektifiziert zu haben. Ich bitte Dich sehr Deinen Besuch mit nächstem wiederholen zu wollen, aber laß es mich vorher in einer Zeile wissen. Am besten paßt uns die Stunde [2] nach 9 [3]. Ich sitze dann in der Regel am Teetisch und lasse mir von meiner Frau die Blätter [4] vorlesen oder die großen und kleinen Neuigkeiten erzählen. Denn aus den Akten erfährt man wenig. Ich freue mich aufrichtig Dich nach so langer Zeit einmal wiedersehen zu dürfen. Meine Frau vereinigt [5] ihre Grüße mit den meinigen. [6] Unverändert der Deine.

Dein Dodo v. Dietersheim [7]

[»]Nun, Marie, wer hat recht? Du glaubtest nicht daran. Ihr Frauen spielt euch immer als die Idealen auf und hinter-

---

[1] Gestrichen: alten – [2] Darüber gestrichen: der Abend – [3] Aus: von 9 bis 11 – [4] Darüber: Zeitungen – [5] Darunter nicht gestrichen: empfiehlt – [6] Gestrichen: In alter – [7] Aus: Wietersheim

her seid ihr urprosaisch und glaubt eigentlich bloß an Gerson
oder Herzog je nachdem ihr mehr [oder] weniger bei Kasse
seid. Und alles eigenhändig geschrieben. Ich sage dir unsere
alte Verbindung war kein leerer Wahn und was wir beim
Landesvater und der durchstochenen Cereviskappe geschworen haben, das halten wir.«

»Amen.«

»Und dein Spott wird nichts daran ändern. Minister oder
nicht, ich kenne Dodo. War immer ein Prachtkerl. Und du wirst
sehn er wird sich als solcher erweisen[8]. Kann es am Ende auch.
Denn ich werd' ihm nicht beschwerlich fallen und weder einen
Kronenorden noch einen Hofratstitel von ihm verlangen. Ich
bin zufrieden, daß er an mich denkt, daß er mir diese Zeilen
geschrieben hat und daß er Lust hat einen Abend mit mir zu
plaudern. Ich sage dir, das versteht er, und seine Frau auch.
Ein Konversationstalent ohnegleichen, natürlich *dich* ausgenommen.[«]

Ein Glück, daß du dich noch besonnen hast. Aber nun sage
mir, einziger Schatz, willst du wirklich diese Marmortreppe
hinauf? In Schlössern werden einem doch wenigstens Filz-
pariser angezogen, aber in einem Ministerial-Hotel –! Ich sage
dir, du gleitest aus und was das Schlimmste ist bist wieder
mal um eine Illusion ärmer. Und das ist das Schlimmste. Denn
als Lyriker, Feuilletonist und Novellist lebst du von Illusionen
und wenn dir Exzellenz einen Vorrat davon verdirbt, so merk
ich das in meiner Kasse.

»Mein Wort zum Pfande, du sollst es nicht merken.«

Zweites Kapitel. Abendgesellschaft beim Minister. »Eine
Woche später, nach vorgängiger Anmeldung, stieg unser
Freund Balthasar, die Marmortreppe hinauf etc. etc.« Freundlicher Empfg. Teetisch. Herzlichkeit. Eine erwachsene Nichte
und ein Backfisch. Flotte Konversation. *Er* muß erzählen. Endlich fragt er »und du«. Der Minister antwortet heiter, eingehend, liebenswürdig, gutgelaunt, aber doch de haute en bas.

---

[8] Darüber: zeigen

Drittes Kapitel. »Wie fandest du Balthasar?« Die Ministerin antwortet im ganzen genommen günstig. »Es ist ganz gut solche Leute um sich zu haben.« Er will davon nichts wissen und spricht von wirklicher Freundschaft und Frische u. »Anhänglichkeit«.

»Nun ja« sagt die Ministerin.

Viertes Kapitel. Balthasar kommt nach Haus. Gespräch mit seiner Frau. Er ist sehr glücklich. Sie zweifelt noch; aber doch leiser.

Fünftes Kapitel. Die Besuche wiederholten sich alle 14 Tage. In der Regel wurd er eingeladen. Er plauderte. Man war ein Herz und eine Seele. »Was schreibst du denn so? Zum Lesen komm ich natürlich nicht, aber ich interessiere mich doch dafür und höre davon. etc.«

Sechstes Kapitel. So ging es bis die Woche vor Weihnachten. Es hieß so am 15. »nun nach dem Fest sehen wir uns wieder«. Aber das Fest war vorüber und Neujahr auch und man hörte nichts. Und nu[n] stand in den Zeitungen: »Über die Festlichkeiten dieser Saison ist neuerdings Bestimmung getroffen etc.« Balthasars Frau las es und las so viel heraus, daß Plauder-Abende schwerlich übrig bleiben würden. Sie sagte es, aber er hoffte noch immer. Endlich Ende März kam eine [9] Brief: »Wir haben uns lange nicht gesehn, ich darf sagen zu meinem ehrlichsten Bedauern. Aber der gesellschaftliche Andrang ließ einen nicht zu Ruhe kommen. Es ebbt jetzt wieder oder wenigstens die Hochflut ist vorüber. Kommst Du morgen abend? Du triffst nur uns allein.«

Siebentes Kapitel. Er kommt. Sehr freundlicher Empfang, aber etwas befangen. Endlich zeigt sichs: Prolog zu lebenden Bildern. Balthasar war etwas verdrossen, aber er akzeptierte es, halb aus Gutmütigkeit halb weil es nicht anders ging. »Ich hoffe du bist bei den Proben zugegen. Die Maler dominieren

[9] Gestrichen: Einladung

zwar in solchen Fällen, das Bild ist alles und der Text schmiegt sich nur an; aber du bist nicht empfindlich und wirst uns zu Willen sein.«

Er war es alles zufrieden und als nun das Geschäftliche geregelt war, wurde man unbefangener und ging zu allgemeinen Gesprächen über. Es kam dies an die Reihe und das, und Balthasar sprach mit der ihm eignen Aufrichtigkeit u. Unbefangenheit. Es kam auch die Frage der Staats-Eisenbahnen vor und Balthasar war dagegen und ereiferte sich. Der Minister lächelte: »Daß doch die besten Menschen sich in eine Opposition hineinreden und eine Neigung haben von Dingen zu reden, die jenseits ihrer Sphäre liegen. Du kümmerst dich um Kunst und ähnlichen allerliebsten Stip[p]s des Daseins und hältst[10] doch eine Kammerrede, wie wenn du mich oder Ihn aus dem Sattel werfen wolltest. Aber es ist wunderbar, die Schönwissenschaftler sind immer an der Tête ... etc«.

Balthasar biß sich auf die Lippen, aber er verwand es und sagte: »Du magst recht haben.« Und verwand es wieder. So geht es eine Zeitlang weiter, bis eine Kunstfrage herankommt, und der Minister kategorisch drein redet, es klingt alles hochmütig, selbstbewußt, besserwissend und zu gleicher Zeit voller Verachtung gegen die »Spielerei«.

Achtes Kapitel. Balthasar kommt nach Haus. »Ich soll den Text schreiben.« »Wirst du?« »Freilich; was blieb mir übrig.« »Gut. Und wie war es sonst?« »O, sehr nett.« »Ah.« »Warum Ah?« »O, sehr nett, ist etwas wenig. Sei ehrlich, du bist verstimmt, es hat dir nicht sehr gefallen.«

»Offen gestanden, nein.«

»Nun so erzähle. Ich verspreche dir auch meine siegreiche Situation nicht auszunutzen.«

Und nun erzählt er, wies ihm gegangen. »Ich glaube, so lang' er noch in der Wackelperiode war, oder in einem Übergangsstadium, ging es. Aber seit der »Saison« hat der Löwe Blut geleckt. Und der Kanzler[11] soll ja entzückt von ihm sein.

[10] Gestrichen: hier – [11] Aus: Bismarck

Ich glaube ich werde nicht mehr oft die Marmortreppe hinauf-
kommen.«

Und den Text?

Den schreib ich; versteht sich, ein Mann, ein Wort. Aber die
Maler und das Staatsministerium mögen damit machen, was
sie wollen. Ach die Macht der Machtsphäre! Daß doch keiner
widersteht. Eine Illusion ist wieder hin, aber was tut's? Die
Ideale bleiben und vor allen das Ideal der Ideale das nach
Schiller den prosaischen Namen »Beschäftigung« führt und sogar mit dem Zusatz »die nie ermattet«.

»Auch nicht bei dem Prolog?«

Da vielleicht. Aber wir wollen auch dem alten Goethe sein
Recht geben und uns erinnern: »Gebt ihr euch einmal für
Poeten« und so weiter. Und nun Gute Nacht;[12] eben klingelt
die letzte Pferdebahn nach dem Zoologischen vorüber; es ist
also twelve past.

Neuntes Kapitel. [13] Eine Woche nach diesem Abend schickte
Balthasar seinen Prolog und Text. Er schrieb sehr artig, mit
einem Anfluge von Herzlichkeit, aber doch zugleich auch sehr
förmlich. Es klang alles wie Abschied und schloß »Unverändert der Deine«.

* *
*

»Unverändert der Deine« wiederholte der Minister als er
seiner Frau den Brief vorgelesen[14]. »Einer wie der andre,
sitzengeblieben, eitel und empfindlich. Willst du mir glauben,
Agathe, der gute Kerl bildet sich ein, er sähe mir auf die
Schultern. Es[15] ist mir als hätt ich vor 100 Jahren auf dem
Monde mit ihm gelebt. Wie sich doch alles verändert hat.[«]

Und glaubst du, daß er zu den Proben kommt? Gewiß
nicht. Es war ihm schon zuviel einen Prolog zu schreiben.
Und doch haben beide Majestäten zugesagt.

Unbegreiflich.

---

[12] Gestrichen: es ist — [13] Gestrichen: Drei — [14] Gestrichen: hatte —
[15] Gestrichen: gibt nichts Eingebildeteres

ERNEUERUNG IN DEN KINDERN

Zwei Freunde. Einer Gymnasialdirektor in einer kleinen Stadt wie Ruppin, der andre Landgerichtsrat in Berlin.

Letzterer wird als Landgerichtsdirektor von Berlin nach Ruppin versetzt. Er meldet sich brieflich an, erinnert sich der Schul- u. Studentenzeit, des 2maligen Treffens in der Schweiz, (wo aber bloß seine, des *Juristen* Frau bei zugegen war) und so hofft er auf die alten Freundschafts-Ideale. Meine Kinder sind gut, meine Frau kennst Du. Besorge eine Wohnung. Und nun kommen sie an.

Die Pleite beginnt.

Die Kinder sollen sich befreunden. Allgemeiner Antagonismus. Endlich trägt der Jurist auf seine Versetzung an. Von da aus stottert er einen Friedensbrief.

Der andre antwortet.

MIT DER ZEIT[1]

1. Er war gestorben.

2. Kinder waren nicht da, aber Neffen und Nichten. Sie gehen zum Pastor. »Ja, was soll ich sagen? Es war ja immer Streit.« Es findet sich auch ein Brief, in dem sie ihr Unglück klagt und nur noch von der Scheidung ihr Heil erwartet; sie zählt darin all seine Untugenden auf, seine Schwächen, kleinen Sünden und Unerträglichkeiten. – Der Geistliche hält dann seine Rede. Und die Frau sagt: es war gut; ein bißchen besser hätt er doch von ihm sprechen können. Er war doch eigentlich nicht so böse.

3. Nun folgen Szenen von halb Jahr zu halb Jahr, wo die Neffen und Nichten irgend etwas sagen »Onkel war so und so. *Darin* war er schwach oder sonderbar oder im Irrtum oder *sehr* an-

[1] Darunter gestrichen: Glückliche Ehe

fechtbar.« All diese Dinge widerlegt sie jedesmal. Am heftigsten wird sie wenn einer von einer »geführten unglücklichen Ehe« spricht. Dies will sie nicht wahr haben. Sie haben glücklich gelebt. So wächst er allmählig zu einem Ideal heran und als sie 70 ist, erzählt sie ihren kleinen Petit-Neveus von ihrem Großonkel: »*Das* war ein Mann, tüchtig, zuverlässig, immer adrett und pünktlich. Und ich war ebenso. Deshalb stimmten wir auch zusammen und eigentlich ist kein böses Wort über unsre Lippen gekommen. Es kam wohl vor, daß wir eine andre Meinung hatten, aber das war dann immer ein allgemeines Gespräch. Ich begreife nicht, wie sich Menschen ewig zanken können; das ist ja schlimmer wie Tod und Hölle. Und mein Seliger dachte auch so.[«]

Endlich der 50jährige Hochzeitstag. Sein Bild war bekränzt, sie las Briefe aus ihrer Verlobungszeit und sagte: [»] ja, Kinder, ich freue mich. Bald seh ich ihn wieder. Ich kann mir denken, daß es ein schweres Wiedersehen sein muß, wenn man sich etwas vorzuwerfen hat und sich sagen muß: man hat Schuld. Aber wir können uns wieder ansehn. Echte Liebe überdauert alles.«

Und sie wünschte jedem einzelnen, daß ihm auch eine so glückliche Ehe beschieden sein möge.

Die Neffen und Nichten sahen einander an, die Großnichten aber, dies von ihren Müttern her wußten, saßen in der Schummer-Ecke und kicherten.

Der Seidengarnhändler *Etienne Cochoi* war gestorben. Er war Mitglied[2] der französischen Kolonie und gehörte wie die meisten Mitglieder der französischen Kolonie zu den unfranzösischsten Leuten von der Welt. Nur seine Frau nahm ihn für einen Vollblut-Refugié.[3] Dann und wann zwangen ihn Geschäftsverbindungen zu Konstruktionen mit avoir und être aber seine Verwechselungen von la und le waren haarsträubend. Nun war er tot, erst 56[4], oder wie seine Witwe, eine Voll-

---

[2] Darüber: Refugié – [3] Dieser Satz nachträglich mit Bleistift zwischen die Zeilen geschrieben. – [4] Zwischen die Zeilen geschrieben: obschon er in der Sprache seiner Witwe »erst

blut-Berlinerin sagte »erst im 57. ging«. Ein Asthma hatte über ihn entschieden. Seine letzten Worte waren geängstigt und reuig gewesen und hatten gelautet: [»]Mathilde .. laß es gut sein; es war alles .. nich so böse[5]. Hörst du. Gib mir deine ..« Dies war sein Letztes. Genau 7 1/2 wo sonst der Kaffee auf dem Tische stand und ein Wetter losbrach wenn er nicht auf dem Tische stand. Kinder waren nicht da, aber Neffen und Nichten, und eine der Nichten von der es feststand daß sich der Plan Diakonissin zu werden in ihr geregt hatte, wurde beauftragt, dem Prediger Huber Anzeige davon zu machen und um eine Rede am Sarge zu bitten.

Die Konfirmanden versammelten sich eben in der Vorstube, als Prediger H. den Brief empfing. Es war ihm fatal, denn er wußte, daß nicht alles gestimmt hatte. Im ganzen genommen war[6] es ein guter Kerl gewesen und gegen die Frau war auch nichts zu sagen; als eines reichen Graupenhändlers Tochter hatte sie sich gut genug ausgenommen und von orthographischen Ungehörigkeiten immer mehr und mehr abgelassen. Aber das Endresultat war doch immer gewesen, daß man nicht glücklich gelebt hatte. Ja, Scheidung war mehr als einmal beantragt worden. »Ich muß doch sehen« sagte Pastor H. und ging auf ein Real zu, wo Personal-Akten lagen. Er hatte nicht lange zu suchen, denn in Abteilung C. lagen überhaupt nur drei Pakete. »Cochoi. Da wär es.« Er stäubte mit seinem Taschentuch, dem alle möglichen Funktionen oblagen, das Bündel ab und schlug auf und blätterte. Er schüttelte mit dem Kopf bei jedem neuen Blatt, endlich hatte er das, was er suchte. Es war ein drei Seiten langer Brief. Er setzte sich in seinen Stuhl, sagte dem[7] Kanarienvogel noch ein paar freundliche Worte, wie wenn er sagen wollte »Ja, mein Tierchen, ich plauderte auch lieber mit dir« und setzte sich dann und las.

Berlin d. 9. Dezember 1851. Hochgeehrter Herr Prediger. Es wird mir wirklich schwer, hochgeehrter Herr Prediger, Ihnen schon wieder zu kommen[8] und mir ist so zu Mute, wie wenn man an ein und demselben Tag, oder wohl gar in der Nacht,

---

[5] Gestrichen: gemeint – [6] Aus: waren [Danach gestrichen:] es gute –
[7] Gestrichen: links neben ihm stehenden – [8] Gestrichen: Es ist

zum dritten Male zum Doktor schicken muß. Er kommt dann auch aber man sieht es ihm doch an, er kommt nicht gern und denkt so bei sich: es war eigentlich nicht nötig und gestorben wär' er auch nicht. Und so steht es auch wirklich. Gestorben is man nicht gleich, auch ich nicht, aber schlimm ist[9] es doch. Ich meine mit meinem Mann und mir. Sie wissen ja alles und haben uns schon so oft in die Seele gesprochen. Aber er nimmt ja keine Raison an. Es ist das französische Blut, immer gleich in Wut und Ausdrücke, die nicht fein sind. Und so war es auch gestern wieder. Und um was? Um gar nichts, liebster Herr Prediger; so wahr ich eine ehrliche Frau bin. Es stand die Steh-leiter im Korridor und ist er dagegen gelaufen und hat sich das Schienbein gestoßen. Und was tat er? Er stieß die ganze Stehleiter vor Wut um und hat unser Mieter unter uns[10] ge-glaubt, das Haus stürze ein und die Frau hat einen Wein-krampf gekriegt. Und wenn er nicht Wirt wäre, so ging es auch gar nicht und wir müßten ausziehen. Und nun hätten Sie den Mann sehn und hören sollen. Als ob ich eine Verbrecherin wäre und sprach immer von fahrlässiger Tötung, denn Schien-bein sei was Wichtiges und hätte schon mancher dran glauben müssen. Ja, teuerster Herr Prediger, und hat mich gepackt und geschüttelt und all so was, was mir an der Wiege nicht gesungen ist. Und wenn es das allein wäre! Aber, teuerster Herr Predjer, Sie wissen ja wie es steht. Immer das heiße Blut. Es ist noch keine drei Wochen, daß wieder solche Kränkung da war. Ich bin nicht so, aber was ich verlangen kann, ist der An-stand. Und dabei knickrig auf der andern Seite und wenn es für mich ist, so ist nichts da und immer Redensarten als ob ich von der Wirtschaft nichts verstünde und es alles bloß ein Jam-mer mit mir wäre. Hab ich das um ihn verdient. Er hat einen schlechten Charakter und keine Dankbarkeit. Denn von mir kommt doch alles und nun tut er, als ob er mich hinterm Zaun gefunden. Ich bitte, daß Sie mir raten und mir sagen welche Schritte ich tun soll um eine Trennung herbeizuführen. Kommt es nicht dazu, so steh ich für nichts. Er oder ich. »Unwürdiges

---

[9] Darüber: steht – [10] Darüber: unten haben sie

erträgt kein edles Herz.« An diesem Spruch oder so hab ich immer gehalten und halt' auch heute noch. In aufrichtiger Verehrung

Ihre
Mathilde Cochoi
geb. Müller.

Das war erst drei Jahre. Die Dinge waren damals beigelegt aber nicht gebessert worden und nun war er tot und *er* sollte die Leichenrede halten. Es war eine harte Aufgabe. Aber umgehen ließ es sich nicht. Er antwortete der Nichte, daß er erscheinen werde und bäte dieselbe der Witwe sein Beileid auszudrücken.

Zu festgesetzter Stunde war er auch da, wo die gute Stube zu einer chambre ardente hergerichtet war. Die Kutschen standen bis an die nächste Querstraße, so daß eine der Nichten gesagt hatte: »wo sie nur alle herkommen? Er muß doch so seine Meriten gehabt haben.«

[11] Der Pastor spricht. Nur kurze Inhaltsangabe. Die Witwe ist nur halb zufrieden. Zieht eine Treppe höher. Der Hauptneffe führt das Geschäft weiter. Man sieht sich öfter. Nun die Wendung von Jahr zu Jahr. Immer an seinem Geburtstage gab sie eine kleine Familiengesellschaft. Nun dies durch 15 Jahre hin fortführen. Aber immer springen von drei Jahr zu drei Jahr.

Dann ihr letzter Wille und ihre Hoffnung ihn wiederzusehn.

THUSNELDA LEHMANN

»Eujeen, Eujeen.«

»Hier, Mutter.«

»Verdammte Kröte, wo bist du denn?«

»Hier, Mutter.«

»Wo denn?«

---

[11] Der folgende Text mit Bleistift notiert.

»Hier.«

»Ne, so'n Aas.«

Und damit brach ein Gespräch ab[1], das über ein Treppenge-
länder hin vom zweiten Stockwerk nach unten in den Hausflur
hinein gehalten worden war. Das Haus war natürlich ein
Berliner Haus, Krausenstraße 24 und zählte nicht gerade haute
volée zu seinen Bewohnern, war vielmehr ein auf Abbruch
dastehendes Mietshaus, drin ein paar anständige Handwerker
sonst aber meist arme Leute wohnten und namentlich Zim-
mervermieterinnen wohnten. Eine solche war es auch[2], die
mit ihrem auf dem Hausflur spielenden Eugen[3], eine so vertrauliche Konversation geführt hatte. Diese Konversation
drang mit jener Deutlichkeit, die die Berliner Stimmen auszeichnet, nicht bloß an des Jungen Ohr, sondern wurde auch
von vielen andren Personen gehört, die gerad auf dem Flur
beschäftigt waren. Es waren dies außer dem Müllkutscher[4], der
gerade mit den Pferden zu tun hatte, noch die Lemcke, die aus
ihrem Grünkramkeller heraufgekommen war und der Korb-
warenfabrikant Hildebrandt, ein großer, gutmütig und schmie-
rig aussehender Mann, der eben Körbe aus seinem Keller
heraufholte, mit denen er zu Markte fahren wollte. Der einge-
spannte Hund, der die Zeit nicht abwarten konnte, blaffte wie
toll und Hildebrandt sagte zu Eugen der zwischen den Körben
stand: »Na, Eujeen, wißt mit?«

Ja Herr Hildebrandt. Aber ich derff ja nich. Mutter hat schon
gerufen. Un wenn ich nu nich komme, giebt et wat.

Hildebrandt lachte und die Lemcke sagte: Freilich giebt et
wat. Und jeder Schlag der bei dir vorbeifällt, um den is es
schade.

Es waren aber, als die Stimme von oben her rief, nicht bloß
die genannten drei auf dem Hausflur, sondern auch ein Dritter
noch, ein junger Mann von 25 in einem kurzen etwas abgetra-
genen Winterüberzieher und einem ausgedienten Zylinderhut.
Die Binde saß aber fest, das Haar glatt und eine goldne Brille
die er trug zeigten daß er doch den guten Ständen zugehörte.

---

[1] Darunter nicht gestrichen: eine Familien-Unterhaltung ab – [2] Aus:
denn auch gewesen – [3] Darüber: Jungen – [4] Darüber: Hundefuhrwerk

Er hatte bei dem Zwiegespräch zwischen Mutter und Sohn einen Schreck gekriegt und umkehren wollen, besann sich aber wieder und stieg die Treppe hinauf. Auf dem ersten Absatz nahm er ein Zettelchen aus dem Täschchen vorn am Überzieher und las es noch mal durch. Es war ein Zeitungsausschnitt und lautete: [»] Krausenstraße 24 [5] zwei Treppen ist eine möblierte Stube zu vermieten. Man klingle bei O. Lehmann«. Er steckte das Zettelchen wieder ein und stieg höher hinauf. Als er zwei Treppen hoch war, war es etwas heller und er sah, daß hier die Chambre garni-Gegend anfing. In der Ecke links [6] und rechts war eine Klingel angebracht, beide ganz gleich, Holzgriffe mit kruckligem Draht und den Türen sah man an, daß es Küchentüren waren, zwischen diesen zwei Küchentüren aber waren die nach vorn hinausgehenden Prunkgemächer dieser zweiten Etage, die [7] sich durch weißgestrichne Doppeltüren mit kleinen Kucklöchern und einer Visitenkarte drunter auf den ersten Blick als Chambregarni-Wohnungen zu erkennen gaben. Der Fremde mit dem Zylinder und der goldenen Brille hatte die Wahl links oder rechts. »Es wird wohl links sein.« Und so trat er an die linke Küchenklingel heran und las nun auch auf einem kleinen messingnen Blechschild hinter dem Klingelgriff: »Olga Lehmann, Schneiderin.« Er hörte wie mit Tellern geklappert wurde, weshalb er statt zu klingeln, nur klopfte, erst leise, dann stärker. Und nun öffnete sich die Tür und eine junge Frau von 30, blond, voll und mit merkwürdig leuchtenden hellblauen Augen stand vor ihm.

Ist [8] bei Ihnen, [9] die möblierte Stube zu vermieten?

»ja.«

»Kann ich sie sehn?«

[»]Na, versteht sich. Sie werden doch nich die Katz' im Sack kaufen.«

»Nein, nein« lächelte er verlegen, denn er hörte nun deutlich, daß es dieselbe Stimme war, die schon nach »Eujeen« in ganz unqualifizierbaren Ausdrücken hinuntergerufen hatte.

---

[5] Darüber: Bei – [6] Über den letzten vier Worten: An zwei Türen – [7] Darunter nicht gestrichen: was – [8] Gestrichen: es – [9] Gestrichen: daß

Es tut mir leid, Sie gerade zu stören.

»Von Stören kann ja keine Rede nich[10] sein. Ich hab es ins Blatt setzen lassen. Und es wäre man störend, wenn keiner käme. Dazu hat man sein Geld nich, daß man's wegschmeißt.[«]

Und damit ging sie mit ihm auf die nächste Doppeltür zu und schloß auf.

OBRISTLEUTNANT v. ESENS

1. Obristleutnant v. Esens war seit 1875 »a. D.« Er hatte den Krieg mit großer Auszeichnung mitgemacht und in einer der ersten großen Schlachten »die ganze Geschichte mit seinen 4 Batterien gehalten«. Natürlich trug er die[1] »erste Klasse«. Sein Abgang – was aber nur die Allereingeweihtesten wußten – war nicht ganz freiwillig gewesen er hatte drauf gerechnet, das 2. Garde Feldartillerie-Regiment zu kriegen (auf das »1.«[2] trotz starken Selbstbewußtseins von vornherein verzichtend) und war dann, als das mit der Garde fehlschlug, um einen Pas rückwärtsgegangen also bis auf das[3] Regiment Feldzeugmeister. Als aber auch das mißlang (?) und ihm statt dessen Westpreußen drohte hatte er sich rasch entschlossen und seinen Abschied eingereicht, ohne jede Motivierung weil er die Wahrheit nicht sagen konnte und etwas[4] bloß Redensartliches nicht sagen wollte. Denn so gütig er war, so schneidig war er auch[,] mit einfachen kindlichen Leuten selber wie ein Kind, mit unangenehmen Leuten sehr unangenehm. Außerdem war er ein Original, wie so viele von der Bombe.

2. Er nahm nun also den Abschied und zog nach Berlin in die Bülowstraße. Hindersinstraße hätte ihm besser gepaßt, aber es war zu teuer. Er nahm eine Haushälterin, die in jungen Jahren Köchin in einem guten Hause gewesen war sich verheiratet hatte und dann Witwe geworden war, eine gute

[10] Aus: nicht
[1] Aus: hatte er das – [2] Gestrichen: hatte er – [3] Gestrichen: Kommando – [4] Gestrichen: Unwahres oder

treue Person, die mit ihrem Obristleutnant umzugehen verstand. Er hatte noch einen Vetter in Berlin, einen Direktor im
Eisenbahnministerium, von dem er viel hielt ohne daß sie so
recht zueinander gepaßt hätten. Der Vetter war ganz Eisen-
bahnmensch und Vereinsfex was dem Obristleutnant nicht
sehr paßte, Eisenbahn war ihm langweilig und hinsichtlich der
Vereine hatten sie ganz verschiedene Geschmäcker.

3. Wenige Wochen nach Beziehung(?) der Bülowstraße hatte
über diese Dinge ein Gespräch über diese Dinge stattgefunden:
»Ottomar« so hatte sich der Ministerialrat vernehmen lassen
»du wirst nun doch in einen Verein treten.«

Gewiß Ezard. (So nämlich hieß der Ministerialrat, denn die
Esens waren eine friesische Familie und wollten von den
Häuptlingsnamen nicht lassen, – unser Obristleutnant war
nur eine Ausnahme.) Gewiß, Ezard. Aber in welchen? Vereine
sind was Herrliches aber auch was Schreckliches.

Nun da haben wir die Geographische und dann haben wir
die Anthropologische..

»Mir zu gewöhnlich.«

Aber erlaube. Mir zu gewöhnlich. Höre Ottomar das ist mir
doch zu obristleutnantlich . .

Ach, Ezard, du mißverstehst mich ja. Mir zu gewöhnlich ...
Ich werde doch nicht die Leute meinen. Zierden der Wissenschaft und Ritter vom Geist.. Aber nein .. Ritter vom Geist
das sind wieder andre. Aber das ist ganz gleich wie sie zu
nennen sind, so oder so, ganz famose Leute ... Ich meinte nur,
es sei so was Allgemeines, Alltägliches und ich glaube daß ich
drin recht habe ... Wenn hier einer einwandert, ein bißchen
Handwerksburschenausdruck, aber das schad't nicht, wenn
hier einer einwandert und ein bißchen auf sich hält und ein
bißchen was bedeuten will, dann kriecht er da unter; .. es is
was ganz Feines und ich möchte beinah sagen etwas Hochan-
ständiges, beiläufig ein furchtbares Wort, aber es ist nichts
Apartes.

Ja, was heißt Apartes.

Erlaube, da muß ich dir widersprechen. Es gibt mehr Apartes als die Leute glauben, die Leute haben nur kein Auge dafür, weil sie selber nicht apart genug sind. Sieh da haben wir

jetzt die Luftschiffer-Abteilung. Ich bin persönlich bin zu dick dafür und man kann[5] solcher Gondel nicht zu viel zumuten, aber wenn es eine aeronautische Gesellschaft gebe, man braucht ja nicht selber mit aufzusteigen man kann ja auch bloß so mitmachen oder mit dabei sein wenn gefüllt wird oder die Stricke losgelassen werden. Und dann verheddert sich einer in den Telegraphendrähten oder landet bei Königsberg in der Neumark und die Leute denken, es ist ein Untier oder dringen auf Schadenersatz weil ihnen ihr Kleefeld zertreten ist, – ich kenne diese märkischen Bauern da is immer was zertreten, immer wollen sie 'was 'rausschlagen und immer mit Gott für König und Vaterland ich sage dir es ist alles Bande..

Aber du wolltest von dem Verein sprechen.

Ich war schon wieder bis dicht heran aber wenn ich mich so im Sprechen über was ärgere dann mache ich immer eine Kurve. Ja aeronautische Gesellschaft, sieh das wäre was. So was kann doch nur zwanzig oder dreißig Mitglieder haben, als ich jung war ist mal ein Tabakshändler aufgestiegen, aber solche gibt es doch nur wenige, der Spießbürger ist immer für terra firma, nicht mal aufs Wasser will er und einer soll neulich gesagt haben »er ginge nicht auf See, da sei man doch zu sehr in Gottes Hand«. Also, was ich sagen wollte es können nur wenige sein. Und immer wo wenige sind, das is was Apartes. Und deshalb bin ich gegen die Geographische, weil da so viele sind.

Der Vetter lachte und sagte: Ottomar du bist doch ein richtiger Esens und hast doch noch den richtigen Friesenschädel. Ich glaube den Spleen haben die sogenannten Angelsachsen, – denn es sind eigentlich Friesen gewesen das steht jetzt wissenschaftlich fest – von uns aus mit herübergenommen.

Na Ezard mit dir steht es auch auf der Wippe. Wenn schon einer sagt, daß etwas »wissenschaftlich feststeht«, dann wird mir immer bange. Das ist auch ein Spleen.

Die Kulicke brachte das Frühstück und der Obristleutnant zog den Korken aus der Rotweinflasche. Es war ein so langer Kork, daß es einen ordentlichen Knall gab.

[5] Darüber: darf

»Immer noch schweres Geschütz«, sagte der Ministerialrat.
Und dann stießen sie an.

* * *

Das Gespräch mit dem Vetter, das sich beim Frühstück in
immer gemütlicherer Form fortsetzte, hatte schließlich doch
zu einem Resultat geführt: der Obristleutnant hatte seine Geneigtheit ausgesprochen Mitglied der »Numismatischen« zu
werden, aber doch erst nach Niederkämpfung aller möglichen
Bedenken.

Ich bekenne dir »Numismatische« das gefällt mir. Sie hat
was Friedfertiges und sonderbar danach sehne ich mich seit ich
den Kriegsrock ausgezogen und hat auch das »Aparte« wovon
ich nun mal nicht absehen kann. Aber ich bekenne dir, ich
habe doch eine leise Furcht davor. Alte Artilleristen sind doch
halbe Wissenschaftler, man muß ja doch auch in einem fort
lernen, hol der Teufel das ewige Examinieren und weil man
nun mal ein Wissenschaftler ist, so wird auch was von einem
verlangt, man muß in der Geschichte was leisten und ich bilde
mir auch ein, ich verstehe meinen Caesar und ohne renommie-
ren zu wollen ich bin auch in Xenophon zu Hause, natürlich
Übersetzung. Aber, da wir ja nicht griechisch sprechen, ist das
aufs Historische angesehen ebenso gut. Caesar, Xenophon und
von Condé und Marschall von Sachsen oder Marlborough und
Marschall v. Sachsen rede ich gar nicht erst. Übrigens weißt du
denn, daß die Georges Sand eine Enkelin von ihm gewesen
sein soll![6] Ezard, der auch Literatur trieb, nickte wie wenn er
sagen wollte: »selbstverständlich.«

[»]Also für Alltag geht es. Aber nun diese Numismatik. Das
ist eine verdammt vornehme Geschichte damit und auf Moder-
nitäten lassen sich die Leute ja gar nicht ein. Caesar ist schon
entschieden modern. Ob eine Münze gefunden wird von Titus
diesem deliciae generis humani oder von Domitian dem Fliegenfänger oder von Heliogabal der mir wegen seiner Gourmandise noch immer der liebste von der ganzen Gesellschaft,
– ja Ezard da rührt ein Numismatiker keine Hand. Das Min-

[6] Gestrichen: Also

destmaß ist Crösus. Beiläufig heißt es, es gäbe wenig Crösusmünzen, was mir ein Unsinn zu sein scheint. Wenn einer
sprüchwörtlich als Geldfatzke (??) ich möchte beinah sagen
als unausgesetztes Dukatenmännchen fortlebt, so muß er doch
Münzen gehabt haben und es liegt gar kein Grund vor warum gerade die Crösusmünzen verschwunden sein sollen. Aber
dies beiläufig. Ob nun die Crösusmünzen rar sind oder nicht,
gleichviel, da ist eine da liegt eine vor und nun entspinnt sich
ein Crösusgespräch. Um solch Gespräch zu führen, muß man
etwas von dem Manne wissen. Aber was weiß ich? »Solon,
Solon« und dann der Gemeinplatz der sich in allen Sprich-
wortbüchern findet daß man den Tag nicht vorm Abend loben
soll. Und dann daß Cyrus [7] kam... Ja, Ezard, das ist mir zu
wenig. Das lernen die Jungens in Sexta und wenn man Oberstlieutnant ist und Numismatiker – jeder Numismatiker ist doch
eigentlich ein mit einer Sammlung in Glaskästen ausgerüsteter
Leopold Ranke – ist das zu wenig.«
　Er hatte das noch weiter ausgeführt, war aber doch überzeugt oder besiegt worden und hatte und einige Wochen später in die Numismatische eingeführt worden.
　Er fühlte sich da auch ganz wohl, fand es aber bald unausreichend jedenfalls unausreichend behufs Unterbringung der
ihm sehr reichlich zugemessenen Zeit, weshalb er auf andre
Dinge sinnen mußte. Er ging dabei seinen eignen Gang,
kaufte sich alle Sorten Kalender: Abreißkalender, Kunst Literatur und Theaterkalender, besonders Sportkalender und
machte sich gestützt darauf einen eignen Kalender zurecht,
in dem zwar nicht jeder Tag aber doch jeder dritte oder fünfte
Tag seinen Vermerk empfing Subskriptionsball, Frühjahrspa-
rade, Rennen in Westend, in Karlshorst, in Hoppegarten, Ru-
der-Regatta in Grünau, Segelregatta auf dem Müggelsee. So
glückte es ihm viele Tage des Jahres festzulegen.
　Das ging so durch anderthalb Jahr hin oder länger als er
wahrnahm daß auch das nicht verschlug. Er war sehr unruhig und hatte – neben manchem worin er auch wieder stabil
war – im ganzen genommen ein starkes Wechselbedürfnis. Das

---

[7] Darunter gestrichen: der ganzen Herrlichkeit

zeigte sich auch hier wieder und nach einigen verfehlten An-
läufen glückte es ihm, auch wirklich was zu finden, was geeignet schien ihm eine lebhafte Freude zu machen. Er wurde
nämlich Markthallen-Enthusiast.

Nun dies ausführen wie er die verschiedenen Markthallen
durchstudiert die Blumen-Markthalle, die so und so und die
Dorotheenstädtische mit den Werderschen. Darüber hatte er
eine Unterhaltung mit seiner Haushälterin die ihm zustimmte
und einzumachen versprach, Aprikosen, Pfirsiche und alles.
Bis sie zum Schluß sagte: »Aber waren Herr Obristleutnant
denn schon in die große?« »Was ist die große?« »Nun die
große, wo alles ist, wo die andern alles herkriegen und wo
es am billigsten ist. Aber mitunter ordentlich zum Graulen, so
viel Fleisch und so viel Fische und die Hasen alle schon abge-
zogen. Na, nachher, wenn er gespickt ankommt, merkt man
nichts mehr davon aber vorher, wenn da so hundert Stück
hängen und dazwischen welche mit 'nem Fell und 'nem Hasen-
bart, lange spitze Haare, und die Augen als lebten sie noch, –
zum Graulen.«

Hören Sie, Frau Flintsch, da werde ich mal hingehn.

Aber dann müssen Sie montags gehn dann is es am schönsten oder doch am merkwürdigsten und man weiß nich wo
man hin soll, wenn die Fischhändler so mit den großen Fisch-
netzen voll anfangen und alles zappelt und sieht so silbern
aus wie Stinte oder wie Heringe.

Nun das is mir lieb. Da muß ich hin.

Und nächsten Montag war der Obristleutnant da und kam
sehr befriedigt wieder und war so befriedigt, daß er an seinen
Bruder, der nun aber schon Oberst war und im Westfälischen
stand und der gerade Geburtstag hatte, so daß er doch schreiben mußte, einen langen Brief darüber schrieb. Er war dabei
aus den verschiedensten Gründen in sehr guter Stimmung
vor allem deshalb weil er, namentlich bei Geburtstagsbriefen
nie wußte, was er schreiben sollte und nun mit einem Mal
einen Stoff hatte, wo doch mit den ihm schrecklichen Redensarten schnell aufgeräumt werden konnte. Er schrieb also: Lieber Ocko [8] (friesischen Namen nehmen, Ocko ist gut).

[8] Aus: Botho

Nun den Brief. Erst ganz kurz die Gratulation. Dann die Aufforderung, wenn er die »Geschichte quittiere« (ich rate Dir laß es nicht auf den blauen Brief ankommen) auch nach Berlin zu kommen. Es lasse sich ja mancherlei dagegen sagen. Aber so viel bleibt: irgend was is immer los, auch wenn man nicht zu den äußersten Mitteln schreitet, was sich bei unsren Jahren und unsrer gesellschaftlichen Stellung ohnehin verbietet. Von unsrem Adel will ich dabei nicht sprechen. Denn, unter uns, es waren zwar sehr forsche Kerle, aber doch eigentlich dolle Nummern. Wenn ich an unsren einen Ahnherrn denke, der einen Nachbarn zwischen zwei Bretter legen und durchsägen ließ. Selbst für einen von der schweren Artillerie zu starker Tabak.

Aber wovon ich Dir nun eigentlich schreiben möchte, das ist[9] ein neues Vergnügen, das ich hier habe und das mich ganz ausfüllt. Nun wirst Du vielleicht denken: zu Hofe, Prinz Friedrich Karl (bei dem ich übrigens neulich zu Gaste war,[10] famos und sehr gnädig) oder Bismarck oder der große Zapfenstreich neulich. Fehlgeschossen. Nichts davon. Ich stehe jetzt im Zeichen der Markthallen. Die Berliner Markthalle hat es mir angetan, besonders die »große« wie meine gute Kulike immer sagt. Die »große«, das ist die auf dem Alexanderplatz, sozusagen das Becken, das alle Quellen speist.

[11] Nun dies ausführen. Schilderung der Großen Markthalle. Obst und Käse. Erinnerung an Zola. Ventre de Paris. Jeder Bauch ist schrecklich, aber der Pariser Bauch muß doppelt schrecklich sein. So war immer mein Gedanke. Jetzt, nach diesen persönlichen Erfahrungen, denke ich anders darüber. Dieser Bauch ist einfach grandios. Nun die Schilderung. Ziemlich ausführlich, aber nicht zu lang. Dann 3 Sternchen.

* * *

Dann das Gespräch mit der Kulike. Die Heide. »Ja was heißt die Heide? Wir haben da bei uns eine Heide, aber das

---

[9] Aus: ich [vorausgehendes »daß« versehentlich nicht korrigiert] –
[10] Gestrichen: ganz – [11] Von hier ab mit Blaustift notiert.

haben sie hier nicht, hier gibt es bestimmte Heiden, eine [12], die Jungfernheide, sogar die Wuhlheide.[«]

Nu ja. Herr Obristleutnant warf die Kulike verschämt ein.

Und meinetwegen auch die Hasenheide.

[»]Natürlich Herr Obristleutnant das ist sie ja.«

»Das ist sie ja; was meint das?[«]

Das is sie ja. Die Hasenheide das ist die Heide.

»So so. Na meinetwegen. Also das ist die Heide. Und sie meinen das wäre was?[«]

Ja Herr Obristleutnant.

Na, und was gibt es denn da so?

Da gibt es alles. (Nun ausführen was es da alles gibt.)

Der Obristleutnant ist zufrieden, geht hin, kommt erst spät zu Haus.

Am andern Morgen Gespräch mit der Kulike. Auch über Karussell.

Und sind der Herr Obristleutnant mitgefahren.

Nein, liebe Kulike, so weit ging es doch nicht.

* * *

Der Obristleutnant ging noch durch viele Stadien. Diese alle aufzählen. Er kam immer auf neue Geschichten. Am kürzesten war er bei Museum und National-Galerie. Die Zahl der Vereine hatte sich gemehrt, er war nicht mehr so wählerisch und so wuchs die Zahl der Personen, zu denen er in wenigstens flüchtige Beziehungen trat. Dies wurde denn auch Ursach daß sich ganz wie von selbst die letzte seiner Leidenschaften in ihm ausbildete. Er mußte bei der großen Zahl von Vereinen denen er jetzt angehörte so oft zu Begräbnissen, was ihm anfänglich unbequem war. Aber l'appetit vient en mangeant und eh er sich's versah und sich der Sache so recht bewußt war, war er Begräbnisfanatiker geworden. Er wartete ordentlich auf »Fälle«. Er wurde denn auch bei den Reportern eine populäre Figur, so daß jeder derartige Bericht an seinem Schlusse lautete »Unter den zahlreich Erschienenen bemerkten wir den Prinzen Alexander, den Herzog v. Ratibor, den ersten Kam-

[12] Gestrichen: Wuhlheide

merherren ihrer Majestät der Kaiserin, den Minister Maybach, den General v. Pape, den Obristleutnant v. Esens etc.[«] Dies kehrte regelmäßig wieder: »Oberstleutnant v. Esens« und dann »etc.«, wie zum Zeichen: »so weit verlohnt es sich; was nun noch kam, kann übergangen werden[«].

Dies wurde natürlich bemerkt und sein Bruder der Oberst[13], der mittlerweile bis dicht an den General herangerückt war, schrieb ihm etwas spöttisch drüber. Er muß angereist kommen und bringt seine Frau mit. Und nun erst haben sie das Gespräch darüber, woran die Frau heiter und graziös teilnimmt.

Hierauf antwortet er nun und schildert ausgiebig, wie er dazu gekommen und wie genußreich die Sache sei.

Das war im September. Schon im Oktober nehmen die Berichte des Reporters ein andres Gesicht an, der Obristleutnant am Schluß fehlte und die Stelle blieb längere Zeit unbesetzt, bis sich ein adliger Landgerichtsrat, der von denselben Passionen wie v. Esens erfaßt zu sein schien und nun an seine Stelle trat. Obristleutnant v. Esens ruht auf dem Matthäikirchhof.[14]

BERLIN 19. FEBRUAR

(EIN BLICK VON DER ALSEN-BRÜCKE)

Im Herbst 1808 schrieb der nach mehrjährigem römischem Aufenthalt wieder in Berlin eingetroffene W. v. Humboldt an den in Rom zurückgebliebenen Rauch: »Grüßen Sie mir die

---

[13] Gestrichen: schrieb – [14] Nicht genau einzuordnende Notiz (evtl. Vornotiz): Er hat mit der *Philöse* ein intimes Gespräch über die Berliner Vergnügungen, er möchte sich ein bißchen amüsieren; sie sagt: »ja, in den Zeitungen, – da wo die Vergnügungsanzeigen stehn.« Sie bringt die Zeitung und sie nehmen sie kurz durch. »An den Litfaßsäulen, da steht nur das Große.« Dann verweilt die Philöse bei der »Hasenheide« (»Heide«) und erzählt ihre Erlebnisse u. was da los ist.

Später kommen die Verwandten und die Sache wiederholt sich. Aber sie gehen dann in den Ausstellungspark und essen dort [darüber: promenieren die], mit Kunstunterbrechungen. Und dann setzen sie sich zu Tisch und plaudern über das was sie gesehn haben. *Dies* ziemlich ausführlich.

Straßen und Gäßchen in der Siebenhügelstadt. Ich kenne, glaub' ich, alle, und kenne nun leider auch die hiesigen. O dies Berlin! Eine furchtbarere Stadt ist nicht denkbar. Es ist nichts drin zu sehen und es geschieht nichts drin.«

Ich zweifle nicht, daß er 1808 recht hatte, denn noch Ende der 30er Jahre war es, an anderen Großstädten und nun gar an Rom gemessen, ein trauriger Aufenthalt. Es war wie München auf der Strecke zwischen der Feldherrnhalle und der Ludwigs- kirche. Ein Straßenleben gab es nicht, ohne das jede Stadt auch die schönste langweilig wird, und auf der Strecke zwischen der Kochstraße und dem Belle-Alliance-Platz war stundenlang nichts als die grelle Sonne sichtbar, wenn es nicht die Stunde war, wo der hier wohnende Chamisso von seinem botanischen Garten her in seine Wohnung zurückkehrte.

So recht anders ist es auch erst seit anno 70 geworden nach dem freilich anfechtbaren Satz, daß Krieg und Schwindel zu den eigentlichsten Förderern des generis humani gehören. Wer jetzt aus dem Opernhause kommend die Linden heraufgeht und durch die Spiegelscheiben des Café Bauer eine kosmopoli- tische Gesellschaft unter den großen Wandbildern Anton von Werners[1] sitzen oder die bunten Glasfenster im ersten Stock der Passage wie die Fenster eines romanischen Münsterbaus erglühen [sieht] und dann zwischen den Straßenlaternen jene Milchglas-Affichen liest die die Vorstellung wecken als ob eine ganze Straße lang nur gegessen und getrunken würde, der wird nicht von Einöde sprechen können und W. v. Humboldt selbst, wenn er des Weges zöge, würde das Berlin von 1808 darin nicht wieder erkennen. Überall Leben und Luxus.

Aber die neueste Wandlung, die Berlin erfahren hat, ist doch die größte, deshalb die größte weil sie nicht diesen oder jenen Punkt, am wenigsten aber schon bevorzugte Punkte aufs neue bevorzugt, sondern weil sie dem Ganzen eine neue Physiogno- mie gegeben hat.

Ich spreche natürlich von der Stadtbahn. Über ihre Bedeu- tung oder ihre Anlage oder ihren Betrieb zu sprechen ist nicht meines Amtes, ich nehme sie nur von der künstlerischen Seite,

[1] Gestrichen: plaudern

von der Bildseite her und freue mich der Vorzüge, die Berlin
als Stadtbild dadurch gewonnen hat. Und diese Vorzüge sind
groß.

[Auf angeklebtem Zettel]

In langem Staunen sah ich die Stadtbahn entstehn. Ich sah
sie mit ihren kerbungsreichen Bogenviadukten wie eine rie-
sige Raupe über die Hauptstadt kriechen.

BERLINER NOVELLE

Dr.[1] *Alphonse Dann*, Professor der Geschichte, Kunstgeschichte
und schönen Wissenschaften. Als Vorbild *Felix Dahn* in Erscheinung, Wesen und Sprechanismus, dazu aber Züge von
dem raffinierten Wietmann.

Lebenszweck ist: Ruhm, Ansehn, Vorteil mit Hülfe von
Cliquen, er will also immer Vereine gründen. Sowie er mit
jungen Dichtern, Schriftstellern, Historikern, Archäologen,
Kunsthistorikern, Politikern, Malern, Bildhauern etc etc zu-
sammenkommt, will er etwas gründen. »Ich begreife nicht,
junger Freund, warum Sie sich nicht zusammentun, Sie und
Ihre Freunde. Muß ich Sie an die Fasces erinnern; ein Stab
bricht, ein Bündel nicht. Lassen Sie uns doch mal zusammen-
kommen, bei Landvogt oder in Treptow oder in Saatwinkel
und bringen wir unsre Mannen mit, sind es nicht 33 wie auf
dem Ritli, so doch 13 oder meinetwegen 3, wir zwei beide
hinzu, haben wir für den Anfang beinah ein halbes Dutzend
und da besprechen wirs und entwerfen die Statuten auf einer
Speisekarte. Das werden immer die besten. Pergament-Statu-
ten sind Unsinn, aber auf einem Brief-Couvert, *das* lebt. Also
sagen wir Saatwinkel, übermorgen, um 5 Uhr am Brandenburger Tor. Das müßte doch nicht mit rechten Dingen zugehn,
wenn wir diesem himmelschreienden Skandal nicht ein Ende
machen könnten. Was wollen diese Kompositions-Dümmlinge,
hinter denen sich nichts als Nazarenertum und Rückschritt ver-

---

[1] Darunter gestrichen: Professor

birgt? Soll *das* das Resultat Lessings sein? Nein, nein vorwärts ich habe den Glauben an die Macht der Idee, wenn sie
rein und selbstsuchtslos auftritt.[«]

NOVELLE

(Bruder, Schwester, Mann)
Der eigentl. Titel fehlt noch.

DAS κριγαρ᾿σχε HAUS

Er, sie und der berühmte Bruder.

Anfangs ein glückliches Paar, bis der berühmte Bruder zu
drücken anfängt. Nun ist alles klein, dünn, ärmlich; seine
Arbeiten sind keine Arbeiten mehr, seine Witze und Scherze
sind keine mehr, alles ist plötzlich flach, sein Wissen oberflächlich. Endlich läßt aber der Berühmte doch im Stich und
zeigt einen schweren Charakterfehler, während der kleine
Doktor sich ganz in seiner Glorie und Liebenswürdigkeit zeigt.

Der Berühmte muß also eine Figur sein wie R. βεγας oder
so ähnlich. – Alles kommt nun noch darauf an, *die* Situation
zu finden, die die Katastrophe herbeiführt. Vielleicht ein Vergehn *ihrerseits*, das der eitle, hofsüchtige, konventionelle, von
Rücksichten eingeschnürte »Berühmte« nicht ertragen und
nicht verzeihen kann; er aber verzeiht es. Und dies stellt ihn
wieder her. Und die Ehe schließt so glücklich wie sie begonnen.
Der »Celèbre« geht nach Italien.

Nicht Liebesaventuren dürfen stattfinden und nicht nach
dieser Seite hin hat sich die gentilezza des kl. Ehemanns zu
zeigen, sondern der »berühmte Bruder« ohne daß er klein
oder gemein oder direkt verwerflich wird, geht mehr oder
weniger an seiner Berühmtheit zu Grunde. Er ist seiner Berühmtheit nicht gewachsen. Er wird eitel, hochfahrend, überheblich, vor allem *liebedienerisch* gegen den Fürsten, gibt in
allem nach, als Mensch und als Künstler, und bringt sich dadurch schließlich doch um die Liebe seiner ihn anbetenden
Schwester. Alles muß übrigens versöhnlich ausklingen.

KORFIZ UHLEFELD[1]

Historischer Roman

Korfiz Uhlefeld

ist ein wundervoller Romanstoff:

    1. gute Zeit (1630–63) und gute Szenerie: Seeland, Jütland, Schonen, Malmö, Kopenhagen, Roeskilde, Fredriksborg etc.

    2. prächtige romanhafte Situationen: a. Christine Munks Glück und Fall b. das Wunderkind Eleonore Christine (Ellen). c. der Gegensatz zwischen Uhlefeldt und Sehestedt; jener groß, dieser schlau. Dazu beide Schwäger. Sehestedts Intrigen bis zuletzt. d. Christine Munk in Verbannung. e. die Transfusion des Bluts zwischen den beiden Eheleuten; ihre große Liebe zu einander. f. die Gefangenschaft in Bornholm; Oberst Fuchs; der Haß; Fuchs Ermordung (später) g. Gefangenschaft in Malmö. Flucht. Ankunft in Kopenhagen. Verschwörung. h. Niederlage; Demütigung. i. Nur noch Haß und Rache. k. Endlicher Untergang.

    3. Tendenz-Roman: Adelsstolz gegen Königtum. (Anklänge an Warwick the kingsmaker.) Ehrgeiz unterliegt; Schlauheit triumphiert.

KORFIZ UHLEFELD

Historischer Roman

    Der Adel herrscht; mit und in ihm auch Korfiz. Als Christian IV. stirbt und Friedr. III. folgt bereitet sich das Ende der Adelsherrschaft vor. Der »Hof« wird übermächtig. Vielleicht hatte Korfiz dies selber vorbereitet; als aber nun der Hof ihn fallen läßt, hört er auf *Hof*mann zu sein und wird wieder *Adels*mann, denn vor allem will er herrschen, Einfluß haben. So kommt er in die Opposition, verrennt sich in ihr, greift zu den äußersten Mitteln, lebt zuletzt nur noch seiner Rache und geht in dieser unter. Neben ihm seine Gemahlin, die noch be-

---

[1] Überschrift und folgender Untertitel auf eigener Seite; links oben Blaustiftvermerk: V. Roman

deutender ist als er selbst, ein Genie. Ihre Gefangenschaft und Befreiung bildet das Schlußkapitel.

Korfiz Uhlefeld

Siehe *Holbergs* Dänische Geschichte. T. II. Regierung Christians IV.
Der *König*.
Christine Munk, eine schöne, liebenswürdige Dame.
Ihre Kinder.
Die *Wibeke*. Schön, intrigant. (Hauptfigur.)
Hannibal *Sehestedt*.
Korfiz *Uhlefeldt*.

Ein glänzender, heller, leuchtender, sehr kluger, sehr tapfrer, sehr ehrgeiziger Mann. Durchaus nobel u. groß. Voll Liebe zu Eleonore (der Munk Tochter). Sehestedt kleiner u. intriganter, aber auch bedeutend. Dieser siegt; jener unterliegt. Aber der Sieg ist dennoch sein; er bildet eine Lichtgestalt im Leben der Höfe. Er warf sich (und anfangs siegend), zum Verteidiger gekränkter Unschuld auf. Denn Christine liebte den König.

Der Stoff steht in Holberg Band II. u. III.
Im Inhaltsverzeichnis des III. Bandes sind alle wichtigen Momente angegeben.

Korfiz Uhlefeld

ist Stoff für einen historischen *Roman*. Es ist ein großer und reicher Stoff.
Es müßte etwa mit 1629 beginnen und noch den Glanz der *Christine Munk* (morganatisch angetraute Frau Christians IV.) zeigen. Eleonora [2] Christine ist ihr glänzendstes Kind, damals erst acht Jahr, aber schon seit einem Jahr mit Korfiz Uhlefeld verlobt. Es ist ein heitres, glückliches, sinnliches aber geistig hochpotenziertes Treiben, gar nicht roh, nur kraftvoll. So liegen die Dinge als die Sehestedtsche Partei oder vielleicht

---

[2] Aus: Eleonore

auch die Wibeke aus freier Initiative den Prozeß gegen Christine Munk herbeiführt.

Dieser geht in Szene. *Korfiz Uhlefeld* und *Hannibal Sehestedt* einander gegenüber. Dieser Gegensatz bleibt nun.

Uhlefeld in gewissem Sinne siegreich; aber die Trennung wird doch ausgesprochen. Christine Munk nach Jütland. Uhlefeld heiratet 1636 die 15jährige Eleonore Christine. Er bleibt erster Mann des Landes bis zum Tode des Königs 1646.

Nun folgt *Friedrich* III. Sein Glanz sinkt. Er kann die verändert. Verhältnisse nicht ertragen. Seine Frau (ebenso eminent wie er) unterstützt ihn. Intrigen, Hochverrat, Versöhnungen, neue Intrigen, bis er endlich ganz unterliegt. *Sehestedt,* durch die Intrige die Pufendorf (Holberg III. S. 582) erzählt, bereitet seinen Untergang vor; er hätte in Schweden bleiben können; nun war er wieder da (in Seeland), tritt an die Spitze der Verschwörung, unterliegt, kommt nach Bornholm. Das gibt ihm den Rest. Er ist nur noch Haß, Rache. Anerbieten an den großen Kurfürsten. Darüber geht er zu Grunde. Außer *Persönlichem* was ihn bestimmt, ist er auch Repräsentant eines Prinzips: des *Adels* gegen das sich etablierende absolute Königtum.

ZWISCHEN ZWEI UND DREI

Der Kaiser.
Die Kaiserin. Torfweiber.
           Der zurückgewies. Polizist.
Leopold v. Ranke
Bleichroeder.
Liedtke.
Fanny Lewald.
Jüdische junge Mädchen.[1]

Es gibt auch[2] stille Vereinigungen, unausgesprochene Zusammengehörigkeiten, freie Begegnungen und Geselligkeiten. Ein

[1] Von »Die Kaiserin« an Klammer am Rand und Bleistiftvermerk: Aber keiner darf genannt werden. – [2] Darüber: Unsere Stadt hat auch

solches Band umschlingt die, die zwischen zwei und drei die Tiergartenstraße passieren. Allerdings sind hier verschiedene Gruppen zu unterscheiden. Ich meine nicht die, die nach der Rousseau Insel gehn, nicht die, die zu einem Korso wallfahrten, nein es gibt Stammgäste hier. Und man kann es als einen Vorzug betrachten, ihnen zuzugehören.

Die Reihenfolge muß sein.
Auf dem Hinwege:
1. Zwischen Victoria und Regenten-Straße die Kaiserin. Szene mit den Torfweibern.
2. Herr[3] Alexander Duncker[4].
3. Leopold v. Rancke.[5]
4. Reinhold Begas.
5. Bleichroeder.[6]
6. Fanny Lewald.
7. Der Kaiser.
Am Wrangelbrunnen ist es dann wieder vorbei. Der engere Zirkel hört auf und die große Redoute mit und ohne Masken nimmt wieder ihren Anfang.

Rr oder
GEFÄHRDET GLÜCK

1. Das Dr. Bernersche Ehepaar, kinderlos.
   a) Dr. Berner 30 Jahre, brünett, Mittelfigur, gut aussehend, Brille, elegant. Sohn eines reichen Industriellen am Tempelhofer Ufer, beide Eltern vor Kurzem gestorben. Physiker. Schüler von Helmholtz, Mitarbeiter. Das Zeit-

---

[3] Gestrichen: Liedtke oder – [4] Gestrichen: oder Reinholt Begas [Nachträglich zwischen die Zeilen geschrieben:] Er ist zweilebig. Kaum ein Ordensband im Knopfloch. Aber wenns brennt, dann ist er in Ulanen-Uniform und vielleicht an eben dieser Stelle zu Pferde. – [5] Zwischen die Zeilen geschrieben: in der Poeten-Allee. auf dem Asphalt tummeln sich Velozipedisten, alles schaut zu. Dann kehr ich um. – [6] Nachträglich zwischen die Zeilen geschrieben: Nun erst *Begas* und den körperlichen Gegensatz zwischen beiden betonend. Ihn beschreibend in seiner vollen Pracht u. Schönheit.

alter nicht etwa Bismarcks sondern Helmholtz. Einer hatte mal gesagt »Darwins«; das lehnte er ab. »Hypothesen bedeuten nichts neben entdeckten Gesetzen.« Liebenswürdig, umgänglich.

b) Dr. Berners Frau, Hedwig oder Sophie. Tochter des Generals v. Schlichtekrull. Blondine, groß (größer als ihr Mann) schlank, wundervolle Taille, heiter, gesprächig, liebenswürdig, gesellschaftlich brillant geschult, sehr verwöhnt, ein wenig empfindlich, aber leicht wieder versöhnt. Liebt ihren Mann und hält ihn für eine Gelehrtennummer, fühlt sich ihm in Leben, Gesellschaft und Temperament aber doch überlegen.

2. Die v. Schlichtekrullsche Familie.

a) Generalmajor v. Schlichtekrull. 60 Jahre. Großer hübscher liebenswürdiger Mann. Hatte in der Garde gestanden. Als er in die Provinz kam, stand ihm fest, daß das nicht lange dauern könne. Der gewöhnliche Kern der Residenz: Theater, Oper, Konzerte hatte keinen Wert für ihn, aber er sah gern Bilder und war Stammgast bei Gurlitt, Schulte, Bürle. Parallelen zwischen Menzel und Meissonnier waren seine Lieblingslektüre und bei Prof. Knille hatte er einen Besuch gemacht um ihm seine Zustimmung zu den Aphorismen oder Grübeleien auszusprechen. Aber all dies war doch nicht die Hauptsache. Die Hauptsache waren die geographische, die anthropologische und die militärische Kolonial Gesellschaft. Er kannte Virchow, studierte das Pfahlbauwesen, war in einen Streit verwickelt wo die Cäsar (?)-Brücke über den Rhein geschlagen worden sei, kannte Virchow und versprach sich aus den Schädelausmessungen eine Klärung der ganzen prähistorischen Wissenschaft.

b) Seine Schwester, Fräulein Rahel v. Schlichtekrull. Ein Jahr älter als ihr Bruder. Dezidiert in allen Fragen, Stökkerianerin und Antisemitin. Führt die Wirtschaft seit 3 Jahren, wo die Generalin starb. Alles geht seitdem besser, wie am Bändel. Sie hat einen guten Charakter aber zugleich Haare auf den Zähnen u. versteht keinen Spaß. Die Verheiratung ihrer Nichte betrachtet sie als eine Mesalliance trotzdem sie den Dr. Berner persönlich sehr gern hat. »Er ist ein perfekter Gentleman. Aber das ist mir nicht genug. Es fehlt doch immer noch was.[«]

c) Astolf v. Schlichtekrull, Lieutenant im Alexander-Regiment; ein Jahr älter als seine Schwester, Theatermensch, Arrangeur, Judenfreund und ewig in einem scherzhaften Krieg mit der Tante. Einzelne seiner Regimentskameraden führt er bei seinem Vater ein.

Der General wohnt in der Königgrätzer-Straße gegenüber der Kreuz-Zeitung. Ich bin nicht immer einverstanden, aber vergleichsweise doch immer ein Blatt, wo man ohne Verlegenheit sagen kann »ich lese es«; ein bißchen zu selbstständig, zu oppositionell. Seine Majestät haben immer Recht [.] Das scheint mir der staatliche Grundpfeiler. Diese Forderung erhob Schlichtekrull beständig, handelte aber keineswegs danach, freilich ließ er seine abweichende Meinung nicht drucken. Über jede Neu-Ernennung vom Divisionär an aufwärts schüttelte er den Kopf. »Früher war alles zu alt, jetzt ist alles zu jung; man gibt zu viel auf Schnelligkeit u. allerlei Kunststücke, ganz stille Leute sind mitunter die besten.« Astolf widersprach dann. »Papa, du gehst zu weit. War Seydlitz still, war Blücher still?« »Astolf das beweist nichts. Die beiden waren zufällig nicht still, aber andre waren still; der alte Ziethen war sogar fromm, Scharnhorst war still, Moltke ist still u. der alte Ziethen war still und fromm.«

Dr. Berner's wohnen in der Rauch- oder Cornelius-Straße oder in der Lichtenstein Allee, Nähe von Kanal, Zoologischem und Neuem See. Die Schleuse, der Lützowplatz, der Kurfürsten- oder Burggrafenkeller. Die vorüberziehende Pferdebahn. Das Haus, drin die Taglioni wohnte; »gemustert wie der Dogenpalast. [«]

1. Kapitel.
Bei Berners. Haus in der Lichtenstein-Allee. Juli. Blick auf die Park-Anlagen am neuen See. Nur Sophie auf dem eingebauten Balkon, zwischen 2 u. 3. Ihre Erscheinung genau schildern u.

480   PROSAFRAGMENTE UND -ENTWÜRFE

ihre Beschäftigung. Lektüre. Sie wartet auf den Mann. Er
kommt. »Warum so spät? Um 4 will der Vater und die Tante
hier sein. Also von Schlaf nach Tisch keine Rede.« Dann Spazierfahrt nach dem Grunewaldschloß. »Was soll man um 5 grüßen?« Man teilt sich in eine Nachmittags- und Abend- Gruppe.
Eine halbe Stunde später kommt Astolf. Gestade [?]. Unter
Joachim I. u. II. »Wer sich einer Zeitströmung anschließt, ist
immer populär; der widerstrebende immer das Gegenteil. So
gibt es viele Lieblinge, die gar keinen Anspruch drauf haben.

[1] *1. Kapitel.*
Vom Zoologischen her klang das Nachmittagskonzert schon [2]
seit einer halben Stunde bis in die Lichtenstein-Allee hinüber,
deren Häuser in ihrem Erdgeschoß
     [3] in einem anmutigen [?] Schatten in ihren Ober-Etagen
     aber in
hellen Sonnenschimmer lagen. Auf den oberen Balkonen war
deshalb alles still und leer, ein einziges sehr vornehmes Haus
ausgenommen, das in seinem zweiten Stock einen
(1) sogenannten eingebauten Balkon hatte
(2) [4] erreichbaren Balkon hatte.
Hier in dieser Loggia war ein Tisch gedeckt und ein Dienstmädchen in einer weißen Haube sah mehrmals über den Balkon fort nach rechts die Straße hinunter ob der Herr noch nicht
käme. Aber er kam nicht. Zuletzt erschien die Herrin, eine
sehr schlanke Dame, die durch ihre Größe ihr rotes Kleid und
ihr leuchtendes blondes Haar auffiel und blickte nun ebenfalls
die Straße hinauf. Aber er kam nicht und grüßte nicht hinauf.
Aber statt seiner grüßte ein andrer hinauf.
Schlieffen von den Garde-Dragonern.
Wulffen vom Regiment Alexander.
Als der Rand ihrer Mützen hinter der Brücke verschwand, kam
von der anderen Seite her wieder ein Pferdebahnwagen heran,
ein Einspänner, Schimmel, und sah etwas dürftig aus, aber

---

[1] Der Beginn dieses Kapitels ist auf zwei Einzelblättern weiter ausgeführt. – [2] Über der Zeile: geraume Zeit oder eine gute Weile –
[3] Über der Zeile: unten im Schatten oben aber im – [4] Über der Zeile:
nur von der Abendsonne

vorn auf dem Perron stand wer, war er es? ja und sie nahm ihr Taschentuch und grüßte. Aber nur einen Augenblick. Er kam um 1 Stunde zu spät und mußte reprimandiert aber nicht begrüßt werden. Und sie trat vom Balkon zurück und in das Zimmer hinein.

2. Kapitel.

Große Ferien. Schweiz. Raggatz. Das junge Paar. Sie schreibt an die Tante. Brief. Oktober wieder zurück. Herbstschilderung; alles wird stiller, menschenleerer, der Balkon wird verhangen. November. »Man wohnt doch recht einsam hier.« Weihnachtszeit. Sylvester[5]. Der Weihnachtsbaum wird noch mal angezündet. Astolf zugegen. Plaudereien. Auch über eine Ehescheidung. »Ja, was ist der Grund? Man weiß es nicht recht. Einige sagen dies, andere sagen das, alles Kleinigkeiten.« »Mir unbegreiflich« sagte Sophie. »Sage das nicht« sagte der General. »Ich kenne viele solche Geschichten. Nichts ist so klein, daß nicht was draus werden könnte, heute Flocke, morgen Lawine.« Dies wird weiter ausgeführt. Weiterhin wird eine Schlittenpartie verabredet. »Auf den Neuen See?« »Nein, da gibt es keine Schlitten; da fällt es auf; nein, lieber auf dem Kanal nach Saatwinkel.« Dies wird angenommen.

3. Kapitel.

Die Schlittenfahrt nach Saatwinkel, hin und zurück. Ostwind. Sophie redet ihm ab, aber etwas spöttisch. Er besteht also drauf. Kriegt einen Knax. Lungenentzündung. Erholt sich. Im April alles wieder gut. Er, frischer als vorher. Er hatte nur einen kleinen Reiz im Halse behalten und wenn er im Schaukelstuhl saß und las und Sophie neben ihm arbeitete, kam oft ein kleines kurzes Räuspern; »rr« oder mitunter war es noch weniger und blos ein kurz ausgestoßenes »hm«. »Du räusperst so, Hugo«. »Ja; es ist wohl etwas kalt hier.« »Dann geh aber doch hinein.« »Nein; ich will mich abhärten; diese Empfindlichkeit in den Schleimhäuten muß wieder fort.«

»In den Schleimhäuten?« »Ja«. »Es ist ein recht häßliches Wort.« »Ja; ich will es nicht schön finden. Aber man hat kein

---

[5] Über der Zeile: beim Papa.

anderes; Schnupfen oder gar Stockschnupfen ist auch kein
schönes Wort aber wie willst du's anders ausdrücken?« »Ich
meine, man braucht dergleichen gar nicht zu nennen.« »Das
ist Überfeinerung und ist auch nicht durchzuführen; zuletzt
muß man doch mal mit der Sprache heraus.« »Ja, zuletzt, aber
was heißt zuletzt?« »Zuletzt heißt, wenn's ernst wird, wenns
immer weh tut, wenn man nicht mehr anders kann.«

Sie schwiegen eine Weile. Dann sagte sie: »Weißt du, Hugo,
die Engländer so Gewisses hat mir Mrs. Chupperworth erzählt,
gehen davon aus man könne alles unterdrücken, und wenn
man es nicht mehr könne . . .[«]

[»]Ach, das ist solch englischer Unsinn. Das ist aller Unnatur aufgesteift. Ich bin auch für Anstand und gute Sitte und
werde die gesellschaftliche Rüpelhaftigkeit . . .[«]

»Aber wie du immer sprichst . . .«

»Rede der gesellschaftlichen Rüpelhaftigkeit nicht das Wort,
aber Natur bleibt Natur, und wenn ich hier ein Kitzel kriege . . .«

[»]Aber ich bitte dich . . .[«]

[»]Wenn ich mein Kitzel kriege und husten muß, nun, dann
muß ich husten, da hilft nichts.[«]

[»]Ja husten ginge vielleicht noch. Wiewohl ich dir bekenne, husten ist auch schrecklich. Aber dies kurze »hm« und
»rr« du hast es dir seit einiger Zeit angewöhnt und es schien
mir doch Zeit mit dir darüber zu sprechen. Der Tante ist es
auch aufgefallen.[«]

[»]Ach nun komm mir auch noch mit der Tante. Die wird
mir noch beweisen das käme vom Judentum oder sei unaristo-
kratisch. Ich sage dir ich habe Aristokraten Leute vom ältesten
Adel husten hören, daß man von phänomenal sprechen könnte . . .«

[»]Nun lassen wir's. Aber wir wollen doch mit Dr. Henneberg darüber sprechen.[«]

4. Kapitel.

»Ich weiß nicht«, sagte Hugo, als er am nächsten Sonntag
beim Schwiegervater zu Tisch war [,] »Sophie ist jetzt so nervös, heftig, fährt mich an. Und wenn ich dann ganz verdutzt

bin, lacht sie und sagt ich soll es nicht so schlimm nehmen.
Ich habe schon gedacht, ob sich vielleicht unsre Wünsche erfüllen oder ich muß leider sagen meine Wünsche, denn sie
verhält sich gleichgültig in dieser Frage.«

Die Tante wiegte den Kopf hin u. her. »Du denkst, Tante,
das muß der einzige Berner. Ob die Berners aussterben, ist
gleichgültig. Nun es mag sein. Aber sehr angenehm ist es
nicht . . .«

»Ach, Hugo, das ist es ja nicht.«

»Nun was denn?«

»Sie will nicht mehr mit dir darüber sprechen, weil du heftig oder ungeduldig wirst . . .«

»Ich?«

»Ja, du. Und doch leidet sie. Das ewige [6] Räuspern sie kann
es gar nicht mehr aushalten und als sie vorgestern hier war,
kamen ihr die Tränen in die Augen und ich dachte wahrhaftig
sie würde einen Anfall kriegen. Aber es ging vorüber. Sie
sagte nur zuletzt: [']es ist doch ein Mangel an [7] Liebe; wenn
er wollte, so könnt' ers schon unterdrücken; aber er will nicht,
er denkt es sei sein gutes Recht und eigentlich will er auch
noch bedauert sein ['] . . .«

»Will ich auch. Darin hat sie ganz Recht. Ja, ja, das will ich
auch. Wovon kommt es denn? Von dieser Stuhlschlittenfahrt,
zwei Stunden wieder [?] und nachher ganz steif und ausge-
froren ich dachte schon an Gelenkrheumatismus. Aber das
heißt dann [»]Ritterlichkeit[«] oder vielleicht auch [»]Herr
v. Schneevogel, hat seine Schwiegermama neulich 2 Stunden
gefahren. [«] Natürlich; Schneevogel, das glaub ich. Aber ich
bin bloß Berner. Und schließlich ist es mir auch ganz lieb, was
soll ich mit Schneevogel, und das »von« würde mich auch
nicht glücklich machen.[«]

[»]Hugo verzeih ich finde diese Sprache nicht passend. Verlangst du, daß wir auf diese Dinge *kein* Gewicht legen sollten . . .[«]

[»]Ach, liebe Tante Rahel, so viel ihr wollt. Es kommt ja
auch gar nicht darauf an. Wir streiten uns ja eigentlich um

---

[6] Über der Zeile: Kartzen und – [7] Über der Zeile: Rücksicht und

was ganz anders, wir streiten uns um »hm« und »rr«, das ist mir viel wichtiger und weiß es der Himmel ich wünschte selber ich wäre die Kartzerei los, aber wie soll ich . . .[«]

[»]In diesen 5 Minuten hast du noch nicht ein einziges Mal . . .[«]

[»]Natürlich nicht, weil ich in meinem aufgeregten Zustand bin. Denn mit den Nerven hängt es auch zusammen; das verdammte Gekartze ist immer so zu sagen ein Mußeprodukt; heute Abend wird es wohl wieder wie toll sein, die Natur läßt sich nicht spotten und dann kommt alles nach, was hier im Gespräch mit dir versäumt wurde.[«]

Der General trat ein, ein Zeitungsblatt in der Hand. »Gut, daß ich dich noch treffe, Hugo. Da lese ich hier . . . . Das ist doch eine Sache die dich auch mitangeht. Wie denkst du darüber.[«]

Nun das Gespräch fortsetzen. Die Tante ist gegangen, so daß es bloß zwischen den 2 Männern spielt. Die Tante ist mit der jungen Frau unten im Garten.

5. Kapitel

Es war schon 7 durch, als Hugo nach Hause kam. Sophie schon da, auf dem Balkon. Sie war halb verlegen, halb verstimmt. »Was ist dir Sophie, du bist so sonderbar.« »Ach, ich bin Hildegard begegnet. Wir sprachen von der Pension. Gott, damals. Ihr Mann kann sich nicht entschließen Handschuh anzuziehen und wenn sie drauf drängt, immer nur einen und mit dem andern schlänkert er und schlägt sich auf den linken Arm.[«] [»]Ist er ein Schmuddelfink?[«] [»]Nein. Das glaub ich nicht. Er ist nur unakkurat und ganz unelegant. Er kam uns entgegen und das Erste was ich sah, war daß der Hängsel hinten aus dem Rockkragen vorkuckte. Wir gingen dann in Hildegards Schlafzimmer. »Hast du gesehn« und als ich nickte sagte sie: [»]wie mir zum Tort. Es kann ja mal ein Hängsel vorkucken wiewohl ich glaube, daß es bei Leuten die comme-il-faut sind gar nicht vorkommen kann[;] ich will aber nicht das Äußerste von ihm verlangen, er ist nun mal nicht perfekt, aber so darf er nicht vorkucken, solche Hängsel hat ein Anderer gar nicht von Öse keine Rede mehr, ein vollkommner Tor. Ich wette, er bestellt es sich so, er sucht was drin, er will es . . .[«] [»]Und was sagtest du?[«] [»]Ich sagte, sie dürfe das so schlimm nicht veranschlagen. Die Männer seien nicht so wie wir sie uns in der Pension vorgestellt hätten . . .[«]

»So. Na, da könnt ihr euch drüber freuen. Wenn ihr solch Pensionsideal zum Mann gekriegt hättet, da wäre schon längst was passiert.« [»]Ja Hugo das sagst du so. Wer bürgt dir dafür? Wer bürgt dir dafür, daß sich ein Ideal nicht mal verwirklichen kann.[«] [»]Ja, ja, das kann es. Das meine ich ja eben, das ist ja gerade das Furchtbare, der Unsinn. Und ich will dir noch mehr sagen, da hast du ihr dann zum Trost von deinem Manne, von mir armen Person erzählt und hast ihr die alberne Geschichte von »hm« und »rr« vorgetragen, womit du jetzt alle Leute regalierst. Ach du arme tiefbeklagenswerte Frau, die du »hm« und rr mitanhören mußt und keine Rettung und wer weiß was am Ende . . .[«] [»]Ja Hugo, Wer weiß was am Ende. Gerade wie du sagst. Du sagst doch sonst immer, die Dinge sind nichts, der Geist ist alles oder das Gefühl oder die Gesinnung oder was du sonst noch alles für Worte hast, mitunter sogar lateinische oder vielleicht auch griechische. Hm ist nichts, aber die mangelnde Liebe . . .[«]

[»]O Gott, o Gott.[«]

[»]Aber die mangelnde Liebe, die sich drin ausspricht, die bedeutet allerdings was, die fällt ins Gewicht. Und das tröstlich zu empfinden, sage selbst wohin soll das führen.«

»Zu Tod und Verzweiflung.«

[»]Es kleidet dir schlecht dieser Spott. Du verstehst dich darauf nicht. Denn eigentlich hast du einen guten Charakter. Aber ich weiß nicht was in dich gefahren ist. Du tust ja auch nicht das Geringste. Henneberg hat dir gesagt du müßtest nach Ems. Wer nicht nach Ems ging warst du. Du sagtest zu wolltest dann Emser hier trinken, hier drüben nach dem Neuen See zu; wer ihn nicht trank warst du. Nicht einmal die Pastillen . . .[8][«]

[»]Doch, doch, Sophie.[«]

---

[8] Gestrichen: hast du angeschafft.

[»]Ja, angeschafft hast du sie und jeden Tag muß ich mich drüber ärgern, denn du hast sie noch nicht einmal aufgemacht. Da bin ich doch anders erzogen, was angeschafft wird, das wird auch gebraucht. Aber das sind so die Manieren aus eurer Geldsphäre, nur immer anschaffen. Und hast du das Geringste von dem getan, was Papa dir schon lange geraten, ein nasses Tuch um den Hals und Wolle darüber. Aber dazu bist du zu klug oder vielleicht auch zu eitel. Mein Gott, es gibt ja auch feine wollene Tücher, aber nur nicht tun, was andre sagen, immer der Herr Studiker, der Herr Doktor, der Herr Professor in spe, immer klüger als andre Leute . . . Selbst was Astolf dir sagte . . .[«]

[»]Sophie wohin soll denn das führen wir sind ja auf dem besten Wege bei der Portierfrau anzukommen. Denn eigentlich fehlt doch nur noch ein aufgelegtes Stück Speck und wir haben das ganz [!] Küchenlatein durch. Rund heraus, ich fühle mich gesund und mache mitunter ›hm‹, das ist der [9] Tatbestand mit dem du zufrieden sein mußt und ich versichre dich vernünftige Frauen wären auch damit zufrieden, zumal wenn sie sich sagen müßten . . .[«]

»Sagen müßten, was?«

»Daß sie Schuld an der ganzen Geschichte sind. Von der Schlittenfahrt schreibt es sich her; meine Lungenentzündung hab ich glücklich hinter mir und anstatt froh darüber zu sein, daß alles glücklich abgelaufen ist und daß du noch keine Witwe bist . . .[«]

[»]Ach, soll nun so was sein. Was heißt Witwe? Witwen leben auch . . .[«]

[»]Sophie . . .[«]

[»]Nun du darfst es so bös nicht nehmen. Ich habe mich übereilt, ich will dich nicht kränken. Aber ich bin außer mir, ich bin unglücklich vielmehr als du dir denken kannst. Und wenn ich auch alles Extreme vermeiden will, aber wir müssen uns trennen Hugo. Bei Tage mag es ja gehn[.] Da kann ich ja auch aufstehen und in das andere Zimmer gehen oder auf den Balkon oder in den Garten. Aber in der Nacht . . .[«]

[9] Darüber: ein

»Du wolltest wirklich . . .«

[»]In der Nacht bin ich in einer verzweifelten Lage. Gerade jetzt wieder seit beinah 14 Tagen. Und [10] so unkorrekt und unpünktlich du überhaupt bist, Papa klagt auch darüber, so unpünktlich bist du auch nachts. Es ist ja schrecklich an und für sich, aber wenn es nun mal sein soll, nun so möcht es drum sein und vielleicht könnt ich drüber einschlafen, wenn du einen bestimmten Modus hättest. Vielleicht gewöhnte ich mich dran, wie der Mühlknapp in der Mühle; vergeß die alte Geschichte. Aber wenn ich nun da liege und denk jetzt kommt es[,] dann kommt es nicht und so vergeht eine Stunde und ich liege da und warte daß es kommt aber es kommt immer noch nicht. Und endlich denk ich ach er ist[s] vielleicht los und höre nicht mehr hin und lege mich todmüde auf die Seite und ich fühle auch wie der Schlaf kommt, aber eh er da ist, höre ich es wieder und alle meine Ruh ist hin. Das könntest du auch nicht aushalten, denn du hast mir mal was von Mäuseknabbern erzählt. Siehst du gerade so ist es. Und nun kannst du dir denken, wie mir zu Mute ist und daß ich mich trennen will; ich nehme die Giebelstube, du kannst ja bleiben wo du bist.«

Dies wird noch etwas weiter geführt, aber *ohne Dialog*, bloß die Situation geben, sie schweigsam, er auch und verstimmt und voll bittrer Gedanken.

6. *Kapitel*

Er quartierte sich aus und schlief auf dem Sopha. Am andern Morgen sagte er ganz ruhig: »Ich werde nun etwas tun. Ems habe ich versäumt. Ich will nun an die Riviera. Da will ich bleiben, bis ich es los bin und wenn das nicht erquickt, ja Sophie, dann weiß ich nicht. Wir wollten ja zusammen nach Italien, aber daran ist nicht zu denken, das würde dir ja den Aufenthalt verleiden. Urlaub kriege ich . . .«

Sophie schrak zusammen. Aber sie konnte nicht zurück und dachte zugleich: etwas muß geschehen. Ems drauf war ich gefaßt, das habe ich selbst gewollt, ob er nun in Ems sitzt oder in Nizza, macht eigentlich keinen Unterschied. Und so fand

---

[10] Gestrichen: es wird immer schlimmer.

sie sich, war liebenswürdig, aber ruhig und kühl und es kam
zu keiner rechten Versöhnung.

Nun seine Karten und Briefe. Es geht ihm gut, aber das
Leiden bleibt. Sie langweilt sich und hat nicht mal Trost in
der Familie. Die Tante hält halben Kurs, der Vater spricht Bedenken aus, Astolf foppt und neckt sie und malt ihr die Gefahren an die Wand. [»]Da habe ich heute ein Bild von Carl
Becker gesehen: ein ital. Mädchen macht die Fensterladen auf
und blickt in den frischen Morgen hinein[;] so sehen sie da
alle aus, eine superieure Revue.« So ging das in einem fort.
Aber es blieb nicht bloß bei solchen Reprimanden. Sie konnte
nicht zu Hause bleiben und so übersiedelte sie zum Vater
und bezog ihr altes Schlafzimmer. O die Ärmste. Was harrte
ihrer. Erregt und daran gewöhnt unruhig zu schlafen, war es
ihr versagt gleich einzuschlafen und nun sprach die Berliner
Nacht ihre Sprache zu ihr. Es kamen die großen Dampfkessel
vorüber und alles rüttelte u. schüttelte, dazwischen pfiffen die
Lokomotiven von zwei Bahnhöfen herüber und die Straßen
Eisenbahn bimmelte bis 12. Da wurde es stiller. Aber da
füllte sich das Wasserbassin mit Wasserleitungswasser und sie
hörte das leise Rauschen und Gurgeln an der Wand hin. Dann
wurde still auch das und die Ruhe wollte kommen, aber der
Papa schlief an derselben Wand und eine Fülle der Geräusche
drang durch die nicht allzufeste Wand an ihr Ohr. Und um
4 Uhr früh, weil der General ein Vogelfütterer und Mitglied
der Gesellschaft Carzynon [?] war, kamen die Sperlinge, die
gewohnt waren vom General gefüttert zu werden auf das mit
einem Zinkblech überzogene Fensterbrett und pickten mit
ihren Schnäbeln auf das Zinkblech, daß es einen Höllenlärm
machte. Sophie fuhr mit der Hand über die Stirne, seufzte,
verklagte sich und dachte an Perogli, wo Hugo den Kronprin-
zen gesprochen und eine Einladung zum Tee erhalten hatte.
Und die Tante, so herrschsüchtig, so altmodisch, so langweilig.
Ach sie seufzte und als wieder ein Brief kam, es könne noch
lange dauern, wenn auch der Arzt alle Hoffnung auf totale
Genesung [11] noch nicht aufgegeben habe, beschloß sie kurzen

---

[11] Darüber: Beseitigung des Übels

Prozeß zu machen und schrieb. Mein lieber Hugo. Verzeih mir, daß ich so töricht war. Ich sehne mich dich wieder zu haben, ich leide hier sehr, so gut der Papa ist, und will dich wieder holen und meinen einzigen Hugo nennen und wenn du mir einen Kuß gibst, werde ich wohl das »rr« nicht mehr hören. Und so bitte ich dich denn, komme wieder, auch wenn du bloß ein Halbgenesener bist, ja ich bin noch mit weniger Genesung zufrieden. Aber eigentlich muß solch Wiedersehn doch gefeiert werden und eine beßre Feier ist nicht möglich wie die, daß wir uns in Italien wiedersehen, ich mag auch gar nicht bis Nizza warten und bitte dich mir bis Lugano entgegenzukommen. Dort ist jetzt auch Dr. Brahm, den sie wieder sehr geärgert haben, mit dem wollen wir über den See fahren und uns die Geschichte von dem Fräulein v. Schobelski erzählen lassen. Ich höre so gern so was, sowas recht Pikantes und in der Natur ist man ja natürlicher. Also auf Wiedersehn. Und sei auch ja da. Und umarme mich und nimm mich in Deinen Arm aber Arm mit einem »rr«.

DIE DREI-TREPPEN-HOCH-LEUTE

Drei Treppen hoch wohnt sich's gut, es hat was für sich, daß man da freier atmen [kann], dem Himmel näher sei. Aber je höhere Treppen man steigt, desto mehr kommt man auf der Rangleiter nach unten, und wenn der Sommer kommt, kommt allerhand, das einen mahnt, daß man so hoch wohnt. Jeder Tag führt einen Schlag gegen die Drei-Treppen-hoch-Leute. Winters geht es, da wird man so mit durchgeschleppt, aber im Sommer fallen die Schläge:

Das gibt eine lange Liste. Sommers wird gestrichen, mitunter das ganze Haus oder, wenn nicht das, so doch die Treppen. Es wird wieder für Sauberkeit gesorgt ... Aber wenn dies überschlagsicher ist, dann ist es schlimm. Und ein solches ist jetzt. An der obersten Stufe der zweiten Treppe hört die Erneuerung auf. Ich könnte mich beschweren, ich könnte mit Auszug drohen. Komisch! Drei-Treppen-hoch-Leute dürfen nicht. Sie sind froh, ein Unterkommen gefunden zu haben.

Wozu auch? Überall dasselbe oder aus dem Regen in die Traufe . . .

Um dieselbe Zeit wird es auch gefährlich. Im ganzen Hause geht das Gas aus. Was nur zwei Treppen hoch wohnt, ist fort, und was drei Treppen wohnt, ja, das ist da. Aber daß es da ist, das ist eben Beweis, das spricht gegen die Leute, sonst wären sie nicht da. Wozu also ihnen zu Ehren drei Etagen beleuchten?

BERLINER UMZUG

Ein Lieblingsballett der Berliner Königlichen Hofbühne, zumal wenn russische Großfürsten auf Besuch kommen, war immer »Sardanapal«. Was man sich dabei dachte, orientalisch angeflogenen Fürstlichkeiten gerade »Sardanapal« vorzusetzen, ist Geheimnis. Ich habe mehreren solcher Aufführungen beigewohnt. – Ebenso wenig weiß ich, wie das Ballett sich eigentlich gab, und nur seine Schlußszene ist mir treu im Gedächtnis geblieben: alle Schätze Ninives werden bis in die Soffiten hinein aufgetürmt, und auf der Höhe derselben, umgeben von seinen Frauen (die, mit assyrischer Elle gemessen, hübscher sein müßten), gibt sich Sardanapal samt Mobiliar und Harem den Feuertod. Der dabei zur Erscheinung kommende Harem hat mir nie genügt, aber was mir sicherlich noch weniger genügte, das war Sardanapals Mobiliar-Vermögen, das, wenn mir recht ist, immer vermöge der Gestalt von Thronsesseln, Diwans und Rokoko-Kanapees in die Erscheinung trat. Es waren gewiß immer sehr reputierliche Sachen, und doch bin ich nie den Eindruck losgeworden, daß es Plunder sei. Und wenn das am grünen Holze Sardanapals, wenn auch nur eines Ballett-Sardanapals, passiert, was erst an dem dürren Holze moderner Berliner Dur[ch]schnittsmenschheit, die am 1. Oktober auf einem baulichen Ungeheuer, das sich Möbelwagen nennt, ihren Umzug hält.

Allerdings ist der Eindruck, nach der Beschaffenheit derer, die ihren Umzug bewerkstelligen, ein sehr verschiedener, wobei sich trifft, daß die Armen besser abschließen als die Reichen.

Ein Armer zieht aus. Er bewirkt selber seinen Auszug und
hat einen Handwagen herangeschafft, auf dem er seine Habe
etagenweise in seine neue Dachwohnung zu schaffen gedenkt.
Da steht ein Schrank von Kiefern- und die unvermeidliche
Kommode von Birkenmaserholz, ein paar Gardinenstangen
liegen obenauf und ein kupferner Kessel, und zwischen die
vier aufrecht stehenden Beine eines Stuhles ist ein Vogelbauer
gestellt. So setzt sich der erste Zug in Bewegung. Der Zeisig
springt hin und her und scheint zu sagen: mir recht, ich hänge
draußen und habe dieselbe Luft. Es ist der Anblick der Armut,
die mehr angenehme als bedrückende Gefühle weckt, und der
Eindruck, den diese Armut macht, ist der der Bescheidenheit
und läuft darauf hinaus, wie wenig ist nötig, sich seines Lebens zu freuen. Man ist mehr erhoben als niedergedrückt.

Aber diese wohltuenden Eindrücke wenden sich, je mehr
man sich der Bel-Etage nähert und je ungeheuerlicher in seinen Proportionen jenes bauliche Ungeheuer von Möbelwagen
ist. Bei Professors geht es noch, weil sie sich dem vorgeschilderten Idyll mit dem Zeisig nähern. Aber je höher wir auf der
Rangleiter hinaufsteigen, desto schlimmer wird es. Der Exo-
dus des Bankiers – ich wähle absichtlich das biblisch überlie-
ferte Wort – würde vielleicht versöhnlich wirken, aber Bankiers ziehen nicht aus. Wer auszieht, ist stets in Mittelstellung, und die finanzielle Mittelstellung ist immer schlimm.

Noch vor drei Tagen schritten Exzellenz über den Teppich
hin, der da zusammengerollt liegt, seine Unterseite nach außen. Das Pianino, neben dem eine wegen ihrer Koloraturen
gefeierte Sängerin stand, lehnt sich schräg an ein Büfett, und
nur einige zwischengeschobene Lappen hindern den Zusammenstoß. Aber je sardanapalscher das Mobiliar-Vermögen, je
mehr nähert sich der Eindruck dem, was ich bei »Sardanapal«
empfing.

Alles, was ich dabei zu sehen kriege oder mir vor Augen
tritt, ist viel besser als alles, was ich besitze, und doch dieser
Eindruck des Elenden (nun aufzählen). Solange die Sachen im
Dienst sind und einem ihr Zweck fühlbar wird, geht es, im
Augenblick aber, wo die Sachen als solche, ganz unvermittelt,
als reine Wirtschaftsstücke zu einem sprechen, empfindet man

ihre Wertlosigkeit. Und daß die am besten leben und auch wohnen, die aus dem »Koffer« leben und für »Leicht Gepäck« sind. Will es was bedeutenden[!], so wirkt es wie die Schlußszene in »Sardanapal«.

DU SELBST!

> Wenn der Pöbel aller Sorte
> Tanzet um die goldnen Kälber,
> Halte fest: Du hast vom Leben
> Doch am Ende nur Dich selber.
> Th. Storm

Das Herkömmliche ist, den Egoismus zu verdammen. Er ist auch nicht bloß eine schlechte, sondern eine niedre Form des Daseins. Und doch wird er einem aufgezwungen. Es hilft nichts; es ist nicht immer so, aber oft; es ist die Regel. Wer ganz auf der Höhe steht, den ficht es nicht an; *die Liebe ist siegreich über alles.* Wer aber die Liebe *nicht* hat, seiner ganzen Natur nach sie haben nicht kann und nicht haben *will*, wer statt ihrer Ehre, Gewichtigkeit, Wahrheit hat oder ihnen ehrlich nachstrebt, der wird *egoistisch*, nicht nach freier Wahl, sondern durch den Zwang der Verhältnisse. Alle Freunde, alle Kollegen, alle Mitstreiter lassen einen im Stich. Hätte man das höchste Maß alles verzeihender, selbstsuchtloser Liebe, so würde man die widerstrebenden Herzen schließlich *doch* zwingen, schließlich sich *doch* unterwerfen, indem man sich ihnen unterwirft; aber in Ermangelung dieses höchsten Liebesmaßes nutzt einem die Durchschnittsliebe nicht. Sie reicht nicht aus, die *Gemeinheit* der uns umgebenden Masse zu besiegen; so treten wir, beständig empört, in Kampf gegen dieselbe und sehen uns zuletzt vereinsamt, weil niemand an die Ehrlichkeit dieses Kampfes glaubt oder [die Masse] sich beleidigt fühlt dadurch, daß ein andrer auf diesem Gebiete mehr leisten will als sie, über die Köpfe der Durchschnittsnaturen hinauswachsen will. Ein Friedensschluß ist nicht möglich; die Durchschnittler *wollen* keinen Frieden mit uns; sie wollen die Nivellierung, die Gleichstellung mit ihnen.

Daß wir über sie hinauswollen oder sie nachziehen wollen, wird als Dünkel, Anmaßung ausgelegt. *Jedes* Selbstbewußtsein ist ein Vergehn, ist verwerflich, auch wenn es das berechtig[t]ste, das unbestreitbar zulässigste wäre. Nichts ist so weit verbreitet wie Neid, Scheelsucht, fanatischer Gleichberechtigungshang, Nivellierungssucht. So wird der, der von Nivellierung nicht wissen will, der ebenso gewiß sich über *diesen hinaus* wie hinter jenem *zurück* fühlt und jenes ebenso gut anerkannt wissen will, wie er dieses *seinerseits* anerkennt, in die Isolierung [. . .] und hat »vom Leben nur noch sich selber«.

Es ist kein Idealzustand, aber es kommt enfin dem Ideale näher und ist viel, viel eher erträglich als die aus Schwäche und Bequemlichkeit geborene frère-cochon-schaft, die nur kostet, nur drückt, nur langweilt und an Lebensgütern nichts bringt. So beklag ich das »Du selbst« und schreib es faute de mieux doch auf meine Fahne.

THE POPPIES QUEEN

1. Soho Square. Queen Anne. Herbst 1855 oder Sommer 56. Rückkehr der Garden.
2. Mr. Cameron. Chemiker. Puseyist. Substanz (Salicyl) für Bier. Das sucht er, findet's aber nicht. Er hat das Bild Poppies Queen.
3. Mr. Camerons 16jährige Tochter.
4. Mr. Camerons älterer Bruder. 62. Farmer. Wesleyaner oder überhaupt Dissenter. Lebt in Schottland bei Inverneß. Original. Heftig, resolut, altmodisch.
5. Captain Cameron. Des letztren Sohn. Vetter der 16jährigen Tochter des Chemikers Cameron. Coldstream-Garde. Linken Arm verloren. Muß den Abschied nehmen. Rückkehr von der Krim. Diner beim Onkel.
6. Aunt Martha. Schwester der beiden Camerons. 60jährig. Witwe. Ihr Gatte Captain bei der Roßschen Nordpolexpedition. Sie erwartet ihn noch. Original.

7. Betsy. Irish Woman. Köchin bei Cameron in Soho Square. Sie gibt mal (in Abwesenheit der Herrschaft) eine Gesellschaft, wo ihre irischen Freunde u. Freundinnen kommen. Etwas angefisselt. Lieder gesungen. Dabei viel erzählt von der verstorbenen Frau und den Brüdern. Erbstück im Hause noch von der vorigen Generation her.

8. Ein Abgesandter von Sir Charles Eastlake. Im 1. oder 2. Kapitel. Anfrage wegen des Bildes. Gespräch darüber.

9. Mr. Pusey. Puseyisten. Gespräche.

10. Die Tochter erkrankt in Folge einer Erkältung. Gefahr der Schwindsucht von der Mutter her. Italien. Aber kein[e] Mittel. Das Bild. Erinnerung an Sir Charles Eastlake. Verkauf.

11. Es geht besser. Rückfall; schwere Erkrankung. Malaria-Fieber. Mr. Cameron erkennt sein Unrecht. Brief an den Bruder. Aussöhnung. Hochzeit.

Eh der Custos von der National-Gal[l]ery kommt (oder vielleicht statt seiner oder vielleicht auch nach ihm), erscheint ein Bilderhändler u. Antiquar. Diese Figur muß ich näher ausführen, und ihn besucht dann Mr. Cameron.

Der Bilderhändler und Antiquar, den Professor Cameron besucht, ist ein Original und hat noch Liebhabereien nebenher. So hat er am Ende der Bilderzimmer ein Zimmer, in das er[1] Mr. Cameron einführen zu können[2]. Über der Tür stand Asylum for the Orphans of english Journalism oder vielleicht lieber »Orphans-Asylum«. Mr. Cameron wunderte sich. Als sie eintraten, sah Cameron, daß das Zimmer ganz mit Realen umstellt war bis hoch unter die Decke und Blätter in den Hunderten von Fächern. Er fragte, was das solle und woher Orphans-Asylum, es sei doch bloß eine Zeitungssammlung.

»Ja, aber welcher Art? Zeitungen, die unter gesicherten häuslichen Verhältnissen geborn werden, die Eltern haben, die finden sie [!] hier nicht, aber solche, die von vornherein Wai-

---

[1] ein Wort nicht entziffert – [2] Aus: So hat er ein Zimmer, ganz mit Realen umstellt und mit Zeitungsblättern gefüllt, in das er Mr. Cameron einführt

sen sind, fast könnte ich von Foundling-Hospital sprechen
oder auch Obituary drüber schreiben, denn die meisten sind
schon längst wieder tot. [«]

[»] Ich finde mich nicht recht zurecht. [«]

[»] Glaub's. Sehen Sie, mit den Blättern und Journalen ist
es wie mit den Menschen, manche haben gute reiche Eltern,
werden unter guten gesicherten Verhältnissen [geboren], diese
sind mir gleichgültig. Aber ganz wie im Leben der Menschen,
die meisten werden arm geboren und sind von Anfang an so
gut wie Waisen; es ist möglich, daß sie leben bleiben, aber
höchst unwahrscheinlich. Und sehen Sie, solche finden Sie hier
versammelt, die armen, die hungrigen, die kurzlebigen, die
asthmatischen, die zu keinem vollen Atemzug kommen und
bald sterben. [«]

[»] Und wenn Ihnen solche neuen Blätter ins Haus kommen,
wissen Sie das Schicksal im voraus, daß es sich verlohnt, mit
dem Sammeln zu beginnen? Denn an den Gesunden gehen Sie
ja, wie Sie sagen, gehen Sie [!] ja vorüber. Sind Sie der Mann
einer sichren Diagnose? [«]

[»] Durchaus. Ich sammle seit jetzt[3] 18 Jahren, seit der[4]
Februar-Revolution, von der wir ja auch ein Wellengekräusel
hier hatten, und in den ganzen 18 Jahren kann ich mich nicht
entsinnen mich auch nur ein einziges Mal getäuscht zu haben.
Die meisten haben ein ausgesprochen hippokratisches Gesicht,
so daß ich mitunter erstaunt bin, daß sie sich noch bis hierher
schleppten, und beinah ebenso zahlreich ist die Zahl der hek-
tischen. Galoppierende Schwindsucht. Wenn ich solch Blatt in
die Hand nehme, ist mir, als könnt ich den Puls zählen, und
ich habe Blätter in Händen gehabt, die bis 150 Schläge in der
Minute hatten. Am dritten Tag waren sie tot. Alle diese bilden das Obituary, hier an der Längswand. Das Orphan Asylum sind die, die noch leben, oft bloß nicht leben und nicht
sterben können. [«][5]

---

[3] Gestrichen: 23 – [4] Gestrichen: Pariser – [5] Gestrichen: Sonderbar,
daß Sie das so herausfühlen. – Ach, da gibt es hundert Kennzei-
chen. – Daneben am Rande: Nun all ist das Scherz [vermutlich ver-
schrieben für: Nun, all das ist Scherz]. Aber so viel bleibt doch, Sie
haben ein Ahnungsvermögen, was sich halten kann und was nicht.

[»] Nicht Ahnungsvermögen. Es ist sinnliche Wahrnehmung, Wissenschaft, Urteil. Hunderterlei Kleines und Großes.
Ich will nur eins nennen: die Titel der Blätter. Es können
Nebenumstände da sein, die die Gewagtheit oder mitunter
auch Krankhaftigkeit der Titel wieder aufheben, dann ist das
Exempel etwas schwieriger. Aber in der Regel liegt alles klipp
und klar. [«]

[»] Können Sie Beispiele geben? [«]

[»]Gewiß. Und Sie können die Blätter sehn. Sehen Sie hier:

The Bridge of Sighs, ein Blatt zur Restituierung gefallener
Mädchen; The Caledonian Harp, Organ für die Wiederein-
führung gälischer Ortsnamen; Friar Tuck or the Nottingham
Messenger, Organ für die Interessen [!]; British Oaks and
British Hearts, Organ für jedermann; The Anglo-Saxon, Organ zur Wiederherstellung der angelsächsischen Sprachfor-
men; The Mouse-Trap, Organ zur Bekämpfung von Erpres-
sung und ehrenrühriger Anklage; Stars at night. [«]

EHEN WERDEN IM HIMMEL GESCHLOSSEN

Plauderei in Briefen

Seraphine v. Goarshausen, 21 Jahre alt, lebt in Bonn als Tochter eines Gerichtspräsidenten der bis vor kurzem in Köln war.
Von 16 bis 18 war Seraphine in Pension in Montreux wo
sie oberflächlich Freundschaft schloß mit Charlotte v. Wnuck,
Berlin Regentenstraße 2. c. Seraphine hat den Wunsch in eine
Konsulats-Carrière hineinzuheiraten und weit in die Welt
hineinzukommen. International ist ihr drittes Wort. Außerdem zitiert sie aus allen Sprachen: holländisch, englisch, französisch, italienisch. Sie heiratet einen Großindustriellen in Militär-Effekten[1] der zwischen Bonn und Köln seine Fabrik hat.
Er ist international.

Charlotte v. Wnuck, Berlin Regentenstraße 3.c., ist die jün-

---

[1] Aus: Militär-Effekten-Lieferanten

gere von zwei Schwestern. Die ältere hat sich eben (was Veranlassung zu Wiederaufnahme der Bekanntschaft gibt) an einen Oberstlieutenant verheiratet. Sie haßt alles was »trivial« ist und schwärmt für Poetisches. Sie ist auch kirchlich. »Ich finde den Unglauben trivial, vor allem ganz unpoetisch; das zieht mich in die Kirche, trotzdem ich dem Dogma mißtraue, wenn ich mir diesen Ausdruck erlauben darf. Vielleicht wäre es richtiger zu sagen: das Dogma mißtraut mir, es will sich mir in seiner Größe nicht recht erschließen; ich bin nicht auserwählt. Aber es findet sich wohl noch. Ich finde mich nämlich zu kirchlichen Männern am meisten hingezogen, ihr heiliges Amt und dann weil sie meist etwas ausgesprochen Männliches haben. Sie haben oft einen Blick, daß man an Hypnose glauben könnte.« »Jeder bildet sich ein Ideal aus. Du bist für Konsulatscarrière, Shanghai, Yokuhama, Singapur ich bescheide mich heimatlich, aber ich darf dies nicht Bescheidenheit nennen, denn es greift doch weit über die weiteste Weite hinaus. Ich bekenne Dir, daß ich für Großstadt, für Hof bin es ist eine andre Luft, aber auch das Idyll einer Landpfarre hat ihren eignen idyllischen Zauber. Eine Laube dicht in Geißblatt gehüllt und nur durch einen Kirchhof mit seinen Kreuzen und seinen Schmetterlingen an der kl. Kirche, vielleicht noch gotisch, getrennt und dann die Abendglocken und dazwischen die Glöckchen der heimkehrenden Herde, die Braune mit dem weißen Fleck vorauf, – ja Seraphine. Da schweigt das Triviale, das ist was ich poetisch nenne. Aber trotzdem ich würde wünschen es nur als Durchgangspunkt anzusehn und da ist es von Segen[.] Büchsel war Pfarrer in der Uckermark, Müllensiefen war solch Pfarrer, selbst Schleiermacher soll ein Landprediger gewesen sein. Es legt das die Fundamente, die Berührung mit dem Volks- und Naturleben. Aber wenn ich mich gefeit fühle gegen die Verführungen die das Leben der großen Stadt mit sich führt, von dem Augenblick an würde ich doch glücklich sein einen größern Wirkungskreis vor mir zu haben, Anteil an den großen Fragen der Zeit, Bekämpfung der Sozialdemokratie, Einstehn für die großen Güter der Menschheit. Auch für den Adel. Zu Dir, Seraphine, kann ich so sprechen, wir waren die einzigen in der Pension. Aber fasse es nicht so auf

als ob ich das wie mein neuer Schwager so gern sagt als conditio sine qua non ansehe. Durchaus nicht. Diese Fälle, wo sich
beides vereinigt, sind doch so selten, daß es vermessen wäre
sich damit zu beschäftigen. Aber ein hohes Kirchenamt, das
würde mich beglücken. Aufblicken müssen zu dem Manne. Vor
allem jeder Trivialität entrückt.«.. Sie reist dann nach Schlesien, macht im Hirschberger Tal die Bekanntschaft eines Papiermüllers, der für ein fortschrittliches Blatt das Papier liefert. Erst
das Erschrecken darüber. Dann das sich Aussöhnen. [»]Die
Presse ist mir immer bedeutend erschienen, sie dient geistigen
Mächten. Ich glaubte daß wie zu Luthers Zeiten das Drucker-
wesen im Dienste des Höchsten stehn müsse. So denke ich noch.
Aber meine liebe Seraphine, was ist das Höchste? Ich habe in
schlaflosen Nächten mein Herz geprüft und ich bin schlüssig geworden, daß der Zeiten Inhalt wechselt. Die Welt dem Glauben
entgegenzuführen, der reinen Lehre zu dienen, ja das war eine
große Aufgabe, aber sie liegt zurück. Ich glaube daß jetzt alle
Kräfte im Dienste des Fortschritts stehen müssen, nicht der Revolution (dies wäre schrecklich) aber dessen der dem natürlichen
Wandel der Dinge entspricht. Es liegt darin etwas Poetisches.«
Im nächsten Brief: es ist ein Blatt von Börsenrichtung, Börse,
Finanz, also wohl auch dem Semitischen(??) zugewandt. Ich
erschrak darüber. Aber ich habe mit Edmund darüber gesprochen und war hingerissen von der Klarheit und Wärme, die
sich in seiner Rede aussprach. Ich glaube, daß er als Parlamen-
tarier eine Zukunft hat. Er sprach von den künstlichen Scheidungen und ich habe ihn über China und sein Volk (er war
mit Stangen in China) in einer Weise sprechen hören, die einen großen Eindruck auf mich gemacht hat. Er stellte das
Schön-Menschliche in den Vordergrund und als ich bemerkte
»daß mich gerade dieser Ausdruck überrasche« drohte er mir
schelmisch mit dem Finger. Er ist Optimist, er sieht überall die
Keime des Guten. Und gerade sie, die schon so lange unter uns
leben und uns so viel gegeben haben, Nathan und Uriel Acosta,
ja warum nicht. Ich sehe es in einem neuen Licht und ohne den
Gefühlen meiner Kindheit untreu zu werden und ich darf wohl
sagen ich freue mich auf den neuen Dom es hat doch etwas
Schönes in der Menschheit eine Brüdergemeinde zu sehn. Ein

Wort, das[2] Du aber nicht sektiererisch nehmen darfst. Übrigens sind die Herrnhuter eigentlich keine Sekte; dazu stehen sie viel zu hoch. An Sylvester wollen wir unsre Karten schikken und dann eine Reise machen. Einige sind dagegen auch gesundheitlich. Aber ich glaube nicht daran. Und wenn auch. Es ist so trivial in dem alten Kreise zu bleiben und so zu tun, als ob alles noch eben so wäre. Das ist trivial und unwahr zugleich.

Ach, meine liebe Seraphine, so kommt denn alles anders, aber meine letzte Stellung zu den großen Fragen, ohne die es nicht geht, ist unverändert geblieben und trotz einiger Schwankung im Nebensächlichen die Überzeugung ist mir verblieben: Ehen werden im Himmel geschlossen.

EHEN WERDEN IM HIMMEL GESCHLOSSEN[3]

Seraphine an Charlotte.
Seit wir aus unsrer Pension fort sind, long long ago, etc.
So fängt der 1. Brief an.

Anfang des 1. Kapitels zu der Brief-Novelle.

Meine liebe...
Seit wir aus unserer Pension fort sind – long long ago – etc.

Gegen den Schluß hin oder fast schon in dem letzten Briefe, wo Seraphine von dem Militär Effekten Mann spricht: Es sind sonderbare Fügungen: ich dachte nach Tiflis oder Kairo oder Yokuhama zu kommen, statt dessen, und das muß mein Trost sein, kommen sie nun alle zu mir es treffen beständig Abgesandte ein, die davon ausgehn, daß die preußische Kopfbedeckung[4] auch den preußischen Kopf mit einschließe. Diese

---

[2] Im Manuskript versehentlich: daß – [3] Überschrift und die folgenden 3 Zeilen mit Blaustift auf eigenem Blatt; die nächsten 3 Zeilen ebenfalls mit Blaustift auf eigenem Blatt. – [4] Aus: der [...] Helm

Bekanntschaften sind übrigens alle sehr interessant und glücklicher als Mohamed kann ich sagen, daß der Prophet nicht nötig hat zum Berge zu gehn und daß wie's sein soll der Berg zum Prophet kommt. Und was für ein Berg, ein Berg reich an Metall.

Gleich in den ersten Briefen muß vorkommen, daß sie sich *gegenseitig* schreiben, mit dem Vermögen sei nicht viel los; *Seraphines* Vater hat in Papieren eingebüßt durch Schuld eines Banquiers, *Charlottens* Mutter hat eine Erbschaft von einem Onkel Wnuck in Westpreußen nicht angetreten, er hat die Hälfte des Vermögens seiner Pflegerin vermacht.

[5] Wichtig ist die Verteilung des Stoffs *dahin* [6], daß die so verwandten Aktionen nicht unmittelbar *nebeneinander herlaufen*, auch nicht *direkt aufeinander folgen*.

Charlotte beginnt mit ihrer Sommerreise nach dem Riesengebirge, wobei die Fabrik samt *Park* [7] u. Herrenhaus genau beschrieben, Möller selbst aber nur gestreift wird. Sie hat ihn nur mal im Park gesehn, aber sie schreibt nur was von ihm *erzählt* [8] wird, auch hinsichtlich seines fortschrittlichen Zeitungspapieres. Dann kommt sie nach Berlin zurück, spricht wieder von dem Domkandidaten etc. etc. und Edzard Möller samt Fabrik ist wie vergessen.

Seraphine in ihrem Antwortsbrief spricht auch nur von dem Domkandidaten. Kurzer Brief.

Charlotte antwortet. (kurzer Brief.)

Seraphine beschreibt einen Winter-Ball, an dem auch Reserve-Offiziere teilnahmen. Unter diesen ist van der Mühlen – ein Holländer oder Friese, er hieß früher v. d. Meulen – er soll reich sein. Es ist eine Schlittenpartie nach .... hin verabredet, in Kostüm. v. d. M. hat für Ausschmückung etc. des Lokals gesorgt. Er ist bei dem Fastnachtsball als Mephisto zugegen. Er fährt sie – einen Pelz umgeschlagen, aus dem nur die rote Hahnenfeder herausreichte – nach Bonn zurück. Der Rhein, Mondschein – Sie Gretchen. Ich kann Dir nur sagen: er

---

[5] Am Rand dieses Manuskript-Blattes Blaustiftvermerk Fontanes: wichtig – [6] Die erste Silbe doppelt unterstrichen. – [7] und [8] Doppelt unterstrichen.

war gar nicht Mephisto, sondern ganz Faust. Und um es kurz zu sagen: wir sind verlobt. Sein Name gilt nicht eigentlich für adlig, aber er ist es seiner Gesinnung nach. Und auch seinem Vermögen nach, was die Gesinnung doch immer unterstützt. Papa ist sehr glücklich. Und ich auch. Sein Haus ist wie ein Schloß.

Charlotte gratuliert und stellt Fragen.

Nun erst rückt *Seraphine* mit der Sprache heraus. Der Name ist nicht eigentlich adlig. Er ist Fabrikant. Militär-Effekten. Aber groß und international. Einige holländische **Wendungen**. Dann die Stelle mit dem Weltverkehr und den fernen Gegenden und d. kl. Ulk mit dem Berg und dem Propheten.

Charlotte antwortet artig und herzlich, aber doch etwas kühl über den Niederstieg.

Seraphine beschreibt ihre Hochzeit am Johannistag. Johannisfeuer auf den Bergen. Gehe hin und tue desgleichen. Wenn es Dir glückt die alte Fahne hochzuhalten, wohl Dir. Aber in dem großen Leben, in dem Entrücktsein der kleinen Sorge darin liegt doch ein Reiz. Unsre Veranda hat den Blick auf den Rhein. Engländer. Böllerschüsse. Musik. Drachenfels. Rolandseck, Nonnenwerth.[9] Das ist die Stelle, wo Ritter Toggenburg immer hinübersah. Wie komisch einem das vorkommt. Ach Sehnsucht ist immer etwas Ridiküles. Und sie kommt auch ab, sie stirbt aus; das internationale Leben stellt andre Forderungen. Seien wir deutsch, aber nicht zu sehr. Unser Gemüt verdirbt uns, war immer die Quelle unsrer Schwäche. Und seien wir stark ruft uns das Leben zu.

Charlotte antwortet: Deinen Brief vom 3. Juli, dem Tage von Königgrätz, empfing ich schon hier im Gebirge, das wir diesmal allein aufgesucht haben ohne unsren Gefährten vom vorigen Sommer. Wir nahmen Wohnung in einem Sanatorium das uns empfohlen war und haben es gut getroffen. Der Blick ist herrlich. Welch Bild unten im Tal. Aus der Fülle ragt auch das Herrenhaus und der Park auf (der mit den Rosen) von dem ich Dir im vorigen Sommer schrieb. Sein Besitzer soll verreist sein, nach Ägypten einige sagen nach Ceylon, um einer

[9] Gestrichen: Ach wie

Tigerjagd beizuwohnen. Aber ich glaube es nicht. Ich denke oft
an Dich. Du mußt ja leben wie im Himmel. Die Verhältnisse
hier sind klein. Allem haftet etwas Triviales an. Es fehlt das
Internationale das Du mit Recht so betonst. Ach ich habe mitunter ein Verlangen aus dieser Enge heraus. Ich möchte Dich
besuchen. Aber das Glück andrer bedrückt.

Nein! Sie muß ganz anders schreiben, ein wenig morbleu,
unbefriedigt, aber zu gleicher Zeit ein wenig überheblich über
das Hinuntersteigen von der Höhe. Die alte Fahne hoch halten,
bedeutet doch etwas. Adel hat immerhin eine Bedeutung. Und
wenn ich bedenke, daß Du Serben oder Montenegriner zu ko-
stümieren hast...

Dann bricht sie ab, es kommen Punkte... Und erst nach
14 Tagen nimmt sie den Brief wieder auf. »So weit vor 14 Tagen.
Welten seitdem erfahren. Wir steigen bis zur Heinrichsbaude
hinauf, den kleinen Teich zu Füßen. Da kommen Herren herauf,
Enzianbüschel am Hut. Der Herr erkannte Mama, wir gingen
über den Kamm. Bis da und da. Dann stiegen wir zurück und
als wir plötzlich unten waren, waren wir verlobt. Alles Beste
kommt plötzlich. Ich wurde an Deine Schlittenfahrt erinnert,
aber wir waren nicht so allein und nicht so mitternächtig was
mir damals doch einen gespenstischen Eindruck machte, trotz
des Mondes oder eigentlich grade deshalb. Denn der Mond
ist gespenstisch. Die Karten sind noch nicht gedruckt; sie sollen
sagt er auf neues ganz besonders schönes Papier gedruckt werden. Du bist die erste, der ich davon schreibe. Nimm teil an
meinem Glück. Die Hochzeit ist sehr bald, denn er ist nicht
mehr allzu jung und er scherzt: »er dürfe nicht warten«. Er hat
eine heitere, scherzhafte Ader. Mama sagt das sei ein besondres Glück, mehr als sein Vermögen, doch mißtraue ich der Aufrichtigkeit ihrer Worte. Mama hängt sehr an irdischem Gut.
Ich nicht, oder doch weniger; ich lebe ganz dem Poetischen, das
diese letzten Stunden für mich gehabt haben. Ich bin unendlich glücklich. Ich hatte gestern abend [10] als wir zurückkamen
und wieder das Papier verladen wurde, so meine Betrachtun-

---

[10] Die folgenden 4 Worte über die Zeile geschrieben; darunter nicht
gestrichen: meine Betrachtungen.

gen darüber. Aber ich hebe mich darüber (nun dies ausführen) Ich hoffe, daß es auch mal Höherem dient es erscheinen ja immer neue Blätter. Aber wenn auch nicht; dessen darfst Du sicher sein, ich halte unsere alte Fahne hoch und bin fester denn je in dem Glauben an Fügungen und auch daran, daß Ehen im Himmel geschlossen werden.[«]

[Einzelnotizblätter]

[1] van der Mühlen. / Möller
»Domkandidat Kippelskirch, alte Familie, die neuerdings mehrfach den Mut gehabt hat ich möchte sagen die Erleuchtung, sich der Kirche zuzuwenden. Ein liebenswürdiger und kluger Herr, dem eine Zukunft prophezeit wird.« Sie kommen nun in Schlesien an, es wird noch von v. K. gesprochen, Möller nur flüchtig genannt, aber sein Etablissement ausführlich und sehr verlockend beschrieben.

[2] *Militäreffekten-Fabrik.* Van der Mühlen.
Ich lege Dir ein Verzeichnis bei oder doch lieber nicht. Nur eins: er ist Lieferant [11] für mehrere [12] der interessanten Nationen an der untern Donau (Hoflieferant eines der alten Fürsten daselbst, also eine Art Fürstenadel). Wir liefern alles: Waffen, Uniformen, Czakos, was Dich aber noch mehr überraschen wird auch Prediger- und Justiz-Ornate. Sonderbar. Aber es interessiert mich, seit ich dabei bin.
Charlotte heiratet einen Möller »also eine gewisse Namensverwandtschaft«.

[3] Es war sehr reizend und als wir auf einem Vorbau saßen wurde uns der Kaffee gebracht und dazu, ohne daß wir es bestellt, Mohnstrietzel. Mama wurde sofort still und fast wie bewegt. Dann sagte sie »heute passiert noch mehr« und als ich verwundert fragte, sagte sie: »ja das habe ich erfahren, immer wenn ich ganz unversehens Mohnstrietzel kriegte, dann passierte was. Und meine liebe Charlotte, was die Hauptsache ist, passierte immer etwas Gutes.«

[11] Aus: Hoflieferant – [12] Darüber: die Armeen

Ich war etwas verdrießlich über das was ich abergläubisch und so ganz und gar trivial fand, aber Mama sollte recht behalten. Ich habe mich verlobt. Und nun höre die Einzelheiten... Zwischen Hampel- und Hasen-Baude.[13]

[4] Der Witz des Ganzen läuft nun darauf hinaus, daß die zitatenreiche mit allen Sprachen kokettierende *Seraphine,* beständig von »international« spricht während
Charlotte ebenso unentwegt von »trivial« und »poetisch« orakelt.

Jene (Seraphine) hat immer die große konsulare Weltcarrière den Generalkonsul im Auge, wobei sie sich in Ausmalungen aller 4 fremden Weltteile ergeht, während
diese (Charlotte) immer Kirche, Adel, General-Superintendent im Auge hat. Beide lassen sich handeln und während jene einen Militär-Effektenmann heiratet, heiratet diese einen Papiermüller.

DIE PREUSSISCHE IDEE[1]

Lebens- und Wandelbild eines Alt-Romantiker?

1841
Die *Herwegh-Zeit.* Ganz elektrisiert. »Noch einen Fluch schlepp ich herbei.« etc. etc. Noch verschiedene andre Stellen. Aber etwas beunruhigte ihn doch. Er war antikirchlich und freiheitlich das deckte sich mit seinem alten Programm, aber das Antipreußische und Antikirchliche, das deckte sich nicht mit der »preußischen Idee«, dran er festhielt. Auch du, du bist kein Oedipus gewesen und[2] »zu feig der andren Zeit ins Aug zu sehn« ja das war schön, aber es beunruhigte ihn doch. Es war doch gegen sein Programm.

---

[13] Darunter in großen Schriftzügen Bleistiftnotiz: Mohnstrietzel –
[1] Titel und Untertitel finden sich auch auf einer um das Konvolut geschlagenen Zeitungsmanschette; dazu Vermerk: Enthält den Gang der Geschichte von Anno 49 an. – [2] Von »1841« bis hierher mit Blaustift; der Rest des Absatzes mit Tinte auf dem letzten Blaustiftblatt hinzugefügt.

Bis 1849 (wo er Assessor und Regierungsrat war) bis zur Auflösung des Frankfurter Parlaments ging alles glatt, er war liberal und huldigte der preußischen Idee. Was ihn besonders beglückte war daß sich die preußische Idee mit der ghibellinischen Idee deckte: Betonung des Antipäpstlichen oder das Kaisertum über das Papsttum.

Die Phasen sind also die folgenden:

1. Bis 1849 stimmt alles, er ist preußisch, ist ghibellinisch, dantisch.

2. Nun Polizei-Regierungsrat von 1849 bis zum Regierungsantritt König Wilhelms. Während dieser Zeit sieht er die preußische Idee in der Erhaltung des historischen alten Preußens, Friedrich der Große, Friedrich Wilh. III. *Bekämpfung der Revolution*. Revolution ist kein Fortschritt, Revolution ist bloß Umsturz.[3]

Die Lehre vom Gegensatz.

Ich bin ein Freund der Antithese, das Leben selbst liebt die antithetische(??) Behandlung. Das Leben ist der große Balancierkünstler, hier ein Gewicht, da ein Gewicht. Diese Balancierkunst hält die Welt in Händen; sonst fiele alles zusammen.[4]

3. 1859 oder 60 kommt er als Geheimrat in das Ministerium des Innern. Er begrüßte den Wechsel der Dinge. Der Drache der Revolution ist besiegt, der Rocher de bronze ist wieder hergestellt und weil er wieder hergestellt ist kann auch wieder freie Bewegung um ihn her sein. Erst Festigkeit. Aber sowie wir die Festigkeit haben: Freiheit rings umher. Das Schaumspritzen ist der schönste Anblick, der Gischt, richtig betrachtet, hat eine moralische und eine zugleich auch ästhetisch hoch erfreuliche Seite. Die Konfliktszeit war auch ihm eine Zeit der Konflikte. Er wußte nicht, wo die preußische Idee lag. Landwehr, Volksheer das war preußische Idee, aber Verdoppelung der Regimenter war auch preußische Idee. Die ganze Reihe friderizianischer Aussprüche ging an ihm vorüber: [»]Wenn Er glaubt nicht repräsentieren zu können, vergeß Er

[3] Von 1. an am Rand: Hervorheben: er hatte ein Talent sich alles zurecht zu legen und in dem gerade Gültigen auch das Verständige und Richtige zu sehn. – [4] Am Rande dieses Absatzes: An einer anderen Stelle: Freiligrath und Anno Domini.

nicht daß 200,000 Mann hinter Ihm stehn.« Ja, die Armee
drauf war Preußen aufgebaut. Die Welt ruht nicht fester auf
den Schultern des Atlas als Preußen auf seiner Armee. »Wenn
ich Soldaten sehen will, seh ich das Regiment Forcade.«

Regiment Forcade war kein Landwehr-Regiment. Ein Landwehr-Regiment hatte vor Paris keine Hosen mehr gehabt. Zu
solchem Regiment hätte der Alte Fritz nur gesagt »wenn ich
Soldaten sehen will...«

Und dann hieß es doch auch wieder »Nicht Roß, nicht Rei-
sige« und Montecuculi sagte Geld, Geld, Geld. Ja die Verdoppelung! Hatte doch der erste Napoleon gesagt: »Gott steht
meistens auf *der* Seite, wo die meisten Bataillone stehn.[«] Land-
wehrbataillone waren auch Bataillone. Aber wenn die Menge
entscheiden mochte, noch mehr die Qualität. Friedrich der
Große sagte daß er nach der Schlacht bei Prag keine richtige
Armee nicht mehr gehabt habe: Die Besten lagen vor Prag...
Ach, die Konfliktszeit war eine konfliktereiche Zeit für Schulze.
Ein Glück daß sein Dezernat nichts damit zu tun hatte, dieser
Schmerz blieb ihm erspart und sein Gewissen rein. Dann ka-
men die drei Kriege. Der preußische Schulmeister hatte gesiegt.
Nun ja. Aber der preußische Schulmeister war doch nichts and-
res als die preußische Idee. Dann kam der 70er Krieg und der
neue Pariser Einzugsmarsch. All-Deutschland hatte gesiegt.
Aber was war die leitende Idee gewesen. Als Bismarck beim
Einzug den Kranz nicht nehmen wollte, weil nicht er, sondern
Moltke (der neben ihm ritt und auf den er wies) den Krieg
gewonnen habe, sagte das kleine Mädchen die den Kranz
hielt: »Aber Sie haben doch angefangen«. Das kleine Mädchen,
wenn Preußen was es übrigens nicht leicht tut auf Deutschland hingewiesen und gesagt hätte »hier her! Deutschland hat
gesiegt« so hätte das kleine Mädchen gesagt »aber du (Preußen) hast doch angefangen«. Allerdings, allerdings. Das war
die preußische Idee. Diese Idee begann, sie führte, litt, siegte.

Dies schienen Schulzens glänzendste Jahre, der friderizianische Grenadier und der Lützowsche Jäger war zu einem höheren Ganzen vereinigt. Staats-Idee, freihheitliche Idee alles kam
gleichmäßig zum Ausdruck. Aber diese Jahre von 64 bis 71
waren trotzdem nicht die glänzendsten im Leben unsres Schul-

ze, die glänzendsten kamen erst. Diese Zeit führte das Jahr 73 herauf, der Kulturkampf. Da man wohl wußte was man an Schulze hatte, so wurde er in das Kultusministerium berufen. Und nun kam nicht bloß seine glückliche, sondern auch seine große Zeit. Als er von 1849 bis 59 bloß Staatsretter gewesen war, waren ihm in einsamen Stunden doch Zweifel gekommen und selbst als die Siege sich so rasch und so glänzend folgten erfüllte ihn die Sorge daß als letzter Sieger doch mehr die Grenadiermütze als der Lützowsche Jäger aus der Sache hervor gehen könne. Jetzt aber war der Genuß ganz rein und ungetrübt und als die Säule auf dem Berge bei Harzburg errichtet wurde mit der Inschrift Nach Canossa gehen wir nicht und nicht bloß die Jesuiten sondern auch andre Orden ausgewiesen wurden sprach er es aus, daß das Tage seien, wie sie Preußen seit 1813 in gleichem Glanze nicht wieder gesehen habe. Die ghibellinische, die protestantische, die preußische Idee, diese Dreiheit die doch wieder nur eine Einheit, hatte sich zu vollem Siege durchgearbeitet, alles was ihm Stägemann vor 40 Jahren gesagt in die Seele gepflanzt hatte, das erfüllte sich; er hatte dazu mitgewirkt, er hatte nicht umsonst gelebt.

Es war ihm vergönnt diesen Traum eine gute Weile zu träumen, bis eines Tages Falk fiel. Bismarck hatte die Worte gesprochen: »Exzellenz, wir warten schon lange darauf.« Er hatte Falk mit dem Makel eines Klebers behaftet. Schulze war von dem allem schmerzlicher betroffen als Falk selber (der wohl eigentlich froh war) und gedachte zu demissionieren. Aber sein Freund Victor Hehnchen, den er am selben Abende bei Huth traf sagte ihm: »demissionieren? wozu? Glauben Sie mir, Bismarck hat immer recht. Wenn Bismarck morgen den Morgenkaffee abschaffen und die Brotsuppe der Altvordern [5] wieder einführen wollte so würde ich gehorchen, trotzdem mir nichts über Mokka geht. Erwägen Sie dies. Wir sind gleichaltrig, aber ich möchte doch sagen dürfen: man kann sich vieles zurechtlegen. Alle Dinge haben ihre 2 Seiten und wenn man die einem zugekehrte liebevoll ansieht, findet man daß

[5] Darüber: schwarze Suppe der Spartaner

es die richtige Seite ist.« Schulze bestritt das. Aber am dritten Tage war es ihm klar, daß die »preußische Idee« in der Parität beruhe. Was ist Parität? Parität ist Gerechtigkeit und schließlich auch Aufklärung, weil sie nur der letzte Ausdruck dafür ist »in meinem Lande kann jeder nach seiner Façon selig werden«. Es ist eine Frage die die Steuerzahlung ganz unberührt läßt. Gerechtigkeit ist fundamentum imperii und eigentlich auch ultima ratio. Und wie wir die Sache auch ansehn in der Parität ruht im letzten die »preußische Idee«. [»]Freiheit ist gut, Gerechtigkeit ist besser.« Und es brechen nun glückliche Tage für Schulze an, die sich in einer gewissen Ruhe des Gewissens aussprechen. Es kam die Epoche seines Lebens wo er weich wurde. Die Starrheit des Prinzips war durchbrochen und doch war er dem Prinzip treu geblieben. Er vertrat jetzt das alte Prinzip in einer verklärteren Gestalt. Die preußische Idee war der [6] Einseitigkeit an der sie leise gekrankt hatte, entkleidet.

Dieser Zustand dauerte noch volle zehn Jahre bis man Kaiser Wilhelm hinaustrug. Aber schon ehe dieser Zeitpunkt kam war er aus dem Amte zurückgetreten, nachdem er noch seinen 70. Geburtstag im Amte gefeiert hatte. Der beste Redner hatte hervorgehoben, daß ihm kein Beispiel bekannt sei, daß jemand die preußische Idee durch fast ein halbes Jahrhundert hin in gleicher Reinheit aufrecht erhalten habe. Worauf Schulze dankte, jedes Verdienst von sich wies, aber sich glücklich pries, daß es überhaupt eine preußische Idee gebe und daß er sich glücklich schätze an ihrer Verwirklichung, das dürfe er wohl sagen, konsequent gearbeitet zu haben.

Im selben Jahre noch reiste Schulze, nun freier Mann, nach Italien, um den Dante-Stätten nachzugehn und über Dantes Aufenthalt in Ravenna ein Buch zu schreiben. (Dies weiter ausführen. Rom, ghibellinische Idee. Grabmal Theodorichs. San Vitale. Lord Byron.)

Nach Berlin im Spätherbst fast schon Weihnachten zurückgekehrt, umbaute er sich mit einer Dante-Bibliothek und kam nur noch heraus, um nachmittags im Tiergarten bis zu drei Stunden spazieren zu gehen und den Abend bis Mitternacht

[6] Darüber: einer gewissen

bei Huth zu verbringen. Hier machte er die Bekanntschaft von Prof. Victor Hehnchen an den er sich fest anschloß. Hehnchen erkannte bald den Dollpunkt Schulzes, da er aber Schlimmeres gesehn hatte, war er milde, ja, weil er Originalitätenjäger war, liebte [er] ihn nur desto mehr. Nur wenn man eine längere und energischere Sitzung hielt, kam es wohl zu Auseinandersetzungen und bei solcher Gelegenheit hielt Hehnchen folgende kurze Ansprache: (nehmen u. ist nicht nehmen; s. *das folgende Blatt*) [7]. Im Anbeginn war er mit Hehnchen über Heine einig. Er habe Deutschland ruiniert. Schulze fand die Formel: er sei das Gegenteil von Dante oder wie der Teufel zu Gott stände, so stände Heine zu Dante.

Politisch verging alles ruhig. Nur als Bismarck fiel, ging ein Schauder durch das Huthsche Lokal. Schulze war ganz betroffen.

Professor Victor Hehnchen. Gesellschaft bei Huth. »Die preußische Idee ist: »nehmen, wenn es geht und nicht nehmen, wenn es nicht geht.« »Herr Geheimrat Sie haben ganz recht, die preußische Idee ist Wechselfällen und dadurch Schwankungen unterworfen im ganzen aber – und ich möchte beinah sagen diese preußische Idee geht durch – Preußen nimmt, wenn es geht, und nimmt nicht, wenn es nicht geht. Das andre besorgt sich so nebenbei, mal so und so.«

Wer so lange gelebt habe wie er und sich unter Hinkeldey die Sporen verdient habe, werde nicht mißverstanden werden wenn er mutig ausspreche: die Sozialdemokratie sei die preußische Idee.

Denselben Tag noch aber ohne Zustimmung mit diesem Ausspruch [8] erkrankte er und der Arzt erklärte es werde wohl zu Ende gehn. Schulze lag in leisen Fieberdelirien, in denen das Leben noch einmal an ihm vorüberzog. Er zitierte abwech-

---

[7] Zwei Kreuze am Rand; der Hinweis bezieht sich auf den weiter unten folgenden Abschnitt »Professor Victor Hehnchen...«, an dessen Beginn mit Blaustift vermerkt ist: Einschiebsel zum vorigen Blatt. – [8] Von »aber« an mit Bleistift nachträglich eingefügt.

selnd aus der Hölle und aus Orpheus in der Unterwelt; es war
ein wundervolles Durcheinander.

Aber – Hehnchen war mittlerweile weggestorben – er erholte sich rasch und raffte sich was er nie gekonnt hatte mit
beinah 80 noch mal zu einer Opposition auf. Allerdings nur
zu einer Huth-Opposition. Er bewies daß Bismarck in ein mehr
und mehr reaktionäres Fahrwasser hineingeraten sei und daß
man dem großen Rätsel der Zeit gegenüber auch von ihm sagen müsse, wie weiland von Fr. W. IV »Und du, du bist kein
Oedipus gewesen.« Dies Rätsel der Zeit oder auch die Sphinx
selbst sei selbstverständlich die Sozialdemokratie.

Ganz zuletzt sagte er: sempre avanti Savoia dann sprach
er von dem gebändigten Fortschritt und dem geförderten Rückschritt und es war sichtbarlich, daß die beiden Pferdebändiger[-]
Gruppen vor seiner Seele standen. Aber dann wurde er wieder
italienisch. Er richtete sich auf und sprach ganz deutlich sempre
avanti Savoia und dann mit einem merkwürdigen Ausdruck
ed io eterno duro.

Als er begraben wurde sagte auf dem Heimwege ein Geheimrat zum andern: [»]wir haben den Träger einer Idee in
ihm verloren.«[9]

Vielleicht betont auch Stägemann diesen Satz von der ghibellinischen Idee schon, als er hört, daß sein Mündel sich Dante
zugewandt habe; vielleicht aber kommt auch Schulze erst
drauf, als es sich unter Falk also etwa 1873 um den *Kulturkampf* handelt. Dies Wort entzückt ihn, eine Zeitlang unterhielt er den Glauben, das Wort rühre von ihm her, doch war es
nicht nachweisbar.[10]

*

[9] Im Manuskript mit Bleistift angefügt: sagte der eine. [Darauf folgt
in Tinte, mit Bleistift wieder gestrichen:] »Einen guten Kerl« sagte
der andere. »Und Idee? [Das Folgende vermutlich versehentlich nicht
mehr gestrichen:] Nun ja, wenn Sie wollen. Aber ohne geht es noch
besser. – [10] Von »kommt auch Schulze« an Längsstrich am Rand und
Bleistiftvermerk: Dies kommt alles viel später als Falk regiert.

Schulze geb. 1813. 1830 stirbt sein Vater in Vierraden; er war schon vorher – durch Stägemanns Einfluß – auf das Schindlersche Waisenhaus gekommen. Jetzt wird Stägemann Vormund und nimmt es ernsthaft damit er wurde fast ein Pflegesohn des Hauses und Stägemann übernahm nun seine Leitung, zog ihn auch ins Haus oder doch vielleicht besser er schickt ihn nach Schulpforta. Schulze hatte die Pflicht alle Monate einen Bericht einzusenden und alle Vierteljahr antwortete Stägemann indem er meistens eine Schul- oder Erziehungsfrage herausgriff. Als er in der Prima war, mehrte sich die Korrespondenz. Einer dieser Briefe, der sich in dem Schulzeschen Nachlasse fand, hatte besonderen Eindruck gemacht besonders durch Stellen, die Schulze selbst mit feinen Bleistiftslinien unterstrichen oder bezeichnet hatte. In einem dieser Briefe heißt es ».. Es ist mir hoch erfreulich aus Deinem letzten Briefe zu sehn, daß Kant gelegentlich mit in die Betrachtung gezogen wird. Dies kann nie genug geschehn und nicht früh genug. In dem kategorischen Imperativ steckt alles Heil er ist gleichbedeutend mit Pflichtgefühl, Befreiung von allem Selbstischen, Feigen, Schwächlichen. Indem er uns lehrt, daß wir nicht da sind um glücklich zu sein sondern um unsre Schuldigkeit zu tun, erhebt er uns zum Bewußtsein / Pflichtbewußtsein, dem Besten was der Mensch hat. Und wenn es uns mit Stolz erfüllen darf, daß es ein preußischer Mann war, der diese Sätze ausgesprochen hat so ist es ein weiterer Stolz und ein hohes Glück, daß unsre brandenburgisch-preußische Geschichte die Belege dazu liefert. Ich betone dies nachdrücklichst und knüpfe daran ein leises Bedauern, daß ich aus Deinen Mitteilungen ersehe, wie dies vernachlässigt wird. Ich werde mich mit der Gymnasial Oberleitung, der ich glücklicherweise befreundet bin, darüber in Verbindung setzen. Ihr steckt zu sehr im Römischen und Griechischen, nehmt daher die Ideale, diese Gestalten behalten aber immer etwas Fremdes sind nicht Fleisch von unsrem Fleisch nicht Geist von unsrem Geist. Epaminondas. Welch Heldentod. Aber wir haben Beispiele um uns her in unsrem engsten Heimatlande, die mächtiger wirken, schon dadurch daß sie räumlich und zeitlich uns näher stehn, vielleicht auch darin, daß eine Form von Tugend darin zum Ausdruck kommt, die

mehr christlich ist. Als Kurfürst Friedrich Eisenzahn Angermünde eroberte, wurden in dunkler Nacht Sturmleitern angelegt und die Ordre [11] gegeben, daß kein Ton laut werden dürfe
um den Feind völlig zu überraschen. Einer derer die die Sturmleitern erstiegen, kam als er schon oben am Mauerrande war,
in ein Schwanken und stürzte in den Wallgraben herab. In
seiner nächsten Nähe standen die Reserven(?) und wenn er
gerufen hätte, hätte er sich retten können. Aber er kannte den
Befehl und ohne daß ein Laut laut geworden wäre, versank er
in dem Moorgrunde des Grabens. Das ist eine kleine Geschichte
aber in ihrer hohen sittlichen Heldenschaft ist sie groß. Das ist
der kategorische Imperativ. Das ist die preußische Idee, die
unsre preußische [12] Geschichte durchdringt, das ist die preu
ßische Idee. In *der* müßt ihr großgezogen werden, nicht in griechischem sondern in preußischem Heldentum. Ich werde drauf
hinweisen. Und was ich noch mehr betonen möchte, nicht nur
im Gehorsam lebt diese preußische Idee, sie lebt auch in der
Auflehnung und das ist ihre schönste und größte Seite. Auch
davon mein lieber Adolf will ich Dir erzählen. Unser König
Friedrich Wilhelm I. war ein bedeutender aber auch eigenwilliger und jähzorniger Mann und bei Gelegenheit einer Truppenschau ritt er auf einen Obersten zu, dessen Regiment ihm nicht
gefiel und schlug ihn. Der Oberst prallte zurück aber im nächsten Augenblick war er wieder an des Königs Seite riß das
Pistol aus der Halfter und hielt es dem König vor die Stirn.
Dann wandte er das Pistol gegen sich selbst und erschoß sich.
Dies ist ein großartiges Beispiel, das in der alten Geschichte
nicht seinesgleichen findet. In echt edelmännischer Weise wahrte
er seine Ehre und im nächsten Augenblicke brachte er sich seiner Loyalität und seiner Ehre gleichmäßig zum Opfer. Solche
Beispiele, mein lieber Adolf, die laß auf Dich wirken. Das sind
nicht bloß Anekdoten, nicht bloß unterhaltliche Schnurren(?)
das sind ernste Sachen, Samenkörner die wenn sie auf richtigen Boden fallen hundertfältige Frucht tragen. In welche Lebenslagen Du auch kommen magst, habe solche Beispiele vor
Augen wahre Deine Ehre, aber nicht selbstisch, sondern im-

---

[11] Darüber: Befehl – [12] Aus: ganze

mer mit dem Zuge(?) sich selbst zum Opfer zu bringen. Das war der große Zug des Jahres in dem Du geboren wurdest, das war der Zug für den Dein Vater in den Krieg zog und blutete. Darauf hin trägst Du Deinen zweiten Taufnamen und ich mag auch sagen Deinen ersten. Denn Adolf ist nur wie die Abkürzung von Gustav Adolf; – das gehört zusammen. Die protestantische Idee, die ghibellinische Idee, die preußische Idee das alles ist eins. Innerliche Freiheit darauf kommt es an, die ist es wonach sich dann auch die äußerliche Freiheit gestaltet. Freiheit ist unsre Lebensluft. Haben wir die nicht, vertreten wir die nicht, so sind wir reif für den Ofen, so sind wir totes Holz, das in den Ofen gehört. Das laß Dir gesagt sein und lebe danach auch wenn ich nicht mehr bin und Deine Schritte nicht mehr leiten kann.« Adolf Schulze war wie benommen gewesen als er diesen Brief erhalten hatte und seine deutschen Aufsätze fingen an sich danach zu gestalten; er nahm wenn die Aufgabe es irgendwie zuließ seine Beispiele aus der brandenburgisch preußischen Geschichte, was anfangs bei Lehrern und Schülern nur Lächeln weckte, aber Nacheiferung fand als der Rektor Worte der Anerkennung dafür hatte. Vielleicht daß der alte Stägemann einen Wink gegeben hatte.

Adolf blieb lange auf der Schule weil er spät eingetreten war und kam erst mit 20 Jahr auf die Universität Jena und ein Jahr später nach Halle. »Du mußt nach Halle; da findest Du die Männer, die die preußische Idee vertreten. Auch einige Ketzerriecher und Dunkelmänner, aber ihre Dunkelheit läßt das Licht der andren nur um so heller erstrahlen.« »Die Beschäftigung mit was so weit Zurückliegendem zieht ab von dem Kampfe den jeder zu kämpfen hat. Es ist ein Ruhekissen. Gut für die Alten, die ausruhen dürfen, eine Gefahr für die Jungen, die sich dahinter zurückziehen und den lieben Gott 'nen guten Mann sein lassen.«

Nun folgt der Aufenthalt in Halle. Schulzes Begeisterung für Witte; sein Dante-Kultus. Alles dies verhältnismäßig kurz und bloß referierend. Darauf antwortet Stägemann zustimmend und erfreut, aber doch nur bedingungsweise. Es bleibt doch eine uns fremde Welt etc. aber er lenkt wieder ein: denn es ist groß, ghibellinisch und eine Kunst die so hoch sie wandelt doch zugleich auch über die Erde schreitet und das Leben ihrer Zeit mit durchlebt, Stellung nimmt, verherrlicht und verurteilt.

»Es ist mir recht, daß Du Philosophisches und Theologisches daneben hörst, das belebt das Juristische, das sonst leicht etwas Totes hat.« Dies noch etwas ausführen.

1841 wird er Assessor und kommt nach Naumburg. Stägemann hat ihm ein Legat ausgesetzt und bis zu seiner Anstellung im Staatsdienst auch ein Extra, von da ab die Zinsen eines Legats. Er blieb in Verbindung mit Halle, Jena, Weimar. Es war die Herweghzeit und wiewohl er sich zuletzt in kleinen Meinungsverschiedenheiten mit Stägemann befunden hatte, so empfand er doch jetzt schmerzlich, daß ihm eine Stimme fehlte, die ihm ein »ja« oder »nein« zuriefe. Einer seiner Mit-Assessoren, dem er schon in Halle befreundet war, rief ihm eines Tages auf dem Heimwege von der »Rudelsburg« zu, wo mehrere Lieder von Herwegh deklamiert worden waren zuletzt das an Fr. W. IV. »zu scheu der neuen Zeit[«]: »Schulze, du weißt nicht recht was du willst.« »O ich weiß es schon.« »Nun was denn?«

»Ich will die preußische Idee.«

»Die hast du hier ... du hast hier ›Noch einen Fluch schlepp ich herbei‹ und noch eine Menge Flüche gegen Rom.[«]

Ja. Aber ich habe auch: »Reißt die Kreuze aus der Erden« das ist zu viel, das ist antichristlich. Und dann habe ich die Zeilen gegen F. W. IV. »Und du, du bist kein Oedipus gewesen«, das ist antihohenzollerisch. Und ohne Hohenzollern kein Deutschland, kein Preußen, keine Freiheit. Sie sind unser Hort.

»Gut. Aber hast du denn keine Vorstellung von der Macht und dem Recht der Opposition? Du hast ein halbes Dutzend Lieblingsgeschichten und die von dem Obersten, der das Pistol auf Fr. W. I. anlegte hast du mir schon wenigstens 6mal erzählt und hast immer hinzugesetzt: das sei das Wahre. Gewiß. Das ist das Wahre. Aber so hebe doch auch das Pistol oder laß es andre heben. Und dann opfre dich. Laß dich einsperren. Das trägt goldne Frucht. Aber du feierst das und sowie es Wahrheit werden will hast du Bedenken und erstirbst. Dabei kommt nichts heraus.«

So trennten sie sich. Schulze hörte das zum ersten Male. Was schon lange in ihm dämmerte, gewann Gewalt über ihn. Er hatte eine Erbschaft angetreten, aber war er im Stande sich auf der Höhe zu halten. Das Richtige zu treffen. Er fühlte, daß er eine unselbständige Natur sei, daß er der Führung bedürfe. Er war mehrere Tage lang in einer ernsten Verstimmung. Dann erholte er sich. Er hatte sich's zurechtgelegt und fand daß es alles richtig sei, daß aber etwas drin sein, daß die Ehrfurcht [13]

JOHANN DER MUNTRE SEIFENSIEDER

Wissen Sie denn, gnädige Frau, daß Johann der muntre Seifensieder eigentlich gar kein Seifensieder war? Er läuft nur so aus Versehen durch unsre Literatur [1] und war eigentlich ein ganz andrer. Sie sehen mich ungläubig an, aber es ist so, dieser Seifensieder stammt aus dem Französischen, war im Original ein Sablonnier und müßte ein Zinngießer sein, aber Lichtwer oder Pfeffel haben ein schlechtes Lexikon gehabt oder gar keins, und so haben wir den Seifensieder. Aber es ist ein Glück, daß es so ist, Seifensieder ist viel komischer, es kriegt dadurch was Burleskes, und jedenfalls ist es ein Glück, daß wir diesen Seifensieder haben; er ist ein Literaturschatz, ein Lebensschatz, ein Weisheitsschatz, er ist die Zukunft und die Erlösung. Von dem Augenblick an, wo wir statt des jetzigen Menschen lauter Seifensieder, [. . .] alle von dem Stempel [?] dieses »muntren [2] Johann«, haben werden, von dem Augenblick an ist die soziale Frage gelöst, die Sozialdemokratie macht die Bude zu, und das goldne Zeitalter beginnt. Es wird wohl noch eine Weile dauern, aber es muß kommen. Es gibt einen Satz: jeder gesunde Gedanke ringt sich zur Wirklichkeit durch; wenn das wahr ist (und es ist wahr), so muß es kommen. Woran wir laborieren, das ist das, daß dem gesunden Gedanken ein kranker gegenübersteht, der

---

[13] Weiteres Manuskript verschollen.
[1] Gestrichen: und leben – [2] Gestrichen: gesegneten

vorläufig noch die Oberhand behauptet, ja, schroffer denn je. Aber in dieser Schroffheit ist schon die Wandlung angezeigt. Allzu scharf macht schartig, und allzu gestrenge Herren regieren nicht lange. Die Sache kippt um.

Es muß kommen. Sie lächeln. Aber glauben Sie nicht, daß ich Geßner Redivivus sei, glauben Sie noch weniger, daß ich zu den aufs Jenseits Wartenden [?] gehöre, die da predigen: »Halte aus bei der Schrippe, oben gibt es Mohnstriezel«. Ich bin nicht Idyllist, nicht Idealist, ich bin viel mehr Praktiker als die, die da glauben, die wahren Praktiker zu sein, und während die andern durch Einbildungen sehn, aus Visionen nicht herauskommen, sehe ich die Wirklichkeiten. Was ich von der Menschheit erhoffe, das heißt nicht Entsagung, sondern Erkenntnis, das heißt nicht Gleichgültigkeit gegen die Lebensfreuden, sondern nur Wahrnehmung, richtige Beobachtung, Wahrnehmung, wo diese Freuden sind und wo sie nicht sind.

Nietzsche hat das Wort »Umwertung« erfunden. Ich könnte ihm die Hände dafür küssen. Es muß alles »umgewertet« werden, und von dem Augenblick an, wo dies geschehen sein wird, wird zwar nicht das Unglück aus der Welt geschafft sein, aber die Menge des Glücks, die Zahl der Glücklichen wird unendlich gewachsen sein. Alles läuft darauf hinaus, sich von der Vorstellung frei zu machen: Geld sei Glück. Das Umgekehrte gilt. Es heißt, der Neid sei an allem schuld. Aber dieser Neid ist erst das Zweite, ist erst ein Folge. Das Erste ist: die falsche Beurteilung der Sachlage, der [. . .] eingewurzelte Glaube: Geld sei Glück. Geld ist alles Mögliche: Macht, Quell von Gutem und Bösem (namentlich Bösem), aber Glück ist es nicht. Vielleicht würde mit dem Erlöschen der Sehnsucht danach auch der dramatische Reiz des Lebens erlöschen, möglich, aber dieser Reiz ist nicht das Glück. Es würde keine Konquistadoren mehr geben, keinen Cortez und Pizarro, keinen Lord Clive und Warren Hastings, keine Anti-Sklaverei-Lügner [. . .], die nichts vorhaben, als die nackte schwarze Menschheit in »cotton« oder »shoddy« einzuwickeln.

Sie sehen mich an und fragen mich, ob [ich] an solche Möglichkeiten glaube, ob ich wirkliches Glück gesehen habe, ob es im Kleinen und Alltäglichen eine Daseinsbefriedigung gibt, die man »Glück« nennen darf. Sie fragen mich, ob ich dergleichen mit Augen gesehen habe. Ja, ich habe dergleichen gesehn, oft, vielfach. Alles, was wir im Neuen Testament darüber lesen, ist gewißlich wahr. Dies ist seine schönste Seite; sie ist nur falsch ausgenutzt worden, immer unter Hinweis auf den Himmel, wodurch zugestanden wird: »Das ärmlich Irdische taugt nicht viel«. In dieser Interpretation liegt der Fehler. Es muß gezeigt werden, daß das Glück des Kleinen nicht in etwas Zukünftigem (daran zu glauben doch manchem schwer wird) besteht, sondern daß er es *hat*, daß er der Bevorzugte ist oder es wenigstens sein kann, daß das Glück der Reichen, und je reicher desto mehr, eine Täuschung ist und daß nur der durch Arbeit errungene Tag ein glücklicher Tag ist. »Unser täglich Brot gib uns heute«, darauf gibt die Erde dem Menschen und seiner Arbeit einen natürlichen Anspruch, aber über die Gewähr dieses Anspruchs hinaus hat er nichts zu fordern und alles weitere in sich selbst zu suchen. Und wenn er es richtig sucht, wird er es finden. Ich war mal in Warnemünde. Sturm war und ein Schiff draußen. Der alte Müller [?]. Rückkehr in seine Kajütenwohnung. Sie standen schon und warteten in Ängsten. Niemand sprach. Aber alle waren erhoben.

Die Szene in Krummhübel. Tag über draußen die Landstraße geflickt, Lehm, Steine. Von meiner Wohnung nah dem Gasthaus sah ich ihn. Nun war Abend. Höher hinauf im Gebirge, vom Hauptweg abgezweigt, stand ein kleines weißes Haus. Als ich dann vorüberkam, erkannte ich wieder den Mann, der an der Straße gearbeitet hatte. Er saß auf einer Bank, an dem alten Birnbaum hing die Sense, nach dem Stall zu war eine Mistgrube. Drin stand seine junge Frau, eine schöne Person, von dem feinen Bau, den die schlesischen Gebirgsbewohner haben, den roten Rock geschürzt, das Gesicht von dem roten Kopftuch eingerahmt. Dabei hantierte sie mit der Forke und belud den Wagen, schon für den andern Tag. Dann und wann sah sie von der Arbeit auf nach dem Haus hinüber, wo der Häusler seinen zweijährigen Jungen auf sein Knie gestellt hatte. Die Hühner pickten im Gras umher, und auf die blanken Blätter des Birnbaums fielen die letzten Strah-

len der Sonne. Man kann sich täuschen über Glück. Aber das
war Glück.

Ein 3. Beispiel aus der Wissenschafts- oder Gelehrten- oder
Künstlersphäre nehmen.

DIE LIKEDEELER

ERSTES KAPITEL

An einem der letzten Septembertage 1399 fuhr von Juist [?]
her eine Flotte [?] von fünf Schiffen in die Ems ein und nahm
ihre Fahrt südlich, anscheinend auf die Stadt Emden zu. Aber
ehe sie halb bis an Emden heran war, bog sie links in einen
abzweigenden toten Arm der die Ley hieß und fuhren auf eine
am Ausgang dieses toten Arms gelegene Besiedelung zu, aus
deren Mitte eine Klosteranlage und ein hoher Etagenturm
hervorragte. Das vorderste Schiff war etwas größer als die
vier folgenden und zeigte nicht bloß die mecklenburgische
Flagge, sondern auch ein Flaggentuch die andeutete daß das
vorderste Schiff das Admiralschiff war. Auf der Gallionskajüte
stand auch, wies schien, der Führer selbst, neben und um ihn
drei vier andere, die seine Offiziere zu sein schienen; auf den
Raaen und Strickleitern aber standen die Schiffsmannschaften
altes und junges Volk und grüßten ihre Mützen schwenkend
das Land und sangen ein Lied, das ihr Kriegs- und Freiheits-
lied war.

(Nun folgen zwei, drei Strophen, dann unterbreche ich das
Lied, weil am Ufer etwas geschieht, das die Aufmerksamkeit
abzieht; dann als dies beigelegt ist, singen sie die zwei letzten
Strophen.)

Inzwischen waren die Schiffe herangekommen bis an das
Ende des toten Arms und legten hier an an einer nicht allzu
hohen aber steil abfallenden Uferstelle, die durch allerhand
Pfahlwerk zu einem Bollwerk hergerichtet war. Kleine Boote,
die sonst hier lagen, hatte man fortgeschafft um Platz zu schaf-

fen. Unmittelbar neben dem Bollwerk lief in gleicher Richtung
mit ihm ein hier und da mit Weidengestrüpp besetzter Weg,
der nach der Landseite hin mit einer dem Kirchhofe zugehöri-
gen Steinmauer abschloß. Der Kirchhof selbst stieg etwas an,
weshalb einzelne seiner Kreuze zumal aber die aus Steinen
aufgetürmten Grabmäler die Steinmauer weit überragten.
Überall standen Menschen unmittelbar am Ufer hin Männer
auf der Kirchhofsmauer und den Grabmälern aber standen
Frauen mit roten Kopftüchern, einige mit Kindern auf dem
Arm und sahen neugierig dem Anlegen der Schiffe zu. Von
dem vordersten wurde jetzt ein Brett nach dem Ufer hin geschoben und der Führer, der bis dahin unbeweglich auf dem
Kajüten Dach [?] gestanden und Umschau gehalten hatte, ging
über das Brett fest auf das Ufer zu, wo zwei Schiffsleute, die
von ähnlicher Haltung waren wie er selbst, ihn empfingen und
ihn halb kameradschaftlich (wie ihren Kameraden) halb wie
ihren Herrn begrüßen. Es waren zwei seiner Unterführer [?]
die von ihm ausgeschickt schon seit länger als einer Woche
in dieser Gegend waren und sich eines Auftrages der ihnen
geworden entledigt hatten. Er nahm den Platz zwischen den
beiden und ging dann zwischen den ihn scheu grüßenden Männern hin den Weg hinauf bis an eine Stelle wo der Weg rechts
um die Kirchhofsmauer herumbog und auf die eigentliche
Dorfgasse zuführte daran Klostergebäude (Probstei) mitsamt
der etwas zurückgebauten Klosterkirche (Probstei) lagen. Die
Frauen, die bis dahin ihren Blick auf das Bollwerk und die
Schiffe gerichtet hatten wandten sich jetzt und sahen auf die
Drei die jetzt an der Seitenmauer des Kirchhofes entlanggin-
gen. Sie hoben ihre Kinder in die Höh und wiesen auf ihn und
es war schwer in ihren Zügen zu sehn, was in ihnen überwog
Furcht oder Teilnahme.

Der, der so Gegenstand aller Aufmerksamkeit war, wandte
sich nachdem er eine Weile geschwiegen zu dem links neben
ihm Gehenden und sagte:

Is ten Brôke da?

Nein, aber er kommt.

Der, der die Frage gestellt, wiegte den Kopf und über seine
schlaffen Züge ging ein Lächeln, das eine Mißstimmung aber

auch eine Überlegenheit ausdrückte. Dann fuhr er fort: Und
Probst Cyrill?

Er erwartet dich.

Und wie war er?

Glatt und grau.

Und wie steht er mit ten Brôke?

Sie sind ein Herz und eine Seele. Sie lieben sich und hassen
sich. Aber sie brauchen sich. Und was noch besser, sie brauchen
auch uns. Keiner traut dem andern. Aber da steht schon der
Probst am Eingang seiner Kirche.

Der Führer war jetzt herangetreten und küßte dem Probst
die mit Ringen besetzte Hand.

Ich heiße Euch willkommen und hoffe daß Ihr der Kirche
dient und dem Frieden.

Sie gingen durch das Längsschiff der Kirche bis an die Sa-
kristei (ein Seitenkapellchen) und traten aus dieser in einen
Kreuzgang ein an dessen Seite die Zimmer des Probstes gelegen waren. In dem Kreuzgang hallten ihre Schritte; von links
her wuchsen einzelne Rosenbüsche mit Spätrosen in den Kreuzgang hinein, an der anderen Seite zogen sich Wandmalereien
augenscheinlich von einem holländischen Meister. Dann und
wann blieb der Führer stehen und richtete seinen Blick auf die
Wandmalereien. Eine davon war ein Totentanz. Er hielt seine
Schritte an, betrachtete die Bilder und las die Sprüche, die darunter standen.

»Das ist der Lübische« sagte er.

»Nein« sagte der Probst »es ist der Delftsche[«].

»Es ist der Lübische« wiederholte der Führer mit einem Ton,
der jeden Streit darüber abschneiden wollte.

Und nun bogen sie in einen Seitengang ein, an dem des
Probstes Zimmer lagen. Es war ein Raum von mäßigem Umfang auch nicht hoch, denn die Gewölbe gingen bis tief herab
und das durch den Kreuzgang schon gedämpfte Licht wurde
noch gedämpfter durch die bunten Scheiben, an denen von
außen her allerlei Blumen rankten. Ein Betpult lehnte an dem
einen Pfeiler, ein Kruzifix darüber; auf Regalen lagen Urkunden an denen die Siegel herabhingen und auf einem eichenen
Mitteltisch mit einem Stundenglas drauf lag eine große Zeich-

nung, augenscheinlich ein neuangefertigtes Blatt. Lederstühle mit hohen Lehnen standen um den Tisch her.

Prior Ludiger wies auf die Zeichnung die ausgebreitet dalag und sagte: [»]Da liegt die Karte mit Fluß und Land und was wir zu verhandeln haben und wovon Euch Eure beiden Abgesandten wohl schon verständigt haben, in alles können wir jeden Augenblick eintreten. Aber es berät sich besser wenn ein Trunk das Herz frisch und froh gemacht hat und man läßt das Kleine fallen, drauf nichts ankommt, und hat bloß das Ganze im Auge.« Dabei nahm er die Glocke, die neben der Karte stand und schlug mit einem Stock daran, daß es einen hellen Ton gab. Und gleich darnach erschienen zwei Pagen auffallend schöne Knaben und brachten (trugen) einen kleinen Tisch herein, drauf Kannen standen von venedischem Glas und Gläser von venedischem Glas. Es war absichtlich, daß der Prior goldene Gefäße vermieden hatte. Die Zierlichkeit sollte bestechen und eines Eindrucks nicht verfehlen.

Die Pagen schenkten ein und kredenzten, alles war darauf abgesehen den Eindruck zu machen, als ob gleichberechtigte Mächte mit einander verhandelten und ein Abkommen von politischer Tragweite zu treffen gedächten. »Auf Euer Wohl, Klaus Störtebeker« sagte der Prior »und auf das Wohl Eurer Abgesandten, die sich ihres Auftrags wohl entledigten. Und daß wir gute Nachbarschaft halten und zu einander stehen in guten und in bösen Tagen.«

»In guten und in bösen Tagen« wiederholte Klaus Störtebeker und nippte an dem Wein.

»Ihr tut nicht voll (nur halb) Bescheid« sagte der Prior. »Wer es voll meint, tut voll Bescheid.«

Und nun leerte Klaus Störtebeker sein Glas und sagte: »Das ist Falerner. Ich kenne ihn noch aus Tagen her, als ich in Rom war. Aber so's Euch beliebt, Propst Ludiger, so laßt mich nun wissen was hier mein sein soll. Meine Gegengabe kennt Ihr. Die Hansen sollen nicht an Euch heran und am wenigsten die hohen Herrn von Hamburg. Die sind mir gram. Und daß sie mir's sind, das gibt auch Gewähr für meine Worte.[«]

Ludiger nickte zustimmend.

Und was Eure Kirche angeht, die soll wachsen und gedeihen

und groß werden und was ich an Mitteln habe und an Kraft, das soll in Euren Dienst treten und das Dach der Kirche soll weithin blinken und der Turm soll höher in den Himmel hinein als der .... Turm in Amsterdam und Sankt Katharin in Hamburg. Denn wir sind ein christlich Volk und wollen dazu helfen, daß dem Volke geholfen wird und das Wort Christi, das ein Wort des Mitleids war, eine Wahrheit werde.

Ludiger wiederholte seine Zustimmung und auf seinem klugen Gesichte war schwer zu sehn, ob er glaubte was Klaus Störtebecker sagte oder ob ein leises Zwinkern des Spotts in seinem Auge aufblitzte.

Der hübscheste der beiden Pagen hatte mittlerweile die Römer wieder gefüllt und den Lehnstuhl näher an den Prior heranrückend sagte Klaus Störtebecker mit halblauter Stimme, wie wenn er der Gegenwart der beiden Pagen mißtraue: Und nun ein Drittes noch: Ihr könnt auch auf mich rechnen *hier*, hier auf Eurer eigenen Gemarkung. Ich bin nicht Friese von Geburt, aber es sind ihrer unter meinen Leuten und ich bin oft eingelaufen in eure Wässer und Flüsse. Und ich darf sagen, ich weiß wie's hier unter den Friesen steht. Es ist ein Krieg aller gegen alle. Der ten Broocke ist gegen den Beninga und beide sind gegen den Allinga und den Cirksena und alle wieder sind gegen den Bremer Erzbischof und gegen Euch. Sie mißgönnen der Kirche den reichen Besitz und hören gern von der Irrlehre, die jetzt überall laut wird in England und in Böheim und der Kirche nehmen will, was sie hat. Aber, und hier hob er seine Linke, die Kirche soll haben, was sie hat. Das gelobt Euch Klaus Störtebecker. Und nun zeigt mir die Stelle, wo wir unsere Häuser bauen und uns seßhaft machen sollen an dieser Stelle.

Sie erhoben sich nun von ihren Sitzen und beugten sich über die Karte, die mehr ein Reliefbild als eine Karte war.

[»]Bruder Cyrillus, der Maler ist und dem auch unsere Kirche manchen Schmuck verdankt, hat von unserem Turm aus das Bild aufgenommen und hat allem Kontur und Farbe gegeben. Hier ist die Ems und hier abzweigend die Ley. Und hier ist Marienhafe, die Stelle, wo wir sind, und hier der Punkt ist der Turm, von dem aus alles gesehen wurde. Hier zeigt sich das Bollwerk, daran Eure Schiffe jetzt liegen und hier drüben, dem Bollwerk gegenüber, ist ein flaches Ufer, das nur allmählich ansteigt. Und wo das Ufer flach ist, da hinauf sollt Ihr Eure Schiffe ziehen und höher hinauf und an der höchsten Stelle, da sollt Ihr Eure Hütten und Eure Häuser bauen und Euer Gemeinwesen haben und ein Gemeinwesen aufbaun gründen nach Euern Gesetzen und userm Volk ein Vorbild geben. Denn das Vorbild, das die Kirche gibt, ist ihnen kein Vorbild, weil es eine andere Welt ist, aber Eure Welt ist ihre Welt und sie können sich annehmen, was ihnen paßt und ihnen dünkt und die Kirche kann sich dessen freuen. Denn ich habe Euer Wort, daß Ihr der Kirche zu dienen gedenkt und daß Eure Lehre nichts gemein hat mit der Irrlehre derer, die den Felsen Petri, darauf die Kirche ruht, bestürmen. Was Ihr wollt, das ist von dieser Welt und die Mächte dieser Welt mögen sich mit Euch stellen und prüfen oder verwerfen. Uns kümmert nicht die Schale uns kümmert der Kern. Und die Kirche wird Euch schützen in Euerm Recht, wenn Ihr das Recht der Kirche schützt gegen ihre Feinde. Gegen *alle* ihre Feinde nah und fern.«

Eine Urkunde, die diese Dinge regelte sollte eben vorgelegt und unterzeichnet werden, als man draußen festen Tritt auf dem Kreuzgang hörte. Aber Klaus Störtebecker, der die Gegenwart Ten Broockes nicht für nötig halten mochte, vielleicht auch nicht abgeneigt ihn sein spätes Erscheinen als eine Ungehörigkeit büßen zu lassen, nahm die Schilffeder und unterschrieb in breiter Schrift mit fester Hand. Im Augenblick, wo er die Feder wieder niederlegte, trat Ten Brôke ein, verneigte sich vor dem Prior und schritt dann auf Klaus Störtebecker zu um ihn zu begrüßen. Er war groß, hager, der Kopf nur noch von wenig Haar umsäumt, während ein wenig angegrauter roter Vollbart sein ganzes Gesicht umsäumte. Der Ausdruck seiner ganzen Erscheinung der großer Entschlossenheit und Nervigkeit, neben dem des Störtebeckers Züge schlaff und charakterlos erschienen und nur wenn das matte melancholische Auge von irgend etwas bewegt fest [?] und spöttisch aufblitzte, sah man daß *er* der Überlegene war.

Ten Brôke rückte mit in den Kreis ein und wurde von allem

verständigt was geschehen, während er zugleich den Inhalt der Urkunde überflog. Er hatte nichts einzuwenden gegen die zwischen dem Prior und Klaus Störtebecker getroffene Abmachung [?] versprach er sich doch selber allerlei Vorteile für sich und seine auf Herrschaft abzielende Pläne davon, aber daß man ihn von allem was geplant wurde wohl kurz verständigt aber seine Zustimmung nicht abgewartet hatte, war eine Kränkung für ihn und er wußte auch eine gewollte. Die Kirche wollte ihm zeigen, daß sie freie Verfügung habe in ihrem Tun und in ihm keinen oberen Machthaber anerkennen wolle. Er war Herr über Brôkeland, aber Marienhafe war eine Insel darin, die nicht ihm sondern der Kirche unterstand. Er wußte auch, daß dem so war. Aber daß man's ihn fühlen ließ.

Er überwand sich aber und stellte Fragen, die Kl. Störtebecker beantwortete; sie bezogen sich weniger auf nächstliegende Dinge sondern auf Fragen aus der großen Welt, hinsichtlich deren aber Kl. Störtebecker eine große Vertrautheit hegte. Vom Stahlhof in London war die Rede, von dem Krieg in Frankreich, von der Erstürmung Bergens durch die Lübischen, vom Bremer Erzbischof und am meisten von H. Huß, der eben damals anfing die Welt mit seinen Rufen zu füllen. Kl. Störtebeker war immer auf See, aber alles was auf dem Festlande geschah, davon war er unterrichtet. Ten Brôke sprach ihm das aus und vergaß in dem politischen Gespräch, das man führte, einen Teil des Unmutes, den er vor einer halben Stunde gehegt hatte.

Plötzlich aber erhob sich Kl. Störtebecker. Er habe Anordnungen zu treffen; er sei doch ein Fremder hier.

»*Nicht* ein Fremder« sagte der Prior und begleitete seinen Gast und seine beiden Gefährten bis auf den Kreuzgang. Dann wandte er sich in das Zimmer und den Tisch zurück, wo Ten Brôke stand und auf die Karte blickte.

»*Hier* also werden wir unsre Gäste zu suchen haben« und er wies auf die neben der Lay sich hinziehende markierte Stelle. »Eure unsre Gäste die keine Fremde für Euch sind, wie Ihr ihnen eben versichert habt. Eine seltsame Gesellschaft. Räuber und Gurgelabschneider, Mörder und ergebene Diener der Kirche und Friedensapostel. Ludiger ich fürchte wir haben uns da einen Kuckuck ins Nest gesetzt. Kein Fremder. Und wie hier steht Euer Bundesgenosse. Was sagt Euer Bischof dazu? Wo will das hinaus? Und sogar Euer Bundesgenosse.[«]

Setzt Euch Ten Brôke. Noch einen Becher voll, aber einen friesischen Becher, der nicht zerschellt, wenn man ehrlich damit anklingt.

Ten Brôke gab Bescheid. »Ich habe nicht übel Lust Euren Bundesgenossen mitleben zu lassen.[«]

Tut es. Denn er kann der Eure noch eher werden als der meinige.

Schwerlich. Aber wenn auch. Ich bin ein Häuptling, ein Mann der Waffen und des Krieges. Und Ihr seid die Kirche, der Frieden.

Ihr seht aus Ten Brôke als ob Ihrs ernst meintet. Die Kirche braucht Bundesgenossen so gut wie die Welt. Denn sie bedarf der Welt, wie die Welt ihrer bedarf. Wer sind diese Leute? Unten in Italien haben sie die Leute, die sie Condottieri nennen. Was die zu Lande sind, sind diese zur See. Sie treten in Sold und fechten der Fürsten Kämpfe aus. Ich kenne die Geschichte dieses Mannes. Als er begann war er so was wie ein kleiner Groß-Admiral. Er hatte die mecklenburgische Flagge auf seinem Mast und er durfte sie. Er war eine Hilfstruppe seines Herzogs und er schlug Schlachten und landete bei Stockholm und das ganze Königreich zitterte. Jetzt dient er einem andern Herrn oder vielleicht auch nur sich selbst. Wenn sich Holland [?] morgen mit ihm verbündet, ist er ein Feind so gut und so ehrlich wie jeder andre.

Mag sein. Aber der Unsinn mit dem neuen Reich, mit dem Himmel auf Erden, mit dem Mitleid und mit der Liebe.

Der Prior lachte. »Jeder tut es auf seine Weise. Habt Ihr sein Auge angesehn. Er ist ein Fanatiker. Als Feind mag ich ihm nicht gegenüberstehen. Aber an Freunden verzeiht man viel. Verzeihen wir uns nicht viel? Als Freund ist er mir lieber als mancher andere. Er ist ein ehrlicher Fanatiker und wenn er dreizehn Hamburger an den Raaen seines Schiffes hängen läßt, glaubt er sich im Recht und vielleicht ist er's auch.[«]

[NEUER ENTWURF[1]]

Kapitel-Einteilung

1. KAPITEL

Ungefähr so, wie ich es schon geschrieben habe. Nur Keno ten Brôke muß zunächst ganz fortfallen. Störtebeker hat sich bei dem *Probst* angemeldet, *der* hat ihm ein Unterkommen eine Zufluchtsstätte auf seinem kirchlich-bischöflichen Terrain gestattet. Er Störtebeker will nur eine *Zuflucht*sstätte haben, zugleich eine *Verkauf*sstätte, zugleich eine *Sammel*stätte für die, die noch zerstreut umher fahren, zugleich eine *Werbe*stätte für neue Leute, zugleich ein *Dock*, eine *Ausflick*station für die schadhaft gewordenen Schiffe, zugleich ist auch ein Hang da *seßhaft* zu werden, eine Likedeeler-Herrschaft mit den den Likedeelern eigenen politischen Grundsätzen zu stiften.

Es spielt dies Kapitel in seiner 2. Hälfte in den Zimmern des Probstes, die sehr fein sein müssen. Er ist überhaupt ganz weltmännisch und diplomatisch zu halten; er der Propst will einen Schutz haben gegen die friesischen Häuptlinge.

Zugegen ist nur Goedeke Michels und Schiffshauptmann Wigbold oder Wigboldus der Magister. Außerdem zwei Chorherren und zwei Pagen.

Das Gespräch wird ganz politisch diplomatisch geführt. Dann findet die Landverteilung statt. »Ihr werdet euch da einrichten wenn ihr wollt.«

Ich denke, wir bleiben noch auf den Schiffen. Und von den Schiffen aus besorgen wir den Bau. Meine Leute sind rasch. Und eine Schifferstadt ist schnell da. Dann ziehen wir hinüber.

Ihr aber, Obersthauptmann, Ihr bleibt mein Gast. Die Räume sind da; die Schiffe liegen Euch wie zu Füßen und sind unter Eurem Auge und die Stadt, die entstehen soll, liegt vor Euch. Die Boote liegen am Steg und mit ein paar Ruderschlägen seid Ihr drüben.

---

[1] Auf dem Rand der ersten Seite des folgenden Entwurfs Blaustiftvermerk: Gut!

[2] Im ganzen der Stoff gut verteilt.

Goedeke Michels und Wigboldus dürfen *nicht* mit dabei sein; sie trennen sich vorher von Störtebeker.

Das politische Gespräch über die Häuptlinge *kommt erst in Kapitel 2.*

Propst Ludger von Marienhafe

Der Propst (nach Heyse) ist ein Kloster- oder Stifts- oder Pfarrvorsteher.

Propst *Ludger* war Vorsteher eines Stifts und einer Stiftskirche und stand authentisch unter dem Bischofe von *Münster*, vielleicht auch unter Bremen. (Dies ist aber gleichgültig.) Jede Stiftskirche hat zwei Sorten von Chorherren, Canonici, weltliche und geistliche, letztere heißen auch die regulierten. Die weltlichen beziehen bloß ihre Pfründen, die geistlichen sind zugegen, wohnen im Stift mönchsartig und tuen den geistlichen Dienst. Daran nimmt auch der Propst teil, ist aber im wesentlichen der Regent, der Statthalter des Bischofs.

Links (im Kreuzgang) wohnte der Propst und drei, vier Chorherren; rechts in einem Gebäude, das sich neben dem Langschiff hinzog waren dem Störtebeker zwei Zellen eingeräumt, eine große, eine kleine. In der kleinen schlief er; sie war ganz einfach, das Bett ein Holzgestell mit einigen Decken darüber und einer Wolfsschur als Zudecke. Auf dem kleinen Tisch daneben ein Kruzifix und ein Buch von Thomas v. Aquin und ein andr. Exemplar oder von Bernhard v. Clairveaux.

Kapitel 1

1. Störtebeker wird am Ufer von Gödeke Michels und Magister Wigbaldus empfangen. Diese begleiten ihn auch in die Priorei oder Propstei.

2. Während der Verhandlung sitzen sie mit am Tisch und

---

[2] Die folgenden Zeilen mit Bleistift.

werden auch ein paarmal in artiger Weise vom Propst mit in
das Gespräch gezogen aber immer nur auf Augenblicke.

3. Gleich zu Anfang (s. d. andern Zettel) sagt der Prior: wir
hätten unseren Pakt auch in einem guten Latein machen können. Der Magister Wigbaldus verneigte sich, während um
Goedekes Mund ein Lächeln spielte.

4. »Und nun unsere Abmachung [?]. Aber ehe wir davon
sprechen, muß ich fragen wie nenn ich Euch. Alle Welt kennt
Euch als den Störtebeker aber ich weiß daß das ein Zuname ist,
den Euch die Welt gegeben und daß Euer Name ein anderer ist
nach Eurem Geburtsort und daß Ihr Nikolaus von Verden
heißt. Ist es das richtige, wenn ich Euch bei Eurem richtigen
Name nenne.«

Mein Ohr ist gewöhnt meinen Zunamen zu hören, aber ich
ziehe meinen alten Namen vor, den meine Voreltern in Ehren
geführt. Und ich darf sagen in Ehren und ritterlicher Sache.
Das mit dem Zunamen, bei dem man mich nennt ist eine Torheit. Ich bin kein Becherstürzer, ich bin nüchtern in meinem
Tun, maßvoll beim Wein und hasse Völlerei. Die Sage hat
mich damit umsponnen und stattet mich mit allerlei Torheit
aus, um einen Zauberer aus mir zu machen. Ich kann eine
Kette wie einen Faden zerreißen, so heißt es in den Spinnstu-
ben und bin gefeit gegen Hieb und Stich. Es ist Torheit. Ich
habe keinen Pakt mit der Hölle gemacht. Ich bin ein Christ
und schätze nichts höher als diese Kapsel mit einem Splitter
vom Heiligen Vincenz. Aber ich lasse das Volk reden man
kann es nicht ändern und ist auch nicht klug es ändern zu
wollen, denn unser Ansehn ruht auf dem, was das Volk von
uns glaubt. Goedeke Michels weiß davon zu erzählen und
Wigbaldus noch mehr. Der hat auch seinen Pakt gemacht und
ist schußfest wie ich.

Ein Page kam und reichte Wein. »Auf gute Nachbarschaft«
sagte Propst Ludger und stieß an. »Und nun laßt uns an den
Tisch treten, daß ich Euch zeige, worüber wir übereingekom-
men, was ihr gutheißen oder verwerfen mögt. Doch bin ich
Eurer Gutheißung beinah sicher es gibt keine Stätte, die besser
gelegen wäre.[«]

Sie traten nun an den Nebentisch, drauf eine Karte, die mehr

ein Bild als eine Karte war, ausgebreitet lag. »Ihr werdet Euch
aus diesem Bilde leicht annehmen. Hier ist die Ley[3], die ab-
zweigt und hier ist das Bollwerk, dran Eure Schiffe angelegt
haben. Unmittelbar daneben nur durch einen Weg getrennt ist,
wie Ihr bemerkt haben werdet, unsere Propstei[4] aufgebaut mit
Kirche und Kirchhof und ist kein zollbreit Erde mehr frei.
Aber hier drüben nur durch die Ley[5] getrennt, steigt das Ufer
allmählich an und dies andere Ufer und der Höhenzug, der
jetzt als eine Heide daliegt und Weideplatz ist für unsere
Priorei und das Dorf, diese Heide, die soll Euer sein und da
kann eure Siedelung entstehen, so's Euch paßt und eine andere
Stätte nicht Euern Vorzug findet.[«]

[»]Ich habe den Fleck überblickt als wir einfuhren und ihn
mir in meinen Wünschen als Eigentum zurechtgelegt und bin
froh, daß Eure Gedanken und meine Wünsche zusammenfal-
len. Ich werde das Weitere mit meinen Schiffsführern beraten,
die mir mitteilen müssen, was sie selber wünschen und was die
Leute wünschen, die jedem unterstellt sind. Denn unsere Leute
haben viel Freiheit. Auf Mannszucht wissen wir zu halten,
darin sind wir streng und Eure kirchlichen Untertanen hier
sollen ihre guten Tage durch uns nicht getrübt und geschädigt
sehen. Sie werden Vorteile von uns haben, denn wir sind gute
Käufer und nicht gewöhnt den Pfennig zu drehen und zu wenden. Unser Geld rollt rasch. Also Vorteile werden sie haben.
Aber wir rechnen auch auf ihre Wohlgewilltheit und auf ihren
guten Willen uns in allem Rechten[6] und Billigen[7] zu Willen
zu sein. Wir mögen schlimme Feinde sein, aber wir sind auch
unsern Freunden Freund. Und ich wünschte nur, daß auch die
Herren im Lande, dessen gewillt sein möchten und uns nicht
neidisch ansehen, daß wir hier auf des Bischofs Grund und Boden, ein Unterkommen gesucht haben und daß sie nicht gewillt
sind uns zu befehden oder gar mit den Lübischen gemeine
Sache zu machen, mit unseren Feinden vor denen wir hier Zuflucht suchen. Ihr kennt und wißt, wie die Häuptlinge fühlen.

---

[3] Darüber: Hier ist die Ems und – [4] Darüber: Priorei – [5] Darüber:
diesen toten Arm – [6] Darüber: was recht – [7] Darüber: billig ist

Dürfen wir auf Ruhe rechnen auf Frieden und keine Zette-
lungen gegen uns?«

Sie waren von dem Tisch hinweggetreten und hatten ihre
Plätze wieder eingenommen.

»Ich denke, Ihr dürft dessen sicher sein.[«] (Und nun das
weiter ausführen, daß sie neidisch und begehrlich unter einander sind, daß sie schlecht stehen mit den Hansischen und daß
jeder bemüht sein wird, sich seiner (Störtebekers) zu versichern,
als eine Beihülfe um die Pläne, die jeder gegen den andern verfolgt, auch durchzuführen.[)]

An dem ersten Gespräch (Kapitel 1) nimmt Wigbold teil,
der Propst wendet sich verbindlich an ihn [»]es verhandelt sich
leicht mit einem Mann der die Grade hat« sagte er verbindlich,
und ich glaube wir hätten unsere Abmachungen auch in einem
guten Latein zu Stande bringen können.

Nicolaus von Halsmühlen (bei Verden)

[»]Ich bin ein Ritterbürtiger. Als ich meine Habe verpraßt
bin ich nach Wismar gegangen und habe mich werben lassen gegen die norwegische oder dänische Margarethe. Bald kam ich
in die Höhe, nun bin ich Führer.« Goedeke Michels war damals der Führer, trat aber neben ihm zurück, weil er in ihm
die größere Kraft erkannte und begnügte sich mit einem Schiff.

[Dritte und letzte Fassung des 1. Kapitels [8]]

Die arme Frau hob den Jungen, der vier oder fünf Jahr alt
war, in die Höh und sagte: »Kuck, dat's de Röwer«.

Der Junge drückte sich ängstlich an die Mutter und sagte:
»Röwert he uns ook?«

»Nei. Arme Lüd deiht se nix; man blot de Kooplüd', – de
hebben to veel.«

---

[8] Die Blätter der folgenden Fassung in einem Streifband mit Bleistiftvermerk: Dies Konvolut gilt.

Motto auf dem Titelblatt

Störtebeker un Göde Micheel
De roweden beyde tho like Deel
Tho Water un tho Lande,
Bis unsen Gott dat nich mihr gefeel,
Da koamen se beyd' tho Schande.

1. Kapitel

An einem der letzten Septembertage des Jahres 1401 wurde vor den friesischen Inseln ein Schiffsgeschwader sichtbar, das als es die Mitte zwischen Juist und Borkum erreicht hatte, südlich steuernd in die Ems-Mündung einbog. Emden war also das mutmaßliche Ziel. Als die Flotille (das Geschwader) aber bis halb an die Handelsstadt heran war, bog es in einen links abzweigenden toten Arm des Flusses ein und fuhr diesen hinauf.

Dieser linksabzweigende Arm an dessen Ende der Flecken Marienhafe lag hieß die Ley. Zu beiden Seiten der Ley standen Anwohner und sahen dem Geschwader nach das aus fünf Schiffen von beinah gleicher Größe bestand. Nur das vorauffahrende war um ein geringes größer und unterschied sich in einzelnen Abzeichen, die von den am Ufer Stehenden auch bemerkt wurden. Alle hatten dieselben Flaggen am Mast, die Flaggen des Herzogtums Mecklenburg-Stargard am Mast, zur Erinnerung daran, daß sie Kriegsschiffe im Dienste des Herzogs von Mecklenburg-Stargard gewesen seien, über diesen Flaggen von Rostock und Wismar aber wehte eine kleine rote Flagge, die den eigentlichen Beruf dieser Schiffe ankündigte. Vier dieser Flaggen zeigten nichts als ein rotes Tuch, in der Flagge des vorauffahrenden aber sah man in der oberen Innenecke einen umgestürzten Becher. Zum Zeichen daß es des gefeierten und gefürchteten Claus Störtebeker Admiralschiff sei einen umgestürzten Becher.

1. Kapitel

1. Einfahrt der Schiffe. Lokalität. Der Turm muß genannt
werden. – Anlegen am Bollwerk. Während der Einfahrt wird
das Lied gesungen.
2. Lokalität. Kirchhof und Kirchhofsmauer. Alles mit Menschen besetzt. Das vorderste Schiff mit dem gestürzten Becher
im Flaggentuch hatte die stärkste Bemannung. Auf dem Ka-
jütendach (oder Kommandobrücke) war eine Gestalt sichtbar
von mittlerer Größe, breit, ruhigen Ausdrucks. Er stieg herab
und ging ans Ufer. Zwei Personen von ähnlicher Kleidung
standen am Ufer und grüßten zu ihm herüber. Er stieg herab
und ging ans Ufer. Als er auf das Brett trat [?] schloß sich ihm
aus der Menge der Mannschaften ein Knabe an und folgte ihm.
Es schien sein Diener. Er blieb auch an Land in kurzer Entfernung von seinem Herrn.
3. Am Ufer gab er den beiden die Hand und den einen und
den andern links und rechts neben sich ging er durch die spalierbildende Menge und grüßte. Der Weg lief neben der Längs-
seite der Kirchhofsmauer und bog dann rechts ein, wo er sich,
ansteigend, neben der einen Seitenmauer fortsetzte. Vom Kirchhof aus auf dessen Grabsteinen Frauen in friesischer Tracht
standen folgte man ihm; die Frauen hoben ihre Kinder in die
Höh und wiesen auf ihn.
Is dat de Röwer?
Ja. Awers uns röwert er nich, uns gibt er. Er ist för arme
Lüd und de, de riek sin, de hebben to veel.
Oder lieber:
Kuck, Martin (oder Detlew) dat is he. De in de Mitt, dat is
he.
De Röwer.
Ja. Awers he röwert nich arme Lüd, uns deiht he nix. Bloß
de, de riek sin und (de hebben) to veel hebben. Uns gibt he
wat.
Der, dem diese Worte galten, hatte jetzt des Älteren Arm
genommen und sagte: »Du mußt ihn bei guter Laune getroffen
haben. Es dauerte ja keine Stunde, da war das Zeichen oben
auf dem Turm.«

Er hatte ja deinen Brief schon und sich alles überlegt. Und als Wigbald ihm die Namen der Schiffe nannte und hinzusetzte wie der alte Homer sagt und ihm 2 griechische Zeilen sagte, da ging ein Lächeln über sein Gesicht und wir hatten gewonnen.

»Ein Seeräuber und ein Grieche« da kann man freilich lachen.

Die Griechen sagte der andere waren Seeräuber. Sie nannten das Kolonien. Das wollen wir auch. Und dies ist der richtige Platz dazu.

Bei diesen Worten waren sie neben der Kirchhofsseitenmauer lang bis an die Dorfstraße gekommen und wieder rechts biegend, gingen sie auf ein Seitenportal der Kirche zu, wo sie schon des Priors und seiner Umgebung ansichtig wurden.

»Ihr seid willkommen.«

»Ehrwürdiger Vater, eine Ehre, daß Ihr mich an dieser Stelle empfangt.[«]

Die beiden Begleiter, auch die kirchlichen, nach Verbeugung vor dem Prior, blieben zurück und der Prior und sein Gast, dem nur der Knabe folgte, schritten durch das Querschiff bis vor den Altar, wo sich beide verneigten. Auch der Knabe machte die Verneigung mit. Dann traten sie vom Langschiff her in einen Kreuzgang hinaus, dessen Bogengänge mit wildem Wein überwachsen waren, während in den Gewölbekappen Engel schwebten. Alle beinah körperlos und von Flügeln getragen. Sie gingen ein Stück bis die Biegung kam. Aber in diese Biegung traten sie nicht ein sondern geradeaus auf einen schmalen flurartigen Gang zu, von dem aus man in die links daneben gelegenen Zimmer trat. Die Zimmer (Der Eingang) waren nur durch einen Teppich geschlossen. Als sie bis zu dieser Stelle waren, sprang der Knabe, wie wenn ihm der Dienst hier obläge, vor und schlug mit vieler Gewandtheit den Teppich zurück, während der Prior und sein Gast eintraten. Dann ließ er den Teppich sich wieder schließen und blieb in dem Flur zurück.

An dem Prior war dies alles nicht unbemerkt vorübergegangen; er gehörte zu denen, denen der Sinn offen war für Schönheit der Erscheinung und alles was gefällt. Er lud seinen Gast zum Sitzen, die Fenster sahen auf den Kreuzgang hinaus und ein Schenktisch stand neben ihnen mit Wein und Becher. Der Prior schenkte ein, trank vor und sagte nach außen weisend, wo der Knabe zurückgeblieben war:

Ein schönes Kind, das Euch dient. Und so fremd von Erscheinung. Uns und unserer Nordlandssonne.

Der andere nickte.

Überhaupt ich darf Euch beglückwünschen. Ihr wißt Eure Leute zu wählen. Auch die beiden, die Ihr mir schicktet. Ist er ein Mönch gewesen. Ich weiß, Ihr habt alles an Bord. Natürlich auch Mönche. Wo wären die nicht. Ich sah nach der Tonsur. Aber die fehlte.

Er war seinerzeit ein Magister artium liberalium der freien Künste. Aber die freien Künste waren ihm nicht frei genug. Ich habe schon gehört, daß er Euch griechische Zitate gesprochen. Er ist eitel.

»Er darf es. Alle Diplomaten sind eitel und er ist ein Diplomat. Ich war erstaunt wie vorsichtig er war und wie gut er die Worte wählte.«

»Er hat auch andere Stunden.«

»Er wäre sonst nicht, was er ist. Ein jeder sei wie er ist.«

Es freut mich, daß er Euch gefallen und daß sein Wesen Euch gefiel. Aber der andere, von dem Ihr nichts sagt, geht ihm voraus. Er ist der klügere von den beiden.

Er hielt sich zurück und ließ dem andern das Wort und hielt sich zurück.

Er hielt sich zurück, weil er der klügere ist; er fragt nur, er läßt andere sprechen, aber weil er beobachtet weiß er Bescheid. Wer viel spricht verliert den Blick.

Der Prior nickte. »War er auch ein Magister? oder sonst einer[9], den es nach Freiheit anwandelte. Vielleicht ein Prinz? [«]

Nicht ein Prinz. Aber doch etwas von einem Herrn und Herrscher. Als wir unter Wismarscher Flagge fuhren und den König Albrecht, den die schwarze Margarethe gefangen gesetzt, befreien sollten, als wir noch, wie nun mal die Leute sprechen, ehrlich waren und ehrlichen Krieg führten, da, das sind nun

---

[9] Darüber: ein Prinz

gerade 20 Jahr war Gödeke Michels der Führer und alles was damals geschah, geschah durch ihn. Ich war damals noch bei den Studenten in Prag. Und als ichs dann satt hatte mit all der Weisheit und der Gelehrsamkeit und an Bord ging so wie viele von uns taten, da trat er als es ins dritte Jahr ging an mich heran und sagte: [»]*Du* sollst uns führen, du taugst besser dazu, nimm das Kommando.« Und ich nahm es. Besser ich hätt es nicht genommen. Und seitdem ist der der Herr war und befahl, ein Diener und ein Gehorchender geworden und ein Wort der Auflehnung oder des Besserwissens ist nie über seine Lippe gekommen. So entsagen können und zu dienen statt zu befehlen, das ist eine große Sache und wer das kann, in dem ist etwas, was Respekt [?] fordert. Aber verzeiht, ehrwürdiger Vater, ich bin nicht gekommen um meinen Vorgänger im Kommando Gödeke Michels und meinen Magister der freien Künste zu loben und zu preisen. Ich suche hier Zuflucht. Daß ich sie finde, das hat mich das Wort meiner Boten [?] und Euer Empfang belehrt, aber es bleibt noch vieles.

Es bleibt noch vieles. Mehr als diese erste Stunde zu sagen erlaubt. Es ist ein eigen Land, dies Ostfriesische. Krieg aller gegen alle. Euer Magister würde es uns in gutem Latein geben. Aber darüber zu sprechen, Euch zu raten und zu warnen, dazu bleibt noch manche Stunde. Zudem seid Ihr stark und was nicht Einsicht und guter Wille tun, das tut die Furcht und die Berechnung und der Vorteil. Ich kenne diese Häuptlinge der Vorteil.

»Ihr meint Eures Landes Häuptlinge.«

»*Die* mein' ich. Laßt sie gehn. Tut keinen Schritt. Wartet ab bis sie den ersten Schritt tun; Ihr könnt es, denn Ihr seid stark. Sie brauchen Euch mehr, als Ihr sie braucht. Und der Boden, auf dem Ihr hier steht, das ist Boden der Kirche. Wie der Bischof, der mein Herr ist, sich zu der Euch gewährten Freistatt stellen wird, das steht dahin, aber ich weiß, er vertraut mir in weltlichen Dingen und läßt geschehen, was ich gut geheißen. [«]

»Ist es angetan, mich ihm zu nähern?«

»Ich möchte davon abmahnen. Es verwirrt und erschwert und beschwört Verantwortlichkeiten herauf, die der Bischof, ein friedefertiger Hirt, seiner Natur nach gerne vermeidet. Er

wird zufrieden sein, mir die Verantwortung zuschieben zu können und ich nehme sie auf mich. Denn ich vertraue Euch. Auch
seid Ihr mir ein Schutz und dient mir ohne zu wissen und zu
wollen.[«]

Ich bin dazu bereit. Und ich darf sagen die Likedeeler teilen
auch darin gleich, daß sie Gutes mit Gutem erwidern.

Ich werde Euern Schutz nicht anrufen. Es ist genug, daß Ihr
da seid.

»Und nun so's Euch beliebt, tretet heran, daß ich Euch den
Fleck Erde zeige, den ich für Euch und Eure Leute bestimmt
und der so hoff ich Eure Zustimmung findet.[«]

Er hatte sich bei diesen Worten aus seinem Sessel erhoben
und trat an einen größeren in der Mitte des Zimmers stehenden Tisch heran, auf dem Karten und Zeichnungen lagen, mehr
bildliche Darstellungen als Karten, aber dazu bestimmt als
Karten zu dienen.

»Ihr werdet Euch ohne Mühe zurechtfinden« fuhr er fort
Euer Seemannsauge ist daran gewöhnt See und Land zu über-
schauen. Hier das Meer und hier die Ems. Und hier die Ley
weit ausbiegend ins Land bis auf Marienhafe zu, hier liegt das
Dorf und hier die Priorei und hier das Bollwerk dran Eure
fünf Schiffe liegen. Das Ufer diesseits fällt steil ab, aber drüben ist es flach und steigt erst allmählich an bis es diesen Hö-
henrücken erreicht, einen breiten Geeststreifen, der bis an das
Auricher Moor läuft. Und dieser breite Geeststreifen mit seinem Abhang der schräg bis an die Ley läuft, dieser Streifen,
der drüben in Parallellinien mit Euren Schiffen läuft, so daß
Ihr von der Höhe her Euer Schiffseigentum immer vor Augen
und wie unter Obhut habt, dieser Geeststreifen sei Euer. Da
laßt Euch nieder. Ich habe die Zusicherung Eurer Friedfertigkeit und ich vertraue dieser Zusicherung, weil sie sich mit dem
deckt was Klugheit und Vorteil von Euch fordern.

»Und auf die Dörfler darf ich rechnen?«

Das wird Eure Sache sein und eine leichte Sache, wie ich gern
hinzusetze. Die meisten sind arm und wer arm ist, läuft dem
zu, der gibt. Und es heißt, Ihr gäbet dem armen Volk. Das gilt
hier wie überall.

»Und unsre Gegendienste gegen Euch, gegen die Kirche...«

»Die lassen wir auf sich beruhen, die finden sich von selbst, so wir friedfertig bei einander sind.[«]

Der Gast erhob sich.

»Und so danke ich Euch denn. Es hat sich mir mehr und besser erfüllt, als ich zu hoffen wagte. Ich habe vor gleich morgen mit der Übersiedelung von Bord an Land zu beginnen und darf ich mich dabei Euers Rats und Eurer Hülfe versichert halten?«

»Ihr seid meine Gäste. Und Ihr persönlich seid Gast in meiner Priorei. Eure Schiffshauptleute müssen sich drüben unterbringen so gut es geht, wenn sie nicht vorziehen auf den Schiffen zu bleiben; aber Ihr persönlich seid Gast in meiner Priorei. Drüben an der Uferseite der Kirche zieht sich ein schmaler Anbau hin, der wohl eigentlich bestimmt war ein Kreuzgang zu werden wie die Stelle hier wo wir sind. Aber irgendwas muß den Bau gestört haben. In dem Anbau sollt Ihr Wohnung nehmen und meine Küche steht Euch offen. Dienerschaft habt Ihr und besser als ich sie Euch bieten könnte.[«]

Beide erhoben sich und der Prior begleitete seinen Gast, der als Schiffshauptmann und dann wieder um ihn zu unterscheiden als Oberhauptmann angeredet worden war bis an den Ausgang. Als er den Teppich zurückschlug und bis auf den schmalen Gang draußen folgte sah er den Knaben der im Kreuzgang zurückgeblieben und an einen Pfeiler gelehnt eingeschlafen war. Eine Ranke bewegte sich leise über ihm und über die Blumenbeete fort flog ein Schmetterling.

2. KAPITEL

Nun war Morgen.

Schon am Abend vorher hatte der »Obersthauptmann« – ein Titel den der Prior Ludger auf gut Glück und nach manchem Hin- und Herschwanken seinem Gaste beigelegt hatte – der Einladung nachgegeben und in einem nach der Ley-Seite hin gelegenen Anbau der Priorei Wohnung genommen. Es waren zwei gewölbte Räume, schmucklos, aber mit einem prächtigen Ausblick auf den Flußarm und einen jenseits gelegenen Hö-

henzug, dessen Abhang hoch in Heidekraut stand.[10] Über die
Höhenlinie hinaus in zum Teil phantastischen Formen lagen
Steine, sogenannte Findlinge, vielfach phantastisch übereinan-
dergetürmt.

All dies zeigte sich zwischen den Masten der in der Ley liegenden Flotille[11] durch, in deren Reihefolge sich seit ihrer
Ankunft nichts geändert hatte. Vornean lag der »Admiral«,
an den[12] sich der »Hai« und der »Butt« und dann weiter
hinauf[13] die Seespinne und die Makrele anschlossen. Hai,
Butt und Seespinne trugen ihr Namensbild am Spiegel während die Makrele ihrem Namen dadurch gerecht wurde, daß
die das Schiff umlaufende umfassende Brüstung in blau und
grünen Streifen leuchtete. Alle Arbeit ruhte, von den Schiffs-
leuten war niemand sichtbar, nur vereinzelte hingen bequem
in den Strickleitern und sprachen wie's schien mit Personen die
am Bollwerk umherstanden aber durch die Kirchhofsmauer
verdeckt waren.

Es war ein reizendes[14] Bild, heiter und vor allem friedfertig.
Er dem dies alles unterstand, und er dem dies alles unterstand
und musternd sein Auge darüber hingleiten ließ, hätte sich in
dem Gedanken wiegen können daß dies alles ihm unterstehe.
Seine Gedanken gingen aber andere Wege und während die
Seinen in der Ley die hier weit in's Land einschnitt, nur einen
Schlupfwinkel sahen, und bei richtiger Zeit auch wieder ein
Ausfalltor, richtete sich sein Auge auf das Ufer gegenüber und
er hing dem Wunsche nach seßhaft zu werden, sich drüben
eine Stätte zu bauen. Er hatte genug der Unruhe gehabt und er
sehnte sich nach Ruhe. Das Kriegshandwerk zur See, das sich
Umherschlagen heute mit dem Meere und morgen mit der Welt
er war es müde. »Gottes Freund und aller Welt Feind« das war
einer ihrer Sprüche gewesen. Aller Welt Feind das war richtig,
aber Gottes Freund? Waren sie Gottes Freund gewesen. Alles

---

[10] Darüber: Nun war Morgen. Gödeke Michels und Wigbaldus waren schon zu früher Stunde dagewesen und hatten von dem Plan
mit halber Zustimmung gehört. Nur mit halber Zustimmung was
den der sie gerufen hatte, verdrossen hatte – [11] Darüber: Schiffe –
[12] Darüber: woran – [13] Darüber: rückwärts – [14] Darüber: heiteres

Messestiften es war nur Buße gewesen, nur Verlangen abzu-
büßen. Er sehnte sich nach Ruhe, nicht an den Schiffen hing
sein Auge, sondern an der Höhe drüben auf der er sich eine
Stätte bauen wollte. Nicht ein Unterschlupf oder ein Ausfalltor
sollte dieser stille Flußarm für ihn sein, eine Stätte des Friedens, er wollte sich hier seßhaft machen.

Er trat in den Bogengang hinaus und trat auf eine Steinbank
und sah auf den Kirchhof hinaus auf dessen ansteigenden
Schlängelweg er das Herankommen seiner zwei jüngeren Schiffshauptleute erwartete. Gödeke Michels und der Magister wußten schon seit dem Abende vorher was er vorhatte und hatten
auch zugestimmt. Aber nicht lebendig genug. Gödeke Michels
hatte schon den Eigensinn des Alters und der Magister war ein
Besserwisser, das schlug immer wieder durch auch wenn sie
nicht zu widersprechen wagten. Und so hatte der Obersthauptmann die beiden jüngeren Schiffshauptleute rufen lassen,
den von der Seespinne und den von der Makrele.

Der von der Makrele hieß Hennecke Schack und war ein
Mecklenburgischer von Adel, der als Student einen Ratsherrn-
sohn in Trunk und Streit erstochen hatte. Da war er unter die
Likedeeler gegangen. Ein Zufall hatte ihn auf das Schiff geführt, das Wigbaldus kommandierte, so daß ein Rostocker Magister und ein Rostocker Student drei Jahre lang auf demselben
Schiff gewesen waren, bis der Student, der sich auszeichnete,
selber ein Schiff erhielt. Das war die Makrele. Zwischen den
beiden Gelehrten, dem Magister und dem Studenten war immer Schrauberei. Der Magister war der gelehrtere aber der
Student war ihm durch Mutterwitz überlegen. Er war auch
Geschichtenerzähler und log und ließ sich nicht stören, wenn
man ihn ertappte. So war es auch ungewiß, ob er den Rats-
herrnsohn erstochen und viele sagten alles sei wegen Schulden
gekommen.

Trut Mus war ein Jüte, in einem der früheren Kämpfe gefangen genommen und weil er sich bis zum letzten gewehrt
hatte, hatte man ihm das Leben geschenkt worauf hin er gleich
bereit gewesen war in den Dienst der Likedeeler zu treten. Es
waren noch andere Dänen auf den verschiedenen Schiffen und
diese nannten ihn spottweise Rolf Krake weil er häßlich war

und ein Zwerg. Aber seine Tapferkeit verschaffte ihm Respekt und Störtebeker, der ihm ganz vertraute, hatte ihm den Befehl über die Seespinne gegeben. Es gingen allerhand Sagen von ihm, Erlebnisse mit dem Klabautermann. Einige sagten er sei ein Isländer andere meinten er sei auf einer Insel bei Sizilien einsam gefunden. Andere sagten er sei ein verhexter Prinz. Allerhand Rätselhaftes, Phantastisches, Gespenstisches war um ihn her. Und es hieß auch, er wisse immer wie's komme. Kam es schlecht, dann schwieg er, aber man sah es ihm an.

2. Kapitel

Dies spielt drei Tage später. Es ist ein heller Morgen. Störtebeker hat sich in dem Langhaus neben der Kirche einquartiert. Er trat auf den Kirchhof hinaus und stellte sich auf einen hohen Grabstein in der Nähe der Mauer. Neben ihm Holunder und Ebereschengebüsch, an denen die schwarzen und roten Büschel hingen. Vor ihm lagen die Schiffe, draus eine Rauchsäule aufwirbelte. Die Kolonisten aber standen drüben [15] am andern Ufer, das leis anstieg und mit einem Hochplateau [?] abschloß. Die Senkung, der slope, war dicht mit Heidekraut bewachsen auch auf der Höhe stand alles in Büscheln. Darüber der klare blaue Himmel dran weiße Wölkchen zogen. Eine Brise ging.

Von den Schiffen her kamen Gödeke Michels und Wigbaldus; sie fanden eine Stelle, wo die Steinmauer halb zerfallen war, über diese traten sie fort und traten auf Störtebeker zu, der sie begrüßte. Sie nahmen alle drei Platz Störtebeker auf dem Stein, die beiden andern auf dem Mauer-Rand, sie saßen seitwärts, so daß sie je nachdem das Gespräch ging durch eine leise Biegung des Kopfes Störtebeker ins Gesicht sahen oder auch wieder den Blick auf die Schiffe auf die Ley und auf das andere Ufer und den mit Heidekraut besetzten Abhang hatten.

Gödeke Michels und du, Wigbald, es ist nun Zeit daß wir die Sache besprechen. Wir könnten auf den Schiffen bleiben, wie wir so oft getan, wenn wir in Strängenäs (?) überwinter-

[15] Darüber: ten Broke's auf Greetsiel, Focko Ukena auf Aurichhafe

ten oder auf Gotland in dem Sunde bei Wisby oder im Limfjord bei Aalborghuus. Aber ich möchte daß wir eine feste Stätte fänden, daß wir wo heimisch würden und dies erscheint mir die Stätte dafür. Unterm Krummstab ist gut sein, das ist eine alte Regel. Sie fordern nicht viel und sie sind die freiesten und mildesten, denn sie wissen, wie die Menschen sind und daß einer ist wie der andere und daß die, die die großen Worte machen wie die Lübischen und all die Hansen, daß sie nicht anders sind wie wir, sie wollen herrschen und wollen ihren Vorteil und wollen im Rat sitzen und eine Schaube tragen, daran das Rauchwerk ein Vermögen ist.

Die beiden nickten und Gödeke Michels sagte: [»]Gott verdamme sie, sie wissen nicht was Hunger ist und wer nicht weiß was Hunger ist der taugt nichts der muß in den Hungerturm.«

»Also hier soll es sein, hier wollen wir uns einleben, das Volk ist gut und ruhig und viel Zuzug von aller Welt Ecken her und ein guter Markt, weil hier Geld ist und Handel und Wandel. Und den Handel brauchen wir.«

»Und wo Handel ist ist auch Kunst« sagte Wigbald der nie unterließ ein Wort für die freien Künste einzulegen. Das war er sich schuldig und seiner Universität Rostock.

»Und so denke ich denn«, fuhr Störtebeker fort »wir fangen hier mit einer Gründung an und nehmen drüben den Höhenzug der zur Zeit noch in Heidekraut steht, aber ein Kleines so soll er in Häusern und Hütten stehn. Es steht bei euch und der Mannschaft wie ihr bauen wollt, nur kein Holz und kein Stroh und Schilf daß wir ein Feuer haben und was wir in 4 Wochen gebaut geht in 4 Stunden wieder auf und wir haben einen Aschenhaufen und unser Hab und Gut ist hin. Also kein Holz und kein Stroh...«

Und keine Segeltuchzelte, die der nächste Nordwester umbläst und in's Meer treibt oder den Fluß.

Also aus Stein so gut es geht. Und wenn das Feld arm ist an Stein und keine Blöcke hat, dann müssen wir unsere Häuser aus Rasen bauen, das ist das Leichteste und dauerhafteste und das leichteste. Doch ich wiederhole, wie jede Mannschaft es will. Nur das Mittelhaus, drin wir unsre Stores haben und unsern Proviant und drin wir gemeinsam sind und uns zu Tische

setzen und unsre Lieder singen und unsre Andacht haben und
drin Wigbald seine Ansprachen halten kann und unser Reimer
seine Lieder sagen und singen kann, das muß fest sein und sich
unterscheiden und dazu müßt ihr die Steine und die Blöcke her-
anschaffen, die da über das Kraut hin in Massen umher liegen
und wo die Lücken sind da haben wir das Heidekraut, das ist
gut wie Werg, das stopft und füllt und wenn ihr damit zu
Rande seid, dann zieht ihr hinüber und wir legen die Schiffe
zur Seite daß wir sehen wo kalfatern not tut und dann ziehen
wir hinüber und Prior Ludger selbst soll uns führen und soll
uns die Stätte segnen. Denn es gefällt mir an dieser Stätte, in
diesem Land und wir wollen sehen, daß wir hier leben können.
Die See ist für das junge Volk. Euer beider Haar graut schon
an, Gödeke ist nun 30 Jahre auf See und Wigbald nicht viel
kürzer und wie's im Psalmisten steht: wir wollen hier Hütten
bauen. Ehe Martini kommt und der Sturm einsetzt und das Eis
alles lähmt müssen wir unsern Einzug halten. Und vergeßt
nicht einen Brunnen zu graben. Das laßt das erste sein. Und
baut auch Haus für den Zuzug. Denn ich will wieder die Wer-
betrommel rühren und dann muß ein Schlupf sein für die, die
noch draußen sind, Michmannus ist noch draußen und Trud
Mus ist noch draußen und im Stavanger Fjord ist noch Pa-
schendahl. Ich denke, sie halten sich da, aber wir haben bloß
Feinde [16] in der Welt und das arme Volk, das für uns ist und
uns liebt, weil wir es lieben und ihm sein Brot geben und gute
Tage und einen billigen Verdienst, das arme Volk hat keine
Macht und die Großen regieren und die Lübischen voran, die
Pfeffersäcke, die sich einbilden, sie seien fromme Christen. Heiden sind es, Pharisäer sind es und wir wollen sie austreiben
aus dem Tempel, den sie verunehren.

Und meinst du, daß wir was hier herum wohnt mit heranziehen oder alles aus eigner Hand machen.

Ihr wißt, ich lasse alles geschehen. Ich will, daß geschieht
was ich befehle aber was ich *nicht* befohlen, in all dem ist Freiheit und es gilt mir gleich ob links oder rechts ob klein oder
groß ob warm oder kalt. Die Leute bauen es für sich und wie

---

[16] Konjektur aus ›Frieden‹.

sie's machen, so wird es ihnen am liebsten sein. Die Menschen fragen nicht, ob eine Sache gut ist oder schlecht, was ihnen gefällt ist ihnen gut. Ihr kennt meinen Satz: Freiheit wo kein Vergehn ist und wo Vergehn ist an die Rahe. Wenig Gesetze sind immer gut, viel Gesetze sind immer schlecht. Und nun geht und laßt die Leute wissen, was wir vorhaben. Aber da kommt der Propst; er hat mir seinen Besuch ansagen lassen. Ich will ihm entgegen gehen.

Gödeke Michels und Wigbald lüfteten ihre Kappen und kehrten über die zerfallene Kirchhofsmauer an Bord ihrer Schiffe zurück.

Störtebeker war dem Propst, der den Kirchhof ungesehen betreten und den Hauptgang betreten hatte, entgegengegangen um ihn zu begrüßen. Es war die erste Begegnung, die sie seit der ersten Begegnung hatten. Einige Bedienstete waren angewiesen in allem für ihn zu sorgen. Auch bei Tische hatte man sich nicht gesehen. Beide verfolgten den Zweck, keine Intimitäten anzubahnen.

Nun kommt nach einigen Verbindlichkeiten und Anfragen das große politische Gespräch, drin sich beide ganz offen aussprechen:

Störtebeker sagt was *er* hier wünscht und will. Der Propst ebenso. Zugleich seine Stellung zum Bischof und zu den friesischen Häuptlingen und wie diese zu einander stehen.

3. KAPITEL

Es war wieder drei Tage später. Die Schiffe beinah leer, nur einzelne Posten. Drüben wie ein Bienenschwarm. Mariengarn. Das war schon gleich am ersten Tage hingezogen und man hatte den Reimer aufgefordert ihnen ein Lied zu machen. Das hatte er auch getan und sie sangen es nach der Weise ihres Likedeeler-Liedes.

Es ließ sich schon erkennen wie die Anlage werden sollte. Es war ersichtlich als ein Hufeisen gedacht: drei Gebäude in einer

Längslinie, links und rechts und zwar rechtwinklig darauf zwei Gebäude. Das mittlere Gebäude sollte das Steinhaus werden es war noch weit zurück, während die Rasenhäuser schon Mannshöhe hatten und an manchen Stellen schon Bretter gelegt wurden. In Front des Steinhauses grub man an einem Brunnen. Zwischen den Schiffergestalten bewegten sich Hunderte aus Marienhafe, Männer, Frauen, Kinder, manche nur aus Neugier, die meisten aber um mit anzupacken und zu helfen.

Es war Mittagsstunde, einige rasteten, andere arbeiteten weiter, man löste sich ab. An einer Stelle standen ein paar bespannte Pflüge mit denen man die Furchen gezogen um die Anlagelinien zu bestimmen und um die Rasenstücke leichter abstechen zu können. Jetzt rasteten auch die Pflüge und auf einem dieser Pflüge saßen ein paar Marienhafener einige Schiffsleute um sich her gelagert. An einer Nachbarstelle, wo man die Arbeit fortsetzte, sangen die Schiffer oder Seeleute ein Lied.

Nun hier das Lied.

An das Lied knüpft sich nun ein Gespräch der Gruppe: die Seeleute und die Ackersleute. Diese finden alles sehr verlokkend.

Goedeke Michels war [der] älteste der schon die ersten Fahrten mitgemacht hatte, als die Schiffe noch unter der Rostocker und Wismarer Flagge fuhren und nur darauf aus waren Proviant nach Stockholm zu schaffen und den König Albrecht, der ein Mecklenburgischer Herzog war, zu befreien. Das war nun schon 11 Jahre. Goedeke war schon über 50 kahl und mit langem grauen Spitzbart. Er hatte von der Pike an gedient und galt als der beste Seemann, denn er war Seemann von Jugend auf und war der wetterkundigste und wußte das Wetter auf Tage voraus. Er hatte kleine Ringe in den Ohrläppchen und an den Ringen bemaß er das Wetter, ob sie sich leicht bewegten oder schwer. Wenn es einen Sturm gab, dann verdunkelte sich die Farbe. Er sah sehr ernst [17] aus und war es auch; er war aber milde, war immer gegen raschen Prozeß und war der frömmste.

---

[17] Darüber: streng

In Stockholm hatte er eine Messe mitgestiftet. Wenn Störte-becker nicht da war, war der Befehl bei ihm.[18]

Störtebeker und Henneke Schack waren die beiden Adligen unter den Schiffshauptleuten, aber unter den Steuerleuten und Matrosen und den anderen Schiffsmannschaften waren viele vom Adel aus Pommern, Mecklenburg, Holstein auch aus der alten und neuen Mark. Es waren da Detlev Knut von Fehmarn, Arnold Molk und Eler Rantzow aus dem Holsteinischen, Mar-quard Preen und Henning Oertzen aus dem Mecklenburgischen und Ludeke Wartenberg und Attrich Osten Manteuffel aus der alten und neuen Mark. Aber ihr Adel unterschied sie nicht. Die See, der Ton und die Teilungsform in der sie lebten, sorgte für Gleichheit. Sie waren Likedeeler und teilten alles, auch die Ehre [?]. Es gab wohl Befehl und Gehorsam, aber sonst keine Unterschiede. Detlev Knut hielt sich zu Wigbold und Henneke Schack, denn er war der Reimer der ganzen Sippschaft und hieß Detlev de Rhymer. Neben ihm galt noch Nickel Swarte-kopp der immer um Störtebeker den Admiral war und sich mit Akim in den persönlichen Dienst bei Störtebeker teilte. Er war ein Binnenländer aus der Harzgegend und auf einem lübi-schen Schiff gefangen genommen. Er machte kein Hehl daraus, daß er an Seefahrt und Likedeelertum wenig Freude hatte, hielt aber aus aus Liebe zu Störtebeker und aus Liebe zu Akim, mit dem er sich in den persönlichen Dienst bei Störtebeker teilte.

Es waren Leute von aller Welt Ecken und Enden, aus Polen und Wenden viele von Rügen und Bornholm und die meisten von der Weser und Elbe, von Holland und eine ganze Zahl auch von England. Das waren die ältesten und schon lange bei der Flotte, gleich von damals wo sie die Hansischen zum Kriege gegen Dänemark und zum Schutze für Schweden gegen Däne-mark geworben hatten und von ihnen kam auch die Organi-sation [?]. Es waren Wicliffanhänger, die den Bauernaufstand

---

[18] Gesonderte Notiz: Gehört zu Gödeke Michels. . . . wo er zu Stock-holm aus eigenen Mitteln eine ewige Messe gestiftet hatte »zum Lobe Gottes, zu Ehren des heiligen Bluts und zu Danke der Jungfrau Maria, die ihn vor seinen Feinden beschirmet und bewahret habe«.

in England mitgemacht hatten und die Lehre von der Teilung von Grund und Boden und von Hab und Gut und allem irdischen Besitz mitgebracht und die Grundsätze mitgebracht und eingeführt hatten, um derentwillen sie alle die »Likedeeler« hießen. Sie hatten keines der Schiffe unter Kommando aber sie waren die Steuerleute und Vollmatrosen und herrschten eigentlich. Was sie sagten, das galt und nur selten daß Störtebeker eisern durchgriff. Einen ließ er hängen, als er seinen Willen durchzusetzen und mit der Mannschaft zu meutern versuchte. Seitdem hatte er Ruhe vor ihnen aber ihr Einfluß blieb sie waren die Seele, die Wortführer und sie predigten auch. Einer, ein Rostocker Student, der Gottesgelehrsamkeit studiert hatte, hatte sich ihnen ganz angeschlossen und wußte was verwirrt in ihnen lag in klare Worte zu bringen. Der war ihr Mann und auch der Mann der andern. Er predigte. Er war auch der Dichter ihrer Lieder und hatte die Schreiberei. Auch Störtebeker zog ihn heran, wenn es Schreiberei gab, trotzdem er selber ein Studierter war und zu schreiben verstand und allerlei Sprachen konnte.

Störtebekers Dienerschaft

In erster Reihe steht der maurische Knabe.

Neben diesem eine gesunde frische behagliche Mecklenburg- oder Pommern-Natur, der allerlei humoristische Plauderei mit dem maurischen Knaben hat.

Dieser Mecklenburger oder Pommer von der Insel Usedom oder Wollin, erzählt auch von Vineta oder Julin oder Oriconda.

Er ist es auch, der Störtebeker auf seiner Bußfahrt begleitet.

Er hatte eine silberne Pfeife, darauf er in Sturm und Kampf die Signale gab.

Mit ihm war ein maurischer Knabe, den er da und da gerettet hatte und an dem er hing, wie der Knabe an ihm.

Er fällt in dem letzten Kampfe. Da gab Claus den Widerstand auf. »Das Letzte ist mir genommen. Was soll ich noch?« Er war der Liebling aller und alle beschenkten ihn. Er war 12 Jahre.

Hassan.

Abu – ben – Isa.

»Nennt Ihr ihn bei seinem vollen Namen?«

»Nein, wir nennen ihn Abu, schon der Kürze halber. Dennoch von Zeit zu Zeit nennen wir ihn bei seinem vollen Namen, weil er stolz ist auf seine Sippschaft.«

»Ist er noch Heide?«

[19] [»]Ja und nein. Er blieb ungetauft. Aber er wuchs unter uns heran und glaubt was wir glauben. Er trägt einen Reliquiensplitter wie ich und betet zur heiligen Jungfrau.«

Und wer vollzog die Taufe?

Niemand. Er blieb ungetauft. Aber er betet mit uns zur Mutter Gottes und ich möchte sagen, es *ist* ein frommes Kind.

Es wird sich empfehlen ihn in die Kirche aufzunehmen.

»Er wird bereit sein, wenn Ihr ihm seinen Namen laßt.«

Dann abbrechen und zu was andrem übergehen.

Gegenstände
die die Likedeeler geraubt hatten und die zu Markt kommen:

1. Wachs. Honig.
2. Tuche. Baumwollstoffe.
3. Felle. Talg. Pelze.
4. Spitzen, arabische und niederländische.
5. Heringe, Stockfische, Tran.
6. Spanische Weine. Biere bis zu 12 Tonnen (Genter, Brügger, Antwerpener Bier u. Wein behalten sie schließlich für sich).
7. Goldsachen. Ein kleines Diadem, Armspangen, Halsgeschmeide und das Bild von Josse van Eyck.

Die gewöhnlichen Sachen waren drüben auf dem Hof um den Brunnen her aufgeschichtet, das Feine diesseits. Hier muß ich auch den *Becher* anführen »von Groninga«. *Den* kauft Keno, nachdem Abram nur ein Mäßiges geboten. Aus Keno's Burg nehmen ihn dann später die Hamburger mit.

Ein aus drei Tafeln bestehendes Altarbild das für das Kloster in Oliva Gerdauen bestimmt war.

[19] Gestrichen: Wenn die Taufe den Christen macht ja.

Ein Reliquienkasten der heiligen Genoveva das [?] für Danzig in Brügge bestellt war und niederländische Spitzen die mit der Nadel in Brügge selbst oder in Mecheln gearbeitet waren. Sie waren für eine polnische Prinzessin bestimmt.

4. KAPITEL

Der Gänsemarkt, der Gänseeinkauf, das Gänseschlachten, das Gänserupfen, das Gänse-Einsalzen. Das friesische Volk dabei.

*

Der Martinimarkt.
Alles feilgeboten. Es lief auch noch gerade in den letzten Oktobertagen ein Schiff ein, das zur Gotland- und Oesel-Flotte gehörte.

Aber gerade die Verkäufer meldeten sich bei Wigbold. Das Einkaufen von Spitzen, von Rauchwerk, von holländischem und englischem Tuch, von irdener Ware, von Seidenzeug und Bildern, die für Danzig bestimmt waren. Der Ertrag wird verteilt. Sie steuern in die allgemeine Wirtschaftskasse. Dann kaufen sie in Emden und Aurich ein, um sich auszurüsten. Sie waren überall willkommen im Land, gleichviel ob sie kauften oder verkauften. Als Verkäufer fast noch mehr, weil der Gewinn der Geschäftsleute dabei sehr groß war.

[Beiblätter:] Dies und das folgende zu Kapitel IV. Szene 2.

Die »Messe«, der Verkauf der Beute findet auf den Schiffen statt, wo sich die Dinge am besten und vorteilhaftesten ausstellen ließen und bei schlechtem Wetter für die Käufer wie für die Waren selbst rasch ein Unterkommen da war.

Einigen Dingen aber hatte der Prior eine Verkaufsstätte in seiner Priorei bewilligt und ganz in Nähe seiner eigenen Wohnräume war im Kreuzgang ein langer Tisch aufgestellt, auf dem sich die hervorragendsten und zur Kirche in Beziehung stehenden Sachen befanden. Der maurische Knabe war als Verkäufer bestellt und sein fremdländisches Gesicht und Kostüm, lieh allem noch einen besonderen Wert und Reiz. Was sich da befand waren Dinge, die man einem flandrischen von Brügge nach Danzig bestimmten Schiff entnommen hatte: Sammetstoffe, nach orientalischem Muster gefertigte Spitzen und ein für die Klosterkirche zu Oliva bestimmtes dreifaltiges Altarbild: auf der mittleren Tafel ....., links und rechts die Bilder des heiligen Ambrosius und des heiligen Augustins. Hinter dem Verkaufstisch stand der maurische Knabe und lieh allem noch einen besonderen fremdländischen Reiz. Es war sicher, daß gewöhnliche Käufer hier nicht vorsprechen würden, aber man wußte bereits, daß auch kirchliche Würdenträger und einige benachbarte Häuptlinge mit ihren Familien sich einfinden würden. Auch ein reicher Hebräer aus Harlem, der durch den Prior, der sich für dies alles interessierte, verständigt worden war.

Und so kam der Tag heran, der letzte im Oktober. Von früh an war ein lebhaftes Gedräng auf den Schiffen und alles erhielt einen guten Preis. Aber erst gegen Mittag war der Handel [?] auf seiner Höhe, als Kaufleute aus Emden kamen und bald nach ihnen auch einige friesische Häuptlinge: Beninga von so und so, Galinga von so und so und zuletzt auch Keno ten Broke von Aurichshafen. Mit ihm war seine Tochter Geta, ein schönes Mädchen, das erst seit kurzem aus einem französischen Kloster zurück war, wohin man sie – das war der Wunsch der sterbenden Mutter gewesen – sehr früh schon zur Erziehung gebracht hatte.

Geta ten Broke lebhaft interessiert vor dem Bilde bietet einen Preis.

Der Hebräer Abram, der bis dahin die Spitzen gemustert hatte, bietet einen viel höheren.

Der Prior lacht und mischt sich ein. Und wundert sich und spottet leicht. Wie kommt es Abram?

»Ich habe kein Herz [?] für die heilige Ursula und ich habe kein Herz für das Genovevachen [?] und ich habe keine güldenen Gulden für die beiden Schächer (oder sonst eine Charakterisierung des Mittelbildes) aber ich habe ein Herz für den Herrn Bischof von Utrecht oder für den Herrn Grafen von Holland, den Gott erhalte, der ist ein frommer christlicher Herr, der wird es kaufen.[«]

Geta wollte zurücktreten.

Störtebeker nahm das Bild, überreichte es ihr: Jungfrauchen, das Bild ist Euer. Ihr könnt zahlen was Euch beliebt.

Einen Augenblick schwankte sie, was zu tun sei. Dann verneigte sie sich und sagte: [»]ich danke Euch. Mein Herz hängt an dem Bilde. Ich schicke noch heute danach.«

Dann kurzes Gespräch zwischen Störtebeker und dem Prior, der nun erzählt, wer es war und über manches Auskunft gibt.

Oder vielleicht besser so, daß Störtebeker schon vorher weiß, wer es war, aber er erfährt nun erst, auf seine Frage, daß sie fern in einem französischen Kloster erzogen wurde.

[CHRISTNACHTBESUCH STÖRTEBEKERS AUF DER BURG
KENO TEN BROKES IN GREETSIEL]

Ich bin in Frankreich erzogen.

Und wo.

Im Kloster zu Nogant.

Zu Nogant? Ich glaube davon gehört zu haben. Es muß dort etwas Besonderes sein. Eine berühmte Gründung oder ein Heiliger oder eine Heilige...

Geta lächelte. Nein. Eine Heilige nicht. Aber sie lebt fort wie eine Heilige. Es ist das Kloster, drin Heloise lebte und die Priorin war und dort ist sie begraben, an der Seite dessen, den sie geliebt, um den sie gelitten. Ihr habt gehört von ihr.

Eine Weile verging in Schweigen und beide sahen in die Flamme, drin die Scheite mit lautem Geräusch zusammenbrachen.

Nach einer Weile nahm Claus wieder das Wort und sagte: Nach Nogant. Ich bin umhergekommen und habe nicht an der Scholle festgehalten und die Ferne bedeutet mir kaum eine Ferne, aber Nogant ist weit. Und ein fremdes Land und eine fremde Sprache. War es ein Zufall der Euch diesen Weg führte oder ein Traum oder ein Gelübde.

Meiner Mutter Wunsch war es. Als sie starb und sie starb als sie mir das Leben gab da war das das Letzte, daß ich in dem Kloster zu Nogant erzogen würde. Sie war aus der Stadt

Brügge. (Dies so ausführen, daß der Wunsch der Mutter natürlich wirkt.)

Es ist eine Wohltat[20] eine treue Mutter . . . .

Es klingt als hättet Ihr es an Euch selbst erfahren. Oder auch als hättet Ihr das Gegenteil erfahren und es belaste Euch die Seele.

Euer erster Gedanke ging den richtigen Weg. Und auch das ist richtig, daß etwas auf mir lastet. Ich bin nicht den Weg gegangen, den Ihr ginget.

Ich weiß. Aber es ist nicht zu spät. Wir hatten einen Tag im Kloster, da kam der Bischof und erzählte... Es ist ein bestimmter Glaube drin ich erzogen bin, das ist der Glaube[21] von unsrer Schuld und die Gewißheit unsrer Verdammnis. Und ist nur der Glaube der uns heiligt. Und der ihn hat, der ist unverloren, wie sehr er irren möge. Nur der Hochmut ist der Fall. Nicht jede Auflehnung ist unsühnbar, unsühnbar ist nur die Auflehnung gegen Gott.

In diesem Augenblick erschien Ten Brôke um zu melden daß das Weihnachtsmahl angerichtet sei. Der alte Kaplan sprach das Gebet. Den Tisch entlang standen die Blätter und roten Früchte der Stechpalme oder des Stachelginsters und an dem Platze wo Klaus und Geta saßen standen weiße Blumen. »Wir nennen sie Weihnachtsrosen.« »In meiner Heimat heißen sie . . . . Es sind die Blumen die zu Weihnacht auf Gräbern blühn.«

»Auf Gedeihn und gute Nachbarschaft« sagte ten Brooke.

»Und auf den Engel, der vom Himmel stieg« sagte Klaus.

Als man aufstand war es schon spät und die Frage wurde laut, ob er bleiben solle oder zurück. Er war aber für Aufbruch weil er am andern Morgen mit seinen Leuten in die Mette wollte. Da dürfe er nicht fehlen. Er ritt allein. Als er über die Brücke ritt, die nach Osten führte lag das Auricher Moor vor ihm, die Sterne schienen, der Mond war im Niedergehn. Der Weg führte eine kurze Strecke auf das Moor zu, dann bog der Weg scharf links und lief nördlich[22] auf Marienhafe zu. Rechts

---

[20] Darüber: Eine Mutter, wie die Eure, das ist – [21] Darüber: die Gewißheit – [22] Darüber: nach Norden

dehnte sich das Moor, links die Marsch dazwischen lief der
breite Geest-Streifen über dessen Rücken hin der Weg führte.
Der hohe Turm von Marienhafe stieg klar aus dem dunklen
Grund auf denn die Mondsichel stand ihm schmal zur Seite
und über ihm glitzerten die Sterne. Der Wind wehte vom
Meere her aber nur schwach und trug nur leise das Rauschen
des Meeres herüber. Dann und wann war es ihm als säh er
links ein Glitzern auf dem Wasser. Das mußte die Ley sein
und sein Auge suchte ob er seiner Schiffe ansichtig werde.
Aber er konnte ihrer nicht ansichtig werden und es war ihm
lieb daß er sie nicht sah. Sie paßten nicht in die Bilder, die vor
seiner Seele standen. Er baute sich ein Kloster auf und sah
einen Friedhof und zwei Gräber und vor den Gräbern stand
Geta und las die Inschriften. Und dann dachte er der Worte,
die sie gesagt hatte. Warum hatte sie sie gesagt? War es Mitleid? War es mehr?

Der Nordwester trieb Wolken herauf und bedeckte den
Himmel aber als er zurücksah war es ihm als stehe ein Stern
an einer Stelle. Was bedeutete ihm der Stern? Und in ihm
klangen die Worte, die Geta gesprochen hatte.

Cap Saint Vincent

Der südwestlichste Punkt von Europa, eine Felsenzunge.
Auf den vordersten drei Felsen steht[23] (seit etwa 1350) ein
Kapuzinerkloster und zwischen den drei Felsen auf denen es
steht brandet das Meer mit besonderer Gewalt und bei stürmi-
schem Wetter spritzt der Schaum über das Dach des Klosters
hinweg. In dem Kloster ist ein Bildnis des Heiligen und viele
Reliquien. Eine davon gab man mir und ich trage sie in dieser
Kapsel.

Geta ten Brôke
spricht am Weihnachtsabend dies Lied.

Im Himmel, im Himmel ist Freude viel,
Da tanzen die Engel und haben ihr Spiel.

[23] Darüber: erhebt sich

Eine Seele stand vor der Himmelstür,
»Was weinst du?« sprach Maria zu ihr.

»Ich muß wohl weinen die Augen rot,
Ich hab übertreten all zehn Gebot,
Mein Leben war Sünde, mein Tun war Spott...«

»So fall auf die Knie und bete zu Gott,
Und bete zu Gott mit allem Fleiß,
So wirst du kommen ins Paradeis,
Ins Himmelreich, in die ewige Stadt,
Da wo die Freude kein Ende hat.«

AM 1. WEIHNACHTSTAGE 1401

Erst Ludgers Predigt (über das echte Likedeelertum) in der
Kirche.
Dann am Nachmittage, Wigbold's Ansprache an die Like-
deeler im Steinhaus.

Am Weihnachtstage 1401 (also am Tage nach der Festlichkeit in Greetsiel bei ten Bôke's).
Propst Ludger predigt. Die Likedeeler, in Staat, sind alle in
der Kirche.
Die Geschichte von den 5000 Broten. »*Das* ist das Evange-
lium der Armen. Er nahm die Brote nicht, er hatte sie... Und
wenn darüber ein Zweifel wäre, die Bergpredigt löst sie:
›Selig sind die Friedfertigen‹ spricht er. Alle Gewalt ist wider
das Gebot und den Willen des Herrn.[«]
Darauf antwortet Wigbold in dem Steinhaus, in seinem
Konventikel. Er spricht halb humoristisch. [»]Ach, die Kirche!
Sie lehrt – Aber was tut sie. Das Richtige habt ihr in *Crispin*
und seinen Schuhen. Und dann die Friedfertigkeit!
Tuen wir andres als die andern? Wer sind die Friedfertigen?
Sind die Hansischen die Friedfertigen? Wir standen in ihrem
Dienst. Da durften wir alles tun und es war nichts anderes als
was wir jetzt tuen. Aber damals war es gut und recht und bil-
lig weil der hohe Rat mit dem Kopf dazu nickte, weil er den

Vorteil davon hatte und jetzt wo sich's gegen ihn richtet, soll es wider Gottes Willen sein. Ist er dagegen, dann ist alles dagegen was wir tun und was die andern tun. Bloß, daß wir's nicht festhalten; wir geben es weiter, wir sind nicht friedfertig, aber wir sind die, die barmherzig sind. Wir geben und spenden.«

FÜR DAS SCHLUSSKAPITEL

Störtebeker, nachdem er in Verden die Stiftung gemacht (die Fenster und vielleicht auch die »ewige Messe« von der bei Stockholm die Rede ist) tritt mit Nickel Swartekopp die Rückreise an, die Weser abwärts und zuletzt durchs *Watt*. Er hofft die Flut [24] richtig berechnen und glatt durchkommen zu können.[25] Er irrt sich aber und als er bei Juist ist, überrascht ihn die Ebbe und er muß sich in ein Siel in der Südwest-Ecke der Insel zurückziehen. Hier verbringen beide den Abend, (Sonnenuntergang) und beobachten, während sie auf Deck sitzen, das eigentümliche Treiben (Fische und Vögel) auf dem trokkengelegten und mit Wassertümpeln übersäten Watt. Allmählich in aller Frühe kam die Flut aber noch nicht hoch genug um weiterzufahren und sie gehen an Land auf die Stelle zu, wo sie einer Kirche ansichtig wurden. Da mußten auch Menschen wohnen und da war ein Ofen zum Wärmen. Sie erkletterten die Düne und wollten auf den Turm. Aber ehe sie eintreten und den Turm ersteigen konnten, wurde Nickel (einen andern *ein*silbigen Namen nehmen) einer Flotille ansichtig. Es waren 7 Schiffe. »Das sind Englandfahrer« sagte Störtebeker. »Nein; die englischen fahren an Helgoland vorbei. Das sind Holländer oder Hansische.« »Ist noch zu früh im Jahr«. »Es sind Hansische, ich erkenne die Flagge. Oder Aurich. Noch einen Augenblick.« »Ja, es sind Hansen. Es sind Hamburgische. Ich erkenne die drei Türme im roten Tuch. Wo kommen die her? Was wollen sie so früh im Jahr? Und eine ganze Flotte.«

---

[24] Darüber: und den Wind – [25] Darüber: »Wenn es mißglückt, so bleiben uns die Siele, da müssen wir dann die Flut abwarten.«

»Sie werden überwintert haben und kommen von London[26] her.« [»]Nein, sie kommen nicht von England. Das letzte Schiff biegt eben um bei Krampen-Sand: sie kommen aus der Ems heraus.« »Dann kommen sie von Groningen.« »Oder von Emden... oder von Marienhafe.« Störtebeker schwieg eine Weile. »Sie sind in Frieden mit den Friesischen und mit Keno ten Brôke und mit uns.« »Aber nicht mit ten Brôke. Dem mißtrauen sie. Dem sind sie mehr gram als uns, weil er uns geduldet hat und weil Ihr auf seinem Schloß verkehrt.«

Störtebeker suchte sich's auszureden. »Und sie wagen es auch nicht, so tief ins Land hinein.« »O, sie wagen alles.«

Unter diesen Worten wollten sie zurück. Aber Juister Schiffer hatten sich um sie versammelt. »Wo kommen die Hamburgischen her?« »Die kommen aus der Ems. Ist heute der dritte Tag, daß sie hier vorbeikamen und in die Ems einsteuerten. Wir nahmen sie für Englandfahrer; aber sie fuhren in die Ems ein.«

Störtebeker war nachdenklich geworden. Er suchte sich's wegzureden. War es gegen ihn gerichtet? Er hatte Anhänglichkeit für seine Leute. Aber er nahm es nicht bange damit. Ein Ende sollte es doch haben. Und ihr Leben war ein beständiges Schwanken zwischen Leben und Tod. »Wenn es geschehn, so ist es geschehen.« Aber wenn es sich gegen Keno gerichtet hätte! Keno, nun gut. Aber was wurde aus Geta. Eine Furcht überkam ihn.

Aber als er wieder auf seinem Schiff war und der Wind sich in die Segel setzte, überwand er's.[27]

Sie setzen nun den Tag über die Fahrt fort, fahren in die Ems ein, an dem und dem Punkt vorbei. Alles lag still aber auffallend still in der Frühlingssonne.

So kam der Abend. Um 6 Uhr hing die Sonne westlich über Groningen [?] und um 7 als sie keine halbe Stunde mehr von dem Punkt waren, wo die Ley abbiegt, war die Dämmerung

---

[26] Darüber: einem engl. Hafen – [27] Am Rand Blaustiftvermerk: Der Dialog des Ganzen (wohl am besten mit den Juistern und *nur* mit diesen) muß kurz und knapp sein. Alles andre sind Gedanken die er sich auf dem Schiff macht und die ich bloß *erzähle*.

da und Gewölk heraufgezogen, nach allen Seiten hin ein dunkler Hintergrund. Und jetzt einbiegend, sahen sie von ihrem Schiff aus, daß auf Entfernung von einer halben Meile ein schwerer Qualm zog[28], aus dem dann und wann in dunkler Glut eine Flamme aufzüngelte. Der schlanke Turm mit dem grünen Kupferdach war zu erkennen. Es war kein Zweifel. Burg Greetsiel [?] war zerstört[29] und dies waren die letzten Flammen, die aus den ausgebrannten Steinwänden gen Himmel schlugen.

All das sagte genug. Schweigend fuhren sie in die Ley ein. Die Mondsichel stand über dem Geesthügel und so schwach das Licht war, so ließ sich doch erkennen, daß an dieser Stelle unverändert war[?]. Da lagen die Häuser die man darauf errichtet hatte und weiter unten wurden die kurzen Masten sichtbar der 5 Schiffe die da lagen. Alles unverändert. Das Kriegswetter, das hier getobt hatte, war über Schloß Greetsiel [?] niedergegangen.

Und nun war ihr Lichterschiff oder ihre Schnake oder Schute oder Kogge bis dicht an die eigenen Schiffe heran und legte an. Niemand war am Ufer, aus den Häusern von Marienhafe schimmerte Licht, aber Kirche und Turm lagen im Dunkel. »Lege das Schiff fest« sagte Störtebeker und stieg an Land und nahm nun denselben Weg, den er an dem ersten Tage wo er hier anlegte, genommen hatte, an der Längsmauer des Kirchhofs und dann an der Seitenmauer vorbei bis auf die Dorfstraße und nun auf die Kirche und die Priorei zu.

Grüß Euch Gott [?] Propst Ludger trat Störtebeker in des Propsts gewölbtes Zimmer ein, wo dieser bei der italienischen [?] Lampe saß, einer der Chorherrn bei ihm.

Der Propst ging ihm entgegen.

Ich frage nicht, ehrwürdiger Vater. Was ich von Juist aus, wo wir heute früh noch lagen, gesehen habe, hat mir alles erzählt. Die Lübischen sind in die Ems eingelaufen, in die Ley, das haben sie nicht gewagt oder sie wollen es nicht weil sie einen anderen Plan haben. Oder sie haben es nicht gewagt und nicht gewagt es auf einen Kampf mit uns ankommen zu

[28] Darüber: lag – [29] Darüber: in Feuer gesetzt

lassen. Zu See sind sie gut, aber zu Land sind sie schlecht. An Keno haben sie Rache genommen, weil er mir, wie ihr, dies Land gegönnt und ein Recht gegeben und mich aufgenommen in sein Haus.

Lebt er?

Er lebt. Aber er ist gefangen.

Und Akuin?

Er lebt. Aber er ist gefangen.

Und ... und Geta?

Der Prior schwieg.

Und Geta? [30]

Und sie haben sie mit fortgeschleppt die Tote?

Nein. Sie ist hier. Ich wußte durch einen Boten daß Ihr kommen würdet. Ihr könnt sie sehn.

»Wo?«

»Unten in der Krypta«.

Ich will sie sehn.

Der Prior sprach zu dem Chorherrn und eine kleine Weile, so meldete der Chorherr, daß die Fackeln draußen im Kreuzgang warteten und alle drei brachen auf; der Prior, der Chorherr, Störtebeker. Zwei Fackelträger gingen vorauf. So gingen sie vom Kreuzgang bis in die Kirche, von der aus einige Steinstufen links neben dem Altar in die Krypta hinunter führten.

Nun Schilderung wie sie im Sarge oder auf der Bahre liegt. Weißes Kleid. Bis an die Hüfte mit der Sterbedecke zugedeckt. Um ihr Haupt lag ein Zweig vom Stechpalmenzweig, dessen blankes Grün in der sonderbaren Beleuchtung blitzte. Schneeglöckchen lagen darüber. Zwischen Schläfe und Auge lief die Wunde, die ihr den Tod gegeben.

Der Prior wies drauf hin und sagte: das schöne Antlitz entstellt.

Nicht entstellt. Verschönt. Es ist die Wunde, die die Heiligen tragen.

Ihr seid unglücklich. [?]

Ich bin glücklich. Ich habe sie so geliebt, daß ich glücklich

---

[30] Gestrichen: Sie lebt? In ewiger Ruhe [Darüber:] Ist hier. Und wo? »In der Krypta.«

bin. Aber ob ich sie noch mehr geliebt hätte, ich will sie rächen.

Seid Ihr sicher, daß sie zustimmend auf Euch niederblickt.

Ich bin mir des Gegenteils sicher. Aber ob ihr Auge mit mir zürnt, so weit sie zürnen konnte, sie kann mich nicht abhalten. Nicht um sie (sie bedarf der Rache nicht) aber um meinetwillen will ich Rache. Dies Krämervolk mit dem frommen Gesicht und der Gerechtigkeit, war das Gerechtigkeit. Und wenn sie die Welt zerstören wollten, diese durften sie nicht zerstören. Alles Hohe und Heilige ging vor ihr her. Die Elenden, daß sie das nicht fühlten, das richtet sie. Ich will sie richten.

»Die Rache ist mein« spricht der Herr.

»Die Rache ist mein« spreche ich.

Dann brach [31] er einen Zweig von dem Stachelpalmenzweig und steckte es an seine Kappe.

Eh der Zweig welk ist, ist es geschehen.

NÄCHSTES KAPITEL

Der nächste Morgen. Früh ist er auf. Aber als er heraustrat, stand schon alles da. In frühester Frühe hatte man von seiner Rückkehr erfahren. Auf der Kirchhofsmauer, auf den Grabsteinen standen sie. Mit einem ungeheuren Jubel und Mütze schwenken, begrüßte man ihn.

Er rief Goedeke Michel heran.

Ich dachte, ich hätte das Kommando für alle Zeit in deine Hände gelegt, ich wollte euch untreu werden, wollte mich hier niederlassen. Du weißt was ich wollte, warum ich es wollte. Es war anders beschlossen. Ich nehme das Kommando wieder. Tritt unter die Leute und sag es.

Er sagte es und ein ungeheurer Jubel brach aus. Jetzt trat auch ihr Oberhauptmann unter sie und sagte: Morgen in See. Haben wir Glück, so holen wir die Hansischen ein. Weh ihnen. Es gibt einen lustigen Tanz.

---

[31] Im Manuskript versehentlich: sprach

[ABU BEN ISA]

*Abu
ben
Isa*

Sein Gelübde. Seine Gefangenschaft. Sein Tod. Die Ems-
schiffer bringen ihn. Szene an Bord. Im Schlepptau. Fahrt bis
Helgoland. Freigegeben in die offene See hinein. Der Kampf.
Die »bunte Kuh«. Simon von Utrecht.

[32] Abu wird gefangen mit weg geführt. Angesichts der Ecke
von Norden stürzt er sich in die Flut (all dies muß aber
nachher erst erzählt werden) und wird 3 Tage später von
Schiffern aufgefunden. Sie wußten daß es Störtebekers Liebling war. Als St. nun ausfährt und bis in die Nähe von Norden kommt, sieht er ein Boot mit kleiner schwarzer Flagge; die
bringen ihm (er läßt halten) seinen Toten.

Er wollte ihn an Bord nehmen, als er aber sah, daß alles
gegen ihn stand, weil ein Toter Unglück bringt, stand er davon
ab und sagte »Laßt mir euer Boot. Ich nehme ihn mit nach
Helgoland.« Er sah wohl, daß man auch das nicht zufrieden
war, aber er kümmerte sich dessen nicht und Detlew Reimer
half ihm das Boot an dem Spiegel befestigen.

So nimmt er es mit nach Helgoland. Als er dort die Feinde
findet, verzichtet er auf den geliebten Toten. »Ich mag dich
nicht mit in den Kampf nehmen, unbestattet fahre hinaus und
das Meer werde dein Grab, wie du's gewollt![«]

Die Zusammensetzung der hansischen Flotte erfährt er von
einem Verwundeten, den man in der Hast in Greetsiel zurückgelassen hatte. Der beschreibt alles. »Ratsherr Schocke hat das
Kommando. Aber der bedeutet nichts. Aber Simon der führt
die bunte Kuh von Flandern.« [33]

---

[32] Die folgenden vier Absätze mit Bleistift notiert. – [33] Am Rand:
Abu muß bei einer bestimmten Gelegenheit sagen »Gefangen wolle
er nicht sein, dann lieber den Tod. Auf dem Meer hat man ihn
leicht«. [Weiterer Randvermerk:] *Bergpredigt.* 5000 Brote. Selig sind
die Friedfertigen. Dann Wigboldus: Crispin und seine Schuhe. Und
dann die Friedfertigen. Wer sind die Friedfertigen? Tuen wir andres
als die andern.

Abu – ben – Isa

In einem früheren Kapitel – entweder auf Besuch in Greetsiel oder auf einem Ritt oder im Gespräch mit Störtebeker
oder einzelnen Leuten von der Schiffsmannschaft – muß er
(Abu) aussprechen, daß er Gefangenschaft nicht ertragen und
den Tod vorziehen würde. »Wenn mich die Hansischen fangen, sie werden mich ja nicht in Ketten legen; das Meer ist
ringsum, da ist es leicht.«

In dem (mutmaßlich) drittletzten Kapitel

Abu wird von den Hansischen gefangen und fortgeführt.

Als nun Störtebeker drei Tage später mit seiner Flotille
folgt, sieht er, als er die scharfe Ecke an der Emsmündung
passiert, ein Boot mit kleiner schwarzer Flagge auf sich zu-
kommen. Er läßt sein Schiff halten und als die beiden Boote [34]
anlegten, sieht er, in dem einen [35] hingestreckt, Abu, seinen
Liebling liegen, blaß, tot. Er wollte den Toten an Bord nehmen,
um ihm auf Helgoland ein feierlich Begräbnis zu geben. Als er
aber sah, daß alles gegen ihn stand, weil ein Toter an Bord
Unglück bringt, stand er davon ab. »Laßt mir das Boot mit
dem Toten er soll auf Helgoland sein Begräbnis finden.« Und
unbekümmert darum ob es bei den Leuten Zustimmung finden würde oder nicht, ließ er das Boot an dem Spiegel seines
Schiffes befestigen und fuhr ins Meer hinaus. Als er an Juist
vorüberkam, sah er auf der Düne die Kirche, wo er einige
Tage vorher gestanden hatte. Was hatten die Tage alles gebracht. Als sie bis Helgoland waren, sahen sie daß die Hansischen dort lagen und auf ihn warteten. Da mußte er auf ein
Begräbnis seines Toten verzichten. »Ich mag dich nicht mit in
den Kampf nehmen, unbestattet fahre hinaus und das Meer
sei dein Grab, wie du's gewollt.«

Er kappte selbst das Tau, ließ das Boot treiben und sah ihm

---

[34] Darunter nicht gestrichen: das Boot – [35] Darunter nicht gestrichen: im Boote

nach bis es seinen Augen [36] entschwand. Und nun lag alles
zurück und war alles getan und ein anderer, als er all diese
Tage gewesen war, trat er wieder unter die Seinen. [»]Da sind
die Hansen; sie oder wir, es sind Nußschalen und wir bohren
sie in den Grund.«

Die Zusammensetzung der hansischen Flotte hat er schon
vorher erfahren und zwar durch einen Verwundeten, den die
Hansischen bei ihrem Abzug von Greetsiel unter eingestürz-
tem Balkenwerk zurückgelassen hatten. Ratherr Schocke hat
das Kommando, aber das bedeutet nichts, Simon Utrecht hat
das Kommando und führt die große Kriegskogge »die bunte
Kuh von Flandern«, sie hat 2 Hörner am Bug und es ist ein
starkes Schiff und bohrt alles in den Grund.

»Und wer führt das Schiff?«

»Simon Utrecht. Das ist der beste Mann den die Hansen
haben, Simon von Utrecht. Auf dem Schiff ist Ratsherr Schocke.
Aber er führt es nicht. Der Führer ist Simon von Utrecht.[«]

DER LETZTE KAMPF BEI HELGOLAND

Das Kapitel vorher schließt mit dem sich Fertigmachen und
dem Jubel der Likedeeler, daß es wieder losgeht.

Nun fängt das neue Kapitel an, das zunächst den Zweck hat,
die *gegnerischen Streitkräfte* vorzuführen.

Also etwa so.

Widrige Winde hatten die hansische Flottille, meist Hamburger Schiffe bei Helgoland festgehalten und sie gehindert in
die Elbe einzulaufen. Es waren 7 Schiffe, meist kleinere, aber
ein großes, das die »bunte Kuh aus Flandern« hieß und von
Simon von Utrecht geführt wurde. Der Hamburger Bürgermeister Schoke war mit an Bord. Es war gut bemannt mit
Büchsenschützen und Arkebusierer und hatte am Bug zwei
mächtige Hörner, um den Gegner niederzustoßen. Bei dieser
Gelegenheit kann ich auf die damalige Armierung auch der
anderen Schiffe eingehen.

---

[36] Darüber: ihm

Vorletzte Strophe

Der Scharfrichter hieß sich Rosewald,
Er hieb da manchen stolzen Held
Mit also frischem Mute, –
Er stand in seinen geschnürten Schuhn
Bis an die Enkel in Blute...

Dann kommt die Szene, wo der Rat ihn fragt, ob er müde
sei.
Rosenwalds Antwort.
Dessen entsetzte sich der Rat und gab Befehl[37] ihn befahl
dem jüngsten Ratsherrn, der dessen auch willig war, den, der
sich solchen Wortes vermessen, auf der Stelle mitabzutun. Der
jüngste Ratsherr wurde zu diesem Schlußakt ausersehen. Im
Volk aber hieß es: Rosenwald hab es so gewollt, denn er sei
still im Herzen ein Likedeeler gewesen und hab' es so gewollt.

Eine Hauptfigur
der Störtebecker Zeit

aber ein wenig später, so daß sie wahrscheinlich keine Berührung gehabt haben, war
die Furie *Folkeld*
genannt »*quade Foelke*«
die Gemahlin von Okko ten Brôk I., der am 28. Oktober 1427
in der Schlacht auf den »wilden Äckern« (in der Nähe seiner
Burg *Oldeborg*) durch den Häuptling Focko Ukena geschlagen wurde. Die Burg *Oldeborg* wurde dann geschleift und
das mächtige Haus ten Brôk war gestürzt. Die Cirksenas von
Greetsiel rückten nun mächtig und maßgebend an die Stelle.
Die »quade Foelke« scheint von etwa 1405 bis 1420 ein
tolles Weib gewesen zu sein. Ihr Gemahl Occo ten Brôk war
wahrscheinlich ein Sohn von *Keno* ten Brôk, also Bruder von
Störtebeckers Gattin, die eine Tochter Keno's war.[38]

[37] Darüber: wies an – [38] Am Rand: S. de Vries und Focken S. 176,
S. 366, S. 370 und S. 412

QUADE FOELKE

(die letzte der ten Brooks)

Quade Foelke
Gemahlin von Okko tom Brôk I.
Mutter von Keno tom Brôk.
Großmutter von Okko tom Brôk II.
Quade Foelke hatte eine Tochter Okka. Diese war an *Lutet Attena*, Häuptling zu Nassa vermählt.
Die Ehe ist unglücklich. Aus dieser Ehe existiert eine Tochter: *Hebe*.
Der Schwiegersohn beklagt sich.
Die Schwiegermutter (die Foelke) sagt: »Schlage sie tot.«
Er tut es, aus Versehen oder doch ohne direkte Absicht; so wird der Rat der eigenen Mutter wahr und wirklich.

2.

Das ist nun aber der Mutter, der Quade Foelke, doch über den Spaß.
Rachezug gegen Lutet Attena.
Er wird besiegt in seines Vaters Burg. Der Vater muß mitsterben. Beide werden enthauptet, der eine auf einem braunen, der andre auf einem grünen Tuch.
Der [1] Gemahl der *Foelke* wird 1389 ermordet.
Der Sohn der *Foelke* (Keno der jüngere) stirbt 1418.
Der Enkel der Foelke (Okko der jüngere) wird 1427 auf den »wilden Äckern« besiegt und dadurch das Haus tom Brôk gestürzt.

3.

Von den gedemütigten Attenas (denn das Politische spielt mit, die Attenas waren die Rivalen der tom Brôks) war nur das Kind Hebe übrig. Diese war jetzt eine Waise: die Mutter

---

[1] Am Rand

(Okka) war erschlagen, der Vater (Lutet) enthauptet. Jene *auf Rat* der Großmutter, dieser *direkt* durch die Großmutter.

Hebe kommt nun nach Schloß Oldeborg oder Aurich.

Hier wurde sie durch die Großmutter erzogen, die hier auf der Burg herrschte, trotzdem ihr Enkel (Okko II. ich muß aber einen andern Namen nehmen) der eigentliche Herr war.

Sie ist gut gegen das Kind. Versöhnliches Moment. Und doch wird das Kind die Ursache ihres Sturzes und des Sturzes des ganzen Hauses.

4.

Auf der Burg war auch der Kriegshauptmann Fokko Uken. Ein Kriegs-Genie. Dieser befestigt durch seine Kriegskunst die schon gefährdete Herrschaft der tom Brôks.

Dieser hat einen Sohn Uko, der nun mit Hebe erzogen wird.

Jugendliebe.

Zuletzt wird ein Paar daraus.

5.

Nun sind Uko Fokkens und Hebe Attena ein Paar und leben in Dornum.

Jetzt erst erwacht das *Attena*-Gefühl in ihr.

Zugleich auch rückt die alte Quade Foelke den Erbschafts-Anteil nicht heraus. Oder dies lieber *zuerst* nehmen und dann sagen:

Dies egoistische Mein- und Dein-Gefühl belebt auch den alten *Attena*-Familienhaß wieder in ihr.

Der alte Schwiegervater (Fokko, der Kriegshauptmann), der mit ins Komplott gezogen wird, will erst nicht. Als er aber auch schlecht behandelt wird (man nimmt ihm die Oldersumer Burg wieder, die er früher erhalten) wendet er sich von den tom Brôks ab und geht ins Lager der Attenas, will sagen seiner eigenen Schwiegertochter über.

Der Bund wird geschlossen.

Skizze[2] von der Schlacht bei Detern an der oldenburgischen Grenze 1426.

Nun kommt es zum Kampf. Er (Okko) verstärkt 1427 die Besatzung von Oldeborg und zieht dem Focco und seinen Verbündeten entgegen. Er unterliegt auch hier wie das Jahr vorher die Verbündeten bei Detern. Die Schlacht auf den wilden Äckern.

Die alte »quade Foelke« steigt zu Roß und wird auf den Tod verwundet.

(Es[3] muß so sein, daß der Enkel [Okko] in der Schlacht fällt, sie aber, die Alte, ward verwundet und kehrt als greise Gefangene in die Stätte ihrer Herrschaft zurück, etwas bejahrt. . . . ., verhöhnt, bis sie kurz darnach stirbt.)

Der Sohn gefangen.

Großmutter und Enkelin stehen einander gegenüber. »Du hast uns gestürzt, Du wirst wieder gestürzt werden! Undank Undank.« Dann stirbt sie.

6.

Schlußkapitel. Bestattung der Alten. Andeutung wie sich die Prophezeiung erfüllt.

[Neuer Entwurf zu dieser Novelle]

Quade Foelke

Letztes oder vorletztes Kapitel. In der Schlacht auf den »wilden Äckern« wo ihr Enkel fällt, flieht sie verwundet, eine 70jährige Greisin, ein Page (besseres Wort, vielleicht Knecht oder Knechtssohn) mit ihr.

Diese Flucht muß nun ein Haupt- und Glanzstück sein, einmal landschaftliche Schilderung (die Moore) dann ihre Furcht gefangen zu werden.

Dann Unterkunft in einer Moorhütte. Hier die Nacht. Am

---

[2] Angeklebter Zettel – [3] Späterer Zettel

andern Morgen kommt Eve (Hebe) Attena, ihre Enkelin, und trifft sie. Begegnung.
Dann Begräbnis auf einer alten Burg als »letzte tem Brôk«.
Die Attenas und Ukenas und Fokkens waren zugegen.
Betrachtungen von *Focco Ukena*, des »großen Kriegshauptmanns«, machen den Schluß.

MELUSINE VON CADOUDAL

Bescheidne Pension, außerdem war ihr (in einer kl. Stadt) ein Haus zugefallen, dessen Parterre sie bewohnte. Der erste Stock stand leer. Außerdem waren Hofgebäude da und ein Stall. Alles – die Pension stammte aus einer Familienstiftung – hatte einem alten Anverwandten gehört, der sehr entfernt war, aber dem Fräulein Melusine, als der einzigen Trägerin seines [1] Namens, das Haus hinterlassen hatte. Der Stall führt nun zu dem Eheglück des Paares.

Melusine hatte wenig Verkehr in der Stadt, trotzdem es an Standesgenossen beiderlei Geschlechts nicht fehlte. Die Schwierigkeit lag in ihrer Kirchlichkeit, richtiger in ihrem Bekenntnis. Wäre dies von einer gewissen Allgemeingültigkeit gewesen, hätte sie sich als Herrnhuterin, als Quäkerin, als Methodistin, als böhmische Brüdergemeinde (noch einige halb komische aufzählen) rubrizieren lassen, so wäre vielleicht ein Finden Gleichgestimmter möglich gewesen, sie hatte sich aber eine eigne Religion zurechtgemacht, in der bestimmte Sätze der schärfsten Orthodoxie (grade diese bevorzugte sie) mit vollkommner Freiheitlichkeit – Freigeisterei wäre nicht das rechte Wort gewesen – wechselte, so daß ein Sichfinden auf diesem willkürlich aufgezimmerten Glaubenspodium sehr unwahrscheinlich war. Sie hatte sich auch darin ergeben und fand ihr Genügen darin, an allen Wohltätigkeitsvereinen, sie mochten einen Namen haben, welchen sie wollten, teilzunehmen. Immer zu ihrem [1a] Teile, denn ihre Mittel waren sehr beschei-

---

[1] Gestrichen: berühmten – [1a] danach gestrichen: bescheidnen

den. Sie war in der Stadt sehr beliebt und sehr angesehen, sowohl um ihre Namens wie ihres Wandels und ihrer Herzensgüte willen, ganz besonders bei den alten pensionierten Offizieren, deren eine ziemliche Zahl in der kleinen Stadt lebte, jeder gefiel sich in Aufmerksamkeiten, am meisten der alte Oberst Krake von Tordenskjöld, der zuletzt Kommandeur eines pommerschen Festungsartillerie-Regiments gewesen war. Er war erst Mitte Funfzig, gut aussehend[2], ebenso ritterlich gegen Damen, wie er bärbeißig im Dienst gewesen war – und hätte sich in Myslowitz, wo er seit einem Jahr lebte, ganz glücklich gefühlt, wenn er nicht in ewiger Not mit seinem Pferde gewesen wäre. Die Stadt hatte keine Ställe und was es davon hatte, war von so plebejer Natur, so durch Ackergäule verseucht, daß es ihm widerstrebte, sein schönes Pferd, das er noch bei der Kanonade von Wörth geritten hatte, darin unterzubringen.

»Ja, Krake«, sagte ein andrer alter Oberst, »sonst hieß es ein Königreich für ein Pferd, jetzt heißt es bloß noch ein Königreich für 'nen Stall. So kommt man runter ... Wir müssen sehn, daß wir wieder eintreten.« Aber davon wollte Krake von Tordenskjöld nichts wissen. Er hatte 2 Jahr lang in der Furcht vor dem blauen Brief gelebt und war froh, aus diesem Bangen herauszusein. Es war ein Gasthaus da, wo Krake seinen Frühschoppen nahm, in dessen Stall stand das Pferd wie auf Borg. »Herr Oberst werden schon mal was finden, bis dahin wird es schon gehn.« Der Gasthausbesitzer wollte nämlich selber Pferde einstellen, um, wenn Gäste ins Gebirge wollten, die Fuhren selber stellen zu können.

Es war um die Stachelbeerzeit. Melusine von Cadoudal hatte den ganzen Morgen über in ihrem Garten gepflückt und war noch an demselben Vormittag an ein Einkochen gegangen,

---

[2] Gestrichen: sehr artig, sehr.

eine alte Kochfrau war ihr dabei an die Hand gegangen und hatte dabei ein halb wissenschaftliches Gespräch mit Melusine geführt.

»Ich nehme jetzt immer eine Prise von einem weißen Pulver[3], den Namen will ich lieber nicht sagen, weil er falsch sein könnte, und dann lachen die Herrschaften, aber es ist was, was alles Verderben hindert, und wenn man viel davon nimmt, ist es gegen Vergiftung und Rheumatismus.« Melusine hatte von dieser Neuerung nichts wissen wollen und sich darauf berufen, daß man's[4] auch zwingen könne, wenn man's recht fest und recht süß einkoche. Und nun standen die Gläser da und kühlten aus, und gegen Abend band Melusine die Glashafen mit Pergamentpapier zu und schrieb darauf: Eingemachtes. Stachelbeeren. 6. 6. 75. Dann stellte sie die Gläser auf das Fensterbrett des offenen Küchenfensters und sah über den Hof fort in den dahintergelegenen Garten hinein, auf dessen mit Strauchobst besetzten Mittelgang die schon tief stehende Sonne schien. Ein Gefühl des Dankes über den kleinen freundlichen Besitz, in dem sie nun schon 7 Jahre lebte, kam über sie, aber doch auch eine gewisse Bedrückung über die kleinen und engen Verhältnisse, drin sie lebte und die in keinem rechten Verhältnisse zu der stattlichen Wohnung standen. Sie war eine Hausbesitzerin mit Hof und Garten und Taubenhaus und Stallgebäuden, und doch fehlte es oft an dem Nötigsten. Ob ihre bretonischen Ahnen auch so arm gewesen. Ob George Cadoudal ... Nein, wer den Mut zum Widerstande hat, den drücken keine kleinen Sorgen. Sie war glücklich und unglücklich zugleich und hing Plänen nach, die sie schon seit einiger Zeit beschäftigten, von denen sie aber aus Scheuheit und um ihres vornehmen Namens willen immer wieder Abstand genommen hatte. Sie schien aber diesmal zu einem andren Entschlusse gekommen zu sein, und als sie die kleine Lampe angezündet und sich in ihr Vorderzimmer begeben hatte, setzte sie sich an einen Rokokoschreibtisch, auf dessen Hochstück einige Ständer mit Miniaturporträts standen, und schrieb einen

---

[3] Gestrichen: das sie Salizyl nennen. – [4] Gestrichen: mit mehr Zukker.

Zettel, den sie durchlas, nochmals korrigierte, und [5] klingelte dann nach der Dienerin, die das Zettelchen [6] zu Buchdrucker Striegau [7], bei dem der »Glatzer Bote« erschien, tragen sollte. Die Insertionskosten hatte sie sorglich berechnet und noch einen Zuschlag gemacht, um die alte Dienerin nicht einer Verlegenheit auszusetzen.

Am zweiten Tage danach saß Krake von Tordenskjöld im »Blauen Stern« und unterhielt sich wie gewöhnlich mit Kuring, der selbst ein alter Soldat war, über Kriegs- und Friedenszeiten.

»Ich glaube, Herr Oberst, es geht bald wieder los. Diese Nation da drüben is nun mal so, und dieser Gambetta, der nich mal ein richtiger Franzose ist, gefällt mir gar nicht. Er redt wohl immer vom Frieden, aber das kennt man; eh wir sie nich noch mal vor die Klinge gekriegt haben, eh wird es nichts. Und ich denke mir, wenn es losgeht, ist Herr Oberst auch wieder dabei.«

»Ach, lieber Kuring, ich denke gar nicht daran, es sind da jetzt so viele minderwertige Leute, die denken, sie verstehen's; ich sage Ihnen, Schulfuchser sind es, Bücherwürmer. Und da kommt der erste beste hergelaufen und denkt, er ist es. Glauben Sie mir, Kuring, es ist wie mit den Juden. Die haben den Handel im Blut und das Geld und die Advokatenkniffe, und wir haben den [8] Soldaten im Blut und können befehlen. Ohne Adel geht es nicht. Ich hatte auch solchen Schulfuchser, is jetzt obenauf. Und die regieren jetzt, die haben das Heft in der Hand, ich spiele nicht mehr mit. Und ich bin froh, wenn ich meinen braunen Wallach mal beim Schützenfest habe, ein bißchen Geknatter und ein bißchen Pauke. Wenn ich nur erst einen Stall hätte. Denn Ihnen seh ich's an, daß Sie mir bloß das Leid nicht antun wollen.«

»Aber«, sagte Kuring und ging auf den Tisch zu, wo die Zeitungen lagen, »aber haben denn Herr Oberst nicht den

---

[5] Gestrichen: dann in ein Couvert steck. – [6] Gestrichen: auf die Redaktion. – [7] Darüber: Striegler. – [8] Gestrichen: Krieg.

›Boten‹ gelesen, letzte Nummer heute früh; ich glaube, das wäre was für den Herrn Obersten.« Und dabei wies er auf die erste Seite, wo die Anzeigen standen.

Krake wehrte ab und sagte: »Lesen Sie, Kuring; ich habe meinen Kneifer vergessen, und dann flimmert mir's so. Bitte, Kuring, lesen Sie.«

Der Wirt stellte sich denn auch ans Fenster und las: »In dem Hause Blücherstraße 15 ist ein Stallgebäude[9] für zwei Pferde zu vermieten. Nähere Auskunft erteilt Melusine von Cadoudal, Stiftsfräulein.«

Krake nahm das Blatt aus Kurings Hand und hielt es weit ab, um sich auf die Weise die Möglichkeit des Selbstlesens zu verschaffen, und sagte dann: »Alle Wetter, Kuring, das wäre was. Das ist ein Glückstag für Sie und mich. Sie kriegen den Platz frei, und ich finde ein Unterkommen. Wenn ich sage ›ich‹, meine ich die Stute, die übrigens wichtiger ist als ich selber. Und bei der Cadoudal. Ich sehe sie dann und wann, wenn ich durch die Blücherstraße reite. Wie alt mag sie sein? Noch keine Funfzig. Proppre Person; ein bißchen sehr schlank. Aber eine Cadoudal ist eben keine Fleischmadam. Was meinen Sie, Kuring, ich werde gleich gehn; so halb gefrühstückt ist besser wie ganz. Ihr Ungar wird überhaupt immer schwerer. Sie lachen. Na, ich weiß schon, was Sie denken; Krake wird immer älter. Aber ich sage Ihnen, ich bin noch gar nicht so alt. Und dann, ich bin nie Sausewind gewesen, immer geschont. Und darauf kommt es an. Stall und Zubehör. Da wollen wir doch gleich mal sehn. Adieu, Kuring.«

Melusine von Cadoudal saß auf einem Trittbrett am Fenster, so daß sie fast wie ein Kniestück wirkte. Myrthen und Pelargonium (deutsches Wort), über die sie hinwegragte, ließen sie noch größer erscheinen, als sie war. Über ihr hing ein Bauer mit einem Kanarienvogel; in ihrer Hand hatte sie eine Tuchstickerei mit Goldfäden, für einen Bazar für getaufte Negerkinder bestimmt. Als sie aufsah, sah sie, daß Krake von Tor-

---

[9] Darüber: Stall und Zubehör.

denskjöld grüßte, und einen Augenblick später trat die alte Katharine ein, um den Herrn Obersten zu melden.

»Ich lasse sehr bitten . . .«

Der Prediger, der traute, war ein guter, aber etwas liebedienerischer und nicht allzu geschmackvoller Herr, der, weil er in Erfahrung gebracht, was die beiden zusammengeführt, ziemlich viel von dem Stall zu Bethlehem sprach, über dem ein Stern gestanden. Auch die Hirten kamen und die drei Könige aus Morgenland, aber der jedesmal mit vibrierender Stimme vorgetragene »Stall« blieb das Leitmotiv und daß das Kleine bestimmt sei, zu Großem zu führen. Wer das Leben im Lichte der allein maßgebenden Erkenntnis betrachte, finde dies immer neu bestätigt. Eine Fülle von Trost und Erhebung liege darin. Er sprach so noch eine Weile weiter, nur mit dem Unterschiede, daß er zuletzt das Wort Krippe bevorzugte. Krake, wenn die maßgebenden Worte kamen, bestätigte durch leises Kopfnicken jedesmal seine persönliche Zustimmung, und viele neugierig Erschienenen taten ein Gleiches, nur Melusine fühlte [10] Bedenken und sprach sie, als sie ihre Hochzeitsreise antraten, auch aus. Krake nickte auch zu diesen Bedenken und sagte dann, während er ihr die Hand küßte: »Nun ja, Melusine. Wenn er die Sache verklären mußte, so hat er sie zu voll verklärt. Es war ein gerüttelt und geschüttelt Maß. Aber sei nicht zu demütig in deinem Gefühl. Du warst eine Cadoudal und bist eine Krake von Tordenskjöld. Laß uns demütig sein, aber meiden wir ein Zuviel.«

[10] Darüber: hegte

RUDOLF v. JAGORSKI, GLOBETROTTER

LES EXTREMES SE TOUCHENT.
ODER: GLOBETROTTER

Gesellschaft im Ausstellungspark. Internationale Ausstellung.

Globetrotter sitzt zwischen zwei Philistern(??), einem von 70, einem von 30. Der 70er ist ein Bildersammler, das ist es auch was ihn hieher geführt hat. Der Globetrotter erzählt ihm von Galerien. Sehen Sie, was man so gewöhnlich sieht, das ist gar nichts. Eine Assunta mehr oder weniger is ganz egal. Oder eigentlich schlimmer man verwechselt sie bloß; so die Madonnen auseinanderzuhalten, hören Sie das ist kein Spaß. Jetzt hab ich es aufgegeben. Aber früher. Manche schlaflose Nacht. Als ich von Rom nach Neapel fuhr, waren sie wie hinter mir her. Ich muß aber einräumen, daß ich in Via Tuornaboni eine Flasche Asti getrunken hatte. Wenigstens eine.

Der andre nickt.

»Und dann sagt man sich schließlich auch: wozu das alles? Jeder kuckt sich das an, jeder redet drüber, jeder verwechselt sie, und das hab ich ausgeprobt, wenn man nicht was Besonderes auf der Pfanne hat dann kann man einpacken.«

»Ich sage das auch immer. Aber gibt es denn nun so was Apartes?[«]

»Natürlich gibt es das. Ich sage Ihnen, es gibt überhaupt alles. Glauben Sie doch nicht, daß wir fertig sind; wir fangen erst an. Da ist jetzt der Röntgen, der reine Herz u. Nierenprüfer, aber es geht noch weiter. Gedankenlesen, alles kommt noch.[«]

Aber das soll ja Schwindel sein.

Natürlich. Schwindel ist es auch. Aber etwas Schwindel ist immer mit dabei. Der alte Blücher soll zu Friedrich Wilh. III. gesagt haben: »Majestät, ein bißchen mogeln, – das is nun schon mal das beste.« Und was noch merkwürdiger ist, Fr. W. III. hat genickt. Aber ich verirre mich. Ich wollte Ihnen bloß erzählen, daß das mit den gewöhnlichen Galerien nichts ist. Immer dasselbe. Ob Christus so liegt oder so, ja mein Gott, wer soll das behalten. Ich nicht. Aber da gibt es Galerien, daran

hat man was. Da war ich mal in Edinburg. Schloß Holy-Rood.
Kennen Sie Holy Rood?

Nein.

Nu. Das schadt nichts. Also ein Schloß. David Rizzio der
Sänger war da, wurde ermordet, der Blutfleck wird alle Jahr
aufgefrischt, weil sonst keiner mehr kommt, jeder will das
Sängerblut sehn. Und nun sehn Sie, in diesem Holyrood
also, da ist auch eine Galerie, man könnte sagen eine National-Galerie. Lauter schottische Könige von Fergus I. an.

Aber von denen hab ich ja auch noch nie gehört.

Das glaub ich. Ich auch nicht. Das sind alles Könige, die vor
die Entdeckung von Schottland fallen und als sie gemalt werden sollten, sind sie in Entreprise gegeben und jeder schottische König ist so Mitte des vorigen Jahrhunderts für 7 Schilling gemalt worden. Die allerältesten hab ich mir eingeprägt.
Einer sah aus wie ein Neuseeländer, der andre wie Macbeth
im letzten Akt. Ich bin für so was Apartes.

Nun erhebt sich der Präsident und hält eine Rede.

Als sie vorbei ist, sprechen sie über die Rede und über den
schönen General mit weißem Haar wie gepudert, der neben
dem Präsidenten sitzt.

Eine feine Rede.

Nun ja. Mit Reden ist es wie mit den Madonnen. Ich bin
mehr für solche wie Fergus I., je verrückter, je besser. Aber
wer ist der wundervolle General der neben dem Präsidenten
sitzt?

»Das ist der General v. Winterfeldt.«

Donnerwetter. So sieht er aus. Wie ein ganz feiner Mensch
aus 'm vorigen Jahrhundert. Stammt er von dem berühmten
General ab?

»Er wird wohl.«

»Natürlich wird er. Er muß von ihm abstammen. Übrigens
merkwürdig so die Differenz von Sommerfeldt und Winterfeldt.[«]

Es gibt auch einen General v. Sommerfeldt. Ganz vorzüglicher Herr.

Versteht sich. Warum nicht. Aber doch kein Winterfeldt.
Sehen Sie, so ist es in allen Stücken. Winter, Sommer, jedes

gleich gut, aber trotzdem, konsequent durchgeführter Unterschied. Und da soll man nicht an Prädestination glauben. Prädestination wenn man es frei übersetzen will, ist doch so viel wie Schicksalslaune. Übrigens (und er beugte sich vor und sprach ganz leise) sagen Sie, wer ist mein Nachbar links. Ich muß mich ein bißchen um ihn kümmern. Auf seinem Zettel habe ich gelesen: Crusemann.

Das ist ein Versicherungsbeamter, in einer Hagel-Assekuranz. Aber ich glaube, sie machen alles, Versicherung zur See, Feuerbestattung. In Gotha machen sie alles.

[»]Danke, danke. Und Ihre Galerie darf ich mir mal ansehn? Ich rechne auf Genrestücke. Genre ist immer das Beste. Kegelbahn, Musikanten: Gott, man lebt doch bloß einmal...«

Ein Redner erhob sich um die französischen Gäste leben zu lassen. [»]Wir marschieren getrennt, aber schlagen vereint, Friedensschlachten. Es lebe die Kunst.«

Als sich die Aufregung gelegt und N. mit seinem linken Nachbar angestoßen hatte sagte er: Ja, die Franzosen. Merkwürdiges Volk. Chauvinistisch, aber fein, immer gute Manier. Es ist wahr, sie sind wie ein Brand [1] in Europa, aber die andern Mächte betreiben das Löschwerk, Preußen Oberbranddirektor. Und dann haben wir für alles Versicherungsgesellschaften.

»Ich verstehe« sagte Crusemann in voller Gutgelauntheit. »Ihr Nachbar hat Ihnen erzählt, daß ich Versicherungsbeamter bin. Ja, das bin ich. Eine traurige Beschäftigung. Man kommt dahinter daß $3/4$ aller Menschen aus Spitzbuben besteht. Und da entstehen solche Sätze wie ›wer versichert will betrügen‹ oder ›jedes Feuer is angelegt‹. Und dabei verdirbt man seinen eignen Charakter, man verliert die Liebe zur Menschheit, die doch das Beste bleibt.[«]

Gewiß, gewiß. Schade.

Und dann die beständige Reiserei. Hagelschlag in Königsberg, Windschaden in Beuthen a. O., Feuer in Gardelegen. Ach, und die Hotelbetten und der schlechte Kaffee. Und überall 'ne Mark und an manchen Plätzen auch schon 1 Mark 50. Sehen Sie, reisen war immer meine Lust. Aber reisen und rei-

---

[1] Über den letzten 3 Worten: eine stete Feuersgefahr

sen is en Unterschied. Interlaken, Palermo, Cairo, ja das laß
[ich] mir gefallen. Aber immer so zwischen Arnswalde und
Finsterwalde hin und her..

Ach, glauben Sie nicht, daß das einen großen Unterschied
macht. Zwischen Franzburg und San Francisco is kaum ein
Unterschied.

Ich bitte Sie. Das sagen Sie so. Franzburg kenne ich..

Aber kennen Sie San Francisco.

Gott bewahre.

Aber darauf kommt es an. Ich kenn es. Erbärmliches Nest.
Am Hafen steht eine ungeheure Statue. Wenn die Amerikaner nicht mehr aus noch ein wissen, errichten sie eine Statue,
so hoch wie Ihr Schloß hier. Oder sie setzen einen Eiffelturm
auf den andern, damit sie sagen können: Europa ist besiegt. Und
dann die gräßlichen Chinesen. In San Francisco sind mehr Chinesen als in China. Wenn nicht die Diggins wären und dann und
wann ein Mord wär es vor Langerweile gar nicht auszuhalten.

Der andre antwortet.

Dies Gespräch setzt sich fort.

Der »Bildersammler« wird schließlich in das Gespräch mit
hineingezogen.

Der Komiker der Versammlung hielt dann noch eine Rede
auf die Damen. Einige lachten, die meisten waren unruhig und
versicherten, das wenigstens schon sechsmal gehört zu haben.
Dann erhob man sich um im Freien Kaffee zu trinken. Der
Agent war schon engagiert. Aber der Rentier und »Bildersammler« schloß sich dem Globetrotter an und sie setzten sich
in die Veranda, den Musikpavillon vor sich.

Szenerie – Schilderung.

Dann gesellt sich ihnen ein ältlicher, etwas trivial aussehender Herr, der nicht mit zur Gesellschaft gehört hatte, sondern
einfach als Nachmittagskonzertbesucher erschienen war. Dieser
alte Herr von ungefähr 60 ist der Gärtner Tübbeke aus der
Gartenstraße. Sie freunden sich an. Baumarten. Die Riesenbäume im Yellowstone Park in Colorado, die Riesenbäume
(welche) auf Ceylon. Zuletzt die *Orchideen* und Birnen. Lebhaftes Gespräch. Tubbeke ist entzückt und lädt ihn ein, ihn in
seinem Garten in der Ackerstraße zu besuchen. »Feine Gegend

is es nich. Aber ein Mann wie Sie. Sie werden schon sehn, es is doch ganz gut. Mehr will ich nicht sagen.«

Nun erfolgt der Besuch.

Ackerstraße. Haus. Garten. Er ist Witwer. Hat nur eine Tochter. *Karline*. Der Rentier und »Bildersammler« ist auch geladen. Außerdem noch zwei, drei Menschen.

Nun Gespräch zwischen dem Globetrotter und *Karline*, die nur Berlin kennt und Treptow und Stralau und die Nordgegenden der Stadt »wo keiner hinkommt«. »Da haben wir Buch. O, das is ganz fein. Und auch historisch. Da liegt die Gräfin Ingeheim. Aber ejentlich hieß sie Voß.« »Ach die[2] vom dicken König.« »Ja, es war so was.« »Ja, hören Sie, da können Sie lachen, daß Sie so was Feines hier haben.«

Und Schönhausen u. Krummensee etc. etc. »Aber das kann doch für *Sie* nichts sein.«

Ganz im Gegenteil. Und wenn ich mir denke, ich könnte mit Ihnen nach Stralau fahren, das wäre mir lieber wie das ganze Goldne Horn.

Nun nach Stralau, das ginge schon.

Und weiter. Viel weiter. Bis in einen Hafen.

Als er um 10 mit dem Bildersammler nach Hause fuhr, war er verlobt.

Ganz zuletzt (schon vorher hat sich Jagorski erkundigt: wer ist der famose Herr mit dem weißen Haar, sieht aus wie gepudert, Pastellbild, voriges Jahrhundert, man könnte sagen er ist als *Bild* hier) – ganz zuletzt erhebt sich auch Winterfeld um Jagorski, von dessen Anwesenheit er gehört hat, leben zu lassen. »Es gibt ein berühmtes Lied, wo Napoleon Parade abnimmt über die die in tiefem Norden erstarrt zu Schnee und Eis und die in Welschland liegen, wo ihnen die Erde zu heiße und die der Nilschlamm drückt u.s.w. solche Parade, meine Herren hat er auch abgenommen, nicht in nächtiger Stunde, sondern am hellen Tage. Meine Herren, er der den glühenden arabischen Sand kennen gelernt hat unser berühmter Reisender

---

[2] Gestrichen: Geliebte

lebe hoch, der Mann aller vier Himmelsgegenden, der Mann
der Wüste, der Mann des Nilschlamms, der Mann der Eisfelder. Nochmals hoch.[«]

Meine Herren. Ich bitte noch einen Schritt weiter gehen zu
dürfen. Was sind Eisfelder. Ich fasse die Sache weiter, allgemeiner. Was sind Eisfelder. Ich gehe weiter, ich lasse Paraden
für diese Pluralbildung, allgemein die Winterfelder leben. Das
greift weiter. Der General v. Winterfeld lebe hoch.

NOTIZEN

Zu Roman oder Novelle

Zwei ältre Brüder, von denen der eine immer den andern
korrigiert, der Korrigierte bleibt aber eigensinnig bei *seiner*
Aussprache.

1. Itzehö. – Itzeho.
2. Cassiopeja. – Cassiopeia.
3. Gitschìn. – Gìtschin.
4. Donquischott. – Quichote.
5. Rysdāl. – Reusdal.
6. Todèma. – Tódema.
7. Omptèda. – Ómpteda.
8. Gránada. – Granàda.
9. Chamìsso. – Chámisso.
10. Gaudy. – Gaudy.
11. Verden (F). – Verden (W).
12. Plock. – Plotzk.
13. Wylich u. Lottum. –

Mexiko. Ohio. Mac-Lien   Mac-Len. Mac-Intosch. Macdonald.
Mac Dònald.

Figur in einer Berliner Novelle

»Ich bin *Saal*-Vermieter . . .« Und nun führt er aus, was in
seinem Saal alles vorgeht und daß eigentlich nichts passieren
kann, wo sein »Saal« nicht eine Rolle spielt. Hochzeiten, Tanz,
Vorlesungen, Konzerte, politische Versammlungen, Wahllokal,
Kaisers-Geburtstag, Waldeckfeier. »Und mein Vergnügen ist,
wie dies nu wechselt. Mitunter is das Echo von Kaisers-Ge-

burtstag noch nicht 'raus, so heißt es schon wieder »Waldeck oder Jacobi; stoßen Sie an meine Brüder. Es lebe die Freiheit«. [«]
Und so geht es weiter.

Moderner Roman oder Novelle

Schilderung eines partout carrière-machenden *Garde-Assessors* (früher Staatsanwalt) wie Pastor Windel ihn neulich bei Wangenheims schilderte. Gesellschaft; ganz unberührt, ganz gleichgültig, nur seinen Vorteil berechnend. Monocle, breites schwarzes Band. Losstürzen auf die Wirtin, dann nüchtern, *wer ist hier*, auf den ich allenfalls Rücksicht zu nehmen habe. Resultat, mal glänzend: lauter Minister u. Unterstaatssekretäre; mal erbärmlich: ein einziger *Geheimer Ober Regierungsrat* aus dem *Kultus*-Ministerium. Nicht mal ein Geh. Ober Finanz-Rat. Außerdem entdeckt er einen Chefredakteur, einen Kerl wie er selbst, nur flotter und liebenswürdiger, den er als Staatsanwalt mal angeklagt hat. Auf diesen stürzt er sich. Sie schließen eine momentane Freundschaft. Er ist nämlich ein Liberaler und geht davon aus: Feudalismus hält sich bei uns nicht.

Moderner Roman oder Novelle

Ein geistreicher Kerl, der immer in Paradoxen spricht: Raphael ist Verfall, Pitt hat England ruiniert, Fr. W. I. war wohlwollend, August der Starke war der Retter Sachsens, der Löwe ist ein feiges Tier, aller Schulunterricht ist ein Unsinn und ein Ruin »wie Kinder im Sand spielen und mit einem Male stehen sie auf, so kann der Mensch alles, was er überhaupt kann, von Natur. Viele[1] können sehr wenig, aber durch Schulen wird es nur schlimmer; sie verdummen nur um so mehr etc.«

Stoff zu einer kl. heiteren Erzählung

Universitätsprofessor Dr., Jurist, Witwer, hat eine einzige Tochter. Er lebt nur seinen Büchern und Vorlesungen. Eines

---

[1] Aus: Wenige

schönen Tages ist die Tochter erwachsen, 16 oder 17 Jahre, und er sagt sich nun: »das arme Kind, hat keine Mutter und soll so versauern.« Er zieht sich einen Frack an, nimmt eine Kutsche und fährt zu allen möglichen Leuten, wo er mal in Gesellschaft war, um seine Tochter zu präsentieren. Erreicht auch seinen Zweck: Geselligkeiten, Einladungen, Bälle. Nach Jahr und Tag aber muß ihn die Tochter erinnern: »nun mußt auch *du* einen Ball geben«. Und den gibt er nun.

Aloys Rittersbach
Eine Geschichte vom sonderbaren Ehrgeiz

Theos Geschichte. Alles dran setzen um ein preußischer Grenadier und ein Reservelieutenant zu werden.

Was gilt?
Eng oder weit, Fern oder nah

Zwei Damen: Frau Geh. R. Scharto.
Frau Gen. Kons. Lührsen.

Zwei Freundinnen. Eine Geheim-Rätin und eine Frau General-Konsul. Beide gleich alt (38) beide gleich klug, beide gleich gut situiert. Jene vertritt in brillanter Weise preußische Bildung, Schulung, Frommheit, Anschauung, diese die kosmopolitische Anschauung. Es kommt zu Konflikten und Trennung, bis die superiore Haltung der letztren siegt. Die erstre gibt es zu und die Freundschaft stellt sich wieder her.

Novellenstoff

Ein junger Graf – nehmen wir eine ähnliche Situation wie die des jungen Grafen E. mit der Schaeffer-Voit oder noch besser mit Keils Tochter, der als rotbärtiger Demokrat besser paßt, er darf aber nicht *so* reich sein – liebt ein bürgerl. Fräulein. Die gräfl. Eltern wollen nicht, verbieten es aber auch nicht und sagen: »tu was du willst«.

Er verlobt und verheiratet sich und sagt zu seiner jungen Frau: »Ich führe dich nicht ein; dazu bist du mir zu gut; *sie* sollen kommen.«

Es folgen glückliche Jahre. Zuletzt aber kann *sie*, die junge Frau, diesen Zustand des Erwartens und des Ausgeschlossenseins nicht länger aushalten. Es entwickeln sich Zerwürfnisse, die Trennung wird ausgesprochen (oder erfolgt wenigstens tatsächlich) und sie kehrt mit einer kleinen Comtesse in das elterliche Haus zurück.

Es muß alles auf die psychologischen Vorgänge der jungen Frau gestellt werden.

Die Geschichte vom Braunschweiger Herzog mit dem »Klingelzug« im Grabe

Die Geschichte des Herzogs. Sein Tod. Seine Forderung – Seine Bestattung.

In der 3. Nacht das Klingeln. Der ungeheure Lärm den es in der Bevölkerung macht.[1]

Man forscht nach; er schläft; er ist tot.

Es wird etwas gefunden, das auf den Täter hindeutet.

Es ist der Bruder einer schönen Schwester.

Diese Schwester wurde schnöde verlassen.

Nun tritt *diese* für den Bruder ein. Glänzendes Plaidoyer vor allen Richtern.

Freisprechung. Beilegung. Glückliches Ende.

Eine Geschichte, die Pancritius mir erzählte

Ein Rittergutsbesitzer, Junggesell, Atheist, kommt zu sterben. Er will einen Priester (lutherischen) haben, aber er lebt in einer Einöde oder es ist Weihnachtsfestzeit und die zwei, drei, die vielleicht zu haben wären, sind nicht zu haben.

Es muß also etwa um 6 oder 7 Uhr früh sein und um 9 müssen sie predigen. Endlich kommt einer. Die Bitten des Dieners haben ihn bestimmt – er hat die Fest-Predigt aufgegeben (der Küster muß lesen) und er kommt. Nun beichtet der Alte, verwünscht und verflucht sein Leben und ist in der Leidenschaft des Erlöst-sein-wollens gerade so ungebärdig, wie sonst in seinem Leben. Der Prediger antwortet. Dann wird er ruhig und stirbt.

---

[1] Gestrichen: Etwas wird gefunden

ANHANG

ANMERKUNGEN

ABGEKÜRZT ZITIERTE LITERATUR

Auswahl Erler: Fontanes Briefe in zwei Bänden. Ausgewählt und erläutert von Gotthard Erler. Berlin und Weimar (Aufbau-Verlag) 1968. 2. Auflage 1980

Briefe: Theodor Fontane Briefe I-IV. Hrsg. von Kurt Schreinert. Zu Ende geführt und mit einem Nachwort versehen von Charlotte Jolles. Berlin (Propyläen Verlag) 1968-71

Briefe an Friedlaender: Theodor Fontane. Briefe an Georg Friedlaender. Hrsg. und erläutert von Kurt Schreinert. Heidelberg (Quelle & Meyer) 1954

Briefe an Wilhelm und Hans Hertz: Theodor Fontane. Briefe an Wilhelm und Hans Hertz (1859-1898). Hrsg. von Kurt Schreinert. Vollendet und mit einer Einführung versehen von Gerhard Hay. Stuttgart (Ernst Klett Verlag) 1972

Briefe an Kletke: Theodor Fontane. Briefe an Hermann Kletke. In Verbindung mit dem Deutschen Literaturarchiv Marbach a. N. hrsg. von Helmuth Nürnberger. München (Carl Hanser Verlag) 1969

Briefe an Rodenberg: Theodor Fontane. Briefe an Julius Rodenberg. Eine Dokumentation. Hrsg. von Hans-Heinrich Reuter. Berlin und Weimar (Aufbau-Verlag) 1969

Briefwechsel mit Lepel: Theodor Fontane und Bernhard von Lepel. Ein Freundschafts-Briefwechsel, hrsg. von Julius Petersen. 2 Bände. München (C. H. Beck'sche Verlagsbuchhandlung) 1940

Chronik: Hermann Fricke. Theodor Fontane. Chronik seines Lebens. Berlin-Grunewald 1960

Das Fontane-Buch: Das Fontane-Buch. Beiträge zu seiner Charakteristik. Unveröffentlichtes aus seinem Nachlaß. Das Tagebuch aus seinen letzten Lebensjahren. Hrsg. von Ernst Heilborn. Berlin 1919

Der deutsche Krieg von 1866: Theodor Fontane. Der deutsche Krieg von 1866. Bd. 1, Der Feldzug in Böhmen und Mähren. Bd. 2, Der Feldzug in

West- und Mitteldeutschland. Hrsg. von Helmuth Nürnberger. Frankfurt/
M., Berlin 1984

Der Krieg gegen Frankreich 1870-71: Theodor Fontane. Der Krieg gegen
Frankreich 1870-71. Bd. 1, 1 und 1, 2. Der Krieg gegen das Kaiserreich.
Berlin 1873. Bd. 2, 1 und 2, 2. Der Krieg gegen die Republik. Berlin 1875-
76 (Faksimilenachdruck München: Nymphenburger Verlagsbuchhandlung 1971)

Der richtige Berliner: Der richtige Berliner in Wörtern und Redensarten
verfaßt von Hans Meyer weiland Professor am Grauen Kloster zu Berlin
fortgeführt von Dr. Siegfried Mannesmann und für die zehnte Auflage
bearbeitet und ergänzt von Walther Kiaulehn. München, Berlin 1965

Der Schleswig-Holsteinsche Krieg im Jahre 1864: Theodor Fontane. Der
Schleswig-Holsteinsche Krieg im Jahre 1864. Hrsg. von Helmuth Nürnberger. Frankfurt/M., Berlin 1981

Engere Welt: Theodor Fontanes Engere Welt. Aus dem Nachlaß hrsg. von
Mario Krammer. Berlin (Verlagsanstalt Arthur Collignon) 1920

Familienbriefe: Theodor Fontanes Briefe an seine Familie. Hrsg. von Karl
Emil Otto Fritsch. 2 Bde. Berlin 1905 (= Ges. Werke. Serie 2, Bd. 6-7)

Gesammelte Werke: Theodor Fontane. Gesammelte Werke. 21 Bände in 2
Serien. Berlin 1905-10. (2. Serie. Bd. 9: Aus dem Nachlaß. Hrsg. von Josef
Ettlinger. Von vor und nach der Reise. Plaudereien und kleine Ge-
schichten.)

FP: Theodor Fontane. Briefe an Friedrich Paulsen. Bern (Dürr) 1949
Dichter über ihre Dichtungen: Dichter über ihre Dichtungen. Bd. 12.I.II.
Hrsg. von Richard Brinkmann in Zusammenarbeit mit Waltraud Wiethöl-
ter. München (1973)

FSt: Storm-Fontane. Briefe der Dichter und Erinnerungen von Theodor
Fontane. Hrsg. v. Erich Gülzow. Reinbek bei Hamburg (Parus) o. J. (1948)

Freundesbriefe. Zweite Sammlung: Briefe Theodor Fontanes. Zweite
Sammlung. Hrsg. von Otto Pniower und Paul Schlenther. 1. und 2. Band.
Berlin (F. Fontane & Co.) 1910

Heiteres Darüberstehen: Theodor Fontane. Heiteres Darüberstehen. Familienbriefe. Neue Folge. Hrsg. von Friedrich Fontane. Berlin (G. Grote'sche Verlagsbuchhandlung) 1937

Kehler: Neunundachtzig bisher ungedruckte Briefe und Handschriften von Theodor Fontane. Hrsg. und mit Anmerkungen versehen von Richard v. Kehler. Berlin 1936

N: Theodor Fontane. Sämtliche Werke. Hrsg. von Edgar Groß u. a. München: Nymphenburger Verlagshandlung 1959 ff.

Nürnberger, Der frühe Fontane: Helmuth Nürnberger. Der frühe Fontane. Politik. Poesie. Geschichte. 1840 bis 1860. München 1971.

Petersen: Julius Petersen. Theodor Fontanes Altersroman. In: Euphorion 29 (1928), S. 1-74

Ranke: Leopold von Ranke. Englische Geschichte vornehmlich im sechzehnten und siebzehnten Jahrhundert. 7. Bände. 1859–68. 2. Aufl. Leipzig 1871

Reuter: Hans-Heinrich Reuter. Fontane. 2 Bde. Berlin 1968

Rost: Wolfgang E. Rost. Örtlichkeit und Schauplatz in Fontanes Werken. Berlin und Leipzig 1931 (= Germanisch und Deutsch. Studien zur Sprache und Kultur. 6)

Rosenfeld: Hans-Friedrich Rosenfeld. Zur Entstehung Fontanescher Romane. Groningen, Den Haag 1926

Wandrey: Conrad Wandrey: Theodor Fontane. München 1919

Nur gelegentlich herangezogene Literatur wird in den Anmerkungen mit den bibliographischen Angaben zitiert.

Seitenangaben ohne weiteren Zusatz beziehen sich auf den vorliegenden Band.

Auf die übrigen Bände der Hanser-Fontane-Ausgabe (HF) wird durch Angabe der Abteilung (römische Ziffer) und der Bandnummer (arabische Ziffer) verwiesen. (Abteilung I: Sämtliche Romane, Erzählungen, Gedichte, Nachgelassenes; 7 Bde. [in erster Auflage 6 Bde.]. Abteilung II: Wanderungen durch die Mark Brandenburg; 3 Bde. Abteilung III: Erinnerungen, Ausgewählte Aufsätze und Kritiken; 5 Bde. [Bd. 1: Aufsätze und Aufzeichnungen; Bd. 2: Theaterkritiken; Bd. 3/I und 3/II Reiseberichte und Tagebücher; Bd. 4: Autobiographisches; Bd. 5: Schriften zur deutschen Geschichte und Kunstgeschichte]. Abteilung IV: Briefe; 5 Bde.). – Wenn auf die Bände HF I, 1-6, II, 1-3 verwiesen oder aus ihnen zitiert wird, handelt es sich um die zweite Auflage. Bei allen übrigen Zitaten und Verweisen ist, wenn nicht ausdrücklich anders vermerkt, noch die erste Auflage unserer Ausgabe zugrunde gelegt.

VON, VOR UND NACH DER REISE

Entstehungszeit: 1873-92. – *Vorabdrucke:* Vgl. die Hinweise zu den einzelnen Texten; wo nähere Angaben (Jahrgang, Nummer) fehlen, konnten diese nicht ermittelt werden. Die Fassungen der Vorabdrucke weichen in textlichen Einzelheiten geringfügig von den Fassungen der Erstausgabe ab. Vgl. Variantenverzeichnis, S. 819 ff. – *Erstausgabe:* 1894 bei F. Fontane & Co., Berlin. Auch die folgenden Auflagen erschienen in diesem Verlag, die zweite und dritte noch 1894. Verschiedene Auszüge sind seit 1894 erschienen: »Eine Frau in meinen Jahren«. In: Deutsche Dichtung. Bd. 16, H. 1. 1894, S. 9-12; »Der Karrenschieber von Grisselsbrunn«. In: Deutsche Treue. Ein deutscher Volkskalender auf das Jahr 1914, S. 60-62; »Aus dem Riesengebirge. Kleine Geschichten«. Leipzig: Poeschel & Trepte 1933. (Im Jahre 1933 ließ Gerhard Schulze, Leipzig, 300 numerierte Stücke von der Offizin Poeschel & Trepte, Leipzig, auf Zerkall-Bütten herstellen, von denen Nr. 1-60 für den Fontane-Abend, Berlin, Nr. 101-200 für den Leipziger Bibliophilen-Abend, die übrigen Stücke zur besonderen Verwendung bestimmt waren.) »Der Karrenschieber von Grisselsbrunn«. (Fontane-Abend in Berlin, für die Eisenacher Bibliophilen-Vereinigung und für meine bibliophilen Freunde. Gerhard Schulz. 100 gez. Stück.) Güstrow: Michael 1934.

Textgrundlage: F. Fontane & Co., Berlin 1894, Erstausgabe. – Zur Interpunktion des Titels: Das in der Erstausgabe fehlende Komma nach »Von« findet sich in F.s Briefen und Tagebuch sowie im Verlagsvertrag (vgl. N XVIII a, S. 824). Es ist in unserer Ausgabe wieder eingefügt worden.

Zur Entstehung: Die Texte dieser Sammlung sind zwischen 1873 (»Modernes Reisen«) und 1893 (»Eine Nacht auf der Koppe«) entstanden. Sie erschienen während dieser Zeit in verschiedenen Zeitungen und Zeitschriften (s. Einzelkommentare). Zusammengehalten durch das Thema Reise bewegen sich die dreizehn Prosastücke zwischen Feuilleton-Erzählung und short story. 1894 schrieb F. ins Tagebuch: »Etwa Anfang Mai erscheint mein Sammelband kleiner Erzählungen unter dem Titel : ›Von, vor und nach der Reise‹. Kein Mensch kümmert sich darum, doch wohl noch weniger als recht und billig. Natürlich sind solche Geschichten nicht angetan, hunderttausend Herzen oder auch nur eintausend im Fluge zu erobern, man kann nicht danach laufen und rennen, als ob ein Extrablatt mit vierfachem Mord ausgerufen würde, aber es müßte doch ein paar Menschen geben, die hervorhöben: ›ja, wenn das auch nicht sehr interessant ist, so ist es doch fein und gut; man hat es mit einem Manne zu tun, der sein Metier versteht, und die Sauberkeit der Arbeit zu sehn, ist ein kleines künstlerisches Vergnügen.‹ Aber – eine sehr liebenswürdige Plauderei meines Freundes Schlenther abgerechnet – habe ich nur das fürchterliche Blech, das sich ›Kritik‹ nennt, zu sehen gekriegt. Diese Sorte von Kritik macht zwischen solchem Buch und einem Buche von Kohut oder Lindenberg nicht den geringsten Unterschied, von Respekt vor Talent und ernster Arbeit ist keine Rede, das eine ist nichts und das andre ist nichts. Das ist nun freilich richtig, ›vorm Richterstuhl der Ewigkeit‹ ist kein Unterschied zwischen Lindenberg und mir, jeder ist Sandkorn, aber mit dieser Ewigkeitselle darf man in der Zeitlichkeit nicht messen und die, die's tun, sind bloß Lodderleute, die zwölf Bücher (alle ungelesen) an einem Abend besprechen.« (HF III, 3/II)

Die Sammlung ist sicher nicht ganz ohne Resonanz geblieben. So erwähnt F. im Brief vom 11. Dez. 1894 an seinen Sohn Friedrich, daß Myriam Chapy einige Stücke übersetzt habe (s. S. 595). Eine lobende Besprechung, in der lediglich »Im Coupé« gerügt wurde, »etwas Überhitztes und Überspitztes« zu haben, erschien in Karl Emil Franzos' »Deutscher Dichtung« (Band 16, 2. Heft, 1894, 15. April, S. 56). Neuerdings richtet sich nicht nur das Interesse der Forschung, sondern auch das eines breiteren Publikums auf die Skizzen F.s; die Texte erscheinen in Auswahlsammlungen von Feuilletons und Kurzgeschichten.

Die kleinen Arbeiten stehen in einem engen Zusammenhang mit F.s ›größeren‹ Werken. Das Motiv der Reise durchzieht sein gesamtes Werk. Bereits 1844 unternahm F. eine erste kurze Englandreise; von April bis September 1852 war er Korrespondent der »Preußischen (Adler-)Zeitung« in London. Seine Beiträge für dieses Blatt hat er in dem Buch »Ein Sommer in London« (HF III, 3/I, S. 7 ff.) gesammelt (vgl. auch HF III, 3/I, S. 761 f.).

Am 10. September 1855 ging er als halbamtlicher ›Presse-Agent‹ für mehrere Jahre nach London, wohin 1857 auch die Familie übersiedelte. Im August 1858 unternahm F. mit dem Freund Bernhard von Lepel eine Reise nach Schottland. Literarische Ergebnisse dieser Zeit sind verschiedene ›Berichte aus England‹ (HF III, 3/I, S. 407 ff.), der Schottland-Bericht »Jenseit des Tweed« (HF III, 3/I, S. 179 ff.) und einige Balladen, in denen sich ausdrückt, was ihn beim Reisen interessierte: Landschaft, vor allem historische Landschaft, Menschen und ihre Geschichten, Geschichte.

Nach der Rückkehr aus England 1859 begann F. seine »Wanderungen durch die Mark Brandenburg«, deren erster Band 1862 erschien (Band 4: 1882, der ergänzende Band »Fünf Schlösser«: 1889). Auch danach hat F. viele Reisen unternommen: 1864 bereiste er Schleswig-Holstein und Dänemark – zwei Jahre darauf erschien sein erster Kriegsbericht: »Der Schleswig-Holsteinsche Krieg im Jahre 1864« (vgl. auch die Reiseberichte HF III, 3/I, S. 602 ff.). 1865 folgten Reisen an den Rhein und in die Schweiz, 1866 auf die böhmischen und süddeutschen Kriegsschauplätze (»Reisebriefe vom Kriegsschauplatz«; HF III, 5; »Der deutsche Krieg von 1866«. Frankfurt/M., Berlin 1984.); die Reise von 1870 zu den französischen Schlachtorten endete mit Verhaftung und Gefangenschaft; 1871 dann F.s ›Osterreise‹ nach Frankreich. Die Frucht dieser Reiseerlebnisse waren mehrere Bücher: der Bericht »Kriegsgefangen« (vgl. HF III, 4, S. 543 ff.) sowie »Aus den Tagen der Okkupation«; 1873-76 erschien »Der Krieg gegen Frankreich 1870-1871« (vgl. HF III, 5). 1874 reiste F. mit seiner Frau nach Italien, 1875 erneut in die Schweiz und nach Italien (vgl. HF III, 3/II). Von da an reiste F. nur noch innerhalb der deutschen Grenzen – er fuhr verschiedene Male in den Harz, ins Riesengebirge, nach Emden, Hannover und Norderney; die Reise aber – weniger als Geschichts- und Kunstreise, sondern als Kur- und Badereise – blieb nach wie vor Motiv und Erlebnis in seinem Leben und Werk.

In diesem Zusammenhang stehen die Plaudereien und kleinen Geschichten der Sammlung »Von, vor und nach der Reise«. »Schließlich ging F. so weit, einen ganzen Sammelband von ›Plaudereien und kleinen Geschichten‹ unter dem Titel ›Von, vor und nach der Reise‹ (1894) zusammenzufassen. Die Dichte seiner zahlreichen intimen Reisebriefe erreichte er darin ebensowenig wie die der Reisepartien im Erzählwerk, gab eher Splitter aus der Arbeit an diesen, durchsetzt mit psychologischen und soziologischen Studien wie ›Der Karrenschieber von Grisselsbrunn‹ (1885) und ›Eine Nacht auf der Koppe‹ (1890), ›Der letzte Laborant‹ (1891) und ›Der alte Wilhelm‹ (1892). Auch viele seiner Gedichte aus den letzten Jahrzehnten speisen sich aus dem Motiv und dem Erlebnis der Sommerreise.« (Reuter, Bd. 1, S. 416)

Reuter sieht die Entstehung der Texte der Sammlung auch im Zusammenhang des sich neu formierenden Gesellschaftsbildes vor allem in Berlin. Die Verbindung von Kapital und Politik (Bleichröder und Bismarck), der Aufstieg Berlins zur Weltstadt ist Gegenstand der Kritik F.s in Briefen und Tagebüchern, in den Romanen und Erzählungen und motiviert nicht zuletzt auch die Sammlung »Von, vor und nach der Reise«, die vom Stadt-Land-Kontrast lebt: »Die Rückkehr aus der Mark, die F. in dem Augenblick vollzogen hatte, da Berlin zur Weltstadt zu werden begann, betraf auch die scheinbar abseitigsten Gebiete. Der ›Berliner auf Reisen‹ wurde zu einem Lieblingsthema des alten F., dem er ebenso in seinen Romanen mit Leidenschaft frönte (es genügt auf ›Cécile‹ zu verweisen), wie er es in Gedichten (›Wurzels‹; kontrastierend: ›Meine Reiselust‹) und in eigenen Betrachtungen und novellistischen Studien (›Von, vor und nach der Reise‹) immer wieder behandelte.« (Reuter, Bd. 1, S. 501)

Anregungen zum Stoff erhielt F. auch vom Freund und Briefpartner der letzten Jahre, dem Schmiedeberger Amtsrichter Georg Friedlaender, dem F. manche seiner späteren kritischen Einsichten in die gesellschaftlichen Verhältnisse verdankt: »Die Soziologie des Hirschberger Tales mit seiner Chronique scandaleuse, über die der kritische Jurist den alten Fontane auf dem laufenden hielt, wurde für diesen zu einer Hauptquelle jahrelangen ›Honigsaugens‹. Der Stoff zu ›Quitt‹ beruhte auf Mitteilungen und Recherchen Friedlaenders. Für mehrere Riesengebirgsskizzen (›Eine Nacht auf der Koppe‹ und ›Gerettet‹, beide aufgenommen in ›Von, vor und nach der Reise‹) gilt dasselbe. In die ›Poggenpuhls‹ schließlich, die zum letzten Male zahlreiche Riesengebirgs-Reminiszenzen Fontanes verwerteten, führte der Dichter den Freund mit seiner Frau auch persönlich ein. Vor allem aber wurden Fontanes Briefe nach Schmiedeberg zu einem sowohl in bezug auf Umfang wie auf Schärfe und Grundsätzlichkeit sich fortlaufend steigernden kritischen Räsonnement, zu einer Abrechnung mit dem ›Alten‹. Bitterste persönliche Erfahrungen Friedlaenders hatten ebenso wie zahlreiche desillusionierende Beobachtungen aus seiner Umwelt den äußeren Anstoß geboten. In seinen Antwortbriefen abstrahierte Fontane von diesem detailgesättigten Lebensstoff. Er destillierte ihn gleichsam, um das Typische daraus zu gewinnen.« (Reuter, Bd. 2, S. 744)

Briefliche Zeugnisse zur Entstehungsgeschichte

An Hermann Kletke   Berlin, 10. Oktober 1880
Der kl. Aufsatz [»Nach der Sommerfrische«], der heut in der Voss. Ztg. von mir steht, ist Veranlassung zu diesen Zeilen. Ich möchte nicht, daß Sie des Glaubens wären, ich hätte meine Ihnen gemachte Zusage vergessen.
(HF IV, 3, S. 107)

An Gustav Karpeles   Berlin, 17. Mai 1885
Sie sind viel zu gütig; bei Lichte besehn, bin ich Ihnen mehr zu Danke verpflichtet, als Sie mir. *Ihnen und L[indau] kann ich es nie vergessen, daß Sie mir's leicht gemacht haben, mich noch in meinen alten Tagen in der Novellistik zu etablieren!* Solche Neuetablierung ist, wie Sie wissen, immer schwer; das Publikum nagelt einen fest, der und der ist blos da und dazu da, und ich war dazu da, Kapitel über die Mark und dann und wann eine Ballade zu schreiben. Ich schicke Ihnen jedenfalls etwas und zwar bis zum 1. Juli. Ja, Sie sollen das Aussuchen haben und sich Ihrerseits entscheiden, ob Sie eine Novellette, ein märkisches oder dänisches oder schottisches Kapitel wollen.
    Die *Novellette*, 4 bis 5 Seiten Ihrer Zeitschrift würde heißen: »*Eine Frau in meinen Jahren.*«
    Das märkische Kapitel, eben so lang würde heißen: »*Die Grafen von Kamecke.*«
    Das dänische: *Roeskilde.*
    Das schottische: *Lochleven.* (Schloß darin Maria Stuart gefangen saß.)
    Das Honorar spielt keine Rolle; wir werden uns leicht darüber einigen, wenn Sie gewählt haben. (Freundesbriefe. Letzte Auslese, Bd. 2, S. 389 f.)

An Emil Dominik   Berlin, 25. Januar 1887
Vor vier, fünf Jahren, als noch Dr. Lohmeyer das »Familienblatt« leitete (*wenn* er es leitete) habe ich der damaligen Redaktion eine kl. Geschichte versprochen: »Eine Frau in meinen Jahren«, die sogar bereits angekündigt wurde. Selbige kleine Geschichte, die all die Zeit über im Kasten gelegen, habe ich jetzt mit drei vier andern fertig gemacht und möchte sie drucken lassen. Ihnen sie zum zweiten Mal anzubieten, widerstreitet meiner Neigung, weil es etwas so ganz Kleines ist (nur 4 bis 5 Seiten von »Nord und Süd« Format) und so möchte ich Sie freundlichst gebeten haben, mich aus dem Versprechen zu entlassen. Wahrscheinlich hätte nach meinem

»Contraktbruch« nicht Huhn noch Hahn gekräht, ich habe aber in einem gleichen Falle mal Unannehmlichkeiten gehabt und der Gebrannte scheut das Feuer. Daß ich Ihnen mit etwas Andrem, Längrem, gern zu Diensten stünde, brauche ich wohl nicht erst hinzuzufügen. (HF IV, 3, S. 514 f.)

An Emil Dominik   Rüdersdorf, 4. Juli 1887
Von Novellistischem geb ich Ihnen ein paar Kleinigkeiten zur Auswahl, weil ich, solange die märk. Kapitel laufen, nicht gern mit einer größeren Arbeit daneben auftauchen möchte. Es sieht so gnietschig aus.
                              (Auswahl Erler, Bd. 2, S. 168)

An Georg Friedlaender   Berlin, 12. Oktober 1887
Die ganze vorige Woche und auch diese noch bis zu dieser Stunde stand im Dienst von »Zu guter Stunde«, weil ein längeres Warten auf M.S. nicht mehr möglich war [»Eine Frau in meinen Jahren«]. (HF IV, 3, S. 568)

An Georg Friedlaender   Berlin, 12. November 1888
Herzlichen Dank für Ihren lieben langen Brief; Sie schreiben noch Briefe, die Meisten schicken einem Telegramme, die nur zufällig in Briefform aufgegeben werden; von Ihren Briefen hat man nicht blos Anschauungen über dies und das, sondern oft auch das »dies und das« selber. So die Geschichte von der alten Jerschke. Wenn Sie sie nicht schon Ihrem im Schoße der Zukunft ruhenden Novellenschatz einverleibt haben, so möchte ich Sie bitten, mir den Stoff [vermutlich zur Skizze »Gerettet«] zu überlassen, ja vielleicht schenken Sie mir noch einen zweiten dazu. Ich will nämlich im Laufe des nächsten Jahres, vielleicht schon im Frühjahr, ein kleines Büchelchen herausgeben, das den Titel führen soll:
                         Von, vor und nach der Reise
drin ich kleine Geschichten der Art zusammenstellen möchte; das Meiste hab ich, aber etwa 2 Nummern fehlen noch, und da nähme ich gern was aus Ihrem Vorrath. Aber es muß Ihnen leicht werden, es zu opfern, sonst nicht; ich nehme dies aber beinah an, da Sie ja nicht blos der »reiche Mann« in Ihrem schon gegenwärtigen Besitzstande sind, sondern Ihr Vermögen alle Vierteljahr auch noch durch eine Gebirgsfahrt vermehren.
                              (HF IV, 3, S. 654 f.)

An Georg Friedlaender   Berlin, 17. Oktober 1892
Vorgestern Abend waren hintereinanderweg da: Frau Dr. Frenzel, Friedrich Stephany, Dr. Witte. Das war viel, so sehr mich jeder einzelne interessirte. Frenzel leidet sehr, trotzdem er seinen Dienst thut oder vielleicht gerade deshalb. Von dem unablässigen Pflegedienst ist auch die Frau krank geworden und war vor etwa 2 Monaten stocktaub. Jeden Tag zum Ohren-Arzt; nun hört sie wieder, die Kur dauert aber fort und ist schmerzhaft und nervenangreifend. Den tiefsten Eindruck aber machte auf mich, was sie über »das Reisen« sagte. »Früher kannte ich nichts Schöneres als Reisen, jetzt kenne ich nichts Schrecklicheres. Es ist eine lange Kette

von Verdrießlichkeiten, Prellereien und äußerstem Nicht-Comfort. Weder Artigkeit, noch Heftigkeit, weder Empfehlungen noch Splendidität im Geldpunkt, weder Anmelde-Telegramme noch Lederkoffer mit Bronzebeschlag können einen retten; mit der Droschke fängt es an, dann kommt die Coupéfrage, dann die Hôtels, die Kellner, die Wohnungsvermietherinnen – alles gleich bedrücklich, man ist nur dazu da, um ausgepreßt zu werden.« Mir ganz aus der Seele gesprochen. Wer nicht auf sein Landgut gehen kann, bleibe, wenn er alt ist, lieber zu Hause. (HF IV, 4, S. 223 f.)

An Georg Friedlaender Berlin, 22. Mai 1893
So will ich mich denn lieber zunächst der Edirung eines kleinen Sammelbandes zuwenden, der den Titel führen soll:

Von, vor und nach der Reise.

Plaudereien u. kleine Geschichten

von

Th. F.

Es sind etwa 10 Geschichten, von denen die meisten in der »Vossischen« und in »Zur guten Stunde« gestanden haben; einige aber liegen noch unfertig in meinem Kasten und eine existirt blos in der Ueberschrift: »Pohl's Begräbniß«. Hinsichtlich dieser rufe ich nun Ihre Hülfe an. Ich weiß nur so viel: Pohl lag oben im Sterben, so zu sagen »heimlich«, und heimlich wurde er auch, als er todt war, zu Thale geschafft. Ich entsinne mich, daß das alles sehr phantastisch war, habe aber alle Details vergessen. Könnten Sie mir da aus der Noth helfen? Es genügt für mich, wenn ich für die Hauptsituationen die bloßen Ueberschriften habe; das Ausmalen leiste ich dann schon aus eigenen Kräften, trotzdem diese sich sperren und auch nicht mehr recht wollen. Zum Theil liegt es wohl daran, daß man im ersten Moment, wo einem eine Geschichte entgegentritt, am meisten von ihr getroffen wird und am fortbildungslustigsten ist; sucht man die Geschichte später wieder hervor, so ist nur noch eine halbe Wirkung da und auch nur noch eine halbe Lust, etwas daraus zu machen.
Vielleicht können Sie mir aus Ihrem großen Vorrath noch eine zweite Geschichte ablassen; je neuer sie mich berührt, je leichter wird es mir, sie zu gestalten. (HF IV, 4, S. 256 f.)

An Georg Friedlaender Berlin, 30. Mai 1893
Herzlichen Dank.
Eine ausführlichere Beantwortung behalte ich mir vor, heute nur ein paar nöthige Worte hinsichtlich der *Pohl*-Frage. Der Anfang ist gut und der Schluß ist gut (der Blick per Teleskop von der Koppe aus auf das weiße Denkmal (es ist doch weiß?) in Hirschberg), nur das Mittelstück, von dem ich mir anfänglich am meisten versprach, läßt noch viel zu wünschen übrig. Das ist das Herabschaffen des todten Pohl von der Koppe zu Thal. Ich denke mir, daß es in derselben Nacht stattfand, möglichst still und verschwiegen, um die nach dem Spiel der Harfenistinnen tanzenden Paare nicht zu stören. Aber wie war nun, etappenweise, dieser Transport bergab?

Es gibt ein berühmtes Gedicht von Platen »Klagelied Kaiser Otto des Dritten«, wo sie den jugendlichen todten Kaiser, von Rom her, nordwärts über die Alpen tragen. So was muß sich auch von Pohl I. erzählen lassen. Wo machten sie Rast? Wie war die Begleitung? Stockduster oder mit Stocklaternen? Wie ging es weiter als sie unten waren? *etc. etc. Ohne* diese Dinge bringe ich die Forsche nicht recht 'raus. Der Zauber steckt immer im Detail. Also bitte, richten Sie *hier*auf Ihr Auge. Vor allem aber weiß man muthmaßlich in Schmiedeberg und bei zu Thal wohnenden Personen ebenso viel, wie oben auf der Koppe, die zum 100. Mal zu besteigen ich Ihnen, der Sie in Ihrer Güte so was vorhaben, gern ersparen möchte.

Alle diese Geschichten könnten in ihrer Darstellung wundervoll werden, wenn ich noch was von der Frische hätte, die mir bis März 92 zu eigen war. Aber seitdem ist es abgeschnitten. Was bildlich an mich herantritt, das kann ich immer noch beschreiben und auch Einfälle fliegen mir an, so wie es aber arbeiten, nachdenken und componiren gilt, so lassen mich meine Kräfte im Stich. Ich bedaure es, aber klage nicht darüber; alles hat seine Zeit und bis 72 leidlich im Stande gewesen zu sein, ist immer schon ein großer Vorzug.   (Briefe an Friedlaender, S. 221)

An Georg Friedlaender   Berlin, 9. Juni 1893
Nur ein paar Worte, die den Zweck verfolgen, Sie vor Bemühungen in meinem Interesse zu bewahren. Ich habe heute Vormittag die Pohl-Geschichte niedergeschrieben, nur ganz kurz, blos 8 Seiten, im Druck höchstens 5. Diese Kürze ist mir ganz recht; je kürzer, je besser. Es fallen damit meine Fragen zu Boden; für die Geschichte mit dem Fernrohr bin ich Ihnen sehr dankbar, diese gab mir einen guten *Schluß* und das ist immer die Hauptsache.   (Briefe an Friedlaender, S. 222)

An Georg Friedlaender   Berlin, 13. Juni 1893
Die Geschichte mit Pohl verwirrt mich nicht sehr. Ich lasse es stehn wie es da steht, und jeder Mensch wird meine Geschichte (Nachttransport mit Fackeln) der ledernen Wirklichkeit vorziehn. Der junge Pohl, aber auch nur er, wird ausrufen: »ja, das war ja aber alles anders«, wenn Sie ihm dann aber sagen: »Pohl, seien Sie kein Schaf; es macht Reklame und Sie kommen vielleicht täglich auf 100 Tassen Kaffe mehr« so wird er sich beruhigen.   (HF IV, 4, S. 260 f.)

An Julius Rodenberg   Berlin, 21. Juni 1893
In den nächsten Wochen möchte ich noch ein paar »Sommerbriefe aus dem Havellande« schreiben, etwa 5 und höchstens doppelt so viele (»Rundschau«-)Seiten umfassend. Könnten Sie sich entschließen, diese Briefe – lediglich Plaudereien über allerhand Tagesfragen in Kunst und Politik – im September- oder Oktoberheft zu bringen? Den Termin weiter hinauszuschieben verbietet sich, weil die Briefe noch mit in ein kleines zu Weihnachten erscheinendes »Reisegeschichtenbuch« hinein sollen.

                                                   (HF IV, 4, S. 262)

An Julius Rodenberg   Berlin, 16. Juli 1893
Anbei 4 ganz kleine Geschichten aus dem schlesischen Gebirge. Daß sie
eine Woche früher, als versprochen, bei Ihnen eintreffen, wird kein
Schaden sein.   (Briefe an Rodenberg, S. 59)

An Joseph Viktor Widmann   Berlin, 15. Februar 1894
L'Adultera und Kriegsgefangen Ihnen senden zu dürfen, ist mir eine große
Freude und binnen wenigen Wochen werden beide Bücher bei Ihnen
eintreffen, in Begleitung eines dritten, das Anfang März ausgegeben wird.
Dies rasche Folgen auf meine Weihnachtspublikation muß einen etwas
ängstlichen Eindruck machen, es ist aber nicht so schlimm damit; es sind
ältre kleine Geschichten (ganz kurz) aus den 70 und 80er Jahren.
                                                      (HF IV, 4, S. 332)

An Martha Fontane   Berlin, 16. Februar 1894
Dann möchte ich Dir vorschlagen, daß Du Friedeln schreibst, er solle Dir –
wenn auch vielleicht noch ungeheftet – die blos *zusammengefalteten*
Druckbogen von meinem neuen Buche schicken. Du weißt, ich hüte mich
wohl meine Bücher zu empfehlen, man erlebt dabei fast immer einen
›Reinfall‹, der Lächerlichkeit ganz zu geschweigen, aber von *diesem*
kleinen Buche möchte ich sagen dürfen, daß es zur Krankenlektüre wie
geschaffen ist, kurz, fidel und höchst unaufregend.   (HF IV, 4, S. 336)

An seinen Vetter Carl Fontane   Berlin, 3. März 1894
Ungebührlich spät finde ich mich mit dem neusten Kind meiner Laune bei
Dir ein; beurteile es milde, erst die Verspätung, dann das Buch.
                                   (Dichter über ihre Dichtungen, Bd. 2, S. 439)

An Friedrich Stephany   Berlin, 4. Juni 1894
Ich gebe – meine Frau besteht darauf; ich persönlich würde es kaum
riskieren – gleichzeitig mit diesen Zeilen ein neuestes Buch von mir zur
Post. Vielleicht haben Sie's auch schon in Berlin, seitens des Verlegers,
erhalten. Eine ganz kleine Geschichte (»Eine Frau in meinen Jahren«), die
in Kissingen spielt, interessiert Sie vielleicht ein wenig; auch die Schlußgeschichten, alle aus der *Krummhübler* Gegend, wecken vielleicht angenehme Reiseerinnerungen.   (HF IV, 4, S. 364 f.)

An Friedrich Fontane   Berlin, 11. Dezember 1894
Eben bekomme ich noch einen Spätbrief von meiner Freundin Myriam
Chapy, die mir mitteilt, daß sie einige Stücke aus »Von, vor und nach der
Reise« übersetzt habe.
    Ich habe da wieder einen Fehler gemacht, verspreche Dir aber, Dir und
der Firma, daß es nicht wieder vorkommen soll. Ich habe Mama gebeten,
daß sie bei jedem Briefe derart, also bei jedem Briefe der von »Übersetzen-
wollen« spricht, mich darauf aufmerksam macht, daß ich in dieser Hinsicht
keine Bestimmungen zu treffen habe. Du kennst meine Meinung darüber,

die dahin geht, daß es praktisch, also auf den Geldpunkt angesehn, ganz gleichgültig ist; es ist aber, wie ich wohl weiß und ebenfalls schon ausgesprochen habe, ganz gegen geschäftliche Ordnung und auch gegen eine der Firma schuldige Politesse. Daß es trotzdem ein paarmal vorgekommen ist, liegt daran, daß ich immer noch ganz altmodisch fühle und in diesem altmodischen Gefühl vergesse, daß inzwischen gesetzliche Bestimmungen, die man früher nicht kannte, in Kraft getreten sind.

Myriam Chapy schreibt mir auch von »Cécile« und »Effi Briest«. Auch daran bin ich leider schuld. Aber da – weil sie noch keine Zeile geschrieben hat, also nichts Fertiges vorliegt – kann ich leicht einen Riegel vorschieben. Ich werde ihr offen sagen, daß ich über meine Machtvollkommenheit hinausgegangen sei und daß sie sich an Eure Firma wenden müsse.

(HF IV, 4, S. 408 f.)

MODERNES REISEN

Entstehungszeit: 1873; laut Zusatz zum Titel im Erstdruck und in den »Gesammelten Werken«. Vgl. »Briefliche Zeugnisse zur Entstehungsgeschichte«, S. 590 ff.

9   *Kyffhäuser:* Berg südlich des Harzes; Anspielung auf die sich daran knüpfende Barbarossa-Sage, die im 19. Jahrhundert in Deutschland allgemein bekannt war als Ausdruck des Wunsches nach Einheit und Machtentfaltung. F. beabsichtigte, »Kyffhäuser« als 2. Kap. in Bd. I des geplanten Werkes »Örtlichkeiten deutscher Sage und Geschichte« aufzunehmen (Juli/August 1873); vgl. Chronik, S. 52. – *Budiker:* berlinisch eingedeutschte Form von franz. ›boutiquier‹. Schankwirt, Besitzer einer kleinen Kneipe (s. Der richtige Berliner, S. 25). – *die Koppe:* Schneekoppe (1605 m), höchste Erhebung des Riesengebirges. Vgl. auch »Eine Nacht auf der Koppe«, S. 89 ff. F. kannte die Schneekoppe von seinen Sommeraufenthalten in Schlesien. – *Reinhardsbrunn:* Herzogl. Gothaisches Schloß bei Friedrichsroda (Thüringen), ehemalige Benediktinerabtei (1089 gegr.), 1543 Jagdschloß; der erwähnte Bau wurde 1607 errichtet, 1827 von Herzog Ernst I. renoviert. – *Herzog Ernst … Wild getötet habe:* Gemeint ist der seit 1844 regierende Herzog Ernst II. (1818-93). Ein Schild verwies in der Geweih-Galerie des Schlosses sogar auf 76 647 Stück erlegten Wildes. Allerdings war es oft üblich, dem Fürsten das von Jagdfreunden und Jägern erlegte Wild hinzuzurechnen. Vgl. »Wanderungen«, ›Oderland‹, ›Der Werbelliner Forst‹ (HF II, 1, S. 1010 f.) und »Von Zwanzig bis Dreißig«, ›Berlin 1840‹ (HF III, 4, S. 188 f.).

10   *Sommerfrischler:* Das Wort ›Sommerfrische‹, bezeugt schon im 17. Jahrhundert in Bozen (vielleicht Lehnübersetzung für italienisch

frescura), verbreitete sich im 19. Jahrhundert, vermutlich gefördert durch Ludwig Steubs »Drei Sommer in Tirol«, 1846. – *Archidiakonus* (griech.): geistlicher Würdenträger; im Protestantismus des 19. Jahrhunderts Titel des zweiten Geistlichen einer Kirche. – *Locomotion* (lat.): Ortsveränderung. – James Fenimore *Cooper:* 1789-1851, amerikanischer Schriftsteller (»Lederstrumpf«-Erzählungen), vgl. »Der Stechlin«, 38. Kap. (HF I, 5, S. 342 und Anm.). – Frederick *Marryat:* 1792-1848, Begründer des englischen See-Abenteuerromans (»The Phantom Ship«, 1839). In Deutschland am bekanntesten durch »Sigismund Rüstig« (»Masterman Ready«, 1843).

11 *Putbus:* Vgl. F.s Tagebuch, Sept. 1884: »Den andern Vormittag (Sonntag) in Putbus, sehr hübsch.« Vgl. auch »Rügen« (HF III, 3/II). – *Fata Morgana:* Vgl. »Der Stechlin«, 2. Kap. (HF I, 5, S. 17 und Anm.), besonders auch das so betitelte 18. Kapitel in »Schach von Wuthenow« (HF I, 1, S. 669 ff.).

12 *der sich leichtsinnig in Gefahr begäbe:* abgewandeltes Zitat aus Jesus Sirach 3, 27: »Denn wer sich gern in Gefahr gibt, der verdirbt darin.« (N) – *W. Scott:* Walter S. (1771-1832), schottischer Dichter; beeinflußte den deutschen historischen Roman. F. schätzte Scott sehr; s. dazu F. an seine Frau am 13. Aug. 1877: »Ein reicher, gottbegnadeter Mann, der da spielen durfte, wo andere sich im Schweiße des Angesichts quälen.« (Familienbriefe. Bd. 1, S. 247). Vgl. auch die Ballade »Walter Scotts Einzug in Abbotsford« (HF I, 6, S. 159 ff. und Anm.) sowie den Walter-Scott-Aufsatz (HF III, 1, S. 385 ff.) und »Meine Kinderjahre«, 9. Kap. (HF III, 4, S. 86).

13 *Ende der zwanziger Jahre:* Am 1. Juli 1827 zog die Familie F. von Neuruppin nach Swinemünde, vgl. »Meine Kinderjahre«, 3. Kap. (HF III, 4, S. 30 ff.), Ostern 1832 kam F. ins Neuruppiner Gymnasium. – *Kremsern:* Als Kremser wurde ein seitlich offener, überdachter Wagen mit 12-16 Sitzen bezeichnet; benannt nach dem Berliner Fuhrunternehmer Simon Kremser (1775- nach 1849). – *frug:* die stark flektierte Form des Erstdrucks auch sonst häufig bei F.; in den »Gesammelten Werken« in die schwache Form »fragte« geändert (N).

14 *»Fliegende Blätter«:* humoristisches Wochenblatt; vgl. »Effi Briest«, 3. Kap. (HF I, 4, S. 23 und Anm.). – *alten Münchener Hofbräu:* schon im 13. Jahrhundert am ›Platzl‹, 1585 erneuert, 1808 entstand ein Neubau an der jetzigen Stelle; Einführung des öffentlichen Ausschanks 1830. Der heutige Bau wurde 1897 errichtet. – *Berliner Luft...:* Vgl. F. an seine Frau am 17. Aug. 1882 (HF IV, 3, S. 200) und an Georg Friedlaender am 6. Juni 1885: »Ich finde die Kanal-Luft, auf die Berlin W. angewiesen ist, so furchtbar...« (Briefe an Friedlaender, S. 9). – *wie die Stadt selbst, jung, ohne Geschichte:* Anspielung auf die ›junge‹ Vergangenheit Berlins (erste Urkunde vom 28. Okt. 1237) im Gegensatz zu den älteren deutschen Städten.

15 *»Bougies«* (franz.): Kerzen. – *Schnuppe:* verkohlter Docht. – *grönländische Hüttenatmosphäre:* Quelle vermutlich die »Historie von

Grönland und dasiger Mission der Brüdergemeinde« (2 Bde. 1765) des Herrnhuter Missionars David Cranz (1723-77). Vgl. »Vor dem Sturm«, Bd. 1, 6. und 16. Kap. (HF I, 3, S. 46 und S. 245 ff.). – *der*... *mittlere Hotelwirt:* Vgl. F. an seinen Sohn Theodor am 4. Mai 1894 »... daß ich von solchen Spritzfahrten ... viel mehr ... gehabt habe, als von den großen Reisen ... man debütiert überall als Schuster.« (HF IV, 4, S. 348). – *Finsteraarhorn:* höchster Berg der Berner Alpen (4275 m).

16 *Ärger hängt sich an Ärger:* Vgl. F. an Georg Friedlaender vom 12.- 17. Okt. 1892 und die dort zustimmend referierte Bemerkung Frau Frenzels (HF IV, 4, S. 223 f.). – *Clarendonhotel:* vornehmes Londoner Hotel. Vgl. F. an seinen Sohn Theodor am 4. Mai 1894: »Man paßt mehr zum ›Gasthof zum alten Zieten‹ in Wildberg als zum Clarendon-Hotel in London. Schmerzlich, aber wahr.« (HF IV, 4, S. 348). Clarendon, alte englische Adelsfamilie. – *Banquo:* Vgl. Shakespeare, »Macbeth« III, 4. F. war für das Spukhafte von Kindheit an außerordentlich empfänglich. Die Szene taucht immer wieder in Werken und Briefen auf; s. auch »Frau Jenny Treibel«, 7. Kap. (HF I, 4, S. 360). – *Table d'hôte's-Unsinn:* Vgl. F. an Friedrich Stephany am 18. Juni 1884: »Die Durchschnitts-Table d'hôte ist von altersher mein Schrecken.« (HF IV, 3, S. 334).

NACH DER SOMMERFRISCHE

Entstehungszeit: September 1880, zugleich mit einigen anderen Novellen für die »Vossische Zeitung«. Im Erstdruck und in den »Gesammelten Werken« ist dem Titel das Datum (1880) beigefügt. – *Vorabdruck:* »Vossische Zeitung«, Nr. 282, vom 10. Okt. 1880, 2. Beilage.

17 *Gottgetreu:* vielleicht nach Moritz G. (gest. 1885), Geh. Oberhofbaurat. – *Ilmenau:* an der Ilm, am Fuß des Kickelhahn (861 m), im Thüringer Wald; seit 1879 viel besucht, damals Kaltwasseranstalt und Molkenkuren. Vgl. F. an Georg Friedlaender am 18. Juli 1891: »... weil mir all die andern Plätze: Wernigerode, Thale, Harzburg, Ilmenau, Friedrichsroda nachgerade *zu* langweilig geworden sind ...« (Briefe an Friedlaender, S. 151). – ›*Über allen Gipfeln* ...‹: Goethes »Ein Gleiches«, in der Nacht vom 6. zum 7. Sept. 1780 an die Innenwand des Jagdhäuschens auf dem Kickelhahn geschrieben. F. war dort am 23. Aug. 1867, vgl. »Chronik«, S. 46.

18 *keinem anderen Zweige der Verwaltung:* Hofräte gab es um 1880 in Berlin als gehobene mittlere Beamte im Auswärtigen Amt sowie im Hofmarschallamt und Ministerium des Kgl. Hauses. – *des Fürsten:* Otto von Bismarck (1815-98). F. schwankte in der Beurteilung B.s

zwischen Bewunderung und Abneigung. Zahlreiche Erwähnungen in den Romanen, vgl. etwa »Irrungen, Wirrungen«, 7. Kap. (HF I, 2, S. 350 ff. und Anm.); s. auch die Gedichte »Jung-Bismarck«, »Wo Bismarck liegen soll« (HF I, 6, S. 248 ff. und Anm.); dazu Briefe an Ernst Heilborn vom 1. und 4. Aug. 1898 (HF IV, 4, S. 737 f.). – *Malkontenten:* aus dem Franz.: Unzufriedene. –

19 *nasses Laken:* Vgl. auch »Onkel Dodo« (S. 46 ff.). – *Schöneberg... Steglitz... Wilmersdorf:* damals noch Dörfer, außerhalb Berlins. – *Botanischem:* Botan. Garten; seit 1646 am Ende des Lustgartens beim Berliner Schloß, 1679 an die Potsdamer Straße verlegt (heute Kleistpark); um 1900 wurde in Dahlem ein neuer Garten angelegt. – *Lehrter Bahnhof:* 1869-71 erbaut in der Nähe des Humboldthafens.

20 *Reskriptum* (lat.): Erlaß. – ›*Ich fühle so frisch mich, so jung‹:* von Adelbert von Chamisso (1781-1838): »Der Frühling« (1822). – *Shakespeare... den Schlaf apostrophiert:* »König Heinrich IV.«, 2. Teil, III, 1. Vgl. »Ein Sommer in London«, ›Alte Helden, neue Siege‹: »Die alten bewährten Mittel: bis hundert zählen, und Meilensteine Revue passieren lassen waren bereits erfolglos durchprobiert, so deklamierte ich denn in humoristischem Ärger: ›Schlaf, holder Schlaf,/ Des Menschen zarte Amme, sag, was tat ich,/ Daß du mein Auge nicht mehr schließen willst/ Und meine Sinne in Vergessen tauchen.‹« (HF III, 3/I, S. 142). Bei Shakespeare folgen dann die Verse »Versiegelst du auf schwindelnd hohem Mast/ Des Schifferjungen Aug'...«. Vgl. auch F. an Friedlaender am 27. Aug. 1891 (HF IV, 4, S. 150).

21 *superfluum* (lat.): Überflüssiges. – *periculum* (lat.): Gefahr. – *Strahlau, Treptow, Eierhäuschen:* von F. vielgenannte Ausflugsorte um Berlin, vgl. auch »Der Stechlin«, 14. Kap. (HF I, 5, S. 140). – *auf die Höhen... Tivoli:* Tempelhof, südlich des Spree-Urstromtales, auf der Sandhöhe des Teltowplateaus. Tivoli, Gaststätte und Brauerei beim Kreuzberg (im Süden Berlins), in den zwanziger Jahren des 19. Jahrhunderts von den Gebrüdern Gericke dem Kopenhagener Vergnügungspark Tivoli nachgebildet (N). Vgl. auch »Cécile«, 3. Kap. (HF I, 2, S. 151). – *das beherrschte Samos:* aus der Ballade »Der Ring des Polykrates« (1797) von Friedrich Schiller (1759-1805). Zu F.s Schiller-Kenntnis vgl. »Meine Kinderjahre«, 13. Kap. (HF III, 4, S. 131), F. an Frau von Heyden am 12. Juni 1885: »... bin ich hier (in Krummhübel) der reine Polykrates und blicke auf das beherrschte Samos hin.« (HF IV, 3, S. 397). – *Czardas:* Csárdás (ungar.), von csárda, ›Schenke‹; ungarischer Nationaltanz. – *die Neunte Sinfonie:* Ludwig van Beethovens (1770-1827) entstand 1823. – *Mysterium, erster und zweiter Tag:* vermutlich bezogen auf Otto Devrients »Goethe's Faust, für die Aufführung als Mysterium in zwei Tagewerken« (Musik von Ed. Lassen). Karlsruhe 1877 (N).

22 *dreißig Kasernen:* 1884 besaß Berlin 22 Kasernen. – *Johannisbrot:* Baumfrucht aus dem Vorderen Orient und Mittelmeerraum; belieb-

tes Naschwerk für Kinder. – *perniziösen* (lat.): bösartigen. – *die Manövertage:* Das Tempelhofer Feld diente der Berliner Garnison seit Friedrich Wilhelm I. (1721) als Übungsplatz. Die Ende Mai und Anfang September vom Regenten abgenommenen öffentlichen Paraden des Gardekorps waren sehr beliebt; vgl. »Schach von Wuthenow«, 8. Kap. (HF I, 1, S. 611 f.). – *Kaiser-Wilhelms-Wetter:* sprichwörtlich schönes Wetter bei öffentlichen Auftritten des Kaisers. Vgl. F.s selbstironische Äußerung über das »Hohenzollernwetter« in »Meine Kinderjahre«, 16. Kap. (HF III, 4, S. 153). – *status quo ante* (lat.): früherer Zustand.

23 *Satte:* kleines, rundes Glasgefäß für dicke Milch. (Der richtige Berliner, S. 117).

24 *Geheimrat Krukenberg:* vermutlich nach Peter K. (1787-1865), Medizin-Professor in Halle. – *simpern:* kläglich reden. – *einen alten Turnvater:* Friedrich Ludwig Jahn (1778-1852) führte zur Vorbereitung auf den Kriegsdienst körperliches Training für die Jugend ein; eröffnete 1811 einen Turnplatz in der Hasenheide bei Berlin.

25 *Rosenthaler Straße:* im Norden Berlins; aus dieser Gegend kommt die aus kleinbürgerlichen Schichten stammende bourgeoise Kommerzienrätin Frau Jenny Treibel (HF I, 4, S. 297 ff.). – *Molkerei... Selbelanger:* Selbelang, viehreicher Gutsbezirk im Havelländischen Luch, westlich von Ribbeck. Vgl. »Wanderungen«, ›Havelland‹, ›Das Havelländische Luch‹ (HF II, 2, bes. S. 106 f.). – *ohne Tödter töten Sie sich:* Wortspiel, das sich auf die alte Berliner Fleischer-Familie Tödter bezieht. – *immer bis hundert zählen:* Vgl. Anm. zu S. 20. – *ein dickes Federdeckbett:* Zu F.s Hochschätzung des Federbetts vgl. besonders den Brief an seine Mutter vom 20. Sept. 1868: »... weg mit diesem Husten. Tritt ihm energisch entgegen, ... vor allem mit einem frühzeitig und tüchtig geheizten Ofen. ... nur das dicke Deckbett kommt ihm an Macht und wohlthätigem Einfluß beinah gleich.« (HF IV, 2, S. 215). – *Erkältungsriesen:* Vgl. F. aus Norderney am 12. Aug. 1885 an seine Frau: »Ich komme mit einer Erkältung nach Haus gegen welche *die* von meinem Rechnungsrath Gottgetreu nur ein Pappenstiel ist.« (HF IV, 3, S. 281).

26 *warmer Ofen:* Kamingespräche sind bei F. häufig; vgl. »Wolsey« (S. 220 f.), »Wanderungen«, ›Die Grafschaft Ruppin‹, ›Die Menzer Forst und der große Stechlin‹ (HF II, 1, S. 344) und »Vor dem Sturm«, Bd. 1, 3. Kap. (HF I, 3, S. 27). – *das »innere Düppel«:* Anspielung auf die Erstürmung der Düppeler Schanzen im Schleswig-Holsteinischen Krieg 1864. Vgl. die Gedichte »Der Tag von Düppel« und »Am Jahrestag von Düppel« (HF I, 6, S. 234 ff. und Anm.) sowie »Frau Jenny Treibel«, 10. Kap. (HF I, 4, S. 409), ferner F.s Schilderung des Kriegsschauplatzes in »Aus dem Sundewitt«, 1. Kap. ›Von Flensburg bis Düppel‹ (HF III, 3/I, S. 634 ff.).

IM COUPÉ

Entstehungszeit: 1887/88. – *Vorabdruck:* in der Zeitschrift »Zur guten Stunde«, hrsg. v. Emil Dominik, I. Jg. 1887/88, S. 813.
Zur Entstehung: Im Tagebuch notiert F. zwischen dem 4. März und 8. Juli 1888: »Ich war all die Zeit über fleißig und brachte früher geschriebene Sachen in Ordnung: ›Wohin‹, ›Im Coupé‹, ›Der Karrenschieber von Grisselsbrunn‹, ›Der letzte Laborant‹, ›Plaue a. H.‹ [aus »Fünf Schlösser«, HF II, 3, S. 102 ff.] und ›Stine‹« (HF III, 3/II). F. erwähnt im Tagebuch unter der Datumsangabe 1. Januar bis Ende Februar 1887: »Ich begann mit Korrektur dreier kleiner Arbeiten für die ›D. Ill. Zeitung‹: ›Onkel Dodo‹, ›Im Coupé‹ und ›Eine Frau in meinen Jahren‹. Als ich mit der Korrektur [= Durcharbeitung des ersten Entwurfs] fertig war, erfuhr ich, daß mein Freund Dominik von der Redaktion zurückgetreten und das Blatt selbst so gut wie verkracht sei. So müssen die kleinen Arbeiten vorläufig lagern« (HF III, 3/II). In der Erstausgabe und in den »Gesammelten Werken« steht unter dem Titel die Jahreszahl (1884).

28   *Brighton... Dover:* F. war dreimal in England: während seines Militärdienstes vom 25. Mai – 9. Juni 1844; dann von April bis Sept. 1852; schließlich vom Sept. 1855 bis Jan. 1859. Während des letzten Aufenthaltes besuchte F. seine Familie in Berlin, die 1857 nach England ging. Vgl. »Ein Sommer in London«, »Die Londoner Kunstausstellung«, »Von der Weltstadt Straßen« (HF III, 3/I, S. 7 ff.; S. 417 ff.; S. 536 ff.) sowie die Briefe aus England (HF IV, 1). – *Franz Müller:* beraubte und ermordete am 9. Juli 1864 einen Mr. Briggs (ausführlicher Bericht in »Annual Register pro 1864«, London; es war die cause célèbre dieses Jahres). Vgl. dazu auch: »Didaskalia. Blätter für Geist, Gemüth und Publicität«, hrsg. v. J. A. Hammeran, 42. Jg. (1864), Nr. 194 ff.; »Neuer Pitaval«, hrsg. v. A. Vollert, 36. Teil, Leipzig 1865, S. 1-115 und den Bericht in der »Novellen-Zeitung«, 4. Folge, 2. Jg. (1864), Nr. 33 vom 12. Aug. 1864, S. 525-527; ferner Leonhard Gribble, »Die großen Detektive«, München 1965, S. 26 f. (N). – *Avis au lecteur* (franz.): Anzeige an den Leser.
29   *Tauris oder Kolchis:* Tauris (Krim), Anspielung auf Goethes »Iphigenie auf Tauris«, Kolchis mit Bezug auf die Argonauten-Sage (s. unten). – *statt des Goldenen Vlieses... das Goldene Kalb:* Das Goldene Vlies wurde von den Argonauten mit Hilfe der aus Kolchis stammenden Königstochter Medea geraubt; der Tanz um das Goldene Kalb (2. Buch Mose, Kap. 32) galt F. als Symbol für materielle Gesinnung. Vgl. auch ›Der Stechlin‹, 19. und 43. Kap. (HF I, 5, S. 180 und 377) und »Ein Sommer in London«, ›Das Goldene Kalb‹ (HF III, 3/I, S. 75 ff.) – ›*shortcomings*‹ (engl.): Mängel; vgl. F. an Paul Heyse vom 15. Febr. 1859: »... meine Schwächen und Nicht-ausrei-chendheiten (shortcomings)...« (HF IV, 1, S. 654). – *Sterbetabelle:* studierte F. aufmerksam in den Zeitungen. – *Check* (engl.): Schach. –

Garroteur (franz.): Gewaltverbrecher (»Knebler«, nach span. Garrotte = Halseisen).

30 *wenn Leben der Güter höchstes ist:* Schiller, »Die Braut von Messina« (1803), Schluß: »Das Leben ist der Güter höchstes nicht,/ Der Übel größtes aber ist die Schuld.« – *Governeß:* governess (engl.): Gouvernante. F.s Tochter hatte die Absicht gehabt, eine solche Stelle anzutreten. Vgl. F. an seine Frau am 26. Juli 1884: »Sie würde sich gern ein andres ›sort‹ bereiten . . .« (HF IV, 3, S. 344). Doch in F.s Tagebuch 1884 heißt es bereits: »Damit waren die Pläne glücklich begraben.« (HF III, 3/II) – *Rugby:* Ort in der Grafschaft Warwick mit einer berühmten, 1567 unter Elisabeth I. gestifteten Lateinschule. – *will ich . . . über das große Wasser:* Zu F.s eigenen Auswanderungsplänen während seiner Verlobungszeit, als er nur schwer seinen Lebensunterhalt verdienen konnte, vgl. seinen Brief vom 14. Mai 1849 an Bernhard von Lepel: »In spätestens 8 Wochen denk' ich auf dem Wege nach New-York zu sein . . .« (HF IV, 1, S. 70). Wie unentschieden F. in dieser Frage war, zeigt der undatierte Entwurf eines Briefes an Hermann Kriege, der aus politischen Motiven nach Amerika ging: »Was mich angeht so wär' ich noch vor wenigen Monaten mit Leib und Seele der Ihre gewesen. Heute denk' ich anders darüber . . . Ich habe seitdem *für mich* wieder hoffen und – am Vaterlande noch immer nicht verzweifeln gelernt . . . Ich gedenke auszuhalten . . . Ich liebe die deutsche Kunst, das ist mein eigentliches Vaterland, und es aufgeben, hieße mich selbst aufgeben.« (Briefwechsel mit Lepel, Bd. 1, S. 436). Vgl. ferner dazu Emilie Fontane an Wilhelm Wolfsohn (Briefwechsel mit Wolfsohn, S. 59) und Briefentwürfe F.s, abgedruckt in: »Tägliche Rundschau« v. 18. 9. 1925 (N). – *praktisch sein . . . :* Vgl. »Ein Sommer in London«, ›Parallelen‹: »Und nun zum Schluß: England ist praktisch, Deutschland ideal . . .« (HF III, 3/I, S. 171). – *Duodezstaat:* Anspielung auf die deutsche Kleinstaaterei; Duodez (12°), kleines Buchformat (unter Oktav).

31 *in die Front gerückten Zähnen:* von F. als physiognomisches Charakteristikum der Engländer persifliert. Vgl. auch »Frau Jenny Treibel«, 8. Kap. (HF I, 4, S. 375 und 378 f.) – *Insolenzen* (lat.): Unverschämtheiten. – *Masters:* englische Anrede für junge Männer höherer Stände.

32 *Gott und der Zar:* »Der Himmel ist hoch, und der Zar ist weit.« Russisches Sprichwort. – *die Kaiser-Nikolaus-Tage:* Zar Nikolaus I. regierte von 1825 bis 1855.

33 *vor der Sixtinischen:* Die Sixtinische Madonna von Raffael (1483-1520) entstand 1512/13 und befindet sich seit 1753/54 in der Dresdner Gemäldegalerie. Vgl. auch Anm. zu S. 251. – *Oberammergau:* Passionsspiele dort seit 1634 alle zehn Jahre. – *Unser altes Europa:* Zu F.s Sinn für Tradition und seine Neigung für Zukunftsweisendes; vgl. »Wanderungen«, ›Die Grafschaft Ruppin‹, Schluß des Kap. ›Gentzrode‹: »Unsere Teilnahme haftet am Unfertigen. ›Was wird sich

bewähren, was nicht‹, ›wie wird sich's entwickeln?‹ Das sind die
Fragen, die, von alters her, uns an Menschen und Dingen am meisten
interessiert haben.« ». . . wir haben uns zunächst einer natürlich
fortschreitenden Entwicklung alles Lebenden um uns her zu freun . . .
Das Wachsende, gut oder nicht, tritt an die Stelle des Fallenden, um
über kurz oder lang selber ein Fallendes zu sein. Das ist ewiges
Gesetz.« (HF II, 1, S. 544). Vgl. auch die Erklärung Melusines im 29.
Kapitel des »Stechlin«: »Ich respektiere das Gegebene. Daneben aber
freilich auch das Werdende, denn eben dieses Werdende wird über
kurz oder lang abermals Gegebenes sein. Alles Alte, soweit es
Anspruch darauf hat, sollen wir lieben, aber für das Neue sollen wir
recht eigentlich leben.« (HF I, 5, S. 270). – *Kunstkammer:* in Berlin
unter dem Großen Kurfürsten (1620-88) begründet als Raritäten-
kabinett mit Schnitzwerken, Emaillemalereien, Metallarbeiten,
Holzstatuetten, Goldschmiedearbeiten etc. aus Mittelalter und Neuzeit. – *Schliemann und Frau:* Heinrich S. (1822-90), Altertumsfor-
scher und Archäologe aus Neubuckow/Mecklenburg, berühmt – und
umstritten – durch seine Grabungen in Troja (1871-82) und Mykene
(Beginn August 1876). Seine Frau Sophia Engastromenos war Grie-
chin. Vgl. auch »Frau Jenny Treibel«, 6. Kap. (HF I, 4, S. 354 und
Anm.).

34 *Mittel . . . unseren physischen Schmerz zu stillen:* Der Bostoner
   Chemiker und Geologe Charles Thomas Jackson (1805-80) entdeckte
   Schwefelblätterdämpfe als Betäubungsmittel, das sein Freund, der
   Zahnarzt William Thomas Green Morton (1819-68), anwandte. – *Die
   Zehn Gebote:* Vgl. F. an seine Tochter vom 24. Aug. 1893 ». . . wenn
   nur zehn oder zwölf Sätze, in denen die Menschenordnung liegt . . .
   übrigbleiben . . . . nur für einen Schriftsteller, der vom Sätzebau lebt,
   hat es etwas Niederdrückendes.« (HF IV, 4, S. 283). – *stieg der Ball
   herauf, und im . . . Widerschein derselben:* im Widerschein der
   Sonne; derartige grammatikalische Konstruktionen häufiger bei F.

35 ›*Quickness*‹ (engl.): rasch reagierende Verhaltensweise. – *den Augenblick ergreifen:* Vgl. Goethe, »Faust«, Erster Teil, ›Studierzimmer‹, Vers 2017. Mephisto ironisch: »Doch der den Augenblick
   ergreift,/ Das ist der rechte Mann.« – *Euston-Square:* Vgl. »Ein
   Sommer in London«, ›Tavistock-Square und die Straßen-Gudin‹ (HF
   III, 3/I, S. 41 ff.). – ›*low*‹ (engl.): hier: sozial niedrig. – *Dom . . . vor
   seinem Altarbild:* die Madonna auf der Mitteltafel des sog. Kölner
   Dombildes (1442-44) von Stefan Lochner (1405/15?-1451/52). Vgl.
   auch F.s Aufzeichnungen über seine Rheinreise 1865 (HF III, 3/II).

DER KARRENSCHIEBER VON GRISSELSBRUNN

Entstehungszeit: 1884. – *Vorabdruck:* »Die Gesellschaft. Monatsschrift für Literatur und Kunst«, Berlin 1889, IV, Sp. 1691-1694. *Zur Entstehung:* Vgl. F.s Tagebuch, 13. April 1884: »Gearbeitet: ›Der Karrenschieber‹, Novellette nach einer Lazarusschen Erzählung« (HF III, 3/II); Moritz Lazarus, 1824-1903, Völkerpsychologe, »Tunnel«- und »Rütli«-Mitglied; 1869 Präsident der ersten israelitischen Synode zu Leipzig, besaß das Gut Schönfeld bei Leipzig. Ebenda vom 4. März bis 8. Juli 1888: »Ich war all die Zeit fleißig und brachte früher geschriebene Sachen in Ordnung: . . . ›Der Karrenschieber von Grisselsbrunn‹«. Unter dem Titel des Erstdrucks und in den »Gesammelten Werken« das Datum 1885. Wiederabdruck auch in: Das Fontane-Buch, S. 95-98; vorangestellt ist der folgende Entwurf:

»*Der Karrenschieber*
Ich ließ (so erzählte mir ein Freund) im Jahre 72 auf der Leipziger Promenade ein neues Haus aufführen, und da der Untergrund sumpfig war, so war eine Betonschüttung nötig. Diese Betonschüttung interessierte mich und wurde Veranlassung, daß ich auf kurze Zeit nach Leipzig hin übersiedelte, um dem Verlauf der Arbeit folgen zu können. Eine große Zahl von Arbeitern war beschäftigt, unter diesen viele Karrenschieber, die über eine Leisten- und Bretterlage hin die zur Betonmasse nötigen Steinchen und den Zement heranzukarren hatten. In den ersten Tagen erschien mir alles wie ein Ameisenhaufen, in dem einer dem andern ähnlich sah; als ich mich aber öfter einstellte, fand ich mich auch in den einzelnen leicht zurecht und beobachtete namentlich einen, der sich durch Kraft und Eleganz vor den andern auszeichnete. Er war ein Mann von 38, pockennarbig und überhaupt von unschönen Zügen, aber Haltung und Augenausdruck und besonders auch die besondere Art, wie er seine Arbeit verrichtete, zeigten, daß er in zurückliegender Zeit einer anderen Gesellschaftsklasse angehört haben müsse. Mit einer gewissen Eleganz, darin sich ebensoviel Kraft wie Geschicklichkeit aussprach, ließ er das Rad seiner Karre über die sich biegenden Bretter hinrollen und wenn der Umstülpungsmoment kam, wo der Inhalt der Karre mit einem Ruck nach rechts in die Baugrube hinuntergeschüttet werden mußte, so geschah dies, wie wenn jemand ein Glas einschenkt, kein Tropfen vorbei, während die anderen es so ungeschickt machten, daß ein Teil der Ladung auf dem Brett liegen blieb und erst nachträglich hinuntergeschippt werden mußte. Sein Aufzug war schlechter als der der andern, aber die Art, wie er ihn trug, ließ darüber hinsehn, oder ließ erkennen, daß er den andern nicht zugehörte.
  Als ich ihn so mehrere Tage lang beobachtet hatte, wandte ich mich an den den Bau beaufsichtigenden Polier und fragte: wer er sei? ›Wir wissen es nicht; er hat sich einen Namen gegeben, der sicherlich nicht der seine ist; wir haben ihn von einem andern Bau her übernommen.‹ ›Er sieht anders aus wie die anderen.‹ ›Er ist auch anders und spricht auch anders. Er soll aus guter Familie sein. Gott, was kommt nicht alles vor.‹

Ich hörte dann noch seinen Namen, aber weder der Polier noch ich waren sicher, daß es der rechte Namen sei.

So kam der Sonnabend. Ich trat, als der Wochenlohn gezahlt wurde, an ihn heran und sagte ihm, ich hätte ihn durch die ganze Woche hin beobachtet und sähe, daß er aus anderen Verhältnissen sei. Wenn er mich besuchen und über seine Lage sprechen wollte, so stände ich ihm nächsten Sonntag zu Diensten, er würde mich bis 11 Uhr sicher treffen. Und nun nannte ich ihm das Hotel, in dem ich wohnte.

Richtig, er kam. Seine Erscheinung ist mir unvergeßlich. Er hatte sich augenscheinlich so gut wie möglich zu kleiden gesucht, aber es war trotzdem ein trauriger Aufzug, in dem sich von dem Sonntagsstaat anderer Arbeiter nichts erkennen ließ. Eigentlich waren es nur zurechtgelegte Lumpen. Aber so traurig der Aufzug war, an dem auch nicht das Geringste an den Sonntagsstaat eines behäbigeren Arbeiters erinnerte, war sein Erscheinen doch ganz das eines Gentleman, der nur das Unglück gehabt hat, auf einer langen Seefahrt oder weil er fünf, zehn Jahre lang auf eine unbewohnte Insel verschlagen wurde, fünf oder zehn Jahre lang dieselben Kleider tragen zu müssen. Er hatte schönes Haar, die Wäsche war rein und die Hände so sauber, wie die Hände nach wochenlanger schwerer Arbeit sein können.

Ich nahm sein Erscheinen ganz als einen Besuch und bat ihn, Platz zu nehmen, was er ohne Verlegenheit tat und nur auf ein erstes Wort wartete. Ich ließ ihn nicht lange warten und sagte ihm, daß ich ein Mitgefühl mit seiner Lage empfände. Es sei ganz ersichtlich, daß er durch schwere Schulen gegangen sei, daß er nicht an richtiger Stelle stehe, vielleicht wäre noch zu helfen. Es läge mir fern, ihm durch Neugier beschwerlich fallen zu wollen, er solle mir einfach sagen, was er mir, ohne sein oder anderer Interesse zu verletzen, sagen könne, vielleicht wäre noch zu helfen.

Er blieb ganz ruhig, nur daß es ihm um Mund und Auge zuckte. Dann gab er mir einen kurzen Bericht, der nur wenige Minuten in Anspruch nahm. Er sei der und der (hier gab er seinen richtigen Namen) und Sohn eines höheren Beamten; er habe Schule und Universität besucht und Stellungen bekleidet, aber sein Leben sei voller Mißgriffe [?] gewesen, die zuletzt die Geduld seiner Familie erschöpft hätten. Um so mehr, als er ein Sohn unter elfen gewesen wäre. So habe man ihn fallen lassen, weil man ihn lassen mußte. Vorwürfe habe er gegen niemand zu erheben, außer gegen sich selbst. Einmal aus seiner Sphäre heraus, sei es rapide bergab gegangen, und er müsse jetzt von Glück sagen, sich sein täglich Brot am Bauplatz verdienen zu können. Er verstehe zwar zu arbeiten und man lege ihm nichts in den Weg; dennoch fühle er, daß man ihn nur dulde.

Nichts von Bitterkeit sprach aus seinen Worten, alles nüchterne Aufzählung von Tatsächlichkeiten, und wenn etwas von einem bestimmten Ton mit durchklang, so war es der der Anklage gegen sich selbst. Aber auch davon wenig. Er sprach, wie wenn es sich um ein Schicksal handle, das kommen mußte, das unerbittlich seinen Gang ging.

Dann erhob er sich.

Ich wiederholte ihm meine Zusage, was er ruhig und mit einer dankbaren Verneigung hinnahm, aber ohne daß etwas von Hoffnung oder Freude in ihm aufgeflammt hätte. Sein ganzes Wesen war der Ausdruck von Resignation.

So schieden wir. Ich tat denselben Tag noch Schritte, bei welcher Gelegenheit ich auf mehr Entgegenkommen traf, als ich erwarten durfte. Die Herren vom Baubüro waren in ihrem guten Willen einstimmig, und es wurde nahezu festgestellt, welche Wege man einschlagen, welche Versuche man machen wolle.

Nicht ohne herzliche Freude verließ ich die Gesellschaft und hatte das Bild des Unglücklichen vor mir, als ich mich in mein Hotel und am selben Abend noch nach Berlin zurückbegab, wohin mich Geschäfte auf eine Woche abriefen.

Als ich die Woche danach wieder in Leipzig eintraf und am andern Morgen den Bau besuchte, nahm ich bald wahr, daß mein Schützling unter den Arbeitern fehlte. Ich rief den Polier und fragte nach ihm, indem ich hinzusetzte, daß ich ihn letzten Sonntag gesprochen hätte.

Und seit Montag fehlt er auf dem Bau.

Das erschütterte mich und veranlaßte mich, mich mit der Polizeibehörde in Verbindung zu setzen und auch sonst nach ihm forschen zu lassen. Aber alle Nachforschungen waren vergebens. Es blieb vergebens, und in den zehn Jahren, die darüber vergangen sind, habe ich ihn weder wiedergesehen noch von ihm gehört.

Ich wollte ihn retten und habe ihn vielleicht in die Verbannung getrieben, in die Verbannung oder in den Tod.

Ich wollte ihn retten aus seinem Elend und habe ihm sein Elend, das er bis dahin männlich trug, vielleicht erst recht fühlbar gemacht. Er empfand vielleicht mit einem Male den tiefen Fall. Und so hab' ich den, den ich retten wollte, vielleicht in die Verbannung getrieben, vielleicht in den Tod.« (Das Fontane-Buch, S. 91-94).

35 *Norderney:* besuchte F. am 26. Juli 1880, 17. Aug. 1882 und 18. Juli-
31. Aug. 1883; vgl. auch »Sommers am Meer« (HF III, 3/II). Zu F.s Norderney-Aufenthalten vgl. die Briefe an seine Frau, an seine Tochter, an Emilie Zöllner, Paul Heyse vom 12. bis 18. Aug. 1882 sowie vom 19. Juli bis 30. Aug. 1883. (HF IV, 3, S. 198-203 und S. 267-285). – Im Frühjahr 1884 Beginn der Niederschrift. – *abgelegenen Lokal:* Vgl. F. an seine Frau am 21. Juli 1883: »... heute vor Schucharts Hôtel, wo ich die Stunden von 2 bis 4 mit Diner und Zeitunglesen zuzubringen pflege.« (HF IV, 3, S. 271). – *König von Thule:* Goethes Ballade, »Faust«, Erster Teil, ›Abend‹, Vers 2759-2782, von F. häufig zitiert, vgl. z. B. »Der Stechlin«, 41. Kap. (HF I, 5, S. 367) oder »Graf Petöfy«, 9. Kap. (HF I, 1, S. 742) und »Effi Briest«, 17. Kap. (HF I, 4, S. 142).

36 *der Reihe nach, eine Geschichte ...:* beliebtes Schema der Rahmenerzählungen; vgl. auch »Tuch und Locke« (S. 183 ff.). – *Oldermann:*

Einführung dieses im Entwurf nicht verwendeten Namens vielleicht in Erinnerung an eine Begegnung, die F. in dem Brief an seine Frau aus Norderney vom 19. Juli 1883 schildert: »Der sächsische Herr... hatte den amüsanten, mir äußerst sympathischen Zug, den fast alle Sachsen haben: gut gelaunt, etwas witzig, etwas humoristisch...« (HF IV, 3, S. 267). – *Grisselsbrunn:* vermutlich erfundener Name. »Grissel« taucht bei F. verschiedentlich auf, u. a. im Zusammenhang mit spukhaften Vorgängen. Vgl. z. B. »Jenseit des Tweed«, ›Spukhäuser‹ (HF III, 3/I, S. 243) und »Ellernklipp«, 15. Kap. (HF I, 1, S. 193). Bei der Schilderung der Lokalität von Grisselsbrunn können das Leipziger Rosenthal und der Kaffeegarten Kintschy Pate gestanden haben (N). Vgl. »Von Zwanzig bis Dreißig«, ›Mein Leipzig lob' ich mir‹, 2. Kap. (HF III, 4, S. 243). – *Stadt L:* Wie aus dem Entwurf (s. o. S. 603 ff.) ersichtlich, ist Leipzig gemeint, das in den 70er Jahren stark angewachsen war. F. kam am 1. April 1841 als Apothekergehilfe nach Leipzig und empfand schon damals die Architektur dieser Stadt als »berauschend«; vgl. »Von Zwanzig bis Dreißig«, ›Mein Leipzig lob' ich mir‹, 1. Kap. (HF III, 4, S. 235 ff.). – *in Ehren gehaltene Quelle:* Vgl. die Beschreibung der Freienwalder Quelle in »Wanderungen«, ›Oderland‹ (HF II, 1, S. 607 ff.). – *den Aparten ... gespielt hätte:* »das Aparte« an Menschen und Dingen bewunderte F., doch »den Aparten spielen«, lehnte er ab. Vgl. »Schach von Wuthenow«, 13. Kap.: »Er [Schach] ist nichts weniger als beliebt; wer den Aparten spielt, ist es nie.« (HF I, 1, S. 639).

37   *desolatester* (lat./franz.): verwüsteter, trostloser.

39   *In die Neue Welt:* Vgl. Anm. zu S. 30 und »Stine«, 14. Kap. (HF I, 2, S. 550 und Anm.).

EINE FRAU IN MEINEN JAHREN

Entstehungszeit: 1885. – *Vorabdruck:* »Zur guten Stunde«, Berlin 1887/88, Bd. 1. – Weiterer Abdruck in »Deutsche Dichtung«, hrsg. von Karl Emil Franzos, Bd. XVI, 1. Heft, Berlin 1893, S. 9-12.
Zur Entstehung: Erwähnt in einem Brief an die Westermannschen Monatshefte vom 17. Mai 1885; vgl. »Briefliche Zeugnisse zur Entstehung«, S. 590; s. auch F. an Georg Friedlaender vom 12. Okt. 1887 (»Briefliche Zeugnisse...«, S. 591). Ende 1887 notiert F. im Tagebuch: »›Zur guten Stunde‹ brachte ›Quitzövel usw.‹... in der Weihnachtsnummer erschien außerdem: ›Eine Frau in meinen Jahren‹.« (HF III, 3/II). Unter dem Titel wird im Erstdruck und in den »Gesammelten Werken« 1886 als Datum genannt. Vgl. auch den Brief an Friedrich Stephany vom 4. Juni 1894, mit dem F. diesem sein »neuestes Buch«, d. h. »Von, vor und nach der Reise« überreicht (»Briefliche Zeugnisse...«, S. 594).

Der Schauplatz der Erzählung wird bei Georg Buß, »Bad Kissingen« in »Zur guten Stunde«, Berlin 1893, Sp. 129 ff., geschildert; dort auch der Satz: ».. . in der Ferne tauchen der Graf Henckel von Donnersmarck mit seiner zierlich-anmutigen jugendlichen Gemahlin und unser allverehrter Fontane mit der Gefährtin seines Lebens auf. . .«
Die in der Erzählung wiedergegebenen Eindrücke stammen von F.s Reise nach Kissingen, die er vom 28.-31. Aug. 1867 unternahm, um an seinem Buch »Der deutsche Krieg von 1866« (Decker, Berlin 1871) zu arbeiten. Folgende Stellen aus Bd. 2 dieses Werkes stehen in direktem Bezug zum vorliegenden Text: S. 106 f., 115 f., 148 f.

39 *Brunnenpromenade:* Vgl. das gleichnamige Gedicht von 1891 (HF I, 6, S. 377). – *Mutter der Schroeder-Devrient:* Antoinette Sophie Schroeder, geb. Bürger (1781-1868), gefeierte Schauspielerin; ihre Tochter Wilhelmine Schr.-D. (1805-60), berühmte dramatische Sängerin, seit dem fünften Lebensjahr auf der Bühne (zuerst im Ballett), 1850 mit dem Livländer von Bock verheiratet.

40 *Cavaliere servente* (ital.): ritterlicher Begleiter, Galan. – *Aßmannshausen:* Name vermutlich nach dem bekannten rechtsrheinischen Weinort. Vgl. auch F.s Aufzeichnungen über die Rheinreise von 1865 (HF III, 3/II). – *noch mit Siebzig:* zu F.s Zeit nicht selten: durch Standesrücksichten bestimmt, ferner weil Frauen häufig bei Geburten starben und sich die Witwer wiederverheirateten. Vgl. auch F. an Friedlaender vom 2. Jan. 1896 (HF IV, 4, S. 518). – *Lindelsmühle:* Ausflugsort bei Kissingen. Vgl. F.s Gedicht, »Ins Kissinger Album« (HF I, 6, S. 545) und den Brief an seine Tochter aus Kissingen am 19. Juni 1890: ».. . dann einen hübschen Spaziergang zur historischen Lindelsmühle, wo die Vorhut der Divison Goeben, trotz abgetragner Brücke über den Fluß ging und dadurch die Einnahme Kissingens rasch entschied. An einem Wiesenpfade stand ein gußeisernes Kreuz: ›Hier fiel ein preußischer Soldat am 10. Juli 1866‹, Mohn- und Kornblumenkränze hingen daran, natürlich nur um auf die zahlreichen Berliner Fremden einen guten Eindruck zu machen. Alles Geschäft.« (Briefe, Bd. 2, S. 161). – *besuchen den Kirchhof:* Zu F.s Vorliebe für Friedhöfe vgl. »Ein Sommer in London«, ›Ein Gang durch den leeren Glaspalast‹: »Es ist ein Etwas im Menschen. . . was ihn hinauszwingt aus dem Geräusch der Städte in die Stille der Friedhöfe« (HF III, 3/I, S. 11). Der Kirchhof ist F. eine Quelle, über Land und Leute etwas zu erfahren. In den »Wanderungen« wie in seinen Romanen und Erzählungen spielt der Friedhofsbesuch eine wichtige Rolle; vgl. auch S. 95. – *Erinnerungen:* Vgl. dazu »Effi Briest«, 13. Kap. (HF I, 4, S. 110 und Anm.).

41 *Gewölk:* Ankündigungen von etwas Bevorstehendem finden sich bei F. häufig; so besonders in Überschriften wie »Es geschieht etwas«, aber auch in Zeichen (Gewölk). Vgl. »Vor dem Sturm«, 1. Bd., 14. Kap. und 3. Bd., 8. Kap. (HF I, 3, S. 222 ff., S. 396 und Anm.). –

Nüdlinger Bergen: Nüdlingen ca. 12 km von Kissingen entfernt mit dem Schlegelsberg, Sinn-Berg und dem Calvarien-Berg (vgl. »Der deutsche Krieg von 1866«, Bd. 2, S. 118 ff. – *Der rote Mohn:* Die Blumensymbolik ist charakteristisch für F.s Erzählkunst. – *Verbenen:* Eisenkraut. – *bedeutet Ruhe:* häufige Bemerkung F.s; z. B. in »Effi Briest«, 36. Kap.: ». . . Ein Gefühl der Befreiung überkam sie. ›Ruhe, Ruhe.‹« (HF I, 4, S. 294); vgl. auch »Unwiederbringlich«, 7. Kap. (HF I, 2, S. 609) und den Brief an Mathilde von Rohr am 8. Juni 1888: »Ruhe ist das Beste.« (HF IV, 3, S. 621). – *Platanen und Ahorn:* auch hier Pflanzensymbolik; Bäume als Sinnbild für Herbst, Kirchhof, Ruhe. Vgl. z. B. »Effi Briest«, 36. Kap. (HF I, 4, S. 279 und 294) und »Wanderungen«, ›Die Grafschaft Ruppin‹, ›Am Wald‹ (HF II, 1, S. 211). – *großen Hotel:* Vgl. die auf S. 607 zitierte Schilderung Kissingens: »Elegante Gestalten schauen aus den Fenstern des Hotel Sanner [. . .]«. – *ein paar Jahre lang in New York:* möglicherweise Anregung von Minnie Hauk von Hesse-Wartegg (1853-1929), einer weltberühmten Sängerin, die F. in Kissingen kennengelernt hatte (vgl. HF I, 6, S. 546 f.) und deren Mann, der weitgereiste Schriftsteller Ernst von Hesse-Wartegg (1851-1918), für »Zur guten Stunde« z. B. über »Chikago« schrieb (1893, Sp. 349 ff.). – *an den großen Seen:* Michigan-See, Huronsee, Saint Clairsee, Eriesee, Ontariosee. – *mit dem Plan einer Übersiedelung:* Vgl. Anm. zu S. 30.

42   *Bildstöckl . . . Steintreppe zu dem Kirchhofe hinauf . . . Mesnerhause:* Vgl. »Der deutsche Krieg von 1866« Bd. 2, S. 114 und 148. – *wo die Preußen einbrachen:* Vgl. F.s Schilderung der Erstürmung des Kirchhofs am 10. Juli 1866 in »Der deutsche Krieg von 1866« Bd. 2, S. 113-117 sowie die Illustration zwischen S. 112 und S. 113. – *Generalin Ruth Brown:* vermutlich die Gattin des Generals Sir George Brown (1790-1865), die 1865 in Bad Kissingen starb. –

43   *eines bei Kissingen gefallenen Offiziers:* Vgl. dazu F.s »Der deutsche Krieg von 1866« Bd. 2, S. 148 f. – *Sattlermeister Karl Teschner . . . daß es ein zusammengeflickter Stein ist:* Vgl. »Der deutsche Krieg von 1866« Bd. 2, S. 114 f. – *Remedur* (franz.): Abhilfe; vgl. »Effi Briest«, 30. Kap., (HF I, 4, S. 250 und Anm.); in seiner Drastik ein Lieblingswort F.s. – *Eine Mosaik:* bei F. gelegentlich feminin gebraucht.

44   *ein prächtiger . . . Granitwürfel mit Helm und Schwert:* in ›Der deutsche Krieg von 1866‹, Bd. 2, S. 148 wird der Name des Offiziers genannt und das Grabmal beschrieben. – *Konfidenzen* (lat./franz.): Vertraulichkeiten, Bekenntnisse. – *coupiertes Terrain:* militärischer Ausdruck für ein mit Gräben und Hindernissen durchzogenes Gebiet; bei F. häufiger im Sinn von: schwieriges Gelände. – *der alte Mesner:* Vgl. »Der deutsche Krieg von 1866« Bd. 2, S. 115.

45   *flog ein Schmetterling:* häufiges Bild bei F. im Zusammenhang von Vergänglichkeit und Tod. Vgl. »Aus den Tagen der Okkupation«,

Band 2, ›Bitsch‹ (HF III, 4, S. 983); auch »Wanderungen«, ›Die Grafschaft Ruppin‹, ›Am Wall‹; ebenso ›Oderland‹, ›Freienwalde‹ (HF II, 1, S. 201 und 614); auch »Effi Briest«, 13. Kap. (HF I, 4, S. 110). – *Grabresponsorien* (lat.): Wechselgesänge am Grab.

46 *Nutze den Tag:* nach Horaz I, 11, 8 (»Carpe diem«).

ONKEL DODO

Entstehungszeit: Anfang 1887. – *Vorabdruck:* »Zur guten Stunde«, 2. Jg., Bd. 1, Sp. 27-36; 71-80, Berlin 1889.
Zur Entstehung: Vgl. F.: Tagebuchnotiz, Anfang 1887; s. oben S. 600. Die Wahl des Namens »Dodo« vielleicht in Erinnerung an die Familie zu Innhausen und Knyphausen, in der dieser Vorname nicht selten war. F. war vom 20.-24. Juli 1880 auf Dörnbergsche Empfehlung in Lütetsburg, dem Sitz der Familie, zu Besuch. Vgl. auch Udo von Alvensleben, »Die Lütetsburger Chronik«, Privatdruck 1955.

In der ersten Buchausgabe und in den »Gesammelten Werken« Titelzusatz: (1886).

46 *Insleben a. Harz:* fiktiver Ortsname; nach Ilsenburg bei Wernigerode (im Anklang an Minsleben)? F. war vom 23. Juni-25. Aug. 1881 in Thale und Wernigerode, deren Umgebung Schauplatz dieser Erzählung und seines Romans »Cécile« (HF I, 2) ist. – *Dreistundengespräche... Literatur und Theater:* Themen der beliebten biedermeierlichen Salongespräche; Vgl. F. an seine Frau am 9. Juni 1884: »Ich genieße diese Plaudereien...« (Briefe, Bd. 1, S. 258). – *kirchliche Kontroverse:* Anspielung auf den sog. Kulturkampf zwischen dem preußischen Staat und der katholischen Kirche in den Jahren 1872-87. Nach dem Scheitern der Verhandlungen mit der Kurie ergriff die preußische Regierung die Initiative zur Reform der Maigesetzgebung in fünf Novellen: das 1. Gesetz am 14. Juli 1880, das 2. am 31. Mai 1882, das 3. am 11. Juli 1883, das 4. am 21. Mai 1886 und das letzte und 5. am 29. April 1887 (N). Vgl. auch Anm. zu S. 63 und 507.

47 *embelliert* (franz.): verschönt. – *die britische Königsfamilie als Muster:* Die Kinder der Königin Victoria und ihres Prinzgemahls Albert von Sachsen-Coburg-Gotha hießen Victoria, Albert Edward (1841-1910; später Edward VII.), Alice, Alfred, Helen, Louise, Arthur, Leopold und Beatrice.

48 *Maud und Alice beim Reifenspiel:* Zu diesem Bild vgl. auch »Von Zwanzig bis Dreißig«, ›Der Tunnel über der Spree‹, ›Bernhard v. Lepel‹ (HF III, 4, S. 445).

50 *Bismarck:* Vgl. Anm. zu S. 18. – Immanuel *Kant:* 1724-1804, nach ihm wird sittliches Handeln durch den ›kategorischen Imperativ‹

bestimmt, der zum Bestandteil des ›Preußischen Moralkodex‹ wurde: »Handle so, daß die Maxime deines Willens jederzeit zugleich als Prinzip einer allgemeinen Gesetzgebung gelten könne.« (»Kritik der praktischen Vernunft«, 1788, §7. Vgl. auch HF I, 4, S. 145 und Anm.). – Arthur *Schopenhauer*: 1788-1860. Vorwegnahme von Motiven der Psychoanalyse in seiner Willens- und Trieblehre. Starke Einflüsse auf Richard Wagner und den jungen Nietzsche. – Hermann Ludwig Ferdinand v. *Helmholtz*: 1821-94, deutscher Mediziner und Naturforscher. Arbeiten auf dem Gebiet der Medizin, Physik, Akustik, Thermodynamik und Elektrizitätslehre. – *größte Stirnweite*: In der Anthropologie werden Breite, Länge und Höhe von Hirn- und Gesichtsschädel gemessen, um bestimmte Rassenmerkmale festzustellen; auch Messungen des Hirngewichts (N); s. auch Anm. zu S. 119 u. 120. H.s Gehirn wog gegenüber dem Durchschnittsgehirngewicht (1400 g) 1440 g (Schiller 1580 g). – *kategorischer Imperativ*: s. oben. – *Waldkater... Roßtrappe*: Ausflugsziele im Harz, die F. kannte und die auch in »Cécile« Erwähnung finden (HF I, 2, S. 145 f.). – *an Gerechte und Ungerechte*: Vgl. Matth. 5,45: »Euer Vater im Himmel . . . läßt regnen über Gerechte und Ungerechte.«

51 *Kammacher*: »Die drei gerechten Kammacher«, Novelle von Gottfried Keller (1819-90) in »Die Leute von Seldwyla«, 1856. F. erheiterte sich selbst (ohne philiströse Besserwisserei) mehrmals an solchen Verwechslungen; vgl. z. B. Paul Heyse am 4. Nov. 1878: Frau Geh. Rat Flender hatte statt F.s »Tuch und Locke« F.s »Tuch und Wolle« gerühmt (Briefwechsel mit Heyse, S. 131). – *Knaupeln*: besonders sächsisch und thüringisch, soviel wie knabbern, benagen. – *Garçons* (franz.): Junggesellen. – *fipperich*: unzureichend, eng. (Trachsel, »Glossarium der Berlinischen Wörter und Redensarten«, Berlin 1873, S. 16); bei F. häufig für zu knappe, unzulängliche Kleidungsstücke, ähnlich dem berlinischen »fippsig«. Vgl. auch »Uniformen, fipprig, schäbig« im Brief vom 11. Sept. 1855 aus London an Ludwig Metzel (HF IV, 1, S. 410) und im Brief an Georg Friedlaender vom 7. Nov. 1893: »›Fipper‹ hat mich sehr amüsirt . . . In meiner Jugend sprach man von ›fipprig‹; giebt es das Wort noch?« (HF IV, 4, S. 305).

52 *»Meine Ruh' ist hin«*: Beginn von Gretchens Monolog in Goethes »Faust«, Erster Teil, ›Gretchens Stube‹, Vers 3374.

53 *Rufen des Kuckucks*: Anspielung auf den alten Volksglauben, daß der Kuckucksruf die Lebensdauer ansage; als Motiv gelegentlich bei F.; meist (wie hier) ironisch-humoristisch. Vgl. z. B. »Wanderungen«, ›Spreeland‹, ›Blumberg‹ (HF II, 2, S. 641) oder »Effi Briest«, 34. Kap. (HF I, 4, S. 281) und »Cécile«, 13. Kap. (HF I, 2, S. 209). – *frug*: S. o. Anm. zu S. 13. – *der Opferdienst in Ferdinand Cortez*: heroische Oper (1809) von Gasparo Spontini (1774-1851); der Spanier Fernando Cortez (1485-1547) eroberte Mexiko (das Aztekenreich). Im Tagebuch vermerkt F. den Besuch der Oper durch seinen Sohn

Friedrich und Frau Anna Zöllner unter dem 13. Jan. 1884 (HF III, 3/II). S. auch »Meine Kinderjahre«, 8. Kap. (HF III, 4, S. 74) und F.s Gedicht »Vergeltung« (HF I, 6, S. 624 ff.).

54 *Aland:* Karpfenart; vgl. »Cécile«, 14. Kap. (HF I, 2, S. 232). – *bandelierartig:* von franz. bandelier, Schulterriemen. – *in einem russischen Bade... in einem römischen:* Das sog. russische oder irisch-römische Bad als Verbindung von Heißluftbad und Dampfbad wurde erst im 18. Jahrhundert in Deutschland eingeführt. Das sog. römische Bad beginnt mit einem Kaltbad im Frigidarium, dem ein langsamer Übergang zu hoher Temperatur folgt, Ruhepause im Tepidarium (lauwarmer Raum), dann Warmbad im Caldarium und schließlich Schwitzbad im Laconium (N). – *von Meiningen nach Kissingen:* Vgl. dazu F.s Reisenotizen »Aus Thüringen« (HF III, 3/I, S. 737 ff.). – ›es zieht‹: wohl Selbstpersiflage F.s, der zu Erkältungskrankheiten neigte und übermäßig zugempfindlich war. – *Papuas:* Eingeborene Neuguineas. – *Doppelkrone:* vielleicht Anspielung auf die Doppelmonarchie Österreich-Ungarn oder (versteckt) auf die dreifache Krone des Papstes. Auch die neue Würde des Königs von Preußen (zugleich deutscher Kaiser) könnte gemeint sein.

55 *wenn eine Prinzessin vorbeifährt?:* gelegentliches Motiv bei F.: Vgl. z. B. »Schach von Wuthenow«, 4. Kap. (HF I, 1, S. 577) oder »Effi Briest«, 3. Kap. und »Frau Jenny Treibel«, 3. Kap. (HF I, 4, S. 23 und S. 316).

56 *der Brocken...:* höchster Berg (1142 m) des Harzes. Auf seinem Gipfel das 1860 errichtete Brockenhaus. – *Meißner Tassen:* aus der ältesten europäischen Porzellanmanufaktur Meißen, 1710 gegründet. – *Allasch:* russischer Kümmellikör.

57 *Anisette... Noisette... Rosette:* Liköre, gewonnen aus Anis, Haselnüssen und Rosenblättern. – *kategorischer Imperativ:* S. Anm. zu S. 50. – *Nordhäuser:* Von F. sehr geschätzter Kornbranntwein aus Nordhausen am Harz. Vgl. seinen Brief vom 27. Dez. 1878 an Klara Stockhausen: »... ich war froh, daß ich durch eine Flasche uralten Nordhäuser-Kornbranntweins...« (HF IV, 2, S. 646). Auch an seine Frau am 3. Jan. 1856: »Es ist bekannt, daß, wenn man bei allen Heiligen schwört: ›nie einen Kümmel mehr‹, man sich am andern Tage in Nordhäuser Korn betrinkt.« (HF IV, 1, S. 469). – *unglücklichen Flanell:* Vgl. »Unwiederbringlich«, 10. Kap. (HF I, 2, S. 634 und Anm.). – *Philisterium:* studentischer Ausdruck für Nichtstudenten, Altherrnschaft. – *Immer Tücher und Krawatten:* F. trug wegen seiner Erkältungsanfälligkeit meist einen großen Schal. Vgl. »Von Zwanzig bis Dreißig«, ›Der Tunnel über der Spree‹, 4. Kap. (HF III, 4, S. 356 ff.) und die Karikatur in Engere Welt. – *appliziert* (lat.): beigebracht.

58 *das Kegeln:* Die Kegelbahn und die Furcht davor, sich an der Rinne beim Abfangen der Kugel einen großen Holzsplitter einreißen zu können, sind Kindheitserinnerungen F.s; vgl. »Meine Kinderjahre«,

9. Kap. (HF III, 4, S. 83). Das Bild der Kegelbahn kehrt in F.s Werken
häufig wieder sowie in »Effi Briest«, 20. Kap. (HF I, 4, S. 170 und
Anm.) und »Irrungen, Wirrungen«, 9. Kap. (HF I, 2, S. 366). Vgl.
auch »Wohin?«, S. 73. – ›Wie Grummet sah man unsere Leute die
Türkenglieder mähn‹: Zitat aus der 3. Strophe des zur Zeit F.s auch in
Schullesebüchern verbreiteten Gedichts »Die Tobakspfeife« (1783)
von Gottlieb Conrad Pfeffel (1736-1809), dem Verfasser lehrhafter
Fabeln und Erzählungen (N).

60   das alte Huhn: im Vorabdruck und Erstausgabe: das kalte Huhn.
Konjektur der Herausgeber, die sich aus dem Zusammenhang er-
gibt. – Gourmand (franz.): Feinschmecker (eigtl. Vielfraß; Gourmet:
Feinschmecker). – der Schwarze Tod : Umschreibung der Pest im
Mittelalter. In der Offenbarung Johannis, Kap. 6, sind die vier
apokalyptischen Reiter Sinnbild für Pest, Krieg, Hunger und Tod.

61   viel Briefe schreiben, eine schreckliche Angewohnheit: Selbstironi-
sierung F.s, der den Brief häufig auch als Mittel künstlerischer
Gestaltung verwandte.

62   Sonnenuntergang ist ja gerade das beste: Die Bevorzugung der
Sonnenuntergangs-Stimmung (vgl. etwa »Stine«, 7. Kap., HF I, 2,
S. 506 und Anm.) stellt einen seit der Romantik beliebten literarischen Topos dar. Vgl. dazu mehrfach die »Wanderungen«. – haben
Sie schon je wen gesprochen, der vom Brocken aus was gesehen
hätte?: dort häufige Nebel- und Wolkenbildung; ständig Wind. –
Hohenstein: ehemalige Grafschaft im Kreis Nordhausen am Harz. –
auf der Steinernen Renne: felsiges Flußbett der Holtemme. Im
Vorabdruck und Erstdruck »steinerne Rinne«. Vielleicht absicht-
liche Verdrehung zur Charakterisierung Onkel Dodos (N). Vgl.
den Zitierfehler gegenüber Gottfried Kellers Novelle »Die drei
gerechten Kammacher«, auf S. 51. – Schierke: Kurort in der Nähe des
Brockens. – die Geschichte von Christus und Petrus: Vgl. Matth. 14,
22-33. – eine mephitische Welt: durch verpestenden Gestank den
Atem raubend. – die Griechen keinen großen Windgott gehabt
haben. Einen kleinen hatten sie: nämlich Äolus. Vgl. F. an Detlev
von Liliencron vom 26. April 1889: »Wildenbruch ... ist in erster
Reihe ein Phraseur, Plusterimmer mit Wind in den Backen, Kreuzung
von Aeolus und Priemchenkauer.« (HF IV, 3, S. 684).

63   Friesrock: Rock aus kräftigem, dickem Wollstoff. – Er hält zu Falk ...
nach Canossa: Adalbert F. (1827-1900), liberaler Politiker, seit
Januar 1872 Kultusminister und Nachfolger des mit F. bekannten
Heinrich von Mühler (vgl. F. an Mathilde von Rohr vom 15. Mai
1872; HF IV, 2, S. 409 f.), spielte besonders eine Rolle während des
»Kulturkampfes« in Preußen. Vgl. auch F. an Gustav Karpeles vom
10. Sept. 1880: »[. . .] trotzdem Kahle so jesuitisch dabei aussieht, daß
man auf der Stelle Falkianer und Culturkämpfer werden könnte« (HF
IV, 3, S. 104). Von der orthodoxen Partei fortwährend angegriffen,
ging Falk jedoch »nicht nach Canossa«, sondern trat 1879 zurück. F.

spielt hier auf den Ausspruch Bismarcks im Reichstag am 14. Mai 1872 an: »Nach Canossa gehen wir nicht.« – Mit seinem »Gang nach Canossa« (1077) errang König Heinrich IV. durch persönliche Demütigung einen politischen Erfolg, indem Papst Gregor VII. genötigt wurde, den kirchlichen Bann von ihm zu nehmen (N). Vgl. auch Anm. zu S. 46 und 507. – *die Inslebener Kirche gesehen und die Gruft?*: Besuch von Kirche und Gruft sowie Gespräch mit dem Pfarrer in den »Wanderungen« und Romanen häufiges Motiv zur Informationsvermittlung über Land und Leute. Vgl. z. B. auch »Der Stechlin«, 5. Kap. (HF I, 5, S. 61 ff.). – *die Mumien …*: in mehreren Grüften der Mark finden sich mumifizierte Leichen. Vgl. »Wanderungen«, ›Spreeland‹, ›Buch‹ (HF II, 2, S. 612). – *Kute:* flache Vertiefung, Mulde. – *fatal, von der Mumie direkt … zu Tische zu gehn:* Empfindlichkeit F.s, die sich deutlich im Bericht vom Galgenberg in »Meine Kinderjahre«, 2. Kap. (HF III, 4, S. 24) spiegelt.

64 *besuchen wir den alten Oberförster:* Vgl. F.s Besuch der Oberförsterei Pudagla auf Usedom; s. »Meine Kinderjahre«, 11. Kap. (HF III, 4, S. 101 ff.). – *einen Nordhäuser:* S. Anm. zu 57. – *Eremitage* (franz.): Einsiedelei, Gartenhäuschen, die nach der Mode des 18. Jahrhunderts in Parks errichtet wurden.

65 *Bins- und Minsleben:* Minsleben nördlich von Wernigerode, das F. von Sommerreisen her kannte. Vgl. Anm. zu S. 46. Binsleben vielleicht eine F.sche Parallelbildung. Ortsnamen mit der Endung »-leben« zahlreich im Harzraum.

66 *Ich konnte den Traum nicht abschütteln:* Darstellung von Träumen mehrfach bei F.

67 *Bonhommie* (franz.): Gutmütigkeit. F. weist oft auf die Bonhommie seines Vaters hin. Die negative Seite nachgiebiger Liebenswürdigkeit seines Onkels August nannte er das »Affable«, über dessen Gefahr er sich in »Von Zwanzig bis Dreißig«, ›Fritz, Fritz, die Brücke kommt‹, 3. Kap., ausläßt (HF III, 4, S. 478 ff.). – *par force* (franz.): mit Gewalt, Zwang. – *den ewigen alten Satz:* Friedrichs II. (1712–86) Randnotiz von 1740 an einen Bericht, in dem von Streitereien wegen der Einrichtung katholischer Schulen berichtet und von protestantischer Seite um neue Anweisungen für den Fiskus ersucht wurde: »Die Religionen Müsen Tolleriret werden und Mus der Fiscal nuhr das Auge darauf haben, das keine der andern abrug Tuhe, den hier mus ein jeder nach seiner Fasson Selich werden.« Diese Maxime entsprach F.s Lebenseinstellung; er zitiert sie sehr häufig (N). Vgl. auch S. 508.

68 *das Beste hat man immer von Natur:* eine der Grundauffassungen F.s. – *Dr. Fausts Sturmmantel:* Vgl. Goethe, »Faust«, Erster Teil, ›Studierzimmer‹, Vers 2065 ff. – *Der Herbst ist unsre beste Zeit:* Vgl. die Herbstgedichte F.s und den Schluß von »Effi Briest«. Vgl. auch »Herbstgefühl« (HF I, 6, S. 320 und Anm.). – *Sie sind immer le bienvenu:* der Willkommene, d. h. uns immer willkommen. Gallizismus

nach franz. soyez le bienvenu. – *Ober- und Niederbarnim:* Land-
schaften nördlich von Berlin. Vgl. »Wanderungen«, besonders die
Bände ›Oderland‹ und ›Spreeland‹ (HF II, 1 und 2). – *Eberswalde:*
Badeort, märkische Kreisstadt im Bezirk Frankfurt/Oder (Kreis Ober-
Barnim), nahe Kloster Chorin. Von hier aus fuhr F. nach Freienwal-
de; vgl. »Wanderungen«, ›Das Oderland‹ (HF II, 1, S. 589 ff.).

69   *Doktor Tannerscher Fall:* Dr. Henry Tanner in New York erbot sich
im Jahre 1880, eine 14tägige Hungerkur zu unternehmen, nachdem
seinen Hungerexperimenten eine besondere medizinische Bedeutung
zu winken schien. Er hatte schon 42 Tage nur mit Wassergenuß
gelebt, bis er unter ärztlichen Zeugen eine Hungerkur von 40 Tagen
am 28. Juni 1880 begann und eine darüber abgeschlossene Wette
»glänzend gewann«. Wegen »unverschuldeten Hungerns« beging er
im Mai 1893 in London Selbstmord. (Vgl. Alfred Lehmann, Zwischen
Schaubuden und Karussells. Ein Spaziergang über Jahrmärkte und
Volksfeste. Frankfurt 1950, S. 119.)

70   *in die fruchtbare, mit Fabriken und Rübenfeldern überdeckte Landschaft:* die Magdeburger Börde.

71   *»les défauts des vertus«* (franz.): »die Fehler der Tugenden«; von F.
gelegentlich zitierter, jedoch nicht belegter Ausspruch der französischen Schriftstellerin George Sand (1840-76); vgl. z. B. »Frau Jenny
Treibel«, 7. Kap. (HF I , 4, S. 359 und Anm.). – *Pferdebahngeleisen
der Dorotheenstraße:* Die Dorotheenstraße verlief nördlich der Straße Unter den Linden südlich der Spree in Ost-West-Richtung. Sie ist
benannt nach der Kurfürstin Dorothee von Brandenburg (1636-89),
der zweiten Gemahlin des Großen Kurfürsten, die hier die Doro-
theenstadt erbauen und die Straße Unter den Linden anlegen ließ. Die
Dorotheenstraße heißt heute Clara-Zetkin-Straße. Die Berliner Pferdebahn (seit 1865) verkehrte zunächst mit einer Linie vom Kastanienwäldchen, die Dorotheenstraße entlang, durch den Tiergarten bis
nach Charlottenburg. Erst nach 1870 wurde das Netz erweitert; 1881
elektrifiziert (N). – *dem Tiergarten:* Park im englischen Stil, vom
Brandenburger Tor bis Charlottenburg. Ursprünglich ein Wildpark
der Kurfürsten, reichte er noch im 16. Jahrhundert bis zum späteren
Gendarmenmarkt (Platz der Akademie). Trotz verschiedener Änderungen blieb die Eigenart eines Naturparks erhalten, bis der Park bei
den Kämpfen um Berlin am Ende des Zweiten Weltkriegs großenteils zerstört wurde. Teile sind nach 1945 wieder neu angelegt worden
(N). – *»In balneis salus«* (lat.): in den Bädern Gesundheit. Vgl. auch
F. an Emilie Zöllner vom 19. Sept. 1871 (HF IV, 2, S. 386). – *Mens
sana in corpore sano* (lat.): »ein gesunder Geist in einem gesunden
Körper«. Unvollständig zitiert: »curandum est ut sit . . .«. Aus Juve-
nal, Satiren, 10, 356; vgl. auch S. 285.

Entstehungszeit: 1888. – *Vorabdruck:* Vossische Zeitung Nr. 237 vom
20. Mai 1888.
Zur Entstehung: F. notiert im Tagebuch vom 4. März bis 8. Juli 1888:
»Ich... brachte früher geschriebene Sachen in Ordnung: ›Wohin‹...«
(HF III, 3/II). In der ersten Buchausgabe und in den »Gesammelten
Werken« Zusatz zum Titel: (1888).

71 ›*Teilung der Erde*‹: Titel eines achtstrophigen Gedichts (1795/96 in
»Die Horen«) von Schiller, das mit den Worten Gottes an den zu spät
kommenden Dichter endet: »Willst du in meinem Himmel mit mir
leben, sooft du kommst er soll dir offen sein.« Zu F.s Schiller-
Kenntnis vgl. Anm. zu S. 21. –*unsere Debütnacht über dem Hühnerstall:* F. besuchte Bad Kissingen mit seiner Frau erstmals vom 28. bis
zum 31. August 1867. Vgl. auch seinen Reisebericht »Aus Thüringen« (HF III, 3/I, S. 737 ff.).
72 *Misdroy:* auf der Insel Wollin (Störtebekererinnerungen, vgl. das
Fragment »Die Likedeeler«, S. 518 ff., in nächster Nähe von F.s
Kindheitsschauplatz Swinemünde. (F. in Misdroy am 22. August
1863.) – *Norderney:* Vgl. »Sommers am Meer« (HF III, 3/II) und
Anm. zu S. 35. – *Kegelpartie:* Vgl. Anm. zu S. 58.
73 *Wilmersdorf... Halensee:* damals Ausflugsorte bei Berlin, später
Berliner Stadtteile (1920 eingemeindet). – *landläufige Berliner Kegelbahn:* S. Anm. zu S. 58. – *den Breslauer Ephraims:* Vgl. F. an
Georg Friedlaender am 9. April 1886: »in Breslau gibt es Itzige, aber
nicht Itzenplitze« (HF IV, 3, S. 463). – *daran gestorben:* Erinnerungen an ein nachhaltiges Kindheitserlebnis, vgl. »Meine Kinderjahre«,
9. Kap. (HF III, 4, S. 83); vgl. auch Anm. zu S. 58. – *in unsrem
Garten:* Vgl. »Meine Kinderjahre«, 4. Kap.: »Diese zweite Garten-
hälfte war unser Reich. Da spielten wir halbe Tage lang...« (HF III, 4,
S. 41). – *grünen Korde:* d. h. Strick, von franz. corde. – *ist nach
Amerika gegangen:* Im 19. Jahrhundert wanderten viele Bankrotteu-
re nach Amerika aus, wo sie sich ›unbegrenzte Möglichkeiten‹
erhofften. – *Tabagie:* vor 1848 übliche, aus Paris übernommene
Bezeichnung für ein Lokal, in dem geraucht werden durfte; in
Deutschland bis zur Mitte des 19. Jahrhunderts eher abwertend für
Lokale zweifelhafter Qualität mit Tanz, Puppenspiel und Taschenspie-
ler sowie Musikdarbietungen und Bällen gebraucht. – *Karaibeninsel:*
Die Karaiben, kriegerische Kannibalen, an der Nordküste Südameri-
kas und auf den Kleinen Antillen. – *anthropophagen* (griech.):
menschenfresserisch.
74 *Markauer:* vielleicht nach Justizrat H. Makower, Rechtsanwalt beim
Landgericht I, Königstraße 7. – *Tant mieux* (franz.): Um so besser. –
jugenderinnerungsreichen: Anspielung auf die bekannten »Jugend-

erinnerungen eines alten Mannes« von Wilhelm v. Kügelgen (1802-67).

75   *noch hannoversch:* Hannover wurde nach dem Deutschen Krieg von 1866, in dem es auf der Seite Österreichs stand, Preußen einverleibt. – *falsch Zeugnis reden:* Anspielung auf das Achte Gebot; vgl. auch 2. Mose 20. – *werde ich pardoniert werden:* Gallizismus nach »pardonner quelqu'un« (jemanden entschuldigen). – *Guano:* Kot von Vögeln der peruanischen Küste und vorgelagerten Inseln, wird seit Mitte des 19. Jahrhunderts als Düngemittel verwandt. – *à tout prix* (franz.): um jeden Preis, unbedingt. – *Neuadel der Familie Ozon:* Ozon, eine Form des Sauerstoffs, dessen Molekül aus 3 statt 2 Atomen besteht, wurde 1839 von dem Chemiker Christian Friedrich Schönbein (1799-1868) entdeckt. Vgl. F. über die Bedeutung des Sauerstoffs beim Unterricht der Apothekerschwestern in Bethanien in »Von Zwanzig bis Dreißig«, ›In Bethanien‹, 2. Kap. (HF III, 4, S. 526). – *Uradelsfamilie derer von Schwefelwasserstoff:* chemische Verbindung, deren übler Geruch durch den Gestank fauler Eier bekannt ist und bei Vulkanen auftritt, deren Krater früher häufig als Ausgang der Hölle angenommen wurden. – *die Hölle ... ist älter, war vor dem Himmel:* Die Juden, zu denen die beiden Gesprächspartner gehörten, hatten ursprünglich die Vorstellung einer der griechisch-römischen Antike ähnlichen Unterwelt als Aufenthalt der Verstorbenen. In der babylonischen Gefangenschaft bildete sich der Glaube an einen den Höllenvorstellungen ähnlichen Ort der Strafen und an das Paradies heraus, das dann in den Himmel verlegt wurde (N).

76   *›Giftbude‹:* F. verkehrte dort während seines Norderney-Aufenthalts im Juli/August 1883. Vgl. seinen Brief an Emilie vom 13. Aug. 1883: »... nun will ich mich anziehn und auf der ›Giftbude‹ meine Kreuzzeitung lesen. Denn die Mostrich-Zeitungen, die dort ausliegen, haben außer ihrer Caca de Dauphin-Farbe auch noch den Vorzug, immer fünf Tage alt zu sein.« (Familienbriefe, Bd. 2, S. 76 und Briefe I, S. 242). – *›Lohengrin‹ und ›Tannhäuser‹ in Permanenz:* »Lohengrin« (1847/48) und »Tannhäuser oder der Sängerkrieg auf der Wartburg« (1845), Romantische Opern von Richard Wagner (1813-86). Vgl. dazu auch das Gedicht »Brunnenpromenade« (HF I, 6, S. 377 f.) Vgl. F. an Karl Zöllner am 19. Aug. 1889: »Von Kissingen aus war ich auf 3 Tage in Bayreuth ...« (HF IV, 3, S. 712). Und an Karl Zöllner bereits am 13. Juli 1881: »Er [Wagner] ist, aller glänzenden Rekapitulationen unerachtet, doch in einer totalen Confusion stecken geblieben ...« (HF IV, 3, S. 156). Zu Richard Wagner vgl. »Aus Thüringen« (HF III, 3/I, S. 737 ff.). – *einen Seehund, tot oder lebendig:* Zur Unsitte des Seehundschießens als Unterhaltung in den Seebädern vgl. F. an seinen Sohn Theodor vom 12. Aug. 1895: »oder [wer] drei Stunden in Sonnenglut auf dem Wasser ist, um Seehunde zu schießen ...« (HF IV, 4, S. 468 f.); s. auch »Effi Briest«, 14. Kap. (HF I, 4, S. 118). – *Dann und wann ... Dampfschiffe:* Zu den

Unterhaltungsmöglichkeiten auf Norderney vgl. F.s Aufzeichnungen »Sommers am Meer« (HF III, 3/II). – *Rigi:* Gebirge in den schweizerischen Kantonen Schwyz und Luzern, wegen seiner berühmten Aussicht ein beliebtes Reiseziel des Bürgertums. Vgl. F.s Schilderung Wilhelm Roses in »Von Zwanzig bis Dreißig«, ›Berlin 1840‹, 1. Kap. (HF III, 4, S. 189). – *Oybin:* höchste Erhebung des Zittauer Berglandes (519 m). – *Michaelisferien:* Herbstferien (Michaelistag ist der 29. September).

77 *ziepte:* ziepen, an einzelnen Haaren ziehen. – *Singalesen:* ein Teil der Bevölkerung auf der Insel Ceylon im Indischen Ozean; vermutlich eine Singhalesenschau im Zoologischen Garten, wo Gruppen aus exotischen Ländern für bestimmte Zeit auftraten. – *Zoologischer Garten:* In Berlin am linken Ufer des Landwehrkanals nahe Charlottenburg, wurde 1841 unter der Leitung des Zoologen Prof. Martin Lichtenstein (1780-1857) gegründet und 1844 eröffnet. Erster Zoo im damaligen Deutschen Reich (N). – *Was kein Verstand:* Zitat aus Schillers »Die Worte des Glaubens« (erstmals im Musenalmanach auf das Jahr 1898), Vers 17: »Und was kein Verstand der Verständigen sieht, / das übet in Einfalt ein kindlich Gemüt« (nach 1. Korinther, 19).

78 *Meddelhammer:* vielleicht Namensanregung durch Albin Johann Baptist von Meddlhammer (1777-1838), Possen- und Lustspieldichter aus Österreich, seit 1820 Italienisch-Lehrer am Berliner Gymnasium »Zum grauen Kloster« (N); holländ. Name wie S. 195 (Peerenboom) oder S. 185 (Vandembosch); s. auch Anm. zu S. 262. – *Nomina propria* (lat.): Eigennamen. – *Pet* (engl.): Liebling.

79 *gegen Schulräte bin:* Zu F.s diesbezüglichen Vorbehalten vgl. das Vorwort zu »Meine Kinderjahre«: »Ein... Freund von mir (noch dazu Schulrat)« (HF III, 4, S. 9) sowie seine Darstellung von Schulrat Methfessel in »Von Zwanzig bis Dreißig«, ›Der Tunnel über der Spree‹, 5. Kap. (HF IV, 4, S. 391 ff.), ferner den Brief an seine Frau vom 4. Dez. 1869 (HF IV, 2, S. 284 ff.). – *die pergamenischen Altertümer:* Zeus-Altar, von 1878 bis 1886 von dem Ingenieur Karl Humann (1839-96) unter der Leitung von Professor Alexander Christian Leopold Conze (1831-1914) ausgegraben; seit 1930 im Pergamon-Museum in Berlin. Teile wurden erstmals 1880 in der Rotunde des Alten Museums ausgestellt. Vgl. »Der Stechlin«, 35. Kap. (HF I, 5, S. 308 und Anm.). F. kannte wohl auch den 1886 in 2. Auflage in Berlin erschienenen »Führer durch das Pergamon- und Olympiapanorama...« von Ernst Fabricius und Ludwig Pietsch. – *Leiberverrenkungen:* so im Vorabdruck und im Erstdruck; in den »Gesammelten Werken« »Leibesverrenkungen«. – *Krimstecher:* veraltet für Feldstecher, aus der Zeit des Krimkrieges 1853-56; wiederholt bei F., vgl. »Die Poggenpuhls«, 13. Kap. (HF I, 4, S. 561 und Anm.). – *Rembrandthut:* großer modischer breitkrempiger Frauenhut im 19. Jahrhundert; zurückzuführen auf Gemälde Rembrandts

van Rijn (1606-69), z. B. Bildnis mit seiner Frau Saskia (1632/36).
»Meine Kinderjahre«, 18. Kap.: »Das Fräulein war eine sehr schöne
Dame, Ende Dreißig, ganz Brunhilde mit Rembrandthut . . .« (HF III,
4, S. 174); vgl. auch »Graf Petöfy«, 16. Kap. (HF I, 1, S. 781).

80   *en ligne* (franz.): in einer Reihe, auf gleicher Linie. – *Friedrichsbrük-*
ke: Verbindung der Museumstraße (später Bodestraße) mit der
Neuen Friedrichstraße (nach 1945 Littenstraße). – *kapitales Früh-*
stückslokal: das Börsenrestaurant Burgstraße 27, nahe der Fried-
richsbrücke. Vgl. Berliner Adreßbuch 1884: »Arenstein, Restaurant,
Börsen-Hotel, Börsen-Restaurant, Burgstr. 27, 27a«; A. war auch
Besitzer des »Café de l'Europe«, Leipziger Str. 60/61. – *Alten*
Museum . . . Nationalgalerie: alle drei Museen auf der von der Spree
gebildeten sog. Museumsinsel gelegen. Das Alte Museum (von Karl
Friedrich Schinkel 1824-28 erbaut) wurde 1830 als ältestes Berliner
Museum eröffnet; Grundstock bildeten die Sammlungen der Kurfür-
sten von Brandenburg und Könige von Preußen. Das Neue Museum
wurde 1843-55 von Friedrich August Stüler (1800-65) erbaut. An den
Treppenhauswänden befanden sich sechs Monumentalfresken von
Wilhelm von Kaulbach (1805-74), mit Darstellungen bedeutender
Ereignisse der Weltgeschichte. Die Nationalgalerie (nach Skizzen von
Gilly, von Strack und Stüler 1867-76 errichtet, ursprünglich für
nationale Kunst der Gegenwart, sammelte auch die Kunst vom
19. Jahrhundert bis zum Expressionismus. Das Kupferstichkabinett
im Neuen Museum spezialisierte sich vorwiegend auf Zeichnung und
Graphik (N). – *Zeichnungen zu Dante von dem Botticelli:* Sandro
Botticelli (1447-1510), Maler der Florentiner Schule, fertigte 1481
zum Werk Dante Alighieris (1265-1321) Stiche »Inferno« der Ma-
gnaschen Dante-Ausgabe) an. Berlin besitzt 85 Blatt seiner Zeichnungen zur »Göttlichen Komödie«, der Vatikan noch 8 Blatt (N).
(Zum Thema Dante vgl. auch das Fragment »Die preußische Idee«,
S. 504 ff.). – *Auf dem Joachimsthal:* 1604 vom brandenburgischen
Kurfürsten gegründete und 1650 nach Berlin verlegte angesehene
Lateinschule. Auch im 20. Jahrhundert, als sie in Templin, also wieder
in der Mark Brandenburg, stationiert war, galt sie noch als besonders
gute Internatsschule. In Berlin befand sie sich zuletzt in der Kaiseral-
lee (jetzt Bundesallee) im später vom Konservatorium für Musik
benutzten Gebäude (N). Vgl. das Gedicht »Wurzels« (HF I, 6, S. 359). –
schmustrige: regional für gemütlich, anheimelnd. Von F. gelegentlich gebraucht; vgl. z. B. »Von Zwanzig bis Dreißig«, ›Mein Leipzig
lob' ich mir‹, 1. Kap.: ». . . alles Krumme und Schiefe, alles Schmustrige, alles grotesk Durcheinandergeworfene [hat] von Jugend auf
einen großen Reiz auf mich ausgeübt . . .« (HF III, 4, S. 24).

81   *Larose:* bei F. auch La Rose geschrieben (so meist im Vorabdruck);
bekannter Bordeauxwein. – *das spezifisch Englische:* F. schätzte die
Weltgewandtheit im Verhalten der Engländer gegenüber der Provin-
zialität seiner Umgebung. – *infolge der niedrigen Weizenpreise:* Die

Weizenpreise fielen in den achtziger Jahren aufgrund reicher Ernten
in ganz Europa stark; 1882 standen die Weizenpreise bei 19,91 M pro
100 kg, 1889 erreichten sie mit 14,29 M ihren Tiefststand. (Vgl.
Arthur Spiethoff, »Die wirtschaftlichen Wechsellagen«, Tübingen u.
Zürich 1955, Tafelband, Tafel 27.)

83 »*Hôtel de Rome*«: Unter den Linden 39, Ecke Charlottenstraße,
Gasthof »Zur Stadt Rome«, einer der neun Gasthöfe 1. Klasse (N).
Vgl. auch das unten genannte Werk von Claus Siebenborn, S. 107:
»Drüben an der Charlottenstraße, Ecke Unter den Linden·glänzte das
›Hotel de Rome‹ . . . «. – *die Linden . . . die bekanntlich keine sind:* Die
Bäume waren nur etwa zur Hälfte Linden. Vgl. Claus Siebenborn
(d. i. Hans Herbert Basdorf), »Unter den Linden. Galanter Bilderbo-
gen um Berlins berühmte Straße 1647-1947«. Berlin 1949, S. 140:
»1869 setzte ein großes Baumsterben ein . . . Lenné entdeckte aber
endlich die Ursache hierfür. Durch den soeben angelegten Landwehr-
kanal hatte sich der Grundwasserspiegel gesenkt. Das schadete den
Bäumen, unter denen sich bei schärferem Zusehen auch Kastanien,
Platanen und Ebereschen befanden . . . « Vgl. auch Robert Springer,
»Die deutsche Kaiserstadt nebst Potsdam und Charlottenburg mit
ihren schönsten Bauwerken und hervorragendsten Monumenten«,
Darmstadt 1876: »Auch Ahornbäume sollen unter diesen ›Linden‹
gewesen sein, die nur zur Hälfte wirkliche Linden waren.« – *Passage:*
Die sog. Passage, 1869-73 erbaut von den Architekten Walter Kyll-
mann (1837-1913) und Adolf Heyden (1838-1902), führte von Unter
den Linden 23 nach der Friedrich-, Ecke Behrenstraße: eine glasge-
deckte Passage nach dem Vorbild der Mailänder Galleria Vittorio
Emanuele, fast 8 m breit und 13½ m hoch mit Läden zu beiden Seiten,
einem Café und Geschäftsräumen, im ersten Stock mit einem
Restaurant, zeitweise auch einem Hotel (N). – *bis er plötzlich die Uhr
zog:* Vgl. Anm. zu S. 91. – *Kranzler:* berühmtes Café und Restaurant
Unter den Linden/Ecke Friedrichstraße; nach dem Zweiten Weltkrieg
an den Kurfürstendamm/Ecke Joachimstaler Straße verlegt. Bei F.
mehrfach als beliebter Treffpunkt erwähnt. Vgl. z. B. »Effi Briest«,
3. Kap. (HF I, 4, S. 83). – *Panaschee* (franz.): panaché. Kompott aus
verschiedenartigen Früchten, auch aus verschiedenen Fruchtsäften
hergestelltes buntstreifiges Speiseeis.

84 *ein Sommer in Berlin:* Vgl. dazu den Titel von F.s erstem Reisebuch
»Ein Sommer in London« (HF III, 3/I, S. 7 f.).

AUF DER SUCHE

Entstehungszeit: Der Titel trägt im Erstdruck und in den »Gesammelten
Werken« den Zusatz: (1889). – *Vorabdruck:* im Organ des aufkommenden

Naturalismus, »Freie Bühne für modernes Leben«, 1. Jg., 1890, Heft 14 vom 7. Mai, S. 396-398. Nachgedruckt in: »Ostdeutsche Monatshefte«, 1963, Heft 1, S. 45-48. Vgl. auch das Fragment »Berlin 19. Februar«, S. 470.

84   *Unfähigkeit für den Interviewerberuf:* Vgl. F. an seine Frau am 26. Juni 1878: »... aber ein Reporter bin ich ganz und gar nicht...« (HF IV, 2, S. 596 f.). – *einer nun wohl schon um dreißig Jahre zurückliegenden Ausstellung... Eduard Hildebrandt:* Auf der Kunstausstellung von 1850 stellte E. H. (1817-68, vgl. HF I, 6, S. 813 und Anm.) 400 Aquarelle und zwei Ölbilder aus: »Ein Blick ins Meer« und »Abend auf Madeira« (wofür er die Goldmedaille erhielt). H. unternahm eine Reihe von Weltreisen (1849, 1851, 1862/64). Vgl. auch »Zur deutschen Geschichte und Kunstgeschichte« (HF III, 5). – *Siamelefant:* »Ein Abend in Siam«, 1866, ein Bild von der letzten Weltreise Hildebrandts.

85   *Seschellen und Komoren:* Seschellen (Seychellen, Sechellen), Inselgruppe im Indischen Ozean, von Korallenriffen umgeben. – Komoren, Inselgruppe zwischen dem nördlichen Madagaskar und Mosambique, vulkanischen Ursprungs, umgeben von Korallenfelsen. – *Ambassaden:* Gesandtschaften. – *China, Heydtstraße 17:* Vgl. »Die Bauwerke und Kunstdenkmäler von Berlin. Bezirk Tiergarten«, Einführung von Paul Ortwin Rave, bearbeitet von Irmgard Wirth, Berlin 1955, S. 152: »Villa von der Heydt. Lage: Von der Heydtstraße 18 (früher 15)... 1860/61 entwarf Hermann Ende... für den Preußischen Staatsminister August Freiherr von der Heydt (1801-74) ein großes Wohnhaus ... nach dem Tode des Ministers war es *Sitz der Chinesischen Gesandtschaft*... 1890 wurde es von Karl von der Heydt erworben.« Im 2. Weltkrieg wurde das Haus ausgebombt. In seinem 1919 veröffentlichten Buch »Unser Haus« charakterisiert der Bankier Karl v. d. H. diese Zeit wie folgt: »Aus den Zimmern, die bevölkert waren wie die Zimmer eines Gasthofes, schwelten dicke Rauchwolken von Tabak, Räucherwerk oder gar Opium, im Keller hingen kugelige chinesische Schinken, getrocknete Enten und Haifischflossen, der große gemauerte Herd hatte sich von heftigen chinesischen Küchengerüchen vollgesogen.« (zit. n. Rolf Apprower, »Hinter Fontanes chinesischer Mauer«, Der Tagesspiegel Nr. 4772 v. 21. 5. 1961). Vgl. in diesem Zusammenhang auch HF I, 6, Anm. zu S. 353. – *mit der Potsdamer Straße beginnend:* F. wohnte Potsdamer Str. 134c. – *Rialtocharakter:* Der Ponte di Rialto, die Hauptbrücke Venedigs, 1588-92 erbaut, besteht aus einem einzigen Marmorbogen mit einer Spannweite von 28 m bei einer Höhe von 7,5 m. – *»am leichten Stabe«:* zu F.s Kenntnis Schillerscher Balladen vgl. Anm. zu S. 21. Aus Schillers »Die Kraniche des Ibykus« zitiert F. öfter, vgl. z. B. die Schilderung der letzten Begegnung mit seinem Vater in »Meine Kinderjahre«, 16. Kap.: ›Vierzig Jahre später. Ein Intermez-

zo‹ (HF III, 4, S. 151 ff.), wo die Zeilen »Und in Poseidons Fichten-
hain . . .« leitmotivisch verwendet werden. – *des Spreeatheners:* nach
der Wortprägung »Spree-Athen« in dem Gedicht Erdmann Wirckers
auf Friedrich I. von Preußen: »Die Fürsten wollen selbst in deine
Schule gehn, / Drumb hastu auch für sie eine Spree-Athen gebauet.«
In »Märkische Neun Musen«, Johann Völcker 1706, S. 59.

86 *Verhältnis der kleineren Bude zur größeren:* Zeitungskiosk und
Toilettenhäuschen, bis zum Zweiten Weltkrieg in Berlin recht häufig
zusammen. – *»Fliegenden Blätter«:* Vgl. Anm. zu S. 14. – *jener
Straßenlinie . . . bis zu dem Zoologischen Garten:* Königin-Augusta-
Straße (nach dem Zweiten Weltkrieg umbenannt in Köbisstraße),
Rauchstraße. Zum »Zoologischen« s. Anm. zu S. 77. – *Matthäikirche:* 1844/45 von August Stüler (1800-65) in byzantinischem Stil
erbaut, im Volksmund »Polkakirche«, besonders von der Hofgesellschaft besucht (vgl. Gottfried Kellers Gedicht »Polkakirche«). Der
Pfarrer und spätere Generalsuperintendent Karl Büchsel (1803-89),
den F. in »Von Zwanzig bis Dreißig« (vgl. HF III, 4, S. 428)
charakterisiert und verschiedentlich nennt, predigte dort. Er war
durch seinen derben Humor bekannt und beliebt, aber auch wegen
seines orthodoxen Konservatismus umstritten. Vgl. auch »Irrungen,
Wirrungen«, 1. Kap. (HF I, 2, S. 321 und Anm.). – *»Blumeshof«:*
1864 von Bankier Johann Carl Friedrich Blume (geb. 1819) angelegte
und nach ihm benannte Straße, die vom Schöneberger Ufer (nahe der
Potsdamer Brücke) zur Lützowstraße führte. Vgl. Hermann Vogt,
»Die Straßen-Namen Berlins«, Berlin 1885, S. 12: »Blumeshof ist
vom Banquier Blume im Jahre 1864 über das ehemalige Jungbluth-
sche Grundstück als Privatstraße angelegt worden. Blume wünschte
die Bezeichnung Lehniner Straße. Auf Befehl des Ministers für
Handel etc. wurde durch Verfügung des Königl. Polizei-Präsidiums
vom 26. Juni 1864 gestattet, die Straße ›Blumeshof‹ zu nennen.« – *So
schmal ist die Grenze, die zwei Welten voneinander scheidet:* Vgl.
Schiller, »Wallensteins Tod«, I, 4, Vers 221 f.: »So schmal ist / Die
Grenze, die zwei Lebenspfade scheidet«. – *Was da vorüberflutete:* der
Landwehrkanal. – *Torfkahn:* Die Berliner Öfen wurden damals
vielfach mit Torf aus den märkischen Luchgebieten geheizt.

87 *den unvermeidlichen chinesischen Pfau von einer Stange her kreischen zu hören:* vgl. »Wanderungen«, ›Havelland‹, ›Die Pfaueninsel‹
(HF II, 2, S. 191). – *laut Wohnanzeiger:* Der »Allgemeine Wohnungsanzeiger für Berlin und Umgebung« erschien seit 1821. Ferner
gab es das »Berliner Adreß-Buch, unter Benutzung amtlicher Quellen
redigiert von A. Ludwig mit dem neuesten Plan von Berlin«, hrsg. v.
W. & S. Loewenthal, Berlin (W. & S. Loewenthal, Jg. 1-28, 1869-
1897). Daneben gab es den »Adreß-Calender der Königlich-Preußi-
schen Haupt- und Residenz-Städte Berlin [später: Berlin und Pots-
dam] u. daselbst befindlichen Königlichen Hofes . . .« 1713-1918
Berlin. Nach dem Berliner Adreßbuch von 1884 wohnten in der

Heydtstraße 17: der Gesandte, 5 Attachés, 1 Dolmetscher, 1 Lega-
tionssekretär. – *in mehr als einer Hinsicht ein Ideal repräsentierend:*
Vgl. F.s Brief an seine Tochter Mete vom 25. Aug. 1891: »Wir
erheben uns so über die Chinesen, aber darin sind diese doch das
feinste Volk, daß das Wissen am höchsten gestellt wird. Bei uns kann
man beinah' sagen, es diskreditirt.« (HF IV, 4, S. 148). – *in einem mir
angebornen Generalisierungshange:* mehrfach von F. betont, eine
Eigenart, die ihn vom reinen Historismus trennt. Vgl. Bülows Brief
in »Schach von Wuthenow«, 20. Kap. (HF I, 1, S. 608 und Anm.) –
Chinese... Himmlisches Reich: Der Kaiser von China wurde auch
»Sohn des Himmels« genannt. – *in einer Hofnische... antiken
Flötenspieler:* Die Familie von der Heydt besaß eine bedeutende
Kunstsammlung. Noch in den zwanziger Jahren dieses Jahrhunderts
war die ostasiatische Sammlung international bekannt. Max Osborn,
»Berlin«, Leipzig 1926, erwähnt die Kunstsammlung der Familie von
der Heydt in diesem Gebäude. – *Murmel spielten:* Vgl. F. in »Ein
Sommer in London«, ›Very, ›Le Pays' und die ›tönernen Füße'
Englands‹: »und was hab' ich seitdem nicht alles lieben gelernt:
Hofjäger und Frühkonzerte, Zeltenbier und Vossische Zeitung, Mur-
melspiel und Drachensteigen . . .« (HF III, 3/I, S. 156). – *sprangen . . .
über die Korde:* Seilspringen; vgl. »Effi Briest« (HF I, 4, S. 288 und
S. 470). – *Gesichtsfarbe griesig:* regional von franz. gris: grau.
Ähnliche Form »grisen Teint« bei F. mehrfach; vgl. »Effi Briest«,
30. Kap. (HF I, 4, S. 250) und »Mathilde Möhring«, 1. Kap. (HF I, 4,
S. 578).

88   *und die Augen überäugig vorstanden:* Anspielung auf die Basedow-
sche Krankheit, hier als Folge schlechter Ernährung und Pflege
gedeutet. – *»Schautau«... chinesiert... ein bekannter Berolinismus:* Vgl. »Der richtige Berliner«, S. 119: »Schaute«, für schlapper,
charakterloser Mensch. In Berlin jedoch häufig auf Frauen angewandt. – *Maienlaube gewordene Bellevuestraße:* der reiche Baumbestand der Straßen war typisch für Berlin. Bellevuestraße: vom
Potsdamer Platz zum Kemperplatz fortgesetzt als Bellevueallee bis
zum Schloß Bellevue, s. auch Anm. zu S. 119. (Vgl. Hermann Vogt,
»Die Straßen-Namen Berlins«, Berlin 1885, S. 9). – *bei Josty:*
berühmte, 1793 gegründete Konditorei, zunächst unter den Kolonna-
den an der Stechbahn am Schloßplatz (1864 abgerissen), 1864-80 an
der Schloßfreiheit 7, von 1880 bis zur Ausbombung im Zweiten
Weltkrieg am Potsdamer Platz/Ecke Bellevuestraße. Ein Lieblingsre-
staurant F.s, oft genannt.

89   *Konfutse:* 551-479 v. Chr., Lehrer und Berater von Fürsten. Seine
Ethik und Staatslehre waren für mehr als zwei Jahrtausende in China
maßgebend. Nach seinem Tode wurden ihm in den chinesischen
Städten Tempel errichtet. – *Kölnische Zeitung:* 1651 gegründet, seit
1798 unter diesem Namen. – *Platenschen Lieblingsstrophe:* Die
letzte Strophe des fünfstrophigen Gedichts »Liedesdank« (1820) von

August Graf von Platen-Hallermünde (1796-1835) lautet richtig:
»Zwar kommt Erhörung oft geschritten / Mit ihrer himmlischen
Gewalt. / Doch dann erst hört sie unsre Bitten, / Wenn unsre Bitten
lang verhallt.« Über F.s Verhältnis zu Platen s. auch HF III, 1, S. 172.
F. war im Jan. 1840 in einen Berliner Club eingetreten, der den
Namen Platens trug.

EINE NACHT AUF DER KOPPE

Entstehungszeit: 1893. – *Vorabdruck* »Eine Nacht auf der Koppe« zusammen mit »Gerettet«, »Der alte Wilhelm« und »Wieder daheim«, unter dem Sammeltitel »Aus dem Riesengebirge. Kleine Geschichten« im Septemberheft der »Deutschen Rundschau«, 1893, Band 76, Heft 12, S. 439-442 (»Auf der Koppe«); S. 442-445 (»Gerettet«); S. 446-450 (»Der alte Wilhelm«); S. 450-455 (»Wieder daheim«).
Zur Entstehung: Im Juli 1893 nahm F. kleinere Arbeiten aus den siebziger und achtziger Jahren zur Vorbereitung des Bandes »Von, vor und nach der Reise« wieder vor und schrieb bei dieser Gelegenheit »Eine Nacht auf der Koppe«. Den Stoff zu dieser Geschichte verdankte er Georg Friedlaender. F. übersandte die Erzählungen mit Begleitbrief vom 16. Juli 1893 an Julius Rodenberg; s. oben »Briefliche Zeugnisse«, S. 594. Unter dem 17. Juli 1893 findet sich die Eintragung in Rodenbergs Manuskriptbuch: »1893. Juli, 17. 2349. – Fontane, Aus dem Riesengebirge.« (Briefe an Rodenberg, S. 242). – Bei Dedizierung des Bandes »Von, vor und nach der Reise« schreibt F. am 4. Juni 1894 an Friedrich Stephany: »Die Schlußgeschichten, alle aus der *Krummhübler* Gegend, wecken vielleicht angenehme Reise-Erinnerungen«; s. oben »Briefliche Zeugnisse . . .«, S. 594.

In der ersten Buchausgabe und in den »Gesammelten Werken« steht unter dem Titel der Zusatz: (1890).

Vgl. »Heemteglöckla, Rundbriefe der Heimatgemeinschaften Krummhübel-Brückenberg und Buchwald-Quirl«, Bielefeld, August 1955:

»Familie Pohl – 80 Jahre Schneekoppenwirte
In diesem Jahr sind es 80 Jahre her, seit die Familie Pohl die Bauden auf dem Gipfel der Schneekoppe erworben hat . . . Bereits 1665 wurde mit dem (vom Grafen Schaffgotsch veranlaßten) Bau der St. Laurentiuskapelle begonnen, die 1681 eingeweiht werden konnte. Bis 1810 diente das kleine und höchstgelegene Gotteshaus im norddeutschen Raum seiner Bestimmung, blieb dann aber 14 Jahre ungenutzt und drohte zu verfallen. Der Warmbrunner Carl Siebenhaar [vgl. den Figurennamen in »Quitt« (HF I, 1, S. 215)] richtete es dann als ›Hospiz‹ ein, mit dem eine bescheidene Gastwirtschaft verbunden war. 1847 ging diese Wirtschaft in die Hände des, ebenfalls aus Warmbrunn stammenden, Friedrich Sommer über, der 1850 die erste Koppenbaude errichtete. Nachdem diese 1857 und 1862

abgebrannt war, aber jedesmal von Sommer wieder in kurzer Zeit aufgebaut wurde, erhielt sie das uns allen bekannte Aussehen. Auf der böhmischen Seite wurde 1868 von Blaschke aus den Grenzbauden eine ›Konkurrenz‹-Gaststätte errichtet, die aber schon nach 2 Jahren von Sommer erworben wurde. Friedrich Pohl, der Großvater des jetzigen Besitzers Heinrich Pohl, erwarb 1875 beide Bauden... Emil Pohl, der Sohn von Friedrich, übernahm 1887, nach dem Tode des Vaters, beide Bauden... Der Grund und Boden der ›Deutschen Baude‹ blieb Schaffgotscher Besitz...«

Zu F.s Ferienaufenthalten im Riesengebirge (Krummhübel) vgl. »Heemteglöckla«, August 1956 (aus der Aufsatzreihe von Hans Reitzig): »Doch für die Forschung und uns Krummhübler neu, wußte Adolf Meergans, der letzte noch lebende Zeuge jener Tage, noch mehr an Eindrucksvollem zu erzählen, namentlich auch in bezug auf Wohnung und Arbeitsweise des Dichters. Als neunjähriger Knabe durfte er samt Eltern und Geschwistern die immer freundliche Fürsorge des Dichters spüren. Was er damals erlebt und gesehen hatte, ist dem Verfasser schon vor fünfzehn Jahren berichtet worden, leuchtenden Auges und mit großer Lebendigkeit. Es wurde damals gleich niedergeschrieben und soll jetzt wiedergegeben werden. ›Ei dar grußa Stube, rechts vo dar Haustüre, und ei dar kleenen Hinterstube hoat er mit senner Tuchter gewohnt. Und goar ufte hoa iech zugesahn, wie dar Fontane oa semm' kleena Tischla geschrieba hoat mit'm Faderkiele. Dan hoat ar sich – die Prille uff die Noase geschoba – mit am kleena Masserla immer salber gespitzt. – Na, und uff dam Tische soas immer tulle aus. (!) Die viela Bicher, die do druffe loaga‹... Aber auch Mete, des Dichters Tochter, wurde ein Loblied gesungen. Als sich die mühsame Mutter Meergans eine Blutvergiftung zugezogen hatte, bemühte sich Mete um die Kranke, versorgte die Kleinsten und soll sogar im Stalle geholfen haben. ›Joa, sogoar malka kunnte se...‹(!) Und auf behutsam geäußerte Zweifel fügte Adolf Meergans hinzu: ›So woahr, wie ich hier stiehe!‹ – Nur der Vollständigkeit halber soll erklärt werden, daß mit den Stuben ›rechts vor der Haustüre‹ die dem Tal zu gelegenen gemeint waren.«

S. auch »Heemteglöckla«, Dezember 1956 (von Hans Reitzig): »Der um unsere Heimatgemeinde verdiente San.-Rat Dr. Eisner erzählte hin und wieder, wie er Fontane kennenlernte, als er – der junge Arnsdorfer Arzt – auf Empfehlung von Komm.-Rat Richter zu ihm gerufen worden war, der anhaltenden Kopfschmerzen wegen. Der in einem KZ umgekommene Greis ist dann des Dichters Ferienarzt geblieben, bis 1892, als Fontane seinen letzten Riesengebirgssommer in Erdmannsdorf verbrachte.« –

89 *Es paßte schlecht:* Vgl. F. an Georg Friedlaender vom 22. Mai 1893 (HF IV, 4, S. 256 f.). – *auf böhmischer Seite gelegenen Nachbar-Koppenhause:* s. oben. – *Harfenistinnen:* Vgl. F. an Georg Friedlaender am 30. Mai 1893 (Briefe an Friedlaender, S. 221) und an Mete am 27. Aug. 1884 (Briefe II, S. 70).

90 *Erdmannsdorf . . . Siechkes Hotel:* Vgl. F. an seine Frau, am 25. und
28. Aug. 1868: »Siecke bedeutet hier etwa dasselbe, wie seinerzeit
Jagor Unter den Linden . . . Ihn anzweifeln – ist halb lächerlich, halb
Hochverrat . . . , weil man mir schon im Coupé sagte: ›Bei Siecke? ei,
da werden Sie 'was kennenlernen. Er war ursprünglich Koch; sein
Sohn kocht auch; ich kann Ihnen nur gratulieren.‹ Es scheint also
einfach, daß der Schlesier ein genügsamer Kerl ist. Gott erhalte ihn
so, aber bewahre ihn vor Ediering von Kochbüchern . . . doch das
Ganze nicht übel; die Arrangements . . . sind anmutig . . . Man ißt
nämlich halb im Freien, auf dem Podium einer zwischen zwei
Schweizerhäusern gelegenen, weinumrankten Veranda, durch deren
offne Bogen man aufs Gebirge blickt. Im Vordergrund Wiesen, Bach,
Brücke, weiße Häuser und ein Teil des Parks. All dies ist teils schön,
teils lieblich . . . Zwei Kellner warten auf. Mit dem ältren . . . hab' ich,
unter Anwendung des bekannten Mittels, Freundschaft geschlossen.« (Familienbriefe, Bd. 2, S. 156 f.). – *»Es ist bestimmt«:* bei
Begräbnisfeierlichkeiten gespieltes Lied, von Ernst Freiherr von
Feuchtersleben (1806-49), vertont von Felix Mendelssohn-Bartholdy
(1809-47).

91 *das verlangte die Koppe:* Vgl. F. an Georg Friedlaender am 14. Aug.
1886: »Ich hörte sehr gern auch *Ihre* Schilderung der Koppen-
Nacht . . . « (Briefe an Friedlaender, S. 45). – *ihren Koppenwirt . . . in
aller Stille zu Tal zu schaffen:* Vgl. F.s Anfrage an Georg Friedlaender
vom 30. Mai 1893; s. oben »Briefliche Zeugnisse«, S. 592 f. Die
Schilderung des Vorgangs deckt sich nicht mit Friedlaenders Bericht;
vgl. F.s Brief vom 13. Juni 1893 (s. »Briefliche Zeugnisse . . .«,
S. 593). – *älterer Herr . . . nicht müde geworden war, seine Taschenuhr mit der Wanduhr . . . zu vergleichen:* Vgl. die Schilderung des
Schulrats Methfessel in »Von Zwanzig bis Dreißig«, ›Der Tunnel über
der Spree‹, 5. Kap. (HF III, 4, S. 391 f.) und des Redners auf dem
›Wollboden‹ in »Von Zwanzig bis Dreißig«, ›Der 18. März‹, 4. Kap.
(HF III, 4, S. 512 f.).

92 *Mankos:* Mängel. – *Fidelität* (lat./franz.): oberflächliches Lustig-
sein. – *laß ihr doch:* Verwendung des Dativs regional berlinisch.

93 *bei Moltke:* Studenten hatten für den Feldherrn Graf Helmuth Karl
Bernhard von Moltke (1800-91) am Abend vor seinem 90. Geburtstag
(26. Oktober 1890) einen Fackelzug veranstaltet. – *Orntlich:* berlinisch, umgangssprachliche Nachlässigkeit. – *du red'st . . . als wenn du
zu Hause wärst:* Hinweis auf den berlinischen Dialekt als Kriterium
sozial niedriger Stellung. – *Hugo:* Name oft bei F., so auch Hauptfigur in »Mathilde Möhring« (HF I, 4).

94 *treten . . . ans Fernrohr heran:* Leitmotiv am Anfang und Ende. Vgl.
F.s Bemerkung über dieses Motiv in Briefen an Georg Friedlaender,
so am 30. Mai und am 9. Juni 1893 (s. »Briefliche Zeugnisse . . .«,
S. 593). – *Wer ist Pohl?:* Fragen dieser Art häufig bei F. als Einleitung
zu einem beabsichtigten Lebensbericht, hier zum Abschluß, als

Zeichen der Entpersönlichung des Genannten. – *Warum auch nicht:* Vgl. »Der Stechlin« (HF I, 5, S. 38, 118 und Anm.); s. auch F. an seine Tochter am 6. Juli 1888: »Heute kam die Nachricht von Storms Tod . . . Was das Schmerzlichste ist, ist zugleich auch das Alltäglichste und Gleichgültigste.« (HF IV, 3, S. 620).

DER LETZTE LABORANT

Entstehungszeit: 1888. – *Vorabdruck:* »Vossische Zeitung«, Nr. 332 v. 15. Juli 1888, 1. Beilage, wie auch ein Vermerk im Tagebuch besagt. *Zur Entstehung:* Erwähnung im Tagebuch in der Eintragung über den Zeitraum vom 4. März bis 8. Juli 1888: »Ich . . . brachte früher geschriebene Sachen in Ordnung: . . . ›Der letzte Laborant‹« (HF III, 3/II). Im Brief vom 19. Juli 1888 an Georg Friedlaender dankt er diesem für seine »Charakteristik des alten Zoelfel«, d. h. des alten Laboranten, die er von ihm erhalten hatte (s. Briefe an Friedlaender, S. 94).

Vgl. das eingehende Buch von Hans Reitzig »Die Krummhübler Laboranten. Vom Werden und Vergehen einer schlesischen Heilmännerzunft«, Münster 1952 (im folgenden zitiert: Reitzig). Der Verfasser ist der Ansicht, daß sich in dem von F. erfundenen »Agathendorf« Agnethendorf (Gerhart Hauptmanns Wohnort) als Wort und Arnsdorf als Lokalität verbinden. In »Heemteglöckla« (vgl. S. 624), Nr. 54, Pfingsten 1957, schreibt Reitzig: »Der letzte Laborant – Gemeint ist natürlich E. A. Zölfel (1811-84), dessen Andenken unter den Krummhüblern noch ganz frisch ist, als Fontane zum ersten Male im Schreiberhause wohnt. Er ist dann zu oft bei der Witwe Martha eingekehrt, um mit ihr zu plaudern und das für den gelernten Apotheker doppelt interessante Haus zu durchstöbern, als daß er nicht auch hierüber etwas hätte schreiben müssen. Tatsächlich ist der Plan alt gewesen, mag vielleicht schon neben dem zu ›Quitt‹ gefaßt worden sein. Das läßt sich aus frühen Taschenbuchnotizen erahnen, wozu auch eine liebevoll gezeichnete Skizze vom Zölfelschen Besitz gehört. Aber auch sie ist schon ›dichterisch‹ aufgefaßt, wie ein Vergleich mit einem zeitgen. Bilde von Knippels Hand erweist: zusätzliche rechtwinklige Anbauten nach der Hof- und Gartenseite haben nie bestanden. Dafür atmet die Schilderung der Arbeits- und Lagerräume mehr Wirklichkeitstreue. Hier mag der Dichter Erlebnissen aus seiner Lehrzeit nachgeträumt haben; alles ist deutlich und richtig wiedergegeben . . . So soll man's noch gesehen haben, zwei Jahre nach Zölfels Tode . . . Alles andere ist freilich gute Erfindung . . . Wahres und Legende vermischt . . . Festrede und Tusch, wobei der also Geehrte zwischen beiden gräflichen Großgrundbesitzern thronen muß. Den Schluß bildet die wirkungsvoll geschilderte Beerdigungsfeier Zölfels, mit allem Drum und Dran, das nur ein warmer Sommertag zu bieten vermag. In Wirklichkeit fand die Beisetzung am bitterkalten 2. April 1884 statt.«

In der Buchausgabe und in den »Gesammelten Werken« steht unter dem Titel die Datumsangabe: (1891), womit höchstens eine Überarbeitung für den Erstdruck in Buchform gemeint sein kann.

94 *Hirschberger Tale:* am Nordrand des Riesengebirges. – *Agathendorf:* S. oben. – *in mehr als meilenlanger Reihe:* Lange Reihendörfer, die fast ineinanderübergehen, sind typisch für diese Gegend. – *mit einer großen Glaskugel:* Vgl. dazu auch »Der Stechlin«, 1. Kap. (HF I, 5, S. 9). – *Spinnereien und Bleichen:* Die Leineindustrie war eines der bedeutendsten Gewerbe in Schlesien.

95 *Gleichmacher:* Vgl. F. an seinen Sohn Theodor am 9. Dez. 1887: ». . . und wenn man den Tod mit Recht den großen Gleichmacher genannt hat, so hat doch auch schon der bloße Hinblick auf den Tod, das Fühlen seiner Gegenwart, etwas von dieser nivellierenden Kraft . . .« (HF IV, 3, S. 573). – *den Brückenbergern und Querseiffnern, den Wolfshauern und Langhüblern:* benachbarte Urlaubsorte von Krummhübel, die F. kannte. – *als ich diese Stelle besuchte:* Kirchhofsbesuche und Grabsteine sind bei F. beliebte Anknüpfungspunkte; vgl. auch Anm. zu S. 40. – *Joseph Hieronymus Hampel, der letzte Laborant:* Hampel war ein in der Gegend häufiger Name. Der »letzte Laborant« hieß Ernst August Zölfel (1811–84). Die Laboranten destillierten aus Heilpflanzen Essenzen: seit Ende des 17. Jahrhunderts Zunft (Kräutergilde). Häufig wurde der Beruf vom Vater auf den Sohn weitervererbt. F. war Zölfel noch begegnet (vgl. F. an Georg Friedlaender vom 19. Juli 1888, s. Briefe an Friedlaender, S. 94). Zölfel wird in »Quitt«, 6. Kap. (HF I, 1, S. 245) genannt. Vgl. auch Reitzig, S. 49: »durch Frau Zölfels mündlichen Bericht ist überliefert, wie oft und gern Theodor Fontane in dem mit Geschmack und ansprechender Gepflegtheit ausgestatteten ›Letzten Laborantenhause‹ weilte.« Im Arnsdorfer Begräbnisbuch heißt es: »1884, den 2. April, wurde mit feierlicher Beisetzung beerdigt Ernst August Zölfel, Laborant der Medicin und Erbgartenbesitzer zu Krummhübel. – Er starb an Nierenleiden den 28. März, abds. 8 Uhr, alt 73 Jahre« (Reitzig, S. 108). – *Hampelbaude:* 1158 m hohe, älteste Baude auf schlesischer Seite, schon 1670 erwähnt. Vgl. Reitzig, S. 113: »Die Samuelsbaude heißt erst seit ungef. 1800 Hampelbaude . . .«. – *wo der Enzian anfängt:* Vgl. auch »Professor Lezius oder Wieder daheim«, S. 113 ff. – *Kirche Wang:* westlich von Krummhübel bei Brückenberg. 1841 kaufte König Friedrich Wilhelm IV. die aus Wang in Norwegen stammende, wahrscheinlich bis auf das 12. Jahrhundert zurückgehende (z. T. erneuerte) Holzkirche (Stabkirche) und ließ sie in Brückenberg

wiederaufbauen. Später wurde es Mode, sich in dieser Kirche trauen zu lassen. Vgl. F. an Moritz Lazarus am 9. Aug. 1888: ».. . dazu die Kirchenglocken von Wang und die Kuhglocken der Hampelbaude. . .« (HF IV, 3, S. 629). Im Tagebuch heißt es im Anschluß an die Eintragung unter dem 8.-15. Juli 1888: »Vom 16. Juli bis 31. August war ich in Krummhübel, wo Martha . . . eine hübsche Wohnung in der Brotbaude (nicht weit von Wang) gemietet hatte . . .« (HF III, 3/II). Vgl. F. an Georg Friedlaender am 6. Mai 1886: ». . . ihr Versuch bei dem Cantor . . . auf Kirche *Wang* eine hübsche Wohnung zu miethen, sei an dem Wort gescheitert: ein bestimmtes ›ja‹ sei nicht eher möglich, als bis die Familie Fontane in Berlin sich in dieser Wohnungsfrage schlüssig gemacht habe.« (Briefe an Friedlaender, S. 34).

96   *Anna-Kapelle:* 1481 von Welko (Bolko) und Conrad von Liebenthal erbaut, 1718 vom Grafen Hans Anton Schaffgotsch im Renaissancestil erneuert. Vgl. F. an seine Tochter vom 27. Aug. 1884 (Familienbriefe, Bd. 2, S. 110 und Briefe, Bd. 2, S. 70). – *Warmbrunn:* bekannter Badeort. – *Schmiedeberg:* Dort lebte und wirkte Georg Friedlaender als Amtsrichter; vgl. F. an Friedlaender am 9. Mai 1886: »Schmiedeberg ist Ihnen ein beglückendes *Idyll.*« (HF IV, 3, S. 469). – *die Laboranten, ›die so gut waren wie die Doktors . . .‹:* Vgl. dazu auch »Gerettet«, S. 102 ff. – *Breslauer Arzt:* wohl der dem letzten Laboranten sehr gewogene »Doktor und Kreisphysikus« Kleemann aus Hirschberg (Reitzig, S. 105). – *bis Lauban und Görlitz:* »Von den Hauptmärkten Breslau, Brieg, Bunzlau . . . Görlitz . . . Lauban . . . gingen die Erzeugnisse in den überlieferten sechseckigen Spitzfläschchen . . . und ›aromatischen Schächtelchen‹ hinaus . . .« (Reitzig, S. 39). – *Schlagwasser:* noch 1843 gestattetes Mittel gegen Schlaganfall: »Aqua apoplectica alba, weißes Schlagwasser. Aqua apoplectica rubra, rotes Schlagwasser« (Reitzig, S. 96). – *Melissengeist:* (Melisse, griech.) Bienenkraut. Aus der weiß- und rotblühenden Waldmelisse (Melittis melissophyllum) gewonnenes Heilmittel (früher gegen Brust- und Frauenleiden angewandt). Melissengeist ist heute noch ein beliebtes Hausmittel. – *Fingerhuttropfen:* (lat.) digitalis. Herzmittel. – *jenes . . . Conviviums* (lat.): jener Tischgesellschaft.

97   *Enzian . . . Allermannsharnisch . . . Liebstöckel:* Heilkräuter gegen die verschiedensten Leiden. Enzian (gentiana) vor allem gegen Dyspepsie (Verdauungsstörung); Allermannsharnisch (Allium victorialis), gegen »böse Nebel«; Liebstöckel (Levisticum), wirkt harntreibend; Hirschbrunst (Boletus cervinus), eine den Trüffeln ähnliche Pilzgattung (Elamphomyces), Hausmittel bei Tieren; Teufelsabbiß (Anemona vernalis), Wurzelstock des Wiesenabbißkrauts gegen Wassersucht und Viehbehexung; vgl. Reitzig, S. 69: ». . . Und die Benennung ›Teufelsabbiß‹ für die Frühlingskuhschelle (Anemona vernalis) . . . erinnert nur allzudeutlich an den ›Tuifelsabbiß‹ der Älpler.«; Venuswagen (Eisenhut = Aconitum Napellus), gegen Gicht und als Narko-

tikum verwendet; *Unserer Lieben Frauen Bettstroh* (Silybum marianum) gegen Milzerkrankungen und Gelbsucht. Zu *Liebstöckel, Wacholder* und *Allermannsharnisch* vgl. die Beschreibung der volksmedizinischen Kur der alten Buschen in »Der Stechlin«, 38. Kap., (HF I, 5, S. 334 ff.). – *Hampels Perücke:* Vgl. F.s Brief an Georg Friedlaender vom 19. Juli 1888: »Ihre Charakteristik des alten Zoelfel – ich entsinne mich mehr seiner schwarzen Perücke als seiner selbst – hat mich sehr erheitert.« (Briefe an Friedlaender, S. 94). Vgl. auch Reitzig, S. 108: ». . . wie der Meister stolz und im Bewußtsein seiner Einmaligkeit die . . . Perücke aufgesetzt und im Munde die nie ausgehende lange Pfeife mit dem verzierten Meerschaumkopf allmorgendlich zur bestimmten Zeit die links vom Hauseingang gelegene Stube betrat . . .«. – *Preiskurante:* Warenverzeichnis mit Angabe der marktgängigen Preise. – *Arcanas und Panaceen* (lat): Geheim- und Allheilmittel; nach Zölfels Quelle: »Kreutterbuch des hochgelehrten und weltberühmten Petrus Andreas Matthiolus«, Frankfurt/ M. 1590. (von Panazea = die Allheilerin, Tochter des Äskulap). – *im eigenen Hause... eine Sehenswürdigkeit:* Vgl. Anm. zu S. 95 (*Joseph Hieronymus Hampel, der letzte Laborant*). Hierzu auch Wolfgang E. Rost, »Örtlichkeit und Schauplatz in Fontanes Werken«, Berlin-Leipzig 1931, S. 29, Anm.: »Eine zeitgenössische Zeichnung des Hauses von E. A. Zölfel in Krummhübel – dem R(iesen) G(ebirgs) V(ereins)-Museum gewidmet von der letzten Laboranten-Witwe Martha Zölfel im 83. Lebensjahr, den 9. August 1915 – macht rechtwinklige Anbauten nach der Hof- und Gartenseite zu nicht wahrscheinlich.«

98 *Arnika:* in der Schul- und Volksmedizin verwandt, innerlich als Nerven- und Gefäßsystem beeinflussendes Mittel, äußerlich gegen Entzündungen und Quetschungen. – *Isländisch Moos:* gegen Erkrankungen der Luftwege sowie zur Magen- und Nervenstärkung. Vgl. Reitzig, S. 3: »Gebrauch des Isländischen Mooses bei der Lungensucht [war] hier schon längst bekannt..., ehe unsere Apotheken es verkäuflich hatten«. – *Luftdarre:* Trockenanlage. – *Dillgeist, Fichtengeist...:* Zahlreiche Rezepte nennen den »Spiritus«, der im »Retortenofen« aus den verschiedenen Pflanzen gewonnen wurde, als besonders wirksame Beigabe (vgl. Reitzig, S. 60 ff.).

99 Johann Georg *Tralles:* 1763-1822, Physiker, erfand ein Instrument zur Messung des absoluten (wasserfreien) Alkoholgehalts im wasserhaltigen Weingeist und Branntwein. Später wurde das Richtersche Verfahren mit anderer Maßeinheit eingeführt. – *Erdmannsdorf... dem auf Sommerbesuch anwesenden König Friedrich Wilhelm III.:* urkundlich bereits 1385 erwähnt. Schloß und Schloßpark hatte Friedrich Wilhelm III. 1832 gekauft, 1840 wurde die evangelische Kirche nach Entwürfen Schinkels erbaut. – *Bischof Eylert:* Rulemann Friedrich E. (1770-1852), Berater Friedrich Wilhelms III. Vgl. »Vor dem Sturm«, 41. Kap. (HF I, 3, S. 358). Eylerts »Charakterzüge aus

dem Leben des Königs von Preußen, Friedrich Wilhelm III. und der
Königin Luise« (Magdeburg 1842-46) benutzte F. in den »Wanderun-
gen« (z. B. für ›Havelland‹, ›Paretz‹). Das Werk hat vermutlich auch
die Darstellung der Gestalt der Königin Luise in »Schach von
Wuthenow« beeinflußt. – Friedrich Adolf *Strauß:* 1817-88, später
Hofprediger in Potsdam. Da er im Todesjahr Friedrich Wilhelms III.
erst 23 Jahre alt war, wird er kaum Begleiter des Königs gewesen sein.
F. lernte die Familie im November 1881 kennen. Vgl. auch Streckfuß,
»500 Jahre Berliner Geschichte«, Berlin o. J., 2. Bd., S. 794. – *der
Kronprinz:* der spätere König Friedrich Wilhelm IV. (1795-1861). –
an einem... Hoffräulein ausgeführten Wunderkur: wohl fiktive
Figur; vgl. Victoire von Carayon in »Schach von Wuthenow« (HF I, 1,
S. 681 ff.) sowie Dieffenbachs Heilung der Prinzessin mit dem Toten-
kopf in »Meine Kinderjahre«, 9. Kap. (HF III, 4, S. 79). – *Adjutanten
oder Hofmarschall:* wohl Hermann Constantin Erdmann Graf Pück-
ler (1798-1892) Oberhof- und Hausmarschall des späteren Kaisers
Wilhelm I. – *Schicksal der jungen Dame:* Vgl. Reitzig, S. 57: »Seine
[F.s]... Geschichte von einer Verschönerungskur Zölfels an einer
Hofdame des alten Kaisers war jedenfalls als wahr geglaubt in das
Erzählgut der Einheimischen eingegangen.«

100 *Josephinenhütte:* bedeutende Glashütte bei Oberschreiberhau im
Riesengebirge, seit 1842 unter diesem Namen. Vgl. HF I, 4, S. 141
und Anm. sowie Reitzig, S. 15: »Mit dem Gründungsjahr 1366 kann
die Vorläuferin der Josephinenhütte zu den ältesten Anlagen
Deutschlands gezählt werden. Peitzert, Petry und Schmid haben
überzeugend dargelegt, wie sehr die Entwicklung des Naturapothe-
kerwesens vom Stande einheimischer Hohlglasfertigung abhängig
war.« – *König Friedrich Wilhelms III. Hinscheiden:* am 7. Juni 1840. –
der neue König: Vgl. oben (Kronprinz). – *Gesetze gegen Medizinpfuscherei:* der kgl. Bescheid vom 30. Sept. 1843. Vgl. Reitzig, S. 95, und
»Handbuch sämmtlicher Bestimmungen über Medicinal- und Veteri-
nair-Polizei – sowie über Medicinalpersonen im Preußischen Staate«,
herausgegeben v. C. Zander, Leipzig 1881, sowie die Hauptregister
zur Gesetz-Sammlung für die kgl. preußischen Staaten 1806-1883,
I. Halbband 1885, insbesondere die Gesetze über Laboranten: Inwie-
fern Laboranten mit Arzneiwaren Handel treiben dürfen (Regl. v.
16. Sept. 36, Nr. 2 ff. und Anl. B. C.) 1837, 1841, 1847, 1854 und
über Arzeneien: Strafe für die unbefugte Zubereitung und den
Verkauf von Arzeneien (Str.G.B. v. 1851 § 345, Nr. 2, 4) 1851, S. 173
(Bek. v. 29. Juli 1857) und 1857, S. 654. Vgl. Reitzig, S. 94: »Das Jahr
1843 brachte die schwerste Entscheidung..., am 27. September des
gleichen Jahres erforderte es die Lage, daß der Hirschberger Landrat
Graf Matuschka dem Minister von Eichhorn eine Denkschrift unter-
breitete, in der von den ›bittstellerischen Laboranten‹ die Rede ist. In
ihrer Notlage sahen die Laboranten den letzten Ausweg nur noch in
der Fürsprache der Gräfin Reden (1774-1854), der Witwe des ersten

preußischen Bergbauministers« (hier vielleicht der Anstoß zu F.s Einfall mit der »zur Exzellenz avancierten« Hofdame?). Laut Reitzig, S. 95, war Friedrich Wilhelm III. nie mit seinem Bruder zusammen in Erdmannsdorf. – *Strafandrohungen der Liegnitzer Regierung:* Der Bescheid vom 30. Sept. 1843 wurde jedem Laboranten einzeln von der Liegnitzer Regierung am 27. April 1844 zugestellt. Vgl. Reitzig, S. 97: »›Urkundlich unter Vordrückung des größeren Regierungs-Insiegels und der geordneten Vollziehung‹ wurden diese Bestimmungen [K. Bescheid vom 30. Sept. 1843, vgl. Reitzig, S. 95 f.] von der Liegnitzer Regierung am 27. April 1844 jedem Laboranten einzeln zugestellt.« – ›*Ausnahmefall*‹ ... *Reskript:* Zölfel und andere Laboranten hatten am 2. Januar 1844 das nachgeforderte Examen abgelegt. Zölfel erhielt folgende Zulassungsurkunde: »Dem Ernst August Zölfel zu Krummhübel, Kr. Hirschberg, wird hierdurch für seine Person nach bestandener Laboranten-Prüfung die Konzession zum Betriebe des Laboranten-Gewerbes unter der Bedingung erteilt ...« (Reitzig, S. 105).

101 *Hampels achtzigstem Geburtstag:* Zölfel starb mit 73 Jahren, s. unten. – *Schaffgotsch:* altes schlesisch-böhmisches Adelsgeschlecht, dessen einer Zweig in Schlesien die freie Herrschaft Kynast mit den Ortschaften Warmbrunn und Hermsdorf innehatte. – *Kronenorden 4. Klasse:* Die Verleihung ist wirklich vorgenommen worden, die Feier fand jedoch nicht statt. Der preußische Kronenorden, gestiftet am 18. Oktober 1861 von König Wilhelm I. anläßlich seiner Krönung, stand dem Roten Adlerorden rangmäßig gleich und hatte vier Klassen. Ein ausgeschweiftes Kreuz, für die ersten drei Klassen emailliert, trug in der Mitte auf Goldgrund die Königskrone in einem goldumrandeten, dunkelblau emaillierten Reif. F. wurde die vierte Klasse 1867 verliehen. Vgl. das auf einen bitter-satirischen Ton gestimmte Gedicht »Es soll der Dichter mit dem König gehn« (HF I, 6, S. 384 f.). – *am 3. Juni starb er:* Zölfel starb am 28. März, Beisetzung war am 2. April 1884. Daten und Altersangabe treffen also nicht zu.

102 *Haideläufer:* Kräuter- und Beerensammler. – *Hampelschen Kräuterboden:* Vgl. Reitzig, S. 49 f.: »Überall waren die Dachräume ... als ›Teekammern‹ oder ›Kräuter-Kammern‹... zum Abtrocknen des Sammelgutes ausgebaut ... So ging man bei Zölfels durch eine besondere ›Tinkturenkammer‹ ›mit dichtbesetzten Regalen‹ zur ›Luftdarre‹ im angebauten ›Seitenflügel‹. Hier hatte Fontane auch noch die mit isländischem Moos ›prallgefüllten Säcke‹ (›wie Wollsäcke so groß‹) umherstehen sehen ...«. – *Besingkraut:* Besing; regional für Heidelbeere, Blaubeere. – *von der Regierung inspiziert:* Die Angabe scheint auf Tatsachen zu beruhen. Ernst August Zölfel bemühte sich nach dem Tode seines Vaters vergeblich, Erleichterungen über Gewerbefreiheit für die Laboranten zu erreichen, vgl. Reitzig, S. 108 f.: »Schon knappe vierzehn Tage später (nach der Beerdigung Zölfels) meldete sich die neue Ordnung an ...«.

GERETTET

Entstehungszeit: 1893. – *Vorabdruck:* »Deutsche Rundschau«, 76. Bd.,
Berlin 1893, II., S. 442-445.
Zur Entstehung: Den Stoff der Erzählung hat F. offenbar von Georg
Friedlaender erhalten. Im Brief vom 12. Nov. 1888, in dem er von seiner
Absicht berichtet, ein Bändchen »Von, vor und nach der Reise« zusammen-
zustellen, gesteht er, daß ihm noch zwei Nummern fehlen, und bittet um
Unterstützung (s. »Briefliche Zeugnisse zur Entstehung«, S. 591). In dem
Brief vom 22. Mai 1893, in dem er sich über »Pohls Begräbnis«, d. h. über
die Vorgänge der Erzählung »Eine Nacht auf der Koppe« Auskunft holt,
bittet er erneut darum (s. »Briefliche Zeugnisse ...«, S. 592). Die
Erzählung trägt unter dem Titel in der Erstausgabe und in den »Gesammelten Werken« das Datum: (1891). Die Abfassung fällt aber offenbar erst in
den Juli des Jahres 1893 (N).

102 *Theobaldstift in Agnetendorf:* Arnsdorfer Krankenhaus, vgl. Hans
    Reitzig in »Heemteglöckla« (s. oben S. 624) Nr. 54, Pfingsten 1957.
103 *Melchers:* Name vielleicht in Anlehnung an die »Laboranten«; vgl.
    Reitzig, S. 32: »›Großmann Melchern‹«, wohl einer der Zunftgrün-
    der der Laboranten. – *Brückenberg:* Vgl. F. an Friedlaender am 9. Mai
    1892: »Wir stimmen auch überein, daß Krummhübel-Brückenberg
    das Allerschönste ist...« (HF IV, 4, S. 193) – *ihre Mutter, ein altes
    hexenhaftes Weib:* vielleicht hier die Keimzelle der Erzählung; F.
    bittet Friedlaender am 12. November 1888 um »die Geschichte von
    der alten Jerschke« (s. »Briefliche Zeugnisse ...«, S. 591).
104 *Legler:* nach Hans Reitzig (»Heemteglöckla«, s. oben) wohl nach dem
    Sensenschmied Kajetan Legler, Besitzer des Mietlöhnerhauses und
    somit F.s Nachbar, als er 1886 in Krummhübel im Hause Schiller
    wohnte. – *hat die Kräuter und ... den Spruch:* F. hat sich wiederholt
    mit volkstümlichen Denkformen und Vorstellungen befaßt. Er kennt
    manche volksmedizinische Anschauung, flicht z. B. im »Stechlin«,
    38. Kap., das Besprechen in die Handlung ein. (HF I, 5, S. 336). –
    Timm: zur Namenswahl vgl. F.s Tagebuch, 8. März 1884: »Zöllner
    erzählt von dem Begräbnis der Frau Oberleutnant Timm...« (HF III,
    3/II). – *Seydorf:* schlesische Sommerfrische; vgl. F. an Georg Fried-
    laender über seine Urlaubspläne am 4. April 1892: »... nicht so hoch
    hinauf. Ich habe an Seydorf gedacht...« (Briefe an Friedlaender,
    S. 175).
106 *Knieholz:* niedrigwüchsige Kiefernart, oft knieförmig gebogen. Typi-
    sches Gewächs des Riesengebirgskamms. Vgl. F. an seine Tochter am
    17. Juni 1885 aus Krummhübel: »... oben schon alpine Sterilität,
    Krüppelkiefer, Knieholz...« (HF IV, 3, S. 398). – *Wohlverleih:*
    Arnika, in der Volksmedizin häufig verwendet; vgl. Anm. zu S. 18. –
    Bilsenkraut: (griech.) Hyoscyamos. Hochgiftiges Nachtschattenge-

wächs, schmerz- und krampfstillend. – »*Wärme nimmt das Fieber*«: alte volksmedizinische Ansicht, nach der Gleiches mit Gleichem vertrieben werden müsse. Vgl. dazu auch »Stechlin«, 38. Kap.: »Dat Woater nimmt dat Woater weg.« (HF I, 5, S. 336).

107 *Der letzte Laborant:* Vgl. die Anm. zum vorhergehenden Text, S. 626 ff.

DER ALTE WILHELM

Entstehungszeit: In der ersten Buchausgabe und in den »Gesammelten Werken« unter dem Titel der Zusatz: (1892). Bei Frau Meergans war F. im Sommer (Aug./Sept.) 1887. Vgl. F.s Tagebuch (HF III, 3/II). – *Vorabdruck:* »Deutsche Rundschau«, 76. Bd., Berlin 1893, III, S. 446-450.

107 *Kretscham:* in Schlesien und in der Lausitz üblich für Wirtshaus. F. nennt verschiedentlich in seinen Briefen das Krummhübler Gasthaus »Gerichtskretscham«. Vgl. auch »Quitt«, 7. Kap. (HF I, 1, S. 254) sowie Reitzig, S. 2: »Auf dem Grunde des heute im Schatten der alten Dorflinde stehenden Gasthauses ›Gerichtskretscham‹ dürfte vermutlich das in der frühsten Beschreibung Krummhübels genannte erste Gebäude . . . gestanden haben.« – »*das Birkicht*«: nördlicher Ortsteil von Krummhübel, ursprünglich ein Birkenwäldchen, in dem ein Eisenhammer lag, zu dem sich die Siedlung bald hinzog; vgl. Reitzig sowie F. an Friedlaender am 3. Febr. 1888 (HF IV, 3, S. 581 f.). – *Generalswitwe v. W. mit ihren sieben hübschen Töchtern:* Ein General von W. ist 1866 nicht gefallen. Gemeint ist offenbar die Witwe des im Krieg von 1866 gefallenen, F. bekannten Obersten von Wietersheim. Vgl. die in »Unverändert der Deine« (S. 450) verwendete, nachträglich geänderte Namensform ›Dietersheim‹. Vgl. Der deutsche Krieg von 1866, Bd. 1, S. 517: ». . . fiel auch der Kommandeur *unsres* 49. Regiments, Oberst von Wietersheim . . .«; s. auch F.s Tagebuch 2. Julihälfte 1884: »Frau von Wietersheim mit 5 hübschen Töchtern« (HF III, 3/II). – *im siebentägigen Kriege gegen Österreich:* Bezeichnung für den Krieg von 1866 in Kontrastierung zu dem Siebenjährigen Krieg Friedrichs des Großen. Vgl. auch Der deutsche Krieg von 1866, Bd. 2, S. 328: »durchflog Borussia doch beschwingter Sohle / In sieben Tagen Friedrichs Sieben-Jahr« (aus einem Gedicht von Christian Friedrich Scherenberg, 1798-1881). Vgl. »Christian Friedrich Scherenberg . . .« (HF III, 1, S. 581 ff.) – *leider »ohne Dotation«:* hier: ohne finanzielle Abfindung der Hinterbliebenen.

108 *oder einer der lang herabhängenden Birkenzweige mir mit leisem Luftzuge die Stirne streifte:* Vgl. zu diesem Stimmungsbild »Meine Kinderjahre«, 4. Kap. (HF III, 4, S. 34 ff.). – »*Nichts Neues vor Paris*«: stereotype Meldung in den Kriegsberichten während der

Belagerung von Paris vom 19. September 1870 bis 27. Oktober 1871. Vgl. Der Krieg gegen Frankreich 1870-1871, Bd. 2, S. 1 ff.: ›Paris. Vom 1.-19. September‹.

110 *Jelängerjelieber-Laube:* Jelängerjelieber, auch Geißblatt, stark duftende Schlingpflanze, besonders in dörflichen und kleinstädtischen Siedlungen als Laubenpflanze beliebt. – *Frau Meergans:* Vgl. den auf S. 624 zitierten Ausschnitt aus »Heemteglöckla«. Frau M. war Besitzerin des Hauses Nr. 60 in Krummhübel, in dem Fontanes zeitweilig wohnten. Im Brief an Friedlaender am 16. Sept. 1887 erwähnt F., daß ihm Schlenther nach »Haus Meerschwein« geschrieben habe (Briefe an Friedlaender, S. 78). – *den Frack und den spitzen Hut:* vermutlich Teile einer alten Gebirgstracht. Vgl. H. Reitzig in »Heemteglöckla« Nr. 54, Pfingsten 1947: »So lernt man die damals schon nicht mehr übliche Gebirgstracht kennen, die der Dichter den ›alten Wilhelm‹ noch als Festtagstracht tragen läßt.«

111 *Schlächter Klose:* Vgl. F. an Friedlaender am 11. Okt. 1886, wo von »Birkicht« und »Schlächter Klose« die Rede ist. (Briefe an Friedlaender, S. 56). – *Anna-Kapelle:* S. 96 u. Anm.

112 *bei seiner Arbeit ganz die Hantierung wie wir:* Vgl. dazu auch »Der Karrenschieber von Grisselsbrunn«, S. 35 ff. – *»Da steckt doch noch was dahinter«:* Vgl. z. B. auch »Der Karrenschieber von Grisselsbrunn« auf S. 35 ff.

113 *blauen Frack und einen zugespitzten Hut:* S. Anm. zu S. 110. – *hinauffuhr, dem Anscheine nach immer mehr in die glührote Scheibe:* Zu derartigen bildhaften Vorstellungen vgl. z. B. auch »Meine Kinderjahre«, 9. Kap. (HF III, 4, S. 83). Über die Bedeutung der besonderen Stimmung des Sonnenuntergangs vgl. Anm. zu S. 73. – *ein Stück eigenartigen kleinen Glücks:* typisch für F.s Lebensauffassung und für seine allerdings ganz und gar nicht biedermeierliche Neigung zum unscheinbaren Detail.

PROFESSOR LEZIUS ODER WIEDER DAHEIM

Entstehungszeit: In der ersten Buchausgabe und in den »Gesammelten Werken« ist zu dem Titel der Zusatz gegeben: (1892). – *Vorabdruck:* »Deutsche Rundschau«, 76. Bd., Berlin 1893, IV., S. 450-455.

113 *Lezius:* Name nach dem Ägyptologen Karl Richard Lepsius (1810-84), den F. schon im Briefwechsel mit Bernhard von Lepel erwähnt (Briefwechsel mit Lepel, Bd. 1, S. 276); s. auch F. an Friedlaender am 8. Aug. 1893: »Nicht bloß in der Lepsius-Frage.« (Briefe an Friedlaender, S. 229). – *trotzdem:* »trotzdem« – statt »obwohl« – ist als Konjunktion in und um Berlin verbreitet.

114 *Gentianaceen* (lat.): Enziangewächse, gehörten auch in die Kräuterstube der Laboranten (vgl. S. 102). – *Johann Gottfried Galle:* 1812-1910, Astronom, entdeckte am 23. Sept. 1846 den von Leverrier theoretisch nachgewiesenen Planeten Neptun. Vgl. dazu Hans E. Pappenheim, »Karten- und Vermessungswesen im Schaffen Theodor Fontanes«. In: Jahrb. für brandenburgische Landesgeschichte 4, (1953), S. 33. – Urbain Jean Joseph *Leverrier:* 1811-77, bekannter Astronom, wies nach, daß die Uranusbewegung durch einen bisher unbekannten Planeten verursacht sein müsse und errechnete dessen Ort (1846). – *Gentiana pannonica* (lat.): Brauner (ungarischer) Enzian. – *Gentiana asclepiadea* (lat.): Schwalbenwurz. – *Judith, Mirjam:* biblische Vornamen, die den Zusammenhalt beider Frauen (Mirjam, hebr. Form für Maria) ausdrücken sollen. – *Bastians Werke:* Adolf B. (1826-1905), bedeutender Völkerkundler, dessen Sammlungen den Grundstock des 1873 gegründeten, von B. geleiteten Berliner Museums für Völkerkunde bildeten; umfangreiche Veröffentlichungen (u. a. »Der Mensch in der Geschichte«, 3 Bde., 1860; »Die Völker des östlichen Asiens«, 6 Bde., 1866). F. hier vermutlich durch einen Aufsatz von Georg Buß, »Adolf Bastian« in »Zur guten Stunde«, Berlin 1893, Sp. 123 ff. angeregt, in dem Bastian als »Vater der Ethnologie« und »Lehrer eines wirklichen wissenschaftlichen Reisens« (Sp. 128) bezeichnet wird. – *wer tief wird, wird dunkel:* diese Stelle vielleicht durch Ferdinand Lassalles »Die Philosophie Herakleitos des Dunklen«, Berlin 1852 (2. Aufl. 1892) angeregt. Vgl. F., »Christian Friedrich Scherenberg . . .«, 20. Kap.: »Ferdinand Lassale war in der zweiten Hälfte der 50er Jahre nach Berlin gekommen und bezog eine Wohnung in der Potsdamer Straße, nahe dem Hause Franz Dunckers, zu dem er, als dem Verleger seines Herakleitos, sofort in freundschaftliche Beziehungen trat.« (HF III, 1, S. 701).

115 *en bandoulière* (franz.): am Schulterriemen. – *von dem Schutzmann . . . die Blechmarke 1727:* Noch Anfang der zwanziger Jahre des 20. Jahrhunderts wurden an den großen Berliner Fernbahnhöfen an die Ankommenden, die es wünschten, von den Schutzpolizisten Blechmarken mit der Droschkennummer verteilt; die Gepäckträger kümmerten sich dann um das aufgegebene Gepäck und brachten es an die Droschke mit der betreffenden Nummer (N). (Vgl. »Der lustige Baedeker. Vollst. humoristisch-poetischer Führer durch Berlin«, hrsg. von R. Schmidt-Cabanis, Stuttgart o. J. [um 1889], S. 7 und Karl Baedeker, »Berlin und Umgebung«, Leipzig 1908, S. 1). – *Dorotheenstraße . . . Pferdebahnwagen:* s. Anm. zu S. 71. – *Kupfergraben:* »Am Kupfergraben«, Name der Straße am Spreearm gegenüber den Museen. Ehemals Teil des Festungsgrabens zwischen Artilleriekaserne und Museum; vgl. auch »Der Stechlin«, 35. Kap. (HF I, 5, S. 308) und F.s Gedicht »Berliner Republikaner« (HF I, 6, S. 760).

116 *eine Allee . . . an deren Ende die Victoria . . . aufragte:* die Siegesallee,

an deren Ende vor dem Reichstagsgebäude auf dem damaligen Königsplatz (nach dem Ersten Weltkrieg »Platz der Republik«) die Siegessäule stand. Sie wurde 1938 zum Großen Stern im Tiergarten verlegt. Die Siegessäule war zur Erinnerung an die siegreichen Kriege von 1864, 1866 und 1870/71 nach dem Entwurf von Johann Heinrich Strack errichtet worden. Sie erreicht mit der krönenden Figur der Viktoria von Friedrich Drake (1805-82) eine Gesamthöhe von 61 Metern. Im Berliner Volksmund »Siegesschornstein« genannt (N). – *Kanonen:* Die Siegessäule trug in drei Stockwerken Kanonen aus drei Kriegen (1840 aufgestellt). – *Fanny Lewald:* (1811-89), erfolgreiche Romanautorin, seit 1854 mit Adolf Stahr verheiratet. Ihr Salon spielte im gesellschaftlichen Leben des biedermeierlichen Berlin eine Rolle. F. kannte sie persönlich. Vgl. seinen Brief vom 9. März 1887 an Heinrich Kruse: ». . . ihre Geistesfrische ist erstaunlich und als Schriftstellerin kann sie sich sehen lassen, ich habe aber menschlich nie mit ihr auf einen erträglichen Fuß kommen können, weil ich sie so . . . langweilig finde . . . sie ist aber langweilig aus Prinzip . . .« (HF IV, 3, S. 524), vgl. auch S. 474. – *Das Tor:* das Brandenburger Tor, 1788-91 erbaut von Carl Gotthard Langhans (1732-1808), gekrönt von dem Viergespann mit der Siegesgöttin von Gottfried Schadow (1764-1850), das 1958 nach Gipsabgüssen wiederhergestellt wurde. – *der Tattersall:* südlich neben dem Brandenburger Tor, wo er noch bis in die Zeit nach dem Ersten Weltkrieg in Funktion war. – *der Bismarcksche Garten:* das Palais (später Palais des Reichspräsidenten) in der Nähe des Brandenburger Tors in der Wilhelmstraße mit einem Garten, der bis an die Königgrätzer Straße (später Friedrich-Ebert-Straße) reichte und einen besonders schönen Baumbestand besaß. Ursprünglich wohl der östliche Teil des Tiergartens. – *Café Bellevue:* 1887/88 am Potsdamer Platz das Hotel Bellevue von Ludwig Heim errichtet. – *mit drei Fronten:* zur Königgrätzer Straße, zum Potsdamer Platz und zur Bellevue-Straße. Im Erdgeschoß zum Potsdamer Platz und der Bellevue-Straße lag ein Café mit Terrasse und ein Bierrestaurant. – *»Erbbegräbnis«:* ironische Berliner Bezeichnung für einen zu schmalen Vorgarten. Das Haus Potsdamer Str. 134 c, in dem F. seit 1872 wohnte, hatte ein solches »Erbbegräbnis«. Vgl. Der richtige Berliner, S. 37: »Auch Vorgarten, mit dem Hause zusammengedrängt (wie in der Potsdamerstraße).«

117   *Drossen:* Stadt im ehemaligen preußischen Regierungsbezirk Frankfurt/Oder. – *Kirche Wang:* s. Anm. zu S. 95. – *Josephinenhütte:* Vgl. Anm. zu S. 100.

118   *Rönnekamp:* Name (dem F.schen Prinzip gemäß, Namen »realistisch« zu wählen) vielleicht nach E. Rönnekamp, dem bekannten Berliner Städtischen Garteninspektor. – *beim Neuen See:* beliebter Treffpunkt im Tiergarten, um im Sommer zu rudern und im Winter Schlittschuh zu laufen. – *wenn der Sand durch ist:* Anspielung auf die Sanduhr; hier als Symbol des Todes. – *Ist denn noch Kunstausstel-*

lung: Die Berliner Kunstausstellungen fanden alle zwei Jahre im Gebäude der Kunstakademie Unter den Linden 38, dem ehemaligen Marstallgebäude, statt; in der Regel von Anfang Sept. bis Anfang Nov. Vgl. dazu F.s Ausstellungsberichte (HF III, 5) und F. an seine Tochter am 24. April 1891: »In 8 Tagen haben wir nun die große internationale Kunstausstellung, worauf ich mich freue…« (HF IV, 4, S. 116) und auch »Frau Jenny Treibel«, 13. Kap. (HF I, 4, S. 441 und Anm.).

119 *Huth:* die von F. oft genannte Weinstube für wohlsituierte Kreise Potsdamer Straße 139. Vgl. auch F. an Georg Friedlaender am 21. Dez. 1884 über Menzel: »geht er mit seinem Ordensband zu Hof oder mit seinem Klapphut zu Huth« (HF IV, 3, S. 369). – *Brauneberger:* berühmter Moselwein. – Rudolf *Virchow:* 1821-1902, bedeutender Mediziner und links-liberaler Reichstagsabgeordneter (Bismarck-Gegner), von F. oft genannt. Vgl. auch Anm. zu S. 120. Als Anthropologe suchte er durch Schädelmessungen und Erhebungen in den Schulen über Farbe der Haare, Augen und der Haut feste Unterlagen zur Erfassung und Verbreitung der verschiedenen Rassen zu gewinnen. – *Kroll:* seinerzeit bekannte Vergnügungsstätte am Königsplatz (später Platz der Republik), 1844 von Josef Kroll (1797-1848) eröffnet. Es bot gut besuchte Konzerte, Theater und Opern. Bei F. oft erwähnt. Später diente das Haus als Oper (Kroll-Oper), nach dem Reichstagsbrand als Reichstagsgebäude. Vgl. auch »Der Stechlin«, ›26. Kapitel‹ (HF I, 5, S. 246 und Anm.). – *Bellevue:* Schloß Bellevue wurde 1785-86 von Michael Philipp Boumann (1706-76) im Tiergarten erbaut. 1791 schuf C. G. Langhans den Tanzsaal. 1938 Umbau zu einem Gästehaus; im Zweiten Weltkrieg schwer beschädigt; 1954-59 Wiederinstandsetzung und Ausbau. – *die Zeltenstraße:* »In den Zelten«, eine Tiergartenstraße an der Spree, in der zahlreiche Cafés und Musiklokale lagen.

120 *die Rousseau-Insel:* idyllische Insel im Tiergarten, von F. häufig genannt. – *die Große Teichbaude … den Großen Teich:* Großer Teich (1225 m); nahe der Prinz Heinrich-Baude am nördlichen Riesengebirgskamm an der Ostseite des Kleinen Teichs (1183 m) liegt die Teich-Baude. Die Schluchten beider Hochseen stammen wahrscheinlich von prähistorischen Gletschern. – *Der Sperling ist wie der richtige Berliner:* der Sperling oder, wie meist genannt, der Spatz, war in Berlin sehr verbreitet und wurde speziell mit den Berliner Straßenjungen verglichen. – *Gentianen:* Enziane. – *»Bote aus dem Riesengebirge«:* 1812 gegründet, Erscheinungsort Hirschberg, zu F.s Zeit von liberal-demokratischer Tendenz (Mitarbeiter u. a. Gerhart und Carl Hauptmann und Wilhelm Bölsche). Vgl. auch F. an Georg Friedlaender am 27. Dez. 1893 (HF IV, 4, S. 314 ff.). – *Schädel ausgemessen:* Die Forschungen Virchows führten zu seiner Vorlesung vor der Akademie der Wissenschaften: »Über einige Merkmale niederer Menschenrassen am Schädel« (1875). Vgl. oben zu S. 119; s.

auch Anm. zu S. 50. – *Anthropologische:* Berliner Anthropologische Gesellschaft, am 17. Nov. 1869 konstituiert, 1. ordentliche Sitzung am 11. Dez. 1869. 1. Vorsitzender: Virchow. (Vorstandsmitglied war auch der Ägyptologe Heinrich Karl Brugsch, auf dessen Zwistigkeit mit Lepsius sich die in Anm. zu S. 113 zit. Briefstelle bezieht.) Am 1. April 1870 wurde in Mainz die »Deutsche Anthropologische Gesellschaft« gegründet und Virchow zu deren Vorsitzendem gewählt; das Mitgliederverzeichnis des Berliner Lokalvereins enthält u. a. die Namen Bastian, Prof. v. Kloeden, Prof. Lazarus, Le Coque, Dr. Werner Siemens.

ERZÄHLUNGEN

GESCHWISTERLIEBE

Entstehungszeit: 1839. – *Erstdruck:* »Berliner Figaro«, 9. Jg., 1839, Nr. 291, 292, 293, 296, 297 vom 14., 16., 17., 20. und 21. Dez. (die letzte Fortsetzung gezeichnet mit »Fontan«).
Textgrundlage: Erstdruck. (Die Erzählung, von Walter Keitel mit den bisher verschollenen Jahrgängen des »Berliner Figaro« wiederaufgefunden, erschien in der ersten Auflage des vorliegenden Bandes 1966 erstmals in einer Buchausgabe.)
Zur Entstehung: Vgl. »Von Zwanzig bis Dreißig«, ›Berlin 1840‹, 1. Kap.: ». . . und da mich der von mir einzuschlagende Weg [im Anschluß an die Apothekergehilfenprüfung] an dem Hause der d'Heureuseschen Konditorei vorüberführte . . ., so beschloß ich, bei d'Heureuse einzutreten und den ›Berliner Figaro‹, mein Leib- und Magenblatt, zu lesen, darin ich als Lyriker und Balladier schon verschiedentlich aufgetreten war. Eine spezielle Hoffnung kam an diesem denkwürdigen Tage noch hinzu. Keine vierzehn Tage, daß ich wieder etwas eingeschickt hatte, noch dazu was Großes, – wenn das nun vielleicht drin stünde! Gedanke kaum gedacht zu werden. Ich trat also ein und setzte mich in die Nähe des Fensters, denn es dunkelte schon. Aber im selben Augenblicke, wo ich das Blatt in die Hand nahm, wurden auch schon die Gaslampen angesteckt, was mich veranlaßte, vom Fenster her, an den Mitteltisch zu rücken. In mir war wohl die Vorahnung eines großen Ereignisses und so kam es, daß ich eine kleine Weile zögerte, einen Blick in das schon aufgeschlagene Blatt zu tun. Indessen dem Mutigen gehört die Welt; ich ließ also schließlich mein Auge drüber hingleiten, und siehe da, da stand es: ›Geschwisterliebe, Novelle von Th. Fontane.‹ Das Erscheinen der bis dahin in mal längeren, mal

kürzeren Pausen von mir abgedruckten Gedichte hatte nicht annähernd solchen Eindruck auf mich gemacht, vielleicht weil sie immer kurz waren; aber hier diese vier Spalten mit ›Fortsetzung folgt‹, das war großartig.« (HF III, 4, S. 183 f.). Die eindrucksvolle Gleichzeitigkeit von Prüfung und novellistischem Debüt ist allerdings kalendarisch nicht zutreffend (die Prüfung fand am 19. Dez. 1839 statt) – ein Beispiel entweder für die Gedächtnisfehler in den Lebenserinnerungen oder für die Selbststilisierung des alten F. – Vgl. auch Theodor Storms »Ballata incestuosa«: »Geschwisterblut« (vorgelesen im »Tunnel« am 16. Jan. 1853) und die sich daran anschließende Korrespondenz zwischen Storm und F. (s. HF III, 4, S. 365 ff.) sowie den Aufsatz über Storm (N XXI, 2, S. 87).

123 *seit dem großen Brande:* Vgl. Johannes Schultze, »Geschichte der Stadt Neuruppin«. Neuruppin 1932, S. 111: »Am Abend des 26. Aug. 1787 lag die Stadt bis auf geringe Reste in Glut und Asche. Verschont und gerettet wurden die Klosterkirche mit der nächsten Umgebung, die Umgebung des Neuen Marktes, die Häuser am Seetor und in der heutigen Leineweberstraße sowie ein Streifen längs der Mauer von der Rosen- bis zur Schäferstraße. Diese Teile heben sich noch heute von der dazwischen liegenden Stadt ab.« Vgl. auch »Wanderungen«, ›Die Grafschaft Ruppin‹, ›Neu-Ruppin‹ (HF II, 1, S. 54 ff.). – *Adler vor der Apotheke:* 1837 hatte F.s Vater die Adler-Apotheke in Mühlberg/Elbe erworben, von 1819-26 hatte er die Löwenapotheke in Neuruppin besessen, wo F. am 30. Dez. 1819 geboren wurde und bis 1826 blieb. Vgl. »Meine Kinderjahre«, Kap. 1 und 2 (HF III, 4, S. 7 ff.) und »Wanderungen«, ›Neu-Ruppin‹. – *rotköpfigen Töchtern:* Vgl. das oben genannte Kap. in »Von Zwanzig bis Dreißig«: »Sommersprossenschönheiten mit krausem roten Haar . . .«.

124 Zu den genannten Lokalitäten vgl. »Wanderungen«, ›Neu-Ruppin‹ (s. oben).

130 ». . . *Zufall gibt es nicht«:* aus dem Prädestinationsglauben der Eltern erwachsene Überzeugung F.s; vgl. Anm. zu S. 414.

135 *ein zu weites Feld:* Lieblingswendung des alten Briest; vgl. z. B. den Schluß des Romans: »›Ach Luise, laß . . . das ist ein *zu* weites Feld.‹« (HF I, 4, S. 296).

141 *Mädchens, deren innige Liebe:* Vertauschung von natürlichem und grammatischem Geschlecht gelegentlich auch in F.s frühen Gedichten.

151 *Laß die Toten ruhn!:* Anspielung auf Gottfried August Bürgers (1747-94) Ballade »Lenore« (1773), die F. oft zitiert, sowie auf Adelbert von Chamissos (1781-1838) Gedicht »Laß ruhn die Toten« (1827).

JAMES MONMOUTH

Entstehungszeit: 1853. – *Erstdruck:* »Argo. Belletristisches Jahrbuch für
1854«, hrsg. von Theodor Fontane und Franz Kugler, Dessau 1854, S. 313-
344.
Textgrundlage: Erstdruck.
Zur Entstehung: »Über Vorarbeiten zu ›James Monmouth‹ ist nichts
bekannt. Die Geschichte dieser Stuart-Revolte bewegt sich in zeitlicher
und stofflicher Nähe zur Geschichte Karls I. von England, und es ist
anzunehmen, daß der Stoff in seinen Grundzügen Fontane bereits seit
1848 vertraut war. Es wird in der Novelle auf die Personen angespielt, die
in den Umkreis des damals geplanten Karl-Stuart-Dramas gehören. (Vgl.
HF I, 6, S. 831 ff.) Lady Anna Wentworth, die Geliebte James Monmouth',
ist die Großnichte jenes Grafen von Strafford, der Karls I. Minister war,
und der Ring, den der König diesem schenkte, ist nun ihr Eigentum.
Wiederum wird die Welt des Hofes und der Großen widergespiegelt in
einer Volksszene, in einer der Rache an den Stuarts geweihten Sitzung
einer puritanischen Sekte; die Namen der Mitglieder dieser Sekte sind
zwar erfunden oder mit Rücksicht auf Erfahrungen Fontanes gewählt (der
Sekretär heißt James Morris), aber das Gedächtnis an Thomas Harrison
gibt einen realen historischen Bezug. Das erste Kapitel handelt in Whitehall wie der erste Akt des Stuart-Dramas. Interessant ist die veränderte
Einschätzung des Volkes im Verlauf einer politischen Revolte, die sich in
den bitteren Bemerkungen des Erzählers verrät. Sogleich zu Beginn der
Erzählung, der die – nach seinem Wunsch katholische – Sterbestunde
Karls II. beschreibt, wird dem andächtig vor dem Palaste wartenden Volk
seine unkritische Liebe zu dem König vorgehalten. ›Das machte, er war ein
König nach ihrem Sinn gewesen. Die Parlamente hatte er mißachtet, aber
das Vergnügen respektiert. So liebten sie's, – so liebt's das Volk! Erst leben,
dann frei sein. Er hatte ein Blumenmädchen von Coventgarden zu seiner
Geliebten und nebenher zur Fürstin gemacht; – das war Freiheit genug.
Nun lag er im Sterben, der gute König Karl. Wer hätte nicht weinen
sollen!‹ (S. 153 f.) Nachdem James Monmouth mit seiner Truppe in Lyme
gelandet ist, fliegen ihm wohl die Herzen in Dorset- und Devonshire zu,
weil er sich leutselig und gewinnend zeigt, weil er vor Bergleuten eine Rede
über den Text hält, ›daß der Arbeiter seines Lohnes würdig sei‹, weil
Anekdoten von wunderbaren Begebenheiten in seinem Umkreis berichten
und weil eine wunderschöne Dame immer an seiner Seite ist, die in
Newbridge das Kind eines Tagelöhners über die Taufe gehalten hat. Der
Erzähler berichtet all dies mit deutlicher Reserve, ja kaum verhohlenem
Unglauben, so daß wir den Eindruck gewinnen, es würde, wenn James
Monmouth der Sieg zufiele, auf eine Wiederholung des Regiments
Karls II. hinauslaufen, jedenfalls was die Gründe für die Anhänglichkeit
des Volkes betrifft. James Monmouth, so will es Fontane, ist ein Stuart und
teilt daher das Schicksal aller Mitglieder seines Geschlechts. Es handelt sich

nicht darum, wer von den Mitgliedern dieses Hauses in einer Familienfeh-
de den Thron gewinnt oder behauptet, sondern um den Reiz von Schönheit, Leidenschaft, Jugend und Unglück, der mit dem Helden ist. Verständ-
licherweise wird das Volk von diesem Reiz verführt, aber über seine
wirkliche Anhänglichkeit sagt das nichts aus, denn ›die charakterlose
Masse, die sich Volk nennt und immer auf die Seite des Siegers tritt,
verlangte vor allem einen Sieg‹ (S. 171).

Nicht nur in der balladesken Form der Erzählung ist die Eigenart
Fontanes gegenwärtig, sondern auch in der Vorliebe für Vorausdeutungen
und für ausdrucksvolle Naturstimmungen (Sonnenuntergänge). Ein hexenhaftes, zukunftskundiges altes Weib wird vorgestellt, das angeblich
eine Zigeunerin ist, obgleich es einen Namen führt, den es in der
Zigeunersprache nicht gibt – Madje Jim –, so daß wir uns getrost auch an
wendisch-märkische Unholdinnen, von Hoppenmarieken bis zur alten
Buschen, erinnert fühlen dürfen. Auch die Hinwendung des Königs zu
Rom in der Sterbestunde ist – wiewohl historisch begründet – charakteri-
stisch für Fontane. In der Darstellung der Gefangenschaft und der
Hinrichtung des gescheiterten Thronprätendenten im Tower werden die
Reiseerlebnisse Fontanes spürbar.« (Nürnberger, Der frühe Fontane,
S. 200 f.).
Vgl. auch »Ein Sommer in London«, ›Der Tower‹ (HF III, 3/I, S. 86 ff.)
sowie F. an Lepel vom 11. 8. 1853: »Ich mußte überaus fleißig an meiner
Novelle (James Monmouth) arbeiten« (HF IV, 1, S. 353) und sein »Lied des
James Monmouth« (HF I, 6, S. 99).

153 *König Karl:* Karl II. von England (1630-85), reg. (nach schweren
     Niederlagen gegen Cromwell) seit 1660. Politisch enger Anschluß an
     Frankreich; persönlicher Lebensstil nach dem Vorbild des französi-
     schen Hofes; Neigung zum Katholizismus. Ausführliche Darstellung
     bei Ranke, u. a. Bd. V, 12. Kap. »Ausgang der Regierung Carls II«. –
     Palast von Whitehall: 1691 bzw. erneut abgebrannter Königspalast in
     London, nach dem das heutige Regierungsviertel benannt ist; vgl.
     auch Anm. zu S. 223 *(York-Palace). – ein Blumenmädchen von
     Coventgarden:* Mlle. de Keroual, die Karl II. zur Herzogin von
     Portsmouth machte und mit der er in seinen letzten Lebenstagen
     zusammen mit Sunderland und Godolphin »die wichtigsten und
     geheimsten Geschäfte« (Ranke V, S. 367) verhandelte. Coventgarden
     ist eines der ältesten Londoner Theater, auf dessen Bühne John Gay's
     »The Beggar's Opera« aufgeführt wurde. 1732 gegründet, 1808
     abgebrannt und 1809 wieder aufgebaut. Seine heutige Gestalt erhielt
     es nach dem Brand von 1856 durch Charles Barry (1795-1860) im Jahr
     1858. Heute durch seine Opern- und Ballettaufführungen berühmt,
     das bedeutendste englische Theater dieses Genres. Das Opernhaus
     befindet sich auf der Westseite von Bow Street, Coventgarden.
154 *Westminster:* berühmte Londoner Kirche, die zu den glanzvollsten
     Beispielen frühenglischer Gotik zählt, 1245-1269 an Stelle eines

älteren Baues errichtet. Das Langhaus entstand im 15. Jahrhundert, die Westtürme erst 1725-1740. – *eines katholischen Priesters:* vgl. Anm. zu S. 157 *(William Hutchinson).* – *Charing Cross:* am Westende des »Strand«, benannt nach dem Kreuz, das Eduard I. (1239-1307, König seit 1274) 1291 in dem Dorf errichtete, in dem das Gefolge, das die Leiche der Königin Eleanor nach Westminster Abbey brachte, zum letzten Male anhielt. Eine Kopie des Kreuzes steht in der Vorhalle des Charing-Cross-Bahnhofs in London. – *Bischof Kenn:* Thomas Ken oder Kenn (1637-1711), 1685 zum Bischof geweiht.

155 *die Kinder des Königs:* 1. von Nell Gwyn: Charles Beauclerk (1684 Duke of St. Alban) und James. 2. von Lucy Walters: James Monmouth und eine Tochter (?). 3. von Catherine Peg: Charles Fitzcharles, Earl of Plymouth. 4. von Lady Shannon: Charlotte, Countess of Yarmouth. 5. von Lady Castlemaine: Charles Fitzroy, Duke of Grafton; George Fitzroy, Duke of Northumberland; Anne, Countess of Sussex; Charlotte, Countess of Lichfild (später Nonne); Barbara Fitzroy (?). 6. von Margaret Davis: Mary Tudor, Countess of Darwentwater. 7. von der Duchess of Porthsmouth: Charles Lennox, Duke of Richmond. – *Earl von ... Berwick:* James Fitzjames (der Namensbestandteil »Fitz« deutet auf »natürliche« Söhne hoher Häuser), 1670-1734, Sohn des unten genannten Herzogs von York; später berühmter französischer Marschall (beendete durch die Einnahme von Barcelona den Spanischen Erbfolgekrieg). – *Nell Gwynn:* richtig Gwyn (1650-87), englische Schauspielerin, die mehr wegen ihres Charmes und ihrer körperlichen Reize als ihrer schauspielerischen Qualitäten zeitweilig Liebling des Londoner Publikums war. Sie wurde die Geliebte König Karls II. Vgl. auch F.s Artikelserie über »Die Londoner Theater« (N XXII/3). – *Jakob von York:* 1633-1701, zum katholischen Glauben übergetreten. Als Jakob II. Nachfolger Karls II.

157 »*... Es stirbt sich leichter im Schoße von Rom«:* Vgl. »Vor dem Sturm«, 25. Kap.: »Und siehe, das alte katholische Gefühl, wie es ... wieder lebendig wurde angesichts des Todes.« (HF I, 3, S. 693). – »*Ich wußt' es«:* Vgl. zu »Der Stechlin« (HF I, 5, S. 281). – *William Hutchinson:* Vgl. Ranke V, S. 369 f.: »In Whitehall lebte ein alter schottischer Priester, John Hudleston [Name von F. vielleicht verändert nach William Hutchinson, 1711-88?], dem Carl II. nach der Schlacht von Worcester sein Entkommen großenteils verdankt; und leicht war der Todkranke überredet, daß der Mann, der einst sein Leben gerettet, jetzt auch seine Seele zu retten die Bestimmung habe. Der König erklärte dem an seinem Bette knienden alten Freund, daß er in der Gemeinschaft der katholischen Kirche zu sterben wünsche ... Später ist der protestantische Bischof von Bath und Wells, Dr. Kenn, noch einmal an sein Bett getreten und hat ihn an die göttlichen Dinge erinnert, oder mit ihm gebetet ... Freitag, den 6. Februar, gegen Mittag ist er gestorben.« Ebendort S. 371: »Den-

noch entsprach es einem alten Gefühl in ihm, wenn er in den Agonien des Todes die katholischen Sakramente annahm.« – *Worcester:* 3. Sept. 1651, Sieg Cromwells über Karl II., der sich auf einer Eiche (»Worcestereiche«) verbergen mußte.

158 *James Monmouth:* 1649-85, natürlicher Sohn Karls II. und Lucy Walters', vgl. HF I, 6, S. 99 und Anm.; M. hatte im Nov. 1683 »feierlich die Erklärung« abgelegt, daß er den Herzog Jakob von York »als den wahren Erben der Krone anerkennen und als solchen verteidigen werde« (Ranke V, S. 354); er wurde jedoch nicht verbannt, sondern »zog es vor, das Land zu verlassen« (Ranke V, S. 356), als er in einem Prozeß »sein Zeugnis« abgeben sollte. Als M. 1685 Jakob II. den englischen Thron streitig machte, wurde er bei Sedgemoor geschlagen und am 15. Juli 1685 auf Tower-Hill enthauptet. Vgl. dazu Ranke XVIII, S. 325 über »Monmouth, der sich einer unermeßlichen Popularität erfreute«, und XIX, S. 50 ff.: Monmouth ». . . endete auf dem Schafott . . . schon niedergestreckt, erhob er noch einmal . . . den Kopf und bat den Scharfrichter, ihn sein Beil betrachten zu lassen: er fand es nicht hinreichend scharf; der Mann blieb dabei, es sei scharf . . . aber er hat fünfmal zuschlagen müssen . . .« – *Seine letzte Sorge:* Vgl. Ranke V, S. 370: »Er sagte, er fühle, daß er sterben müsse; es tue ihm leid, daß er seinen guten Freunden damit so viel Unbequemlichkeiten mache. Er endete die Rolle seines Lebens mit einer gesellschaftlichen Entschuldigung.« (Die Anwesenheit der Kinder und die letzten Worte im Gedenken an Nell Gwynn vermutlich von F. erfunden.)

159 *Harper's Lane:* vermutlich: Harper Road (Borough, Southwark, von Newington Causeway bis New Kent Road). – *Cityfeuer:* Vgl. F.s Ballade »Der Tower-Brand« (HF I, 6, S. 157 und Anm.) sowie seine Rede »Zum Shakespeare-Fest 1864« (HF III, 1, S. 198). – *Pennington . . . dessen Vater:* ein »Alderman Pennington« bei Ranke III, S. 29 genannt, er gehörte zum »langen Parlament« (vom 3. Nov. 1640 bis 20. April 1653).

160 *Surrey:* Südenglische Grafschaft, heute im Einzugsbereich von London. – *Southwark:* Stadtteil Londons, rechts der Themse, durch die Londonbrücke mit der City verbunden. – *Es war eine Hinrichtungsszene:* Vgl. George Macaulay Trevelyan, »England under the Stuarts«, Cambridge 1904 (Neudruck 1960), über die Hinrichtungen 1660: ». . . als der Henker die Regiciden in Stücke schnitt, zeigte er ihre rauchenden Köpfe und Herzen dem Publikum . . .«. – *Harrison-Club:* Thomas H. (1606-60) hatte auf die Hinrichtung Karls I. gedrungen und war deshalb durch Karl II. selbst hingerichtet worden; vgl. dazu F.s Ballade »Thomas Harrison« (HF I, 6, S. 127 und Anm.). – *fünften Monarchie:* Vgl. British Encyclopaedia 10, S. 331: »Grundlage: Daniel Kap. 7. Diese puritanische Sekte glaubte, daß nach der assyrischen, der persischen, der griechischen und der römischen Monarchie als fünfte die Christi kommen werde; er werde mit seinen

Heiligen die Erde tausend Jahre lang regieren . . .«. – *Oliver Crom-well:* 1599-1658, Lordprotektor; vgl. F.s Ballade »Cromwells letzte Nacht« (HF I, 6, S. 143 und Anm.). – *saßen elf Männer:* Vgl. Ranke V, S. 341 ff.: »Wohl ließe es sich erklären, wenn damals unter den gemißhandelten und bedrohten Sekten ein verzweifelter Anschlag gefaßt worden wäre: der Herzog [Jakob v. York] gibt die Schuld den alten Cromwellianern, den Männern der fünften Monarchie und den Fanatikern . . . alte Soldaten, wie Colonel Rumsei, Kapitän Walcot, Rumbold, Wildmann und einige bei seiner [Shaftesburys] Partei angesehene Zivilisten, der Barrister Robert West . . . der alte Unter-sheriff Goodenough waren die vornehmsten Beteiligten.« F.s Namen sind also erfunden: der *Braueigen* resultiert aus der Perkins' Brauerei und der Hopfen- und Malzbörse in Southwark, der *Eisenkrämer* geht auf die Szene bei seinem ersten London-Besuch (1844) mit dem Eisenkrämer auf dem engl. Königsstuhl zurück; vgl. »In Westmin-ster« (HF I, 6, S. 767 und Anm.) sowie »Von Zwanzig bis Dreißig«, ›Bei ‚Kaiser Franz'‹, 2. Kap. (HF III, 4, S. 307). *James Morris* hieß der Londoner Arzt, den F. seit 1852 kannte.

161 *Sieger in großen Schlachten:* Vgl. HF I, 6, Anm. zu S. 127. – »*Die Zeit ist gekommen, von der wir im dreizehnten Kapitel lesen . . .«* Offenbarung des Johannes, 13,1.

162 *Die Flüchtlinge im Haag:* eine Gruppe von Emigranten unter der Führung von Archibald Campbell *Graf Argyle* (1629-85; nach Ranke VI, S. 37: »bibelfest, von feurigem Eifer in den Übungen der Re-ligion«), der eine Invasion in Schottland, und von James Monmouth, der eine Invasion in England plante; vgl. Ranke VI, S. 29 ff. – *Texel:* die westlichste der westfriesischen Inseln, vor der Küste Nordhol-lands. – *Stuartlied:* Vgl. »Die Stuarts« (HF I, 6, S. 155 und Anm.); ein schottisches Geschlecht, das 1371 auf den schottischen, 1603 auch auf den englischen Thron kam, aber 1688 die Krone verlor. Die letzte Stuart auf dem Thron war Königin Anna, die protestantische Tochter Jakobs II. (reg. 1702-14). – *das Babelweib:* die babylonische Hure aus der Offenbarung des Johannes. – *zweimal das Schafott:* Maria Stuart (1587) und Karl I. (1649).

163 *Anderlecht:* heute Industrieort bei Brüssel. – *nach seinem Erbauer:* Don Francisco de Moncada, Graf von Osana (1586-1655), spanischer Feldherr und Geschichtsschreiber; Gouverneur und seit 1633 auch militärischer Oberbefehlshaber in den Niederlanden. – *Algernon Sydney:* 1622-83, auch Sidney: Gouverneur von Dover, lehnte es ab, zum Richter über Karl I. ernannt zu werden, da er das Verfahren für ungesetzlich hielt; entwarf angeblich die Antwort an Karl II. bei Auflösung des Oxford-Parlaments; den Republikanern verbunden, aber gegen Shaftesbury eingestellt. 1683 plante er mit führenden Whigs den Plan einer Erhebung (s. auch unten: »Rye-House Com-plot«). – *Lord William Russel:* Graf von Bedford, »The patriot« genannt, 1639-83. Auf dem Schafott in Lincoln's Inns Fields hinge-

richtet; das Urteil wurde 1688 wiederrufen. (Vgl. Lord John Russel, »Life of William Lord Russel«, 4. Aufl., London 1853.) Russel und Sydney waren keine Mitglieder des Komplotts. – *Rye-House-Complot:* Da das Land arm wurde und »die Gefängnisse von dissentierenden Geistlichen überfüllt waren« (Ranke V, S. 341), war der Boden für eine Erhebung bereitet. Die Zusammenkünfte fanden im Rye House (Rye = Roggen) statt, das am Flüßchen Lea lag. Die Verschwörung wurde verraten. Gegen Sydney und Russel trat jeweils nur *ein* Zeuge auf, was nach engl. Recht nicht für eine Verurteilung wegen Hochverrats ausreicht. Trotzdem wurden die Urteile gefällt, und die Whigs waren entmachtet. Das Ziel der Erhebung, die Änderung der Verfassung, sollte ohne Antastung der Freiheit und des Eigentums der bisherigen Autorität erreicht werden. (Vgl. Ranke V, S. 343. S. auch Harold Armitage, »Russel and Rye House«, Letchworth Printers 1948.)

164 *saßen zwei Schachspieler:* Diese Szene vielleicht angeregt durch Goethe, »Götz von Berlichingen«, Beginn des zweiten Akts: »Bischof, Adelheid, spielen Schach.« – *Ring:* Zu den zahlreichen Ring-Legenden vgl. HF I, 6, S. 146 und Anm. – *Thomas Wentworth:* 1593-1641 neben Bischof Laud die festeste Stütze Karls I. Der von ihm kommandierte Kriegszug gegen die Schotten war gegen seinen Rat beschlossen worden, doch erhob das Unterhaus 1640 gegen ihn Klage, daß er den König zum Krieg aufgereizt habe. Er wurde am 12. Mai 1641 wegen Hochverrats hingerichtet. – *Anna Wentworth:* Henriette Maria W., 1657?-1686, Geliebte von James Monmouth; vgl. das »Lied der Lady Wentworth« (HF I, 6, S. 99 und Anm.). – *Blondentuch:* Tuch aus beigefarbenen Seidenspitzen. – *Bologneserhündchen:* Vgl. das Gemälde von Thomas Gainsborough (1727-88) »Miß Robinson«, London; s. auch »Frau Jenny Treibel«, 1. Kap. (HF I, 4, S. 297).

165 *Lord Grey:* Forde Earl Grey of Tankerville (gest. 1701), Whigpolitiker, floh nach Aufdeckung des Rye House Complot, an dem er beteiligt war, 1683 nach Holland. Vgl. Ranke VI, S. 31: »Alles kam darauf an, Monmouth zu einer Unternehmung auf England zu überreden... Lord Grey bemerkte ihm, Heinrich VII. sei einst mit keiner größeren Schar gelandet und habe England doch mit sich fortgerissen...«. – »*Eure Rechnung ist falsch...*«: Vgl. Ranke V, S. 30 f.: »›Um die Wahrheit ohne Umschweif zu sagen‹, heißt es in einem seiner Briefe [an Mr. Spence], ›am besten gefällt mir jetzt ein zurückgezogenes Leben: ich denke nicht, abermals Lärmen in der Welt anzustiften.‹«

166 *General Monk:* George M., 1608-70, war Cromwells Heerführer, ließ aber dann Karl II. in London (8. Mai 1649) zum König ausrufen.

167 *Anna Bulen:* Anne Boleyn (1503-36), zweite Gemahlin Heinrichs VIII., wegen Untreue angeklagt und im Tower hingerichtet. Vgl. auch »Wolsey«, S. 223 und Anm. – *Am Teich stand eine Sonnenuhr:* Vgl. »Effi Briest«, 24. Kap.: »... und warf sein Licht auf den Rasen-

platz mit der Sonnenuhr . . .« (HF I, 4, S. 218). Ansätze zu den F.schen
Stimmungsbildern sind schon in den Frühwerken zu bemerken.

168 *Es zieht sich eine blutige Spur . . . Und weil du deiner Mutter Kind . . .:*
Vgl. das »Lied des James Monmouth« und das »Lied der Lady
Wentworth« (HF I, 6, S. 99 f.).

170 *Sedgemoor:* Moorebene in der Grafschaft Somerset zwischen den
Mendip und Quantock Hills: hier fand 1685 die letzte Schlacht auf
englischem Boden statt. – *Lyme:* am Ärmelkanal. Die englische
Regierung hatte Monmouth' Landung dort erwartet und ihm den
Sohn Monks (!), den Herzog von Albemarle, entgegengeschickt; das
zweite Truppenkontingent stand unter Churchill. – *Bridport . . .
Abbotsbury:* Die Berichte sind nicht historisch belegt. – *Mendips-
Hill:* Höhenzug bei Somersetshire. – *Axminster . . . Yeovil:* südl.
bzw. südwestl. von Taunton. – *isabellfarbenen:* eierschalenfarbenen.
– *Henkeldukaten:* Dukaten, die an einer Kette um den Hals getragen
werden können. – *Taunton:* Hauptstadt der Grafschaft Somersetshire
(nicht Devonshire!). Vgl. Ranke VI, S. 42 f.: »Wer hat nicht von den
Mädchen von Taunton gehört? Ihrer siebenundzwanzig brachten dem
Herzog siebenundzwanzig auf Kosten der Stadt von ihnen hergerichtete Fahnen dar, unter Vorantritt ihrer Lehrerinnen, von denen die
eine barockerweise ein Schwert in der einen und ein kleines artiges
Bibelbuch in der anderen Hand trug . . .«

172 *Lord Feversham:* Louis Lord F., Duras oder Durfort (1640? bis 1709),
Neffe Turennes (s. unten), General. Vgl. Ranke V, S. 213: »Lord
Duras-Feversham, einem gebornen Franzosen, der das Vertrauen des
Herzogs von York besaß und für französisch gesinnt galt« und VI,
S. 45: »indes sammelte sich ein, wiewohl nicht gerade ansehnliches
Truppenkorps unter Duras Lord Feversham . . . in Chippenham«. –
Wilt: Wilts oder Wiltshire, südengl. Grafschaft, Gloucester und
Somersetshire benachbart. – *Turennes:* Henri de Latour d'Auvergne,
Vicomte Turenne (1611-75), Marschall von Frankreich, wurde von
Montecuccoli 1673 im Krieg gegen Holland zurückgedrängt. Vgl.
»Meine Kinderjahre«, 13. Kap.; Latour d'Auvergne war erklärter
Liebling (»Erster Grenadier«) von F.s Vater. (HF III, 4, S. 120 f.) –
jenen Cromwellschen Regimentern . . . Dunbar: S. oben Anm. zu
S. 54. – *Auf dem rechten Flügel . . . vor Augen hätten:* Dieser
Abschnitt folgt in der Druckvorlage (Erstdruck) auf: »Auf dem linken
Flügel . . . Gott selbst verheißen.« Konjektur der Herausgeber, die
sich aus dem Zusammenhang ergibt. Der Fehler kann durch die
Vertauschung von Manuskriptteilen beim Druck entstanden sein.

174 *Madje Jim:* Nach Ermittlungen der Gipsy Lore Society, der die Hrsg.
Dank schulden, gibt es den Namen als Zigeunernamen nicht; viel-
leicht in Anlehnung an Frans Hals (»Hille Bobbe« u. ä.) von F.
gebildet. Über F.s Besuch bei den Zigeunern in England vgl. »Ein
Sommer in London«, ›The hospitable English house‹ (HF III, 3/I,
S. 153) und »Sonette«, Nr. 9 (HF I, 6, S. 774).

176 *daß unser Elend zu hohen Jahren kommen soll:* Anleihe bei Shake-speares »Hamlet«, III, 1. In der Übersetzung von Schlegel-Tieck heißt es dort im großen Monolog »Sein oder Nicht-sein«: »das ist die Rücksicht,/Die Elend läßt zu hohen Jahren kommen.« Die Übersetzung von Schlegel-Tieck ist F. stärker gegenwärtig als die eigene »Hamlet«-Übertragung, in der er formuliert hatte: »jene Furcht vor etwas nach dem Tode/. . . schwächt unsren Willen,/und läßt uns lieber unser Elend tragen,/Als dorthin fliehn, wovon uns nicht bekannt.« (William Shakespeare, Hamlet. Übertragen von Theodor Fontane, hrsg. von Joachim Krueger, Berlin und Weimar 1966, s. 71).

178 *Marstonmoore:* 2. Juli 1644, Sieg der Parlamentstruppen über die Königlichen unter Prinz Ruprecht von der Pfalz.

179 *Graf Dartmouth:* George Legge, 1. Baron von Dartmouth (1648-91). – *Traitorsgate:* Vgl. »Der Stechlin«, 22. Kap. (HF I, 5, S. 219 und Anm.) und »Ein Sommer in London«, ›Der Tower‹: ». . . bemerkt man in dem Steinwall zur Rechten eine schwere, eisenbeschlagene Tür; das ist ›Traitors-Gate‹, das ›Hochverräter-Tor‹. . . . Es ist ein Wasserbassin, von der Größe und dem Ansehn einer geräumigen Badezelle; von oben blickt der Himmel herein. Einander gegenüber liegend, gewahren wir zwei Tore: das eine führt auf den Strom, das andere zum Tower-Hof.« (HF III, 3/I, S. 88). Vgl. auch »Von Zwanzig bis Dreißig«, ›Bei ‚Kaiser Franz'‹, 2. Kap. (HF III, 4, S. 306).

180 *Richart Glocester . . . seine Neffen . . . Blutturm:* Vgl. »Ein Sommer in London«, ›Der Tower‹: »Fast gegenüber von Traitors-Gate bemerken wir einen zweiten Turm. Er heißt Bloody-Tower, Blut-Tower. Hier wurden die Söhne Eduards erwürgt.« (HF III, 3/I, S. 89). Die Söhne Eduards IV., Eduard und Richard, sollen 1483 im Auftrag des Herzogs von Gloucester (1452-85) in ihren Betten im Tower ermordet worden sein. Gl., Bruder Eduards IV., wurde wenige Tage zuvor als Richard III. zum König gekrönt. Vgl. auch F.s Ballade »Der Tower-Brand« (HF I, 6, S. 157 und Anm.). – *White Tower:* Vgl. »Ein Sommer in London«, ›Der Tower‹: »White – Er hat seinen Namen vermutlich von dem weißen Kalkstein, womit seine Wände und Türme an den Ecken eingefaßt sind . . .« (HF III, 3/I, S. 91 f.). – *Beauchamp-Turme:* Vgl. ebendort: »Interessanter aber für den Besucher ist der Beauchamp-Turm, das ehemalige Staatsgefängnis . . .« (HF III, 3/I, S. 89).

181 *Collettes* (franz.): Reitjacke.

182 *als du Lord Russel trafst:* Von Zwischenfällen bei der Hinrichtung Lord Russels (vgl. Anm. zu S. 163) ist nichts überliefert, die bei der Hinrichtung Monmouth's geschilderten Umstände sind dagegen belegt. (Vgl. HF I, 6, S. 99 und Anm.). – *Ich wußt' es immer:* Vgl. »Der Stechlin« (HF I, 5, S. 281).

183 *Unter dem Altar der Towerkapelle:* Vgl. »Ein Sommer in London«, ›Der Tower‹: »Hier ruhen, den Kopf vom Rumpf getrennt, Anna Bulen und Kate Howard, Thomas Cromwell und Graf Essex, Jane

Grey und Guilford Dudley, und zuletzt auch Herzog Monmouth, der unterm Beil sterben mußte, weil seines Vaters Blut in seinen Adern war; denn wer ein Stuart war, stand dem Schafotte näher als dem Glück.« (HF III, 3/I, S. 91)

TUCH UND LOCKE

Entstehungszeit: 1853. – *Erstdruck:* »Argo. Belletristisches Jahrbuch für 1854«, hrsg. von Theodor Fontane und Franz Kugler, Dessau 1854, S. 82–103.
Textgrundlage: Erstdruck.
Zur Entstehung: Vgl. F.s Brief an Paul Heyse vom 4. Nov. 1878: »... Ganz ohne geht es nicht mehr, zumal wenn man mit ›Tuch und Wolle‹, wie Frau Geh. R. Flender meine 54er ›Argo‹-Novelle zu nennen pflegte, so hoffnungsvoll vorgespukt hat ...« (Briefwechsel mit Heyse, S. 131) sowie die dort (auf S. 446) gegebene Anmerkung: »Daß Gertrud Flender, die Frau des Geheimen Rechnungsrats Adam Flender, den Titel hartnäckig zu entstellen pflegte, schien dem Autor symptomatisch für eine schnoddrige, halbgebildete Bourgeoise, die nur in kommerziellen Begriffen denken und folgerichtig bei ›Tuch‹ nur das Wort ›Wolle‹ assoziieren konnte.« Die Episode, auf die F. mehrfach zurückkkam, hatte ihn sehr verärgert. An Henriette von Merckel schrieb er am 12. Dez. 1856: »Es ist noch lange nicht so schlimm wie jene furchtbare Minute, wo mich eine Berliner schöngeistige Dame aufforderte, in ihrem Zirkel meine Novelle: ›Tuch und Wolle‹ vorzulesen.« (HF IV, 1, S. 545). – Vgl. auch die beiden undatierten Briefe von Franz Kugler und Wilhelm von Merckel an F. nach einer Lesung der Doppelnovelle im »Rütli« (Nürnberger, Der frühe Fontane, S. 391).

183 *Schlacht von Temesvar:* 9. Aug. 1849. Sieg der kaiserlich-österreichischen Armee unter Haynau über die aufständischen Ungarn unter Bem und Dembinski (s. a. Anm. zu S. 186), der zum Entsatz der belagerten Festung führte. – *Ulanen:* mit Lanzen bewaffnete Reiter. Der Name ist tatarischen Ursprungs und kam über Polen nach Europa. Die ersten Ulanenregimenter nach den polnischen errichtete Österreich 1790-91.
184 *Oberst du Plat:* Vgl. »Der Schleswig-Holsteinische Krieg im Jahr 1864«, S. 237, Fußnote, über den 1809 in Kopenhagen geborenen Generalmajor Claude du Plat (mütterlicherseits deutscher Abstammung): »Er war ein Bruder des dem Erbprinzen von Augustenburg nahestehenden Obersten du Plat.« Später dienten die du Plats in der preußischen Armee. – *Groß-Aspern:* 21./22. Mai 1809, Schlacht zwischen Napoleon I. und Erzherzog Karl von Österreich, die mit dem Rückzug der Franzosen endete.

185 *Affaire von Szolnok:* 5. März 1849, Sieg der Ungarn unter Johann Damjanich (1804-1849) über die Österreicher unter Karger. – *Tauenzien:* Vgl. »Wanderungen«, ›Die Grafschaft Ruppin‹, ›Rheinsberg. Zwischen Boberow-Wald und Huvenow-See‹, über Kapitän Bogislaw von Tauentzien, der »ein ganz besonderer Liebling des Prinzen« Heinrich war. (HF II, 1, S. 304). – *Vandembosch:* Vgl. Anm. zu S. 78. – *Wiedner Vorstadt:* früher Vorstadt, später Stadtbezirk Wiens. – *Debreczin:* Im Januar 1849 war die Regierung Kossuth beim Anrücken der Kaiserlichen Armee nach D. übergesiedelt.

186 *Hostowitz:* wohl aus dem böhmischen Ortsnamen Hostomitz gebildet. – *Wilson:* Name berühmter englischer Offiziere, wohl im Hinblick auf die Personalunion Hannovers mit England hier als hannoveranischer Name angeführt. – *Wallmoden-Kürassier:* traditionsreiches österreichisches Kavallerieregiment, benannt nach dem späteren Kavallerie-General Ludwig Georg Thedel Graf von W. (1769-1862). Kürassiere (schwere Reiter) gab es in der österreichischen Armee bis nach 1860. – *Joseph Bem:* 1795-1859, zuerst polnischer General, kämpfte 1830-31 gegen die Russen, 1848 in Wien; unter Kossuth Oberbefehlshaber in Siebenbürgen. Nach Übertritt zum Islam unter dem Namen Amurat Pascha in türkischen Diensten. – Henryk *Dembinski:* 1791-1864, erst polnischer, dann ungarischer General und Oberkommandierender, der Verlierer der Schlacht von Temesvar. – *Strauß-Lanner:* Johann Strauß Vater (1804-49) war neben Josef Lanner (1801-43) der Begründer der Wiener Tanzmusik (Wiener Walzer). Strauß unternahm große Tourneen in Europa, Lanner wurde 1829 Musikdirektor der Redoutensäle in Wien. – *Gott mit der Binde:* Eros (die blind machende Liebe).

187 *die heilige Genoveva:* Genoveva von Brabant, nach der Legende die Gemahlin eines Pfalzgrafen Siegfried (um 750). Sie verbarg sich, des Ehebruchs beschuldigt, sechs Jahre im Ardenner Wald, bis ihr Gemahl die Schuldlose entdeckte und heimführte. – *Novara:* 23. März 1849, Sieg der Österreicher unter Radetzky (1766-1858) über Karl Albert von Sardinien.

188 *cour d'amour* (franz.): Minnehof (Minne-Wettbewerb). – *piemontesische Feldzug:* 12. März - 6. August 1849. – *Lecco:* in der Druckvorlage (Erstdruck) fälschlich »Lacco«; Konjektur der Herausgeber. – *Ritter von La Mancha:* »Don Quijote de la Mancha«, Titelheld des Romans (1605-16) von Miguel de Cervantes Saavedra (1547-1616).

189 *Frangen:* Fransen. – *hängenden Ring...:* Vgl. S. 73.

190 *Claves* (franz.): Tasten.

193 *phrygischen Mützen:* kegelförmige Zipfelmützen mit meist nach vorn gebogener Spitze, benannt nach der antiken Landschaft Phrygien in Innerkleinasien. Urbild der Freiheitsmütze (Französische Revolution).

196 *Seidendocken:* Vgl. »Meine Kinderjahre«, 1. Kap.: »nicht gewebte Seidenstoffe, sondern Seidendocken, worauf meine Mutter Gewicht

legte. Sie hielt Docken für vornehmer . . .« (HF III, 4, S. 15). Die
Bemerkung bezieht sich auf F.s Großeltern mütterlicherseits, eine
Seidenkaufmannsfamilie. – *Napfkuchen:* Vgl. ebendort, 10. Kap.
(HF III, 4, S. 88 f.) – *Chemisettes* (franz.): Hemden. – *Landtag:*
Landtagsstadt für die Rheinprovinz war Düsseldorf.
198　*Oblongum:* Rechteck.
202　*Talisman:* Vgl. »Unterm Birnbaum«, 2. Kap. (HF I, 1, S. 459) und
　　　»Effi Briest«, 8. Kap. (HF I, 4, S. 61).

GOLDENE HOCHZEIT

Entstehungszeit: 1853 (oder früher? Vgl. Nürnberger, Der frühe Fontane,
S. 201). – *Erstdruck:* »Argo. Belletristisches Jahrbuch für 1854«, hrsg. von
Theodor Fontane und Franz Kugler, Dessau 1854, S. 237-240.
Textgrundlage: Erstdruck.

205　*Töf:* warte. – *Morgendau . . .:* in dieser Zusammenstellung nicht
　　　nachweisbar; dagegen Max Pohlandt, »Lebuser Land, Leute und
　　　Leben«, Frankfurt/Oder 1929, S. 65: »Morgenrot – bringt Dreck und
　　　Kot.« (Mündlich aus Kreis Angermünde: »Morgenrot – bringt Dreck
　　　und Tod.«) – *laten fien:* sehen schön aus.

JAGDGESCHICHTEN AM CAP

Entstehungszeit: 1853. – *Erstdruck:* »Rostocker Zeitung«, 1853. – Wie-
derabdruck: »Theodor Fontane, ›Aus meiner Werkstatt‹. Unbekanntes und
Unveröffentlichtes. Gesammelt von Albrecht Gaertner«. Berlin (Das Neue
Berlin Verlagsgesellschaft mbH.) 1950.
Textgrundlage: Wiederabdruck.
　　»In entgegenkommender Weise hat Herr Dr. Hermann Fricke dem
Hrsg. am 16. März 1966 mitgeteilt: ›Die ‚Jagdgeschichten am Cap‘ hat mir
einmal Friedrich Fontane in Abschrift gesandt. Sie trägt die Bemerkung:
‚Anonym, mit zwei Sternchen gedruckt in der ‚Rostocker Zeitung‘ 1853,
von Th. Fontane.‘ Ein Belegexemplar soll sich noch im Besitz Th. F.s
befunden haben.‹ Leider konnte der Hrsg. vom Rostocker Stadtarchiv
nichts über ein etwa noch vorhandenes Exemplar erfahren.« (Walter Keitel
in der 1. Auflage dieses Bandes, 1966)

206　*Roualeyn* George Gordon *Cumming:* 1820-66, diente von 1838 bis
　　　1840 in der Madras-Kavallerie, kehrte 1840 nach Schottland zurück,

trat nach einer Neufundland-Reise 1843 in das Regiment der Cap
Mounted Rifles (Gebirgsschützen) ein, nahm aber im gleichen Jahr
den Abschied, um das Leben eines freien ›sportsman's‹ und Jägers zu
wählen. Nach seiner Rückkehr nach England (1848) veröffentlichte er
»Five years of an hunter's life in the Far Interior of South Africa«,
London 1850 (2. Aufl. 1856). F. übersetzte die Einleitung (S. VII-IX)
und die (hier in Anführungszeichen wiedergegebenen) Textseiten
2-18, 22-32 der 1. Auflage. Die von ihm verfaßten Einführungs- und
Zwischentexte, die Textauswahl und die Selbständigkeit der Übersetzung lassen es gerechtfertigt erscheinen, die »Jagdgeschichten am
Cap« im Rahmen der F.schen Erzählungen abzudrucken. Zu Cum-
ming vgl. ferner F.s Korrespondenz aus London: »Mr. Albert Smith
und Gordon Cumming, der Löwentöter«, die am 24. Juni 1856 in der
Vossischen Zeitung Nr. 145, Beilage, erschien. Wiederabdruck in:
Nürnberger, Der frühe Fontane, S. 343-345; danach in HF III, 1,
S. 135-138.

207 *angesichts des Tafelberges und an den Ufern des Orangeflusses:*
Tafelberg (1082 m) bei Kapstadt; Orangefluß (Orange River): größter
Fluß Südafrikas. – *des Cooperschen »Lederstrumpfes«:* die Indianer-
geschichten »Lederstrumpf« (5 Bde., 1823-41: Bd. 1 »Der Wildtö-
ter«, Bd. 2 »Der letzte Mohikaner«, Bd. 3 »Der Pfadfinder«, Bd. 4
»Die Ansiedler«, Bd. 5 »Die Prärie«) des amerikanischen Schriftstellers James Fenimore Cooper (1789-1851). Die Handlung spielt um
1757 an der kanadischen Grenze während der französisch-englischen
Kämpfe. Vgl. »Der Stechlin«, 38. Kap. (HF I, 5, S. 342 und Anm.).

210 *unseres Heidehonigs:* Gemeint ist die schottische Heide. Cumming
war der zweite Sohn von Sir William Gordon-Cumming, zweiten
Barons von Altyn und Gordonstown; der Name Gordon war F. also
schon vor seiner Schottlandreise bekannt. Vgl. auch »Cécile«, 2. Kap.
(HF I, 2, S. 147 und Anm.).

PROSAFRAGMENTE UND -ENTWÜRFE

Ein großer Teil der in dieser Gruppe versammelten Fragmente und
Entwürfe ist in der ersten Auflage dieses Bandes, 1966, erstmals veröffentlicht worden. Die zweite Auflage ergänzt den Textbestand um weitere,
inzwischen in Einzelveröffentlichungen publizierte Fragmente.

Joachim Krüger hat 1976 im Zusammenhang seiner Edition von vier
epischen Entwürfen F.s über dessen Prosafragmente ausgeführt: »Fontane
hat eine stattliche Anzahl von Plänen und Entwürfen zu Romanen und
Novellen hinterlassen, die mehr oder minder weit ausgeführt sind. Sie
stellen den beachtlichen Rest eines bewußt gesammelten Fundus von

Stoffen dar, von denen der Dichter einige ausgewählt und gestaltet hat, während die anderen als unbearbeitetes Rohmaterial liegen blieben oder nach dem ersten Anlauf zu einer Bearbeitung beiseite gelegt wurden.

Das intensivere Sammeln von Stoffen scheint begonnen zu haben, als der erste Roman (›Vor dem Sturm‹) beendet war und Fontane andere epische Werke in Angriff nahm. Dabei war es Fontanes ausgesprochene Absicht, aus dem Vollen schöpfen zu können. Schreibt er doch am 15. Mai 1878 an Mathilde von Rohr: ›Ich sammle jetzt Novellenstoffe, habe fast ein ganzes Dutzend, will aber mit der Ausarbeitung nicht eher vorgehn, als bis mir noch mehr zur Verfügung stehn. Es liegt für mich etwas ungemein Beruhigendes darin über eine Fülle von Stoff disponiren zu können, etwa wie man mit einer Extra-Summe auf der Brust leichter auf Reisen geht, wie wenn man schon zwischen Berlin und Jüterbog an zu rechnen fängt und von der Frage gequält wird: wird es auch reichen?‹

Die Sammeltätigkeit muß zu sehr guten Erfolgen geführt haben, so daß Fontane sieben Jahre später (am 13. Juli 1885) gegenüber Mathilde von Rohr befriedigt feststellen konnte: ›Was ich als Material zu meinen Arbeiten brauche, das habe ich doch, ja, so viel davon, daß ich's nie abarbeiten kann.‹

In der Tat hat Fontane nur das wenigste ›abarbeiten‹ können, das meiste blieb ungenutzt und erlaubt uns wertvolle Einblicke in die Schaffensweise des Dichters.« (Fontane-Blätter, Bd. 3, Heft 7, S. 492)

Um dem Leser einen Einblick in die Arbeitsweise F.s zu ermöglichen, sind bezeichnende Veränderungen innerhalb der Manuskripte in Fußnoten angegeben; eine vollständige Wiedergabe der Lesarten konnte im Rahmen dieser Ausgabe allerdings nicht angestrebt werden. Bei den Manuskriptveränderungen sind folgende Hauptgruppen zu unterscheiden:

1. Streichung von Wörtern oder Textpassagen (Fußnotenhinweis: »*Ge-strichen:* ...«).

2. Verbesserungen und Veränderungen durch Streichung der ursprünglichen und Darüber- oder Danebensetzung der neuen Formulierung (Fußnotenhinweis: »*Aus:* ...«).

3. Des öfteren schreibt F. eine zweite Version über die ursprüngliche, ohne diese zu streichen. In diesen Fällen steht die ursprüngliche Version im Text, während die neue in den Fußnoten wiedergegeben wird (Fußnotenhinweis: »*Darüber:* ...«). Ist jedoch aus dem weiteren Text eindeutig ersichtlich, daß F. die nachträgliche Version als die endgültige betrachtete, so erscheint diese im Text und die nicht gestrichene ursprüngliche Version in den Fußnoten (Fußnotenhinweis: »*Darunter nicht gestrichen:* ...«).

Am Rand notierte Textpassagen erscheinen, soweit eindeutig lokalisiert, innerhalb des laufenden Textes, andernfalls in den Fußnoten. Sonstige Randbemerkungen und Arbeitsnotizen F.s werden in den Fußnoten wiedergegeben.

Einzelnen Entwürfen fügt F. Zeitungsausschnitte, Abschriften oder Handskizzen bei. Diese Beigaben erscheinen in den Anmerkungen; im Textteil findet sich ein entsprechender Hinweis in den Fußnoten. Die auf die Fußnoten verweisenden Ziffernexponenten im Text stehen bei Streichungen jeweils hinter dem letzten Wort vor Beginn der angegebenen Streichung, bei Verbesserungen oder wahlweise über den Text geschriebenen Varianten hinter dem geänderten bzw. für eine Änderung vorgesehenen Wort. Gelegentlich beziehen sich diese Änderungen oder Varianten auch auf eine ganze Wortgruppe; hier ist der entsprechende Textabschnitt in der Regel aus dem sachlichen Zusammenhang klar ersichtlich, soweit nötig, werden in den Fußnoten zusätzliche Erklärungen gegeben.

In den Manuskripten unterstrichene Wörter erscheinen im laufenden Text in *Kursivschrift;* auf doppelte oder mit Farbstift vorgenommene Unterstreichungen wird in den Fußnoten zusätzlich hingewiesen.

WOLSEY

Entstehungszeit: Nicht vor Juli 1857 (terminus post quem). – *Erstdruck:* Helmuth Nürnberger: »›Wolsey‹. Ein unbekanntes episches Fragment von Theodor Fontane«, in: »Jahrbuch des Freien Deutschen Hochstifts 1965«, Tübingen [Niemeyer] 1965, S. 400–478. Es handelt sich dabei um die erste textkritische Edition Fontanescher Prosa überhaupt.
Textgrundlage: Originalmanuskript Deutsche Staatsbibliothek, Berlin (Theodor Fontane-Archiv, Potsdam). Die Wiedergabe der Veränderungen im Manuskript erfolgte summarischer als bei den späteren Texten, da dieses frühe Fragment eine Fülle von Korrekturen aufweist und alle Veränderungen im einzelnen aus dem genannten Abdruck von H. Nürnberger ersehen werden können.
Zur Entstehung: »›Gearbeitet hab' ich einiges, doch steht von Schill und Wolsey noch nichts auf dem Papier. Es werden auch noch vierzehn Tage vergehn‹ (HF IV, 1, S. 391). Diese Sätze aus dem Brief an Storm vom 12. September 1854 sind die einzige uns bekannte Äußerung Fontanes über ,Wolsey'. Spätere Erwähnungen Wolseys, Heinrichs VIII. und Anne Boleyns verraten dem unvorbereiteten Leser nichts darüber, daß Fontane es einmal unternommen hatte, die Schicksale dieser Charaktere dichtend nachzugestalten. Auch die Tagebücher geben keinen Hinweis. Die Datierung ist jedoch über den Rahmen eines bald wieder aufgegebenen Erzählversuchs hinaus für das Verständnis von Fontanes dichterischer Entwicklung wichtig… Gehört das ,Wolsey'-Fragment noch in den Kreis der für die ,Argo' bestimmten bzw. in ihrem Umkreis entstandenen Novellen oder liegt ein Zwischenglied zu der 1862/1863 begonnenen Niederschrift von ,Vor dem Sturm' vor, ein Ansatz zu einem Roman?

Dabei deutet schon die gleichzeitige Nennung mit ,Schill' darauf hin, daß es sich bei ,Wolsey' um einen Nachzügler handelt. Wohl hat Fontane bis in sein letztes Lebensjahr Pläne historischer Dichtungen gehegt; aber die englische Geschichte ist Thema des jungen Fontane, während sich mit ‚Schill' die Wendung nach Brandenburg-Preußen ankündigt. Tatsächlich ist der oben zitierte Satz die letzte Erwähnung eines dramatischen oder epischen Plans zur englischen Geschichte.

Fontanes Briefe im Juli und August 1854 sorgen sich um das Erscheinen der ‚Argo' für das folgende Jahr. In den September fällt die Erwähnung des ‚Wolsey'-Stoffes gegenüber Storm, die offensichtlich an noch frühere Erörterungen anknüpft. Daraus ergibt sich folgende Überlegung: je früher wir Vorbereitungen und Beginn der Ausführung ansetzen, um so wahrscheinlicher wird es, daß Fontane eine umfänglich begrenzte Erzählung geschrieben hätte, wie es für die ‚Argo' paßte.

Am 12. September 1854 stellte Fontane den Beginn der Niederschrift in nahe Aussicht. Ob es wirklich dazu kam, wissen wir nicht. Am 27. Januar 1855 muß Fontane an Wolfsohn melden: ›... Zeitungsschreiben und Stundengeben sind der nobleste Theil meiner Thätigkeit. Von eigentlichem Produciren ist keine Rede.‹ (HF IV, 1, S. 397 f.) Aber es ist möglich, daß er in der Zwischenzeit zu schreiben begonnen hatte – das Autograph ist ja eine Reinschrift und setzt ältere Niederschriften voraus. Die Beschreibung von Wolseys Zimmer, der schwelgende Ton der Synästhesien, mag dem Fontane der ‚Argo' angehören.

Im ganzen jedoch ist die Sprache des Fragments auf dem Wege zu einem größeren Realismus. Shrewsbury und Wolsey werden mit einer ›en bloc‹-Biographie im Augenblick ihres ersten Auftretens ausgestattet, wie es in ‚Vor dem Sturm' und den folgenden Erzählungen, nicht aber in den ‚Argo'-Erzählungen üblich ist. Ein alter Edelmann von ›konservativen‹ Begriffen wird als positiver Held vorgestellt – in ‚James Montmouth' zittert noch die Erregung über ein Volk nach, das sich seine parlamentarische Freiheit durch Vergnügungen abkaufen läßt. Die Exposition lädt breit aus und läßt nicht erwarten, daß die Erzählung schnell zu Ende geführt werden kann. Bereits diese Überlegungen sprechen dagegen, das Fragment in seiner vorliegenden Gestalt als Hervorbringung von 1854 anzusehen.

Damit entfernen wir uns jedoch aus dem Bereich des einzigen unmittelbaren Zeugnisses. Die ‚Argo' erscheint zunächst nicht mehr, und Fontane schweigt über größere poetische Pläne. Im September 1855 tritt er seinen dritten englischen Aufenthalt an – und besucht schon vier Tage nach seiner Ankunft in London die Aufführung von Shakespeares ‚Heinrich VIII.' im Prinzeß-Theater. Sein Bericht über den Theaterabend spricht unverhüllt von seiner inneren Beteiligung, gibt aber Schaffensgeheimnisse natürlich nicht preis. Und nun nimmt Fontanes Arbeit durchaus eine Wendung zur englischen Gegenwart, deren kulturelle Erscheinungen er in den folgenden Jahren gründlich studiert und für ein deutsches Publikum aufbereitet. Es gibt nicht nur keine Zeugnisse über eine Beschäftigung mit dem Wolsey-Stoff – die ganze Richtung der Interessen und der Arbeit scheint davon fortzuführen. Hinweise für einige Tudor-Lektüre gibt es, aber wir kennen weder das Ausmaß noch die Zielsetzung.

Fontanes Besuch der Kunstausstellung in Manchester, 1857, dient ebenfalls der journalistischen Berichterstattung. Mit kritischem Interesse prüft er die in der ‚British Portrait Gallery' versammelten Bildnisse auf ihren menschlichen und historischen Wahrheitsgehalt. Die deutschen ›Anna Bulen-Schwärmer‹ erhalten einen Seitenhieb. Unter den in der Porträtgalerie dargestellten Persönlichkeiten befindet sich auch der Feldherr John Talbot. Fontanes Beschreibung liefert nun wie durch Zufall einen Hinweis zur Datierung des ‚Wolsey'-Fragments, der, wenn man ihn für überzeugend hält, konkretere Auskunft gibt als der Brief an Storm: ›Diesem Bilde zunächst stehen die Portraits von *John Talbot*, Grafen von Shrewsbury und seiner Gemahlin. Es ist derselbe John Talbot, den unser Schiller in seiner ‚Jungfrau von Orleans' so trefflich gezeichnet hat. Er läßt ihn nur zu früh sterben; in Wahrheit fiel er nicht in den Kämpfen gegen die Jungfrau, sondern erst im Jahre 1453 in der Schlacht von Châtillon. Er war der *erste* Graf von Shrewsbury; vor einigen Monaten starb zu Paris der *letzte*, – der siebenzehnte Graf. An demselben Tage, wo ich zum ersten Mal vor das 400jährige Bildnis des Gründers der Familie trat, begann zehn Meilen östlich von Manchester die Auktion der alten gräflichen Besitzung; *Alton Towers* mit seinen Kunstschätzen und Erinnerungen kam unter den Hammer.‹ (HF III, 3/I, S. 443) Ein Exemplar des Versteigerungskatalogs von Alton Towers ist im Victoria-and-Albert-Museum in London erhalten. Die Versteigerung begann am 6. Juli 1857. Wie das ungedruckte Tagebuch belegt, befand sich Fontane an diesem Tag in Manchester. An diesem Tag, sagt er, hat er das Porträt, das er offensichtlich in ‚Wolsey' beschreibt, zum erstenmal gesehen.

Nun die Beschreibung des in Manchester ausgestellten Bildes: ›Die Bildnisse John Talbots und seiner Gemahlin sind Eigentum des Marquis von Northampton, der ein naher Verwandter der Shrewsbury ist. Von dem Kopfe des alten Talbot gilt dasselbe, was ich vom Portrait Heinrichs IV. gesagt habe. Man sieht das unverkennbare Streben nach Individualisierung. Ein ziegelroter, mit lauter Wappengetier besetzter Mantel, der steif und hölzern den Oberleib (es ist ein Bruststück) umschließt, läßt das ganze Bild häßlicher und wertloser erscheinen, als es im Grunde ist. Der Ausdruck des Kopfes ist ebenso gelungen wie überraschend. Jeder von uns wird sich John Talbot als einen Kriegsgott denken; statt dessen haben wir hier einen hagern, blassen Mann, mit fein geschnittenem Gesicht, der seine Hände zum Gebet faltet, während die hellblauen Augen sich reuig und demutsvoll gen Himmel richten. Kein schönes, aber ein charakteristisches Bild.‹ (HF III, 3/I, S. 443).

Soweit Fontanes Beschreibung, die Talbots Frau übergeht. Der Mantel Talbots bildet die schwerstwiegende Abweichung des in ‚Wolsey' beschriebenen Bildes von der Vorlage in Manchester – und zugleich den besten Beweis für ihre Zusammengehörigkeit. Der Geist von Fontanes Jahrhundert verrät sich in der Ersetzung des ziegelroten, mit Wappentieren besetzten Mantels durch einen von blauer Farbe mit goldenen Lilien.

So scheint erwiesen, daß die uns vorliegende Reinschrift des Fragments nach dem Juli 1857 entstanden ist. Die ersten beiden Seiten mit ihren auffälligen Anklängen an den Anfang von ‚Vor dem Sturm' sind sicherlich nach dieser Reinschrift zu datieren – im umgekehrten Falle hätte die Reinschrift sie ersetzt. Ungewiß bleiben muß vorerst, was dieser Reinschrift voranging und wann sie entstand.

Möglicherweise ist die Beschreibung von Holyrood-Palace in ‚Jenseit des Tweed' in ähnlicher Weise als terminus a quo zu betrachten wie Fontanes Bericht aus Manchester. Die Beschreibung von Sheffield-House als einer ehemaligen Abtei, die in der Baugeschichte des Schlosses keine Grundlage hat, findet in Holyrood-Palace eine Vorlage mit übereinstimmenden Details. Dieser Anhaltspunkt für die Datierung betrifft jedoch nur die ersten beiden Seiten; einen Beweis stellt er nicht dar.

Es ist also durchaus möglich, daß die Beschäftigung mit ‚Wolsey' erst nach der Rückkehr nach Deutschland wieder aufgenommen wurde (Januar 1859). Damals sah sich Fontane aufs neue einer ungewissen Zukunft gegenüber und versuchte sich in verschiedenen Formen literarischer Betätigung, bis ihm die Aufnahme der Arbeit an den ‚Wanderungen' möglich wurde.

Für eine solche Annahme würde auch Fontanes Charakterbezeichnung Shrewsburys sprechen. Ein Edelmann von starrer Rechtlichkeit wird uns vorgestellt, der schwer an der Unordnung der öffentlichen Zustände leidet, für die er sich, Angehöriger des besten Adels, mitverantwortlich weiß. Die Übereinstimmungen mit dem Typus Marwitz-Vitzewitz sind nicht zu übersehen. Wohl ist Shrewsbury nicht wie diese durch den Verlust der Gattin menschlich vereinsamt; aber er wirkt gleichwohl verbittert und isoliert. Er hadert mit dem König, dessen Handeln er nicht billigen kann, und er spürt den Anspruch einer noch tieferen Pflicht, als es die selbstverständliche Treue zum Herrscher ist. Mit dem praktischen Machiavellismus der Tudor-Zeit hat dies alles nichts zu tun. Vielmehr drückt sich in Shrewsburys adelsbewußter Verantwortung dem Lande gegenüber etwas von Fontanes eigenen, veränderten politischen Anschauungen aus, wie sie in den frühen sechziger Jahren, besonders unter dem Einfluß der Marwitz-Memoiren, deutlich wurden und in ‚Vor dem Sturm' klar gestaltet sind. Ein Talbot steht einem Tudor-König (so erscheint es bei Fontane) nicht wesentlich anders gegenüber als ein Mann von märkischem Uradel den ›spätergekommenen‹ Hohenzollern. Shrewsbury ist ebenso wie Vitzewitz gegen die extremen Auslegungen der absolutistischen Ordnung gefeit – aber für die ›Ordnung‹ steht er bedingungslos, und daher sein Haß gegen den eigensüchtigen, verantwortungslosen Emporkömmling Wolsey, der zuweilen an den Haß erinnert, den Vitzewitz gegen Napoleon hegt. Allerdings gerät die Motivation der Gegnerschaft weniger überzeugend, und Shrewsbury scheint abhängiger von seiner Umwelt, als Vitzewitz es ist. Einmal ist, hypothetisch, von der ›Nachempfindung einer Kränkung‹ die Rede; bohrende Zweifel erfüllen Shrewsbury, und ganz offenbar steht ihm der Groll einer klaren Einsicht in die eigenen Motive im Wege. So weit die wenigen Seiten des Fragments ein Urteil zulassen, scheint hier etwas von dem inneren Konflikt vorgebildet, der Vitzewitz beherrscht. Wie dieser ist Shrewsbury auch bemüht, seiner Familie das objektive Element in seiner Gegnerschaft gegen Wolsey zu beweisen.

Dabei fällt auf, daß Shrewsbury, der doch zum hohen Adel gehört und Inhaber bedeutender Ämter ist, in seiner Gesinnung und Lebenshaltung ausgesprochen antihöfisch dargestellt wird. Er vermeidet allen Aufwand im täglichen Leben und lehnt den Hof, der die Sitten verdirbt, ab. Shrewsbury erklärt, er passe nicht mehr dorthin, wo nun ›französische Weiber‹ ihr Wesen trieben. Es ist bemerkenswert, wie sich die Abstinenz vom Hofe mit der Abneigung gegen französisches Wesen verbindet. Ihm mißtraut man von Sheffield Park aus so gut wie von Hohen-Vietz oder Friedersdorf. Shrewsburys Klage, der alte Geist sei dahin, kann schwerlich die Epoche der Plantagenets, die soeben nach blutigen Kriegen und Verbrechen von der historischen Bühne abgetreten sind, und die immer wieder von Aufständen und Verschwörungen bedrohte Regierung Heinrichs VII. meinen; sie hat fritzischen Klang. Im Grunde ist Fontanes Shrewsbury kein Großwürdenträger, der am absolutistischen, blendenden, treulosen und grausamen Stil eines Tudor-Hofes seinen Anteil hätte, sondern ein innerlich vornehmer und selbstbewußter Landedelmann, in seinen Anschauungen aufs Erprobte sehend und unverführbar in seinen Begriffen.

Ein solcher Mann konnte der Exponent einer Lebenshaltung sein, die Fontane gestaltenswert schien. Das Modell für einen ›Gegner‹ Wolseys hätte in Thomas Howard, dem dritten Herzog von Norfolk, zur Verfügung gestanden. Fontane wählte Shrewsbury, dessen Name sich nicht in auffälliger Weise mit Konspirationen um die Macht und höfischen Intrigen verbunden hat. In der im Kern unverdorbenen Gestalt Shrewsburys stellt sich die eigentliche Kraft des Staates dar – gegenüber dem seinen Leidenschaften ergebenen König, dem wie ein Meteor aufgestiegenen und zum Untergang verurteilten Wolsey, dem französisch verdorbenen Hof mit seiner Ansammlung lasterhafter Charaktere.

Die Anteilnahme des Dichters an dieser Figur ist nicht zu übersehen. Shrewsbury ist Fontanes erster konservativer Charakter. Noch reicht sein Gestaltungsvermögen nicht aus, diesem Charakter eine unverwechselbare Prägung zu geben; und er hat ihn mehr historisch vermummt als kostümiert. Aber die Elemente sind schon da, die für Fontane den Typus bestimmen: Lebensreife, Verantwortungsgefühl, Rechtlichkeit und Treue gegenüber dem Erbe, dabei eine liebenswürdige Schlichtheit. Von Shrewsbury und Vitzewitz bis zu Dubslav von Stechlin hat dieser Typus aus dem Starren und Bitteren eine Wandlung ins Serene und Gütige erfahren, ist zuweilen wohl auch etwas lax aufgefaßt worden und in die Nähe des Klischees vom ‚prächtigen alten Herrn‘ geraten; die Grundform liegt fest.« (Nürnberger, Der frühe Fontane, S. 272–277) Zu F.s Interesse an dem in »Wolsey« behandelten Stoff vgl. Nürnberger, Der frühe Fontane, S. 256-262. Zu den verwendeten Quellen ist dort weiter ausgeführt:

»Fontanes Erzählung ist zu einem Teil historisch außerordentlich getreu und bezeugt eine ins einzelne gehende Benutzung einer Reihe von historisch-topographischen Quellen und poetischen Vorlagen, von denen sich einige sicher oder doch mit großer Wahrscheinlichkeit bestimmen lassen.

[...]

Aus den aufgefundenen Quellen ergeben sich Hinweise zur Datierung und zum mutmaßlichen Plan für die weitere Handlungsführung.

Die ,Talbot Papers': Die von E. Lodge vorgelegten Briefe und Dokumente der Talbots, der Forschung unter dem Namen ,Talbot Papers' bekannt, sind vor allem für die Zeit des sechsten Grafen von Shrewsbury, der mit der Obhut und Bewachung Maria Stuarts während ihrer Gefangenschaft in England betraut war, von Bedeutung. Die Ausgabe von 1838 ist um ein Verzeichnis jener Dokumente vermehrt, die, bis heute unpubliziert, im Herald's College of Arms in London aufbewahrt werden. Welche Ausgabe Fontane benutzte und wann er die ,Talbot Papers' kennenlernte, wissen wir nicht. Erwähnt hat er das Werk, soweit bekannt, weder damals noch später. Der Textvergleich zeigt, daß Fontane dem Lebensabriß, den Lodge von George Talbot, dem vierten Grafen von Shrewsbury, gibt, und den Briefen, die Shrewsbury, Thomas Alen und Thomas Cromwell wechselten, zuweilen in wörtlicher, öfter in sinngemäßer Übertragung folgt. [...] Diese Übernahmen aus den ,Talbot Papers' erscheinen weniger als Ausdruck eines bestimmten Stilwillens als einer latenten künstlerischen Unselbständigkeit. Das Verhältnis zu den Quellen in ,Wolsey' und in ,Vor dem Sturm' beschreibt Fontanes Entwicklung zum epischen Dichter.

Die ,Talbot Papers' beginnen mit Briefen und Dokumenten aus der Lebenszeit von George Talbot, Fontanes Helden. Lodge stellt einen Lebensabriß des Grafen voran und bringt dann sechzehn Schriftstücke zum Abdruck. Mit acht Briefen Thomas Alens an Shrewsbury und einem Brief Shrewsburys an Alen kommt der Korrespondenz zwischen dem Grafen und dem Kaplan ein deutliches Übergewicht zu. Unter den übrigen Schriftstücken befinden sich zwei Briefe Thomas Cromwells, des damaligen Sekretärs Wolseys und späteren Kanzlers, an Shrewsbury.

Der Lebensabriß, den Lodge beisteuerte, mußte für Fontane schon deswegen von Interesse sein, weil über den Grafen verhältnismäßig wenig bekannt und seine historische Rolle nicht leicht zu bestimmen ist. Tatsächlich stimmen die Lebensdaten Shrewsburys bei Fontane bis auf unbedeutende und vielleicht irrtümliche Abweichungen mit Lodge überein. Als Enkel, nicht als Urenkel John Talbots, der er war, wird Shrewsbury vorgestellt; als Siebzehnjährigen läßt ihn Fontane bei Stoke mitkämpfen und macht ihn mithin um zwei Jahre jünger, als er ist; und die Übersetzung ,Vizekönig über die nördlichen Provinzen' für ,Lieutenant General of the North' gibt eine etwas übertriebene und phantastische Vorstellung von Shrewsburys Rang und Machtfülle. Fontane folgt Lodge fast wörtlich:

›In 1487, being then in his nineteenth year, he fought in the presence of Henry VII., at the bloody	›In der blutigen Schlacht bei Stoke focht er, siebzehn Jahre alt, an der Seite Heinrich Richmonds und half

battle of Stoke, and, in the autumn of 1491, attented him in his warlike expedition to Boulogne...
Henry VIII. likewise, at his accession, gave him the honourable office of Steward of the Household; in 1513, appointed him Captain of the Vanguard in the army which besieged Therouenne; and, in 1522, Lieutenant General of the North.‹
(Lodge a.a.O. Bd. I, S. XXII f.)

dem Hause Lankaster, dem er blind ergeben war, aufs neue zu Thron und Herrschaft.
Bei der Thronbesteigung Heinrichs VIII. ward ihm das Ehrenamt eines Hausmarschalls übertragen; vier Jahre später führte er den Vortrab der Engländer in der berühmten Sporenschlacht und 1522 ernannte ihn die Huld seines Herrn zum Vizekönig über die nördlichen Provinzen.‹ (S. 221 f.)

Der Brief Thomas Allans in Fontanes Erzählung ist eine Nachbildung der Briefe, die der historische Thomas Alen an Shrewsbury zu schreiben pflegte, doch wendet sich Fontane immer auch mit an das Verständnis des Lesers. Der geistliche Stand des Schreibers wird unterdrückt. Die Geschäfte und Geschäftspartner, die er erwähnt, entsprechen nicht der Vorlage. Die tatsächlich erörterten Vorgänge sind trocken und unanschaulich. Fontane beschreibt die Handelswege, erfindet die eingedeutschte Namensform Clapmann und datiert die 1846 angelegte Moorgate Street ins 16. Jahrhundert. Die Nachrichten vom Hof können der Vorlage schon deshalb nicht entsprechen, weil die historischen Briefe aus den Jahren 1516–1517 stammen. Eine Ausnahme macht das Postskriptum, das sich auch in Thomas Alens Brief vom 17. Juli 1517 findet:

[Postskriptum:]
›Sir Robert Sheffield is put into the Tower again for the complaint he made to the King of my Lord Cardinal.‹
(Lodge a.a.O. Bd. I, S. 32 f.)

›Postskriptum: Sir Robert Sheffield ist wegen einer Klageschrift gegen Mylord Kardinal in den Tower gesetzt worden. Er gehört zur Partei der Marquise v. Pembroke. Ew. Lordschaft mögen hieraus erkennen, wie verworren die Lage ist und daß niemand berechnen kann, was der nächste Tag bringen wird.‹ (S. 225)

Fontanes Weiterführung des Postskriptums zeigt seine Absicht, den Vorgang für den Leser zu interpretieren und für die eigene Erzählung nutzbar zu machen. Die Unbekümmertheit, mit der er das über ein Jahrzehnt zurückliegende Ereignis heranzieht (die Erzählung spielt Weihnachten 1529, 1532 wurde Anne Boleyn Marquise von Pembroke), zeigt, daß es ihm nicht um eine historisch getreue Wiedergabe der politischen Macht- und Parteiverhältnisse ging. Robert Sheffield war kein Parteigänger Anne Boleyns. Diese kehrte 1521 aus Frankreich zurück, und vor 1527 kann nicht davon gesprochen werden, daß sie am Hofe eine Partei gehabt hätte. Robert Sheffield aber, der Sprecher des Unterhauses, kam nach 1517 nicht wieder aus dem Tower heraus.

Aus dem Zusammenhang genommen ist auch der Wunsch Wolseys, Shrewsbury bei Hofe zu sehen. Der Brief Cromwells in den ‚Talbot Papers‘ vom 20. Februar [1517] beschäftigt sich mit dem Erscheinen des Grafen in London, vor allem jedoch der Brief Thomas Alens vom 8. Juni 1517, den Fontane für seinen Cromwell-Brief benutzt hat:

›Yesterday Mr. Sale and I spake with my Lord Cardinal at good leisure, and shewes his Grace like as your Lordship commanded me in your letters, and also in this letter. He answered and said »The King's pleasure is to have my Lord here, and nigh about him; and I would advise my Lord also, if he may labour, to come up. If your Lordship intend not to come up, I think you will write to the King's Grace for your excuse, as well as to my Lord Cardinal, with other more of your friends, for I fear me the best excuse for you he can, because he is so much desirous of your company.‹
(Lodge a.a.O. Bd. I, S. 27)

›Ich habe Euer Lordschaft Schreiben am 5ᵗ d. M. in Hampton-Court empfangen. Noch an demselben Abend nahm ich Veranlassung, während des Vortrags bei Mylord Kardinal, demselben Ew. Lordschaft Frage vorzulegen. Er antwortete rasch und bestimmt: er glaube des Königs Wunsch dahin zu kennen, daß Seine Majestät überaus erfreut sein würde Euer Lordschaft am Hofe zu wissen [...] sollten Ew. Lordschaft Bedenken aber dennoch stärker sein als der nicht zweifelhafte Wunsch Seiner Majestät und Mylords Kardinal, so würd' ich es für unumgänglich achten in einem Entschuldigungsschreiben, *vor allem an Mylord Kardinal*, Euer Lordschaft Ausbleiben zu erklären.‹
(S. 225)

Es könnte zunächst überraschen, daß Fontane ein so ausgeprägtes Quellenwerk wie die ‚Talbot Papers‘ überhaupt für seine Vorstudien heranzieht. [...] Aber bei den ‚Talbot Papers‘ handelte es sich nicht um Quellen schlechthin, sondern um Briefe, für die Fontane zeitlebens eine tiefe, doppelt begründete Vorliebe hegte: sie waren ihm ebensosehr ein Instrument des Ausdrucks wie des Verstehens. ... Das ‚Wolsey‘-Fragment und seine Quellen zeigen, daß bereits in den epischen Anfängen des Dichters der Brief bevorzugtes Kunstmittel und Schlüssel zu vergangenem Leben ist.

George Cavendish, ‚The Life and Death of Cardinal Wolsey‘. Anders als bei den ‚Talbot Papers‘ gibt es bis jetzt keinen schlüssigen Beweis dafür, daß Fontane Cavendish im Original gelesen hat, sondern nur starke Indizien und eine allgemeine Wahrscheinlichkeit. Das 1554 bis 1558 entstandene Werk ist für unsere Kenntnis vom Leben des Kardinals so grundlegend, daß keine ernsthafte Bemühung an ihm vorübergehen kann. Fontane war, wenn er sich um Cavendish bemühte, die 1825 erschienene gute Ausgabe von Singer zugänglich, auf die sich die meisten nachfolgenden Ausgaben bis in die Gegenwart stützten. Im Jahre von Fontanes zweitem Englandaufenthalt, 1852, erschien eine Ausgabe bei Revingston, London, besorgt von John Holmes, mit ausführlichen, etwas plauderhaften Anmerkungen. Aus Lodges ‚Illustrations' wird zitiert, um Wolseys den Hochadel erbitternden Übermut zu beleuchten, und in anderem Zusammenhang eine Anekdote von Shrewsbury berichtet, ›very characteristic of the noble old English spirit of a veteran warrior, of the genuine blood of the Talbots‹.

In dem von Fontane mitgeteilten Theaterzettel der Aufführung von ‚Heinrich VIII.' im Prinzeß-Theater erscheint Cavendishs Name. Eine unmittelbare Erwähnung Cavendishs durch Fontane ist jedoch nicht belegt. Doch muß Fontane zumindest Partien aus Cavendish gekannt haben, wofür es mannigfache, heute nicht mehr rekonstruierbare Möglichkeiten gegeben haben mag. So war der 1846 erschienenen 3. Auflage der Wolsey-Biographie von John Galt ein Anhang von 51 Seiten aus Cavendishs Erzählung beigegeben worden; dabei handelt es sich um die in unserem Zusammenhang besonders wichtige letzte Lebenszeit des Kardinals.

In seinem Bericht über die Aufführung von ‚Heinrich VIII.' zitiert Fontane die, wie er sich ausdrückt, ›historisch berühmten Worte‹:

> ›O Cromwell, Cromwell, hätt' ich Gott gedient
> Mit halb dem Eifer nur wie meinem König,
> Er gäbe nicht, in meinem Alter noch,
> Mich nackend meinen zorn'gen Feinden preis.‹

Shakespeares Versen liegen die von Cavendish übermittelten Worte des sterbenden Kardinals zu Sir William Kingston, dem Kommandanten des Towers, zugrunde: ›But if I had serued god as dyligently as I haue don the kyng he wold not haue gevyn me over in my gray heares...‹ Fontane gebraucht in ‚Wolsey' den von Cavendish überlieferten Gemeinplatz vom ‚Second Salomon', und er teilt mit Cavendish den Irrtum über den Zeitpunkt von Wolseys Ernennung zum Almosenpfleger. Es ist aber vor allem die Exposition des Fragments, die uns einen Einfluß Cavendishs (oder einer von ihm abhängigen Darstellung) annehmen läßt.

Fontanes erstes Kapitel spielt in Sheffield Park, und Shrewsbury steht im Mittelpunkt der Darstellung; in den Überlegungen und Empfindungen des Grafen wird der politische Kampf der Zeit vermittelt. Dem mit den historischen Vorgängen nicht im einzelnen vertrauten Leser kann dies zunächst nicht auffallen, weil Fontane keine Vorausdeutungen zum weiteren Handlungsverlauf gibt und Shrewsbury durch die beiden Briefe und das Gespräch in der Familie mit dem Geschehen in London eng verbunden scheint. Man muß annehmen, mit einer Gestalt bekannt gemacht zu werden, der in den kommenden Kämpfen eine wichtige Rolle vorbehalten ist. Wahrscheinlich hat Fontane Shrewsbury eine solche Rolle auch zugedacht.

Der historische Shrewsbury hatte jedoch weder an Wolseys Sturz noch an Heinrichs Scheidung von Katharina und seiner Vermählung mit Anne maßgeblich Anteil. Er stand wohl durch Geburt an hervorragender Stelle im Königreich, gewann aber als Persönlichkeit kein Profil, und zumindest in der Zeit von Wolseys Kanzlerschaft hat er niemals das Geschehen von sich aus beeinflußt. Obwohl er zuweilen eine freie Sprache geführt zu haben scheint, wird man ihn am zutreffendsten als einen politischen Mitläufer charakterisieren. Shrewsbury gehörte zu denjenigen, die Bischoff Foxe und später Wolsey unterstützten. Von 1515 bis 1518 erhielt er mit Wolsey und anderen (Bestechungs-) Gelder von Franz I. Er ist Mitunterzeichner der Anklageschrift der Lords gegen Wolsey, die aber nicht Wolseys Sturz begründete, vielmehr erst die Folge der königlichen Ungnade war. Er hat ebenso die Petition an den Papst unterschrieben, die die Scheidung von Katharina forderte, und er hat im Prozeß gegen diese zugunsten des Königs ausgesagt. Willfährig handelte Shrewsbury auch anläßlich einer Liebesromanze, die in der älteren Literatur über Anne Boleyn eine große Rolle spielt und in ihrem Charakter umstritten ist. Nachdem König Heinrich den Umgang zwischen dem jungen Henry Percy, der zum Gefolge des Kardinals gehörte, und der damaligen Hofdame Anne Boleyn mit der Begründung verboten hatte, ein Percy könne nicht eine soviel rangniedere Person wie die Boleyn heiraten, wurde der junge Adlige gegen seinen Willen mit einer Tochter Shrewsburys verheiratet. Eine Reihe von Abteien und Prioraten, die Shrewsbury nach Aufhebung der Klöster übereignet wurden, war der Lohn für sein stetes Wohlverhalten.

Und doch hat Shrewsbury ganz zuletzt in Wolseys Leben eine Rolle gespielt, und es ist Cavendish, der ausführlich davon erzählt. Der Transport des auf Cawood Castle von Henry Percy, Shrewsburys Schwiegersohn, verhafteten Kardinals nach London führte über Sheffield Park, und auf Anweisung des Königs wurde Wolsey dort mit besonderer Achtung und Gastfreundschaft aufgenommen. Cavendish berichtet, daß Wolsey in dem großen Turm untergebracht wurde, der noch heute nach dem berühmten Gefangenen benannt ist, und daß ein Seidenvorhang in der Galerie die Gemächer des Kardinals von denen des Grafen trennte. Die von Fontane vorgestellten Örtlichkeiten, Shrewsburys Arbeitszimmer im Turm und die Halle, sind also vom Dichter sehr bewußt ins Auge gefaßt worden.

Sechzehn Tage, vom 8. bis 24. November 1530, blieb Wolsey in Sheffield Park. Am 22. November kam Sir William Kingston mit einem Trupp Bewaffneter, um Wolsey nach London zu bringen. Die Ankunft des Kommandanten des Towers war eine schwere Erschütterung für den Kardinal, der sein künftiges Schicksal bis dahin noch als ungewiß hatte ansehen dürfen. Shrewsbury, unterstützt von Cavendish, versuchte ihn zu beruhigen. Aber noch in Sheffield Park begann Wolsey zu kränkeln. So kam Kingston mit seinem Gefangenen über Shrewsburys Schloß Hardwick Hall nur noch bis Leicester Abbey, wo Wolsey, drei Tage nach dem Aufbruch von Sheffield Park, starb. In dem sogenannten ‚Tyrannengrab‘, neben Richard III., wurde er beigesetzt.

Historisch gesehen ist Wolseys Aufenthalt in Sheffield Park nur eine Episode, und er wird in modernen Biographien entsprechend kurz abgehandelt. Anders bei Cavendish, dessen Werk ja noch keine Biographie im heutigen Wortsinn ist, sondern gattungsgeschichtlich noch an der Grenze zu den Heiligenviten des Mittelalters steht. Aufstieg und Fall Wolseys sind in sorgfältig gewählten Proportionen dargestellt, die Schilderung der Vorgänge bestimmt sich nicht nach deren faktischer Wichtigkeit, sondern nach der Lehre, die Cavendish aus Wolseys Schicksal zieht. Daraus ergibt sich, daß der letzten Lebenszeit Wolseys eine ganz ungewöhnliche Aufmerksamkeit gezollt wird, gilt es doch auch die Sinneswandlung des Kardinals, die eine Folge seines Sturzes ist, darzustellen. Akte der Ritterlichkeit und Güte, die Wolsey in dieser Zeit erfährt und mittelbar die Tiefe seines Sturzes beleuchten, werden von Cavendish betont und ausführlich wiedergegeben.

Wie immer es also mit Fontanes Cavendish-Lektüre bestellt sein mag – im tieferen Sinne ist seine Erzählung eine Frucht des von Cavendish vermittelten Lebensbildes. Shrewsbury und Sheffield Park in der Exposition einer Wolsey-Erzählung vorzustellen, hatte nur Sinn, wenn die Handlung auch zum Ausgangspunkt zurückgeführt werden sollte. Das schließt nicht aus, daß Fontane ein Held mit Namen Talbot einfach deswegen willkommen war, weil damit für ein deutsches Publikum sogleich Assoziationen zu zwei Dramen Schillers gegeben waren, in denen dieser Name einen hervorragenden Klang hatte. Vielleicht hat Fontane Schillers sechsten Grafen von Shrewsbury, den Beschützer Maria Stuarts, sogar als Vorbild für seinen Talbot betrachtet. Aber dieser Charakter wäre für die Erzählung funktionslos ohne die historische Begegnung in Sheffield Park. Wieweit Fontane dabei den Charakter Shrewsburys – über den ihm wahrscheinlich noch weit weniger bekannt war als den Historikern von heute – nach seinen Vorstellungen umformte, soll später dargestellt werden.

Shakespeare, ‚Heinrich VIII.' Den Sturz und die letzte Lebenszeit Wolseys wollte Fontane vor allem erzählen – das geht aus dem Zeitpunkt, an dem die Handlung einsetzt, und aus der Exposition klar hervor; in welcher Ausführlichkeit gleichzeitig der Aufstieg Anne Boleyns gestaltet werden sollte, läßt sich dem Fragment nicht entnehmen. Keinesfalls wird man aus dem Titel ‚Wolsey', der ja nur auf der knappen Erwähnung gegenüber Storm gründet, folgern dürfen, daß sie eine Nebengestalt gewesen wäre. Wenn auch in den beiden Eingangskapiteln nur von ihr berichtet wird, so laufen doch die Fäden der Handlung, besonders im zweiten, deutlich auf sie zu, so daß man vermuten kann, sie hätte schon sehr bald persönlich auftreten müssen. Fontanes Interesse an der Gestalt Anne Boleyns war viel zu groß, als daß er sich die Gelegenheit, an ihrem Bilde zu arbeiten, hätte entgehen lassen. Der Anne-Boleyn-Stoff ist dem Maria-Stuart-Stoff verwandt, von dem er in der deutschen Literatur verdrängt wurde. Obgleich ein dutzendmal dramatisiert, hat er doch zu keiner bleibenden Leistung den Vorwurf gegeben. Es ist ein Stoff, der mit

Vorliebe in Zeiten des Übergangs und des Verfalls aufgegriffen wird, der die Phantasie mehr zu rühren als zu stärken pflegt.

In Shakespeares ‚Heinrich VIII.‘ war für Fontane die Verkoppelung der Schicksale Wolseys und Anne Boleyns vorgegeben. Der geistmächtige Kardinal und die politisch-religiösen Verstrickungen, für die er steht, erweitern den Horizont des Stoffes, der im Sentimentalen und Privaten ertrinkt, wenn, wie in den meisten Dramatisierungen üblich, Prozeß und Hinrichtung in der Mitte stehen. Wann Fontane ‚Heinrich VIII.‘ zuerst gelesen hat, ist unsicher; vermutlich geschah es schon in Letschin. Jedenfalls war ihm das Drama, als er das Hampton-Court-Kapitel für ‚Ein Sommer in London‘ schrieb, wohlvertraut, gab es ihm doch damals einen zweiten Titel: ‚Heinrich VIII. oder der Sturz Wolseys‘ (HF III, 3/I, S. 124).

Die Inszenierung Keans, die Fontane im September 1855 im Prinzeß-Theater sah, konnte ihn in seiner Auffassung des Dramas nur bestätigen. Kean hatte Wolsey und Katharina in den Mittelpunkt der Aufführung gestellt. Das Schicksal der Königin wurde dabei zu theatralischer Rührung – in die Sterbeszene wurde eine Vision eingefügt –, nicht aber zu dramatischer Wirkung genutzt. Mit dem Sturz Wolseys war die dramatische Handlung entschieden, die letzten beiden Akte waren nur mehr eine Folge historischer Bilderbogen. Fontane billigte dieses Vorgehen, denn er sah keine andere Möglichkeit, das Stück, das ›zu entschieden den Charakter des Gelegenheitlichen und den Stempel einer gewissen Unfreiheit in der Bewegung‹ trägt, wie er sich ausdrückt, in befriedigender Weise vorzustellen. Von seiner Kritik an der Unzulänglichkeit des Dramas im ganzen hob er jedoch die Wolsey-Szenen ab, in denen er den Stoff zu einem ›Drama ersten Ranges‹ gegeben fand, und gab der Schlußszene des dritten Aktes die Krone. Es ist die Szene, in der Wolsey sein Scheitern begreift.

›Der bis dahin stolze, ungebeugte Greis ist plötzlich alt geworden; die aufgehende Sonne Anne Bulen‘s hat ihm das Mark seiner Kraft genommen. Sein Geist ist nicht mehr frei und klar und die Ahnung einer Niederlage wirft zum ersten Mal ihre Schatten in seine Seele…

Und nun noch ein Wort über die schöne Anne: Miß Heath. Ihre Rolle ist nichts weiter als ein kurzer Dialog mit einer befreundeten, älteren Hofdame – im Uebrigen wirkt sie nur als Bild. Aber wer so schön ist, braucht nicht viel zu sprechen. Es sah prächtig aus, wie sie strahlenden Gesichts zur Krönung schritt. – Gestern Abend las ich, daß die wirkliche Anne Bulen auf dem Schafott nicht zu bewegen war, sich die Augen verbinden zu lassen. Sie legte ihr Haupt auf den Block, seitwärts, und sah den Henker mit ihren großen Augen an. Er konnt's nicht thun, und Minuten vergingen; endlich half ihm eine List. Ich mag's nicht erzählen; aber wenn Anne Bulen nur halb so schön war, wie Miß Heath, und ihre Locken nur halb so blond, so begreif ich die Henker-Verlegenheiten.‹

In dem Fragment ist in Anklang an diesen Theaterbrief davon die Rede, daß ›die schönen Augen Miß Annens… bereits klüger als die klugen Lippen von Mylord Kardinal‹ geworden seien. (S. 223 f.) In dem Zweikampf zwischen der schönen Frau und dem klugen Priester sollte offensichtlich die Spannung und der Reiz der geplanten Erzählung liegen. Die Anteilnahme Fontanes am Schicksal Wolseys gründet jedoch tiefer, als die romanhafte Fabel es erscheinen lassen könnte.

Am Beginn des 19. Jahrhunderts hatte die unvergleichliche Erscheinung Napoleons gestanden: ein dämonisch erscheinendes Ausnahmeschicksal, das zu verstehen die voraufgegangene Epoche der Legitimität und der fortschreitenden Vernunft keine Vorbereitung geliefert hatte, bestimmend für das Wohl und Wehe von Generationen, zugleich von unübersehbarer Auswirkung auf die europäische Literatur. Noch ‚Vor dem Sturm‘, fünfzig Jahre nach dem Untergang der Großen Armee begonnen und 1878 als Werk eines Sechzigjährigen abgeschlossen, stellt seine abgegrenzten und der Tradition verhafteten, pittoresken Lebenskreise in die ungeheure Verwirrung der Welt hinein, die den Untergang Napoleons begleitet, und macht in der Auseinandersetzung mit dem überpersönlichen Geschehen die Probe auf Rang und Reife der Charaktere.

‚Heinrich VIII.‘, in der Reihe von Shakespeares Dramen ein ›Rückfall in den längst überwundenen Stil dramatischer Chroniken‹, eine Reihe von Einzelhandlungen, im Hinblick auf die Geburt der Elisabeth verknüpft, ist für Fontane der ‚Sturz Wolseys‘ und nichts sonst. Nicht die Tragödie Buckinghams, nicht die der Katharina, die bei Shakespeare ihren Platz neben dem Untergang Wolseys haben, beschäftigten ihn; jene hatten schon als große dieser Welt begonnen, Wolsey aber, der ›Fleischerssohn von Ipswich‹, entspricht der Lehre, die das Jahrhundert gegeben hatte, wie hoch ein Mensch zu steigen und wie tief er wieder zu sinken vermag. Alle Äußerungen Fontanes über Wolsey lassen ein Wissen von vorherbestimmter Vergeblichkeit ahnen, und ein für Fontane charakteristisches pessimistisches Lebensgefühl hallt seinen Worten über die ›Stunde, die nicht ausbleibt‹ nach. (HF III, 3/I, S. 123)

Wir wissen aus ‚Vor dem Sturm‘ und den Vorarbeiten zu diesem Roman, insbesondere aus den Worten, die dem Prinzen Ferdinand in den Mund gelegt sind, wie er damals über ›Meteore‹ dachte, die, aus dem Nichts aufgestiegen, die Welt bewegen. Es war seine Überzeugung, daß sie nicht dauern könnten. Wolsey ist maßlos, und weil er maßlos ist, muß er stürzen. Der allmächtige Kanzler und Kardinal, den seine Erfolge dazu verführen, nun nach der Tiara zu trachten, ist verloren – und erst in zweiter Linie ist wichtig, worüber er stürzen wird. Das zweite Kapitel vermittelt auch atmosphärisch das Gefühl, daß Wolsey am Abgrund steht, ohne daß der reale Inhalt der Gefahr schon voll bestimmbar wäre. Zugleich wird Wolseys Streben nach dem Papstthron, das in Wirklichkeit Jahre zurücklag, aktualisiert.

Man darf sagen, daß Fontane das Ausnahmeschicksal Wolseys, was dessen Aufstieg angeht, mit übertreibenden Augen sah. Wolseys Sturz aus seiner weltlich-geistlichen Machtstellung ist im Zusammenhang mit der Reformation für die Kirchengeschichte und für die Geschichte Englands unvergeßlich. Aber der Aufstieg aus dem Bürgerstand in die höchsten Ränge der Kirche ist keine Einzelerscheinung, und für die Männer, die für

Heinrich VIII. regierten, ist eine solche Herkunft eher die Regel. Auch bei Shakespeare ist Wolsey in diesem Sinn kein Emporkömmling. Die politisch enttäuschten Führer des Hochadels mochten ihn als solchen betrachten, aber nach dem Aderlaß der Rosenkriege waren die Grenzen gerade zwischen Adel und Bürgertum sehr durchlässig geworden. Ist Wolsey ›der Fleischerssohn von Ipswich‹, so ist Heinrich VII., der Gründer der herrschenden Dynastie und Wolseys erster Förderer auf dem Thron, der Enkel eines bischöflichen Kellermeisters. Der ›lankastrische Fanatismus‹ der Talbots, von dem das erste Kapitel spricht, ist für die Rosenkriege belegt; aber in den neuen Verhältnissen hätte er gar keine Grundlage mehr gefunden.

Fontane, der in der Geschichte damals die ›Basis‹ für ›Kräfte‹ fand, die ihm ›sonst fremd‹ waren, hat sich, getreu einem von ihm aufgenommenen Ausspruch Hebbels, daß in jedem echten Geschichtsschreiber ein dramatischer Dichter stecke, von der Dramatik in Wolseys Leben ergreifen lassen, aber er hat dieses Leben angefüllt mit dem politischen und psychologischen Verständnis seiner eigenen Zeit. Unverkennbar in seiner Darstellung des Kardinals ist ja auch die Annäherung an gängige Vorstellungen des Zeitgeistes vom schlemmerhaften und kasuistischen, lust- und machtbesessenen römischen Kirchenfürsten. Auch für die Erwähnung Clemens' VII. gilt diese Beobachtung. Es handelt sich dabei um traditionelle Gesten, wie sie uns bereits aus dem literarischen Vormärz bekannt sind . . .

Unmittelbare Einwirkung von ‚Heinrich VIII.‘ auf die Handlungsführung in ‚Wolsey‘ sind die Erhebung Anne Boleyns zur Marquise und Cramers Reise, Anachronismen, die bei Shakespeare vorgebildet sind.« (Nürnberger, Der frühe Fontane, S. 262-272)

219 *Wolsey:* Thomas W. (1471-1530), 1515 Kardinal, Erzbischof von York, Minister König Heinrichs VIII., 1518 päpstl. Legat. Da der deutsche Kaiser Karl V. sich bei der Vakanz des päpstl. Stuhls im Konklave nicht für W. verwendete, erklärte dieser ihm 1528 den Krieg. Durch seine Parteinahme gegen Karl V. entzweite W. sich mit der Gemahlin Heinrichs VIII., Katharina von Aragonien (1484-1536, seit 1509 mit H. vermählt), einer Tante des Kaisers; gleichzeitig wünschte Heinrich VIII. selbst die Trennung seiner Ehe mit Katharina, aber nicht, um nach W.s Bestreben eine französische Prinzessin, sondern um Anne Boleyn zu heiraten. Als der Papst sich der Scheidung Heinrichs VIII. widersetzte, vermuteten der König und Anne Boleyn Intrigen W.s; er wurde im Oktober 1529 gestürzt und zog sich auf das Landhaus Esher bei Hampton-Court zurück. Vgl. auch Ranke I, S. 111 und S. 137: »Weder seine intellektuellen, noch seine moralischen Eigenschaften erheben Wolsey in die Reihe der Männer ersten Ranges: durch seine Stellung aber, das Maß an Talent, das er darin zeigte, seinen Ehrgeiz und seine politischen Pläne, durch das, was er tat und was er erfuhr, durch sein Glück und sein Unglück, ist er für die englische Geschichte unvergeßlich geworden.« –

Sheffield-House: Bei Cavendish (s. oben) heißt es Sheffield-Park, später Sheffield-Manor, Manor-House und Sheffield-Lodge, der gegenwärtige Name. Um 1500 erbautes Herrenhaus der Grafen von Shrewsbury, zwei englische Meilen von der Stadt und dem alten Schloß Sheffield-Castle entfernt. Vermutlich weil Sheffield-Castle schon 1648 vollständig geschleift wurde und auch von Sheffield-Lodge nur unbedeutende Ruinen überdauert haben, wird zwischen beiden Sitzen in der Literatur zuweilen nicht unterschieden, und auch F. gebraucht im folgenden die Bezeichnung Sheffield-Castle, meint aber nur Sheffield-Lodge. Maria Stuart, von Elisabeth I. der Obhut und Bewachung des sechsten Grafen von Shrewsbury anvertraut, lebte während ihres fünfzehnjährigen Englandaufenthaltes vor allem in Sheffield, und zwar sowohl im alten Schloß als auch in dem Manor-House, während Wolsey nur in diesem inhaftiert war. – *der Grafen von Shrewsbury:* Inhaber dieses Titels waren die Talbots (Encyclopaedia Britannica: »This is one of the few families in the English aristocracy which traces alike its descent and its surname from the Norman conquerors of England . . .«). Am bedeutendsten John Talbot, der erste Graf, und George Talbot, der sechste Graf von Shrewsbury, die durch Schillers Dramen in die deutsche Literatur eingegangen sind. – Ein Abkömmling der Talbots tritt in F.s Roman »Graf Petöfy« auf (HF I, 1, S. 725).

220 *Blick auf das Herrenhaus:* die Beschreibung von Sheffield-Park ist, was dessen Vorgeschichte betrifft, anachronistisch, weil erst das 16. Jh. die Klosteraufhebungen brachte; danach jedoch überliefert die Beschreibung und die folgende Handlung recht genau, was wir von dem baulichen Zustand des Herrenhauses im frühen 16. Jh. überhaupt wissen. »In the W range running N from here was the main Gateway with two polygonal brick turrets and N of this the Long Gallery. At its N end the polygonal tower called Wolsey's Tower« (Nikolaus Pevsner, The buildings of England, Yorkshire: the west riding. [London] 1959, S. 462). F. war wahrscheinlich nicht in Sheffield, die Benutzung eines Reiseführers ließ sich nicht erweisen. In der ersten Hälfte des 19. Jahrhunderts berichten über Sheffield-Park Hunter (Joseph H., Hallamshire. The history and topography of the parish of Sheffield, London 1819), der auch zur Biographie der ersten Grafen von Shrewsbury beiträgt, und Allen (Thomas A., A new and complete history of the county of York, 3 Bde., London 1828-31.) Nur ein mit den Resten (der Kirchenruine) einer Abtei architektonisch verbundenes Bauwerk sah F. in Holyrood-Palace. (HF III, 3/I, S. 193) Übrigens erfolgt die von F. angekündigte Beschreibung des Herrenhauses nicht. Rechts unten auf der Seite sind drei Punkte, die als Auslassungszeichen verstanden werden können. – Auffällig bleibt, daß der »Blick auf das Herrenhaus« ja schon gegeben wurde.

221 *Arrastapeten:* gewirkte Bildteppiche, wie sie bis zum 18. Jh. vor allem in den Niederlanden hergestellt wurden. – *jenes Talbot:* John T. (um

1388-1453), 1442 zum ersten Grafen von Shrewsbury ernannt, wurde 1429 von der Jungfrau von Orleans besiegt und gefangengenommen, kämpfte später erneut gegen die Franzosen und fiel in der Schlacht bei Castillon, die Englands Machtstellung in Frankreich endgültig brach. Die Verbindung seines Todes mit der heiligen Johanna, die bereits 1431 hingerichtet worden war, ist offensichtlich durch Schillers Drama (III, 6) geprägt. Vgl. dazu auch F.s »Aus den Tagen der Okkupation«, erstes Rouen-Kapitel (HF III, 4, S. 816). – Ein Porträt John Talbots aus dem Besitz des Marquis of Northampton war innerhalb der British Portrait Gallery während der großen Kunstausstellung in Manchester zu sehen (vgl. »Catalogue of the Art treasures of the united kingdom collected at Manchester in 1857«, S. 111: »12a John Talbot, Lord Talbot, created Earl of Shrewsbury by King Henry VI.; stain at the battle of Castillon, 1453. Head. Marquis of Northampton.«) F.s Äußerungen über das Porträt in Manchester bilden den vielleicht wichtigsten Hinweis auf die Entstehung des »Wolsey«-Fragments. Bezeichnend für Fontanes Stilwillen ist die Beschreibung des Mantels (vgl. oben Einleitung, S. 655). – *Lord Shrewsbury:* George Talbot (1468-1538), vierter Graf von Shrewsbury, ein Urenkel, nicht Enkel John Talbots. – *Stoke... Heinrich Richmonds:* 1457-1509, seit 1485 (nach dem Sieg bei Bosworth über Richard III., den jüngeren Bruder des 1483 verstorbenen Eduard IV. aus dem Hause York) als Heinrich VII. auf dem englischen Thron; Vater Heinrichs VIII. (1491-1547); Heinrich VII. schlug am 16. Juni 1487 bei Stoke-on-Trent (Nottingham) ein von der Herzogin von Burgund entsandtes Heer irischer Abenteurer und deutscher Söldner, die Lambert Simmel, den falschen Thronprätendenten des Hauses York, als Eduard VI. durch Nordengland führten.

222 *Sporenschlacht:* Sieg der englischen und burgundischen Reiterei unter Heinrich VIII. (im Dienst Kaiser Karls V.) am 17. August 1513 bei Terouanne am Hügel Guinegate über Ludwig XII. von Frankreich. In den »Talbot Papers« findet sich eine »Order of the Army«, eine Liste der Adligen und ihrer Truppen, die unter Shrewsbury die »Vanguard« in der »battle of the Spors« bildeten. – *dem eben hereintretenden Sam:* Irrtum F.s; wer hereintritt, ist der Alte, der weiter unten Adam genannt wird.

223 *Thomas Allan:* Als Thomas Allen bzw. Alen aus den »Talbot Papers« bekannt, einer der Kapläne Shrewsburys. F. schwankt in der Schreibung des Namens. – *Moorgate-Street:* 1846 angelegt. Das Stadttor stammt von 1415 und wurde 1762 abgebrochen. Als verwahrlostes vorstädtisches Händlerviertel ist Moorgate ein Schauplatz in F.s ungedruckter Übersetzung des Romans »The Money-lender« von Catherine Grace Gore (Typoskript im Theodor-Fontane-Archiv in Potsdam). – *York-Palace:* York-Palace oder York-House, Londoner Sitz der Erzbischöfe von York. Nach Wolseys Sturz ging der Palast in den Besitz der Krone über und hieß fortan White-Hall (s. auch S. 153

und Anm., wo er unter diesem Namen Schauplatz des Eingangskapitels von »James Monmouth« ist). – *Greenwich... Richmond... Hampton-Court:* ebenso wie York-Palace ehemals Themse-Schlösser; nur der Wolsey-Bau Hampton-Court hat sich erhalten. Vgl. auch »Ein Sommer in London« (HF III, 3/I, S. 122 ff.). – *Anne Bulen:* Anne Boleyn (1507-36), 1532 von Heinrich VIII. zur Marquise von Pembroke erhoben, danach seine zweite Gemahlin. Auch in Shakespeares »Heinrich VIII.« ist die Erhebung Annes zur Marquise in Wolseys Kanzlerschaft verlegt. Heinrich VIII. ließ sie 1536 wegen angeblicher Untreue enthaupten. Annes Vater gab seinem ursprünglichen Namen Bullen die normannisch anmutende Form Boleyn. Die Schreibung Bulen bei F. üblich; vgl. über sie auch Ranke I, S. 126: »nicht gerade von hinreißender Schönheit, aber voll Geist, Anmut und einiger Zurückhaltung«.

224 *der Königin:* Katharina von Aragonien (1485-1536), erste Gemahlin Heinrichs VIII.; um Anne Boleyn heiraten zu können, führte er seit 1526 den Scheidungsprozeß, der zur Trennung Englands von der katholischen Kirche führte; 1533 wurde die Ehe ohne Zustimmung des Papstes gelöst. – *Sir Robert Sheffield:* Sprecher des Unterhauses, starb (auf Wolseys Betreiben) im Tower. Vgl. »Talbot Papers«.

225 *Sir Thomas Cromwells:* Thomas C. (1484?-1540), seit 1523 Angehöriger des Parlaments, nach dem Sturz Wolseys (1529), dessen Sekretär er war, Kanzler und Earl of Essex; 1533 Schatzkanzler, 1535 Generalvikar, 1536 Großsiegelbewahrer, 1539 Lordkämmerer. C. förderte den Protestantismus und leitete mit großer Brutalität die Auflösung der Klöster. Er fiel schließlich in Ungnade, als Anna von Cleve, die Heinrich VIII. 1540 auf Veranlassung C.s heiratete, dem König mißfiel, und wurde hingerichtet. F. erwähnt C. (dem das Prädikat Sir nicht zustand) und Wolsey auch gelegentlich der Beschreibung der Kapelle St. Peter-ad-Vincula im Tower (»Ein Sommer in London«, HF III, 3/I, S. 90 f.).

227 *Enkelin Humphrey Staffords:* Shrewsburys Mutter Catherine war eine Stafford, aber eine Tochter Humphreys, des ersten Herzogs von Buckingham. Humphrey Stafford (Richard III. ließ ihn 1584 hinrichten) war der zweite Buckingham und jünger als seine angebliche Enkelin. Nach der Heirat Eduards IV. mit Elisabeth Grey (1464) wurde Humphrey als Knabe mit Catherine Woodville, der Schwester der neuen Königin, vermählt. Was Shrewsburys Mutter ihrem Sohn vom Schicksal Elisabeth Greys und ihrer Familie erzählen wird, ist die Geschichte ihrer eigenen Familie. – *die kurze Zwischenherrschaft der Yorks:* unter Eduard IV. (vgl. Anm. zu S. 229) und Richard III. (vgl. Anm. zu S. 230). – *Evelyn Shrewsbury:* von Shrewsburys sechs Töchtern hieß keine Evelyn, hingegen eine Margaret, wie F. aus den »Talbot Papers« bekannt war. Die Lesarten, Lady Margarethe bzw. Margret, wo der letztgültige Text nur Lady Evelyn kennt, sind anscheinend so zu verstehen, daß die Figur, entsprechend der histori-

schen Vorlage, zunächst Margaret heißen sollte, dann aber Evelyn
genannt wurde. Dazu die unsichere Lesung Kate, ebenfalls erfunden.
– *Ascott-House:* nicht zu ermitteln.

229 *wo kein Licht hinfällt, da ist Schatten:* Zitat »Wo viel Licht ist, ist
     starker Schatten« aus Goethes »Götz von Berlichingen« (1773,
     1. Akt) – *Westminster:* die Londoner Westminster-Abtei. Anfang des
     7. Jahrhunderts als Kloster gegründet, von den Dänen zerstört und
     958 erneuert. Begräbnisplatz aller englischen Könige (außer Georg
     III.) sowie vieler Staatsmänner und Dichter. Vgl. »Ein Sommer in
     London« (HF III, 3/I, S. 7 ff.) – *König Eduard:* Eduard IV. (1442-83)
     aus dem Hause York, gewann 1461 durch den Sieg bei Townton über
     Heinrich VI. aus dem Hause Lancaster den englischen Thron; seit
     1464 mit der Bürgertochter Elisabeth Grey verheiratet. – *Charing-
     Cross:* S. S. 154 und Anm.

230 *Der große Würger:* Richard III. (1452-85), der letzte König aus dem
     Hause York, von den Historikern der Tudor-Zeit und von Shakespeare
     als bösartiges Monstrum dargestellt, wiewohl er sich in seinem Hang
     zum politischen Mord von seinen Nachfolgern nicht unterschied. Seit
     1483 auf dem Thron. Wer die Ermordung der Söhne Eduards IV.
     veranlaßte, ist nie zweifelsfrei geklärt worden. Lord Rivers, der
     Bruder Elisabeth Woodvilles, kam bei einer Verschwörung gegen den
     König ums Leben.

231 *Der Palast des Erzbischofs:* später White-Hall (s. Anm. zu S. 223).

232 *Es war ein stattlicher Ziegelbau, kaum ein Jahrzehent alt:* als Wolsey
     1514 Erzbischof von York wurde und York-Palace übernahm, begann
     er dort größere Arbeiten; 1519 werden Erweiterungen erwähnt, und
     eine neue Halle ist für 1528 bezeugt. Vgl. »Survey of London«. Ed.
     by the London county council, Bd. 13, 1930. – *reich canellierten:* mit
     Riefen oder Rillen versehen (beim Schaft von Säulen oder Pfeilern). –
     Southwark: Londoner Stadtteil, vgl. Anm. S. 160. – *eine Leonardo-
     sche Madonna:* danach gestrichen »mit dem Kinde«. Der italienische
     Maler Leonardo da Vinci (1452-1519). – *Geschenke des Papstes:* Papst
     Julius II. starb bereits 1513, die Werke konnten also von ihm nicht
     Wolsey geschenkt worden sein, der damals noch nicht einmal Bischof
     war. F. scheint diesen Anachronismus bemerkt und aus diesem
     Grund den Text geändert zu haben. Sind die Kunstwerke jedoch, wie
     die nachträgliche Einfügung in den Text ausführt, 1529 »seit wenigen
     Monaten erst im Besitz des Kardinals« und also Geschenke Clemens'
     VII., sind sie als Beispiel für Bestechungsgelder, die Wolsey aus dem
     Ausland zuflossen, sinnvoll. D'Argagna ist nicht zu ermitteln. In dem
     Werk von Adolphe Empis »Les six femmes de Henri VIII. Scènes
     historiques«, Paris (1854), das sich Storm für Fontane zu besorgen
     bemühte, ist Wolseys Arbeitszimmer geschmückt mit »statues . . .
     d'Orgagna«. Auch dieser ist unbekannt, aber vielleicht hat Empis den
     italienischen Maler, Bildhauer und Baumeister Andrea di Cione,
     genannt Orcagna (gest. Florenz 1368) gemeint.

233   *Legat:* Der Papst hatte Wolsey die Würde eines päpstlichen Sonderge-
      sandten in England (Legatus a latere) verliehen. – *Clemens VII.:*
      Giulio de' Medici (1478-1534), ein Nepot Leos X., seit 1523 Papst,
      verweigerte Heinrich VIII. die Scheidung von Katharina von Arago-
      nien. F.s Charakteristik würde eher auf den Renaissancepapst Leo X.
      zutreffen. Clemens VII., nur als Politiker unentschlossen und ver-
      hängnisvoll, sonst von untadeligem Charakter.

234   *jene, letzte Staffel noch?:* Wolseys Bemühungen, die Tiara zu ge-
      winnen, wirkten vor allem auf das Konklave von 1522, aus dem
      Hadrian Florensz als Hadrian VI. hervorging. Vgl. Anm. zu S. 219. –
      bis zum Kaplan . . .: Wolsey wurde unter Heinrich VII. Kaplan an der
      königlichen Kapelle, Almosenpfleger jedoch erst im November 1509,
      also unter Heinrich VIII. F.s Irrtum weist auf Cavendish als Quelle
      (Cavendish S. 10 und 196). – *Bistum auf Bistum:* Wolsey wurde 1513
      Bischof des soeben eroberten Tournay. Danach erhielt er die Bistümer
      Lincoln, Bath, Durham, Winchester. Mit 43 Jahren wurde er Erzbi-
      schof von York und im gleichen Jahr Lordkanzler und Großsiegelbe-
      wahrer. – *Mr. Morton:* nicht ermittelt. Anne Boleyn war 1529 noch
      Dame der Königin, hatte also keinen eigenen Haushalt und keinen
      »Haushofmeister«.

235   *Mr. Ralph Tennyson:* Tennison ist im 17. Jahrhundert ein bekannter
      Name. Bei der von F. bevorzugten Schreibweise mag es sich um eine
      Reminiszens an Alfred Tennyson handeln, dessen im Vorjahr in
      Dessau erschienene Gedichte F. 1854 rezensierte. 1860 hielt F. einen
      Vortrag über Tennyson und Longfellow (zu Tennyson vgl. HF III, 1,
      S. 325 ff.), in dem T.s Verhältnis zu Percys »Reliques of ancient
      English poetry« und zur Romantik erörtert werden. – Ein Tennyson
      als Liebhaber Anne Boleyns ist nicht bekannt. Diese empfing vor
      ihrer Hochzeit die Huldigungen des Dichters Thomas Wyatt und des
      jungen Henry Percy, späteren sechsten Grafen von Northumberland.
      Percy, der zu Wolseys Gefolge gehörte, weckte die Eifersucht Hein-
      richs und wurde gegen seinen Willen mit Lady Mary Talbot, einer
      Tochter Shrewsburys, verheiratet. Ein Percy – so ließ Heinrich ihm
      durch Wolsey mitteilen – könne nicht eine Person von so viel
      niedrigerem Rang wie Anne Boleyn heiraten. In der älteren Boleyn-
      Literatur spielt die Romanze mit Percy eine große Rolle. – Der spätere
      Ehebruchsprozeß stützte sich auf die erzwungenen Geständnisse des
      jungen Sängers und Tänzers Mark Smeaton. – *lauter Howard's und
      Bulen's:* In Anne Boleyn traf sich das Erbe der vornehmen Howards
      mit dem der emporgekommenen Boleyns. Die Eheschließung des aus
      dem Bürgerstande stammenden Sir Thomas Boleyn, Viscount Roch-
      ford und Grafen von Wiltshire, mit Elisabeth Howard beschloß
      dessen gesellschaftlichen Aufstieg. – Thomas Howard, zweiter Her-
      zog von Norfolk (1443-1524), der Sieger in der Schlacht bei Flodden,
      die F. in dem Kapitel »Floddenfield« in »Jenseit des Tweed« beschreibt
      (HF III, 3/I, S. 261 ff.), ist zu unterscheiden von Thomas Howard,

drittem Herzog von Norfolk (1473-1554), dem Onkel Anne Boleyns und Kate Howards. Vermutlich wollte F. die beiden Herzöge entweder zu einer Gestalt zusammenziehen oder, was wahrscheinlicher ist, er hielt sie irrtümlich für identisch. – *Lady Kate Howard:* Katharina H. (um 1520-42), fünfte Gemahlin Heinrichs VIII. seit Juli 1540, nach der Scheidung von Anna von Cleve. Der König ließ sie – gleichfalls wegen angeblicher Untreue – hinrichten. Als Gesellschafterin Anne Boleyns in Richmond in dem folgenden Kapitel ist sie anachronistisch. Kate H. wurde auf dem Lande erzogen; bei Hof erst 1540 eingeführt. Vgl. auch »Der Stechlin«, 27. Kap. (HF I, 5, S. 255 und Anm.).

236 Henri Howard, Graf von *Surrey:* Sohn des dritten Herzogs von Norfolk, wurde 1547 mit 30 Jahren hingerichtet. Er war damals ». . . nicht nur als Soldat und Norfolks Sohn, sondern als Englands größter lebender Dichter [bekannt]. Eine glanzvolle, genialisch schwärmerische Gestalt . . .« (Felix Grayeff, Heinrich der Achte, Hamburg 1961, S. 354). Seine Teilnahme an der Jagdpartie in Richmond ist anachronistisch. Graf S. befehligte 1522 die englischen Truppen beim Angriff auf Frankreich. – *Herzogin von Alençon:* Marguerite d'Alençon (Margarete von Navarra, 1492-1549), Schwester König Franz I. von Frankreich, seit 1509 mit Karl von A. verheiratet, nach dessen Tod mit Henri d'Albret, König von Navarra. Als Dichterin bekannt (»Heptameron«). Seitens der profranzösischen Partei im Kronrat Heinrichs VII. bestand der Plan, sie mit dem Thronfolger zu vermählen. Die Scheidungsabsicht Heinrichs ließ Wolsey das Projekt der französischen Heirat wieder aufnehmen. Vgl. Shakespeares »Heinrich VIII.«, III, 2, wo als Kandidatin immer noch die Herzogin von Alençon erscheint, während Wolsey für Heinrich um die Prinzessin Renée warb. – Anne Boleyn gehörte während ihrer Jugendjahre in Frankreich zeitweilig zum Gefolge der Herzogin. Als Heinrich 1532 mit Anne Boleyn, die er deswegen zur Marquise erhoben hatte, den französischen Hof besuchen wollte, weigerte sich die Herzogin, das Paar zu empfangen. – *und stieg zu Pferd:* F.s am 19. April 1864 bei der Shakespeare-Feier des »Tunnels über der Spree« gehaltene Festrede enthält eine begeisterte Würdigung der Grafschaft Warwickshire, die er 1856 kennengelernt hatte: ». . . ein köstlich Stück Land . . . das Herz dieses alten, sang- und sagendurchklungenen Englands . . .« (HF III, 1, S. 201).

237 *dem Vorbild König Franz I.:* Franz I. (1494-1547), seit 1515 König von Frankreich; führte (z. T. mit Heinrich VIII. von England verbündet) vier Kriege gegen Karl V. um den Besitz u. a. von Neapel, Mailand und Burgund.

239 *um des Kaisers willen:* nach der 1527 erfolgten Eroberung Roms befand sich Clemens VII. in der Hand Karls V. – *Karls:* Karl V. (1500-58), von 1519-56 römisch-deutscher Kaiser, der im Frieden von Cambrai (1529) durch den Verzicht Frankreichs auf Mailand und

FLEISCHEREI-PARTYSERVICE
E.MONSE MOTTENSTRASSE 4

| | A01 | W04 | 8719 |
| 12.08.95 | | Ф09:04 | B10 |

kg	DM/kg	DM
0,336	60,00	20,16
0,114	18,00	2,05
0,262	29,50	7,73

03 **   29,94

N.10
ES BEDIENTE SIE :
FRAU A.MONSE
WIR LIEFERN SENIOREN-
MENÜ'S FREI HAUS

Neapel die Herrschaft über Italien zugesprochen bekam. 1530 schloß der Papst ebenfalls Frieden mit ihm und krönte ihn in Bologna zum Kaiser. Höhepunkt seines Kampfes gegen die Protestanten war der Schmalkaldische Krieg (1547).

240 *Dieser Wittenberger Mönch:* Martin Luther (1483-1546). – *Thomas Cranmer:* 1489-1556, zunächst Dozent in Cambridge, nach Wolseys Tod an den Hof und Kaplan der Familie Boleyn, entwickelte den Plan, Gutachten der Universitäten des Kontinents über die Erlaubtheit von Heinrichs VIII. Ehe mit Katharina von Aragon einzuholen (worauf der König rief: »Bei der Mutter Gottes, der Mann hat die Sau beim rechten Ohr!« und C. zu seinem Kaplan ernannte). Nach seiner erfolgreichen Reise wurde er 1533 Erzbischof von Canterbury, traute Heinrich VIII. mit Anne Boleyn und wirkte entscheidend am Aufbau der anglikanischen Kirche mit, unter Königin Maria der Katholischen (oder der Blutigen) 1553 im Tower eingekerkert, 1556 in Oxford als Ketzer verbrannt. F. folgt in der Vorverlegung von Cranmers Reise und Erhebung zum Erzbischof dem Vorbild Shakespeares.

MAIER VON DEN GELBEN HUSAREN

Entstehungszeit: Nicht vor Anfang 1872 (terminus post quem). – *Erstdruck:* Theodor Fontane, Vier epische Entwürfe. Herausgegeben und kommentiert von Joachim Krueger. In: Fontane-Blätter Bd. 3, Heft 7, 1976, S. 485-502, besonders S. 485–488.

Textgrundlage: Originalmanuskript Deutsche Staatsbibliothek, Berlin (Theodor-Fontane-Archiv, Potsdam).

Zur Entstehung: Krueger schreibt a. a. O., S. 493 zur Entstehung des Entwurfs: »Der . . . zehn Blatt umfassende Entwurf, ›Leutnant Maier‹ (in der zweiten Fassung schreibt Fontane: Mejer), erinnert uns, was den Stoff angeht, an die zwischen 1878 und 1882 entstandene Erzählung ›Schach von Wuthenow‹. Hier wie dort ein Selbstmord aus nichtigen Gründen. Schach von Wuthenow erschießt sich aus Furcht hauptsächlich vor dem Gelächter der Gesellschaft, in der er allein zu leben vermag und deren Anerkennung er benötigt. Maier macht seinem Leben ein Ende, nachdem er sich ›unsterblich‹ blamiert hat und sein ›krankhaft gereiztes und hinaufgeschraubtes Ehrgefühl‹ zutiefst verletzt worden ist . . . Die Hauptgestalt beginnt, ein festes und deutliches Profil anzunehmen. Sie ist unter den Händen des Dichters auf dem Wege, Individualität zu gewinnen. Die anderen Gestalten sind nur angedeutet, eine (Leutnant von Zwieckerström) wird mit Namen genannt. Die Umwelt, in der Maier sein Wesen treibt, sucht Fontane in zwei verschiedenen Fassungen zu schildern, indem er in der ersten Fassung zwei Erzähler zu Wort kommen läßt und mit Maiers Begräbnis beginnt, in der zweiten sofort einen Erzähler einführt, der von seiner Bekanntschaft mit Mejer berichtet.

Die Darstellung ist z. T. breiter ausgeführt, z. T. begnügt sich Fontane mit Stichworten, oder er bringt die Überlegungen zu Papier, die er selbst bei Beginn der Arbeit an dem Stoff angestellt hat. Sie haben den Charakter von Anweisungen, die der Dichter sich selbst für die weitere Arbeit gibt, und legen fest, in welcher Weise einzelne Textstellen auszuarbeiten sind.

Eine genaue Feststellung der *Entstehungszeit* ist nicht möglich, aber ein ungefährer terminus post quem kann genannt werden. Er ergibt sich aus der Erwähnung des Kutschkeliedes und des Streites darum. Da das Kutschkelied im Sommer 1870 entstanden ist und der Streit sich mindestens bis Anfang 1872 hinzog, so kann man annehmen, daß der Entwurf nicht vor Anfang 1872 entstand.«

240 *Misdroy:* Wie Warnemünde waren Swinemünde (jetzt: Swinoujscie), Misdroy (jetzt: Miedzyzdroje) und Heringsdorf (Kreis Wolgast) schon zu F.s Zeit beliebte Ostseebäder.

241 *Chotusitz:* In der Schlacht bei Chotusitz (Mittelböhmen) siegte Friedrich II. von Preußen 1742 im 2. Schlesischen Krieg über die Österreicher unter Karl von Lothringen. – *Belle-Alliance:* In der Schlacht bei Belle Alliance oder Waterloo (Belgien) am 18. Juni 1815 wurde Napoleon von der deutsch-englisch-niederländischen Armee unter dem Herzog von Wellington geschlagen. – *letzten Kriege:* Wohl der deutsch-österreichische Krieg (1866) und der deutsch-französische (1870/71). – *O Danneboom:* Das Volkslied vom grünen Tannenbaum war schon zu Anfang des 17. Jahrhunderts bekannt: die heute geläufige Fassung geht auf eine Umdichtung von August Zarnack (1819) zurück. Es gibt auch mundartliche Versionen. – *Kutschkelied:* Das Kutschkelied, ein Spottlied auf Napoleon III., entstand (in mehreren Fassungen) im Sommer 1870. Seine beiden ersten Verse, die an ein auf die Befreiungskriege zurückgehendes Studentenlied anknüpften, lauteten: »Was kraucht dort in dem Busch herum?/ Ich glaub', es ist Napolium.« Anfangs konnte man annehmen, es handele sich um ein »Volkslied«, denn der angebliche Verfasser, der Füsilier Kutschke, existierte nicht. In dem in deutschen Zeitungen in den Jahren 1870 bis 1872 geführten Streit um das Lied ergab sich, daß die Gestalt des Füsiliers Kutschke von einem Berichterstatter der Zeitschrift »Daheim« frei erfunden worden war. Das Lied wurde dann dem mecklenburgischen Superintendenten Hermann Alexander Pistorius (1811-77) zugeschrieben, dem jedoch der ehemalige Grenadier Gotthelf Hoffmann (1844-1924) die Priorität streitig machte. Der nichtige Streit – es handelte sich um einen Vorsprung von ca. zwei Wochen – wurde nie entschieden. Fest steht jedoch, daß das Kutschkelied kein Volkslied war. (Vgl. Hermann Grieben, »Das Kutschkelied vor dem Untersuchungsrichter. Literarisches Protokoll«. Berlin 1872; Heinz Jansen, »Der Streit um Kutschke und das Kutschkelied«. In: »Zeitschrift für Bücherfreunde«. N.F. Jg. 18, 1926, S. 37-42). (K)

242 *soupçonnös* (franz.): soupçonneux: argwöhnisch, mißtrauisch. Vgl.
     F.s Brief an Rudolf Genée vom 15. April 1886: »Zu meinen vielen
     Fehlern gehört leider auch *der*, soupçonös zu sein.« (HF IV, 3, S. 465)
     – *Major Domus* (lat.): Hausmeier: einflußreichster Hofbeamter
     unter den Merowingern, der teilweise die Regierungsgeschäfte führ-
     te. – *Pippins:* Fränkische Hausmeier des 7. und 8. Jahrhunderts. –
     Derfflinger: Georg Reichsfreiherr von Derfflinger (1606-95), preußi-
     scher Feldmarschall. F. machte ihn zum Gegenstand einer seiner
     Balladen auf preußische Heerführer, s. auch »Wanderungen«, ›Das
     Oderland‹, Kap. ›Gusow‹, ›Der alte Derfflinger‹ (HF II, 1, S. 732 ff.) –
     Oberst von Geßler: Nicht ermittelt, wahrscheinlich fiktiv. – *Land-
     vogt Geßler:* Gestalt aus Schillers »Wilhelm Tell«. – *Ziethen:* Zu
     denken ist wohl an Hans Joachim von Zieten (auch: Ziethen), 1699-
     1736, preußischer Reitergeneral: von F., gleich Derfflinger, in einer
     frühen Ballade und in den »Wanderungen«, ›Die Grafschaft Ruppin‹,
     ›Am Ruppiner See‹, ›Wustrau‹ (HF II, 1, S. 18 ff.) behandelt. – *Weiße
     Frau:* Ein Gespenst, das der Sage nach im Berliner Schloß umging.
     Vgl. dazu F.s Gedicht-Fragment »Wangeline von Burgsdorf oder Die
     weiße Frau« und das Gedicht »Wangeline, die weiße Frau« (1853) (HF
     I, 6, S. 256 f., 783 ff.) sowie »Vor dem Sturm«, Bd. 4, 11. und 12. Kap.
     (HF I, 3, S. 573 ff.). – *Frau von Wreech:* Louise Eleonore von Wreech,
     geb. Schöning (geb. 1707). Frau des Generals Adam Friedrich von
     Wreech. Das Verhältnis zwischen »Kronprinz Friedrich und Frau von
     Wreech« hat F. in den »Wanderungen«, ›Das Oderland‹, ›Jenseits der
     Oder‹, ›Tamsel I‹ (HF II, 1, S. 894 ff.) erörtert. – *Barberina:* Barberina
     Campanini 1721-1799, italienische Tänzerin, angebliche Geliebte
     Friedrichs II. von Preußen. – *schöne Gießerin:* Anna Sydow (gest.
     1575). Frau eines Gießers. Geliebte des brandenburgischen Kurfür-
     sten Joachims II. Hektor (reg. 1535-71). – *Madame Ritz:* Wilhelmine
     Enck, verh. Ritz, spätere Gräfin Lichtenau (1753-1820), Geliebte des
     preußischen Königs Friedrich Wilhelms II. (reg. 1786-97).
243 *Zehdenick:* Stadt in der Uckermark, Bez. Potsdam. – *Pippin dem
     Kleinen:* Pippin III., der Jüngere (oft unrichtig »der Kleine« genannt;
     714/15-768), fränkischer Hausmeier, seit 751 König der Franken.
     Pippin III. begründete die Herrschaft der Karolinger, Vater Karls des
     Großen. – *How to catch . . .:* Nicht ermittelt. – *Bologneser Steine:*
     auch Bologneser Spat genannt: faseriger Schwerspat von Bologna,
     verwendet zur Herstellung des Bologneser Leuchtsteins, der nach
     Belichten längere Zeit leuchtet. – *Ein Musketier . . .:* D. h. ein
     Musketier war es, der das angebliche Volkslied verfaßt hat (vgl. Anm.
     zu S. 241, *Kutschkelied).*

ONKEL EHM

Entstehungszeit: 1873/74 (?). – *Erstdruck:* Das Fontane-Buch, S. 102-106.
Textgrundlage: Erstdruck.

244 *Onkel Ehm wurd heut' begraben:* Inwieweit F. in seiner Skizze aus
     der eigenen Familiengeschichte schöpft, ist nicht ermittelt.

245 *Er war meiner Mutter liebreicher Bruder:* Auf die drei Brüder der
     Mutter treffen die Charakteristika Onkel Ehms nicht zu. – *der Name
     bedeutete:* Vgl. »Meine Kinderjahre«, 3. Kap. (Ankunft im neuen
     Wohnort Swinemünde): »Er hieß, wie ich gleich erfahren sollte, Ehm,
     wahrscheinlich Abkürzung von Adam, und war... unser Kut-
     scher...« (HF III, 4, S. 34). – *mein Papa, der ein sehr lustiger Herr
     war:* Louis Henri Fontane (1796-1867); vgl. »Meine Kinderjahre, 2.
     Kap.: »... mein Vater war ein großer stattlicher Gascogner voll
     Bonhommie, dabei Phantast und Humorist, Plauderer und Geschich-
     tenerzähler...« (HF III, 4, S. 18). – *Lugger:* kleines Küstensegel-
     schiff, auch Logger genannt.

246 *Tante Agnes:* F. hatte keine Tante A. – *Finsternwalde, Dobrilugk:*
     Städte im Kreis Luckau (damals Reg.-Bez. Frankfurt/Oder).

247 *Hagel-Versicherung:* Vgl. »Der Stechlin«, 12. Kap. (HF I, 5, S. 119). –
     Mendelssohn: nicht ermittelt. – *Pfingstsonnabend:* Anklang an
     »Goldene Hochzeit« (S. 203 ff.).

GROSSMUTTER SCHACK

Entstehungszeit: nach 1873. – *Erstdruck:* HF I, 5, 1. Auflage 1966, S. 711 f.
Zur Entstehung: Vom 14. Juli bis 25. Aug. 1873 hatte F. mit Familie in
Tabarz bei Waltershausen in Thüringen seinen Sommerurlaub verbracht,
»wo wir beim Weber Schack in einem eignen kleinen Häuschen wohnen«.
(Theodor Fontane, Reisen in Thüringen, hrsg. u. komm. von Sonja
Wüsten, in: »Fontane-Blätter«, Sonderheft 3, 1973, S. 36). Auf einem
»Einkaufszettel« aus derselben Zeit notierte sich Fontane: »9. Pillen für die
Großmutter« (ebd. S. 35), womit zweifellos Großmutter Schack gemeint
sein dürfte.
Textgrundlage: Originalmanuskript Deutsche Staatsbibliothek, Berlin
(Theodor-Fontane-Archiv, Potsdam). Das Manuskript befindet sich in
einem Umschlag mit der Aufschrift (in Blaustift): »Großmutter Schack Kl.
Erzählung (Kalendergeschichte.)« sowie dem Vermerk »Gilt nicht«. Auf
einem weiteren Umschlagblatt steht in Tintenschrift: »Großmutter
Schack! (Thüring. Geschichte aus Tabartz)/ Emilie erzählt sie sehr gut.«
Ferner existiert ein Blatt mit dem Anfang der Erzählung:

»Großmutter Schack.
1. Sommer Thüringen. Garten. Laube.
Es ist Juli und der kleine Garten hinter dem Thüringer Weberhause steht
im« (hier bricht das Manuskript ab). Die Überschrift »Die Geschichte von
der alten Großmutter Schack« befindet sich zu Beginn der ersten Manuskriptseite. (N)

248 *Birnbaum:* Anklang an F.s Roman »Unterm Birnbaum«? – Theodor
   Hosemann: 1807-75, humoristischer Genremaler, Illustrator der
   Biedermeierzeit, »Tunnel«-Mitglied (Tunnelname: »Hogarth«); vgl.
   F. an Paul Heyse am 8. April 1859: »Hosemann hat mal ein Bildchen
   gemalt unter dem Titel ›Berliner Sommerwohnung‹; es besteht
   überwiegend aus einem Bretterzaun...« (Briefwechsel mit Heyse,
   S. 53).

DIE GOLDENE HOCHZEITSREISE

Entstehungszeit: um 1875/76. – *Erstdruck:* Das Fontane-Buch, S. 99 ff.
Textgrundlage: Erstdruck.
Zur Entstehung: Vgl. Chronik, S. 56: 16. Oktober 1874: »Silberne
Hochzeit, die F. am liebsten in Oberitalien verbracht hätte.« Während
seiner ersten Italienreise (29. Sept.-20. Nov. 1874) besuchte F. vom 4.–
9. Okt. Venedig (zweite Italienreise 3. Aug.-7. Sept. 1875). Über die
Ankunft notiert sich F. in seinem Tagebuch: »Ankunft gegen 10. In einer
Gondel den Canal grande hinunter, unterm Rialto fort, bis zum Hôtel
Bauer«. Emilie F. berichtet etwas ausführlicher: »... um 10 Ankunft in
Venedig. Sogleich mit unseren Sachen in eine Gondel und unsagbar schöne
Fahrt durch den canal grande nach dem Hôtel Bauer. Ich sperrte alle
Fühlhörner meines Seins auf, aber man wird überwältigt; *denken, vorstel-
len* kann man sich den Eindruck, den man empfängt, nach keiner
Beschreibung, nach keinem Bilde. Etwas zurecht gemacht, nachdem wir
ein hübsches Zimmer im 3. Stock erhalten...« (HF III, 3/II). Vgl. auch F.
an Karl u. Emilie Zöllner aus »Venezia« am 7. Okt. 1874: »Am Sonntag
Abend hier: Hotel Bauer in der Nähe des Marcusplatzes...« An dieselben
am 10. Okt. 1874: »Venedig... ist interessant... poetisch durch und
durch; aber es repräsentirt doch nicht *die* Form der Schönheit, die ich
dauernd vor Augen haben möchte. Dazu ist mir... die Geschichte doch zu
schmutzig. Sie bedarf des Mondlichts... bei hellem Tageslicht genießt
man den Canal grande, den Rialto... mit *sehr* gemischten Empfindungen... Das bedeutendste, was ich bisher sah, sind die beiden Bilder
Tizians, die ›*Himmelfahrt Mariä*‹ darstellend, von denen sich das eine im
Dom zu *Verona*, das andre in der Academia delle belle arti zu *Venedig*
befindet... Ihr Unterschied besteht darin, daß die erste freundlich-
beseligend, frauenhaft-gütig zu den staunenden Jüngern *hernieder*, die
andre überirdisch verklärt, von der erhabenen Wonne des Schauens

durchdrungen, zu Gottvater *aufwärts* blickt. . . . von dem Augenblick an,
wo man sich in der Erhabenheit der venetianischen ›Assunta‹ zurecht
gefunden, versinkt das Veroneser Bild . . .« (HF IV, 2, S. 475; 476 ff.)

249 *Sie besuchen nun die* »*Academia*«. *Tintoretto. Das Bild von der*
»*Ehebrecherin*«*:* F. erwähnt es auch in seinem Tagebuch, wo er das
Bild zu denen zählt, die ihm »besonders gefallen« (HF III, 3/II). In
seinem Roman »L'Adultera« spielt das Bild eine bedeutende Rolle
(HF I, 2, bes. S. 13 f. und Anm.). Jacopo Robusti, genannt Tintoretto
(1518-94), Hauptvertreter der venezianischen Schule.

250 *Fahrt nach dem Lido:* Vgl. F.s Tagebucheintragung vom 8. Okt.
1874: ». . . nach dem Lido. Hübsche Fahrt, hübscher Blick aufs
adriatische Meer; sonst eigentlich langweilig« (HF III, 3/II). – *Dann
vor der* »*Assunta*«*:* F. hat Tizians berühmtes Werk am 6. Okt. 1874
zum erstenmal gesehen, war zunächst etwas enttäuscht, korrigierte
aber den Eindruck nach einem zweiten Besuch: »Die erhabene
Schönheit dieses Bildes ging plötzlich vor mir auf. Es ist ganz und gar
No 1; ein Triumph der Kunst; die alte Phrase von der ›Göttlichkeit der
Kunst‹ die jeder braucht der drei Leberwürste malen kann, *hier* hört
sie auf Phrase zu sein; dies *ist* ein Göttliches und faßt das Menschen-
herz ganz anders als 7 Bände Predigten. Ich kann mich nicht
entsinnen . . . je so berührt worden zu sein, selbst die sixtinische
Madonna [vgl. Anm. zu S. 33] kaum ausgenommen. In letztrer ist
etwas Fremdes, über das Menschliche schon hinausgehende; hierin
mag ihre besondere Größe liegen, aber was unser *Herz* am tiefsten
bewegt, muß immer wieder ein Menschliches sein und das haben wir
in dieser tizianischen Madonna. . . . Es ist immer ein Weib, keine
Himmelskönigin. Darin steckt der Reiz. Der Unterschied zwischen
dieser tizianischen Assunta und *der* in Verona (die auch außerordentlich schön ist) liegt äußerlich darin, daß die letztre zu den Jüngern
hinunter, jene zu Gott *hinauf* sieht. Daraus entwickelt sich alles
Weitre.« (Tagebucheintragung vom 7. Okt. 1874; HF III, 3/II).
Tizians »Assunta« (»Himmelfahrt Mariä«, 1516/18) hing bei F.s
Besuch in der Academia, weil die gotische Frari-Kirche, für deren
Hochaltar sie Tizian gemalt hatte, gerade renoviert wurde.

252 *Bogumil Goltz:* 1801-70, Schriftsteller (»Buch der Kindheit«, 1847),
mit F. persönlich bekannt, der 1860 eine biographische Skizze über
ihn für das Lexikon »Männer der Zeit« verfaßte (N XXI/2, S. 363-366
und Anm.). In dem Brief vom 21. Aug. 1891 an seine Frau erinnert F.
sie an Stimmungen, die beide gemeinsam 1875 in Berchtesgaden
erlebt hatten, und fährt fort: »Wie vieles ist seitdem anders geworden; das war sechs Wochen vor unserer Silberhochzeit, jetzt fehlen
nur noch neun Jahre an der goldenen. Damals ältlichte man, jetzt ist
man alt, aber ich bin nicht wie Bogumil Goltz, der vor Wut über sein
Alter auf den Tisch schlug. Resignieren können ist ein Glück und
beinahe eine Tugend.« (Familienbriefe, Bd. 2, S. 262) – *Bergamo* . . .

Comer See: von F. auf seiner zweiten Italienreise am 13. und 14. Aug. 1875 besucht (vgl. HF III, 3/II).

MELUSINE

Entstehungszeit: Sommer 1877. – *Erstdruck:* HF I, 5, S. 627 ff. (1. Auflage 1966). Zu dem Titel »Melusine« siehe im Schopenhauer-Jahrbuch für das Jahr 1970, S. 153-164; zu Stoffgeschichte und Problematik den Aufsatz von Renate Schäfer, »Fontanes Melusine-Motiv«, in: Euphorion 56 (1962), S. 69-104.

Textgrundlage: Erstdruck nach nochmaligem Vergleich mit dem Originalmanuskript (Schiller-Nationalmuseum Marbach am Neckar). Auf den Rückseiten der Manuskriptblätter befinden sich neben den Rezensionsfragmenten Aufzeichnungen aus F.s Akademiezeit von fremder Hand mit Bleistift, die von F. mit Tinte ergänzt und verbessert wurden. Diese bruchstückhaften Aufzeichnungen von 1876 sind in dem Band »Theodor Fontane und die preußische Akademie der Künste« (hrsg. v. Walther Huder, Berlin 1971) nicht enthalten.

Zur Entstehung: Auf den Rückseiten des Manuskriptes befinden sich Bruchstücke von F.s Rezension des Werkes »Briefe der Brüder Friedrichs des Großen an meine Großeltern«, hrsg. von Leo Amadeus Graf Henckel von Donnersmarck, die u. d. T. »Briefe der drei Brüder Friedrichs des Großen an General Henckel von Donnersmarck« in der Zeitschrift »Die Gegenwart«, Bd. 12, Nr. 34 vom 25. Aug. 1877 erschienen war (wiederabgedruckt in N XIX, S. 789-802).

253 *Frau Gildemeister:* Ehefrau des Essayisten und Übersetzers (Shakespeare, Byron, Ariost, Dante) Otto Gildemeister (1823-1902); er war seit 1843 Mitglied der Berliner Dichtervereinigung »Der Tunnel über der Spree« (sein Tunnel-Name »Camoëns« weist in die Richtung seiner literarischen Aktivitäten), wo er auch F. kennenlernte; Mitarbeiter und Redakteur der »Weserzeitung«, schrieb unter dem Pseudonym »Giotto« Essays. Später kehrte G. von Berlin nach Bremen zurück, wo er von 1882-87 Bürgermeister war. – *das Melusinen-Märchen:* Nach der altfranzösischen Sage war die Wasserfee Melusine die Gemahlin des Grafen Raimondin von Lusignan und damit die Stammutter dieses berühmten Adelsgeschlechtes. An einem bestimmten Wochentag mußte sie ihre Halbfischgestalt annehmen; vom Grafen trotz ihrer Vorwarnung dabei überrascht, verließ sie ihn für immer und kehrte in ihr Element zurück. Im Turm des von ihrem Gemahl ihr zu Ehren erbauten Schlosses Lusineem (Anagramm von Melusine) erschien sie jedoch als »weiße Frau«, wenn dem Geschlecht des Grafen L. oder dem französischen Königshaus Gefahr drohte (Zerstörung des Turms 1574). Stoff literarischer (deutscher Melusi-

nenroman des Thüring von Ringoltingen, 1471; Hans Sachs, Goethe, Tieck, Simrock, Schwab), bildlicher (Moritz von Schwind) und musikalischer (Mendelssohn-Bartholdy, in jüngster Zeit Aribert Reimann) Darstellungen. Vgl. auch »Schach von Wuthenow«, 15. Kap. (HF I, 1, S. 655 und Anm.). – *Mörikes Gedicht von der* »*Windsbraut*«: »Die schlimme Greth und der Königssohn« (1829) von Eduard Mörike (1804-75), den F. schätzte. – *Königsmark-Wiesike*, *Plaue*: auch Königsmarck; altmärkisches Uradelsgeschlecht, 1225 zuerst genannt. Ein Zweig erhielt 1651 die schwedische, die in Mecklenburg und Altpreußen ansässige Linie 1817 die preußische Grafenwürde. Schloß Plaue wurde 1839 von einem Grafen Königsmarck gekauft. Vgl. F.s »Fünf Schlösser«, ›Plaue a. H.‹, ›Plaue von 1839 bis jetzt. Graf Königsmarcksche Zeit‹ (HF II, 3, S. 117). – Karl Ferdinand *Wiesike*: 1798-1880; vgl. F.s Nachruf auf ihn (N XXIV, S. 411 ff. und Anm.) sowie »Fünf Schlösser«, ›Plaue a. H.‹, ›Schloß Plaue gegenüber‹ mit dem Unterabschnitt ›Karl Ferdinand Wiesike‹ (HF II, 3, S. 127 ff.). F. ist im Juli 1875 sowie im Sommer 1876 (ferner in den folgenden Jahren noch mehrmals) in Plaue gewesen und hatte W. dort kennengelernt. – *Neumühlen*: Ort an der Schwentinemündung in der Kieler Bucht, durch die Dampfkornmühle der Gebrüder Lange damals ein Begriff im Wirtschaftsleben des Kontinents.

254   *von Sehestedt*: altes holsteinisches Adelsgeschlecht; vgl. S. 471 ff. und Anm. – *Christian II.*: 1481-1559, von 1513-23 König von Dänemark. – *Christian IV.*: 1577–1648, regierte seit 1588. F. hat also den Zeitraum von 1513-1648 im Auge. – *Forsteck*: Landsitz in der Nähe von Kiel im Besitz von Adolf Meyer (1822-89), Fabrikant und Reichstagsabgeordneter der Fortschrittspartei, der auch meereskundliche Forschungen betrieb. Sein Haus war durch ein angeregtes gesellschaftliches Leben bekannt. F. weilte dort im September 1878 und lernte u. a. Klaus Groth kennen. Vgl. F.s Briefe an seine Tochter vom 21., 25. und 26. Sept. 1878 (HF IV, 2, S. 621 ff.) sowie sein Gedicht »Haus Forsteck« (HF I, 6, S. 523); s. auch »Das Stockhausen-Fest« (HF III, 3/II).

ALLERLEI GLÜCK

Entstehungszeit: 1865, 1877/79. – *Erstdruck*: Julius Petersen, »Fontanes erster Berliner Gesellschaftsroman«. In: »Sitzungsberichte der Preußischen Akademie der Wissenschaften« 1929, Phil.-historische Klasse, XXIV. Heft, S. 520-562. Vor dem von ihm edierten letzten Entwurf F.s bietet Petersen auch zahlreiche Ausschnitte aus früheren Entwürfen. Da Petersen, seinem Interpretationsziel entsprechend, nur bestimmte, der Entstehung nach nicht aufeinanderfolgende Stellen herausgreift, wird hier auf die Wiedergabe solcher Einzelstellen verzichtet. Petersens Abhandlung ist vollständig wiederabgedruckt in N XXIV, S. 756-808. Einige kleinere Entwürfe, die sich im Deutschen Literaturarchiv Marbach a. N. befinden und in Petersens Untersuchung nicht berücksichtigt wurden, sind dort im Anschluß, S. 808-810, erstmals veröffentlich worden.

Textgrundlage: Erstdruck unter Zuziehung der im Deutschen Literaturarchiv Marbach a. N. vorhandenen Teile der nach 1945 verschollenen Handschrift. Vgl. »Jahrbuch der deutschen Schillergesellschaft« XIII, Stuttgart 1969, S. 645. – Die folgende Zusammenstellung der verschiedenen Namen für dieselben Personen möge die Lektüre erleichtern:

Held: ... Baumgart, Karlmann, Karl, Edwin Fraude, Held N.

Tochter Heinrich Broses: Margret, Martha, Hanke, Henriette.

Frau Heinrich Broses: Adelgunde, Caroline; deren Geburtsname: Malotki, Maliczewski (nach von Malczewski, wie Malotki F. aus den Arbeiten für seine Kriegsbücher bekannter Offiziersname).

Geliebte Axel Brahes: von Birch-Schönermark, von Birch-Schönfeld, von Birch, von Birch-Heiligenfelde.

Heinrich Broses Stößer (Diener): Johann Castor, Joseph Unzengruber (Nebenfigur).

Auch die Namen Heinrich und Wilhelm Brose werden gelegentlich vertauscht. Da aus dem Zusammenhang aber jeweils klar ersichtlich ist, um welchen der beiden Brüder es sich handelt, wird in den folgenden Anmerkungen darauf nicht mehr besonders hingewiesen.

Briefliche Zeugnisse zur Entstehungsgeschichte

An Mathilde von Rohr   Berlin, 29. Januar 1878
Offen gestanden beschäftigt mich die praktische Frage, ob ich im Stande sein werde, meinen zweiten Roman unter günstigeren Bedingungen, will sagen nach Abschluß besserer Contrakte zu schreiben, mehr als die Beifalls-Frage. Diese Fragen fallen nämlich keineswegs zusammen; man kann sehr gelobt werden ohne äußren Erfolg und man kann umgekehrt diesen äußren Erfolg haben den heftigsten und berechtigsten Angriffen zum Trotz. Mir scheint solch Erfolg nun mal schlechterdings nicht zu Theil werden zu sollen; und ich muß mich darin finden, thu es auch.
                                                    (Briefe III, S. 182)

An Wilhelm Hertz   Berlin, 9. Mai 1878
Der Roman [»Vor dem Sturm«] ist zwei, drei Wochen fertig und ebenso lange beschäftigen mich Pläne für neue Arbeiten. Am liebsten ging ich wieder an etwas Umfangreiches, an eine heitre und soweit meine Kräfte reichen humoristische Darstellung unsres Berliner gesellschaftlichen Lebens; ich will aber, eh ich diesen zweiten Roman in Angriff nehme, doch erst die Wirkung des ersten abwarten. Und so möcht' ich denn einen Novellenband *(zwei* längere Novellen) zwischenschieben.
                                     (Briefe an Wilhelm und Hans Hertz, S. 189)

An Emilie Fontane   Berlin, 8. August 1878
Mir geht es gut, trotz eines kolossalen Schnupfens. Eigentlich sollte ich
sagen *parceque* statt *quoique,* denn je toller die Nase, desto besser die
Nerven. Von arbeiten ist freilich dabei nicht viel die Rede, aber ich pussele
weiter und lebe mich mit meinen Figuren, mit ihrer Erscheinung und
ihrem Charakter ein. Dies ist sehr wichtig und kommt einem später
zugute.   (Heiteres Darüberstehen, S. 165 f.)

An Gustav Karpeles   Berlin, 3. April 1879
Am meisten am Herzen liegt mir mein neuer Roman. Könnten Sie darüber
mit den Chefs der Firma sprechen? Zeitroman. Mitte der siebziger Jahre;
Berlin und seine Gesellschaft, besonders die Mittelklassen, aber nicht
satirisch, sondern wohlwollend behandelt. Das Heitre vorherrschend, alles
Genrebild. Tendenz: es führen viele Wege nach Rom, oder noch bestimmter: es gibt *vielerlei Glück,* und wo dem einen Disteln blühn, blühn dem
andern Rosen. Das Glück besteht darin, daß man *da* steht, wo man seiner
Natur nach hingehört. Selbst die Tugend- und Moralfrage verblaßt
daneben. Dies wird an einer Fülle von Erscheinungen durchgeführt,
natürlich ohne dem Publikum durch Betonungen und Hinweise lästig zu
fallen. Das Ganze: der Roman meines Lebens oder richtiger die Ausbeute
desselben.
Vor drei Jahren kann er nicht fertig sein, und ich suche nun eine gute Stelle
dafür. Unter fünftausend Talern kann ich ihn nicht schreiben, die mir zur
größeren Hälfte von einem Blatt oder Journal, zur kleineren für die
Buchausgabe gezahlt werden müßten. Wie fängt man das an? Kann ich es
nicht kriegen, nun so muß die Welt sehen, wie sie ohne meinen Roman
fertig wird.   (HF IV, 3, S. 19)

An Emilie Fontane   Berlin, 31. Mai 1879
Ich bin fleißig, lese ziemlich viel und freue mich namentlich von 10 bis 2
der wundervollen Nachtluft, die dann durch das offene Fenster zieht.
Lesend und schreibend – namentlich viel an meinem Romane pusselnd –
verbring ich die späten Stunden.   (Briefe I, S. 80)

An Mathilde von Rohr   Berlin, 3. Juni 1879
An meinem Roman [»Vor dem Sturm«] erleb ich viel Freude; allerbeste
Leute – freilich meist Männer – interessiren sich dafür und sagen mir
allerhand Freundliches. Ich schriebe gern einen *zweiten,* der, in Bücher
und Kapitel eingetheilt, und in seinen Scenen und Personen skizzirt, längst
vor mir liegt. Aber unsre deutschen Buchhändler-, Verkaufs- und Lese-
Zustände lassen es mir leider fraglich erscheinen, ob ich je zur Ausarbei-
tung kommen werde. Ich kann dieselbe nur vornehmen, wenn ich eine
Einnahme von 5000 Thlr ganz sicher habe, 3000 für den Abdruck in einem
Journal und 2000 für die 1. Auflage des Buchs. Aber wo das hernehmen?
Ich habe nicht solche Erfolge aufzuweisen, und werde sie, nach der ganzen
Art meines Talentes, wahrscheinlich *nie* aufzuweisen haben, daß sich

Redaktionen und Buchhändler veranlaßt sehen sollten, mir solche Forderungen ohne Weitres zu bewilligen. Und doch sind die Summen noch niedriger berechnet, als mir nach der jetzt üblichen *Novellen*-Honorirung, wie selbstverständlich zufallen müßte. Wieder unter Sorgen und Aengsten es schreiben, wie den ersten Roman, *das* thu ich sicherlich nicht.

(HF IV, 3, S. 23 f.)

An Emilie Fontane Berlin, 9. Juni 1879
Gestern Abend machte ich mich doch ernstlich an Stanleys Reise durch Afrika und habe auf den beiden Riesenkarten die ganze Reise von Ort zu Ort verfolgt, wozu einem ein angehängtes Itinerarium (Reise-*über*sicht) von nur etwa 30 Seiten gute Gelegenheit giebt. Ich weiß nun ganz genau über den Gang im Großen und Ganzen Bescheid, und kann, mit Uebergehung alles Nebensächlichen, die *Hauptsachen im Detail* leicht nachholen. Es war eine sehr mühevolle Arbeit, und ich kam erst nach 2 zu Bett, ganz ermattet von der Gedächtniß-Anstrengung. Aber ich hab es *gern* gethan, einmal weil man dabei viel lernt, zweitens weil es mir für meine Roman-Hauptfigur einen ganz vorzüglichen Stoff bietet. (Briefe I, S. 88 f.).

An Emilie Fontane Berlin, 11. Juni 1879
[...] mir wird immer erst wieder wohl wenn ich von 10 bis 3 Uhr Nachts mit meinem Freunde Stanley um den Victoria-Nyanza-See herumfahre und in der Schilderung seiner Erlebnisse die Stimme der Natur zu hören glaube. (Briefe I, S. 91)

An Emilie Fontane Berlin, 27. Juni 1879
Die Stoffe wachsen mir seit 8 Tagen unter den Händen, und immer neue Bogen werden in die ohnehin dicken Packete eingeschoben. Der Roman kriegt nun schon ein *zweites* Packet, aber auch die beiden Novellen, die ich in Wernigerode wenigstens entwerfen möchte, empfangen jeden Tag neuen Succurs. (Briefe I, S. 103)

An Emilie Fontane Seebad Rüdersdorf, 24. Juli 1887
Das »braune Roß«! Natürlich hab ich mal einen Roman (»Allerlei Glück« 3 bändig, der nun ad acta gelegt ist) mit dem »braunen Roß« Krausenstraße, angefangen; ein Kleinstäder liegt im Fenster, aber ein junger, und geht dann zu Kroll. (HF IV, 3, S. 555)

255 *H. Brose:* in Erinnerung an Wilhelm Rose, bei dem F. Ostern 1836 als Apothekerlehrling (»Spandauerstraße, nahe Garnisonskirche«) eingetreten war, wie er in »Von Zwanzig bis Dreißig«, ›Berlin 1840‹, 1. Kap. berichtet. Roses Vater und Brüder waren ›Berühmtheiten‹, er selbst deshalb »immer beinah krampfhaft bemüht, sich durch irgend was Apartes als ein Ebenbürtiger neben ihnen einzureihn ... Er wurde mehr und mehr eine Zwittergestalt, ein Mann, der Apotheker hieß, während er doch eigentlich keiner war, weil er sich eben zu gut

dafür hielt und der nun allerlei Plänen und Aufgaben nachhing...
Obenan stand hier das Reisen. Er ging darin so weit, daß er sich ganz
ernsthaft einbildete, etwas wie ein Entdecker oder Forschungsreisender zu sein...« (HF III, 4, S. 188). Die Tatsache, daß F. als
Schriftsteller selbst immer versucht war, seinen früheren Apotheker-
beruf zu verleugnen, mag seine (wenn auch mit einem gewissen
Wohlwollen gemischte) Aversion gegen R., der das gleiche wollte,
verstärkt und diese Gestalt in seiner Erinnerung so lebendig erhalten
haben, daß er sie an den Beginn seines »Lebensromans« stellte. Vgl.
auch »Frau Jenny Treibel«, 1. Kap. (HF I, 4, S. 305 und Anm.).

257 Lette-Verein: von Wilhelm Adolf Lette (1799-1868) 1865 gegründe-
ter »Verein zur Förderung der Erwerbsfähigkeit des weiblichen
Geschlechts« in Berlin. Vgl. auch »Frau Jenny Treibel«, 3. Kap. (HF I,
4, S. 325). – Gerson: Mode- und Warenhaus des Großkonfektionärs
Hermann Gerson am Werderschen Markt in Berlin. Von F. häufig als
Inbegriff des bourgeoisen ›Mode-Bazars‹ erwähnt. Vgl. »Der Stech-
lich«, 1. Kap. (HF I, 5, S. 12 und Anm.). Dazu s. Ostwald, Kultur-
und Sittengeschichte Berlins, Berlin o.J., S. 210. – Anthropologie
(griech.): Lehre, Wissenschaft vom Menschen. – Kroll: Vgl. Anm. zu
S. 119. – Brah: vielleicht nach dem dänischen Astronomen Tycho
Brahe (1546-1601). – Pappenheim: nach dem (durch Schillers »Wallenstein« in den deutschen ›Sprichwörterschatz‹ eingegangenen
österreichischen Feldherrn Gottfried Heinrich Graf zu P. (1594-
1632), kaiserlicher Reitergeneral im Dreißigjährigen Krieg. – Malotkis: Vgl. Der deutsche Krieg von 1866, Bd. 1, S. 696 (»Brigade
Malotki«) und S. 698.

259 Geographischen: Gesellschaft für Erdkunde in Berlin, gegründet am
20. April 1828, zweitälteste aller geographischen Gesellschaften. –
Zoologischer Garten: Vgl. Anm. zu S. 77.

260 Olga: Name auch in »Stine«, 1. Kap. (HF I, 2, S. 478)

261 Schlacht bei Tannenberg: Bei T. in Ostpreußen wurde am 15. Juli
1410 das Heer des Deutschen Ordens durch die alliierten Polen und
Litauer entscheidend geschlagen. – von Werthern-Ahlimb: aus den
Familiennamen von Werthern und von Saldern-Ahlimb gebildet.

262 Fraude: der Name findet sich öfter bei F. Der Schotte Macdonald in
Swinemünde lenkte F.s Aufmerksamkeit schon früh in diese Richtung (vgl. »Meine Kinderjahre«, 6. Kap., HF IV, 1, S. 52 f.). –
Lampertus Distelmeier: Name wohl gebildet nach Lampert D. (1522-
88), dem brandenburgischen Kanzler, der besonders die Einwan-
derung der Niederländer in die Mark begünstigte (vgl. auch die
niederl. Namen Anm. zu S. 78) und »Der Stechlin«, 20. Kap., HF I, 5,
S. 195). – Obsolete (lat.): veraltete. – seine »Kribbligkeit«: Vgl. F. an
seine Mutter am 18. Sept. 1857: »Emilie schreibt Dir von meiner
›nervösen Kränklichkeit‹ was ein milder Ausdruck für das ist was man
kribblig nennt.« (HF IV, 1, S. 589 f.).

263 Königgrätzer-Straße: vom Belle-Alliance-Platz im Süden Berlins

zum Potsdamer Platz und zum Brandenburger Tor. Eine Querstraße war die Dessauer Straße, die Wohnung Broses. – Karl Friedrich August *Gützlaff:* 1803-51, evangelischer Missionar in Hongkong. – David *Livingstone:* 1813-73, englischer Afrikaforscher. – *Herrenhuter:* Vgl. »Unwiederbringlich«, 1. Kap. (HF I, 2, S. 568 und Anm.). – *Pia fraus* (lat.): frommer Betrug. – *Mundus vult decipi* (lat.): Die Welt will betrogen sein; vgl. Sebastian Brant (1458-1521), »Das Narrenschiff«, 1494. – *Bertha:* Den Vornotizen ist zu entnehmen, daß diese Figur nach der Schauspielerin Anna Haverland gebildet ist. Anna H. war 1878/79 am Königlichen Schauspielhaus engagiert und spielte dann von 1883 an erneut an Berliner Bühnen. Typus einer jugendlichen Heldin und Tragödin, wie ihn die damals vielgefeierte Clara Ziegler (s. unten) verkörperte, deren häufige Berliner Gastspiele F. in der Vossischen Zeitung besprochen hat. – *Clara Ziegler:* 1844-1909, Heroine am Hoftheater ihrer Geburtsstadt München. Debüt 1862 in Hamburg, dann bis 1874 München, dann u. a. reiche Gastspieltätigkeit, am Berliner Hoftheater 1872, 1877, 1879. Hochgeehrt und gefeiert u. a. von König Ludwig II. von Bayern, Kaiser Wilhelm I., Zar Alexander von Rußland. F. nahm auch ihr gegenüber eine ablehnende Haltung ein. Dies erklärt sich zum Teil aus dem Gegensatz zweier Epochen: Clara Ziegler und Anna Haverland waren Vertreterinnen der idealistischen Bühnenkunst, F. der Kritiker des künstlerischen Realismus (N); vgl. HF III, 2, Register und Briefe an Kletke, Register. – *Iphigenie...:* Vgl. die Rezensionen F.s in HF III, 2; s. Register.

264 *Ligny:* im Nordwesten der belgischen Provinz Namur; dort siegte am 16. Juni 1815 Napoleon I. über die preußische Armee unter Blücher. Am 18. Juni vereinigte sich das preußische Heer mit den englischen Truppen unter Wellington auf dem Schlachtfeld von Waterloo, wo Napoleon endgültig geschlagen wurde.

265 *Achilles Sohn der Thetis:* Achill (griech. Achilleus), Heros, Sohn des Myrmidonenkönigs Peleus und der Thetis: in der griechischen Sage ursprünglich eine Meeresnymphe, dann von der epischen Dichtung zur Göttin gemacht. Die nachhomerische Sage erzählt, daß Zeus um sie freite, davon aber Abstand nahm, als er erfuhr, daß T. einen Sohn gebären würde, der stärker als sein Vater wäre. Deshalb wurde T. mit dem sterblichen Peleus vermählt. (N) – *Antigone:* im griechischen Mythos Tochter des Ödipus und der Jokaste. Gegen das Verbot ihres Onkels Kreon bestattete sie ihren im Zuge der Sieben gegen Theben (s. Anm. zu S. 278) gefallenen Bruder Polyneikes und wurde deshalb von Kreon verurteilt, lebendig begraben zu werden. Tragödie von Sophokles. A. gibt ihr Leben hin, um die von Göttern gewollte Pflicht gegen die Toten zu erfüllen. (N) – *Platää:* antike Stadt an den Nordabhängen des Kitärongebirges im südlichen Böotien; Entscheidungsschlacht der Perserkriege 479 v. Chr., in der die Griechen unter Führung des Pausanias die Perser unter Mardonios besiegten. (N) –

Taganika-See: richtig: Tanganjikasee, Binnensee in Ostafrika. – *Culmer Kadettenkorps:* In Kulm/Westpreußen bestand eine von Friedrich II. begründete Kadettenanstalt.

266 *von Zeit zu Zeit seh ich den Alten gern:* Goethe, »Faust«, Erster Teil, ›Prolog im Himmel‹. – *bon sens* (franz.): Gutmütigkeit.

267 *Mephisto über Gretchen:* »Faust«, Erster Teil, ›Wald und Höhle‹: »›Wenn ich ein Vöglein wär!‹ so geht ihr Gesang / Tage lang, halbe Nächte lang.« – *Regula de tri:* Dreisatz. – *Läster-Allee:* im Zoologischen Garten, vgl. auch F.s Gedicht »Was mir gefällt« (HF I, 6, S. 343). – Heinrich *Bodinus:* Zoologe, reorganisierte den Zoologischen Garten 1869. – *Nero:* von 54-68 römischer Kaiser. – *Fr. W. I.:* Friedrich Wilhelm I. (1688-1740), seit 1713 König von Preußen.

268 *sechs Stunden früher:* Vgl. auch »Der Stechlin«, 3. Kap. (HF I, 5, S. 27). – Heinrich *Barth:* 1821-65, Forschungsreisender. – Adolf *Overweg:* 1822-52, Afrikareisender. – *Bastian:* Vgl. oben Anm. zu S. 120.

269 *fait accompli* (franz.): vollendete Tatsache. – *»lässige Sünden«:* läßliche Sünden; vgl. F. an Karl Zöllner am 13. Juli 1881: ». . . ›lässige Sünde‹. Die katholische Wendung verdank ich dem Studium des Pater Guryschen Erziehungsbuchs für junge Jesuiten.« (HF IV, 3, S. 155) (Joh. Peter Gury, »Compendium theologicae moralis«, 1850; »Casus conscientiae«, 1864).

271 *Unsre regierende Klasse:* Vgl. F. an seine Frau am 11. Juni 1879 (über die geringe Bewertung echter Kunstwerke): »Daß dies ein Kunstwerk ist, eine Arbeit, an der ein talentvoller, in Kunst und Leben herangereifter Mann fünf Monate lang unter Dransetzung aller seiner Kraft tätig gewesen ist, davon ist keine Rede. Es ist so furchtbar *respektlos* und bestärkt mich in meinen Anschauungen von dem innerlichst niedrigen Standpunkt unsrer sogenannten ›regierenden Klassen‹ . . .« (Auswahl Erler, Bd. 2, S. 7.) – *von der dritten Pfauenfeder:* Rangabzeichen der chines. Mandarine (Beamtenadel).

272 *Moët... Cliquot, veuve:* von F. öfter genannte Champagnermarken. – *Aus dem Schaum wurde Aphrodite geboren:* die griechische Göttin der Fruchtbarkeit, der Liebe und Anmut, Tochter des Zeus und der Dione, soll aus dem Schaum des Meeres geboren sein. – *Bourgeoistum:* Vgl. dazu F. an seine Tocher am 18. April 1884 und am 25. Aug. 1891 (HF IV, 3, S. 184 f.; 4, S. 146 ff.).

273 *›Du hast's erreicht, Oktavio‹:* Schiller, »Wallensteins Tod«, III, 13.

274 *Nepotismus:* von lat. nepos Neffe, Enkel: Vetternwirtschaft. – *Adlerorden:* der Schwarze Adlerorden, höchster preußischer Orden, 1701 von König Friedrich I. gestiftet. Hellblaues Kreuz mit vier schwarzen Adlern und der goldenen Namenschiffre FR, dazu orangefarbiges Band und auf der Brust getragener silberner Stern mit schwarzem Adler und der Devise: »Suum cuique« (lat.; »Jedem das Seine«). Der Rote Adlerorden, zweithöchster preußischer Orden, 1705 vom Erbprinzen Georg Wilhelm von Bayreuth als »Ordre de la sincérité« (franz.; »Orden der Aufrichtigkeit«) gestiftet, 1792 von Preußen

übernommen. Vier Klassen in etwa 40 Abstufungen und einem
Großkreuz.

275 *Denkmal auf dem Inselberg mit der Front nach Friedrichsrode oder
nach Wilhelmsrode:* Insel-Berg (916 m) am Nordwesten des Thüringer Waldes. – *das Goethesche ›Gefühl ist alles‹:* »Faust«, Erster Teil,
›Marthes Garten‹.

276 *pro patria mori:* »Dulce et decorum est pro patria mori« (Ruhmvoll
und süß ist es, für das Vaterland zu sterben), Horaz, »Oden« III, 2,
13. – *misera plebs* (lat.): das niedrige Volk.

277 *Mauerstraße:* nahe der Dessauerstraße. Vgl. HF I, 2, S. 817 (Vorbemerkung). – *Kremser:* Vgl. oben zu S. 13; s. auch »Von Zwanzig bis
Dreißig«, HF III, 4, S. 354 und Anm. – *Kegelspiel:* Vgl. Anm. zu S.
58. – *Alle Zitate . . . :* Zitate aus Gedichten und Dramen, vor allem von
Schiller (»Die letzten Vier vom 10. Regiment«), vgl. »Unterm
Birnbaum«, 5. Kap. (HF I, 1, S. 481); »Sechse treffen, sieben äffen«
aus der romantischen Oper »Der Freischütz« (1821) von Carl Maria
von Weber; »denn drei macht eins« aus Goethes »Faust«. Erster Teil,
›Hexenküche‹.

278 *Die Sieben vor Theben:* nach der griech. Sage (auch Drama von
Äschylus) von den »Sieben gegen Theben«: Die Brüder Eteokles und
Polyneikes sollten sich jährlich in der Herrschaft über Theben
abwechseln. Als E. seinem Bruder die Herrschaft verweigerte, zogen
Adrastos, Polyneikes, Tydeus, Amphiaros, Kapaneus, Hippomedon
und Parthenopaios gegen Theben, wurden jedoch geschlagen. Zehn
Jahre später rächten sich ihre Söhne. Vgl. auch Anm. zu S. 265 sowie
»Frau Jenny Treibel«, 6. Kap. (HF I, 4, S. 347 und Anm.).

279 *Wie Grummet . . . :* Vgl. Anm. zu S. 58.

280 *Raum, ihr Herrn, dem Flügelschlag einer freien Seele:* im 2. Teil der
»Gedichte eines Lebendigen« (1841/44) von Georg Herwegh (1817-
75): »Aus den Bergen«, heißen die beiden letzten Zeilen der 5.
Strophe des siebenstrophigen Gedichts: »Raum, ihr Herren, dem
Flügelschlag / Einer freien Seele!«. – *Der Freiheit eine Gasse:* aus
Theodor Körners (1791-1813) Gedicht »Aufruf« (1813) (N).

281 *Saatwinkel . . . Tegler See:* im Nordwesten von Berlin gelegen, an-
grenzend die Jungfernheide. – *»Ich weiß nicht was soll es bedeuten«:*
Anfang des berühmt gewordenen Gedichts aus Heinrich Heines
(1797-1856) »Buch der Lieder«, Teil »Die Heimkehr« (1823/24), mit
dem vielzitierten Schluß: »Und das hat mit ihrem Singen / Die Lorelei
getan.«

282 *Kierschners Theaterschule:* Eduard K. (1825-79) studierte zunächst
am Polytechnikum in Wien, ging dann aber zur Bühne und debütierte
1843 am Theater in der Josefstadt in Wien. Von 1844-71 am
Burgtheater und von 1871–76 artistischer Direktor des Berliner
Residenztheaters. Später, nachdem er in Wien eine Theaterakademie
geleitet hatte, Direktor der Theaterschule in Berlin, Königgrätzer Str.
4/III. F. hat einige Proben und Aufführungen dieser Schule in der

Vossischen Zeitung besprochen. Vgl. N XXII, 2, S. 771-774 und
Anm. (N). – *Suffitten* (franz.): Versatzstücke (u. a. Deckendekora-
tionsstück einer Bühne, Abschluß des Bühnenbildes nach oben). –
Theater-Suitiers: franz. Suite: Folge; hier: Schürzenjäger (Suitier:
Studentenwort der Goethezeit).

283 *Friedrich Wilhelm der Dritte:* 1770-1840, König von Preußen seit
1797. – *anno 31 an der Cholera:* Die asiatische oder epidemische
Cholera, u. a. in Ostindien verbreitet, trat 1831 zum ersten Male auch
als große Epidemie in Europa auf.

284 *Treptow:* Vorort im Süden Berlins an der Spree mit vielen Ausflugslo-
kalen. – *Figur wie Frau Dr. L.:* vermutlich Emma Lessing (gest.
1895), Ehefrau des Landgerichtsdirektors Dr. Carl Robert L. (1827-
1911), Haupteigentümer der Vossischen Zeitung, die »Freundin und
Gönnerin« F.s, von der er die Ehebruchsaffäre zu »Effi Briest«
erfahren hatte. Vgl. F.s Brief an Friedrich Spielhagen vom 21. Febr.
1896 (Auswahl Erler, Bd. 2, S. 384 und Anm.) – *wenn ich so die
Kreuze sehe...:* Vgl. oben zu S. 45.

285 *Mens sana...:* Vgl. S. 71 und Anm.

287 *Kaiser Mtesa:* In dem in Anm. zu S. 269 zit. Brief fährt F. fort:
».. . und mir ist immer wohl, wenn ich von 10 bis 3 Uhr nachts mit
meinem Freunde Stanley um den Viktoria-Nyanza-See herumfahre...« (vgl. auch HF I, 4, S. 82 und Anm.). In Ulgalla am Viktoria-
Nyanza-See residierte damals der wegen seiner Gastfreundschaft
geschätzte und für Neuerungen aufgeschlossene Kaiser Ugandas,
Mtesa, der 1871 zum Islam übertrat. – *v. Flemming:* Vgl. »Meine
Kinderjahre«, 6. Kap.: »Stiftung eines ›cercle intime‹, der eine etwas
merkwürdige Zusammensetzung hatte: Landrat von Flemming (Uradel), Rittergutsbesitzer von Borcke (dito), Apotheker Fontane.« (HF
III, 4, S. 58). – *Bedeutung des Gelb:* Vgl. »Meine Kinderjahre«, 4.
Kap. ».. . ganz besonders unschön aber war die schüttgelbe Farbe,
womit, wie der Flur, so auch alle Zimmer des Hauses gleichmäßig
gestrichen waren.« (HF III, 4, S. 38). – *Cimabue:* Cenni di Pepo, gen.
C. (1240-1302), italienischer Maler byzantinischer Stilrichtung. –
Buffalmaco: Beiname des Florentiner Malers Christofani Buonamico
(1300-51), in Boccaccios »Il Decamerone« erwähnt. – *Orcagna:*
Andrea di Cione, genannt Orcagna (gest. um 1378 in Florenz),
Bildhauer und Maler, Meister der florentinischen Frühkunst. Altar-
bild der Strozzi-Kapelle in Santa Maria Novella in Florenz (1357). –
Benozzo Gozzoli: auch Benozzo di Florentina (1420-97); u. a. die
Fresken in der Kapelle des Palazzo Medici in Florenz (1459-63) sowie
Szenen aus dem Alten Testament im Campo Santo in Pisa. – *Taddeo
Gaddi:* Florentiner Meister (um 1300-66), Fresken in Santa Croce in
Florenz. Ein Triptychon mit thronender Madonna im Museum in
Berlin. Zu allen obengenannten Malern vgl. F.s Aufzeichnungen zur
bildenden Kunst (HF III, 5). – *Heiterkeit des Katholizismus:* Vgl. F.
an seine Tochter am 19. Aug. 1889: »Wie unendlich überlegen ist uns

der Katholizismus auch auf diesem Gebiet; eine frische, freudige, gesunde Nonne ist etwas Herzerquickendes« (gegenüber den protestantischen »Pastoren-Ansäuslerinnen«); vgl. Familienbriefe, Bd. 2, S. 225.

288 *Lützen:* 16. Nov. 1632, Schlacht zwischen Gustav Adolf von Schweden und Wallenstein, in der Pappenheims (s. Anm. zu S. 258) Kürassiere eine Hauptrolle spielten; sowohl Pappenheim wie Gustav Adolf fielen.

289 *Yokuhama-Kaufmann:* Yokohama, große Hafenstadt auf der japanischen Insel Hondo. Großhandelszentrum.

290 *Ben Akiba hat recht:* »alles schon dagewesen«: Ben Joseph Akiba, berühmter jüdischer Gelehrter im 2. Jahrhundert nach Chr., der in gefahrdrohenden Situationen mit überlegener Weisheit angeblich das Wort geprägt hat: »Es ist alles schon dagewesen.« Häufig bei F., so auch anläßlich der Rezensionen von Karl Gutzkows Schauspiel »Uriel Acosta« (N); vgl. HF III, 2, Register. – *in der Giebelspitze befand:* Die Lage des Fensters in dem Giebeldreieck ist von F. mit ein paar Federstrichen umrissen. – *Stößer und Kohlenprovisor:* Vgl. »Meine Kinderjahre« 4. und 5. Kap.: »Denn er war schon viele Jahre lang ›Kohlenprovisor‹ und wußte Bescheid in allem«; »vorausgesetzt, daß nicht gerade der Kohlenprovisor an seinem Mörser stand und stampfte« (HF III, 4, S. 35 und 50). – *Cardamon:* von Indien und den Sundainseln stammendes Gewürz für Kuchen, Wurst und Likör. Auch Bestandteil einer appetitanregenden aromatischen Tinktur. – Dazu Notiz F.s: »*Allerlei Glück.* Johann – in Broses Diensten – glaubt nur an Hamburger Universal-Pflaster, muß es aber geheim halten, weil Brose sonst wütend wird« sowie Zeitungsausschnitt: »Hamburger Universal-Heil- und Fuß-Pflaster, mit welchem nächst Gott viel Menschen zu ihrer Gesundheit gebracht...« – *Xanten:* am Niederrhein, in der Nibelungensage Geburtsort Siegfrieds.

292 *Premier* (franz.) [-Leutnant]: Oberleutnant. – *Roué* (franz.; Goethezeit): Schwerenöter, Wüstling, Lebemann. – *v. Birch:* nach von Pirch, (S. 364) »Sidonie v. Borcke«. – *Torfinspektor:* Vgl. den F. unvergeßlichen Eindruck beim Umzug nach Swinemünde (»Meine Kinderjahre«, 3. Kap.; HF IV, 4, S. 31), als er »... ein weites Moor überblickte, drauf wie Indianerhütten... zahllose Torfpyramiden standen«. Vgl. »Der Stechlin«, 18. Kap. (HF I, 5, S. 177) und »Frau Jenny Treibel«, 2. Kap. (HF I, 4, S. 311). – *Swinemünder Figur:* Vgl. oben. – *Charles Robert Darwin:* 1809-82, Naturforscher und Begründer der Deszendenztheorie (Abstammungslehre), zu der auch der Begriff des *Atavismus* (Rückschlag, Wiederauftauchen von Eigenschaften entfernter Vorfahren) gehört. (»On the origin of species by means of natural selection« 1859, deutsch: »Die Entstehung der Arten durch natürliche Zuchtwahl«); seine Theorie wirkte revolutionär auf die Naturwissenschaft und auf das geistig-kulturelle Leben. Die Idee der »natürlichen Auslese« durch den »Kampf ums Dasein«, vor allem

aber die mißverstandene These, daß der Mensch vom Affen abstamme, waren heftig umstritten.

293 *Nordhäuser:* Vgl. zu S. 57.

294 *Konsul Schimmelpennig:* Name vielleicht nach dem bekannten niederländischen Staatsmann Schimmelpennink, den Napoleon I. zum Grafen erhoben hatte.

295 *Tiergarten:* Vgl. Anm. zu S. 71. – »*Poetensteig*«: Vgl. auch »Wanderungen«, ›Spreeland‹, ›In den Spreewald‹, ›Die Leber ist von einem Hecht‹: »Jeder kennt die langgestreckten Laubgänge, die sich unter dem Namen ›Poetensteige‹ in allen altfranzösischen Parkanlagen vorfinden« (HF II, 2, S. 462) sowie »Der Stechlin«, 1. Kap. (HF I, 5, S. 14 und Anm.). – *Hofjäger:* Gartenwirtschaft bei der Fasanerie im ehemaligen Hofgarten; vgl. F.s Gedicht »An Chevalier Karl Zöllner« (HF I, 6, S. 466 und Anm.). – *Großer Stern:* am Schnittpunkt von Hofjäger-Allee und Pferdebahn nach Charlottenburg im Tiergarten. – *Sture, Königin Eleonore:* Zusammenziehung von Gestalten aus den Balladen »Königin Eleonorens Beichte« und »Waldemar Atterdag« (HF I, 6, S. 51 und 176). – *Thyra:* nach Thyra Danebod, vgl. die Balladen »Nordische Königsnamen« und »Gorm Grymme« (HF I, 6, S. 167 und 169); dänisch ist auch der Name Brah (s. zu S. 258). – »*Korso-Schilderung*«: eine derartige »Korso-Schilderung» hat F. 1860 für die »Neue Preußische (Kreuz-)Zeitung« verfaßt; vgl. »Unterwegs und wieder daheim« (N XVIII, S. 471).

297 *All the parfumes* [richtig: perfumes] *of Arabia...*: Shakespeare, Macbeth V, 1. – Percy Bysshe *Shelley:* 1792-1822, Dichter der engl. Romantik. – George Gordon Noel Lord *Byron:* 1788-1824, Hauptvertreter der engl. Romantik. (Übertragungen ins Deutsche von Otto Gildemeister; vgl. Anm. zu S. 253). Das dramatische Gedicht »Manfred« erschien 1816. Vgl. F. am 11. April 1881 über den Schauspieler Rossi: »Er wird ... an allem scheitern, was eine mehr prophetisch geartete Kunst erst erfühlen und erdenken soll: an Hamlet, Manfred, Faust«. S. auch »Die Poggenpuhls«, 7. Kap. (HF I, 4, S. 519 und Anm.)

298 *Mariage* (franz.): Heirat. Name eines dem Sechsundsechzig ähnlichen Kartenspiels.

299 *Christuskirche... Paulus Cassel:* Paulus Stephanus Selig Cassel, 1821-92, zum Protestantismus übergetreten, seit 1859 in Berlin, nahm 1867 nach Ablehnung seiner Wiederwahl für den Wahlkreis Teltow-Beeskow-Storkow in das preußische Abgeordnetenhaus eine Predigerstelle an der Christuskirche an; Verfasser zahlreicher Schriften. F. charakterisiert ihn in »Effi Briest« durch den Ausspruch Effis: »Er predigt ganz gut und ist ein sehr kluger Mann ... und wenn er dann so laut spricht und herumficht und seine schwarzen Locken schüttelt, dann bin ich aus meiner Andacht heraus« (HF I, 4, S. 266). – *Imperturbabel* (lat.): unverwirrbar. – *Geschichte vom Tod des kleinen Blomberg:* Vgl. »Von Zwanzig bis Dreißig«, ›Der Tunnel über der

Spree‹, 5. Kap., über das »Tunnel«-Mitglied Hugo von Blomberg
(Tunnelname: Maler Müller): »Zärtlicher Vater, der er war ... und
bei den Springübungen, die gemacht wurden, sprang der Junge über
einen Tisch fort und fiel ... in einen Stachelbeerstrauch. Ein kleiner
Dorn drang ihm unter dem Auge ein, genau die Stelle treffend, von
der es im Volksmund heißt: ›da sitzt das Leben‹. Der Vater zog den
Dorn heraus, eine Verletzung war kaum zu sehen ... In der Nacht
stellten sich Schmerzen ein, auch Fieber ... ging Blomberg in aller
Frühe mit dem Kinde zum Arzt. Dieser ... sagte: ›Lieber Blomberg,
Ihr Junge muß sterben ...‹ Und so kam es.« (HF III, 4, S. 390 f.) –
Dom: am Lustgarten, 1747 erbaut und 1816/17 restauriert. An seiner
Stelle wurde in den Jahren 1894-1905 von Julius Raschdorf der Neue
Dom errichtet, darin die Hohenzollerngruft mit 87 Särgen. – *Borus-
sismus:* engstirniges Preußentum und chauvinistische Preußenver-
herrlichung hat F. zeitlebens heftig kritisiert. Vgl. z. B. den Brief an
Wilhelm Hertz vom 6. Juni 1897 (HF IV, 4, S. 652).

300 *Thomas:* Den Prediger bei St. Thomas, Hübner, kannte F. über seinen
Schwager Sommerfeldt. – *Gustav-Adolf-Verein:* 1882 zur Unterstützung evang. Gemeinden in kath. Ländern gegründet. – ›*Meister vom
Stuhl‹:* höchster Grad in den Freimaurerlogen; in der Johannis-Loge
zur Beständigkeit hatte ihn das »Tunnel«-Mitglied Dr. Adolf Wied-
mann, Tunnelname: Macchiavelli, inne; vgl. »Von Zwanzig bis
Dreißig«, ›Der Tunnel über der Spree‹ (HF III, 4, S. 316). –
Ottaverimen: Ottaverima(e), italienische Strophenform, als »Stan-
ze« auch in der deutschen Dichtung weit verbreitet. Strophenform
aus acht Versen mit durchgehenden weiblichen Endreimen. Reim-
schema: ab ab ab cc.

301 *Dr. Meyer in Forsteck:* Dr. h. c. Adolf Meyer (1822-89); vgl. Anm.
zu S. 254. – *Brah-Haus:* Hierzu Handskizze im Manuskript:

304 *vor beinah 30 Jahren im Grunewald:* In »Von Zwanzig bis Dreißig«,
›Mein Leipzig lob' ich mir‹, 6. Kap., erzählt F. von seinem Schul-
schwänzen mit »regelmäßigem Abpatrouillieren von Grunewald und

Jungfernheide« (HF III, 4, S. 284). –*Rildower Wiese:* Vgl. ebendort
(über Schulexkursionen): »und am liebsten nach Britz und der
Rudower Wiese hin . . .« (HF III, 4, S. 283). »Rildower«: Lesefehler
Petersens?. – *Distelmeiers Lieder:* Vgl. auch HF I, 6, S. 807 und Anm.

307 *Unverdorben hat zwanzig Alkaloide entdeckt:* Alkaloide = organi-
sche Basen, die in bestimmten Pflanzen enthalten sind und Wirkun-
gen auf das Zentralnervensystem haben. Einige sind stärkste Gifte
und gleichzeitig wertvolle Heilmittel (Opiumalkaloide, Morphium,
Kokain, Mutterkorn, Thebarin, Strychnin, Akonitin, Atropin, Chi-
nin). – *Sidonie:* so auch der Name der Hauptfigur des Fragments S.
328 ff.; vgl. auch »Effi Briest«, 9. und 19. Kap. (HF I, 4, S. 66 und
153). – *Turandot:* Vgl. Graf Carlo Gozzi (1722-1806), ital. Lustspieldichter: »Turandot, Prinzessin von China« (1802 Bühnenbearbeitung
von Schiller). Das Zitat stammt aus dem II. Akt, 4. Szene und wird
von F. öfter verwendet; vgl. »Ein Sommer in London«, ›Richmond‹
(HF III, 3/I, S. 55). – *Regemünde:* für Swinemünde, vgl. S. 292. –
Giacomo *Antonelli:* 1806-76, Staatssekretär Pius IX., seit 1847 Kardinal. F. erwähnt seinen Ausspruch auch in der Rezension von Philippe
Dumanoirs Lustspiel »Les femmes terribles«, Aufführung vom
30. März 1878 (N XXII 3, S. 186 und Anm.). – *pièces de résistance*
(franz.): Hauptstücke. – »*Sehen Sie, die Verhältnisse machen den
Menschen«:* dazu Aufzeichnung F.s auf einem Zettel (Deutsches
Literaturarchiv, Marbach): »Ein schwacher, liebenswürdiger Charak-
ter, der zuletzt im Landarmenhause getroffen wird: [›] die Verhältnisse machen den Menschen.‹« – An seinen Schwager Weber schreibt F.
am 29. Aug. 1874: »Das Leben hat mich gelehrt, daß alles auf die
Menschen ankommt, nicht auf die sogenannten Verhältnisse. Die
Menschen, in 99 Fällen von 100, machen diese.« (Familienbriefe Bd.
I, S. 231)

309 *shutters* (engl.): Rolläden.

310 *Seraphine:* »Von Zwanzig bis Dreißig«, ›Mein Leipzig lob’ ich mir‹, 5.
Kap.: ». . . erhielt den Namen Philippine, Seraphine wäre vielleicht
richtiger gewesen, denn man merkte, daß es eines Kindes Kind war«
(HF III, 4, S. 272). – *Beowulf:* altenglisches Heldengedicht in
Stabreimversen (8. oder 9. Jahrhundert), vermutlich aus der Feder
eines gelehrten Mönchs nach lateinischem Vorbild (Äneis); in einer
Handschrift des 10. Jahrhunderts das älteste erhaltene größere
Denkmal germanischer Sagendichtung: Beowulf, der im Dänenlande
zwei Wasserunholde überwindet und im Kampf mit einem Drachen
tödlich verwundet wird.

311 *Briefe Karls aus England:* Der England-Aufenthalt des »Helden« Karl
sollte breiter ausgeführt werden, dafür sprechen auch kurze Aufzeichnungen auf einem Blatt mit der Überschrift »Neuer Roman
(II)«: »Jugendgeschichte, Politische Konflikte. Gefangenschaft. Befreiung (mit Details). Flucht über Oranienburg, Gransee etc. ins
Mecklenburgische bis Rostock (mit allen Details). Gesinnungsgenos-

sen. Zu Schiff. England. Leben in England (dies dann ein besonderer
Abschnitt).«
313 *Fräulein v. Zülows Schule:* Privatschule (Kochstraße 73), die F.s
Tochter Mete besuchte. – *die Tempelstufen nun oft genug herunter-
gestiegen . . . Deklamierung des Parzenliedes:* Goethe, »Iphigenie auf
Tauris«, I, 1 und IV, 5.

ONKEL GEHEIMRAT

Entstehungszeit: vermutlich 1877. – *Erstdruck:* HF I, 5, 1. Auflage 1966,
S. 718.
Textgrundlage: Originalmanuskript Deutsche Staatsbibliothek, Berlin
(Theodor-Fontane-Archiv, Potsdam).
Zur Entstehung: unmittelbar nach Richard Lucaes Tod am 26. Nov. 1877
regte F. Paul Lindau an, in seiner Zeitschrift »Nord und Süd« ein
Lebensbild des Verstorbenen zu bringen; der Vorschlag wurde nicht
verwirklicht, doch ist es vorstellbar, daß der vorliegende Entwurf aus
diesem Zusammenhang stammt.

313 *Charakterbild Lucaes:* Richard L. (1829-77), Berliner Architekt, seit
1873 Direktor der Berliner Bauakademie; Mitglied des »Tunnel über
der Spree«, des »Rütli« und der »Ellora« und daher mit F. gut
bekannt. Vgl. den Abschnitt über ihn in F.s »Von Zwanzig bis
Dreißig«, ›Der Tunnel über der Spree‹, 3. Kap. (HF III, 4, S. 347-353
und Anm.). Vgl. F.s Eintrag in sein Tagebuch 1866 bis 1882 für das
Jahr 1877: »Ende November starb unser theurer Richard Lucae nach
schrecklicher und theils auch schmerzhafter Krankheit. Im Ganzen
genommen paßten wir nicht zusammen. L. hatte ein starkes Bour-
geoisgefühl, das er nicht los werden konnte, und zum Theil (und wie
ich einräume mit *halbem* Recht) auch nicht los werden wollte. Er war,
mit all seinen Gaben, doch eine ›conventionelle Natur‹. Mit dieser
Bemerkung traf Heyden den Nagel auf den Kopf. Aber Bourgeois
oder nicht, er war ein Mann von seltener Lauterkeit der Gesinnung.
Es war nichts Kleines und Gemeines an und in ihm und er hatte die
hohe Tugend neidlos zu sein, immer das Beste zu glauben und seinen
Gegnern (eigentliche Feinde *konnte* er nicht haben) Gutes zu thun. Er
folgte dabei nicht einem erhabenen, angequälten Grundsatz, sondern
seinem Temperament, was schließlich doch das Beste und Sicherste
bleibt. Wir haben alle viel an ihm verloren.« (N) – *becóurt:* faire la
cour (franz.) – jmd. die Cour machen, den Hof machen, umwerben.

DIE BEKEHRTEN

Entstehungszeit: nicht vor 1878. – *Erstdruck:* Theodor Fontane: Vier
epische Entwürfe. Herausgegeben und kommentiert von Joachim Krueger.
In: Fontane-Blätter, Bd. 3, Heft 7, S. 485-502; bes. S. 488 f.

Textgrundlage: Originalmanuskript Deutsche Staatsbibliothek, Berlin (Theodor-Fontane-Archiv, Potsdam).
Zur Entstehung: Krueger schreibt a. a.O., S. 494 f. »Der Entwurf veranschaulicht *eine* Station, die Fontane auf dem Weg vom Mitarbeiter der ‚Kreuz-Zeitung‘ zum Theaterkritiker der ‚Vossischen Zeitung‘ passieren mußte, um später – zumal in den neunziger Jahren – ideologisch und politisch jeden Gedanken an ein Zusammengehen mit dem (Land-)Adel von sich zu weisen und zugleich eine kritische Haltung zur Bourgeoisie einnehmen zu können.

. . .

Der Entwurf wirkt wie ein Schema, in dem zwei ideologische und politische Richtungen und ihre Vertreter einander gegenüberstehen. Die beiden Hauptpersonen sind kurz skizziert, die Nebenpersonen nur aufgezählt. Worin die Handlung bestehen soll, erfahren wir nicht, lediglich, zu welchem Ergebnis sie führen soll. Ob die Personen mehr als Sprecher einer politischen Strömung sein werden, könnte erst die Ausführung des Entwurfs zeigen.

Es muß sich bei dem Entwurf, der einen Umfang von vier Blatt hat, um die erste flüchtige Niederschrift handeln, denn auf demselben Blatt werden die Herren von Holzenbeck erst als Vettern, dann als Brüder bezeichnet. Wenn nicht der Hauptteil des Entwurfs, so ist jedenfalls das auf Blatt 3 Hinzugefügte frühestens Ende 1878 geschrieben. Das ergibt sich aus dem Hinweis auf das Sozialistengesetz. Im übrigen setzt die auf dem ersten Blatt gebrauchte Bezeichnung ›Neuer Roman‹ voraus, daß mindestens der erste Roman abgeschlossen war oder kurz vor dem Abschluß stand. Da nun die Arbeit an ‚Vor dem Sturm‘ im April 1878 beendet wurde, kann der Hauptteil des Entwurfs zu ‚Die Bekehrten‘ nicht vor 1878 entstanden sein.«

314 George *Washington:* 1732-99, Oberbefehlshaber der nordamerikanischen Armee im Unabhängigkeitskrieg 1775-83; erster Präsident der USA. – George *Peabody:* 1795-1869, englisch-amerikanischer Philantrop. F. nennt ihn in seinem Brief an Alexander Gentz vom 19. Jan. 1874 den »selbstsuchtlosen, menschenbeglückenden Peabody« (HF IV, 2, S. 449). – Friedrich August Ludwig von der *Marwitz:* 1777-1837, preußischer General und Politiker, Gegner Hardenbergs. Er gab das historische Vorbild für Berndt von Vitzewitz in »Vor dem Sturm« ab, s. a. »Wanderungen«, ›Oderland‹, ›Schloß Friedersdorf‹ (HF II, 1, S. 763 ff.). In einem Brief an Emilie vom 12. Aug. 1882 bezeichnete er Marwitz als seinen »Liebling«, den er trotzdem nicht glorifiziert habe (HF IV, 3, S. 298). – *Reichstag:* nicht der des Norddeutschen Bundes, der am 24. Febr. 1867 in Berlin eröffnet wurde, sondern der des Deutschen Reiches, der dort am 21. März 1871 zuerst zusammentrat. – *Mittelkurs:* Vgl. F. an Emilie Zöllner am 7. Okt. 1875: »›Einige glauben an Gott, andre *nicht:* die Wahrheit wird wie immer in der Mitte liegen‹ – so eröffnete ein alter Professor sein Colleg; ich

schließe mit diesem Weisheitsspruch.« (HF IV, 2, S. 512). – *Attenta-te:* auf Wilhelm I., am 11. Mai 1878 der Klempnergeselle Max Hoedel und am 2. Juni 1878 der Landwirt und Anarchist Dr. Karl Nobiling. Die Attentate nahm Bismarck zum Vorwand, um das Sozialistenge-setz (unten) durchzubringen. F. am 5. Juni 1878 an seine Tochter: »Über Dr. Nobiling verbreit' ich mich nicht: die Zeitungen bringen alles, was sie wissen und nicht wissen. Von letzterem am meisten. [...] Übrigens ist Berlin schon wieder fidel« (HF IV, 2, S. 582). Am 11. Juni 1878: »... nachdem nun Attentat und Sommer da sind und alle Welt nur an Nobiling und Karlsbad etc. denkt« (Briefe an Wilhelm und Hans Hertz, S. 190). – *Heinrich von Treitschke:* 1834-96, Historiker und Publizist. Gegner der Sozialdemokratie und Antisemit, lehrte seit 1874 als Professor an der Berliner Universität. Zu Anfang seiner Tätigkeit als Publizist hatte Treitschke liberale Auffassungen vertreten. – *Maigesetze:* Vgl. Anm. zu S. 46. – *Sozialistengesetze:* Das »Gesetz gegen die gemeingefährlichen Be-strebungen der Sozialdemokratie« vom 21. Okt. 1878, das bis 1890 in Kraft blieb.

SO ODER SO

Entstehungszeit: 1877/78? – *Erstdruck:* Theodor Fontane: Vier epische Entwürfe. Herausgegeben und kommentiert von Joachim Krueger. In: Fontane-Blätter, Bd. 3, Heft 7, S. 485-502; besonders S. 489-491.
Textgrundlage: Originalmanuskript Deutsche Staatsbibliothek, Berlin (Theodor-Fontane-Archiv, Potsdam).
Zur Entstehung: Krueger schreibt a. a. O., S. 495: »Der dritte Entwurf, ,So oder so?', kreist um zwei bei F. oft wiederkehrende Themen: die gesell-schaftliche Stellung der Schriftsteller (speziell Fontanes eigene Lage) und die Glücksproblematik.

Daß der Schriftsteller im Preußen/Deutschland der zweiten Hälfte des 19. Jahrhunderts ungenügend geachtet, wenn nicht gar gering geschätzt wird und daß er in mehr oder minder schlechten wirtschaftlichen Verhält-nissen lebt, darüber hat sich Fontane vor allem in seinen Briefen und in einem Aufsatz bzw. in Aufzeichnungen geäußert. Daß Fontane selbst von diesen Mißständen (von den letzten beiden Lebensjahrzehnten abgesehen) hart genug betroffen war, beklagt er in vielen Briefen, insbesondere in denen an Mathilde von Rohr und Georg Friedlaender. Sie sind bekannt, und es ist nicht nötig, hier daraus zu zitieren, um zu belegen, daß verschiedene Gedanken aus diesem Problemkomplex in ,So oder so?' eine Rolle spielen.

Aufmerksam zu machen ist jedoch auf dies: In ,So oder so?' tritt der bei Fontane immerhin seltene Fall ein, daß Lebensfragen eines Schriftstellers zum Gegenstand der Dichtung werden.«

315 *haut en bas* (franz.): von oben herab, verächtlich. – F. schreibt:
»haute«. – Vgl. an Wilhelm Hertz am 18. Febr. 1875: »aber dies de
haut en bas ist immer beleidigend und genau das, was ich weder im
Leben noch in der Kritik ertragen kann« (HF IV, 2, S. 493).

316 »*Befiehl Du Deine Wege*«: Kirchenlied (1656) von Paul Gerhardt
(1607-1676). F. schätzte Gerhardts Lieder hoch. Vgl. »Wanderungen«, ›Spreeland‹, ›Mittenwalde‹ (HF II, 2, S. 704 f.); s. auch F. an
Mathilde von Rohr vom 30. Nov. 1876: »Das ‚Frühlingslied‘ von
Uhland oder eine Strophe von Paul Gerhardt ist mehr wert als 3000
Ministerial-Reskripte« (HF IV, 2, S. 549). – Matthias *Claudius:*
1740-1815, Pseudonym »Wandsbecker Bote«, Lyriker und Prosaist. –
Gottfried August *Bürger:* 1747-94, dessen »Lenore« F. stark beein-
druckte und auf den er sich häufig beruft; vgl. S. 151. – *Dich
einreihen:* hier: sich den Erfordernissen der Entwicklung der Gesellschaft anpassen. In diesem Sinne verwendet F. den Ausdruck z. B. zur
Unterscheidung zwischen Stadt- und Landadel in einem Brief an
Friedlaender vom 2. Sept. 1890; »Der Stadtadel, der entweder ein
Beamten-, Militär- oder wohl gar Kunst- und Wissenschaftsadel ist,
ist Beamter, Militär etc. und reiht sich ein, dann und wann zeigt er
noch mal Nücken, aber das ist nicht schlimm. Der eigentliche Adel . . .
ist der Landadel und so sehr ich gerade diesen liebe . . . so ist mir doch
immer mehr und mehr klar geworden, daß diese Form in die moderne
Welt nicht mehr paßt« (HF IV, 4, S. 60). – *als wir vor dem Feinde
standen:* Gemeint sind wohl die Kriege von 1866 und 1870/71. –
Tyrtäus (Tyrtaios): griechischer Dichter des 7. Jahrhunderts v. Chr.,
der durch seine Elegien die Spartaner zum Kampf für die Heimat
ermutigt haben soll. – In einem (wie F. selbst sagt) »hübschen,
kleinen Aufsatz«, den Otto Franz Gensichen unter dem Titel »Der
Dichter der Mark« (in: Der Salon für Literatur, Kunst und Gesellschaft. [Jg.] 1876, Bd. 2, S. 940) veröffentlichte, wird F. »ein
moderner Tyrtäus« genannt, weil er »die jüngsten Waffentaten der
deutschen Heere« verherrlicht habe. – F.s Urteil über diesen Aufsatz
von O. F. Gensichen ist seinem Brief an Franz Lipperheide vom
21. Dez. 1881 entnommen (HF IV, 3, S. 171).

NEUER ROMAN

Entstehungszeit: Anfang 1878? – *Erstdruck:* Theodor Fontane: Vier
epische Entwürfe. Herausgegeben und kommentiert von Joachim Krueger.
In: Fontane-Blätter, Bd. 3, Heft 7, S. 485-502; bes. S. 491 f.
Textgrundlage: Originalmanuskript Deutsche Staatsbibliothek, Berlin
(Theodor-Fontane-Archiv, Potsdam).
Zur Entstehung: Krueger schreibt a. a. O., S. 497: »Aus dem vierten
Entwurf können wir entnehmen, daß Fontane einen Roman plante, in dem
ein Knabenleben geschildert werden sollte. Der Entwurf führt uns in eine

Welt der Bedrücktheit und des physischen und moralischen Unvermögens. Ähnlich wie in ‚Mathilde Möhring' wird der Versuch unternommen, Armut und Mangel, kleine und erbärmliche Verhältnisse zu überwinden oder sich doch als Mensch in ihnen und gegen sie zu behaupten. Wie dieser Versuch im ganzen ausgehen wird, läßt sich nicht sagen, da nur drei Episoden geschildert werden: eine verträumte Fahrt auf der Außenalster, die mutige Etablierung als Maler und schließlich die bespöttelte und mit Undank belohnte Rettung zweier Menschen.

Der Entwurf, der nur vier Blatt umfaßt, besteht z. T. aus skizzenhaften Andeutungen, geht aber z. T. auch in genauere Ausführung über. Leider bietet der Inhalt keine Anhaltspunkte, um den Entwurf zu datieren. Wie bei ‚Die Bekehrten' darf man die Bezeichnung ›neuer Roman‹ wohl so deuten, daß, als der Entwurf entstand, mindestens ein Roman vorlag bzw. beinahe vollendet war. D. h. der Entwurf dürfte frühestens nach Abschluß der Arbeit an ‚Vor dem Sturm' (Frühjahr 1878) oder kurz zuvor zu Papier gebracht sein.«

317 *Außenalster:* Seenartige Aufstauung der Alster in Hamburg. – *Uhlenhorst:* Stadtteil von Hamburg.

WIR HALTEN ZUSAMMEN

Entstehungszeit: um 1878? – *Erstdruck:* HF I, 5, 1. Auflage 1966, S. 713 f. *Textgrundlage:* Originalmanuskript Deutsche Staatsbibliothek, Berlin (Theodor-Fontane-Archiv, Potsdam).

318 *Hugo, Lais, Esmeralda:* Die seltsamen Namen (Lais sogar aus der Hetärensphäre geholt) sollen wohl die Absonderlichkeit dieser Lebenskünstelei unterstreichen. – *Grand chaîne und Chaine anglaise:* die Chaîne (franz.) = Kette; eine Tanztour im Kontertanz, am bekanntesten als Grande chaîne, bei der sich Tänzerinnen und Tänzer abwechselnd im Weiterschreiten die Hand geben.

320 *Majorswitwe von allerbürgerlichstem Namen:* Diese Gestalt tritt abgewandelt in »Die Poggenpuhls« (HF I, 4, S. 479) wieder auf. – *Königin Pomare:* Name der Fürsten und späteren Königsfamilie von Tahiti; die letzte eingeborene Königin wurde nach Erklärung des ganzen Archipels zur französischen Kolonie 1843 abgesetzt. Vgl. Heinrich Heines Gedicht »Pomare« (1846), 1. Buch: Historien, Pomare (1): »Majestät in jedem Schritte ...«. – *Königin Elisabeth:* Gemeint ist wahrscheinlich die durch Schillers »Maria Stuart« in die deutsche Literatur eingegangene Königin Elisabeth I. (1533-1603), seit 1558 Königin von England. – *armen Ritter:* in Teig gebackene Weißbrotschnitten.

IMMER GLEICH

Entstehungszeit: um 1878? – *Erstdruck:* HF I, 5, 1. Aufl. 1966, S. 745.
Textgrundlage: Originalmanuskript Deutsche Staatsbibliothek, Berlin
(Theodor-Fontane-Archiv, Potsdam).

321 *Leone Leoni, ... George Sand... Alfred de Musset:* George Sand,
eigentl. Aurore Baronin Dudevant, geb. Dupin (1804-76), war mit
dem Dichter Alfred de Musset (1810-57) eng befreundet, später auch
mit Frédéric Chopin (1810-49). Auf ihren Roman »Leone Leoni«
(1834) spielt F. wegen des Namensklanges öfter an.

DIE GESCHICHTE DER FRAU V. M., SPÄTRE G. R. ST.

Entstehungszeit: um 1878? – *Erstdruck:* HF I, 5, 1. Aufl. 1966, S. 715-718.
Textgrundlage: Originalmanuskript Deutsche Staatsbibliothek, Berlin
(Theodor-Fontane-Archiv, Potsdam).

322 *Frau v. M., spätre G. R. St.:* Gemeint ist Auguste von Massow, geb.
Freiin von Canitz (1822-1904), die Witwe des Ministers Ludwig von
M. (1794-1859), die 1868 Ferdinand Stiehl (1812-1878) geheiratet
hatte. Stiehl war von 1844-1872 zuständig für Volksschul- und
Seminarfragen im preußischen Kultusministerium. In »Von Zwanzig
bis Dreißig« schreibt F. über die Wiederverheiratung der Frau von
Massow: »Stiehl heiratete später eine Frau v. M.; *er* Witwer, *sie*
Witwe. Die Partie wurde viel beredet, denn sie, die Dame, war der
Typus der Vornehmheit, was man von ihm nicht sagen konnte.« (HF
III, 4, S. 423). – *Steinhöfler Lokalität:* das Gut Steinhöfel im Lande
Lebus östlich von Berlin, lange Zeit im Besitz der Familie von
Wulffen; 1774 kaufte es die Familie von Massow. Vgl. »Wanderun-
gen«, ›Das Oderland‹, ›Steinhöfel‹: »Am 11. Jan. 1854 erkrankte er
[Generalleutnant Valentin von Massow], am 18. entschlief er als ein
ernster und gläubiger Christ. – Auf dem Kirchhof zu Steinhöfel ruht
er und ein Granitstein gibt die Daten seines Lebens und Todes. Er war
nie vermählt« (HF II, 1, S. 972). Die Schilderung des Begräbnisses
sollte vermutlich die Erzählung F.s einleiten.- *Chambre ardente:*
schwarz ausgeschlagenes Zimmer mit Kerzenbeleuchtung. – *Das
Gewächshaus. Die tropische Luft:* Vgl. dazu »L'Adultera«, ›Unter
Palmen‹ (HF I, 2, S. 75 ff.). Das vorliegende Fragment könnte in
manchen Punkten als Vorläufer zu diesem Roman aufgefaßt werden;
vgl. z. B. auch die Bemerkungen über das Glück (». . . ihr vergange-
nes Leben . . . Es war nicht unglücklich, nur auch nicht glücklich. Und
vielleicht ist das das Schlimmste«) mit dem Gespräch zwischen
Melanie van der Straaten und Rubehn (HF I, 2, S. 89). – *un vrai
gentilhomme* (franz.): ein wahrer Edelmann.

EIN IDYLL

Entstehungszeit: September 1878. – *Erstdruck:* HF I, 5, 1. Auflage 1966, S. 819.
Textgrundlage: Originalmanuskript Deutsche Staatsbibliothek, Berlin (Theodor-Fontane-Archiv, Postdam). Es trägt folgende Notizen F.s:

	Von Kiel 5.40		*Über Hamburg*
	In Lübeck 7.		Von Kiel 7.15
	von Lübeck 7.20		In Berlin 4.53
6.20	In Büchen 8.30		4.45
2.58	Von Büchen 8.57		4.53
9.18	In Berlin 2.58		9.38

Zur Entstehung: F. hatte Ende Sept. 1878 einige Tage in Haus Forsteck zugebracht und dort auch Klaus Groth kennengelernt; vgl. seine Briefe an die Tochter Mete vom 21., 25. und 26. Sept. 1878 (Briefe Bd. 2, S. 17-20), in denen er mitteilt, daß er am Sonnabend gegen 3 Uhr in Berlin wieder eintreffe, was exakt mit seinen Notizen aus dem Fahrplan (s. u., Textgrundlage) übereinstimmt. Die Datierung des Erstdrucks (1884?) ist zu korrigieren.

324 Klaus Johann *Groth,* 1819-99, bedeutendster Mundartdichter Schleswig-Holsteins (»Quickborn«, 1853, 2. Teil 1871), seit 1866 Prof. f. dtsch. Sprache in Kiel; von F. außerordentlich geschätzt, vgl. das Gedicht »An Klaus Groth« (HF I, 6, S. 325 und Anm. dazu). – *Das 2. Bataillon 85er:* In Kiel lag ein Bataillon des Infanterie-Regimentes Herzog von Holstein (Holsteinsches) Nr. 85. – *Abbotsford:* ehemals Wohnsitz von Sir Walter Scott; F. hatte die Stätte anläßlich seiner Schottlandreise 1858 besucht. Vgl. »Jenseit des Tweed«, ›Abbotsford‹ (HF III, 3/I, S. 389 ff.) und das Gedicht »Walter Scotts Einzug in Abbotsford« (HF I, 6, S. 159 und Anm.). »Romanze in Stein u. Eisen« klingt an den Ausspruch Scotts an, sein selbsterrichtetes Wohnhaus in Abbotsford sei eine »Romanze in Stein und Mörtel«.

DER FLÖTENSPIELER

Entstehungszeit: 1878/79? – *Erstdruck:* HF I, 5, 1. Auflage 1966, S. 718-722.
Textgrundlage: Originalmanuskript (Schiller-Nationalmuseum, Marbach).

324 *Die Kiste kommt an:* Anklänge an »L'Adultera«, in welchem Werk wohl auch dieser Entwurf aufging. Vgl. HF I, 2, S. 139: »... trug eine

mittelgroße Kiste herein...«. – *Prinzessin Friedrich Karl:* Maria Anna (geb. 1837), Tochter des Herzogs Leopold Friedrich von Anhalt, Gemahlin des Prinzen Friedrich Karl von Preußen (vgl. Anm. zu S. 468). – *Königin von Sachsen:* Carola (geb. 1833), Tochter des Prinzen Gustav von Wasa, Gemahlin König Alberts von Sachsen. – *Erbuhr:* Auch F. erbte die alte Familienuhr; vgl. HF I, 4, S. 348 und Anm. – *in den drei verschiedenen Schlitten:* Vgl. die Schlittenfahrt in »Effi Briest«, 18. Kap. (HF I, 4, S. 148). – *Graf Sorma:* wohl nach der schlesischen Grafenfamilie Saurma. – *Hohenlohe:* Vgl. auch »Der Stechlin«, 10. Kap. (HF I, 5, S. 102 und Anm.).

327 *der alte Fritz:* Friedrich II. (1712–86), spielte Flöte und hat vier Flötenkonzerte sowie 121 Flötensonaten komponiert. – *das Bild:* »Flötenkonzert König Friedrichs II. in Sanssouci« (1852) von Adolph Menzel (1815–1905).

328 *Boule-Uhr:* benannt nach dem französischen Kunsttischler André Charles Boule (1642–1732), durch den die Marketerie (Verzierungsart) zur höchsten Vollendung geführt wurde.

WIEDERGEFUNDEN

Entstehungszeit: um 1880? – *Erstdruck:* HF I, 5, 1. Auflage 1966, S. 722–732.
Textgrundlage: Originalmanuskript (Amerika-Gedenkbibliothek, West-Berlin).

330 *Mesalliance* (franz.): Mißheirat. – *Eine Figur herausgreifen, die einige Ähnlichkeit mit ihrem späteren Schicksal hat:* F. wendet diesen Kunstgriff z. B. in »L'Adultera« (HF I, 2, S. 78 und 92 ff.) und in »Irrungen, Wirrungen« (HF I, 2, S. 405) an. – *Burgstraße:* in der Burgstraße Nr. 18 hatte von 1828 bis 1835 F.s Onkel August und seine Frau Philippine gewohnt, die F. während seiner Berliner Schulzeit aufgenommen hatten. Vgl. »Von Zwanzig bis Dreißig«, ›Mein Leipzig lob' ich mir‹, 6. Kap. (HF III, 4, S. 275 ff.) – *Blick auf den alten Schloßflügel gegenüber:* Vgl. F.s Beschreibung der Wohnung von Onkel August in »Von Zwanzig bis Dreißig«: »Das unter Umständen als Repräsentationsraum dienende größere Zimmer wurde wenig benutzt... An Sommerabenden lagen wir hier im Fenster und sahen die Spree hinauf und hinunter. Es war mitunter ganz feenhaft...« (HF III, 4, S. 278 f.).

331 *King-Charles-Hund:* Schoßhund, benannt nach Karl I. (1600–49), 1625 König von England. – *»Königin Eleonorens Beichte«:* Vgl. oben Anm. zu S. 295.

332 *Pomaré:* Vgl. oben Anm. zu S. 320. – *Fr. W. III.:* Vgl. Anm. zu S. 283 – *Airs* (franz.): Aussehen, Haltung.

333 *»Ich war seine Puppe«:* F. über Ibsens »Nora«: ». . . sie sieht, daß ihre
Ehe keine richtige Gemeinschaft, sondern daß sie nur ihres Mannes
Puppe war, die seinen Sinnen und seiner Eitelkeit schmeichelt.« (HF
III, 2, S. 797). Im 24. Kapitel von »Irrungen, Wirrungen« spricht
Botho von Rienecker seine Frau Käthe mit »Puppe, liebe Puppe« an,
und ihre Entgegnung ist nichts als der oberflächlich-vordergründige,
gleichwohl ›bedeutende‹ Revers zum Thema von Ibsens Drama:
»Puppe, liebe Puppe, das sollt ich eigentlich übelnehmen, Botho.
Denn mit Puppen spielt man. Aber ich nehm es nicht übel, im
Gegenteil. Puppen werden am meisten geliebt und am besten behan-
delt. Und darauf kommt es mir an.« (HF I, 2, S. 466). – *bon sens*
(franz.): gesunder Menschenverstand.

334 *Lady Milfort* (richtig: Milford): die »Favoritin des Fürsten« in
Schillers »Kabale und Liebe«. – *Szene von dem Schwarzburg-Tage:*
Das Dorf Schwarzburg an der Schwarza mit Schloß und großem
Wildpark hatte F. Juli/August 1873 besucht. Vgl. sein Tagebuch aus
dieser Zeit: ». . . reizende Fahrt . . . bis Schwarzburg. Gewitter. Emi-
lie und Martha verirren sich im Walde; vollständiges Romankapitel«
(Fontane, Reisen in Thüringen, hrsg. und kommentiert von Sonja
Wüsten, in: Fontane-Blätter, Sonderheft 3/1973, S. 36). – *Neue Welt:*
Vgl. F.s Gedicht »Liebchen komm« (HF I, 6, S. 401 und Anm.). –
Brückenzollhaus: Vgl. »Die Brück' am Tay« (HF I, 6, S. 285); für
Datierung wichtig.

335 *»Ahnensaal«:* Dazu im Manuskript Handskizze: Zwei größere und
darunter zwei kleine Quadrate,wohl die beiden Ahnenbilder mit
Namenstafeln. – *Liliencron:* Name vermutlich durch Detlev v. L. –
Schwetz: Kreisstadt im damaligen Regierungs-Bezirk Marienwerder.
– *Filehne:* Stadt im Posener Regierungs-Bezirk Bromberg. – *»ich
marchandiere nicht«:* Vgl. »Der Stechlin« (HF I, 5, S. 247 und Anm.)
– *L'hombre, Point:* damals sehr beliebte Karten- bzw. Würfelspiele
(F.s Vater war eifriger Kartenspieler).

336 *Nikolaus:* Nikolaus I. von Rußland (1796-1855), seit 1825 Zar; zur
Erinnerung an das 1835 in *Kalisch* (Polen) abgehaltene Lager russischer und deutscher Truppen wurde dort mit einer Truppenparade ein
Denkmal eingeweiht. – *Theaterpli:* von franz. pli = Falte, auch Mut/
Schliff in der Goethezeit: Theaterforschheit. – Eduard *Grell:* 1800-
86, von 1851 bis 1876 Erster Dirigent der Singakademie in Berlin,
auch Komponist.

337 *dessen Unarten selbst ihn entzückten:* Vgl. auch »Schach von
Wuthenow«, 3. Kap. (HF I, 1, S. 572). – *Kavalierbrücke:* Schloßbrük-
ke in Berlin zwischen Unter den Linden und Lustgarten. – *die weiße
Frau:* der Sage nach soll Agnes von Orlamünde, geborene Gräfin von
Leuchtenberg, die Gattin des Herzogs von Orlamünde, im 15.
Jahrhundert ihre beiden Kinder getötet haben, um den Burggrafen
Albrecht von Nürnberg heiraten zu können. Zur Strafe soll sie
seitdem als todverkündende »Weiße Frau« in den Hohenzollern-

schlössern spuken; 1598, 1619, 1667, 1688, 1840 und 1850 will man
sie im Berliner Schloß gesehen haben. Vgl. dazu auch »Die weiße
Frau« (1850) von Julius von Minutoli sowie F.s Gedichtfragment
»Wangeline von Burgsdorf oder Die weiße Frau« (HF I, 6, S. 256 f.). –
Hotel de Saxe: Das Berliner Hotel befand sich in der Burgstraße an
der Ecke der späteren Kaiser-Wilhelm-Straße. – *entrierten:* gingen
ein. – *Krimkrieg-Zeit:* Krieg zwischen Rußland und der Türkei (und
deren Verbündeten England und Frankreich) von 1853-56 um die
Donaufürstentümer, Serbien und Bulgarien, die Zar Nikolaus I.
(1796-1855) unter russischen ›Schutz‹ stellen wollte. Am 20. Sept.
1854 siegten die vereinigten französischen, englischen und türkischen Truppen über die Russen unter Menschikow. Die anschließende Belagerung von Sewastopol endete 1855; Friedensschluß in Paris
am 3. März 1856: Rußland mußte die Donaumündung und einen Teil
Bessarabiens an die Donaufürstentümer abtreten, die Donauschiff-
fahrt wurde frei, das Schwarze Meer neutral, und es wurde Rußland
untersagt, dort eine Kriegsflotte zu halten.

338 *Botho:* besonders in Adelsfamilien verbreiteter Name, vgl. auch
»Irrungen Wirrungen« (HF I, 2, S. 332 und Anm.).

DER ERZIEHER
ERZIEHER ERZOGEN

Entstehungszeit: um 1880? – *Erstdruck:* HF I, 5, 1. Aufl. 1966, S. 732-735.
Textgrundlage: Originalmanuskript Deutsche Staatsbibliothek, Berlin
(Theodor-Fontane-Archiv, Potsdam).

339 *Grand-Veneur* (franz.): Ober-Jägermeister. – *Letzlingen:* damals
Landgemeinde im Kreis Gardelegen, Regierungsbezirk Magdeburg,
an der an Nadelwald reichen Letzlinger Heide mit ehemaligem
Hohenzollernschen Jagdschloß. – *Grimnitz:* Landschaft bei Anger-
münde mit Schloß, Lieblingsaufenthalt von Otto IV., dem sog.
Markgrafen mit dem Pfeil; vgl. »Cécile«, 6. Kap. (HF I, 2, S. 162 und
Anm.).

340 *Tort* (franz.): Kränkung, Unbill. – *Promemoria* (lat.): Denkschrift,
Merkzettel.

341 *Conspiratrice* (franz.): Verschwörerin. – *Sidonie:* so auch der Name
der Hauptfigur des Fragments S. 349 ff.

ELEONORE

Entstehungszeit: 1880. – *Erstdruck:* HF I, 5, 1. Auflage 1966, S. 735-741; unter dem Titel »Sommerbriefe aus dem Havelland«. Tatsächlich gehört jedoch nur das Titelblatt zu den 1893 entstandenen »Sommerbriefen aus dem Havelland«, einem nach 1945 verschollenen Manuskript, das sich unter der Signatur F 8 im Fontane-Archiv befand.

Die Handschrift zu »Eleonore« befand sich vor 1945 gleichfalls im Fontane-Archiv, und zwar unter der Signatur F 3. Vgl. Hermann Fricke, Emilie Fontane, S. 121. Der Konvolut mit den Vorarbeiten zu dem geplanten Brief-Roman umfaßte ursprünglich 147 S. 2° einschließlich der mit Skizzen zu »Eleonore« beschriebenen Rückseiten (davon 2 S. mit aufgeklebten Zeitungsausschnitten; 2 Seiten als Umschlag für Zeitungsausschnitte; 17 S. 2° Zeitungsausschnitte; 10 lose Zeitungsausschnitte; 1 Führer und Plan von Hannover; 1 Karte von Soltau; 31 Rückseiten beschrieben). (N)

Textgrundlage: Bruchstücke des verlorengegangenen Originals (Amerika-Gedenkbibliothek/Berliner Zentralbibliothek, Berlin).

Zur Entstehung: Vgl. F. an Gustav Karpeles am 3. Juni 1880: »Im Harz will ich dann die Novelle ›Eleonore‹ schreiben, die ich Ihnen früher einmal in lapidarer Charakteristik als Adelheid-Novelle vorgestellt habe. Ich lasse sie zu leidlicher Kaschierung in Hannover spielen, das ich dann auch auf meiner Reise nach Ostfriesland besuchen und um seinen ›Lokalton‹ nach Möglichkeit befragen will« (HF IV, 3, S. 82).

Die den Vorarbeiten beiliegenden Zeitungsausschnitte sind von 1878 bis 1885 datiert. Vgl. die Unterlagen aus dem Besitz von Charlotte Jolles, heute im Fontane-Archiv in Potsdam. Den bruchstückhaften Aufzeichnungen in der Amerika-Gedenkbibliothek liegt ein einzelnes Blatt bei: »Der Roman spielt von 1852 oder 54 bis 1858 oder 60. König Wilhelm und die neue Aera machen der Sache ein Ende.

Es ist nun ganz unerläßlich, daß ich Bücher lese, am besten Briefe, Memoiren, Biographien etc. etc. die die 50er Jahre behandeln, vor allem Hof- und Adelsgeschichten.

Ernst August, der blinde Kronprinz, Minister Borries, Minister Detmold (der Witzige) Windthorst, Stüve, Bennigsen, Graf Münster, Graf Bernstorff. Der alte Halkett. Die junge Königin (Marie), [unleserlich] Busche. Die Busche's, die Wedells, die Grote's. Graf Alten.

Ich muß in diesen Adels-, Ministerial- und Hofgeschichten ganz sicher sein, sonst fehlt es an dem richtigen Stoff, die Briefe zu füllen. Zugleich muß ich die religiöse Bewegung kennen.«

342 Hugh Freiherr von *Halkett:* 1783-1863, hannoveraner Infanterie-General, aus schottischer Familie in Edinburgh geb., Teilnehmer an General Moores Rückzug in Spanien 1809 (vgl. HF I, 6, S. 151); 1813 beim Korps Wallmoden (vgl. Anm. zu S. 186), wo er die Führung

über die hannoveraner Brigade in Mecklenburg erhielt; bei Waterloo nahm er persönlich General Cambronne gefangen. – *Waterloo-Tag:* 18. Juni 1815 (s. oben). – *Ztg.:* die streng-konservative, royalistische »Neue Preußische Zeitung«, die nach dem Titelemblem, einem Eisernen Kreuz, »Kreuzzeitung« genannt wurde. Begründet am 30. Juni 1848. Vom 1. Juni 1860 an war F. Redakteur des englischen Artikels der Zeitung; er schied nach einer Auseinandersetzung mit dem Chefredakteur Dr. Tuiscon Beutner (1816-82) im April 1870 aus (HF III, 1 und 5 sowie HF IV, 2 [Register]).

343   *Unser König:* Friedrich Wilhelm IV. (1795-1861), 1840 König von Preußen. Bei der Parade handelt es sich wohl um die von 1855. – *daß er sehen könne:* Anspielung auf den körperlichen Verfall des Königs durch Gehirnerweichung.

344   *ein Hang die Dinge gehen zu lassen:* Vgl. F. an Wilhelm Hertz am 8. Dez. 1863: »Im allgemeinen habe ich die Maxime des ›Gehenlassens‹, des Schweigens.« (HF IV, 2, S. 111). – *(Storm, Abseits oder ein andres):* der erste Druck von Storms Gedicht »Abseits« war in Biernatzkis »Volksbuch auf das Jahr 1848«, S. 35. F. zitiert es in seinem Storm-Aufsatz 1853: »Ist es nicht, als hörte man die Bienen über die Heide summen, wenn wir lesen« (HF III, 1, S. 268. Zu F.s Verhältnis zu Storm insgesamt ebda, S. 263-274).

346   *mit seinen Torfpyramiden, die wie dunkle Lage[r] zelte:* Vgl. »Meine Kinderjahre« 3. Kap. (HF III, 4, S. 31); s. auch Anm. zu S. 292. – *Möllhausen:* vielleicht nach dem Dichter Balduin Möllhausen; vgl. N XXI/1, S. 309 ff. – »*Waterloo«:* Schlachtepos (1849) von Christian Friedrich Scherenberg (1798-1881); vgl. F. »Christian Friedrich Scherenberg und das literarische Berlin von 1840 bis 1860« (HF III, 1, S. 619-626) sowie seine Aufsätze über den Dichter in HF III, 1, S. 581-733. – *Katten[-] und Cheruskertagen:* germanische Volksstämme zwischen Fulda und Lahn bzw. im Wesergebiet zwischen Teutoburger Wald und Elbe.

DER SCHMIED VOM LIPINKA

Entstehungszeit: 1880. – *Erstdruck:* HF I, 5, 1. Auflage 1966, S. 741-742. *Textgrundlage:* Originalmanuskript (Schiller-Nationalmuseum Marbach).

Das Entstehungsjahr ergibt sich aus folgendem Ausschnitt aus der »Neuen Preußischen (Kreuz-)Zeitung«, Nr. 145 vom 15. Juni 1880, den F. vor Beginn des Textes aufgeklebt hat: »*Vermischtes. Neuenburg* (Westpr.), 21. Juni. Der ›Danz. Z.‹ schreibt man: In dem unweit von Neuenburg gelegenen Dorfe Lippink *erschoß* der Schmied Gzella seinen eigenen *Sohn.* Ein Wortwechsel, der zuletzt in Tätlichkeiten ausartete, ging der traurigen Tat voran. Bei dem Streite soll es sich darum gehandelt haben, daß der

Vater, der bereits vier Frauen hatte, von denen die letzte vor 5 Monaten gestorben ist, gegen den Sohn die Absicht ausdrückte, zum fünften Male zu heiraten. Der Vater befindet sich seit gestern im hiesigen Amtsgerichts-Gefängnis.«

Vgl. zu diesem Fragment die Handlung der Erzählung »Ellernklipp« (HF I, 1).

SIDONIE V. BORCKE

Entstehungszeit: 1879-82. – *Erstdruck:* HF I, 5, 1. Auflage 1966, S. 687-711.

Textgrundlage: Originalmanuskript Deutsche Staatsbibliothek, Berlin (Theodor-Fontane-Archiv, Potsdam).

Zur Entstehung: Es existiert folgende Vornotiz F.s im Potsdamer Archiv: »*Kantzow,* ›Pommern‹ herausgegeben von Kosegarten, Greifswald 1866 und 67, 2 Bände. *Sell,* Geschichte des Herzog-Haus Pommern bis 1648, 2 Bände. *Barthold:* Geschichte von Rügen und Pommern, 4 Bände. Es muß auch *Sagen* und *Erzählungen* geben, die das behandeln.«

Dem Namen von Borcke begegnete F. schon in den Swinemünder Kinderjahren (vgl. Anm. zu S. 287), und am 30. Jan. 1855 erzählte ihm Hauptmann v. Borcke die Geschichte Sidoniens, die ihn nicht mehr losließ. Die eigentliche »Quelle« aber war mit ziemlicher Sicherheit der Roman »Sidonia von Bork, die *Klosterhexe,* angebliche Vertilgerin des gesamten herzoglich-pommerschen Regentenhauses«, von Wilhelm Meinhold, Leipzig 1847. Fast alle Namen und Details, die F. nennt, kommen dort bereits vor. Daß dort auch die »Liekendeiler« genannt werden (Bd. 2, S. 209 f. in der Ausg. des Insel-Verlags, Leipzig o. J.) ist nicht ohne Belang im Hinblick auf F.s späteres Frgment »Die Likedeeler« (vgl. S. 518 ff.). In F. W. Bartholds »Geschichte von Rügen und Pommern«, Hamburg 1843 (4. Teil, 2. Bd., S. 484-500), findet sich eine Schilderung der Geschichte Sidoniens aus den Prozeßakten unter Hinweis auf Cramer (»Pommersche Kirchenchronik«, Stettin) und Micraelius (»Vom alten Pommernlande«, 1723). Die Darstellung Bartholds dürfte eine der Hauptquellen Meinholds gewesen sein. Vgl. auch W. Keitels Einleitung zur Edition von »Sidonie von Borcke« in Fontane-Blätter, Sonderheft 1/1968.

Vgl. auch Georg Sello: Geschichtsquellen des burg- und schloßgesessenen Geschlechts von Borcke, Berlin 1901–1912.

Sidonia von Bork, aus altem hinterpommerschen Dynastengeschlecht, wurde, im 80. Lebensjahr, 1620 zu Stettin als Hexe enthauptet und dann verbrannt.

Briefliche Zeugnisse zur Entstehungsgeschichte

An Friedrich Wilhelm Holtze Berlin, 19. Juni 1879
Eben habe ich den ganzen Kantzow [Kantzow, »Pommeriania oder Ur-
sprunck Altheit und Geschichte der Völker und Lande Pommern, Cassu-
ben, Wenden, Stettin, Rhügen in 14 Büchern, aus dessen Hs. hrsg. von H.
G. L. Kosegarten«, 1816] dreimal durchblättert um etwas über *Sidonie
v. Borcke*, die sog. »Bernsteinhexe« zu finden, die vor gerade 40 Jahren von
dem famösen Meinhold sonderbar zugerichtet wurde. Etwas Aehnliches
beabsichtige ich nun auch, aber doch anders. Wo nun den Stoff hernehmen?
In meiner Noth wende ich mich an Sie. Es sind drei Dinge, deren ich
bedarf:

    1. die *Geschichte* selbst; *wo* steht sie, da sie Kantzow nicht zu haben
       scheint;
    2. eine Familiengeschichte der Borckes; existirt sie? Ich glaube ja;
    3. »Aus der pudagla'schen Matrikel«
       (»Uth der pudglauischen Matrikel«): 57 Urkunden von 1292-1439.
Natürlich schmeichle ich mir nicht, daß Sie diese Raritäten haben, aber
ihre Vertrautheit mit der einschlägigen Literatur, insbesondere noch Ihre
nahen Beziehungen zu verschiedenen historischen Vereinen, werden es
Ihnen vielleicht möglich machen, mir einen Rath u. eine Richtung zu
geben.   (Jahrb. d. Deutschen Schillergesellschaft 4, 1960, S. 376)

An Friedrich Wilhelm Holtze Berlin, 22. Juni 1879
Von sehr unerwarteter Seite her, ist mir Hülfe gekommen; ich habe die
betr. Geschichte in Barthold und Micraelius [Joh. Micraelius, »Sechs
Bücher vom alten Pommernlande«, 1640] gefunden. Die Hauptsache ist
also in meinen Händen. Auch wegen Pudagla zieh ich zurück; ich glaube
Meinhold hatte die Geschichte nach Pudagla hinverlegt; sie spielt aber
historisch zu *Marienfließ* bei Stargard. So denn herzlichst Pardon, daß ich
Sie umsonst inkommodirt habe. Was ich noch durch Ihre Güte empfangen
habe – darunter namentlich 2 Bände Vehse [Karl Eduard Vehse, »Geschichte der deutschen Höfe seit der Reformation«, 1851-60] – erfolgt mit
Nächstem zurück, zugleich mit allerschönstem Danke.
       (Jahrb. d. Deutschen Schillergesellschaft 4, 1960, S. 376).

An Mathilde von Rohr Berlin, 29. Juni 1879
Nur ein paar Worte, eine ergebenste Anfrage. Ist vielleicht Ihnen oder
Fräulein v. Bülow oder einer andern Dame des Klosters das Stift Marienfließ in Pommern derart bekannt, daß Sie mir eine Empfehlung oder auch
nur einen Rath geben könnten, um Zutritt zu demselben zu gewinnen. Es
liegt mir nur an der *Lokalität*, ich will keiner der Damen beschwerlich
fallen und wenn ich einen Gärtner oder Schulmeister fände, der mich
umherführte, so wäre mir dies das Liebste. Es bleibt aber immer fraglich,
ob man solch Individuum auftreibt, und eine Art sichren Rückhalt möcht

ich haben, eh ich die ziemlich teure Reise – es ist so weit wie Dobbertin – unternehme. Mein Aufenthalt an Ort und Stelle würde nur zwei Stunden dauern und sich auf Besichtigung des Refektoriums, der Kirche, des Parks etc. beschränken.

Darf ich umgehend einer freundlichen Zeile von Ihnen entgegensehn? Der Boden brennt mir hier unter den Füßen, denn ich will fort in den Harz, muß aber vorher diese kleine pommersche Reise abgemacht haben.

[...]
Die Priorin des Stifts Marienfließ heißt v. Schenk.

(Briefe, Bd. 3, S. 191 f.)

An Gustav Karpeles   Berlin, 30. Juni 1879

... übermorgen früh, spätestens am Donnerstag, will ich auf sechs Wochen in den Harz. In diesen sechs Wochen möcht ich zwei Novellen im Brouillon fertig schaffen, um sie dann in den Wintermonaten salonfähig, oder weil das an den furchtbaren Payne erinnert druckfähig zu machen. Eine ist für Hallberger [»Schach von Wuthenow«], die andre für Westermann be- stimmt. Ich möchte nun über diese »andre« vorher gern ein Wort zu Ihnen gesprochen und Ihren Rath erbeten haben.

Ueberschrift: *Sidonie v. Borcke.* Sidonie v. B., Priorin zu Marienfließ in Pommern, schön, gescheidt, encouragirt, aber zugleich auch hochmüthig, intriguant und herrschsüchtig, in Un- und Aberglauben gleich tief versun- ken, ist durch höfischen Einfluß und unter Geltendmachung alter Bezie- hungen wo sie Herzogs-Braut oder Herzogs-Geliebte war (bleibt dunkel) Priorin des vorgenannten, eben in ein protestantisches Stift umgewandel- ten Klosters geworden. Sie ist nah an 50, aber wundervoll conservirt, groß, stattlich, königlich. Ihr Erscheinen im Kloster drückt den Rest der alten und jungen Damen zur Nullität herab. Nur einige versuchen Widerstand, werden besiegt, um schließlich *doch* zu triumphiren.

Der Inhalt der Novelle ist nun eine Schilderung des Erscheinens Sidoniens im Kloster, die sofort das l'état c'est moi anticipirt. Streng und rücksichtslos und übermüthig gegen ihre Umgebung, versagt sie sich selber nichts und ist, en petit comité, je nach Laune, Berechnung und Bedürfniß abwechselnd ältre Maria Stuart, ältre Elisabeth, ältre Katharina. Bachanale, Fuchsjagden und Verschwörungen wechseln ab mit halb ge- glaubtem und halb verlachtem Hocuspocus, mit Schönheitsmitteln und Reu-Anfällen, mit abergläubischen Beschwörungsformeln und aufrichti- gem Bangen und Beten. Dem entsprechend sind die Figuren, die sie heranzieht, die ihr dienen. Bis endlich das Maaß voll ist, und die durch sie gekränkten und beleidigten Elemente des Landes grausam ihre Revanche nehmen. Als sie merken, daß ihre Gegnerin zu stark, zu klug, zu mutig ist, um ihr siegreich beizukommen, haben sie den genialen Gedanken, ihr aus dem Hocuspocus mit dem sie gespielt, eine Schlinge zu drehn und die relativ Arglose plötzlich auf *Hexenthum* hin zu verklagen. Und dieser Anklage, die durch eine Reihe von Zufälligkeiten unterstützt wird, erliegt sie. Die bösen Geister, mit denen sie gespielt, packen sie ernsthaft und würgen sie. Aller Ein- und Fürsprache benachbarter Fürsten unerachtet, erleidet die Tochter des ältesten und stolzesten pommerschen Geschlechtes einen schimpflichen Tod.

Hier haben Sie, hochverehrter Herr, die Skizze. Ueber das was der Stoff werth ist, der außerdem glücklich für mich liegt, bin ich mir vollkommen klar, und ich werde mir seine Behandlung nicht entgehen lassen. Aber ich kenne Publikum und Pardon, unter Umständen auch Redaktionen! »Liebe. Liebe ist mich nöthig« ist einerseits der Haupt-Chorgesang, aber diese ganze Liebe muß auf dem Patentamt eingeschrieben sein. Man könnte sagen: so *viel* wie möglich, aber auch so *dünn* wie möglich. Das wäre vielleicht das Ideal. Von diesem Ideal bin ich nun aber ziemlich weit entfernt. Es geht ein paarmal in der Geschichte ziemlich scharf her, und deshalb frage ich bei Ihnen an, ob Ihnen der Stoff zusagt oder nicht. Ich habe so viel Stoffe, daß mich Ihr »nein« keinen Augenblick in Verlegenheit bringen würde. Daß ich Ihnen und den Lesern übrigens keine Tollkirschen vorsetzen würde, brauch ich wohl nicht erst zu versichern.

(HF IV, 3, S. 34 ff.)

An Wilhelm Hertz   Wernigerode, 18. Juli 1879
Und nun bangen Gemüthes zu den Geschäften.

Ich fing das Corrigiren im Juni an, mußt' es aber unterbrechen, weil ich von Ueberarbeit ganz herunter war. Nun sollt' es hier mein Erstes sein. Stattdessen kam ich, aus reiner Angst ob ich auch noch schwimmen könne (denn in Berlin war ich damit gescheitert) ins Novelle-schreiben hinein, und möchte mich jetzt, wenn's irgend geht, bis zum 15. August bei dieser Schreiberei nicht gern unterbrechen. Dann hoff' ich mit dem ersten Entwurfe fertig zu sein. Ich fühle aber selbst, daß dies Ihre Geduld auf die Probe stellen heißt, und bitte deshalb einen Compromiß vorschlagen zu dürfen, dahin gehend, daß ich bis zum Schluß d. M. ungefähr die Hälfte schicke. Die zweite Hälfte dann in der zweiten Hälfte des August.

(Briefe an Wilhelm und Hans Hertz, S. 216)

An Wilhelm Hertz   Wernigerode, 30. Juli 1879
Ich komme nochmals mit einer Entschuldigung und einer Bitte um Stundung; aber nun auch wirklich zum letztenmal.

Es geht mit meiner Novelle besser, als ich vor 14 Tagen dachte, den Kapiteln nach ist ⅔, dem Umfange nach ¾ fertig, so daß ich *spätestens* am 10. August die letzte Zeile des Entwurfs zu schreiben denke.

(Briefe an Wilhelm und Hans Hertz, S. 217)

An Mathilde von Rohr   Berlin, 6. Juni 1881
Im Harz hoff ich zwei Novellen [»Sidonie von Borcke« und »Storch von Adebar«] schreiben d. h. entwerfen zu können, – im Winter corrigir' ich dann beide und namentlich auch den Schack-Frl. v. Crayn-Stoff [»Schach von Wuthenow«], der nun schon 2 Jahr im Brouillon in meinem Kasten liegt.

(HF IV, 3, S. 143)

An Mathilde von Rohr   Wernigerode, 25. August 1881
Heute nun bitt ich zuerst meinen Dank für Ihre freundlichen Zeilen vom
9. August, für den beigeschlossenen Brief Ihres Herrn Neffen und für den
»Lupold v. Wedell« [Albert Emil Brachvogel, »Ritter Lupolds von Wedel
Abenteuer«, 1874] aussprechen zu dürfen. Meine Frau hat mir den
größten Theil dieses Romans und jedenfalls alles auf Sidonie v. Borcke
Bezügliche vorgelesen. In Collision mit Brachvogel werd' ich nicht
kommen, *er* nämlich schildert ihr ganzes Leben, ich hingegen fange mit
dem an, womit er aufhört: mit ihren letzten, in Marienfließ zugebrachten
Jahren, denen dann ihr Feuertod (*nicht* ihre Enthauptung) folgte.
(HF IV, 3, S. 159f.)

349 Nach dem Titel im Manuskript folgender Zeitungsausschnitt: »Im
Verlage von Paul Bette hierselbst erschien eine vorzüglich ausgeführ-
te Photographie des berühmten *Croy-Teppichs zu Greifswald.* Der
Teppich, nach seiner ehemaligen Besitzerin, der Herzogin Anna von
Croy, geborenen Herzogin von Pommern, benannt, zeigt eine Darstellung aus der Reformationszeit. Außer den Porträts von Luther,
Melanchthon und Bugenhagen zeigt er die sächsisch-ernestinischen
und pommerschen Fürsten der ersten Hälfte des 16. Jahrhunderts.
Neben diesen Porträts, deren mehrere nirgends wieder vorkommen
und daher in dieser Kopie um so wertvoller sind, sind aber auch
einerseits die verschiedenen Kostüme, wie andererseits die mit allen
Details genau wiedergegebenen Wappenschilde für jeden Sammler
wie Forscher von hohem Interesse. C. F. Goeschels Textheft (Preis 50
Pf.) gibt eine ausführliche Erklärung des ganzen Bildes nebst geschichtlichen Notizen.«
Darauf folgt der handschriftliche Hinweis F.s auf »Bartholds Geschichte von Pommern und Rügen. Band IV. 2. Teil/Micraelius. Sechs
Bücher vom alten Pommernlande« sowie in Rotstift der Vermerk
»Wichtig«. – *Rouen ... die Jungfrau ... Talbot:* Vgl. die Abschnitte
über Rouen in »Aus den Tagen der Okkupation« Bd. 1 (HF III, 4,
S. 809ff., speziell S. 823f.), in denen der Prozeß der Jeanne d'Arc
beschrieben wird. John Talbot (um 1388-1453), englischer Heerführer im englisch-französischen Hundertjährigen Krieg, wurde 1429
von dem Heer der Jungfrau von Orléans geschlagen; vgl. Anm. zu
S. 221. – Johannes *Scherr:* 1817-86, Kultur- und Literarhistoriker
sowie Novellist. In seinem Werk »Geschichte der Religion« (3 Bde.
1855-57) behandelt er Pierre Cauchon, Bischof von Beauvais, der
1431 den Prozeß gegen Jeanne d'Arc leitete. – *Wolgast:* Stadt in
Pommern (Kreis Greifswald), Sitz der Herzöge von Pommern-
Wolgast, 1815 preußisch.
350 Wilhelm *Bremer:* 1828-1905, Historiker, arbeitete über die Geschichte der Hanse; über sein Leben vgl. »Zeitschrift des Vereins für
Lübeckische Geschichte und Altertumskunde«, Bd. 9, Heft 1, Lübeck
1907, S. 1ff. F. dürfte ihn in Thale kennengelernt haben. Vgl. F. an

seine Tochter am 20. Juni 1882: ».. . auf einer Fahrt, die ich mit
Senator Brehmer aus Lübeck machte.« (Briefe II, S. 42). – *Ruden:*
0,5 km² große pommersche Insel vor der Peenemündung. – *Marienfließ:* Zisterzienserkloster in der Mark Brandenburg (Westpriegnitz),
1248 begründet.

351 *Stettiner Lokalität:* die gotische Jakobikirche aus dem 13./14. Jahrhundert, das im Renaissancestil erbaute Schloß aus dem 16. Jahrhun-
dert mit Kirche von 1577. – *Katharina von Medicis Bluthochzeit:*
Katharina von Medici (1519-89) heiratete 1533 Heinrich II. von
Frankreich, seit 1547 König; auf Katharinas Betreiben hin richteten in
der Nacht zum 24. August 1572 die Pariser Katholiken unter den
Portestanten ein Blutbad an (sog. Bartholomäusnacht, auch Pariser
Bluthochzeit genannt), dem 2000 Hugenotten zum Opfer fielen,
weitere Verfolgungen in den französischen Provinzen (ca. 20 000
Opfer). – *Maria Stuart:* 1542-87, Königin von Schottland. 1559/60
mit Franz II. von Frankreich verheiratet, kam als dessen Witwe 1561
nach Schottland, machte als Urenkelin Heinrichs VII. von England,
gestützt auf die Katholiken, Ansprüche auf den englischen Thron
geltend, wodurch sie in Gegensatz zu der protestantischen Elisabeth I.
(1533-1603) kam. 1565 Heirat mit Lord Darnley, 1567 dessen Ermordung durch Lord Bothwell. Als Maria danach Bothwell heiratete,
mußte sie vor einem Aufstand der schottischen Grafen und Edlen
nach England fliehen, wo Elisabeth sie 19 Jahre lang gefangenhielt.
1587 wegen angeblicher Verschwörung hingerichtet. – *Gaspard de
Coligny:* 1519-72, Führer der französischen Hugenotten; 1552 Admiral, in der Bartholomäusnacht ermordet. – *Heinrich IV.:* (1553-
1610), ebenfalls einer der Führer der französischen Hugenotten, seit
1589 König von Frankreich. Aus politischen Gründen zum Katholizismus übergetreten, gewährte Heinrich IV. den Hugenotten durch
das Edikt von Nantes (13. April 1598) Sicherheit. – Zu diesem ersten
Abschnitt F.s Notizen: »*Friedeborn* Histor. Beschreibung der Stadt
Alten-Stettin in Pommern. Stettin 1613. / *Heller.* Chronik der Stadt
Wolgast./*Schmidt.* Geschichte der früheren Stettiner Handels-Compagnieen«. Es folgt ein Blatt mit der Überschrift »Resultat meines
Besuches in Marienfließ« in Blaustift. Wann der Besuch stattgefun-
den hat, war nicht zu ermitteln. – *Ankunft, Lage des Dorfes u.
Klosters:* Im Manuskript flüchtige, nur noch undeutlich erkennbare
Handskizze auf kleinem, eingeklebtem Zettel; links sehr klein die
Umrisse des Klosterkomplexes mit Amtshof und Predigerhaus, dazu
angedeutet die Umgebung (Park und Straße); rechts auf die Zeich-
nung weisender Pfeil und Vermerk: Von Stargard. – *Einfahrt ins
Kloster:* Im Manuskript dazu folgende Handskizze auf eingeklebtem
Zettel:

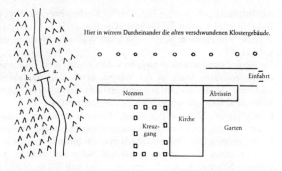

Hier in wirrem Durcheinander die *alten* verschwundenen Klostergebäude.

Einfahrt

Nonnen | Äbtissin

Kreuz- gang | Kirche | Garten

a. und b. *Park*, a Terrain niedersteigend zum Krampehl,
b Terrain stark ansteigend. Hier die Sidonien-Eiche.

352 *Doppelwohnung:* Im Manuskript folgende Handskizze auf eingeklebtem Zettel (Vorangehender [ab »Das Äbtissinnenhaus darf nicht . . .«] und folgender Text [bis »Pförtnerwohnung«] bereits auf dem Zettel):

Garten

Kirche

Großes Empfangs- zimmer | Wohn- zimmer

Küche

Vorderfront

v. Wedell: holsteinisches Adelsgeschlecht (zuerst 1212 erwähnt), seit 1240 in Pommern ansässig; wiederholt bei F., vgl. »Irrungen, Wirrungen«, 7. Kap. (HF I, 2, S. 351 f.). – *v. Borcken:* v. Borcke, pommersches Uradelsgeschlecht von wendischer Abkunft, urkundlich zuerst 1186/87 bezeugt, seit dem 13. Jahrhundert in zwei Linien getrennt.

353 *Kräuter:* Vgl. oben zu S. 97. – *Spöken:* Spökenkieker (niederdt.) = Geisterseher.

358 *Kloster Pudagla:* in der Nähe von Heringsdorf an der Ostsee. Vgl. F.s Fahrt zur Oberförsterei Pudagla in »Meine Kinderjahre«, 11. Kap. (HF III, 4, S. 101 ff.).

362 *unser Krause in Letschin:* Vgl. »Meine Kinderjahre«, 8. Kap.: ›Die Krauses‹ (HF III, 4, S. 70- 78). – *Purganz:* von lat. purgantia =

Abführmittel. – *Gewitter:* Vgl. »Meine Kinderjahre«, 11. Kap. (HF
III, 4, S. 102 f.) sowie das Gedicht »Gewitter« (HF I, 6, S. 641).

364   *v. Pirch:* Vgl. Anm. zu S. 292. – *Dubslaff:* Vgl. »Der Stechlin« (HF I,
5, S. 11).

366   *Ihr Körper war katzenhaft elektrisch:* Der Absatz (von »In Czensto-
chau« [polnische Stadt an der Warthe, berühmter Wallfahrtsort;
»Schwarze Madonna«] an) auf eigenem Blatt; am linken und unteren
Seitenrand folgende aufgeklebte Zeitungsausschnitte:
Wusterhausen, 18. Juni (Priv.-Mitt.) Unser freundliches Städtchen
ist am Dienstag von einem argen Wetter schwer heimgesucht worden.
Es war gegen 2 Uhr Nachmittag, als man ein rollendes Getöse in der
Luft vernahm, das alles in Angst und Schrecken brachte. Nach
wenigen Minuten banger Erwartung entlud sich das drohende Ele-
ment in einem furchtbaren Hagelschlag, dessen Schloßen, gleich
Taubeneiern, fast an sämtlichen Häusern die Fenster zertrümmerten.
Ein 15 Minuten andauerndes Unwetter hat in Feld und Gärten ein
überaus trauriges Bild der Verwüstung geschaffen. Die Feldfrüchte
sind total vernichtet, überall stehen die Bäume ihres Grüns entkleidet. Dem Hagel folgte ein wolkenbruchartiger Regen mit heftigem
Gewitter, das mehrmals zündete und in dem Hause des Schlächter-
meisters Hartmann schreckliche Verwüstung anrichtete und leider
sind auch einige Menschen durch den Blitz beschädigt worden.
Außerdem schlug der Blitz in das St. Spiritus-Hospital, zerstörte auf
demselben das Storchnest und tötete die Störche mit den Jungen. In
dem benachbarten *Bruna* hat an demselben Nachmittag der Hagel
ebenfalls große Verwüstung angerichtet.
Posen, 16. Juni. Die Pos. Z. berichtet: In der Gegend von *Gostyn*
verbreitete sich am Fronleichnamstage das Gerücht, daß die Mutter
Gottes auf einer Pappel in Zaleste erschienen sei und sofort strömte
auch die gesamte Bevölkerung der umliegenden Dörfer nach dem
begnadeten Orte, so daß sich eine Menge von 2000-3000 Köpfen
ansammelte. Einzelne Leute kletterten auf die Pappel und küßten sie,
andere schnitten die Rinde ab, um sie als wundertätig nach Hause zu
bringen. In Folge der darauf von dem Disktrikts-Commissarius
angestellten Vernehmungen ergab sich, daß die 11jährige Tochter
eines von dem Gutsbesitzer v. Stablewski entlassenen arbeitsscheuen
Individuums die angeblichen Visionen gehabt haben wollte und einen
Auswuchs an der Pappel für die Muttergottes gehalten hatte. Der
Probst Rosinski, welcher mittlerweile an dem »Gnadenorte« erschien,
suchte die Menge vergeblich zum Nachhausegehen zu bewegen.
Ebensowenig gelang es dem Disktrikts-Commissarius, so wie den ihm
assistierenden Gendarmen die Anwesenden zum Verlassen des Ortes
zu bewegen. Endlich trieb ein Regenguß die Menge auseinander.
[Dazu am Rand handschriftlich: »Hierüber spottet sie.«]
– *v. Nostiz:* Vgl. HF I, 1, S. 570 und Anm.

369   Guillaume de Saulx de *Tavannes:* 1553-1633. – *Alexander VI.:* 1430/

31-1503 (aus dem Hause Borgia), seit 1492 Papst, führte ein aus-
schweifendes Leben, seine bekanntesten Kinder sind Cesare und
Lucrezia Borgia. – *Hosenteufel* ... *Musculus:* Berliner Generalsuperintendent, dessen Strafpredigt gegen die Mode der Pluderhosen um
1550 veröffentlicht wurde. – *Katharina v. Medici* ... *Maria Stuart:* s.
Anm. zu S. 351. – *Königin Elisabeth:* Elisabeth I. (1533-1603), seit
1558 Königin von England, Tochter Heinrichs VIII. und Anne
Boleyn. Vgl. Anm. zu S. 223. – *Ebbe Brah:* Ebba Brahe (1596-1674)
war die Jugendliebe König Gustav Adolfs von Schweden; sie heiratete
1618 den Grafen Jacob de la Gardie, vgl. auch »Unwiederbringlich«,
14. Kap., (HF I, 2, S. 664). – *Christine Munk:* 1598-1658, Geliebte
König Christians IV. von Dänemark, mit der er von 1615-29
morganatisch verheiratet war: vgl. »Unwiederbringlich«, 22. Kap.
(HF I, 2, S. 726 f.) und »Frau Jenny Treibel«, 8. Kap. (HF I, 4,
S. 397 f.) – *Anna Sydow:* Geliebte des brandenburgischen Kurfürsten
Joachim II., »die schöne Gießerin« genannt nach ihrem verstorbenen
Mann, dem Geschützgießer Dietrich Sydow.

373 *Ein Rabe steigt aus den Flammen auf, keine Taube:* Nach dem
Volksglauben erschienen Hexen, Teufel, böse Geister sowie die Seelen
Verdammter in Rabengestalt, während die Seelen von Märtyrern und
Heiligen in Taubengestalt erschienen. (N.)

KOEGELS-HOF NUMMER DREI

Entstehungszeit: zwischen 1879 und 1882. – *Erstdruck:* Theodor Fontane:
Koegels-Hof Nummer drei. Fragment einer ungedruckten Erzählung.
Mitgeteilt von Hans-Heinrich Reuter. In: Sinn und Form 18.1966, Heft 4,
S. 1131-1152. – Beschreibung der Handschrift und Erörterung der Datie-
rungsfragen auf S. 1153 ff.
Textgrundlage: Erstdruck. (Hs. Goethe- und Schiller-Archiv der Nationa-
len Forschungs- und Gedenkstätten, Weimar).
Zur Entstehung: Zur Bedeutung des Fragments im Hinblick auf F.s
Arbeitsweise und die Entstehung seiner Romane schreibt Hans-Heinrich
Reuter a.a.O., S. 1135 f.: »Wie jeder Entwurf und jedes Fragment so
gewährt auch ,Koegels-Hof Nummer drei' Einblicke in die Werkstatt des
Dichters. Bestätigt werden sie durch ein Selbstzeugnis, wie es in solcher
Klarheit und Offenheit nicht allzuviele Schriftsteller hinterlassen haben.
Es wurde nur wenige Jahre nach der Konzeption von ,Koegels-Hof
Nummer drei' niedergeschrieben und findet sich an ziemlich versteckter
Stelle im Werke Fontanes. Überdies wurde es erst ein Jahrzehnt nach
seinem Tode zum ersten Male veröffentlicht, um danach für lange Zeit
wieder aus den Ausgaben zu verschwinden. Nach Gebühr wurde es bisher
nur selten gewürdigt. Für das Verständnis der Anlage unseres Fragmentes,
auf die zuerst der Blick zu richten ist, stellt es den besten Schlüssel dar, der

überhaupt denkbar ist. Beide zusammen – Selbstzeugnis und Fragment – erhellen einen wesentlichen, oft allzusehr vernachlässigten Ausschnitt aus dem Schaffensdiagramm des realistischen Schriftstellers Fontane, gültig für sein Alterswerk schlechthin.

1883 verfaßte Fontane die kleine literarische Studie ‚Rudolf Lindau. Ein Besuch‘. (HF III, 1, S. 550-561). Der Inhalt besteht im wesentlichen aus einem Dialog zwischen Fontane und einem seinerzeit gefeierten Journalisten und Modeschriftsteller. Das Gespräch kommt auf Fragen des literarischen Schaffens. Nachdem Fontane erklärt hat, er sei der ›langsamste Arbeiter von der Welt‹, fährt er fort:

›Aber diese Langsamkeit resultiert nur aus Stilgefühl, ‚aus Feile‘. Das, was ich hingeschrieben habe, genügt mir nicht. Und das Basteln, das nun nötig wird, kostet dreimal mehr Zeit als die erste Niederschrift und zwanzigmal soviel Zeit als der erste Entwurf. Diesen schreib ich unter genauer Kapiteleinteilung hintereinander weg, und alles von Anfang an an richtiger Stelle. Von dem Augenblicke an, wo mich das starke Gefühl ergreift, ‚dies ist ein Stoff‘, ist auch alles fertig, und ich überblick im Nu und mit dem realen Sicherheitsgefühl, daß ich nirgends stocken werde, Anfang, Höhepunkt und Ende. Was dazwischen liegt, ist, wenn ich mich so ausdrücken darf, dunkel und ahnungsvoll ebenfalls da, ahnungsvoll – aber mit der Gewißheit, daß mir dies Füllsel keine Schwierigkeiten machen wird . . . Und nun schreib ich zwei Stunden hintereinander weg, und alles steht da. Jedes Kapitel hat seinen bestimmten Inhalt. Und im wesentlichen bleibt es auch so. Aber zu dieser äußeren Raschheit meiner Phantasieschöpferkraft gesellt sich leider eine unendlich schwache Treffkraft für den Ausdruck, ich kann das rechte Wort nicht finden. Und so brauch ich sechs Monate, um eine Arbeit zu vollenden, die ich im Nu konzipierte und in zwei Stunden entwarf. Das Kind ist da. Aber eh es stehen und gehen kann, welch weiter, weiter Weg!‹

Zeile für Zeile lassen sich Ehrlichkeit und Richtigkeit dieser Konfession an ‚Koegels-Hof Nummer drei‘ ablesen . . .«

Im Anschluß daran ausführliche Erörterung stofflicher und stilistischer, für F.s Vorgehensweise charakteristischer Elemente. Zum Titel des Fragments führt Reuter S. 1138- 1140 aus.:

»Eine Betrachtung für sich hat schließlich dem Titel des Fragmentes zu gelten. Er steht in unmittelbarer Beziehung mit dem im Schema der Fortsetzung erwähnten und durch Unterstreichung hervorgehobenen ›Historischen Haus‹, auf das das Stichwort ›Bischof v. Lebus‹ folgt. Wir glauben nicht zu weit zu gehen, wenn wir auch diesem Stoffkomplex eine besondere, über das Fragment hinausweisende Bedeutung zuschreiben.

Das märkische Bistum Lebus war 1598 durch Johann Friedrich von Brandenburg säkularisiert und eingezogen worden. Sehr aufschlußreich für das Verständnis nicht nur der Entstehungsgeschichte von ‚Koegels-Hof Nummer drei‘ ist es nun, daß sich Fontane in derselben Zeit, in der er das Fragment konzipierte, eingehend mit der Geschichte eines Bischofs von Lebus, Georgs von Blumenthal (geb. 1490), beschäftigte. Die betreffenden

Partien finden sich in einem der letzten, gelungensten und dichtungsnächsten Kapitel der ‚Wanderungen durch die Mark Brandenburg': in dem Abschnitt ›Blossin‹ des Kapitels ›Eine Osterfahrt in das Land Beeskow-Storkow‹. Kurz nach dem Vorabdruck in der Wochenschrift ‚Die Gegenwart' wurden sie dem vierten Teil der ‚Wanderungen', dem Bande ‚Spreeland' (erschienen Ende 1881 mit der Jahreszahl 1882), eingefügt.

Nach allem, was sich aus dem Schema der Fortsetzung zu ‚Koegels-Hof Nummer drei' entnehmen läßt, sollte das ›Historische Haus‹ des Bischofs von Lebus in Berlin zu einem Zentralmotiv der ganzen Erzählung werden, so wie möglicherweise auch schon ihr Titel darauf anspielte. Eine Gebäude-, Straßen- oder Flurbezeichnung ‚Koegels-Hof' ist in den Berliner Ortsregistern und Straßenverzeichnissen des 19. Jahrhunderts nicht nachweisbar. Dagegen wird ein ehemaliges Berliner ›Stadthaus‹ der Bischöfe von Lebus aus dem Spätmittelalter von Fontane – wenn auch ohne weitere Orts- und Namensangaben – bereis im Bande ‚Havelland' der ‚Wanderungen' im Zusammenhang mit anderen derartigen Gebäuden erwähnt (deren eines, das ›Stadthaus‹ der Äbte von Lehnin, ›von größeren Verhältnissen‹ gewesen sei und – wie Fontane hervorhebt – ›sich noch jetzt als ein alter Bau markiert‹).

Eine solche Umfunktionierung eines Details aus der Geschichte der Mark zu einem Motiv innerhalb eines Berliner Gesellschaftsromans ist keine Seltenheit im Erzählwerke Fontanes. In nahezu allen seiner Berliner Romane bis hin zum ‚Stechlin' geschieht Ähnliches; es genügt an die Funktion des (fingierten) Motivs der Tempelritter im vierten Kapitel von ‚Schach von Wuthenow' zu erinnern. Besonders in der Zeit der Abfassung von ‚Koegels-Hof Nummer drei' lag Fontane eine derartige Transponierung nahe. Soeben hatte er sich – auf dem Wege von ‚Vor dem Sturm' über ‚Schach von Wuthenow' bis zu ‚L'Adultera' – aus der Geschichte der Mark über das Berlin der Vergangenheit in das Berlin der Gegenwart, seine künftige Domäne, vorgetastet. Noch einmal rekapitulierte er im Titelmotiv von ‚Koegels-Hof Nummer drei' symbolisch diese Entwicklung, sich durch die radikal säkularisierte Funktion, die er dem ›Historischen Haus‹ der weiland Bischöfe von Lebus nunmehr als Objekt einer modernen Grundstücksspekulation zuwies, unmißverständlich zu einem Realismus bekennend, dessen Fragen ausschließlich der Gegenwart und ihren Problemen galt. –

Wir kehren zurück.

Ein literarisches Hauptbekenntnis des alten Fontane, das er oft und oft wiederholte, lautete: ›Der Zauber steckt immer im Detail.‹ Fragt man nach den Gründen für die atmosphärische Dichte, die vom ersten Satze der Ausführung an gefangennimmt, so wird man auf jenen ›Zauber‹ hinzuweisen haben: auf die Integration einer Vielzahl erfahrener und beobachteter Details im epischen Auf- und Ausbau der Fabel. Die Teile hören auf, für sich zu bestehen. Die Funktion wird sichtbar, die ihnen von Anfang an zugedacht war. Man muß das Schema *zuerst* lesen, um diesen Prozeß der Steigerung nachzuerleben.

Um es zu wiederholen: nur das Fragment und der Entwurf gestatten derartig intime Einblicke in die Werkstatt eines Dichters, dessen Schaffensweise sich gerade in diesem Punkte so auffällig von der vieler anderer Erzähler seiner Zeit unterschied; nur das Fragment und der Entwurf vermögen so anschaulich das Selbstbekenntnis aus der Studie von 1883 zu illustrieren.«

373 *Roßstraße 13:* Die Roßstraße war eine Querstraße der Alten Jakobstraße, in der F. von April bis zum Sept. 1863 gewohnt hatte (Nr. 171), s. auch »Irrungen, Wirrungen«, 16. Kap. und »Frau Jenny Treibel«, 2. Kap. (HF I, 4, S. 306; HF I, 2, S. 414). – *ein Mann wie andre mehr:* Anspielung auf Mephistos Äußerung in Goethes »Faust«, Erster Teil, ›Schülerszene‹: »Eure Höflichkeit erfreut mich sehr,/ Ihr seht einen Mann wie andre mehr.« – *den badischen Feldzug:* Während der Revolution von 1848/49 unternahm die radikale Linke in Baden unter Friedrich Hecker (1811-81) und Gustav von Struve (1805-70) drei Aufstände. Der letzte und schwerste davon (Sommer 1848), der den Hof zur Flucht zwang, mußte durch ein preußisches Heer unterdrückt werden. – *Kuppenheim und Bronnzell:* die Gefechte von Kuppenheim an der Murg im Aufstand in Baden fanden am 29. und 30. Juni 1849 statt. Vgl. dazu auch F.s »Wanderungen«, ›Die Grafschaft Ruppin‹, ›Die Ruppiner Garnison‹, ›Regiment Mecklenburg-Schwerin Nr. 24‹ (HF II, 1, S. 226 f.). Bei Bronnzell in Hessen waren am 8. Nov. 1850 in Zusammenhang mit dem kurhessischen Verfassungsstreit preußische und österreichische Truppen aufeinandergestoßen. Dabei war auf preußischer Seite lediglich ein Trompeterpferd (»Der Schimmel von Bronnzell«) verwundet worden. Das Treffen bedeutete die endgültige Unterwerfung der Revolutionäre.

374 *Rheinfall bei Schaffhausen:* F. besuchte ihn am 5. Aug. 1875 auf seiner zweiten Italienreise. Vgl. die Tagebuchnotizen in HF III, 3/II. – *Crosby-Hall:* »Crosby-Place«, gotischer Palast in der City von London, bei Shakespeare in »Richard III.« (erstmals I/2), erwähnt; Ende des 19. Jahrhunderts vielbesuchte Speisegaststätte (R). – *Historisches Haus. Bischof v. Lebus:* Vgl. dazu oben S. 715 sowie »Wanderungen«, ›Havelland‹, ›Kloster Lehnin‹, ›Die Äbte von Lehnin‹ (HF II, 2, S. 47-70). – *Kosake:* Auch in »Schach von Wuthenow«, 4. Kap., spielt F. zur gleichen Zeit auf die vorübergehende Besetzung Berlins durch ein russisches Korps an, zu dem u. a. auch Kosakeneinheiten gehörten (9.-12. Okt. 1760). Andererseits wird in »Vor dem Sturm« (vgl. etwa das Kap. »Auf dem Windmühlenberge«) des öfteren auf die – in der Handlungszeit des Romans bevorstehende – Einnahme Berlins durch russische Truppen, vorwiegend Kosaken, im Febr. 1813 vorausgedeutet (vgl. HF I, 3, S. 309-321 sowie »Schach von Wuthenow«, HF I, 1, S. 575-589).

Entstehungszeit: 1881-82. – *Erstdruck:* HF I, 5, 1. Auflage 1966, S. 742-794.

Textgrundlage: Originalmanuskript Deutsche Staatsbibliothek, Berlin (Theodor-Fontane-Archiv, Potsdam). Das Manuskript befindet sich in einer Zeitungsmanschette (Vossische Zeitung Nr. 263, 4. Beilage, vom 10. Juni 1881).

Zur Entstehung: Der erste Hinweis auf die Abfassung der Novelle findet sich in dem Brief F.s an Mathilde von Rohr vom 6. Juni 1881 (s. unten). Am 15. Juni 1881 vermerkt er im Tagebuch: »Langes Gespräch mit Julius Grosser, unter anderm auch über Storch von Adebar« (Fontane-Archiv, Potsdam), und berichtet in seinem Brief an Gustav Karpeles vom 24. Juni 1881 ausführlicher über die Novelle (s. unten).

Karpeles, der Chefredakteur der »Westermanns Monatsheften«, bemühte sich um den Abdruck der geplanten Novelle in seiner Zeitschrift, doch erteilt F. ihm am 30. Juli 1881 eine abschlägige Antwort (s. unten S. 718). Vgl. auch F.s Brief an den Breslauer Verleger Salo Schottländer vom 7. Nov. 1881 (s. unten S. 719). In F.s Tagebuch findet sich unter dem 15. bzw. 22. Nov. 1881 jeweils der Eintrag: »Gearbeitet: Storch v. Adebar« (Fontane-Archiv, Potsdam). Vgl. auch die Briefe an Grosser vom 31. Jan. und 4. Febr. 1882 (s. unten S. 719).

Vgl. zu diesem Fragment auch Julius Petersen, »Fontanes Altersroman«, Euphorion, 29. Bd. (Stuttgart 1928), S. 63 ff.

Briefliche Zeugnisse zur Entstehungsgeschichte

An Mathilde von Rohr　　　　　　　　　　Berlin, 6. Juni 1881
Im Harz hoff ich zwei Novellen [»Sidonie von Borcke« und »Storch von Adebar«] schreiben d. h. entwerfen zu können, – im Winter corrigir' ich dann beide [. . .]　　　　　　　　　　　　　　(Briefe III, S. 202)

An Gustav Karpeles　　　　　　　　　　Thale, 24. Juni 1881
Und nun zu dem »sequens«, womit es übrigens noch gute Wege hat. Ich möcht es nur, in diesem Sommer noch, im Brouillon niederschreiben können. Fertig ist es nicht vor Jahresfrist, weil ich zwei andre Arbeiten, eine für Hallberger [»Graf Petöfy«], eine andre für meine gute Vossin [»Schach von Wuthenow«], die auch den Novellendurst gekriegt hat, vorher beenden muß. Es handelt sich um eine *politische* Novelle, etwas ganz Neues und Eigenartiges, das einigermaßen an den Adelheid-v.-Mühler-Stoff erinnert, den wir mal durchgesprochen haben; weicht aber auch wieder ab, ist viel reicher in den Figuren und vermeidet die Briefform. Der Titel soll sein: »*Storch von Adebar*«, und die Tendenz geht dahin, den pietistischen Konservatismus, den Friedrich Wilhelm IV. aufbrachte und der sich bis 1866 hielt, in Einzelexemplaren (Potsdam) auch noch vorhan-

den ist, in seiner Unechtheit, Unbrauchbarkeit und Schädlichkeit zu
zeichnen. Die Hauptträgerin dieses Konservatismus ist die »Störchin« und
ihr eigentliches Opfer ihr Gatte, der alte Storch, ein guter, kreuzbraver
Kerl, der, in andern Zeiten und unter anderm Einfluß, sich und andern zur
Freude gelebt hätte und nun an dem Widerstreit seiner Natur und des ihm
Eingeimpften tragikomisch zugrunde geht. Ich habe alle diese Dinge
erlebt, diese Figuren gesehn und freue mich darauf, sie künstlerisch
gestalten zu können. Die Gegenfigur zu Storch ist Graf Attinghaus, sein
Gutsnachbar und vieljähriger Freund, ein idealisierter Bennigsen. Wie
denken Sie darüber? Ich lege Ihnen einen »Theaterzettel« bei, aus dem Sie
den Rest erraten mögen. Honorarbedingungen wie bei »Ellernklipp«.

(Auswahl Erler, Bd. 2, S. 42 f.)

An Emilie Fontane Thale, 30. Juni 1881

Ich will mich bei meiner Arbeit nicht übernehmen und so rück ich nur
langsam fort. (Briefe I, S. 162)

An Emilie Fontane Thale, den 8. Juli 1881

Auch Jul. Grosser von »Nord u. Süd« hat geschrieben; er kann über 300
Mark nicht hinausgehen und ich werd' es acceptiren, weil ich *muß*. Ganz
besonders auch deshalb, weil mir grade für *diese* Arbeit *kein* Blatt, auch
nicht Rundschau u. Westermann, so sehr paßt wie Nord u. Süd.

(Briefe I, S. 163)

An Gustav Karpeles Wernigerode, 30. Juli 1881

Der Storch ist weg. Seine Geschichte lautet kurz wie folgt. Ich traf Anfang
Juni Grosser in der Thiergarten-Straße, promenirte mit ihm und kam auch
auf meinen Storch, den ich ihm anbot. Er war sehr mit einverstanden und
»wollte mir schreiben«. Er schrieb aber *nicht*, so daß ich annahm, er habe
sichs anders überlegt. Aus dieser Annahme heraus, schrieb ich an *Sie*. Hätt
ich in den nächsten Tagen nun eine zusagende Zeile von Ihnen empfangen,
so hätte der gute Storch nächstes Frühjahr auf *Ihrem* Dach genistet, aber da
Karpeles im Antworten gerade so säumig war wie Grosser, so stellte sich
der Urzustand der Dinge wieder her. Vierzehn Tage nämlich nach Abgang
meines Briefes an Sie, tauchte Grosser aus der Versenkung wieder auf,
schrieb mir allerlei Freundliches, und die Sache war abgemacht. Eine
Woche später traf auch Ihre freundliche Zusage bei mir ein, die mich *sehr*
erfreut hat und Ihnen nicht geschenkt werden soll, wenn auch der Storch
für diesmal außer Stande ist, Nutzen davon zu ziehn. Ich würde, bei der
größeren Verbreitung und Lebenskraft die Westermann hat, diesen Ausgang leise beklagen müssen, wenn ich nicht andrerseits ein ziemlich
starkes Gefühl davon hätte, daß »Nord und Süd« ein geeigneteres Publikum für *solche* Novellen aufweist. Ueberhaupt ist »Nord und Süd« – an
dem nur seine Schwindsüchtigkeit ängstlich ist; aber Schwindsüchtige
sind ja oft nett und liebenswürdig – in seinem Ton und seinem Publikum am günstigsten für mich gelegen; sein Ton hat etwas in

gutem Sinne Lindausches, trotzdem sich Lindau nicht allzu viel drum
kümmert, und sein Publikum ist berlinisch, residenzlich, großstädtisch,
eine Sorte Menschen die mir wichtiger und sympathischer ist, als die
marlittgesäugte Strickstrumpf-Madame in Sachsen und Thüringen. Es
ist sonderbar wie *sehr* verschieden doch immer noch *die* Blätter sind,
die man als gleichartig anzusehen gewohnt ist. Die »Rundschau« hat
einen stark doktrinairen Anflug, und »Westermann« neigt ein bischen
mehr als nöthig nach »Ueber Land und Meer« hin. Das heißt Geschmack
und Stimme des Publikums werden ängstlicher behorcht als nöthig.
Als nöthig vom *Schriftsteller*-Standpunkt aus. Ich lass' aber auch den
andren gelten.

Rebecca Gerson v. Eichroeder ist ein reizendes Geschöpf und viel viel
mehr eine Verherrlichung des kleinen Judenfräuleins als eine Ridikulisi-
rung. Dies tritt sogar so stark hervor, daß es mich etwas genirt. Ich kann es
aber nicht ändern; die ganze Geschichte würde von Grund aus ihren
Charakter verlieren, wenn ich statt Rebeckchen eine Geheimrathsjöhre
einschieben wollte. Noch weniger geht ein reiches Bourgeoisbalg; reiche
Jüdinnen sind oft vornehm (worauf es hier ankommt), Bourgeoisbälge *nie*.
(HF IV, 3, S. 158f.)

An Salo Schottländer   Berlin, 7. November 1881
Empfangen Sie meinen ganz ergebensten Dank für das Honorar von 750
Mark wie auch für die beiden Separathefte die mir Ihre Güte hat zugehen
lassen. Ich beginne in diesem Monat noch mit einer für »Nord und Süd«
bestimmten Novelle, deren stark das Politische streifender Inhalt –
Uebrigens von liberalerer Richtung als man mir zuzutrauen geneigt sein
möchte – mich reizt. Der Abschluß wird freilich noch eine Zeitlang auf sich
warten lassen, sagen wir bis Juni 82.
(Dichter über ihre Dichtungen, Bd. 2, S. 523)

An Julius Grosser   Berlin, 31. Januar 1882
Mit dem Storch steht es schlecht. Die wilden Gänse sollen zwar schon über
unsre Stadt hingeflogen sein und möglich, daß auch die Störche bald
folgen, nur nicht meiner. In Substanz ist er da, aber die Substanz ruht noch
im Ei, und wird noch lange ruhn.   (HF IV, 3, S. 175)

An Julius Grosser (?)   Berlin, 4. Februar 1882
1883 geht es so dann an die Ausbrütung des Storchenei's. (Kehler, S. 81)

376 *Attinghaus, Rudenz:* »Die Ulkereien mit den Namensgebungen« (F.
an Theodor Wolff am 28. April 1890; HF IV, 4, S. 28) lassen F. auch
öfter zu Namen Schillerscher Gestalten (hier aus »Wilhelm Tell«)
greifen; vgl. auch »Irrungen, Wirrungen«, 13, Kap. (HF I, 2,
S. 390 ff.), »Frau Jenny Treibel«, 6. Kap. (HF I, 4, S. 353) und »Allerlei
Glück« (Pappenheim, s. S. 257). – *Prinzipienreiter:* Vgl. F. an seine
Frau am 12. Aug. 1883: »Ich bin in nichts Prinzipienreiter.« (HF IV, 3,

S. 279). – *Mittelkurs:* Vgl. F. an seine Tochter am 19. Okt. 1879:
»Mittelkurs zwischen Eitelkeit und Indifferenz! Das ist überhaupt das
Richtige.« (Briefe III, S. 21). Vgl. auch Anm. zu S. 434.

377 *Karl Emil Franzos hat eine hübsche Novelle geschrieben:* Auf der
Rückseite dieses Manuskriptblattes befinden sich Fragmente des
Kapitels »Dreilinden« aus dem Band »Fünf Schlösser« (HF II, 3), an
dem F. im Januar und November 1882 gearbeitet hat – ein weiterer
Hinweis auf die Entstehungszeit von »Storch v. Adebar«. K.E.F.
(1848-1904) lebte nach zahlreichen Reisen durch Europa, Kleinasien
und Ägypten von 1877-86 in Wien und anschließend in Berlin als
Herausgeber der Halbmonatsschrift »Deutsche Dichtung« und als
freier Schriftsteller. Reisebeschreibungen, Romane und Novellen;
Thema: die Probleme der galizischen Juden. In dem Erzählungsband
»Stille Geschichten« (1881) ist auch die erwähnte Novelle »Die Locke
der heiligen Agathe« enthalten; F. rezensierte den Band 1883 für die
»Vossische Zeitung« (N XXI/2, S. 252 ff.). Die heilige Agathe war
nach der Legende eine junge Christin aus Catania oder Palermo, die
die Werbung des heidnischen Konsuls Quintianus zurückgewiesen
hatte und dafür grausam bestraft wurde (gest. 251 im Gefängnis).
Patronin der Malteser, Schutzheilige gegen Feuer und Ausbrüche des
Ätna. (N). – *Grönländer bestrickt:* Vgl. zu S. 15 und »Vor dem
Sturm« (HF I, 3, S. 115 und 245 ff.). – *Archembauldt:* im französischen Adel gebräuchlicher Vorname. – *L'Homme de Bonneville:*
Name nicht unter den Hugenottenfamilien nachzuweisen, wohl aber
ähnliche (wie L'Homme de Courbière).

378 *die Kämpfe gegen Napoleon:* die Befreiungskriege von 1813 bis 1815,
die Deutschland von der napoleonischen Herrschaft befreiten. –
Schlacht bei Waterloo: Vgl. Anm. zu S. 342. – *Leib-Infanterie-
Regiment:* Leib-Grenadier-Regiment König Friedrich Wilhelms III.
(1. Brandenburgisches) Nr. 8, garnisonierte in Frankfurt a. O. –
Vierzehnheiligen: Name vermutlich nicht nach dem oberfränkischen
Wallfahrtsort, sondern nach dem als Kampfzentrum der Schlacht von
Jena (14. Okt. 1806) bekannt gewordenen Pfarrdorf im Kreis Saalfeld. –
Strasburg: im Kreis Prenzlau des früheren preußischen Regierungs-
bezirks Potsdam, westlich von Pasewalk. – *Füsilier-Bataillon Zauche-
Belzig:* Belzig liegt südl. Brandenburg in der Region Zauche; vgl.
auch »L'Adultera«, 14. Kap. (HF I, 2, S. 90, »Füsilieroffizier vom
Regiment Zauche-Belzig«). – *Cholera-Cordon:* Absperrung der be-
troffenen Gebiete (Berlin war 1832 und 1837 Choleragebiet). – *gegen
die Polen:* Im Polenaufstand gegen Rußland 1831 wurde General
Rybinski mit seinen Truppen auf preußisches Gebiet gedrängt,
wodurch die Erhebung zusammenbrach. (Der russische Heerführer
war Diebitsch, daher Diebitschau?) Kein anderes Kriegsereignis hat F.
je so sehr bewegt wie dieses; vgl. »Meine Kinderjahre«, 12. Kap. (HF
III, 4, S. 110 ff.). Ebda. beschreibt er auch die sich im Sommer 1831
Berlin nähernde Cholera-Epidemie. – *Prinzessin-Einholung:* im

Febr. 1829 prunkvolle Einholung der Prinzessin Augusta von Sachsen-Weimar, der Braut des späteren Kaisers Wilhelm I.

380 *daß die Zeit (etwa 1862) eine andre geworden sei:* Die Zeit der »Neuen Ära« ab Ende 1858 mit der Entlassung des reaktionären Ministeriums Manteuffel (Nov. 1858) und der neuen, von gemäßigten Liberalen gebildeten Regierung, endete im Frühjahr 1862 mit der Berufung eines konservativen Ministeriums. – *ephemer* (griech.): einen Tag dauernd, vorübergehend. – *sint ut sunt, aut non sint* (lat.): sie sollen sein, wie sie sind, oder sie sollen nicht sein (Jesuitengeneral Lorenzo Ricci zu Papst Clemens XIV. auf dessen Reformvorschläge kurz vor Auflösung des Ordens am 21. Juli 1773); in Briefen mehrmals von F. zitiert. – *Konfliktszeit:* Konflikt zwischen dem preußischen König und dem Abgeordnetenhaus, weil dieses Bismarck ablehnend gegenüberstand.

381 *alt-lutherische Leineweber:* »alt-lutherische« über der Zeile ergänzt. Die Altlutheraner schlossen sich im strengen Anschluß an die alte lutherische Lehre im 19. Jahrhundert zu Freikirchen zusammen, das Zentrum war Breslau.

382 *Elefantenorden:* erster dänischer Orden (seit 1462); ursprünglich eine geistliche Ritterbrüderschaft, 1559 in einen weltlichen Orden umgestaltet. Seine jetzige Gestalt erhielt der Orden 1693 von Christian V.; seine Mitglieder sind der dänische König als Großmeister und die Prinzen seines Hauses sowie 30 Ritter, zu denen ausländische lutherische Fürsten sowie hohe Staats- und Militärbeamte Dänemarks ernannt werden können. Das Ordenszeichen ist ein mit Brillanten verzierter Elefant. (N).

383 *perorierte* (lat.): sprach laut und mit Nachdruck. – *einer landwirtschaftlichen Ausstellung:* Vgl. F.s Bericht über die »Tier- und Maschinenausstellung in Hamburg« (N XXIV, S. 557 ff.). – *wo jemand gewonnen!:* Im Manuskript folgt gedrucktes Blatt: »An die Freunde und Wohltäter der Anstalt zu Alt-Tschau ›Kommet zu Jesu‹«. Textabdruck in der 1. Auflage des vorliegenden Bandes, S. 1026 f. sowie in der von W. Keitel besorgten Edition »Storch von Adebar und von Borcke« (Fontane Blätter, Sonderheft 1 (1968) S. 23-75; ferner in N XXIV, S. 51-53).

384 *Invektiven* (lat.): Schmähungen.

385 Jacques Bénigne *Bossuet:* 1627-1704, katholischer Theologe und Geschichtsschreiber, versuchte die Protestanten für den katholischen Glauben zurückzugewinnen, andererseits betrieb er die Aufhebung des Edikts von Nantes und damit ihre Vernichtung. Berühmter Kanzelredner (»Oraisons funèbres«). Der zitierte Ausspruch lautet auf Deutsch: »Die Augen müssen zufrieden sein.«. – *Ist sehr nett.:* Im Manuskript folgt zunächst ein Blatt in der Handschrift von F.s Frau (Abschrift): »Wie schön ist es dort des Nachts, wenn Myriaden von Sternen am Himmel strahlen! Kein Wunder, daß die Steppe in der Geschichte der sittlichen Entwicklung der Menschen eine solche

Rolle gespielt hat. Sie schuf Philosophen, Poeten, sie brachte die
ersten Astronomen und Mathematiker hervor; sie erzog den ersten
Anbeter der Gottheit. ... In ihr, angesichts dieser grandiosen
Einfachheit, unter diesem reinen, hohen Himmel entdeckte der
Mensch in seiner Seele Tiefen, die ihn der Wirrwarr des anderweiti-
gen Lebens zu ermessen hinderte. Weder im Walde noch im Gebirge
hat sich der Urmensch mit den die Welt regierenden Fragen beschäftigt. Dort ängstigte, erschreckte ihn die Natur, in der Steppe aber
dachte er nach und betete.« [Handschriftlicher Zusatz F.s: »Aus
Iwanows Buch ›Soldatenleben in Turkestan‹.«]
Daran schließt sich ein Blatt mit drei aufgeklebten Zeitungsausschnitten (betitelt: »Drei kleine Geschwister«; »Reiches Einkommen«;
»Berlin, 21. Oktober«) an. Abdruck in den in der Anm. zu S. 383 (wo
jemand gewonnen!) genannten Publikationen. – Malvasier: Birnen-
sorte, vgl. »Unterm Birnbaum«, 1. Kap. (HF I, 1, S. 455). – Pergamothen: auch Pergamotten genannt, aus Kleinasien nach Italien
eingeführte Birnenart, deren Name auf die Stadt Pergamon (Berga-
ma) zurückgeht (N). – mudike: angefault.

386   »... still sind.«: Im Manuskript folgen fünf Zeitungsausschnitte mit
folgenden Titeln: »Gutzkow und das heutige Pädagogentum«, »Ein
englisches Urteil über deutschen Pessimismus«, »Die gothaischen
Geistlichen und die Gottheit Christi«, »Neue General-Superinten-
denten«, »Buch der Hymnen«. Abdrucke der Zeitungsausschnitte in
den in der Anm. zu S. 383 (wo jemand gewonnen!) genannten
Publikationen.

387   Falstaff ... Bleichenwang: Gestalten aus Shakespeares »König Heinrich IV.« und »Was ihr wollt«; vgl. auch »Unwiederbringlich«,
6. Kap. (HF I, 2, S. 604). – Opodont ... Idioton ... Nelkenöl: damals
bekannte Mittel gegen Zahnschmerzen.

388   »Der Traum der Potiphar«: vgl. 1. Mose 37,36 und 39,1 ff. – Spanischfliegenpflaster: aus dem getrockneten Leib des Pflasterkäfers
(Spanische Fliege) wird eine Substanz gewonnen, die in der Medizin
hauptsächlich als Hautreizmittel Verwendung findet. – Sansfaçon
(franz.): »ohne Form« (im Anklang an Sanssouci geprägt?).

389   ihnen zugesellte: Danach im Manuskript folgender Zeitungsausschnitt, der aufgeklebt ist auf ein Blatt mit Notizen zu »Schach von
Wuthenow« (?) und einer Aufzählung italienischer Bilder. Das Blatt
ist von F. mit Blaustift überschrieben: »Storch v. Adebar« (N).
Abdruck in den in der Anm. zu S. 383 (wo jemand gewonnen!)
genannten Publikationen.

390   Grafen Knuth in Dänemark: Knut (Kanut) war der Name mehrerer
dänischer Könige im 11.-13. Jahrhundert. – zur Zeit Justins IV: über
der Zelle ergänzt. Ein dänischer König dieses Namens ist nicht
nachzuweisen. F. dürfte an Christian IV. (1577-1648) gedacht haben,
der die Gesetzgebung und Verwaltung reformierte. Vgl. auch »Korfiz
Uhlefeld« (S. 474 und Anm.).

390 *Trebia von Trebiatinski:* nach Malotki v. Trebiatowski (vgl. auch
Anm. zu S. 408). – *Eichroeder:* Namensgebung vermutlich in Anlehnung an den Berliner Bankier Gerson Bleichröder (1822-93);
vgl. Anm. zu S. 476; s. auch F. an G. Karpeles am 30. Juli 1881: »Rebecca
Gerson v. Eichroeder ist ein reizendes Geschöpf und viel viel mehr
eine Verherrlichung des kleinen Judenfräuleins als eine Ridikulisi-
rung« (HF IV, 3, S. 158 f.). – *Spinat-Husaren:* Magdeburgisches
Husaren-Regiment Nr. 10 in Stendal, aber auch Husaren-Regiment
Graf Goetzen (2. Schlesisches) Nr. 6 in Leobschütz und Oberglogau
(bzw. Ratibor); Name nach der grünen Farbe des Uniformrocks
(freundliche Auskunft des Deutschen Armeemuseums Potsdam).

391 *v. Zippelskirch:* nach v. Tippelskirch, vgl. »Vor dem Sturm«, Bd. 3,
14. Kap. (HF I, 3, S. 447). – *Zingst:* Ortsname (Landzunge bei
Rügen). – *Gnitz* (später Gingst): Ort auf Rügen. – *v. Pirsch:* nach
v. Pirch, vgl. Anm. zu S. 292. – *v. Jagetzow:* nach v. Jagow. Im
Manuskript folgt hier ein Notizblatt, das am linken Rand den
Bleistiftvermerk »Kaum zu brauchen. Nur durchlesen« trägt: »*Die
von Billing* [Darüber: v. Hademar]« Abdruck in den in der Anm. zu
S. 382 (*wo jemand gewonnen!*) genannten Publikationen. – *Roggenmuhme:* aufgestelltes Kornbündel; aber auch weiblicher Korndämon,
der die Kinder im Kornfeld bedroht, das Wogen des Kornfeldes
bewirkt und die ungetauften Neugeborenen mit einem Wechselbalg
vertauscht, wenn neben der Wiege kein Licht brennt (N). – Ernst
Ludwig von *Gerlach:* 1795-1877, mit Friedrich Julius Stahl Führer
der Rechten, 1825 mit Voß u. a. Mitglied des Klubs in der Wilhelmstraße, der sich die Rekonstruierung eines christlich-germanischen
Staates zum Ziel setzte. Freund Friedrich Wilhelms IV., 1844
Chefpräsident des Oberlandesgerichts in Magdeburg, 1848 Mitbe-
gründer der »Neuen Preußischen (Kreuz-)Zeitung«, für die er die
monatliche »Rundschau« verfaßte. Führer der Konservativen in der
Preußischen Ersten Kammer, im Erfurter Parlament, im Preußischen
Abgeordnetenhaus, zuletzt im Deutschen Reichstag. Gehörte zu der
sogenannten »Kamarilla«, die großen Einfluß auf Friedrich Wilhelm
IV. ausübte. – *Konventikel:* außerkirchliche religiöse Zusammenkünfte wie sie seit dem Pietismus gepflegt wurden. – *Liebesmahle:* in
Anlehnung an die altchristliche Agape Bezeichnung für die Abend-
mahlzeiten der Brüdergemeinde mit Gesang und Gebet, Tee und
Weizenbrot (Liebesbrot). – *Grönlandmissionen:* vgl. Tante Schor-
lemmer in »Vor dem Sturm«, Bd. 2, 16. Kap., »Von Kajarnak, dem
Grönländer« (HF I, 3, S. 245 ff.) sowie die »Historie von Grönland«
des Herrnhuter Missionars Cranz. – *Herrnhuter:* am 17. Juni 1722
gegründete Brüdergemeinde, benannt nach dem Gründungsort
Herrnhut auf dem Gutsbesitz des Grafen Zinzendorf. Diese gründete
in Schlesien die Gemeinden Gnadenfrei und Gnadenberg, später
Gnadenfeld. Religion ist den Herrnhutern nur Sache des Gefühls,
persönliche ›Erweckung‹ und Heilsgewißheit ist ihr Ziel. Die Pflege-

mutter von F.s Frau war Herrnhuterin (N). – *innre Missionen:* die
gesamten sozialen und sittlich-religiösen Bestrebungen der evangelischen Kirche; Begriff »Innere Mission« Mitte des 19. Jahrhunderts. –
phönizisch-karthagische Szene. Dido: Dido, nach der griechischen
Sage eine phönizische Königstochter, die nach der Ermordung ihres
Gemahls nach Libyen floh, wo sie die spätere Burg von Karthago
anlegte und ihr Königreich begründete. Der römische Dichter Virgil
läßt Äneas auf seiner Flucht aus Troja zu Dido gelangen, die ihn liebt
und sich nach seinem Weggang selbst tötet.

393   *Storch von Adebar:* Im Manuskript folgt nach dieser Überschrift ein
aufgeklebter Zeitungsausschnitt:
»Gott schenkte unserem Hause durch die glückliche Entbindung
meiner geliebten Frau Editha, geborenen Gräfin von Wartensleben
a. d. H. Schwirsen, kurz vor Mitternacht am 4. Februar von dem
siebenten gesunden Sohne neue Gnade und neuen Segen. Dies zeigt,
dankerfüllt, ergebenst an Der Erblandmarschall *Cuno* Graf *Hahn*.«
Schloß Basedow, Meckl.-Schwerin, den 5. Februar 1879.
Hahns: Werner Hahn (1816-90), seit März 1849 Mitglied der Berliner
Dichtervereinigung »Der Tunnel über der Spree«, seit 1850 Redakteur der Berliner Tageszeitung »Deutsche Reform«, die im März 1851
den Titel »Preußische Zeitung« (auch »Adlerzeitung« genannt) annahm und im Juli 1853 ihr Erscheinen einstellte; F. lieferte für das
Blatt Korrespondenzen und Feuilletonbeiträge. Seit 1870 lebte Hahn
mit seiner Familie im Haveldörfchen Sakrow bei Potsdam; er verfaßte
u. a. populärbiographische Bücher zur preußischen Geschichte, die
z. T. mehrere Auflagen hatten. Vgl. »Von Zwanzig bis Dreißig«,
›Berlin 1840‹, ›Der Platen-Verein‹ (HF III, 4, S. 232 f.). – *Lepel-
Wiecks:* die Familie von F.s Freund Bernhard v. Lepel (1818-85),
Stammgut Wieck. – Adolf von *Senfft-Pilsachs:* 1797-1882, Mitglied
der äußersten Rechten des Herrenhauses, Oberstleutnant a. D., oder
dessen älterer Bruder Ernst [v. S. P.] (1795-1882), von 1851 bis 1866
Oberpräsident von Pommern, Wirklicher Geheimer Rat, Freund
Friedrich Wilhelms IV., der ihn mit der Leitung des Kuratoriums des
Krankenhauses Bethanien (s. unten), einer Lieblingsschöpfung des
Königs, betraut hatte; s. an Wilhelm Hertz am 18. Dez. 1863 (Briefe
an Wilhelm und Hans Hertz, S. 108). – *Wichern und das Rauhe
Haus:* Johann Heinrich W. (1808-81), Begründer der Inneren Mis-
sion, gründete Nov. 1833 für arme Kinder die Rettungsanstalt »Das
Rauhe Haus« in Hamburg. – *Bethanien:* von Friedrich Wilhelm IV.
1843 begründetes Diakonissenhaus, in dem F. von Juni 1848 bis Sept.
1849 als Leiter der Pharmazie tätig war (vgl. »Von Zwanzig bis
Dreißig«, ›In Bethanien‹; HF III, 4, S. 518-531). – *von der Union:* Die
Evangelische Union, Vereinigung getrennter Kirchen zu einer Gemeinschaft der Sakramente und des Kultus oder sogar der Lehre:
zahlreiche Versuche wurden seit dem Mittelalter unternommen, um
Katholiken und Lutheraner, aber auch Lutheraner und Kalvinisten

etc. wieder zu vereinigen. Der Pietismus und die Aufklärung ließen schließlich die theologischen Unterschiede der evangelischen Schwesterkirchen fast ganz vergessen. Friedrich Wilhelm III. schuf 1817 durch Aufruf eine unierte Evangelische Kirche in Preußen (andere deutsche Länder folgten), die aber in der Folgezeit hauptsächlich von den Altlutheranern bekämpft wurde. Dennoch wurde die Union nicht wieder aufgelöst, geschützt durch Friedrich Wilhelm IV. und vor allem durch den Prinzregenten, den späteren König Wilhelm I. (N). – *Brautpaar und Gäste fort:* hier endete ursprünglich der 1. Abschnitt. Alles folgende (bis 2.) wurde zwischen den Zeilen und am Manuskriptrand nachgetragen.

395 *Crèvecœur* (franz.): Herzeleid.

397 *comme-il-faut* (franz.): wie er im Buche steht.

398 Ernst *Wichert:* 1831-1902, Jurist, ostpreußischer Lustspiel- und Heimatdichter. Zahlreiche seiner Theaterstücke wurden von F. rezensiert; vgl. HF III, 2, S. 95, 174, 241, 440, 483, 607). – *Magdalenen-Stiften:* die Magdalenerinnen, katholischer Orden auf Grund der Augustinerregel »zur Rettung und Besserung gefallener Mädchen«, im 13. Jahrhundert in Deutschland entstanden und namentlich in Italien und Frankreich verbreitet. Zum selben Zweck sind auch von protestantischer Seite her Magdalenenstifte gegründet worden, das erste 1836 von Pfarrer Theodor Fliedner (N). – Martin *Stephan:* 1777-1846, pietistischer Pfarrer, veranstaltete nächtliche »Erbauungsstunden«, wurde verfolgt und floh 1838 mit 700 Anhängern nach Amerika; Siedlung am Mississippi, dort »Bischof«, aber 1839 wegen schwerer Delikte von seiner Gemeinde abgesetzt. Über ihn schrieben G. v. Polenz (Dresden 1840) und Karl Eduard Vehse (Dresden 1840).

399 »*Cordelia*«: Vgl. Anm. zu S. 400.

400 *Gomeril und Regan:* Vgl. Shakespeares »König Lear«, mit dem Storch hier verglichen wird; die von Lear bevorzugten Töchter Gomeril und Regan verstoßen ihn im Unglück, während seine dritte Tochter Cordelia (vgl. Anm. zu S. 399) als einzige zu ihm hält. – *Imbecile* (franz.): geistig Beschränkter, Schwachkopf. – *Schwedter oder Prinz Ferdinandschen Hofe:* Schwedt, kleine Stadt an der Oder, war von 1689-1788 Sitz der Markgrafen von Brandenburg-Schwedt. Ferdinand, Prinz von Preußen (1730-1813) hielt Hof in Neuruppin. »Prinz Ferdinandschen« über der Zeile ergänzt.

402 *Garçon:* Junggeselle. – Juliane *v. Krüdener:* 1764-1824, pietistische Schriftstellerin, zeitweilig von Einfluß auf Alexander I. von Rußland; von mehreren Staaten wegen Besorgnis relig. oder polit. Unruhestiftung ausgewiesen. – Karoline von *Humboldt:* 1766-1829, geb. v. Dacheröder, die Gattin Wilhelm v. Humboldts (vgl. »Der Stechlin«; HF I, 5, S. 52 und Anm.), durch ihren Mann eng mit dem geistigen und politischen Leben ihrer Zeit verbunden. – *Christine Munk:* Vgl. Anm. zu S. 369. – *Lady … (unter Georg I. oder II.):* Die

englischen Könige George I. (1660-1727) und George II. (1683-1760)
waren wegen ihrer Mätressenwirtschaft bekannt; vgl. auch »Unwiederbringlich«, 12. Kap. (HF I, 2, S. 648 mit Anm.). – *Nymphe Egeria:*
altitalienische Quellgöttin; die sagenhafte Beraterin des zweiten
Königs von Rom, Numa Pompilius; vgl. »Die Geyser-Tochter« (HF I,
6, S. 472). – *Negretti, Rambouillet:* Schafrassen; vgl. auch »Cécile«,
7. Kap. (HF I, 2, S. 173). – *perhorresziert* (lat.): verabscheut.

403 *Hinneigung zu einem Spaß . . . Viergroschenbrot:* Text überschrieben
über Manuskriptteil von »Fünf Schlösser«, ›Liebenberg‹ (HF II, 3,
S. 229-315).

404 *Egalité:* »Liberté, Fraternité, Egalité« (Freiheit, Brüderlichkeit,
Gleichheit) waren die Losungsworte der Französischen Revolution.
Vgl. dazu auch F. in »Aus den Tagen der Okkupation«, Bd. 1, ›St.
Denis‹: »das einheimische Volk . . . hat eben jetzt wieder an das Portal
der französischen Königskirche seinen alten langweiligen Spruch
geschrieben: ›Egalité, liberté, fraternité‹. – Einst ein Idol; heute nur
noch ein Unsinn, eine Lüge« (HF III, 4, S. 775).

405 *seid sanft wie die Tauben . . . :* nach Matth. 10,16: »Seid klug wie die
Schlangen und ohne Falsch wie die Tauben.«

406 *goldenen Kalbe:* Vgl. »Der Stechlin«, 19. Kap. (HF I, 5, S. 180 und
Anm.).

408 *Schlacht an der Trebia:* Anspielung auf Trebia von Trebiatinski; an
dem oberitalienischen Fluß Trebia schlug Hannibal 217 v. Chr. die
römischen Konsuln Sempronius und Scipio; am selben Fluß (moderne Schreibung »Trebbia«) siegte 1799 Suworow mit den vereinigten
Russen und Österreichern über die Niederländer und Franzosen
unter Macdonald. – Karl Gottfried *Pfannschmidt:* 1819-82, Histo-
rienmaler (bibl. Themen), Landschaften und Porträts, seit 1865
Professor an der Berliner Königlichen Akademie der Künste. – *Das
Byzantinische, Ravenna:* Vgl. F.s Reisenotizen anläßlich seiner
zweiten Italienreise aus Ravenna (22. 8. 1875) über das Baptisterium:
»Man sieht deutlich, es hat damals noch Reste der alten griechisch-
römischen Kunst gegeben, die die Leute befähigten relativ sehr Gutes
zu leisten, wenn auch ein starker Abfall ist gegen pompejanische
Mosaiken. Aber später, als das beginnt, was als byzantinische Kunst
spukt, werden die Sachen viel schlechter« (HF III, 3/II). – *Raphael:*
1483-1520; F. denkt hier wohl an die »Sixtinische Madonna«. S. oben
Anm. zu S. 33. – *tant pis* (franz.): um so schlimmer.

409 *»De Rooh is dat Best«:* nach Waiblingers Gedicht »Der Kirchhof«, das
beginnt »Die Ruh' ist wohl das Beste / Von allem Glück der Welt . . .«
F. hat das Gedicht wiederholt zitiert; vgl. »Unwiederbringlich«,
6. Kap. (HF I, 2, S. 609) und setzt die ersten beiden Verse als Motto
über das Kapitel ›Neuville‹ in »Aus den Tagen der Okkupation«, Bd. 1
(HF III, 4, S. 839). Vgl. auch Anm. zu S. 47. – Karl *Büchsel:* 1803-89,
von 1846 bis 1886 Pfarrer und später Generalsuperintendent an der
Berliner Matthäikirche, wegen seines derben Humors sehr beliebt,

aber auch umstritten wegen seines orthodoxen Konservatismus; von Fontane hoch geschätzt. Vgl. Anm. zu S. 86. – Julius *Müllensiefen:* 1811-93, Schüler Schleiermachers, 1852-85 Archidiakon an der Berliner Marienkirche; vgl. F. an Georg Friedlaender am 29. Nov. 1893: »Nur ganz wenigen ist es gegeben – ich habe nur einen kennen gelernt (bei der Beerdigung von Karl Zöllner): Müllensiefen – einem den Himmel aufzuschließen.« (HF IV, 4, S. 311). – *suaviter in modo* (lat.): aus »Fortiter in re, suaviter in modo« (lat. = »Stark in der Sache, aber mild in der Art«. – *Christliche Ritterschaft«:* Vgl. die Anklänge hierzu in »Schach von Wuthenow«, 4. Kap. (HF I, 1, S. 587).

410 *schrauben sich nun.:* Im Manuskript folgt nach der handschriftlichen Überschrift »Intoleranz und Toleranz in einer kleinen Stadt« ein Zeitungsausschnitt:

Alt-Landsberg, 8. September. (Privat-Mitt.) Ein bedauernswerter Akt *geistlicher Intoleranz* ist von hier zu berichten. Der Schuhmachermeister Sch., welcher seit Jahren mit seiner Frau in glücklichster Ehe lebte, hatte das Unglück, daß seine Gattin gemütskrank wurde und in einem ihrer Anfälle von Geistesstörung sich das Leben nahm. Der darniedergebeugte Mann suchte nun bei beiden hiesigen Pastoren ein christliches Begräbnis nach, dieselben verweigerten dasselbe jedoch in Übereinstimmung mit dem Kirchenrat, ja nicht einmal die Bahre zum Hinaustragen der Leiche wurde bewilligt und das Grab in der Reihe der Selbstmörder aufgeworfen. Die Bürgerschaft dachte freilich anders über den traurigen Fall. Ein Bürger, der Sattlermeister und Wagenbauer Gl., stellte in Eile einen würdigen Leichenwagen her, und der Beerdigung wohnte ein zahlreiches Gefolge bei, darunter die angesehensten Bürger der Stadt, Gerichtspersonen und Deputationen des Magistrats und der Stadtverordneten. Selbst Ersatz für die nicht gestattete Trauermusik hatte man gefunden. Als der Zug die Markt-Ecke umschritten hatte, tönten ihm die Klänge des Liedes: »Jesus, meine Zuversicht« entgegen, die aus den offenen Fenstern des Musiksaales des Herrn B. kamen und dem Leichenzuge bis zum Tore hörbar blieben. Nach Einsenkung des Sarges auf dem Friedhof sprach ein Bürger am offenen Grabe für die arme Unglückliche ein lautes Vaterunser, welches von den zahlreichen Anwesenden, die die Gruft umstanden, in feierlicher Bewegung mitgesprochen wurde. In größter Ordnung bewegte sich der Zug zur Stadt zurück.

[Darunter handschriftlicher Vermerk: »Zu benutzen bei Storch von Adebar, wird als Vorkommnis in der Nachbarstadt erzählt. Storch und Frau treten auf Seite der Pastoren.« – Darunter weiterer handschriftlicher Vermerk: »Attinghaus oder der Rechtsanwalt erzählen von dieser Geschichte.«]

Im Manuskript folgt ein Blatt mit dem Vermerk: »Zu der Novelle: *Storch von Adebar.* Die Sache passiert auf einem Nachbardorf und macht einen großen Eindruck auf den Alten.« Ein aufgeklebter

Zeitungsausschnitt mit dem Bleistiftvermerk »Eine der Damen oder
auch einer der Herren Lieutenants erzählt das« schließt sich an:
Pest, 1. März. Aus *Miskolcz* wird dem »Egyetertés« folgender Fall
berichtet: In dem drei Viertelstunden von hier entfernten Städtchen
Diösgyör hatte vor einer Woche ein junger Mann namens Ludwig
Arnstein im Kartenspiel 20 Kr. an seinen Nachbar verloren und war
sie ihm schuldig geblieben. Als dieser sich seinen Gewinn abkassieren
wollte, sagte Arnstein scherzweise zu ihm, er solle noch 20 Kr.
dazulegen, dann wollte er (Arnstein) auf seinen »*Anteil am ewigen
Heil*« schriftlich zu seinen Gunsten verzichten. Der Nachbar geht
darauf ein, zahlt die 20 Kr. und Arnstein stellt die Schrift aus. Zwei
Tage darauf stirbt Arnstein plötzlich, seinen »Anteil am ewigen Heil«
auf Erden in Pfand zurücklassend. In der Nacht nach seinem Begräbnis kommt nun sein Gläubiger ins Nachbarhaus gerannt und erzählt
außer sich vor Schreck, Arnsteins Geist sei ihm erschienen und
verlange seinen »Anteil am ewigen Heil« zurück. Dies wiederholte
sich durch drei Nächte. Um der Sache abzuhelfen, wandte sich der
Betreffende an den Rabbiner, der sich jedoch für nicht spruchfähig in
dieser Angelegenheit erklärte. Gestern wurde nun in Szikßo eine
Beratung von sechs Rabbinern abgehalten, welche die Entscheidung
fällten, das Grab des Beerdigten müsse geöffnet und die Verzichtlei-
stungsschrift, welche ihm die Himmelspforte verschließe, in den Sarg
neben ihn gelegt werden. –
Fr. W. III.: Vgl. Anm. zu S. 505. – *Kaiser Nicolaus:* Vgl. Anm. zu
S. 336. – *Prinzeß Charlotte:* gest. 1860, Tochter Friedrich Wilhelms
III. aus dessen erster Ehe mit Luise von Mecklenburg-Strelitz, vgl.
über die »ehemalige Prinzeß Charlotte« »Von Zwanzig bis Dreißig«,
›Der Tunnel über der Spree‹, 6. Kap. (HF III, 4, S. 403). – Ernst
Raupach: 1784- 1852, vielschreibender Schauspieldichter: 117 Dramen (den Titel eines seiner Stücke, »Die Tochter der Luft«, verwendet
F. des öfteren, so in »Effi Briest«. – *Hohenstaufen:* Raupach schrieb
einen Hohenstaufen-Zyklus in 16 großen Dramen. – *Bischof Roß:*
Vgl. F.s Fragment »Bischof Roß«; (Erstveröffentlichung in HF II,
3, S. 798 ff. F. schildert den Bischof (aus der schottischen Familie
der Grafen v. R.), als »persona gratissima« am Hofe Friedrich Wilhelms III.

411   Jean Graf von *Rapp:* 1772-1821, Genéral Napoleons I., aber auch von
Ludwig XVIII. hochgeehrt (Obersthofmeister und Pair von Frankreich); vgl. »Meine Kinderjahre«, 10. Kap., s. auch »Vor dem
Sturm«, Bd. 3, 11. Kap., ›Borodino‹ (HF I, 3, S. 421 und Anm.). –
Pierre du Terrail, Chevalier de *Bayard:* 1476-1524, der von F. so oft
genannte Chevalier – s. o. – »sans peur et sans reproche« (ohne Furcht
und Tadel), von dem Franz I. zum Ritter geschlagen werden wollte. –
der alte Flemming: Heinrich Ernst Ludwig Karl von F. (1778-1852),
pommerscher Erblandmarschall, Magdeburger Domherr und Landrat
des Kreises Usedom-Wollin, mit F.s Eltern befreundet; vgl. seine

Charakteristik in »Meine Kinderjahre«, 6. Kap. (HF III, 4, S. 57 ff.);
s. a. Anm. zu S. 287. – *Pallasch-Athene:* statt Pallas-Athene (Pallasch
= Säbel). – *persona gratis:* statt persona grata (Wohlgelittener). –
Peter peccavi: statt pater peccavi (Vater, ich habe gesündigt); Verwechslungen, die F. äußerst amüsieren (vgl. auch Anm. zu S. 51). –
Henoch: Vater Methusalems (1. Mose 5, 21). – *Amarant:* Nahrungs-
und Arzneipflanze mit ährenförmigen Rispen. – *Peterey:* gemeint
wahrscheinlich Anton von Fetery (1781-1851), seit 1826 Oberst,
später Kommandant der Festung Spandau, Generalleutnant, ein
durch Tapferkeit, Originalität und Anekdoten gleichermaßen bekannter Offizier. (N) – *Ausgleichungs-Prinzip:* Vgl. »Stine«,
12. Kap.: »Alles, was unten ist, kommt mal wieder obenauf, und was
wir Leben und Geschichte nennen, läuft wie ein Rad.« (HF I, 2,
S. 537).

414 *Geschichte von Klopstock:* Gemeint ist, daß Kl. (1724-1803) sich das
Gelingen seines Hauptwerks »Der Messias« (1748-73) erbetet habe. –
von der armen Witwe: Markus 12, 42. – *Andre sagen: es ist Zufall:*
Diese Auffassung widerspricht dem Prädestinationsglauben; vgl.
Anm. zu S. 130 und »Unwiederbringlich«, 12. Kap.: »Ein Zufall,
wenn es einen Zufall gibt« (HF I, 2, S. 765).

415 *Babel:* Vgl. Offenbarung 17. – *7. Kapitel:* auf der Rückseite des
Manuskriptblattes von F.s Hand in Blaustift die Notiz: »Saalow.
(Schadow.)« Sie bezieht sich auf »Saalow. Ein Kapitel vom alten
Schadow« in den »Wanderungen«, ›Spreeland‹, das für die 2. Auflage
(1882 erschienen) umgearbeitet wurde. Auf der Rückseite des voran-
gegangenen Manuskriptblattes findet sich ebenfalls ein »Wanderun-
gen«-Bruchstück über Fr. Chr. Hieronymus v. Voß aus demselben
Band. – *Herr v. Gerlach:* Vgl. Anm. zu S. 392. – *August Ernst Graf
von Voß:* Vortragender Rat Friedrich Wilhelms IV. – *Karl Albrecht
Alexander von Uhden:* 1798-1878, von 1844-48 preußischer Justiz-
minister, Verfechter des harten Strafgesetzentwurfs. – *Ferdinand
Wilhelm Henning von Westphalen:* 1799-1876, preußischer Innen-
minister im Kabinett Manteuffel 1850-58. – *Georg Ernst Friedrich
Frhr. von Vincke:* 1811-75, Mitglied des 1847 nach Berlin berufenen
Vereinigten Landtags; Altliberaler. – *Benedikt Franz Leo Waldeck:*
1802-70, erst Führer der äußersten Linken (1848), ab 1860 der
Fortschrittspartei; vgl. »Cécile«, 14. Kap. (HF I, 2, S. 224 und Anm.). –
Virchow: Vgl. Anm. zu S. 119; einer der Gründer und Führer der
Fortschrittspartei.

416 *Dagobert:* der gleiche Name auch in »Effi Briest« (HF I, 4, S. 23; bei
F. etwas nichtssagende Gestalten bezeichnend). – *Rudolf von Bennig-
sen:* 1824-1902, Präsident des 1859 von ihm gegründeten National-
Vereins, 1873-79 Präsident des Abgeordnetenhauses, Führer der
Nationalliberalen Partei.

417 *Hundetürkei:* Spottname für die Donaufürstentümer (Walachei). –
gerieren (lat.): aufführen, sich ausgeben, benehmen.

418 *Dohnas, Dönhofs:* bekannte, in Ostpreußen begüterte Grafenfami-
lien, die oft bei F. genannt werden. – *Gesprächsthemata ... zur Zeit
des Missionsfestes:* Im Manuskript folgen nach dieser Überschrift
Zeitungsausschnitte mit den Titeln: »*An den Prediger Lic. Hoßbach*«,
»*Zur Sonntagsruhe*«, »*Der Selbstmord und die großen Städte*«.
Abdruck der Ausschnitte in den in der Anm. zu S. 383 (*wo jemand
gewonnen!*) genannten Publikationen. Ferner enthält das Manuskript
folgenden Zeitungsausschnitt:

>*Aus König Kalakauas Reiche*<
Von A. v. R.

Die Anwesenheit des Königs der Sandwichs-Inseln in Europa ruft
Erinnerungen aus meinem bewegten Leben zurück, die sich mir um
so farbenreicher aufdrängen, je angenehmer mir der Aufenthalt in
dem kleinen Königreich Kalakauas, das ich zu verschiedenen Zeiten,
zum letzten Male im Jahre 1867, besucht, immer gewesen ist. Über
Hawaii ist schon manches gesagt und geschrieben worden. Aber
soweit ich auch die illustrierten Blätter durchgehe, in denen ich ab
und zu Nachrichten über dies Inselreich gefunden, so bemerke ich
immer nur äußerliche Zusammenstellungen, die mich nur oberflächlich in Verbindung bringen mit dem Bilde, welches ich in meinem
Gedächtnis mitgebracht. Wenn ich daher in nachstehenden Zeilen das
wiedergebe, was ich dort gesehen, gefühlt und erlebt, so möge das
Niedergeschriebene als eine vielleicht manchem willkommene, le-
bensvolle Ergänzung des Bekannten betrachtet werden.

Sooft ich auf meinen Reisen mich der Insel Oahu näherte, machte
das landschaftliche Bild, welches sich mir bot, den anmutigsten
Eindruck. Schon von ferne her ist der Diamandhead, ein vulkanisches
Vorgebirge im Osten der Insel, welches umsegelt werden muß, um in
den Hafen zu kommen, sichtbar. Sowie dasselbe umschifft ist, bietet
sich ein prächtiger Anblick, indem die Stadt Honolulu, nach dem
Gestade zu terrassenförmig sich herabziehend, langsam hervortritt,
deren Häuser von Palmen, Bananen und immergrünen Sträuchern
beschattet und von üppigen Gärten umgeben, wie Perlen zwischen
den einem grünen Teppich gleich ausgebreiteten Höhen hervorschau-
en, deren Hintergrund durch das von den Franzosen zerstörte
ehemalige Festungswerk, die Punchbowlhill, abgeschlossen wird. An
der Brandung der steilen und gefährlichen Korallenklippen vorbei
wird das Schiff in den eben so großartigen, wie durch seine Sicherheit
berühmten Hafen gelotst. Lange Zeit und bis hoch in die sechsziger
Jahre hinein war dieser Hafen der Sammel-Platz der Walfisch-Fahrer,
wo dieselben im April vor der Reise zur Jagd und im November nach
derselben sich ihr Rendezvous gaben, ihre Schiffe ausbesserten,
Proviant einnahmen und ihre Beutefracht löschten, um dieselbe
durch Kauffahrer meist um Cap Horn herum nach den New-
Englandstaaten zu verschiffen. Man fand dann neben den vielen
Kriegs- und Kauffahrteischiffen oft an hundert Walfischfahrer im

Hafen, meistens Amerikaner. Das war ein buntes Treiben höchsteigener, seltener Art. Denn das Schiffsvolk und die Matrosen gaben dann der Stadt und dem Hafen ihr besonderes Gepräge. Seit dem Anwachsen San Franciscos hat sich der Verkehr der Walfischfahrer nach dort verzogen und der Hafen von Honolulu hat an Lebendigkeit des Verkehrs etwas verloren; immer aber nimmt er wegen des von Jahr zu Jahr wachsenden Handels und als Stationspunkt im Pazifik-Ozean in der Höhe von San Francisco und Japan eine wichtige Stellung ein.

Das Königliche Palais ist ein großes viereckiges Gebäude in Holzkonstruktion, mit vorspringendem Dache, über welchem sich ein Oberbau in dunkelen Farben und mit durchsichtigen Lauben hinzieht. Es liegt im Osten der Stadt, inmitten eines herrlichen Parkes und umgeben von einer Ringmauer. Vor dem Torwege stehen zwei Schildwachen. Oft, wenn ich vorüber schritt, nahm ich mir die Zeit, zwischen diesen hindurch ins Innere zu schauen. Gab es doch immer Anziehungspunkte, denn im Park pflegten die Hofleute zu promenieren, die Hofdamen in blendendweißen faltenreichen Gewändern, oder ihre Siesten zu halten.

Die von 400 000, welche man bei der Entdeckung der Inseln fand, leider bis auf 63 000 Seelen herabgekommene malayische Bevölkerung ist ein prächtiger Schlag Menschen, groß von Gestalt und mit angenehmen Gesichtszügen, gelehrig und verträglich. Sie teilt sich in vier Klassen, wovon die erste aus den Mitgliedern des Königlichen Hauses und den höchsten Staatsbeamten, die vierte aus dem gemeinen Volke, der Tagearbeiterklasse, den Fischern, Landleuten, Schäfern besteht. An den stilleren Straßen nun liegen von Palmen, Bananen und anderen tropischen Gewächsen beschattet, die Villen der Bevölkerung von der ersten Rangklasse und der reichen ausländischen Kaufleute. Es sind dies wahre Prachtsitze, sowohl in der Bauart der Häuser, als in den diese umgebenden Anlagen. Im Rücken der Stadt, gegen das Innere der Insel, windet sich zwischen einem Höhenzug, der die Insel quer durchschneidet, das liebliche Nuanu-Tal hindurch. Hier befinden sich zu beiden Seiten einer sauberen Straße die Zuckerplantagen, deren Produkte den Haupt-Ausfuhrartikel der Insel bilden, eine Strecke Landes, deren Üppigkeit und Pracht jeden Beschauer aufs lebhafteste fesselt.

Hinter der Stadt aber, rechts von der Straße, ragt auf einer Anhöhe ein monumentaler Bau hervor, der, je näher man kommt, sich immer schöner präsentiert. Es ist das Königliche Mausoleum der Kamehamea, auf einer Terrasse im gotischen Stil errichtet und von vier Spitztürmen eingeschlossen, welches ernst auf den Ozean und die benachbarten Inseln des Reiches herabschaut.

Vom Hafen aus steigen die Straßen der Stadt in leichter Erhebung aufwärts, um nach dem Innern der Insel sich wieder zu senken. Auf dem Kamm der Höhe mitten durch die Stadt und parallel mit dem Gestade läuft die Hauptstraße, wohlgepflegt und mit prächtigen

Bäumen eingefaßt. Es ist das für Honolulu, was die Ringstraße für Wien, die Linden für Berlin und die Champs Elysées für Paris sind. Dort findet allabendlich, besonders lebhaft aber am Sonnabend, der Korso statt. Derselbe bietet ein seltenes und farbenreiches, überaus anregendes Bild, zugleich ein Bild der wunderbarsten Gegensätze, indem alle Klassen der Bevölkerung, die weißen und farbigen, der Kavalier und der auf seinem kleinen mexikanischen Mietsklepper daher galoppierende Seemann vertreten sind. Denn man muß wissen, daß, gegen die Gewohnheit in aller Welt, in Honolulu auch die Teerjacke ein unersättlicher Verehrer des Reitsports ist, zu dem er nicht eilig genug greifen kann, nachdem er seinen Dienst an Bord beendigt. Auf dem Korso begegnet uns in eleganter Equipage die feine Dame der Welt, zurückgelehnt in die Polster des Wagens und die braune Tochter des Landes auf ihrem schnellfüßigen mexikanischen Pferdchen, reitend nach Männerart, Haar und Brust mit Blumen bedeckt und Hüften und Lenden mit breiten, bunten Shawls umwickelt, deren Enden von den Knöcheln aus zu beiden Seiten des Rosses malerisch im Winde flattern. Es ist ein schöner Anblick, diese braunen jugendlichen Amazonengestalten in größeren Kavalkaden über den Korso sprengen zu sehen. Der Korso von Honolulu ist wohl der eigenartigste auf beiden Hemisphären.

Die Bevölkerung des Inselreiches, welche noch zu Anfang dieses Jahrhunderts dem Heidentum angehörte, ist protestantischen Bekenntnisses; ein Versuch, den Katholizismus einzuführen, scheiterte an dem Widerspruch des Königs, trotz der Einmischung der Franzosen in diese interne Angelegenheit. Für die Seeleute existiert eine besondere kleine hölzerne Kirche, von stets sauberem Aussehen mit einem spitzen Türmlein, die Seamens church, welche unweit des Hafens auf der rechten Seite der Hauptstraße steht. Sie ist mir besonders erinnerlich durch ihren wackeren Geistlichen, der, ein Greis im Silberhaar, unser aller Freund war. Aufrichtige Gottesfurcht, Milde und Menschenfreundlichkeit waren die Grundzüge seines Wesens. Vater Damon – wir Seeleute nannten ihn nur *unseren* Vater Damon – war im wahren Sinne unser beschützender und beratender Vater, der es vortrefflich verstand, die Härten und Unebenheiten in dem Wesen der Teerjacken abzuschleifen, die Gemüter derselben empfänglich zu stimmen und den Samen der Gottesfurcht in ihnen zu erwecken. Er tat dies ohne rhetorisches Gepränge und ohne auf die Formen, in denen er wirkte, viel zu geben. Aber seine Worte hafteten in unseren Herzen und zündeten. Er war es auch, der die Säumigen mahnte, ihrer Teuren in der Heimat nicht zu vergessen, und oft brachte er selbst Tinte, Feder und Papier und harrte geduldig aus, bis der Zögernde an seine besorgte Mutter oder Schwester ein schriftliches Zeichen seines Lebens gegeben. Er kannte alle Matrosen und alle kannten ihn. Sein Andenken wird mir und allen, mit denen er in Berührung kam, lieb und wert bleiben.

Die Inseln des Landes stehen durch Dampfer-Linien mit einander in Verbindung. Die größte der ersteren ist Hawai, die traurigste Molokai! Sie ist das lebendige Grab des Landes, und mit Schaudern denkt jeder, der jene gesegneten Inseln besucht hat, an dieses Eiland, wenn auch kaum einer dasselbe betreten hat. Denn es ist verschlossen für alle diejenigen, welchen noch Freuden des Lebens winken. Ich besuchte während meiner mehrmaligen Anwesenheit in Honolulu einige Male auch die verschiedenen Inseln des Landes. Eines Tages dampfte ein Regierungsboot in den Hafen, dessen Ziel Molokai war. Ich sprach gegen meine Umgebung, da ich gerade einen freien Tag hatte, die Absicht aus, mit dem Boote auch diese Insel zu besuchen, und kann mich noch lebhaft erinnern, welcher Schrecken sich über diesen Entschluß auf den Gesichtern meiner Bekannten malte. Hierbei erfuhr ich erst das Entsetzliche! Eine der größten Volkskalamitäten der kanakischen Bevölkerung ist der Aussatz, jene schreckliche, unheilbare Krankheit von welcher uns die Bibel berichtet, eine Krankheit, welche die Bevölkerung dezimiert. Wie sie entsteht, weiß man nicht, sie ist ohne Zweifel ein Ergebnis des heißen Himmelsstriches und des unmäßigen Genusses von Schweinefleisch bei ererbter natürlicher Anlage. Denn der Kanaka ißt gemeiniglich über das gebührende Maß. Ich habe gesehen, daß drei Kanaka ein Schwein von mäßiger Größe in *einer* Sitzung verzehrt haben. Das einzige Mittel, die Verbreitung der Krankheit auf den engsten Kreis zu beschränken und die Bevölkerung vor dem völligen Untergang zu retten, bestand in der Isolierung der von diesem entsetzlichen Leiden Befallenen von den Gesunden, zu welchem die Insel Molokai ausgewählt wurde. Molokai, zwischen den Inseln Lanai, Maui und Oahu gelegen, ist ein langgestreckter Streifen fruchtbaren Landes, von einem Höhenzuge durchsetzt und hier ist es, wohin jeder vom Aussatz Befallene gebracht wird. Dort sterben diese Unglücklichen oft bald, oft aber auch müssen sie in jahrelangem Leiden das erlösende Ende erwarten. Diese Bewohner bilden, so zu sagen, ein eigenes geregeltes Staatswesen, wobei der geistig oder gesellschaftlich distinguierte Teil derselben die Behörde bildet. Die Kranken haben ihre Hütten möglichst bequem eingerichtet, um wenigstens, soweit es eben möglich, sich den kurzen Rest ihres Lebens nach den Umständen erträglich zu gestalten. Einmal in jedem Monat erscheint das Regierungsboot und bringt den Unglücklichen Nahrung, Briefe, Zeitungen und andere Gegenstände des Gebrauchs und der Unterhaltung. Aber zurück unter gesunde Menschen kommt keiner, für die übrige Menschheit sind sie tot, Gesunde betreten deshalb niemals die Insel, da sie nicht zurückkehren dürfen. Ein französischer Priester war bis jetzt der einzige, der voll Aufopferung, Mut, ja Todesverachtung völlig gesund, sich inmitten dieser Elenden begab, um den Armen sein Leben zu opfern. Jahre lang weilte er auf der Insel, um die Unglücklichen zu pflegen, aufzurichten und ihnen in ihrer letzten Stunde Worte des Trostes zu spenden.

Ohne Zweifel ist auch er dem Schicksal, welches ihn ereilen mußte, nicht entgangen. Alle Achtung vor dieser Tat selbstloser Aufopferung! Da die Insel Molokai über 2000 Einwohner zählt, kann man ermessen, wie hoch der Prozentsatz ist, den die Aussätzigen von der Bevölkerung bilden.

Geld ist im Lande wenig verbreitet und die Kanaka niederen Standes sind daher meistens sehr arm. Sie bezahlen ihre Bedürfnisse mit Naturalien und Leistungen, leider auch zuweilen mit der Immoralität ihrer Frauen und Töchter. Ich habe Gelegenheit gehabt, einem Mittagessen beizuwohnen, zu welchem mich ein junger Kanaka, der mit mir auf einem Schiffe diente, einlud. Mutter und Schwester des jungen Mannes wohnten in einem kleinen hölzernen Gebäude in der Stadt. In einem geräumigen Hofe standen dort etwa 6-8 solcher Hütten, alle einstöckig und ohne Verzierung. Fenster waren nicht darin. Die einzige Öffnung zur Einlassung des Lichtes und zur Auslassung des Rauches und der Dünste bildete die Tür. Der Boden war mit geflochtenen Kokosmatten bedeckt; eine ebensolche bedeckte die Bettlage. Ein alter Stuhl und ein noch älterer Tisch vervollständigten das Meublement. Unsere Gerichte bestanden aus einem sauren Brei und einem gebratenen Ferkel. Ersterer, Jassopoy genannt, wird hergestellt aus der geriebenen Tarrowurzel, die, zu einem Brei verrührt, nach einigen Stunden einen säuerlichen, recht angenehmen Geschmack annimmt. Das Ferkel war in einer mit heißen Steinen belegten Grube gebraten. Dazu genossen wir ein aus Gewürzen bereitetes Bier. Messer und Gabeln kennt der Kanaka nicht; die Speisen und selbst der Poy (Brei) wird mittels des Zeige- und Mittelfingers zum Munde geführt, wobei der Kanaka eine solche Gewandtheit entwickelt, wie kaum der Chinese mit seinen Eßstäbchen. Ich muß gestehen, daß mir das einfache Diner nicht schlechter mundete, als ein kunstreich bereitetes im Continental-Hotel von San Francisco. Es waren prächtige Leute, diese Kanaka, wie die meisten ihres Volkes, und ich fühlte mich unter ihnen heimisch, da wir uns auch englisch genügend verständigen konnten; denn in der kanakischen Sprache habe ich es nicht über die gebräuchlichsten Worte und über die zehn ersten Zahlen: 1 acahi, 2 alua, 3 acollo, 4 aha, 5 alema, 6 aonno, 7 ahego, 8 ahiva, 9 avallo und 10 aumi gebracht.

Übrigens gibt es unter den etwa 4000 auf den Sandwichsinseln lebenden Weißen, die allerhand Gewerbe treiben, auch echte und wirkliche Bierbrauer. Abseits von der Straße bei der Stadt, am Fuße der steil aufsteigenden Felswände, lag noch im Jahre 1865, im Grünen versteckt, eine Brauerei, welche im kleinen Stile von einem Deutschen, einem Baiern aus Oberfranken, betrieben wurde. Dort habe ich oft mit meinen Freunden geweilt. Tausend und abertausend Meilen vom Festlande und meiner Heimat entfernt, auf einer einsamen Insel des Ozeans, erquickten wir uns dort an dem erfrischenden Gerstensaft. Er wurde uns kühl aus den in die Felsen gehauenen Kellern, wenn auch nicht auf Eis und in Gläsern, wenn auch nicht geeichten Krügen verzapft, war aber darum nicht minder trefflich. Ich habe manche trauliche Stunde dort im felsigen Grunde verlebt und der fernen Heimat gedacht. Als ich im November jenes Jahres wieder nach Honolulu kam, wollte ich auch diesmal meinen lieben Landsmann besuchen; allein es sollte nicht sein. An einem Sonntag Abend stand der Himmel in Flammenschein – die Brauerei brannte. Als wir, meine Freunde und ich, so eilig wir es vermochten, mit der Hafenspritze am Platze anlangten, fanden wir keine Arbeit mehr, das Werk der Vernichtung war geschehen und nichts mehr zu retten.

Die Kanaka sind ein gutmütiges und ehrliches Völkchen, aber überaus abergläubisch. Derselbe junge Kanaka, an dessen Tisch ich einst speiste, Tom mit Namen, war mit mir auf dem Schiff in eine Wacht eingeteilt. Er war, wie alle seine Landsleute, dunkelbraun, vollkommen bartlos, aber sonst ein hübscher, großer Bursche und, nachdem ich erst seine Zuneigung gewonnen, überaus mitteilsam. Da derselbe schon etliche Jahre als Seemann gedient hatte, so weihte er mich in die Geheimnisse des Schiffsdienstes ein und ich habe von ihm, da er ein tüchtiger Matrose war, vieles und mit Leichtigkeit gelernt. So aufgeweckt Tom sonst war, so war er doch über die Maßen abergläubisch und glaubte in dem Leuchten der Quallen des Meeres die Anwesenheit abgeschiedener oder in der Ferne weilender Verwandten zu erkennen, wie überhaupt die Kanaka die Meeresfische als Körper ansahen, in die die Seelen ihrer Verstorbenen übergehen. Jeden Morgen bei Tagesanbruch stand er auf und warf eine halbe Kokosnußschale voll erspartes Essen ins Meer, um seine vermeintlichen Verwandten nicht hungern zu lassen. Oft auch sahen wir am Foreyard-Ende des Schiffes Stücke von Kokosnuß hängen, die ein Kanaka dort angebracht hatte, um günstigen Wind zu machen. Tom erzählte mir oft alles Ernstes, daß einer seiner Verwandten, dessen Canoe beim Fischfang vom Sturm überrascht und umgeworfen worden, durch seine verstorbene Schwester, die sich ihm als Fisch zeigte, gerettet worden sei. Auf Kartenlegerei legt der Kanaka viel Wert und glaubt unwandelbar an die Prophezeiungen. Einer meiner Kameraden machte sich diesen Aberglauben zu Nutze und brachte manche Flasche Gewürzbier, die er für seine Narrenspossen erhalten, mit nach Hause. Einmal auch gelang es ihm von einem Besitztum, in welchem an der Höhe eines mit Mais bebauten Hügels ein böser Geist sein Spiel treiben sollte, durch eine Menge wunderlicher von ihm selbst erfundener Zeremonien, dem Spuk ein Ende zu machen und der Mann bekam nach diesem Erfolg, der ihn in den Augen der Kanaken zu einem ungewöhnlichen Teufelsbanner stempelte, eine ausgedehnte Kundschaft für seinen Hokuspokus.

Eigentümlich sind die Begrüßungsformen befreundeter und verwandter Personen nach langer Trennung und die Zeremonien bei Bestattungen. Tom hatte seine Verwandten, Mutter und Schwester,

seit sieben Jahren nicht gesehen, als wir im Jahre 1865 wieder im
Hafen von Honolulu einliefen. Die beiden Frauen hatten von seiner
Ankunft gehört und kamen nach einiger Zeit eiligst herbei. Es war
eine ältliche Frau von etwa 50 Jahren; die Schwester mochte 28 bis 30
zählen. Als beide Teile einander sahen, begannen sie zu weinen,
neigten, ohne sich zu umarmen, mehrmals ihre Gesichter gegenein-
ander, setzten sich dann einander gegenüber und schauten sich an,
ohne ein Wort zu sprechen. Diese sonderbare Sitzung dauerte wohl
eine halbe Stunde. Wenn aber ein Familienglied stirbt, so wird
während zweier Tage an der Leiche von alten Weibern gewacht, die
den Toten in einer Weise besingen, welche Steine erweichen und
Menschen rasend machen kann. Der Tote wird dann mit seinem
Schmuck, dem wenigen hinterlassenen Gelde, oder einem Teil desselben eingegraben, wobei man nicht verfehlt, ihm auch Speise in und
auf das Grab zu legen. Jeder kennt diese Modalitäten der Beerdigung,
aber auch der geldgierigste Kanake würde nicht wagen, das Geringste
von dem Schmucke oder Gelde anzutasten, aus Furcht, sofort Todes
zu sterben.

Als ich zum letzten Male auf Honolulu weilte, war König Kalakaua
noch ein Jüngling. Ich habe damals König Kamehamea V., auch viele
Große des Reiches gesehen, ob darunter vielleicht auch Kalakaua
gewesen, ich weiß es nicht. Aber als die Kunde seiner Ankunft in
Europa zu mir gelangte, da trat in immer deutlicheren Farben und
Umrissen das, was ich vor 14 Jahren und früher dort gesehen und
erlebt vor mein inneres Auge, daß es mich unaufhaltsam trieb, dem
Gegenstande lebensvoller Erinnerung auch schriftlichen Ausdruck zu
geben, und wenn ich durch diese Zeilen beigetragen habe, manchem
Ihrer Leser ein flüchtiges Bild jener wunderbar schönen und doch
noch immer ziemlich wenig bekannten Eilande zu geben, und einige
Augenblicke belehrender und unterhaltender Lektüre zu bieten, so
will ich mit Befriedigung meine Feder niederlegen.

[Über diesem Ausschnitt handschriftlicher Vermerk: »Zu Storch
v. Adebar. Namentlich die Stelle von der Insel Molokai.«] –
Velleitäten (lat./franz.): Anwandlungen, Launen. Vgl. »Der Stechlin«, 7. Kap. (HF I, 5, S. 88) – *culbutieren* (franz.): stürzen. – *von
denen der Apostel sagt:* Offenbarung 3, 15, 16: »Weil du aber lau bist
und weder kalt noch warm, werde ich dich ausspeien aus meinem
Munde.« – *degoutant* (franz.): ekelhaft, widerlich.

419 *Gichtelianer:* Anhänger des Theosophen Johann Georg Gichtel
(1638-1710), auch »Engelsbrüder« (verworren-schwärmerisch-passi-
ve Religiosität, Ablehnung praktischer Arbeit). – *Verdruß:* Berliner
Ausdruck für: Buckel. – *Nero, Tiberius, Caligula:* römische Kaiser
des 1. Jahrhunderts n. Chr.; waren wegen ihrer Grausamkeiten und
Ausschweifungen berüchtigt. – *Groß-Inquisitoren:* Vorsteher der
Inquisition (Ketzergericht) in Spanien im 13.- 18. Jahrhundert. Vgl.
auch »L'Adultera«, 21. Kap. (HF I, 2, S. 128).

421 *Anciennitäts-Prinzip:* Grundsatz der Altersfolge. – Friedrich Adolf
August *Struve-Soltermann:* 1781-1840, Arzt in Neustadt/Sachsen,
dann Apotheker, später in Dresden; eröffnete 1818 in Dresden die
erste Mineralwasseranstalt, später eine in Leipzig, Berlin (1823),
Brighton (1825). Die Dresdener Apotheke wurde nach Struves Tod
von seinem Sohn Gustav Adolf (1812-89) weitergeführt; F. war dort
vom Sommer 1842 bis zum Sommer 1843 Gehilfe; vgl. »Von
Zwanzig bis Dreißig«, ›Mein Leipzig lob' ich mir‹, 7. Kap. (HF III, 4,
S. 290 f.). – *je ne sais quoi* (franz.): Das gewisse Etwas. Vgl. »Der
Stechlin«, 9. Kap. (HF I, 5, S. 100 mit Anm.). – *Peripatetiker:* nach
griech. »Peripatos«, die Wandelhalle; als »Peripatetiker« wurden die
Schüler des Aristoteles (384-322 v. Chr.), der in einer Wandelhalle
umhergehend zu lehren pflegte, bezeichnet.

422 *Rücktritt des Königs:* Friedrich Wilhelm IV. von Preußen hatte im
Juni 1857 einen Schlaganfall; sein Bruder Wilhelm, Prinz von
Preußen, übernahm im Oktober 1857 die Stellvertretung und im
Oktober 1858 die Regentschaft. Friedrich Wihelm IV. starb 1861.

423 *Der Krieg bricht aus:* gemeint ist wahrscheinlich der deutsch-
französische Krieg von 1870/71.

424 *Piquet*(franz.): Kartenspiel.

425 *Johanniter-Ritter:* der älteste geistliche Ritterorden (begründet im
11. Jahrhundert), hatte große soziale Verdienste zur Zeit der Kreuz-
züge. Seine protestantische Ballei (Verwaltungsbezirk) Brandenburg
wurde 1810 durch die Säkularisation aufgelöst. An ihre Stelle trat
1812 der Kgl. Preußische Johanniterorden als Adelsgenossenschaft
mit sozialen Aufgaben, wie z. B. der Förderung der christlichen
Krankenpflege, im Oktober 1852 wieder in die Ballei Brandenburg
umgewandelt; F.s letzte Wohnung (seit 1872) lag in dem Besitz des
Johanniterordens, Postdamer Str. 134c (Johanniterhaus). Vgl. auch
F.s Bericht über den Johanniter-Ritterschlag »Sankt Johannistag in
Sonnenburg« in N XVIII, S. 474 ff.; s. auch »Der deutsche Krieg von
1866«, Bd. 2, S. 312 ff. sowie »Der Stechlin«, 35. Kap. (HF I, 5, S. 305
und Anm.) und das Gedicht »Meine Reiselust« (HF I, 6, S. 342 f.).

426 *19. Storchs Tod...:* Im Manuskript folgen nach dieser Überschrift
zwei Zeitungsausschnitte:

Vermischtes

Rosenberg (Westpr.), 13. Oktober. Gelegentlich des Reparaturbau-
es der hiesigen evangelischen Kirche mußte auch die *Ahnengruft* des
einst in hiesiger Gegend mächtigen Geschlechtes der *Schach v. Wittenau* geöffnet werden. Dieselben waren Patrone der hiesigen Kirche,
welches Recht noch heute auf dem Rittergute Gr.-Nipkau ruht. Die
betr. Gruft besteht, einer Korrespondenz der E. Z. zufolge, aus zwei
großen Gewölben in Kreuzform, unter welcher sich noch ein zweites
Gewölbe befindet. Im ganzen befinden sich in der Gruft noch 26
wohlerhaltene Särge mit mächtigen Wappenschildern, meist aus
massivem Silber. Mehrere Leichen sind einbalsamiert, und daher in

der Körperform wohl erhalten. So ein Rittmeister, eine wahre
Hünengestalt, welcher im 30jährigen Kriege gefallen ist. Standarten,
Fahnen, Lanzen etc., welche viele Jahrhunderte alt sind, befinden
sich, teils ziemlich erhalten, in der Gruft. Jetzt ist dieselbe wieder
vermauert und wird in den ersten paar hundert Jahren wohl nicht
mehr geöffnet werden. Der Letzte seines Stammes war der vor
längerer Zeit in Danzig verstorbene Gouverneur General Schach
v. Wittenau. (Dies ist ein Irrtum der Elbg. Ztg., da ein Oberst Schach
v. Wittenau z. Z. Kommandeur des 1. Großh. hessischen Dragoner-
Regts. Nr. 23 ist. Die Redaktion.)

[Am Rand dieses Ausschnitts handschriftlicher Vermerk: »Storch
v. Adebar stieß auf die Gruft seiner Väter.« – Darunter weiterer
Vermerk: »*Gut*«.]

Deutschland

Baruth, 6. Februar. *(Beisetzung.)* Das »Baruther Stadtblatt« meldet: Gestern bewegte sich ein Trauerzug durch unsere Stadt, wie ihn
dieselbe wohl noch nie gesehen hat: es fand die Beisetzungsfeier der
Leiche Sr. Exzellenz des Herrn *Grafen zu Solms* statt. An der
allgemeinen Teilnahme der Stadt, der Umgegend, zweier Kreise, an
den ernsten und traurigen Gesichtern, denen man begegnete, konnte
die Verehrung und Hochachtung erkannt werden, in welcher der
Verstorbene gestanden hatte. Die Trauerfeier begann im Gräflichen
Schlosse mit einer kurzen Andacht am Sarge, bei welcher der hiesige
Männergesangverein die beiden Verse »Wann ich einmal soll schei-
den« sang. Dann setzte sich der Zug in Bewegung, während auf dem
Schloßhofe der hiesige Kriegerverein mit einer Deputation des
Golßener und die Schützengilden von Baruth und Golßen Spalier
bildeten. An der Spitze des Zuges gingen sämtliche Lehrer der
Schulen des Solmsschen Patronats, der hiesige Sängerverein und die
Geistlichkeit aus den Städten Baruth und Golßen und aus sieben
Dörfern. Ihnen schloß sich auch der Konsistorialrat Berner aus Berlin
an. Unmittelbar vor dem Sarge wurden von dem Hauptkassierer
Wittich die Orden des Verewigten vorgetragen. Neben dem Sarge
gingen auf jeder Seite 9 Förster und 2 Trauermarschälle, auch die
Gräflichen Kammerdiener. Alsdann folgten die Leidtragenden; fer-
ner der General-Adjutant des Kaisers und Königs, Graf v. d. Goltz,
Geh. Hofrat Herrlich als Abgesandter des Prinzen Carl als Herren-
meister des Johanniterordens, Standesherr Graf zu Solms-Sonnewal-
de mit seinen beiden Söhnen, den Grafen Peter und Otto, Graf
Wallwitz aus Dresden, Neffe des Verstorbenen, die Mitglieder des
Herrenhauses: Graf Schulenburg und Graf Kleist-Zützen, sowie
Konsul Schmidt aus Berlin. Aus den Kreisen Jüterbog-Luckenwalde
und Luckau hatten sich eingefunden: der Landrat v. Oertzen, die
Rittergutsbesitzer Ökonomierat Schütze, v. Lochow und Schwietzke,
der Oberamtmann Barthold, der Landrat Frhr. v. Manteuffel, die
Rittergutsbesitzer Baron v. Thermo, v. Uckro, Küster, Engels und

Haacke. Daran schlossen sich die Magistrate und Stadtverordneten der Städte Baruth und Golßen, die sämtlichen Gemeinde-Vorsteher der zur Herrschaft Baruth gehörigen Dörfer, die Beamten und Arbeiter der Glashütte und eine große Zahl von Damen, Bürgern, Landleuten usw. an. – Nachdem der fast unübersehbare Zug sich unter dem Geläute der Glocken in die Kirche begeben hatte und der Sarg vor dem Altar niedergesetzt war, wurden die beiden ersten Verse des Liedes »Jesus meine Zuversicht« (ein Lieblingslied des Verstorbenen) gesungen, und der hiesige Superintendent hielt die Leichenrede über die Worte Hebr. 4, 9-11: »Es ist noch eine Ruhe vorhanden.« Nach einem Gebete traten dann sämtliche anwesende Geistliche der Reihe nach an den Sarg und sprachen Bibelworte in bezug auf den Verstorbenen. Zum Schluß segnete der Superintendent die Leiche ein. Während ein Chor das Lied »Laßt mich gehn« von der Orgel aus sang, wurde der Sarg in die Erbgruft der Grafen zu Solms ersten Anteils getragen und dort unter einem auf die Auferstehung bezüglichen Spruche niedergesetzt. Die Kirche vermochte die Menge derer kaum zu fassen, welche dem entschlafenen Gräflichen Herrn die letzte Ehre erweisen wollten. Am nächsten Sonntag, den 9. Februar, soll die Gedächtnispredigt gehalten werden.

[Unter diesem Ausschnitt handschriftlich folgende Notizen:]

»Die von Adebar.
Caspar Joachim v. Adebar.
Scholastica v. Adebar. (Schola)
Hildegarde v. Adebar. (Hilde)
Rainer v. Adebar.
Ludolf. Bussco.

Johann George von Adebar und Johann Sigismund v. A.
Ahasverus
Lothar v. Amelungen.
Ludolf u. Gebhard.« –
der Schnee stäubt leise: Vgl. zu diesem F.schen Stimmungsbild, das hier den Tod einleitet, auch »Mathilde Möhring«, 11. Kap. (HF I, 4, S. 638). – *Parentation* (lat.): Totenfeier, Leichenrede. – *au fond* (franz.): im Grunde. – *Agio* (ital.): Aufgeld.

OCEANE VON PARCEVAL

Entstehungszeit: 1882. Vermerk am 11. Jan. 1882 in F.s Tagebuch, daß er an »Oceane von Parceval« gearbeitet hat. *Erstdruck:* »Das Fontane-Buch«, hrsg. von Ernst Heilborn, Berlin 1921, S. 75 ff. (mit Fehlern in der Übertragung).
Textgrundlage: Originalmanuskript (Stadtbibliothek Wuppertal). Auf den

Rückseiten befinden sich Bruchstücke von F.s Literaturkritiken über Galdós' »Gloria« und Björnsons »Arnljot Gelline« (s. HF III, 1, S. 508 ff.). Vgl. auch das Fragment »Melusine«, Anm. zu S. 253 ff. – Zum Namen der Titelfigur vgl. Erich Wentscher, »Die Rufnamen des deutschen Volkes«, (Halle 1928, S. 33: »Die Kunstreiterin Oceana Renz [s. auch HF I, 4, S. 427 und Anm.] war so benannt worden, weil sie 1857 auf einem Dampfer auf dem Meere geboren war«) und F. in Der deutsche Krieg von 1866, Bd. 2, S. 271: »Hier stieß man auf bayrische Infanterie . . . deren Führer, Hauptmann v. Parceval . . .«

427 *Szenerie:* Heringsdorf: nachträglich ergänzt. H. ist ein kleiner Badeort, unweit Swinemünde auf der Insel Usedom; von F. 1863 besucht. – *Dr. Felgentreu:* nach dem Ortsnamen (bei Luckenwalde). Auch in »Frau Jenny Treibel« kommt der Name vor (HF I, 4, S. 336 und Anm.). – *tres faciunt collegium* (lat.): »Drei machen ein Kollegium (eine Vorlesung) aus«, nach Plinius, Digesten LXXXV, 50, 16. Sind weniger als drei Teilnehmer (einschließlich Dozent) vorhanden, findet die Universitätsvorlesung nicht statt. – *Edda:* Sammlung von Helden- und Göttersagen der altnordischen Literatur. – *Alliteration:* poetische Aneinanderreihung von Worten, die den gleichen Anlaut haben (z. B. »bei Nacht und Nebel«).

428 *Pantheismus:* philosophische Lehre, nach der Gott nicht als Einzelwesen existiert, sondern sich in allen Dingen manifestiert. – *und persifliert sich selbst:* auf der Rückseite des Manuskriptblattes Notizen zu »Vor dem Sturm«. – *Frondeur* (franz.): politisch Mißvergnügter, Unzufriedener. – *Jersey:* größte der britischen Kanalinseln vor der französischen Küste. – *»Ruden«:* kleine Insel vor Usedom. – *Limonade gazeuse* (franz.): kohlensäurehaltige Limonade. – *Westminster Review:* große engl. Zeitung. – *Vorderzähne:* Vgl. S. 31.

429 *chambre ardente* (franz.): schwarz ausgeschlagenes Zimmer mit Kerzenbeleuchtung; vgl. Anm. zu S. 321. – *comme-il-faut* (franz.): wie sich's gehört, musterhaft. – *Kreuz Ztg.:* Vgl. Anm. zu S. 342. – *Kölnische:* Aus einer seit 1651 erscheinenden »Postzeitung« ging ab Juli 1798 die »Kölnische Zeitung« hervor; seit 1802 in den Besitz der Buchdrucker Schauberg und seit 1805 in den der Familie DuMont, seit 1880 in den Besitz der Familie Neven-DuMont. Früher bis zu 14mal wöchentlich erscheinende Zeitung mit Büro in Berlin und in allen deutschen und den europäischen Groß- und Hauptstädten. – *National Ztg.:* Die »Nationalzeitung« wurde 1848 in Berlin als nationalliberales Blatt gegründet; vgl. »Frau Jenny Treibel«, 9. Kap. (HF I, 4, S. 429 und Anm.). – ›*Berlingske Tide*‹: »Berlingske Tidende«, eine der größten dänischen Tageszeitungen, konservativ, begründet 1748. – *Fanfulla:* italienische Zeitschrift, von 1780-1878 in Florenz erschienen.

430 *Kaiserhof:* großes Berliner Hotel am Wilhelmplatz. – *Dünenklinse:* Klinse = Spalte, Ritze. – *Contre:* englischer Gesellschaftstanz, bei

dem vier Paare einander gegenüber tanzen. – *Frazers Magazine:* engl. Zeitschrift. – *War sie für Schopenhauer?:* F. kommt oft auf die Philosophie Arthur Schopenhauers (1788-1860) zu sprechen; vgl. z. B. an Karl und Emilie Zöllner aus Tabartz am 14. Juli 1873: »In die Tiefen Schopenhauers wird hinabgestiegen, und Wille und Vorstellung, Trieb und Intellekt sind beinahe Haushaltungswörter geworden.« (HF IV, 2, S. 435). An seine Tochter am 24. Aug. 1893: »Schopenhauer hat ganz recht: ›Das Beste, was wir haben, ist Mitleid.‹« (HF IV, 4, S. 284); zu F.s Schopenhauer-Lektüre vgl. HF III, 1, S. 889 f.

432 *In einem Gedichte:* von Hermann Lingg (1820-1905), zit. in »Aus dem Nachlaß von Theodor Fontane«, hrsg. von Josef Ettlinger, Berlin 1908, S. 314 (richtig: »Und wenn ein schöner Tag ist, lacht's.«); vgl. H. L., »Ausgewählte Gedichte«, hrsg. v. Paul Heyse, Stuttgart 1905, S. 81.

433 *Madonna della Sedia:* berühmtes Madonnentafelbild von Raffael (1483-1520) im Palazzo Pitti in Florenz, vollendeter Ausdruck der Hochrenaissance. F. läßt sie »kalt«; vgl. das Tagebuch von F.s erster Italienreise 1874 (HF III, 3/II). – *von denen es im dänischen Liede heißt:* Vgl. »Volkslieder«, gesammelt von Herder. Neue Ausgabe, eingeleitet von Joh. Falk, I. Teil, Leipzig 1825, Nr. 14, S. 185 bis 188: »Elvershöh. Ein Zauberlied.« Dänisch, 2 Strophen. Auch enthalten in »Dänische Volkslieder aus der Vorzeit«, Hamburg 1958, S. 1-5. – *wo der Ritter über die Heide ritt:* S. »Volkslieder«, ges. v. Herder, 2. Teil, Leipzig 1825, Nr. 27, S. 236: »Erlkönigs Tochter. Dänisch«: »Herr Olaf reitet spät und weit,/ zu bieten auf seine Hochzeitsleut . . .«. – *sie heißt nicht umsonst Oceane:* Vgl. Erich Wentscher, Die Rufnamen des deutschen Volkes, Halle 1928, S. 33. – *Nomen et omen* (lat.): Der Name ist eine Vorbedeutung; nach Plautus (um 254-184 v. Chr.); bei F. fast stets so zitiert statt der häufiger gebrauchten Wendung »nomen est omen«. – *Throrough-Engländerin:* Engländerin durch und durch. – *Ruhekissen:* Vgl. auch »L'Adultera«, 16. Kap. (HF I, 2, S. 97).

434 *Alberich:* Zwerg, der den Nibelungenhort hütet. – *trotz Wagners tetralogischer Warnung:* gemeint ist Richard Wagners vierteiliger Zyklus »Der Ring des Nibelungen« (Vorabend »Das Rheingold«, Erster Tag »Die Walküre«, Zweiter Tag »Siegfried«, Dritter Tag »Götterdämmerung«); Untergang der Götter und Menschen durch den Fluch des Goldes. – »*Waldkater*«: in Anlehnung an das gleichnamige Ausflugsziel im Harz, vgl. »Cécile«, 1. Kap. (HF I, 2, S. 145). – *In allen Dingen entscheidet das Maß:* die Mesotes (griech.): Mitte zu halten ist die Tugend (Aristoteles); von F. häufig benutzter Gedanke. Vgl. Anm. zu S. 376 und »Unwiederbringlich« (HF I, 2, S. 619 und 736). – *die 3 Frommen . . .:* Vgl. S. 390.

435 *Päonie:* Pfingstrose. – *Koserow:* Pfarrdorf auf Usedom (an dessen Küste das versunkene Vineta gelegen haben soll).

437 *daß das Vollbringen nicht in uns gelegt sei:* Luther (1483-1546): »Des Menschen Herz schlägt seinen Weg an, aber der Herr allein gibt, daß er fortgehe.« (S. auch Sprüche 16, 9). – *Goethes »Fischer«:* Die Ballade »Der Fischer« entstand 1797. – *Lenore:* Ballade (1783) von Gottfried August Bürger (1747-94). – *perhorresziere* (lat.): verabscheue. – *Mörike . . . Feuerreiter. Sturm-Gret:* Eduard M. (1804-75), Hauptvertreter des schwäbischen Biedermeier. Seine Ballade »Der Feuerreiter« entstand 1824 (Erstdruck 1832); mit »Die Sturm-Gret« ist M.s Ballade »Die schlimme Greth und der Königssohn« (1829) gemeint.

438 *den Raven meines halben Landsmanns Poe:* »The Raven« (1845), Gedicht von Edgar Allan Poe (1809-49). – *rapping* (engl): schlagen, klopfen. – *tapping* (engl.): pochen, klopfen. – *Pantheismus:* s. o. Anm. zu S. 428. – *Die Sünde hinderte daran:* die biblische Erbsünde, die durch Christi Tod von den Menschen genommen wurde. – *Wir sind von Erde:* Vgl. 1. Buch Mose, 24-26.

439 *Punschliede:* In Schillers »Punschlied« heißt es: »Vier Elemente,/ Innig gesellt . . .« (Gewollte?) Verwechslung F.s, der die Anfangszeilen des Schillerschen Gedichts »Die Worte des Glaubens« meint, wo es heißt: »Drei Worte nenn ich euch, inhaltsschwer . . .«. – *Es gibt vier Elemente:* in den vier Elementen Erde, Wasser, Feuer, Luft sah Empedokles (um 490-430 v. Chr.) den Urgrund aller Dinge. Die Verbindung und Trennung der Elemente bewirken das Werden und Vergehen innerhalb der Erscheinungswelt. – *Gravitations-Gesetz:* entdeckt von dem Physiker, Mathematiker und Astronomen Sir Isaac Newton (1642-1727), der die Anziehungskraft zwischen zwei Massen mit einer mathematischen Formel darstellte. – *einen Salamander:* »Der Salamander. Ein Tagebuch in Terzinen« von Paul Heyse, Berlin 1879. – *Wogelinden . . . laweia:* Vgl. die Rheintöchter in Wagners »Der Ring des Nibelungen« (s. Anm. zu S. 434: Vorabend »Das Rheingold«, Dritter Tag: »Götterdämmerung«).

440 *Hillbrich:* beliebtes Berliner Café in der Leipziger Straße 28. – *Expektorationen* (lat.): Aussprachen, Erklärungen (von Gefühlen). – *Marie Antoinette:* 1755-93, Tochter Maria Theresias, seit 1770 verheiratet mit dem späteren französischen König Ludwig XVI. (1754-93). – *Abbé Cazot:* F. bezieht sich auf den Inhalt der Erzählung »La Prophétie de Cazotte«, die dem Dichter Jacques Cazotte (1719 bis 1792, gest. unter der Guillotine), dem Verfasser der Novelle »Le diable amoureux« (1772), zugeschrieben und 1806 erstmals veröffentlicht wurde. Der tatsächliche Verfasser aber ist Jean François Laharpe. Darin wird erzählt, daß Cazotte zu Beginn des Jahres 1788 am Ende eines prunkvollen Abendessens bei einem berühmten (ungenannten) Akademiker die große französische Revolution geweissagt und den anwesenden Gästen ihr blutiges Schicksal prophezeit hat (auch den Schafott-Tod des Königs Ludwig XVI. und der Königin Marie Antoinette). F. entsann sich dieser Geschichte nur

dunkel, wie seine Anspielung zeigt. Cazotte, der zeitlebens ein
überzeugter Royalist war, war niemals Abbé. Der Vorfall spielt sich
auch nicht in Gegenwart der Königin, sondern der Herzogin von
Gramont ab. Vgl. Jacques Cazotte, »Der verliebte Teufel«, übersetzt
von Henri Birven. Mit einer Abhandlung über die angeblichen
Prophezeiungen Cazottes, Leipzig 1921; s. ferner Friedrich Bulau,
»Geheime Geschichten und geheimnisvolle Menschen«, Bd. I, Leipzig 1850, S. 410 ff., und E. Nielsen, »Das Unbekannte«, Ebenhausen-
Münster 1922, S. 297 ff. (N). – *Salamander . . . Sylphe Bringe Hilfe:*
Vgl. Goethes »Faust«, Erster Teil, Studierzimmer-Szene. – *Sie rufen
sie, statt sie zu bannen:* Vgl. Goethes Gedicht »Der Zauberlehrling«
(»Die Geister, die ich rief, werd ich nun nicht mehr los«). – *»Kennst
du das Zeichen, / Vor dem sie weichen«:* ebenfalls aus der Studierzimmer-Szene in »Faust«, Erster Teil; wörtlich heißt es dort: »So sieh
dies Zeichen,/ Dem sie sich beugen . . .« – *»Incubus, Incubus . . .«:*
scherzhafte Abwandlung der Beschwörungsformel aus »Faust«, Erster Teil, wo es heißt (Vers 1290): »Incubus, incubus! Tritt hervor und
mache den Schluß!«
441 *Buhnen:* künstliche Dämme als Uferschutz.

HANS UND GRETE

Entstehungszeit: 1884? – *Erstdruck:* HF I, 5, 1. Auflage 1966, S. 819-
822.
Textgrundlage: Originalmanuskript Deutsche Staatsbibliothek, Berlin
(Theodor-Fontane-Archiv, Potsdam).

Die Wahl des Titels entspricht den das Fragment einleitenden Überlegungen zur künstlerischen Darstellung des Kleinen und Einfachen. F. scheint
die Namensverbindung »Hans und Grete« als wenig attraktiv empfunden
und gerade deshalb gewählt zu haben; vgl. an seine Tochter am 25. Juli
1891: »In Deutschland darf man bloß schreiben: ›Grete liebte Hans‹.« (HF
IV, 4, S. 137). Auch dieses Fragment enthält (neben einigen Anklängen an
»Grete Minde«, vgl. HF I, 1) zahlreiche Kindheitserinnerungen F.s, die fast
alle in »Meine Kinderjahre« erzählt werden. Die Szene mit den »Spötterei-
en und Insulten der Straßenjungen« könnte dagegen auf die Erinnerung
F.s an die erste Begegnung mit seiner späteren Frau zurückgehen; vgl.
»Von Zwanzig bis Dreißig«, ›Fritz, Fritz, die Brücke kommt‹, 2. Kap.: »und
als ich die Kleine zum erstenmal sah, trug sie heruntergeklappte nasse
Stiefel . . . und einen sonderbaren, nach hinten sitzenden Strohhut, der ihr
bei den Straßenjungen den Beinamen ›das Mädchen mit de Eierkiepe‹
eingetragen hatte . . . Es war ein sehr glückliches und sehr unglückliches
Kind . . .« (HF III, 4, S. 471). Zu dem in der erwähnten Szene des
Fragments wie in der hier zitierten Stelle anklingenden Moment des

Mitleids vgl. Anm. zu S. 797; zur Flucht nach Amerika s. auch Anm. zu
S. 416 sowie das Gedicht »Liebchen, komm« (HF I, 6, S. 401 und Anm.).
443 *der kl. Ostsee-Stadt:* Es dürfte Swinemünde gemeint sein.

L.P.-NOVELLE

Entstehungszeit: 1884? – *Erstdruck:* Paul Lindenberg. »Fontanes L.P.-
Novelle. Ein ungedruckter Novellenentwurf« (»Deutsche Rundschau«,
244. Bd., Berlin 1935, S. 135 ff.)
Textgrundlage: Erstdruck. Eine exakte Wiedergabe des Manuskripts anhand von Lindenbergs Aufsatz war nicht möglich, so daß der vorliegende
Abdruck sich auf die Wiedergabe der dort zusammenhängend gebotenen
Textabschnitte beschränken muß. Das Manuskript umfaßte nach Lindenberg 10 Folioseiten. Das im letzten Krieg verlorengegangene Manuskript
befand sich im Besitz Richard v. Kehlers. »In Fontanes Nachlaß fand sich
auch der Entwurf einer Novelle, die Ludwig Pietsch zum Mittelpunkt hat,
und den F. auf dem Umschlag als ›L.P. Novelle‹ bezeichnet hat. Die
Handschrift ist in meinem Besitz.« (Kehler, S. 63)

Hinter der Titelfigur verbirgt sich Ludwig Pietsch (1824-1911), ursprüng-
lich Maler und Illustrator, später wie F. Mitarbeiter der »Vossischen
Zeitung«, deren maßgeblicher Kunst-, Reise- und Gesellschaftsbericht-
erstatter er war. Veröffentlichung der Notiz mit freundlicher Erlaubnis der
Deutschen Staatsbibliothek Berlin und des Theodor-Fontane-Archivs
Potsdam.

445 F. schätzte das schriftstellerische Talent von P. sehr hoch ein. Am
     6. Okt. 1880 unterzeichnete er einen Brief an P. mit »Ihr alter Talent-
     Verehrer« (HF IV, 3, S. 106). Sehr kritisch dagegen beurteilte er P.s
     menschliche Qualitäten. Am 2. März 1886 schreibt er über P. an
     Friedlaender: »Als Charakter steht er ganz tief, ist Null, zählt nicht
     mit, aber sein Journalistisches ist nicht blos ersten Ranges, sondern
     ganz einzig in seiner Art. Dabei hat er, aller durchbrechenden
     Rohheit (und schlimmerem) zum Trotz, eine überaus feine künstleri-
     sche Empfindung, auf literarischem Gebiete fast noch mehr als auf
     dem der bildenden Künste« (HF IV, 3, S. 458). Bezeichnend für F.s
     Urteil ist in der scharfen Ironisierung sein Bericht an seine Frau
     Emilie über eine Begegnung mit ihm vom 26. März 1889 (HF IV, 3,
     S. 69 ff.). Vgl. auch F.s Briefe an P., hrsg. v. Christa Schultze, in
     Fontane-Blätter, Potsdam, Bd. 2, Heft 1, S. 10-59 sowie P.s Aufzeich-
     nungen »Wie ich Schriftsteller geworden bin«, 2 Bde., Berlin 1893/94
     (F. Fontane & Co.). Vgl. auch Rezensionen F.s über Reisebücher von
     P. P.s Name findet sich auch in einer nur wenige Zeilen umfassenden
     Notiz F.s mit dem Titel »Atelierbesuche«: »Bildhauer Müller, Maler

Teutwart Schmitson (s. L. Pietsch). Maler Prof. Hennig.« Darunter
Bleistiftvermerk: »Nur Müller, Hennig, Schmitson fällt fort.« –
Anna P.: Pietschs Tochter, vgl. die folgenden Zitate aus »Blätter der
Freundschaft. Aus dem Briefwechsel zwischen Theodor Storm und
Ludwig Pietsch«, mitgeteilt von Volquart Pauls, Heide i. Holstein
1939. St. an P. am 9. Juni 1870 (S. 196): »So haben wir denn Euer
großes Kind schon einige Tage bei uns ... Im übrigen hast Du, lieber
Pietsch, Dein Kind ganz richtig geschildert; sie ist noch ein junges
Füllen, aber wie sie liebebedürftig ist, so ist sie auch für liebevollen
Ernst zugänglich, Geist und Herz sind bei ihr von gründlicher
Gesundheit; auch ist sie im Innersten anspruchslos, weil sie an allem,
was ihr begegnet – gleich Dir – leicht ein Interesse gewinnt.« (S. 197):
»Von unsern gegenwärtigen Hauskindern haben Eure Anna und
unsre beiden Kleinsten noch kein Scharlach gehabt. Ich habe diese
drei also fortgeschickt ... Es ist uns sehr leid, daß dieses Unglück
dazwischen gekommen, um so mehr, da Anna nach mehrfach gegen
die Kinder hingeworfenen Äußerungen diese meine fürsorglichen
Maßnahmen so empfindet, als freuten wir uns, sie los zu werden ...
Sie hat nach Kiel an Lührs geschrieben ...« St. an P. am 24. Juni 1870
(S. 199): »In Deinem Urteil über Annas Kieler Aufenthalt stimme ich
sonst überein; Anna kennt im Verkehr mit Männern, so harmlos sie
übrigens dabei ist, nicht die sichere Grenze.« St. an P. am 4. Nov.
1871 (S. 205): »Anna ist ein seltsam Kraut, man soll's dem Mädel oft
nicht ansehen, daß sie so liebebedürftig ist.« St. an P. 1873 (S. 209):
»Und Anna? Wird denn das Organ biegsam genug sein? Auf den
Ausgang der Sache bin ich begierig«. – Roderich *Benedix:* 1811-73,
Lustspieldichter, dessen Stücke F. oft besprochen hat; »Das Gefängnis«, 1859. – *Lämmerhirt:* Vgl. »Vor dem Sturm«, Bd. 4, 2. Kap.:
»Pastor Lämmerhirt« (HF I, 3, S. 506).

446 *Libertin* (franz.): Freigeist, Verfechter einer zügellosen Lebensführung. – *im Numismatischen Verein:* Numismatik: Münzkunde. Vgl.
auch S. 769 und 842. – *Jung-Hegelsche Schule* ... *Bauer:* der linke,
radikale Flügel der Hegelschen Schule. Zu ihnen gehörte auch der
mit seiner radikalen Evangelien-Kritik hervorgetretene Theologe
Bruno Bauer (1809-1882), später Redakteur von »Wageners Staats-
und Gesellschafts-Lexikon.« Vgl. »Von Zwanzig bis Dreißig«. ›Berlin
1840‹, 2. Kap.: »Zu diesen hier Genannten, mit Ausnahme von
Buhl und Stirner, bin ich zu verschiedenen Zeiten in wenigstens
lose Beziehungen getreten. *Bruno Bauer* sah ich, zwanzig Jahre
später, als er das Wagnersche Konversationslexikon schrieb, allwöchentlich einmal auf der Kreuzzeitungs-Druckerei ...« (HF III, 4,
S. 209). – *Max Stirner:* 1806-1856 (eigentlich Kaspar Schmidt),
vertrat in seinem Hauptwerk »Der Einzige und sein Eigentum«
(1845) einen individualistischen Anarchismus (»Mir geht nichts über
Mich«).

447 *they work exceedingly well* (engl.): sie arbeiten außerordentlich gut.

448 *Exzeption* (lat.): Ausnahme. – *Liebesmahle:* Vgl. Anm. zu S. 391. –
     Huth: renommiertes Weinlokal, beliebter Treffpunkt von »cercles«,
     Potsdamer Str. 139 (also in der Nähe von F.s Wohnung, vgl. Anm. zu
     S. 425); oft bei F., vgl. etwa »Effi Briest«, 35. Kap. (HF I, 4, S. 289).

449 *das Baby:* Anna Pietschs Tochter, ebenfalls auf den Namen Anna
     getauft, kam Ende 1877 zur Welt; die Geschichte mit Annas Kind und
     ihrer Amerikaeskapade ist nicht erfunden.

»UNVERÄNDERT DER DEINE«

Entstehungszeit: 1884/85? – *Erstdruck:* HF I, 5, 1. Auflage 1966, S. 828-
832.
Textgrundlage: Originalmanuskript Deutsche Staatsbibliothek, Berlin
(Theodor-Fontane-Archiv, Potsdam).

450 *Dodo v. Dietersheim:* Zum Vornamen vgl. S. 46 u. Anm. »Dieters-
     heim« ist aus »Wietersheim« korrigiert; vgl. Der deutsche Krieg von
     1866, Bd. 1, S. 132 und S. 510 (»Oberst v. Wietersheim ritt vor die
     Front...«), s. auch Anm. zu S. 107.

451 *Gerson oder Herzog:* seinerzeit führende Berliner Modegeschäfte,
     wiederholt bei F. – *beim Landesvater und der durchstochenen
     Cereviskappe:* Landesvater ist die Bezeichnung für eine studentische
     Zeremonie, die auf Kommersen stattfindet: unter dem Gesang »Alles
     schweiget« werden die Mützen der Teilnehmer mit den Schlägern der
     Chargierten durchbohrt. Der Sinn des L. ist das Gelöbnis der Treue
     zur Verbindung und den Bundesbrüdern, zum Vaterland sowie früher
     auch zum Landesherrn. Der Brauch existiert seit 1679, er wurde 1781
     umgestaltet (N). – *Kronenorden... Hofratstitel:* Vgl. die Gedichte
     »Es soll der Dichter mit dem König gehn« (»Gebt ihm den Kronenor-
     den vierter Klasse«) und »Summa summarum« (»Fast wär ich auch
     mal Hofrat geworden«), HF I, 6, S. 384 f. und 339 sowie Anm.); s.
     auch den auf S. 744 zitierten Brief F.s über Pietsch. – *de haute en bas*
     (franz.): von oben herab.

452 *Prolog zu lebenden Bildern:* auch F. hat gelegentlich derartige Prologe
     verfaßt (vgl. HF I, 6, S. 536 ff.).

453 *die Frage der Staats-Eisenbahnen:* die Eisenbahnlinien der Länder
     des Deutschen Reichs waren teils in Privat-, teils in Staatsbesitz.
     Bismarck scheiterte mit seinem Versuch, eine Vereinheitlichung des
     deutschen Eisenbahnwesens zu erreichen und die Eisenbahnen der
     deutschen Staaten zu Reichseisenbahnen zu machen. Preußen über-
     nahm die bestehenden großen Privatbahnen in Staatseigentum, eine
     Aufgabe, die von dem Minister v. Maybach (s. Anm. zu S. 470) in den
     achtziger Jahren auf dem Wege des Ankaufs durchgeführt wurde (N).

– und ereiferte sich: über der Zeile ergänzt. – *Stip(p)s:* berlinisch für Kleinigkeit.

454 *»Gebt ihr euch einmal für Poeten«:* Vgl. Goethes »Faust«, Erster Teil, ›Vorspiel auf dem Theater‹. – *die letzte Pferdebahn nach dem Zoologischen:* Die Berliner Pferdebahn eröffnete ihren Betrieb 1865; es verkehrte zunächst nur eine Linie vom Kastanienwäldchen nach Charlottenburg. Das Netz wurde 1870 weiter ausgebaut; 1881 begann man man den Verkehr zu elektrifizieren. Der Berliner Zoologische Garten am linken Ufer des Landwehrkanals nahe Charlottenburg war 1841 als Aktiengesellschaft gegründet, 1844 eröffnet worden (N). – *twelve past* (engl.): Mitternacht vorbei.

IN UNSREN KINDERN!

Entstehungszeit: 1884/85? – *Erstdruck:* HF I, 5, 1. Auflage 1966, S. 832 f.

Textgrundlage: Originalmanuskript (Schiller-Nationalmuseum, Marbach a. N.). Die Überschrift »In unsren Kindern!« befindet sich auf einem Umschlagblatt, während der Untertitel »Erneuerung in den Kindern« sich auf dem ersten Manuskriptblatt befindet.

455 *Antagonismus*(griech./lat.): Widerstreit, Gegensatz.

MIT DER ZEIT

Entstehungszeit: 1884/85? – *Erstdruck:* HF I, 5, 1. Auflage 1966, S. 833-837.

Textgrundlage: Originalmanuskript Deutsche Staatsbibliothek, Berlin (Theodor-Fontane-Archiv, Potsdam).

456 *Petit-Neveus*(franz.): Großneffen. – *Seidengarnhändler:* F.s Großvater mütterlicherseits war der Seidenhändler Labry; vgl. »Meine Kinderjahre«, 1. Kap. (HF III, 4, S. 15). – *Etienne Cochoi:* wie »Fontane« ein Hugenottenname; vgl. Ed. Muret, »Geschichte der Französischen Kolonie in Brandenburg-Preußen«, Berlin 1885, S. 273. Im Sterberegister der Französischen Kolonie Berlin ist zwischen 1846 und 1899 kein Etienne Cochoi verzeichnet, doch darf der Name in der Kolonie als häufig gelten (freundliche Auskunft des Hugenottenmuseums Berlin). – *Refugié:* Die Aufhebung des Edikts

von Nantes am 22. Okt. 1685 hatte die Emigration von über 200 000 französischen Protestanten (Hugenotten) zur Folge. Zahlreichen dieser Refugiés wurde durch das Edikt von Potsdam (19. Okt. 1685) die Ansiedlung ermöglicht. Es waren meist Handwerker und Gewerbetreibende, die bis ins 19. Jahrhundert hinein auf dem Gebiet der Wirtschaft und der Rechtspflege, der Religionsausübung und des Schulwesens mancherlei Privilegien genossen, die französische Sprache pflegten und eine enge Gemeinschaft bildeten. Vgl. dazu auch F.s Aufsatz »Die Märker und die Berliner und wie sich das Berlinertum entwickelte«. F. und seine Frau gehörten aufgrund ihrer französischen Vorfahren ebenfalls zur Französischen Kolonie.

459   *chambre ardente* franz.: Vgl. Anm. zu S. 321.

THUSNELDA LEHMANN

Entstehungszeit: 1884/85? – *Erstdruck:* HF I, 5, 1. Auflage 1966, S. 837 ff.
Textgrundlage: Originalmanuskript Deutsche Staatsbibliothek, Berlin (Theodor-Fontane-Archiv, Potsdam).

459   *»Eujeen, Eujeen«...:* Anklänge an »Stine«, 1. Kap.: »Olga!« – »Was denn, Mutter?« – »Was denn Mutter! Dumme Jöhre...« (HF I, 2, S. 478).
460   *vom zweiten Stockwerk:* über der Zeile ergänzt. – *Krausenstraße 24:* Krausenstraße Nr. 30, Ecke Lindenstraße, befand sich seit 1733 eine lutherische Armenschule (im Volksmund »der arme Lazarus« genannt), Nr. 9 und 10 ein Armenkrankenhaus. Diese Details verdeutlichen den Charakter des mit der Straße gewählten Schauplatzes. F.s »Tunnel«-Freund Heinrich Smidt wohnte eine Zeitlang in der Krausenstraße; vgl. »Von Zwanzig bis Dreißig«, ›Der Tunnel über der Spree‹, 6. Kap.: »Wird ein Bäcker, unten Laden und Backraum, darüber ein erster Stock, den Heinrich Smidt bewohnte.« (HF III, 4, S. 385)
461   *Olga:* Vgl. auch S. 260 und Anm. zu S. 459.

OBRISTLEUTNANT V. ESENS

Entstehungszeit: 1886. – *Erstdruck:* HF I, 5, 1. Auflage 1966, S. 839-848.
Textgrundlage: Originalmanuskript Deutsche Staatsbibliothek, Berlin (Theodor-Fontane-Archiv, Potsdam).

462 *v. Esens:* Namengebung offensichtlich nach der Stadt Esens in Ost-friesland. – *den Krieg:* den deutsch-französischen Krieg von 1870/71. – *»erste Klasse«:* des Eisernen Kreuzes. – *2. Garde-Feldartillerie-Regiment:* stationiert in Potsdam. – *Pas* (franz.): Schritt. – *Regiment Feldzeugmeister:* gemeint ist das Feldartillerie-Regiment General-Feldzeugmeister (1. Brandenburgisches) Nr. 3, das in Brandenburg a. H. und Perleberg garnisonierte (auch das Feldartillerie-Regiment Nr. 18 trug diesen Namen, hätte aber mehr als »einen Pas rückwärts« bedeutet). – *Westpreußen drohte:* Die dortigen Garnisonen waren wenig angesehen. – *Hindersinstraße:* benannt nach General der Artillerie Gustav Eduard von Hindersin, Chef des Generalstabs der Artillerie im Krieg von 1866, so daß die nach ihm benannte Straße »besser gepaßt« hätte (vgl. Der deutsche Krieg von 1866, Bd. 1, S. 452).

463 *Vereinsfex:* Fex = Narr, in etwas Vernarrter. – *Ezard:* Edzard war bei den Knyphausens als Vorname häufig (s. auch Udo v. Alvensleben, »Die Lütetsburger Chronik. Geschichte eines friesischen Häuptlings-geschlechts«, Privatdruck 1955); z. B. Edzard der Große (1491-1528). – *die Geographische:* s. Anm. zu S. 255. – *die Anthropologische:* Vgl. Anm. zu S. 114, 119 und S. 120. – *Ritter vom Geist:* Anspielung auf den Roman »Die Ritter vom Geist« (1850/52, 9 Bde.) von Karl Gutzkow (1811-1878), ein dem Typus der Riesenromane nach Art des Franzosen Eugène Sue folgender Roman des »Nebeneinander«, der in »hundert sich kaum berührenden Existenzen« die Breite des Gesellschaftslebens der Zeit und Zeitbild von 1848 geben sollte. – *Apartes:* Über diesen für F. wichtigen Begriff vgl. HF I, 4, Anm. zu S. 24.

464 *Luftschiffer-Abteilung:* attachiert dem Eisenbahn-Regiment Nr. 1. Vgl. »Die Königlich-Preußische Luftschiffer-Abteilung Berlin 1884-1901«, Berlin 1901 und Helmut Winz, »Es war in Schöneberg. Aus 700 Jahren Schöneberger Geschichte«, Berlin 1964, S. 96: »Im Jahre 1864 richtete sich dann das ›Ballon-Detachement‹ hier [auf dem Tempelhofer Feld] ein, die spätre Luftschifferabteilung.« Vgl. ferner Arthur Schreiber, »Schöneberg. Eine Keimzelle der deutschen Luft-fahrt«, in: »700 Jahre Schöneberg 1264-1964«, Berlin 1964, S. 87: »Das in Schöneberg untergebrachte Detachement erhielt 1885 und 1886 die Bezeichnungen Luftschiffertruppe bzw. Luftschiffabtei-lung...« (Hinweis für die Datierung des Fragments). – *aeronauti-sche Gesellschaft:* Seit 1868 erschien in Paris »L'Aeronaute bulletin mensuel«. (Ein Tabakshändler ist in der Geschichte der Aeronautik nicht nachweisbar.) – *terra firma* (lat.): Festland. – *Die Kulicke:* heißt auch die Haushälterin von Pastor Lorenzen in »Der Stechlin«, 18. Kap. (HF I, 5, S. 173). In der humoristischen Berliner Literatur ist K. der typische Hökerinnen-Name.

465 *der »Numismatischen«:* Vgl. S. 402 und Anm. zu S. 446. – *Caesar:* 100-44 v. Chr.; »De bello Gallico« (»Über den gallischen Krieg«). – *Xenophon:* von den verschiedenen Werken des griechischen Schrift-

stellers (ca. 430-354 v. Chr.) ist wohl die »Anabasis« gemeint, ein Bericht über den Feldzug Kyros d. J. gegen Artaxerxes II. 401 v. Chr. – Ludwig Heinrich Joseph Prinz von *Condé:* 1756-1830, Marschall von Frankreich. – *Marschall von Sachsen:* Moritz Graf von Sachsen (1696-1750), natürlicher Sohn Augusts des Starken und der Gräfin Aurora von Königsmarck, Marschall von Frankreich. – John Churchill, Herzog von *Marlborough:* 1650-1722, englischer Feldherr und Staatsmann. – *Georges Sand:* (Vgl. Anm. zu S. 321), war die Enkelin einer natürlichen Tochter Moritz von Sachsens. – *Titus:* Titus Flavius Vespasianus, von 69-79 römischer Kaiser, erwarb sich durch seine glückliche Regierung den Beinamen »Amor et deliciae generis humani« (Liebe und Freude des Menschengeschlechts). – *Domitian dem Fliegenfänger:* der römische Kaiser Titus Flavius Domitianus regierte 81-96; er soll sich nach Sueton auch am Sterben aufgespießter Fliegen delektiert haben. – *Heliogabal:* von 218-222 römischer Kaiser, ausschweifend und schwelgerisch. – *Gourmandise* (franz.): Feinschmeckerei.

466 *Crösus:* der letzte König von Lydien (regierte ca. 560-546 v. Chr.), sprichwörtlich durch seinen Reichtum; wurde 546 von dem Perserkönig Cyrus II. besiegt, nach Herodots Bericht zum Feuertod verurteilt, dann aber begnadigt. – *Leopold Ranke:* 1795-1886, 1865 geadelt, Professor an der Berliner Universität (»Preußische Geschichte«, 12 Bde., 1877-79): seine »Weltgeschichte« entstand 1881-88; mit F. bekannt.

467 *Markthallen-Enthusiast:* Vgl. Annemarie Lange, »Berlin zur Zeit Bebels und Bismarcks«, Berlin o.J., S. 284: »Damit erhielt auch die neue Zentralmarkthalle am Alexanderplatz, die endlich 1886 eröffnet wurde, ihren Bahnanschluß. In den folgenden Jahren entstanden weitere sieben Markthallen . . . ›Es ist bestimmt vom Magistrat, daß man vom Standplatz, den man hat, muß scheiden‹ sang man in Berlin, als 1883 mit dem Markthallenbau begonnen wurde.« – *mit den Werderschen:* die Marktfrauen aus Werder a. d. Havel, die täglich mit Obst nach Berlin fuhren. Vgl. »Wanderungen«, ›Havelland‹, ›Die Werderschen‹ (HF II, 2, S. 430-440). – *im Westfälischen:* I. Westfälisches Feld-Artillerie-Regiment Nr. 7.

468 *blauen Brief:* amtliche Aufforderung zur Einreichung des Abschiedsgesuches, die in einem blauen Umschlag versandt wurde, seit 1870 gebräuchlich. – *Prinz Friedrich Karl:* F. meint den schon 1885 verstorbenen Generalfeldmarschall Prinz Friedrich Karl von Preußen, bei dem er in Dreilinden zu Gast war; vgl. »Fünf Schlösser«, ›Dreilinden‹, 5. Kap. (HF II, 3, S. 339 ff.). – *Zola Ventre de Paris:* »Le Ventre de Paris« (»Der Bauch von Paris«, 1873) von Emile Z. (1840-1902), von F. auch erwähnt in »Graf Petöfy«, 7. Kap. (HF I, 1, S. 735 und Anm.). F. stand dem vielgelesenen Naturalisten zwiespältig gegenüber; vgl. seine Aufzeichnungen über Z. (HF III, 1, S. 534-550) und die zahlreichen Briefäußerungen (z. B. HF III, 1, S. 915 ff.).

469 *eine, die Jungfernheide... Wuhlheide:* Vgl. auch »Effi Briest«,
30. Kap. (HF I, 4, S. 252). Die Jungfernheide liegt zwischen Charlottenburg und Tegel; die Wuhlheide im südlichen Berlin bei Treptow,
die Hasenheide im Bezirk Schöneberg/Neukölln. – *Museum und
National-Galerie:* das Alte Museum von Karl Friedrich Schinkel 1824
bis 1828 erbaut, 1830 eröffnet, das älteste Berliner Museum. Den
Grundstock bildeten die Sammlungen der Kurfürsten von Brandenburg und Könige von Preußen. Ihm benachbart auf der sog. »Museumsinsel« das Neue Museum, von Friedrich August Stüler 1843
bis 1855 erbaut. Die Treppenhauswände wurden 1847 durch sechs
Monumentalfresken von Wilhelm von Kaulbach (1805-74) ausge-
schmückt, die bedeutende Ereignisse der Weltgeschichte darstellten,
u. a. die berühmte, von F. oft angeführte »Hunnenschlacht«. Ebenfalls auf der Museumsinsel befindet sich die Nationalgalerie (1867 bis
1876 errichtet), für die nationale Kunst der Gegenwart bestimmt, sie
betreute später die Kunst vom 19. Jahrhundert bis zum Expressionismus. Vgl. Anm. zu S. 80. – *l'appetit vient en mangeant* (franz.):
»Der Appetit kommt mit dem Essen«, geflügeltes Wort aus »Gargan-
tua« (1532 ff.) von François Rabelais (1494-1553). – *Prinzen Alexander:* 1820-96, Sohn von Friedrich Wilhelm Ludwig (1794-1863),
eines Neffen Friedrich Wilhelms III.; General der Infanterie. –
Herzog v. Ratibor: Prinz Viktor von Hohenlohe-Waldenburg-Schil-
lingsfürst (1818-93), 1840 zum Herzog von Ratibor erhoben, seit
1877 Präsident des preußischen Herrenhauses.
470 *der Kaiserin:* Augusta (1811-90), Tochter des Großherzogs von
Sachsen-Weimar und der Großfürstin Maria Paulowna, seit 1829 mit
Prinz Wilhelm von Preußen, dem späteren König und Kaiser Wilhelm
I., verheiratet. – Albert von *Maybach:* 1822-1904, seit 1854 in der
staatlichen Eisenbahnverwaltung, wurde 1874 Präsident des Reichsei-
senbahnamtes, 1877 Unterstaatssekretär im Handelsministerium,
1878 selbst Handelsminister und übernahm 1879 das neue Ministerium für öffentliche Arbeiten (bis 1891). Er verstaatlichte die preußischen Eisenbahnen (vgl. Anm. zu S. 453). – *General v. Pape:* Gene-
raloberst mit dem Rang eines Generalfeldmarschalls, oberster Be-
fehlshaber in den Marken und Gouverneur von Berlin; 1866 führte er
das 2. Garderegiment zu Fuß, später die 2. Gardeinfanteriebrigade;
beriet F. bei seinem Kriegsbuch »Der deutsche Krieg von 1866«. –
Matthäikirchhof: Friedhof an der Großgörschenstraße vor dem
Potsdamer Tor mit den Gräbern vieler bedeutender Berliner (u. a.
Brüder Grimm); vgl. F.s Gedicht »Auf dem Matthäikirchhof« (HF I,
6, S. 373).

BERLIN 19. FEBRUAR

Entstehungszeit: 1886? – *Erstdruck:* HF I, 5, 1. Auflage 1966, S. 848-
849.
Textgrundlage: Originalmanuskript Deutsche Staatsbibliothek, Berlin
(Theodor-Fontane-Archiv Potsdam).

470 *Alsen-Brücke:* Vgl. S. 109. – *W. v. Humboldt:* Vgl. »Stechlin«,
     5. Kap. (HF I, 5, S. 52 und Anm.). – Christian Daniel *Rauch:* 1777-
     1857, Bildhauer, Schöpfer zahlreicher Denkmäler in Berlin.
471 Adelbert von *Chamisso:* eigentlich Louis Adelaide de C., 1781-1838;
     Dichter und Naturwissenschaftler (»Peter Schlemihl« 1814); war am
     Berliner Botanischen Garten tätig. – *Anton von Werner:* 1843-1915,
     Akademie-Direktor, Schlachtenmaler. – *Passage:* 1869-73 Ecke
     Friedrich- und Behrenstraße, auch »Kaiser-Galerie« genannt, mit
     Café, Läden, Gemäldegalerie und einem Panoptikum. Vgl. auch
     S. 83. – *Stadtbahn:* 1. Mai 1882 Eröffnung (nach neunjähriger
     Bauzeit) des Bahnhofs Friedrichstraße mit der Teilstrecke Charlotten-
     burg-Schlesischer Bahnhof. Vgl. Annemarie Lange, »Berlin zur Zeit
     Bebels und Bismarcks«, Berlin o.J., S. 285: »Auf ihre Stadtbahn
     waren die Berliner mächtig stolz. Schon im ersten Jahr beförderte sie
     3 ½ Millionen Menschen zur Arbeit und ›ins Jrüne‹ . . .«

BERLINER NOVELLE

Entstehungszeit: um 1886? – *Erstdruck:* HF I, 5, 1. Auflage 1966,
S. 849 f.
Textgrundlage: Originalmanuskript (Schiller-Nationalmuseum, Marbach
a. N.). Das Manuskript trägt keine eigentliche Überschrift; »Berliner
Novelle« steht schräg am oberen Rand als Gedächtnisstütze.

472 *Felix Dahn:* 1834-1912, Historiker, Jurist, Verfasser von historischen
     Romanen (»Ein Kampf um Rom«, 1876) wurde während seiner
     Berliner Studentenzeit 1853 »Tunnel«-Mitglied; mit F. bekannt. –
     Sprechanismus: Sprechweise. – *Wietmann:* Gemeint sein dürfte
     Christoph Adolf Wiedmann (vgl. Anm. zu S. 300 und das Kapitel
     über W. in »Christian Friedrich Scherenberg . . .« HF III, 1, S. 633-
     641). – *Fasces:* das Rutenbündel der römischen Liktoren, Abzeichen
     der Strafgewalt der höchsten römischen Magistrate über die Bürger. –
     Landvogt: A.L., Inhaber des Restaurants »Bellevue«, Berlin-W,
     Bellevue-Str. 1. – *Treptow . . . Saatwinkel:* Ausflugsorte südlich bzw.
     nördlich vom alten Berlin. – *nicht 33 wie auf dem Ritli:* der

sagenhafte Rütli-Schwur, der Ende des 13. Jahrhunderts die Schweizer Urkantone Uri, Schwyz und Nidwalden vereinte. – *Nazarenertum:* nach einer Gruppe junger deutscher Künstler zu Beginn des 19. Jahrhunderts (Overbeck, Pforr, Cornelius u. a.), die im Gegensatz zu der sich an hergebrachte klassizistische Formen haltenden Überlieferung der Akademien stand; sie forderten Vertiefung des sittlichen Bewußtseins und religiösen Gefühls, strenge Selbstzucht. Ihre Vorbilder sahen sie in der deutschen Malerei des 16. Jahrhunderts, später immer mehr in den Frühwerken der italienischen Meister der Hochrenaissance (Perugino, Raffael, Michelangelo). Blütezeit von 1810-1830.

473 *das Resultat Lessings:* Vgl. die zahlreichen Stellungnahmen F.s zu Lessings dramatischen Dichtungen in seinen Theaterkritiken (HF III, 2, S. 10, 25, 547, 641, 741). Am 30. Juni 1871 schrieb F. an Karl Zöllner: »Es müßte ein Lessing kommen, der in Paragraphen feststellte, wie weit der gebildete Nicht-Künstler in seinem Urtheil gehen darf und welche andren Punkte umgekehrt eine Art noli me tangere bilden« (HF IV, 2, S. 382).

NOVELLE

Entstehungszeit: 1886? – *Erstdruck:* HF I, 5, 1. Auflage 1966, S. 853 f.
Textgrundlage: Originalmanuskript (Theodor-Fontane-Archiv, Potsdam).

473 *Das Krigarsche Haus:* das Haus des Berlinischen Königlichen Musikdirektors Hermann K. (1819-80) sowie seiner Frau Emilie (1823-1907), einer Schwester Adolph von Menzels (1815-1905). Die Familie F. war mit Frau Krigar gut bekannt, während F.s Verhältnis zu dem »berühmten Bruder« stets zwiespältig und von untergründiger Aversion war. Vgl. F. an Karl Zöllner vom 19. Aug. 1889: »Nimm blos die Menzel-Krigar-Frage . . . Die Menzelei war vergleichsweise von einer hervorragenden Liebenswürdigkeit und es wäre schändlich, wenn ich hier mäkeln und nörgeln wollte, fiel doch ein Abglanz von ihm auch auf mich, der ich gewürdigt wurde, halbe Stunden lang und länger mich mit dem kleinen Mann und der großen Berühmtheit auf der Promenade herumzuzieren. Dennoch bleibt das bestehn: es ist ein Haus, das jede Gemüthlichkeit ausschließt, da sie . . . untereinander auf einem beständigen Kriegsfuß leben . . .« (HF IV, 3, S. 711). Vgl. auch das Gedicht »Auf der Treppe von Sanssouci« (HF I, 6, S. 262 ff. und Anm.). – *Reinhold Begas:* 1831-1911; Berliner Bildhauer, zahlreiche Denkmäler im neubarocken Stil. Offenbar wollte F. in der

Gestalt des »Célèbre« den berühmten Menzel und den attraktiven
Begas zusammenfassen.

KORFIZ UHLEFELD

Entstehungszeit: 1887/88? – *Erstdruck:* HF I, 5, 1. Auflage 1966, S. 850-
853.
Textgrundlage: Originalmanuskript Deutsche Staatsbibliothek, Berlin
(Theodor-Fontane-Archiv, Potsdam). Überschrift und Untertitel stehen
auf gesondertem Deckblatt, das den Blaustiftvermerk trägt:
»V. Roman«.

F. hatte 1885 viel in »Holbergs dänischer Geschichte gelesen« (vgl.
Tagebuch vom 24. Jan. 1885) und sich 1886 intensiv mit Ranke beschäftigt:
»Meine Hauptlektüre ist Rankes Weltgeschichte, die mich an ihren großen
Stellen entzückt...« (24. Mai 1886; zitiert nach Chronik, S. 72). Diese
Studien haben sich auch in dem vorliegenden Fragment niedergeschlagen;
auf Holberg verweist F. ausdrücklich als Quelle. (Ludwig Holberg, 1684-
1754, »Dänische Geschichte«, 3 Bde., 1732-35, deutsch zuerst 1743/44.)
Den historischen Hintergrund des Fragments bilden die Spannungen
zwischen dem dänischen Adel und dem Königtum. In Dänemark herrschte
zwar die erbliche Thronfolge, doch mußte der König jeweils durch die Wahl
des »Reichsrats« offiziell bestätigt werden und war dadurch in beträchtlichem Maße vom Adel abhängig. Erst auf dem Reichstag von 1660
übertrugen Bürgertum und Geistlichkeit dem Königtum die volle erbliche
Souveränität.
Korfiz Uhlefeld (1604-64, Sohn des Reichskanzlers Jakob Uhlefeld)
erlangte durch seine Heirat mit *Eleonora Christina* (geb. 1621), einer
Tochter *Christians IV.* und *Christine Munks* (der zur »Gräfin von
Schleswig-Holstein« erhobenen Geliebten des Königs), bedeutenden Einfluß am dänischen Königshof; 1643 wurde er Reichshofmeister, zugleich
Reichsmarschall des Hochadels, 1646 ging er als Sondergesandter Däne-
marks nach Frankreich und den Niederlanden. Nach dem Tod Christians
IV. (1648) trotzte U. dem Thronfolger *Friedrich III.* vor dessen Wahl
erhebliche Zugeständnisse an den Adel ab. Die Gemahlin Friedrichs III.,
Sophie Amalia, verdächtigte das Ehepaar U. eines Mordanschlags gegen
Friedrich. In dem folgenden Prozeß erwies sich zwar U.s Unschuld,
trotzdem blieb er weiteren Anfeindungen ausgesetzt. 1651 floh er mit
seiner Familie nach den Niederlanden, von dort über Deutschland nach
Schweden, wo ihm Königin Christine Schutz gewährte. (Vgl. auch Ranke,
»Englische Geschichte vornehmlich im 17. Jahrhundert« [s. Anm. zu
S. 535] IV, S. 119: »An ihrem Hof befand sich damals [1653] Korfitz
Ulfeld, der in König Friedrich III. einen persönlichen Feind haßte, und vor

ihm geflüchtet war.«) Friedrich III. zog daraufhin U.s Güter ein, erklärte ihn aller Würden verlustig und stellte ein Auslieferungsbegehren, das jedoch nicht erfüllt wurde. Als Friedrich III. 1657 Schweden angriff, stellte U. sich als »Geheimrat« in den Dienst des schwedischen Königs Karl X. Gustav, der 1654 Königin Christine in der Regierung gefolgt war. Im Frieden von Roeskilde (1658) erreichte U. von dem unterlegenen Dänemark seine Rehabilitierung, blieb jedoch in Malmö. Nach Karl Gustavs Tod (1660) verdächtigten ihn die Dänen gegenüber Schweden der Teilnahme am Aufstand in Schonen. U. wurde von den Schweden verhaftet, zum Tode verurteilt, dann aber amnestiert. U.s Schwager *Hannibal Sehestedt*, ein Parteigänger der dänischen Königin Sophie Amalia, ließ dem Inhaftierten das Urteil, nicht jedoch die Amnestierung mitteilen. U. gelang die Flucht nach Kopenhagen; dort wurde er von den Dänen verhaftet und zunächst in den Kellern von Schloß Rosenborg, dann auf der Feste Hammershus *(Bornholm)* gefangengehalten, wo er unter den Quälereien des Kommandanten, General *Fuchs,* zu leiden hatte; ein Fluchtversuch mißlang, Friedrich III. forderte unter dem Versprechen der Freilassung ein ausdrückliches Schuldbekenntnis. U. gab gegen den Willen seiner Frau nach und wurde auf Gut Ellensborg (Fünen) verwiesen. Er floh jedoch nach den Niederlanden; General Fuchs, den man ihm nachgesandt hatte, wurde von U.s ältestem Sohn in Brügge erstochen. Auf Grund einer brandenburgischen Anzeige, daß U. sich der dänischen Krone bemächtigen wolle, wurde er in einem Hochverratsprozeß 1663 zum Tode verurteilt und ein Kopfpreis auf den Flüchtigen ausgesetzt. Im Februar 1664 fand U., von Flucht und Anstrengung erschöpft, bei dem Versuch, von Basel nach Breisach über den Rhein zu setzen, den Tod. Seine Gemahlin wurde von 1663 bis 1685 im Blauen Turm des alten Schlosses in Kopenhagen gefangen gehalten; sie lebte dann bis zu ihrem Tode (1698) im ehemaligen Kloster Maribo auf Lolland.

474 *gute Szenerie:* die meisten der genannten Orte kannte F. von seiner Reise nach Dänemark 1864 her; vgl. die Reiseberichte und Tagebuchaufzeichnungen aus Dänemark und Schleswig-Holstein (HF III, 3/I, S. 598-727). – *Warwick the kingsmaker:* Richard Neville Graf W. (1428-1471) erhielt wegen seiner entscheidenden Rolle in den Thronkämpfen der Häuser York und Lancaster den Beinamen »der Königsmacher«. Vgl. HF I, 6, Anm. zu S. 549.

476 Samuel Frhr. von *Pufendorf:* 1632-94, Rechtsgelehrter und Historiograph; verfaßte u. a. Werke zur schwedischen und brandenburgischen Geschichte. (Zur Intrige Sehestedts s. o.).

ZWISCHEN ZWEI UND DREI

Entstehungszeit: um 1886? – *Erstdruck:* HF I, 5, 1. Auflage 1966, S. 854 f.
Textgrundlage: Originalmanuskript (Schiller-Nationalmuseum, Marbach a. N.). Auf der Rückseite des Titelblattes Gliederung eines (nicht ausgeführten) »Wanderungen«-Kapitels über Sakrow: »Band III/ Sacrow/ Schilderung des Ganzen/ Historisches/ W. Hahns Haus.«

476   *Der Kaiser:* Wilhelm I. (1797-1888). 1861 König von Preußen, 1871 deutscher Kaiser. – *Die Kaiserin:* Augusta (1811-90). – *Leopold v. Ranke:* s. Anm. zu S. 466. – Gerson *Bleichroeder:* 1822-93, Berliner Bankier. Vgl. Anm. zu S. 390. – *Liedtke:* Theodor Liedtcke (1828-1902), bekannter Schauspieler, kam über Altona, Stettin, Weimar und Dresden 1850 an das Berliner Hoftheater. – *Fanny Lewald:* 1811-89, Romanschriftstellerin, seit 1854 mit dem Dichter, Kunstkritiker und Literaturhistoriker Adolf Stahr (1805-76) verheiratet; mit F. bekannt.

477   *Tiergartenstraße:* im Westen Berlins, vor dem Potsdamer Tor, vom Kemper-Platz zur Kaiser-Wilhelm-Straße. Auf der Nordseite der Tiergarten, auf der Südseite einst die Villen der Berliner Bankiers, Fabrikbesitzer und höheren Beamten. – *Rousseau Insel:* idyllische Insel im Tiergarten, von F. häufig genannt. – *Alexander Duncker:* 1813-97, Berliner Buchhändler und Verleger seit 1837; Verleger Storms, Geibels, Heyses, Scherenbergs. – *Reinhold Begas:* Vgl. Anm. zu S. 473. – *Wrangelbrunnen:* im Südteil des Tiergartens, in der Nähe des Goldfischbrunnens. 1912 trat der Rolandsbrunnen am Kemperplatz an seine Stelle, der Wrangelbrunnen kam in die Grimmstraße im Süden Berlins. Zielpunkt von F.s beinahe täglichem Spaziergang durch den Tiergarten. Vgl. sein Gedicht »Meine Reiselust« (HF I, 6, S. 342 und 824; »Papst Leo . . .«). Der Brunnen ist benannt nach dem preußischen Generalfeldmarschall Friedrich (seit 1864: Graf) von W. (1784-1877), der als »Papa Wrangel« eine sehr volkstümliche Gestalt war.

RR ODER GEFÄHRDET GLÜCK

Entstehungszeit: 90er Jahre. – *Erstdruck:* Hans Werner Seiffert, Zwei handschriftliche Entwürfe Theodor Fontanes. In: Fontanes Realismus. Wissenschaftliche Konferenz zum 150. Geburtstag Theodor Fontanes in Potsdam. Vorträge und Berichte. Hrsg. von Hans-Erich Teitge und Joachim Schobeß. Berlin 1972, S. 65-86. Beschreibung der Handschrift S. 67. *Textgrundlage:* Erstdruck.

Zur Entstehung: H. W. Seiffert schreibt a.a.O., S. 68-75: »Für die zeitliche Einordnung des Entwurfsmanuskripts, denn um ein solches handelt es sich, gibt es mehrere Anhaltspunkte. Erwähnt wird Dr. Brahm, Fontanes Berliner Freund, der Begründer der Freien Bühne; offensichtlich sollte er das Modell für eine der handelnden Figuren geben. Aber für die Chronologie gibt das noch nichts her. Auch die Charakterisierung einer weiblichen Hauptgestalt als Stöckerianerin und Antisemitin reicht für eine Abgrenzung noch nicht aus, wenn sie auch schon in das Ende der achtziger Jahre weist. Ließen schon bestimmte inhaltliche Akzente Anfang der neunziger Jahre eine Datierung erwarten, so wird das durch zwei Entwurfsteile aus anderen Romanen, die jetzt als Konzept dienen, zur Gewißheit. Die Rückseite des Blattes 24 bringt eine Bearbeitungsübersicht zu den Kapiteln 26, 27 und 29 von ,Unwiederbringlich' und Blatt 26, Rückseite, den Entwurf von Teilen des zweiten Kapitels von ,Effi Briest', in dem für den Namen der Titelgestalt noch Elisabeth von Ardenne als ,Betty' konstitutiv war. Damit dürfte die Einordnung in den Anfang der neunziger Jahre, nach Abschluß der ,Effi Briest' als gesichert anzusehen sein. Diese Festlegung wird noch unterstrichen durch den Umstand, daß die erhaltenen Blätter in einer Beilage der Vossischen Zeitung vom 8. Februar 1891 eingeschlagen sind. Darauf schrieb Fontane: ›Rr oder Gefährdet Glück‹. Bemerkenswert ist, daß die Entwurfsblätter an zwei verschiedenen Stellen die Aufschrift tragen: ›Rr. Novelle‹.

Auf dem Zeitungsumschlag steht ein Vermerk von Friedrich Fontane vom 23. 7. 1922: (noch ganz unfertig!) Bessere Gesellschaftssphäre in Berlin-W. Viele Dialoge, Kontrast zwischen militärisch-adliger Erziehung und wohlhabender Gelehrtenwelt. Der Gegensatz läßt aufmerken. Um was aber handelt es sich? die Geschichte einer Affäre, ein Gegenstück zu Allerlei Glück? Nichts davon! Die Sache wird sogleich klarer, wenn wir den Titel etwas präzisieren, indem wir das ›Rr‹ in ein Substantiv ›transponieren‹.

Es handelt sich um Fontanes Schnarch-Novelle. Und auch nicht. Hier aber liegt das Problem, und zwar nicht nur für uns, anscheinend auch schon für Fontane. Denn wie soll aus dem eigentlich episodenhaften Charakter der Handlung der von Friedrich Fontane angedeutete gesellschaftliche Gegensatz herausgearbeitet werden?

[. . .]

Die Handlungsdisposition der Novelle wird mit dem 1. Kapitel noch wägend und zögernd entworfen, doch schon in einer ersten Niederschrift gewinnt sie feste Gestalt. Aus verschiedenen zur Wahl stehenden Namen bestimmt Fontane die endgültigen, siedelt die Berners in der Lichtensteinallee an, dem von Fontane immer wieder bevorzugten Viertel in der Nähe des alten Zoologischen Gartens, von dem die Klänge des Nachmittagskonzertes herübergeweht werden. Ein guter, ein wirkungsvoller Anfang, der Stimmung verleiht. Die auf ihren Mann wartende Sophie soll beschrieben werden. Er kommt unpünktlich, für ein verabredetes Treffen mit der Familie bleibt wenig Zeit. Das gibt Anlaß zu Ärger. Die Niederschrift des

Kapitels, das als Exposition gedacht ist, darüber, wie es um die Eheleute steht, wird auf gesonderten Blättern begonnen, und sogleich kommt ein alternativer Gesichtspunkt hinzu: anstelle des verspäteten Berner grüßt ein anderer zu der nach ihrem Mann vom Balkon ausblickenden Frau hinauf: ein Schlieffen von den Garde-Dragonern oder ein Wulffen vom Regiment Alexander. Fontane scheint erwogen zu haben, hier, kaum, daß die Handlung begonnen hat, einen ›Schritt vom Wege‹ anzulegen. Doch der Entwurf bricht ab, der Gedanke wird fallengelassen. Als Berner sich endlich einfindet, wird er unliebenswürdig empfangen und bekommt eine eheliche Standpauke.

Im 2. Kapitel wird mit dem Konflikt, auf den Fontane hinauswill, ernstgemacht. In der Weihnachtszeit plaudert man im Familienkreis auch über eine Ehescheidung. Den Grund kennt man nicht recht. Einige sagen dies, andere sagen das, bemerkt man, alles Kleinigkeiten. ›Mir unbegreiflich‹, meint Sophie. ›Sage das nicht‹, gibt der General zu bedenken. ›Ich kenne viele solche Geschichten. Nichts ist so klein, daß nicht was draus werden könnte, heute Flocke, morgen Lawine.‹ Fontane merkt an: ›Dies wird weiter ausgeführt.‹

Aber nun ist der Dichter schon in seinem Element: das Dialogisieren als Mittel der Handlungsführung beginnt. Vom 3. Kapitel bis in das letzte, das sechste, zwar noch Entwurfsfassung, aber nichts mehr von Disposition. Fontane ist vom Stoff gefesselt. Es beginnt mit einer Stuhlschlittenfahrt, durch die Hugo Berner, sagen wir es mit Fontane, ›einen Knax‹ kriegt, Lungenentzündung. Die Szene erinnert an Hugo Großmanns Ende in ›Mathilde Möhring‹, die ja noch unfertig in Fontanes Schreibtisch lag. Aber im Gegensatz zu Thildes Mann erholt er sich bald und ist frischer als zuvor. Nur, und hier beginnt also die leidige Geschichte, ist es mit Sophies Schlaf dahin: Hugo schnarcht.

[. . .]

Fontanes Realismus ist es eigen, daß er die ganze Wirklichkeit, die den Menschen umgibt, einbezieht. Daher ist ihm das ›Politische‹ nichts Akzidentielles, sondern es ist als konstitutives Element in die Erzählung einbezogen, denn der Mensch lebt nicht außerhalb seiner Sphäre, er muß sich in ihr zurechtfinden. Das erklärt, weshalb auch in einer episodenhaften Handlung, wie in unserer Novelle, das Zeitgenössische nicht ausgeklammert wird. Bismarck- und Standesproblematik, Rück- und Vorausblicke in das Geschehen der gesellschaftlichen Entwicklung führen zu Urteilen, wie sie sich schon im Entwurf des 1. Kapitels finden: ›Wer sich einer Zeitströmung anschließt, ist immer populär; der Widerstrebende immer das Gegenteil. So gibt es viele Lieblinge, die gar keinen Anspruch drauf haben.‹ Der Fontane der neunziger Jahre orientiert sich neu. Auch an dieser Novelle wird das deutlich. Aber er sieht die Gesellschaft und ihre Erscheinungen nicht mit den Augen eines Greises, sondern mit jungem kritischen Scharfblick.

Bemerkenswert auch an dieser Novelle, daß es eine Frauen- und damit zugleich eine Ehegeschichte ist. Aber es geht nicht mehr um die aktenkundig werdenden Konflikte. Die Ehe droht nicht am Widerspruch der bürgerlichen Moral zu zerbrechen. Es sind Alltäglichkeiten, die auch das Glück einer Ehe gefährden können, die kleinen unangenehmen Gewohnheiten. Schon in der Charakterisierung der Sophie Berner legt Fontane fest, daß sie sich ihrem Mann in Leben, Gesellschaft und Temperament überlegen fühlt. Sie ist eine – wenn auch völlig andersgeartete – Schwester der Mathilde Möhring. Sie will sich nicht ins Spiel bringen, vif und resch, sie ist im Spiel. Aber sie ist vielleicht mehr als diese noch die gleichberechtigte, nicht so sehr die emanzipierte Frau. Das macht Fontanes Wendung am Ausgang erklärbar: die Erziehung erfolgt nicht nur einseitig – trotz des Versuches von Sophie, ihrem Mann ›Manieren‹ beizubringen, – sondern durchaus eherealistisch an beiden Partnern.

Dieser Verantwortung beider füreinander entspricht es, daß Fontane, der ursprünglich die Gewichte nur auf das ›Rr‹ Berners, auch im Titel gelegt hat, nun darunter sein *Gefährdet Glück* setzt.«

[Variante Fassung des letzten Kapitels:]
Nicht der General sondern die Tante schläft Wand an Wand mit Sophie.
. . . Sie hörte jeden Ton . . . und welche Töne! das Nasale war nur ein Bruchtheil. Sie wollte von der Wand fort, an die andre Wand [*üd Z:* unter irgend einem Vorwand,] aber ⟨das wäre aufgefallen und⟩ sie verstand so schlecht eine Nomadin zu spielen und so hätte es die Tante beleidigt. Dann kam das Frühstück. Die Tante erschien unschuldig wie der junge Tag, was Sophien amüsierte aber doch auch verdroß »sie darf nicht so sicher aussehen«, und dann kam der Vater. »Guten Morgen Sophie«. »Guten Morgen, Pa«. »Rahel du hast ja einen Thrumm von Haube auf. Und Augen. Ich glaube, du brauchst Ronnershausen . . . So graue Augen hat kein natürlicher Mensch. Kunst alles Kunst.«
[»] Adalbert? [?] du scheinst ja heute früh besonders guter Laune. Verzeih etwas zu gut . . . [«]
[»] Kann gar nicht vorkommen. Was heißt zu gut. Und ich würde noch besser bei Laune sein (besser ausdrücken) wenn ich meinen Cigarrenkasten hier hätte. ⟨Du⟩ Sophie *(a)* ⟨wird⟩ *(b)* mag das Rauchen nicht leiden, ihren Mann hat sie sich erzogen, auf der Veranda geht es ⟨aber nicht⟩ im Zimmer [*üd Z:* nicht], aber sie wird fünfe gerade sein lassen. Und du auch Rahel. Ah, da ist ja der Kasten . . . Feuer ist nicht nöthig, ich habe mir gestern ein kleines Etui mit Hölzchen angeschafft, sieh mal Sophie, Silber oder sieht wenigstens so aus und hat eine kleine Mechanike. [«]
[»]Welche denn Papa. [«]
»Ach nur ganz einfach; es knipst so hübsch; höre mal.« Und dabei machte er die Dose auf und knipste es wieder zu.
[»]Nicht wahr, ist hübsch? Ein bischen Spielerei. Aber ein bischen Kind bleibt man und wenn man auch General ist und 30 Dienstjahre hinter sich hat. Uebrigens brillante Hölzer es knistert ordentlich wenn man streicht und dann ein Feuerschein]*üd Z:* ein langer Feuerschweif], wie ne Rakete.«
Dabei rauchte er die Cigarre an und blies den Dampf [*üd Z:* Rauch] in

kleinen Wölkchen fort und während er beharrlich seine Züge that, die
Cigarre in der Linken, hielt er das Metallbüchschen in der andern und
öffnete es und schloß es wieder; knaps knips, ging es in einem fort, denn die
beiden Töne waren etwas verschieden. Eine Weile hielt Sophie es aus, dann
ging sie in ihre Schlafstube und weinte. Sie war so ⟨gar⟩ aufgeregt, daß sie
die Tante jenseits der Wand vermuthete, die Haube auf dem Kopf. Und so
lag sie da und wartete auf die Töne.

   Vielleicht sind sie alle in einer Verschwörung gegen mich. Aber nein, es
ist alles so natürlich besonders die Tante. Nein, nichts von Verschwörung.
Fügung ist es, ich soll einsehen ⟨daß ich⟩ was es heißt mit Menschen leben.
Ach es ist schrecklich . . . die Menschen haben so viel Unangenehmes . . . es
ist schwer mit ihnen zu leben. Aber dann muß man in die Einöde gehen
und sich nicht verheirathen und kein Gespräch und kein zärtlich Wort
hören wollen. Und ein zärtlich Wort hörte ich doch so gern. Ach, ich
fürchte, daß ich eine Thörin war. Was ist es denn am Ende? ⟨es ist doch
noch lange nicht knips⟩ eine ganze Sündenjahresrechnung ist doch nichts
gegen die Viertelstunde mit dieser Streichholzdose; daneben ist rr Musik.
Und er kann nicht anders und muß es ⟨vorher eine Stelle wo sie ausführt,
noch in den Gesprächen mit Hugo, daß die Engländer das alles bezwingen⟩
und Papa mit der Dose, das ist der reine Uebermuth, wenn man von seinem
Vater und einen so gütigen, so was sagen darf. Ach es giebt nur eine
Rettung aus diesem Elend. (nach Seiffert, a.a.O., S. 85 f.)

DIE DREI-TREPPEN-HOCH-LEUTE

Entstehungszeit: 90er Jahre. – *Erstdruck:* Friedrich Fontane, »Wie Theo-
dor Fontane umzog«. In: Vossische Zeitung, Nr. 369 vom 6. Aug. 1922.
Textgrundlage: »Die Drei-Treppen-hoch-Leute« und »Berliner Umzug«.
Zwei unvollendete Skizzen. Erneut mitgeteilt und erläutert von Joachim
Krueger. In: Fontane-Blätter, Bd. 4, Heft 4 (1978), S. 318-321.
Zur Entstehung: Krueger schreibt a.a.O., S. 320f.: »Daß es unfertige
Skizzen sind, erkennt man nicht nur an der an einer Stelle in Klammern
eingefügten Notiz ›nun aufzählen‹ sondern vor allem am Stil. Es ist
offensichtlich, daß Fontane an den Texten noch nicht gefeilt hat.
   Wenigstens der Inhalt des zweiten Stücks gibt einen Hinweis auf die
Entstehungszeit. Da Fontane sich an die ‚Sardanapal‘-Aufführungen nur
noch schwach erinnern kann, muß die Skizze lange nach Fontanes
Kritikertätigkeit entworfen worden sein, also in den neunziger Jahren.
Gleichfalls aus ›den letzten Jahren‹ stammt, nach Friedrich Fontanes
Angabe, die erste Skizze.
   Wiewohl unfertig, sind diese beiden kleinen Stücke nicht uninteressant.
Vor allem verdient ihr gesellschaftskritischer Gehalt Beachtung. Fontane
macht den Zusammenhang zwischen der jeweiligen Etage bzw. der

Beschaffenheit des Mobiliars einerseits und der sozialen Stellung des Mieters bzw. Möbelbesitzers andrerseits deutlich und nimmt dabei, wie auch sonst oft, insbesondere gegen die Bourgeoisie in ›Mittelstellung‹ und ihren protzigen Aufwand Partei. Er bekennt sich gleichzeitig zu den einfachen Menschen, die mit wenigem vorlieb zu nehmen wissen. Die persönliche Bescheidenheit des Dichters kommt dabei in menschlich-schöner Weise zum Ausdruck, aber auch seine Stellungnahme gegen das soziale Gefälle, das zwischen den Bel-Etage-Bewohnern und den Drei-Treppen-hoch-Leuten besteht.

Schließlich ist die zweite Skizze eine amüsante Ergänzung zu der kurzen ,Sardanapal'-Besprechung, die Fontane am 4. September 1873 in der ,Vossischen Zeitung' drucken ließ. ,Sardanapal', ein ,historisches Ballett' von Paul Taglioni (1808-1883) mit der Musik von Peter Ludwig Hertel (1817-1899), sah Fontane u. a. am 2. September 1873.

Der in der ,Vossischen Zeitung' von 1922 wiedergegebene Text scheint nicht ganz fehlerfrei zu sein. Vermutlich hat Fontane von dem ›Armen‹, der mit dem Handwagen umzieht, nicht geschrieben, daß er seine Habe ›etagenweise‹ in die neue Dachwohnung zu schaffen gedenke, sondern im Manuskript wird wohl ›etappenweise‹ gestanden haben. Leider ist jedoch die Handschrift nicht mehr vorhanden.«

BERLINER UMZUG

Entstehungszeit: 90er Jahre. – *Erstdruck:* s. zu »Die Drei-Treppen-hoch-Leute«, S. 760.
Textgrundlage: s. ebenda, S. 760.
Zur Entstehung: s. ebenda, S. 760.

DU SELBST!

Entstehungszeit: 90er Jahre. – *Erstdruck:* »Zwei gesellschaftskritische Entwürfe«. Hrsg. und kommentiert von Joachim Krueger. In: Fontane-Blätter, Bd. 3, Heft 4 (1974), S. 241-252.
Textgrundlage: Erstdruck.
Zur Entstehung: Krueger führt dazu a. a. O., S. 249 f. aus: »Der ,Du selbst!' betitelte Entwurf mutet an wie ein Seitenstück und zugleich eine Korrektur zu ,Johann der muntre Seifensieder'. Von dem utopischen Versuch, eine neue, auf freiwilliger Selbstbeschränkung basierende Gesellschaft zu schaffen, ist hier allerdings keine Rede mehr. Statt dessen werden die Folgen beschrieben, die sich aus dem Tanz um die ›goldnen Kälber‹ und dem damit unweigerlich verbundenen Kampf aller gegen alle ergeben.

Fontane analysiert die bürgerliche Gesellschaft seiner Zeit und kommt zu
dem Schluß, daß dem Einzelnen in dieser Gesellschaft, wenn er nicht über
eine alles besiegende Liebe verfügt, nur zwei Möglichkeiten bleiben: sich
entweder zu unterwerfen und sich auf ein Durchschnittsmaß nivellieren zu
lassen oder sich zu behaupten und sich damit zu isolieren, sich auf sich
selbst zurückzuziehen. Daraus entspringt notwendig das, was Fontane
Egoismus nennt. Doch dieser Egoismus ist kein freiwilliger, sondern die
unumgängliche Folge der Verhältnisse, ein Produkt der Isolation, er ist
›schlecht‹ und dennoch ›viel, viel eher erträglich, als die aus Schwäche und
Bequemlichkeit geborene frère-cochon-schaft‹. Das Sichzurückziehen auf
das ›Du selbst‹ wird zwar beklagt, aber ›faute de mieux‹ hingenommen. Die
Ursachen werden zwar mit dem Hinweis auf ›den Zwang der Verhältnisse‹
global umschrieben, aber nicht näher untersucht. Der Neid, der in ‚Johann
der muntre Seifensieder' nur eine sekundäre Rolle spielt, ist hier zum
ausschlaggebenden Faktor erhoben. Zwar weist das Storm-Zitat noch auf
seine ökonomischen Wurzeln hin, doch bleibt es sowohl in Storms Versen
wie auch in Fontanes Ausführungen dabei, daß die erzwungene Distanzie-
rung des nach Anerkennung strebenden Einzelnen, zumal des Künstlers,
vom ›Pöbel‹ bzw. von der ›Gemeinheit der uns umgebenden Masse‹ grell
hervortritt. Weder werden ernsthaft die Gründe erforscht, noch wird ein
Ausweg gesucht.

Man könnte auch hier einen Einfluß Nietzsches auf Fontane vermuten,
wenn man nicht wüßte, daß die gesellschaftlichen Verhältnisse die Isolierung tagtäglich und so unübersehbar erzeugten, daß Fontane solche
Überlegungen nicht von einem anderen zu übernehmen brauchte.

Es ist wahrscheinlich, daß Fontane den Entwurf nicht veröffentlicht hat,
weil ihn das Resultat, zu dem er gelangt war, nicht befriedigte. In der Tat
sehen wir hier Fontane einesteils mit einer gewissen Ausschließlichkeit
und Vermittlungslosigkeit urteilen. (›Ein Friedensschluß ist nicht möglich‹), während er anderenteils dennoch Einschränkungen macht. Ferner
fällt auf, daß der Entwurf jede über die Beschreibung eines erbärmlichen
Zustandes hinausweisende Perspektive vermissen läßt. Fontane hat allerdings eine ähnliche Bemerkung seinem Tagebuch anvertraut, in dem es
1891 anläßlich der Verleihung des Schillerpreises heißt: ›Denn mit der
Ehre ist es so; im Publikum sind einige (auch nicht viele), die's mir gönnen,
unter den Kollegen eigentlich keiner; jeder betrachtet es als eine Auszeichnung, die meinen Anspruch darauf übersteigt. Wenn man sich auch noch
so niedrig taxiert, macht man immer wieder die Wahrnehmung, daß es
doch noch zu hoch war und daß man in der allgemeinen Schätzung noch
niedriger steht. Nun, auch gut. Alles ist nicht Schwindel, aber doch das
meiste. [Th. Fontane, Schriften zur Literatur. Hrsg. von H.-H. Reuter.
Berlin 1960, S. 272] Doch in beiden Fällen erfährt die Ausschließlichkeit
des persönlichen Bekenntnisses eine Einschränkung, die im übrigen
ungenutzt bleibt, obwohl sie Ansätze zu einer Differenzierung der Aussage
bot. In ‚Du selbst!' räumt Fontane ein: ›es ist nicht immer so‹, während er
im Tagebuch zugesteht: ›Alles ist nicht Schwindel‹. Damit wird aber die

Gültigkeit der im selben Text getroffenen kategorischen Feststellung eingegrenzt. Dieser Widerspruch zwischen der Ausschließlichkeit der Aussage einerseits und der dann doch vorgenommenen Einschränkung andrerseits rechtfertigt vielleicht die Vermutung, daß Fontane diesen Entwurf als unfertig betrachtet und daher nicht publiziert hat.

Das Manuskript dürfte, nach der Schrift zu urteilen, aus den neunziger Jahren stammen.«

492 *Wenn der Pöbel...:* Das von F. gewählte Motto bildet die letzte Strophe von Theodor Storms bekanntem Gedicht »Für meine Söhne« (1854).

493 *enfin* (franz.): schließlich. – *frère-cochon-schaft:* Anbiederung; aus (franz.) frère = Bruder und (franz.) cochon = Schwein. Vgl. »Stine«, 11. Kap.; dort sagt der alte Baron von den Sperlingen, die er beobachtet: »Hübsch [...] nich und auch nicht wählerisch, [...] immer frère cochon, aber auch immer amüsant, und das ist für mich das Entscheidende.« (HF I, 2, S. 524). – *faute de mieux* (franz.): in Ermanglung eines Besseren.

THE POPPIES QUEEN

Entstehungszeit: 90er Jahre. – *Erstdruck:* Fontane-Blätter, Bd. 5, Heft 1 (1982), S. 3-7, mitgeteilt und kommentiert von Gotthard Erler. *Textgrundlage:* Erstdruck.

Zur Entstehung: Erler führt a. a. O., S. 3 f. aus: »Die Handschrift befindet sich im Theodor-Fontane-Archiv der Deutschen Staatsbibliothek in Potsdam. Es handelt sich um acht Blätter, die in einem Doppelblatt liegen, das auf der Vorderseite von Fontanes Hand die Aufschrift trägt: The Poppies Queen. Auf dem ersten Blatt ist ein Zeitungsausschnitt aufgeklebt, auf den übrigen sieben Blättern folgt, mit Tinte geschrieben, der Text. Die Blätter haben das bekannte Format 330 mal 210 mm. Der Entwurf gliedert sich deutlich in vier Teile: Zeitungsausschnitt – Elf-Punkte-Skizze für Personen und Handlung – Notiz zur Selbstverständigung – Ansatz zu einer Gesprächsszene. [...]

Der Entwurf muß in den neunziger Jahren aufgezeichnet worden sein; das Schriftbild verweist auf den späten Fontane. Obwohl der Zusammenhang zwischen dem Entwurf und dem (schwer zu lokalisierenden) Zeitungsausschnitt mit einem Bericht über eine Ausstellung in London unklar ist, kann die Notiz zur Datierung herangezogen werden. Auf der Rückseite nämlich findet sich fragmentarisch eine Rezension vom 2. Februar (ohne Jahresangabe). Besprochen wird eine Aufführung des Lustspiels ‚Der Kuß‘ von Ludwig Doczy im Lessingtheater mit Joseph Kainz als König Sever. Da das Lessingtheater 1888 gegründet wurde und Kainz erst zu Beginn der neunziger Jahre dort spielte und der Rezensent zudem von der ›fast ununterbrochenen Reihe von Mißerfolgen‹ spricht, ›welche diese Bühne seit ihrem Bestande zu verzeichnen‹ habe, kann die Skizze erst zu dieser Zeit entworfen worden sein.

Welche Intentionen Fontane mit dem Entwurf verfolgte, ist kaum zu sagen. Aufschlußreich ist auf alle Fälle der erneute Rückgriff auf England. Die Handlung wird in die Jahre 1855/56 verlegt, die Zeit des Krimkrieges also und des dritten Aufenthalts des Autors in London. Englische Malerei und englische Presse – mit beiden war Fontane gut vertraut, und über beide hat er geschrieben – sollten offenbar als zeitgeschichtliches Kolorit eines Familienromans ebenso reflektiert werden wie verschiedene Dissenter-Spielarten. Das in Umrissen ausgeführte Gespräch zwischen Cameron und dem Antiquar verrät im kuriosen Gegenstand wie in der humoristischen Haltung den erfahrenen Arrangeur großer Sprechszenen. Den Bezug auf das (fiktive?) Gemälde ‚The Poppies Queen‘ (‚Die Mohnkönigin‘) vermag ich zur Zeit nicht zu erklären; ich hoffe, daß der hier vorgelegte Text von einem Kundigeren aufgeschlossen werden kann.«

[Text des Zeitungsausschnittes:]

London, 24. Januar (Eig. Mitt.). Die Jahresausstellung von nur *englischen Gemälden* in der »*Royal Academy*« ist sehr reichhaltig. Die hervorragendsten Meister sind *Reynolds, Gainsborough, Romney, Hoppner* und der Landschafter *Turner*. Von Reynolds finden wir das lebensgroße Porträt der Viscounteß Crosbie in einem Park; eine Gruppe von zwei Kindern, berühmt unter dem Namen »The Young Fortune Teuers« aus der Blenheim Gallery; eine junge Lady, berühmt unter dem Namen »The Contemplation« aus der Grosvenor Gallery; »Mrs. Scott«; »Master Bunbury«; »Miß Hippesley« und »James Christie«, der bekannte Auktionator (auctioneer) von Gainsborough. Hogarth ist mit zwei Porträts vertreten: »Viscount Boyan« und »Mrs. Desaguliers«. Romney erscheint in vollem Glanze mit »Mrs. Carwadine und Kind«, »Lady Edward Cavendish Bentinck«, die Tochter von Richard Cumberland, dem dramatischen Dichter, »Richard Brinsley Sheridan« und »Lady Milnes«. John Hoppners Porträt »Mrs. Gwyn«, als »Jessamy Bride« von Goldsmith, ein wahres Prachtstück. Von Turner sind viele Ölgemälde und Aquarellen da, welche uns diesen Landschafter in seiner poetischen Größe wie in seiner phantastischen Unnatur zeigen. Mehrere derselben ein rätselhaftes koloristisches Phänomen. »Sheerneß«, »Kilgarran Castle«, »Wreckers« u. a. sind Hauptbilder. »The Willow Tree«, »The Poringdale Oak« von John Crome, hier als Gründer der »Norwich School« gefeiert, sind Landschaften von hoher künstlerischer Bedeutung. Ettys Skizze zu der Freske »Scene from Comus« für das Sommerhaus im Park von Buckingham Palace, welche er kurz vor seinem Tode gemalt hat, zeigt ihn der Welt von neuem als malenden Dichter, als zarten Stilisten und als harmonievollen Koloristen. Die ausgestellten Aquarellen (water-colour drawings) vergegenwärtigen uns die historische Entwicklung dieser »Englischen Malerei« von Paul Sandby an, welcher als der Gründer derselben betrachtet wird, J. R.

Cozens, Thomas Girtin, J. S. Cotman, David Cox, William Hunt, George Barret, Samuel Palmer u. a. bis zu J. F. Lewis, den meisterhaften Maler des orientalischen Lebens, Frederik Walker, Richard Parkes Bonnington u. a.

493 *Soho Square:* Noch heute vorhandener kleiner Platz in London, auf dem vermutlich zu F.s Zeit ein Denkmal der Königin Anna (1665-1714) stand. (E) – *Rückkehr der Garden:* Der Krimkrieg war mit dem Pariser Frieden vom 30. März 1856 beendet worden. Unter dem Titel »Der Einzug der Garden« (Wiederabdruck: N XVII, S. 570 ff.) hatte Fontane in einem Artikel für die »Vossische Zeitung« (12. Juli 1856) über die Rückkehr dieser britischen Eliteformationen berichtet. – *Puseyist:* Edward Pusey (1800-82). Theologe, nach 1833 Führer einer zum Katholizismus tendierenden Bewegung innerhalb der anglikanischen Kirche. (E) – *Wesleyaner:* Anhänger der von John (1703-91) und Charles Wesley (1708-88) begründeten Methodistenbewegung. – *Dissenter:* Sammelbezeichnung für alle Protestanten in Großbritannien, die sich von der Staatskirche getrennt haben. – *Coldstream-Garde:* Englisches Infanterieregiment, 1656 errichtet, das bei der Auflösung der Armee 1660 allein bestehen blieb, trägt scharlachroten Waffenrock mit weißen Litzen, dunkelblaue Hosen und schwarze Bärenmützen. – *Roßschen Nordpolexpedition:* Gedacht ist an die Polarexpedition von Sir John Ross (1777-1856) und dessen Neffen Sir James Clarke Ross (1800-62). – *Sir Charles Eastlake:* 1793-1865, Maler und Kunsthistoriker, der 1843-47 und erneut seit 1855 Direktor der Nationalgalerie war. – *Asylum ... Journalism* (engl.): Asyl für die Waisen des englischen Journalismus. – *Realen:* Bei F. häufige Nebenform zu: Regale. – *Foundling-Hospital* (engl.): Findelhaus.

495 *Obituary* (engl.): Totenliste, Totenabteilung.

496 *The Bridge of Sighs* (engl.): die Seufzerbrücke. – *The Caledonian Harp* (engl.): die schottische Harfe. – *Friar Tuck or the Nottingham Messenger* (engl.): Gefährte und Beichtvater Robin Hoods oder der Nottingham-Bote. – *British Oaks and British Hearts* (engl.): britische Eichen und britische Herzen. – *The Anglo-Saxon* (engl.): der Angelsachse. – *The Mouse-Trap* (engl.): die Mausefalle. – *Stars at night* (engl.): Sterne in der Nacht.

EHEN WERDEN IM HIMMEL GESCHLOSSEN

Entstehungszeit: 1894? – *Erstdruck:* HF I, 5, 1. Auflage 1966, S. 855-863.
Textgrundlage: Originalmanuskript Deutsche Staatsbibliothek, Berlin (Theodor-Fontane-Archiv, Potsdam).

496 *Seraphine v. Goarshausen:* Zum Vornamen vgl. auch S. 310 und

Anm.; G. wohl nach dem bekannten rechtsrheinischen Weinort. – *Charlotte v. Wnuck:* In Der deutsche Krieg von 1866, Bd. 1, S. 297 u. ö. erwähnt F. einen Generalmajor v. W., der eine Kavalleriebrigade geführt hatte; auch ein Major v. Wnuck wird dort genannt (vgl. Bd. 1, S. 312).

497 *Eine Laube dicht in Geißblatt gehüllt und nur durch einen Kirchhof mit seinen Kreuzen und Schmetterlingen . . . getrennt:* Vgl. »Wanderungen«, ›Die Grafschaft Ruppin‹, ›An Rhin und Dosse‹, ›Walchow‹: »Meine von Jugend auf gehegte Vorliebe für diese stillen, gaisblattumrankten Pfarrhäuser, deren Giebel auf den Kirchhof sieht, – ich fühlte sie wieder lebendig werden« (HF II, 1, S. 359). – *Büchsel:* Vgl. Anm. zu S. 86 und 409. – *Müllensiefen:* Vgl. Anm. zu S. 409. – Friedrich Ernst Daniel *Schleiermacher:* 1768-1834, Theologe, seit 1810 Professor an der Berliner Universität, begann seine Laufbahn 1794 als Hilfsprediger in Landsberg a. d. Warthe. – *conditio sine qua non* (lat.): unerläßliche Bedingung.

498 *Hirschberger Tal . . . Papiermüllers:* In Schmiedeberg im Hirschberger Tal (Riesengebirge) wohnte Georg Friedlaender. Dort machte F. auch die Bekanntschaft mit Heinrich Richter, der in Arnsdorf nördlich von Krummhübel eine Papierfabrik besaß (vgl. aber auch F. an Friedlaender am 10. April 1893: »Zweierlei hat mich in Ihrem letzten Briefe ganz besonders interessirt: Silberstein und die Frau v. Jagow . . . Solche Silbersteine, selbst wenn sie fortschrittlich verrannt sind, sind doch einer entgegengesetzten Anschauung immer noch zugänglich . . .« (HF IV, 4, S. 250). Vgl. auch HF I, 4, Anm. zu S. 664. – Karl *Stangen:* 1833-1911 (aus Ziegenhals in Schlesien), Begründer von »Stangens Reisebüro«; verfaßte »Eine Reise um die Erde« (Leipzig 1880), »Ägypten auf Grund 15jähriger Erfahrungen« (2. Aufl. 1882), gründete die Zeitschriften »Der Tourist« (1884) und »Stangens Illustrierte Reise- und Verkehrs-Zeitung« (1894). – *Nathan:* »Nathan der Weise« von Gotthold Ephraim Lessing. Vgl. F. an s. Frau am 12. Aug. 1883: »Das Unheil, das Lessing mit seiner Geschichte von den drei Ringen angerichtet hat, um nur *einen* Punkt herauszugreifen, ist kolossal.« (HF IV, 3, S. 280). – *Uriel Acosta:* in der Nachfolge von Lessings »Nathan der Weise« stehendes Trauerspiel (1847) von Karl Gutzkow (1811-78), das das Schicksal des wegen seiner vom mosaischen Glauben abweichenden Lehren bekämpften jüdischen Denkers U.A. (1591-1640) behandelt. Vgl. dazu wie auch zu Lessings »Nathan« F.s Rezensionen des Dramas in HF III/2 sowie F.s Brief an Maximilian Ludwig vom 29. April 1873: »Ich war also am Sonnabend im Uriel . . . Alle Gutzkowschen Helden sind er selbst d. h. moderne, von krankhaftem Ehrgeiz verzehrte, große Worte machende Menschen.« (HF IV, 2, S. 430) Vgl. auch »L'Adultera«, 1. Kap. (HF I, 2, S. 8).

499 *Herrnhuter:* Vgl. Anm. zu S. 391. – *long long ago:* Dieser Vers von Thomas Haynes Bayly (1797-1839) wird von F. öfter zitiert.

500 *Onkel Wnuck in Westpreußen:* die Familie W. ist dort nachweisbar. – *Edzard:* Vgl. S. 463. – *Schlittenpartie:* Zu diesem bei F. wiederholt auftretenden Motiv (das meist bedeutsame Szenen einleitet oder begleitet) vgl. auch Anm. zu S. 324.

501 *Drachenfels. Rolandseck. Nonnenwerth:* Der Drachenfels ist die steilste Erhebung des Siebengebirges (mit Burgruine), stromaufwärts am linken Rheinufer liegt der Ort Rolandseck mit dem höher gelegenen Rolandsbogen (Burgruine), bei Rolandseck die Rheininsel Nonnenwerth mit altem Nonnenkloster. – *Ritter Toggenburg:* Nach Schillers gleichnamiger Romanze lebte der Ritter, dessen Geliebte Nonne geworden war, einsam in einer Hütte, von der aus er ihr Kloster (Nonnenwerth) sehen konnte. – *dem Tag von Königgrätz:* Über Gedenktage dieser Art vgl. auch S. 342 (Schlacht bei Königgrätz: 3. Juli 1866. Sieg der auf dem Schlachtfeld vereinigten preußischen Armeen über die Österreicher und Sachsen unter Benedek.)

502 *morbleu:* Vgl. F. an s. Frau am 8. Aug. 1883: ». . . unheiter, morbleu« (HF IV, 3, S. 279). – *Heinrichsbaude:* von F. öfter besuchte Baude bei Krummhübel; vgl. HF I, 4, Anm. zu S. 540. – *und als wir plötzlich unten waren, waren wir verlobt. Alles Beste kommt plötzlich:* Vgl. F.s Schilderung seiner eigenen Verlobung in »Von Zwanzig bis Dreißig«, ›Fritz, Fritz, die Brücke kommt‹: »Es waren wenige Schritte vor der Weidendammer Brücke, daß mir dieser glücklichste Gedanke meines Lebens (sich mit Emilie zu verloben) kam, und als ich die Brücke wieder um ebensoviele Schritte hinter mir hatte, war ich denn auch verlobt« (HF III, 4, S. 467).

503 *Kippelskirch:* Vgl. den Lieutenant v. Zippelskirch in dem Fragment »Storch von Adebar« (s. S. 375 ff.), und Anm. zu S. 391.

504 *Hampel- und Hasen-Baude:* Vgl. Anm. zu S. 95.

DIE PREUSSISCHE IDEE

Entstehungszeit: 1894. – *Erstdruck:* HF I, 5, 1. Auflage 1966, S. 863-874.

Textgrundlage: Originalmanuskript (Schiller-Nationalmuseum, Marbach a. N.); es besteht aus zahlreichen zerschnittenen Briefen und Drucksachen von und an F. aus dem Jahr 1894. Titel und Untertitel finden sich auch auf einer um das Konvolut geschlagenen Zeitungsmanschette, die F.s Vermerk trägt: »Enthält den Gang der Geschichte von Anno 49 an.«

504 *Die Herwegh-Zeit:* Die politisch-revolutionäre Lyrik Georg Herweghs (1817-75) fand vor allem nach 1840 stärkste Beachtung (»Gedichte eines Lebendigen«, 1841). Auch der junge F. war begeisterter Herwegh-Anhänger; an Storm am 14. Febr. 1854: »Es kam

die Herweghzeit. Ich machte den Schwindel gründlich mit . . .« (HF IV, 1, S. 376); im Sommer 1841 trat F. in den Leipziger Herwegh-Klub ein, zur selben Zeit entstand das Gedicht »An Georg Herwegh« (HF I, 6, S. 679). In »Von Zwanzig bis Dreißig«, ›Mein Leipzig lob' ich mir‹, 4. Kap., äußert F. sich distanziert über die von H. ausgelöste Bewegung, fügt aber in einer Fußnote hinzu, daß sein Spott über »die Freiheitsphrasendichter jener Zeit« sich »wohl gegen uns Herweghianer von damals«, nicht aber gegen Herwegh selbst richte: »Ich will nicht bestreiten, daß auch das, was Herwegh in Person geschrieben hat, vielfach an Phrase leidet, aber es ist durch eine ganz ungewöhnliche Fülle von Geist und Talent auf eine solche Hochstufe gehoben, daß, für mich wenigstens, die Frage ›Phrase oder nicht‹ daneben verschwindet. ›Noch einen Fluch schlepp' ich herbei‹, diese das berühmte Gedicht ›Gegen Rom‹ einleitende Zeile mahnt mich immer an *den*, der übereifrig Scheite zum Huß-Scheiterhaufen herbeitrug, aber es sind doch Strophen drin, die ich bis diesen Tag mit dem größten Vergnügen, jedenfalls mit einer gewissen Metierbewunderung lese.« (HF III, 4, S. 266 und Anm.) – *Auch du, du bist kein Ödipus gewesen:* aus Herweghs Gedicht gegen Friedrich Wilhelm IV.: »Zu scheu der neuen Zeit ins Aug' zu sehn . . .«. – Vgl. auch »Cécile«, 20. Kap. (HF I, 2, S. 269).

505 *Auflösung des Frankfurter Parlaments:* Die am 18. Mai 1848 in der Frankfurter Paulskirche zur Ausarbeitung einer Reichsverfassung zusammengetretene Deutsche Nationalversammlung bot 1849 Friedrich Wilhelm IV. die Kaiserwürde an; der König lehnte ab, Preußen und Österreich riefen ihre Abgeordneten zurück und führten so die Auflösung der Nationalversammlung herbei. – *ghibellinisch, dantisch:* Während der Kämpfe Friedrichs II. und Konrads IV. von Hohenstaufen gegen die Päpste Gregor IX. und Innozenz IV. um die Herrschaft in Italien (1237 bis 54) bildete sich die Partei der Ghibellinen, die die Ansprüche des Kaisertums gegen das Papsttum verfocht. (Päpstliche Gegenpartei: die Guelfen; die heftigen Auseinandersetzungen zwischen beiden Parteien dauerten auch noch nach dem Ende der Staufischen Kaiserherrschaft an.) Dante (1265-1321, 1301 von den Guelfen aus seiner Heimatstadt Florenz verbannt) stand der ghibellinischen Partei nahe; in seiner Schrift »De monarchia« tritt er für die Unabhängigkeit des Staates von der Kirche ein. Die Begriffe »*ghibellinisch, dantisch*« sind hier aber zugleich ironisch gebraucht; sie sollen das Leblose, die veraltete Romantik der vom Helden vertretenen Ideologie charakterisieren. Vgl. F. an James Morris am 16. April 1896: »Ein großer Dichter, wie Dante, ist bloß ein Name. Er wird genannt, aber er lebt nicht.« (HF IV, 4, S. 554). Vgl. auch das Gedicht »Bienen-Winkelried« (HF I, 6, S. 290), in dem F. den Gegensatz Guelfen-Ghibellinen ebenfalls ironisch anführt. – *Regierungsantritt König Wilhelms:* 1861 (Wilhelm I.). – *Friedrich Wilh. III.:* 1770-1840, reg. seit 1797, hier im Hinblick auf den Freiheits-

kampf Preußens gegen Napoleon, vielleicht auch wegen der als
vorbildlich geltenden persönlichen Lebensführung des Königs. In
politischer Hinsicht war Fr. W. III. unsicher und unselbständig; die
unmittelbar folgenden Bemerkungen über die »Bekämpfung der
Revolution« oder die vorangehende »Betonung des Antipäpstlichen«
erinnern an die antiliberale Haltung des Königs (»Demagogenverfol-
gung« 1819 und nach 1830) sowie an den Kölner Kirchenstreit 1837
(Verhaftung der Erzbischöfe von Köln und Posen). – *Bekämpfung der
Revolution:* Vgl. auch die zeitlich naheliegenden Berliner Unruhen
vom 18. und 19. März 1848, wie sie auch in »Von Zwanzig bis
Dreißig«, ›Der achtzehnte März‹, geschildert werden (HF III, 4,
S. 485-517). – *Rocher de bronze* (franz.): Fels aus Bronze (nach einer
Bemerkung Friedrich Wilhelms I.). – *Konfliktszeit:* Vgl. Anm. zu
S. 380. – *friderizianische Aussprüche:* F. entnahm die Zitate der (von
Menzel illustrierten) »Geschichte Friedrichs des Großen« seines
»Tunnel«-Freundes Franz Kugler (Tunnel-Name: Lessing), Stettin
1849. (Vgl. z. B. in der »Jubiläumsausgabe«, Leipzig 1936, S. 197,
234; auf S. 328 findet sich ein Bild Menzels vom Regiment For-
cade).

506 *Die Welt ruht...:* Diesen Satz Friedrichs des Großen nach dem Sieg
von Hohenfriedberg (1745) zitiert F. auch in »Schach von Wuthenow«, 3. Kap. (HF I, 1, S. 572) als einen der drei »Glaubensartikel«
preußischer »Beschränktheit« sowie in »Cécile«, 20. Kap. (HF I, 2,
S. 271). – *Regiment Forcade:* benannt nach dem unter Friedrich dem
Großen dienenden preußischen Generalleutnant Jean de Forcade. –
Montecuculi: der Ausspruch des österreichischen Feldherrn und
Militärschriftstellers Graf Raimondo Montecuccoli (1609-80) lautet
vollständig: »Zum Kriegführen sind drei Dinge nötig, Geld, Geld und
nochmals Geld« (»Aforismi dell'arte Bellica«, I, Kap. 5); Autor ist aber
Gian-Jacopo Trivulzio (1448-1518). – *Schlacht bei Prag:* verlustrei-
cher Sieg Friedrichs II. im Siebenjährigen Krieg (6. Mai 1757) über
die Österreicher unter Prinz Karl von Lothringen. – *die drei Kriege:*
1864 gegen Dänemark, 1866 gegen Österreich, 1870/71 gegen Frankreich; vgl. F.s sog. Kriegsbücher. – *Der preußische Schulmeister
hatte gesiegt:* Der Leipziger Geograph Oskar Peschel (1826-75) hatte
am 17. Juli 1866 in einem Aufsatz geschrieben, es sei »ein Sieg der
preußischen Schulmeister über die österreichischen Schulmeister«
gewesen, ein Satz, den Prinz Friedrich Karl von Preußen den Österreichern zugeschrieben hat. Vgl. auch »Der Stechlin«, 5. Kap. (HF I, 5,
S. 54 und Anm.) – Graf Helmuth von *Moltke:* 1800-1891. – *Jäger:* In
dem 1813 gegründeten Lützowschen Freikorps, dem auch Theodor
Körner angehörte, kämpften besonders viele Studenten; der Typ des
Lützowschen Jägers steht hier für die Freiheit, der des frideriziani-
schen Grenadiers für die Disziplin. Vgl. auch unten: ».... erfüllte ihn
die Sorge daß als letzter Sieger doch mehr die Grenadiermütze als der
Lützowsche Jäger aus der Sache hervorgehen könne«.

507 *Kulturkampf:* der 1872 einsetzende Kampf zwischen dem preußischen Staat bzw. dem Deutschen Reich und der katholischen Kirche. Der Streit wurde durch die Gesetze über die Ausweisung der Jesuiten und die staatliche Schulaufsicht (1872) eingeleitet und kam 1873 durch den Erlaß der »Maigesetze«, die das kirchliche Leben einer weitgehenden staatlichen Kontrolle unterwarfen, zum vollen Ausbruch. Nach erbittertem Widerstand der Katholiken zunächst weitere Verschärfungen, dann ab 1878/79 Versuch der Regierung, die innenpolitischen Spannungen zu mildern und den Streit beizulegen (Verhandlungen Bismarcks mit der Kurie, allmähliche Rücknahme eines großen Teils der kirchenfeindlichen Gesetze); 1887 erklärte Papst Leo XIII. den Kulturkampf offiziell für beendet. Vgl. Anm. zu S. 46 und 63. – *die Säule auf dem Berge bei Harzburg:* Vgl. F. an s. Frau am 9. Juni 1883: »auf dem Burgberg bei Harzburg, wo die sogenannte Canossasäule [eigentl. die 1877 errichtete Bismarcksäule] steht . . . , ›Nach Canossa gehen wir nicht‹. Es soll jetzt in ›doch‹ abgeändert werden, vielleicht bloß überklebt . . .« (Briefe I, S. 194); s. Anm. zu S. 63. – *Stägemann:* Name nach dem Staatsrat v. Stägemann (vgl. Jahrbuch für Brandenburgische Landesgeschichte, 1955, S. 27 ff.). – Adalbert *Falk:* 1827-1900, seit 22. Jan. 1872 (nach v. Mühlers Rücktritt) preußischer Kultusminister, Schöpfer und hartnäckiger Verteidiger der »Maigesetze«; 1879 zurückgetreten. Vgl. Anm. zu S. 63. – *Kleber:* Vgl. das Gedicht »Hoffnung«, HF I, 6, S. 331 (»Denn es sorgen unsre Kleber . . .«). – *Victor Hehnchen:* Anspielung auf den Kulturhistoriker Victor Hehn (1813-90); dieser war seit 1846 Lektor für deutsche Sprache in Dorpat, wurde 1851 fälschlich staatsfeindlicher Gesinnung verdächtigt und nach Tula verbannt, lebte seit 1873 in Berlin. Sein Werk »Italien. Ansichten und Streiflichter« (1864) zählte F. zu den »besten Büchern« (N XXI/1, S. 499). – *Huth:* Vgl. Anm. zu S. 448.

508 »*in meinem Lande kann jeder nach seiner Façon selig werden*«; nach einem Ausspruch Friedrichs II. – *fundamentum imperii* (lat.): Grundlage des Reichs. – *ultima ratio* (lat.): letztes Mittel, letzter Sinn. – *bis man Kaiser Wilhelm hinaustrug:* Wilhelm I. starb am 9. März 1888. Vgl. auch den Brief F.s an seine Tochter vom 9. März 1888: »Gestern gegen 9 Uhr ging ich in die Stadt, bis zum Palais des Kaisers . . . und ich empfing einen geradezu kläglichen Eindruck. Nichts von Geist, von Leben, von Liebe oder Theilnahme, nur einem elenden Schaubedürfniß hingegeben, standen Tausende da . . . (Briefe II, S. 89 f.). – *Dantes Aufenthalt in Ravenna:* Dante Alighieri (s. Anm. zu S. 505) ließ sich nach seiner Verbannung aus Florenz 1316 in Ravenna nieder, wo er 1321 starb. Während seiner zweiten Italienreise war F. am 22. Aug. 1875 in Ravenna und besuchte die Gräber Dantes und Theoderichs sowie die Kirche San Vitale. Vgl. seine Aufzeichnungen darüber in HF III, 3/II. – *Grabmal Theoderichs:* Theoderich (um 455-526), König der Ostgoten, eroberte von 489-93

Italien. In die deutsche Sage als Dietrich von Bern eingegangen. Das Grabmal in Ravenna ließ sich Theoderich um 520 selbst errichten. Sein Sarkophag wurde daraus frühzeitig entfernt als der eines »fluchwürdigen Ketzers« und befindet sich heute in der Kirche Santa Maria della Rotonda. – *San Vitale:* 547 geweiht, Nachahmung der Hagia Sophia in Konstantinopel und Vorbild für das Münster in Aachen. – *Lord Byron:* Vgl. Anm. zu S. 297. 1819/20 lebte Byron in der Nähe der Gräfin Teresa Guiccioli (gest. 1873) in Ravenna.

509 Heinrich *Heine:* 1797-1856, der hier wohl genannt ist im Hinblick auf sein Werk »Deutschland, ein Wintermärchen« (1844). – *als Bismarck fiel:* B. wurde am 20. März 1890 entlassen. – Ludwig von *Hinckeldey:* 1803-56, Polizeipräsident von Berlin, berüchtigt durch seinen rücksichtslosen Eifer. Anläßlich von Maßnahmen gegen einen adligen Spielklub wurde er von einem Mitglied desselben, v. Rochow-Plessow, am 10. März 1856 im Duell in der Berliner Jungfernheide erschossen. Vgl. F.s Berliner Korrespondenz »Der wiedergeborene Polizeistaat« für die Dresdner Zeitung vom 6. Dez. 1849 (HF III, 1, S. 29 f.) sowie »Irrungen, Wirrungen«, 14. Kap. (HF I, 2, Anm. zu S. 405).

510 *aus der Hölle:* aus Dantes »Divina Commedia«, I. Teil ›Inferno‹. – *aus Orpheus in der Unterwelt:* »Orpheus in der Unterwelt« (franz.: »Orphée aux enfers«), burleske Operette (1858) von Jacques Offenbach (1819-80), Text von Crémieux und Halévy. – *sempre avanti Savoia* (ital.): immer vorwärts, Savoyen. – *die beiden Pferdebändiger-Gruppen:* vor dem Hauptportal des kgl. Schlosses in Berlin, Erzguß nach Modellen von Baron Clodt von Jürgensburg, Geschenk von Kaiser Nikolaus I. von Rußland. – *ed io eterno duro* (ital.): auch ich bin unsterblich.

511 *Vierraden:* Stadt im Kreis Angermünde. – *Schindlerische Waisenhaus:* in Berlin; Stägemann war Schüler des Waisenhauses gewesen. – *Schulpforta:* 1543 gegründete »Fürstenschule« (ehemaliges Zisterzienserkloster) im Kreis Naumburg; berühmtes Gymnasium und Internat. – *Kant... kategorischen Imperativ:* Immanuel K. (1724- 1804); in der »Grundlage zur Metaphysik der Sitten« (1785) hat er den sog. »Kategorischen Imperativ« formuliert, vgl. Anm. zu S. 50. – *Epaminondas:* 418-362 v. Chr., thebanischer Feldherr und Staatsmann, der im Kampf gegen die Spartaner fiel und auf dem Schlachtfeld begraben wurde.

512 *Als Kurfürst Friedrich Eisenzahn Angermünde eroberte:* Friedrich II., der Eiserne (1413-71), seit 1440 Kurfürst von Brandenburg; 1470 trat er die Regierung an seinen Bruder Albrecht III. Achilles ab und zog sich auf die Plassenburg bei Kulmbach zurück. Seinen Beinamen erhielt er im Kampf gegen die Städte, die er unterwarf (vgl. HF I, 6, Anm. zu S. 192).

513 *Gustav Adolf:* 1594-1632, 1611 König von Schweden, einer der bedeutendsten Feldherren des Dreißigjährigen Krieges. – *die ist es:* nach »die« gestr. »sich«. – Karl *Witte:* 1800-82, Rechtsgelehrter und

Danteforscher in Halle; regte die Gründung der Dante-Gesellschaft durch den König von Sachsen an. Herausgeber der »Danteforschungen« (Halle 1869), Edition der Werke Dantes (krit. Ausg. der »Divina Commedia«, Berlin 1862; »La Vita nuova«, Leipzig 1876).

514 *Rudelsburg:* Burgruine auf dem rechten hohen Saaleufer, im Kreis Naumburg. (Denkmal der 1870-71 gefallenen Korpsstudenten.). – *das an Fr. W. IV.... die Zeilen gegen F. W. IV....:* Vgl. Anm. zu S. 504. Friedrich Wilhelm IV. (1795-1861) erweckte bei seinem Regierungsantritt 1840 zunächst Hoffnungen auf eine Liberalisierung, die aber durch die unsichere Politik des Königs und seine sich verstärkende konservative Haltung enttäuscht wurden.

515 *daß die Ehrfurcht:* der Rest des Manuskripts ist nicht mehr vorhanden.

JOHANN DER MUNTRE SEIFENSIEDER

Entstehungszeit: um 1895. – *Erstdruck:* Zwei gesellschaftskritische Entwürfe kommentiert von Joachim Krueger in Fontane-Blätter, Bd. 3, Heft 4 (1974) S. 241-252.
Textgrundlage: Erstdruck.
Zur Entstehung: Krueger führt a.a.O., S. 244-246 aus: »Die Frage, um die es hier geht, nämlich wodurch veränderungsbedürftige gesellschaftliche Verhältnisse verändert werden können und sollen, hatte Fontane bereits in dem 1860 geschriebenen Kapitel über Friedrich August Ludwig von der Marwitz behandelt, das dann in den 2. Teil der ,Wanderungen durch die Mark Brandenburg' einging. Nach der (hier allein interessierenden) Darstellung Fontanes beruhten die Differenzen zwischen Marwitz und Hardenberg darauf, daß Marwitz als Mittel gegen die gesellschaftlichen Mißstände in Preußen am Vorabend der Befreiungskriege den ›Geist‹ empfahl, d. h. eine Erneuerung der patriotischen Gesinnung und des ethisch-politischen Bewußtseins der Staatsbürger, während Hardenberg sich auf das ›Geld‹ verließ, also auf die nach und nach herbeizuführende Verbesserung der wirtschaftlichen Situation des Landes. Fontane fragt: ›Beruht das Heil des Staates auf ökonomischen oder auf moralischen Prinzipien?‹ Wir lassen die Einwände beiseite, die gegen die Äußerungen Fontanes über F. A. L. von der Marwitz erhoben werden müßten, und halten nur fest, daß Fontanes Sympathien unverkennbar, wenn auch nicht uneingeschränkt Marwitz gehören. Damit gibt er im wesentlichen den ›moralischen Prinzipien‹ den Vorzug vor den ›ökonomischen‹, obschon die ökonomischen immerhin noch mit erwogen werden.

Das gleiche Problem wird in dem vorliegenden Entwurf erneut diskutiert, allerdings unter neuen geschichtlichen Bedingungen und bei veränderter Fragestellung.

[...]

[Die] abstrakte, obgleich moralisch gerechtfertigte Verwerfung des Geldes als einer Grundlage des Glücks (Fontane geht es um das ›Erlöschen der Sehnsucht danach‹) zieht eine sachlich nicht gerechtfertigte Ausschaltung aller ›ökonomischen Prinzipien‹ aus Fontanes Überlegungen nach sich und verleitet zu der verfehlten Alternative ›Glück-Geld‹, die in eine Sackgasse führt und Fontane bei dem Bekenntnis zu einem kleinbürgerlichen und unpolitischen, bloß privaten Glücksbegriff enden läßt.

[...]

Es kommt aber noch etwas anderes hinzu. Denn es war wohl kein glücklicher Griff, ausgerechnet den Hagedornschen Seifensieder als Leitbild einer neuen Gesellschaft hinzustellen. Ist er doch weder ein ›Literatur-‹ noch ein ›Lebensschatz‹ und schon gar kein Weisheitsschatz, sondern vorrangig dazu da, kleinbürgerliche Genügsamkeit zu verherrlichen, mit dem Ziel, soziale Konflikte zu entschärfen und Klassenkämpfen aus dem Wege zu gehen.

[...]

Davon abgesehen, war jedoch Hagedorns Appell schon unter den Bedingungen des frühen 18. Jahrhunderts ökonomisch und politisch regressiv, weil er eine Aufforderung zur Passivität enthielt.«

Anschließend (S. 247) geht Krueger auf F. s Verhältnis zu Nietzsche ein: »Bereits 1938 hat Israel S. Stamm in seinem Aufsatz ‚Goethe – Nietzsche – Fontane', natürlich nach dem damaligen Stand der Fontane-Forschung und zudem von einem bürgerlich-liberalen, agnostizistischen Standpunkt aus, auf die Unvereinbarkeit der Lebensauffassungen Fontanes mit denen Nietzsches hingewiesen und dabei die Lebensverbundenheit und den Humanismus Fontanes betont. Doch erst Hans-Heinrich Reuter konnte, gestützt auf die großen Fortschritte, die die Fontane-Forschung seitdem gemacht hat, eine ausreichend begründete Analyse des Verhältnisses Fontanes zu Nietzsche bieten. Danach hat Fontane den ›destruktiven und antirationalen Zynismus, der sich hinter Nietzsches aggressiven Forderungen verbarg‹, zunächst nicht durchschaut, darum Nietzsches Losung von der ›Umwertung‹ vorübergehend aufgegriffen, aber in einem nicht metaphysischen, sondern höchst realistischen Sinne verwandt, wie aus verschiedenen Briefen aus den Jahren 1895 bis 1897 hervorgeht. Doch erfolgte bald danach in ‚Der Stechlin' (Kapitel 9 und 33) eine deutliche Abwendung sowohl von Nietzsches ›Umwertung aller Werte‹ wie auch von seinem ›Übermenschen‹.«

Krueger zieht in den folgenden (S. 248) Schlüsse zur Entstehungszeit des Entwurfs: »Die ablehnende Haltung, die Fontane nachher in seinem letzten Roman gegenüber Nietzsche einnahm, führte ihn in das Lager der Gegner Nietzsches, an deren Spitze, weil mit den besten, wissenschaftlich begründeten Argumenten ausgerüstet, Franz Mehring stand. Zugleich rückte Fontane damit in die Nähe jener ihm befreundeten bzw. bekannten Schriftsteller, die Nietzsches ethischen Nihilismus und seine Metaphysik des Übermenschen kritisierten. Bereits 1893 hatte der schweizerische

Schriftsteller Joseph Viktor Widmann, mit dem Fontane gelegentlich korrespondiert hat, in seinem Schauspiel ‚Jenseits von Gut und Böse' gegen Nietzsches Nihilismus Stellung genommen. (Über die Erstaufführung am 9. 11. 1893 im Berliner Theater berichtete Paul Schlenther am 10. 11. 1893 in der ‚Vossischen Zeitung'.) Einige Jahre später haben dann Paul Heyse in seinem Roman ‚Über allen Gipfeln' (1895) und Friedrich Spielhagen in der Novelle ‚Faustulus' (1898) Nietzsches Lehre vom Übermenschen ad absurdum zu führen versucht. Von dem Schauspiel Widmanns dürfte Fontane als eifriger Leser der ›Vossischen Zeitung‹ zumindest erfahren haben. Daß er die beiden Werke von Heyse und Spielhagen gekannt oder noch kennen gelernt hat, läßt sich nicht erweisen.

Da nun Fontane in ‚Johann der muntre Seifensieder' beinahe als ein begeisterter Anhänger Nietzsches auftritt (er könnte, ruft er aus, Nietzsche ›die Hände dafür küssen‹, daß Nietzsche das Wort ›Umwertung‹ erfunden habe), sich also noch ganz unkritisch verhält, so dürfte der Entwurf in die Anfangsphase von Fontanes erneuter Beschäftigung mit Nietzsche fallen. Diese Anfangsphase ist für uns in den Briefen von 1895 greifbar. So schreibt Fontane z. B. am 31. 8. 1895 an Karl Zöllner: ›Das Wort von einer immer notwendiger werdenden ‚Umwertung' aller unsrer Vorstellungen ist das Bedeutendste, was Nietzsche ausgesprochen hat‹. Wir nehmen daher an – und das Schriftbild unterstützt diese Annahme –, daß der Entwurf ‚Johann der muntre Seifensieder' etwa 1895 niedergeschrieben worden ist, jedenfalls noch vor Abschluß der Arbeit an ‚Der Stechlin', d. h. vor Mitte 1897. Doch läßt sich diese Datierung nicht bündig beweisen. Fest steht allerdings, daß der Entwurf nicht vor August 1884 entstanden sein kann, d. h. nicht vor dem ersten Aufenthalt Fontanes in Krummhübel.«

515 *Literatur:* Dem Gedicht »Johann der Seifensieder« (1738), das weder von Magnus Gottfried Lichtwer noch von Konrad Pfeffel, sondern von Friedrich von Hagedorn (1708-54) stammt, liegt ein Stoff zugrunde, dessen Erzähltradition sich bis ins Altertum zurückverfolgen läßt (vgl. E. K. Grotegut: The popularity of Friedrich von Hagedorn's Johann der Seifensieder. In: Neophilologus 44 [1960], S. 189-195). Hagedorns Seifensieder, der von der Hand in den Mund lebt, dabei aber stets fröhlich ist, erhält von einem reichen Schlemmer, den Johanns Gesang stört, ein Geschenk von 50 Talern mit der Bedingung, fortan nicht mehr zu singen. Doch die Bewachung dieses kleinen Schatzes bereitet Johann nur Sorgen, beeinträchtigt seinen »frohen Sinn«, so daß er das Geld zurückgibt, um seine »Freiheit« wiederzuerlangen, deren Glück nach seinen Worten »kein Gold bezahlt«. (Das Gedicht ist enthalten in: Das wahre Glück, ein Mensch zu sein. Lyrik der Aufklärung und des Sturm und Drang. Hrsg. von Jochen Golz. Berlin 1973, S. 119-122.) (K) – *Französischen:* Der Stoff war in Frankreich u. a. von Lafontaine und Lesage behandelt worden. – *Sablonnier* (franz.): Sandverkäufer, Sandmann. Es ist unklar,

an welches »Original« F. denkt. Bei den Autoren, die den Stoff bearbeiteten, ist z. T. von einem Schmied, z. T. von einem Schuhmacher oder Flickschuster (franz.: savetier) die Rede. (K)

516 *Geßner Redivivus:* Ein wiedererstandener Geßner; gemeint ist der schweizerische Dichter Salomon Geßner (1730-88), der durch seine »Idyllen« (1756-72) in Prosa bekannt geworden ist. (K) – *Umwertung:* Eine solche »Umwertung« hatte Friedrich Nietzsche in seiner Schrift »Götzendämmerung« (1889) gefordert, nachdem er schon 1886 auf dem Umschlag seines Werkes »Jenseits von Gut und Böse« eine Publikation mit dem Titel »Der Wille zur Macht. Versuch einer Umwertung aller Werte« angekündigt hatte, die jedoch nie erschienen ist. Als 1. Buch eines von Nietzsche angeblich geplanten Werkes »Umwertung aller Werte« wurde 1895 ein Entwurf in aphoristischer Form u.d.T. »Der Antichrist« veröffentlicht. (K) – *Cortez und Pizarro:* Die berüchtigten spanischen Konquistadoren Hernando Cortez (1485-1547) und Francisco Pizarro (1478-1541) eroberten Mexiko und das Inka-Reich (Peru, Chile). Pizarros Schuld, Triumpf und Ende bildet den Gegenstand von F.s dreiteiligem Gedicht »Vergeltung« (entstanden 1837/39; vgl. HF I, 6, S. 624 ff.; s. auch »Meine Kinderjahre« HF III, 4, S. 74). – *Lord Clive:* Robert Baron Clive of Plassey (1725-74), englischer Kolonialpolitiker, 1764 zum Gouverneur von Ostindien ernannt. – *Hastings:* Warren Hastings (1732-1818), englischer Kolonialpolitiker, seit 1774 Generalgouverneur in Ostindien. – »*cotton*« (engl.): Baumwolle. – *shoddy* (engl.): Lumpenwolle.

517 *in Warnemünde:* dort war F. im Juli 1870 und im September 1871 – *in Krummhübel:* erster Aufenthalt im Juli und August 1884, weitere Sommerreisen nach Krummhübel 1885 bis 1888 und 1890.

DIE LIKEDEELER

Entstehungszeit: 1882-1895. – *Erstdruck:* Hermann Fricke: »Die Likedeeler. Fontanes letzter Romanentwurf«, Rathenow 1938, Wiederabdruck HF I, 5, 1. Auflage 1966, S. 879-923.
Textgrundlage: Erstdruck.
Zur Entstehung: Der Hauptentwurf (Romanplan) entstand 1895; erste Entwürfe zum Chronikplan 1878-80, Entwürfe zum Novellenplan 1882. Vgl. die weiter unten zitierten Briefe und Vorarbeiten F.s.

Die Entstehungsgeschichte des Fragments hat Hermann Fricke von den ersten Anfängen an dargestellt. Er weist besonders auf eine bemerkenswerte Übersicht F.s hin, aus der hervorgeht, welche Stelle F. selbst diesem Roman-Plan innerhalb der Gruppe seiner anderen chronikartigen Werke und Pläne zuwies:

»Chronica

1. Gruppe: 1) Grete Minde
            2) Ellernklipp
            3) Sidonie von Borcke
2. Gruppe: 1) Die Likedeeler
            2) Quade Foelke
3. Gruppe: 1) Herzog Abel
            2) Das Gelübde von Bornhöved.«

(Vgl. auch »Grete Minde« und »Ellernklipp« HF I, S. 7 ff. und 103 ff.; »Sidonie von Borcke« im vorliegenden Band S. 349 ff., »Quade Foelke« S. 562 ff., die Manuskripte zu den beiden anderen Titeln sind verschollen. Über Herzog Abel schreibt F. in Der Schleswig-Holsteinische Krieg im Jahre 1864, S. 12; »Bornhöved« wird in dem Gedicht »Der Tag von Hemmingstedt« genannt, vgl. HF I, 6, S. 196 und Anm.)

Auf eine Kommentierung wurde verzichtet; es sei auf die angeführte Spezialliteratur verwiesen.

Briefliche Zeugnisse zur Entstehungsgeschichte

An Friedrich Stephany   1. August 1887
Aber das Nächste, was ich schreibe spielt Anno 1400 und endet mit der Enthauptung von neunundneunzig Seeräubern. Auch nicht übel.

(HF IV, 3, S. 556).

An Hans Hertz   16. März 1895:
Ich will einen neuen Roman schreiben (ob er fertig wird, ist gleichgültig), einen ganz famosen Roman, der von allem abweicht, was ich bisher geschrieben habe... indem er eine Aussöhnung sein soll zwischen meinem ältesten und romantischsten Balladenstil und meiner modernsten und realistischsten Romanschreiberei. Den ›Hosen des Herrn von Bredow‹ [von Willibald Alexis] käme diese Mischung am nächsten, bloß mit dem Unterschiede, daß die ›Hosen‹ wie es ihnen zukommt, was Humoristisches haben, während mein Roman als phantastische und groteske Tragödie gedacht ist. – Er heißt ›Die Likedeeler‹ (Likedealer, Gleichteiler, damalige – denn es spielt Anno 1400 – Kommunisten), eine Gruppe von an Karl Moor und die Seinen erinnernden Seeräubern, die unter Klaus Störtebeker fochten und 1402 auf dem Hamburger Grasbrook en masse hingerichtet wurden. Alles steht mir fest, nur eine Kleinigkeit fehlt noch: das Wissen. Wie eine Phantasmagorie zieht alles an mir vorbei, und eine Phantasmagorie soll es schließlich auch wieder werden [...]   (HF IV, 4, S. 433).

An Friedrich Holtze   16. März 1895:
Ich trage mich mit einem schon vor länger als zehn Jahren in Ostfriesland [bei einem Besuch auf Lütetsburg] aufgepickten Stoff, der, an den Ort ›Marienhafe‹ anknüpfend, die Leiden und Freuden, Leben, Tod und

Höllenfahrt der Vitalienbrüder oder ›Likedeeler‹ . . . unter ihrem vielge-
nannten Führer Klaus Störtebeker behandelt. – Der Stoff in seiner
mittelalterlichen Seeromantik und seiner sozialdemokratischen Moderni-
tät – ›alles schon dagewesen‹ – reizt mich ganz ungeheuer . . . Schilderungen, die den Anfang und den Ausgang der Tragödie bedeuten, hoffe ich mir
in Emden und in Hamburg verschaffen zu können; in Emden, wo sich
Aufzeichnungen über den damaligen friesischen Häuptling von Marienhafe namens Tem Broke usw. befinden, und in Hamburg, wo 1402 oder 3 die
ganze Likedeelergruppe enthauptet wurde, Störtebeker, was er sich in
Tapferkeit ausbedungen, *zuletzt*. – Also Anfang und Ende, was immer sehr
wichtig, ist da. Aber wo finde ich ein Buch, das mir – natürlich nur mit
Rücksicht auf das Hansagebiet – ein Zeitbild gibt, historisch und kulturell!
Ich habe an Lappenbergs ›Geschichte der Hansa‹ gedacht. Habe ich Glück,
so finde ich darin die ganze Likedeeler-Geschichte und zugleich auch den
Zeithintergrund in allen Tönen.   (HF IV, 4, S. 434 f.)

Die von F. erhofften »Schilderungen« fanden sich in: F. H. Grautoff,
»Die Lübeckischen Chroniken in niederdeutscher Sprache«, Hamburg
1829-30, und Johannes Voigt, »Die Vitalienbrüder«, in Raumers Historischem Taschenbuch. Neue Folge, Bd. 2 (1841), S. 14.

In einem Brief vom 22. März 1895, in dem es bezeichnenderweise heißt:
»Also das Menschliche. Das bloß Aktenmäßige ist immer langweilig«,
erbittet F. von Friedrich Holtze weiter: »I. ›Zeitschrift für Hamburgische
Geschichte‹, Bd. 2 (1842). 2. Koppmann, Klaus Störtebeker in Geschichte
und Sage, in den ›Hansischen Geschichtsblättern‹ 1877 (1879) und 3. Das
Störtebeker- oder Vitalienbrüdervolkslied in Liliencrons historischen
Volksliedern der Deutschen (1865)« (HF IV, 4, S. 346). Am 4. April 1895
schrieb F. an Hans Hertz: »Das Störtebekerlied ist sehr famos . . . « (Briefe
an Wilhelm und Hans Hertz, S. 360) und am 22. Juli 1895 an Paul
Schlenther, der bei einem fliegenden Antiquar in Hamburg einen Störte-
bekerroman erworben und an Fontane geschickt hatte: »Und danach kann
ich denn für fünf Bände ›Störtenbeker‹ – daran sich möglicherweise noch
fünf weitere schließen (aber nicht meine) – niemand anders verantwortlich
machen als Sie [. . .]«   (HF IV, 3, S. 462)

Zur Historie vgl. Otto Fock, »Rügensch-Pommersche Geschichten aus
sieben Jahrhunderten«, Leipzig 1866, Bd. 4, S. 59 f.:». . . Schon ein Jahr
vorher (1397) hatte die ehrgeizige Margaretha [Königin von Norwegen,
Dänemark und Schweden, 1353-1412] jenen berühmten Vertrag über die
Vereinigung der drei nordischen Reiche unter derselben Dynastie ins
Leben gerufen, der unter dem Namen der calmar'schen Union eine
tiefgreifende und unheilvolle Bedeutung in der Geschichte des skandinavischen Nordens erlangt hat. Jahre lang dauerte es noch nach dem Abschluß
des Vergleichs von 1395, bis man des Seeräuberunwesens einigermaßen
Herr ward. Freilich hatten die Vitalianer [so genannt, weil sie Stockholm
mit Viktualien versorgt hatten], oder wie sie sich später nannten, Likende-

ler (Gleichteiler) noch immer einen mächtigen Schutz an den Fürsten der schwedisch-meklenburgischen Dynastie, die ihnen auf der Insel Gottland noch immer eine Freistätte zu gewähren fortfuhren. Auch andere hohe Herren schämten sich des einträglichen Seeräuberhandwerks nicht ... – Den Hauptschlag brachte dem Seeräuberwesen in der Ostsee endlich der deutsche Ritterorden bei, der, nachdem er den Meklenburgern ihr Anrecht auf Gottland abgekauft, diese Brutstätte der Räuber mit Waffengewalt bezwang und ihrem Treiben dort ein blutiges Ende machte (1398). Die Entkommenen siedelten nach der Nordsee und anderen Meeren über und waren noch bis in den Anfang des 15. Jahrhunderts die Geißel des friedlichen Seeverkehrs. Unter den Piratenchefs der Nordsee machten sich namentlich Klaus Störtebecker, Godeke Michelsen, Wigman und Wigbolt einen gefürchteten Namen, die beiden ersteren von späterer Sage auch mit den rügenschen und pommerschen Küsten in Verbindung gebracht; endlich im Jahr 1402 gelang es den Hamburgern, sie bei Helgoland zu fassen; was nicht im Kampfe umgekommen war, verfiel dem Scharfrichter.« Dazu die Fußnote: »Vgl. Valentin v. Eickstedt, die Busch'schen Congesten (Handschr.), Micraelius, wonach Störtebecker und Godeke Michelsen Bauernkinder aus dem Barth'schen sollen gewesen sein. – Die Sage, wonach die beiden genannten Seeräuber ihre Schlupfwinkel und Niederlagen in den Schluchten und Waldungen von Stubbenkammer gehabt haben sollen, ist noch neueren Datums und noch weniger beglaubigt. – Vgl. auch Laurent und Lappenberg, Klaus Störtebecker, in Zeitschrift des Vereins für Hamburgische Geschichte Bd. II. 1847. p. 43 ff. 285. 594 ff.«

Zum *Schauplatz* vgl. Udo v. Alvensleben, »Die Lütetsburger Chronik. Geschichte eines friesischen Häuptlingsgeschlechts«, Privatdruck 1955, S. 80: »Auf den Karten von 1579 und 1616 erscheint Westeel als Insel in der Leybucht. Erst viel später wurde es in die Polder einbezogen, die die Ruinen bedeckten. Mit dieser Katastrophe beginnt die Geschichte Lütetsburgs. Sie handelt vom ewigen Kampf mit dem ›blanken Hans‹, der anbrandenden Nordsee, die ruhelos die Deiche zu sprengen sucht und in der Tat mehrfach das Land bis weit in das Innere überflutet hat. Damals, als Westeel unterging, wurde Marienhafe zeitweilig zum Seehafen. Noch sieht man dort am Kirchturm die Eisenringe, an denen die Kaperschiffe Störtebeckers und der Vitalienbrüder festmachten.«

Nicht zu ermessen in ihrem Einfluß auf diesen letzten Romanplan F.s, den Plan zu einer großen »Phantasmagorie«, sind seine Kinderjahre in Swinemünde am Meer und unter dem gefürchteten Nordwester, im Apothekerhaus, das unter ein riesiges Dach geduckt war, mit dem Scharfrichterrad des alten Geisler auf seinem Boden. In »Meine Kinderjahre«, 17. Kap., erzählt F. von einer »Waldstelle nahe bei Heringsdorf, die ›Störtebeckers Kul‹ hieß. Dies war ein tiefes Loch, richtiger ein mächtiger Erdtrichter, drin der Seeräuber Störtebecker, der zu Anfang des 15. Jahrhunderts die Nord- und Ostsee beherrschte, mit seinen Leuten gelagert haben sollte. Gerade so wie wir jetzt. Das gab mir ein ungeheures

Hochgefühl: Störtebecker und ich. Was mußte ich für ein Kerl sein! Störtebecker war schließlich in Hamburg hingerichtet worden, und zwar als Letzter seiner Bande. Das war mir nun freilich ein sehr unangenehmer Gedanke. Weil es mir aber, alles in allem, doch auch wieder wenig wahrscheinlich war, daß ich der Hamburger Gerichtsbarkeit ausgeliefert werden würde, so sog ich mir aus dem Vergleich mit Störtebecker unentwegt allerhand süße Schauer. Die ›Kule‹ war sehr tief und bis zu halber Höhe mit Laub vom vorigen und vorvorigen Jahr überdeckt. Da lag ich nun an der tiefsten Stelle, die wundervollen Buchen über mir, und hörte, wenn ich mich bewegte, das Rascheln des trockenen Laubes, und draußen rauschte das Meer . . .« (HF III, 4, S. 166 f.)

Auf Grund von Frickes Edition werden hier die Vorarbeiten Fontanes zu den »Likedeelern«, die die Entwicklung dieses Roman-Planes aufzeigen sollen, wiedergegeben.

[REKAPITULATION (1879) VON BJÖRNSONS EPOS »ARNLJOT GELLINE«]

Das Ganze ist also so:

Arnljot Gelline ist ins Jämterland gekommen, oder richtiger schon sein Vater. Eines Tages haben die Jämter den reichen Mann überfallen, ich glaube um ihn zu opfern. Jedenfalls hat er den Tod erlitten und alles ist verbrannt.

Nun wird Arnljot ein Räuber im Gebirge und straft die Jämter. Er erscheint auf einem Thinge, sagt ihnen sie seien schuld und fordert Ingegard als Sühne. Wird ihm verweigert.

Er brennt das Gehöft von Ingegards Vater nieder und raubt sie in einer Nacht und schleppt sie ins Gebirge. Sie will aber nicht. Weil er sie wirklich liebt, gibt er sie wieder frei. Sie geht in ein Kloster. Er geht zu Schiff mit 100 Kämpen. *Meeresschilderung*, Einsamkeit, sehr schön. Meersnebel und Sturm und Schrecknis, böse Geister, alte Götter. Sein Schiff scheitert. Er rettet sich mit einigen Gefährten. Aber auch diese sterben. Er ist allein. Irrt im Sturm im Walde. Die großartige Höhlenszene (8. Gesang). Dann flieht er weiter. Endlich sieht er König Olaf den Heiligen und den Christenzug. Jetzt Christen-Volontaris aller Arten. Zuletzt auch *er*. Schlacht bei Stiklestad. Arnljot fällt. Der König auch. Aber die Sieger fühlen, daß sie besiegt sind.

[Erster flüchtiger Entwurf, Juli 1880]

Das Historische habe ich an folgenden Plätzen zu erfragen:
a) In Emden, Norden, Marienhafe. Vielleicht durch Graf Knyphausen. Wenn nicht durch ihn, so durch den Buchhändler in Emden, der mir

event. auch eine ostfriesische Lokalgröße für alles Ostfriesische nennen kann.

b) Gildemeister in Bremen.

c) Fleischel, der mir irgendeine Hamburger Archivgröße nennen muß.

Es muß Anfang November 1399 anfangen als sie in Marienhafe ihre Schiffe auf Land ziehn. Sie quartieren sich ein. Die Marienhafener Kirche. Das Häuptlingshaus der Tem Broke. Störtebeker bei den Tem Brokes. Die Tochter des Hauses. Sie stimmt ihn um. Seine Bußwanderung zur Mutter in der Nähe von Braunschweig. Seine Rückkehr. Inzwischen sind Dinge vorgefallen, die alle seine Pläne hinfällig machen. Er muß wieder hinaus. Aber dabei geht er endlich zu Grunde.

Wie waren die Schiffe? (Kann man sich davon ein Bild machen.)

Wie waren die Leute, die die Besatzung der Schiffe bildeten?

Worin bestanden ihre Likedeeler-Anschauungen und Prinzipien?

Wodurch waren sie dahin geführt, diese Anschauungen überhaupt zu haben? (Wahrscheinlich in Folge vorangehender Ausnutzung ihrer Kräfte als Vitalienbrüder.)

[Weiterer Entwurf, August 1882]
Klaus Störtebecker

1389 (an anderer Stelle 1398) große Seeschlacht, in der der »Deutsche Orden« die Likedeeler oder Vitalienbrüder verzehrt.

Seit dieser Niederlage ziehen sie sich aus der Ostsee, die sie bis dahin tyrannisiert hatten, in die »*Nordsee*« zurück, nehmen in Ostfriesland *(Marienhafe)* Standquartier und unternehmen von der Emsmündung aus ihre Raub- und Eroberungszüge bis England hin.

Endlich um 1400 oder 1401 werden sie durch die *Hamburger* und *Holländer* (Simon v. Utrecht) wiederholentlich besiegt, gefangen, enthauptet.

Dramatis personae

Klaus Störtebecker geb. zu Verden.

Goedeke Michels oder Michelsen, Vizefeldherr.

Wigmann Unterfeldherr unter Störtebeker.

Wigbold Unterfeldherr unter Michelsen, vorher Magister der *Weltweisheit* auf der Hochschule zu Rostock. Starb comme philosophe.

Hisko, Probst zu Emden.

Keno then Broke, ostfriesischer Häuptling in der Nähe von Aurich und Marienhafe.

Kenos Tochter (vielleicht Hyma) seine Tochter.

Schocke und *Sennefeld* Hamburger Ratsherrn.

Simon v. Utrecht holländischer Schiffsheld.

Meister *Rosenfeld*, Hamburger Scharfrichter.

Die Likedeeler

Anno 1400 ward auf dem Hansetage zu Lübeck (also darüber muß Brehmer Auskunft geben können) ein gemeinsamer Angriff gegen die »Likedeeler« beschlossen. *Hamburg*, als Nordseeplatz, wurde vorzugsweise damit betraut und unterzog sich dieser Aufgabe auch.

Im Frühjahr stachen die »Friedenskoggen« von

Hamburg,	Deventer,	
Bremen,	Campen,	Holland
Lübeck,	Groningen,	

in See und brachen die »Burgen« der Seeräuber, zuletzt auch »Schloß Emden«. In Burg Aurich saß Keno, friesischer Fürst, Häuptling und Anhänger von Störtebecker. 1402 im Frühjahr die Entscheidungsschlacht. Das stärkste Schiff der Verbündeten war die »bunte Kuh von Flandern« geführt von Simon von Utrecht.

Die Likedeeler
1. Kapitel

Der Brief Willewulfs oder *Werewulfs* (dieser Name ist gut) den Klaus ihm diktiert ist ziemlich kurz; die Nachschrift, die Klaus schreibt, ist *noch* kürzer. Den Hauptbericht über die Schlacht gegen den Orden (1398) gibt (anekdotartig Szene 2) der *Bote*. Drei Boten wurden geschickt, einer mit dem Brief, die beiden andern mit Erkennungs- und Legitimationszeichen. Goedeke Michels sagt dann auch noch was, das sich gegen die »Lübischen« und ihren Undank richtet und daß sie keine »Likedeeler« sein wollen. Kurzum die ganze Situation

a) daß sie »Likedeeler« sind

b) daß sie durch den Orden besiegt wurden

c) daß sie sich gegen den Orden halten könnten, wenn nicht die undankbaren »Lübischen« wären

d) daß sie deshalb aus der Ostsee in die Nordsee wollen und

e) daß Klaus Störtebecker aus Verden stammt und Keno kennt und mit ihm Freundschaft geschlossen hat in frührer Zeit und daß *er* zunächst Zuflucht haben muß, – *das* alles muß schon in Kapitel 1 und zwar in möglichster Kürze ausgesprochen sein.

Kapitel 2 und die folgenden vielleicht bis Kapitel 10.

1. *Lokal und Winterschilderung;* das Schloß; Keno; Hyma; der verschiedene Besuch.

2. *Die Kolonie der »Likedeeler«* ganz kommunistisch eingerichtet, Barakkenstil, Veteranen-Kolonie, Häuschen, Gärtchen, Fischfang, Angeln, Jagd.

3. *Klaus und Hyma.* Erzählung seiner Taten. Ganz unrenommistisch; und so wenig martialisch wie möglich; das *Rührende* herausgreifen.

4. *Die Verlobung. Die Hochzeit.* Der Gesang der Likedeeler.

5. *Die Bußreise nach Verden* mit Hyma. Die Begegnung mit der Mutter.

(Die Mutter muß *bei* Verden wohnen, so daß er sie erst suchen muß. Sie bleibt fremd, und das macht einen Eindruck auf ihn.) Er ist sehr bewegt, als er von der Mutter zurückkommt. Hyma beruhigt ihn. Oder vielleicht ist sie auch dabei und kann gleich versuchen, die Alte umzustimmen. Er hinterläßt ein Legat für die Alte. Stiftet die Kirchenfenster. Dann kehrt er nach *Marienhave* mit Hyma zurück.

6. *Friedliche Zeiten.* Nur von Zeit zu Zeit steigt er auf den Turm und sieht das Meer. Entzücken. Hyma ist dann immer traurig. Ein Kind wird geboren. Taufe. Hisco. Der Gesang der Likedeeler.

7. *Die Wandlung kommt.* Die Likedeeler werden unruhig. Goedeke Michels wird von den Lübischen beleidigt. Kränkungen und Forderungen seitens der Hanseaten. Keno soll ihn ziehen lassen. Die »Kolonie« ist den Hanseaten unbequem. So mehren sich die Chicanerien und eine Folge davon seine Bitterkeiten. Da stirbt das Kind. Begräbnis. Gesang der Likedeeler.

8. *Die lübische Gesandtschaft.* Begegnung mit dem Ratsherrn Nanne. Der Schein wird zerrissen. Hyma in Trauer. Klaus jubelt. Zu Schiff. Die alte Welt wieder. Es soll so sein Dieu le veut.

9. Er nimmt eine holländisch-hansische Frachtflotte. Triumph. Die Gefangenen. Lösegeld.

10. Rüstung der Hanseaten und Holländer.

11. Die Annäherungen; die Überlistungen.

12. Der Kampf.

13. Die Gefangenschaft. Im Turm.

14. Klaus u. Meister Rosenfeld.

15. Auf dem Grasbrook.

16. Der Nicht-Likedeeler Sieg.

17. Schluß.

Die Likedeeler
Die Keno-Burg

Die ganze Schilderung, wie er nun in Marienhave mit seinen Leuten landet und in die Burg kommt, muß mittelalterlich romantisch gehalten sein, finster und gruslich auf der einen Seite, humoristisch auf der andern. Alles wie Qualm, daraus helle Flammen schlagen.

Allmählich, unter dem Einfluß Hymas, wird es poetisch – idyllisch – heiter.

Das Burg-Leben.

Das Kolonie-Leben.

Die Verlobung. Die Trauung. Die *Pilgerfahrt nach Verden* mit Hyma von einigen Likedeelern und Geistlichen begleitet. Erst: die *Reise* in Stationen; Besuch der Stadt, wo er gespielt. Besuch der Kirche. – Besuch des Dorfes (des Goedeke-Michels-Dorfes) wo seine alte Mutter lebt. Begegnung. Stiftung in Verden. Rückkehr. – Das Kind wird geboren.

Hyma Keno ist eine mystisch-prophetisch-religiöse Natur. Groß, stark, blaß »pale« friesisch schön, blond, der Kopf schmal, langgezogen, was ihr etwas ganz Eigentümliches gab.

Als die Likedeeler eintreffen, steht sie auf dem Punkt, in ein Kloster in Verden einzutreten. Der Vater hält sie nur noch zurück.

Kl. St. macht einen Eindruck auf sie; sie läßt ihren Entschluß fallen, sie wird seine Braut, sein Weib, aber der mystisch-religiöse Hang, der Hang nach Sühne, Buße, Versöhnung auch für eine Schuld die nicht *ihre* Schuld ist (vorher des *Vaters*, jetzt Kl. St.s) bleibt ihr. Und als eine echte Pilgrimsfrau macht sie nach der Hochzeit eine Pilgerwallfahrt nach Verden.

Nur *schließlich*, als die Lübeschen etc. den Kl. S. quälen, hetzen und klein machen wollen, wird das ostfriesische Häuptlingsblut, das Blut Kenos, mächtig in ihr, und in einem großen Stil im klaren Bewußtsein dessen, was das Ende sein wird, nimmt sie Partei gegen die Hansischen und geht zu Grunde.

Die Likedeeler

In einem Schlußkapitel, als Klaus St. wieder in den Kampf zieht, hat er den Traum, den der junge *Jan Janßen Raß hat* (S. »Norderney-Buch, S. 153).

Rhythmus für den Gesang der Likedeeler. Alles daktylisch.

        dumtida, dumtida, dumtida, dumti,
        dumtida, dumtida, dumtida, da
        dumtida, dumtida, dumtida, dumti,
        dumtida, dumtida, dumtida, da

        − ∪ ∪   − ∪ ∪   − ∪ ∪   − −
        − ∪ ∪   − ∪ ∪   − ∪ ∪   − −
        − ∪ ∪   − ∪ ∪   − ∪ ∪   − −
        − ∪ ∪   − ∪ ∪   − ∪ ∪   −

Bei der Hochzeit.
        »Und wir verzichten auf like Deel«
        Nachher:
        »Und wir ersehnen uns like Deel«
        Schluß:
        »Aber was kommen mag, Gut oder Böses
        Aber was kommen mag Sieg oder Tod
        Immer das Eine gilt, immer das Eine:
        Störtebek Führer und wir like Deel.«
Diese Strophe ist halber Unsinn: aber sie gibt den Rhythmus und den anzuschlagenden Ton ganz gut wieder.

[Neuer Entwurf, 1883]
Die Likedeeler
Nach einer hansischen Chronik

1. Was die *Beningasche* Chronik enthält, ist absolut Null.
2. Die *Friedländersche* Urkundensammlung ist wichtig. Sie gibt wenigstens den *Ton* der Zeit und die politischen Verwicklungen.
3. Hauptwerk ist:
>> *Die Vitalienbrüder[«]*
langer Aufsatz von Professor Fr. Voigt in Raumers historischem Taschenbuch vom Jahre 1841.

Die Likedeeler

1. *Kapitel.* Die Bucht auf der Insel Wollin. Goedecke Michels empfängt ein Schreiben von Klaus Störtebeker das Wigbold geschrieben hat, mit einer Nachschrift von Klaus selbst.
2. *Kapitel.* Marienhafe. Kenos Burg. Theda oder Hyma. Keno Witwer. Altes Weib, die Klaus' Schicksal vorauskündet und abrät. Andere Häuptlinge. Winter-Szenerie. Aurich. Hisco von Emden. Die Schiffe liegen an den *Ringen* des Turms von Marienhafe.
3. *Kapitel.* Klaus und Theda. Sind verlobt. Er erzählt von seinen Taten, seinen Kämpfen gegen die schwarze Margarethe und die Ordensritter, damals im Dienst der Lübischen. Haß gegen die Lübischen »weil sie keine Likedeeler sind« sondern das Gegenteil davon. Phantastische Schilderungen bis Tornea hinauf. Nordszenerie. Finnland.
4. *Kapitel.* Die *Hochzeit* etwa im Mai. Eine Pracht- und Reichtumsschilderung. Ganz Ostfriesland kommt. Der Bischof Hisco traut sie. Vorher hat er die Fenster für den Dom zu Verden gestiftet. Er will am Lande bleiben und als Kenos Schwiegersohn die Erbschaft antreten. Am Hochzeitsabend kommen auch die »Likedeeler« und singen ein Lied von alter Fahrt u. Herrlichkeit, was auf alle einen mächtigen Eindruck macht. Auch auf Klaus und Hyma.
5. *Kapitel.* Dreiviertel Jahr später also Ende Januar oder Ende Dezember (es wird »zu früh« geboren) kommt ein Kind, ein Knabe. Glück, Freude. Gesang der Likedeeler.
6. *Kapitel.* Der Konvent der Likedeeler. Es geht nicht länger. Sie wollen ihn absetzen. Die Schiffe verfaulen im Süßwasser. Er beruhigt sie.
7. *Kapitel.* Die Lübischen verlangen, daß Keno ihn entläßt. Andre Kränkungen. Er ist empört. Er schwankt. Da stirbt das Kind. »Es soll nicht sein.« »Keine Ruhe, kein Friede.« Zu Schiff. Die Likedeeler jubeln. Keno tut etwas gegen kleinere Schutzverwandte von Lübeck und man schreibt in Lübeck dies Geschehene dem Einfluß Klaus' zu. Daher die Forderung.
8. *Kapitel.* Raub- und Siegeszüge. Gefangene werden eingebracht; einzelne gehängt; andre gegen Lösegeld.

Letzte Kapitel
Der Likedeeler Ende
Klaus Störtebeker im Turm

Sein Angebot an die Stadt. Dann kommt Meister Rosenfeld. »Tut Ihr's gern? Ich will Eurer Antwort zu Hülfe kommen. Ihr gehorcht, Ihr vergießt das Blut, Ihr habt Euren kargen Lohn und die Verachtung. Tut Ihrs gern?[«] Rosenfeld ist erschüttert. (Dies alles als Motivierung für Rosenfelds Haltung am andern Tag.)

Der Likedeeler Ende

Hier nun die famose Szene mit Störtebeker, der sie »freilaufen« will und hinterher der Entschluß der elf Likedeeler. Unter ihnen auch Goedeke Michels und die beiden andern.

Der Nicht-Likedeeler Sieg und Rache

Das Zwiegespräch zwischen Meister Rosenfeld und den Ratmannen. Er wird abgetan.

Das ist das *Beispiel,* das diese Leute gegeben; alles eifert ihnen nach; er hat ihn enthauptet, aber er stand zu ihm.

Die Schlußszenerie

Das Gespenst, das in Marienhafe umgeht.

Das ist Klaus Störtebeker, der in Marienhafe umgeht.

Aber durch die Welt geht das Gespenst der Likedeeler.

[Neuer Entwurf zu »Die Likedeeler«,
Februar 1893-Januar 1894]
Die Likedeeler
Erstes Kapitel

Vormittag (zwischen 9 und 10). Ems-Mündung. Ley. Der Kirchturm von Marienhafe. Die Schiffe (draußen) durch einen Damm oder Dünenzug verborgen.

Aber plötzlich bog ein Schiff um die Ecke in die breite Emsmündung ein. Es war von mittlerer Größe: rote Flagge, drüber die mecklenburgische (oder schwedische) Flagge. (Diese kurz beschreiben.) Dem ersten Schiff folgte ein zweites, das dieselbe Größe und Erscheinung hatte. Dann noch drei andere. Die Abstände waren gering, nur zwischen dem ersten und zweiten etwas weiter, vielleicht weil ein großes angetautes Boot im Kielwasser des ersten Schiffes folgte. Die 4 Ruderer hielten die Ruder in den Händen, ließen die Ruder aber nur wie zum Schein fallen. In der Mitte des Bootes stand ein Mönch.

Am Ufer hin hatten sich Bewohner aus Marienhafe eingefunden, Männer, Frauen, auch etliche Kinder. Alle sahen neugierig nach der Flottille hinüber, deren Segel sich im Vormittagswinde bauschten. Man sah wenig Bewegung auf dem vordersten Schiff, das überhaupt, trotzdem es sichtlich das bestunterhaltene und gepflegte war, den Eindruck von etwas Unbelebtem machte. Auf dem zweiten Schiff aber standen viele Mannschaften und schwenkten die Hüte nach dem Ufer hinüber, da, wo die Ortsangesessenen wohnten. Und als diese den Gruß erwiderten, klang Gesang vom Schiffe her, von dem allerdings nur einige abgerissene Worte verstanden wurden. Das Lied aber das sie da sangen, war das:

Nun folgt das Lied drei oder vier Strophen, jede Strophe mit dem Ausruf

Likedeel

schließend.

Dann fuhr das vorderste Schiff in die Ley hinein, während die anderen draußen auf dem großen Strom (Ems) blieben. Das im Kielwasser folgende Boot aber löste sich los und fuhr links ans Ufer, während das Schiff an eine der hier stehenden Eichen festlegte. Der Mönch drüben war ausgestiegen und wartete. Drüber aber blieb alles still, nur der Mann am Steuer stand da und wenige Matrosen tauten das Schiff an den Uferbäumen fest. So verging eine gute Zeit. Dann erst erschien der Kommodore aus der Kajüte heraufsteigend an Bord und schritt erst auf das Ufer und dann auf einen schmalen Steg zu, der von der rechten Seite der Ley nach der linken hinüberführte. Neben ihm ging ein anderer Kommodore. Ein Knabe der 12 Jahre sein mochte und prächtig orientalisch gekleidet war mit Turban und einer blauen Jacke folgte den beiden. Hinter dem Knaben ein Windspiel.

An der anderen Seite des Steges stand schon der Mönch. Man begrüßte sich und schritt dann über das Land weg auf Kloster Marienhafe zu, dessen niedrige Klostergebäude von einem mächtigen Kirchenbau und einem noch mächtigeren Etagenturm überragt wurde[n]. Der Mönch ging führend vorauf. Niemand sprach. Nur das Windspiel blieb von Zeit zu Zeit stehen und sah hinauf, wenn ein Zug Möwen vorüberflog.

[Aufzeichnungen zu den Likedeeler-Liedern]

Likedeeler

Fehler, geeler,
Hehler, Kehler,
Archipeler, Quäler,
Stehler, Schweeler,
Wähler, Zähler,
Likedeel
fehl, geel,

Hehl, Kehl',
Mehl, Kaneel,
Archipeel, Seel',
Schweel, schweel,
scheel, Spiel und Speel
... teel
Andre Lieder (aber höchstens noch zwei drei)
Sturm auf St. Vinzent
Sturm auf Bergen oder Drontheim
Ein Lied, darin ihr *Programm* steckt.
Dann ein Jubellied auf Sturm und See.

(Mit »See« als Refrain.)

[Über die Kirche in Marienhafe]

Die Kirche war 1378 (?) halb niedergebrannt: die Turmspitze nach innen
in den Turm gestürzt, das Kirchendach eingeschlagen, der Chorumgang
halb verwüstet, viele der Grabsteine herausgerissen aus der Wand (Äbte,
Mönche und Adlige aus der Nähe, darunter auch Tom Brokes) oder
vielleicht ist der Tom-Broke-Grabstein stehen geblieben, während die
andern in Trümmer liegen. Um den Altar herum war alles in gutem Stand,
auch die Chorstühle, dort versammelten sich die Mönche und hielten ihre
Gottesdienste.

[Über das Marienhafener Kloster, in dem die ersten Szenen des Romans spielen sollen]

Die Kirche

In diese hinein ist das Kloster gebaut, ein Kreuzgang, zwei Seiten
lehnten sich an Langschiff und Querschiff der Kirche, die beiden anderen
Seiten bildeten einen offenen Gang, durch dessen niedrige Säulen hindurch die Mönche auf die Ley und das Tief sahen und das zwischen
gelegene Stück Grasland, durch den andern Säulengang sah man auf das
Dorf, das in einiger Entfernung lag.

[Charakteristik der Schiffsbesatzungen]

Die Besatzung besteht aus Leuten aller Länder. Die meisten waren
Pommern und Danziger, ihnen gleich waren die Dänen und Norweger und
ein paar Schotten. Aber es waren auch Rarere an Bord: Mauren von der
marokkanischen Küste, Saraszenen von Sizilien. Man sah die Unterschiede
wenig weil sie gleichgekleidet waren. Aber die Kommodore waren verschieden, jedes Schiff hatte seinen besondern Mann. Der wichtigste war
der »Magister« ein Braunschweiger oder Thüringer. Der führte das zweite
Schiff. Dann kam Jürgen Holmes von Rügen, der die Kriege in Italien, den

dritten Kreuzzug mitgemacht hatte, dann Pantokraft ein Masure und dann ein kl. Männlein aus einem Dorfe bei Halle. Der hieß der Schneider.

Verlauf der ersten Kapitel

I. Kapitel

Einfahrt. Die Schiffe. Das Admiralsschiff (nur das hat den umgestürzten goldenen Becher im blauen Flaggentuch) legt in der Ley am Bollwerk an. Claus steigt aus. Der Laienbruder führt.

2. Kapitel

Gang über Feld. Schilderung. Marsch und Wattland im Herbstton. Ankunft im Kloster. Der Abt. Das politische Gespräch. Der Abt entgegenkommend; er erhofft vieles von ihm, Hilfe beim Bau, Hilfe gegen Tem Broke. (Später geht Claus ins Tem Broke Lager über, was zu einem Groll im Herzen des Abtes führt, so daß der gegen Claus intrigiert und den Angriff der Hamburger auf Tem Brokes Schloß mit der Braut Cl. Störtebekers einleitet.)

3. Kapitel

Die Likedeeler richten sich ein. Sie ziehen die Schiffe durch das »Tief« an Land; da lagern sie nun umgestülpt, aber ihre Flagge dazwischen. Die Leute richten sich ein in Holzhütten, auch im Kirchenschiff. Im Dorf geht nicht, weil eine »*Kasernierung*« wegen der Disziplin bleiben muß. Claus bezieht eine Zelle im (nein, *nicht* Zelle, in einem Nebenhaus) aber der Moriscoknabe für den sich der Abt interessiert kommt ins Kloster. Claus willigt ein. Nun erzählt einmal der Moriscoknabe den Überfall und wie er geraubt wurde. (Dies muß eine Hauptstelle werden).

4. Kapitel

Der Knabe war der Liebling. Aber der Abt lebte sich auch noch mit anderen ein. Am meisten mit dem *Magister*. Er hatte es erst mit Claus selbst versucht, aber das führte zu nichts, Claus war Diplomat außerdem war er von Natur schweigsam, er träumte, hing Bildern [?] nach, aber er sprach wenig und nur sehr ausnahmsweise kam er in Feuer. – Mit dem Magister ging das alles leichter u. besser und weil er ein Studierter war fanden sie leicht den Ton und die Sprache die für beide paßte. Da waren nun die verrufenen »Likedeeler«. Aber was war es eigentlich mit ihnen? Es sollten Seeräuber sein und sie waren es auch. Aber sie waren es auch wieder nicht; da war noch vieles, was ein Rätsel war. Der Abt wartete seine Zeit und war dann sicher zu hören, was er hören wollte.

So kam es auch.

Es war schon Mitte Oktober heran und sie gingen durch den Kreuzgang. Und dann in den anderen Kreuzgang, wo der Abt wohnte. Da nahmen sie Platz. Das Bild, das sie hier hatten, war anders und lag nach Norden zu, alles war Marsch, Sumpf. Landschaftsbild geben.

Als sie hier saßen und tranken (was?) kam es auch zum Gespräch.
Ihr seid nun schon in der dritten Woche hier und seid alle gut am Werk.
Wie geht es Euch, wie gefällt es Euch.

Antwort.

Dann weitere Fragen und nun erzählt, während der Dialog fortläuft, der Magister von den Vitalienbrüdern und den Likedeelern und gibt ein historisch romantisches Bild.

5. Kapitel

Der Besuch des Häuptlings aus Esens oder Wittmund.

Dann der Besuch Kenos.

Nach diesem Besuch das neue politische Gespräch Störtebekers mit dem Propst.

6. Kapitel

Ende November, die Sturmzeit war schon vorüber und der Winter meldete sich schon, kamen drei neue Schiffe vom bottnischen Meerbusen. Sie brachten Nachrichten von verlorenen Kämpfen aber auch von Siegen. Hier beispielsweise die Geschichte vom Schiffshauptmann Hugo von Stockholm. Schreckensgeschichten mit dem Seil das einen durchschlägt und die Geschichte von den Tonnen. Sie sitzen in dem Steuerhaus. Großes Feuer auf der Herdstelle. Störtebeker ist auch zugegen. Auch der Propst. Und nun wird alles erzählt. Selbst der Propst ist bewegt, entzückt. Er spricht das auch aus, spricht auch von Keno und andeutend auch von Geta.

7. Kapitel

Sturmflut.

Dann Ritt nach Kenos Burg und Weihnachtsfest (Christnacht) da.

8. Kapitel

Die Likedeeler in der Marienhafener Kirche. Der Bischof von Münster oder aber ein Buß- und Reiseprediger, der ihnen den Unterschied klarlegt von Christi Wort und Wahrheit und Likedeeler Wort und Wahrheit.

Am Nachmittage desselben Tages (Störtebeker ist nicht zugegen) die Gegenpredigt, die *Magister Wigbold* hält. Vormittag hingerissen, sind sie's jetzt viel viel mehr, Wigboldus hat recht und sie singen eine Likedeelstrophe.

9. Kapitel

Störtebeker ist wieder bei Keno ten Brôke. Immer größere Macht Getas über ihn.

Er folgt der Einladung, zu bleiben und eine Jagd mitzumachen oder eine Ausfahrt oder einen Besuch nach Emden oder nach dem Uppstalsboom oder irgend was anders.

Rückkehr von da.

Gespräch mit Geta.

Gespräch zwischen Keno und Geta.

10. Kapitel

Gespräch zwischen Störtebeker und Keno. Jener soll als Schwiegersohn alles kriegen und die Familie ten Brôke fortsetzen.

Gespräch zwischen Störtebeker und Geta.

Ja und nein. Er muß ein andrer werden. Und mit einem Bußgang beginnen.

11. Kapitel

Er macht den Bußgang. Erst nach Verden. Dann nach Haus. Die Mutter verweigert ihm die Buße. »Das kann ich nicht; das kann nur ein Mächtigerer. Du weißt, einer kann binden und lösen.« Er schreibt einen Brief an Geta. Schickt einen Boten. Dann geht er von einem oldenburger Nest aus zu Schiff um durchs Watt in die Ems zu fahren, bis Norden. Von da aus zu Fuß. Er kommt spät abends an. Alles so verändert. Er sieht die Kolonie und ihre Lichter, aber er mag nicht hinüber.

12. Kapitel

Es hatte sich ausgesprochen, daß er gekommen sei, aber keiner drängte sich zu ihm. Zu guter Stunde ging er zum Propst. Hier erfährt er das Geschehene. Die Erstürmung der Burg, zum Teil durch die friesischen Gegner, Keno als Geisel fortgeführt, Geta tot. Sie steht in der Krypta. Dort findet er sie. (Dies muß alles abends spielen, gegen Mitternacht.) Mit Fackeln in die Krypta. Sein Gelübde.

13. Kapitel

»Gödecke Michels, es hat nicht sein sollen, ich nehme das Kommando wieder. Wir warten bis Ostertag. Am Ostertag fahren wir aus.« Ein ungeheurer Jubel. Wigboldus hält am Abend seinen speech. Am Ostertag Ausfahrt.

14. Kapitel

Am Ostertag aber fuhren auch die Hansen aus. Halb war die gegnerische Kraft vernichtet, Keno halb ein Gefangener, aber die Likedeelerkraft mußte ganz gebrochen werden, ihr aufrührerischer Unsinn, der auch guten Bürgern die Köpfe verdarb, mußte gründlich besiegt, vernichtet werden, soli Deo gloria oder wohin es Gott in Gnaden wenden möge.

Die Ausrüstung unter Simon von Utrecht.

Der Zusammenstoß.

Der Sieg der Hansen.

Alle Likedeeler gefangen.

Sie werden nach Hamburg geführt und gerichtet. Störtebeker ist der letzte. Dann heißt es: Meister Hans seid ihr müde. »Nein ich könnte noch den ganzen hohen Rat abtun.« Das kostet ihm selbst den Kopf. »Er war ein geheimer Likedeeler« hieß es in der Stadt.

[Notizblatt]
1. Wie sah ein Schiff Anno 1400 aus?
2. Wie waren die Kostüme der Seeleute?
3. Wie waren die Kostüme der Dorfleute, auch *die* kleiner Krämer?
4. Wie war die Tracht eines Abts, eines Priors, wenn er so zu sagen in Schlafrock und Pantoffeln war?
5. Wie war das Kostüm eines Schiffsführers, eines Capitains oder Admirals?
6. Wie war das Kostüm eines friesischen Häuptlings im Krieg und friedlich daheim?
7. Wie trug sich die Tochter eines solchen Häuptlings? Ist es denkbar, daß sie eine Art Klostertracht (erzogen in einem Kloster) beibehielt?
8. Wie war ein maurischer Knabe ungefähr gekleidet?
9. Wie ist die Ansprache an einen Propst? Ehrwürdiger Vater oder dergleichen?

[Studienblätter]
I.
Allgemeines über die nordeuropäische politische Lage. Die Geschichte von Schiffshauptmann *Hugo* liegt in diesem Konvolut, gehört aber nach Konvolut IV, in die Zeit wo Störtebeker Nachrichten empfängt. König Albrecht und Margarethe. Die Bemannung der hansischen Schiffe. Ihre Führer. Schiffshauptmann Hugo von Stockholm. Hugo ist geworbener Likedeeler.

I. König *Albrecht* von Schweden (Mecklenburg) nannte die Königin Margarethe:
den »Ohnehosenkönig«
und das »Mönchemädchen«,
denn er glaubte, daß sie mit dem Abt zu Sora eine Liebschaft habe. Als sie den König gefangennahm ließ sie ihm eine »Narrenkappen« aufsetzen, da er kurz vorher geschworen hatte »er wolle ihr eine Schlafmütze aufsetzen«. Außerdem lud sie ihn »zur Gevatterschaft ihrer Kinder« ein, die sie von dem Abt haben sollte.

[Zusätze mit Bleistift:] Die Geschichte von Schiffshauptmann Hugo wird dem Störtebeker auch von im Winter eintreffenden Genossen erzählt. Er hatte diese Genossen »draußen« gelassen, in Schlupfwinkeln auf Gotland, Bornholm, Helgoland. Solche Schlupfwinkel hatten sie überall, weil man *überall* mit ihnen sympathisierte, weil man Vorteil von ihnen hatte und sich vor ihnen fürchtete.

Die vereinigten *Wehrschiffe* hießen *Wehrflotte.* Andere bildeten nur eine Schutzbegleitung; diese hießen *Friedeschiffe.* Einzelne der Ratsherren, die eine Friede- oder Wehrflotte führten, hießen »Admiräle«, die einzelnen Schiffsführer Schiffshauptleute.

Es kommt auch das Wort »*Gebietiger*« vor. Das würde vielleicht für Störtebeker passen, ebensogut wie Obristhauptmann. Vielleicht kann ich mit beiden Wörtern wechseln.

An einer Stelle heißt es: Wisby sollte dem Hochmeister und den Seinigen *zu ihrem Orloge* offen stehn.

Auch englische Schiffe wurden geplündert. So nahmen sie ein Schiff, das mit Rauchwerk befrachtet war, woraus sie 8000 Nobel lösten, während der Wert oder Preis der Ware wohl das Zehnfache betrug. Das nahmen die Engländer (damals Richard II.) sehr übel, machten die Hansa dafür verantwortlich und beschlagnahmten die Waren und Güter in England, die der Hansa gehörten. Denn man wußte, daß Rostock und Wismar das Likedeeler-Wesen großgezogen hatten in dem Kriege gegen Dänemark (Margarethe).

»Von Ostern bis Martini«, – war die Aktionszeit.

Einer der Hanseaten-Anführer war der Hauptmann Wulf Wulflam, der dann später auch Bürgermeister von Stralsund wurde. Er empfing als Hauptmann ein Jahrgehalt von 5000 Mark, wofür er die Mannschaft beköstigen und allen Schaden an Schiff und Mannschaft tragen mußte. Ausrüstung der Schiffe und Armierung übernahmen die Städte selbst. – Einer der Likedeelerführer hieß: *Henning v. d. Ost.*

II.

Wie der Krieg entstand. Wie die Likedeeler in Dienst von Mecklenburg traten. – Urteile über die Likedeeler. Wie *sie* verfuhren und wie man *mit ihnen* verfuhr. – Ihre Weltfahrten, ihre Wildheit und ihre Frömmigkeit.

II. Allgemeines über die Likedeeler.

Ihre Entstehung; ihre Art; ihre Grausamkeiten; ihre Wildheit und ihre Frömmigkeit. Die Geschichte von der »ewigen Messe« siehe im Konvolut III.

Ursprünglich schuld waren *Rostock* und *Wismar,* die um den König *Albrecht von Schweden* (einen geborenen Mecklenburger Herzog) frei zu machen diesen Condottieris oder fragwürdigen Seeleuten die *Erlaubnis zum Rauben und Plündern* ihrer politischen Feinde, besonders der Dänen (Margarethe und ihre Vorgänger) ausgestellt hatten. Sie hatten Kaperbriefe. Dasselbe geschieht im Kriege auch heute noch. *Alle* Mittel gelten, um einen bestimmten Zweck zu erreichen. S. Bismarck. Wismar und Rostock luden ein, »daß alle diejenigen, die auf Freibeuterei auf *eigene Kosten,* Gefahr und Gewinn gegen Dänemark und Norwegen abenteuern wollten, um da zu rauben, zu plündern und zu brennen, zugleich aber auch Stockholm mit Lebensmitteln zu versorgen, – daß alle diese sich bewaffnet in Wismar und Rostock einfinden möchten wo man sie mit Raubbriefen versehen u. ihnen die Häfen der beiden Städte zu Bergung und Verkauf ihres Raubes öffnen werde.«

Die Vitalienbrüder.

Sie waren eine politisch ebenbürtige Macht, mit der man auf dem Gleichheitsfuße verkehrte.

S. 8. »Schon 1381 wurden sie, von ihren Raubzügen heimkehrend, in mehrere dänische Schlösser aufgenommen und gehegt, um ihren Raub in die nahen Städte zum Verkauf zu bringen.« Die *Hansen* klagten über die

Likedeeler und viele auch aufrichtig. Aber keineswegs alle. Viele hansische Küstenstädte blieben ihnen im stillen zugetan, weil diese Städte zu großen Vorteil von ihnen hatten, wenn sie friedlich erschienen – denn wer wollte beweisen daß es Likedeeler seien – und die geraubten Waren zu Spottpreisen losschlugen. Das war dann ein wundervolles Geschäft.

»Es steht nicht zu beschreiben«, sagt ein alter Chronist, »was da des losen und bösen Volkes zu Hauf lief aus allen Landen, von Bauern und Bürgern, Hofeleuten, Amtsknechten und anderem Volk, weil alle, die nicht arbeiten wollten, sich bedünken ließen, sie würden von den armen dänischen und norwegischen Bauern reich werden.«

Ihr (der Likedeeler) Spruch war: »Gottes Freund und aller Welt Feind.« Danach verfuhren sie auch und das erklärt, daß *so viel Widersprechendes* in ihnen steckte und daß viele von ihnen gläubige Christen waren, wenn auch auf ihre Weise, während sie in den hansischen Chroniken immer nur als »Teufelsbrüder« und »vermaledeites, heilloses Volk« auftreten. Wo's aber paßte, brauchte man sie oder schacherte mit ihnen. Es war damals, wie's immer ist.

»Sie erkannten keinen weiteren Herren über sich an, als den den sie sich selbst setzten.[«] »Sie hatten keine Heimat als wie die Stelle wo sie rauben konnten.«

Über die Disziplin oder innere Verfassung dieser Raubgenossenschaften, wenn wir es so nennen dürfen, sind wir nicht weiter unterrichtet. Gewisse Gesetze und Ordnungen mögen wohl da gewesen sein, um eine Genossenschaft als ein Ganzes zusammenzuhalten.

Sie hatten Führer, Hauptleute, die Zucht übten und die Raubzüge leiteten.

Schiffshauptleute,

Obristhauptmann,

Gebietiger.

Die Likedeeler plünderten alles aus, was ihnen vor die Klinge kam, z. B. Schiffe die von Frankreich und Spanien her Produkte nach dem Norden brachten, Schiffe mit Öl, Wein, Reis, Wachs, Honig. Ebenso englische Schiffe die das und das brachten. Holländische Schiffe mit das und das. Einmal griffen sie ein Hansen-Schiff an, das mit wismarschem Bier beladen war und das nach Bergen oder Stavanger wollte. Sie nahmen das Schiff ins Schlepptau, fuhren in den Hafen ein und verkauften die Bierladung auf ihre Rechnung.

Man sperrte sie (die Likedeeler) in einen Pferdestall, gab ihnen Brot und Wasser bis sie starben oder an den Füßen völlig verlahmten.

Wie weit und wohin die Likedeeler kamen ist schwer festzustellen, weil sie meist, namentlich zuerst ohne Kenntnis und ohne Karte waren und selber nicht wußten, wie die Lande hießen, die sie heimsuchten und plünderten.

Ein Haufen der Likedeeler ging bis in den Biscayaschen Meerbusen und in die spanischen Küstengewässer und brachte von daher Schätze mit. Daher stammten auch die Reliquien des Heiligen Vinzenz, die Störtebeker trug.

III.

Die Likedeeler. – Die Namen ihrer Schiffe. – Die Namen ihrer Anführer. –
(Enthält auch die Geschichte von der *Messe*-Stiftung in Stockholm.)
III. Namen der Schiffe und der Leute.
Schiffsnamen.

1. Der Hai.	7. Die Flunder.
2. Der Butt.	8. Die Robbe.
3. Die Seespinne.	9. Das Meerweib.
4. Die Makrele.	10. Der Nix.
5. Der Salm.	11. Der Wassermann.
6. Der Aal.	

Likedeeler-Namen (aus der 1. Periode).

1. Swartekopp.	8. Holeger Jonson.
2. Wartenberg.	9. Hinrich Paschedach.
3. Henning v. d. Osten.	10. Detlev Knut.
4. Ludeke Schinkel.	11. Hennecke Schack.
5. Eler Rantzow.	12. Hennecke v. Oertzen.
6. Hennecke Grubendal.	13. Trut Mus.
7. Nickel Jonson.	

Für die Mecklenburger handelte es sich lange Zeit hindurch immer *um
die Befreiung* König Albrechts von Schweden (Mecklenburg).

Ein Hauptanführer der Likedeeler in der Ostseezeit war ein *Moltke.*
Überhaupt tauchen viel Adelsnamen auf.

Zehn Hauptleute S. 42 der Likedeeler und zwar:

1. Ritter Rambold Sannewitz.	
2. Ritter Bosse von dem Kalande.	
3. Arnold Stucke.	7. Lippold Rumpeshagen.
4. Niol. Mylges.	8. Heinr. Lüchow.
5. Marquard Preen.	9. Bertram Stockeled.
6. Hartwich Sedorp.	10. Schiffherr Joseph.

stifteten in einer Stifte Stockholms *aus eigenen Mitteln* eine ewige Messe,
»Gott zu Lobe, zu Ehren des heiligen Kreuzes, des heiligen Bluts und aller
Gottesheiligen« und zu [»] Dank der Jungfrau Maria die sie vor ihren
Feinden beschirmt und bewahret habe«.

In jeder »Kogge« waren hundert »Wäppner« oder Gewaffnete und unter
diesen 100 immer 20 gute Armbrustschützen.

Kleine Schiffe hießen »Schuten« oder auch »Snycken« (wahrscheinlich
Schnecken).

So wie einer der Hauptleute Moltke hieß, so hieß ein anderer Henning
Manteuffel. Vielleicht war auch Marquard Preen adlig. Der große Gewinn
lockte alles an.

Sie nahmen vornehme Leute gefangen (Bischöfe) und gaben sie gegen
hohes Lösegeld frei.

Als Anführer der Likedeeler und ihresgleichen werden (S. 15) genannt:
Lüdeke Schinkel,
Detlev Knut,

Eler Rantzow,
Konrad Hauenschild,
Hennecke v. Oertzen.
Dazu kommen an andrer Stelle: ein Moltke, ein Henning Manteuffel
und ein Henning v. d. Ost.

IV.

Die friesischen Zustände. – Die Fehden der Häuptlinge. – Keno ten Brooke. –
Die Namen der andern. – Das Eintreffen der Likedeeler. – Ihre Stellung zu
den Parteien. – Geta ten Brôke. – Störtebekers Bußgang. – Rückkehr. –
Katastrophe.

IV. Die Zeit und die Vorgänge in Ostfriesland.
Wie sich die Häuptlinge untereinander befehdeten.

1. *Haya Huseke* saß auf seiner Burg bei Esenhamm. Er hatte eine Fehde
   mit seinem Schwager dem Häuptling *Edo Wimken.* Dieser letztere
   siegte und ließ dann seinen Schwager, der vorher ähnliche Prozeduren
   ausgeführt hatte, mit einem härenen Stricke durchsägen.
2. *Edo Wimken* fiel später in die Gewalt der Holländer und lag vier Jahr im
   Kerker, kam aber durch ein Lösegeld wieder frei und tobte nun weiter.
   Häuptlingsfamilien:
1. Idzinga in der Stadt Norden.
2. Beninga in Grimmarsum und Grothusen.
3. Allena in Osterhusen.
   Die friesischen Häuptlinge waren damals:
   1. Keno ten Brôke auf Oldeburg oder vielleicht auch Aurichshafen oder
      sonstwo.
   2. Lenward von Emden.
   3. Enno, Häuptling in Norden.
   4. Folkmar Allena von Osterhusen.
   5. Edo Wimken von Rüstringen.
      Haro Edsardisna von Greetsyhl.
   6. Haro Ayldisna von Faldern.
   7. Haro von Dornum.
   8. Propst und Häuptling Hisko von Emden.
   Ich muß ihn nur als Häuptling behandeln.
Diese Namen sind wohl nicht ganz richtig; ich muß sie mit Hilfe des dicken
Buches verifizieren.

Keno ten Brôke, der um jene Zeit unbestrittener Herr im Brockmerland
war, immer zweideutig, stand mit den Hansischen in Unterhandlung und
schickte seinen *Kaplan Almer* als Abgesandten nach Lübeck. Er habe nur
der Not gehorcht, er mache sich nichts aus den Likedeelern, eigentlich sei
er gegen sie. Aber in Lübeck traute man ihm nicht und als alles in
Ostfriesland und Brokmerland beim alten blieb wurde er (Keno) von den
Hansischen mit angegriffen.

(Eigentlich schonte man ihn, seine Burg wurde *nicht* zerstört, aber ich
muß es in meiner Geschichte so darstellen.)

Als Störtebeker in Marienhafe lag, Herbst u. Winter 1401 auf 2 oder ungefähr um diese Zeit, standen die *Westfriesen* (also Groningen) im Kampfe mit dem Grafen von Holland und suchten sich deshalb des Beistandes der Likedeeler gegen den Grafen zu versichern. Das gibt eine gute Gelegenheit den »Junker Sissinga« mit dem Becher bei Störtebeker erscheinen zu lassen.

Bei Marienhafe hatten sie die Einfahrt befestigt und vier große gewölbte Pforten mit einer Mauer erbaut. Im Schutze davon lagen ihre Schiffe. Der hohe Turm diente als Warte und Auslug.

Die Kommandierenden waren:

1. Obersthauptmann Nicolaus Störtebeker.
   [*dazu mit Bleistift:* Der Seegraf. Seehauptmann.]
   noch seinen *eignen* Namen finden oder kreieren. Vielleicht den Ort seiner Geburt. Er war von Adel und in seiner Jugend eine Figur wie Wallenstein in Altdorf.
2. Schiffshauptmann Gödeke Michels.
3. Schiffshauptmann Wichmann.
4. Magister der freien Künste Wigbold.
   Das war der der in Rostock Theologie studiert hatte.
5. . . . .
   Vielleicht auch noch ein sechster. Da Störtebeker
   Dies waren speziell *die*, die die Likedeeler nach Ostfriesland geführt hatten.

S. 51

Im Herbste 1395 segelte ein großer Haufe von Wiborg aus gegen *Bergen*, landete unerwartet, erstürmte die Stadt mit leichter Mühe und trieb die Bürger mit Feuer und Schwert zur Flucht. Alles wurde ausgeplündert und erst nachdem eine reiche Beute von Gold und Silber, Kleinodien und Kleidern, Hausgerät und Fischen zu Schiffe gebracht war, zog man wieder ab und segelte nach Rostock um es dort – den Krämern höchst willkommen – zu verkaufen.

Eroberung Gotlands und Wisbys
durch die preußischen Ordensritter.

Konrad v. Jungingen rüstete eine Flotte von mehr als 80 großen u. kleinen Schiffen, 5000 Kriegsleute, zum Teil auch Reiterei und Geschütz. Sie fuhren bis in den Hafen Garn und legten hier an. Und eroberten *Landskron*, das feste Raubschloß der Likedeeler. 50 Ordensritter waren an der Spitze. Nach allerhand Zwischenfällen nahm man Wisby selbst ein. Swen Sture floh und die Likedeeler wurden enthauptet etc.

Störtebeker erfährt, daß die preußischen Ordensschiffe Wisby eingenommen und die Insel Gotland erobert und eine feste starke Besatzung in die Stadt (Wisby) gelegt haben. Swen Sture, der mit den Likedeelern gemeinschaftliche Sache gemacht hatte, entfloh mit 400 seiner Leute und die Likedeeler, die auf der Insel zurückgeblieben waren wurden enthauptet. Dies kann als ein »*Bericht*« auftreten, der dem Störtebeker gemacht wird, entweder ihm direkt oder dem Propst oder Keno, die's ihm nur wieder erzählen.

S. 74. und 75. –

s. auch Holberg.

Likedeeler, die im Herbst im Sunde und Kattegatt gefochten hatten, waren besiegt und zerstreut worden, ein Teil entkam und flüchtete nach Ostfriesland, wo sie eines schönen Tages eintrafen und die Macht Störtebekers vermehrten. Dieser Zuwachs war allen willkommen.

[*Mit Bleistift:* Diese sind es auch, die von Wisby und Bergen erzählen.]

Das Verfahren, wenn die Hansen gesiegt hatten, bestand in folgenden Prozeduren:

1. Man stieß die Gefangenen von Deck ins Meer,
2. Oder man hing sie auf.
3. Oder man sperrte sie in Tonnen ein
4. um sie dann schließlich enthaupten zu lassen.

Die Likedeeler verfuhren ebenso, nur der Schlußakt fiel fort. Während nun Störtebeker seinen Bußgang nach Verden und zu seiner Mutter macht, findet gegen Ostern der Angriff der gesamten Hansischen – es waren Schiffe von Lübeck, Hamburg, Groningen und Deventer – *gegen die ostfriesischen* Häuptlinge statt, den ich also in Ende März oder Anfang April 1402 legen muß, etwa 4 oder 6 Wochen vor der eigentlichen Katastrophe bei Helgoland.

In diesem Kampfe gegen die Häuptlinge, der sich die Vernichtung der Likedeeler speziell im Brokmerland zur Aufgabe gestellt hatte bleiben die Hansischen total Sieger und zerstören, nachdem sie in die Ost-Ems einsegelnd, erst die Likedeeler unter Gödeke Michels und Magister Wigbold geschlagen und viele in See geworfen und hingerichtet haben, die friesischen Raubschlösser die sie im Sturm genommen. Die Schlösser werden niedergebrannt und dem Erdboden gleichgemacht. Fünf Schlösser wurden davon betroffen. Oldeburg wird nicht genannt, aber ich muß es so darstellen, daß speziell auch Kenos Schloß zerstört und Geta getötet wird. Keno selber wird als Geisel fortgeführt nach Bremen.

Der letzte Kampf, etwa nach Ostern 1402, in dem die Likedeeler unterlagen (und zwar gegen die »bunte Kuh« unter dem Ratsherrn Nicolaus Schocke und Hauptmann Simon von Utrecht) fand bei Helgoland statt, auf welcher Insel die Likedeeler sich eingerichtet hatten oder vor Anker gegangen waren, um die von Hamburg abgehenden »Englandsfahrer« anzugreifen und zu plündern. Statt der »Englandsfahrer« aber stachen Wehrschiffe von Hamburg aus in See, Kauffahrer, die man mit Geschütz und Gewappneten besetzt hatte. Die Likedeeler hofften auf leichtes Spiel als sie neben den Schiffen anlegten, aber sie irrten sich, denn die Angegriffenen schlugen die Enterbrücken und gingen zum Angriff über.

Nach einem alten Kriegsliede verdankten die Hamburger den Sieg vornehmlich der »bunten Kuh« die mit ihren Hörnern stieß.

Dies Kriegslied muß ich mir durch Hertz oder Fleischel zu verschaffen suchen.

[*Bleistiftnotiz:* Dies alles muß ich erst im letzten oder vorletzten Kapitel erzählen, unmittelbar vor der Exekution.]

Unter der Beute, die die Hamburger bei ihrem Siege über Störtebeker machten, befanden sich

1. die Reliquien des heiligen Vincentus (wahrscheinlich bei Cap St. Vincent) die die Likedeeler in Spanien geraubt hatten.

2. der mächtige Humpen Störtebekers, den ihm Jongherr Sissingen von Groningen gebracht hatte, als er ihn zu einem Bündnis aufforderte.

Junker

Ich Jongherr Sissinga
Von Groninga
Bei manchem Schmaus
Trank ich ihn aus
Und du
Dasselbe tu.

Beziehungen
Kenos zu den Hansischen

Im Jahre 1399 (also ebensogut paßt 1401) hatten die *Hansischen* den *Keno* aufgefordert, den Vitalienbrüdern seinen Schutz zu entziehen; er war auch darauf eingegangen, aber gleich in der Absicht nicht Wort zu halten. Als die Hansischen dies nun sahen machten sie ihren Straf- und Rachezug. Das Gespräch zwischen Keno und den Hansischen gibt, als die Hansischen fort sind, eine schöne Gelegenheit (entweder unmittelbar oder einen Tag darauf) zu einer Unterredung zwischen Keno und Störtebeker, in dem Keno ihn so zu sagen zu seinem Eidam und Erben einsetzt.

Occo ten Broke

war der Vater von Keno ten Broke (wie auch von Witzold ten Broke) so daß Geta, wenn ich sie als Tochter Kenos fasse, Enkelin von Occo war. Es wird aber wohl besser sein, ich fasse Geta als Schwester. Occo war der Liebling oder Liebhaber der *Königin von Neapel* gewesen, die ihn nicht loslassen wollte. Erst seine beiden Schwestern baten ihn frei und er brachte nun Erinnerungsstücke aus Neapel mit. [In Blaustift:] Occo ist der Großvater Getas, Keno ihr Vater. Keno verheiratet sich mit einer Dame aus *Burgund,* daher die Beziehungen zu Nogant. [MitBleistift:] Gleich bei Störtebekers erstem Besuch, eh die Weihnachtsfeier beginnt.

Das Watt

Die *Watt*-Schilderung auf S. 133 (von Allmers und andern) ist sehr gut. Ich kann sie benutzen. Störtebeker geht zu Boot aus der Weser oder Jade und will das Watt passieren, als er aber südlich von Baltrum ist, kommt die Ebbe und er muß auf einer Wasserstelle liegen bleiben, um die Flut zur Weiterfahrt abzuwarten. Von der Wasserstelle aus beobachtet er nun das Fisch- und Vogeltreiben auf dem Watt.

Die Moore

In den Senkungen der Geest, die sich weit erstrecken. Es ist eine Art Torf. Es gibt Torfläufer und *Torfpyramiden*. Carex und Scirpus (Binse) kommen viel vor, oben auf Heidekraut mit einfacher und doppelter Blüte.

Dann und wann sieht man eine *Moorhütte* und eine graue Rauchmasse steigt gen Himmel. Sonst nichts. Alles still, alles öde, weite graue Fläche.

Die Moore

Eine landschaftliche Schilderung, entweder in dem Kapitel wo Störtebeker zu Keno ten Bröke reitet oder als Einleitung zu irgendeinem andern der Mittel-Kapitel.

Vielleicht am besten in *dem* Kapitel, wo Keno ten Bröke mit Störtebeker einen Ausflug macht und ihm die Sehenswürdigkeiten der Umgegend zeigt. Dies ist das beste.

Ein Fund (Gerippe) im Moor

Diesen Fund (1817 gemacht) schätzt man auf ein Alter von 2000 Jahr. Ein menschliches Skelett. Es lag 6 Fuß tief unterm Moor auf Sandgrund mit 4 Pfählen zugedeckt. Das Gerippe war angetan mit Wams, Mantel, Hose und Schuhen. Das Wams glich einem Frauenrock, alles war mit groben Wollgarnstichen genäht. Die Schuhe waren aus rohem Tierfell gemacht, in einem Stück, ohne Sohlen, nur an der Ferse mit einer Naht.

Die Bohlen und die römische Münze

In dem Kapitel, wo sie dabei sind, ihre Häuser zu bauen und den Brunnen zu graben, finden sie in einer bestimmten Tiefe einen Bohlenweg und einige römische Münzen.

An dieser Stelle kann sich nun *Wigboldus* legitimieren und in humoristischer Weise seine römische Gelehrsamkeit zeigen. Zugleich sind die Bohlen wichtig für den Bau der Häuser.

Upstallsboom

Ursprünglich wohl ein alter Grabhügel bei Aurich. Alte Eichen standen darauf oder drum herum.

Die jetzige *Steinpyramide* samt Umgebung ist modern.

»Drei alte abgestorbene Eichen standen umher.« S. 371.

In den alten Büchern wird festgestellt, daß man sich *Pfingst-Dienstag* daselbst versammeln und die *Rechte beraten* solle, die die Friesen zu halten haben. S. 144.

Sturmflut

Sturmfluten (die zu Emden und die auf der Insel Juist) sind auf S. 51 und S. 400 u. 402 geschildert. Ich muß das zusammenfassen und einen Punkt dicht bei Marienhafe nehmen, wo nun die Likedeeler rettend mit eingreifen. Die Ley, sonst so träge, wird rebellisch und überschäumt alles. Ich muß eine passende Lokalität aussuchen.

Die Sturmflut im November 1401

In dem Kapitel, das dem *Jahrmarkt* oder dem Eintreffen der zwei neuen Schiffe von Wisby oder Bergen folgt, bricht in der 2. Novemberhälfte eine *Sturmflut* herein, bei der die Likedeeler helfen.

Weihnachtsbäume

Es kommt doch allerhand Holz in Ostfriesland vor:

Tannen: zum Hausbau;
Eichen: zum Schiffsbau;
Birken: für Tischler;
Buchen: für Böttcher;
Erlen: für Wasserbauten.
Bohnenstangen, Faschinen und viel *Weihnachtsbäume*.

Die Stellung der Geistlichen (weltliche und mönchische) zu den Likedeelern

Zwei Kapuziner brachten Briefe der Likedeeler nach Hamburg, unterhandelten mit dem hohen Rat und wurden einquartiert und bewirtet.

Diese Szene an und für sich ist nicht zu verwerten, aber sie zeigt, daß *alles* teils ihnen dienstbar war, teils mit ihnen verkehrte: Fürsten, Städte, Hochmeister, Bischöfe, Orden.

Holk

– wohl so viel wie Hulk – ist mutmaßlich der Schiffskörper oder Schiffsrumpf, der die Ladung enthält.

Friedensschiffe, Koggen, Schuiten, Snaken etc. etc.

Englandsfahrer

sind *hamburgische* Schiffe, die nach England fahren.

Der *Admiral.* Oberhauptmann Claus Störtebeker.
Der *Hai.* Schiffshauptmann Goedeke Michels.
Der *Butt.* Schiffshauptmann Magister Wiegbold.
Die *Seespinne.* Schiffshauptmann Trut Mus.
Die *Makrele.* Schiffshauptmann Henneke Schack.

Namen

Johannes Ammentrost.

Vornamen

Bartel. Jan. Tom. Hans. Stephan. Martin. Diedrich. Waldemar. (Im ganzen habe ich die einsilbigen zu bevorzugen, doch auch mit Ausnahmen.)
Ich muß diese Liste vervollständigen.

Goedeke Michels
Auch aus Verden. Erster Führer. Stiftet auch Fenster.

Störtebeker
Zu Halsmühlen geboren. Ritterbürtig. Stiftet die silberne Pfeife. Kenos
Schwiegersohn. Der maurische Knabe.

Motto
für die Titelseite des Buchs

Störtebek und Götge Michael
Rofden beyde to glieker Deel
To Water und to Lande.
(Altes Störtebeker Lied.)

Das Störtebeker-Lied
Störtebeker und Gödeke Michels feiern ein Gelage bei einem heidnischen
Sultan, der seine Tochter verheiratet.

Um sich Ersatz zu verschaffen für das ausgetrunkene Hamburger Bier,
fahren sie in die Nordsee, um hier den Hamburgern aufzupassen.

Ein Bote (ein Ufer-Anwohner) eilt nach Hamburg und verkündet, daß
die Seeräuber in großer Nähe sind.

Auf den Zweifel antwortete der Bote, daß man ihn mit aufs Schiff
nehmen und ihn ins Wasser werfen solle, wenn er falsch berichtet.

In 3 Schiffen fahren die Hamburger aus. Am andern Morgen, als die
Sonne durchbricht, finden sie die Seeräuber, die einen Holk mit Wein
erbeutet haben, in der Weser. Es kommt zum Kampf, 3 Tage und 3 Nächte.
Die »bunte Kuh aus Flandern« rennt mit ihren starken Hörnern dem
Seeräuberschiff das Vorderkastell ein. Störtebeker begehrt Sicherung von
Leib und Leben, aber Simon von Utrecht verlangt unbedingte Unterwerfung. In Hamburg wird kurzer Prozeß gemacht; die Räuber verbringen nur
eine Nacht im Gefängnis. Ihre Bitte aber den letzten Gang in ihren besten
Kleidern tun zu dürfen, wird ihnen gewährt, ja der Rat ehrt sie dadurch,
daß er Pfeifer und Trommler vorangehen läßt. Der Scharfrichter Rosenveld hat so viel Arbeit zu verrichten, daß er bis an die Enkel im Blute steht.

Störtebeker-Lied
1. Strophe (als Motto für das Buch)

Störtebeker und Göde Micheel
de roweden beyde to like Deel,
To Water un to Lande,
Bis Unser Hergott dat nich mihr gefeel,
Do kämen se beyd to Schande.

Schlußstrophe

Der Scharfrichter hieß sich Rosenveld,
Er hieb wohl manchen stolzen Held

Mit also frischem Mute;
Er stand in seinen geschnürten Schuhn
Bis an die Enkel im Blute.

[Neuer Plan]
Kapitel I

Szene 1. Einfahrt. Lied, Anlegen der Schiffe. Begrüßung durch Goedeke
Michels und Wigbaldus.

Szene 2. Begrüßung durch den Prior oder Propst Ludger. Vorher schon
Trennung von Michels und Wigbold. Die Kirche. Die Chorherren in den
Stühlen. Kreuzgang. Zimmer des Propstes. Zwiegespräch. Antrag für
Störtebeker in der Propstei zu wohnen. Angenommen.

Kapitel II

Szene 1. Das Zimmer das Störtebeker bewohnt. Michels und Wigbold
erscheinen. Gespräch mit ihnen. Die Bauanlage. Wiederholung des mit
Ludger gehabten Gesprächs. Erweiterungsbau. Hinweis auf die, die vielleicht noch kommen. Hinweis auf die zu bewerkstelligenden Einkäufe;
desgleichen die Verkaufsmesse.

Szene 2. Ludger wird sichtbar, um seinen Besuch zu machen. Michels
und Wigbald gehn; Ludger kommt. Begrüßung. Einleitungsgespräch.
Dann politisches Gespräch. Die friesischen Zustände. Dadurch Störtebekers Gesichertheit. Störtebekers Hinweis auf seine größere Macht, die in
Ost- und Nordsee zerstreut ist.

Zu Kapitel I. Goedeke Michels und Wigboldus empfangen ihn und
begleiten ihn bis angesichts der Kirche. Dann trennen sie sich. Störtebeker
selbst ist von einem maurischen 12jährigen Knaben (Namen geben)
gefolgt. Der Knabe folgt bis in den Kreuzgang und bleibt da zurück. Der
Prior hatte ein Wohlgefallen an ihm und sein Auge ruhte freundlich auf
dem schönen Knaben. Es wird dann seiner weiter nicht gedacht.

Zu Kapitel II. Szene 1. Nickel Swatkoppe und der maurische Knabe sind
bloß da; beide verlassen aber das Zimmer als Goedeke und Wigboldus
kommen. – *Szene 2.* Er tritt ein und meldet, der Prior komme eben über
den Kirchhof. [*Darüber:* Nickel Swartkopp wird mit einem Auftrag
weggeschickt, nur der Knabe bleibt um ihn, tritt dann in den Pfeilergang
und nun kommt der Prior.]

Dann werden die beiden entlassen. Störtebeker heraustretend sah nun
auch den Prior kommen und ging ihm entgegen. Als sie eintraten oder bis
an die Tür waren, schlug der Knabe den Vorhang zurück und sah auf den
Prior, dem der Knabe wieder auffiel. »Ihr seid glücklich in der Wahl eurer
Umgebung. Ein schöner Knabe.«

Das ist er. Aber sein Schönstes ist seine Liebe oder daß er mich liebt und
seine Treue. Er hängt an mir und ist einer von denen die sich opfern können
und das ist das Höchste.

Ist er Italiener?

Nein. Er ist ein Maurenkind, als wir es sind schon 5 Jahre ein maurisches Nest einnahmen das sich uns widersetzte und mancher über die Klinge sprang, fand ich das Kind in einem zerstörten Hause. Was ihm angehörte war tot.

Nun erst antwortet der Prior: Ihr seid glücklich in Euren Leuten. Dieser kluge Magister, der ein Diplomat werden müßte, und nun dieser schöne Knabe und treu wie Ihr sagt. Ich könnte Euch darum beneiden.

Kapitel III

Szene 1. Drei Tage später. (Das vorige Kapitel beginnt am Morgen nach der Ankunft.) Alles bei der Arbeit. Himmlisches Herbstwetter. Landschaftliche (ganz kurze) Schilderung. Alles schon baulich im Gange. Pflug und Haken. Schiffsleute und Dörfler. Die Hälfte arbeitet; die Hälfte ruht sich aus. Sie singen ein Lied »Mariengarn«, das Detlev, der Reimer gleich am ersten Tage als das Mariengarn so ging, gedichtet hatte, nach einer alten Melodie.

Szene 2. Das Gespräch das, umhersitzend, die Schiffsleute und die Dörfler führen. Letztere horchen hoch auf. Alles interessiert sie weil es phantastisch ist und auch weil sie begehrlich darnach werden. Störtebeker wird ihnen geschildert und auch die andern Führer. Und die hansischen Geldprotzen. Und wie *sie's* so ganz anders halten. Alles frei, alles geteilt. Aber ehrlich sein und kein Unfug und kein Ungehorsam, sonst hängt man an der Rahe. So muß es sein. Wir haben Leute von aller Welt. Dies ausführen.

Szene 3. Beim Brunnengraben werden die Bohlen und die Münze gefunden. Hier tritt nun Wigboldus in den Vordergrund, gelehrt und humoristisch.

Kapitel IV

Szene 1. Der Gänsemarkt. Dies muß alles bloß erzählt werden, weil es zu schwer ist, die Personen hier redend einzuführen. [*Darüber:* Der Bau ist schon so gut wie beendet. Jeder der vier Schiffsführer hatte sein Haus. Goedeke Michel u. Wigbold kennen wir schon, aber da waren noch zwei jüngere.]

Szene 2. Die Messe, der Verkaufsmarkt, den die Likedeeler abhalten. Kaufleute, Juden zum Teil von weither. All dies auch nur referierend.

Kapitel IV muß auch wie Kapitel III aus drei Szenen (statt aus zwei) bestehen.

Szene 1. Einleitung. Baufortschritte. Die verschiedenen Schiffsführer in den verschiedenen Häusern. Dann der Gänsemarkt. Polnische Verkäufer.

Szene 2. Politisches Gespräch zwischen dem Prior und Störtebeker, worin sie von seinem Leben, seinen Abenteuern sprechen, seinen weitzerstreuten Machtmitteln, den Likedeeler-Grundsätzen, Gesetzen und Sitten.

Von seiner Geneigtheit, sich seßhaft zu machen und der Kirche zu dienen. (Fortsetzung des schon in Szene 2 von Kapitel II geführten Gesprächs.[)]

Szene 3. Die Messe in der Priorei. Geta ten Brôke. Das Bild von Josse von Eyck. Die jüdischen Händler.

Kapitel V

Szene 1. Der Besuch des Häuptlings aus Esens oder Wittmund. – Dann der Besuch Kenos ten Brôke.

Szene 2. Störtebeker bei Ludiger und sein Gespräch über diese beiden Besuche. Ludiger lächelte. »Nun seht Ihr, es kommt wie ich Euch sagte. Nun aber seid auf Eurer Hut.« Er rät ihm, es mit Keno zu halten, er sei der mächtigste, der sicherste (weil am meisten anti-hansisch) und auch der beste und ehrlichste, soweit bei diesen Leuten von Ehrlichkeit die Rede sein kann.

Kapitel VI

Szene 1. Besuch bei Keno; er trifft ihn nicht. Ende November oder schon im Dezember. Regen, Wind, Unruhe auf See. Zwei seiner Schiffe kommen und schließen sich ihm an. Jedes dieser Schiffe hat zu erzählen, das eine aus der Ostsee (Hugo), das andre aus der Nordsee.

Szene 2. Es muß erst nur *ein* Schiff kommen. Das erzählt, ein zweites säße fest im Watt und warte auf Flut, daß es wieder los käme. Nun kommt auch dies *zweite* Schiff. Es gibt auch Aufschluß über allerhand Dinge. Ludiger nimmt Interesse daran und spricht auch von Keno, auf den das alles wirken werde. Spricht auch von Kenos Tochter, die seit kurzem wieder daheim sei.

Der Inhalt dieser beiden Szenen muß ein andrer sein, vielleicht Allgemeinpolitisches, die Päpste, Konstanz, Huß etc. – oder das ganze Kapitel fallen lassen.

Kapitel VII

Szene 1. Die Sturmflut.

Szene 2. Weihnachten. Einladung auf die Burg Kenos. Ritt dahin. Christnacht. Geta.

Sie stellt als »lebendes Bild« das Bild das sie auf der Messe erstanden. Nogant s. Seine. Abälard und Heloise. [Darüber: Sie spielt ein kurzes Weihnachtslied.] Die Reliquien vom Kloster Sankt Vincent. Rückkehr am selben Abend. Vorher bei Tisch, erzählt er auf ihre Frage von dem Familienleben.

Kapitel VIII

Szene 1. Die Likedeeler in der Marienhafener Kirche. Die Predigt des Bischofs. Über die Likedeeler, das richtige und falsche Evangelium, die richtige Bergpredigt und die falsche.

Szene 2. Magister Wigbolds Gegenpredigt. Er erhebt sich bis zu Spott und Angriff. Hinweis auf Wikleff. Schilderung des Walt Tayler Aufstandes. Die Bischöfe waren auch dagegen. Sie sind immer dagegen. Aber das Volk weiß, was ihm nottut. Alle, (die am Vormittag auch hingerissen waren) sind wieder hingerissen und die Dörfler dazu.

Kapitel IX

Szene 1. Störtebeker bei Keno ten Brôke. Gespräch auch über Ludiger. Gespräch mit Geta. Gespräch über das Moorleben und die Ausgrabungen. Folgt einer Einladung Kenos zu einem Ritt durchs Moor bis nach Upstalsboom (oder zu einem Besuch des Urwaldes bei Varel oder sonst was). Dies erst (den Urwald) berühren auf dem Bußgange nach Verden.

Szene 2. Rückkehr nach der Burg. Gespräch mit Geta. Gespräch zwischen Keno und Geta.

Zwischen Kapitel IX und Kapitel X muß ich ein Kapitel einschieben. Störtebeker ist nach dem Besuche vom Upstalsboom *nicht* nach Kenos Schloß sondern gleich nach Marienhafe zurückgekehrt. Vom Turm aus sehen sie 2 Schiffe kommen; die treffen ein und bringen nun die Nachrichten, die ich schon unter Kapitel VI verzeichnet habe. Hier ist die bessere Stelle. Der Prior hört zu und die verschiedenen Schiffsführer nehmen Anteil an allem was berichtet wird. S. die Geschichte vom Schiffshauptmann Hugo (das aber ein andrer Mann führen muß) und dann der Sieg der Stralsunder und die Einpferchung in Tonnen. Entrüstung über diese Strenge; Störtebeker bleibt sehr ruhig. Trut Mus und andere wollen alle Grausamkeit verdoppeln, Störtebeker mag nicht und hat mit Goedeke Michels und Wigbold Auseinandersetzungen darüber.

Dann zu Beginn des folgenden Kapitels eine Art *Friedens*gespräch zwischen Keno und Störtebeker, worin dieser – unter dem voraufgegangenen stillen Einfluß von Geta betont, daß er ruhebedürftig sei und eine Friedensansiedelung wünsche. Darauf die Anbietung Kenos auf Erbschaft seines Besitzes.

Kapitel X

Szene 1. Der andre Tag. Gespräch zwischen Keno und Störtebeker. Er soll sein Erbe werden; sich zu behaupten, das wird ihm schon gelingen, wenn nicht die Hansischen ihm einen Strich durch die Rechnung machen.

Szene 2. Gespräch zwischen Störtebeker und Geta. »Ja« und »nein«. Er muß zuvor durch Buße und Absolution ein andrer werden.

Kapitel XI

Szene 1. Der Marsch durchs Moor und durch den Urwald. Nickel Swartekopf begleitet ihn. Der Bußgang. Der Erfolg. (Dies ist besser wie der nach meiner ersten Idee geplante Mißerfolg.) Ein päpstl. Nuntius oder ein Bischof in Verden oder Hildesheim muß ihn freisprechen.

Szene 2. Der Rückweg zu Wasser durchs Watt bis Marienhafe. Wattschilderung als die Ebbe ihn überrascht. [*Gestrichen:* bis Norden. Von da zu Fuß.]

Er sah die Lichter. Niemand empfing ihn. Er hat eine Ahnung. [*Darüber:* das sonderbare Bild, das sich ihm bietet. Die fremde Burg. Der Empfang. Vielleicht ein Teil von XII hier mit heranziehen.]

Kapitel XII

Szene 1. Er ging auf die Propstei zu. Propst Ludger. Es war um die 9. Abendstunde. Bericht über das Geschehene.

Szene 2. Beide mit Fackeln in die Krypta. Der Bußgang war umsonst. Ich soll die Ruhe nicht haben. Sein Gelübde. Er hängt ihr die Reliquie um. »Ich will ihren Schutz nicht mehr.«

Kapitel XIII

Szene 1. »Goedeke, ich nehme das Kommando wieder. Wer weiß auf wie lange. Fassen sie mich, so nimmst du das Kommando wieder.« Jubel. Wigbaldus hält eine Ansprache an die Likedeeler. [*Zusatz mit Bleistift:* Was man zu tun hatte wußte man, denn ein zurückgebliebener Verwundeter berichtet über die Kräfte der Hansen.]

Szene 2. Vorbereitungen. Kalfaterungen. Freudige Gesänge daß es wieder hinausgeht. Ein kurzes Jubellied. Was soll uns das Stillsitzen, das Faulsein. Ausfahrt am Ostersonntag.

Kapitel XIV

Szene 1. Am Ostersonntag fuhren auch die Hansen aus oder doch am dritten Ostertag. Halb war die gegnerische Kraft (Keno Geisel) gebrochen, aber sie sollte ganz vernichtet werden. Die Hansenflotte. Der Kampf. Sieg der Hansen.

Szene 2. Der Tag ihrer Hinrichtung. Der Marsch nach dem Grasbrook hinaus. Sie hatten gebeten ihr Lied singen zu dürfen. Das war ihnen gewährt worden. Nun sangen sie's. Alle Straßen gefüllt. Störtebeker kam zuletzt an die Reihe. Das hatte er gewollt.

Dann die Schlußszene mit Meister Hans.

Gedichte zu der Erzählung die »Likedeeler«

Lied das die Likedeeler singen
als sie auf der Heidekraut-Düne bei der Arbeit sind.

Im Heidekraut weiden die Schafe,
Wir selber graben und karrn,
Über Marienhafe
Zieht Mariengarn.

Likedeeler-Lied
Haupt-Refrain:
Nich so lütt un nich so veel,
All in eins und like Deel.

[Bleistiftentwurf dazu:]
Nich to lütt un nich to veel,
Gleich geteilt is like Deel.

Jedem Sein's und like Deel
All in eins und like Deel.

Im Heidekraut weiden die Schafe
Wir selber graben und karrn
Über Marienhafe
Zieht das Mariengarn.

[Rückseite mit Blaustift:]
Eine Seele weinte vor des Himmels Tür
Was weinst du? sprach da Gott zu ihr
Wohl muß ich weinen die Äuglein rot
Hab übertreten Gebot auf Gebot.
Mein Leben war Sünde, des Heiligen Spott.
»So fall auf die Knie und bete zu Gott.
Und bete zu Gott.[«]

QUADE FOELKE

Entstehungszeit: 1895? – *Erstdruck:* S. zu »Die Likedeeler, S. 775.
Textgrundlage: Erstdruck. Der Entwurf der Novelle erscheint bei Fricke
unter den Vorarbeiten zu »Die Likedeeler«, ebenso in Band 5 der ersten
Auflage unserer Ausgabe (S. 1097 ff.)

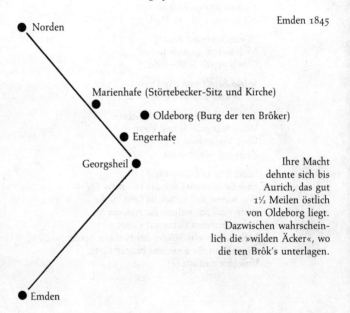

Die Kirche zu Marienhafe
Monographie von Suur

Emden 1845

Norden

Marienhafe (Störtebecker-Sitz und Kirche)

Oldeborg (Burg der ten Brôker)

Engerhafe

Georgsheil

Ihre Macht
dehnte sich bis
Aurich, das gut
1½ Meilen östlich
von Oldeborg liegt.
Dazwischen wahrschein-
lich die »wilden Äcker«, wo
die ten Brôk's unterlagen.

Emden

MELUSINE VON CADOUDAL

Entstehungszeit: 1895. – *Erstdruck:* »›... daß das Kleine bestimmt sei, zu
Großem zu führen‹. Der unveröffentlichte Romanentwurf ›Melusine von
Cadoudal‹« hrsg. von Gotthard Erler in Fontane-Blätter, Bd. 2, Heft 1,
Potsdam 1969, S. 4-9.
Textgrundlage: Erstdruck.

Zur Entstehung: Erler führt a.a.O. einleitend aus: »Unter den Beständen des Theodor-Fontane Archivs in Potsdam befindet sich ein Romanentwurf, der von der Forschung zwar schon mehrfach herangezogen wurde (vgl. u. a. Renate Schäfer, Fontanes Melusine-Motiv, in: Euphorion, Bd. 56/ 1962, S. 69 ff.), jedoch bislang nicht gedruckt war. [. . .]

Dabei markiert sie [die vorliegende Skizze] nicht nur eine bemerkenswerte Phase in Fontanes Rezeption des Melusine-Motivs und ist nicht allein als Präfiguration der Rolf Krake-Episode im ‚Stechlin' aufschlußreich; das Brouillon ‚Melusine von Cadoudal' legitimiert sich vielmehr durch sein Thema als ein eigenständiger, spezifisch Fontanescher Erzählansatz. Was Fontane im Sommer 1895 – der ‚Likedeeler'-Plan ist noch nicht aufgegeben, das ‚Stechlin'-Projekt beginnt gerade erst zu keimen – zur erzählerischen Gestaltung reizte, das war offenbar das Motiv von der moralischen Überlegenheit der Unterlegenen, vom ethischen Vorteil der Benachteiligten – ein Motiv, das ihn wie die Melusine-Gestalt ein Leben lang beschäftigt hat.

So schrieb er etwa am 11. April 1850 in seiner letzten Korrespondenz für die ‚Dresdner Zeitung': ›Der ungarische Feldzug [gemeint ist die brutale Unterdrückung des ungarischen Freiheitskampfes 1849] hat eine doppelte Lehre gegeben: er hat gezeigt, welcher unendlichen Kraftanstrengungen ein begeistertes Volk fähig ist und wie kümmerlich die Mittel sind, auf wie *tönernen Füßen* der Riese steht, mit welchem man jene Kraft niederhalten und, wenn's sein muß, vernichten will. Der Himmel bedient sich immer der Kleinen und scheinbar Machtlosen zu seinen größten Zwecken. Goliath unterlag dem David, die Blüte österreichischer Macht zerschellte bei Sempach, und was geschah, kann wiederum geschehen.‹ Entsprechend heißt es in einem Brief an Henriette von Merckel vom 20. September 1857 gelegentlich des Sepoy-Aufstandes in Indien: ›Man hat ein Volk, das, in ähnlicher Weise wie die Italiener, Anspruch auf unsre Sympathien, auf Bewunderung ihrer hohen Geistesgaben hat, oft mit Brutalität, immer aber mit stupider Selbstüberschätzung niedergetreten, und ich freue mich stets, wenn in Fällen solcher oder ähnlicher Unbill der Rückschlag kommt und wenn die getretene Schlange siegreich nach jener Stelle zischt, wo die überlegene, aber rohe Kraft verwundbar geblieben ist.‹

Dieses Motiv läßt sich bis zu den zahlreichen plebejischen Frauengestalten in Fontanes späten Romanen weiterverfolgen, in denen ebendiese ›Kraft der Schwachen‹ überzeugend Gestalt gewinnt. Und ‚Melusine von Cadoudal' sollte sich, soweit das die überlieferten Aufzeichnungen erkennen lassen, sogar leitmotivisch mit diesem Gedanken auseinandersetzen. Freilich wird Fontane sehr bald gespürt haben, daß die Banalität der skizzierten Handlung dieses Thema nicht zu tragen vermocht hätte, und da überdies die Figur der Melusine Barby-Ghiberti im ‚Stechlin' die wesentlichen Elemente (mythologische Verwandtschaft, Begriff der Demut) in viel sublimierterer Form in sich aufnahm, blieb ‚Melusine von Cadoudal' (die – um ein Fontane-Wort zu variieren – neben Melusine von Barby nicht bestehen kann) Entwurf. Ein Entwurf allerdings mit manch reizvollen

Ansätzen. In der Stachelbeerszene und in der ironisierten Traurede, im Gespräch über die ›Schulfuchser‹ in der Armee und im Hinweis auf Gambetta und die französische Revanchepolitik um 1875 ist der ›alte Fontane‹ ganz und gar gegenwärtig.

Das Konvolut ‚Melusine von Cadoudal‘ umfaßt 22 kleinformatige Blätter. Der Text ist mit Tinte auf die Rückseiten von Briefkonzepten Fontanes sowie von zerschnittenen Briefen verschiedener Korrespondenzpartner an Fontane (u. a. Rodenberg, Brahm) geschrieben. Diese Briefe legen auch die Datierung auf den Sommer 1895 nahe. Vermutlich im September 1895 nahm der Dichter den wahrscheinlich im Juni/Juli entstandenen Entwurf wieder vor und notierte auf einem weiteren, großformatigen Blatt unter der Überschrift *Melusine* (vgl. unten) seine Korrekturen an der Charakteristik der Heldin, die – wie meist in Fontanes Manuskripten – wieder in erzählenden Text übergehen (›Erstes Gespräch zwischen ihm und ihr‹). Die Datierung dieser nachträglich fixierten Bemerkungen ergibt sich aus einem auf diesem Blatt aufgeklebten und mit beschriebenen Teil eines Briefes von der Redaktion ‚Die Romanwelt‘ mit dem Poststempel ›10. Sep. 95‹.«

Überliefert ist folgende Skizze im Anschluß an den Entwurf:

[*in der rechten oberen Ecke:* Erstes Gespräch zwischen ihm und ihr.]
Melusine v. Cadoudal. Ich muß sie nicht (wie auf den kl. Einzelblättern geschehn, namentlich da, wo sie auf dem Trittbrett sitzt, sie muß dadurch bloß, in einer gewissen Koketterie, größer erscheinen wollen) – also ich muß sie nicht als lange hagre Stakete, sondern als kluge, feine, zierliche Französin mit etwas Koketterie schildern. Ihre halbe Lusignan-Mutter. In der Taufe darauf hin: Melusine. Das Mißliche davon. »Die Leute sehen mir nach den Füßen, und weil ich lange Kleider trage, nur desto mehr. Und dann sehen sie auch nach meinem Gesicht. Das Volksmärchen spricht bekanntlich von der schönen Melusine; da ist mir's denn beschieden, immer nur enttäuschte Gesichter zu sehn. Nicht angenehm, auch wenn man nicht allzu eitel ist.«

Sie erwartet nun, als man auf *seinen* Namen (Krake v. Tordenskjöld) kommt, er werde von Uradel sprechen, von Thor oder Odin. Sie sagt ihm das auch unbefangen. Er lächelt und verneint. »Eher ginge es noch mit Krake. (Rolf Krake.) Krake, das ist wirklich was sehr Altes.« Sie lachte ganz heiter. »Sie lachen, und ich weiß auch warum. Aber Sie sind doch auf einer falschen Fährte. Krake. Im Skandinavischen steht es doch anders damit. Krake ist Zwerg. Und gleich nach den Riesen kommen die Zwerge. Eigentlich sind sie noch mehr, denn sie sind klüger als die Große. Alle die, die in der Geschichte das Beiwort groß führen, waren klein. Ich will mich aber nicht drin vertiefen . . .« Er führt dann weiter aus, früher sei er für Uradel gewesen, jetzt aber denke er anders darüber. Vom Uradel wisse man gar nichts. Bei dem Neu-Adel wisse man doch aber immer warum und wenn es auch nur das liebe Geld wäre. Melusine seufzte mit.

Entstehungszeit: 1896. – *Erstdruck:* HF I, 5, 1. Auflage 1966, S. 874-879; Friedrich Fontane hat in »Ruppiner Heimat«, Ruppin, 6. März 1936, über die Arbeit seines Vaters an diesem Fragment berichtet. (Hinweis von Hermann Fricke).
Textgrundlage: Originalmanuskript (Schiller-Nationalmuseum, Marbach a. N.). Die Überschrift befindet sich auf einem gesonderten Umschlagblatt, der Untertitel ist die Überschrift des ersten Manuskriptblattes.

572 *Jagorski:* Namengebung nach Andreas Fedor Jagor (1816 bis 1900), Sohn des Hoftraiteurs Jagor vom Hotel de Russie; Dr. phil., Ethnograph; bereiste Indien, die Sundainseln und die Philippinen zum Zwecke völkerkundlicher Sammlungen, die er dem Museum für Völkerkunde in Berlin und der Stadt Berlin schenkte. Verfasser mehrerer Reisebeschreibungen u. a. »Singapore, Malacca, Java. Reiseskizzen«, Berlin 1866, und »Reisen in die Philippinen«, Berlin 1873. – *Les extremes se touchent* (franz.): Die Extreme berühren sich (nach dem Titel des 348. Kapitels in Band IV des »Tableau de Paris«, Amsterdam 1782-88, von Louis-Sébastien Mercier, 1740-1814). – *Assunta:* Vgl. Anm. zu S. 251. – *Via Tuornaboni:* richtig: Tornaboni; Prachtstraße in Florenz. Vgl. F.s Tagebuch seiner ersten Italienreise vom 12. Okt. 1874, Florenz: »Etwa um 3 Uhr zu Doney & Nepoti, einem feinen englischen Restaurant in der Via Tornabuoni« (HF III, 3/II). – *eine Flasche Asti:* Wein aus der Provinz Asti in Piemont, besonders berühmt der Schaumwein (Asti spumante). – Wilhelm Konrad *Röntgen:* 1845-1923, entdeckte 1896 (wichtig für die Datierung des Fragments!) die nach ihm benannten Strahlen. – Gebhard Leberecht Fürst *Blücher* von Wahlstatt: 1742-1819, preußischer Generalfeldmarschall.

573 *Da war ich mal in Edinburgh. Schloß Holy-Rood:* Vgl. »Jenseit des Tweed«, ›Holyrood-Palace‹, wo auch die hier aufgeführte »National-Galerie« erwähnt wird (HF III, 3/I, S. 191-200). – *David Rizzio:* um 1533-66, aus Turin, Sänger im Dienste Maria Stuarts; 1564 ernannte ihn die Königin zum Sekretär für ihren französischen Briefwechsel. R. wurde amouröser Beziehungen zu Maria Stuart verdächtigt und von dem zweiten Gatten der Königin, Lord Darnley (1541-67), in Verbindung mit anderen schottischen Adligen am 9. März 1566 im Turmzimmer des Königspalastes Holyrood in Edinburgh vor den Augen Maria Stuarts ermordet. Vgl. F.s Romanze »David Rizzio« in HF I, 6, S. 23 ff. und Anm. sowie die davon abweichende Darstellung in »Jenseit des Tweed« (HF III, 3/I, S. 199). – *Galerie:* Vgl. »Jenseit des Tweed«, ›Holyrood-Palace‹ (s. oben); Auftrag für die Gemälde 1684 an Jakob de Witt. – *Fergus I.:* ca. 330 v. Chr. – *berühmten General:* Hans Carl v. Winterfeldt, 1709-57, Feldherr

Friedrichs d. Großen, in der Schlacht bei Prag verwundet, im Gefecht bei Moys gefallen am 7. Sept. 1757 (Bildsäule auf dem Wilhelmsplatz); vgl. F.s Gedicht »Schwerin«: »Getroffen sinkt danieder / Gen'ral von Winterfeld« (HF I, 6, S. 214 f. u. Anm.). Zur Zeit der Arbeit F.s an diesem Stoff war ein Generalleutnant v. Winterfeld Generaladjutant des Kaisers und Kommandeur der 20. Division. – *v. Sommerfeldt:* Es gab damals nur einen Oberst v. Sommerfeld (Linkstraße 9, in der Nähe von F.s Wohnung); der Name lag F. auch durch seinen Schwager Sommerfeld nahe (vgl. HF I, 6, S. 524 f. und Anm.).

574 *Hagel-Assekuranz:* Vgl. »Der Stechlin«, 12. Kap. (HF I, 5, S. 119) sowie »Onkel Ehm« (S. 244 ff.). – *In Gotha machen sie alles:* in Gotha befand sich das Oberversicherungsamt. Evtl. auch Anspielung auf die Gothaer Feuer- und Lebensversicherungsgesellschaft. – *Königsberg:* gemeint ist Königsberg in der Neumark südöstlich von Schwedt im früheren Regierungsbezirk Frankfurt/Oder. – *Beuthen a. O.:* Stadt im früheren preußischen Regierungsbezirk Liegnitz (Niederschlesien) mit großem Obst- und Gemüseanbau. – *Gardelegen:* im früheren preußischen Regierungsbezirk Magdeburg an der Bahnlinie Berlin–Hannover. – *Ach, und die Hotelbetten:* häufige Klage F.s; vgl. seine Feuilletons »Der deutsche Gasthof, das kosmopolitische Hotel und die Engländer« (N XVIII, S. 371 f.) und »Von, vor und nach der Reise«, ›Modernes Reisen‹ (S. 9 ff.) sowie die zahlreichen Klagen in seinen italienischen Reisetagebüchern (HF III, 3/II) und in seinen Briefen, so an seinen Sohn Theodor am 12. Aug. 1895: »Dabei das furchtbare Gasthofselend . . .« (HF IV, 4, S. 469).

575 *Arnswalde . . . Finsterwalde:* in der nordöstlichen Neumark bzw. in der westlichen Niederlausitz. – *Franzburg:* in Vorpommern nördlich von Greifswald gelegen. – *Europa ist besiegt:* Vgl. »Aus den Tagen der Okkupation«, Bd. 2, ›Straßburg‹, 2: »drüben, in dem Stein geschnitten, stand der Name Goethe, und hier perorierte ein chiefeditor von jenseits des großen Wassers und sagte mir ruhig: ›America, that's the world.‹« – *Diggins:* amerik. diggings, = Goldfelder; vgl. auch »Quitt«, 17. Kap. (HF I, 1, S. 326), »Irrungen, Wirrungen«, 23. Kap. (HF I, 2, S. 461) und »Stine«, 12. Kap. (HF I, 2, S. 539).

576 *Treptow und Stralau:* im Süden Berlins. – *Buch:* Vgl. »Wanderungen«, ›Spreeland‹, ›Rechts der Spree‹, ›Buch‹ (HF II, 2, S. 606-626). – *Gräfin Ingeheim:* Sophie Julie von Voß (1766-89), Nichte des Oberhofmeisters Friedrichs des Großen, wurde in Nachfolge von Madame Rietz die Geliebte des »dicken Königs«, Friedrich Wilhelms II. (1744-97), und 1787 zur Gräfin von Ingenheim erhoben (dem König morganatisch, d. h. »zur linken Hand« angetraut). Vgl. den Abschnitt über sie im Kap. ›Buch‹ (s. oben). – *Schönhausen u. Krummensee:* Schönhausen nördlich von Berlin war im 16. Jahrhundert im Besitz der Familie v. Roebel; Joachim v. R. hatte Hedwig von Krummensee geheiratet, die aus einer begüterten alten brandenbur-

gischen Familie stammte. Vgl. Kap. ›Buch‹ (s. oben), Fußnote (HF II, 2, S. 610). – *war er verlobt:* derartig kurz entschlossene Verlobungen finden sich öfter bei F. und haben ihren autobiographischen Ursprung, vgl. dazu S. 502 und Anm. – *ein berühmtes Lied:* gemeint ist das Gedicht »Die nächtliche Heerschau« (1829) von Josef Christian von Zedlitz (1790-1862). F. hat es auch in sein »Deutsches Dichteralbum« (1852) aufgenommen. Er zitiert es in »Ein Sommer in London«, ›The Poets' Corner‹ (HF III, 3, 1, S. 59). Es schildert die mitternächtliche Parade der Gefallenen der napoleonischen Kriege vor dem toten Imperator (»Und die in kaltem Norden / Erstarrt in Schnee und Eis / Und die in Welschland liegen. / Wo ihnen die Erde zu heiß . . .«).

NOTIZEN

Was der Moment schaffe, das sei das Beste – diese Grundüberzeugung F.s mag ihn zum Sammeln der vielen Zeitungsausschnitte, zum raschen Notieren von Einfällen und Beobachtungen »aus dem Leben« veranlaßt haben, die dann zu späterer Verwendung in dem umfangreichen »Zettelkasten« aufbewahrt wurden. Wir geben hier – mit freundlicher Erlaubnis des Schiller-Nationalmuseums Marbach a. N. – eine Reihe solcher Notizen wieder, auf die F. zwar nicht mehr zurückgegriffen hat, die aber doch in den Umkreis der Fragmente und Entwürfe gehören. Für eine genaue Datierung bieten die kurzen Texte in der Regel keine ausreichenden Hinweise.

577 *Waldeck oder Jacobi:* Benedikt Franz Leo Waldeck (1802-70), der Führer der preußischen Demokraten, 1848 Vizepräsident der preußischen Nationalversammlung, am 16. Mai 1849 verhaftet und vor Gericht gestellt. Vgl. F.s Korrespondenz für die Dresdner Zeitung vom 15. Nov. – 10. Dez. 1849 über den Waldeck-Prozeß (HF III, 1, S. 16 ff. und Anm.). – Johann Jacoby (1805-77), ein Königsberger jüdischer Arzt, wurde berühmt vor allem durch seine Flugschrift »Vier Fragen, beantwortet von einem Ostpreußen« (1841), in der er das Verlangen des preußischen Volkes nach einer Verfassung rechtfertigte. Sie wurde im ganzen deutschen Bundesgebiet beschlagnahmt. Gegen Jacoby wurde Anklage erhoben. Obwohl 1842 vom Hochverrat freigesprochen, wurde er wegen Erregung von Mißvergnügen, frechem Tadel, Majestätsbeleidigung usw. zu 2½-jährigem Festungsarrest verurteilt, 1843 aber vom Appellationssenat des Kammergerichts freigesprochen. 1848 trat er in die Preußische Nationalversammlung ein, wurde 1849 in die Deutsche Nationalversammlung gewählt und noch einmal wegen Hochverrats angeklagt, aber am 8. Dez. 1849 wieder freigesprochen. (N)

578 *wie Pastor Windel ihn neulich bei Wangenheims schilderte:* Karl
     Windel (1840-90), seit 1867 Pfarrer an der Berliner Charité, ab 1879
     Hofprediger an der Potsdamer Friedenskirche. Die Familie des Berli-
     ner Geheimrats Hermann von Wangenheim (1807-90) kannte F.
     seit 1852; er unterrichtete die beiden Wangenheimschen Töchter. Im
     Winter 1873/74 wurden im Hause Wangenheim Schopenhauer-
     Abende abgehalten, an denen u. a. F. und Pastor Windel teilnahmen.
     Vgl. F.s aus dem Nachlaß überliefertes »Wangenheim-Kapitel« mit
     dem Unterabschnitt »Pastor Windel im Lichte der Dienstagsgesell-
     schaft« (HF III, 4, S. 1060 f.) sowie zu seinem Schopenhauer-Ver-
     ständnis den Nachruf auf Carl Ferdinand Wiesike (N XXIV, S. 411 ff.)
     und die Aufzeichnung »Arthur Schopenhauer« (N XXI/2, S. 164-
     175). Durch die Termine der Schopenhauer-Abende läßt sich das
     Fragment auf 1874 datieren. (N) – *Raphael:* Raffaelo Santi (1483-
     1520). *Pitt:* William Pitt der Jüngere (1759-1806), englischer Whig-
     Politiker; mit 24 Jahren ernannte ihn Georg III. zum Premiermini-
     ster. Er führte dieses Amt 17 Jahre bis 1801, erneut von Mai 1804 bis
     zu seinem Tode im Januar 1806. – *Fr. W. I.:* Friedrich Wilhelm I.,
     1713-40 König in Preußen, der »Soldatenkönig«. – *August der
     Starke:* 1670-1733, als König von Polen August II., als Kurfürst von
     Sachsen Friedrich August I.; obwohl er durch seine ehrgeizige polni-
     sche Politik und durch die Pracht seines Hofhalts die sächsischen
     Finanzen ungeheuer belastete, nahm die Wirtschaft des Landes einen
     großen Aufschwung.

579 *Theos Geschichte:* F.s fünfter Sohn Theodor, »Beamter bei der
     Heeresintendantur«, lebte in Münster/Westf. – *Keils Tochter, der als
     rotbärtiger Demokrat besser paßt:* Ernst Keil (1816-78). Schriftstel-
     ler und politisch liberaler Begründer der anfangs vom 48er Geist
     getragenen, weit verbreiteten illustrierten Wochenschrift »Die Gar-
     tenlaube« (1853-1943), in der auch F. publizierte; K. hatte einen
     roten Bart und wurde daher gelegentlich auch der »Barbarossa von
     Leipzig« genannt. Vgl. auch F.s Brief an Georg Stilke vom 30. Sept.
     1881: »Diese verdammte Sorte von Null-Artikeln hat der selige
     Gartenlauben-Keil – überhaupt eine furchtbare Nummer – in unsre
     Journalistik eingeführt.« (HF IV, 3, S. 162).

580 *Pancritius:* der Geh. Sanitätsrat Dr. med. F. Pancritius war seit 1877
     F.s Hausarzt. Vgl. F.s Brief an seine Tochter vom 1. Juli 1887: »Für
     solche Fälle war der alte Pancritius vorzüglich, aber wir haben ihn
     nicht mehr und ein junger Durchschnittsdoktor kann solchen alten
     Isegrimm nicht ersetzen.« (HF IV, 3, S. 543). Vgl. auch F.s Gedicht
     »An Emilie (1881)« (HF I, 6, S. 418 und Anm.).

Liste

der für eine Gesamtpublikation in Frage kommenden
Novellen, Noveletten, Skizzen und *Entwürfe*
(chronologisch noch zu ordnen)

GRUPPE I

1 *Geschwisterliebe*
2 *Heinrich IV. erste Liebe* (nach einer Novelle Zschokkes)
3 *Du hast recht getan.* Roman
(Daß Drucklegung während »Auslandsaufenthalt«, also Englandzeit
1855-59, erfolgt sei, ist *nur Vermutung* von Th. F. Alle Versuche,
über den Druck Näheres auszumachen, blieben ergebnislos. Wahrscheinlich ist der Druck unter einem Pseudonym in Zeitung oder
Zeitschrift erfolgt: Angeblich sollen sich Mss. noch in der gleichen
Hand befunden haben, in der sich das Ms. von Nr. 4 befand.)
4 *Übersetzung des Romans »The moneylender«* von Mrs. Gore
5 *Tuch und Locke*
6 *Goldene Hochzeit*
7 *James Monmouth*
8 *Mathilde Möhring.* Roman
9 *Oceane von Parceval*
10 *Der Karrenschieber*
11 *Die Goldene Hochzeitsreise*
12 *Onkel Ehm*
13 *Das Wangenheim-Kapitel*
14 *Rudolf von Jagorski, Globetrotter* (5 Seiten)
15 *Sommerbriefe aus dem Havelland.* Novelle in Briefen (13 Seiten)
16 *Wolsey*
17 *Melusine von Cadoudal* (6 Seiten)
18 *Allerlei Glück*
19 *Der Flötenspieler* (4 Seiten)
20 *Mit der Zeit* (Zwei Entwürfe) (3 Seiten)

GRUPPE II

21 *Begräbnisse* (Autobiographisch) (1 Seite)
22 *Meine Wohnungen* (desgl.) (2 Seiten)
(Posthum in der Voss. Ztg. publiziert?)
23 *Mein Kirchenjahr* (desgl.) (1 Seite)
24 *Eine Nacht in Töpfers Hotel* (1 Seite)
25 *›Rr‹ oder Gefährdet Glück* (10 Seiten)
26 *Wiedergefunden* (11 Seiten)
27 *Susanne von Sandraschek (Fräulein v. S.)* (3 Seiten)
28 *L. P.-Novelle* (4 Seiten)
29 *Eleonore* (32 Seiten)
30 *Sidonie von Borcke* (16 Seiten)
31 *Storch von Adebar* (38 Seiten)

GRUPPE V

GRUPPE VI

Novellenstoffe und Figuren
(meist nur je 1 Blatt)

106 *Dorte Sabin*
107 *Adolf Menzel*
108 *Erreicht*
109 *Humoristische Figur*
110 *Alter Professor*
111 *Berliner Novelle* (Quassler)
112 *Justizrat*
113 *Eine Frau, Heilmittel anpreisend*
114 *Es steht wissenschaftlich fest*
115 *Ein richtiger Berliner*
116 *Ein Herr wie Herr v. Buddenbrock*
117 *Ein Geistlicher*
118 *Komische Figur fürs Moderne*
119 *Professor mit Dame*
120 *Über braun als Farbe*
121 *Situationen*
122 *Novellenfigur* (A. v. d. Weyde)
123 *Witwe vo 36*
124 *Verschwunden* (Lord Bathurst)
125 *Neuer Roman* (Knabenleben)
126 *Willi Willebrandt*
127 *Glück und Pflicht*
128 *Das hinterlassene Bild*
129 *Wir lernen das* (4 Blätter)
130 *Minister a. D.*
131 *Erzieher erzogen* (5 Blätter)
132 *Unverändert der Deine* (7 Blätter)
133 *Erich Erichsen*
134 *Klatsch-Roman*
135 *Chronika* (Aufzählung von Stoffen)
136 *Historische Romane*
137 *Roman Nr. 4 oder 5*
138 *Korfiz Uhlefeld* (4 Blätter)
139 *The Poppies Queen* (6 Blätter)
140 *Hans und Grete* (5 Blätter)
141 *Die Frau Oberförsterin*
142 *Aufzählung* kleiner (meist heiterer) Stoffe (1 Blatt)
    (Von Friedrich Fontane als »wichtig« bezeichnet)
143 *Salas y Gomez*
144 *Myrrha* (3 Blätter)
145 *Der Prunner Krieg*

Hermann Fricke und Friedrich Fontane haben seinerzeit diese »Liste« zusammengestellt (Erstdruck HF I, 5, 1. Auflage 1966, S. 1124-1128), die deshalb von besonderer Bedeutung ist, weil sie zahlreiche Titel enthält, zu denen die Manuskripte in der Zwischenzeit verlorengegangen sind.

VARIANTEN

Die in dem Band »Von, vor und nach der Reise« zusammengefaßten
Erzählungen und Plaudereien sind mit Ausnahme von »Modernes Reisen«
alle zwischen 1880 und 1893 in verschiedenen Zeitschriften erschienen. Bis
auf die Erstveröffentlichung von »Im Coupé«, die nicht ausfindig gemacht
werden konnte, umfaßt das folgende Variantenverzeichnis alle relevanten
Abweichungen zwischen diesen Vorabdrucken (V) und unserer Ausgabe,
deren Text auf die erste Buchausgabe von 1894 zurückgeht. Nicht aufgenommen wurden Abweichungen der Orthographie und Interpunktion,
soweit sie nicht von besonderem Belang schienen.

NACH DER SOMMERFRISCHE

17,8	hier / *fehlt V*
17,10	jetzt / nun
18,34	Begutachtung / *folgt V:* und
19,25	muß / *in V gesperrt*
20,15	Reflexionen, aber / Reflexionen und nur
23,14	weit, / weit, weit,
23,15	ins Freie / ins freiste Freie
23,28	ganz / *fehlt V*
25,2	Sintflutwetter / Sündfluthwetter
25,19 f.	die meisten kriegen ihn von zu wenig / *V in Anführungszeichen*
25,36	immerbishundertzählen / immer bis Hundert zählen

DER KARRENSCHIEBER VON GRISSELSBRUNN

35,25 ff.	*Der Titel ist in V unterschrieben mit* Novelette von Th. Fontane. (Berlin). *Der erste Absatz lautet in V:* Wir saßen in einer Weinstube, Name gleichgiltig, um den runden Stammtisch (ein neuer Scharzhofberger war am Tage vorher angekommen) und gefielen uns, der Reihe nach, in Vortrag kleiner Geschichten; aber es mußten eigene Erlebnisse sein. Unter den Letzten, die das Wort nahmen, befand sich auch Baurat Oldermann, der erst seit kurzem nach Berlin übersiedelt war.
36,7 f.	, damit das Kind vom Anfang an einen Namen hat, / – damit die Geschichte von Anfang an einen Namen hat –
36,10	nicht unberühmte / berühmte
36,11 f.	seit Anfang dieses Jahrhunderts nebenher auch noch ein großer / seit Mitte des vorigen Jahrhunderts ein
36,12 f.	der Stadt / den Toren von
36,14	diese / *wohl irrig:* dieser
36,16	immer noch in Ehren gehaltene / berühmte
36,18	aber fielen sofort / fielen

36,23   meist / *fehlt V*
37,14 f.   immer / *fehlt V*
37,20   Manne / Mann
39,13   weiter . . . ?« / *Anführungszeichen fehlt V*

EINE FRAU IN MEINEN JAHREN

42,9   Fragen / Frage
43,1 f.   und zwar ganz äußerlich / *fehlt V*
44,29   die / diese

ONKEL DODO

47,6   was / *in V gesperrt*
47,34   älteste / ältere
48,10   an / in
49,8   ganz / *fehlt V*
49,34   zum / zum zweiten
49,35 f.   »der alte Herr« / der »alte Herr«
51,30   Dem ohnerachtet / Demohnerachtet
52,2   Tuche / Tuch
52,8   nun / unausgesetzt
58,13   ›alle neune‹ / alle Neune
58,21   siehe / sieh
59,20   *Ende der ersten Folge des Vorabdrucks*
60,6   Lande . . . / Lande,
        Sonnenaufgang . . . / Sonnenaufgang,
60,14   Kapital, / Kapital;
61,2   ›Zur Gesundheit‹ / ›zur Gesundheit‹
62,3   überragt und, / überragt. Und
62,19   Steinernen Renne / steinernen Rinne
62,26   Wind! / Wind.
65,18   Kopfe / Kopf
65,23   was denn eigentlich los sei? / *V in Anführungszeichen*
65,26   hinaus, / hinaus und
68,11 f.   es gibt / *fehlt V*
68,22 f.   (immer vorausgesetzt, daß Sie wollen) / *V in Kommaparenthese*
68,24   ungestört / *folgt V*: und ungefährdet
68,31 f.   für alle drei / *fehlt V*
69,14   ihnen / *folgt V*: auch
70,4   *Erdtee* / E r d-Thee
70,5   Nährstoff / Nahrstoff

WOHIN?

71,17   *Der Titel ist in V unterschrieben mit* Eine Plauderei von Th. F.
73,29   machen und / machen,
75,13   voraufgegangenen und / voraufgegangenen,
75,30   diese Bemerkung / diese das Adelsverhältniß zweier Elemente regelnde Bemerkung
75,31 f.   ist älter, war / war eben
76,29   Und / . . . Und
76,32   gewisse, / *Komma fehlt V*
79,7   greuliche / greulige
79,18   wieder nehmen / wiedernehmen
79,26 ff. ›Alle Wetter *usw.* / *Die einfachen Anführungszeichen fehlen in V. Hingegen steht* Sehr erfreut *in V in Anführungszeichen.*
79,31   Ostende . . . ‹« / Ostende.«
79,32   kostenpunktlich / *fehlt V*
79,34 f.   Finanz- oder Standeserhöhung / Quasi-Standeserhöhung
80,7 f.   - trotz *bis* haben – / *Parenthesenstriche fehlen V*
81,9   wohl / *fehlt V*
81,10   Larose / La Rose *auch* 82,2
81,12 f.   ›Mein lieber Meddelhammer, die Reihe des Bestellens ist nun an Ihnen.‹ / »Die Reihe des Bestellens, mein lieber Meddelhammer, ist nun an Ihnen.«
81,14   beorderte / bestellte
81,17   »Warum?« / »Warum? Weshalb?«
82,15 f.   den Schulräten neben den Bankiers eine bescheidene Stellung anzuweisen. / die Schulräthe neben den Banquiers herabdrücken zu wollen.
82,17 f.   »und ich nahm auch nicht Anstand, dieser meiner Meinung unverhohlen Ausdruck zu geben.« / »Eine Meinung, der ich auch unverhohlen Ausdruck gab.«
82,26 f.   selbstverständlich einlenken und alles wieder begleichen / natürlich meiner Zustimmung in ein paar Worten Ausdruck geben
82,33 f.   uns als Fremde mit Berlin beschäftigen / als Fremde Berlin bereisen
83,20   , ich mit, / *fehlt V*

AUF DER SUCHE

84,5   *Untertitel fehlt V*
84,7-   *Der erste Absatz lautet in V:*
85,4   Ich soll Ihnen etwas schreiben, wenn es auch nur eine »Wanderung« wäre. Nun so sei's denn; und wenn nicht eine Wanderung durch die Mark, was zu weitschichtig werden könnte, so doch wenigstens eine Wanderung durch Berlin W. Aber wohin? Ich war tagelang auf der Suche nach etwas Gutem und wollt' es schon

aufgeben, als mir der Gedanke kam, mein Auge auf das Exterritoriale zu richten, auf das *Nicht*-Berlin in Berlin, auf die fremden Inseln im heimischen Häusermeer, auf die *Gesandtschaften.* Das Neue darin erfüllte mich momentan mit Begeisterung und riß mich zu dem undankbaren Citate hin, undankbar gegen unsere gute Stadt: »Da, wo Du *nicht* bist, ist das Glück.«

Also Gesandtschaften! Herrlich. Aber wie sollte sich das alles in Scene setzen? Wollt ich interviewen? Ein Gedanke nicht auszudenken. Und so stand ich denn in der Geburtsstunde meiner Begeisterung auch schon wieder vor einer Ernüchterung, der ich unterlegen wäre, wenn ich mich nicht rechtzeitig einer mehr als 30 Jahre zurückliegenden Ausstellung erinnert hätte, die der damals von seiner Weltreise zurückkehrende Eduard Hildebrandt vor dem Berliner Publikum zu veranstalten Gelegenheit nahm. Wie wenn es gestern gewesen wäre, steht noch der Siam-Elephant mit der blutroth neben ihm untergehenden Sonne vor mir; was mir aber in der Reihe jener damals ausgestellten Aquarellen mindestens ebenso schön oder vielleicht noch schöner vorkam, waren einige farbenblasse, halb hingehauchte Bildchen, langgestreckte Inselprofile, die, mit ihrem phantastischen Felsengezack in umschleierter Morgenbeleuchtung, vom Bord des Schiffes her aufgenommen worden waren. Nur vorübergefahren war der Künstler an diesen Inseln, ohne den Boden derselben auch nur einen Augenblick zu berühren, und doch hatten wir das Wesentliche von der Sache, die Gesammtphysiognomie. Das sollte mir Beispiel, Vorbild sein und in ganz ähnlicher Weise, wie Hildebrandt an den Sechellen und Comoren, wollt' ich an den Gesandtschaften vorüberfahren und ihr Wesentliches aus ehrfurchtsvoller und bequemer Entfernung studiren.

85,5 f.	überflog die Gesamtheit der Ambassaden / ließ die Gesamtheit der Gesandtschaften Revue passieren
85,9	ohnehin / auch am bequemsten,
85,11	rechts / *fehlt V*
85,12	Brücken / Kanalbrücken
85,17	Wachstum / *V in Anführungszeichen*
85,20 f.	-darauf *bis* heranschlängeln- / *V in Kommaparenthese*
85,22	aufs neue / wieder
	Da / Und so
85,23	denn / *fehlt V*
85,27	Schützer und / *fehlt V*
85,29	indes / aber
86,9–	*Der Absatz lautet in V:*
86,14	Dieser letzteren näherte ich mich jetzt und zwar in der bestimmten Absicht (es war gerade Erscheinungstag der neuen Nummer), ein Exemplar der »Freien Bühne« zu erstehen, der »Freien Bühne«, deren grünen Umschlag einschließlich seiner merkwür-

digen Titelbuchstaben im Stile von »Neue Lieder, gedruckt in diesem Jahr« ich schon von fernher erkannt hatte. Wissend, daß dieser Aufsatz bestimmt sei, in einem der nächsten Hefte besagter Wochenschrift zu erscheinen, hielt ich es für eine Anstandspflicht, durch Selbstbesteuerung meine staatliche Zugehörigkeit auszudrücken und richtete deshalb, als ich nahe genug heran war, um bequem auf den grünen Umschlag hindeuten zu können, an die dame de comptoir die herkömmliche Frage: »Wie viel?« »Vierzig Pfennig.« »Und wird viel gekauft?« »Ja«, sagte sie freundlich und zugleich verschmitzt genug, um mir ihre Mitverschworenschaft außer Zweifel zu stellen.

86,15	Das Blatt erst überfliegend und dann / Das Heft
86,16	alsbald / inzwischen
86,20	in Gestalt / von
86,20f.	, die Situation beherrschend / und die Situation beherrschte.
86,21f.	»Blumeshof« mit seinem / »Blumes Hof« und gleich danach die Genthinerstraße mit ihrem
86,22f.	eine kleine Weile danach, so war auch schon / abermals eine Minute später stand ich vor Lützow-Ufer 6-8, oder was dasselbe sagen will, vor dem drei Häuserfronten in Anspruch nehmenden »Statistischen Amt« – einem ganz eigenartigen Bau, der sich nur zu sehr mit den Prinzipien der Baukunst, wonach Großes und Kleines, und wenn es die Statistik wäre, seiner speziellen Bestimmung gemäß gestaltet werden muß, zu decken scheint. *(Absatz)* Und nun war
86,31ff.	wenn das nicht der Jangtsekiang war, so war es wenigstens einer seiner Zuflüsse. Ganz besonders echt / war das nicht der Yang-tsekiang oder wenigstens einer seiner Arme, seiner Zuflüsse? Am echtesten
86,37	sonderbar / chinesisch
87,1	ethnographisch / *fehlt* V
87,4	solide Backsteinmauer / chinesische Mauer
87,13	gesandtschaftlichen / chinesischen
87,25	angeborenen / angebornen
87,27	zu einem / zur Epopöe, zum
87,28	sein Himmlisches / das Himmlische
87,29	wie von ungefähr / einigermaßen mühevoll, weil durch den Flur des Hauses hin,
87,33	daselbst / *fehlt* V geändert, / geändert;
87,33f.	während / während mehr nach rechts hin,
87,34f.	Umfassungsmauern etliche Berliner / Umfassungsmauer vier
87,35f.	in geringem Abstande davon, einige kleine / mehr nach links hin, vor einem ähnlichen Mauerstück, mehrere
87,37	nur / *folgt* V: von
87,38f.	das mutmaßlich seit frühester Jugend immer nur mit Spreewasser

behandelte starre Haar / das muthmaßlich mit Wasser und einem
ausgezahnten Kamm behandelte Haar

88,3 f. während die Gesichtsfarbe griesig war und die Augen überäugig
vorstanden. / der Teint war griesig und die grauen Augen
vorstehend und überäugig;

88,4 hüpfte / hupfte

88,5 Lebensherrlichkeit / Herrlichkeit

88,6 Kellerbackfisches / Kellerwurms

88,7 f. Jungen / Jungens

88,8 f. Über-die-Korde-Springen / über die Corde springen

88,10 f. Zeichnungen und Kreide-Inschriften / blau und rothen Inschriften

88,12 überdeckten / bedeckten

88,13 sah, erschien mir frappant / las, war durchaus dazu angethan,
mich einer reichen Ausbeute zu versichern.

88,14 das / »Schautau«

88,16 alle / all'

88,17 Sprachwissenschaftliches / folgt V: oder wohl gar Geschichte

88,19 fast unmittelbar danebenstehenden / nebenstehenden

88,20 sehr / sehr, sehr

zunächst / folgt V: mit Kinderhandschrift

88,22 keine / kaum eine

88,24 f. hier das Idyllische bereits / dies Idyll an der Mauer schon

88,25 auf einem Nachbarsteine las ich / dicht daneben stand

88,26 eine kränkende Bezeichnung, die / welche kränkende Bezeichnung

88,28 lag / war

88,29 Sinnend und enttäuscht zugleich hing ich dem allem nach / Ich
hing dem allem noch nach

88,30 f. meines Studienspaziergangs und damit / meiner Suche,

88,32 durchdrungen. / folgt V ohne Absatz: Ich trat ihn an, nachdem ich
zuvor noch einen Blick nach dem gegenübergelegenen Hause,
Heydtstraße 1, emporgesandt hatte. Hier nämlich wohnt Paul
Lindau, der, als er vor kaum einem Jahrzehnt in diese seine
Chinagegenüberwohnung einzog, wohl schwerlich ahnte, daß er,
ach, wie bald, von einem Landsmann (auch Johannes Schlaf ist ein
Magdeburger) in den Spalten dieser Zeitschrift als Stagnant und
zurückgebliebener Chinesling erklärt werden würde. (Absatz)
Was nicht alles vorkommt! (Absatz) Und wieder eine Viertelstun-
de später

88,34 im April bereits / schon im April

88,37 Entdeckungsreise / Suche

89,1 jetzt / fehlt V

Chinesen / V nicht hervorgehoben

89,3 vielleicht erratend / der erraten mochte

89,4 f. schelmisch / schelmisch freundlich

89,9 gemütlich / mühelos

89,10   meiner Platenschen / Platens und meiner
89,14 f. unser / unsre

EINE NACHT AUF DER KOPPE

Die Erzählung ist mit Gerettet, Der alte Wilhelm *und* Wieder daheim *unter dem gemeinsamen Obertitel* Aus dem Riesengebirge. Kleine Geschichten von Th. Fontane *vorabgedruckt.*

89,15   *Der Titel lautet in V:* I. Auf der Koppe.
90,23   noch fast / fast noch
92,37   Augen / Auge
93,1   zurücklenkten / zurücklenkte

DER LETZTE LABORANT

94,20   *folgt V:* Von Th. F. Nachdruck verboten.
95,2 f.   (an Stelle des Todes) / *V in Kommaparenthese*
95,18   nach / *folgt V:* zu schließen
          in Gott / *fehlt V*
98,27   Welche / *V hervorgehoben*
99,6   ergab, die / *folgt V:* wegen ihres Schwefelgehaltes gegen alle
          Hämorrhoidalleiden und
101,1 f. ›Gasthof zum König von Preußen‹ / *V ohne Anführungszeichen*
101,5   Medizinpfuscherei / Medizinalpfuscherei
101,26 f. am 3. Juni starb er – gerade einen Monat nach jenem denkwürdi-
          gen 3. Mai / am 3. Juni – gerade einen Monat später – starb er

GERETTET

102,23   *Titel in V mit Ausrufezeichen*
103,6 f. Heilige / heilige *auch* 104,34
104,3   Bewegung / Bewegungen
106,10   auch. / auch,

DER ALTE WILHELM

107,12   allmählich / allmälig
113,18 f. dem Anscheine nach immer mehr / immer mehr, so schien es

PROFESSOR LEZIUS ODER WIEDER DAHEIM

113,26   *Titel lautet in V:* Wieder daheim
116,26   bei der Rückkehr des Kutschers angeknüpfte *fehlt V*
117,18   funfzehn / fünfzehn
117,29   *V ohne Absatz*
118,22   die *fehlt V*

119,16 schon *fehlt* V
119,18 sein Präsidium / Virchow
120,12 hier *folgt* V: eben
120,22 beherrschen! / beherrschen;

ZUM VORLIEGENDEN BAND

SCHLUSSBEMERKUNG ZUR 1. AUFLAGE

Der vorliegende Band hätte ohne das große Entgegenkommen der Archive und Bibliotheken, die dem Hrsg. bisher unveröffentlichte Manuskripte Fontanes zur Verfügung stellten, nicht zustande kommen können; es sei hier der Deutschen Staatsbibliothek Berlin und dem Theodor-Fontane-Archiv Potsdam, dem Schiller-Nationalmuseum Marbach a. N., der Amerika-Gedenkbibliothek (Berliner Zentralbibliothek) Berlin und der Stadtbibliothek Wuppertal aufrichtig gedankt.

Großen Dank schuldet der Hrsg. auch Herrn Dr. Hermann Fricke, dem kenntnisreichsten Fontanefreund und Fontaneforscher, sowohl für die Erlaubnis zur Veröffentlichung des außerordentlich wichtigen Fragments »Die Likedeeler« wie auch für seine immer bereite, gütige Hilfe.

Wie bei jedem Band dieser Abteilung durfte der Hrsg. wieder die Hilfe seiner treuen und unermüdlichen Freunde, Erich Biehahn und Dr. Heinz Gebhardt, Berlin, und Dr. Reinhold Regensburger, Cambridge, erfahren; die Beschaffung wertvollen Materials und die Klärung unzähliger Detailfragen ist ihr Werk. Der Hrsg. ist ihnen in herzlichstem Dank verbunden; ihre Kenntnis, ihre Bereitwilligkeit und ihre Selbstlosigkeit haben ihn auch bei der Arbeit an diesem Band tief beeindruckt.

Auch der Landesgeschichtlichen Vereinigung für die Mark Brandenburg und dem Hugenottenmuseum Berlin sei für ihre stets bewährte Hilfsbereitschaft gedankt.

W. K.

ZUR 2. AUFLAGE

Der vorliegende Band (HF I, 7) entstand durch die Teilung des Bandes 5 der ersten Auflage (1966). Der Band HF I, 5 enthält in zweiter, revidierter Auflage nurmehr den letzten Roman F.s, den »Stechlin«. Die Erzählungen, die Prosafragmente und -entwürfe sowie die Plaudereien und Geschichten der Sammlung »Von, vor und nach der Reise«, die in der ersten Auflage auf den »Stechlin« folgten, sind nun im vorliegenden Band versammelt (vgl. hierzu auch die Bemerkung »Zur zweiten Auflage«, HF I, 1, S. 1028, über die Neugestaltung und Neugliederung der Ausgabe).

Die Teilung des Bandes ist aus Umfangsgründen notwendig geworden: So konnte die Zahl der aus dem Nachlaß veröffentlichten Erzählfragmente gegenüber der ersten Auflage vermehrt, der Apparat zum »Stechlin« durch

Heranziehung der Vorarbeiten und Vorstufen, durch die Varianten zwischen Vorabdruck und Buchausgabe erheblich vergrößert werden – und ebenso wurden bei der Kommentierung der Erzählungen, Skizzen und Fragmente die Ergebnisse der Forschung seit 1966 berücksichtigt.

Freilich sprachen auch inhaltliche Gesichtspunkte für die Teilung des Bandes, in dem nun nicht mehr die späteste und die früheste Prosa F.s, zeitlich durch den Abstand von sechs Jahrzehnten getrennt, nebeneinander steht. Das Romanwerk F.s ist jetzt in den Bänden HF I, 1-5 gesammelt, dann folgt der Band mit Gedichten, Balladen und dramatischen Fragmenten (HF I, 6) und zum Abschluß der ersten Abteilung Band HF I, 7 mit den publizierten Erzählungen sowie den Prosaskizzen, -entwürfen und -fragmenten aus dem Nachlaß. Von den rund 150 erhaltenen Fragmenten wird im vorliegenden Band gut ein Drittel abgedruckt, davon sind 13 Texte in die zweite Auflage neu aufgenommen worden. Die in der ersten Auflage, S. 809-819 enthaltenen Texte »Sommers am Meer« und »Rügen« sind im vorliegenden Band nicht mehr enthalten; sie werden aus inhaltlichen Gründen in HF III, 3 »Reiseberichte und Tagebücher«, 2. Teilband, aufgenommen.

Sämtliche Texte wurden nochmals anhand der Vorlagen überprüft, soweit möglich nach den Handschriften, sonst nach den Erstdrucken. Bei der Wiedergabe der hier erstmals veröffentlichten Texte wurde die Orthographie (unter Wahrung des Lautstandes) behutsam dem heutigen Gebrauch angeglichen, sonst jedoch soweit wie möglich auf jeden vereinheitlichenden Eingriff verzichtet, so daß (etwa in den Flüchtigkeiten der Interpunktion oder den Inkonsequenzen des Satzbaus) der vorläufige, skizzenhafte Entwurfscharakter dieser Notizen deutlich zum Ausdruck kommt. Lediglich eindeutige Schreibfehler wurden stillschweigend verbessert; außerdem wurde in Fällen, in denen F. zwar ein An- oder Ausführungszeichen, nicht aber das entsprechende Gegenzeichen setzt, dieses Zeichen der leichteren Übersicht halber in eckigen Klammern ergänzt. In ganz wenigen Fällen erschien es aus Gründen der Verständlichkeit nötig, sonstige Satzzeichen, versehentlich ausgelassene Wörter oder Silben zu ergänzen; diese Eingriffe sind ebenfalls durch eckige Klammern als Einfügungen der Herausgeber gekennzeichnet. Was im zweiten Band unserer Ausgabe in der Vorbemerkung zum Anhang (HF I, 2, S. 815 ff.) über den Charakter und die Gestaltung der Anmerkungen gesagt wurde, gilt auch für den vorliegenden Band und soll daher hier nicht wiederholt werden.

Der Dank, der in der Schlußbemerkung zu Band 5 der ersten Auflage unserer Ausgabe (vgl. S. 827) Privatpersonen und öffentlichen Institutionen abgestattet wurde, sei an dieser Stelle erneuert. Für die zweite Auflage ist zusätzlich darauf hinzuweisen, daß die Kommentare der inzwischen erschienenen und von Jutta Neuendorff-Fürstenau, Rainer Bachmann sowie Peter Bramböck herausgegebenen Bände XVIII, XVIIIa und XXIV der Fontane-Ausgabe in der Nymphenburger Verlagshandlung mit Gewinn herangezogen werden konnten. Inwieweit dort ausgebreitetes kul-

turhistorisches Material sowie bestimmte Ergebnisse der Fontane-Forschung in den vorliegenden Band – mit freundlicher Genehmigung der
Nymphenburger Verlagshandlung – übernommen wurden, weist die Sigle
»N« am jeweiligen Ort aus. Daneben wurden auch die entsprechenden
Einführungstexte und die Anmerkungen der Herausgeber in den jeweiligen Erstveröffentlichungen der neu hinzugekommenen Fragmente dankbar genutzt. Dabei mußte aus Umfangsgründen freilich sehr stark gekürzt
werden. Die zitierten Passagen haben daher oftmals nur Hinweischarakter.
Längere Übernahmen, vor allem wenn sie eigens ermittelte Sachverhalte
erschließen, wurden besonders gekennzeichnet E (Erler), K (Krueger), R
(Reuter).

Das Variantenverzeichnis zu einzelnen Texten aus »Von, vor und nach
der Reise« wurde von Andreas Hamburger erstellt.

H. N. und H.-J. S.

INHALT

INHALT